读史要略

（下册）

徐兵博◎著

新华出版社

目 录

第八章　明朝

第六章
两宋（辽、西夏、金）

概略：文明的高峰与历史的悖论

辽朝（916—1125年）是由契丹族在中国北方地区建立的少数民族政权。由辽太祖耶律阿保机创建，历九帝（辽太祖耶律阿保机、辽太宗耶律德光、辽世宗耶律阮、辽穆宗耶律述律、辽景宗耶律贤、辽圣宗耶律隆绪、辽兴宗耶律宗真、辽道宗耶律洪基、辽恭宗耶律延禧），享国二百零九年。

宋朝（960—1279年）是上承五代十国下启元朝的中原王朝，分北宋和南宋两个阶段。开国皇帝赵匡胤，共历十八帝（太祖赵匡胤、太宗赵光义、真宗赵恒、仁宗赵祯、英宗赵曙、神宗赵顼、哲宗赵煦、徽宗赵佶、钦宗赵桓、高宗赵构、宁宗赵扩、理宗赵昀、度宗赵禥、恭帝赵显、端宗赵昰、卫王赵昺），享国三百一十九年。

西夏（1038—1227年）是两宋时期党项人在中国西部建立的少数民族政权。由李元昊创建，历十一帝（高祖李继迁、太祖李德明、太宗李元昊、景宗李谅祚、毅宗李秉常、惠宗李乾顺、崇宗李纯佑、桓宗李安全、襄宗李遵顼、神宗李德旺、献宗李睍），享国一百八十九年。

金朝（1115—1234年）是两宋时期由女真族在中国北方建立的少数民族政权。由金太祖完颜旻创建，历九帝（太祖完颜旻、太宗完颜晟、熙宗海陵炀王完颜亮、世宗完颜雍、章宗完颜璟、卫绍王完颜永济、宣宗完颜珣、哀宗完颜守绪、昭宗完颜承麟），享国一百一十九年。

通读辽、宋、夏、金之史，心理上常处于悲喜之两个极端。两宋于中华民族的成长过程，犹如刚过弱冠之年的年轻小伙，因为总结少年轻狂时尚武好斗、贫穷落后之经验教训（承唐末和五代之蔽），开始饱读经书，恶补文化，并致力于发展经济，其思想之成熟，行事之稳重，家业之富庶，前世莫可匹敌。有宋政治制度建谟上的进步，皆来自于其开国之君赵匡胤吸取中唐以来藩镇割据、军人跋扈的深刻教训，以“杯酒释兵权”的方式和“高薪养廉”的制度设计，建立起高效的“文官”体制和“军令军政”分开的相互制约机制，使宋朝进入了一个较为长期的和平发展时期。在此具有历史意义的国家治理模式下，有宋一代近三百年，在军队内部之稳定，国家行政之高效方面，亦创造了新的历史高度。而且，宋朝是中国古代历史上商品经济、文化教育、科学创新高度繁荣的时代，北宋咸平三年（公元1000年）中国GDP总量占世界经济总量的22.7%，人均GDP超过当时的欧洲。另外，宋朝时还出现了宋明理学，儒学得到复兴，科技发展迅速，政治开明，且没有严重的宦官专权和军阀割据，兵变、民乱次数与规模在中国历史上也相对较少。北宋因推广占城稻人口迅速增长，从太平兴国五年（980年）的三千七百一十万增至宣和六年（1124年）的一亿两千六百万。是以近代史学家陈寅恪曾言：“华夏民族之文化，历数千载之演进，造极于赵宋之世。”

客观而言，北宋一朝，可谓中国历史上国际环境最恶劣的一个朝代。从来没有一个朝代，像宋这样处于三面临敌的复杂“国际环境”。终汉之世，可称劲敌者唯匈奴；终唐之世，可与相匹敌者唯突厥；终明之世，前主要有蒙古部落，后有后金，但主要战略方向唯有一个。宋朝继承了中唐以来所形成的边疆乱局，玄宗时期的安史之乱，让唐朝损失了90%的GDP和军队，也丢失了西汉以来苦心经营的河湟和西域地区。而这些出名的产马地，在晚唐、五代和北宋年间再也没能向中央王朝提供战马——在那个唯有陆军的时代，战马与今天的坦克一样至关重要。正如钱穆所说，“中国的地理形势，到了黄河流域，就是大平原。一出长城，更是大平原。所以在北方作战，一定要骑兵。而中国之对付北方塞外敌人，更非骑兵不可。而骑兵所需的马匹，在中国只有两个地方出产。一在东北，一在西北。……而这两个出马地方，在宋初开国时，正好一个被辽拿去，一个被西夏拿去……与马相关的尚有铁，精良的铁矿，亦都在东北塞外……”（引自钱穆《中国历代政治得失 第三讲 宋代》）公元979年，北宋太宗赵光义消灭了最后一个割据政权——北汉，基本上恢复了唐朝后期的疆域。但是它的北界已经退至今山西的河曲、岢岚、原平、代县、繁峙和河北的阜平、满城、容城、霸州市及天津市区一线。

再而言之，北宋建政初期，无论是赵匡胤、赵光义，还是宋真宗、宋仁宗，都算是有为之君。太宗赵光义虽然三败于征辽之战，但其为收复燕云十六州、确保北部边境有利战略环境所做的不懈努力可值称赞；宋真宗虽然软弱无能，但其能够重用寇准等名臣，最终以帝王之身而处前敌的情况下与辽国订立“澶渊之盟”，确保了宋辽两国此后的近百年和平，也算史有其功；而继真宗而立的宋仁宗，则以其难得的胸怀和仁心，为中国培养了众多的历史文化名人，诸如范仲淹、韩琦、富弼、文彦博、司马光、狄青、欧阳修、曾巩、张先、柳永、晏殊、梅尧臣、苏洵、苏轼、苏辙等，开创了中华民族继春秋战国、两晋之后，又一个文化高峰。

然而，当宋朝于其经济、文化都达到了新的历史高度时，却陷入了此后中华民族历代王朝不断重复的历史“悖论”和“怪圈”：拥有先进文明的民族国家，往往不敌经济或文明相对落后的“野蛮”民族侵略。先是北宋朝廷尽数沦陷于文化上野蛮落后的女真一族，承受了“靖康之耻”这个中国历史上最惨痛的事件（没有之一）；后是南宋朝廷再亡于元朝的铁骑，崖山一役，秀夫赴死，十万军民赴义，中国历史上命运多舛的宋王朝，再次以君死臣辱的惨烈结局落下了历史的帷幕。尤其是在诗词歌赋和文学艺术水平上达到了帝王顶峰的北宋徽、钦二宗，同时也将北宋王朝推向了耻辱的极端。站在今天的视角审视两宋的惨亡，其根本原因还在于其在制度设计上采取了重文抑武之策，过度抑制军人地位，使有宋一朝之军队可谓历史上最孱弱之军队，这样的军队，一旦有强敌从外部侵入，则王朝必将岌岌可危。

两宋悲惨的历史际遇，正在于其周围强敌环伺。

北宋的主要对手、北部的大辽自太祖耶律阿保机以信威万里建政之后，采取了“一国两制”的开明政策，加速了胡汉融合，使其国力日益强盛；后继之君辽景宗和萧太后，政治开明，重用汉臣，使得辽强宋弱的格局进一步强化；而由党项人李元昊开创的西夏王国，也因为宋朝的孱弱而不断坐大，并在军事上逐渐取得了对宋和辽的重大胜利，最终成为与辽、宋比肩的西域强国；而在大辽国土上逐渐发展坐大的女真政权，也因为其开国之君完颜阿骨打的英明神武和辽国亡国之君天祚帝的荒淫无能而最终击灭大辽，成为北宋北方的又一劲敌强邻。正当女真在北方日益强大之时，北宋又采取了背盟弃义的“联金灭辽”外交策略，则进一步加速了自身的覆亡。

靖康耻后，继承了北宋政治遗产的宋高宗赵构为了实现其皇权梦想，不但不吸取其父兄纵敌亡国的教训，而且进一步强化了其重文轻武的既定“国策”。在其主导下，南宋朝廷不但贬斥了主战派大臣李纲等人，而且杀害了一心“直捣黄龙”、“雪耻靖康”的名将岳飞，更是违背了宋代开国诸君“不杀士人”的祖训，斩杀了直言朝政之失的大学士陈东与欧阳澈。在这样的政治生态下，如秦桧、张俊、贾似道一般的权奸当政，而像岳飞、韩世忠、孟珙、刘琦、魏胜这样的“中兴名将”反不得善忠，最终使得中华民族历史上这段混乱的“四国杀”所导致的破碎河山，又为蒙古帝国统一华夏、问鼎中原，提供了重要的历史舞台和重要契机。

210. 宋祖赵匡胤：宽厚长者与完美人格

读史五代，犹如艰难穿越历史的汹涌大浪。因其残酷多难至极。是以无论何人，能结束这一混乱局面者，必将为史家所青睐。继英年早逝之周世宗柴荣后，一个具有开创意义的伟大帝王横空出世，其即为宋太祖赵匡胤。观宋祖一生，出身将门，追随明君，文治武功，德才兼备，作为五代十国之终结者和大宋王朝之开拓者，其可谓中华历史上一承前启后之重要人物。而其以宽厚的胸怀、完美的人格和所施的善政，使其广为后世所传颂：

首先，宋太祖奉行“文以靖国”理念，施行“重文抑武”的基本国策，使宋朝从五代的纷乱中趋于一统和稳定。太祖即位后采取了一系列尊孔崇儒、完善科举、创设殿试、知人善任、厚禄养廉等重大举措，彻底扭转了唐末以来武夫专权之黑暗局面，使宋代文化空前繁盛，以至于后人有“宋朝是文人乐园”之称誉。宋太祖称得上既是五代十国野蛮政治之终结者，又是后世历朝文明政治之开拓者。

而有宋一代，之所以出现人才辈出、群英荟萃、文化繁盛的局面，一个根本原因是宋代基于隋唐科举制度的弊端，对科举制度进行了有效的改革，开创了锁院制度（即在主考官、副考官等考官人选确定后，立即将他们锁于贡院之中，断绝他们与外界联系，避免出现考官向亲朋好友泄露试题的现象）、弥封制度（即在考生考试结束后，由专人将考生试卷上的姓名、籍贯等部分用纸糊起来，再交给考官评判，直到最后统计成绩时，才能拆封公布姓名，否则即为作弊，这也是后世考试中密封试卷制度的起源）、誊录制度（据宋人记载，实行弥封制后，科场上又发生了考生在试卷上书写标记、暗语的问题，于是“誊录”之制随之出现：在考生交完试卷后，朝廷雇请一批抄写书手将考卷重新誊录一遍，再交考官，其用意在于进一步杜绝“弥封”措施的纰漏）、别试制度（即针对考官子弟特设考场考试的制度。在这样的特殊考试过程中，另派考官监考、阅卷，以防止徇私舞弊现象出现。同时，对当朝大臣权贵的子弟往往还要多复试一次，以甄别是否有人利用权势将无能子弟的成绩拔高），使终宋一代的科举考试相比较隋唐的科举考试更加公平，从而使大批寒门学子能够被选拔到体制成就功名，从根本上确保像黄巢这样的“人才”终为王朝所用。有宋一代，始终没有大规模的民乱，原因正在于此。

另外，宋史载赵匡胤还曾在石碑上（一说为铁块上）刻下留给子孙的遗言，史称“誓碑遗训”，规定宋朝历任皇帝即位时，都必须拜读这份遗训；相传这份遗训至为机密，除了特定宫中人士之外，甚至连宰相都不知道。后来金朝打败宋朝，占领皇宫时，才发现这份文件的存在。遗训记载的内容如下：

1. 柴氏子孙有罪，不得加刑，纵犯谋逆，止于狱中赐尽，不得市曹刑戮，亦不得连坐支属；

2. 不得杀士大夫及上书言事人；

3. 子孙有渝此誓者，天必殛之。

值得肯定的是，宋朝的历代皇帝基本上都遵守了这个誓碑遗训。

而这项制度从一个侧面也反映了首创者赵匡胤本人温厚的个性和大宋的“善政”方针。

其次为开创史无前例之中央集权。赵匡胤通过“收其精兵，稍夺其权，制其钱谷”三大纲领，巧妙地“杯酒释兵权”、“削弱相权”、“罢黜支郡”、“强干弱支”、“内外相维”、“三年一易”、“设置通判”、“差遣制度”等措施将军权、行政权、司法权、财政权牢牢控制于皇帝一人之手。一举铲平“安史之乱”以来藩镇割据、武夫乱政的历史乱局。

在赵匡胤诸项强化中央集权的措施中，最为后人所称道的是其“杯酒释兵权”举措，既避免了大量的杀戮，又稳固了政权。《宋史》载，一日太祖忽屏左右，谓（诸大将）曰：“我非尔曹不及此（没有你们的拥戴，我也当不上皇帝）。然吾为天子，殊不若为节度使之乐。吾终夕未尝安枕而卧。”守信（石守信，大将）等皆问何故。太祖曰：“是不难知矣。居此位者，谁不欲为之。”守信等顿首曰：“今天命已定，谁复敢有异心，陛下何为出此言耶？”太祖曰：“人孰不欲富贵，一旦有以黄袍加汝之身，虽欲不为，其可得乎？”守信等皆顿首涕泣曰：“臣等愚不及此，惟陛下哀矜，指示可生之途。”太祖曰：“人生驹过隙尔，不如多积金，市田宅，以遗子孙，歌儿舞女，以终天年，君臣之间，无所猜嫌，不亦善乎？”守信等谢曰：“陛下念及此，所谓生死而肉骨也。”明日，遂皆称疾请罢。太祖许之，慰抚赐赉甚厚（反而言之，此举亦发端有宋一代制度性腐败，埋下宋亡的因子）。

三为开创了前所未有的经济繁荣。赵匡胤在国计民生方面的建树主要有二：一是下大力对长期疏于治理的水患进行了综合整治。五代时期，黄河决堤、改道，淹没村庄农田，宋初也不断有水灾出现。赵匡胤即位后不久，即令黄河沿岸修堤筑坝，并大量种树，以备防洪时用。规定每年正月、二月、三月，为黄河堤坝例修期，并下令严格巡察，防患于未然。因此，素以黄害著称的黄河在太祖在位的17年中，没有出现严重的灾害。除了黄河之外，宋太祖对运河、汴河、蔡河等主要河流也做了不少修整，对于稳定当时的农业经济、促进商业的流通，起到了重要作用。二是赵匡胤还重视农业生产，减轻徭役，赋税专收。地方赋税一小部分作为地方开支，其余全部由中央掌握（除了加强中央对财政的控制之外，赵匡胤的另一个目的是以金钱布帛赎回被后晋高祖石敬瑭献给契丹的燕云十六州，但事未成而人已逝）。此外，赵匡胤还在澄清吏治、劝奖农桑、减轻徭役、发展生产、移风易俗等方面进行了改革和建设，促进了社会经济的发展，不仅很快医治了400年的战争创伤，而且迅速把宋朝推向经济空前繁荣的局面，出现了历史上享有盛名的“建隆之治”。

而赵匡胤被后世广为传颂的，更在于其胸怀的豁达和人格的完美。除了被后世各地戏曲传唱的“千里送京娘”的美好故事外，还有很多经典故事见之于各种史料：

故事一：赵匡胤器量宽宏，不以杀戮服人。一次与群臣宴乐，其中有翰林学士王著，原为后周世宗柴荣故臣，由于醉酒而思念故主，不由当众喧哗痛哭。群臣皆为其担忧。殊料赵匡胤毫不怪罪，反命人将他扶出去休息，而王著还不肯出去，掩于屏风后痛哭。第二天，有人奏请严惩王著。赵匡胤则说：“他喝醉了。世宗在时，我和他同朝为臣，熟悉他的脾气。他一个书生，哭哭故主，也不会出什么大问题，让他去吧。”

故事二：赵匡胤在陈桥兵变后回师进入开封皇宫时，见周世宗婴子。时范质、赵普、潘美都在一旁，赵匡胤问他们怎么处理。赵普等回答说：“应该除去，以免后患。”赵匡胤说：“我接人之位，再要杀人之子，我不忍心。”就把这婴儿送给潘美抚养，以后也没再问起过此事，潘美也一直没有向赵匡胤提起这婴儿。此婴儿成人后，取名惟吉，官至刺史。

故事三：史传赵匡胤兵变时，陈桥守门官闭门防守，不放赵匡胤军通过。赵匡胤只得转道封丘，封丘守门官马上开门放行。赵匡胤即帝位后，反而晋升了陈桥守门官的官职，称赞他忠于职守，并斥责封丘守门官临危失职，将他斩首。

故事四：赵匡胤喜欢用弹弓弹鸟雀。一次，一个臣子声称有紧急国事求见，赵匡胤马上接见了他。赵匡胤一看奏章，不过是很平常的小事，甚为生气，责问他为什么要说谎。臣子回答说："臣以为再小的事也比弹鸟雀要紧。"赵匡胤怒用斧子柄击其嘴，打落两颗牙齿。此臣子慢慢俯下身，拾起牙齿置于怀中。赵匡胤怒道："你拾起牙齿放好，是想去告我？"臣子回答说："臣无权告陛下，自有史官会将今天的事记载下来。"赵匡胤一听，顿然气消，知道他是个忠臣，命令赐赏他，以示褒扬。

博按：历史的浪花淘尽英雄。五代之史，犹如中华历史江河中一波巨浪，而五代十国之君，则如过江之鲫，其如朱温者，因为人品低劣而被淘汰；如李存勖者，因为有勇无谋而被淘汰；如李嗣源者，因为用人失策而被淘汰；如柴荣者，因为英年早逝而被淘汰；而刘汉、南唐、后蜀诸国之君，则因为所处之地理位置偏远和胸怀智谋不够等原因而被淘汰。唯有赵匡胤一出而天下趋稳，客观上因为人心思定，主观上则因为其个人无论军事天才或政治手段，无论人性品格或胸怀格局，都可谓生逢其时，时值其用。以中国正史而言，宋太祖赵匡胤的历史功绩几可与秦皇汉武和唐太宗并列。然其为一改唐朝和五代藩镇割据之弊政，所采取之强化中央集权、扬文抑武等政，却使大宋积弱300余年，开创了华夏首次被异族整体灭亡之先例，更以改变民族血性的国策成为中国文化的分水岭。太祖之失可以从以下几个方面论之：一是帝权之过度强化削弱了中央和地方政府的积极性和进取心；二是互相牵制的文武分途国策极大分散了国家治理体系，尤其是重文轻武之策遗祸千年，至今中国尚有"好男不当兵，好铁不打钉"之劣质文化，其对宋朝对外用兵屡战屡败影响极大；三是猜防将帅，其防臣甚于防寇之武备政策，使大宋虽拥有世界上数量最庞大之军队，却徒作摆设，除了经常性地大溃败外，还要给辽、西夏、金、元巨额岁贡以购买和平；四是唯图和平、不思进取、消极退让的投降主义国策使有宋一朝国土面积最局促，三百年来多方称臣纳供，实历史所罕见。宋前后两朝均为金、蒙两落后之游牧民族所灭，实太祖建国之初，于制度设计上之重大失误所致。且以宋之发端，后之元明清诸朝，皆有所借鉴，终使中央帝国在专制集权的不归路上愈走愈远，抚古叹今，宁不扼腕而叹乎？

211. 大宋开国宰相赵普：虽以“半部论语”治天下，却于华夏遗患无穷

赵普，字则平，幽州蓟人。960年正月，与赵光义发动陈桥兵变，以黄袍加于赵匡胤之身，因此宋朝始建，赵普有襄主之功。964年，始任宰相，协助太祖筹划削夺藩镇，罢禁军宿将兵权，实行更戍法，改革官制，制定守边防辽等许多重大措施。赵普虽读书少，但喜《论语》，有“半部《论语》治天下”之说，成为儒学治国的名言。

史载赵普当政，有当用者，普荐其为官，一奏不用、二奏、三奏，直至太祖准奏。有立功应升迁者，太祖不予升迁，普为其力请，直至宋太祖从其请。

《续资治通鉴》载，赵普于开国之初，曾与宋太祖有过一段著名对话，今录之如下：

帝召赵普问曰：“天下自唐季以来，数十年间，帝王凡易八姓，战斗不息，生民涂地，其故何也？吾欲息天下之兵，为国家长久计，其道何如？”普曰：“陛下之言及此，天地人神之福也。此非他故，方镇太重，君弱臣强而已。今所以治之，亦无他奇巧，惟稍夺其权，制其钱谷，收其精兵，则天下自安矣。”语未毕，上曰：“卿无复言，吾已喻矣。”

后宋太祖果依普计，于961年“杯酒释兵权”，削夺朝中诸将兵权；又于其后不断采取措施加强中央集权，削弱地方财权，加强中央禁军建设，削夺节度使兵权，自此大宋走上了重文抑武的历史进程。

博按： 当赵普用命之时，天下大乱日久，读书人日少，是以赵普可以

“半部论语治天下”。然赵普因其思想之局限性，对大宋朝廷所开之药方，虽可苟安于一时，却使中国自此残破，军弱民劣，乃至今日仍有“好男不当兵”之说，日渐成为中华民族之一大劣根性。且赵普为政，专事腐败，可谓“治事有能而持心不正”之典型。史证其曾接受吴越王钱俶所送10瓶瓜子金，又违法从秦陇买来木材营建官邸，并庇护部下贪赃枉法，使宋朝自此形成体制化、制度化之腐败，从而埋下了宋亡伏笔。尤其中国儒家自宋以后所大力倡导之“忠君”者，不过上为皇家之私，下为一臣之利。按照赵匡胤和赵普所创立的赵宋制度，为臣者只要效忠于皇朝皇帝，不管施政能力如何，不管品行私德如何，即可为皇帝的好官，即可确保个人之荣辱，而此种“忠君”思想自宋开始泛滥于此后的历代王朝，使中央专制权力更加集中，而贪腐之风则愈演愈烈，此两端者，实中华政治文明自宋以后江河日下之内在驱动。

212. 宋金两个太宗，诚伪优劣互见

北宋开国之时，在其北部始兴起大金帝国。大金在其灭辽灭宋之后，亦有太祖太宗两帝出现，与大宋之太祖太宗遥相呼应。今试比较二位太宗之人格优劣。

先论宋太宗赵光义。976年农历十月十九日夜，大宋太祖赵匡胤召其弟晋王赵光义入宫饮酒，当晚共宿宫中。隔日清晨，赵匡胤驾崩（史有斧光烛影之说，多传赵匡胤为赵光义所杀）。而后赵光义即位，是为宋太宗。宋太宗即位后，于978年收吴越，次年灭北汉。基本统一了河北以南之中国。然太宗于此之外，“青史留名”者尚有两事，一为其继承赵匡胤为帝后，即逼杀太祖二子，最终将帝位传给自己的儿子（按太祖太宗之母杜太后安排，太宗应该将帝位传给太祖之子）。二为野史所载，宋灭南唐后，后主李煜投降并带其周皇后（外号小周后）被解到开封。周后每次入宫，都在赤裸后被5名宫人抬持，供太宗当众强奸，并由画工现场作画。太宗高大黑胖，小周后纤弱娇小，故这种流氓行为，对其精神、肉体都造成极大痛楚。以至小周后每次回家便对李后主破口

大骂，后主亦每日以泪洗面，并最终被太宗毒杀。一些相信佛家因果报应之说的史家甚至认为，北宋靖康亡国时，宋廷万千宗族女性被异族所辱乃是对太宗此举的“回报”。

再说后来一举攻下开封，给大宋留下“靖康之耻”的大金太宗完颜晟。其亦为金太祖完颜阿骨打之弟，同样以兄终弟及之序即位后，继续进行灭辽战争，1125年，消灭辽朝。开始进攻宋，1126年，攻下汴京，给北宋也给中带来了刻骨铭心的“靖康之耻”。其后，金太宗亦进行了经济、军事改革，并且他本人非常节俭。他下诏在女真旧地实行赋税制，不得私役百姓；规定权势之家不得买贫民为奴；并多次下诏敦劝农功和派遣使臣到各地劝农。更值得称道的是，金太宗去世后，将帝位传给太祖阿骨打长孙梁王完颜亶，是为金熙宗。

博按：太宗光义之得帝位，本有“斧影烛光”之疑，既得帝位，又逼杀其侄，传位其子，为有宋王朝权力交接开创了极为不好的先例。而关于野史所传宋太宗奸淫小周后一说，虽不可信，但却从一个侧面说明后世对宋太宗人格品行的怀疑和纠责。后当其子孙无能而致国灭子掳时，其成百上千的子媳孙妇被金人所辱，若其泉下有知，当做何思哉？是以史家称：宋太宗以天下私之子，金太宗乃以天下还之侄，故曰：“夷狄之有君不如诸夏之无也。”（出自《论语·八佾》：子曰：“夷狄之有君，不如诸夏之亡也。”这里有两种相对的说法。一种说法是，落后的民族有君主，不如华夏没有君主统治便利。另一种说法是，连夷狄都有贤明的君主，但是华夏却没有。本文用后一种）

213. 高梁河战役的另类解读：一个帝王的人品定格，一个王朝的命运缩影

公元979年（宋太宗太平兴国四年）五月，北宋灭亡北汉后，宋辽直接对峙。被怀疑以“非正当手段”即位的宋太宗赵光义欲挟灭汉军威一举夺回后晋时期被辽国占领的幽云十六州，以此完成真正意义上统一华夏的历史使命，从而建

立比其兄长赵匡胤更加辉煌的历史功绩。在这个掺杂一定私心的战争企图下，遂有历史著名的高梁河一役。这场发生在今天首都北京核心地区西直门一带的重要战役，对宋朝此后三百年历史具有十分重要的意义，是以专以论之：

979年，赵光义下令调发各地屯兵，并于五月二十日，挥军从太原分路东进，翻越太行山，二十九日抵镇州（河北正定），进入河北平原，兵锋直抵幽州（今北京）。时辽国除以大丞相、南京留守韩德让和大将耶律斜珍率兵防守幽州外，还在宋军进攻北汉时增派北院大王耶律希达、将领萧托古和伊实王萨哈加强防务。并在隋唐蓟城的基础上对幽州进行大规模扩建，从而使幽州城成为方圆36里，城高3丈、宽1.5丈，人口30万的陪都和军事、政治重镇。

但是，因为在围破太原时三军苦战数月，得胜后军心图赏，而赵光义却以“破幽州后并赏”的错误决策，使诸军兵将心有不满（太宗可谓不知兵也，兵法曰：赏贵信、赏贵速）而多不愿行。

六月二十三日，宋军已推进至幽州城南。宋辽初接战，辽军小败，宋军四面围攻幽州城。辽景宗耶律贤以名将休哥代替奚底，统帅五院兵马驰援幽州。而宋军由于围攻幽州坚城不下，“将士多怠”，士气低落。七月初六，耶律沙大军至幽州，赵光义督诸路军攻击，两军战于高梁河，耶律沙力战不支而败退。令赵光义始料未及的是，耶律休哥率军出其不意间道而来，人人手持火炬直冲，宋军不知其多寡，未等接战心里已经发怵，故不敢接战，欲据高梁河为抵御之计。耶律休哥与耶律斜轸各自统帅精锐骑兵，从耶律沙的左右翼挺进，乘夜夹攻宋军，实行两翼包围钳击之势。战斗激烈非常，耶律休哥身先士卒，身被三创犹力战。城中耶律学古闻援军已至，也开门列阵，四面鸣鼓，城中居民大呼，响声震天动地。耶律休哥继续率部猛攻，这时宋军才发觉已被包围，又无法抵抗辽军的猛攻，只能纷纷后退。耶律沙从后面追击，而休哥与斜轸两军也对宋军实行超越追击。宋军大败，死者万余人，连夜南退，争道奔走，溃不成军，赵光义与诸将走散。慌乱中赵光义乘驴车南逃。耶律休哥时已受重伤，不能骑马，左右用轻车载着他，代他发号施令，继续追击。一直追到涿州城下，获得兵器、符印、粮草、货币不可胜计。赵光义于七月初七日天明之后，已先到达涿州城外，当时宋军的败兵还没到。他又绕过涿州城，直奔金台屯，见诸军尚未到达，才敢停住“车驾”观望。初九日，赵光义见诸军仍然未到，便使人往探，这才知道诸军仍在据守涿州，而且有策划立太祖子武功郡王德昭的事，于是急命崔翰往传诏命班师。

八月初二，赵光义行从征失律之罚，贬西京留守石守信为崇信军节度使，彰信军节度使刘遇为宿州观察使。同时因为北征不利，连平太原之赏也免了。当时很多人认为这样不行，皇子（赵匡胤之子，因有约以其为嗣君，是以当时亦称“皇子”而不称“皇侄”）武功郡王赵德昭上谏道：“当先行太原之赏，再行幽州失律之罚。”宋太宗当时大怒，想起诸将在找不到自己时曾有意立他为帝，说：“待汝自为天子，赏未晚也！”德昭被逼无以自明，退回私舍之后拔剑自刎。

博按：高梁河之战是宋辽战争中首次也是最重要的一次战役，这次战役的惨败，不但使北宋立国之初所培植的禁军精锐损失惨重，而且使此后的宋辽歧沟关之战和君子馆之战时，宋军在心理上处于劣势一方，从而主观上导致了此后两场战争的接连失利，也使宋太宗从此不敢再奢望收复燕云，而此后近300年间宋弱辽强的战略态势也由此战之败而基本奠定。后世总结这次战役的得失，具体而详细，在此不再赘述。本文按照独辟蹊径的原则，单从宋军统帅赵光义的人格人品来解读这场战争的得失。

首先，从历史角度讲，宋太宗赵光义主动发动这场收复国土的战争无疑是正确的，然而，以本书的观察，从赵光义本人角度来讲，却是其为了个人目的而发动的一场“正名之战”、“立威之战”、“炫耀之战”。因为在中国历史上，以兄终弟及方式即位的赵光义既没有太祖的明确遗诏，又出现了“斧光烛影”的重大嫌疑，是以在当时的朝野，事实上有很多人对他继承帝位的合法性持有严重怀疑的态度，在这样的舆论形势下，太宗力图以良好的政绩和杰出的军功向朝野证明自己是一个“合格”的帝王接班人。因此，这一场明显不该发动（起码是不该在错误的时间内发动）的战争，却在他这样的心态下贸然发动了。以此可见，此战实败于宋太宗“秉心于私”之上。

其次，从战争组织者角度来看，宋太宗在长期用兵（为时半年）击灭北汉的情况下，既不做适当休整，又不大犒三军，激励士气，而是仓促转师北上，再图面对强敌，一则反映了太宗急于建功的心态，二则反映了其不讲信用、不知赏罚、贪图小利的性格特点。因为灭北汉这样的大功劳，可能要大大浪费他国库的银子和无数个官职品位，在这件关乎军心士气的大事上，他的私心再次作祟，而于两军阵前这样的“私心”终于使战场上的将士们失去了为他卖命的勇气和果敢。而这两点都反映了太宗“秉心于私”而非“持心于国”。

最后，从战争中太宗逃跑，路过涿州而不入，后又导致其于朝廷大臣和皇子赵德昭的误会上，可以看出太宗为人多疑而且器量狭小。事实上，如果太宗乘驴车逃跑时，如果不是逃命心切和多疑的性格，但能派人下车打探一下虚实，就可以入于涿州，并组织收拢败退力量再与辽交战。而且，从后期战况统计看，此战宋军损失并不大，而且此战参战士兵多属于太祖长期精心训练的精锐部队，养之有素，只要组织得当，安抚有效，很快可能形成新的作战能力，然而，太宗亡命奔逃，过涿州疑心城陷而不入，最后导致朝野君臣之间的误会加深，可以说都根源于太宗怯战保命和狐疑局促的胸怀性格。而且，在战后的赏罚处理上，宋太宗不论太原之赏，先行高梁河之罚，亦再次反映了他的“私心”和“胸怀气度”。三军之败，首责之于主帅。太宗以御驾亲征，而且不听众将之劝，轻率举兵，大败后不但不能“罪己”，反而要责罚于众将，而且连众将在北汉时的功劳也要全盘抹杀，可见其“使性用私”之甚。而且，当其侄子、太祖之子、未来的皇位继承人向他建言时，竟以恶劣之手法逼其自裁，后又将皇位传给自己的儿子，事实上再次造成了朝野对他的不信任，也为后续的对辽战役落败埋下了伏笔。

214. 宋辽歧沟关之战：一个经典战例背后的忠奸演义

高梁河之战后不久，不甘心失败的宋太宗于986年（雍熙三年，因此史称“雍熙北伐”）春天再一次发动北伐。此役宋太宗再次御驾亲征，并命老将曹彬为幽州道行营前军骑水陆都部署，以十万大军向雄州、霸州方面做主要进取方向；命米信为西北道都部署，率军出雄州（今河北雄县）；以田重进为定州路都部署，出飞狐（今河北涞源）。同时，宋太宗又以潘美、杨业为正副统师，率领云、英、朔诸州宋军出雁门伐辽。

辽承天太后萧绰闻讯，决定以骑兵之长和平坦广阔的有利地形，集中主力先破宋东路军，再移师逐个击破。遂部署南京留守耶律休哥率部先趋涿州阻击，继以东京留守耶律抹只率军驰援幽州；自与圣宗率精骑数万进抵驼罗口（今北京南口附近）应援。同时，以北院枢密使耶律斜轸为山西兵马都统，率军进援山后，阻击宋中、西两路军东进。命林牙（官职）勤德守平州（今河北卢龙）海岸，以防宋军由海上袭击侧后。

雍熙北伐一开始，宋军诸路皆捷：曹彬一路攻克固安南城，田重进于飞狐北破辽兵，潘美在西陉痛击辽军，克辽朝寰州。不久，曹彬又克涿州，潘美克朔州，下应州，破云州。米信方面，宋军又于新城大败辽军。（此一系列小胜其实为草原民族擅长的诱敌深入之计）

宋太宗在大军将军，曾嘱诫诸将“持重缓行，毋贪小利以要敌”。然而，担任主攻的曹彬十万大军在涿州待了仅仅十几天，就吃尽了军粮，“乃退师雄州以援供馈。”宋太宗闻报，大骇：“岂有敌军在前不顾而退军待军粮之理！”忙遣使制止曹彬，并告诫曹彬不要再向前进军，率军沿白沟河与米信宋军会兵，“按兵蓄锐以张西师之势。”宋太宗本意很好，想等潘美等人尽得山后土地之后，田重进再东下与曹彬、米信会合，全师制敌，与契丹大军决战。

孰料，曹彬统下诸将听说潘美、田重进等部连战连捷，深耻己军无功，“谋画蜂起，更相矛盾”。老将曹彬一时无策，便顺从诸将之意，“乃裹五日粮，再往攻涿州。”

当时，辽朝萧太后、韩德让、辽圣宗等人在涿州东五十里的地方扎下御营，听闻宋军来击，便遣耶律休哥轻兵疾行，阻击宋军。宋军边急行军边迎战，路上足足用了四天时间，才得以进达至涿州。“时方炎暑，军士疾乏，所赍粮不继。”无法，宋军得城不能坚守，又弃之而去。

曹彬先遣人率涿州百姓退走，自率大军殿后。由于人多兵疲，缺粮少水，宋军战斗力极度下降。耶律休哥率辽朝生力骑兵一路尾随，边杀边追，一直追到歧沟关，待辽军援军集中才发动总攻，宋军大败。曹彬收拾残兵，连夜抢渡拒马河。幸亏宋将李继宣死战，才使得小股宋军逃脱。而数万宋军，或被杀，或被溺，或被俘，损失巨大，“为辽师冲击死者数万人，沙河为之不流，弃戈甲若丘陵”。

由于东路主力大败，宋太宗合围幽州的战略意图再难实现。辽朝方面开始反扑，耶律斜轸统十万大军赶至安定西，与宋朝雄州知州贺令图相遇，双方大战，宋军又败，被杀一万多人。辽军乘胜攻陷蔚州、寰州等地。深知西路军已经无望，宋太宗下诏指示潘美，让他与杨业一起引兵护送云、朔、寰、应四州百姓内迁。是时宋军运源、应州守兵皆弃城南走，契丹军乘胜突入寰州，杀守城吏卒千余人。副帅杨业见斜轸军已据寰州，兵势大振，欲避其锋，向潘美等建议道："今辽兵益盛，不可与战。朝廷止令取数州之民，但领兵出大石路，先遣人密告云、朔州守将，俟大军离代州日，令云州之众先出。我师次应州，契丹必来拒，即令朔州民出城，直入石碣谷。遣强弩千人列于谷口，以骑士援于中路，则三州之众，保万全矣。"而监军王侁却建议："领数万精兵而畏懦如此。但趋雁门北川中，鼓行而往。"护军刘文裕也赞成王侁的主张。杨业觉得这样必败，王侁便挖苦道："君侯素号无敌，今见敌逗挠不战，得非有他志乎？"杨业无奈，妥协道："业非避死，盖时有未利，徒令杀伤士卒而功不立。今君责业以不死，当为诸公先。"将要进发之前，杨业哭对潘美说："此行必不利。业，太原降将，分当死。上不杀，宠以连帅，授之兵柄。非纵敌不击，盖伺其便，将立尺寸功以报国恩。今诸君责业以避敌，业当先死于敌。"又指陈家谷口说："诸君于此张步兵强弩，为左右翼以援，俟业转战至此，即以步兵夹击救之，不然，无遗类矣。"潘美便与王侁等在谷口列阵。

斜轸初闻杨业兵将至，命萧挞凛伏兵于路。是日晨，杨业兵果到，斜轸佯退，之后伏兵出，杨业败走，退至狼牙村。王侁等人从凌晨等到将近晌午时分，派人登台眺望，以为契丹军已经败走，想要争功，遂领兵离开谷口，潘美不能制止，率军沿交河（今桑乾河上游）西南行进二十里，得知杨业兵败，竟不往救援，而全军退走。而杨业自晌午力战到傍晚，且战且退，终于退到陈家谷口，却未见半个宋兵的影子，乃顿足捶胸，拊膺大恸，再率部下力战，身上受伤十余处，士卒战死殆尽，杨业仍然手刃数十乃至上百敌兵，因其马重伤不能行，藏匿于深林之中，被契丹将耶律奚底一箭射中，落马成擒，其子杨延玉、部将王贵尽皆战死。杨业被擒后，绝食三日而死。

七月下旬，宋军在山后全面溃败，各城守军皆弃城而走，斜轸遂收复山后，辽主酬其功，加守太保，又以蒲奴宁为山后五州都管。宋太宗闻杨业败死，追赠大同军节度使，录其子五人。潘美因此"降三官"，王侁、刘文裕除官配隶他州为役。

博按：岐沟关之战宋朝自高梁河之战后为收复幽云失地所做的又一次努力，也是宋朝第二次主动进攻，此次进攻由于投入兵力之多，作战范围之广，都是宋初战争史上少有的，可以看作是宋辽双方的一次总决战，也是中国军事历史上少有的外线进攻、分进合击与内线防御、各个击破的经典之战。无论是失败一方的大宋，还是胜利一方的大辽，都有值得深刻总结的经验教训。

其一，外线进攻、分进合击讲求持重用兵，计划周密，配合得当。但宋军四路大军于作战中基本毫无配合，不相照应，从而给辽军创造了各个击破的时机，此为宋军失败的战略指导上的根本性原因。这再次反映了宋军主帅宋太宗军事指挥素养上的不足。

其二，宋军战术上的失误也非常明显，尤其是曹彬一路，十万大军出师，不但没有在后勤补给上做万全准备，使后勤补给线被契丹轻易切断；而且在粮尽时居然全军而退，再被宋太宗一诏挡回，退而复进，听说萧太后大军已到，又掉头而退，终为休哥所乘。兵家有云："用兵之害，犹豫最大；三军之灾，莫过狐疑。"用在曹彬身上最为合适。

其三，契丹方面的胜利可圈可点之处很多，主要体现在以下三个方面：首先，契丹方面的防御及反攻战略比较合理，先是做战略收缩，诱敌深入，以燕京为防御轴心，对山后诸州的失陷暂时不理，以局部牺牲换取重要战略方向的决胜；其次，在对宋军曹彬主力采取的不是硬碰硬的对磕，而是坚守要地、寻机袭扰的迟滞战术，在宋军势不可挡时能够遏止其进程，又将之逼退，这是契丹取胜的关键；再次，持重待援，各个击破，在曹彬败退后没有贸然出击，而是等待援军到来后再行决战。得胜后再全力驰援其他战场，可谓主次分明、措置得当。

而在这场战争中，由于西路战场"内官监军"王侁的胡乱指挥，不但使宋军失去了一员忠烈勇将杨业，而且在后人的演义下使另一位名将潘美被丑化了上千年。今特为正之：

潘美本为宋初名将，曾在北宋伐南汉之战中，虚实并用，声东击西，多次以少胜多，战胜攻取多见其功。伐南唐之战，师次秦淮河，舟楫未具，挥众涉水，大破南唐兵；但是陈家谷之战前竟被王侁怂恿，置杨业于死地，又无法制止王侁擅自行动，撤离谷口，杨业兵败又不救援，这种表现固然有潘美的重大责任，但当时潘美已然是66岁的老将，常年的征战已然使他失去了锐气，加之官至晚年，不愿意得罪太宗的“红人”（宋制，监军一般为皇帝比较信任的宦官），所以听从了王侁的安排，也因此成就了千古骂名。后世流传甚广的《杨家将》、《杨门女将》等小说、戏曲和民间故事中，以潘美为原型的潘仁美成了典型的大反派，背上了本来不属于他的历史黑锅。事实上，此次战役后潘美被削三级，导致杨业之死的罪魁祸首王侁被除名流金州，刘文裕除名流登州。而潘美虽然于第二年官复原职，但他仍旧悒悒不乐，数月而卒。真实的潘美，在此后的岁月里与杨家儿女没有任何关系。然而，陈家谷之战，虽然王侁先离开而致使缺守，但是潘美身为主将，不能约束监军的错误行为，对于杨业之死，他亦难辞其咎，因其身为主帅而不洞然战场形势且没有力护勇将之故。而后世对其的有意丑化，无疑是后世民间惯用的扬善抑恶的演义笔法而已，后世为将为帅者，当明其中深义。

215. “澶渊之盟”后的封禅大戏和“靖康之耻”的内在因果

1004年秋，大辽萧太后与辽圣宗亲率大军南下，深入宋境，直逼宋都开封。一时间，有的大臣主张避敌南逃，连宋真宗本人也想南逃，因宰相寇准力劝，才勉强赶赴澶州督战。宋军在真宗亲临、寇准亲自指挥的鼓舞下，士气大振，取得了在澶州城下射杀辽将萧挞览（一作凛）的战果。加之辽军背后尚有宋军出击，辽军害怕腹背受敌，提出和议。宋真宗畏敌，先通过降辽旧将王继忠与对方暗通关节，后派太监曹利用前往辽营谈判，于1005年1月与辽订立和约，规定宋每年送给辽岁币银10万两、绢20万匹。因澶州在宋朝亦称澶渊郡，故史称“澶渊之盟”。此后宋、辽之间百余年间不再有大规模的战事，礼尚往来，通使殷勤，双方互使共达三百八十次之多，辽朝边地发生饥荒，宋朝也会派人在边境赈济，宋真宗崩逝消息传来，辽圣宗“集蕃汉大臣举哀，后妃以下皆为沾涕”。

澶渊之盟签订后，宋真宗赵恒开始颇以此为豪。不料一天，参政王钦若却对他说：“城下之盟，《春秋》耻之。澶渊之举，以万乘之尊而为城下盟，无过于此！”王钦若此话，本是为贬低寇准，但同时给爱虚荣的赵恒泼了一盆冷水。然而，“性倾巧，敢为矫诞”的奸臣王钦若进而言道：“陛下若出兵收复幽、蓟两州，就可以洗掉澶渊之盟的耻辱了。”赵恒说：“河北百姓刚免了战争之苦，我哪忍心再挑起战争呢？还是想点其他主意吧！”王钦若乘机说：“那就只有封禅可以镇服四海、夸示外国了。但自古封禅，都得有‘天瑞’出现才行。”接着又说：“当然，这‘天瑞’不是说要就有的；前代之所谓‘天瑞’者，有些是人为搞出来的，只不过人主把它当真的崇奉起来，并以之昭示天下，就会同真的一样了。古代传说的‘河出《图》、洛出《书》’，难道真有这么回事吗？那不过是圣人以神道设教罢了！”赵恒听了，当然心领神会，但又担心地说：“王旦也许不会同意这么干吧？”（王旦是当时的宰相，此时寇准已被排挤出朝）。王钦若说：“我去向他暗示这是出于圣意，估计不会不同意。”果然，经过王钦若游说，王旦同意了。但赵恒心里还是不踏实，就把王旦召来宴饮，君臣欢娱之间，赵恒命人取出一樽酒赐与王旦说：“带回去同老婆孩子一起享用吧！”王旦回家后打开一看，酒樽里面盛的全是美珠。（此举可谓开皇帝行贿大臣之先例）

1008年正月初三，宰相王旦率群臣早朝完毕时，有司来报，称“有黄帛曳（吊在）左承天门南鸱尾上”，赵恒于是“召群臣拜迎于朝元殿启封，号称天书”。为了证明“天书”是从天而降，赵恒还特意精心编造了一个故事：“一夜我刚要睡，忽然卧室满堂皆亮，我大吃一惊，见到一个神人忽然出现，此人星冠绛袍，对我说：‘一月三日，应在正殿建黄箓道场，到时会降天书《大中祥符》三篇，勿泄天机！’我悚然，起身正要答话，神人忽然消失，我马上用笔把此事记了下来。从十二月一日起，我便蔬食斋戒，在朝元殿建道场，整整一个月恭敬等待，终于盼来了天书。适才城皇司来奏称在左承天门南发现有帛布悬于屋脊上，即遣中使去察看，回报说帛布还包有类似天书的东西，封口隐然有字。原来正是神人说的天书啊！”王旦等人当然心领神会，“当即再拜称贺”。赵恒于是率百官步行到承天门，诚惶诚恐地把那所谓的“天书”迎奉到道场，当众开了封口。只见帛布上写的是：“封受命。兴于宋，付于慎，居其器，守于正，世七百，九九定。”另外还有黄色字条三幅，内容的意思是说赵恒以孝道承统，务以清净简俭，必致世祚长久云云。赵恒命知枢密院事陈尧叟宣读后，依旧包起，郑重盛入预先准备好的金柜中，另派官员祭告天地、宗庙和社稷。即在崇政殿设斋宴，接受百官朝贺。为了扩大影响，赵恒趁热打铁，接连下了几道诏令：大赦、改元、改左承天门为承天祥符、群臣加恩、特许京师聚饮三日以示庆祝，等等。又授意一班吹鼓手如陈尧叟、丁谓等益以经义加以附和。一时间全国上下掀起了一股“争言祥瑞”的热潮。如此闹腾后，三月间即由王旦牵头，动员文武百官、藩夷僧道及耋寿父老等二万四千三百余人，连续五次联名上表请求赵恒封禅。赵恒召三司使丁谓问了经费事宜后，即命翰林及太常详拟封禅仪注，又任命了主要负责官员，其中王旦为封禅大礼使，王钦若为封禅度经制置使，丁谓负责计度财用。六月初，派王钦若为先行官，赴泰山筹办具体事宜。王钦若一到乾封（今泰安县）即上言：“泰山醴泉出，锡山苍龙现。”不久，又遣人将自己伪造的“天书”驰送京都。赵恒再次召集朝臣吹牛说：“五月丙子夜，我又梦见上次的神人对我说：‘来月上旬，将赐天书泰山’。即密谕王钦若等凡有祥瑞立即上报，果然应验了……王旦等于是再拜称贺”。

当舆论宣传达到相应效果、一切准备就绪之后，真宗即于十月初正式就道东行。“天书”被载以玉辂，在前开路；王旦等文武百官随从；还有一大批供役人员，一行浩大的封禅队伍，历时十七天始达泰山。在山下斋戒三日后，始行登山。按照事先拟定的礼注，在山上完成了祭天大典后，第二天又下到社首山行了祭地礼。赵恒改乾封县为奉符县；封泰山神为“天齐仁圣帝”；封泰山女神为“天仙玉女碧霞元君”；在泰山顶唐摩崖东侧刻《谢天书述二圣功德铭》。之后，又是一连串的庆贺活动。总计这次“东封”，包括到曲阜祭孔在内，花了四十七天时间，演绎了一场场面宏大的历史闹剧，而赵恒也成为中国历史上封禅泰山的最后一位皇帝。

就在赵恒封禅大戏落幕后的近一百二十个年关，“靖康之耻”降临在大宋的历史天空，赵恒的第五代传人徽宗和第六代传人钦宗，带着他们的臣子和数万皇室子女妻妾，沦为金兵的奴隶，开创了中华民族最悲催的一幕。而赵恒造假的“天书”上所写的“世七百，九九定”的历史谎言，终为残酷的现实所击破。

博按：关于澶渊之盟，后世之史学家常以此为宋真宗及寇准等人大唱赞歌。但站在一千年后的今天回望那段历史，却发现正是澶渊之盟的订立，使宋朝以真宗为首的统治阶层开始进入自我陶醉的迷茫时代。尤其是为了掩盖其订立“城下之盟”的军事失败，真宗开始大兴祥瑞，东封泰山，西祀汾阳，粉饰太平，又广建佛寺道观，劳民伤财，导致社会矛盾不断加深，为日后宋朝的财政危机种下了祸根。在一千多年后观察由真宗赵恒亲自导演的这场因澶渊之盟而起的“封禅”大戏中，我们看到的是中央专制集权体制下，皇权的虚伪和矫妄，廷臣的顺迎和投机，百姓的无知与无奈。赵恒的封禅，一如“皇帝的新装”，群臣和百姓明知那是一个巨大的谎言，却竟然无一人指出其“赤裸”的本来面目。而这样的政治与现实环境，这样的民族整体性沉沦和麻木，正是大宋王朝一步步走向“靖康之耻”的社会基础和文化生态。宋以后的一千年间，仍有诸多类似的“封禅大戏”和“皇帝的新装”，在中国的历史天空下乐此不疲地轮番上演，一拨又一拨的裸着身子纵情表演的君王和臣子们，正是在这样掩耳盗铃的荒唐游戏中葬身于历史的大河，被后人们无情耻笑和扼腕叹息。

216. 宋仁宗：天下仁君楷模

宋朝历太祖、太宗、真宗三朝之后，出现一位传奇之君、仁德之君——仁宗赵祯。中国民间，以戏曲形式流传极广的“狸猫换太子”故事，其中大难不死的“太子”，即是这位仁君。

史载，仁宗即位后先由刘太后听政，十一年后始亲政，赖韩琦、范仲淹二将相以拒西夏，与辽国议和，以增加岁币为条件，换取和平。仁宗执政时期，在范仲淹主持下，实行庆历新政之十大政策——明黜陟、抑侥幸、精贡举、择官长、均公田、厚农桑、修武备、减徭役、覃恩信、重命令。虽最终失败，却对仁宗一朝经济产生重大作用，中国资本主义萌芽亦于此时产生，并出现了交子这一资本主义标志性银票纸币。有后人概算，仁宋时的GDP达到两千亿美元，几占当时全世界50%以上，可执当时世界之牛耳。史载仁宗执政四十二年去世时，“京师罢市巷哭，数日不绝，虽乞丐与小儿，皆焚纸钱哭于大内之前”。就连讣告送到辽国时，竟“燕境之人无远近皆哭”，辽道宗耶律洪基甚至握住前来通报噩耗的宋使手痛哭道：“四十二年不识兵革矣”，并“惊肃再拜，谓左右曰：‘我若生中国，不过与之执鞭持盖一都虞侯耳！’”

仁宗之仁，体现在其“洞明”与“扬善”上。史载有宋名臣包拯在担任监察御史和谏官期间，屡屡犯颜直谏，竟然唾沫星子都飞溅到仁宗脸上，但仁宗一面用衣袖擦脸，一面还接受他的建议，竟然还不怪罪于他。一次，包拯以三司使张尧佐能力平庸，谏议罢免之。但张尧佐是仁宗宠妃的伯父，仁宗无奈，提出折中建议让张尧佐去当节度使。但包拯还是不愿意，言辞更加激烈，甚至带领七名言官上朝与仁宗理论，仁宗生气地说：“岂欲论张尧佐乎？节度使是粗官，何用争？”言官唐介不客气回答道：“节度使，太祖太宗皆曾为之，恐非粗官。”结果，张尧佐最终没能当成节度使。史传仁宗回到后宫后，对张贵妃说：“汝只知要宣徽使、宣徽使，汝岂知包拯为御史乎？”

后世多种史料和传说中记录下仁宗的诸多故事，今且录以兼闻：

1. 仁宗忍沙。史传赵祯对下人很仁慈。一次用餐，突然于饭菜中吃到一粒沙子，他吐出来后，尚不忘对陪侍宫女说：“千万别声张我曾吃到沙子，这可是死罪啊。”——可见其对下属的体恤。

2. 仁宗忍饿。《宋史》载，宋仁宗一日晨兴，语近臣曰：“昨夕因不寐而甚饥，思食烧羊。”侍臣曰：“何不降旨索取？”仁宗曰：“比闻禁中每有索取，外面遂以为例。诚恐自此逐夜宰杀，以备非时供应。则岁月之久，害物多矣。岂不可忍一夕之馁，而启无穷之杀也。”——可见其宅心仁厚。

3. 仁宗与苏辙。嘉祐年间，被后世列为唐宋八大家之一的苏辙参加进士考试，在试卷里写道：“我在路上听人说，在宫中美女数以千计，终日里歌舞饮酒，纸醉金迷。皇上既不关心老百姓的疾苦，也不跟大臣们商量治国安邦的大计。”考官们认为苏辙无中生有、恶意诽谤，仁宗却说：“朕设立科举考试，本来就是要欢迎敢言之士。苏辙一个小官，敢于如此直言，应该特与功名。”后世认为，苏辙仅仅依据道听途说，便在考试中进言，倘若赶上“康乾盛世”，灭九族是必然的。——可见仁宗胸怀阔大。

4. 仁宗与柳永。史传著名词人柳永好不容易通过科举考试，但素知柳永的仁宗把他给划掉了。因为他填了“忍把浮名，换了浅斟低唱”这样“低俗”的词。仁宗还说：“且去浅斟低唱，何要浮名？”柳永于是反唇相讥，说自己是“奉旨填词”。然而，如此讥讽仁宗的柳永不但没被杀头，填词也没受影响，且填得更加放肆。也许正因为如此，后来的柳永非但不生赵祯的气，还“愿岁岁，天仗里常瞻凤辇”。（百姓希望年年都能看到仁宗的仪仗，瞻仰到仁宗的风采，可见柳永对仁宗的佩服）——可见仁宗大得士人之心。

5. 仁宗赠官。史载仁宗时四川有一读书人，竟然献诗给成都太守，主张“把断剑门烧栈阁，成都别是一乾坤”。成都太守认为这是明目张胆地煽动造反，立即把他缚送京城。按照历朝律条，此人应予以严惩，而仁宗却说：“此老秀才急于做官尔，写一首诗泄愤，怎能治罪呢？不如给他个官。”就授其为司户参军。作为一个家天下时代的独裁帝王，容苏辙的事，或许有人能做到，但容四川秀才的事，恐怕没几人能做到（见清史后文《有清名将岳钟琪》一文中清廷对待类似事件的处理手法）。——再见宋仁宗之胸怀宽广。

史传1059年，距仁宗驾崩还有四年时，以宰相富弼为首的群臣连续五次上表请求给他加尊号为“大仁至治”，但是赵祯都没有批准。但他死后却难以阻止群臣给他加上“仁”的尊号。就连元相脱脱编写的《宋史》也对这段时期赞颂有加：“（仁宗）在位四十二年之间，吏治若偷惰，而任事蔑残刻之人；刑法似纵弛，而决狱多平允之士。国未尝无弊幸，而不足以累治世之体；朝未尝无小人，而不足以胜善类之气。君臣上下恻怛之心，忠厚之政，有以培壅宋三百余年之基。子孙一矫其所为，驯致于乱。《传》曰：‘为人君，止于仁’。”帝诚无愧焉。

博按：古来封建皇帝，后世谥曰“仁”者鲜矣。北宋学者邵伯温这样赞美“仁宗盛治”：盖帝知为治之要：任宰辅，用台谏，畏天爱民，守祖宗法度。时宰辅曰富弼、韩琦、文彦博，台谏曰唐介、包拯、司马光、范镇、吕诲云。呜呼，视周之成、康，汉之文、景，无所不及，有过之者，此所以为有宋之盛欤？苏轼说：“宋兴七十余年，民不知兵，富而教之，至天圣、景佑（宋仁宗年号）极矣。”

以今观之，宋仁宗之治，可谓中国中央集权时代封建统治的巅峰之作，亦儒家“仁治”思想在历代王朝中的最光辉实践（没有之一）。后世史家常将仁宗在位及亲政治理国家的时期概括为“仁宗盛治”。纵观中华历史，如果只论经济建设和文化建设，“仁宗盛治”不但远超汉之“文景之治”、唐之“贞观之治”以及“开元盛世”，宋以后元明清历代更无所见。而宋以中华历代王朝最小之国土面积，而能成最大之经济和文化成果，实仁宗人格魅力和胸怀格局所造就培植，千古以来，唯见此一人。

217. 再论宋仁宗：但荐势要，使孤寒何以进

宋仁宗一朝，人才荟萃，名臣辈出。中华五千年间，单以所出人才论之，无出其右。宋代王辟之《渑水燕谈录》记载：一次，吏部官员向宋仁宗上奏一批人事调整名单，其中建议将在地方任节度掌书记（类似于今天的省委秘书长）的李师锡改任京官。在宋朝，地方官改任京官程序烦琐、条件苛刻。但该官员称，李师锡不但符合条件，单举荐者就多达三十余人。宋仁宗见举荐者如此之众，颇觉奇怪，私下询问，才知李师锡为工部尚书李维之子、节度使王德用之外甥女婿。宋仁宗恍然大悟，感慨道：“保任之法，欲以尽天下之才，今但荐势要，使孤寒何以进？”其意朝廷设举荐政策，是为争取天下人才，如今唯“官二代”是举，那些贫寒子弟如何脱颖而出呢？因此，仁宗否定了吏部之议。

正是在仁宗关注“孤寒”的用人政策主导之下，受仁宗直接提携的大臣中，堪称君子者有范仲淹、韩琦、富弼、文彦博、司马光、狄青等；堪称才子者有欧阳修、曾巩、张先、柳永、晏殊、梅尧臣、苏洵、苏轼、苏辙等；堪称直臣者有包拯、尹洙、赵抃、唐介、蔡襄等。同时，唐宋八大家中宋朝六人皆同时出现在仁宗一朝，且皆得仁宗之亲自关注提携。其他如周敦颐、邵雍、程颢、程颐、张载、毕昇、沈括、苏颂名士等，也皆是出于仁宗时期的千古名士，皆给中华民族留下了后世所难以企及的宝贵文化遗产。

博按：仁宗一朝用人之政策，以今人之语言之，其用人不看背景、不讲资历、不论家世、不念旧恶、不怕张狂、不禁言语，只讲学识、才华、能力和人品。故明代李贽由衷感叹道：“（宋仁宗一朝），钜公辈出，尤千载一时也！”而今人于仁宗洞明，反观于历代中央集权体制下选人用人之策，由于没有良好之体制机制保证，无论朝廷地方，无论文吏武将，亦多有类似李师锡之流得以占据要位，忝为重臣，而诸多寒门之士或“无背景之人”，饱读诗书而报国无门，辛苦经营而难以有所作为，且随着王朝体制承平日久，既得利益集团如滚雪球般越滚越大，大量真正人才的“逆生长”、“逆淘汰”现象便会愈演愈烈，而王朝代际更替和兴衰治乱的历史闸门，正是在这样的现实环境中逐渐为之打开，仁宗皇帝于一千年前的历史深处，能深谙其中原委乎？

218. “三光”名臣范仲淹：求之千百年，概不一二见

范仲淹（989—1052年），字希文，汉族，北宋著名思想家、政治家、军事家、文学家。金末元初一代文宗元好问曾评价范仲淹曰：

文正范公，在布衣为名士，在州县为能吏，在边境为名将，其才其量其忠，一身而备数器。在朝廷，则孔子之所谓大臣者，求之千百年间，概不一二见，非但为一代宗臣而已。

今且循元公此论以述这位千古明臣：

在布衣为名士。史载范仲淹先祖为唐朝宰相范履冰，世居邠州。其父亲范墉五代时在吴越为官。北宋建国后，范墉追随吴越王钱俶归降大宋，任武宁军节度掌书记。990年，范墉因病卒于任所，母亲谢氏贫困无依，只得携两岁范仲淹改嫁朱文翰，范仲淹也改从其姓，取名朱说。1011年，十三岁的范仲淹得知家世，伤感不已，毅然辞别母亲，前往应天府（今河南商丘）求学，投师戚同文门下。朱熹所编的《八朝名臣言行录》中对范仲淹这段布衣时代有过描述：

范仲淹两岁而孤，母贫无依，再适长山朱氏。既长，知其世家，感泣辞母，去之南都入学舍。昼夜苦学，五年未尝解衣就寝。或夜昏怠，辄以水沃面。往往馕粥不充，日昃始食，遂大通六经之旨，慨然有志于天下。常自诵曰：当先天下之忧而忧，后天下之乐而乐。

1027年，范仲淹为母守丧，再以丁忧居应天府。时晏殊为南京留守、知应天府，闻范仲淹有才名，就邀请他到府学任职，执掌应天书院教席。范仲淹主持教务期间，勤勉督学、以身示教、创导时事政论，每当谈论天下大事，辄奋不顾身、慷慨陈词，当时士大夫矫正世风、严以律己、崇尚品德的节操，即由范仲淹倡导开始，书院学风亦为之焕然一新，范仲淹声誉日隆。

在州县为能吏。1015年，范仲淹以“朱说”之名，登蔡齐榜，中乙科第九十七名，由“寒儒”成为进士，被任为广德军司理参军，掌管讼狱、案件事宜。1017年，范仲淹以治狱廉平、刚正不阿，升为文林郎、任集庆军节度推官，便归宗复姓，恢复范仲淹之名。1021年，范仲淹出任泰州时，征调民众4万多人，重修捍海堰。先后五年而功成，新堤横跨通、泰、楚三州，全长约200里，不仅当时人民的生活、耕种和产盐均有了保障，还在后世“捍患御灾”中发挥了重要作用，当地人民将所修之堤命名为“范公堤”，遗址迄今犹存。

1034年，范仲淹调任苏州知州，时苏州久雨霖潦，江湖泛滥，积水不能退，造成良田委弃，农耕失收，黎民饥馑困苦，范仲淹根据水性与地理环境，提出开浚昆山、常熟间的“五河”，将积水导流太湖，注入于海的治水计划。范仲淹以“修围、浚河、置闸”为主的治水经画，不但获得时舆的赞扬，还泽被后世，自南宋至元、明的两浙职守，都依照这个模式去整治水患。次年，因治水有功，范仲淹被调回京师，判国子监，很快又转升为吏部员外郎、权知开封府（相当于今天的政治局委员兼北京市委书记）。范仲淹在京城大力整顿官僚机构，剔除弊政，开封府“肃然称治”，时称“朝廷无忧有范君，京师无事有希文”。

在边境为名将。1040年，范仲淹奉调西北前线，担任边防主帅。针对西北地区地广人稀、山谷交错、地势险要的特点，范仲淹提出“积极防御”的守边方略，即在要害之地修筑城寨，加强防御工事，训练边塞军队，以达到以守为攻的目的。在军队制度上，取缔按官职带兵旧制，改为根据敌情选择战将的应变战术；建立营田制，解决军需问题，使军队面貌一新，应变能力和作战能力大大提高。在防御工事方面，构筑城寨、修葺城池、建烽火墩，形成以大顺城为中心、堡寨呼应的坚固战略体系。对沿边少数民族，诚心团结，慷慨优惠，严立赏罚公约，使其安心归宋。同时，范仲淹精选将帅、大力提拔军队将领，使西北军中涌现出狄青、种世衡等名将，又训练出一批强悍敢战的士兵，直到北宋末年，这支军队仍是宋朝的一支劲旅。范仲淹利用筑城修寨进行积极防御的思想，使西北军事防务形势发生了根本性的变化，西夏军队不敢轻易侵犯他所统辖的地区，边境局势大为改观。1044年，北宋与西夏最终缔署合约，西北边疆得以重现和平。

在朝廷，则孔子之所谓大臣者。范仲淹关心政治，每遇国家大事，总是慷慨直言，由于他直言敢为，曾在八九年间里三次从朝中被贬：1029年，范仲淹因谏言太后还政，被贬；接着又因废郭皇后而二次被贬；1035年，范仲淹上《百官图》讽刺宰相吕夷简第三次被贬。尤其后两次，成为影响庆历士风构建之重要事件，获得北宋士人之广泛人格认同。据丁传靖《宋人轶事汇编》记载，范仲淹三次被贬，每贬一次，时人称“光”（光耀）一次，第一次称为“极光”，第二次称为“愈光”，第三次称为“尤光”，乃天下对范仲淹至高之誉。

1043年，仁宗第三次召范仲淹回京，遂开启庆历新政之举。范仲淹针对当时的内忧（官僚队伍庞大但行政效率低）外患（辽和西夏威胁北方和西北边疆），上疏《答手诏条陈十事》，提出十项改革纲领，主张澄清吏治、改革科举、整修武备、减免徭役、发展农业生产等，内容涉及政治、经济、军事、教育、科举等各个方面和领域。新政实施的短短几个月间，政治局面已焕然一新：官僚机构开始精简；科举中，突出了实用议论文的考核，有特殊才干的人员，得到破格提拔；全国也普遍办起了学校。1045年正月，以夏竦为首的反对派攻击革新派为“朋党”，仁宗外放范仲淹、富弼等大臣，改革遂以失败告终。新政虽只推行一年，却开北宋改革风气之先，成为王安石“熙宁变法”的前奏。

其才其量其忠，一身而备数器：1046年11月，范仲淹因病上表请求解除四路帅任、出知邓州。范仲淹抵达任所邓州，重修览秀亭、构筑春风阁、营造百花洲，并设立花洲书院，闲暇之余到书院讲学，邓州文运大振。1048

年，有诏调范仲淹知荆南府，邓州人民殷切挽留，范仲淹也喜欢邓州，就奏请朝廷，得以留任。范仲淹在邓州共计三年，百姓安居乐业，其传世名篇《岳阳楼记》及许多诗文均写于邓州。1049年，范仲淹又调杭州。子弟以范仲淹有隐退之意，商议购置田产以供其安享晚年，范仲淹严词拒绝。十月，范仲淹出资购买良田千亩，让其弟找贤人经营，收入分文不取，成立范氏义庄，对范氏远祖的后代子孙义赠口粮，并资助婚丧嫁娶等用度。1051年，升为户部侍郎，调往青州，因冬寒病重，求为颍州。1052年，扶疾上任行至徐州与世长辞。一代名臣逝于赴官奔波之路上。史传其乃至晚年“田园未立”，居无定所，临终《遗表》一言不及私事。后葬于河南洛阳伊川县万安山下，仁宗亲书“褒贤之碑”，赠兵部尚书，谥号文正，追封楚国公。

范仲淹不但是有宋一代著名的政治家、军事家和改革家，还是著名的文学家、教育家、诗人、词人、书法家。在文学方面，范仲淹重视文章的政治教化作用，主张文章是政治重要的有机组成部分，关系到社会风俗的醇厚讹薄、国家的兴衰成败。为此，范仲淹提出了宗经复古、文质相救、厚其风化的文学思想。其文章具有历史意义和复古精神，对宋初文风的革新具有积极作用。他的散文陈述时政、逻辑严密、有很强的说服力，苏轼曾评价其《上政事书》“天下传诵”；《灵乌赋》一文，“宁鸣而死，不默而生”，是中国古代哲人争自由的重要文献；在诗歌上，范仲淹主张“范围一气”、“与时消息”，既继承了孟子的“浩然之气”，又将曹丕的“文气说”，陆机、钟嵘的“感物说”和“天人合一”的诗学思想融为一体，把政治教化和为情造文有机结合。作为教育家，范仲淹继承和发展了儒家正统的教育思想，把“兴学”当做是培养人才、救世济民的根本手段。在《上执政书》中，范仲淹明确提出“重名器”（慎选举、敦教育），把当时科举以考试取人、而不在考试之先育人，比之为“不务耕而求获”，主张“劝学育才”，恢复制举并使之与教育相衔接。庆历新政时，范仲淹着力改革科举考试制度、完善教育系统、加强学堂管理，各地亦奉诏建学，地方学堂如雨后春笋般涌现，时谓“盛美之事”。范仲淹亦身体力行，无论“居庙堂之高”、还是“处江湖之远”，足迹所涉，无不兴办学堂，教泽广被；晚年又设义田、建义学，对族中子弟实行免费教育，激劝“读书之美”，范氏义学在教化族众、安定社会、优化风尚上取得了巨大成功，开启了中国古代基础教育阶段免费教育的新风尚。在书法上，宋黄庭坚《山谷题跋》中云：“范文正公书落笔痛快沉著，极近晋宋人书。”又云：“范文正公书《伯夷颂》极得前人笔意，盖正书易俗，而小楷难于清劲有精神。”清高士奇也称范仲淹书法“挺劲秀特，肖其为人”。

千百年赞。范仲淹非但在当时“一时而为天下师”，后世也受到一致赞扬，今概述其中较有代表性的历史评价：

在庆历新政基础上推行“熙宁变法”的王安石称范仲淹为“一世之师，由初起终，名节无疵”。一代文宗苏轼则对范仲淹推崇备至，称其“出为名相，处为名贤；乐在人后，忧在人先，经天纬地，阙谥宜然；贤哉斯诣，轶后空前”、“公在天圣中，居太夫人忧，则已有忧天下致太平之意，故为万言书以遗宰相，天下传诵。至用为将，擢为执政，考其平生所为，无出此书者。其于仁义礼乐，忠信孝弟，盖如饥渴之予饮食，欲须臾忘而不可得。如火之热，如水之湿，盖其天性有不得不然者。虽弄翰戏语，率然而作，必归于此。故天下信其诚，争师尊之”。

博按：时人知范仲淹公，唯于《岳阳楼记》中知其文名，唯知其中曾有“先天下之忧而忧，后天下之乐而乐”之名句，而不知范公非但遗下名篇，而且确实躬身实践。范公可鉴于今者有二：其一，中国儒家文化之大道，名君治下必有名臣，名臣之出必有名君，二者相辅相成。设若范公出自于异朝异君，则依其刚直性格，很可能将永处于“江湖之远”，或然即使有幸“居庙堂之高”，也会很快被贬出朝堂，难再录用。是以仲淹所以能以“三光”名臣传颂于后世，当不能忘记其背后有一个宅心仁厚、倾心孤寒、能够三贬三用的宋仁宗；其二，仲淹后世以《岳阳楼记》闻名天下，留下“先天下之忧而忧，后天下之乐而乐”的名句，其文如其人，其人如其文，可以说范仲淹的一生，是在身体力行这句自己的“座右铭”，而这句名言之所以具有强大的生命力和穿透力，也正是范仲淹以自己的忠直无私为其注入了生命的力度和历史的深度。而反观中华五千年历史，不乏文章高手，华美文章，道德说辞，比如北宋奸相蔡京，书法极佳，一副扇面竟然卖到两万两银子，而购买者，竟是当朝宋徽宗；再如南宋的宰相秦桧，不但是“状元”出身，而且创造了今天人们常用的“宋体字”；明朝“青词宰相”严嵩不但是文章高手，而且是书法名家，清朝的第一贪官和珅不但精通四国语言，而且诗文书法俱佳，还经常替乾隆皇帝代笔写作。然而，由于他们秉心以私，虽然治事治艺于能，却为万世所唾骂。以此观之，文章虽为千秋事，公忠却为万世基，唯有那些心怀天下、忧国忧民者，才能自然流露出“居庙堂之高则忧其民，处江湖之远则忧其君”这样的历史名句，让今天的我们在重温历史展望未来时揣摩不已。

219. 再论范仲淹：两篇“灵乌赋”，一代“骨鲠臣”

史传范仲淹1036年在担任北宋京城开封知府时，发现当朝宰相吕夷简广开后门，滥用私人，便根据自己的调查，绘制了一张“百官图”，呈给宋仁宗。他指着图中开列的众官调升情况，对吕夷简提出尖锐批评。不仅如此，范仲淹还连上四章，论斥吕夷简狡诈弄权。然而，吕夷简老谋深算，蛊惑仁宗将范仲淹贬为饶州知州，后来又差点贬死岭南。

饶州在鄱阳湖畔。从开封走水路到此，至少须经十几个州。除扬州外，一路之上竟无人出门接待范仲淹，范仲淹对此毫不介意，反而作诗道：“世间荣辱何须道，塞上衰翁也自知”。

不久，范仲淹妻子李氏病死饶州，他自己也得了重病。正是在这时候，他的好朋友梅圣俞给他写了一篇《灵乌赋》。叶梦得《石林燕语》记载了这段故事：“范文正始以献‘百官图’讥切吕相，坐贬饶州。梅圣俞时官旁郡，作《灵乌赋》以寄，公以作赋报之。”梅赋以灵乌（即有灵性的乌鸦，喻范仲淹）为喻劝范仲淹不必直言以取祸；范赋遂答之，借乌鸦之言以言志。

今录两文如下：

灵乌赋（梅尧臣）

乌之谓灵者何？噫，岂独是乌也。夫人之灵，大者贤，小者智。兽之灵，大者麟，小者驹。虫之灵，大者龙，小者龟。鸟之灵，大者凤，小者乌。贤不时而用智给给兮，为世所趁；麟不时而出驹流汗兮，扰扰于修途。龙不时而见龟七十二鑽兮，宁自保其坚躯。凤不时而鸣乌鵶鵶兮，招唾骂於邑间。乌兮，事将兆而献忠，人反谓尔多凶（乌鸦即是报喜，人们也是认为报凶，以此喻范仲淹在朝中“多管闲事”）。凶不本于尔，尔又安能凶（喻范仲淹自招之凶）。凶人自凶，尔告之凶，是以为凶。尔之不告兮，凶岂能吉？告而先知兮，谓凶从尔出。胡不若凤之时鸣，人不怪兮不惊。龟自神而刳壳，驹负骏而死行，智骛能而日役，体劬劬兮丧精。乌兮尔灵，吾今语汝，庶或汝听：结尔舌兮钤尔喙，尔饮喙兮尔自遂（闭上嘴，除了吃喝自娱，不要管那么多）。同翱翔兮八九子，勿噪啼兮勿睥睨，往来城头无尔累。（此句大意：和几个同道朋友逍遥自在，无身心之累）

灵乌赋（范仲淹）

梅君圣俞作是赋，曾不我鄙（不以我鄙），而寄以为好。因勉而和之，庶几感物之意同归而殊涂矣。

“灵乌灵乌，尔之为禽兮，何不高翔而远翥（高飞远翔，喻解脱之意）？何为号呼于人兮，告吉凶而逢怒？方将折尔翅而烹尔躯，徒悔焉而亡路（喻自己当前的境况，翅膀被折断，身体快要被烹煮）。”

彼哑哑兮如诉，请臆对而心谕（乌鸦用嘶哑的声音如泣如诉，是我发自内心的声音）：“我有生兮，累阴阳之含育；我有质兮，处天地之覆露。长慈母之危巢，托主人之佳树。斤不我伐，弹不我仆（此句意为：我生长在慈母所筑的巢穴，依托主人家所栽种的树木才能羽翼丰满）。母之鞠兮孔艰，主之仁兮则安。度春风兮，既成我以羽翰；眷庭柯兮，欲去君而盘桓。思报之意，厥声或异。警于未形，恐于未炽。知我者谓吉之先，不知我者谓凶之类。故告之则反灾于身，不告之者则稔祸于人。主恩或忘，我怀靡臧。虽死而告，为凶之防。亦由桑妖于庭，惧而修德，俾王之兴；雉怪于鼎，惧而修德，俾王之盛。天听甚迩，人言曷病。彼希声之凤皇，亦见讥于楚狂；彼不世之麒麟，亦见伤于鲁人。凤岂以讥而不灵，麟岂以伤而不仁？故割而可卷，孰为神兵；焚而可变，孰为英琼。（此句意为：比如神鸟凤凰和瑞兽麒麟，也被楚人所讥讽，被鲁人所中伤。但凤凰和麒麟难道会因为楚人的讥讽和鲁人的中伤而不灵验而不给大家带来祥瑞吗？所以说，一旦切割东西就会卷刃的刀剑怎么可以成为神兵利器，一旦被焚烧就会变化的石头，怎么可以称作是宝玉？）宁鸣而死，不默而生。胡不学太仓之鼠兮，何必仁为，丰食而肥。仓苟竭兮，吾将安归？又不学荒城之狐兮，何必义为，深穴而威。城苟圮兮，吾将畴依？宁骥子之困于驰骛兮，驽骀泰于刍养。宁鹓鸽之饥于云霄兮，鸥鸢饫乎草莽（此段意为：宁可大声告诉世人并因此被误解而死，也不能沉默偷生。为何不学太仓里的老鼠呢，干嘛要仁慈，只管自己丰衣足食就是了？但是想想，如果粮仓都吃光吃净没有了，还能去哪里呢？为什么不学荒城的狐狸，干嘛要讲仁义，深挖洞穴居住就是了，可是城墙倒塌，又能以什么作为依附呢？宁可像千里马因一直到处奔驰而疲累，也不要像一匹被圈养安逸而变成废物的无用的马。宁可像鹓鸰鸟一样飞翔于云霄却为吃不饱发愁，也不要像鸥鸢一样因为小利而只在草一样高的地方徘徊）。君不见仲尼之云兮，予欲无言。累累四方，曾不得而已焉。又不见孟轲之志兮，养其浩然。皇皇三月，曾何敢以休焉。此小者优优，而大者乾乾。我乌也勤于母兮自天，爱于主兮自天；人有言兮是然，人无言兮是然（这就是从自己私利的角度考虑事情，和从大局的角度考虑事情的不同。我乌鸦孝敬母亲是天性，爱护我的主人也是天性，人对我有没有评论我还是要那样去做）。”

此文中的“宁鸣而死，不默而生”亦和“先天下之忧而忧，后天下之乐而乐”一样为后世千古传颂，范仲淹的这种精神也成了一代又一代中华儿女学习的楷模。

博按：两篇《灵乌赋》，可谓千古名文。前文作者梅尧臣，可谓深得中国官场文化之“精髓”，其以灵乌为喻，提醒范仲淹应学报喜之鸟，而不要像乌鸦那样报凶讯而“招唾骂于里闾”，希望他从此拴紧舌头，锁住嘴唇，除了随意吃喝外，不要多事。而范仲淹则在后赋中斩钉截铁地宣称，无论如何他都要坚持正义，坚持真理，不管人们怎样厌恶乌鸦的哑哑之声，他始终都要“宁鸣而死，不默而生”。这种精神，于两宋以后的中国历代官场可谓鲜见于世。今人所叹者，后人多知仲淹“先天下之忧而忧、后天下之乐而乐”之名句，而少有知“宁鸣而死，不默而生”的警言，尤其以后句为思想指导行动者更少。何也？中华文明自两宋以降，中央专制集权越来越集中于君主之手，文字之狱愈燃愈炽，元清等朝以外来之少数民族之权大兴文字狱尚或有情可原，明朝以汉人政权，行儒家之治，也是严禁大臣“顶礼犯上”，辄有不顺耳之言，即行随意鞭挞杀伐，中华忠义骨鲠之臣，在中央专制集权的屠刀打压和高官厚禄诱惑之下，已经渐行渐远、愈近愈稀。唯有清末民初之时，在中西文化交流碰撞之下，在舆论监督压力之中，在表达空间更多之时，一些处于“江湖之远”如鲁迅、胡适等士人始能直言谏政，“宁鸣而死”，体现了中华士人的忠义气节，但却鲜有如范仲淹这样处于“庙堂”之上的忠直之士。尤其是近世以来，高居庙堂的达官显贵，听不进一点逆耳忠言，见不得一点建策批评，官场之上充斥谄媚之声，舆论之中但闻颂扬之音，而一些习惯了“颂歌”的高官大员，常常在自以为是、自得其乐中自我膨胀，常常在“报喜鸟”的不断报喜中，“直把杭州作汴州”，“误将三弦做吴钩”了。是以为记。

220. 三论范仲淹：只弹“履霜”警后世，千秋“褒贬”谁可见

史传范仲淹素爱弹古琴，曾于琴中思古，又向志于琴道的崔遵度请教“琴何为是”（古琴代表古乐中的“正声”，是相对于“郑卫之音”的“正雅之乐”），并问还有谁与他志同道合，崔公说是唐处士，于是范仲淹“拜而退，美而歌曰：有人焉，有人焉，且将师其一二”。他为自己寻到能学琴与琴道的老师快乐如孺子。据陆游《老学庵笔记》载：“范文正公喜弹琴，然平日只弹《履霜》一操，时人谓之范履霜。”

《履霜》虽为一古琴曲名，其语出自《周易》坤卦：“初六，履霜坚冰至”。其字面之意，为踩上霜时就知道寒冬即将来临，提醒人们“防微杜渐”而“如履薄冰”。而范仲淹平日只弹《履霜》一曲，可知其对于自己的职责使命的“如履薄冰”和政治节操的清洁自守。

1029年，仁宗十九岁，章献太后（宋真宗章献皇后，仁宗养母）依然主持朝政。冬至，仁宗准备率领百官在会庆殿为太后祝寿。范仲淹认为这一做法混淆了家礼与国礼，就上疏仁宗说：“皇帝有事奉亲长之道，但没有为臣之礼；如果要尽孝心，于内宫行家人礼仪即可，若与百官朝拜太后，有损皇上威严”，谏言仁宗放弃朝拜事宜。上疏奏报内廷，没有获得答复。范仲淹又上书太后，请求还政仁宗。奏书入宫，再次石沉大海。

时朝中另一大臣、范仲淹的好友晏殊得知范仲淹上疏，大惊失色，批评他过于轻率，不仅有碍自己的仕途，还会连累举荐之人。范仲淹据理力争，

并回写一封长信（《上资政晏侍郎书》），详述自己的缘由，申明自己的政治立场："侍奉皇上当危言危行，绝不逊言逊行、阿谀奉承，有益于朝廷社稷之事，必定秉公直言，虽有杀身之祸也在所不惜。"

1033年，太后驾崩，仁宗亲政，召范仲淹入京，拜为右司谏。时群臣多议太后垂帘时为政之失（可见多数臣子的顺风移势，欲拍仁宗之"马屁"矣），范仲淹却认为太后虽秉政多年，但亦有养护仁宗之功，建议朝廷掩饰太后过失，成全其美德。仁宗采纳，诏令朝廷内外不得擅自议论太后之事。仁宗因刘太后新亡，欲立杨太妃（宋真宗章惠皇后）为皇太后，参与军国大事。范仲淹认为频立太后，有皇帝不能亲政之嫌。仁宗采纳，罢黜太后册名。

七月，天下大旱，蝗灾蔓延，江淮和京东一带灾情尤其严重。为安定民心，范仲淹奏请朝廷派人视察灾情，仁宗不予理会。范仲淹便质问仁宗："如果宫中停食半日，陛下该当如何？"仁宗幡然醒悟，派范仲淹安抚灾民。范仲淹应诏赈灾，开仓济民，并将灾民充饥的野草带回朝廷，以警示六宫贵戚戒除骄奢之风。

在范仲淹只弹《履霜》的背后，还有他悉心为朝廷发现和选拔人才。史传范仲淹特别善于识人，当狄青还是个下级军官时，范仲淹就对他很器重，授之以《左氏春秋》说："将不知古今，匹夫勇尔。"狄青从此折节读书，精通兵法，后以武官任枢密使，成为一代名将；有宋一代大儒张载少年时，喜欢谈兵。二十一岁时，谒见范仲淹，范仲淹一见知其远器，作为将领实在屈才，对他说："儒者自有名教可乐，何事于兵？"劝他读《中庸》。后来张载遍观释老，无所得反而求六经，后成为北宋五子之一，宋明理学关学的创始人。北宋一代名臣富弼少年时好学有大度，范仲淹见而奇之说："王佐之才也"，并把他的文章给王曾、晏殊看，晏殊就把女儿嫁给了富弼。宋仁宗恢复制科后，范仲淹告诉富弼说："你应该由制科步入仕途"，并推举他为茂材异等，富弼从此进入官场，开始其作为一代名相的仕途生涯。

相传范仲淹任杭州知府时，城中文武官员大多得到过他的推荐，唯有苏麟，因在外县担任巡检，不在城里，未得提拔。于是，苏麟就向范仲淹献诗一首，其中有两句为："近水楼台先得月，向阳花木易为春"。范仲淹理解他的心情，便为他写了一封推举信，后来苏麟也得到升迁。

另外，作为当朝宰相，范仲淹治家甚严，教导子女做人要正心修身、积德行善，范氏家风清廉俭朴、乐善好施。一次，范仲淹让次子范纯仁自苏州运麦至四川。范纯仁回来时碰见熟人石曼卿，得知他逢亲之丧，无钱运柩返乡，便将一船的麦子全部送给了他，助其还乡。范纯仁回到家中，没敢提及此事。范仲淹问他在苏州遇到朋友了没有，范纯仁回答说："路过丹阳时，碰到了石曼卿，他因亲人丧事，没钱运柩回乡，而被困在那里。"范仲淹立刻说道："你为什么不把船上的麦子送给他呢？"范纯仁回答说："我已经送给他了。"范仲淹听后，对儿子的做法非常高兴。

后世虽给以范仲淹极高的评价，称其"非但为一代宗臣而已"。然而，范仲淹本人却没有把自己看成完人，反而是喜欢袒露自己的真实性情。他也发过牢骚："人世都无百岁。少痴騃、老成尪悴。只有中间，些子少年，忍把浮名牵系。一品与千金，问白发、如何回避？"

博按：窃读宋史，读及范仲淹只弹《履霜》一节，始知如范仲淹这样的忠直之臣的出现，其背后实有中华文化之深远背景。中华传统儒道文化的精髓，在于秉承家国天下之大任，在于厉行忠义血性之本能，在于孝廉清正之职守，在于经国治世之大用。范仲淹者，实中华儒道文化遗产之优秀继承者和真正的实践者。尤其观范仲淹于太后在时，直言其失；太后崩后，维护其德。其为臣子，可为至忠；其之人格，可谓高尚。然而何以仲淹前世后人中鲜有见之者？实历代所有执政者，不能洞悉人性之本私，不能尽教化之大成，不能做有效监督之设计，亦不能采取高效之激励措施，而使后世众人不能践行之。倘若后世为政者深明其理，能够本着民族复兴的长远目标做有效的政治设计，从而使更多如仲淹般的能吏忠士频现于中华民族的复兴伟业之路，则不啻为民族之大幸事矣！

221. 北宋第一名将狄青：昆仑关下破强贼，庙堂之下被阴杀

《宋史》载：狄青字汉臣，汾州西河人。善骑射。入行伍后常为先锋。凡四年，前后大小二十五战，中流矢者八（史传狄青每战必身先士卒，并且仿效北齐南陵王高长恭戴着铜面具，披头散发，手执利刃冲锋陷阵，因面目狰狞，形象骇人，西夏兵目之为“天神”而魂飞魄散，宋军因而士气大振）。或（有人）荐之于经略史韩琦、范仲淹曰：“此良将材也。”二人奇之，待遇之甚厚。仲淹以《左氏春秋》授之曰：“将不知古今，匹夫勇尔。”青始折节读书，悉通秦、汉以来将帅兵法，由是益知名。

皇佑中，广源州蛮侬智高反，岭外骚动。诸将师久无功。狄青上表请行，自言：“臣起行伍，非战伐无以报国。愿得蕃落骑数百，益以禁兵，羁贼首致阙下。”帝壮其言，遂除青经略岭南（任命其为岭南军区司令）。时诸将多皆轻敌败死，广西将领陈曙等溃于昆仑关。青至军中，曰：“令之不齐，兵所以败。”遂斩陈曙等败军之将士三十余人，是以诸将股栗。已而顿甲砺马，令军中休十日（迷惑于敌军）。（敌）觇者还（即敌人的情报人员），以为军未即进。青明日乃整军骑，一昼夜绝（翻越之意）昆仑关，青执白旗麾骑兵，纵左右翼，出贼不意，大败之，追奔五十里，斩首数千级，生擒五百余人。帝嘉其功，拜枢密使（今之国防部长）。

狄青征讨侬智高之战，还曾留下过一段经典故事。史传狄青受命出师，由于前将领数次征讨失败，士气低落，为振奋士气，狄青因南方崇拜鬼神之俗，遂心生一计：当兵临城下，先拜神祈佑，而后出一百制钱，口中念道：“此次用兵胜负难以预料，若能制敌，请神灵使钱面全都朝上！”左右官员对此感到茫然，担心弄巧成拙，皆劝狄青慎为之。而狄青不加理睬，于全军睽睽之下，挥手撒钱。军士凑近一看，百钱全部朝上。官兵见神灵护佑，雀跃欢呼，声震林野，士气大振。狄青当即命左右侍从，以一百根铁钉钉制钱于地，蒙以青布后曰：“待胜利归来，再收回制钱。”于是率官兵南进，越

过昆仑关，于归仁铺与侬智高决战。结果大败侬军，“追赶五十里，斩首数千级”，俘侬智高主将57人。侬智高遁往云南大理。狄青平定邕州，胜师北还，即如约到掷钱处取制钱。僚属们将钱起出一看，原来此一百制钱两面皆为钱面也！众人始悟矣。狄青巧计激士典故，后来被《三十六计》收入卷中，作为第二十七计“假痴不癫”之战例注脚。

狄青由士兵而为大将军，由布衣而为宰相，然其脸上犹存当士兵时之刺青（宋律，狄青以代兄受过入伍服役，刺面为记，是为面涅）。宋史载：青奋行伍，十余年而贵，是时面涅犹存。帝尝敕青傅药除字，青指其面曰：“陛下以功擢臣，不问门第，臣所以有今日，由此涅尔，臣愿留以劝军中，不敢奉诏。”大意为宋仁宗曾命狄青敷药除掉黑疤，狄青指着自己的脸说：“陛下根据功劳提拔臣，而没过问臣的出身门户；臣之所以有今天，就是因这些疤痕，臣希望保留它好鼓励军队，不敢奉行您的命令。”

然而，就是这样一个舍身忘尊（严）的忠臣，几乎就在狄青被任命为“国防部长”的同时，却遭到了朝中大臣的一致反对和联合抵制。其中不乏对他赏识有加的韩琦，以及名望如日中天的欧阳修和文彦博等人。虽然仁宗坚持己见，仍然诏令狄青就任枢密使重位，但从此朝中上下开始无休无止地攻击和指责狄青。史载，嘉祐中，京师大水，青避水徙家相国寺，行止殿上（住在大殿上），人情颇疑，乃出青判陈州。明年二月，疽发髭，卒。帝发哀，赠中书令，谥武襄。熙宁元年，神宗考次近世将帅，以青起行伍而名动夷夏，深沈有智略，能以畏慎保全终始，慨然思之，命取青画像入禁中，御制祭文以褒奖之！

史言北宋少将，南宋缺相。在北宋朝能担当起一代名将的只有狄青一人。而狄青更是两宋史上第一个被以“莫须有”罪名冤屈致死的武将。且狄青是中国法制史上最有名的疑罪坐实案例，是古代帝王权术中“宁肯错杀一千，绝不放过一人”的生动写照。而且狄青之死，更死于名人名臣如欧阳修、文彦博之手，且死于一代仁君宋仁宗之朝，在此意义上，狄青死得更冤，死得更加百口莫辩。

博按：狄青之为将也，计事必审中机会而后发；狄青之行师也，先正部伍，明赏罚，与士同饥寒劳苦，虽敌猝犯之，无一士敢后先者，故其出常有功。史载狄青尤喜推功于将佐，从不居功自持。然如此仁勇之大将，以士兵得为元帅，以布衣得为重臣，于重文轻武之宋朝，终以战功之高而见疑于朝廷，遂加罪于无名，致良将抑郁而终，其宋廷之悲哀，亦华夏之惨痛，后宋之有靖康之耻，实自狄青之悲遇肇始矣！狄青于宋廷之悲惨遭遇，实有三层深刻原因：

其一，宋朝重文轻武，武将在文官集团中处弱势地位。宋朝做官讲究出身，尤其讲究进士及第，一等为进士出身，二等同进士出身，三等为赐进士出身，由于狄青出身行伍，显然是一个异数。狄青虽受范仲淹教诲，读过一些书，但与那些根正苗红的朝廷大员相比还是非常微末。当狄青因仁宗赏识而被破格提拔后，因平步青云升迁速度过快而被文官集团所忌恨，甚至为曾经是自己上级的韩琦所嫉妒，文官们不敢对仁宗破坏官场潜规则的方式表示反对，于是狄青就成为了众人必欲除之的替罪羊。

其二，狄青出身寒微，因脸上黥字而被文人士大夫瞧不起。比如他在任枢密副使时，迎接他的人就因为狄青迟迟不到，而忿忿不休地骂他“迎一赤佬（丘八的口语），还屡日不来”。狄青过去的顶头上司韩琦的歌伎当着狄青的面劝酒，都敢毫不客气地说“斑儿请你喝一杯”。加之狄青出身戎伍，不知“功成身退”之道理，官居国防部长后在家祭祀祖先，竟然在烧纸钱时致弥天火起，使本来就见疑于狄青的大臣们有了群起而攻之的口实。

其三，狄青的悲惨遭遇，还在于有宋过度抑制武人的国家制度。因为宋太祖以武人发动“陈桥兵变”而夺得天下，所以武将始终不能掌控军权。在狄青之前，还没有哪个纯粹的武将能够出任枢密使这一重要职位，是以一代名臣文彦博说狄青军权在手，“朝廷疑耳”。这是典型的“莫须有”罪名，仁宗辩解，狄青是忠臣。而文彦博却居心叵测地说：“太祖岂非周世宗忠臣乎？”这句话的杀伤力之大，足以让仁宗百口莫辩，也注定了狄青的悲剧结局。

222. 王安石：守望在历史深处的半山园

公元1076年（宋神宗熙宁七年），在为北宋王朝鞠躬尽瘁三十多年后，迫于保守派和既得利益集团强大的政治压力，怀着极其悲凉的心情，五十六岁的王安石再次被出缺到南京——那时还叫江宁，在江宁城外一个人迹罕至的地方，建起了一个不起眼的小宅院，过起隐居生活。南宋《续建康志》里这样介绍这个小宅院："所居之地，四无人家。其他仅蔽风雨，又不设垣墙，望之若逆旅之舍。有劝筑垣，辄不答。"这个不设围墙的小宅院，王安石自名为半山园，在这个院子里度过了他人生最后的近十年时光。史传江宁还是王安石一生中情有独钟的地方，不仅在这里度过美好的青春时代，他还曾三次出任江宁府尹、两度为父母守孝、两度辞相后居住，先后在这里生活了二十多个春秋。

王安石病逝前，怀着不留片瓦于后人的决绝上书朝廷，将半山园以及周围的地产，一并捐给了国家。顾念旧情的宋神宗赐名半山园"报宁禅寺"。此后，半山园便以寺庙的形式悄然存在着，与世无争，以佛济世。然而，不幸的是，近三百年后，一个本是和尚出身的开国皇帝朱元璋，开建他那预备守护明王朝千秋万代的皇城时，他大笔挥处，逶迤的城墙就从半山园的背后包抄过来，把半山园圈入脚下，置于最偏僻的一个角落。代表皇权、守护专制体制的古老城墙，毫不客气地把半山园驱逐到历史的角落。这还不算完，可能根本无从知道王安石和半山园价值所在的土包子朱元璋还做出了一个足以让他遗恨千古的决定：他把半山园所在的位置变成了皇宫里的冷宫，让那些在朱元璋眼里已是残花败柳的失宠女子，在这个残破的角落，陪伴着埋葬在地下的失意的王安石。

历史原本无从假设。但在这里，我们还要权且假设一下：洪武"童鞋"魂归九泉后，倘若他在地府见到了宋神宗"童鞋"——他三百年前的同行，或者见到了后世的历代明君贤相，一旦得知就在他的皇宫后院，就在那些被他冷落的妃子身边，正是那中国历史上最清正廉洁、最实干有为的官吏代表；得知王安石很可能是中国历史上唯一一个不坐轿子不纳妾、死后无任何遗产的宰相时——他一定把肠子都悔青了——因为在他得了天下之后，他原本是一心要打造一个清明廉洁的政府，并靠这个政府来确保他的子子孙孙千秋万代的统治。殊不知，他苦苦寻找的精神领袖和道德模范，偏偏就悄然躺在他的冷宫院里，被他冷落，任其屈辱。这真是一种莫大的讽刺，可悲的结局。

关于王安石在中国历史上的地位作用，这里毋庸复论。清末梁启超曾称王安石“三代下求完人，惟（荆）公庶足以当之矣”，他把青苗法和市易法看作近代“文明国家”的银行，把免役法视作“与今世各文明国收所得税之法正同”、“实国史上，世界史上最有名誉之社会革命”，还认为保甲法“与今世所谓警察者正相类”。胡适也有类似的评价，其后研究者虽然已涉及王安石及其变法的方方面面，但梁启超的肯定性评价为大多数人所尊奉，而成为一种主流观点。

而鲜为人知的是，在世界范围内，王安石变法和20世纪30年代美国新政同为世界经济史上影响巨大的事件。1000年来，对于王安石变法的巨大历史意义，后人（主要是国外的学者和政治家）的认识越来越深刻，世界上越来越多的人发现了王安石改革的价值，不少人对王安石变法对当代的启示意义给予全面评价。尤其是王安石变法中对农业的改革，曾经在20世纪30年代引起了时任美国农业部长华莱士的广泛关注。

1944年，华莱士访华期间，有关史料曾如此介绍：华氏研究中国历史，对于吾国王安石之农政推崇备至，迭次言论中皆有向往之词。在迪化（今乌鲁木齐）参观新疆女子学院时，图书室中适有一部《王临川全集》。王世杰罗家伦两氏，因示华氏以该书。华氏谓彼曾研究过王安石，但在全集中一定还有彼所不曾知道的文章。王氏因语此书中不畏天变、不畏祖宗之法等语，谓王安石整个精神，只是不畏任何阻力。华氏答称：余于此颇悉。在与王主任世杰及盛主席夫妇、罗监察使家伦等闲谈中，亦询及我宋代政治家王安石之有关各节，华氏誉王安石中国历史上推行“新政”之第一人；并请王主任尽可能搜集有关王安石之事迹，并访得其后人。在沈部长欢宴席上，华氏重复提到王安石，并进而以现时代眼光与当时情形相较衡，发为一种乐观的期待。

华莱士为何如此之高地评价王安石？在他看来，罗斯福时代的美国与王安石时代的中国经济形势非常相似，一方面农产品过剩，一方面由于美国农业信贷系统本身为垄断集团所把持，一般农民无法取得贷款，土地被地主收回，生计日窘，只有通过政府向人民提供贷款，使农民们能够尽快找到生计，才可较好地解决这个问题。1930年正值美国经济大萧条时期，华莱士仿照王安石的青苗法，在美国建立常平仓（中国古代储备粮荒平抑粮价的政府粮仓），一方面实施农业贷款，一方面收购多余的物资和粮食食品，免费发给城市人民，不但解决了粮荒问题，还保证了粮食物资价格的稳定，为美国渡过经济大萧条起了重要的作用。从某种程度上讲，是王安石拯救了饥饿的美国农民。

史载半山园所处的位置原名白塘，王安石筑舍自居后，始更名为半山园。关于王安石为何以半山园命名自己的居舍，史有多种说法。比较一致的说法认为此地距江宁府门和钟山山顶各有七里之遥，处于中半位置，因此称半山。而《要略》却不这么认为。试想当年，王荆公大力推进变法，在改革功败垂成的关键时刻，王安石在种种压力之下，不甘心地退出了大宋王朝的核心政治舞台，而且，包括他的后台老板宋神宗在内的改革派，依然在推行着他所倡导的变革，在这种时候退隐，恰如登山而至半山，眼望山顶触手可及，却被别人使了绊子，摔下了山，那种心态，是何其的不甘！当此时刻，王安石的心态一定半是隐居，半是等待；半是满怀沮丧，半是渴望东山再起；种种复杂矛盾心态，正与这半山半园的环境相吻合，所以才有了这个“半山园”的称号，以至于他后来干脆以“半山”为号，想必都是这种心态的真实反映。有史为证：据说他在半山园内的病榻上仍关心国家大事，依然上书《上神宗皇帝书》，宋神宗在病危时读了以后，非常感动，痛苦地说：“王安石两擢两罢，仍无怨无恨，病患垂危，尚念及朕之康健和社稷之安危。”可见对于宋神宗来说，他还是认可了王安石的改革，只是，作为一国之君，在生死和政治斗争面前，同样也无可奈何！一旦神宗皇帝逝世，王安石所倡导的变法，便在最短的时间内被尽数清除。而随着安石认为最有价值的“青苗法”被废除后，一代名相，终在半山园内郁郁而终！

博按：关于王安石这篇读史笔记，是本书作者研究、思考王荆公近10年的成果。曾以历史散文形式发表于《北京文学》（原文共10000余字，录入本书时有删节）。今录以为《读史要略》之一部分，实冀此种散文笔法，让世人更深刻地了解王安石，并从其变法的失败中探微于中华历史的走向。在这段资料背景之下，任何一个尚有良知、还在思想、仍然探求真理的国人，都应该为此而做深深的思索。正如眼下中国的改革开放大势，究竟向何处去，究竟能走多远，我们无从把握。但我们却似乎可以从王安石变法在中外两种截然不同的命运中领悟其要旨。我们必须重新审视王安石变法，以及从前后无数次大大小小的变法、变革、维新、新政、改革，这些都以强国富民为初衷的政策举措，为什么在宪政缺失的王朝时期，在我们的体制环境和文化背景下，或是遭到可悲的失败，或是发生了政策的异化，或者走到了人民的反面。相反，在异国健全的宪政体系和文化背景下，王安石变法却取得了极大的成功，惠及异国民众，奠定了美国百年强盛的基础。今天许多人徒慕美国的强大，人民的富庶，全世界的耀武，却不能深刻认识到，只有构建具有完善的法律制度和宪政体系，只有让人民群众成为历史的真正主体，只有打破和摒弃狭隘的集团利益和圈子文化，中国的改革开放才能顺应历史潮流，才能使中华民族走出历史的旋涡，从而走向真正的繁荣昌盛和国富民强。

223. 章惇：奸臣传里辨忠奸，尽执国史君误读

在《宋史》里，列为《奸臣传一》的《章惇传》一章，值得认真考察并加以还原。

史载：当神宗崩后，王安石去世，哲宗元祐间，宣仁太后垂帘听政，起用司马光任相，尽废新法，史称“元祐更化”，王安石变法受挫之时，章惇时为枢密院使，为了维护变法成果，他强项敢争，“明目张胆，肆为辨说”（《续资治通鉴》卷79）。他针对司马光反对免役法奏疏：“凡疏略未尽者，枚举而驳奏之。”（《续资治通鉴》卷79）他直斥司马光为“村夫子，无能为”。（《长编》卷486）直至被赋闲居家。

在《宋史·章惇》传中，把章惇为大宋江山立下的赫赫武功也当做一大罪状，谓之“肆开边隙”。然而，当时北宋边境危机四伏，北方与西部辽、夏虎视眈眈，南方交趾经常寇边为患。四川、荆湖一带少数民族也割地自据。在“和戎”政策上，以韩琦为代表的保守派主张，驰武备、释寇疑；以王安石为首的变法派则主张，修武备、振武功（《临川集·上五事札子》）。王安石执政八年，收复河湟，幅员二千余里；平定荆湖“诸蛮”、四川“诸夷”，击败交趾（今越南）的入侵，基本上安定了当时的边境。

而继承了王安石改革精神的章惇在经制荆湖蛮事三年多（1072—1076年）的时间里，招降“梅山洞蛮”、“五溪蛮”，击平“江南蛮”，并遣别将熊本招降“四川诸夷”，收复版图四五十州。

元祐时期，司马光当政，“诸蛮”、“诸夷”复叛，对西夏也采取屈辱求和的政策。1086年西夏对北宋提出领土要求，“遣使求兰州、米脂等五寨。”（《续资治通鉴》卷79）而司马光、文彦博则主张与其让西夏武力取击，不如自动放弃“此无用之地”，且欲“并弃熙河”。变法派安涛固争之说：“自灵武而东，皆中国故地，先帝有此武功，今无故弃之，岂不取轻于外夷邪？”（《续资治通鉴》卷79）前通判河州孙路《挟舆地图》指出弃地的危害，司马光才放弃这个主张。至元祐五年二月（1090年）保守派屈于西夏的武力威胁，结果还是将米脂、葭芦、浮图、安疆四寨割给西夏。（《续资治通鉴》卷81）“夏得地，益骄”（《宋史纪事本末》卷40）不断侵犯北宋边境。元祐六年寇麟州，七年寇环州，绍圣三年复寇鄜延，陷金明寨“夏人得四寨连岁画界未定，侵扰边境”（《宋史纪事本末》卷40）。

“绍述”时期，章惇为相，采取果断措施“请绝夏人岁赐，而命沿边诸路相继筑城守要害，以进拓境土，凡五十余所”。（《续资治通鉴》卷85），并以“浅攻挠耕”战略积极防御西夏的进犯。元符元年（1098年）十月在知渭州章楶的指挥下，取得平夏城之捷，击败西夏三十万大军。“由是创州一，城寨九”（《宋史纪事本末》卷40）。自此“夏人不复振”（引文同前）“惇与章楶同宗，言多见采。”可见取得同西夏战争的胜利是章惇部署的。至元符二年（1099年）二月，夏人叩关求和，十月“夏人屡败，遣其臣令能嵬名济等来谢罪，且进誓表，诏许其通好，岁赐如旧。自是西陲民少安”（引文同上）。

然而，《宋史》对章惇的这些武功，责之以“肆开边隙”，而对司马光等保守派屈辱求和，弃地千里却不予理论，可见其中远近褒贬。

最后，关于章惇在哲宗死后讨论皇位继承人问题上，再一次表现章的孰忠孰奸：史载他曾当着神宗皇后向氏的面，厉声反对向氏立端王赵佶，说“端王轻佻，不可以君天下。”（《宋史纪事本末》卷48）圆滑的曾布叱之曰：“章惇未尝与臣商议，如皇太后圣谕极当。”（引文同上）结果向氏决策立端王，即有名的亡国之君宋徽宗。章惇因抗争赵佶继位而再度下野，一贬再贬，最后死于贬所睦州。而其死后不久，北宋在徽宗玩物丧志中迎来了中华民族历史上最悲惨的“靖康之耻”。

对此，240多年之后，元朝一代名相脱脱在组织修撰《宋史》时，亦不胜感慨：假如当初章惇的意见被宋廷采纳，北宋也许是另一种结局。因为“自古人君玩物而丧志，纵欲而败度，鲜有不亡者，徽宗甚焉”。

博按：宋史一篇《章惇传》，自此定格两宋第一大奸臣。而重读于宋史，反复校之于李焘的《续资治通鉴长编》和其他相关史料，再广泛考之于历史和现实，实认为章惇被列入两宋之第一大奸臣，可谓千古冤案，今特为还原并正之。《宋史》等史书之所以将章惇、吕惠卿、蔡确等变法派中坚分子都列入“奸臣传”有三个方面的主要原因：第一，这是继承了北宋衣钵的南宋朝廷“政治正确”的需要。以宋高宗赵构为首的新的统治阶层既然不能将亡国的原因加于其父辈的玩物丧志和荒淫无能上，便必须为亡国受辱寻找“替罪羊”。在这样的历史背景下，宋高宗为开脱父兄的历史罪责，以靖康元年以来士大夫们的议论，把“国事失图”由奸相蔡京上溯至改革派王安石。绍兴四年五月宋高宗诏命重修《神宗实录》，以否定王安石变法为基调，这一定谳对于后世产生了深远影响。王安石作为北宋亡国元凶的论调，经宋国史至元人修《宋史》所承袭，成为中国皇权时代官方定论。第二，这是程朱理学成为宋以后中国主流思想的结果。南宋理学家对荆公新学的批判主要集中在两个方面：一方面是斥责荆公新学为异端邪说“于学不正”、“杂糅佛道”或“学本出于形名度数”，再一方面把新学作为变乱祖宗法度而致北宋亡国的理论依据，予以无情打击。由于理学在元明清被定为一尊的统治思想，“是当时思想的主流”，荆公新学作为异端邪说遂成不易之论。程朱理学的创始人二程是和王安石、章惇同时代的人。理学家根据“天不变道亦不变”的原理，反对变革。程颢上疏神宗说，变法即使成功，“而兴利之臣日进，尚德之风浸衰，尤非朝廷之福，矧复天时未顺，地震连年，四方人心日益动摇，此皆陛下所当仰测天意，俯察人事也。”南宋的朱熹也极言诋毁王安石变法，其《读两陈谏议遗墨跋》说王安石：“惑乱神祖之聪明，而变移其心术，使不得遂其大有为之志，而反为一世祸败之原。”《宋史·王安石传》末了引朱熹对王安石的评价说：“以文章节行高一世，而尤以道德经济为己任。被遇神宗，致位宰相世方仰其有为，庶几复见二帝三皇之盛。而安石汲汲以财利兵革为先务，引用奸邪，排摈忠直，躁迫强戾，使天下之人，嚣然丧其乐生之心……”《宋史》编者并认为：“此天下之公言也。”古代治史者都以程朱观点作为指南，贬谁褒谁可想而知。王安石幸免定为“奸臣”，是朱熹肯定了他“文章节行”、“道德经济”高人一等之故。而章惇虽然后期为相，但因为其一向恃才傲物，打击排斥异己较之王安石更加严酷，且其本身确有一些“小节”被抓住了把柄，因此才遭受到当世和后世诸多“保守派”的群起而攻之，也最终和吕惠卿、曾布等人被列入“奸臣传”里，替王安石接受历史的审判。然而，今人评判历史，既不能脱离当时的历史客观现实，又要超越于历史认识的主观局限性。纵观北宋末年之史，章惇的历史功绩和杰出贡献是不容抹杀的。而章惇在为相后虽然采取了打击守旧派的严酷手段，也只是为了推行改革不得已而为之的政治手法，还谈不上卑劣。章惇应该是北宋后期最杰出的政治家、军事家、战略家、改革家，他用自己的实际行动为国家的政治、经济和军事发展作出巨大贡献，尤其是其运用军事手段，为宋朝开拓疆域，稳定边防，是一个勇于事功、敢于担当的能吏名臣，而且其最了不起的是其已然看到中央皇权帝制之下继承人的品德才干的至关重要性——也许，这正是以赵构为首的南宋朝廷极力污蔑他的重要原因：毕竟，他看穿了他们的伎俩，识破了他们的把戏，并敢于藐视他们的权威！

224. 从北宋名将章楶看“北宋无将”的历史虚妄

关于章楶（1027—1102年），《宋史·章楶传》载其功略曰：

字质夫，建州浦城人。以叔得象荫，为孟州司户参军。应举入京，闻父对狱于魏，弃不就试，驰往直其冤。还，试礼部第一，擢知陈留县，历提举陕西常平、京东转运判官、提点湖北刑狱、成都路转运使，入为考功、吏部、右司员外郎。

元祐初（宋哲宗年号，时旧党当政，反对用兵边疆），以直龙图阁知庆州。时朝廷戢兵（息兵），戒边吏勿妄动，且捐葭芦、安疆等四砦予夏（把四个边塞要地送给西夏），使归其永乐之人。夏得砦益骄。楶言："夏嗜利畏威，不有惩艾，边不得休息，宜稍取其土疆，如古削地之制，以固吾圉。然后诸路出兵，据其要害，不一再举，势将自蹙矣。"遂乘便出讨，以致其师，夏果人围环州。楶先用间知之，遣骁将折可适伏兵洪德城。夏师过之，伏兵识其母梁氏旗帜，鼓噪而出，斩获甚众。又预毒于牛圈潴水，夏人马饮者多死。召权户部侍郎。明年，除知同州。绍圣初，知应天府，加集贤殿修撰、知广州，徙江、淮发运使。

哲宗访以边事，对合旨，命知渭州。至即上言城胡芦河川，据形胜以逼夏。乃以三月及熙河、秦风、环庆四路之师，阳缮理他堡壁数十所，自示其怯。或以楶怯，请曰："此夏必争之地，夏方营石门峡，去我三十里，能夺而有之乎？"楶又阳谢之，阴具板筑守战之备，帅四路师出胡芦河川，筑二城于石门峡江口好水河之阴。二旬有二日成，赐名平夏城（遗址位于今宁夏回族自治区固原市原州区西北约38公里的黄铎堡村内）、灵平砦。方兴役时，夏以其众来乘，楶迎击败之。既而环庆、鄜延、河东、熙河皆相继筑城，进拓其境，夏人愕视不敢动。夏主遂奉其母合将数十万兵围平夏，疾攻十余日，建高车临城，填堑而进，不能克，一夕遁去。夏统军嵬名阿埋、西寿监军妹勒都逋皆勇悍善战，楶谍其弛备，遣折可适、郭成轻骑夜袭，直入其帐执之，尽俘其家，虏馘三千余、牛羊十万，夏主震骇。哲宗为御紫宸殿受贺，累擢楶枢密直学士、龙图阁端明殿学士，进阶大中大夫。

楶在泾原四年，凡创州一、城砦九，荐拔偏裨，不间厮役，至于夏降人折可适、李忠杰、朱智用，咸受其驭。夏自平夏之败，不复能军，屡请命乞和，哲宗亦为之寝兵。楶立边功，为西方最。

由这段传记可知章楶不但颇具战略家眼光，而且长于作战指挥和战术运用。尤其其发明的"堡垒战术"配以"浅攻战略"，可谓针对西夏骑兵的"制胜法宝"。1098年，章楶提出天都地区（今宁夏回族自治区海原县大部地区）畜牧耕稼膏腴之地，人力精良，产良马，夏人得此则能为国，失此则于兵于食皆有妨阙。将来进筑城寨，占据了当，夏人所有惟余兴、灵二州，虽未灭亡，大势已定。于是，章楶命泾原（甘肃、宁夏的六盘山以东，浦河以西地区）之伍进据天都，熙河（今甘肃临洮）之伍进据会州（今甘肃靖远县一带），秦州（今甘肃天水）遂为腹里，幅员殆千余里，首尾相连，其中共进筑城寨五十余所（今之所谓堡垒战术），无不如意。河东、鄜延、环庆边面亦各相通，尽有横山之地，西夏由是衰弱、惶怖。

史载章楶曾以两千精骑奇袭天都山，擒获西夏大将，俘敌三千余人，牛羊十余万，全歼夏将仁多保忠之军，仁多保忠仅以身免，夏主震骇。宋哲宗接到捷报，亲到紫宸殿授贺，任命章楶为枢密直学士、龙图阁端明殿学士、进阶大中大夫。

另外，章楶不但武能安邦，而且诗文俱佳，著有《寄亭诗遗》、《成都古今诗集》6卷，且特长于填词，世称章楶“词有织绣功夫”。

章楶生活上艰苦朴素，赴任成都转运使时，未带仆从，亲自驾驭匹驴，驮着妻儿行李，跋涉于崎岖蜀道。作风平易近人，热爱下属，善用人。举用人才，不问出身，即使是执劳役供使唤的人，只要有才干就予以擢用。降将西夏人折可适、李忠杰、朱智用都能听命于他，并在平夏战争中立下战功。

博按：作为北宋末年战功最显赫的名将，章楶依靠的是堡垒战术和浅攻战术。其中的堡垒战术，红军于第五次反围剿作战时曾经遇到过，近人以为那是德国指挥官的发明，殊不知在一千余年前，被称为最缺少名将的北宋一朝，早就已经被娴熟应用。而且，章楶还创造了以堡垒战术为依托，以浅攻战术和纵深突袭交替使用的灵活战法，可谓中国对世界军事史的一大贡献。

然而，章楶作为北宋名将，却鲜为后世所知。因为宋后之史家，常有“北宋无将”、“南宋无相”之说。其主要历史注解为，大宋开国之后，因太祖太宗二帝之削夺大将兵权，且统一战争中，二帝常御驾亲征，众将听命而已，是以总体来说北宋传世名将不多，而且主要集中在建国之初。尤其到了澶渊之盟后，宋辽之间百余年间没爆发大的战争，表面上看似乎没有名将。另外，北宋一朝，由于明君较多，所以自赵普开始，便名相贤相辈出，其中如范仲淹、刘挚、王安石、寇准、韩琦、司马光、李沆、陈恕、富弼、吕端、文彦博、吕蒙正、曾公亮、毕士安、曹利用、李昉、王曾、韩瑜等，可谓代代有名相，个个传千古。而到了南宋，在靖康之耻激励下，宗泽、岳飞、吴玠兄弟、孟珙（后有专论此人）、韩世忠、刘琦、刘光世等，可谓名将辈出。由于南宋属于偏安朝廷，国家几乎没有相对长期安定的时期，是以难以产生治世之能臣。另而言之，由于北宋作战对象为辽和西夏，不但两面受敌，而且缺乏骑兵和有利的地形发挥军力，所以其将领表现的机会少。相比北宋而言，南宋的主要作战地域是江淮地区，这里水网密布、山川交错、地形复杂，不利于骑兵作战而利于水军发挥作用，是以许多将领能够凭借有利的山岳地形，取得了不错的战绩，因此南宋的将领表现相对出色一点。

然而，详细审读西夏与宋之百年战争，却发现“北宋无将”之说可堪考证。因为，且不说北宋开国之初大批由五代以来培养的名将如潘美（奇灭南汉），曹彬（计灭南唐和后蜀），杨业父子（燕云争夺战以及后来杨延昭守三关），曹玮（曹彬次子，主要战绩为屡败李继迁、李德明父子），狄青（讨伐西夏及南蛮），种师道（世代守西北，前期主要跟西夏作战，后来宋金开战种师道沿途征兵收复洛阳），宗泽（初守磁州大败金军，后调任襄阳多次打退金人进攻，并在中原召集义师以图恢复），李继隆（宋初配享太庙的四大名将之一，曾经在满城战役和唐河之战中两次打败了辽国第一名将耶律休哥）等人之外，尚有以章楶为首的一大批西北边将。他们中间，有五路伐夏时的李宪，有机智善战的王韶，有被誉为“御敌长城”的“折经略”折可适（其先祖是“杨家将”里佘太君的父亲折德扆），还有平夏城守将郭成，被誉为熙帅的刘仲武，以及与狄青齐名的郭逵。上述名将，因为长期在夏边作战，而他们立功之时，正值北宋由盛转衰的末年时期，当他们终于将要完成平夏之功时，北宋却突然亡于金朝的铁骑。而后，南宋南渡，又被金人长期追挠，是以一直没有史家对他们进行梳理记载，而灭亡了北宋的金朝和北宋的劲敌西夏又相继被蒙古人所灭，战乱频仍之间，更无人记起这些边关的名将战史，等到近三百年后的元末时期，由元人治《宋史》之时，名将事迹渐灭，战功意义已无（他们开拓疆土的军功与元朝的军功相比，难以相提并论，且对于元朝来说，西夏与宋、蒙，已经合为一体），是以他们便渐渐被湮没和忽略，而因此北宋一朝被冠以“无将”之说，成为后世定论。而窃以为，北宋所以缺少振聩古今的名将，其根本原因在于其所秉持的重文抑武和消极防御战略之故。北宋一朝，虽然自太宗开始，一直都怀有收复燕云十六州和平定西夏的雄心壮志，但是，在“防内”重于“安外”的国家政治体制之下，将领常常被特殊的军事体制所束缚而难以发挥作用；终宋一朝，民虽富庶而国无尊严，文化虽然繁荣而国力依然孱弱，实既为后世之历代王朝带来了正反两个方面的深刻经验教训，亦为今天中华民族的繁荣复兴提供了重要的借鉴。在21世纪的中华今天，国家既要有治世之能臣，又要有能够底定乾坤的武将，而他们的诞生和世世不绝，则需要良好的制度安排和国力军力的支持，从而确保大批优秀将领在实战中磨砺成长，从而确保当国家真正有难之时，他们能不辱使命，保家卫国。

225. 乌台诗案：改革派与保守派的人品“试金石”

公元1079年。大宋平淡无奇的历史天空，出现了一个震铄古今的诗文大案。说其重要，是因为其主角，乃是中华历史最著名的文人之一——苏轼。乌台，即御史台。《汉书》曾载，御史台中有柏树，乌鸦栖其上，故称御史台为“乌台”。乌台诗案，即御史台诗案，兴讼于宋神宗赵顼元丰二年。起因为苏轼步入仕途之日，正值王安石变法之时，朝廷上革新派和守旧派斗争激烈。苏轼站在守旧派立场上，多次上书神宗，表明自己的反对态度，并请求制止变法。未果后上书请求外任，先后获准出任杭州通判、湖州知州等职。此间，苏轼针对新法推行中出现的问题，写了一些讥讽新法的诗文，引起一些人的嫉恨，遂引发乌台诗案。

宋神宗在接受了何正臣、舒亶等御史们对苏轼的指控后，派遣太常博士皇甫遵前往湖州拘捕苏轼。押解至京后，苏轼被投入御史台监狱。何、舒等人把苏轼写的诗深文周纳、无限上纲、曲解附会，目的是欲陷彼于罪，置彼于死地。乌台诗案引起朝野强烈反响。远在湖州、杭州的老百姓焚香念佛，为苏轼祈祷平安。此时，退居金陵的变法派领袖王安石也上书神宗皇帝说：“安有圣世而杀才士者乎？”值得一提的是，那些平时与苏轼互相诗文唱和，引为知己的保守派大臣们，在苏轼入狱其间，一个给他求情的都没有，反而是那些被保守派称之为“奸邪”、“小人”的变法派大臣，纷纷上书为苏轼求情。在王安石和章惇的鼎力营救下，一代才子苏东坡最后被贬为黄州团练副史（相当于今天的县级武装部副部长）。苏轼政治上的不幸却成为其个人也是中国文学的大幸，一批广为后世传颂的诗文，如《前赤壁赋》、《后赤壁赋》和《念奴娇·赤壁怀古》这样的千古绝唱正是在这样的心境和环境下被激发出来。

宋代词人叶梦得在其《石林诗话》中记载："元丰间，苏子瞻系御史狱，神宗本无意深罪子瞻，时相（当时的宰相王珪）进呈，忽言苏轼于陛下有不臣意。神宗改容曰：'轼固有罪，然于朕不应至是，卿何以知之？'时相因举轼《桧诗》'根到九泉无曲处，岁寒唯有蛰龙知'之句，'陛下龙飞在天，轼以为不知己，而求知地下之蛰龙，非不臣而何？'神宗云：'诗人之词，安可如此论，彼自咏桧，何预朕事。'时相语塞。子厚（即名相章惇，字子厚，前文有叙）亦从旁解之，遂薄其罪。王定国《闻见近录》：苏子瞻在黄州，上数欲用之，王禹玉（即宰相王珪）辄曰：'轼尝有此心唯有蛰龙知之句，陛下龙飞在天而不敬，乃反求知蛰龙乎？'章子厚曰：'龙者非独人君，人臣皆可以言龙也。'上曰：'自古称龙者多矣，如荀氏八龙，孔明卧龙，岂人君也？'及退，子厚诘之曰：'相公乃覆人家族邪？'禹玉曰：'此舒亶言尔。'子厚曰：'亶之唾，亦可食乎？'"

博按：乌台诗案为古今文人因言获罪之典型案例。其肇于宋而发扬光大于明清，乃至遗毒至今。此案中，堪为后世所引鉴者，在于面对一个最于直言朝政之失的文人士子（且不论其批评正确与否），改革者和保守派所显示出的人性优劣和道德取向。

苏轼乌台诗作，本为批评安石之改革，然真正救苏轼出水火之人，却仍然是以王安石、章惇为首的改革派中人。尤其安石一句"安有圣世而杀才士者乎？"一句直抵神宗之神经，遂使苏轼终免一死。反观后世历朝评价王安石变法失败之主要原因，皆以王安石用所非人为主要托辞和借口，《要略》以为此实为推诿塞责之辞，不过是为历代中央集权帝制之下既得利益集团（包括神宗本人）开脱责任的不二手法。而真正洞悉历史发展规律者，则皆知中央皇权和人治环境之下，历次变法改革失败的根本性原因，在于改革触及了既得利益集团巨量的政治和经济利益，以及由此而产生的内斗传统和劣质文化特征所决定。

226. 义门陈氏：一个中国式家族的“大数据”分析和“基因”解读

义门陈氏，亦称为江右陈氏、江州陈氏，是发源于江西省德安县车桥镇的一个江右民系家族。公元832年（唐文宗太和年间），江右陈氏祖先陈旺因为辞官在德安县太平乡常乐里置业，到唐朝中和四年已经是数代同居五十多年，唐僖宗御笔亲赠“义门陈氏”匾额，此后义门陈多次受到皇族表彰，闻名遐迩。后至宋仁宗时期，江州义门陈氏家族，创造了3900余口、历15代、330余年聚族而居、同炊共食、和谐共处不分家的世界家族史奇观，可谓中国古代社会中人口最多、文化最盛、合居最长、团结最紧的和谐大家族，亦是世界上有史以来人口最多、规模最大的家庭，成为中国古代社会的家族典范而流传千古。

据史载，公元1063年，义门陈氏一家共拥有以下若干建筑：义门正宅、御书楼、东佳书院、东皋祠（旺公祠）、太公堂、祖训堂、德星堂、大学院、接官厅、刑仗厅、太圣院、得胜楼、九里殿、永清祠、都察院、百犬牢、秋千院、望仙亭、嬉戏亭、真君祠、五祖碑、藏书楼、百柱堂、兰官、廨院、道院、义门、义酒坊、酒店、馈堂、公堂、鼓楼、洗米池、酒泉井、茶房、新迁祠、先祠、义碑、篮法亭及田庄、园林等三百多处。有诗赞曰：“楼阁连云延四方，旌旗映日紫气长，农夫耕种犹作赋，学子吟哦翰墨香”。可见“义门陈”当时的繁荣景象。后宋仁宗在文彦博等重臣上疏建议下，以陈氏孝义太盛，散至各地作忠孝典范，教化民风为由，于1062年（嘉祐七年）七月派人监护分下，将义门陈人分迁全国72个州郡（144县），分为大小291个村庄（另加43官庄共344庄）。从此，一门繁衍成万户，万户皆为新义门。据最新统计，当今义门陈姓人口达到4000多万。

义门陈氏自建庄至分析，跨两朝，历时三百三十二年，先后累受唐宋两朝数位帝王的亲笔敕赐旌表和诸多将相名流诗赋赞誉：

唐僖宗李儇于884年御笔亲题“义门世家”，并赐一联“九重天上旌书贵，千古人间义字香”以示赞誉。从此，陈氏即把原常乐里永清村改为“义门”。

唐昭宗李晔于公元890年御笔亲题“旌表义门陈氏”，由此即定名为“义门陈”。今外地仍称车桥镇义门村为义门陈。

南唐主李昪于937年赐匾一块，上书“义门”二字，标揭门闾。

宋太宗赵匡义于992年御笔旌赐“忠孝世家”，又于996年旌赐“真良家”和“义居人”，同年下诏将“义门家法”收藏于国史馆，并遣内侍裴愈赐御书三十三卷在义门敕建御书楼，将“真良家”三字悬挂门首。宋太宗又于1000年（咸平三年）为义门亲题诗一首以表彰义门陈氏。诗曰：

水阁山斋架碧虚，亭亭华表耀门闾。
祖宗遗下林泉汁，子孙相承孝义庐。
原上鹡鸰常救难，庭前棠棣每添辉。
疑川郡派传千古，芳振江南绍有虞。

并再题“问道江南谁第一，咸称唯有义门陈”的对联以示赞颂。

宋真宗赵恒赐联“聚族三千口天下第一，同居五百年世上无双”，并于天禧四年（公元1011年）敕于旌表门外，筑高台丈许，亲题“旌表义门陈氏”六个大字。

宋仁宗赵祯于1060年追封义门陈氏五世祖陈旺、陈机、陈感、陈兰、陈青分别为晋国公、齐国公、吴国公、燕国公、许国公之谥号，又于1062年赠义门分庄一诗中写道：

江州久著义门庄，珠辉玉廊孰同行。
蒂固根深谁与并，庄上分庄岁月长。
谩夸诗礼追邹鲁，须信簪缨赛谢王。
子孙各知道义范，永于舜德有重光。

至公元1063年，义门陈氏一家历代为官人数约四百人，历受封赠四十二人，历代累计中举一百二十余人，其中官至宰相两人、在京高官三十人。据查，中国共产党的著名人物陈云、陈毅、陈赓，国民党元老陈立夫、陈果夫，国民党将领陈诚，中共早期著名领导人陈独秀等，都是江州义门陈氏分析到各地支派的后代。

据史料记载，“义门陈氏”在宋仁宗时期处鼎盛时期，当时在义门陈氏忠义孝悌的感召下，江南人家平纠纷，净争讼，知礼仪，忠国家，呈现一派耕读升平的景象。因此，后人有“义门陈”兴于唐、盛于宋之说。而义门陈氏之所以如此繁盛，据传主要是其开族祖先制定了三十三条家规并在全族得到了严格贯彻执行。

博按：读史知义门陈氏，始知中国“宗族”之巨大力量。义门陈氏发展于今天，达4000万人之多，甚可匹敌于一个中等国家，可谓“聚族为国”之盛大气象。而今人于其中可以想见中华历史家国天下之远古基因：陈氏之兴，实中华之兴；因中华民族之大家庭，陈氏为其中一优秀分子，亦可谓一个典型样本。尤其是通览其《陈氏家规》之内容，则煌煌然中华儒道文化于家族治理之具体化、制度化和世俗化。中国传统乡土宗族社会出则为儒，入则为道，聚族而居，自行为治，其中包含着中国乡村自治和宗亲传统的特殊模式，实可为乡村治理提供借鉴与参考。尤其是当下改革深化、民心不古之时，实当借助于乡村宗亲力量以行大道、开正气、淳民风，以为社会稳定奠定基础。是以易曰：家正则天下定，是治家之道，古犹病诸。故圣人垂五教，敦九族，使后人知夫父子兄弟夫妇之道耳。

227. 大辽太祖耶律阿保机：信威万里唯军功，“一国两制”融汉胡

关于大辽开国可汗耶律阿保机，据元朝所修的《辽史》记载：

“辽之先，出自炎帝，世为审吉国，其可知者盖自奇首云。奇首生都庵山，徙潢河之滨。传至雅里，始立制，置官属，刻木为契，穴地为牢，让阻

午而不肯自立。……而太祖（阿保机）受可汗之禅，遂建国。东征西讨，如折枯拉朽。东自海，西至于流沙，北绝大漠，信威万里，历年二百，岂一日之故哉！”

大辽太祖耶律阿保机出身于贵族，是契丹族下的迭剌部人。出生之时正逢家族内乱，其祖父被害后阿保机被其祖母藏于别帐始能保全性命。青年阿保机身强力壮，擅长骑射，才能外露，多次在战场上立下功劳。公元901年后，阿保机开始掌握军事大权，四处征战，为日后的威权奠定了基础。由于阿保机出战屡屡获胜，为族人带来牲畜和粮食，于是在公元907年被选举为可汗（草原民族的原始共和制）。

阿保机在长达九年的可汗之位上，排除众难，于公元916年模仿汉制建立起具有中央皇权特色的耶律氏辽朝。在称帝之前，阿保机不仅用谋略和手段平定了诸弟之乱，还以宴会之名解决了其他部落首领（与赵太祖赵匡胤杯酒释兵权有异曲同工之妙），使得部落归于统一。称帝之后的阿保机不但重用汉人，大力吸收汉文化，仿唐代长安，修建皇都，即后来的辽上京；兴建孔庙、佛寺、道观等，甚至给自己起了个汉名叫“刘亿”，以促进胡汉融合。

大辽建国后，随着国境渐广，西部草原上新征服的奚族、室韦，不习惯耕种；投奔而来的汉人，又不擅长牧马。阿保机于是本着“因俗而治，得其宜”的原则，设置了两套平行的行政机构——北面官“以国制治契丹”，保留契丹部落的用人惯例；南面官“以汉制待汉人”，几乎是唐代三省六部制的翻版。一个皇权，两套官制，并行不悖。另外，为了更有效地统治国土辽阔的国家，阿保机于每年的春夏秋冬四季，要到四个不同的地方居住，称之为“四时捺钵”。表面上是“游牧”之意，实际上是巡察制度。这种“一国两制”和“巡察”制度，对大辽的迅速发展并延绵国祚210年奠定了基础。

博按：今日俄语中中国的发音为“契丹”，即当时俄罗斯实以为“契丹”为中国之因。以此可见大辽于当时世界之影响和其在中国历史中的地位。而辽史所载，认为辽国之先祖为中国炎帝之说，《要略》以为可以深究于炎黄之战时：发生于今日张家口以北的涿鹿之战，炎帝败绩，其中一部分炎帝后裔很可能不辨方向，逃入漠北，后因黄帝部落于中原之阻隔，使其难以返回南方，是以开始在北方草原繁衍生息，并不断发展壮大。以此观之，即如辽、蒙之远祖鲜卑、匈奴、东胡，皆可能是这一场战争之历史遗族。倘如此，则中华大地，原可谓血脉相连。唯当时北逃之南人，于战乱中失却其先进之南方农耕文明，而于严酷环境之下进化为野蛮、勇武之草原文明，当可视为另一种推动历史进步的原动力。而阿保机所建立的大辽帝国，虽然为有宋一代北方的主要敌人，但宋辽两国在澶渊之盟后能够和平共存百年之久，实为中华胡汉两族和平共处、相互融合的最佳时期，尤其是具有雄才伟略的天才皇帝阿保机能够采取“一国两制”的办法，强化对胡汉两族的有效治理，亦为后世中国解决国家统一问题提供了有益的借鉴和思路，其功莫大焉。

228. 萧太后临朝：最著名的异族女人，最成功的人生赢家

公元982年九月，北辽景宗（时年三十五岁）在出猎途中，病卒于云州（今山西大同）焦山行宫。临终之时遗诏“梁王隆绪嗣位，军国大事听皇后命”，将治理辽国之使命交给时年二十九岁的太后萧绰。

面对年仅十二岁的长子耶律隆绪，萧太后深感主少国疑，而宗室亲王势力雄厚，局势易变。必得先以软化硬，征得朝中主要大臣之支持。于是，萧太后便在托孤重臣耶律斜轸和汉人大臣韩德让面前流泪道：“母寡子弱，族属雄强，边防未靖，奈何？”两位重臣在萧太后眼泪相逼之下，皆发下重誓：“信任臣等，何虑之有！”随后，萧绰命名将耶律休哥留守南京（今北京），总管南面军事，加强边防，任命侄女婿耶律斜轸为北院枢密使，管理内政事务尤其是严管贵族。与此同时，萧绰采纳南院枢密使韩德让建议，对宗室亲王颁布命令“诸王归第，不得私相燕会”，使他们失去兵权，解决了内部夺位之隐忧。而后，萧太后力革弊政，契汉一体、整肃吏治、开科取士、网罗英才、鼓励农桑、发展经济。在外交上一面把高丽推为“假想敌”，麻痹赵宋；一面和西夏做生意，大量囤积粮马、兵器等战略物资。在短期内大

辽兵强马壮，而后亲自率大军南下，尽复河北失地，逼迫宋真宗签下“澶渊之盟”。

作为中国历史上最著名的异族女人，萧太后向为中原正统史家所鄙视，其主要原因是其主政之时，和当时辽国的汉奴大臣韩德让有所谓的“辟阳之幸”（后妃和大臣之间的通奸称之为“辟阳之幸”）。据史载，萧太后为笼络韩德让，使其成为自己的得力助手，私下对韩德让说：“吾尝许嫁子，愿谐旧好，则幼主当国，亦汝子也”（史传萧太后嫁给辽景宗之前，曾许配给韩德让）。此后，萧太后和韩德让开始实际掌握大辽政务，史传其二人“入居帐中，同卧起如夫妻，共案而食”，过着真实的夫妻生活。983年，萧太后在韩德让支持下实行汉法，加封韩德让开府仪同三司，兼政事令。统和四年，宋攻辽，韩德让从萧太后拒宋，败宋，封楚国公。师还，韩德让在萧太后支持下，团结契丹贵族和汉族中有治国才略之人，实施选官任贤，不分番汉，考核官吏；确立科举制度；清理辽世宗以来的滞狱；减免遭受战争、自然灾害灾民的赋役等改革措施，使辽代中期出现了兴旺繁荣局面。《辽史·刑法志》描绘萧绰时代的太平景象说：“国无幸民，纲纪修举。吏多职奉，人重犯法。至统和中，南京及易、平三州，以狱空闻。开泰五年，诸道皆狱空。”而且萧太后在成功驾驭大辽政权的同时，也终身保有着韩德让的爱情：他们之间的爱情至死不渝。1009年，57岁的萧绰正式退休一个月后，意外死在了出巡路上。而之后的1011年，韩德让也死在了征高丽的征程之中，并终被陪葬于萧太后的乾陵墓旁。

博按：有清一代的慈禧太后虽然为满族，但因为有清入主中原，根据近代形成的历史观，可不视为异族，唯有萧太后之辽国，始没有入主中原，和中原正朔宋王朝为两个独立之国家，而且因为《杨家将》、《杨门女将》等演义和戏曲的广为流传，所以称之为中国历史上最著名的异族女人。而重温于辽史，深感萧太后实为中国历史上最为成功的人生赢家，其不但以其慧眼发现了韩德让这个汉人大臣的雄才伟略，并依靠其成功统治大辽二十七年，创造了大辽历史上最繁盛的时代，而且获得了韩德让终身的爱情——尤其是后者，对于小女人萧太后来说尤其难能可贵。更值得一提的是，她在长期摄政的情况下，能够得止而止，及时让位，使其在身后既能和韩德让“死亦相伴”，又能确保其一世英名，勿受后世遗骂（武则天和慈禧太后在这一点上都不如萧太后）。以此观之，大辽于彼时虽称为“异族”，然其民族的包容性和适应性，实不亚于被后世奉为正统的大宋，以此观之，今世研究辽史者，当洞悉萧太后这个人物背后的民族文化环境，并进一步探究其后的民族融合之路。

229. 大辽韩氏家族的“逆袭”之路：不同文明和文化融合的经典样本分析

北辽自太祖耶律阿保机开国建政以来，倾心汉化，重用汉人大臣，以达到其“以汉制汉”的目的。正是在阿保机所建立的这一“国策”的影响下，一个本是汉人的韩氏家族，最终成为权倾大辽朝野的一大家族，影响了大辽的历史进程和政治生态，在此专以述之：

史载大辽韩氏家族“创始人”为韩知古（898—930年），本是蓟州玉田（今河北省玉田县）汉人。当辽太祖耶律阿保机率兵攻占蓟州时，知古方六岁，于战乱中被太祖淳钦皇后之兄述律欲稳俘获，自小成为皇室家奴。长大后，聪明而有谋略的韩知古，在耶律阿保机采取“以国制治契丹，以汉制待汉人”的策略影响下，开始在辽朝得以崭露头角。韩氏家族自韩知古开始，不断融入契丹社会。据《辽史》载，909年，韩知古已经官至左仆射（相当于宰相）。其后，权势、地位逐步提高。《辽史·列传》有言：“（韩知古）神册初，遥授彰武军节度使。久之，信任益笃。总知汉儿司事，兼主诸国礼仪。时仪法疏阔，知古援据故典，参酌国俗，与汉仪杂就之，使国人易知而行。顷之，拜左仆射，与康默记将汉军征渤海有功，迁中书令。”综合有关史料分析，他在辽建国初期的制度建设、非部族族群的统治、大的战争等方面都发挥了特殊的作用。

史传韩知古共有十个儿子，属“匡”字辈，在韩知古教导下，“韩二代”已然有一人封王，四人为节度使以上级别（辽袭唐制，当时的节度使大约为从二品大员）。其家族地位已经非常显赫。而其中官位最高的韩匡嗣的九个儿子中则更有六个为节度使以上级别。

韩氏家族真正显赫于辽朝，始于韩匡嗣的儿子韩德让。这个与萧太后有“辟阳之幸”的汉人最终成为辽臣中辅政最久、集权最多、宠遇最厚、影响最大之人，对圣宗前期的施政，如改革制度、改善契丹族和汉族的关系，以及维护辽宋盟约等，都发挥了决定性作用。

关于韩德让，《辽史·列传》载，韩德让“侍景宗，以谨饬闻，加东头承奉官，补枢密院通事，转上京皇城使，遥授彰德军节度使，代其父匡嗣为上京留守，权知京事，甚有声”。后逐渐升迁至权知南京留守事，成为一方权臣。979年，韩在南京幽都府抵抗北宋讨伐，因功授辽兴军节度使。后入朝为南院枢密使，赐名“德昌”，成为汉臣中权势最大者。辽圣宗即位后，萧太后摄政，命韩德让负责宿卫。985年，韩兼政事令，进入辽国决策核心，对稳定圣宗初年的政局起了重要作用。次年，韩率军击败北宋北伐的曹彬和米信部队，被封楚国公，旋即进封楚王。994年，再被任命为北府宰相兼领枢密使，不久又兼北院枢密使，拜大丞相，封齐王。此时韩总理北南两院枢密院，集辽、汉军政大权于一身。澶渊之盟后，韩徙封晋王，赐名耶律隆运，位在亲王之上。

关于韩德让和萧太后所谓的“辟阳之幸”，是后世史家津津乐道的著名故事。史传萧绰少年曾许配韩德让，还未来得及结婚，就被景宗选为妃子。景宗死后，萧绰看中了韩德让的政治才能与军事才能，于是决定改嫁韩德让（这在当时契丹族的风俗中是允许的）。而圣宗对韩德让也以父事之。史载宋辽澶渊议和时，宋朝派使臣曹利用前往，“利用见虏母（指萧太后）于军中，与蕃将韩德让偶坐驼车（所谓驼车实即‘奚’，是张有毡幕的马车），坐利用于车下，馈之食，共议和事。”另外一个宋使路振则在其《乘轺录》云：“虏所止之处，官属皆从，城中无馆舍，但于城外就车帐而居焉。”曹利用见到的是两人“偶坐”，“偶坐”者并排而坐也。倘非夫妻，谁敢与太后“偶坐”？太后又岂肯与臣下“偶坐”。据史载韩德让待遇优渥，非其他大臣能望其项背。涿州刺史耶律虎古，因对韩德让无礼，韩德让竟然当庭将耶律虎古击死。一次萧太后观看打马球，韩德让出场时被契丹贵族胡里室误撞坠马，萧太后立刻将胡里室斩首，群臣竟无一人敢出言相救。

萧太后还赐韩德让皇族姓氏耶律，赐名隆运，封晋王，隶属季父房，辽圣宗从此称韩德让为皇叔。韩德让像辽国历代皇帝和摄政太后一样，拥有自己私人的斡鲁朵（宫帐）、属城，万人卫队，直如辽国之太上皇。史载：“德让无子，初以圣宗子耶律宗业为嗣；又无子，以魏王贴不（宗熙）子耶鲁为嗣；天祚立，以皇子敖鲁斡为嗣。”因为韩德让无子，于是规定皇室每一代都贡献一个亲王作为韩德让的后嗣。

博按：韩知古家族是辽朝仅次于皇族耶律氏、后族萧氏的大家族，终辽之世，影响颇大。其家族与契丹、汉族、奚、渤海等民族的通婚状况是汉人在辽朝政治活动的一个典型反映，也是辽代政治婚姻的特点以及汉胡文明融合和文化趋同现象的一个样本，对于今天的中华文明与西方文明的融合有着一定的借鉴和警示意义。韩氏家族契丹化的演进，从本质上讲，属于一个家族的民族同化过程，一方面这样成功的家族式融合在中华民族历史上实属罕见，另一方面，这样的融合方式一定程度上也反映了中华民族强大的文化凝聚力和对新文明的适应性与包容性。当然，后世人必须了然的是，契丹人汉化不是血统的汉民族化，而是在意识形态方面接受汉文化，在统治方式上充分接受了中原政权相关政治、文化制度的成果，而韩氏家族的契丹化却是一个家族同化于另一个民族，不但有血统上融和，还要有对该民族的语言、风俗习惯、民族心理以及生产、生活方式等方面的认同、接受，从中反映了汉人族群自宋代即有向新生文明趋同的心理趋势。而时至有清以降的近代时期，大量中国人出于对新世界的向往，或出于自身文明、政治制度和经济环境的不满，开始以各种方式不断向海外移民，他们不但向全世界传播中华文明，而且也主动适应当地的政治、经济、语言、信仰等环境，形成了更加深入广泛的中华文明与世界上其他文明的深度融合。然而，值得我们警惕的是，如果因为中华文明的弊端太多而致使太多如“韩知古”家族这样的精英家族全面深入地服务于异国或是可能的敌国，最后再帮助他国谋划反击、压制或危害于中国，而由于他们对中华民族文化心理和政治特点的洞悉和切身体会，则这种危害将更为严重和可怕，易曰：“惕若厉”，吾华能不“如履薄冰”乎？

230. 西夏的奇迹与悲剧：
三世勇烈奠国基，一族兴亡警吾华

西夏历史可以溯源至唐初。党项原是羌族一支，隋书上载“党项羌者，三苗之后也”。《旧唐书》载：“党项羌……汉西羌之别种也。魏、晋之后，西墙（通羌）微弱，或臣中国，或窜山野。自周氏灭宕昌（tàn chāng）、邓至后，党项始强。”唐朝时，生活在青藏高原的党项羌和吐谷浑经常联合起来对抗强大的吐蕃。唐高宗时，吐谷浑被吐蕃所灭，失去依附的党项羌请求内附，被唐廷安置于松州，后党项羌逐步繁衍成数个大部落，其中盟主部落拓跋氏占据今天的青海东南和甘肃南部等地。唐开元年间，居于青海东南和甘肃南部的党项羌被吐蕃军队所逼，向唐玄宗求救，被迁至庆州。安史之乱后，郭子仪建议唐代宗将当时在庆州的拓跋朝光部迁至银州以北和夏州以东地区，这一地区即是南北朝时匈奴人赫连勃勃的“大夏”旧地，当时称为平夏，所以这部分党项羌就成为平夏部，即日后西夏皇族之祖。

唐僖宗时，党项部首领拓跋思恭被朝廷封为夏州节度使，因平黄巢起义有功，一度收复长安，再次被赐姓李，封夏国公。从此拓跋思恭及其李姓后代成为藩镇势力。其麾下兵马也被称为定难军，势力范围包括夏、绥、宥、银四州地区。

五代十国时期，不管中原何人秉政，李氏（拓跋氏，后亦曾被宋朝赐姓赵）皆“俯首称臣”以换取对夏地的统治地位和大量赏赐。在这段时期，西夏十分谨慎地处理着与后唐、后晋、后汉以及辽、宋等政权的“外交关系”。

982年，为了根除西北盘踞势力，稳固西北边防，宋太宗赵光义有意把李氏亲族“请”到京城聚居。李继捧族弟李继迁（今日之陕西米脂境内仍存“李继迁寨”，明末“闯王”李自成即出生于此寨，有论者以为李自成即为李氏后人，可见其于中国历史之影响）在迁京途中借故逃离，遁入草原。并成功与当地豪强联姻而势力渐盛。

985年，李继迁会同族弟李继冲诱杀宋将曹光实，并占据银州，攻破会

州（今甘肃靖远），开始与宋决裂；同时向辽国“请降”，被辽封为夏国王。996年，李继迁截夺宋军粮草四十万，又出大军包围灵武城。宋太宗派五路军击夏，皆败北。宋太宗崩后，宋真宗即位，为息事宁人，割让夏、绥、银、宥、静诸州与李继迁，事实上承认西夏的独立地位。

1002年，李继迁率诸部落攻陷宋朝重镇灵州，改名西平府，后又攻取西北重镇凉州，截断宋朝与西域的商道，禁止西域向宋朝入贡，同时禁止西域诸部向宋朝卖马，严重影响了宋朝的军队建设。然而，在与吐蕃会盟时，李继迁遭吐蕃人暗算，被劲弩射伤，后伤重而死，时年42岁。

李继迁长子李德明即位后，倾力向河西走廊发展，南击吐蕃，西攻回鹘，大力拓展党项羌族的生存空间，1019年，李德明选定怀远镇为都城，改名兴州。他对外附辽和宋，专力向西发展，对内则完全是帝王气派，成为西夏建国历史上一个承前启后的重要角色。

1032年，李德明之子李元昊继夏国公位，开始积极准备脱离宋。史载李元昊雄才大略，熟习兵书、法律，晓佛学，通蕃汉文字。为太子时常劝谏其父勿臣事宋朝，主张“衣皮毛，事畜牧，蕃性所便，英雄之生，当王霸耳”。继位后，弃李姓，自称嵬名氏；申明号令，以兵法约束部族，继续对吐蕃、回鹘用兵，占领河西走廊，使西夏辖境“东尽黄河，西界玉门，南接萧关，北控大漠，地方万余里，倚贺兰山为固”；并仿宋制立官制，建年号，定兵制，升州郡，益边防；规定文武官职及庶民服饰，下“秃发令”，创制夏国文字，1038年10月11日，李元昊称帝，建国号大夏。此后数年，元昊相继发动了三川口之战、好水川之战、麟府丰之战、定川寨之战四大战役，歼灭宋军西北精锐数万人；并于1044年，在河曲之战中击败携十万精锐御驾亲征的辽兴宗。

然而，随着大败宋辽的“不二功勋”，元昊开始不可一世，日益暴横淫纵，甚至将儿子宁令哥的妻子纳为妃子，1048年元宵节，宁令哥因夺妻之恨，挥刀将元昊杀死，时年四十六岁。元昊子谅祚继承大位，其死后又由其子秉常即位。

后女真崛起，西夏攻占宋朝定边军，并向金国称臣。金朝皇帝把此前占领的西夏故地乐州、积石州等河外诸州赏赐给西夏王乾顺，西夏领土达到顶峰。蒙古崛起后，一直视西夏为眼中钉，将其作为练兵场，不断派兵袭扰突击，演练部队。

夏毅宗与夏惠宗时期，夏廷对内进一步巩固统治，对外常与宋辽两国处于战争与议和的状态。但是相继出现了两次母党专政时期，造成了西夏国力的逐渐衰落。值得一提的是，夏惠宗亲政后，因为崇尚汉法，下令以汉礼藩仪，遭到以梁太后为主的保守派的极力反对。对此，夏惠宗想用大臣李清策的建议，将河南地区归还宋朝，以利用宋朝削弱外戚势力。不料机密泄露，梁太后杀李清策，幽禁夏惠宗。1086年夏惠宗在忧愤之中去世，由三岁儿子李乾顺即位，即夏崇宗。

1098年小梁太后偕同夏崇宗率领三十五万大军猛攻宋朝平夏城，惨败，大将嵬名阿埋与妹勒都逋均被擒，史称平夏城之战。其后残兵败将被北宋名将章楶设伏兵歼灭，小梁太后差点被俘，宋军随后兴建西安州与天都寨，打通泾原路与熙河路，秦州变成内地。宋朝控制横山地区后，西夏处境日益艰困。其后的一段时间西夏与章楶交战屡战屡败，1099年在辽朝辽道宗的周旋下，宋夏再度和谈，西夏向宋朝请罪而终。

1115年，金朝兴起，三国鼎立局面被破坏，辽朝、北宋先后被灭，西夏经济被金朝掌控。后漠北的大蒙古国再度崛起，六次入侵西夏并拆散金夏同盟，让西夏与金朝自相残杀。西夏内部也多次发生弑君、内乱之事，经济也因战争而趋于崩溃。

1203年克烈部被铁木真吞并，其领袖王汗之子桑昆逃奔西夏。两年后，铁木真率军入侵西夏，掠夺西夏边界城市而去。夏桓宗击退外患，改兴庆府名为中兴府，1207年夏襄宗夺位不久，成吉思汗率大军攻破西夏要塞斡罗孩城（内蒙古乌拉特中后旗西境），因各路夏军奋力抵抗而击退之。1209年蒙古降服高昌回鹘，河西地区也暴露在蒙古威胁之下。蒙古第三次征夏即自河西入侵，出黑水城，围攻斡罗孩关口。夏襄宗派其子李承祯率军抵抗失败，夏将高逸被俘而死。蒙军又攻陷西壁讹答守备的斡罗孩城，直逼中兴府的最后防线克夷门。夏将嵬名令公率军伏击蒙军，最后仍被蒙军击溃。中兴府被蒙军围困，夏襄宗派使向金朝金帝完颜永济求救，但是金帝拒绝，还以邻国遭攻打为乐而坐视不救。最后夏襄宗纳女请和，贡献大量物资，并且附蒙伐金。

夏襄宗附蒙伐金后，对金朝进行长达十余年的战争，使双方损失很大。国内方面，西夏百姓十分贫困，生产受到破坏，军队衰弱，政治腐败。夏襄宗本身也沉湎于酒色之中，整日不理朝政。公元1211年齐王李遵顼发动宫廷政变，废夏襄宗自立为帝，即夏神宗，史书称为状元皇帝。

夏神宗不顾国内大臣反对，仍然坚持附蒙抗金，金宣宗也多次反击之。此时西夏国内社会经济凋敝，民变不断。公元1216年因为西夏不肯帮助成吉思汗西征，次年成吉思汗率军第四次进攻西夏。夏神宗以太子李德旺守中兴府，自己逃至西京灵州。最后李德旺派使向蒙古和谈才终战。公元1223年由于夏神宗不愿做亡国之君，便让位给太子李德旺，即夏献宗。此时夏廷已经认清蒙古将会灭亡西夏，夏献宗决定采取联金抗蒙的策略，趁成吉思汗西征时派使联合漠北诸部落抗蒙，以便巩固西夏北疆。当时总管汉地的蒙将孛鲁（木华黎之子）察觉西夏的意图，于公元1224年率军从东面攻入西夏，攻陷银州，夏将塔海被俘。隔年成吉思汗得胜返国，同时率军攻打沙洲。最后夏献宗同意蒙军条件投降，蒙古撤军。

1226年成吉思汗以夏献宗没有履约为由，兵分东西两路向西夏夹攻，此即蒙古灭西夏之战。成吉思汗率主力部队至兀剌孩城（内蒙古乌拉特中后旗西）西进攻陷黑水城，又迂回进军贺兰山（宁夏银川西北），击溃夏将阿沙敢不，最后屯军浑垂山（甘肃酒泉北）。西路军由阿答赤率领，与忽都铁穆儿、西夏降将昔里钤部、察罕等人借道西州回鹘，陆续攻陷沙州、肃州与甘州。至此河西走廊全数沦陷。夏献宗忧患而死，由其侄南平王李睍继位，即夏末帝。同年八月，成吉思汗率军穿越沙陀，进军黄河九渡，攻占应理（今宁夏中卫）。而后分兵攻陷夏州，主力包围灵州，再合围中兴府，又兵南下攻陷积石州（今青海循化）、西宁（今青海西宁）等西夏领地。公元1227年夏末帝在中兴府被围半年后投降蒙古，西夏亡。史传西夏灭亡后，蒙古军对西夏王城进行了大规模的屠杀，以致党项民族作为一个民族从此不复存在。

博按：古今之国史，皆以两宋为汉唐后再统一之帝国。然细究宋朝之历史，其时两宋仅为名义上之一统，时中华大地，除北方之辽、金与宋互为兄弟之国外，以兴州（今宁夏银川）为核心的夏帝国亦是可与宋分庭抗礼之另一大帝国。其以鲜卑拓跋氏后裔，奋三世之勇烈，以狼性之军事手段，结合儒家文化传统和佛教御民方法，使中华国土上再次出现三国鼎立之基本格局。读于西夏之史，深感党项李氏之于宋初之乱世中建国，实属一个历史奇迹，而其于中华历史之重要地位常为史家所忽略。今特为论之：其一，华夏之谓，本有夏族之称，党项李氏以羌族而建夏国，本含仰慕华夏之心。且观西夏之开国建政，崇尚汉制，推广儒礼，其中可见中华文明本身所具有的强大的“向心力”和“先进性”，是以史家戴锡章在其《西夏记》中曾言：“夫西夏声明文物，诚不能与宋相匹，然观其制国书、厘官制、定新律、兴汉学、立养贤务、置博士弟子员。尊孔子为文宣帝，彬彬乎质有其文，固未尝不可与辽金比烈！”其二，中华民族于今日能够保全西北之疆域，其影响延至今日西疆辽阔国土，其中亦有西夏的重要历史功绩。作为中华民族大家庭中的一员，在两宋最为孱弱之时代，西夏对吐蕃和回鹘进行了长期的征战和有效的征服。如果按照两宋的治国理念，则两百年来华夏文明将彻底失去对西北诸民族的影响力，而中国历史之幸运，则有西夏以这样“过渡”和“融合”的方式，为中华民族做出自己独特的贡献；其三，西夏以少数民族，行儒家文化传统的中央集权统治，其亡国灭族的历史教训，实可再次校验于后世：一旦受到以儒家文化为核心的中华文明的浸淫，无论是汉族政权还是少数民族政权，最终都会发展成这高度集权的中央皇权体制，而这种背后附带着巨量利益的皇权体制，则最终成为一个王朝兴衰更替的根本性原因。中华民族的历史性轮回，再次以这样的方式告诫后人：必须寻找中华文明中存在的根本性、制度性问题，以科学的方式和措施，有效解构至高无上的中央皇权，全面消解中央皇权的无边泛滥，从而重建中华文明的繁荣强大的内在驱动和健康发展轨道，为中华民族再次复兴奠定文化基础和制度保证。

231. 从西夏发端的三次“剃发令”：关于民族认同和家国天下的历史追问

西夏开国之君李元昊初创夏国，采取了一系列被今天的西方史学家称之为“土著”化的革新措施，其中最有名的是他在1034年左右发布的“秃发令”。近人吴天墀在其《西夏史稿》中记载：“（元昊）又发布秃发的命令，恢复鲜卑族的故俗，强迫国人在三日内一律秃发，如敢违抗命令，即行处死，于是民争秃发，耳垂重环。”（吴天墀.西夏史稿第1章.成都：四川人民出社1980.30.）。清人吴广成在其《西夏书事》中记载：“民争秃其发，耳垂重环以异之。”在元昊颁布了抗命者处死的秃发令后，秃发成为党项民族的一种象征。

元昊“秃发令”的具体要求是剃去头颅顶部的毛发，将前刘海蓄起来，从前额垂至面部两侧，在亚洲许多民族中（朝鲜、鲜卑、渤海）都可以见这种发式的不同变体。史传元昊的秃发令在西夏国获得了较为普遍的实行，并获得了相当长时间的贯彻。在西夏以“秃发令”为开端的民族主义政策下，以党项族为主体的西夏势力不断发展，其疆域方圆二万余里，东尽黄河，西界玉门，南接萧关，北控大漠。今内蒙古阿拉善戈壁与鄂尔多斯草原及西部的巴盟、包头一带，皆属西夏所辖。

而继西夏“秃发令”之后，中国历史还有另外两次“成功”的“剃发令”，今一并述以论之：

其二：清朝“剃发易服令”。十二世纪初女真族建金并南下征宋时，就曾“禁民汉服，又下令髡发，不如式者杀之”。这个命令在汉族民众的强烈反对下未能持续推行，金太宗后期就不了了之。公元1616年努尔哈赤重建大金（史称后金），意为恢复其先祖的辉煌事业。1619年，努尔哈赤在萨尔浒一役中大败明军后，即在东北地区严厉推行“剃发令”，受到了当地汉民的激烈抵抗而没有得到实际贯彻执行。1644年4月，清摄政王多尔衮率清军协同吴三桂军在山海关大败李自成军。旋即衔尾直追，挥师入京。次日，多尔衮即下达剃发令。北京明廷遗民闻令大惊。因多尔衮从山海关进军北京的途中宣称其兴兵概为中原百姓“复君父仇”，“所诛唯闯贼”。并号召“吏复其位、民复其业”。故北京民众对清军到来多持欢迎态度。一闻剃发令下，不禁群情汹涌。清廷汉人策士范文程和部分明廷降官向多尔衮请求缓行。多尔衮遂网开一面，决定为崇祯发丧三天。丧服除后即先官后民着手剃发。有些明降官速剃其发，以取悦清廷。而民众则多持观望抗拒，并伺机逃出京城。短短几天之间已成风潮。时清朝尚在入京之初，立足未稳。多尔衮审时度势，迅速改弦易辙。颁文说：“今闻甚拂民愿”，“自兹以后，天下臣民，照旧束发，悉从其便。”明令废除剃发成命。但是，一旦清军在战场上取得了决定性胜利后，清廷遂尽毁前诺，重颁剃发令：“文武军民，尽令剃发。

倘有不从，以军法从事”、“遵依者即为我国之民，迟疑者同逆命之寇”、“不随本朝制度者，杀无赦。”

在这个新的“剃头令”颁布后，形势立即大变。汉族民众对清廷的态度从欢迎顺从急剧地转变为愤恨抗争。其中给清廷以沉重打击、给后世以深远影响的是“八十日带发效忠，十万人同心死义”的江阴人民反剃头令的誓死抗争。1645年六月，一位名叫许用德的青年读书人在请愿不允的情况下奋然振臂高呼：“头可断，发决不可剃！”由此拉开了一场悲壮的起义。原南明江阴典吏陈明遇被推举为首领。民族英雄阎应元也被请入城主持防务。全城人民万众一心。为宣示反剃发令的决心和激励大家齐心赴义，江阴人民“设高皇帝位于明伦堂”誓师起事，把无耻的清廷走狗方亨下狱。清廷在不及扬州城规模十分之一的江阴小城遭到南下后的第一场硬仗。有史籍称，清军在攻城中死伤六万多人，在城破后的巷战中又死伤数千人。而江阴军民在战斗中和城破后的屠城中死亡十多万多人。陈明遇在城破后首先命全家大小四十三人举家自焚。再持刀指挥义军与清军殊死巷战，最后“身披重创，握刀僵立，倚壁不仆”。此后，江南地区反剃发的抗满起义此起彼伏。黄道周、张煌言、杨廷麟、郑成功等许多忠肝义胆之士在各处领导起义斗争。史载，为了反抗清朝强加于广大汉族同胞的“辫子”，先后有数百上千万人在与清军做斗争过程中牺牲生命，前后持续了三十多年才告平息。现代学者强烈批评当年清朝统治集团“留头不留发，留发不留头”的民族压迫政策，指出这是激起汉族人民激烈反抗，使清朝统一中国的步伐本可在两三年之内完成，但结果却延宕了三十多年的主要原因。

其三：民国政府剪辫令。1911年，辛亥革命推翻了清朝。1912年1月，中华民国临时政府在南京成立，临时大总统孙中山即下剪辫子令说：“满虏窃国，易吾冠裳，强行编发之制，悉从腥膻之俗……今者清廷已覆，民国成功，凡我同胞，允宜除旧染之污，作新国之民，凡未去辫者，于令到之日，限二十日，一律剪除净尽，有不尊者，以违法论”。但是在推行过程中，却受到了很大的阻力，民众有部分害怕革命反复受到迫害者，亦有不少忠于清朝的“遗老遗少”，都想方设法拒绝剪辫。

1914年6月，北京政府又颁布《劝诫剪发规程六条》，其中有“凡政府官员、职员，不剪发者，停止其职务；凡车马夫役不剪者，禁止营业；凡商民未剪发者，由警厅劝令剪除；官员家属仆役未剪者，其官员负责劝诫”，此后，剪辫子剃光头、留分头、平头、后拢头，逐渐成为全国人民的发式习惯。

博按：元昊秃发令、清朝入关后的剃发易服令以及民国初建时的“剪辫易服令”是中国历史上三次具有深远意义的“特殊法令”。作为中国历史上第一次发明“秃发”建政的西夏开国之君李元昊来说，其目的明确而且影响重大：其一，因为党项民族原来就是东北地区鲜卑系统的民族，由于迁到西北地区居住，与羌族混居，到唐宋之时，原属于鲜卑系统的党项民族的风俗习惯已基本上“羌化”，或称“吐蕃化”。元昊建国，为了唤醒和重建党项民族的民族自尊，加强党项民族内部的凝聚力，故以恢复鲜卑旧俗——“秃发”为号召，为元昊重建党项——鲜卑系统新王朝作准备。这就是西夏秃发令的主要政治目的；其二，元昊思以秃发为标志，统一境内各民族对鲜卑党项的认同。不管是汉人、吐蕃、回鹘、鞑靼，均要统一在“鲜卑党项”的旗帜下，秃不秃发则是检验每一民族部落对鲜卑党项族的态度，元昊秃发令在西夏获得广大党项部族民众的拥护，故有“民争秃其发”的记载。而西夏此后之所以能够在四大国（宋、辽、金、蒙）的夹缝中生存并延绵近二百年，实与此“秃发令”所带来的强烈民族认同有着莫大的关系。反观清朝以少数民族入主中原，为实现其一族之长治久安，而以屠杀汉民族千万人生命为代价，实于人类历史所鲜见。中国历史上发生过多次北方游牧民族南下中原的情况，由于他们在文化上较为落后，他们不得不使用汉语汉文来统治汉族大众，并进一步发展至对汉文化的向往和倾慕，从而在文化层面向华夏趋同。五胡、西夏、辽、金、蒙等少数民族大多走上了这样一条由盛及衰之路。唯独清朝帝国的开创者努尔哈赤、奠基者皇太极、实际缔造者多尔衮在借鉴前人的经验教训基础上，企图既要保持满族对汉族的统治，又要务使不被汉族同化。他们难以让数量数百倍于满族的汉族民众学习使用满文满语，但却可以让汉人丢弃自己民族的衣冠发式。如果说语言文字是文化的内涵，那么衣冠发式等就是文化的外观。而且很多时候外观重于内涵。外观一眼便及，内涵须进入才知。更何况大量的汉族民众都是文盲、半文盲。对于他们来说外观几乎就是一切。一旦汉族广大民众在外观形貌上和满族一体，不明就里的汉人就不再把人数极少的满人视为异类。尤其当因剃头令的杀戮逐渐被历史的尘埃遮盖，汉族士人一批批赶往科举考场再派往四处为官时，汉人就不再把清朝看成是从塞外入主中原的戎狄，丝毫不会萌发欲将其驱离的念头。这样清朝就安然渡过了五胡、契丹、女真、蒙古未能逾越的文化和族群深壑。而清朝的铁腕屠刀，不但砍下了最具民族意识、最具反抗精神的汉人的头颅，而且以满汉一体的衣冠发式，麻醉了“好死不如赖活”的汉人神经，以至辛亥革命成功以后，居然有许多人不肯剪辫子，在被迫剪去时竟如丧考妣号啕大哭。

再深而言之，人类社会在个体家庭的基础上产生了族群，在民族的基础上产生了国家。而民族概念的出现，是人类基于相同的地理、气候、自然资源、生产方式以及语言和信仰而建立的某种利益共同体。这个利益共同体为了使自己的利益最大化，而以各种方式组织共同体内部的所有人或者联合其他共同体一起，成为一个国家（这就是单一民族国家和多民族国家）。由此可见，国家由两大要素构成。一是相对确定的疆域及这疆域里的山川湖泊、耕地牧场、森林矿藏等；二是世代生息在这疆域里的人群——民族，以及它所创造的历史文化。前者可以视为国家的硬件，后者可以视为国家的软件。另外，国家的产生必须伴随着民族内的优秀个体或群体对国家政权的构建和掌握。这个政权不但要组织社会劳动、分配社会财富、规范人们的行为方式，而且负有抵御外力入侵的主要功能。在这样的条件下，人们有时会把政权视同为国家。当一个政权能切实维护人民的利益时，人民会把自己基于民族感情而产生的对国家的爱移植到国家政权上。华夏民族被称为汉族，其根源即是汉初文景之治善待民众而产生的民族凝聚力；唐初贞观之治重现文景德政，民皆悦之，故又有“唐人”一称出现。然而若国家政权的执掌者役使人民如牛马，人民就会离心。孟子所言：“君视民如草芥，民视君如寇仇”。更早的诗经则有民众的怒斥：“时日曷丧，吾及汝皆亡”，就是这个道理。然而，中国历代汉族政权往往在建政之初能够为民众所爱戴，而之后便逐渐被民众所抛弃，因为其渐渐不能代表最广大族群的最根本利益。而族群内部利益分配不公的最大化，便导致了中华民族数千年循环往复的朝代更替，更导致不少族群之外的异族觊觎于中华民族数千年赖以生存的广阔国土、丰饶环境和善良温顺的民众（相对而言）。然而，因为中华民族的文明起点之高，历史传承之久，使一些文明的基因和文化的精神根植于每一个个体民众的血脉深处，他们可能不会因为失去肉体生命而在意，但他们却会因为维护民族尊严和文化风俗而奋起反抗——正是这种对华夏民族的高度认同和强大凝聚力才使得中华民族在面临多次重大民族存亡危机之时能够转危为安，乾坤再造。比如清朝以异族入主中原，不但先后统治华夏二百余年，而且处心积虑地胡服垂辫，变我风俗，毁我文化，但却始终不能改变隐藏于中华民族内心深处的文化基因和民族认同，一旦他们失却了作为国家政权的合法性，便会像历史上所有的本族或异族的政权一样，被华夏民族所驱除或推翻，一个新的中华民族，便会涅槃再生——而那些试图完全改变中华民族基因的异族，最终成为中华民族的一分子，为中华强大的文化传统和文明力量所同化——以此可见，任何想要保持对中华民族长久统治的政权形式——无论是外来的还是本土的，都需要以民族的利益为最高利益，以人民的需要为最高需要，以时代的需要为第一要务，从而最终改变中国历史更替轮回、兴衰往复的“王朝周期”，使中华民族真正走上健康发展、蓬勃向上的良性轨道。

232. 宋辽夏三国志中的一次经典外交战

公元1043年（宋仁宗庆历年间）春，由于与大宋之间连年征战，西夏本来就不厚实的国力已臻衰竭。无奈之下，夏主李元昊派出使臣上书宋朝商谈和议。在屡次征夏中败多胜少的宋仁宗密诏庞籍（北宋名将，民间演义中为了美化包拯，而极力编排丑化的奸臣庞太师原型）与元昊谈判，“元昊闻之大喜”。然而，“外交斡旋”中的关键问题仍是元昊称帝问题。宋朝坚持要元昊自削“僭号”。元昊则坚持不从，并大言曰：“（我）如日方中，止可顺天西行，安可逆天东下。”经过拉锯式反复谈判，元昊派使臣至延州上书自称“男邦泥定国兀卒（吾祖的谐音，表面上称大宋为父，其实在改名中又占一‘便宜’，可见李元昊在外交上的狡猾），上书父大宋皇帝，更名曩霄而不称臣”（为了“帝国”尊严改名以模糊之，也算开创了中国历史上外交谈判的一个智慧先例）。虽不称臣，元昊以儿子自居，总算给了好面子的“大宋帝国”一个体面的台阶。

然而，正当宋朝准备答应与西夏和议之时，辽朝派来使臣，要宋朝不要与元昊讲和。而当时的大辽，在当时的亚洲“地缘政治格局”中无疑处于“老大”的地位，军力强大，对西夏和大宋都有着绝对的优势，且与宋朝有过“澶渊之盟”。仁宗皇帝在“虎狼”相争的两难境地下，礼部郎中吴育献策于廷：“契丹受恩，为日已久（指宋辽两国自澶渊以来一直关系友好）。不可纳一叛羌（西夏李元昊），而失继世兄弟之欢。今二番自斗（夏辽关系吃紧），斗久不懈，可观形势，乘机立功。万一吾朝速纳元昊，为臣恐契丹窥兵赵魏（河北），致使辽宋战事又起。”

吴育建议：宋朝可派使臣到西夏，告诉西夏要一如既往与辽朝和好，宋朝方许约和；同时，又派使臣去辽朝，告诉契丹人，宋朝已经命令元昊向辽朝道歉，在此前提下，才接受西夏的求和，否则当再兴兵征讨。宋廷依计施行。这一外交成果使西夏和辽朝皆无借口向宋朝发威，而夏辽之间从此进入战争状态，宋廷成功实现了一次“坐山观虎斗”的难得的有利于“和平发展”的“国际环境”。

博按：宋、辽、夏三国时期，三国之间之形势，较之魏蜀吴三国时期，关系更为复杂，互相攻伐更为频繁惨烈，其共存之时间亦更长（达百年之久），因此三国间之战略选择更为困难和复杂。于辽来说，其可允许宋重创西夏，但绝不允许宋灭西夏。因若无西夏之患，则大宋将会腾出手来，图复幽云十六州——辽国繁华强大之所在。而宋朝虽然富庶繁华，却又将弱兵孱，因此成为辽夏通过战争方式巧取豪夺的目标。宋之目标，要想统一中国，首先必得灭夏，而后才能征辽（王安石战略）。西夏则是一匹凶狠勇猛的西北狼，国内带甲勇士数十万，经李氏经营数百年，根基深厚。宋辽无论是谁都难以吞并。一旦宋朝和西夏的关系趋于紧张，辽国就会对西夏国主进行册封，予以声援。如果辽国试图直接占据西夏所在的河套之地，宋朝则亦会予西夏以支援。而西夏如想独力对抗宋朝或辽就会很吃力，是以其历来摇摆于辽宋之间，与宋朝关系不和之时，接受辽国册封；与辽国关系不和之时，接受宋国册封。是以其开国之君李元昊遗言，西夏想要安稳存在，就必须要拿到宋辽两国的册封，与两国保持良好关系。三国之间，彼此相互征战，相互制约，百年之内，局势一也。而《要略》以为，宋辽夏三国之时，其实为国家战略最复杂敏感之时，亦是战国、三国之后国家战略再次复兴之时。汉后之“三国”因其地域相对狭小，且皆为汉族之三国，实可称之为“小三国”，而宋、辽、夏三国，因其疆域范围更为广大，参与民族更多，实可称之为“大三国”。今之历史学者，既应致力于其时之战略研究与借鉴，亦应深入考察此时之“大三国”，与彼时魏蜀吴之“小三国”之异同；而若能将此时之“大三国”纳为中华历史中之重要一环，亦可为今日之中华民族融合发展做一极有意义之铺垫，是以笔记专以述之。

233. 夏辽战争：西北狼崛起，东北虎衰落

在北宋与辽缔结澶渊之盟前，夏辽之间，本为联合制宋的盟友关系。为了笼络和扶持党项李氏割据政权，1031年，辽兴宗即位之初就把其姐姐兴平公主许配给时任太子的李元昊。然而，政治婚姻带来的冷淡与疏隔使夫妻二人关系一直不睦。后来，兴平公主郁郁寡欢而死，辽兴宗盛怒之下，派人持诏“切责”于李元昊。当时正忙着攻宋的李元昊还不敢得罪强大的辽国，只好忍气吞声献宝请罪以讨好辽兴宗。后来，辽宋关系日益巩固（本质上为进入迟暮之年的辽帝国失却了进取心），辽国便经常劝阻元昊不要伐宋（见前宋仁宗一文，仁宗死时，辽国道宗为之恸哭，可见双方关系之良好）。再后，夏辽两国因边境地区党项部落归属问题区而发生争执，最后发展到元昊劝诱辽国的党项族人叛逃，辽国派使臣令元昊归还，元昊不从，双方矛盾有加剧化趋势。

为了与辽国“最终摊牌”，雄心勃勃的“西北头狼”李元昊亦知道夏国国力有限，不能两面受敌之理，于是加快与宋朝议和。公元1043年夏，经过艰苦谈判，宋仁宗册封元昊为夏国主，宋朝把“岁赐”提至“银、绮、绡、茶二十五万五千”，西夏答应奉宋朝为正朔，并在高平寨与保安军设立榷场（互市市场）。

宋夏议成，辽夏二国便开始大打出手。

1044年五月，辽朝境内党项族叛乱，辽朝派军前去镇压，以党项族领袖自居的李元昊派兵前往救援族人。乱军中夏军将辽朝招讨使杀死。得报后，

大怒之下的辽兴宗于1044年十月亲率三路大军，共十万精兵，渡过黄河，杀向西夏而来。开始，大军前进四百里，未遇任何抵抗（任何战争，开始的“出奇”顺利，往往预示着最后的失败）。当辽军在贺兰山北麓发现元昊部队时，辽军即纵兵进击，夏军大败。诡计多端的元昊此时派使臣向辽兴宗谢罪请降。辽兴宗本想见好就收，但其臣下劝其应一鼓作气，扫平元昊，以免日后再生祸患。志得意满的辽兴宗于是挥师再进，图灭夏国。而精明的李元昊一边撤退，一边坚壁清野，一夜间连撤百里之遥。这种焦土政策使长途奔袭的辽朝十万大军的人粮马料皆成问题。特别是辽朝战马，因缺草料，病亡大半。而此时，狡猾的李元昊又不失时机地派人“请降”，以懈怠辽军军心。

如是，正当辽国君臣尚在大营计议战和问题时，李元昊的大军忽然发起猛攻，直袭前锋辽朝韩王萧惠大营。交战期间，辽军本来仍占上风，然而忽然间天起大风，卷起沙尘扑向辽军。信奉神鬼的契丹人以为夏军“有神助”，一时军中大乱。而早已适应西北风沙的夏军抓住战机，立即组织全面反攻，辽军因而大溃而败，不但大部伤亡，而且数十位贵族大臣被俘，辽兴宗本人只与数十骑勉强逃脱。这就是著名的“河曲之战”。此次战败，辽兴宗逐渐意识到了党项部落对辽西部边境的威胁，同年升云州为山西大同府，开始营建军事指挥系统和升级防御城池，升格为辽五京之一，作为西部陪都，这一举措提高了辽在该地区的军事、经济影响力，也为辽兴宗的第二次对夏战争提供了基础。

1049年，辽兴宗乘西夏景宗李元昊新丧之机，发兵三路攻夏。北枢密院使萧惠率南路军渡黄河，向河套地区推进，攻西夏东境；耶律敌鲁古率北路军攻西夏右厢地区，南下攻凉州（今甘肃武威）；辽兴宗率中军攻西夏中部。辽南路军沿黄河而进，战舰粮船浩荡，进入夏境。夏军乘辽南路军轻敌冒进，突然发动攻击，辽军猝不及防，死伤惨重，萧惠领残部败走。辽中路军闻萧惠败讯，不敢继续深入，撤兵而回。北路军进至贺兰山，击败夏将没藏讹庞率领的三千骑兵，追至凉州，俘李元昊遗孀没移皇后及官僚家属多人，获大量牲畜而还。辽夏战争自此结束。

博按：夏辽之战，实西夏建国决定性一战。西夏建国初期，在具有优秀军事天赋的领袖李元昊带领下，先与宋进行了数十次战争，可谓以小博大，以弱击强，最后成功赢得了宋朝的无奈承认；再与辽连续进行了两次冒险的“卫国战争”，不但在军事上取得了重大的胜利，在政治上亦最终取得了与宋、辽平等的地位。此后，尽管西夏在形式上仍须向宋、辽称臣纳贡，但实际上却完全成为中国西北地区的一个军事强国，形成了宋、辽、夏三朝鼎立的局势。而反观辽兴宗，在两次对夏战争中，本欲开疆拓土，将辽带入更为恢宏的盛世，但两次贺兰山之战的战果都和其目标相去甚远。两次战争都极大消耗了辽的国力，辽自此开始衰落，也为金朝的兴起埋下了伏笔。纵观夏、辽、宋三国之间的历次战争，更见新兴之国夏以西北一隅贫瘠之地，东抗大宋，北抗大辽，且屡战而屡胜，其中原因，除其开国领袖李元昊雄才大略和党项民族勇敢尚武之风外，更重要的原因在于西夏乃一新兴之国、新生政权，具有更为旺盛的生命力而已。而反观宋辽，宋经太祖、太宗、真宗之后，已然进入守成态势，帝国的暮气已现，即仁宗仁义之君，亦是在帝国日益没落基础上的“仁义”而已；辽经太祖、太宗、世宗、穆宗、景宗、圣宗诸朝，已经历110余年，早已进入帝国暮年，以“暮年之辽”，以“守成之宋”，自难以抵抗具有旺盛生命力之西夏。而中华民族此后之历史，仍然不断上演着此类故事，实可堪后世今人引以为良鉴。

234. 渡尽劫波终有期，党项未亡华夏在

1227年（西夏保义二年），西夏末帝李晛投降蒙古汗国后，窝阔台汗按照成吉思汗遗嘱将其杀掉，并对西夏皇族乃至党项全族进行了残酷的屠杀。西夏灭亡后，其后裔历经元、明两代后逐渐销声匿迹，一个曾经称霸西北近200年的尚武民族就此消失，可谓中华民族发展史上一件至要之事。对此，20世纪以来，历史和社会学者对西夏亡国后的党项遗裔进行了多方面的探索和考证，基本证实了西夏后裔党项族人的“最后归宿”，今特述而论之：

一、蒙古化和回化的党项人：据西夏文献记载，西夏的先人党项人被称作弥药人。西夏国曾在鄂尔多斯高原驻军，西夏灭亡后，这一地区被蒙古军占领，居住于此的原西夏国民仍被称作“木讷”即“弥药”，证明他们是西夏人

的后裔。元朝至正年间，世祖忽必烈将成吉思汗西征时俘获的大批信奉伊斯兰教的中亚士兵和工匠安置在河西，留在河西的党项人，有一部分则融合于回族。1976年，专家在甘肃酒泉发现一通汉文、回鹘文合璧的《大元肃州路也可达鲁花赤世袭之碑》，此碑完整记录了一个唐兀家族自西夏亡国至蒙古元朝末年的一百三十多年间，历六世十三人的世系及其职官世袭情况，从中可以了解元朝西夏故地党项遗民的活动。这个家族从西夏亡国后第二代起就不再用党项人的姓名，而改用蒙古人习用的名字，反映了党项遗民的蒙古化趋势。

二、藏化的党项人：西夏灭亡后，部分党项人经过数千里跋涉，在今四川省甘孜藏族自治州的木雅地区定居下来，建立了一个小政权，其首领即叫“西吴王”（实际上也就是“西夏王”）。如今，木雅地区的人们依然保留着西夏特有的语言和习俗，尤其是其语言被称作“木雅语”或“道孚语”，与古代的党项族语即西夏语，在发音和基本词汇上比较接近，而且“道孚”就是古音“大夏”，说明部分党项族人在西夏亡国后返回原籍，与藏民相居，并逐渐藏化。1920年代，英国人伍尔芬敦（S.N.Walfenden）曾赴西康地区进行实地调查，根据当地部分居民的语言特征，认为他们有可能是西夏亡国后南徙川康的党项人后裔。近代史家邓少琴先生曾指出，藏语的“木雅”一词源自宋朝、元朝时代汉文文献中的“木纳”、“母纳”、“密纳克”等，原是指西夏国都兴庆府地，党项遗民南来后把这个名称带到了川康地区。

三是汉化的党项人：在北京的居庸关、河北的保定地区也发现有西夏文碑，说明部分西夏后裔进入汉族地区并逐渐汉化，在河西一带、江浙地区均有记载证明有西夏后裔存在。此外，在陕北米脂、横山等地居住着许多拓姓居民，他们有可能是西夏党项拓跋氏的后裔。专家分析，西夏灭亡后，仍有相当一部分党项人留在故地。元代过后，原来属于西夏的部分地区开始大量迁入汉人、蒙古人、回鹘人，他们与西夏遗民和睦相处、繁衍生息。随着岁月流逝，西夏后裔与汉地居民经过姓氏、语言、通婚、风俗、崇儒等多方面融合。如1981年，根据安徽地方志记载，有史家发现元朝末期为安庆守帅的余阙为蒙古元朝唐兀人，先世居武威，其父沙剌臧卜因在庐州（今安徽省合肥市）做官，遂定居于庐州。根据调查结果，并参证《余氏宗谱》，弄清了自元朝末余阙至今已延续二十七世的传承关系。调查结果表明，在安徽合肥和安庆等地共有余氏后裔约五千人，他们都已彻底汉化，只有少数有文化的老者才知道自己是唐兀人后裔。另外，据考察，现今居住在濮阳市柳屯乡十余个自然村里的三千五百多位杨姓居民均为党项遗裔。杨氏的先祖唐兀台世居西凉州，西夏末年归附蒙古，从军征战多年，后其子闾马定居濮阳，易姓杨氏，至今已传二十八世。杨氏子孙虽然聚族而居，但因长期生活在中原地区，其语言文字、生活习俗已与周围人毫无二致。事实上，至今中国很多省份都有西夏后裔居住，可以说西夏后裔已融入华夏各族之中。特别是古城西安发现的西夏王朝末帝后人李培业和他珍藏的九部皇族家谱及安徽发现的两部互相印证的西夏后裔家谱，证明西夏后裔传承至今，并已成为汉族的成员，为中华民族的形成和发展提供了典型例证。

和党项民族一样逐渐消亡并最终融入中华民族和世界其他民族的，还有以下几个曾在中华大地上繁衍生息的少数民族：

一是匈奴民族：主体在东汉时期被汉人消灭，剩余部分西逃至欧洲，与马扎尔人融合，构成今天的匈牙利人。

二是东胡民族：秦时被匈奴灭亡，之后分成两大部分：乌桓和鲜卑；其中乌桓被曹魏消灭，鲜卑族主体被汉族同化，剩余的演化为柔然，柔然被突厥击败后，再被分化为室韦（蒙古）和契丹；契丹主体被女真族和汉族同化，剩余的西逃到中亚，与当地人融合，成为中亚人的一部分。蒙古人则建立了大元朝后一直生存到现在。

三是突厥民族：本是匈奴之一个分支，后灭亡柔然，其自身则被后来的回鹘人和汉族人所灭，剩余的向西逃窜，形成了今天的土耳其人。

四是回鹘民族：亦称“回纥”、“乌护”、“乌纥”等。回纥是维吾尔族及裕固族等族前身。唐时回纥和吐蕃在北方和西方立国，对中国历史有深远的影响。回纥的前身敕勒是最早在公元前三世纪分布于贝加尔湖以南的部落联合体。由于使用一种“车轮高大，辐数至多”的大车，因此又被称为高车。北魏时，东铁勒袁纥游牧于鄂尔浑河和色楞格河流域，且处于突厥汗国的统治之下。隋朝称韦纥，隋大业元年，袁纥部因反抗突厥的压迫，与仆固、同罗、拔野古等成立联盟，总称回纥。744年，以骨力裴罗为领袖的回纥联盟在唐朝大军的配合下，推翻了突厥汗国，并建立起漠北回纥汗国，王庭（牙帐）设于鄂尔浑河流域，居民仍以游牧为主。唐朝时，回纥取“迅捷如鹘然”的意思，改作回鹘。立国后，回纥因历史的关系与唐朝的关系一直很好，不像其他游牧民族建立的政权大都要对农业国进行骚扰与掠夺。回纥曾帮助唐平定安史之乱。版图最大时疆域东接室韦，西至金山（今阿尔泰山），南跨大漠。回纥后因长期与吐蕃战争，加上内讧不断，于846年被所属部黠戛斯所亡。始有遗民三路西迁，一迁吐鲁番盆地，称高昌回鹘或西州回鹘；一迁葱岭西楚河一带，称葱岭西回鹘；一迁河西走廊，称河西回鹘，后来成为河西地方的土著，就是现在的裕固族；其中前两支定居新疆的回纥，发展成今天的维吾尔族人。

五是氐族：本是匈奴一部分，是我国历史上一个重要的民族。从先秦至南北朝，氐族分布在今甘肃、陕西、四川等省的交界处，大部分集中于陇南地区。十六国时期，先后建立过前秦、后凉、成汉等政权，对中国历史曾产生过重大影响。南北朝以后氐族因为汉化太深而逐渐消亡。

六是羯族：本为匈奴的一部分。两汉时期，曾转战于蒙古草原，其后又随之南迁，逐渐内徙于上党武乡一带，因为他们既是康居人，又是匈奴的附庸，故称："匈奴别部，羌渠之胄。"在公元4世纪被汉人冉闵一次性屠杀20万人，导致羯族灭种。

博按：创建了中国大地上一个数千平方公里国家的党项民族，在今天的历史教科书上只剩下一个名词，可谓中华民族多难历史的一个缩影。由党项民族的消亡和融合于其他民族，再推及其他六个消亡的少数民族，既可见中华文明发展历程的独特之处，亦可知人类历史发展之大趋势所在。中华文明所以能够长盛不衰，除了其文明本身强大的生命力和凝聚力之外，更因为其所处的独特的地理环境，使周围的少数民族不断产生入主中原之企图，而在遭受武力抵抗和文化同化的双重作用下，一些少数民族便很快被历史所淘汰，非独党项族和其他消亡的少数民族，即便蒙古族和满族这些曾经成功统治中国上百年的大族，如今其民族的主体性都基本丧失。然而，从某种意义上来讲，每一个少数民族的消亡，都意味着华夏民族的一次重生。这个"重生"的过程虽然无论是对于中华民族还是对于消亡了的少数民族，都是无比残酷。但是，所谓"渡尽劫波仍兄弟"，一个屹立于世界五千年而不倒的伟大民族正是在这样残酷的"渡劫"和"淬火"中百炼成钢。今人在认识这一民族融合过程之后，当做如下之反思：其一，中华民族当怀有海纳百川的胸怀，看待一切外来的民族或人种，一如历史的唐朝和当今最强大的美国一样，他们善于接纳全世界所有的民族和人种，所以他们的民族也越来越强大，因为种族的融合和文明的交流几乎是同步而成的。在这个意义上讲，越是开放的心态，越是自信的胸怀，才越具有强大的凝聚力和向力心。其二，如何在确保中华民族文化主体性基础上兼容并蓄其他文明的优秀成果。中华文明自宋以来，一直以程朱理学为正统，即至现代，也有冯友兰等新儒家代表不断“阐旧邦以赋新命”，然而，这种文化的主体性太过强大，往往影响了其他文化因素的融合和加入，同时也大大影响了其生命力。清朝以降，中国一直强调“中体西用”，即是这种文化心态的反映。殊不知，在他们眼里，所谓“中体”正是历代中央集权或者是既得利益集团所刻意强调的“劣质文化”，这种劣质文化基因正是中华文明虽然历史悠久但却治乱循环的根本性原因，也是那些少数民族政权入主中原后被腐蚀同化的主要原因。基于此，当代历史和文化学者，当客观发掘和充分认识中华文化中的优秀成分和劣质基因，择其善者而从之，其不善者而弃之，与此同时，要全面借鉴吸纳当前世界上一切优秀文明成果，从中汲取中华文明最缺乏的东西并加以补充，唯其如此，我们的文明才能永远保有旺盛的生命力和强大的凝聚力。

235. 完颜阿骨打的三大战役：胜利者书写的神话

大金开国，实倚仗其太祖完颜阿骨打勇烈英明。关于完颜阿骨打的成长史，《金史·太宗本纪》曾如此记载：

太祖……本讳阿骨打，世祖（劾里钵）第二子也……咸雍四年戊申七月一日，太祖生。幼时与群兒戏，力兼数辈，举止端重，世祖尤爱之。世祖与腊碚、麻产战于野鹊水，世祖被四创，疾困，坐太祖于膝，循其发而抚之，曰：“此兒长大，吾复何忧？”十岁，好弓矢。甫成童，即善射。一日，辽使坐府中，顾见太祖手持弓矢，使射群乌，连三发皆中。辽使矍然曰：“奇男子也！”太祖尝宴纥石烈部活离罕家，散步门外，南望高阜，使众射之，皆不能至。太祖一发过之，度所至逾三百二十步。宗室谩都诃最善射远，其不及者犹百步也。天德三年，立射碑以识焉。（言其勇武有力却有夸张神话成分）

当太祖年长，渐得族人拥戴。1109年，因为年景不好，五谷不丰，民间或有流浪饿死，或有转而为盗贼。执法者想严厉执行法令，反被盗贼所杀。时民间多有负债逃亡。阿骨打便下令："今贫者不能自活，卖妻子以偿债。骨肉之爱，人心所同。自今三年勿征，过三年徐图之。"众皆听令，闻者感泣，自是远近归心。后阿骨打继承其父之位后，遂接连发起史无前例之三大经典战役，奠定大金帝国开国之基。

其一为江州战役，金军以两千余人，一举击溃两万余辽军。对这场至为重要的开国之战，《金史》记载：

九月，太祖进军宁江州，次寥晦城。婆卢火征兵后期，杖之，复遣督军。诸路兵皆会于来流水，得二千五百人。致辽之罪，申告于天地曰："世事辽国，恪修职贡，定乌春、窝谋罕之乱，破萧海里之众，有功不省，而侵侮是加。罪人阿疏，屡请不遣。今将问罪于辽，天地其鉴佑之。"遂命诸将传挺而誓曰："汝等同心尽力，有功者，奴婢部曲为良，庶人官之，先有官者叙进，轻重视功。苟违誓言，身死梃下，家属无赦。"（经典之战前动员）……将至辽界，先使宗幹督士卒夷堑。既度遇渤海军攻我左翼七谋克，众少却，敌兵直犯中军。斜也出战，哲垤先驱。太祖曰："战不可易也。"遣宗干止之。宗干驰出斜也前，控止哲垤马，斜也遂与俱还。敌人从之，耶律谢十（辽将）坠马，辽人前救。太祖射救者毙。并射谢十中之。有骑突前，又射之，彻扎洞胸。谢十拔箭走，追射之，中其背，饮矢之半，偾而死，获所乘马。宗干与数骑陷辽军中，太祖救之，免胄战。或自傍射之，矢拂于颡。太祖顾见射者，一矢而毙。谓将士曰："尽敌而止。"众从之，勇气自倍。敌大奔，相蹂践死者十七八。

其二为出河店之战，女真兵以三千七百兵力，击溃辽国十万大军，当时两军的比例是一比二十七。《金史》载：

十一月，辽都统萧糺里、副都统挞不野将步骑十万会于鸭子河北。太祖自将击之。未至鸭子河，既夜，太祖方就枕，若有扶其首者三，寤而起，曰：“神明警我也！”（其实为阿骨打用兵之心理战也）即鸣鼓举燧而行。黎明及河，辽兵方坏凌道，选壮士十辈击走之。大军继进，遂登岸。甲士三千七百，至者才三之一。俄与敌遇于出河店，会大风起，尘埃蔽天，乘风势击之，辽兵溃。逐至斡论泺，杀获首虏及车马甲兵珍玩不可胜计，遍赐官属将士，燕犒弥日。辽人尝言女真兵若满万则不可敌，至是始满万云。

其三为护步答冈之战。完颜阿骨打以两万兵力击败辽天祚帝亲率的七十万大军。两军比例是一比三十五。这是人类战争史上经典的以少胜多之战。《金史》详述如下：

十一月，辽主闻取黄龙府，大惧，自将七十万至驼门（今虽无证可考，但应不下三十万之众）。附马萧特末、林牙萧查剌等骑五万、步四十万至斡邻泺。上自将御之。十二月己亥，行次爻剌，会诸将议。皆曰：“辽兵号七十万，其锋未易当。吾军远来。人马疲乏，宜驻于此，深沟高垒以待。”上从之。遣迪古乃、银术可镇达鲁古。丁未，上以骑兵亲候辽军，获督饷者，知辽主以张奴叛，西还二日矣。是日，上还至熟结泺，有光见于予端。戊申，诸将曰：“今辽主既还，可乘怠追击之。”上曰：“敌来不迎战，去而追之，欲以此为勇邪？”众皆悚愧，愿自效。上复曰：“诚欲追敌，约赍以往，无事餫馈。若破敌，何求不得。”众皆奋跃，追及辽主于护步答冈。是役也，兵止二万。上曰：“彼众我寡，兵不可分。视其中军最坚，辽主必在焉。败其中军，可以得志。”使右翼先战。兵数交，左翼合而攻之。辽兵大溃，我师驰之，横出其中。辽师败绩，死者相属百余里。获舆辇帟幄兵械军资，他宝物马牛不可胜计。是战，斜也援矛杀数十人，阿离本被围，温迪罕迪忽迭以四谋克兵出之，完颜蒙刮身被数创，力战不已，功皆论最。

关于此战，史家常有争议，认为阿骨打之胜，实由于两军交战之时，辽朝内部出现政治纷争，另立政权，天祚帝无奈只能回军自救（集权之下，攘外必先安内，此之谓也）阿骨打抓住良机，紧追猛打，终于在护步答冈追上辽军，与辽军短兵相接，左右包抄，辽军遂完败。

博按：史有“女真不满万，满万不可敌”的神话，据传出自阿骨打之口。而窃以为，阿骨打所以能够在众寡悬殊的情况下，三败辽军，实有以下三个原因：其一，阿骨打有其父祖一辈打下的良好基础，将女真部落统一于完颜氏之下，壮大了女真一族的力量，按历史事实，女真共36部落，在今天辽河以北之东北大部以及朝鲜半岛部分地区，并有渤海国（今河北渤海湾周围地区，本为辽之附属国，后为金所吞并）的支持，其所有兵力并非如史书所言不过数千，不过金史为美化阿骨打之功而有意为之。其二，阿骨打善于抓住时机。史载其以辽国藩属之时，常有意出使于辽廷，观察辽国虚实，清楚辽国当时政治腐败，天祚帝荒淫无道，政治局势极为不稳，且辽军长期疏于战阵，不堪一击，所以其能够敢于揭竿而起，联合渤海等势力反辽，并最终一举灭辽。其三，女真一族出自白山黑水之间，长期与苦寒严酷环境做斗争，其战力之强亦属真实情况，且女真为摆脱辽之残酷统治，作为亚洲大陆新生之民族力量，具有蓬勃向上的旺盛斗志和精神气概，也是阿骨打成功的根本所在。唯其“以两万人胜七十万人”之夸大其辞，实胜利者有意炫耀的神话，今之读史者，当明其本，当察其实。

236. 阿骨打的“鬼把戏”：擅长“心理战”的统帅

在元人脱脱所编的《金史本纪第二》（其史料大多源自于元朝灭金后的金朝正史，实于金人自己所书）中关于金太祖完颜阿骨打的记述，处处可见其留下的“神迹”：

其一：当完颜阿骨打尚未出世，便有“神迹”显现（此当为后人所杜撰）之说：

辽道宗时有五色云气屡出东方，大若二千斛囷仓之状，司天孔致和窃谓人曰：“其下当生异人，建非常之事。天以象告，非人力所能为也。”咸雍四年戊申七月一日，太祖生。幼时与群兒戏，力兼数辈，举止端重，世祖尤爱之。

其二：在完颜部统一女真各部时，与温都部作战时阿骨打就开始运用“心理战”把戏：

初，温都部跋忒杀唐括部跋葛，穆宗命太祖伐之。太祖入辞，谓穆宗曰：“昨夕见赤祥，此行必克敌。”（晚上见到祥瑞红光，就意味着胜利）遂行。是岁大雪，寒甚。与乌古论部兵沿土温水过末邻乡，追及跋忒于阿斯温山北泺之间，杀之。军还，穆宗亲迓太祖于靄建村。

其三：太祖初反辽，在宁江州一役中借阳光照射再次玩起同样的“把戏”：

……师次唐括带斡甲之地，诸军禳射（各军队射箭来祈祷消灾），介而立（有间隔地站立着），有光如烈火，起于人足及戈矛之上，人以为兵祥。明日，次扎只水，光见如初。（实际上可能是晚霞或是彩虹照射在将士及武器装备上，太祖故意让人们以为是“兵祥”而已）

其四：在出河店之役前又用“惊人之梦”来宣示出征“良机”：

未至鸭子河，既夜，太祖方就枕，若有扶其首者三（好像有人扶着太祖的头不让他睡着，如此三次），寤而起，曰：“神明警我也！”即鸣鼓举燧而行。

其五：出河店一役胜利后阿骨打称帝，称帝时为何定国号为“金”，也是阿骨打以“心理暗示”方法宣告金胜辽败的一个“合理注脚”：

是日，即皇帝位。上曰：“辽以宾铁为号，取其坚也。宾铁虽坚，终亦变坏，惟金不变不坏。金之色白，完颜部色尚白。”于是宣国号大金，改元收国。

其六：在阿骨打与辽军决战的三大战役之宁州一役中，阿骨打再次成功地把天象与军事行动“有机结合”起来：

庚子，进师，有火光正圆，自空而坠。上曰：“此祥征，殆天助也！”酹白水而拜，将士莫不喜跃，进逼达鲁古城。上登高望辽兵若连云灌木状，顾谓左右曰：“辽兵心贰而情怯，虽多不足畏！”

其七：当金兵屡胜于辽时，阿骨打进一步把对辽心理战常态化：

五月庚午朔，避暑于近郊。甲戌，拜天射柳（可能是以“柳”代“辽”，射柳即射辽）。故事，五月五日、七月十五日、九月九日拜天射柳，岁以为常。

其八：在阿骨打亲征黄龙府一役时，利用一次成功渡过混同江的机会，再次“神话”自己：

八月戊戌，上亲征黄龙府。次混同江（即今松花江），无舟，上使一人道前，乘赭白马径涉，曰：“视吾鞭所指而行。”诸军随之，水及马腹。后使舟人测其渡处，深不得其底（有意神话之）。熙宗天眷二年，以黄龙府（今吉林省长春市农安县县城内）为济州，军曰利涉，盖以太祖涉济故也。

其九：在与辽军决战一役的护步答冈之战时，再现预示战争胜利的“神光”：

是日，上（指太祖）还至熟结泺，有光见于予端。戊申，诸将曰：“今辽主既还，可乘怠追击之。”上曰“敌来不迎战，去而追之，欲以此为勇邪？”众皆悚愧，愿自效。上复曰：“诚欲追敌，约赍以往，无事餫馈（轻装前进，不带军粮）。若破敌，何求不得。”众皆奋跃，追及辽主于护步答冈。是役也，兵止二万。上曰：“彼众我寡，兵不可分。视其中军最坚，辽主必在焉。败其中军，可以得志。”使右翼先战。兵数交，左翼合而攻之。辽兵大溃，我师驰之，横出其中。辽师败绩，死者相属百余里。

博按：中华战史，善于用各种“神话”方式鼓舞士气的将领统帅很多，但就使用方式之多样、使用效果之良好，则莫过于金太祖阿骨打。纵观金朝初建之时，在与辽军作战过程中，之所以能够以弱击强，以小击大，以少击多，除新生的女真政权所具有的天生的旺盛斗志和强大生命力外，更在于阿骨打本人杰出的领导才能和指挥有方。尤其是他善于针对女真民族迷信鬼神的特点（相比较中原汉人和辽人而言），经常在关键时刻，使用特殊的“制造神迹”的方法，给己方将士注入必胜的信心和勇气；一些本来是正常的军事行动，都被阿骨打巧妙地宣传为上天或神灵的旨意，既能够达成其作战目的，又增强了将士的信心，同时又为其最终胜利制造了“天意合理”的注脚，可谓中华古代将帅中使用“心理战”以激励将士之集大成者。而且，结合上文所述，阿骨打不但能够对己方将士进行心理鼓动，而且还将“女真不满万，满万不可敌”的“神话”广泛传播以影响和威慑辽军以及其他中间派力量，不但使如渤海这样的小国俯首称臣，壮大了金军的实力，而且使辽军官兵闻“金”丧胆，不复有作战斗志。这样的“心理战”手法，实可值得后世军人深入研究并加以借鉴。

237. 辽道宗耶律洪基：信佛好杀的皇帝，崇儒不仁的君王

辽道宗（1032—1101年），名耶律洪基，字涅邻，小字查剌，是辽兴宗长子，六岁时被封为梁王，十岁时进封燕赵国王，二十岁为天下兵马大元帅，始预朝政。1055年8月兴宗崩后即位，至1101年病逝，在位共四十六年。其皇太孙耶律延禧（即有名的亡国之君天祚帝）嗣位后，上谥号尊他为仁圣大孝文皇帝，庙号道宗。综合史书记载，道宗性格特征极其复杂，既有明显的汉化倾向，又极端崇信佛教，但在治理天下时又荒于政事，滥杀无辜，表现出了一位中央专制集权皇帝所特有的复杂人格和矛盾心理。今且述而论之：

史载道宗为皇太子时，接受过辽国顶尖儒学大师萧惟信、姚景行、耶律良的教育和熏陶，为其以儒术治国奠定了基础。道宗初政，便下诏书“求直言”：

“朕以菲德，托居士民之上，第恐智识有不及，群下有未信；赋敛妄兴，赏罚不中；上恩不能及下，下情不能达上。凡尔士庶，直言无讳。可则择用，否则不以为愆。卿等其体朕意。”

而且，道宗不但自己学习儒学，更致力于儒学的推广，比如，他曾诏设学养士，颁《五经》传疏，置博士、助教各一员，在中京置国子监，命以时祭先圣先师；诏有司颁行《史记》、《汉书》等。在此基础上，其以儒学为治道，继续扩大开科取士规模，并新增了“贤良”科，他简律文，宽刑狱，“遣使分道平赋税，缮戎器，劝农桑，禁盗贼”，当然，值得一提的是道宗还具有颇高的汉文化素养，擅书法，好诗词，传世之作有《题李俨黄菊赋》：“昨日得卿黄菊赋，剪碎金英填作句。袖中犹觉有余香，冷落西风吹不去。”意象不俗。

辽道宗广为中国学者所熟知的，是他所说的两句名言。一句是他曾经请求宋朝将仁宗画像送给他观看（那时还没有外交访问），结果其“盛仪卫亲出迎，一见惊肃，再拜。语其下曰：‘真圣主也，我若生中国，不过与之执鞭捧盖，为一都虞侯耳。’其畏服如此。”另一句是他听说宋太宗去世，竟握着报丧使的手痛哭说：“四十二年不识兵革矣”，另外，史传道宗还曾花了数千两银子铸造佛像，并在像后铭文曰“愿后世生中国”，虽然今人史家多有争议，但其受汉文化影响很深却是毋庸置疑的。

然而，道宗虽然表面尊重儒家，在行政过程中却大悖其道。比如其所谓的“求直言”只是停留在表面。就在下“求直言”诏书的第二年，道宗就开始滥杀大臣：清宁二年，萧阿剌与萧革同掌国政。革谄谀不法，阿剌争之不得，告归。上由此恶之，除东京留守。会行瑟瑟礼，入朝陈时政得失。革以事中伤，帝怒，缢杀之。皇太后营救不及，大恸曰：“阿剌何罪而遽见杀？”史载这个阿剌性忠果，晓世务，有经济才。议者以谓阿剌若在，无重元、乙辛之乱。

萧革中伤萧阿剌之事，在《辽史·萧革传》中有更详细的记载：“会南郊，阿剌以例赴阙，帝访群臣以时务，阿剌陈利病，言甚激切。革伺帝意不悦，因谮曰：‘阿剌恃宠，有慢上心，非臣子礼。’（可见辽国受中央集权体制毒害之深）帝大怒，缢阿剌于殿下。”事实上，即如和道宗自小青梅竹马长大的结发之妻、大辽皇后萧观音，也因向道宗进谏而被疏远。后又被权臣耶律乙辛所害，道宗盛怒之下，竟然又谥杀皇后，并杀其亲生嫡长子昭怀太子。（后有专文论之）

另外，大量史料表明道宗在推崇儒学的同时又极端信佛。唐宋八大家之一的苏辙曾在其使辽上书中描述道宗曰：“好佛法，能自讲其书。每夏季，辄会诸京僧徒及其群臣，执经亲讲，所在修盖寺院，度僧甚众。”《辽史》中也有类似记录，如1072年3月，“有司奏春、泰、宁江三州三千余人愿为僧尼，受具足戒，许之”；1078年7月，“诸路奏饭僧尼三十六万”，此即《辽史·道宗纪》所云“一岁而饭僧三十六万，一日而祝发三千（即佛家所谓剃度）”之语。佛学之于道宗，既是治国之术，更是个人信仰。史载道宗为皇太子之时已经通晓梵文，且深究佛理。大臣赵孝严《神变加持经义释演密钞引文》云：“伏惟天祐皇帝（道宗），睿智如神，聪谋出俗。以至公治国，赏罚无私；以大信临人，恩威有济。阅儒籍则畅礼乐诗书之旨，研释典则该性相权实之宗。至教之三十二乘，早颐妙义；杂华之一百千颂，亲制雄词。修观行以精融，入顿乘而邃悟。肇居储邸，已学梵文。有若生知，殊非习性。通声字之根柢，洞趣证之源流。”道宗朝还基本完成了辽朝佛教的两大事业：房山石经的续刻和《契丹藏》的雕造。道宗本人也有佛学著作问世，其中包括《华严经随品赞》十卷，并于1068年2月颁行“御制《华严经赞》”，1072年7月又“以御书《华严经五颂》出示群臣”。高丽义天《新编诸宗教藏总条》卷一著录有道宗《发菩提心戒本》二卷。房山云居寺辽刻石经中有《发菩提心戒一本》，见《房山云居寺石经》图版五七。编者在说明中疑此戒本“或即系辽道宗耶律洪基所撰之佚本而略作一卷”。故在时人眼中，道宗有“菩萨国王”之称。

然而，如此“信佛向善”的辽道宗却穷其一生，都“耽于游猎”，“淫于臣妇”，滥杀大臣，都是佛教戒律里绝对不允许的大戒。可以视为其性格矛盾、人格复杂的一个客观写照。

基于上述原因，《辽史》如此评价道宗：“道宗初即位，求直言，访治道，劝农兴学，救灾恤患，粲然可观。及夫谤讪之令既行，告讦之赏日重。

群邪并兴，谗巧竞进。贼及骨肉，皇基寖危。众正沦胥，诸部反侧。甲兵之用无宁岁矣。一岁而饭僧三十六万，一日而祝发三千。徒勤小惠，蔑计大本。尚足与论治哉？”

博按：之所以专辟一章来论述道宗这个性格复杂多面、内心矛盾多变的无名之君，是因为他既是契丹民族的一个历史缩影，又是中华民族融合之路上的一个典型样本。以契丹民族为主体的辽国，自从其开国之君耶律阿保机以其勇烈神武而建立起庞大而高效的中央专制集权政权模式后，历代皇帝，都以“一国两制”的方法对长城内外的契丹和汉族民众进行着有效的治理。而且，以游牧民族为主的辽国虽然在军事上保有着对大宋的优势地位，但在文化上却一直主动接近和临摹于宋朝。尤其是澶渊之盟后，汉辽之间长期的和平相处，使辽国君臣更加广泛深入地吸纳和接受了汉文明的精髓——当然也包括了中央专制集权统治模式。然而，正因为他们既要保持对主体民族契丹族人的有效治理，还要用“汉人的办法”来治理汉人，在这样的双重要求之下，军事强大而文化落后的辽国统治者便容易发生心理的扭曲和人性的挣扎，这种扭曲和挣扎就表现在辽国后期圣宗、兴宗乃至道宗的治国时期，他们在面对王朝江河日下时既想力挽狂澜但又手足无措。尤其是道宗，他在努力推崇汉化的同时，又常态化组织游猎，正是其为了保持作为游牧民族的主体性而做出的努力。今人（包括辽廷中的一些汉人）常以道宗“耽于游猎”而批评他的“游畋”行为，其实是误解了作为契丹人的道宗的本意。一个令人慨叹的事实是，中华民族历史上的历代少数民族政权，他们无一例外地热情向往着高深莫测、博大精深的中原汉文化，而他们又无一例外地被中原汉文化所同化或是击败。究其原因，正是他们在融合吸纳中原文化时，“无一例外”地吸纳了汉文化中的“糟粕”：高度的中央集权，强化的君主专制，至高无上的皇权地位——这一切，正是道宗先生既信佛好杀，又崇儒不仁的内在思想根源。

238. 大辽的“汉化”：两个民族的融合，一种文明的消亡

建立辽国的契丹族群的汉化由来已久。契丹国家的建立就与其吸收中原文化制度直接相关。917年春，辽太祖耶律阿保机于上京“建孔子庙”，这是儒学得到契丹王朝正式承认之始。待辽太宗耶律德光从石敬瑭手中得燕云之地后，推行汉法更是势在必行，《辽史·百官志》载：

至于太宗，兼制中国，官分南、北，以国制治契丹，以汉制待汉人。国制简朴，汉制则沿名之风固存也。辽国官制，分北、南院。北面治宫帐、部族、属国之政，南面治汉人州县、租赋、军马之事。因俗而治，得其宜矣。

根据目前史料，辽代科举始于太宗会同初，988年开科取士成为契丹定制，并由此带动崇儒之风，“至景、圣间，则科目聿兴，士有由下僚擢升侍从，骎骎崇儒之美”。道宗之父兴宗，史书记载他“善骑射，好儒术，通音律”，重熙二十四年（1055年）八月，兴宗病情严重，曾召时为燕赵国王的耶律弘基“谕以治国之要”，如果我们再仔细检视道宗推行的汉化政策，可以发现其中很多是沿袭前朝之术。

史载契丹对中原文化的态度，号称“学唐比宋”。契丹曾是唐代附属国，其建国时间（916年）正是承李唐之末。所以其官制就受唐制影响：“契丹国自唐太宗置都督、刺史，武后加以王封，玄宗置经略使，始有唐官爵矣。其后习闻河北藩镇受唐官名，于是太师、太保、司徒、司空施于部族。太祖因之。”此后，辽太宗灭石晋，从开封撤军时，取“晋诸司僚吏、嫔御、宦寺、方技、百工、图籍、历象、石经、铜人、明堂刻漏、太常乐谱、诸宫县、卤簿、法物及铠仗，悉送上京”，因而在修《辽史》的史官看来，契丹的礼仪典章比北宋更具有中原正统性：“至于（辽）太宗，立晋以要册礼，入汴而收法物，然后累世之所愿欲者，一举而得之。太原擅命，力非不敌，席卷法物，先致中京，蹝弃山河，不少顾虑，志可知矣。于是秦、汉以来帝王文物尽入于辽；周、宋按图更制，乃非故物。辽之所重，此其大

端。”辽人爱“学唐”，表现在各个方面：君主好唐书，后妃效仿唐风，臣下进谏好用唐典，连伶人打诨求生，也用唐朝的题材。

当然，从历史记载和现代考证来看，在文物典章上，契丹效仿北宋之处甚多，但与“学唐”不同，这种效仿更多的是出于一种“比超”心态。宋徽宗时期的地理学家朱彧（其父曾出使辽国，朱在此基础上著有《萍州可谈》，记载了当时中外交通情况）曾指出：

辽人嗜学中国。先朝（指徽宗以前的北宋）建天章、龙图阁以藏祖宗制作，置待制、学士以宠儒官；辽亦立乾文阁，置待制、学士，以命其臣。典章文物，仿效甚多。政和壬辰，朝廷得元圭，肆赦；是冬。辽人亦称得孔子履，赦管内。

就此而言，辽国“学唐”就是为了“比宋”，“比宋”又反过来推动了契丹的汉化。此外，契丹还有与北宋竞争“正统”的意图。辽太宗曾从后晋降臣那里得到中原王朝的传国玉玺。开泰十年（1021年），辽圣宗命人“驰驿取石晋所上玉玺于中京”，并作《传国玺诗》诗云：

一时制美宝，千载助兴王。
中原既失鹿，此宝归北方。
子孙宜慎守，万世当永昌。

1038年，兴宗又以《有传国宝者为正统赋》作为当年科举考试的题目。至兴宗朝关南争地，契丹坚持要北宋在文书上屈称“纳”岁币，已欲凌居北宋之上了。至道宗年间，辽与宋朝争胜的心态更加强烈，其中表现在辽国对高丽的册立书中已经公然以中华正朔自居。据《全辽文》卷二《遣耶律思齐等赐高丽国王册》、《遣萧好古赐高丽国王太子册》记载：

“朕以昊苍眷祐，宜宗贻范，统临天下，四十有三载矣。外康百姓，内抚诸侯。咸底于道，而海隅立社。北抵龙泉，西极鸭绿。祇禀正朔，奉输琛赆……朕荷七圣之丕图，绍百王之正统；眷言日域，夹辅天朝。”

又据《辽史》记载，北宋欧阳修在其撰修的《新五代史》，将契丹列于四夷之一附录于书后，该书流入契丹后，大臣刘辉上书云：“宋欧阳修编五代史，附我朝于四夷，妄加贬訾。且宋人赖我朝宽大，许通和好，得尽兄弟之礼。今反令臣下妄意作史，恬不经意。臣请以赵氏初起事迹，详附国史。”道宗“嘉其言，迁礼部郎中”。1100年，北宋元符三年，哲宗病逝，徽宗继位，道宗又因“有司案牍书宋帝‘嗣位’为‘登宝位’，诏夺宰相郑颛以下官”。

另外还有一段辽国以中国“自称”的故事。见于《辽史·刘辉传》：

大安末，（刘辉）为太子洗马，上书言：“西边诸番为患，士卒远戍，中国之民疲于飞挽，非长久之策。为今之务，莫若城于盐泺，实以汉户，使耕田聚粮，以为西北之费。”

这里的“中国”一词本身还兼具文化意义，“中国”就是“诸夏”。契丹以“诸夏”自称，也大致在道宗朝或略晚一些，如《萧义墓志铭（天庆二年1121年）》云：“我道宗大孝文皇帝嗣守丕图，奄有诸夏”，“夷夏”的区分是文野之分，而文野是后天可变的，故夷夏也是可以互变的，这为北方民族政权以“中国”自居提供了理论依据。道宗曾经作《君臣同志华夷同风诗》进呈皇太后。该诗今已佚，存宣懿皇后萧观音的同名应制之作传世，云：

虞廷开盛轨，王会合奇琛。到处承天意，皆同捧日心。
文章通鹿蠡，声教薄鸡林。大寓看交泰，应知无古今。

又《契丹国志》记载，有汉人讲《论语》，至“夷狄之有君（后面一句是‘不如诸夏之无’），疾读不敢讲”，道宗不以为然，以为“上世獯鬻、猃狁荡无礼法，故谓之‘夷’，吾修文物，彬彬不异中华，何嫌之有？”卒令讲之。“华夷同风”，“彬彬不异中华”，表明契丹此时在文化上已经拥有一定的自信，自认与中华无异。这与道宗后期对高丽文书中以“正统”自居相呼应，显示了他对中原文化的某种认同，只是这种认同不能等同于对“北宋”的认同。

博按：契丹自建立辽朝后长期奉行的“汉化”政策，实际上是契丹民族作为一个民族最终消亡的主要原因。正如美国历史学家卡尔·贝克尔曾经说过：“客观的过去已经一去不复返了，而历史领域是一个捉摸不定的领域，它只是形象地被再创造，再现于我们的头脑中。”今天，站在一段历史最终胜利者的中华民族的角度，我们或许可以内心窃喜于中华民族文化力量的强大和包容性；但站在契丹民族的角度，却有许多值得深思的地方。尤其是在自清末至今的这一百多年中，中国所有的有识之士都在讨论中华文明的主体性问题时，反思和借鉴契丹民族的消亡，其意义就显得更加重大和深远。一段时期以来，中华文明的“自信心”问题以及中华文化向何处走的问题，甚嚣尘上而不得其解，大抵都出于以下几个原因：一是如何解决中华文明所带来的“治乱循环”问题；二是如何解决中华文明体制下的“劣币淘汰良币”问题；三是如何解决中华文明与世界其他文明“共生共荣”问题。而反思于契丹民族的消亡原因可以看出，因为中华文明所处的地理环境和历史传承等原因，中华文明自先秦时期所形成的优秀基因，随着“服从、服务”于历代中央专制集权需要，而不断加以改造和阉割，自宋以后，便失去了有利于中华民族发展壮大的建设性方向，而形成了一种以顺从为主流、以奴性为表征、以权力为核心、以自利为原则、以圈子为载体的劣质文化生态，这样的文化生态，不但在主观上腐蚀了每一个中国人的心性，而且在客观上排斥任何优秀文化或文明的接引和生长；不但深刻影响了历史上所有进入中华文化圈的民族（如党项、契丹、元朝和清朝），而且时至今日还随着大量国人的足迹而影响到一些西方国家。这样的情况既使少数保持清醒认识的有识之士为之深忧，亦使一些人提出“全面西化”的过激言论。可谓不得其本。《要略》以为，当今中华民族精神层面所出现的问题既有“基因传承”的原因，也是长期历史环境所造就，寻求根治的“良方”，一方面要回到先秦百家争鸣时期去“探病之源”，一方面也要回到今天在全世界范围内“寻找解药”，而尤其是在配制“药方”之时，既要考虑到中华民族的“肌体”适应性而标本兼治，还要考虑到药方的“副作用”而勿使中华文明的本体受到过分戕害，以防中华民族像契丹民族一样在“过渡汉化”的过程中而丧失了民族主体性而造成恶果：也许，这正是今天我们重读契丹民族文化融合历史的意义所在。

239. 大辽皇后萧观音：《回心院》里盼君王，《十香词》中家国亡

辽国虽然自开国君主太祖耶律阿保机开国之后，经辽太宗、世宗、穆宗、景宗、圣宗、兴宗诸朝至道宗时期，已历160余年。虽然太祖阿保机曾创制契丹文字，但其整个国家的文化水平相对中原宋王朝来说还是有很大的差距。唯有到了兴宗和道宗时期，由于两位皇帝日益崇尚汉文化，辽国朝廷后宫整体“汉文化水平”有了大幅提高，在这样的背景下，出现了一个让后世传颂千古且争议不休的文化名人——萧观音皇后。

萧观音是辽钦哀皇后之弟枢密使萧惠之女，世为皇后家族（与著名的萧太后萧绰同宗）。史载，其“姿容冠绝，工诗，善谈论，自制歌词，尤善琵琶。”16岁时嫁给尚为燕赵国王的耶律洪基为妃。后耶律洪基即位后又接连为耶律洪基生下太子耶律浚和撒葛只等三位公主，成为大辽皇后。曾有一段时间，道宗与观音伉俪情深，形影不离，即使出外巡游打猎也要互相陪伴。一日萧观音陪丈夫出猎，中途宴乐欢娱之时，作诗曰：

威风万里压南邦，东去能翻鸭绿江；
灵怪大千俱破胆，那教猛虎不投降。

此诗用词虽不讲究，但因为出自辽国皇后之口，又借打猎为题，表现出道宗雄心万里、威震四方的胸怀，使辽道宗着实高兴。当即把狩猎之地命名为伏虎林。

然而，生性善良的萧观音对辽道宗经年累月的狩猎活动十分担扰，常常谏劝辽道宗停止田猎活动，加上观音本人年老色衰，道宗开始移情别恋，渐渐为辽道宗所疏远。深宫孤寂、百无聊赖的萧观音精心创作了一曲《回心院》词以打动丈夫的心，企求重拾往日欢乐。该词共十首，内容如下：

一、扫深殿，闭久金铺暗。游丝络网尘作堆，积岁青苔厚阶面。扫深殿，待君宴。

二、拂象床，凭梦借高唐。敲坏半边知妾卧，恰当天处少辉光。拂象床，待君王。

三、换香枕，一半无云锦。为是秋来展转多，理有双双泪痕渗。换香枕，待君寝。

四、铺翠被，羞杀鸳鸯对。犹忆当时叫合欢，而今独覆相思块。铺翠被，待君睡。

五、装绣帐，金钩未敢上。解却四角夜光珠，不教照见愁模样。装绣帐，待君贶。

六、叠锦茵，重重空自陈。只原身当白玉体，不愿伊当薄命人。叠锦茵，待君临。

七、展瑶席，花笑三韩碧。笑妾新铺玉一床，从来妇欢不终夕。展瑶席，待君息。

八、剔银灯，须知一样明。偏是君来生彩晕，对妾故作青荧荧。剔银灯，待君行。

九、蒸熏炉，能将孤闷苏。若道妾身多秽贱，自沾御香香彻肤。蒸熏炉，待君娱。

十、张鸣筝，恰恰语娇莺。一从弹作房中曲，常和窗前风雨声。张鸣筝，待君听。

做完《回心院》，寂寞难耐的萧皇后又请宫廷乐师赵惟一谱上音乐，加以伴唱，二人一支玉笛，一曲琵琶，丝竹相合，不由渐生情愫，经常往来。

就在萧观音被道宗冷落于深宫弄词弹唱之时，一次酝酿已久的朝廷权斗使她成为利益的牺牲品。而推动这次权力争斗的主角则是一个名叫耶律乙辛的“奸臣”（通俗的观点是奸臣，但其实他和中国历代的权臣一样，不过是被中央集权背后的巨量利益所吸引），史载耶律乙辛是辽朝八部之一的五院部人，史载其人“美风仪”，身长八尺，相貌堂堂，却“外和内狡”。辽兴宗时，耶律乙辛为文班小吏，掌管太保印章。兴宗朝，耶律乙辛已升至护卫太保的官职（卫队总指挥）。辽道宗即位后，因耶律乙辛是先帝旧臣，也加以宠任，迁为同知点检司事，慢慢迁至枢密副使（国防部副部长）。清宁五年，又为南院枢密使，封赵王。

后，辽朝发生耶律重元之乱，耶律乙辛在平乱中因功被封为北院枢密使（前文有述，辽朝施行一国两制，南院治理汉人，北院治理辽人，北院地位相对高于南院），进封魏王，并赐号“匡时翊圣竭忠平乱功臣”。

自此，耶律乙辛官运亨通，后又加封守太师。“诏四方掌军旅，许以便宜行事。”他已经有随意调动军队、任用官员的权力，自此“势震中外，门下馈赂不绝”。道宗爱好游猎，乙辛投其所好，进献良驹。这种情形使萧皇后十分担心。于是，萧皇后得机会婉转进奏道宗，希望道宗不要沉溺游猎，更不要把政事尽委乙辛。

萧后的进言引起了道宗的注意。道宗觉得皇太子耶律浚已经十六岁，应该历练政事，取代乙辛。道宗遂下旨封太子为燕赵国王，参预朝政，各部奏事先送太子过目。史载这位后来被称谥为“昭怀太子”（南北朝时期梁武帝之太子和其十分相似，也被封为昭明太子，历史真是惊人的相似和反复）的耶律浚聪慧美恣容，“幼能言，好学知书……七岁从猎，连中二鹿”，长成后，“法度修明”，一时间得到众臣的拥戴和赞赏。太子目睹乙辛的所作所为，自然开始对乙辛加强控制，由是得罪了权欲熏心的乙辛。为了与太子争夺朝廷主导权，乙辛先设计买通宫婢和教坊艺人，偷出了萧观音所作的《十香词》和一首名为《怀古》的情诗（据辽史所载是乙辛托人所做，呈献给萧观音，并进而诋毁为萧观音所作。而考虑到萧观音后被其孙子天祚帝所平反和刻意维护，并比较其作诗的风格，可以确认这首词实为萧观音本人所作）《十香词》作品共十首五言绝句，每首描写身体的一个方面，按照十首的次序是：发、乳、颊、颈、舌、口、手、足、阴部及一般肌肤，全词如下：

青丝七尺长，挽作内家妆；不知眠枕上，倍觉绿云香。
红绡一幅强，轻阑白玉光；试开胸探取，尤比颤酥香。
芙蓉失新颜，莲花落故妆；两般总堪比，可似粉腮香。
蝤蛴那足并？长须学凤凰；昨宵欢臂上，应惹颈边香。
和羹好滋味，送语出宫商；安知郎口内，含有暖甘香。
非关兼酒气，不是口脂芳；却疑花解语，风送过来香。

既摘上林蕊，还亲御苑桑；归来便携手，纤纤春笋香。
凤靴抛合缝，罗袜卸轻霜；谁将暖白玉，雕出软钩香。
解带色已颤，触手心愈忙；那识罗裙内，销魂别有香。
咳唾千花酿，肌肤百合装。无非瞰沉水，生得满身香。

《怀古》一诗则曰：

宫中只数赵家妆，败雨残云误汉王。
惟有知情一片月，曾窥飞燕入昭阳。

恰巧诗中有“赵”、“惟”、“一”三个字，耶律乙辛以此为“证据”，指派宫婢向皇帝“揭发”皇后与乐师赵惟一之间的“奸情”。

自以为被戴了“绿帽子”的辽道宗勃然大怒，立即不分青红皂白敕令萧观音自尽，并将赵惟一凌迟处死。失去母亲呵护的太子耶律浚随后也在耶律乙辛的构陷下被废为庶人，不久也被害死。这个惨案的具体过程，见之于《辽史·刑法志下》云：

然自大康元年，北院枢密使耶律乙辛等用事。宫婢单登等诬告宣懿皇后，乙辛以闻，即诏乙辛劾状，因实其事。上怒，族伶人赵惟一，斩高长命，皆籍其家，仍赐皇后自尽。三年，乙辛又与其党谋构昭怀太子，阴令右护卫太保耶律查剌，告知枢密院事萧速撒等八人谋立皇太子。诏按无状，出速撒、达不也外补，流护卫撒拨等六人。诏告首谋逆者，重加官赏；否则悉行诛戮。乙辛教牌印郎君萧讹都斡自首“臣尝预速撒等谋”，因籍姓名以告。帝信之，以乙辛等鞫按，至杖皇太子，囚之宫中别室，杀挞不也、撒剌等三十五人，又杀速撒等诸子；其幼稚及妇女、奴婢、家产，皆籍没之，或分赐群臣。燕哥等诈为太子爰书以闻，上大怒，废太子，徙上京，乙辛寻遣人弑于囚所。帝犹不寤，朝廷上下，无复纪律。

再后，耶律乙辛的夺权野心终为辽道宗所明白。懊悔之下，他开始逐步削夺耶律乙辛的权力，最后将耶律乙辛处死。道宗死后，皇太孙耶律延禧即位，成为有名的天祚帝。史载其为了祖母和父亲的被冤杀，首先将参与其事的宰相张孝杰剖棺戮尸，再搜捕耶律乙辛的子孙及亲旧，尽行诛戮。一段惊天冤案，始告平反。

博按：关于《十香词》冤案，表面上看仅是一出古代宫廷情色闹剧，背后却包含着大辽帝国亡国灭宗的深刻道理。这个在中国历史上寻常可见的故事里，不外乎是昏君受佞臣蒙蔽——正义、善良和美丽的一方含冤——最后天理再现，正义战胜邪恶，冤案平反，大白天下。此类故事亦如中国的王朝历史一样，轮番上演于各个朝代。而《十香词》冤案的与众不同之处，在于其主角是一个既美而有才的皇后，她不但贵为皇后，而且能够写出与《回心院》和《十香词》这样表现大胆、感情热烈的"情诗淫词"，而且敢于在受到皇帝冷落之时大胆寻找爱情，因此为历代文人墨客所津津乐道。然而，重读此段历史时，站在中华大历史的角度来看待这个事件，却有着别样的意义：

其一，辽朝至道宗一朝，已经到了江河日下的时代。道宗死后，其孙子天祚帝即为大辽亡国之君。而如果把《十香词》冤案放在这样的历史大背景下来考察，便可知道，当一个王朝经过百年建设，其既得利益集团如滚雪球般逐渐强大，而受中央集权背后所特有的巨量利益所天然驱动，皇权（包括太子）、后权、相权以及地方之权便势同水火。道宗一朝，前有"重元之乱"（本质上为皇族内部争权），后有香词之冤（本质上为皇权、相权和后权的斗争），都意味着大辽中央集权政治已然开始从内部开始分裂和溃烂。

其二，正是因为道宗受奸臣蛊惑而害死了英明善良的昭怀太子，从而使其后的继承人天祚帝耶律延禧自小失却父爱，这样的童年对于天祚帝的性格塑造大为不利。而正是天祚帝在这样缺少父爱的环境成长，使其在后来在位期间不思进取，无所作为，一味游畋享乐，使辽朝的政局陷入内外交困的地步。尤其是当他率领70万大军（实际约30万）征剿女真叛乱时，听闻朝中耶律章权反叛时不能坚定地先平外后剿内，而是仓皇而退，结果被金太祖以两万兵力追而歼之，终使其失去皇权基础。从这个意义上说，当道宗为维护其皇权统治而杀了其儿子昭怀太子之时，大辽灭亡的种子已然生根发芽。

其三，从《十香词》冤案我们还可以看出，辽代至其即将灭亡的兴宗、道宗时期，正是汉化最为严重的时期。北宋晁说之《嵩山文集》卷二《朔问下》曾有关于道宗对宋朝文化的敬仰描述："契丹自澶渊之盟到今凡九十有八年矣！可谓久矣！古未有也。宗庙社稷之威灵于是乎在。然今虏主鸿基者（即道宗名）与有力焉，涂路之人皆知。虏主虽生羯犬之乡，为人仁柔，讳言兵，不喜刑杀。慕仁宗之德而学之，每语及仁宗，必以手加额，为仁宗忌。日斋不忘，尝以白金数百，铸两佛像，铭其背曰：'愿后世生中国。'其用心盖可知也。"然而，正是这样一个"为人仁柔，讳言兵，不喜刑杀"的"明君"，在斩杀自己的结发之妻和亲生儿子时却毫不手软，其中可见辽朝受宋朝中央集权体制和中原汉文化影响之深。然而，契丹在汉化的过程中，和其后元朝清朝在汉化的过程一样，都是吸纳和接受了汉文化中的糟粕部分：尤其是在维护至高无上、不可侵犯的中央专制集权方面，被以道宗为首的契丹贵族心领神会。

其四，本着还原历史的精神，这里专论萧观音本人在《十香词》"冤案"里的真实情况。《要略》以为，有关萧观音本人的所谓"冤案"，其实一点也不冤：因为按照萧观音的才情和性格，在这桩历史事件中，有两点是可以确定的：一是《十香词》确为萧观音所作，只要简单对照《回宫院》和《十香词》里的诗词手法运用，便可确认是萧观音本人所作，因为在当时的辽国，还没有第二个人能够作出如此高水平的"淫词"；二是萧观音和"赵惟一"确有奸情。以萧观音三十多岁的青春年岁，以她这样的丰富感情，以契丹民族的豪放心态，她和赵惟一的私通丝毫不值得怀疑。而且萧观音在其将死前的《绝命词》里曾承认"虽衅累兮黄床，庶无罪兮宗庙"，其中就隐含着她确有出轨之举。而到了其孙子天祚帝继位，一心为他祖母翻案，当然其有足够的条件为其"平反"。在当时的政治环境和"平反"气候下，史家们当然有办法把这件事编排成"冤案"。然而，殊论此事真假，作为一个生命个体，站在今天的角度，萧观音都是值得同情的。就连最早记载此事的《焚椒录》的作者王鼎也说："然懿德（萧观音）所以取祸者有三，曰好音乐与能诗、善书耳。假令不作《回心院》，则《十香》词安得诬出后手乎？"意思是说萧观音惹祸是因为喜欢音乐、诗词和书法，假设她根本不会作《回心院》那样的诗，那《十香词》也不会被诬蔑出于她手了。而《辽史》中所描述的历史现场，不过是皇权之下掩人耳目的戏剧化安排而已。

240. 非金亡辽：天祚自亡之尔

关于大辽帝国的亡国灭族，元人脱脱所组织撰写的《辽史》如此总结：

“辽起朔野，兵甲之盛，鼓行皞外，席卷河朔，树晋植汉，何其壮欤？自圣宗（耶律隆绪，第六帝）以来，内修政治，外拓疆宇，既而申固邻好，四境乂安。维持二百余年之基，有自来矣。降臻天祚，既丁末运，又觖人望，崇信奸回，自椓国本，群下离心。金兵一集，内难先作，废立之谋，叛亡之迹，相继蜂起。驯致土崩瓦解，不可复支，良可哀也！耶律与萧，世为甥舅，义同休戚，奉先挟私灭公，首祸构难，一至于斯。天祚穷蹙，始悟奉先误己，不几晚乎！”

辽朝后期，契丹贵族日趋腐化。亡国之君耶律延禧即位后，信用萧奉先、萧德里底等佞臣，一味游猎，生活荒淫奢侈，不理国政，致使宗室贵族之间的争斗愈演愈烈，各部族首领也纷纷起兵反辽。公元1114年，完颜阿骨打率兵进犯宁江州，东北路统军使萧挞不也交战失利。天祚帝命萧奉先之弟萧嗣先担任都统，统率番、汉军队前往讨伐，遂有著名之出河店一役。萧嗣先兵败后，萧奉先奏称“东征溃败之军戴罪逃亡，所到之处便四处抢劫，如果不赦免他们，恐怕会结伙为盗，成为祸患”。昏庸的天祚帝不辨真伪，果然赦免了败军之将萧嗣先。而前线将士听闻这一消息，从此一触即溃，再无斗志。

辽军连吃败仗之后，天祚帝起用汉人张琳、吴庸等领兵东征。二人皆为庸碌儒生，于国破民困的情况下反而下令汉人富民，凡有家业三百贯者出军士一人，自备器甲，限二十日会齐。各家以平时枪刀充数，弓弩铁甲，百无一二。新募的汉军与契丹军杂编，分四路出击。这样一支临时拼凑的杂牌军，自然不堪一击。张琳军在涞流河大败。无奈之间，天祚帝下诏亲征，率契丹、汉军号称七十余万，带数月粮，命萧奉先为御营都统，耶律章奴为副，以精兵二万为先锋，期以必灭女真。十二月，天祚帝与女真兵遇，接战不久，辽军败溃，横尸满野。天祚帝一日夜逃奔五百里，退保长春。金兵乘胜侵占辽阳等五十四州。

耶律章奴见辽军溃败，谋废天祚帝，另立燕王、南京留守耶律淳。章奴与同谋者二千骑奔上京迎立，遣淳妃弟萧敌里去南京报淳。耶律淳斩敌里，往见天祚帝。章奴事败，投女真，中途被捕获腰斩。

后天祚帝以耶律淳受贵族拥戴，命淳为都元帅抗金。耶律淳招募辽东饥民得二万余，编成军队称“怨军”（怨恨女真），另募燕云民兵数千，原属董庞儿等的起义军余部也被收编在内。耶律淳攻沈州不下，还军。金兵斩高永昌，据有其地。耶律淳往讨起义的“怨军”，在徽州东与金兵遇，大溃败。金兵占领新州。成、懿、壕、惠等州均降。金兵又攻耶律淳于显州蒺藜山，辽兵又大败。天祚帝在中京闻燕王兵败，金兵入新州，竟对左右说：“如果女真必来，我有日行三百五十里的快马，又与宋朝为兄弟，夏国为舅甥，都还可以去，也不失一生富贵！”

辽朝灭亡在即，贵族之间却仍在相互诛杀。1121年，萧奉先诬陷耶律余睹勾结驸马萧昱阴谋扶立其外甥晋王耶律敖卢斡而事情败露，诛杀萧昱。耶律余睹在军中听说后恐惧，便逃奔女真。保大二年（1122年），耶律余睹担任女真监军，率兵突然前来，天祚帝十分忧心。萧奉先说：“余睹乃是王子班的后裔，这次前来确实不会有灭辽之心，是想扶立晋王而已。如果为社稷着想，不吝惜一个儿子，诛杀他，可以不必交战而敌人自退。”于是赐死晋王耶律敖卢斡。内外官员无不伤心流泪，人心更加离散。

天祚帝驾入夹山，消息难通。耶律淳奉命守燕京。汉人宰相李处温与辽皇族耶律大石、奚王回离保等在燕京拥立耶律淳，号天锡皇帝，改元建福。“怨军”改号常胜军。又降封天祚帝为湘阴王。从此燕、云、平等州及辽西路、上京路、中京路地都为耶律淳所控制，世称“北辽”。耶律淳以回离保知北院枢密使事，军事委付耶律大石。遣使报宋，免岁币、结好，宋不许。又遣使奉表于金，乞为附庸。事未决，即病死。

金兵在居庸关擒获耶律大石。1123年九月，大石领兵逃出，归见天祚帝。天祚帝责问说：“有我在，你怎么敢立淳？”大石回答说：“陛下以全国之力，不能拒敌，弃国逃跑，使黎民涂炭。即使立十个耶律淳，都是太祖子孙，岂不胜于向别人求命么？”天祚帝无话可答，只好赦免。天祚帝得大石兵，自称得天助，1124年秋，谋再出兵收复燕元。大石说：“国势至此，当先养兵，等待时机而动，不可轻举。”天祚帝不听。大石见辽将亡，杀北院枢密使萧乙薛等，率骑兵西去，自立为王。

大石去后，1124年冬，天祚帝自夹山出兵，南下武州，遇金兵，败溃。辽将领多率部降金。1125二月，天祚帝在应州被金兵俘获。

关于天祚帝之死，各种史料有不同说法。其一，《辽史》称其在金朝被囚一年多后病死，时年53岁。其二，有野史说法是金太祖降封他为海滨王，不久改封为豫王。没过多久，金人又将他杀死，并且驱赶马群将他的尸体踩成一摊肉泥。其三，据宋人记载，南宋绍兴二十六年六月，金朝皇帝完颜亮命令五十六岁的宋钦宗和五十四岁的天祚帝一起去比赛马球，宋钦宗从马上跌下来，被乱马践踏而死；耶律延禧善骑术，企图纵马冲出重围逃命，结果被乱箭射死。

博按：重读辽史，再温天祚之败亡，唏嘘再三。大辽之亡，与中原王朝历代亡国之君何其相似。天祚帝耶律延禧即位后荒于朝政，信任佞臣，竟致大辽百万铁骑，被女真数万军队几致全歼。大辽二百年帝业亡于其手，亦因其败而间接导致北宋之亡，金之覆辽灭宋，实天祚与徽钦二宗拱手相让。以今观之，天祚帝之亡国灭族者有三：其一曰不知于大势。当女真崛起之初，不能弭患于未萌，不能见微而知著，不能果断斩杀阿骨打，而使“虎兕出于柙，龟玉毁于椟中”，是谁之过欤？其二曰不知于军情。当萧嗣先败军之时，既不赏功，亦不罚罪，遂致军事上之大溃败，此用兵治军之大忌。中国历代名将，无论军中阵前，往往讲求治军以严，赏军以宽，罚军以重，此千古经验之论，天祚帝实自败其军；其三曰不辨于忠奸。亡国之君，往往自有亡国之臣，与大宋亡国之时朝中有蔡京、童贯之流主事一样，大辽天祚无比信任萧奉先、萧德里底等奸佞。而且，历史总是惊人地相似，辽朝忠贞之士耶律淳和耶律大石等人不见用于主谋，宋朝李纲、钟师道等人被疏于外廷，如此不辨忠奸之昏君，其亡宁无日乎！

241. 宋金合盟：一个大事件背后的小人之奸

1120年，宋金两国结成海上之盟，协议金攻辽中京，而宋攻辽燕京，事成之后，燕云十六州归宋，宋将本来献给辽的岁币转献金，而辽之国土亦归金。宋廷原以为据此便可轻易夺取燕云十六州，殊料辽军抵不住金兵进攻，却不惧怕与孱弱的宋军作战，宣和四年北宋两次出兵攻打燕京，均大败于辽燕守军。后金兵由居庸关攻克燕京。金人因此表示不再把燕云诸州交给北宋。经过双方讨价还价，金朝只答应把燕京及其所属的六州二十四县交给宋朝，却要宋朝除把原给辽朝的四十万岁币交给金朝外，还要把六州二十四县之赋税如数上交金朝。宋朝答应每年另交一百万贯作为燕京六州的“代税钱”，金朝才答应从燕京撤军。而在撤军时，金兵竟把燕京金帛子女官绅富户席卷而去，只把一座空城交给宋朝。

上述这段历史事件的背后推手，其实源自于一个奸佞小人的一次“出使受辱”事件：

宋徽宗时期，虽然政治腐败，但是在西北对夏作战还是取得了前所未有的胜利：在宦官将领童贯的领导下，夺取了横山一线，迫使西夏求和。执掌西北兵权二十年的童贯图谋再立新功，便打起了辽国的主意，主动要求出使辽国以打探辽朝虚实。1111年（政和元年），徽宗派郑允中为贺辽生辰使，以童贯为副，企图借机观察辽国虚实。

使宋徽宗没有想到的是，当童贯以宦官使辽时，竟然为辽国天祚帝所不齿，这个不久后将成为亡国之君的昏庸皇帝竟然当面指着童贯嘲笑曰：“南朝乏才如此!”而天祚帝更没有想到的是，在宠信内官的大宋皇帝心中，这个童贯不但是一个“有勇有谋”的将领，而且是一个“值得信赖”的谋臣。就是在这样一个“阴差阳错”的安排下，“宋金合盟”灭辽的历史条件形成了：天祚帝的“嘲笑”对于童贯来说，无疑是一次奇耻大辱。本来对大辽就心怀不满的童贯更加坚定了他与大辽为敌的决心。于是乎，童贯勾引燕人马植，入宋廷献联金灭辽之策，希望“念旧民涂炭之苦，复中国往昔之疆”，并断言，旧疆臣民箪食壶浆以迎王师。在童贯和马植的蛊惑下，徽宗大喜，赐马植以国姓，改名良嗣，参与图燕之谋。大宋步入靖康之耻的历史悲剧，就以这样的方式拉开了大幕。

1122年（宣和四年）四月，宋徽宗命童贯以河北河东宣抚使身份，勒兵十万大巡北边，拉开了他企图收复燕云十六州的帝国雄心。

为了确保胜利，宋徽宗在宠信童贯的同时，又任命保静军节度使种师道为都统制（都统制是北宋后期，为了统一指挥出征的各路大军而设置的带有临时性质的武官职务，征战结束即撤销，相当于新的指挥体制下的战区司令）。武泰军承宣使王禀、华州观察使杨可世为之副。

四月二十三日，童贯授意宣抚司在辽国境内揭榜宣示“王师”的到来：

“幽燕一方本为吾境，一旦陷没几二百年。比（同彼）者汉蕃离心，内外变乱，旧主未灭（指天祚帝还没有死），新君纂攘。哀此良民重罹涂炭，当司（指宣抚使司）遵奉睿旨，统率重兵，已次近边。

奉辞问罪，务在救民，不专杀戮，尔等各宜奋身早图归计。有官者复还旧次、有田者复业如初。若能身率豪杰别立功效，即当优与官职，厚赐金帛；如能以一州一县来归者、即以其州县任之；如有豪杰以燕京来献，不拘（拘泥于）军兵百姓，虽未命官（虽不是官员）便与节度使，给钱十万贯，大宅一区。惟在勉力，同心背虏，归汉永保安荣之乐，契丹诸蕃归顺亦与汉人一等。

已戒将士不得杀戮一夫，傥或昏迷不恭，当议别有措置。应契丹自来一切横敛悉皆除去。虽大兵入界，凡所须粮草及车牛脚价并不令燕人出备，仍免二年税赋。”

一篇榜文，可谓“有理、有节、有诱惑”，童贯以小人之心度天下人之腹，以为王师一来，燕云民众必“箪食壶浆以迎”。殊料其到了河北前线，宋军的战备情况让他“大跌眼镜”，他在之后给徽宗上的一份奏折中如此报告情况：

臣仰遵睿训，付以北事，寅夕竭虑，深恐不逮，上辜委寄之重。臣窃惟复燕大计，昨正月间，女真下中京，余睹（人名）往云：‘中契丹分力枝梧女真之际，我乘机会进兵，收复殊省事力，既失此便，已为後时。’臣奉诏来北，星夜倍道，於四月二十三日到高阳关，整促行军之备。即见河朔将兵骄惰，不练阵敌军，须之用百无一有。如军粮虽曰：见在粗不堪食，须旋舂簸仅得其半。又多在远处，将输费力。军器甚阙（缺），虽於太原、大名、开德支到，封椿各件不足、或不适用，至於得地版筑之具并城戍守御之物悉皆无备。

盖河朔二百年未尝讲兵，一旦仓卒，责备颇难。臣近闻易州军民万人延颈引兵以献城垒。又西兵未来，未敢出应，致彼复疑……”

原来，河朔宋军由于久不练阵而将骄卒惰，不堪一击。

长期在西北指挥与西夏军作战的童贯将十万大军分为东、西两路军，以雄州和广信军为东西路军的防区，并以种师道统率东路兵，驻扎白沟。王禀率领前军，杨惟忠率领左军，种师中率领右军，王坪率领后军，赵明、杨志率领选锋军。种师道以都统制兼东路军总指挥自领中军。辛兴宗统率西路之兵，驻扎范村。

童贯到雄州（就是瓦桥关，周世宗柴荣夺得三关后，将瓦桥关改为雄州，今天的河北雄县）后，诸路人马到齐，童贯即召集战法会议，种师道建策说：“今日之事，譬如盗入邻舍不能救。又乘之而分其室。且师出无名，事固无成，发踪之初宜有所失。”童贯回答道：“今日之军事，上（指宋徽宗）既有成算。第籍公威名以镇服耳（不过是借用你的威名，让你出任都统制）”……因出御笔、俾不得辞（拿出皇帝亲手写的命令，使种师道不能推辞）。

此时另一勇将杨可世向童贯请求：“事起之由，毫发未尝预，一旦临利害。若仓卒失计，我辈要领固不足惜，恐有不虞，辱国为重，愿熟计而后行。”时知雄州和诜嘲笑杨可世道：“你平时自夸能敌万人，胆气绝人，视堂堂之师如摧枯拉朽，今日观了你只不过是一个懦夫。”杨可世默然无以应。童贯即以和诜为种师道副手，以杨可世为前军统制。同时下令招募勇士在边境上来回驰骋，散发招降的檄文，但令军队不得过界挑衅。

五月二十五日，杨可世率领轻骑数千进至兰沟甸，不想被辽国宗室耶律大石率大军掩杀，大败而还。

五月二十九日种师道进兵白沟（即今天北京附近的拒马河一带），接到不得杀辽国一人一骑的命令。杨可世即遣骁将赵明率军持黄榜旗前往边境招降，实际上赵明所率宋军和辽国军队已呈隔河对垒之势。赵明占据桥头后派人把招降黄榜旗送到辽军。辽军不加一语即以箭射宋军，不曾防备的宋军拘于命令又不敢还击。得知战况的种师道命令宋军还击。杨可世即勒令所部将士临河布阵，分遣赵明麾众还击，辽国军队隔着河岸挥舞军旗指挥军队作战，骑兵随着旗帜所指的方向向西奔驰。杨可世对诸将说："下流必有可涉水渡河之处，须分兵据之。"随后会合了种师道派遣来支援的泾原路将领赵德说："立刻前往迎敌！"赵德还未及前往，辽军已渡水驰骛。赵德是老将，知道形势不妙，又退回来了。杨可世大呼骂道："匹夫反退，何以报国！"于是放弃收守卫桥头，亲往迎战。辽国骑兵很快分左右翼合围宋军，赵明兵少也被打垮，杨可世胸腹中箭，浑身是伤，后手杀数十人才得以幸免。

次日，西路辛兴宗驻军范村，和辽军展开激战，前军王渊中枪几乎堕马，胜败未决辛兴宗遣中部将杨可世援之，又亲出军门以上将节钺督战，但也不敌辽军。

在东西两路军战况不利的情况下，种师道决定连夜退兵回雄州，辎重先行，种师道率精锐断后，但是还是被辽军发现，用轻骑追击，宋军大乱。好不容易回到雄州，辽军又突然赶到，宣抚司下令诸军不能进城，估计是怕被辽军乘机攻进城来。但是这时城内城外大乱，杨可世率人马迎击辽军，辛企宗永宗也率领胜捷兵援救。当时天黑暗，北风大雨，震雹如拳，可惜宋军当面不能相视，自中午至晚上风雨更急。此战，自雄州之南莫州之北塘泊之间及雄州之西保州真定一带死尸相枕藉，不可胜计。

战后，童贯把罪责全推到种师道和和诜身上，奏劾种师道天生好杀，临阵肩舆，助贼为谋，以沮圣意。和诜不从节制乞行军法。诏种师道押赴枢密院责授右卫将军致仕，和诜则贬为亳州团练副使。

第一次侵辽不成，宋军不甘失败，准备整军再战。当时辽国君臣也感到宋、金夹攻辽的严重性，"遣肖客、韩昉为使臣，对宋奉表称臣，乞念前好"。辽国派使臣到宋国，表示愿意向宋称臣，希望不要和金联盟攻辽。韩昉等见童贯、蔡攸在军中，直言女真蚕食诸国，若大辽不存，必为南朝忧，唇亡齿寒，不可不虑。"贯、攸斥出之。"史载辽国使臣和谈被拒后曾哭道："辽宋两国，和好百年。盟约誓书，字字俱在，尔能欺国，不能欺天。"回去之后向辽军统帅报告后，义愤填膺的七千辽军趁夜劫营，竟然使十五万宋军再次溃退三百里，神宗皇帝以来累朝储积扫荡无余，刀枪甲杖堆积如山，童贯所带的原本准备赏功奖民的大量金银财宝，先被辽人缴获，再为金人所得。

然而，就是在这样的惨败局势下，徽宗和王黼、童贯等奸臣却自称是“不世之功”，大肆庆贺。童贯在败军之后竟然无耻地上“复燕奏”，把一系列败仗说成是胜仗，吹嘘“凯旋还师”。王黼、童贯、蔡攸等都因此而加官晋爵。百官纷纷上表祝贺，又立“复燕云碑”纪功。北宋王朝亡国在即，徽宗君臣却自欺欺人地陶醉在所谓“复燕云”的“胜利”之中。而且，此后北宋朝廷内部权斗激烈：王黼以赎回燕京有功而权势日盛，与太子赵桓不和，阴谋策划立郓王赵楷作太子。右相少宰李邦彦和蔡攸结党排斥王黼，御史中丞何也弹劾王黼“奸邪专横”，王黼于是罢相。徽宗再用年已八十、目盲已不能写字之老奸臣蔡京为太师总领政事，具体事务由其季子蔡绦把持。白时中为左相太宰、李邦彦为右相少宰，一切奉蔡京父子意志。不久，金国倾向与宋和好的完颜阿骨打病逝，其弟完颜晟继位，筹划攻宋。两次围汴之后，遂有靖康之耻。

博按：北宋一朝传至徽宗时期，其政治之糜烂，军事之凋敝，国力之孱弱，已经达到崩溃之边缘。然徽钦二宗不知国之将亡，依然排斥主战派忠臣如李纲、种师道等人，重用蔡京、童贯等奸佞，以致朝政腐败，民变聚起，经方腊起义之打击，假外敌以机会，北宋之亡，已是指日可待之事。攻燕之战把宋朝之腐朽、军队之虚弱暴露无遗，而这样的战局无疑为此后金兵敢于以数万人长驱直入，灭亡北宋埋下了伏笔。在考察这段历史事件过程中，特别值得关注的是，在这样的惨败形势下，宋朝君臣竟然不以为耻，反以为荣；不以为警，反以为懈，不但不追究败军统帅的责任，反而对童贯之流加官晋爵，连徽宗本人也恨不得给自己记下大功一件，这样的君臣嘴脸和历史闹剧，这样的活脱脱的亡国之象，又怎能使宋朝免于靖康之耻这样的“历史奇耻大辱”？前文有叙，宋太宗因为不能赏太原之功而致高梁河之败；辽天祚帝在出河店之战中，因为不能严惩败军之将萧嗣先而导致后来的金辽之战中，辽兵一触即溃，不复有战力。反观宋朝，自开国以来，除了重文轻武的国策之外，在战场上从来都是执行“赏重于罚，威不逮恩”的策略，致使大宋将士一方面在战场上敢于虚报战功，或以小败报小胜，或以小胜报大胜，或以大败报小败，或干脆以无事报有事；一方面则在战场上遇到强敌时“敢于逃跑失败”而不以为耻。因为在宋朝的军纪面前，虚报的战功可以封疆发财，败军时的逃跑不过是免官罚俸——因为官可以丢但命必须保。有史家专门考证，有宋一朝发生的所有战争，竟然十有八九都存在虚报战绩或谎报军情的情况，在这样的军事奖惩制度下，宋朝军队的战斗力可想而知。而反观古今中外所有善战之师、威武之师、胜利之师，都不约而同强调“赏功宜宽，罚罪宜重”，只有以重赏励功，以严罚惩后，才能确保参战将士勇于战阵，敢于拼杀，并最终赢得战争的胜利和国家的安宁。

而关于宋金合盟以谋辽国之史，可鉴于后世者有三：其一，对于北宋而言，海上之盟为背信弃义之举，宋朝将为此担负不义之战的恶名。宋辽在“澶渊之盟”的约束下，承平已久，互市兴旺，融合渐深，应该说两国关系一直很好。而联金灭辽，完全是宋为了一己之私而主动挑起战端，实为背盟弃信的不义之战。对辽军而言，无疑极大激发了抗宋士气。后来辽军化悲愤为力量，同仇敌忾，共同抗宋，使得宋在联金灭辽之役里没有占到任何便宜，此为重要原因。而且，背盟联金的结果，也让金朝看透了北宋的虚弱和虚伪：虚弱，是宋军在灭辽之战中表现出的战斗力实在让金人震惊；虚伪，则是既然宋可以率先背弃澶渊之盟，那么宋金之间的海上之盟将来也会是废纸一张，尤其是当宋金共同的敌人辽灭亡之后。其二，对于北宋而言，宋金合盟是一次错误时机下的错误战略选择。金辽之战，金强辽弱的形势已然明朗。宋正确的选择，无疑是联弱灭强，正如三国时期的孙刘联合抗曹一样。在当时的形势下，宋辽既为“兄弟之邦”，也是唇亡齿寒的关系，灭辽后会有更多更大的麻烦。这一点，甚至高丽国王也看得很清楚。1118年宋曾遣医官杨宗立等至高丽为睿宗王俣医病。王俣特地捎话：“闻朝廷将用兵伐辽，辽为兄弟之国，存之足为边捍；金为虎狼之国，不可交也！业已然，愿二医归报天子，宜早为备”。“医还，奏之，帝不悦”，宋徽宗执意联金灭辽。可惜当时的大宋朝野，不能看出这样“再造三国”的战略企图，如果真能如此采取行动，则历史必将重写。因为如果一旦形成辽、北宋、金三足鼎立，从地缘上看，是对宋最有利的局面，因为辽当时实际上已经成为宋朝在北方的天然屏障，而宋在助辽定金、稳定北方之后，可以腾出手全力灭夏——西夏毕竟是从北宋分裂出的藩属国，怎样打都是“正义之战”。退一万步说，真想替老祖宗收复燕云十六州，也得等金辽长期消耗对峙后，再找准时机，寻打更加正义的借口，那么收复燕云之地的可能性反而大得多——由此可见，战略眼光的实现还需要冷静的观察和等待时机。正如周武王灭商，孟津观兵，八百诸侯齐聚，武王也觉得不保险，非要再等两年才出兵。其三，对于执政者来说（无论是宋徽宗还是童贯），当国家利益与个人利益发生冲突的时候，必须持心于公而不能持心于私，否则将会招致万人之骂。而在这场宋、辽、金三国志中，宋徽宗显然以一己之私（企图收复燕云十六州以流芳百世）而做出了错误的选择；而对于童贯来说，执掌军权20多年，他深知只有不断开边邀功，才能确保高官厚禄。于是，为了个人的利益和对辽国天祚帝的一笑之仇，童贯向朝廷做出了错误的建策。按照童贯在西夏的二十年用兵之功劳，其即使身为宦官，也将在中华民族的名将传略中有其一席之地，然而，因其为了个人的荣耀和功绩，而将两个国家的军民绑在了一辆本不该发动的战车上，将大宋王朝送上不归之路，童贯虽主观上并不想如此，但其客观上必须要承担这个罪责。而且，在宋金联合灭辽后，童贯作为久经战阵的军人，从主战派蜕变为主降派，并做出了一系列排斥忠良的奸佞之举，客观上为靖康之耻埋下了伏笔——即此一端，这个本来有功于西北边防的宦官将领，也将被绑在历史的耻辱柱上，接受千夫所指和万世唾骂——当然，我们也要深刻批判如天祚帝这样的昏君：对于两国来使，无论他是什么样的身份，无论他是怎样的卑微，他在人格上都代表着两个国家，是不能随意嘲笑的——就这个意义上说，天祚帝亡国之君的恶名，也是咎由自取。当然，宋辽两国双双灭亡于后起之金的最根本原因，还在于宋、辽建立百年之后，因为中央集权的逐渐稳固，既得利益集团业已形成，守旧守成势力十分强大，国家已经显露出暮气沉沉之态，此种时候，若是比较幸运而没有外部力量的介入（辽和西夏与宋一样，因为长期执政而同样暮气沉沉），尚可苟延残喘一段时间，偏偏宋、辽不幸，新兴的后金民族勃起于东北，在其雄才大略的民族领袖完颜阿骨打的带领下，以摧枯拉朽之势，迅速瓦解和覆灭了辽和宋两个处于迟暮之年的中央集权王朝。惨痛的历史教训再次告诉我们，当一个迟暮的王朝，遇到一个新生的力量，便会很快土崩瓦解，即便力量对比十分悬殊。

242. 倘记否：靖康耻，家国恨

靖康之耻，可谓中原汉族皇权历史上最著名的事件（没有之一），中原汉族政权朝更替，或亡于民乱（如秦、明），或亡于外戚干政和大臣之篡（如两汉、唐、五代等），或亡于外族入侵（如南宋），然其亡国之时，天子守国门，君王死社稷，皆死得其所，无受其辱。唯北宋徽钦二宗之亡国，不但自受其辱，臣受其耻，而且连及其妻子儿女亦受凌辱，数千皇族宗室子女受辱异族长达数十年，其世界历史所独见，中华民族其唯一，其耻其辱，至今仍令中华后人不免长发武穆之叹：靖康耻，犹未雪，臣子恨，何时灭！

1126—1127年（宋钦宗靖康年间），在背弃宋辽之盟而联合金兵灭亡辽国后，北宋二帝以为“大敌”已去，自此便可过上“太平日子”，遂无端排斥主战派忠臣李纲、种师道诸人于外廷，信用投降派大臣蔡京、童贯、张邦昌等奸佞小人，以致数万金兵两次长驱直入兵临汴京城下，最后于靖康二年四月攻破汴京，除了烧杀抢掠之外，更俘虏了宋徽宗、宋钦宗父子，以及大量赵氏皇族、后宫妃嫔与贵卿、朝臣等共三千余人北归金国，东京城中公私积蓄为之一空。

当汴京被围时，为了苟延残喘，宋徽宗、宋钦宗竟以上万名宫廷、宗室和京城妇女为抵押品，明码标价抵押给金军。金军营寨中，无数汉人女子遭到强暴和蹂躏，成为昔时“慰安妇”。当汴京城破后，北宋后宫嫔妃、宗室妇女全部被掳往北方为奴为娼，被俘贵妃公主甚至不如娼妓，堪称中国史上最耻辱的女俘。连钦宗朱皇后也被金兵蹂躏，最后投河而死。北宋政权灭亡后，金兵北撤，数千北宋女性被遣送到供金国君臣享乐的洗衣院、金国皇帝的各大御寨，赏赐给金军将领，甚至流落民间，被卖为奴、娼。据宋人所撰《呻吟语》载：“被掠者日以泪洗面，虏酋皆拥妇女，恣酒肉，弄管弦，喜乐无极。”

博按：宋廷以百余年军事凋敝而不加反省，在金人历次虎视中原之时，自贬李纲，气死（种）师道，最后自取其辱，自寻亡路。靖康之耻的两位主角徽、钦二宗，毕生精力都用于填词作赋、吟诗作画、流连风月，可谓中华历史上“艺术水平”最高的皇帝。然而，他们忘记了自己是一人而系天下安的帝王，从他们继位的那一天起，他们的主要责任便是维护国家和民族的富强和安宁，而作为娱乐的一切艺术手段，如果仅是作为“业余”爱好也还无可厚非，而一旦沉湎其中，不但容易消磨自己之心性和进取心，而且容易招致天下仿效而影响了正常的社会生态。由此观之，当宋徽宗和他的臣子们将其书画诗词艺术发扬到“极专业”的水平之时，他们遭受“极失败”的可能就成为了必然。据说宋徽宗在被流放期间，曾写下一首名为《在北题壁》的诗，曰：“彻夜西风撼破扉，萧条孤馆一灯微。家山回首三千里，目断天南无雁飞”。其中所思所悲，其有悔乎？！

243. 再论靖康之耻：军事如何溃败

贯通宋徽、钦、高宗三朝大事之史学名著《三朝北盟会编》记载：第二次南下征宋之金军不过六万人，其中契丹、渤海、奚族“伪军”超过三万，自燕山府（今北京市）南下，长驱直入，如入无人之境，到黄河北岸，才碰到传说中之“八十万禁军”（相当于今日所说的正规军）：步军指挥使何灌率禁军两万人驻守黄河浮桥，宦官梁方平带领七千骑兵驻守浚州（今河南浚县），截断河桥，防备要冲。不料，金军仅派其伪军两千人杀来，梁方平就望风而逃，七千骑兵争相渡河逃窜，自相践踏淹死于河者数千人，而金兵不过三人受伤。骑兵崩溃后，何灌之两万禁军立刻撤退，金兵追击到汜水，两军尚未交战，那些《水浒传》里林冲的“徒弟”们竟然“一时惊溃”而狼奔豕突。当金军渡河攻汴时，不善舟楫的金兵依靠只能坐六、七个人的小船十多只，轮番渡河，费时六天，才把骑兵运过去，事后金人军官感慨：“南朝可谓无人矣，若有一两千人，吾辈岂能渡哉！”

那么，号称八十万的大宋“禁军”哪里去了？北宋一朝一直有“冗兵”之说，据南征的金国将帅情报得悉，哲宗、徽宗朝总兵额共“八十万大军”。然以八十万抵六万，何以仅剩两万余前线作战？且看：宋徽宗宠臣童贯统兵，河北地区军队只剩下20%～30%，留下的名额拿来吃空饷，攒出钱来送给皇帝和其大臣们挥霍。八十万兵马编制，吃空响者十之七八，全国实际之军队，不过二十万左右，扣除陕西、河北守军，人口过百万的东京汴梁还能有几许兵在？而且，即使剩下的为数不多的兵员，亦被将军大臣们占为私用。史载徽宗朝总管军政的太尉高俅，即“多占禁军，以充力役。其所占募，多是技艺工匠……凡私家修造，砖瓦、泥土之类尽出军营”。到了亡国前后，更是变本加厉：“帅臣、监司多违法徇私，使禁卒习奇巧艺能之事。或以组绣而执役，或以机织而致工，或为首饰玩好，或为涂绘文缕，公然占破，坐免教习，名编卒伍，而行列不知，身为战士，而攻守不预。”以此等军队御关外铁骑，即使有八十万，亦会一触即溃。是以靖康之耻，已长埋于有宋以来政治腐败和军事凋敝双重隐患之中。

博按：宋廷长期重文抑武，单靠称降纳贡而维持国防之安全，若遇不思进取之辽夏政权，尚能维持时日苟延残喘，一旦遇到金太宗完颜晟这样雄才大略的强敌，其土崩瓦解之势便指日可待。而观于靖康之耻前的军事状况，《要略》更感于今日进行军事指挥体制改革的必要性：宋廷当时虽然号称拥有八十万禁军，而一旦国家有难时，真正能作战的不过数万人，由此思及我军展开新的军队领导指挥体制改革前，虽然拥有二百三十万编制规模，但其中却包含着大量从事后勤（包括医疗卫护、秘书、领导司机、警卫服务等）、科研院所、文艺团体，甚至一段时期还有大量从事宾馆、饭店和其他“三产”的经营人员，他们不但严重挤占了宝贵的兵员，而且因为他们从事的岗位的特殊性，对全军的将士更是产生了不可估量的腐蚀和负面影响；而且，因为这些秘书、卫护人员、司机、警卫、文艺人员更容易接近“领导”，更容易“讨领导欢心”，所以在其中产生了许多只会“拍马溜须”的“谷俊山”式的领导，他们身居高位而不以军队发展为念，他们在其位不谋其政，他们只唯上不唯下，他们但求“领导”高兴不求部队建设发展，这样的军人，实可命名为“靖康”式军人！值得庆幸的是，我军自十八大之后，展开了深刻而又广泛的领导指挥体制改革，一扫数十年军队建设积弊沉疴，尤其是大量裁减冗兵余员和科研院所，大力推进军民深度融合等举措，可谓找准了症结所在，深得有识之士的称赞和广大将士的支持。我军实当借此良机，深入推进更加深入的军队体制改革，使未来我军将士真正能够忠于国家、忠于人民；能够真正为国而战，为人民而战，能够真正保家卫国，保境安民。

244. 再论靖康之耻：六甲神兵何以退敌

1126年（宋钦宗靖康元年）11月，北宋王朝首都东京（今河南开封）被金国大军围困，金国假意提出割让黄河以北国土要求，宋钦宗赵桓惊恐觳觫（hú sù，恐惧得发抖，恐惧颤抖的样子）。宋廷因为投降派大臣唐恪、耿南仲专务议和，命令各地宋军不得妄动，希望"主动示好"以息金军南下铁骑。等到完颜宗望、完颜宗翰率东西两路金军围开封城，四方宋兵除张叔夜一支勤王部队经过苦战杀入开封城外，其他援军无一到达。时开封城中，尚有七万将士，虽不足以败敌，但以之守城却或有余。然而，昏乱无措的大宋君臣竟然把破敌重任交给了一位号称会"六甲神法"的人，上演了中国军事历史上最滑稽惨痛的一幕闹剧。今详为述之：

《宋史·孙傅传》记载，当金国人围城之时，时任"国防部长"孙傅日夜亲自守城（可谓忠于职守）。孙傅进士出身，以文人而柄兵权。于国家存亡之际，竟然还不忘读诗，结果于一首《感事诗》中看到，开封有"郭京、杨适、刘无忌"善用"六甲"神兵之语，"好事者言京能施六甲法，可以生擒二将而扫荡无余，其法用七千七百七十七人。"以为抓到救命稻草的孙傅大喜过望，马上于市井中访得刘无忌，在龙卫兵（相当于今日之卫戍部队）中找到了郭京，并立刻推荐给朝廷。

郭京本是禁军中一名老兵，自言善于"使神役鬼"，有"移山倒海、撒豆成兵、隐形潜身"之能。得到"国防部长"的召唤后，郭京果真带了两名助手在金殿之上表演了一个"猫鼠游戏"（实际上类似今日的魔术或障眼法），现场观看的宋钦宗于是对"郭京之能"深信不疑，立刻任命郭京为武略大夫、光州刺史，并赐金帛数万，让他自主募兵。郭京不问军事技艺能否，只选择年命合六甲者（按，六丁六甲为六丁神和六甲神的合称，其神十二位，道经中说他们最初是真武大帝的部将。其中“六甲之神”为：出生于甲子、甲戌、甲申、甲午、甲辰、甲寅六个时辰的人），所得皆为市井无赖。有武将要给郭京当副手，他拒绝说：“君虽材勇，然明年正月当死，恐为吾累。”此时，金军攻战益急，郭京谈笑自如：“择日出兵三百，可致太平，直袭击至阴山乃止。”主导大宋国运的国防部长孙傅与宰相何栗此时竟然都很尊信郭京，倾心待之。有人告诉孙傅：“自古未闻以此成功者。即使听信，亦要试验于少，待有显效后再放任于他。若以国家命运押于此人，恐让国家蒙羞，耻笑于历史也。”孙傅不听劝告，反大怒曰：“郭京乃是上天所派，敌军情事无不知晓。好在你给我说，你若告诉他人，将治你破坏军心之罪。”但是，郭京总是拖延不发功，“非至危急，吾师不出。”孙傅、何栗多次催促，郭京无法再延期，于是某日开宣化门出，却告诉城墙上守兵全部退下，不得偷看他作法。结果，在金兵进攻下，郭京挑选的七千七百七十七人，不断败退，跌落于护城河，死尸满河。坐在城楼上的郭京说需要亲自下城作法，然后带领余众南遁。由于城墙上已无守兵，金人遂趁机登城，东京顷刻陷落。宋朝首都虽然没有天险屏障，但经过一百多年的修建，也如钢铁般坚固，而且宋军掌握了火药技术，拥有“轰天雷”、“飞天炮”等最先进武器装备，在当年金国第一次围城时已大显神威。然而，大宋帝国竟然相信一个跳梁小丑的把戏，造成城门几乎对金人敞开而完败。

博按：北宋之亡，虽非完全因为郭京之“功劳”，然对于已经腐朽得即将倒塌的赵宋帝国大厦而言，郭京实重重地推了一把。史传金人围城之时，徽钦二宗不求激励将士抗敌，一味求和投降，但于道观求“神灵之佑”。上有所好，下必效焉。是以其禁卫之军卒郭京能浑水摸鱼而导致城破国亡。在观察这段历史过程中，不禁反思于当前，却见“郭京之徒”依然猖獗于21世纪的今天。据说当今一些政要身边，常备阴阳风水之徒以备征询，其于某地建某形状之建筑以“改运、行运、利冲”之说，常见于报端网络，而如果施政者不求之于民，为将者不求之于兵，反求之于郭京之流，无论其官有多大，背景有多深，必将重蹈靖康之覆辙，其轰然倒塌惨败之日，行将不远矣！

245. 海陵王完颜亮：看取碧空谁寥落，英顽只以成败论

两宋时期，崛起于白山黑水之间的大金帝国，历太祖完颜阿骨打英明神武、太宗完颜晟的攻灭北宋并传位于长兄之子金熙宗之后，再次登上历史舞台的，便是为后世津津乐道的话题人物金海陵王完颜亮。史载斯人一方面雄才大略，锐意改革；另一方面却在正史与野史中留下了荒淫无耻的丑陋恶名。

《金史》载，完颜亮自幼天才英发，深沉有大略，风仪闲逸静和，体态雄伟练达，并极度崇尚汉文化，爱与留居金地的辽宋名士交往，宗室之内名声颇善，其才能为熙宗完颜亶所忌惮。1149年，年仅二十七岁的完颜亮弑君而篡位称帝，改元天德。

完颜亮在位共十二年间，给后任留下了很好的政治遗产。特别是从他迁都燕京（现北京）后，为以后北京作为帝王之都奠定了基础。金朝历代皇帝汉学基础都很好，但唯有完颜亮汉文化功底最深，连南方的士子看了他的词后，也不得不感叹道：北地之坚强，绝胜南方之柔弱。

可惜的是，由于他的刚愎自用和战略决策上的失误，使其在采石一战中败于一介书生虞允文，以致他被周围侍从所杀害。而素有“小尧舜”之称的金世宗完颜雍在夺了海陵王完颜亮帝位后，却不思曾经的夺妻之恨，继续沿用完颜亮大部分的改革结果，轻徭薄赋，发展经济，使金国进入最安定强盛时期。由此可见完颜亮所采取的政治措施与改革之道还是非常正确的。可惜他的才情与魄力绝少人提起，倒是他荒淫的事迹，屡屡为后人津津乐道。据野史记载：完颜亮是金王朝诸君中后妃最多的一位。史称此公在未登基前有过三个“远大志向”：

一、国家大事皆自我出；

二、帅师伐国，执其君长问罪于前；

三、得天下绝色而妻之。

晚清名著《醒世恒言》中有即《海陵王纵欲亡身》一章而使其臭名远扬。据说，被他收入深宫而“妻之”的，竟有他的弟媳、小姨子、堂姐妹，

更有甚者，连叔母、舅母都不能幸免。

另外，和历史上的隋炀帝杨广和宋徽、钦二帝一样，完颜亮的诗词却达到了相当高的水平。今且录其一首《念奴娇·咏雪》以观：

天丁震怒，掀翻银海，散乱珠箔。六出奇花飞滚滚，平填了，山中丘壑。皓虎颠狂，素麟猖獗，掣断真珠索。玉龙酣战，鳞甲满天飘落。谁念万里关山，征夫僵立，缟带合旗脚。色映戈矛，光摇剑戟，杀气横戎幕。貔虎豪雄，偏裨真勇，非与谈兵略。顺臾一醉，看取碧空寥落！

另一首《喜迁莺》：

金印如斗，独在功名取，断锁机谋，垂鞭方略，人事本无今古。试展卧龙韬韫，果见功成朝暮。

再有《南征至维扬望江左》：

万里车书一混同，江南岂有别疆封？提兵百万西湖上，立马吴山第一峰。

再一首：《鹊桥仙》：

停杯不举，停歌不发，等候银蟾出海。不知何处片云来，做许大、通天障碍。虬髯捻断，星眸睁裂，唯恨剑锋不快。一挥截断紫云腰，仔细看、嫦娥体态。

博按：完颜亮之不幸，在于其以谋杀篡位起家，以被谋杀篡位告终，死后再遭贬封，做了十二年皇帝，最后落得连个帝号都没有。所谓成王败寇，历史只相信胜者，因为完颜亮之被篡杀，是以其于历史之地位，唯剩下荒淫之实了。而事实上，若以历史之功绩论，其有三端不可不为今人所记者：其一，北京历史上为元、明、清三朝古都和今日之首都，实肇始于完颜亮之远见和大规模扩建。其二是其推行之经济和政治改革，实推动了当时北方经济的大发展。其三是其于中国北方文化之发展、民族之融合实居功至伟。海陵王仰慕汉文化，并极力促成女真人的汉化，观其流传之诗词，即使任何一首，都比他那600年后的不肖后代乾隆来得更加深度和内涵。更有近代有学者认为，一代伟人毛泽东的传世名词《沁园春·雪》一词深受完颜亮同名词的影响，可见其于汉文化影响之巨大。

246. 南宋开张："建炎南渡"
与"苗刘兵变"背后的"天命"安排

1127年，金兵攻陷汴京，北宋灭亡。宋太宗赵光义从其兄长赵匡胤手中以"非正常"方式（一为"斧光烛影"之疑，前有所述；二为"金匮之约"，即太祖之母杜太后临终约定，太祖死后传位太宗，太宗死后再传至太祖之子德昭，但后来太宗地位稳定后逼死德昭，而太祖另一子德芳早亡，有野史称亦为太宗所害）取得的北宋天下以及他的除了徽宗九子康王赵构之外的所有子孙后代（因为是嫡系皇亲，所以都住在京城），几乎被金国一网打尽。按说，如果康王赵构能够顺利继承皇位并身体健康，则继之而起的南宋江山仍将为太宗一脉传承。

然而，接下来的两个重大事件却改变了历史的走向：

其一是"建炎南渡"。

1127年四月一日，靖康之耻后，女真人北撤。被金人胁迫立为大楚皇帝的张邦昌一面派人寻访康王赵构。一面迎哲宗废后孟氏入宫，尊为元祐皇后，垂帘听政，自己退位，仍称太宰。"大楚"傀儡政权仅存三十二日。

家国危难之际，身在大名府的赵构虽接到火速勤王的蜡诏，却只让副元帅宗泽带部分勤王兵南下救援，自己却一路向东逃到济州。接到张邦昌派人送来的传国玺时，他才知道自己成为徽宗诸子中唯一没有被俘虏北去的亲王，最有资格登上皇位。于是，他移师南京应天府（今河南商丘），五月一日在南京皇宫即位，改元建炎元年，是为高宗，孟后归政，李纲入相。

即位之初，尽管高宗对张邦昌说过不追究，但李纲不依不饶，高宗内心也容不得他的僭逆行为，仅过一月，就将其贬官赐死。

是年秋，金人以张邦昌被杀为由，再次攻宋。二奸黄潜善和汪伯彦力主南逃，李纲主张坚守中原，东京留守宗泽力请高宗还都开封主持恢复大计。

生性胆小怕事的高宗唯恐重蹈父兄被掳覆辙，七月，下达“巡幸东南”手诏，目的地为建康（今江苏南京）。李纲极力反对，迫使他收回成命，招致高宗憎恶。后在黄、汪二奸和御史张浚的弹劾下，李纲愤而提出辞职，高宗则借机罢其相。后直到李纲去世，也再未入朝大用。时人认为李纲是南渡以后最好的宰相人选，高宗不用他的根本原因，是担心其主战给自己带来“危险”。

李纲任相仅七十五日，他的罢相激起正直人士的愤慨。携棺应召的太学生陈东听到李纲罢相消息，愤而两次上书，希望高宗尽早罢黜黄、汪，认为“欲复中原，以定大计，非用李纲不可”，另一个布衣士子欧阳澈也上书直接指责高宗“宫禁宠乐”。

八月二十五日，陈东与欧阳澈被斩于应天府东市，陈东时年四十二岁，欧阳澈仅三十一岁。虽然宋太祖誓约有“不杀士大夫与上书言事人”一条，誓约的内容上月刚由徽宗以衣带诏的形式送给高宗。高宗之所以大开杀戒，根本原因有三：其一，陈东对他继统合法性的怀疑，欧阳澈对他纵情声色的揭露，都触到了他的最痛处；其二，唯恐陈东再次激起靖康学潮那样的民变；其三，陈东等上书主张复用李纲，坚决抗金，与其逃跑的决策针锋相对。因此，高宗在置他们于死地后，又假惺惺表示痛悔，又是赠官，又是赐田。

杀了陈东不久，高宗就下诏“巡幸淮甸”。十月，岁末，高宗分别将黄、汪分别迁为左、右相，把朝廷全权交给他们，自己则在行宫寻欢作乐，全然不顾中原军民正与金军浴血奋战。

十二月，金军分三路再次南侵，西路攻陕西，攻山东的东路军在渡过黄河后由完颜宗弼分率一部直逼开封，宗翰则亲率中路直攻开封与其会师。这时的开封府尹兼东京留守是宗泽，他有效部署了东京防线，粉碎了金军夹攻的计划。其后，他派人联络两河抗金义军，建立以东京为中心、两河为屏翼的抗金防线。

建炎三年二月，完颜宗翰派兵奔袭扬州，前锋直抵天水军（今安徽天长）。三日，高宗正在行宫寻欢作乐，突闻战报，魂飞胆丧，吓得从此丧失了性功能，再也不能生育。他慌忙带领少数随从策马出城，仓皇渡江。

应该说，建炎南渡的历史故事讲述至此可以收笔了。但是，在赵构狼狈逃窜的过程中，却出现了一个南渡后让人回味无穷的“传说”：那就是“泥马渡康王”的传奇故事。这个故事本有很多版本，但可以概括为以下两种：

第一个版本：嘉定四年程卓使金，撰《使金录》记载道里行程，在十二月十四日“至磁州”条中写道：高宗为王尚书云迫以使虏，磁人击毙王云。高宗欲退，无马可乘，神人扶马载之南渡河。

而南宋人假托太学生陈东之名所作《靖炎两朝见闻录》下卷（成书于宋元之际的《大宋宣和遗事》贞集叙此事文字，几乎与下引一节完全相同）中说：

……康王遂从宗泽之请，不果使北，将为潜归之计。且闻斡离不自遣康王归国后，心甚悔之，既闻康王再使，遣数骑倍道催行。康王单骑躲避，行路困乏，因憩于崔府君庙，不觉困倦，依阶脚假寐。少时，忽有人喝云：“速起上马，追兵将至矣!”康王曰：“无马，奈何？”其人曰：“已备马矣，幸大王疾速加鞭！”康王豁然环顾，果有匹马立于旁。将身一跳上马，一昼夜行七百里。但见马僵立不进，下视之，则崔府君泥马也。

第二个版本，至今史书查无可据，但却广为后人所采信：

相传赵构为金兵追逼，只剩下了他单身匹马，后有忠臣之子李马舍生忘死，背着他逃至河边，又驾船过河，才使赵构幸免于难。事后，赵构为标榜自己是真命天子，有天神相助，捏造出了“泥马渡康王”的故事。后来，赵构又担心李马会揭穿他狼狈逃跑和“美化”自己的真相，便派人将李马药哑，不久又杀死了李马。

建炎南渡之后，再一个历史大事件，便是苗刘之变。

当金军攻入扬州，追至江边，军民不及撤退，死伤与落水者不计其数。朝野以为扬州大溃退的罪责都在黄潜善和汪伯彦的身上，高宗也不满他俩不能早为合计，让自己吃足了苦头，遂将他俩罢相，任命朱胜非为右相，王渊签书属枢密院事，仍兼御营司都统制。

王渊在扬州大溃退时拥兵数万，对来袭的五六千金骑不作任何抵抗，不仅未罚，反而升迁，是因与原康王府宦官康履、蓝珪沆瀣一气。在高宗从镇江逃往杭州途中与到达杭州以后，这些宦官依然肆无忌惮，作威作福，强买民物，凌忽诸将，激起军民极大义愤。

三月，御营司武将苗傅、刘正彦既嫉妒王渊骤然升迁，又忌恨宦官胡作非为，对高宗一味南逃也深为不满，于是在杭州发动兵变。他们诛杀王渊和康履，胁迫高宗将皇位禅让给年仅三岁的皇子赵旉，由隆裕太后（即哲宗皇后孟氏，后有专论）垂帘听政，改元明受。这次政变，史称“苗刘之变”。

这时，同签枢密院事吕颐浩正在建康，礼部侍郎张浚则督军平江（今江苏苏州），他们闻讯后即联络武将韩世忠、刘光世等起兵勤王。苗刘兵变虽有合理的情由，却也夹杂着个人野心，两人既无深谋远虑，又无明确目标，进退失据，见勤王大军逼近杭州，就弃城而逃，高宗复辟。五月，苗、刘被韩世忠军俘获，两个月后处死。

兵变的另一个结果是，赵构唯一的儿子赵旉在兵变结束后从扬州回到临安的途中发高烧，一个宫女走路不小心绊倒了地上的炉子，巨响之下，竟将赵旉吓死，时年仅三岁。至此，失去了生育能力，又失去了唯一儿子的赵构绝后，宋太宗一脉绝嗣。此时的赵构已经无嗣可立。为了不至于使自己在百年之后皇位落于外姓人之手，宋高宗被迫在宋太祖后代中寻找可以继承自己皇位的人选。而值得庆幸的是，当时太祖后人有上千人之多，宋高宗从中用心挑出一胖一瘦两个小孩。其中瘦者即为未来的孝宗赵昚。史载高宗开始并不喜欢赵昚，而是中意胖小孩。偏偏此时殿上来了一只猫，赵昚没动，胖孩子却伸脚去踢猫，动作极其粗鲁。这件事让高宗对胖孩子好感全无，就把赵昚留了下来，养在深宫。最后赵昚通过重重考验最终登上皇位。孝宗赵昚是太祖七世孙，太祖次子赵德芳（民间传说中著名的“八贤王”的原型）的六世孙，自此宋祚又重新回到太祖一脉。

博按：两宋交替之时的“建炎南渡”和“苗刘兵变”，开启了中国历史上面积最小的中原王朝的两扇历史大门，也决定了此后南宋朝廷的政治走向。而这两个事件，和以后南宋的政治体制安排，都鲜明地打上了赵构这个长期养于深宫、不食人间烟火的“皇族子弟”的性格烙印。他胆小如鼠，闻金军而丧胆，竟然在狼狈逃窜中受到强烈惊吓而失去了性能力；他不忠不孝，按照当时的宋朝实力和军事部署，他本有机会挥师北上，解救其受尽屈辱的父兄和家人，但他为了保住自己的皇位（同时也是中央专制集权体制下的巨量利益）而不顾宗泽二十四道北上奏章，穷其任内，始终没有“一雪国耻”的主观意愿；他残忍好杀，北宋一朝“不杀士大夫与上书言事人”的“誓约”在他即位不久就被打破，陈东与欧阳澈的被杀，在某种意义比岳飞被杀更加严重地破坏了南宋的政治生态；他自私自利，不能在国家大局上思考问题，苗、刘之变是构成赵构最终收缴兵权、向金人妥协求和的一个因素。赵构本来就惧怕地方武力和将领拥兵坐大，这次的政变更成了赵构心中挥之不去的阴影，也加强了他的这个方面的心理，使赵构终其一生都不再信任武将，且频繁调度将领，达到“兵不识将，将不识兵”的目的，从而使南宋重文轻武的情形加剧。甚至因为苗傅拿徽钦二帝仍在北方来质疑赵构皇位的正统性，并以此为主要理由要求赵构退位，更加深了赵构对此事的耿耿于怀，对于他往后排斥北伐、倾向与女真和议也有一定程度的影响。而岳飞等主战派将领“收复河山，迎回二帝”的口号使得赵构对其更加心存芥蒂，加上岳飞本人不合时宜地多次提到立嗣之事，使得君臣之间产生嫌隙，这也是日后岳飞被杀、主战派失势的重要原因。

综上所述，正是由于南宋开国之君赵构这样的性格特征，使得南宋一朝，成为中原王朝历史上最孱弱、最无能、最悲怆的朝代。高宗赵构南逃于海上后开国于绍兴，其后人亦逃于海上而亡于崖山，其惨亡之史，实可为今人之深鉴。虽然有关“泥马渡康王”的“段子”可能为民众杜撰之作，然以今人之眼光论之，民间之传说或野史之杜撰，既不会是空穴来风，亦于一定程度上反映了民心之向背、历史之褒贬。

247. 重温武穆之死：天日昭昭，天日昭昭

公元1141年（绍兴十一年），金国在无力攻灭南宋的情况下，重新与宋议和。苟且偷生之赵宋朝廷乘机开始打压手握重兵的将领，尤其是坚决主张抗金的岳飞、韩世忠二人。完颜兀术在给秦桧的书信中说“必杀岳飞，而后和可成”。在昏君赵构默许下，四月，张俊、韩世忠、岳飞三将被调离军队，到临安枢密院供职。

岳飞回朝后，立足未稳，即遭秦桧党羽万俟卨、罗汝楫弹劾，诬蔑岳飞援淮西“逗留不进”、主张“弃守楚州”，岳飞先是被罢枢密副使，充“万寿观使”之闲职。在秦桧授意下，张俊利用岳家军内部矛盾，威逼利诱都统

制王贵、副统制王俊先出面首告张宪“谋反”，继而牵连岳飞。张俊私设公堂，向张宪严刑逼供，毫无结果之下，竟捏造张宪口供“为收岳飞处文字谋反”。岳飞在江州居留为时甚短，就接到宋廷命令，召他回“行在”临安府。十月十三日，岳飞被投入大理寺狱中，此前其长子岳云也已下狱。岳飞义正词严地面对审讯，并袒露出背上旧刺“尽忠报国”四字，主审官何铸见此，亦为之动容。何铸查得岳案冤情，如实禀告秦桧。秦桧却说：“此上（高宗）意也！”改命万俟卨主审此案。卨用尽手段，也无法使岳飞三人屈招一字。飞宁死不自诬，乃至以绝食抗争，经其子岳雷照顾，才勉强支撑下来。万俟卨等逼供不成，为了坐实冤狱，又为岳飞罗织了所谓“指斥乘舆”、“坐观胜负”等数条罪名，欲将飞一举定为死罪。大理寺丞李若朴、何彦猷以飞为无罪，与万俟卨竭力争议，均遭罢官处分。布衣刘允升上书为飞申冤，被下大理寺处死。已赋闲的韩世忠因岳飞入狱之事质问秦桧，桧回答：“飞子云与张宪书虽不明，其事体莫须有。”世忠忿然道：“相公，‘莫须有’三字，何以服天下？”

1142年1月27日，宋高宗下达敕令：“岳飞特赐死。张宪、岳云并依军法施行，令杨沂中监斩，仍多差兵将防护。”岳飞在大理寺狱中被杀害（宋代史料并无“风波亭”记载），时年39岁；岳云和张宪被斩首。岳飞的供状上只留下八个绝笔字：“天日昭昭，天日昭昭！”岳飞死讯传出，临安百姓为之恸哭；消息传到金国，金国大臣酌酒庆贺云：“和议自此坚矣！”

斯录《宋史·岳飞传》之一段以记之：

飞至孝，母留河北，遣人求访，迎归。母有痼疾，药饵必亲。母卒，水浆不入口者三日。家无姬侍。吴玠素服飞，愿与交欢，饰名姝遗之。飞曰：“主上宵旰，岂大将安乐时？”却不受，玠益敬服。（飞）少豪饮，帝戒之曰：“卿异时到河朔，乃可饮。”遂绝不饮。帝初为飞营第，飞辞曰：“敌未灭，何以家为？”或问天下何时太平，飞曰：“文臣不爱钱，武臣不惜死，天下太平矣。”

岳飞忠孝，由此可见一斑。

博按： 南宋史中，最为历史牢记之事件，莫过于名将岳飞之以莫须有罪名被害。岳飞本有宋一朝第一忠勇统帅，唯其可以一雪靖康之耻，唯其可倚为国之长城，然高宗私欲，奸相推波，将军内斗（张俊），一代名将，竟以“莫须有”之罪名被杀，其于中华之历史，实为难以名状之大耻辱。每读于此段历史，常为之扼腕而叹：今日之西子湖畔，岳王坟前跪秦桧夫妇和万俟卨（读莫棋谢）、张俊四个罪人之像倘或不冤，然以今人之历史观，岳王墓前，首应跪者，实为宋帝赵构。因为以当时之形势，以岳飞之地位，如无赵构之首肯，秦桧其实绝无能力将岳飞下狱并杀害。史载当岳飞等南宋将领转战大河南北时，秦桧就已经在同金朝官员做投降之谈判接触。此种谈判如无赵构之首肯，秦桧断然不敢为之。中国历朝末代王孙公子几乎都是纨绔子弟，像徽钦二帝及赵构等，他们既不敢受战争的惊吓，也不敢临阵对敌，更害怕自己手下战将军功太高，会危及他们的皇位。为了保住自己皇位，赵构甚至主动向金国纳币称臣，请金主册封帝号，其心甘情愿给仇敌当儿皇帝之丑恶嘴脸，着实应给岳王下跪。

读于南宋之史，更感叹中国自宋以后之历史传统，历来只有冤杀的忠臣，没有谢罪的君王。是以武穆坟前只跪秦桧夫妇等人之外，而没有赵构的踪影，实吾国儒家文化中为皇帝讳之故。反观西方文化中，无论大臣或是君王，只要违背了民族意志，危害于国家人民，都可以拉上历史的“断头台”以儆效尤。以此观之，当今日之世，历史的评价体系和标准，当抛弃此种“为君王讳”的劣质文化，只要是有罪于人民，只要是不利于民族，都将秉笔直书，直陈其罪，将如赵构一般的民族罪人置于历史的耻辱柱上严加拷问——从而警示于后来之主国政者：当历史给予你国家和民族的重托时，你就必须“持心于公”而不能“谋事以私”，你就必须“治事以能”而不能“临事以庸”——要么，就请自动离去；要么，将遭受万世之骂！

248. 岳飞恩师宗泽：临死但记未过河

南宋高宗赵构定都临安，在主降大臣之大力排挤下（其实亦是赵构本意），罢免李纲之相。此后，东京开封府留守宗泽以一人而系北方安危。宗泽以天下为己任，收编民间抗金武装，使其麾下大军百万，且积储足供半年食用之军粮。1128年1月，金军大举南侵，进犯孟州汜水关。宗泽即派岳飞为踏白使，率领五百骑兵前往侦察。岳飞在汜水关一带击败金军，凯旋后被宗泽任命为统领，不久又提升为统制。1128年春，金国分兵三路全军出动，在东京开封府所属及其毗邻的州县，宋金两军进行了剧烈的拉锯战。宗泽坐镇东京留守司，虽四面受敌，仍从容地调度军队，部署战斗，使金军无力攻下开封。因为宗泽、岳飞庇护，是年正月，开封市民一如往时张灯结彩，庆祝春节和元宵节。岳飞在滑州城附近的胙城县、黑龙潭、官桥等地作战，均表现突出，颇有战功。一日宗泽招见岳飞并授以用兵作战阵图，且说："尔勇智材艺，虽古良将不能过。然好野战，非古法，今为偏裨尚可，他日为大将，此非万全计也。"飞回答："兵家之要，在于出奇，不可测识，始能取胜。阵而后战，兵法之常，运用之妙，存乎一心。"宗泽听后点头称是。四月以后，天气开始炎热，金军撤退，宗泽准备北伐。王彦的八字军奉宗泽之命移屯滑州；五马山首领马扩也携带信王赵榛的信前来东京留守司。宗泽和王、马等人共同制定北伐计划。是年六月止，宗泽上呈恢复大计奏章达二十四次，但始终没有取得高宗支持。年近古稀的宗泽背疽发作，于七月初一含恨离世，临终前仍高呼："过河！过河！过河！"

博按：北宋虽蒙靖康之耻，作为继承者的南宋赵构皇帝为何并无雪耻之心？从本质而论，其投降求和背后，实为苟且于皇权背后巨量利益之故。岳飞恩师宗泽在当时已有统筹百万大军、分部诸路兵马的实力，本可趁机收复河山、一雪国耻、再造大宋，然而，宗泽不幸遇到了一个把个人利益看得比国家和民族利益更加重要的昏君赵构，遇到了一个皇权利益无以复加的中国式政治体制，遇到了一个文恬武嬉、大部分士人都倾向苟且偷生的特殊文化环境和历史时期，是以宗泽虽然二十四道奏折难改赵构投降求荣之本性，后反以十二道令牌召岳飞还军，其无耻嘴脸实当为后世所永远铭记唾骂。而宗泽和岳飞等主战派将领的相继而死，在一定程度上定格了南宋王朝的历史宿命和悲惨结局。

249. 元祐孟皇后：大起大落的人生，两宋悲观的见证

元祐皇后孟氏，本北宋第七代皇帝宋哲宗之皇后。《续资治通鉴长编》卷472中有《立孟元孙女为皇后诏》曰：

哲宗元祐七年（1093年）……二月乙卯，太皇太后始宣谕云："近选得九家十女，惟孟家女最可，但长三岁，然颜殊未及。"及是月甲寅，太皇太后又宣谕："孟家女入内能执妇礼，可降制立为皇后。"（四月初二）手书曰："吾近以皇帝年长，中宫未建，尽选诸臣之家，参求贤德。故马军都虞侯、赠太尉孟元孙女，阀阅之后，以礼自持，天姿端靖，雅合法相，宜立为皇后。付学士院降制施行，其他典礼并依已降指挥。"

神宗去世时，哲宗年方十岁，祖母高太后垂帘听政。史载哲宗并不喜欢由祖母替他物色的良家女孟皇后。当然，其中也有政治上的原因，因为高太后是王安石变法中的最大的"既得利益集团"代表，是保守党人的"总后台老板"，恰恰意气风发的哲宗对改革变法采取了坚定支持的态度。为了实现其建设强盛大宋的政治抱负，他于十八岁亲政后开始大力贬斥所谓的"元祐党人"（即以司马光为代表的保守党人），同时也将孟皇后视作保守一党而打入冷宫。

史载高太后去世后，哲宗专宠刘美人。而觊觎皇后位置的刘美人又不惜一切手段谋害孟皇后。1096年，二十岁的孟皇后以"旁惑邪言，阴挟媚道"为由被废，出居瑶华宫，成为一名女道士。

孟皇后的女道士生涯刚过了四年，哲宗暴亡，端王赵佶继位，是为徽宗。旧党在向太后支持下重新抬头，孟氏时来运转，遂被复位，因其封后于元祐年间，故被称为元祐皇后（因为徽宗是哲宗之弟，所以不能称为太后）。不料，次年向太后病逝，其后又发生元祐党人事件，徽宗重新任用新党蔡京等人，贬谪旧党（元祐党人），孟氏再受牵连，二度被废，重回瑶华宫，加赐"希微元通知和妙静仙师"之号。这一次，幽居岁月长达二十余年。

1127年正月，金兵攻下了北宋首都，北宋亡。宋徽宗、宋钦宗及皇室成

员尽被掳而北去，孟氏因不在皇室名册中，又因瑶华宫起火避居民家中，始免被俘北上的命运（所谓因祸得福、命运多变之事，在皇权体制下尤为常见）。

金军撤退后，开封城留下了以张邦昌为首的傀儡政府。张邦昌自忖没有号召力，就招来五十一岁的孟氏撑腰，册其为“宋太后”。也许当初高太后的眼光没错，此时，孟太后不但没有对给她带来灾难的宋皇室反目相向，而是竭力寻找宋室遗孤，以期光复。当她知道宋徽宗第九子赵构未被北掳时，立即秘密去信劝说其称帝。

有了孟太后的诏书，二十一岁的赵构在南京应天府（今河南商丘）登基，是为南宋开国皇帝宋高宗。

1128年冬，孟太后驾抵杭州。

时北方宋金之战还在继续，临安城里也不安耽，时值高宗建炎南渡关键时刻，因不满赵构信用奸佞的两位将领发动“苗刘兵变”，叛军企图拥立赵构的三岁皇太子赵旉为帝，并请孟太后垂帘听政。

朝廷与叛军双方谈判不成，千钧一发之际，孟太后由四位老太监陪同，亲往叛军营前，她一面曲意抚慰叛军，答应让宋高宗退位，一面悄悄召见名将韩世忠的夫人梁红玉，密令她前往嘉兴去找韩将军火速勤王。不久，韩世忠、张俊等将领水陆并进，一举平定叛乱。叛乱平息，高宗复位，孟太后又立即撤帘。

南宋政权逐渐稳定后，宋高宗立即派人到赣州去接回孟太后，史传高宗对她十分孝敬，事无巨细都要亲自过问（高宗亲生父母与兄弟姐妹此时尚在北国受辱，如其真孝，当奋兵北伐；而今观其对孟太后之“孝”心表现，一为感恩她在关键时候力助其坐稳了皇位，一为向天下秀其“孝心”，而天下明理之人当知其为“伪孝”矣！）。1131年，五十五岁的孟太后去世，葬于绍兴上皇村。

博按：纵览宋史，孟太后的“历史分量”可谓无足轻重。但孟太后一生，却经历了大宋由盛（王安石变法到哲宗亲政期间，宋朝疆域扩大2000多平方公里，国家财政收入是历史上最好的时期，大宋在与西夏的军事斗争开始占了上风）转衰，由衰到亡；再到南渡复国，仓皇逃海，局势渐稳等重要阶段。可以说，她不但是大宋王朝最重要一段历史的见证者、亲历者和参与者，更是北宋皇权政治生态的受害者和幸运者。她的一生，在中华民族一段最重要的历史过程中具有最真实的参考价值和符号意义：一方面，她以一个被大宋数度抛弃的弱女子，在大宋危亡的关键时刻，没有落井下石，反而力挽狂澜，反映了中华文明一个优秀女性的坚强、责任和担当；另一方面，正因为孟太后在大宋的政治波澜中几度沉浮，所以她在北宋覆亡、外敌当前的紧要关头，能够主动联系宋廷遗孤，以期光复，最后诏定赵构；她在苗刘之变的内乱之下，能够泰然处之，底定乾坤。而孟太后作为一个女流之辈的敢作敢为，和那个饱食终日、胆小如鼠的贵族皇帝赵构形成了强烈的反差和比照。而尤其令人称绝的是，在苗刘之变的危急关头，真正救赵构出水火的却是两个女人，其中，一个是被朝廷数度抛弃的孟太后，一个则是曾被作为官妓的梁红玉。从这一点看，中国民间传说中的"杨门女将"之所以被杜撰于有宋一朝，看来既不是空穴来风，亦可能是对以赵构为首的南朝皇帝们的无能加以有意的讥讽，君以为然否？

250. 韩世忠与梁红玉：爱国忠烈夫妻档

梁红玉（1102—1135年），原籍安徽池州，生于江苏淮安。祖父与父亲都是武将出身，梁红玉自幼随父兄练就一身功夫。明朝张四维所写传奇《双烈记》中载："奴家梁氏，小字红玉。父亡母在，占籍教坊，东京人也。"后结识韩世忠，两人初次见面，是在平定方腊庆功宴上，梁红玉感其恩义，以身相许，韩赎其为妾，原配白氏死后成为韩世忠正妻。建炎三年，在平定苗傅叛乱中立下殊勋，一夜奔驰数百里召韩世忠入卫平叛，因此被封为安国夫人和护国夫人。后多次随夫出征，在建炎四年长江阻击战中亲执桴鼓，和韩世忠共同指挥作战，将入侵金军阻击在长江南岸达四十八天之久，从此名震天下。

绍兴五年（1136年），韩世忠被任命为武宁安化军节度使（武宁安化军区司令），驻扎楚州（今江苏淮安区）。梁红玉随韩世忠率领将士以淮水为界，旧城之外又筑新城，以抗击金兵。经过战乱浩劫，楚州当时已遍地荆榛，军民食无粮，居无屋，梁红玉亲自用芦苇"织蒲为屋"。在寻找野菜充饥时，在文通塔下的勺湖岸畔，发现马吃蒲茎，便亲自尝食，并发动军民采蒲茎充饥。

淮人食用“蒲儿菜”，相传即从梁红玉始。蒲儿菜因此称作“抗金菜”。由于韩世忠、梁红玉与士卒同劳役、共甘苦，士卒都乐于效命。经过苦心经营，楚州恢复了生机，又成为一方重镇。史传韩世忠驻守楚州十多年，“兵仅三万，而金人不敢犯”。

据宋李心传撰《建炎以来系年要录》卷九二于绍兴五年八月丁卯条“淮东宣抚使韩世忠妻秦国夫人梁氏卒，诏赐银帛五百匹两”。

博按：南宋建国初期爱国名将中，武穆之外，当属韩梁。放眼中华历史，在冷兵器时代，夫妻并肩征战沙场者，除了商王武丁和其王后妇好之外，则绝无仅有（杨门女将实为虚构）。南宋积弱，以致女将征战沙场，当红玉伴君出生入死、保卫家园之时，高宗曾因闻金兵入侵而一夜狂奔，以致受到强烈惊吓而失去生育能力，当其封赏于世忠夫妇之时，不知身为男人的高宗作何感想？！

251. 张俊宴帝：
一桌载入史册的宴席，一朝奢靡无耻的君臣

张俊斯人，世人皆知其为岳王坟前下跪之罪人，却少有人知道他曾被称为南宋“中兴四名将”之一，更少有人知道，他同时也是南宋一朝的巨富，号称占田遍天下，家积巨万。据说张俊一家共有良田一百多万亩，计六百六十七平方公里，比今日新加坡的国土面积还要大，其家每年收租米六十万石以上，相当于南宋最富庶的绍兴府全年财政收入的两倍以上。据南宋洪迈所撰《夷坚志》记载，张俊在世时，家中银子堆积如山，为防止被偷，张俊命人将家中银子都铸成一千两（五十公斤）一个的大银球，名叫“莫奈何”，意思是全拿它们没办法。

史传有一次宋高宗和群臣宴乐，拿小丑取笑。该小丑以一铜钱中孔照人，可知某人为天上何星宿。其照到宋高宗就说，看到了“帝星”，照到秦桧说看到了“相星”，照到韩世忠说看见了“将星”，最后照到张俊，小丑

看了半天才说："哎呀，没有看到什么星宿，就看见张郡王坐在钱眼里。"君臣顿时哄堂大笑。

张俊晚年因受宠高宗而被封清河郡王，一时显赫。绍兴二十一年（公元1151年）10月，张俊曾大排筵宴，以奉高宗，而留下中国历史上最大的一桌筵席。据说宋高宗在位三十六年，只去过两个大臣家，而且每个大臣只去过一次，一次是秦桧家，一次就是张俊家，可谓门庭显荣至极。为了安排好这场宴帝家宴，张俊可谓用尽了心思。南宋词人周密所著的《武林旧事》中更记载了这次著名宴会的流程和菜谱，今录之以观：

先说流程，共分为初坐、再坐、正坐（本书总结）、歇坐四轮：初坐就是客人进了门，先坐下来喘口气。这个时候要上七轮果品，每轮是十余行珍稀水果和精致果品（宋时称每道菜为一"行"）。然后宋高宗就假模假式地在张俊的府上举行了一些仪式，号称办公。之后洗完手再上桌，就叫再坐，又上菜品六轮，每轮约十一行，总共是六十六行果品。然后正式的御筵才刚刚开始（谓之正坐）。正式的御筵有下酒菜十五盏，每一盏是两道菜，总共正菜是三十道，光是吃螃蟹，就有洗手蟹、螃蟹酿橙、螃蟹清羹和蝤蛑（就是我们今天所说的梭子蟹）签四种吃法。最后就是歇坐，此时上不记入正菜的二十八道小菜，当然，这还只是给宋高宗一个人开的菜单，其他像秦桧、秦桧的儿子、随行的各品大员等，每个人都有针对自己不同的菜单。基本上就是君臣各人，每人一桌。

再说菜谱：

1. 初坐（共73行）：

绣花高一行：八果垒、香橼、真柑、石榴、枨子、鹅梨、乳梨、楂、花木瓜（9）

乐仙乾果子叉袋儿一行：荔枝、圆眼、香莲、榧子、榛子、松子、银杏、犁肉、枣圈、莲子肉、林檎旋、大蒸枣（12）

缕金香药一行：脑子花儿、甘草花儿、朱砂圆子、木香丁香、水龙脑、使君子、缩砂花儿、官桂花儿、白术人参、橄榄花儿（10）

雕花蜜煎一行：雕花梅球儿、红消花、雕花笋、蜜冬瓜鱼儿、雕花红团花、木瓜大段儿、雕花金桔、青梅荷叶儿、雕花姜、蜜笋花儿、雕花枨子、木瓜方花儿（12）

砌香咸酸一行：香药木瓜、椒梅、香药花、砌香樱桃、紫苏奈香、砌香萱花柳儿、砌香葡萄、甘草花儿、姜丝梅、梅肉饼儿、水红姜、杂丝梅饼儿（12）

脯腊一行：肉线条子、皂角铤子、云梦儿、是腊、肉腊、奶房、旋胙、金山咸豉、酒醋肉、肉瓜齑（10）

垂手八盘子：拣蜂儿、番葡萄、香莲事件念珠、巴榄子、大金橘、新椰子象牙板、小橄榄、榆柑子（8）

2. 再坐（共66行）：

切时果一行：春藕、鹅梨饼子、甘蔗、乳梨月儿、红柿子、切枨子、切绿橘、生藕铤子

时新果子一行：金橘、咸杨梅、新罗葛、切蜜蕈、切脆枨、榆柑子、新椰子、切宜母子、藕铤儿、甘蔗柰白香、新柑子、梨五花子

雕花蜜煎一行：同前

砌香咸酸一行：同前

珑缠果子一行：荔枝甘露饼、荔枝蓼花、荔枝好郎君、珑缠桃条、酥胡桃、缠枣圈、缠梨肉、香莲事件、得药葡萄、缠松子、糖霜玉蜂儿、白缠桃条

脯腊一行：同前。

3. 正坐（御宴正宴，共30行）：

酒十五盏

第一盏：花炊鹌子、荔枝白腰子

第二盏：奶房签、三脆羹

第三盏：羊舌签、萌芽肚眩

第四盏：肫掌签、鹌子羹

第五盏：肚臃脍、鸳鸯炸肚

第六盏：沙鱼脍、炸沙鱼衬汤

第七盏：鳝鱼炒鲎、鹅肫掌汤齑

第八盏：螃蟹酿枨、奶房玉蕊羹

第九盏：鲜虾蹄子脍、南炒鳝

第十盏：洗手蟹、鲫鱼假蛤蜊

第十一盏：五珍脍、螃蟹清羹

第十二盏：鹌子水晶脍、猪肚假江

第十三盏：虾枨脍、虾鱼汤齑

第十四盏：水母脍、二色茧儿羹

第十五盏：蛤蜊生、血粉羹

4. 歇坐（40）：

插食：炒白腰子、炙肚胘、炙鹌子脯、润鸡、润兔、炙炊饼、炙炊饼脔骨（7）

劝酒果子库十番：砌香果子、雕花蜜煎、时新果子、独装巴榄子、咸酸蜜煎、装大金橘、小橄榄、独装新椰子、四时果四色、对装拣松番葡萄、对装春藕陈公梨（11）

厨劝酒十味：江、炸肚、江生、蝤蛑签、姜醋生螺、香螺炸肚、姜醋假公权、煨牡蛎、牡蛎炸肚、假公权炸肚、蟑炸肚（11）

准备上细垒四卓。又次细垒二卓：内有蜜煎咸酸时新脯腊等件

对食十盏二十分：莲花鸭签、茧儿羹、三珍脍、南炒鳝、水母脍、鹌子羹、鱼脍、三脆羹、洗手蟹、炸肚（10）

总计一百八十余道菜品，尚不含酒水。

据载这次宴会宋高宗带着大小一百多位官员前往，其中就包括和张俊一起陷害岳飞的著名宰相秦桧和他的儿子。而且每个人的菜单都是不一样的（估计是张俊有心，打听了每一个人的饮食习惯，今人亦有所仿效）。当年张家府上留下这份单子，可能还算是一份荣耀和炫耀。

《武林外事》最后还记下了这次宴会的结果：如此高规格地招待皇帝自然使高宗“龙心大悦”，十月搞的接待，十一月就有恩赏，当时叫“本家亲属推恩”。张俊一家男女老少三十口推恩受封。

细述了这个宴会之下，再让我们把镜头拉长到当时的南宋强敌、北方的金朝。据《金史》中记载，就在宋高宗在主和派大臣张俊家享尽江南的珍馔美味、直把杭州做汴州之时，刚赐即位的金主完颜亮曾在召见南宋的贺登极使（即祝贺他即位的使臣）时，拿出去世后的宋徽宗的一个遗物：一条玉带，送给来使并以之“赐给”宋高宗，并且告诉使臣说：“此天水郡王（被掳往金朝的宋徽宗被封为天水郡王）故物，今以赐汝主，俾汝主如见其父。并谕汝主，当不忘朕意也。”使退，秘书朗张仲轲曰：“希世之宝，轻赐可惜。”金主曰：“江南之地，它日当为我有，此置之外府耳。”由是臣下皆知金主有南伐意矣。

博按：读靖康以后之宋史，常有如噎在喉之感。而观于张俊之宴，更有不吐不快之感。张俊之贪，由此宴可以见之；张俊之宠，由此宴可以见之；张俊之媚，亦由此宴可以见之。然而，张俊以如此巨贪而能于宋廷长居高位，建节封王，且能善终于朝，可见有宋一朝腐败之风业已习以为常，以此观之，两宋终亡于外族，能无因乎？而作为张俊宴请的主角，宋高宗赵构更应该受到后世之责骂。为了保住其既得皇位，他对于迎合“圣意”的秦桧、张俊之流，高官厚禄、极尽呵护周全；对于坚持雪耻复国、有违圣意的李纲、岳飞、张浚、韩世忠、刘琦等人，则能贬则贬，能杀就杀，不留后患。以此论之，高宗可谓中华历史上最自私、最无耻之皇帝。而其明知张俊之贪且能纵容之、娇惯之，可见其本身以纵情享乐为常，上有所好，下必效之，张俊有如此之宴，可见高宗平日侈靡腐化。更令人不齿的是，高宗之享乐，是建立在其父亲宋徽宗赵佶被金人折磨致死、尸体被金人炼油燃灯的基础上，是建立在包括其父母和兄弟姐妹在内的所有北宋皇亲国戚几乎全部被金人抓走、在金国受尽凌辱的基础上，是建立在其原配王妃和五个女儿都被金军掳掠而去、遭受凌辱蹂躏的基础上——这样的奇耻大辱，这样的冷血无情——对于处于新政权权力顶峰的高宗赵构来说，不但不能使他发愤图强，反而使他一再奴颜婢膝地屈辱求和。今日回想，赵构在伙同秦桧、张俊杀害抗金名将岳飞以及爱国文人陈东、欧阳澈等人时，其有足够的“杀气”；但是对待杀父之仇敌金人，却表现了不可思议的“奴气”。而这样具有性格分裂特征的“杀气”和“奴气”，正是中央专制集权背后巨量利益所带来的“经典”副产品之一。

252. 南宋中兴名将之辩：忠烈自有正义论，褒贬岂能由昏王

关于历史争论纷纷的南宋“中兴四名将”，比较经典的有三种说法，其一是指岳飞、张俊、刘光世、韩世忠，这一说法来自于宋朝刘松年所绘《中

兴四将图》，可谓“官方”论定；第二种说法是以刘琦取代刘光世。第三种说法则由南宋史官章颖提出，将岳飞、李显忠、刘琦、魏胜列入《皇宋中兴四将传》一书。

无论哪种说法，岳飞都是中兴四将之首，而韩世忠也是战功赫赫，二人皆无可争议。有争议的则属刘光世、张俊、刘琦、吴玠、李显忠、魏胜六人。本着还原历史、褒真贬假的原则，本文试图综合考证六人之功论之：

一、张俊：假名将，真罪人

张俊（1086—1154年），字伯英，凤翔府成纪（今甘肃省天水市）人。张俊十六岁时从戎为弓箭手。宋徽宗宣和年间曾在与西夏作战及镇压山东、河北农民起义的战斗中立有军功，升为下级军官。靖康元年，金军第一次入侵，张俊率军抗击金兵于东明县城（今河南兰考北），以功升至武功大夫。后随种师中进援被金军围攻的太原，种师中兵败榆次，张俊率所部数百人突围南逃。十二月，康王赵构以兵马大元帅进至大名时，张俊随信德（今河北邢台）知府梁杨祖率三千兵马到大名，被任为元帅府后军（一作中军）统制（进入赵构亲信圈子）。

1127年，金兵破汴京、掳二帝、北宋覆亡后，张俊力主拥立赵构为新君：“大王皇帝亲弟，人心所归，当天下，不早正大位，无以称人望。”（摘自《宋史张俊传》，从此张俊以御营前军统制而成为赵构集团核心亲信）。

靖康二年（1127年）秋，张俊根据自己对形势和力量的分析，提出了南渡方略：“今敌势方张，宜且南渡，据江为险，练兵政，安人心，候国势定，大举未晚。”（引文出处同上，这个建议与主战派大臣李纲、宗泽、张浚、岳飞等人相比，显然是一个对大宋、对形势极不负责任的逃跑战略，但因为颇合赵构心意而得到最终贯彻，张俊再次得到高宗信任）不久金兵南下，赵构到达临安，偏安格局形成。

建炎三年三月，苗傅、刘正彦兵变，张俊驻军吴江，随即率部八千人退回平江，从礼部侍郎、同节制军马张浚同议平叛事，是第一支平叛军队，平定叛乱后升领节度使。七月，改任御前右军都统制。（这可能是他在赵构心目中的第一大功）

张俊最著名的军功为建炎三年（1129年）的明州（今宁波）之战。南宋曾将此战列为“十三处战功”之首，因“自金兵入中原，将帅皆望风奔溃，未尝有敢抗之者”，“中兴战功自明州一捷始”，“至此而（宋）军势稍张矣”。然而，纵观有关史实，此战却是一场不折不扣的虚报战功之战。

先看《宋史·张俊传》中的“官方”记载：

“癸卯除夕，金兵至城下，俊使统制刘宝与战，兵少却，其将党用、丘横死之，于是统制杨沂中、田师中、统领赵密皆殊死战。沂中舍舟登岸力战，殿帅李质以班直来助，守臣刘洪道率州兵射其旁，大破之，杀数千人……四年正旦，忽西风起，金人乘之，果复攻明州。俊与刘洪道坐城楼上，遣兵掩击，杀伤大当。金人奔北，死于江者无数，夜拔砦去，屯余姚，且请济师于兀术。”

如果这些记载属实的话，明州之战张俊以统帅身份确实立了大功。

然而，南宋时期著名史学家李心传在其《建炎以来朝野杂记》却记载道：“建炎三年十二月，兀术自杭州分兵至明州城下，浙东置制使张俊拒之，小捷。”注意，这里是“小捷”却与《张俊传》里的记载有着根本的出入。因为在当时的战场形势下，屡战屡败的宋军如果一次杀敌数千绝不会称之为“小捷”。更关键的是，关于明州之战其他史料的记载，也与李心传的说法更加接近。如研究两宋历史的重要史料《三朝北盟会编》对明州之战有如下记载：

“二十五日已亥，张俊败金人於明州。金人犯明州，张俊欲遣人硬探，无敢应者。有军兵任存请行，俊壮之曰：汝果能得其实当与汝官。存拜谢而行，不旋踵以手提二级而还，具得金人之虚实，俊大喜遂瘳和兵之计，亦会隐士刘相如劝统制刘宝与战，不胜，再命王进、党用、邱横迎敌，用与横皆被伤，杨沂中田师忠再战，又不胜，李宝继进苦战，李直率诸班直以舟师来助刘洪道，又率兵射其旁，金人乃败而稍退去”；“建炎四年正月一日甲辰……张俊败金人於高桥。”

其中却未提及金军伤亡数字，但“金人乃败而稍退去”这句话显示金兵并未大败，而且就在高桥之战两天后的建炎四年正月三日，张俊就因为“心惧”放弃明州退往台州，结果金军占领明州后进行了残酷的屠城，导致明州城“存者无几”，“明州之人是以怨张俊得小胜而弃城遂致大祸。”从中也能看出张俊在明州是小胜。

此外与张俊同时期的高宗“中兴名相”赵鼎在其《建炎笔录》中也有所记载：

“建炎四年……庚戌岁初七日，张俊人至，云：十二月二十日敌至明州十五里桥，俊发兵拒之，战不利。正月初二日，遂至城下大开城门，遣精兵用长枪突出血战，杀近千人，得带环首领二级。是夜，贼焚寨而遁，俊恐敌济师，乞退归行在，且以二级来献。初十日，闻俊已引军趋台州。”

赵鼎的记载与《三朝北盟会编》有时间上的出入，但从“张俊人至云”可以看出赵鼎是得到了张俊本人的报告，其中“遣精兵用长枪突出血战，杀近千人”云云是空口白话，真正能证明他战绩的证据是“带环首领二级”，带环首级就是女真人的人头。一场大战下来杀敌近千人，却只有两个首级报功，未免有些可笑。如上所述，我们可以得出这样一个结论，那就是宋金明州之战被严重夸大，张俊并未取得什么重大胜利。而这样一场不起眼的小胜仗，为什么会被堂而皇之地列入所谓“中兴十三处战功”之首，唯一可能的说法是张俊的虚报战功得到了当时最高统治者赵构的有意褒功。

再看后来张俊的“军功”：绍兴元年（1131年）后，张俊讨伐马进、李成有功，进太尉。以后历任浙西江东宣抚使、淮西宣抚使。绍兴六年十月，伪齐发兵三十万大举侵宋，受张俊节制的杨沂中军与伪齐主力刘猊激战于藕塘（今安徽定远东南），伪齐军战败，张俊所部张宗颜等生力军赶至，两军遂共奋击，伪齐军大败，张俊又率主力到达，追击伪齐军，与杨沂中军一直追击至寿春（今寿县），这就是列入“中兴十三处战功”的“藕塘之战”，张俊以功进领镇洮、崇信、奉宁军三镇节度使。（此战张俊不过乘杨沂、张宗颜二将之胜而追击邀功）

而另一个被列“中兴十三处战功”之一的柘皋之战，史载上谕曾如此褒扬张俊曰：“淮西宣抚使张俊、淮北宣抚使杨沂中、宣抚判官刘琦，大败乌珠（宗弼）十万众于柘皋”。但此战实际上张俊未直接参战，因王德为张俊部将，故只列张俊而未列王德（此中更见高宗偏爱张俊）。据《宋史》卷三百六十八列传第一百二十七有关王德传中记载：

十一年，金人自合肥入侵，游骑及江。（张）俊议分军守南岸，（王）德曰："淮者，江之蔽也，弃淮不守，是谓唇亡齿寒也。敌数千里远来，饷道决不继，及其未济急击之，可以夺气；若迟之，使稍安，则淮非吾有矣"！俊犹豫未许。德请益坚，曰："愿父子先越江，俟和州下，然后宣抚北渡。"俊乃许德即渡采石，俊督军继之。宿江中，德曰："明旦，当会食历阳。"已而夜拔和州，晨迎俊入。敌退保昭关，又击走之，追至柘皋，与金人夹河而军。

诸将帅皆集，惟张俊后至，统制田师中欲待之，德怒曰："事当机会，复何待！"径上马。兀术以铁骑十余万夹道而阵，德曰："贼右阵坚，我当先击之。"麾军渡桥，首犯其锋。一酋被甲跃马始出，德引弓一发而毙；乘胜大呼，令万兵持长斧，如墙而进。敌大败，退屯紫金山，德复尾击之。刘琦谓德曰："昔闻公威略如神，今果见之，请以兄礼事。"召拜清远军节度使、建康府驻扎御前诸军都统制，历浙东福建总管、荆南副都统制。二十五年，卒，赠检校少保，再赠少傅。二子琪、顺，亦以骁勇闻。

由此记述可知，此战张俊非但无功，而且作为主帅，不但做出了错误的决策部署，而且差点贻误军情。但高宗以张俊为亲信，唯褒张俊而不提王德，更见高宗用心之私。

二、刘光世：假名将，真军阀

刘光世，字平叔，保安军（治今陕西志丹县）人，将门世家。以荫补入官为三班奉职，累升领防御使，郎延路兵马都监。宣和三年，跟随父亲刘延庆镇压方腊起义，凭借战功升领耀州观察使、鄜延路兵马钤辖。宣和四年，宋军攻辽，刘光世随父攻取易州（今河北易县），升领奉国军承宣使，进入高级武官行列；在进攻辽南京的战役中。刘光世违约未达，致使已先攻入城内的宋军失援而败，成为宋军攻辽战败的原因之一，因此被降官。后在镇压河北起义军张迪中立功，恢复领承宣使，升任鄜延路马步军副总管。

靖康元年（1126年），西夏应金朝之约攻宋以牵制宋朝，刘光世在杏子堡（今陕西志丹东杏子河畔）战斗中击败西夏军，以功升领侍卫马军都虞侯衔，成为侍卫马军司次长官。同年十一月，金军第二次进攻宋首都开封，刘光世率步骑3000勤王，在行军途中得知北宋已被金灭亡。次年四月下旬，刘光世率部前往济州，于济州南新兴镇遇到正前往南京应天府的康王赵构，当即被任为元帅府五军都提举。

宋高宗即位后。刘光世任提举御营使司一行事务、行在都巡检使，陕西将官王德（号称王夜义，以作战勇敢著称，后不愿隶属刘光世而转投张俊部）开始隶属刘光世部。八月，刘光世以讨平山东李昱之功，升领奉国军节度使，是南宋建立后第一个建节的将领。十月，宋高宗南逃，任命刘光世为滁州、和州、濠州、太平州、无为军、江宁府界制置使，苗傅任都统制，先后击败张遇、李成。升领检校少傅。

建炎三年二月，金军500骑兵追击至天长。宋高宗渡江南逃，刘光世所部未遇金兵即溃退渡江。被任为行在五军制置使，屯守镇江府，随后又升为殿前都指挥使，成为名存实亡的殿前司长官。三月，苗傅、刘正彦在杭州发动兵变。四月，刘光世参与平定苗、刘兵变，升为太尉、御营副使，所部即称御营副使军。后任江东宣抚使，守太平州、池州，移守江州。九月，金军自黄州渡江，刘光世率军南逃。建炎四年二月，河北流寇郦琼围攻固始县，降于刘光世后撤围南下。（刘光世亦有功于拥立高宗）

建炎四年（1130）六月，金将挞懒（又名完颜昌）攻楚州，刘光世违诏不援，只派王德、郦琼率轻兵袭扰金军而已。

绍兴六年五月，以部将王师成击败伪齐军之功，加领保静军节度使，遂成为继韩世忠之后第二个节度三镇的将领。十月，伪齐刘麟渡淮攻宋时，刘光世弃城南逃，在右相兼都督张浚的督迫之下，被迫回军，并派王德、郦琼等击败伪齐军于霍丘等地。藕塘之战杨沂中等大败伪齐军后，刘光世派王德率军随杨沂中追击伪齐军。

史载刘光世一贯畏惧金军，每逢奉诏移驻前线，大多不奉诏而设法退避，治军不严，不少流寇、叛军乐于投附为部属，成为当时统军人数最多的真正“军阀”。刘光世还常虚报军额，多占军费，作战时又多不亲临前线而是坐守后方，以便必要时逃跑。绍兴六年十二月，右相兼都督张浚奏：“刘光世骄惰不战，不可为大将，请罢之。”而左相赵鼎则认为，刘光世“将家子，将率士卒多出其门下，若无故罢之，恐人心不可”。绍兴七年二月，宰相张浚再次上奏：刘光世“沉酣酒色，不恤国事，语以恢复，意气拂然，乞赐罢斥，以儆将帅”。

三、吴玠：真名将，真英雄

吴玠（1093—1139年），字晋卿，兴国州永兴（今湖北省阳新县）人。史载吴玠少年时性格沉毅，知晓兵法善于骑射。北宋末年入伍从军。靖康初年，西夏犯边，吴玠率百余人追击，斩获颇多，因其英勇晋升为第二副将，在军中初露锋芒。建炎初，凭借战功多次升迁至泾原路副总管。公元1128年，金兵西路军出大庆关（今陕西大荔县东），进犯陕西，直趋泾原。吴玠受陕西制置史曲端之命率军迎击，一鼓击退金兵于青溪岭，后又奉命东进，收复华州（今陕西华县）。第二年，吴玠升迁为忠州刺史，曾奉命镇压宋江余部起义军，直击首领史斌。1130年秋，金兵大举进攻南宋，江淮形势异常紧张，张浚为牵制金军，以减轻东南之压力，于是集结熙河路经略使刘锡、秦凤路经略使孙偓、泾原路经略使刘琦、环庆路经略使赵哲以及统制吴玠等“五路之师”于山西富平，令刘锡为统帅，欲与入陕金军决战。此战吴玠、刘琦身先士卒，接战左翼兀术，奋勇冲杀，兀术部众虽经百战，也不免有些胆怯。而战于右翼的赵哲却“擅离所部，将士望见尘起，惊遁，军队于是大溃”。于是右翼之敌乘隙援应兀术，吴玠、刘琦因腹背受敌而败阵。

富平之战后，吴玠受命为都统制、整编残部，退至凤翔地区，与弟璘扼守大散关以东的和尚原（陕西宝鸡县西南），“积粟缮兵，列栅筑垒”以死守阵地。1131年，金将没立自凤翔，乌鲁折合自大散关率数万骑两路会师和尚原。吴玠仅以数千军卒驻防原上，坚持抵抗，固守阵地，吴玠于战前慷慨励士：“我在此，敌不敢越我而进，保住阵地，方保蜀地无虞。”当时乌鲁折合令强劲骑兵先期进至北山，玠利用有利地形，分军两队，先率一队与金兵鏖战，到日中，双方均已疲惫，吴玠便将休息的一队生力军（预备队）投入战斗，宋军如虎添翼，奋勇冲杀，金军不支，伤亡很大，败走数十里。后三日，没立犯箭筈关，吴玠回师反击，没立立足未稳，再遭惨败。

时金帅兀术惊闻败报，震怒异常，亲督十万之众，进抵宝鸡一线，结连珠营，垒石为城，企图打开入川门户。大军压境，军情险恶，吴玠恐其部下惊骇，于是召集将士，以忠义之言勉励，“诸将感泣，歃血而誓，愿效死力”。10月，金军对扼守和尚原的宋军发起攻击。玠命诸将“选硬弓强弩与战，分番迭射”，“弩如雨注”。同时又遣别将，从小道绕出敌后，断敌粮道。再派遣弟璘引骑兵三千设伏于原北的神岔沟。果然不出吴玠所料，没过几天金军因粮道被袭，退军至神岔沟，璘率兵夜袭，连破金营十余座，兀术身中流矢，“仅以身免，乘梯亟剔其须髯遁归”于燕山，派大将撒离喝留驻陕西，兵屯凤翔，与吴玠相持。后完颜兀术见和尚原打不下，就让撒离喝攻打饶凤关，吴玠使用火攻，成功守住饶凤关（见《两宋风云》）。

1134年秋，金帅兀术与大将撒离喝等急于“图蜀”，率师十万长驱南下。吴玠为了防止金兵深入腹地，命弟吴璘放弃和尚原，退守仙人关，并于关右置寨扎营，分守要隘，互为犄角之势。金兵凿崖开道，循岭东下，猛力攻关，激战一整天，因宋军拒险死守，始终不能破关。第二天，玠、璘兄弟乘金军疲惫，挥师反击，直捣敌营，金军死者无数，大将韩常左目中箭，敌人不能支撑，于是领兵连夜逃遁。吴玠乘胜督军奋击，命统制官王浚引军疾驰敌后，设伏河池，扼其归路，又大败金军。金连年累战，未能入蜀，反损兵折将，“遂还凤翔，授甲士田，为久留计，自是不复轻动矣。”吴氏兄弟因屡胜金军，声威大震，名扬陇蜀，朝廷诏授吴玠为检校少师，川陕宣抚副使，授吴璘为定国军承宣使。

吴玠与敌对垒数年，尽其毕生精力，率领秦陇、泾原、阶、成诸州和家乡德顺军子弟兵，长期扼守秦凤要塞而牵制金人对东南的压力，使金人始终不敢窥视蜀地。为减轻民众负担，几次淘汰冗员，紧缩开支，实行屯田，又调戍卒修治褒城（今四川勉县）废堰，开发水利，发展农业生产，深得陇蜀人民拥戴。1139年，高宗因为吴玠功高，授开府仪同三司，晋升为四川宣抚使。但由于长期鞍马之劳，不久吴玠就病卒于防地仙人关，年仅四十七岁，谥号武安，作庙于仙人关，号思烈。淳熙中，追封涪王。

四、刘琦——真名将，丧敌胆

史载刘琦出身将门，相貌俊美，善于射箭，声如洪钟。少时随其父名将刘仲武征战，一次营门口水缸中盛满水，刘琦一箭射中水缸，拔出箭矢后又射出一箭正好将原箭孔塞住，人们叹服其射技精湛。宋徽宗宣和年间（1119—1125年），经高俅推荐，特授予刘琦为阁门祗候。

1127年，高宗继位后，录用刘仲武后代，刘琦因此得以被高宗召见，并特授予他为阁门宣赞舍人，将其派知岷州，任陇右都护。刘琦在同西夏的作战中，多次获胜。由于他作战勇敢，西夏人都畏惧他，西夏小孩啼哭，其母就以“刘都护（刘琦）来！”以恐吓。张浚巡视陕西时，奇于刘琦才能，荐其为泾原路经略使兼知渭州（今甘肃平凉）。

1140年，金兀术撕毁合约重新开战，向南宋大举侵犯。受命赴东京开封守御的刘琦与将佐赴命，先至顺昌城中。1140年6月3日，谍报金兀术已经占领东京开封。知府事陈规见刘琦问计，刘琦说：“（顺昌）城中（如果）有粮，则能与君共守。”陈规曰：“有米数万斛。”刘琦曰：“可矣。”这时刘琦所率八字军主力选锋、游奕两军及老稚辎重，相去尚远，刘琦遣骑接应，半夜四鼓乃至。到了凌晨得报，金骑已经到了陈州。为死守顺昌，阻止金兵南犯，刘琦派人把颍河等水道所有船只凿穿并沉入河中，以示“破釜沉舟”之作战决心。并将自己和部将们家属一并安置在寺庙中，四周堆放柴草，派兵守护，并对卫兵们说，如果城池失守，就放火烧庙，不让一户家属落入金人手中。在他的激励之下，顺昌军民皆奋，男子备战守，妇人砺刀剑，争呼跃曰：“平时人欺我八字军，今日当为国家破贼立功。”

时城中守备一无可恃，刘琦登城督厉，取伪齐所造痴车，以轮辕埋城上。城外民居皆坚壁清野。六日之后，金兵游骑已涉颍河至城下，刘琦先於城下设伏，擒千户阿黑等二人，审问得知：“金将韩常军营白沙涡，距城三十里。”刘琦于是夜遣千余人突袭，连战，杀敌颇众。不久，金国三路都统、葛王完颜褒以兵三万，与龙虎大王完颜突合速同时兵临城下。刘琦下令开诸门，金人狐疑不敢近城。

初为城守时，刘琦令于城外筑羊马垣，在垣上打洞为门。至此，刘琦与许清等躲在羊马垣后面列阵，金人放箭，不是从羊马垣上面射入城墙，就是射入垣上。刘琦则用破敌弓（机械床弩，射程较弓箭更远）辅以神臂弓、强弩（人力强弩），自城上或垣门射敌，敌稍却。刘琦又以步兵邀击，金步兵被赶入河中淹死者不可胜计，金骑兵被歼灭数千。

顺昌受围四日，金兵移驻到东村，距顺昌城二十里。刘琦遣骁将阎充募敢死队五百人，夜劫敌营。时天将雷雨，闪电漫天，阎充率五百敢死队，突入敌营，见辫者即杀，金兵溃退十五里。刘琦又募百人敢死队去增援阎充，有人要求口里衔枚噤声，刘琦笑答用不着：“不需衔枚。”命令砍竹子做成市井小儿用来游戏发声的名叫“䶢”的玩具，百人敢死队吹“䶢”为号，金兵被搞得晕头转向，终夜自战，结果一夜下来积尸盈野。

金兀术得知顺昌失利，立即亲自率领十万大军增援。刘琦决计智取。部将曹成等假为金兵俘获。金主审问时，曹成按照刘琦事先所编造谎言答曰："刘琦是太平边帅子，喜声伎，朝廷以两国讲好，使守东京图逸乐耳。"金兀术根据口供判定刘琦是一个花花公子，很看不起他，认为这样的将领不堪一击，所以就不带攻城重武器，轻装前进，直逼顺昌城外扎营，连亘15里，全军毫无戒备思想。

刘琦则按兵不动，只是派人悄悄在颍河中投毒，数日后金兵多数病倒，失去战斗力大半。刘琦认为时机已到，率众出击，他在阵地的前列组织队伍，手持长柄斧和长把标枪，专砍金军骑兵马腿，待骑兵倒地后，再用标枪刺杀，从而大破金军的所谓"铁浮图"和"拐子马"。顺昌战后，就连金军将领也不得不承认："自过南朝以来，十五年间，无如此战，必是外国起鬼兵来，我辈莫敢当也。"十多年前，金朝军队曾在进攻开封时面对郭京的"六甲神兵"（见前文所述），而这次顺昌战败后，他们竟然认为自己面对的是鬼兵。当时扣留在金朝的宋使洪皓也向宋廷密报："顺昌之役，虏（清人改作'敌'）震惧丧魄。燕之珍宝悉取而北，意欲捐燕以南弃之。"

同年七月，刘琦任淮北宣抚判官，时岳飞北伐驻颍昌（今河南许昌），而张俊已自亳州退兵，岳飞已陷入于孤军作战境地，告急于刘琦，刘琦派部将雷仲出兵牵制，进抵太康县。岳飞被迫奉诏南撤，岳飞部将赵秉渊尚坚守淮宁府（今淮阳），刘琦部将韩直协助赵秉渊击退进犯的金军。

1141年，金兀术再次率大军南侵江淮地区，攻占寿春府，宋廷复命刘琦率军迎战。刘琦率部渡江抗击南下的金军，到达庐州，刘琦随即巡视，因其城残破不利于防守，随即冒雨退向东关（今江西境内含山西北），"依山据水，以遏金人之冲"。二月，刘琦自东关出兵至柘皋，与十万金军相遇，杨沂中、王德等军先后到达，宋、金两军会战，刘琦仍然运用顺昌战役打法，首先大破金军铁骑，金兵们惊呼"此顺昌旗帜也"，便抱头鼠窜。

1159年，面对金帝完颜亮准备南侵的形势，朝廷命刘琦兼节制荆南府屯驻御前军马，重掌兵权。

1161年，金主完颜亮调六十万大军南犯，在出发前分配作战任务时，攻打宋军各将领的任务都一一落到实处，唯有攻打刘琦一部的作战任务，全军无一人敢于应声接受。史载“金主亮之南也，下令有敢言琦姓名者，罪不赦。枚举南朝诸将，问其下孰敢当者，皆随姓名其答如响，至琦，莫有应者。金主曰：‘吾自当之。’”这些都说明了刘琦在金军心目中的位置。

金主完颜亮决定亲带大军与刘琦决战。当时刘琦被朝廷任命为江、淮、浙西制置使，节制诸路军马，总指挥部设在清河口。金兵不敢怠慢，采用毛毡裹船运粮，刘琦则派游泳好手潜入水中凿沉金人的粮船。金军一面留精兵与刘琦相对抗，另以重兵转入淮西。属刘琦节制的大将王权却被金大军吓倒，不听调遣，不战而逃，彻底破坏了刘琦的作战部署，不得不暂时退守扬州。金军也派万户高景山进攻扬州，刘琦派遣员琦在皂角林抵御，双方经过一番恶战，宋军最后击杀高景山，并俘虏金兵数百人，取得“皂角林之战”的胜利，为南宋“中兴十三处战功”之一。但此时刘琦身染重病，只得留侄儿刘汜率一千五百人扼守瓜州渡口，命部将李横率八千人固守扬州城，自己暂赴镇江养病。

史称采石战后，朝廷命召刘琦回朝，命他提举万寿观使（万寿观使只是没有任何实职的虚衔，岳飞被杀前亦被封万寿观使，类似于今日的人大、政协等职务，让大臣告老还乡过渡而用），刘琦借建康都亭驿居住（住在接待外宾的宾馆内，可见宋朝廷对有功的大臣的“待遇”）。时宋金再度议和，为接待金国使者，秦桧党羽、留守汤思退清理驿馆（接待敌国来使工作很细致），派人劝刘琦移居别试院（科举考试中的一个进行特殊考试的场所），刘琦认为当局会洒扫以待，且朝廷另有安排，到院后却发现“粪壤堆积”，致使其忧愤交加，病情加剧，吐血数升而死，时为1162年。后宋廷赐其家属银三百两、帛三百匹。至宋孝宗时始追封为吴王，加太子太保。

五、李显忠：真名将，至忠义

本名李世辅，党项族，陕西绥德人，生于宋徽宗大观三年，卒于宋孝宗淳熙四年，家族自唐代起世袭苏尾九族巡检。李显忠十七岁便随父李永奇在军中效命，投身抗击金军的战斗。富平之战后，张浚将宋军撤入四川，金人趁机攻陷延安府。李永奇势弱不能抗，被迫投降。但李永奇聚集家族，痛哭流涕，要子侄们不忘大宋厚恩。后伪齐政权刘豫派李显忠率军驻防开封，李永奇大喜，密令李显忠抓住机会归宋。不久伪齐被废，李显忠归为兀术部属，李显忠一直设法劫持金兀术（完颜宗弼），但始终没能抓住机会。而兀术认为李显忠不是汉人，非常信任，授承宣使，知同州（今陕西大荔），回到陕西。

绍兴九年初，李永奇又定计劫持金军左副元帅撒离喝，然后以李显忠投奔吴玠，他趁机起兵取延安，以表明其忠义。果然，撒离喝毫无防备，被李显忠所劫。李显忠抓住他疾驰出城，金军连忙来追，李显忠屡战获胜，但金骑越来越多，李显忠料不能脱，于是与撒离喝折箭为誓，要求不杀同州人，不杀李氏亲族。撒离喝同意后李显忠放归撒离喝，疾驰逃去，又遣人亟告李永奇。李永奇得知后忙携老幼出城，惜被金军抓获，全家二百余口被杀。当日，天昏大雪，延安人听到李永奇举家遇害的消息，无不泣下。

李显忠仅带26人投奔西夏，夏崇宗以其同族，经考虑后立即发兵二十万攻金，以文官王枢、武将移讹为陕西招抚使、副，以李显忠为延安招抚使，准备从金国手中夺取陕西。

然而，时延安已经重回宋人手中，夏人因李显忠心向宋朝，产生矛盾，就以铁鹞子军进攻李显忠军。李显忠带所部人马拒之，手舞双刀驰入敌阵，英勇奋战，夏兵大溃，被杀死、践踏的夏兵有一万余人。李显忠获夏人战马约四百匹。于是李显忠出榜招兵，十几日内竟招募万余人。李显忠带所募军投奔四川宋军，一路募军至四万人马。宋四川宣抚吴玠派人抚慰李显忠，并给以奖赏，封指挥使、承宣使。李显忠至临安，受到高宗赵构接见，赵构抚劳再三后，赐名显忠，并赐田镇江，以崔皋等人充任其将佐。

宋金和议后，金人并未守盟，金兀术连续两次发兵南侵。1140年，兀术兵犯河南，朝廷命李显忠为招抚司前军都统制，与宋将李贵同破金兵于灵壁县。1142年，兀术又率大军攻宋，攻占合肥。高宗诏令各路军马共同抗击金兵，命李显忠军与张俊军会合。李显忠军先至孔城镇，与金兵作战，杀退金兵。

1160年，金人又破坏和议盟约，发兵南侵，宋廷诏令李显忠以本部军马抵御敌人。李显忠派统制官韦永寿带二百骑兵杀退五千金军，又与万余金军大战。李显忠亲率骑军出战，从早上大战至中午，宋军越战越勇，以大刀冲杀敌阵，金兵抵挡不住，败溃而走。此次大战，杀敌甚众。

1162年，金主完颜亮统大兵进犯淮西一带。宋将王权畏敌弃守，宋廷罢其官，以李显忠代之。李显忠带军渡江，奋力杀敌，将淮西州郡全部收复。

此次战役关系甚大，宋廷转危为安，李显忠也因此名声日盛。宋廷诏赐李显忠五子金带，授淮西制置使、宁国军节度使等职，擢升为太尉。

宋孝宗继位后积极准备北伐中原。张浚主持都督府事宜，都督江淮军马，派李显忠和邵宏渊出师北伐，李显忠进取灵璧县，邵宏渊进取虹县（今安徽泗县）。李显忠率宋军奋勇杀敌，大败灵璧金军。邵宏渊率军攻打虹县，却久围不下。李显忠派灵璧降者劝降虹县的金朝贵戚，虹县举城而降。

六月，李、邵二军会合，收复宿州。中原震动，宋孝宗亲书御诏嘉奖将士："近日边报，中外鼓舞，十年来无此克捷！"授封李显忠开府仪同三司、殿前都指挥使职。后金帅纥石烈志宁率大军反攻，李显忠率军与之激战，先打退金兵的第一次进攻。第二天，金人又增兵至宿州。李显忠让邵宏渊出兵两路夹击金军，但邵宏渊按兵不动。李显忠孤军奋战，终因敌众我寡而败退。此战宿州城收而复失，宋军损失惨重。至此，"隆兴北伐"宣告失败。

六、魏胜——真名将，真义勇

魏胜（1120—1164年），字彦威，宿迁人。出身农家。靖康之耻后不久，魏胜家乡宿迁沦陷于金国。眼见家乡父老遭受金兵蹂躏，年幼的魏胜发誓要练就一身本领，为国收复失地。

1140年，正当岳飞、韩世忠、张浚等抗金将领捷报频传，势欲收复汴京之时，宋高宗赵构却严令各部停止攻击。"在淮十余年而金人不敢犯"的韩世忠也被移驻镇江，抗金大好局面一时丧失。魏胜于是便隐匿在山阳，观察金兵动向，刺探敌国情报。宋金第一次和议之后，魏胜经常乔装成盐贩、匠人，渡过淮河，到涟水、海州、沂州等地去刺探金国军情。

1161年，魏胜渡淮侦察时发现金主完颜亮到海州、涟水一带活动，聚集粮草、制造器械，并在各地征兵，准备大举南侵，他把这一情况报告给楚州知州蓝师稷，建议乘金兵不备，袭取涟水。但是，怯懦的蓝师稷不敢采纳。于是，魏胜自告奋勇，聚集了三百名自愿参战的义士，对他们说："现在金人一心想打咱们，而绝不会想到咱们也会去打他们，这正是我们收复失地的绝好机会!"魏胜率领三百义士连夜渡过淮河，一举占领了涟水城。《宋史》详载魏胜用兵事迹：

魏胜聚义士三百，北渡淮，取涟水军，宣布朝廷德意，不杀一人，涟水民翕然以听。遂取海州。（金）郡守渤海高文富（宋时的降金汉奸）闻胜起，遣兵来捕胜。距海州南八十里大伊，与金兵遇，胜迎击走之，追至城下。众惊传水陆悉有兵，城中大恐，文富闭门守，驱民上城御之。胜令城外多张旗帜，举烟火为疑兵；又遣人向诸城门，谕以金人弃信背盟，无名兴师，本朝宽大爱民之意。城上民闻之，即开门，胜遣勇锐者登城楼，余自门入，莫有御者。独文富与其子安仁率牙兵拒守，胜整军与安仁父子战谯门内，杀安仁及州兵千余，擒文富，民皆按堵。

胜权知州事，遣人谕朐山、怀仁、沭阳、东海诸县，皆定。乃蠲租锐，释罪囚，发仓库，犒战士；分忠义士为五军，纪律明肃，部分如宿将（安排部署犹如一员老将）。胜自兼都统制，益募忠义以图收复，远近闻之响应，旬日，得兵数千。即具其事报境上帅守，冀给军装器甲。时帅守虽知金人将渝盟，未有发其端者，莫敢以闻。

左军统制董成谋出西北取沂州，胜先遣间还，知金兵数万至沂，以我军器甲未备，戒成勿动。成不从胜，率所部千余人直入沂州巷战，杀其守及军士三千余，众悉降，得器甲数万。金人生兵复集，竞登屋掷瓦击之，成军几败。胜欲斩成，以其骁勇，释之。

金人遣同知海州事蒙恬镇国以兵万余取海州，抵州北二十里新桥。胜帅兵出迎之，设伏于隘，阵以待。众殊死战，伏发，贼大败，杀镇国，馘千人，降三百人，军声益振。山东之民咸欲来附，胜传檄招谕，结砦（寨）以待王师之至。

沂民壁苍山者数十万，金人围之，久不下，砦首滕告急于胜。胜提兵往救之，阵于山下。金人多伏兵，胜兵遇伏，皆赴砦。金人袭之，胜单骑而殿，以大刀奋击。金人望见胜，知其为将也，以五百骑围之数重。胜驰突四击，金阵开复阖。战移时，身被数十枪，冒刃出围。金兵追之，马中矢踣，步而入砦，无敢当者。金人又急攻，绝其水，砦中食干糒，杀牛马饮血，胜默祷而雨骤作。

金人攻益急，周山为营，胜度其必复攻海州，因间出砦越城中。金人果解苍山围，自新桥抵城下，胜出战皆捷。金分兵四面攻之，胜募士登城以御，矢石如雨者七日，金兵死伤多，遁去。胜尝出战，矢中鼻贯齿，不能食，犹亲御战。

胜起义久，朝廷尚未知。沿海制置使李宝遣其子公佐由海道觇敌，至州，始遣忠义将朱震、褚道诣行在，白胜姓名于执政，始知胜之功焉。

此后，魏胜又于海州城保卫战中单骑逐金兵，激励士卒，竭力捍御。其于城上镕金液，投火牛，使金兵不能前，多死伤，后金海陵王完颜亮死，金兵始解围而去。

史载胜善用大刀，能左右射，旗揭曰"山东魏胜"，金人望见即退走。胜为旗十数，书其姓名，密付诸将，遇鏖战即揭之，金兵悉避走。初，胜起义时，无州郡粮饷之给，无府库仓廪之储。胜经画市易，课酒榷盐，劝桀豪右。环海州度视敌兵攻取处，筑城浚隍，塞关隘，在军，未尝一日懈弛，恒如寇至。

金兵退后，魏胜开始自治军旅，麾下皆精锐之士。魏胜军中，一旦抓获金国谍者（情报人员），即犒以酒食，厚赂遣还。有自北方来归者，与之同卧起，共饮食，示以不疑；周其窭贫，使之感激。自是山东、河北归附者众，得金人虚实，悉以上闻。

后金人遣山东路都统、总管以兵十万再攻海州。时李宝帅海舟水陆并进，抵城北砂巷，胜率众合宝军大破之，斩首不可计，堰水为之不流，余悉奔溃。胜独率兵追北二十里，至新桥，又破之，尽获其鞍马器甲。宝亦驻海州，为进取计。

金人复遣五斤太师发诸路兵二十余万来攻海州，先遣一军自州西南断胜军饷道。胜驿勇悍士三千余骑，拒于石闼堰，金军不能进。逮夜始还，留千人备险隘。金兵十万来夺，胜率众鏖战，杀数千人，余皆遁去，下令守险勿追。报宝，宝以防海道，登舟，不复发兵。金兵盛集，胜力拒之，自旦至暮，金兵不能夺。胜令步卒整队前行，自为殿后。

时百姓以宝既登舟，惧金兵大至，皆欲入城，统制郭蔚闭城门不纳。人民牛马蔽野，呼号动地，城中亦惧。胜入城，谕以贼势退怯之状，固守可保无虞，乃开门尽纳之。居无何，金兵环城围数重，胜与郭蔚分兵备御，偃旗仆鼓，寂若无人。金军惊疑，数日不敢攻，已乃植云梯，置炮石，四面合围，负土填壕。胜俟其近城，鸣鼓张旗，矢石俱发，继以火牛、金液，凡三昼夜，金兵竟不能近。于是罢攻，修营垒，绝河道，谋为固守。胜俟其不备掩击，或独出扰之，使不得休息。又间夜发兵劫其营，或焚其攻具。

既而金人并力急攻，胜告急于李宝。宝以闻，还报城中，已命张子盖率兵来解围。金人亦知子盖军且至，已有退意。顷之，子盖先帅骑兵至，胜出与子盖议战事，且促其步卒。胜出军城北砂巷，与金军大战，斩首不可计，追数十里，余兵皆遁。

胜既还海州，镇抚一方，民安其政。改忠州刺史。海州城西南枕孤山，敌至，登山瞰城中，虚实立见，故西南受敌最剧。胜筑重城，围山在内，寇至则先据之，不能害。

史载胜尝自创如意战车数百辆（类似于今日之坦克也），炮车数十辆，车上为兽面木牌，大枪数十，垂毡幕软牌，每车用二人推毂，可蔽五十人。行则载辎重器甲，止则为营，挂搭如城垒，人马不能近；遇敌又可以御箭簇。列阵则如意车在外，以旗蔽障，弩车当阵门，其上置床子弩，矢大如凿，一矢能射数人，发三矢可数百步。炮车在阵中，施火石炮，亦二百步。两阵相近，则阵间发弓弩箭炮，近阵门则刀斧枪手突出，交阵则出骑兵，两响掩击，得捷拔阵追袭，少却则入阵间稍憩。士卒不疲，进退俱利。伺便出击，虑有拒遏，预为解脱计，夜习不使人见。以其制上于朝，诏诸军遵其式造焉。

后宋再与金议和，撤海州戍，命胜知楚州，以本州官吏及部兵赴新治。诏胜同淮东路安抚使刘宝、知高邮军刘敏措置盱眙军、楚州一带，胜专一措置清河口。时和议尚未决，金兵乘其懈，以舟载器甲糗粮自清河出，欲侵边。胜觇知之，身帅忠义士拒于清河口。金兵诈称欲运粮往泗州，由清河口入淮。胜知其谋，欲御之，都统制刘宝以方议和，不许。金骑轶境，胜率诸军拒于淮阳，自卯至申，胜负未决。金军增生兵来，胜与之力战，又遣人告急于宝。宝在楚州，相距四十里，坚谓方讲和，决无战事，迄不发一兵。胜矢尽，救不至，犹依土阜为阵，谓士卒曰：“我当死此，得脱者归报天子。”乃令步卒居前，骑为殿，至淮阴东十八里，中矢，坠马死，年四十五。

史载魏胜死后，刘宝弃城而逃。后宋孝宗知道原委，将刘宝家资抄没，贬死琼州。而魏胜则被追赠为保宁军节度使，并谥为“忠壮”，在镇江府江口镇建造了“褒忠”庙，后又于他战死处立“褒忠祠”。又特优恤其子。宋孝宗对大臣说：“人才必须用而后见其能。假如没有边衅，谁能识得魏胜这样的人才？”

博按：南宋正史，将张俊、刘光世列入“中兴四名将”之中，竟与岳飞、韩世忠、刘琦等人同列，不但有违史实，而且对于岳、韩等真正的民族英雄是一种极大的不公和亵渎。元相脱脱等于《宋史》中称：“南渡诸将以张、韩、刘、岳并称，而俊为之冠。然夷考其行事，则有不然者。俊受心膂爪牙之寄，其平苗、刘，虽有勤王之绩，然既不能守越，又弃四明，负亦不少。矧其附桧主和，谋杀岳飞，保全富贵，取媚人主，其负戾又如何哉？光世自恃宿将，选沮却畏，不用上命，师律不严，卒致郦琼之叛。迎合桧意，首纳军权，虽得善终牖下，君子不贵也。二人方之韩、岳益远矣。”然而宋史中官方所以将张俊、刘光世列为“中兴四名将”者，实以其二人有功于高宗之拥立而有意褒之，可谓得到最高统治者的“偏宠之爱”。而藉今人读史考证方便，再详细考察张俊、刘光世的所谓“战功”，发现大多是虚冒之功、借人之功。史传刘光世的军队为有名的“长腿军”、“逃跑军”，而张俊所率之军队，则被时人称为“花腿军”、“自在军”，平日无事，唯在街头巷里打一些花拳绣腿以邀民玩；打仗时则躲在别人后面，别人打赢了就上前抢功，打败了就先行逃跑。尤其是再全面考察张俊的“发家史”，便知道他“成功”的关键，便是善于揣摩“领导”心思，委蛇迎合“上意”：当国家行将危亡之际，他看出赵构贪生怕死，便迎合他南渡避险；当皇帝狼狈逃窜，需要他抵挡一阵的时候，他能够挺身而出，成为节度三镇的地方大员，还能够踩在别人的肩膀上跻身“四名将”；当他看出赵构想收回军权的时候，立马解甲归田、发财致富；当他看到赵构和秦桧必欲置岳飞于死地的时候，又立即主动揭发、落井下石，这样的“有心人”，在中央专制集权王朝里可谓“如鱼得水”、“顺风顺水”。而这样的臣子，皇帝喜欢，众臣拥护，所以张俊可谓有宋一朝，能够以军功出将入相、成侯谥王、富甲天下的“人生赢家”。

《要略》以为，宋所以在南渡后安然无忧者，实有岳飞等六名将之忠勇善战。其中，有岳飞、韩世忠、刘琦于一线之顽强抗击，吴玠于陕川边地的策应牵制，李显忠先于金军内部扰之，再以前线之奋勇拼杀，而魏胜则自海州侧翼“睨其后”，使金军左右受敌，始能使金军数次南攻皆无功而返。此六将联合之功。是以后世史家蔡东藩认为：“史称南渡诸将，莫如张、韩、刘、岳……刘光世一庸将耳，毫不足道，或谓以刘琦当之，理或然欤？刘琦、岳飞，忠勇相似，琦力守顺昌，连败金兵，飞进军郾城，直抵朱仙镇，又连败金兵，是时金将之能军者，莫如兀术，兀术既不能敌琦，复不能敌飞，得毋所谓强弩之末，不能穿鲁缟者耶？”而《要略》尤赞者，一为李显忠，其不但“忠义归朝，惟君第一”，而且令金帅金兀术胆寒“此人敢勇，宜且避之”；一为魏胜，其本匹夫，当国家有难之时，挺身而出，聚集乡义，出入敌后，维护一方，战则必胜，可谓忠贞义士。然而二将所以不为后人所广知者，盖其成名立功，没有如刘光世、张俊之流“直接”立功于赵构身边，没有为赵家“权力”巩固出力，而是为国家、民族安全奋不顾身，从本质上讲，他们和岳飞一样，是“为忠守义之将”而非“追名逐利之将”，而正因为这样的名将得不到应有的褒奖和宣扬，是以自宋之后，忠义壮勇之风日见湮灭，精武勇战之士少见于史，能不慨叹乎？

253. 采石之战：名将之愧与允文忠勇

绍兴三十一年（1161年），金海陵王完颜亮征调大军，四路南下，企图一举攻灭南宋。其中金海陵王亮亲率主力约三十万大军，自南京（今河南开封）出发，首攻宋淮西地区。宋两淮驻军仓皇退至长江南岸，金军长驱直入，进抵长江北岸，打造战船，准备自采石（今属安徽马鞍山市）渡江。是时，名将刘琦（时因病难以视事）因病而退至镇江一线。而另一前线指挥官王权也因溃退至建康府（今江苏南京）而被罢官，其所部一万八千人刚退至采石，接替王权之将领李显忠尚未到任，时军无主帅，士气涣散，人心惶惶。时任督视江淮军马府参谋军事（高级谋士而已）中书舍人虞允文，奉命督促李显忠赴任，并代表宋廷到采石慰劳军队。允文见形势危急，毅然主动召集张振、时俊等将领，宣布宋廷抗金命令，犒赏军队，动员将士决一死战。允文于军前动员说：“若金军成功渡江，你们又能逃往哪里？现在我军控制着大江，若凭藉长江天险，为何不能于死里求生？何况朝廷养兵三十年，为什么诸位不能与敌血战以报效国家？”同时又组织当地民兵和群众进行支援，使采石一带防务顿时好转。金海陵王误认为宋军已败退逃散，江南岸无兵把守，遂于十一月八日督兵过江。宋军利用水军优势，在江中截断金军船只，并在船上施放霹雳炮，烟雾和石灰弥漫江面，使金军无法抵挡。宋军出动车船，船行如飞，船内踏车民兵精神振奋，呼声震天。金军败回北岸。次日，宋水军直迫长江北岸杨林渡口，焚毁敌船，金海陵王被迫移军扬州，强令金军从瓜洲（今江苏扬州南运河入长江口处）渡江，为部下所杀，金军遂全面败退，南宋再度转危为安。

博按：南宋能再苟延残喘百五十年，书生虞允文之功可谓至大。两宋虽重文轻武，然其文士如李纲、虞允文者，忠勇可敬，临敌不惧，主动担当，挽狂澜于既倒，救灭顶于汤镬，实大宋之福。是以时之名将刘琦曾执允文手曰：“朝廷养兵三十年，大功乃出书生手，我辈愧死矣！”读于此史，思及近代巨人毛泽东曾谓：伟哉虞公，千古一人！诚为至赞。而当时之形势，若无允文以一身而安天下，则恐南宋江山一朝为之瓦解。而允文当此功之后，曾多次建策朝廷，趁海陵王之死、金国内乱之际，北伐以复失地，皆遭朝中昏君佞臣所阻，一代名臣，终于无可施展之中郁郁而终，成为历史至憾。

254. 一代“奸相”韩侂胄：“正史”不正，“伪道”误国

韩侂胄，字节夫，南宋相州（今河南安阳）人。在宁宗一朝，曾任枢密院都承旨、平章军国事、开府仪同三司（宰相）。庆元元年，即宁宗执政之初，上距北宋亡国的靖康事变已近70年，距岳飞被害也已54年。这期间，除了公元1163年宋孝宗赵昚发动过一次失败的符离集抗金战事，南宋小朝廷“直把杭州作汴州”，始终做着偏安东南、苟延残喘的“临安梦”，不仅割地称臣，而且岁岁进贡。而当此时候，一代“奸相”韩侂胄横空出世。

纵观宋史，韩侂胄作为一个“名垂青史”的奸臣，他的“劣迹”主要有

三，一是禁止道学，二是崇岳贬秦，三是兴兵北伐。

先说他禁止道学。朱熹是南宋时理学代表人物。面对国土沦陷、朝廷偏安的现状，作为宁宗“帝师”，朱熹向赵扩灌输“天理人欲”的陈腐之说，“正心诚意”的空泛之论，并借讲学之机，几番干预朝政，且欲排挤韩侂胄于外廷。终于引起皇帝的反感，认为“朱熹所言，多不可用！”从而免去了他的侍讲资格。在当时的朝廷，朱熹的理学被斥为“伪学”，称其“依正以行邪，假义以干利”。监察御史沈继祖弹劾朱熹有“六罪”之多。朱熹被迫上表认罪：“草茅贱士，章句腐儒，唯知伪学之传，岂适明时之用。”承认“私敌人之财”、“纳其尼女”等，且“深省昨非，细寻今是。”在此情况下，赵扩下诏：“伪学之党，勿除在内差遣”，撤销了朱熹之职务，其门徒也如鸟兽散。这一事件，史称“庆元党案”。从《宋史》所载可见，此一事件之决策，也以宁宗为主导，而韩氏不过从中推波助澜而已。

次说崇岳贬秦。对岳飞、秦桧的评价，一直是南宋战、和两派争论的焦点。岳飞被赵构、秦桧迫害冤死狱中后直到孝宗一朝，才为岳飞平反昭雪，追复原官，并加谥武穆，但在当时太上皇赵构的主导下，并未清算秦桧的罪行。公元1204年即宁宗嘉泰四年，韩侂胄主政，南宋朝廷追封岳飞为鄂王，从政治上予其高度褒奖。秦桧是在害死岳飞十四年后才寿终正寝的，高宗赵构竟然加封他为申王，谥忠献。公元1206年（宁宗开禧二年），在韩侂胄的主持下，朝廷正式作出决定，削去秦桧的王爵，并把谥号改为缪丑（荒谬、丑恶）。贬秦的制词说：“一日纵敌，遂贻数世之忧。百年为墟，谁任诸人之责？”一时传诵，大快人心。韩侂胄的崇岳贬秦，实为其北伐抗金做了舆论准备。

再说兴兵北伐。韩侂胄主政后，朝廷中被排斥的主战官员如爱国志士辛弃疾、陆游等重新进入朝廷视野。为了建立北伐“统一战线”，朝廷对遭到整肃的道学人士采取了驰禁政策。韩侂胄更是置生死于度外，并“输家财二十万以助军”。应当说，在北伐决策过程中，韩侂胄在政治上的准备是充分的。赵宋朝廷南渡以来，由于长期偏安，文恬武嬉，不思恢复，以致武备不整、人才尽失，因此，此次洗雪国耻、恢复中原的努力，终于功亏一篑。

北伐兵败后，韩侂胄很快被宁宗和主和派大臣史弥远阴谋暗杀，并将其头颅送给敌国“函首传边”以邀“和议”。史弥远掌控朝廷大权后，不仅对外推行投降乞和政策，而且恢复了秦桧的申王、忠献“待遇”，并与金国订立了更加屈辱的“嘉定和议”。人们不解的是：在《宋史》中，卖国求荣、追捧秦桧的史弥远不是奸臣，而志在恢复、举兵抗金的韩侂胄倒成了奸臣。后世史学家多认为，《宋史》之修撰者，若非抄袭史弥远改篡之史料，就是元代理学信徒之所为。诚如近代史学家邓之诚所说，韩侂胄并“不尽如宋史所诋”，说韩侂胄是权奸误国，“不免门户道学之见。”（引自《中华二千年史》）由此可见，理学之杀人，岂仅“存天理，灭人欲”，此亦显例之一。其实即是在当时，著名词人周密就曾提出异议，韩侂胄“身殒之后，众恶归焉；然其间是非，亦未尽然”。（引自《齐东野语》）《宋史》的修撰者竟然污蔑韩侂胄北伐抗金的动机系欲“立盖世功名以自固”，可谓诛心之论。史载，在史弥远操纵下宋金和议后，时太学生作诗讽刺说：

自古和戎有大权，未闻函首可安边。
生灵肝脑空涂地，祖父冤仇共戴天。
晁错已诛终叛汉，于期未遣尚存燕。
庙堂自谓万全策，却恐防边未必然。

而令人哀叹的是，当韩侂胄“开禧北伐”之时，金朝实已处于“必乱必亡”前夕。史载金主在听说韩侂胄被杀后，曾大喜曰：“除掉韩侂胄之流，金不足忧也！”（与岳飞当年被杀何其相似）如果能如韩侂胄所愿，将北伐坚持到底，其时打败金朝、一雪“靖康耻”可能会指日可待。

回过头来，再看韩侂胄“被奸臣”化的复杂过程：

韩侂胄被杀之时，南宋朝野上下（主要是朝廷）主张对金妥协、维持“和平”现状的政治力量正占据上风。尤其是南宋一朝历任皇帝都安于南北割据的偏安现状。而承平日久之后，朝野上下更是痛恨主战派：因为战争使他们丧失了平静快乐的生活。所以，杀掉韩侂胄，其实不但反映了当时社会的主流心态，更反映了那个时代南宋皇帝和臣民的怯懦、卑劣和邪恶。相比之下，敌国金国人对韩侂胄的态度却令人尊重，他们将韩侂胄的首级给予厚葬，并给了一个恰当的谥号“忠谬侯”，说他“忠于谋国，谬于谋身”。与之相比，南宋那些谋杀了韩侂胄的皇帝和大臣为了掩饰他们的卑劣行径，不惜大肆篡改史官“实录”，将韩侂胄打造成十恶不赦的奸臣，这些经过恶意篡改的史料，被元人修《宋史》时不加分析地采用，于是将韩侂胄永远地定格于“奸臣”的行列之中，而今天一些不负责任、不加甄别的史家史书，又继承了《宋史》的说法，致使一代忠臣沦为奸臣传里的“奸佞之人”。

博按：重读《宋史》，初亦以韩侂胄为奸，将其与蔡京、童贯、王黼、朱勔、秦桧、张邦昌、贾似道等相提并论。而反复读之，比照其他史料，愈知所谓“修史之谬”！试想，以韩公当年之主要政敌和打击目标，乃有宋以来之最大学问家、理学之创始人朱熹。此公虽以虚伪见长，但其着实拥有太多的徒子徒孙，世世代代，传承至今，他们掌握着如椽史笔，极尽各种手法，对这位敢于与他们的祖师爷为敌的“一介勇夫”、“外戚之臣”予以无情的抹黑、造谣和中伤，他们也一时达到了目的：韩公终于因为对国家和民族的忠诚而受到了千年的屈辱和误解。这个令人痛惜的结果使今天的我们清楚地看到，韩侂胄不仅死于南宋多数投降派之手，而且也死于流传千载的某种民族劣根性——而今人依然沿着《宋史》的窠臼继续以朱熹们所构建的所谓“道德”来指责韩侂胄的行为。但是，公道自在人心，历史终归澄清。在经过一千年沉沙澄水之后，今天的我们，已经从海量的史料中知道了韩公的冤枉，特别是当我们面对这样一个能够给岳飞正名，将辛弃疾、陆游等爱国诗人纳入麾下的韩公，也会在一千余年后的遥远今天，在这个深深思考的暗夜里，向他致以最崇高的敬礼！

255. 庆元党案：一个穿透历史的“桃色话题”

南宋宁宗庆元二年，一代大儒朱熹在一夜之间被整得斯文扫地，声名狼藉。一个向来标榜“正心诚意”的圣人“夫子”竟在一片“纳尼为妾”、“伪君子”、“假道学”的唾骂声中，悲怆辞世。

事件溯源于一个南宋一朝至为有名的“庆元党案”。《宋史》卷三十七载：

十二月辛未。金遣完颜崇道来贺明年正旦。是月，监察御史沈继祖劾朱熹，诏落熹秘阁修撰，罢宫观。

大意是南宋宁宗庆元二年十二月（公元1196年），时任监察御史沈继祖弹劾朱熹之事。沈继祖罗列朱熹十大罪状，如“不敬于君”、“不忠于国”、“玩侮朝廷”、“为害风教”、“私故人财”等等，其中最引人注目的是朱熹竟然“诱引尼姑二人以为宠妾，每之官则与之偕行”，“家妇不夫而孕”。也就是说朱老夫子“为老不尊”、贪色好淫，曾经引诱两个尼姑作宠妾，出去做官时还带在身边招摇过市。他家中的儿媳则在丈夫死后还怀上身孕，疑是“翁媳扒灰”所致……据此，沈继祖主张将朱熹斩首。

“庆元党案”，无疑是皇权体制下一场残酷的派别政治斗争。宁宗时的外戚韩侂胄为了把持朝政，谋划通过攻击朱熹为首的“伪学”代表，以打击另一权臣赵汝愚及其势力。沈继祖上奏的结果，宁宗帝原则上“准奏”：赵汝愚遭谪永州，朱熹被弹劾挂冠。宋宁宗还当廷宣布道学为伪学，禁止传播道学。之后还把道学先生视作“逆党”进行清洗打击，被朝廷列为“伪学逆党”的官吏多达五十九人，朱熹自然便是这个“伪学逆党”的领袖。由此，朱熹的众门生作鸟兽散，或藏匿自保，或改换门庭。

而为后世争论不休的是，朱熹居然在上表“谢罪”时承认自己“私故人财”、“纳其尼女”等等数条，说“深省昨非，细寻今是”，表示要悔过自新。朱熹是否“纳尼为妾”，历来争论不休。问题在于，如果此事本属无中生有、捕风捉影，朱熹为何要上表主动承认“纳尼为妾”？如果真像是后人一样在皇权高压下的“保命”之举，但似乎又与朱熹的行事风格和秉持的儒家“士人”思想大相径庭。而这份认罪表，也一直成为后世攻讦朱熹“伪君子”的主要话柄。

史载时年已六十六岁的朱熹，第二次被斥为伪师，第二次被逐出朝廷，赶回老家。此次因积怨甚多，恐被人所杀，有家难回，只得离家避走，凄凄惶惶奔赴闽赣边境的山区小县江西新城县（现黎川县，位武夷山脉西麓），在深山峻岭中的福山寺拜佛讲学，隐匿不出。两个已怀身孕的尼姑也随后跟至，但福山寺处于四面高山环抱之中，十分偏僻，朱熹只好将两个尼姑安置在山下村庄居住。两个尼姑也不时进山给朱熹送粮送菜，朱熹很感动，朱熹拉着尼姑的手，面对着冷冷清清的大山深谷，悲戚伤感，想过去在京城何等风光显赫，望今朝蛰居深山，有家难归，站在山头，眺望福建老家，不由得写下《题福山寺》，诗云：“迢迢百里外，望望皆闽山。皎日中天揭，浮云也自闲。”朱熹此时虽是闲云野鹤，但也不失一段浪漫的黄昏恋。两个尼姑后来也分别给朱熹生下了后代。朱熹在深山老林中隐匿了几年，后因病不得不回到福建建阳老家。两个尼姑及尼姑所生之子不曾带回建阳，于是江西新城县留下朱熹两支后代，该县留有朱熹祠堂和族谱。庆元六年（1200年）三月初九，朱熹终于在建阳家里忧郁悲凉而死，终年七十一岁。

博按：朱熹身为一代儒宗，生前一身污水，学派被禁，身后虽以理学传世，影响巨大，但却因为中国南宋政局的纷乱而被恶搞至今。其中之根源，在于中国自宋以后之士人，多迫于权力压迫和生计存亡而不惜扭曲了历史。一代文化大师朱熹的“桃色话题”的产生，即为这段历史的纷乱缩影。1940年代，民国著名历史学家范文澜在编著《中国通史简编》时，对朱熹多有诋毁。而今网上有很多人谈到朱熹的劣迹，查其根源，十之八九都出自范文澜的《简编》之中。依照《简编》记载，朱熹是一个道貌岸然的伪君子，做出很多下作的事情。然而，随着历史的变迁，后来范文澜自己也承认，此书写于特殊历史时期（那个时代，正是呼唤“民主与科学的时代”，正是鲁迅先生大骂“吃人的历史”的时代），服务于特殊的政治目的。由于那些带“颜色”的谣言又最能引起普通人的兴趣，所以传播甚为广泛。《要略》以为，朱熹可为中国哲学（如果中国有哲学的话）中的康德，承上而启下，溯古而源今，其一生都在思考中国文化发展方向，因为声名远播而遭受无端非议，今世虽无法证其“桃色话题”为杜撰造谣，然却丝毫不能影响其作为一世文化巨蘖的万丈光芒。对朱熹而言，儒家士人“虽千万人吾往矣”的勇气，和“此心光明，夫复何言”的大智慧，是不屑于和后世那些在学问上无法超越，唯能以人身攻击取胜的“小人”做任何解释的。史载朱熹死后，因为朝廷的禁令，无人敢前去祭奠，唯有伟大的诗人和民族英雄辛弃疾，虽然他本来是朱熹的政敌韩侂胄的门生，却走了很远很远的路，来到朱熹的墓前，把最光辉的荣耀送给了朱熹：所不朽者，垂万世名。孰谓公死，凛凛犹生！

256. 鹅湖之会：两派文化鸿儒的经典论坛

南宋淳熙二年（1175年），江西信州（今江西上饶市铅山县鹅湖镇）鹅湖寺。一场中国历史上著名的哲学辩论会展开了。这场辩论会由当世大儒吕祖谦邀集，意图调和朱熹和陆九渊两派争执。其实质上是朱的客观唯心主义和陆的主观唯心主义的一场争论。它是中国哲学史上一次堪称典范的学术讨论会，首开书院会讲之先河。

鹅湖之会的中心议题是“教人之法”。关于这一点，陆九渊门人朱亨道有一段较为详细的记载：“鹅湖讲道，诚当今盛事。伯恭（吕祖谦字）盖虑朱、陆议论犹有异同，欲会归于一，而定所适从。……论及教人，元晦（朱熹字）之意，欲令人泛观博览而后归之约，二陆之意欲先发明人之本心，而后使之博览。”（引自《陆九渊集》卷三六《年谱》）所谓“教人”之法，实际上也就是今天所谓的“认识论”。

在这个问题上，朱熹强调“格物致知”，认为格物就是穷尽事物之理，致知就是推致其知以至其极。并认为，“致知格物只是一事”，是认识的两个方面。主张多读书，多观察事物，根据经验，加以分析、综合与归纳，然后得出结论。

陆氏兄弟则从“心即理”出发，认为格物就是体认本心。主张“发明本心”，心明则万事万物的道理自然贯通，不必多读书，也不必忙于考察外界事物，去此心之蔽，就可以通晓事理，所以尊德性，养心神是最重要的，反对多做读书穷理之工夫，以为读书不是成为至贤的必由之路。会上，双方各执己见，互不相让，不欢而散——此次“鹅湖之会”，双方争议了三天，陆氏兄弟略占上风，但最终结果还是不欢而散。

在这场鹅湖之会上，曾经两次“入仕”为官的朱熹，虽然其官位最高做到宁宗皇帝的老师，但其始终未忘自己学者身份，他除了在“鹅湖书院”讲学辩论之外，还在庐山唐代李渤隐居旧址建立“白鹿洞书院”进行讲学，并制定一整套至今仍被诸多名校使用的四大“学规”：博学之，审问之，谨思之，明辨之，笃行之的“为学之序”；言忠信，行笃敬，惩忿窒欲，迁善改过的“修身之要”；正其义不谋其利，明其道不计其功的“处事之要”；己所不欲，勿施于人，行有不得，反求诸己的“接物之要”。

1181年朱熹解职回乡，在武夷山再修建“武夷精舍”，广召门徒，传播理学。为了帮助人们学习儒家经典，他又于儒家经典精选“四书”（《大学》、《中庸》、《论语》、《孟子》），并刻印发行。这是教育史上的一件大事。“四书”影响深远，成为中国此后文化教育的主流思想。

1193年朱熹任职于湖南，不顾政务缠身，又主持修复了四大书院之一的另一著名书院——岳麓书院。使之与白鹿洞书院一样，成为朱熹讲学授徒、传播理学的场所。书院在南宋盛行，几乎取代官学，这种盛况与朱熹的提倡有甚大关系。

博按：鹅湖之会是中国古代思想史上的第一次著名的哲学辩论会，其思想基础是理学在南宋的繁盛和发展。正应了中国一句俗语：“种瓜得瓜，种豆得豆”，两宋历代诸君，因为采取“重文抑武”政策，在其军事上极端孱弱的同时，却实实在在地收获了文化的大繁荣、大发展。其中，除了唐宋“八大家”中的“六大家”之外，两宋文化思想的天空，也出现了几位可以灿烂万世的“巨星”，比如北宋的程颢程颐兄弟和南宋的朱熹以及陆象山等人，他们在继承和发展儒、道、释学的同时，开创了“程朱理学”和“陆王心学”这一主导了此后千余年民族文化心理走向的文化学派。尤其是朱熹本人，可谓继孔孟之后又一伟大传承者和开拓者。当今一些学者，既不深研于古人，亦不反思于当前，唯将民族劣根性里“卑躬屈膝、逆来顺受、苟延残喘、任人宰割的‘绵羊性格’”强加于孔孟、朱熹等古代先贤头上，其实反落入历史虚无主义的窠臼。我们今日深入研讨其所提出的爱国爱民、教化世人、传承文化的深邃思想和政治理想，试想，若是两宋以后历代君王、臣子、士人们都能按照朱熹“校长”所要求那样，于家国天下之事能够“博学之，审问之，谨思之，明辨之，笃行之”，则中华将是一个什么样的今天？儒家主体思想于后世之不断“沉沦”，实其本身的某些时代局限性为历代中央皇权体制所利用而已，而其中真正有利于民族精神健康发展的优秀文化和思想精髓反而被统治集团有意忽略或篡改丑化，这也许正是今天中国思想文化上存在许多乱象的根源所在。而在当今的时代背景和政治生态下，我们唯有站在民族民众的立场，以发展的眼光和科学的精神，客观甄别和重新取舍中华民族传统文化中的积极因素和优秀成分，使其真正成为有利于中华民族健康发展的文化滋养，使其真正成为有利于民众向善、向正、向上的无穷原力，使其真正成为中华民族不断创新、走向新生的内在驱动——而斯时斯地，其道至大，其行至难，——路漫漫其修远兮，吾将上下而求索矣！

257. 被历史淹没的南宋名将孟珙（之一）：臣介胄之士，当言战，不当言和

孟珙，字璞玉，随州枣阳人。四世祖安，尝从岳飞军中有功。1217年（南宋宁宗嘉定十年），金人犯襄阳，驻团山，父宗政以兵御之。随父效命军中的孟珙料金兵必窥樊城，即献策由罗家渡济河，宗政然之。次日，诸军临渡布阵，金人果至，半渡伏发，歼其半。宗政曾被檄驰援枣阳，临阵尝父子相失，珙望敌骑中有素袍白马者，曰："吾父也。"急麾骑军突阵，遂脱宗政出阵。以功补进勇副尉。后孟珙渐次殄灭金国公武仙及武天赐所帅之二十万残兵，并于1233年10月，统兵2万、运粮30万石联蒙灭金。

先是当年九月，蒙古军都元帅塔察儿被金军击败于蔡州城下，士气低落，无奈间才向南宋发出邀请联合灭金（见前文宋金合盟一章）。行军路上，孟珙即一举击溃前来阻击的2万金骑兵，斩首千二百级。与蒙古军会合后，双方联合向蔡州城发起攻击，宋军先登，开门后放入蒙古军队。宋、金、蒙三方展开巷战。金国降臣带孟珙找到金哀宗尸体，孟珙把尸体一分为二，一半归宋，一半归蒙古，并分领金国皇帝仪仗器械和玉玺等宝物（一雪靖康之耻，告慰武穆遗愿）。

后联宋灭金的蒙古兵复图灭宋。凡孟珙所在，蒙古兵必望风而溃。时南宋北方战线之三分有二为孟珙军固守。史载孟珙曾上朝面君，朝辞，上曰："卿名将之子，忠勤体国，破蔡灭金，功绩昭著。"珙对曰："此宗社威灵，陛下圣德，与三军将士之劳，臣何力之有？"帝问恢复（大计），对

曰："愿陛下宽民力，蓄人材，以俟机会。"帝问和议，对曰："臣介胄之士，当言战，不当言和。"赐赉甚厚。

博按：南宋高宗之后，孝宗、理宗相继继位，虽于大局无所作为，然于抗击外侮方面，较之高宗却略有进步。尤其理宗时名将孟珙出现，灭金雪耻，主战抗蒙，以一将之力而敌蒙古十余年之进攻，筹谋大小数百战，鲜有败绩，诚中华历史长河中一显赫名将。然而今世之人，鲜有知孟珙为名将者何也？详查其史，概因岳飞等抗金有功，而孟珙后期则以蒙为敌，且屡败蒙军，曾以一将之功而长期有效限止蒙古灭宋，是以蒙古灭宋入主中原后，治宋史的元相脱脱则有意隐贬孟珙而宣扬岳飞，以致孟珙至今仍寂寂无名。今日重读宋史，特为孟帅立传。而窃以戎伍，更牢牢铭记孟公"只可言战，不可言和"的响亮宣言。

258. 被历史淹没的南宋名将孟珙（之二）：四世将门之后，有宋战功第一

孟珙之功，后世所罕知。今专论其军功以飨诸君：

孟珙生于将门世家，曾祖孟安及祖父孟林皆岳飞部属。其父孟宗政于宋金战事时授京西兵马钤辖（相当于今天的省军区司令），镇守襄阳。孟珙为孟宗政四子。1228年（南宋理宗绍定元年），孟珙创平堰于枣阳，自城至军西十八里，建通天槽八十三丈，溉田十万顷，使军民分屯，年收十五万石。又命忠顺军家自畜马，官给刍粟，马益蕃息。（论其治军有方）

1234年，金国唐、邓（约为今河南唐河县、邓州市）行省（相当于今天的省长）武仙与大将武天锡乘乱聚众近三十万欲入蜀。朝中檄询以问珙边事，珙对曰："金人若向吕堰，则八千人不为少"。不久后，金人果犯吕堰，珙喜曰："吾计得矣。"亟命诸军追击于吕堰，退逼山险，砦军四合，斩首三千，降其大将一人。

初，武仙军屯顺阳，为宋军所挠，退屯马蹬。金国申州安抚张林等以州县

降，珙上言："归附之人，宜因其乡土而使之耕，少壮籍为军，俾自耕自守，才能者分以土地，任以职使，各招其徒以杀其势"。七月己酉，武仙爱将刘仪领壮士二百降，珙问仙虚实后，翌日即遣兵执黑旗（金人之旗伪装也）帅众入砦，分据巷道，大呼纵火，掩杀几尽。（言孟珙善安抚降将降兵）

丙辰，出师马蹬，遣樊文彬攻其前门，成明等邀截西路，一军围讫石烈，一军围小总帅砦，火烛天，杀僇山积，是日，三战三克。孟珙使刘仪劝武仙降，仙不降，谋往商州依险以守。孟珙曰："进兵不可缓。"夜漏十刻，召大将文彬等受方略，明日攻石穴九砦。时积雨未霁，文彬患之，珙曰："此雪夜擒吴元济之时也。"策马直至石穴，分兵进攻，而以文彬往来给事。自寅至巳力战，九砦一时俱破，武仙易服而遁。降其众七万人，获甲兵无算。（更论孟珙善用兵）

后宋元合兵取金都城，元又谋灭宋。元兵攻蕲州，珙遣兵解其围；又攻襄阳，江陵危急。诏沿江、淮西驰援，众谓无逾孟珙者，乃先遣张顺渡江，珙以全师继之。大元兵分两路：一攻复州，一在枝江监利县编筏窥江。珙变易旌旗服色，循环往来，夜则列炬照江，数十里相接。又遣外弟赵武等共战，躬往节度，破元兵砦二十有四，还民二万。

元大将忒没入汉阳境，将口温不花入淮甸，合三郡人马粮械攻黄州守城王鉴，江帅万文胜战不利。珙入城，军民喜曰："吾父来矣。"驻帐城楼，指画战守，卒全其城，斩逗留者四十有九人以徇。御笔以战功赏将士，特赐珙金碗，珙益以白金五十两赐之诸将。将士弥月苦战，病伤者相属，珙遣医视疗，士皆感泣。（言孟珙善得士心也）

庚寅，元大将塔海并秃雪帅师入蜀，号八十万，孟珙增置营砦，分布战舰，遣张举提兵间道抵均州防遏。孟珙上书，建议于长江上流置防御藩篱三层：以创制副司及移关外都统一军于夔，任涪南以下江面之责，为第一层；备鼎、澧为第二层；备辰、沅、靖、桂为第三层。峡州、松滋须各屯万人，舟师隶焉，归州屯三千人，鼎、澧、辰、沅、靖各五千人，郴、桂各千人，如是则江西可保。又遣杨鼎、张谦往辰、沅、靖三州，同守倅晓谕熟蛮，讲求思、播、施、黔支径，并以地图谋划呈于帝（言孟珙帅才，善于战略筹划，被后世称为机动防御大师）。

会谍知蒙古兵于襄樊、随阳、信阳招集军民布种，积船材于邓之顺阳，乃遣张汉英出随阳，任义出信阳，焦进出襄，分路挠其势。遣王坚潜兵烧所积船材，又度师必因粮于蔡，遣张德、刘整分兵入蔡，烧其积聚。制拜宁武军节度使、四川宣抚使兼知夔州。招沿边经战之士，号“宁武军”，令璋领之。回鹘爱里八都鲁帅壮士百余、老稚百一十五人、马二百六十匹来降，创“飞鹘军”。（言孟珙为中外所服）

淳祐二年，珙以京、襄死节死事之臣请于朝，建祠岳阳，岁时致祭，有旨赐名闵忠庙。元兵至三川，珙下令应出戍主兵官，不许失弃寸土。权开州梁栋乏粮，请还司，珙曰：“是弃城也。”栋至夔州，使高达斩其首以徇。由是诸将禀令惟谨。（言孟珙治军之严）

孟珙一生，除战功卓著，灭金抗元之外，其所过之处，民亦赖以为安，将相亦赖以为和。曾有其四川制置使陈隆之，同副使温大雅不睦，双方交章于朝，互为攻讦（即双方互相向朝廷控告对方）。孟珙致书双方曰：“国事如此，即合智并谋，犹惧弗克，而两司方勇于私斗，岂不愧廉、蔺之风哉？”二人得书，自觉怀愧，因此改怨为睦，一致对敌。孟珙节度四川时，川地长期弊政积习，官吏腐败，严重影响军心士气。孟珙即对蜀政进行革新。先对蜀政之弊归纳为五：一曰差除计属；二曰赏罚不明；三曰克扣军粮；四曰官吏贪黩；五曰上下欺罔。针对上述五弊，孟珙制定政策方案，颁发郡县，建立奖励制度和惩罚制度，约束官吏严格执行。孟珙告诫地方官员：“不择险要立砦栅，则难责兵以卫民；不集流离安耕种，则难责民以养兵”。乃立赏罚以课殿最，俾诸司奉行之。时黎州（今属海南省）太守阎师古向朝廷建议云南大理国经由四川向南宋朝廷纳贡。孟珙担心蒙古军朝间谍借机侦窥四川军情，于是建议大理国从广西、广东一带到达朝廷。此后，四川防备谨严，蒙古间谍不能深入内地刺探情报。

时南宋军队短粮，孟珙屯田以养军。调集农夫围水筑堰，开田拓地，并征集流民耕种之。从秭归延至汉口，建立二十余屯，一百七十余个屯田庄，造田十八万八千二百八十顷。使宋军短粮之急基本解决。

淳祐六年（1246年），孟珙因病五次申请致仕，但宋廷均未批准。此时蒙古河南行省范周吉愿向孟珙投降，孟珙向宋廷报告准备受降，宋廷又未批准。孟珙感叹：“三十年收拾中原人心，今志不克伸矣”，于是病重。九月初以节度使致仕，随即病死。

博按：掩卷南宋之史，无处不见孟珙之忠君体国之念，可贯金石。孟珙本以壮志三十年收拾中原人心，其为将能远谋近战，为臣能忠于王事，为一方父母之官，能以良政济民，其后以功高天下而能急流勇退，保全名节，善终于乱世，亦其大智慧使然。奈何宋廷君昏臣弱，偏安于江南吴侬软语之间，花街柳巷之中，何顾中原倾覆外族，民众曝尸异域，果然暖风熏得游人醉，直把临安做汴京了。以致一代名将其志难展、其愿未伸。然究其实，宋廷终是担心孟珙尾大不掉，所以才于关键时刻弃绝孟珙建策，自毁国之干城，以致其后之宋廷节节败退，终至崖山丧师，国破宋亡。反复嚼读于孟珙之史，无不痛心疾首而作千古之叹：何以当权者屡屡自毁国之干城？究其深因，往往在于举凡国之干城者，功高而名重，无以加赏，难以驾驭，最简单的办法便是置之不用（孟珙、狄青、宗泽等）或干脆杀之（岳飞、檀道济），此皇权政治极端畸形发展之不二产物。独惜孟珙为一世名将，且以蒙古人为敌，曾屡败蒙军，是以元人修宋史时刻意掩遮于孟珙之功，终使孟珙不为后世所知，既不足以彰英烈，又不能以效后世，是以再为论而赞之。

259. 钓鱼城之战：“独钓”中原三十六年

公元1243年到1279年，在宋蒙之战中，四川合州军民在守将王坚、张珏等率领下，凭借钓鱼城天险，独钓中原，浴血奋战，历经大小战斗二百余次，抵御元朝倾国之师，创造孤城抗敌三十六年之久这一古今中外战争史上的罕见奇迹。由于一世英武的成吉思汗继承人蒙哥大汗亦战死于钓鱼城下，以致蒙古大军不得不从欧亚战场撤军。因此，有研究世界战史的学者将钓鱼城称为“东方麦加城”、“上帝折鞭处”。

其战况简述如下：

南宋晚期，蒙古人兵分三路。先后消灭了西夏和金国，南宋王朝危在旦夕。而当时情形，欲保南宋，必保四川；欲保四川，必保重庆；欲保重庆，必守合川；欲守合川，必守钓鱼山。1240年（宋理宗嘉熙四年），四川制置副使彭大雅为抗击蒙古军，派甘闰于合州（今重庆合川）东十里钓鱼山上筑寨。1243，四川制置使余玠命冉琎、冉璞兄弟主持修筑钓鱼城，迁合州治所于此，驻以重兵，以控扼嘉陵江要冲。1254年，王坚任合州守将，开始大规模修城设防，陕南、川北人民纷纷迁来，钓鱼城成为抗击蒙军入川的军事重镇。1258年七月，成吉思汗之子蒙哥汗统兵四万，号十万，自六盘山分兵三路进攻四川。十二月，攻占川西、川北大部州县，进抵武胜山（今武胜县城附近），准备进攻合州，宋将余玠已将合州治所移于钓鱼城内。

钓鱼城坐落在今重庆市合川区城东五公里的钓鱼山顶，其山突兀耸立，相对高度约三百米。处嘉陵江、渠江、涪江汇合处，南、北、西三面环水，壁垒悬江，城周十二三里，均筑高数丈的石墙，南北各建一条延至江中的一字城墙；城内有大小池塘十三个，井九十二眼，可谓兵精粮足，水源充足；江边筑设水师码头，布有战船，上可控三江，下可屏蔽重庆，是支撑四川战局的防御要塞，地势十分险要。蒙哥派降将晋国宝入钓鱼城招降，被王坚所杀。九年正月，蒙哥汗恃其兵强马壮，不纳术速忽里避开坚城，迂回东下的建策，无视天候、地理的不利条件，决心攻下钓鱼城。遂遣诸王末哥攻礼义山城（今渠江东北，俗称三教寺寨），曳剌秃鲁雄攻平梁山城（今四川巴中西），命宋降将杨大渊率军突袭合州旧城，切断外围诸城与钓鱼城的联系。同时，令四川都元帅纽璘自成都趋涪州蔺市（今重庆市涪陵区西）造浮桥，断绝宋援。又在铜罗峡据险为垒，阻遏重庆宋军北进。二月二日，蒙哥汗率军渡过鸡爪滩（今钓鱼城东北鸡心石），驻于城东石子山，三日，蒙哥亲督诸军攻钓鱼城。

七日，蒙军攻一字城墙；九日，蒙军猛攻镇西门，不克。蒙古东道军史天泽率部到达钓鱼城参战。三月，连续进攻城东之东新门、奇胜门、镇西门、小堡等处，但在宋守城军民顽强抗击下，均遭失败。四月三日，连降大雨二十天。二十二日初晴，蒙古军偷袭城南护国门未逞。次日深夜，攻破城北出奇门至嘉陵江一侧的一字城，但被王坚率勇士力战夺回。宋理宗闻讯，下诏嘉奖，鼓励合州军民。钓鱼城久攻不下，蒙哥汗命诸将“议进取之计”。术速忽里认为，屯兵坚城之下是不利的，不如留少量军队困扰之，而以主力沿长江水陆东下，与忽必烈等军会师，一举灭掉南宋。然而骄横自负的众将领却主张强攻坚城，反以术速忽里之言为迂。蒙哥汗未采纳术速忽里的建议，决意继续攻城。虽然增援钓鱼城的宋军为蒙军所阻，始终未能进抵钓鱼城下。但被围攻达数月之久的钓鱼城依然物资充裕，守军斗志高昂。一日，南宋守军将重十五公斤的鲜鱼两尾及蒸面饼百余张抛给城外蒙军，并投书蒙军，称即使再守十年，蒙军也无法攻下钓鱼城。相形之下，城外蒙军久屯于坚城之下，又值酷暑季节，加以水土不服，一时暑热、疟疠、霍乱等疾病流行，情况相当严重。王坚乘机多次夜袭蒙古军营地，使其人人惊恐，夜不得安。初五日晨，蒙古军前锋元帅汪德臣率军乘夜突破外城马军寨，王坚率兵拒战。天将亮时，下起雨来，蒙军攻城云梯又被折断，被迫撤退。蒙军攻城五个月而不能下，汪德臣遂单骑至钓鱼城下劝降，被城上飞石击中，不久死于缙云山寺庙中。蒙哥汗大怒，命军在东新门外筑台建楼，窥探城内虚实以便决战。7月22日，蒙哥亲自登台窥探，被钓鱼城中火炮击中，重伤坠地，后伤重卒于军中（另有一说是其染病而死，然很可能是元史为遮掩其耻辱之说）。因为蒙哥之死，蒙古国内遂有帝位之争。被蒙哥汗派往欧洲发动第三次西征的旭烈兀，本已先后攻占今伊朗、伊拉克及叙利亚等阿拉伯半岛大片土地。正当旭烈兀准备向埃及进军时，获悉蒙哥死讯，旭烈兀遂留下少量军队继续征战，而自率大军东还。结果蒙军因寡不敌众而被埃及军队打败，此后蒙军始终未能打进非洲。蒙古的大规模扩张行动从此走向低潮。蒙古远征埃及之主力突然撤军，蒙古在欧洲方向的兵力大幅削减，从而为欧洲方向重新组织力量击退蒙古大军赢得了宝贵的战机，是以钓鱼城一战可谓间接拯救了非洲和欧洲。

1263年，名将张珏代替王坚，率合州军民继续坚守钓鱼城长达十五年之久。1278年正月，重庆城沦陷，钓鱼城成为宋土孤岛。公元1279年正月，钓鱼城最后一任守将王立以“不杀城内一人”为条件打开已坚守三十六年的钓鱼城城门。其后三月，宋大臣陆秀夫负帝昺于崖山跳海，宋亡。

博按：在蒙古军队横扫欧亚大陆时，南宋之所以能够在蒙古大军两路主力攻击之下仍然延祚二十余年，其功实在于钓鱼城和襄阳两城的坚守。尤其是钓鱼城以一隅孤城，造成了蒙古大军的大量伤亡，并使其最高统帅蒙哥汗亡于钓鱼城下，其影响可谓巨大而深远。因为钓鱼城的坚守，不但全面瓦解了蒙古的攻势，而且使蒙军的第三次西征行动停滞下来，缓解了蒙古势力对欧、亚、非等国的威胁。因此，钓鱼城之战的影响已远远超越了中国范围，它在世界史上也占有重要的一页。更为重要的是，死于钓鱼城下的蒙哥汗是一位蒙古保守主义者，他所施行的仍然是以屠城抢掠为主的野蛮征服政策，受到了中原汉民的激烈抵抗。而继蒙哥而起的忽必烈则是蒙古统治集团中少有的倾慕汉文化之士。蒙哥即汗位后，忽必烈受任掌理漠南汉地，他大力延揽汉族儒士，极力推行汉化政策，取得很大成效。但却引起蒙哥汗及其保守臣僚的疑忌，忽必烈因而被罢了官，其推行的汉化政策也被迫取消。忽必烈登上大汗宝座后，继续推行其汉化政策，逐步改变蒙军滥杀的政策，使中国南部的经济和文化免遭更大的破坏。蒙古人在侵略世界的过程中杀人过亿，凡是抵抗的城市都被屠城。唯有钓鱼城以英勇抵抗36年而全身而退，可谓用实力让魔鬼们放下屠刀。而钓鱼城以三十六年之固守，数代名将之轮替，其城可谓坚固，其将可谓忠勇，其民可谓忠义，川人坚韧不拔之性格可见其中。自古有“川人出川，地动惊天”之论，其遇强敌如蒙古大军，亦以一隅小城而独惊世界殊。

260.“蟋蟀宰相”贾似道：弄权误国羞名将，木棉庵下臭万年

贾似道，字师宪，号悦生、秋壑，南宋晚期理、度、恭三朝权臣。1238年（理宗嘉熙二年）登进士，因妹为宠妃而为理宗所看重。后在名将孟珙推荐下成为京湖制置使，兼江陵知府。加宝文阁学士、京湖安抚制置大使（相当于今天的军区司令）。1254年加同知枢密院事，临海郡开国公。宋理宗以“师臣”称，百官都称其为“周公”。据传贾似道得势后，贾府与皇宫隔湖相对，早晨听到上朝钟声，贾丞相才登船下湖，船由缆绳相系，由绞盘驱动，行走不必划桨撑篙而船行如飞。是以当时人说：“朝中无宰相，湖上有平章”。

宋蒙开战后，理宗令右丞相贾似道领兵出战，驰援北部边防重镇鄂州（今湖北武昌），贾似道在守鄂期间，私与蒙军统帅忽必烈议和，恰逢蒙古大汗蒙哥在钓鱼城一战中死于城下，贾似道趁蒙军撤退时杀伤了一百七十名蒙军。贾似道视之为“空前绝后”的战功，连奉“捷报”：“诸路大捷，鄂围始解，汇汉肃清。宗社危而复安，实万世无疆之福。”理宗收到情报后，被

贾似道蒙骗，赐贾似道卫国公与少师，令朝中的文武百官恭迎贾似道“凯旋”。之后理宗罢免丞相丁大全，从而使贾似道得以专权。贾似道得势后，作威作福，向理宗谗谮在军营中对他“无礼”的曹士雄与向士璧，使两人被流放。为了使自己的“功绩”代代相传，贾似道与同党编辑《福华编》，用以“歌颂”他于抗蒙军时的“英勇事迹”。

后当襄阳被元军围攻，南宋处于危亡关头，边关文书接连传来，贾似道却玩乐为首、国事其次之，一律不达朝廷。《宋史》载：“襄阳围已急，似道日坐葛岭，起楼台亭榭，取宫人娼尼有美色者为妾，日淫乐其中。唯故博徒日至纵博（成日与其赌友斗蟋蟀），人无敢窥其第者。其妾有兄来，立府门，若将入者。似道见之，缚投火中。尝与群妾踞地斗蟋蟀，所狎客入，戏之曰：‘此军国大事耶？’”更荒唐者，贾还带蟋蟀上朝议政，廷上不时传出虫鸣声，甚至曾发生蟋蟀自水袖内跳出，竟跳黏到皇帝胡须上的闹剧，而襄阳被元军围困一事，却被贾似道一一隐瞒。又一次，朝廷派遣贾出征，贾似道买通大臣，向度宗上表“说明”他应留在中央控制大局，而不该上前线抗敌。

度宗离世，元军攻占鄂州，南宋太学生游行请愿建议朝廷派贾似道亲征出战，贾不得不硬着头皮上阵。但他尚未接敌便和几个属下抛弃其统领的十三万精兵，乘小船逃走。失去主帅的南宋军队大败，军士死伤逃亡不计其数；天下舆论大哗。元兵直逼临安，朝野一片震恐，要求杀之以谢天下。南宋朝廷无奈，只得贬其到广东。后在被押去贬所路上，于木棉庵下被押差郑虎臣处死于厕所之内（此庵至今尚存，为当地一著名景点，而贾似道死于厕所之内，可谓“同其臭气”矣）。

500年后，明朝抗倭名将俞大猷在处死贾似道的石亭中立下石碑，并亲书“宋郑虎臣诛贾似道于此”。

博按：南宋亡后，多有史家将宋亡之责归因于贾似道之大奸，然《要略》却以之为非。何也？当名将孟珙推荐贾似道出任地方大员之时，其本是一名勇于任事、忠于地方的能吏，尤其于主政期间，首倡公田之法，以强硬手段阻止富人囤积谷物，且捐出自己的一万亩良田以为天下范。然而，由于南宋后期之皇帝多属无能之辈，将贾似道作为抵抗元朝的“救命稻草”而大加娇惯纵容。据史载，宋理宗曾亲自给贾丞相造了一个前所未有的庄园，奇花异草、穷极奢华、占尽胜景，取名为“后乐园”。北宋名相范仲淹“先天下之忧而忧，后天下之乐而乐”的名句，却被昏君奸臣滥用于此。今人颇有为贾似道翻案者，认为其实为元人所著之《宋史》所构陷；还有论者认为是贾似道之“公田”改革得罪了当时的“地主阶级”和“王公大臣”，是以在其死后群起而抹黑之。而无论如何，贾似道以当权者之身份，贪于“蟋蟀之娱”，长于“收藏古玩”，实非良臣能吏之所为。而历史学家黄仁宇先生认为：“将（贾似道）视为南宋覆亡的主因，则又是以道德的名义简化历史。”偏安一隅的南宋朝廷不思励精图治、与民涵养生息，不思富民强兵以固国之根本，重用奸佞之辈，做无谓的耗散和劳损，令人痛惜。贾似道一命归西后，百病缠身的大宋如一艘破船漏屋，面对剽悍蒙古铁骑凶猛凌厉的攻势，做着徒劳而绝望的抵抗。山河破碎风飘絮，社稷浮沉雨打萍，一路跌跌撞撞走来的大宋王朝已经时日无多了。

261. 襄阳保卫战：三十八年战守，胜败终决人心

南宋末年，权臣贾似道当政，对内欺君误国，对外屈辱求和。蒙古皇帝忽必烈有意吞并天下，决意自中路襄阳突破。一场决定南宋生死存亡的襄阳之战拉开序幕。先是蒙哥在西攻四川钓鱼城重伤死后，忽必烈从鄂州匆匆北归争夺汗位。当其再行率军南下之时，听从汉人“带路党”的建议，一改历代蒙古军攻城屠城之策，开始以受降招安为主，是以一路所向披靡，攻城掠地。

时襄樊地处南阳盆地南端，襄阳、樊城南北夹汉水互为依存，“跨连荆豫，控扼南北”，地势险要，自古为兵家必争之地，亦是南宋抵抗蒙古军队之边陲重镇。1267年11月，南宋水师大将刘整（名将孟珙麾下大将，受奸相贾似道排挤而失节降元）率水师降元，并进献攻灭南宋之策：“先攻襄阳，撤其捍蔽”，南宋“无襄则无淮，无淮则江南唾手可下也”。刘整“攻宋方略，宜先从事襄阳”的建策为忽必烈所采纳，宋元战争进入元军对南宋战略进攻之最后阶段。

1268年，蒙古军在襄阳、樊城二城四周修筑城围，并封锁汉水，多次打退南宋援军（围点打援之法）。南宋以五年八次共计十五万水师救援皆告无功。蒙帅阿术及其河南行省史天泽听万户张弘范、水军总管张禧建策，增加新训水师七万发动对襄樊水陆夹击。又使阿老瓦丁和亦思马因所制之回回炮（时最先进之攻城抛石机）攻城，樊城破。1273年正月元军破樊城后进行屠城，吕文焕阵前号哭不已。宋守将范天顺誓死不投降，终自缢身亡；将领牛富率百余勇士巷战，重伤投火自尽。后襄阳宋将吕文焕在蒙古军帅阿术"襄阳投降可保全城安全"的允诺下降元。从公元1235年宋蒙之间军事同盟破裂、襄阳开战以来，一直到公元1273年襄阳失陷，宋元襄阳之战前后历时38年。其间历经失守与收复、再失守与再收复，蒙古南宋各自之内乱、内战，双方尔虞我诈之战和谈判，宋蒙（元）双方为争夺襄阳，几乎集中了当时世界上最精锐之骑兵和水军，动用了当时所有先进武器，双方死伤人数超过40万人，襄阳失守后五年，南宋亡。

博按：襄阳保卫一战，于世界战争史亦属浓墨重彩之光辉篇章。终胜之元，胜于忽必烈之深谋远略；终败之宋，败于其奸佞当道、朝廷无能。两军对垒，兵法曰：主孰有道？将孰有能？天地孰得？南宋自孟珙之后，昏君主政，贾似道当权，先失民心军心，再失重臣勇将。而宋失之，元得之，南宋之亡，实亡于君黯臣佞和长期积弊。读于襄阳保卫一战，更哀叹元之亡宋过程中，投敌者多如范文虎、张禧建、刘整之流武将，而文臣如文天祥、陆秀夫等反能坚守尽忠；其中虽有岳飞、狄青等名将以其悲剧下场印证南宋重文轻武制度之偏失，但为武将者纵不见用于当朝，亦不能失节于民族，此本民族大义，与功利何干？倘以朝中多贾似道之属而降元失节，其托辞尔！史载宋亡后，元世祖忽必烈曾问降元宋将："尔等何降之易耶？"答云："宋有强臣贾似道擅国柄，每优礼文士，而独轻武官。臣等积久不平，心离体解，所以望风送款也!"元世祖则回之曰："正如所言，则似道轻汝也固宜!"此说可见人心矣。

262. 崖山之战：何以从此无中华

崖山位于今中国广东省江门市新会区南约50公里之崖门镇，银洲湖水由此出海。其出海口东有崖山，西有汤瓶山，两山之脉向南延伸入海，如门束住水口，故又名崖门。1279年正月，元将张弘范率元军攻至崖门，对南宋水师形成三面包围之势（时宋廷残存势力皆于海船中苟存）。面对巨大压力，宋水师主帅张世杰昼夜苦思破敌之策。有幕僚向张世杰建议应该先占领海湾出口，保护向西方的撤退路线。张世杰为防止士兵逃亡，否决建议，并下令尽焚陆上宫殿、房屋、据点；又下令将千余宋军船只以“连环船”之法，以大绳索一字形系于海湾内，并将末帝赵昺的“龙舟”置于战船之中。元军查知宋军之情，遂效三国赤壁之法，以小船载茅草和膏脂等易燃物品，乘风纵火冲向宋船。宋船皆涂泥，并于船上置长木以御元军火船。元朝水师火攻不成，以水师封锁海湾，又以陆军断绝宋军汲水及砍柴之路。宋军吃干粮十余日，饮海水之士兵呕泄不已。张世杰率苏刘义和方兴日大战元军，张弘范擒张世杰甥韩某，以其向张世杰三次招降不果。

1279年二月六日癸未，张弘范预备猛攻，元军中有建议先用火炮，弘范认为火炮打乱宋军的一字阵型，令其容易撤退。明日，张弘范将其军分成四队，宋军东、南、北三面各驻一军；弘范自领一军与宋军相去里余，并以奏乐为以总攻讯号。元军假装奏乐，宋军听后以为元军正在宴会，为之稍微松懈。正午时分，张弘范水师突然发起正面进攻，接着用布遮蔽预先建成并埋下伏兵之高大楼船，鸣金进攻。各伏兵负盾俯伏，在矢雨下抵近宋船。俟双方船舰接近，元军即鸣金撤布交战，一时间连破七艘宋船，宋师大败，元军一路攻至宋军中央，张世杰见大势已去，抽调精兵，和苏刘义带领余部十余只船舰斩断大索突围而去。军中无帅之宋朝军民在宰相陆秀夫指挥下继续与元军作战，一直坚持至三月十九日，终因赵昺之龙船困于千船之中而无法突围，陆秀夫见大势已去，恐君死臣辱，便毅然背着八岁之帝赵昺投海，崖山海战遂告结束，延绵近三百年之大宋王朝宣告灭亡。战后，随行之十多万忠义军民亦相继跳海，一时十余万具尸体浮海遮浪。逃出元兵之围的张世杰冀奉杨太后名义再找宋朝赵氏后人为主，再图后举，但杨太后在听闻宋帝赵昺的死讯后亦赴海自杀。不久张世杰亦在大风雨中溺卒于平章山下。崖山海战之后，陆秀夫尸体被忠义渔民找到，私以安葬；而小皇帝赵昺之尸体则为元军寻得。此后，元将张弘范命人在崖山岩壁上雕刻“镇国大将军张弘范灭宋于此”。1964年秋，新会县人委请田汉书写“宋少帝与丞相陆秀夫殉国于此”十三个行草大字，刻于近岸奇石之上，今日尚可见之。

博按：崖山之战，赵宋王朝陨落，意味元朝最终统一整个中国，中国第一次从整体意义上被北方游牧民族征服。近代以来，一些具有强烈民族主义的历史学家在检讨此役时，曾认为古典意义上的华夏文明于此役后全盘衰败与陨落，从而形成“崖山之后无中国（中华）”之说。不意后世反为世界上少数别有用心的国家加以利用，从而得出“中华忠义血性之优良民族文化基因崖山之战而丧失殆尽”之结论，可值后世良叹。曾任某战区作战部长的郧建华将军在读及此段读史笔记时曾与《要略》作者论及其事，将军曰：“自宋以来，中华民族的民族英雄如明代之熊廷弼、毛文龙、孙承宗、卢象升、史可法、陈子龙、夏完淳、李定国、何腾蛟、张煌言、陈永华、郑成功等，清代的民族英雄左宗棠、林则徐、邓世昌、徐邦道等，尤其近代以来的抗日战争，中华民族虽有汪精卫之流投敌叛国，但仍然有数百万忠义军民奋起抗击，以数千万人的牺牲，最终维护了国家的安全和民族的生存，从中可见中华民族主体精神的顽强存在。而且，倘若今后再有异族入侵之事件发生，我相信如你我等依然会以‘我以我血荐轩辕’的精神，舍生取义，奋勇杀敌以赴国难。在这个意义上讲，‘崖山之后无中华’是不存在的。”

263. 陆秀夫：十万军民齐赴死，一千年来无后人

崖山之战，以右宰相陆秀夫背负皇帝跳海赴死为终，是以辟专章以述并论秀夫之忠烈。《宋史列传第二百一十一忠义六》载：

陆秀夫，字君实，楚州盐城人。景定元年，登进士第。李庭芝镇淮南，闻其名，辟置幕中。秀夫才思清丽，一时文人少能及之。性沉静，不苟求人知，每僚吏至阁，宾主交欢，秀夫独敛焉无一语。至察其事，皆治，庭芝益器之。德佑元年，边事急，诸僚属多逃亡者，惟秀夫数人不去。二年正月，以礼部侍郎使元军前请和，不就而反。二王走温州，秀夫使人召陈宜中、张世杰等立益王于福州。进端明殿学士、签书枢密院事。陈宜中以秀夫久在兵间，知军务，每事咨访始行，秀夫亦悉心赞之，无不尽责。时君臣播越海滨，杨太妃垂帘，每时节朝会，秀夫俨然正笏立，如治朝，或时在行中，凄然泣下，以朝衣拭泪，衣尽浥，左右无不悲动者。益王以惊恐卒，群臣皆欲散去。秀夫曰："度宗皇帝一子尚在，将焉置之？古人有以一旅而成中兴者，今百官有司皆具，士卒数万，天若未欲绝宋，此岂不可为国邪？"乃与众共立卫王。时世杰驻兵崖山，秀夫外筹军旅，内调工役，凡有所述作，又尽出其手。虽匆遽流离中，犹日书《大学章句》以劝讲。至元十六年二月，崖山破，秀夫走卫王舟，秀夫度不可脱，乃杖剑先驱妻子入海，即负王赴海死，年四十四。时翰林学士刘鼎孙亦驱家属并辎重沉海，不死被执，搒掠无完肤，一夕得脱，卒蹈海。后之十万军民皆慷慨赴义，俘尸海上十余里！宋遂亡。

据后人所编《三合镇志》记载，陆秀夫投海殉国之后，其尸身漂到海边，为忠义之人捞起，偷葬于新会二城（即今台山市都斛镇义城村）。1370年，元亡于明后，有人在此为陆秀夫修建了庄严的坟墓，墓前设置石马石狮。坟旁还盖有房子，设有守墓人家。据说，二城村就是由原来的守墓人家发展而来。

博按：崖山一战，乃中华史上最惨烈之一幕，亦中华民族之历史绝唱。思及四百年后明亡之时，崇祯帝赴死煤山，身旁仅有宦官一人而已；清亡之时，几无一人为其忠义死命。十万军民为一王朝八岁之小皇帝齐赴海而死，如此重大之历史事件，然中华之后来之士人，鲜有为之作纪念文章者，独日本人田中芳树著《海啸》一书流传于华夏，其何悲哉。然秀夫之负帝纵身一跳的背影，却永远定格成中华民族的壮烈绝响。清人史家蔡东藩曾论及陆秀夫等人曰：“及文、张、陆三人之奔波海陆，百折不回，尤为可歌可泣，可悲可慕。六合全覆而争之一隅，城守不能而争之海岛，明知无益事，翻作有情痴，后人或笑其迂拙，不知时局至此，已万无可存之理，文、张、陆三忠，亦不过吾尽吾心已耳。读诸葛武侯《后出师表》，结末云：‘鞠躬尽瘁，死而后已，成败利钝，非所逆睹’。千古忠臣义士，大都如此，于文、张、陆何尤乎？宋亡而纲常不亡，故胡运不及百年而又归于明，是为一代计，固足悲，而为百世计，则犹足幸也。”

264. 忠义天祥：为相不可事二朝，尽忠但求一死报

文天祥，初名云孙，字履善，又字宋瑞，自号文山、浮休道人。中贡士后，遂以天祥为名，改字履善。史载天祥相貌堂堂，身材魁伟，皮肤白美如玉，眉清目秀，观物炯炯有神。于孩提时，曾见学宫中所祭祀的乡贤欧阳修、杨邦乂、胡铨画像，谥号为“忠”，即为此羡慕不已，曾言：“没不俎豆其间，非夫也（如果不成为其中的一员，就不是真正的男子汉）。”后于二十岁考取进士，于集英殿答对论策。当时宋理宗在位已很久，治理政事渐渐怠惰，文天祥以法天不息为题议论策对，其文一万余字，一气呵成。宋理宗钦选其为状元。考官王应麟上奏说：“是卷古谊若龟鉴，忠肝如铁石，臣敢为得人贺。”另据《尧山堂外纪·卷六十三·宋》记载：理宗见其名曰：“此天之祥，乃宋之瑞也。”天祥因之再改字为宋瑞。

开庆初，元兵伐宋，宦官董宋臣劝帝迁都，人莫敢议其非者。天祥时入为宁海军节度判官，上书“乞斩宋臣，以一人心”。不报，即自免归。后

稍迁至刑部郎官。宋臣复入为都知，天祥又上书极言其罪，亦不报。出守瑞州，改江西提刑，迁尚书左司郎官，累为台臣论罢。除军器监兼权直学士院。贾似道称病，乞致仕，以要（要挟）君，有诏不允。天祥当制，语皆讽似道。似道不乐，使台臣张志立劾罢之。天祥既数斥，援钱若水例致仕（辞官），时年三十七。

咸淳九年，起复为湖南提刑，因见故相江万里。万里素奇天祥志节，语及国事，愀然曰："吾老矣，观天时人事当有变，吾阅人多矣，世道之责，其在君乎？君其勉之。"

宋恭宗初年，元人大举入侵，诏天下勤王。天祥捧诏涕泣，使陈继周发郡中豪杰，并结溪峒蛮，使方兴召吉州兵，诸豪杰皆应，有众万人。事闻于廷，上诏以江西提刑安抚使召入卫。其友止之，曰："今大兵三道鼓行，破郊畿，薄内地，君以乌合万余赴之，是何异驱群羊而搏猛虎。"天祥则曰："吾亦知其然也。第国家养育臣庶三百余年，一旦有急，征天下兵，无一人一骑入关者，吾深恨于此，故不自量力，而以身徇之，庶天下忠臣义士将有闻风而起者。义胜者谋立，人众者功济，如此则社稷犹可保也。"

史传天祥性豪华，平生自奉甚厚，声伎满前（可见宋之世风）。至是，痛自贬损，尽以家赀为军费。每与宾佐语及时事，辄流涕，抚几言曰："乐人之乐者忧人之忧，食人之食者死人之事。"八月，天祥提兵至临安，除知平江府。时以丞相宜中未还朝，不遣。十月，宜中至，始遣之。朝议方擢吕师孟为兵部尚书，封吕文德和义郡王，欲赖以求好。师孟益偃蹇自肆。

天祥向皇帝辞行前上疏言："朝廷姑息牵制之意多，奋发刚断之义少，乞斩师孟衅鼓，以作将士之气。"又言：

"宋惩五季之乱，削藩镇，建郡邑，一时虽足以矫尾大之弊，然国亦以浸弱。故敌至一州则破一州，至一县则破一县，中原陆沈，痛悔何及。今宜分天下为四镇，建都督统御于其中。以广西益湖南而建阃（建立总督兵马的军事机关）于长沙；以广东益江西而建阃于隆兴；以福建益江东而建阃于番阳；以淮西益淮东而建阃于扬州。责长沙取鄂，隆兴取蕲、黄，番阳取江东，扬州取两淮，使其地大力众，足以抗敌。约日齐奋，有进无退，日夜以图之，彼备多力分，疲于奔命，而吾民之豪杰者又伺间出于其中，如此则敌不难却也。"

而时议以天祥论阔远，书奏不报。（王朝将亡，权臣当道，不愿复为规划天下之大计矣）

十月，天祥入平江，元兵已发金陵入常州。天祥遣其将朱华、尹玉、麻士龙与张全援常，至虞桥，士龙战死；朱华以广军战五牧，败绩；玉军亦败，争渡水，挽全军舟，全军断其指，皆溺死，玉以残兵五百人夜战，比旦皆没；全不发一矢，走归。大元兵破常州，入独松关。宜中、梦炎召天祥，弃平江，守余杭。

次年正月，除知临安府。未几，宋降，宜中、世杰皆去。仍除天祥枢密使。寻除右丞相兼枢密使，使如军中请和，与大元丞相伯颜抗论皋亭山，丞相怒拘之，偕左丞相吴坚、右丞相贾余庆、知枢密院事谢堂、签书枢密院事家铉翁、同签书枢密院事刘岊，北至镇江。天祥与其客杜浒十二人，夜亡入真州。苗再成出迎，喜且泣曰："两淮兵足以兴复，特二阃小隙，不能合从耳。"天祥问："计将安出？"再成曰："今先约淮西兵趋建康，彼必悉力以捍吾西兵。指挥东诸将，以通、泰兵攻湾头，以高邮、宝应、淮安兵攻杨子桥，以扬兵攻瓜步，吾以舟师直捣镇江，同日大举。湾头、杨子桥皆沿江脆兵，且日夜望我师之至，攻之即下。合攻瓜步之三面，吾自江中一面薄之，虽有智者不能为之谋矣。瓜步既举，以东兵入京口，西兵入金陵，要浙归路，其大帅可坐致也。"天祥大称善，即以书遗二制置，遣使四出约结。

后天祥于兵乱中闻益王未立，乃上表劝进，以观文殿学士、侍读召至福，拜右丞相。寻与宜中等议不合。七月，乃以同都督出江西，遂行，收兵入汀州。十月，遣参谋赵时赏、谘议赵孟溁将一军取宁都，参赞吴浚将一军取雩都，刘洙、萧明哲、陈子敬皆自江西起兵来会。邹㵯以招谕副使聚兵宁都，大元兵攻之，㵯兵败，同起事者刘钦、鞠华叔、颜斯立、颜起岩皆死。武冈教授罗开礼，起兵复永丰县，已而兵败被执，死于狱中。天祥闻开礼死，制服哭之哀。

1277年正月，元兵入汀州，天祥遂移师漳州，乞入卫。时赵时赏、孟溁亦提兵归，独吴浚兵不至。未几，吴浚降，来说降天祥。天祥缚而缢杀之。四月，入梅州，都统王福、钱汉英跋扈，天祥斩之以徇。五月，出江西，入会昌。六月，入兴国县。七月，遣参谋张汴、监军赵时赏、赵孟溁等盛兵薄赣城，邹㵯以赣诸县兵捣永丰，其副黎贵达以吉诸县兵攻泰和。吉八县复其半，惟赣不下。临洪诸郡，皆送款。潭赵璠、张虎、张唐、熊桂、刘斗元、吴希奭、陈子全、王梦应起兵邵、永间，复数县，抚州何时等皆起兵应天祥。分宁、武宁、建昌三县豪杰，皆遣人如军中受约束。

元江西宣慰使李恒遣兵援赣州，而自将兵攻天祥于兴国。天祥不意恒兵猝至，乃引兵走，于永丰与邹㵯会合。㵯兵先溃，恒穷追天祥方石岭。巩信拒战，箭被体，死之。至空坑，军士皆溃，天祥妻妾子女皆见执。赵时赏坐肩舆，后兵问谓谁，时赏曰“我姓文”，众以为天祥，禽之而归，天祥以此得逸去。

天祥收残兵奔循州，驻南岭。黎贵达潜谋降，执而杀之。至元十五年三月，进屯丽江浦。六月，入船澳。益王殂，卫王继立。天祥上表自劾，乞入朝，不许。八月，加天祥少保、信国公。军中疫且起，兵士死者数百人。天祥唯一子，与其母皆死。十一月，进屯潮阳县。潮州盗陈懿、刘兴数叛附，为潮人害。天祥攻走懿，执兴诛之。十二月，趋南岭，邹㵯、刘子俊又自江西起兵来，再攻懿党，懿乃潜道元帅张弘范兵济潮阳。天祥方饭五坡岭，张弘范兵突至，众不及战，皆顿首伏草莽。天祥仓皇出走，千户王惟义前执之。天祥吞脑子（一种有毒植物），不死。

天祥至潮阳，见弘范，左右命之拜，不拜，弘范遂以客礼见之，与俱入崖山，使为书招张世杰。天祥曰：“吾不能捍父母，乃教人叛父母，可乎？”索之固，乃书《过零丁洋》一诗与之。弘范笑而置之。崖山破，军中置酒大会，弘范曰：“国亡，丞相忠孝尽矣，能改心以事宋者事皇上，将不失为宰相也。”天祥泫然出涕，曰：“国亡不能救，为人臣者死有余罪，况敢逃其死而二其心乎。”弘范义之，遣使护送天祥至京师。

天祥在道，不食八日，不死，即复食。至燕（今北京），馆人供张甚盛，天祥不寝处，坐达旦。遂移兵马司，设卒以守之。时元世祖忽必烈多求南人多才者为官，王积翁言：“南人无如天祥者。”遂遣积翁谕旨，天祥曰：“国亡，吾分一死矣。傥缘宽假，得以黄冠（当道士之意）归故乡，他日以方外备顾问，可也。若遽官之，非直亡国之大夫不可与图存，举其平生而尽弃之，将焉用我？”积翁欲合宋官谢昌元等十人请释天祥为道士，唯留梦炎认为不可，曰：“天祥出，复号召江南，置吾十人于何地！”事遂已。天祥在燕凡三年，上知天祥终不屈也，与宰相议释之。

至元十九年，有闽僧言土星犯帝坐，疑有变。未几，中山有狂人自称“宋主”，有兵千人，欲取文丞相。京城亦有匿名书，言某日烧蓑城苇，率两翼兵为乱，丞相可无忧者。时有盗新杀左丞相阿合马（可见元初宋遗民抗元之烈），疑丞相者天祥也。元世祖忽必烈召入谕之曰：“汝何愿？”天祥对曰：“天祥受宋恩，为宰相，安事二姓？愿赐之一死足矣。”然犹不忍，遽麾之退。言者力赞从天祥之请，从之。俄有诏使止之，天祥死矣。天祥临刑殊从容，谓吏卒曰：“吾事毕矣。”南乡拜而死。数日，其妻欧阳氏收其尸，面如生，年四十七。其衣带中有赞曰：“孔曰成仁，孟曰取义，惟其义尽，所以仁至。读圣贤书，所学何事，而今而后，庶几无愧！”

博按：南宋之亡，以文天祥、陆秀夫、张世杰为代表的忠烈义士，可感天地，可泣鬼神。宋史评天祥为“仁至义尽”者，其仁实大仁，此义为大义。后世所以多为文公所叹服者，其为国可以散尽家财而劳军，为相可以铮铮于敌廷，为俘可以守节三年，但求一死，为文可以成颂千古而激励后人。今人有治史者谓天祥无能之辈，实有消解中华民族主体精神之居心，读史者当为之警；且宋末之势，天下溃烂，上昏下庸，非天祥诸人可以扭转乾坤。然而，当宋亡之时，既有文天祥等被俘数年尚死忠于宋室，又有十数万忠义臣民纷纷赴死于海中江中，其中可见南宋士民主体深受孔孟之道、程朱理学教化，知耻而尚义，忠君而报国，而自宋之后，历代再无如此壮烈之历史场面。以此可见，后世个别历史学者，不究其深因而对传统文化妄加鞭挞，实有浅薄之嫌；而宋以后中华缺少忠烈正直之士者，实缺少孔孟之教、程朱之学的长期教化，或曰不得其精髓要旨也。

第七章　元朝

概略：乾元的伟业与文明的涅槃

元朝（1271—1368年）是由蒙古族在中国建立的大一统王朝，定都大都（今北京），传五世十帝（元世祖忽必烈、元成宗铁穆耳、元武宗海山、元仁宗爱育黎拔力八达、元英宗硕德八剌、元显宗甘麻剌、元文宗图帖睦尔、元明宗和世瓎、元宁宗懿璘质班、元惠宗妥懽帖睦尔），享国九十八年。

中华民族在经历两宋高度发达的政治文明和程朱理学的文化熏陶之后，已然成为一个彬彬有礼、下笔千言的文弱书生。正是因为具有这样性格和体质特点的中华青年，第一次被祖国大地上的另一个体质强悍却文明落后的少数民族——蒙古族征服并“殖民”，从而第一次从整体意义上在自己生活了数千年的“家中”沦为“三等四等公民”（北方的汉人为三等，南方的汉人为四等）。客观而言，元王朝时期，中国曾经拥有过最大的国土面积，曾经第一次推行行省制度，也曾经极力地推行和融入汉族文明，但是，由于进入中原之前的蒙古族仍然是一个建立在奴隶制基础上的游牧民族，是以其入主中原后推行的诸如诸色户计、投下制、驱口制、匠籍制、籍没制、人殉、宵禁、海禁等落后弊政，中断了唐宋以来正常社会变革的历史进程，深刻地重塑和影响了宋后中华的历史，可谓中华民族发展历程中一个极为特殊和复杂的时期。

虽然今天有越来越多的学者站在历史的现场对元朝进行客观定位，他们普遍认为，元朝的商品经济和海外贸易虽然较为繁荣，但整体生产力大不如宋朝；蒙古帝国皇族甚至不说中国话，不写中国字，不尊重中国的习俗，对以汉人为主体的人民群众采取了歧视性、压制性的政策：比如，元朝为维护蒙古贵族的专制统治权，采用“民分四等”的政策，禁止汉人打猎、学习拳击武术、持有兵器、集会拜神、赶集赶场、夜间走路等，甚至规定汉人数家才可共用一把菜刀；元朝皇帝可以随时把汉人视如生命的农田，连同农田上的汉人，像奴隶一样赏赐给皇亲国戚——因此，这些学者大多不认同蒙古帝国的“元朝”，认为那是中国被“异族”殖民统治时期，是中华帝国的亡国时期。

然而，历史叙事的终极目的却是为了当下和未来。站在今天中华民族的历史视角回望那段历史，站在拥有五十六个民族的中华民族大家庭的角度审视那段历史，我们不得不承认，无论历史的结局如何，作为元帝国实际继承者的我们必须承认那段历史的客观运行结果：如果没有元朝强大的军事实力做后盾，中国辽阔的国土至今可能仍然呈现四分五裂的状态；如果没有元朝帝国开放的胸襟和胸怀，中华民族的文化多元性和宗教包容性可能会大打折扣；如果没有元帝国对汉文化的尊重以及对汉人大臣的大量使用，我们不可能至今仍然骄傲地宣称中华文明是世界四大文明中唯一没有中断过的文明；尤其值得一提的是，忽必烈在统一中国之后，选择了中国文化中最经典的《易经》中的卦词“大哉乾元”作为帝国国号，让我们无法不坦然地把元王朝作为中国的正朔王朝来重新审视。

在这样的视角下我们发现，也许蒙古族在进入中原前确实很落后、野蛮和无知，但是，一旦成吉思汗遇到了丘处机、耶律楚才和郭宝玉这样的“异族”精英，他很快认识到自己过去采取的烧杀抢掳政策是多么的错误和失当，并愉快接受了他们的建策而改弦更张；一旦木华黎和忽必烈遇到了史天泽和张柔父子这样具有深谋远略的汉族将领，以及刘秉忠这样具有先进思想的汉族“文化人”，他们便由衷地把汉人视为自己的臣民和助手，开始和他们一起设计大都、征服天下、构划未来；一旦元朝第一名相脱脱把汉人吴直方作为自己的老师而言听计从，并依据中华传统开始组织各族“知识分子”大修三史时，中华文明的基因序列里，便已经深深渗透进蒙古民族的健康基因。而且，元朝作为中国历史的一个重要朝代，因为掌握了中华文明的要义而得到了统治中华民族的神圣权力，也基本上按照中华民族的特有方式进入了中华民族治乱循环的历史洪流之中。而正是在这样特殊的历史过程中，中华民族和中华文明，得到了又一次彻底的“浴火重生”。一个名为大明的新王朝，正是在元王朝所形成的特殊文明体系里成长和壮大，并最终取而代之，使中华文明进入了一个新的历史高度和境界。

265. 大元开篇：从一个野蛮风俗背后的历史原力说起

史料可证，公元十三世纪以前，当中原华族已经建立起高度物质和精神文明之时，在其不远的北方，蒙古族仍处于蛮荒时代（尚无文字，后由成吉思汗创立蒙古文）。当时尚处于散乱状态的蒙古部落盛行抢婚习俗，男方但看中女方，无论对方可否，便可召集家族人马将其抢来成亲，而对方若不同意，便可大动干戈，胜可娶之，败便认之，因此两族厮杀之风常见，寻仇反抢亦有之，且发展为不管谁家妻子，是否成婚，只要力量足够强大，便可任意抢为已有。

有后世史家认为，正是这一落后的“抢婚习俗”背后所凝结的民族发展原力，才造就了世界上独一无二的蒙古大帝国。今且循此思想，述及蒙古民族发展史上三次著名的“抢婚事件”：

据蒙古史记载，在蒙古族实现统一之前，在额尔古纳河流域生活着一个古老而神秘的部落——弘吉剌部落（弘吉剌在蒙语中为“美女”之意）。这个部落以盛产美女而闻名，因此弘吉剌美女成为其他部落男人择妻的首选目标。因此一段时期以来，各部落之间除了争抢地盘，更重要的是争抢弘吉剌美女。史传当时有两个强大的部落因为争夺弘吉剌部落美女而成为仇敌。一个是蔑儿乞部落，生活在贝加尔湖以南的薛良哥河（今色楞格河）及其支流鄂尔浑河一带，是由四个部落组成的联合体，“其俗骁勇，善骑射，诸部颇惮之”。按优胜劣汰的“草原法则”，一定时期内，他们的“妻子来源”主要是弘吉剌部落女人；另一个强者是孛儿只斤部落，生活在不儿罕山（今蒙古首都乌兰巴托东侧的肯特山，被蒙古人视为“圣山”）附近，与弘吉剌部落有世代的联姻关系。正是因为这两个部落相互抢婚争夺美女的战争，影响和决定了蒙古帝国的历史走向。

第一次抢婚：成吉思汗之母诃额仑。

诃额仑是弘吉剌部落之一斡勒忽讷氏之女。当时蒙古孛儿只斤部落有一个作战勇敢的青年勇士名叫也速该，刚刚继承了其叔父忽图剌汗的“合木黑蒙古”（众蒙古部落联盟）汗位，他慕名到弘吉剌部向诃额仑求婚。但因为早在诃额仑10岁时，就许配给了蔑儿乞部兀都亦惕氏酋长脱黑脱阿的弟弟也客赤列都力士，也速该空手而回。但他耿耿于怀，决心抢婚。法国历史学家雷纳·格鲁赛对这一事件评价说：“在什么情况下也速该夺得他的妻子，即成吉思汗的母亲诃额仑，这对于成吉思汗个人的历史至关重要。”

在《蒙古秘史》、《汉译蒙古黄金史纲》、《史集》等诸多历史专著中，记述了这一重要时刻：1162年初春，在冬雪尚未融化的时节，一天，也速该与哥哥捏坤太石、弟弟答里台斡惕三人正在斡难河边狩猎，看见一道新鲜的车辙印迹，车辙内尚有一处溺痕。也速该说：“此乃年青女人，必生贵子”。三人打马急追，很快望见前方有一群骑马的佩刀武士护着一辆黑车，车中有位女人，原来是诃额仑正从娘家斡勒忽呐兀惕部归来去往蔑儿乞草原的途中，三兄弟便合力抢了这女人，给也速该做了妻子（这段故事，很可能是元朝史家为了掩盖历史而做的编排和虚构，真正的历史，应该是也速该蓄谋已久的公然抢婚行动）。到了初夏的某一天，正当也速该带着被俘的塔塔儿部的头领铁木真·兀格归来时，诃额仑夫人也在斡难河畔勃汗哈拉山麓一个毡房里给他生了个手握凝血的男孩。为了庆祝战场上的胜利和“贵子”的诞生，也速该便给孩子取名为铁木真。一代天骄，就这样在抢婚的野蛮传统中拥有了壮硕的生命。

第二次抢婚：争夺铁木真妻子孛儿帖。

1171年的一天，也速该带着9岁的儿子铁木真，乘马沿怯绿连河（今克鲁伦河）东向也里古纳出发，走到扯克彻儿与赤忽儿古两山之间，按礼节拜访了弘吉剌部酋长德薛禅，德薛禅十分惊奇铁木真的相貌，说他日后必成大业，不禁大喜，就把自己10岁的女儿孛儿帖许配给了9岁的铁木真。也速该将一匹马作为聘礼，并按习俗让儿子留在德薛禅家做女婿，自己则乘马回去，半路上殊料因参加塔塔儿人的酒宴被毒死。

若干年后，蔑儿乞部落首领脱黑脱阿弟弟赤勒格儿力士慕名前往弘吉剌部向部落酋长德薛禅的女儿、大名鼎鼎的美女孛儿帖求婚，不想她早已许配给了也速该的儿子铁木真，这使蔑儿乞人分外恼火，又勾起了他们复仇的愿望，遂决定以武力抢夺已成为铁木真妻子的孛儿帖。一日晨，蔑儿乞人300骑兵突然来袭，睡梦中的铁木真一家惊惶失措，纷纷上马逃跑，孛儿帖因无马可乘，被蔑儿乞人抢走，被迫成为赤勒格儿的妻子。受此大辱的铁木真决心借助其义父——克烈部首领脱里罕以及其儿时的“安答”（结义兄弟）札答兰部首领札木合的力量，共同攻打蔑儿乞部并夺回自己的妻子。

发生在1179年的这次成功的抢亲战争，对于17岁的铁木真来说，是他一生中最重要的转折点。这一战，他在盟军的帮助下不仅击溃了劲敌蔑儿乞部，夺回了妻子，提高了自己在草原各部落间的政治威信和地位，同时从蔑儿乞人那里抢夺了大批战利品，包括许多家仆、奴埠和牲畜，这一切奠定了他日后起家兴业的基础。

夏天，孛儿帖生下一个男孩，取名术赤，长大后成为铁木真的一员猛将，西征中勇猛无比，节节胜利，在征服的土地上建立了一个辽阔的汗国——钦察汗国；术赤的次子拔都又把莫斯科大公国以及多瑙河两岸的许多欧洲国家纳入钦察汗国辖区内，统治了250年之久。继铁木真之后，术赤是第二个由抢婚而产生的重整世界格局影响后世千秋的人物。数百年后，一个小小的城市国家——莫斯科大公国正是继承和效法了术赤和拔都的骑兵战术，以哥萨克骑兵为开路先锋，以武力开疆扩土，发展成世界上疆域最辽阔的国家——俄罗斯。而哥萨克人也正是蒙古人血统与欧洲人血统相互融合的后代。正如一位国外史学家所写：“俄罗斯人，在蒙古统治时期，在蒙古‘学校’里学了二百年的政治和军事，成功地建立了俄罗斯大国。”

第三次抢婚：抢夺朵莉格娜

朵莉格娜也是弘吉剌部落美女。1203年冬铁木真的三儿子窝阔台慕名前来求婚，但朵莉格娜已嫁给了蔑儿乞首领脱黑脱阿的长子忽都，窝阔台决心抢婚。

1204年，成吉思汗西征乃蛮。7月，窝阔台率领右路大军与父亲铁木真率领的中路大军、速不台率领的左路大军在纳忽昏山击败乃蛮军之后，三路大军挥师西北去消灭乃蛮部的帮凶蔑儿乞部，抢夺朵莉格娜。蔑儿乞部首领脱黑脱阿并不知道强大的乃蛮部这么快就被铁木真消灭，他领兵迎战于合剌答勒忽札兀儿，想助乃蛮一臂之力把铁木真打败。这时，窝阔台一马当先率大军漫山遍野杀来，吓得蔑儿乞人心惊胆战，大败而逃。铁木真和窝阔台挥师追至撒里川，全歼敌人，掳掠全部蔑儿乞百姓。只有脱黑脱阿和他的两个儿子等少数人向西逃跑，而忽都却率数十骑兵向北逃去。窝阔台率数百名护卫军把朵莉格娜抢到手。后来，朵莉格娜生了个男孩，取名贵由。窝阔台1229

年8月即位蒙古大汗，在位13年。他死后，由朵莉格娜执政管理天下大事，其子贵由后继位为元定宗。

博按：在辽阔的蒙古大草原上，若是身体孱弱无能之辈，便无法拥有妻子，更无法保有家私，而蒙古民族野蛮尚武雄豪之风，正是受益于这一"草原法则"。蒙古铁骑此后之所以能够纵横欧亚大陆，所向披靡，其中即有"抢婚"这一野蛮传统所注入的原始驱动力。据今人考察，在成吉思汗征服世界的过程中，因其以掠夺妇女财富为目的，以致在今日的亚欧诸地，拥有成吉思汗血统的人数多达数千万，可见这一带有"原始意义"的野蛮风俗对世界格局的深远影响。而纵观今中外之历史，文明民族往往为野蛮民族所征服，其原因之吊诡，往往见于此一社会之本质：因为生存繁衍和基本生产为第一要务，高度发达之文明社会（如两宋及后来的明朝），往往更关注于文化艺术诸领域之建设发展，而关乎民族生存发展的人口生产和军事能力建设，倒是渐渐被忽略。比如历史上两次征服中原的元朝和清朝，前者的原始驱动力为掠夺美女和财富（后发展为土地），后者的原始驱动力为改变高寒环境，以更好地生存和发展。再以今日之世界为例，一些高度发达的文明社会，因为过度关注高品质的生活质量和拥有多样的娱乐方式，而导致人口生产的效率极低；而一些文明相对落后的民族，因为既缺乏对美好生活的建设需求，又缺乏多种娱乐方式，因此往往把人口生产娱乐化，从而导致人口增长极快。在这样的基本态势下，文明民族最终为落后野蛮之民族所占领或征服，或很可能成为一种历史的必然，殊可发人深思。

266. 铁木真嫁妹并女与得人才之用

夜读元史孛秃传，有感于铁木真嫁妹之故事。孛秃，亦乞列思氏（与成吉思汗不同之部落首领），善骑射。铁木真尝潜遣术儿彻丹出使，至也儿古纳河。孛秃知其为铁木真所遣，值日暮，因留止宿，杀羊以享之。术儿彻丹马疲乏，复假以良马，及还，孛秃待之有加。术儿彻丹具以白铁木真，铁木真遂许妻以其妹帖木伦。孛秃宗族乃遣也不坚歹等诣铁木真，因致言曰："臣闻威德所加。若云开见日，春风解冻，喜不自胜。"铁木真问："孛秃孳畜几何？"也不坚歹对曰："有马三十匹，请以马之半为聘礼。"铁木真怒曰："婚姻而论财，殆若商贾矣。昔人有言，同心实难，朕方欲取天下，汝亦乞列思之民，从孛秃效忠于我可也，何以财为！"竟以皇妹妻之。后帖木伦死，铁木真又许其女给孛秃为妻，以是见铁木真得蒙古各部落忠心之因。

多桑《蒙古史》另载成吉思汗得人才而用之术，堪称经典。据载成吉思汗曾自言曰：

"智勇兼备者，使其典兵；活泼跷捷者，使其看守辎重；愚钝之人，则付之以鞭，使其看守牲畜。我由此意，并由次序纪律之维持，所以威权日增，如同新月，得天之佑，地之敬从。"

史传成吉思汗为培养一些胆小之军士敢于冲锋陷阵，曾将数十俘虏烹于锅中，特强使胆小者近距观之，后此等人果能勇于战阵！此其用人培人又一范例。

博按：史传铁木真得人之忠，用人之长，尤其得孛秃忠心一事，可见其中真义。铁木真知孛秃为将才，遂许妹并女而嫁之，后孛秃为元朝建国东征西讨，终死于战阵。不拘一格而得将才为用，此铁木真建立大帝国之"驭人之术"和"得人之心"。而铁木真除其能因人而异、量才适用，更重要之处在于其善于以各种手段培养之，于勇者以恩，于弱者以强，于善者以恶，于庸者以纪律，是以终其之世，能使元帝国之领土，东南西北各有"一年之程"（铁木真形容帝国领土之大之语），可见得人才、培人才、用人才之重要。后世史家常有批评于为元朝建国立下赫赫战功的张柔、张宏范父子以及史天泽、郭宝玉、郭侃等汉人将领，殊不知在当时的乱世，上述人等并没有生活在被视为正朔的宋王朝统治之下，而是大金国的臣民百姓，他们几乎都没有受到大宋和金国朝廷的宠爱和厚遇，一旦像成吉思汗、忽必烈这样具有雄才伟略、宽阔胸怀和驭人之术的一代雄主出现在他们面前，又有哪一个身怀建功立业之志的英雄人物能够不为所动呢？！由此我们也可以联想到，也许正是因为张柔、史天泽们没有得到金宋朝廷应有的重视和重用，才为宋金两国之后被元朝灭亡埋下了人才缺失的重要种子。

267. 蒙古开国：四杰四勇，狂吠天下

昨以成吉思汗嫁妹并女得孛秃者以论其能得士心。其实大汗麾下，孛秃尚排不上名号。而其战功之高，更有四杰四勇之说，今一并述而论之：

四杰之木华黎，早年辅佐成吉思汗统一蒙古诸部，被命为左手万户长。蒙金战争初期，在野狐岭、会河堡大战中，率敢死士冲锋陷阵，以寡敌众，配合主力歼灭金军精锐。之后，率军攻取北京、锦州、兴中府诸城，控制辽东、辽西地区，受命全权指挥攻金，在黄陵冈激战中，以弱敌众，击败20万金军。其收降的史天泽等大批汉将，为蒙古最终统一中原起到了关键性作用；在汉人将领的劝导下，在中原开始倡导“禁掳掠，不杀降”的政策，迅速攻取了今河北、山西、山东等省大部要城，可谓四杰之中有勇有谋之名将。

四杰之赤老温，以雄勇善战著称。曾随从成吉思汗参加统一蒙古各部的战争。与博尔术等一起，配合克烈部，击败乃蛮部曲薛吾军。以作战勇敢，铁木真赐号“把阿秃儿”（勇士）。世任“怯薛”（护卫军）之长。并世袭“答剌罕”之号。

四杰之博尔忽，成吉思汗母月伦养子，以智勇著称。随从铁木真统一蒙古各部，并与汪古儿等同典御膳，受命与博尔术等援救克烈部王罕，战败乃蛮部曲薛吾军，曾只身营救汗子窝阔台。

四杰之博尔术，参加统一蒙古诸部战争，志意沉雄，善战知兵，多立战功。1206年，成吉思汗建国，任命他为千户长、右翼万户长，并对博尔术、木华黎说：“国内平定，汝等之力居多，我之与汝犹车之有辕，身之有臂，二人位在诸将之上。”

四勇之忽必来。以雄勇著称，早年与弟忽都思投靠铁木真（成吉思汗），随从参加统一蒙古各部战争。宋淳熙十六年，共同拥戴铁木真为蒙古部汗，充“云都赤”（佩刀侍卫）。嘉泰二年，受命整顿军纪，对战争中违令私掠财物之阿勒坛、忽察儿等予以惩治，籍设其所掠财物。以先锋军，征乃

蛮部，威震群敌，战功居多。

四勇之哲别，本与铁木真为敌，交战中曾射伤铁木真之白嘴黄马。后投奔铁木真。铁木真问射伤自己爱马的人是谁，哲别一口承认，并且表示：“倘若饶我，赐我一命，赴汤蹈火，在所不辞。”铁木真认为他很坦诚，可以交朋友，将他改名为哲别（意为箭镞）。后以战功卓著成为蒙古开国十大功臣之一。

四勇之速不台，早年跟随成吉思汗，为其亲信那可儿（军事侍从），以勇猛善战闻名，初任百夫长，从成吉思汗灭克烈、并乃蛮，统一漠北诸部，战功卓著。蒙古建国后，从攻金，灭蔑里乞残部，灭之于垂河（今中亚楚河）。1219年，从成吉思汗西征。破花剌子模国，抄掠波斯各州和阿塞拜疆、谷儿只（今格鲁吉亚）等国，破谷儿只军，进取打耳班（今俄罗斯杰尔宾特西），越过太和岭（今高加索山），攻入阿速、钦察国，俘杀大、小密赤思老，进而攻掠斡罗思南部地。同年底，转兵东向，攻打也的里河（今伏尔加河）上的不里阿耳国。1226年，从成吉思汗征西夏，攻取金临洮路和凤翔路。1232年初，在三峰山之战中击溃金朝重兵。1233年，降汴京，以后以先锋军统兵攻入马札儿（匈牙利），出奇计败马札儿军于漷宁河（匈牙利东部索约河）上，复率先锋军驰至秃纳河（多瑙河），取马茶城（今匈牙利布达佩斯）。

四勇之哲里麦，自幼侍从铁木真，多有功劳，被铁木真誉为是“有福庆的伴当”。铁木真即蒙古部汗位时，参与运筹，随从统一蒙古各部，以果敢善战著称，有“饮露骑风”之美称，屡救铁木真于危难之中。嘉泰二年（1202年），在与泰赤乌部作战中，搭救受重伤的铁木真。翌年，孤军断后，截击克烈部进攻，掩护铁木真撤退。四年，充先锋，与乃蛮部作战。开禧二年（1206年），蒙古国建立时，封千户长，为十大功臣之一，享有九次犯罪不罚的特权。与哲别、速不台、忽必来并称“四獒”（即四勇）。

博按：史言一国之兴，开国之君必然雄才伟略。而雄才伟略之体现者，必见于其得民众之广泛拥戴，得名将之追随，得名臣之辅佐，一言以蔽之：得天下英雄之力而得天下，得天下民众之心而治天下。四杰四勇所以能立功于当时，扬名于大漠，皆以能为成吉思汗、忽必烈等雄才伟略之君麾下为用，此为将者之大幸。蒙古大帝国之兴起，先有成吉思汗广得草原勇士，始能渐次统一草原，为嗣后的万里江山奠定基础；后有忽必烈等得汉人名将名臣之拥戴而最终征服拥有先进文明的南宋而建立大元帝国。而读史至元初，常有不生于大漠草原之恨，常有不得为大汗麾下之叹，常有不能为国家民族征战四方为憾。然反而言之，一将功成万骨枯，一帝之兴百族灭，大元帝国的铁骑所履，欧亚大陆亿万生灵涂炭，数千年文明繁华烟灭，岂能徒赞其军功乎？

268. 蒙古散鸦：一代天骄，完美战法

《蒙古秘史》述及成吉思汗“散鸦战法”之精髓：即“进如山桃皮丛，摆如海子样阵，攻如凿穿而战。”山桃皮即草原灌木，海子则是蒙古人之大湖。《黑鞑事略》中记：“其行军，尝恐冲伏，虽偏师，亦必先发精骑，四散而出，登高眺远，深哨一二百里间，掩捕居者行者，以审左右前后之虚实，如某道可进，某城可攻，某地可战，某处可营，某方有敌兵，某所有粮草，皆责办于哨马回报。”又说，“鞑人未尝屯重兵于城内……城内并无一兵，只城外村落有探马星散摆布，忽遇风尘之警，哨马响应，四散刺探，如得其实，急报头目及大势军马也。”

“其阵利野战，不见利不进，动静之间，知敌强弱，百骑环绕，可裹万众，千骑分张，可盈百里，摧坚陷阵，全藉先锋，衽革当先，例十之三，凡遇敌阵，则三三五五四五，断不聚簇为敌所包，大率步以整而骑宜分，敌分亦分，敌合亦合，故其骑突也，或远或近，或多或少，或聚或散，或出或没，来如天坠，去如电逝。谓之鸦兵撒星阵，其合而分，视马策之所向；其分而合，听姑诡之声以为号。自迩而远，俄倾千里。”

“其破敌，则登高眺远，先相地势，查敌情伪，专务乘乱，故交锋之始，每以骑队，径突敌阵，一冲即动，则不论众寡，长驱直入，敌虽十万，亦不能支。不动则前队横过，次队再撞，再不能入，则后队如之。方其冲敌之时，乃迁延时刻，为布兵左右与后之计，兵即四合，则最后至者，一声姑诡，四面八方，响应齐力，一时俱撞，此计之外，或臂团牌，下马步射，一

射中镝，则两侧具溃，溃则必乱，从乱疾入，敌或见，则以骑蹙步，则步后驻队，驰敌迎击，敌或坚壁，百计不中，则必驱牛畜，或鞭生马，以生搅敌军，鲜有不败。敌或森戟外列拒马，绝其奔突，则环其疏哨，时发一矢，使敌劳动，相持稍久，敌必绝食，或乏薪水，不容不动，则进兵相逼。或敌阵已动，故不遽击，待其疲困，然后冲入。或其兵寡，是先以土撒，后以木拖，使尘冲天，敌疑兵众，每每自溃，不溃则冲，其破可必。或驱降俘，听其战败，乘敌力竭，击以精锐。或才交刃，佯北而走，诡弃辎重，故掷黄白，敌或谓是诚败，逐北不止，冲其伏骑，往往全没。或因喜败而巧计取胜，只在乎彼纵此横之间，有古法之所未言者。其胜则尾敌袭杀，不容捕逸。其败则四散奔走，追之不及。”

博按：以兵法观之，“进如山桃皮从”之精奥在于隐蔽大军，广布眼线，多搜敌情，谋定后动。这与《孙子兵法》中所提出的“冲其虚”的思想不谋而合。“摆如海子样阵”便是利用骑兵的快速灵活，部勒以严格的军纪与训练，以聚散不定之策，迷惑敌军，形成长途奔袭，侧翼包抄，力求在局部形成以多打少之格局。而“攻如凿穿而战”则为具体交战时之欺敌、诱敌、乱敌、扰敌策略。蒙古铁骑如钢凿锥石，前后上下，凿凿连环不绝，直至将敌人的阵列打开裂缝，然后施以严厉之后续打击手段，力求彻底击败敌人。以上三条，互为表里，环环相扣，逐次递进，浑然一体。这个由一代天骄成吉思汗于多年征战中归纳、整理、创造出的骑兵行军作战的不二法门，以扼要生动的比喻代替复杂抽象的军事术语，更方便蒙古草原目不识丁的将领与士兵们记忆理解，堪称今古兵法战术领域的一大发明。读此段历史之心得，即于今日之信息化时代，蒙古“散鸦”战术亦可深入借鉴于我军并发扬光大。尤其未来面对强敌信息优势之下的精确作战，我军必得“藏如神龙见首不见尾，动如飓风翕乎于来去，攻如暴雨雷霆而万钧”，始能赢得战争的最终胜利。

269. 成吉思汗的“三湾改编”及其他

成吉思汗即汗位后，为征服劲敌乃蛮部，第一件事即是采纳别勒古台的建议，开始整军备战，将全军以十人组、百人组、千人组进行重新编队，委任千夫长、百夫长、十夫长及军中各级官员。委任参谋官。从十夫长、百夫长、千夫长及青壮年中挑选出智聪体健者，组建成了八十人的宿卫队、七十人的近卫队及贴身侍卫等。据《蒙古秘史》记载，最初编组的千户数为九十五个，分授共同建国的贵戚、功臣，任命他们为千户那颜，使其世袭管领，并划定其牧地范围。一个千户那颜（长）统9个百户长，1个百户长统9个十户长。命大将木华黎为左翼万户，统领东面直到哈剌温只敦（今大兴安岭）的各千户军队；博尔术（既孛斡尔楚）为右翼万户，统领西面直到按台山的各千户军队；纳牙阿为中军万户。规定男子15岁到70岁皆“著籍应役”，其特定军法《大札撒》规定：“人们只能留在指定的百户、千户或十户内，不得转移到另一单位去，也不得到别的地方寻求庇护。违反此令，迁移者要当着军士被处死，收容者也要受惩罚”。因此，“没有人能够随意改换他的长官或首领，别的长官也不能引诱他离开。”成吉思汗要求百姓和各级那颜平时“应像牛犊般地驯顺，战时投入战斗应像扑向野禽的饿鹰”。那颜们不仅必须效忠于成吉思汗，而且要严格遵守《札撒》（法典）（十夫长不能统率其十人队作战者，将连同其妻子、儿女一并定罪，然后从其十人队中另择一人任十夫长，对待百夫长、千夫长、万夫长们也这样）

又建探马赤军制度（即今天的专业侦察部队）。即从各千户、百户和民族部落中拣选士兵，组成精锐部队，在野战和攻打城堡时充当先锋，战事结束后驻扎镇戍于被征服地区，称为探马赤军。

再建怯薛制度（相当于皇家卫队）。成吉思汗将原来的护卫军扩充为一万人，包括一千宿卫，一千箭筒士，八千散班，从各千户、百户、十户那颜和白身人子弟中选身体健壮、有技能者充当。千户之子可带伴当（随从）十人，百户之子伴当五人，十户及白身人之子伴当三人。各级那颜必须遵令将自己的儿子送到成吉思汗身边服役，不得躲避或以他人代充。护卫军职责是保卫大汗金帐和跟随大汗出征，平时分四队轮番入值，因此总称四怯薛。

在上述制度基础上，成吉思汗还组建了世界上最强大的骑兵，创建了世界上第一个炮兵团，使用了火焰喷射器，组建了第一个参谋部。这些都成为成吉思汗征服欧亚大陆的利器，使他的军队所向披靡，成为令人生畏的“上帝之鞭”。

博按：世人皆以元朝以为勇狠善战而得天下，岂不知铁木真军事制度之设计几至完美（同时代而言），融全民皆兵、将兵依附、上下同气之设计，可谓最大程度上调动将士之积极性。后来蒙古铁骑纵横天下，其完美的军事制度设计发挥了重要作用。是以有论者认为铁木真此一制度设计犹如红军时之三湾改编，其意义甚大。有人曾统计过，成吉思汗一生共进行60多次战争，除十三翼之战因实力悬殊主动撤退外，无一失败。因此中国学者刘乐土在其《成吉思汗》一书中说：“成吉思汗是后人难以比肩的战争奇才。他逢敌必战、战必胜的神奇，将人类的军事天赋穷尽到了极点”，“他麾下的铁骑，势如破竹，硝烟漫卷到了俄罗斯、阿富汗及印度北部。在广袤的欧亚大陆，成吉思汗已经成了战无不胜的神，对手无不闻风丧胆，屈服于脚下”。俄国将军葛那吉夫说：“横览宇内，历年之少，而开拓疆土之广大，如成吉思汗者，千古所未尝见也。成吉思汗登蒙古大汗位之初，兵籍之户数约一万三千而已，其后征服民族之数凡七百二十部之多，其言语信仰，大抵异类。其子孙蒙业开拓，所奄有之全版图，包括清朝大半，印度北部，朝鲜半岛全部，中亚细亚全域，俄罗斯帝国大半，底格里斯河与幼发拉底河间之南部，兵刃之所斩刈，马足之所蹂躏，由东达西，呈一直线，径长六千英里（约当中国一万六千里），其间列国数十，成吉思汗及其子孙才以六七十年之短日月次第削平者也。此最大盖世之雄，果如何而崛起者耶？”

270. 关于蒙古民族、中华民族和全世界视角下的成吉思汗

成吉思汗所建立的蒙古帝国是人类有史以来最为庞大的帝国。成吉思汗及其后继者在50多年的时间里，以总数不到40万人的军队，先后灭亡70多个国家，征服720多个民族，消灭各国军队人数超过千万，征服各民族人口数目达六亿（可能有所夸大，因当时全世界的人口也不过10亿左右）。在某种意义上说，成吉思汗和其子孙是古今以来以军事手段改变世界面貌最大之人（没有之一）。历史上和今天的历史学家或政治家们在评判成吉思汗的历史功过时，常常既为他的巨大历史功绩所高山仰止，又为他在征服各民族时所犯下的滔天大罪而诅咒不已，因此各种历史评价众说纷纭，不一而足。本着独辟蹊径的精神，《读史要略》试从以下三个视角下综述于这位历史人物：

第一，蒙古民族视角下的成吉思汗。

成吉思汗在蒙古民族历史上的地位、功绩居功至伟，可谓前无古人，后无来者。具体来说，主要有以下几个贡献：一是统一蒙古高原。前成吉思汗时代，在蒙古高原分布着许多大小不等的部落或部落联盟，比较强大的还有塔塔儿、克烈、蔑儿乞、乃蛮、汪古部等。这些部落长期进行着相斗、厮杀。无休止的部落战争，不仅妨害了生产的发展，同时也使金朝统治者在草原上任意屠杀和掠夺民众。成吉思汗以惊人的胆略、恢宏的气度、百折不挠的精神，将众多的部落聚集在自己的旗帜下，结束了蒙古高原部落之间长期争雄的混乱状态，给蒙古社会带来秩序和安宁，为蒙古社会的发展创造了有利条件。二是推动蒙古民族的形成。大蒙古国建立后，广大的蒙古地区在一个政权的统治下，千户、百户的编制，使各个分散的部落有机融合，部落的界限被打破，成为新的行政体制下的命运共同体。蒙古文字的使用，不但便于推行政令和提高文化，也使得蒙古语逐渐成为诸部族通用语言和共同语言，蒙古族开始成为一个文化独立的主体民族。三是提高了蒙古社会生产力。成吉思汗统一蒙古以前，蒙古高原正处于氏族社会时期向文明时期过渡

的剧烈变动年代。蒙古社会生产力极其落后。成吉思汗统一蒙古后，蒙古社会内部的战争停止，社会秩序稳定，为生产力的发展创造了良好的条件。对外的商品交换关系也变得更安全和频繁。成吉思汗对外的征伐战争，不但为草原带回了巨量财富，而且也带回了先进的技术和工匠，使手工业和农业在蒙古地区有了较大发展。四是发展了蒙古文化。在创制蒙古通用文字的基础上，成吉思汗颁布了《大札萨》，任命了断事官，使蒙古民族第一次有了成文法典。另外，成吉思汗非常重视对先进民族文化的吸收，他身边集中了一批畏兀儿、契丹、汉等民族的文人，他们对于蒙古文明水平的提升起到启蒙作用，改变了蒙古民族在文化上的蒙昧落后状态。

第二，中华民族视角下的成吉思汗。

对于以汉族为主体的中华民族来说，在宋元交替时期，成吉思汗和他的子孙首先是敌国入侵者。由于汉族自身的原因，中国第一次完全灭亡并沦为殖民地，这是我们必须客观面对的不争事实。但是，成吉思汗和其继任者在对中华民族的征服和入侵过程中，既对中华民族产生了一些有益结果，也对原本文明发展程度较高的汉族地区产生了巨大的负面作用：一是客观上实现了中华民族的再次一统。成吉思汗统一蒙古各部，消除内部敌对势力后，从1205年开始从事对外的军事征服。历时二十三年，先后进兵六次，1227年灭亡西夏；从1211年起，开始征讨金朝，到成吉思汗去世时，已平定了黄河以北地区；1234年，成吉思汗的继承者、三子窝阔台灭金朝。1279年，成吉思汗孙子忽必烈灭亡了南宋，完成了统一中国的伟业。二是为中华民族的政治、经济和文化多元开辟了新路。蒙古人以游牧民族入主中原，把游牧民族的尚武精神和军事传统带入中原。元朝还在中国传统的郡县体制上创立了行省制度，被沿用至今。在元朝时期，纸币成为流通货币，元朝还以开放的胸怀开通了海运，促进了商业的发展。三是元朝的统治严重阻碍了中国的文明发展。被蒙古灭亡的宋朝拥有世界上最发达的商业体系，不但聚集了全世界最大的财富和资本，而且汇聚了最多的商人和学者。然而，蒙古人的入侵使得中国的资本主义萌芽被消灭殆尽，使得最有可能第一个进入资本主义社会的中国从此衰落。元朝建立后，保留着蒙古族大量的落后政治和文化。例如，元朝施行的“驱奴”制。在灭宋战争中，蒙古军队还保存着一些奴隶制时期长期形成的掳掠奴隶和财物的旧习。掠夺人口做奴隶，是江南人民最为不堪的灾祸。“大州小邑，四民子弟，无少长悉为人俘虏，流离括迁之余，可矜可哀。”（引自元代同恕所著《榘庵集》）……奴隶制度推行于汉人地区后，北方破产的农民，往往因偿债典身或卖身为奴。江南地区也因而出现了变相的奴婢买卖。蒙古奴隶制的渗入，严重地阻碍着社会生产力的发展。元朝法令明确规定了驱奴与良民不同的身份、地位。奴隶和钱物一样属于主人私有。元初，奴隶有罪，主人可以专杀。按元律，主人杀无罪奴婢，只杖八十七；因酒醉杀奴隶，还要再减罪一等。而同样的法律规定，私宰牛马，杖一百。奴隶的法律地位，还不如牛马。主人甚至对奴隶私置枷锁禁锢，刺面割鼻。奴隶遭受主人压迫而竟敢控告主人，即由官府处死。奴隶可以被当做牲畜一样买卖。元初，大都有马市、牛市、羊市，也有人市买卖奴婢。奴隶在法律上低于一般良民的地位。良民打死别人的奴隶，只杖一百七，罚烧埋银五十两。奴隶不能与良民通婚。奴婢所生子女，世代为奴，仍属主人所私有，称为“怯怜口”（家生子）。奴隶如背主逃亡，要由官府拘收，称为阑遗（不兰奚）奴婢。如主人认领，仍交归原主。驱奴既为主人的私产，完全听从主人的驱使，用以担负家内劳役，也用来从事农牧生产或军前服役。官府或蒙古诸王役属的工匠，也多是奴隶。……元朝一代，驱奴一直作为一个被压迫的阶级而广泛存在。四是大大阻碍了社会经济发展。元朝在统一中国的过程中，开始执行了极其愚昧的屠城政策，以消灭金国为例，蒙古灭金后得户八十七万余，口四百七十五万余，比金章宗太和七年（1207）年统计数户七百六十八万余，口四千五百八十一万余，少了90%。按照这个统计，北方被屠杀各族人民约四千万；蒙古攻宋时，屠城有所收敛。但亦屠城二百。元灭宋，得户九百三十万，校宋宁宗嘉定十一年（1218年）代户数一千三百六十万也少了30%。按每户五人计算（金朝境内每户平均5.4人），南方宋境内被屠杀人数约两千四百余万，这还不包括蒙古帝国征服西夏过程中采取的种族灭绝行为所丧失的党项族人民。而人口的锐减，很大程度制约了当时社会政治经济的良性发展。

第三，世界视角下的成吉思汗。

站在全世界的立场，成吉思汗的意义在于以下几个方面：

一是促进了世界文明的交融。成吉思汗和他的子孙们的西征贯穿了欧洲、中东、东亚三个文明，一定意义上使各国发生了密切的往来，日益连成了一个整体。法国学者格鲁塞在《蒙古帝国史》中说："蒙古人几乎将亚洲全部联合起来，开辟了洲际的通道，便利了中国和波斯的接触，以及基督教和远东的接触。中国绘画和波斯绘画彼此相识并交流。马可波罗得知了释迦牟尼，北京有了天主教总主教"，"从蒙古人的传播文化这点说，差不多和罗马人传播文化一样有利。对于世界的贡献，只有好望角的发现和美洲的发现，才能够在这一点与之相似"。二是创造了世界军事史上的奇迹。美国五星上将麦克阿瑟说："如果有关战争的记载都从历史上抹掉，只留下成吉思汗战斗情况的详细记载，且被保存得很好，那么军人将仍然拥有无穷无尽的财富"。三是亚洲人第一次主导世界政治军事文化舞台。《马可波罗游记》中的成吉思汗是一个雄才大略，以聪明善良、公正谦和赢得百姓拥护的统治者。启蒙运动之后尽管不断有哲学家、文学家批评成吉思汗的残暴，攻击蒙古人或黄种人，但多数知识分子对元朝时代仍怀有优美的想象。十八世纪之后，在西方社会眼里，蒙古人成为邪恶势力的象征。西方史学家威泽弗德在讨论这一现象时指出，哲学家和文学家们的批评不算什么，最恶毒的攻击来自那些从启蒙运动中形成的新型知识分子群体——科学家，他们从分类学和进化论入手，把世界人种划分成欧洲、非洲和亚洲三类，以欧洲白种人为进化的最高等级，而将亚洲人都归于与猩猩等灵长类接近的"蒙古人种"之下，如果欧洲儿童出现了智障和遗传性疾病，那就是蒙古人入侵欧洲强奸白人妇女后出现的返祖现象。甚至欧洲人的反犹主义，也是因为他们认为犹太人和蒙古人通婚，他们身上有蒙古人的影响。但是，这种说法恰恰证明成吉思汗所率领的蒙古军队是何等深刻地影响了欧洲和整个亚洲。波斯史家拉施特对成吉思汗的性格有很经典的刻画：成吉思汗曾问不儿古赤（《元史》称博尔术），人生何者最乐？不儿古赤以春日走马飞鹰出猎为最乐作答。成吉思汗则说，不然，战胜敌人，夺其所有，见其亲人流泪，纳其妻女才是人生之最乐。（《史集》第一卷第二分册，商务印书馆1992年，第362页）作为把战争当做生产的游牧民族来说，成吉思汗把抢劫和毁灭作为国策，出于森林游猎民族视天下财物如同猎物的天性。在长期的征服过程中，成吉思汗的目标也由早先的抢劫和屠杀发生变化，逐渐形成了建立世界统一帝国的使命感。成吉思汗告诉其子孙，他最重要的教训就是战胜一支军队不等于征服一个国家，你只能通过赢得民心的方式来征服。成吉思汗最终认可了文明世界的价值体系，忽必烈在元朝建立了一套比宋律“更温和、更人道”的刑法体系就是其结果之一。

然而，就世界范围来说，蒙古军所犯下的史无前例的侵略和屠杀罪行也是不可宽恕的。阿拉伯历史学家伊本·阿·阿特在描述蒙古侵入中、西亚地区时曾经说：

“历史上从来也没有发生那么可怕的事，哪怕是接近这样的灾难也没有……人类哪怕到了世界末日，也再不可能看到其他类似的灾难了……即使是对抗救世主的恶人，也不过是消灭那些反对他的人，还会饶恕跟随他的人。然而，这些（蒙古）人对任何人都没有一点怜恤，他们残酷地杀害了妇女、男人和儿童，甚至切开孕妇的肚子，把里面没有出生的婴儿杀死。”

美国现代历史学家桑德斯也指出：

“作为人类种族灭绝屠杀的典型代表，这些蒙古人是自古以来最恶劣的屠夫。他们把许多国家民族完全斩尽杀绝或者全部驱赶出家园。在屠杀上令人发指的程度，一直到现代的纳粹都没有超越。”

蒙古的屠杀和掠夺，使得丝绸之路上这一繁华地区到今天还没有恢复到原来的水平。他们摧毁了五千年来陆续修筑的水利系统，使得大量的绿洲变成沙漠，使其经济下降到公元前1500年的水平。据美国历史学家Paul·B·Kern引用最新研究结果表明，即使到现在，中东地区耕地面积尚未恢复到蒙古入侵前的60%。

博按：读史至元，既为铁木真得人心、知军事、善统驭为感慨，更为其野蛮、残暴的战争行为而愤慨，亦深知于何以蒙古大军能够纵横大半个世界的根本原因：铁木真之所以能够成为“一代天骄”，及其本性中融合了人类最大的优点（智慧和勇敢）和缺点（残暴和野蛮），并善于随着形势的发展变化而作最优化调整。是以英国史学家韦尔斯在他的《世界史纲》中说：“蒙古人的征服故事确实是全部历史中最出色的故事之一。亚历山大大帝的征服，在范围上不能和它相比。在散播和扩大人们的思想以及刺激他们的想象力上，他所起的影响是巨大的……作为一个有创造力的民族，作为知识和方法的传播者，他们对历史的影响是很大的”。亚洲人第一次让欧洲很多人的基因里存在了蒙古人血统，无疑在一定程度上拉近了人类的距离。1970年出版的《全球通史（1500年以前的世界）》同样强调蒙古的侵略“促进了欧亚大陆间的相互影响”，并称：“由这种相互影响提供的机会，又被正在欧洲形成的新文明所充分利用。这一点具有深远的意义，直到现在，仍对世界历史的进程产生影响”。

然而，对于中国人来说，今人常有无原则歌颂赞美成吉思汗者，并将其作为中华民族的“英雄”而引以为自豪，《要略》认为有失偏颇。因为对于今天的全人类来说，对于成吉思汗的历史，可以学习其作为一个统治者的领导才能和对人才的发现以及量才适用，可以赞美他作为一个军事家的谋略运用和天才指挥，甚至可以赞美他对世界文明的交流带来的间接的影响——但是，我们一定要清晰地知道，对于历史的当时，站在宋元时期汉人的立场上，成吉思汗却是一个不折不扣的侵略者、一个穷兵黩武的好战主义者。在这个意义上说，即便成吉思汗和他的后代们曾为中华民族的疆域扩大做出了间接的贡献，我们也不能引以为自豪或是沾沾自喜——毕竟，那是以中华民族损失了6000万优秀儿女为代价，那是以整个民族的整体性沉沦为代价。

在这里，我想引用两个人的观点作为借鉴和参考。

其一，是2004年蒙古乌兰巴托大学教授额日德雷根在访问日本时接受日本NHK电视台采访时，针对当年亚洲杯足球赛上中国球迷的抗议日本活动所说的一番话：“中国人把我们国家和民族的伟大英雄，征服过他们的帖木贞（铁木真）当做他们的祖先和英雄，把我们对他们的殖民历史当做他们最强大的历史，这样一群拥有白痴一样逻辑的民族，又有什么资格去抗议你们国家（指日本）民族的历史观呢？又有什么资格去抗议你们民族的英雄，当年侵略过他们的所谓‘甲级战犯’呢？我认为他们没有那个资格。”

其二，是中国伟大的思想家和文学家鲁迅先生在其《随便翻翻》一文中说过：“幼小时候，我知道中国在‘盘古氏开辟天地’之后，有三皇五帝……宋朝，元朝，明朝，‘我大清’。到二十岁，又听说‘我们’的成吉思汗征服欧洲，是我们最阔气的时代。到二十五岁，才知道所谓这‘我们最阔气的时代’，其实是蒙古人征服了中国，我们做了奴才。直到今年（指1934年）八月里，因为要查一点故事，翻了三部蒙古史，这才明白蒙古人的征服‘斡罗思’，侵入匈、奥，还在征服全中国之前，那时的成吉思汗还不是我们的汗，倒是俄人被奴的资格比我们老，应该是他们要说‘我们的成吉思汗征服中国，是我们最阔气的时代’的。”

仅录以上两种观点以供读史诸君参考。

271. 忽必烈灭宋战略：主攻方向正确，政治策略得当

成吉思汗及其继任者窝阔台、贵由及蒙哥虽然开功显赫，但都没有完成攻灭南宋之终极目标。尤其蒙哥之战略，意图派忽必烈从西部长途奔袭，直下云贵，然后自南向北包抄宋军，不想出师未捷身先死，始把攻灭南宋之“最艰巨任务”交于其弟忽必烈。忽必烈即位后，于战略上一改蒙哥成策，开始采取了更为积极和高效的军事、政治和文化政策：一是把主攻方向选择在荆襄方向，于宋朝必救之战略要害围点打援，于三年之内渐次歼灭宋朝水陆主力，遂奠定最后之胜局；二是其把成吉思汗创立的运动战术同从中原和穆斯林军队学来的围攻战术相结合，把汉族博大精深的文化知识和科技发明与蒙古人的民族传统和骁勇善战相结合，是以攻无不摧、战无不胜；三是开始执行“以汉制汉”的军事和文化战略，主动提出如果各地汉人能够投降蒙古，蒙古人必将与汉人和平相处。忽必烈的保证，加上他对汉民的真心善待，赢得了汉人的信任。此后忽必烈进一步推行仁政，为农民提供公共救济，实行国家控粮政策（即中国历代之“常平仓”）；一定程度上恢复了中原地区的农业生产。四是忽必烈既保留了汉族的官僚体制，也维护了蒙古人的特权地位。他鼓励人民追求知识，下令大量印制书籍，修建观测台以随时更新天文发现等举措，客观上使元朝在入主中原初期得到了一定程度的认可。

博按：忽必烈所以能够征服华夏，根本原因，在于其能适应形势，基本接纳并承认汉文化之主体地位，并进而得到广大汉人的认可和拥护。灭宋战争后期，忽必烈能够于军事上博采众长，直取腹心，是鉴于宋朝之文化力量过于强大，必攻其心腹才能震荡肢体边缘，反映了忽必烈因时因情因机而度势之明。然而，毕竟以蒙古族为主体的统治阶层在政治文化治理方面与两宋反差太大，尤其是其以征服者之心态，既不愿意降低身份去学习汉文化（整

个元朝诸帝，只有忽必烈略通汉语，以此也可明证元朝于中国的殖民性），又不愿意客观承认汉文化的优势所在，是以在元朝统治期间，汉文化除了发展起更加通俗易懂、具有乡土文化特点的“元曲”之外（因为蒙古人对中国广大乡村的统治力有不逮之原因），更无其他可以论说。但其中，确已包含着中华文明逐渐衰落的文化因子。

272. 元都北京：最具“世界意义”的伟大城市

北京城作为中国王朝的首都，始于金国海陵王时期（《要略》前有论述），但为正史所认可的建都历史，则始于1267年元朝建都于“大都”之始。作为当时世界上最大帝国的元朝首都，元大都历时十八年建设始告完毕。元大都时期的北京格局奠定了今天北京的城市主体结构；明清两代的北京城，都是在大都的基础上不断发展。虽然大都是一个由北方草原民族所建的都城，但是它的程式设计，却深刻体现了中原文化的精髓。

史载，主导元大都建设者是忽必烈，由汉人大臣刘秉忠规划设计，而负责具体建造的总工程师也黑迭儿则是阿拉伯人。当然，作为总设计师的刘秉忠赋予了元大都规制的灵魂。这个博学多才，天文、地理、律历无不精通的堪舆学家，把整个《周易》哲学变成了一个“状如棋盘”的城市实体。在他的设计理念里，城市的北面代表冬季，东面代表春季，南面代表夏季，西面代表秋季，而作为城市灵魂的中轴线左右两侧代表阴和阳、日和月、人和自然、生和死这些象征着宇宙中最本质的力量，贯穿北京城市中心（我国2008年奥运会主体场馆建设亦然遵循这一原因，鸟巢代表阳，水立方代表阴，分居于中轴线两侧）。由于这样符合中国文化核心的“指导思想”，元大都虽然经过几次朝代更迭，战火洗礼，直到八百年后的今天，北京的精髓和基本格局始终未变。从这个意义上说，元大都是中国历代都城中，最符合《周礼》建制的一座伟大城市。《马可波罗游记》曾如此记述并赞美说：“全城的设计都用直线规划，非常壮观，一座城市，设计建造得如此完美，难以想象任何人可以对它进行改进。”

在元大都的城市规划里，还体现着民族融合的元素。有论者认为，元大都规划最有特色之处，是以水面为中心来确定城市的格局，其中和蒙古游牧民族“逐水草而居”的传统习惯有关。城市的主体虽然是作为中华文明源头的《周易》理念，而贯穿其中的却是代表着草原民族的大大小小的“胡同”。当我们今天流连于这些“胡同”之中时，很难有人把它和蒙古人联系起来。而实际上，“胡同”一词正是蒙古语的译音。其蒙古语原意是“帐篷与帐篷之间的通道”。

博按：近代建筑学家梁思成在《伟大的中轴线》中写道：“一根长达八公里，全世界最长，也最伟大的南北中轴线穿过了全城。北京独有的壮美秩序就由这条中轴的建立而产生……有这样气魄的建筑总布局，以这样规模来处理空间，世界上就没有第二个！”令人遗憾和叹息的是，今人在回眸800年风雨的帝都北京时，元大都，这个由蒙古人主导，按照汉人的理念，由阿拉伯人建造的独一无二的具有世界意义的伟大都市，竟然被汉人领袖朱元璋所率的军队所毁掉。而更令人嗟叹不已的是，古老帝都北京所留下的最后背影，竟然鬼使神差地被一个名叫马可·波罗的欧洲人最大限度地保存下来。明代迁都北京和清朝入主北京之后，北京的城市建设依然按照元朝所设定基本格局进行扩建和发展，使这座具有“世界意义”的“中国帝都”焕发了新的活力。可悲的是，当新中国建立之时，在建设规划新北京的时候，却将明清时的古老北京城墙拆毁殆尽。北京，这个古老帝都的背影，如今只能在紫禁城的落日余晖中去想象和回味了。但是，在回顾这段建都历史时，其中实在有着许多有关开放和封闭、强大和落后的道理和暗示需要今人深刻反思和引以为戒。

273. 蒙古大军折鞭东瀛：一个遗患至今的沉重话题

蒙古帝国于1259年征服高丽王国后，听说在东方之大海，尚有日本之国，便以世界之王的心态遣使招降。殊料当时的日本龟山天皇根本不知道蒙古帝国是何物，是以未予理会。这种冷淡态度，遂引起两次无妄之灾，亦从此种下中日仇恨，并遗患至今。

元朝第一次征日，于1274年，元出兵一万五千人，在大将忻都和洪茶丘率领下，乘战舰九百艘，从朝鲜半岛合浦港出发，攻陷对马岛，在日本肥前沿海登陆。日本集结十二万人抵抗，死伤惨重，但坚守不退。后来元兵箭尽粮绝，只好收兵撤回。

七年后，（第二年元灭宋），忽必烈大汗在高丽王国首都开京（今朝鲜开城）设征东行省（类似今天的战区司令部），由蒙古大将阿刺罕担任行省左丞相、汉人大将范文虎担任行省右丞相，分南北两路，在对马岛上会师。会师之后，阿刺罕突然逝世。忽必烈命副宰相阿塔海前往接替。可是范文虎企图由他来独立完成这件英雄事业，没有等阿塔海到达，即行进军，在日本平壶岛（今长崎北）登陆。此次征日元军，共计发兵十余万人，战舰四千四百艘，漫天遍海，旌旗蔽日。日本第一次面对如此强大之外敌入侵，全国震怖，自知不能抵抗，唯有奔走呼号，祈祷上苍拯救。此时是阴历七月，正逢西南太平洋上台风季节（内陆人民不可能了解台风所带来的可怕破坏力，即令今日之二十万吨巨舰，得到台风消息，都要躲避）。当日本慌张失措、朝不保夕之际，台风适时而至。八月一日，突然间海上风浪大作，暴雨倾盆，四千四百艘战舰在怒风骇浪中，四处飘散，互相撞击，几乎全部沉没，尸体漂满海面，军储粮秣以及弓箭武器也全部丧失。这次台风历时四天，八月五日，风雨停住之后，范文虎发现他已无法收拾残局，就把已经登陆驻扎在五龙山下的十余万人部属全部遗弃。自已则和一批高级将领，乘上残余的几艘战舰，悄然逃走。登陆五龙山的十余万人部队发觉被他们的统帅遗弃时，相对大哭之余，立即组织起来，推举一位张百户（营长阶级）当统帅，伐木作舟，准备逃回。但时间已不许可，八月七日，日本反攻，结果是六七万人被杀，未死的二三万人，于八月九日被日军驱到八角岛，凡蒙古人、高丽人、中国北方人（汉人），全部处斩。只留下中国南方人（日本称为“唐人”，可见当时日本人对大唐文明之尊崇）被充作奴隶。

博按：元朝以前，中国其实为一完全陆上大国，其于海上之无知，由此役可见一斑。此役忽必烈用将非其人，出兵非其时，且元将不知气候之多变，台风之凶险，遂造成开国以来空前之大败，使元朝的领土扩张步伐放慢了脚步，收敛了许多。而在此役中得台风之助而侥幸取胜的日本，则开始把这场挽救危亡的台风称为“神风”，并进而把这场“战胜”神话为大和民族的“天命”所归。二战末期，日本组织自杀飞机，即称“神风特攻队”，亦寄希望于神风再次降临，帮助其战胜敌国，以实现其统治万邦的野心。而于八百年后回望这段历史，我们除了要谴责蒙古帝国穷兵黩武之外、妄图征服世界的野心之外，更要客观认识中国和日本之间的邦邻关系。既不能片面地指责日本此后在亚洲所采取的“东进政策”，也不能放松对日本的警惕。因为自蒙古大军失利后，日本民族在亚洲的骄傲心态被第一次启动，再经之后的甲午战争和日俄战争，日本民族的“骄傲”情绪被逐渐培植成此后危害亚洲人民的“军国主义思想”，也直接导致了今天中日之间的强烈不信任和历史隔阂。另外，我们今天除了要以史为鉴外，还要看到日本民族战后接受美国和平改造之后发生的民族心理嬗变，以及日本民族在民族团结、善于接受和吸纳优秀文化方面的优良基因，而这种基因，正是日本民族越来越强大的文化支撑。对此，今天的我们不可不深入考察。

274. 天下第一骑兵背后：并非尽然驯马之术

宋人赵珙曾在其《蒙鞑备录》中述及蒙古人驯马之术。其曰：

鞑国（即蒙古）地丰水草，宜羊、马。其马初生一二年，即于草地苦骑而教之，却养三年，而后再乘骑，故教其初是以不蹄啮也。千百为群，寂无嘶鸣，下马不用控系，亦不走逸，性甚良善。日间未尝刍秣，惟至夜，方始牧放之。随其草之青枯，野牧之。至晓，搭鞍乘骑，并未始与豆粟之类。凡出师，人有数马，日轮一骑乘之，故马不困弊。

另据彭大雅所著《黑鞑事略之马节》亦记载：

鞑人养马之法，自春初罢兵之后，凡出战好马，并恣其水草，不令骑动，直至西风将至，则取而控之，系于帐房左右，啖以些少水草。经月后，膘落而实，骑之数百里，自然无汗，故可以耐远而出战。

而蒙古人平时对战马之调教，亦有讲究：比如兀剌赤（即养马人）在领马饮水时，其井窟止可饮四五马，便让马排好队，一一按顺序饮用，如果有不遵守秩序的马，兀剌赤便远挥铁挝（类似马鞭），于是马望而生畏，则俯首驻足，无或敢乱，最为整齐。另正因为蒙古人养马得法，才使其族多优良战马，因其铁骑被西人称为“天下第一骑兵”。

蒙古骑士日行80公里，在驿站制度下则可日行500公里。蒙古人作战时的推进速度同样快得惊人，攻占北俄罗斯用了2个月零5天，平均每天推行85至90公里；攻占南俄罗斯用了2个月零10天，平均每天55到60公里；攻占匈牙利和波兰用时三个月，每天58到62公里。相比之下，“二战”时期行军速度最快的苏联红军在基本没有阻力的情况下，从波兰的维瓦斯河直扑德国的奥得河，20天里只推进了500公里，平均每天只有25到30公里，而此战役被视为现代战争中推进速度最快的战役。

博按：世人多知蒙古马之耐力超群，然多不知其所以然。今读元史，始知蒙古人驯其马而得其性之故。据载，蒙古人于马行时并不允其吃草，盖马于辛苦运动时进食易伤其身之故。是以汉人养马多病，而蒙人之马多健。蒙古人以优良之养马驯马之法，所以得优良之铁骑而纵横天下，此既可用之于马，于御民抚民得民之力亦然。民可时养之，亦须纪律之，斯可得民主之大意。是以今日西人之治，吾等但知其民主之道，而不知其背后之严格法律，所谓文明之道，强盛之道，长久之道，既需充分发挥人民参与政治和建设国家的主观能动性，亦必须使其守法知礼，以合乎法律的正确方式行使其权利和义务，此中道理深矣！

275. 耶律楚材：契丹降臣，元朝名相，儒家英才

耶律楚材，出身契丹贵族家庭，是辽太祖耶律阿保机九世孙、金朝尚书右丞耶律履之子。其名及字均取自《春秋左氏传》中的“楚虽有材，晋实用之”之典。

耶律楚材世代仕于金朝，常居燕京。时燕京汉文化基础深厚，是以耶律一族受儒家思想熏陶。楚材秉承家族传统，自幼学习汉籍，精通汉文，“博及群书，旁通天文、地理、律历、术数及释老医卜之说，下笔为文，若宿构著”。（引自元史《元史·卷一百四十六·列传第三十三》）

1215年，蒙古军攻占燕京。据格鲁塞《草原帝国》记载：“占领北京后，在愿意支持蒙古统治的俘虏中，成吉思汗选中耶律楚材，因为他‘身长八尺，美髯宏声’，从而博得成吉思汗的喜爱，被任命为辅臣”。1219年，耶律楚材随成吉思汗西征，常晓以征伐、治国、安民之道，屡立奇功，备受器重。1226年，随成吉思汗征西夏，谏言禁止州郡官吏擅自征发杀戮，使贪暴之风稍敛。窝阔台汗即位后，耶律楚材倡立朝仪，劝亲王察合台（元太宗之兄）等人行君臣礼，以尊汗权。从此更日益受到重用，被誉为“社稷之臣”。1231年，任中书令（宰相）后，耶律楚材积极恢复文治，逐步实施“以儒治国”和“定制度、议礼乐、立宗庙、建宫室、创学校、设科举、拔隐逸、访遗老、举贤良、求方正、劝农桑、抑游惰、省刑罚、薄赋敛、尚名节、斥纵横、去冗员、黜酷吏、崇孝悌、赈困穷”等一系列政治主张。在政治、经济、文化各方面殚精竭虑，创举颇多。具体来说，主要改革政治体制，提拔重用儒臣；反对屠杀生命，保护百姓生命；禁止掠民为驱，实行编户制度；反对扑买课税，禁止以权谋私；主张尊孔重教，整理儒家经典。使蒙古贵族逐渐放弃游牧生活方式，采用汉族以儒教为中心的传统思想和制度来治理中原，使战争不断的乱世转为和平盛世，使先进的中原农业文明得以保存和继续发展，也为忽必烈建立元朝奠定了思想文化基础。

史传耶律楚材在成吉思汗、窝阔台汗两朝任事近30年，多有襄助之功。皇后脱列哥那称制时，因屡弹劾皇后宠信之奥都剌合蛮，渐被排挤。1244年6月20日，耶律楚材悲愤而死。“砥柱中流断，藏舟半夜移”，消息传出，倾国悲哀，许多蒙古人如同失去自己亲人一般痛哭，汉族士大夫更是流泪凭吊这位功勋卓著的契丹族政治家。蒙古国数日内不闻乐声。其同时代人暮之谦曾写下《中书耶律公挽词》以悼念这位少数民族政治家：

忽报台星折，仍结薤露新；
斯民感天极，洒泪叫苍旻。

元世祖中统二年（1261年），忽必烈遵耶律楚材遗愿，将其遗骸移葬于故乡玉泉以东之瓮山（即今北京颐和园万寿山）。

博按：耶律楚材以辽人而仕金朝，再以金臣降元朝，影响大元开国三代君主，不但于元朝统一华戎有大襄助，而且于汉文化传承有大功劳。若非耶律楚材以契丹族之身份而建策蒙廷，倡导汉学，则元朝孔武粗鄙之君臣将士，但知游猎杀戮，强抢豪夺之能事，则中华必将再陷于“蒙胡乱华”之悲惨境地。读于此段历史，深感古汉文化力量之强大深厚，无论身为契丹贵族的耶律楚材，还是其后身为元朝宰相的蒙古人脱脱，当他们接触到博大精深的汉文化时，无不为之折服而身体力行之。然而，回顾元以后的中国历史，中华民族在屡屡受挫、几番沉浮之后，几乎丧失了文化自信，尤其是近代以来，面对欧美文化的泛滥冲击，加之我们自己对文化的自我阉割和破坏（比如清朝等对中国文化的破坏），使今天的大部分中国人失去了本属于自己的文化坐标和方向，一些所谓的文化精英和社会上层人士，纷纷把自己或是自己的孩子送到国外接受西方文化教育，而在这种选择背后，固然有文化交流和融合的成分，但其本质却无疑反映了中国精英阶层在中西文化比较后的高度“不自信”。对此，我们必须保持清醒的认识并积极寻求解决之道。另而言之，当今时代，科学构建当代中华民族的“文化自信”，必须在准确把握中国历史文化脉搏和勇于借鉴世界文化成果的基础上，以开放的胸怀和长远的视角，有所扬弃，有所重构，进而以政治、经济等多重力量，在中华民族的思想领域掀起一场广泛而深刻的“头脑风暴”，从而重建具有中华民族特色、符合现代发展的文化大厦，唯其如此，中华民族的“复兴之梦”、“强国之梦”才能如期实现。

276. 史天泽：出将入相五十年，上不疑而下无怨

史天泽（公元1202—1275年），字润甫，原籍大兴府永清县（今河北省永清

县永清镇）。元史记载，其曾祖史伦，曾“筑室得藏金，遂饶于财”。时值金末，中原大乱，乃遍周贫乏（即大面积周济乡里贫苦家庭），建家塾，招徕学者，曾于大灾之年发粟八万石赈民，自此成为河北豪强大户。据载史伦死后，河朔诸郡结清乐社四十余处，每社近千人，岁时皆挂史伦画像祭祀。到史天泽的祖父史成珪时，继承家风，能散发家财，结交四方豪士。

史天泽幼时，河北尚在金朝统辖。是时金朝政治腐败，国家衰乱，民不聊生，各地地主武装多据地自保。1213年，史天泽十一岁时，成吉思汗率蒙古大军南下攻金，进至河北一带，史天泽的父亲史秉直审时度势，率其三子史天倪、史天安、史天泽并乡里数千人，投奔于蒙古军太师木华黎军门。

此时，蒙古军队初入汉地，正需汉人帮助治理。木华黎本要任用史秉直为官，但被史秉直推辞。木华黎即以其长子史天倪为万户从军（蒙古官名，世袭军职）。史秉直归附蒙古以后，由于他仗义疏财，办事周全，以致远近前往归附的竟达十万余家。

稍后，史天倪面见成吉思汗，奏平天下之计，自此被成吉思汗引为股肱。成吉思汗赐给史天倪金符，授予马步军都统，管领二十四万户。第二年又授予右副都元帅，改赐金虎符。1220年史天倪任河北西路兵马都元帅，守真定。史天泽任帐前军总领，举家迁居获鹿岳村（现石家庄市区）。

1225年，史天倪被叛将武仙所杀，失真定。史天泽遂袭兄职为河北西路兵马都元帅，在驻防地修城立堡。不久，率蒙古、汉军于派河（今河北新乐北）大败武仙部万人，连克中山（今定州）、赵州（今赵县）等地。继与兄史天安合兵，击败武仙，收复真定。1230年，与诸军围攻卫州（今河南卫辉），自率千人袭击金援军后部，为击败十万金军、收复该城建功。1233年，会诸军于蒲城（今属陕西），歼金将完颜白撒部八万。乘胜尾追金哀宗至归德（今河南商丘）、蔡州（今汝南）。次年初，与诸军合破蔡州，灭金朝（时蒙古联合南宋攻灭金朝，南宋领兵将领为名将孟珙）。

1235年，从皇子曲出攻南宋，领军先登，克枣阳（今属湖北）；继攻襄阳，率勇士登船冲击，败宋水军。1237年，随宗王口温不花破光州（今河南潢川）、复州（今湖北天门），入淮南。自1252年起，以经略使治理河南多年，政绩卓著。1258年，从蒙哥汗入川攻宋，在合州之战中率水师在嘉陵江上阻击宋援军，命弓箭手从两岸夹射，自率战船顺流冲阵，三战三捷，获战船百余艘，后随主力北撤。1261年，从忽必烈征宗王阿里不哥，率左军与右军合兵，于昔木土脑儿（今内蒙古东乌珠穆沁旗西北）击败叛军。次年，奉命辅佐宗王合必赤督军平李璮之乱，稳定山东局势。1269年起，参议军国大事，参与谋划围攻重镇襄阳、樊城和进取宋都临安。

据《元史》记载，史天泽在四十岁的时候，开始认真读书，尤其是熟读《资治通鉴》。忽必烈即位后，首先召见史天泽问以治国安民之道。史天泽上书说："朝廷当先立省部以正纪纲，设监司以督诸路，需恩泽以安反侧，退贪残以任贤能，颁奉秩以养廉，禁贿赂以防奸，庶能上下王应，内外休息。"奏章里所提出要点，均有汉化特点，忽必烈如获至宝，即照执行。第二年5月，史天泽被拜为中书右丞相，正式进入蒙古最高统治层，开始逐步推行他的治国安民之术。他主持中书省，定省规十条，以保证政务畅通，使政务运作井然有序。元朝初建，中书省官员少则五六员，多至八员，列坐一堂，凡有政事商议实行之际，往往各持己见，待国相达成一致后才定决。史天泽每于此时，便审其无害，则行之不疑；若有失当，则心平气和，详细分析，以期合于事理。故在中书十余年间，或奉行上意，或更张事宜，多方周旋。他在大臣们中间协调弥合，自称"天泽武臣，何克负荷。但物务未安者，老夫通译其间，为诸君条达耳。相则何敢当。"谦虚地说自己只是充当诸宰臣与皇帝间的"通译"角色。史载其为政善于"体时顺势，通变制宜"，使汉法在特殊的条件下得以推行。论者甚至以为元代"中统至元初治"的出现，史天泽出力甚多。

1266年，皇太子燕王领中书省，兼判枢密院事，以史天泽为辅国上将军、枢密副使。次年，复授光禄大夫，改任中书左丞相。他提议建立三卫和寓兵于农之策，二三年间，国家面貌和军队实力，已蔚然可观。

1271年，忽必烈改国号蒙古为大元。进史天泽开府仪同三司、平章军国重事。此时，史天泽已年近七旬，要求告老还乡，忽必烈下旨挽留："省、院、台，或一月、一旬，遇大事，卿可商量，小事不烦卿"。四年后，史天泽病逝，终年七十四岁。忽必烈因其功勋卓越，赠太尉，谥忠武。后累赠太师，进封镇阳王，为之立庙祭祀。

史天泽死后葬于后太保庄（今石家庄市区）。现今市区岳村史姓家族就是史天泽的后裔。

史天泽不仅战功卓著，而且治民有方。早在武仙二次占据真定被击退后，蒙军主帅怨愤百姓反复，将城中居民万人驱赶出去，欲杀众人示威。史天泽阻拦说：“他们都是我们的子民，不过是被贼胁制。何罪之有？”百姓因此皆获释放。史天泽在真定修缮城池，加强武备。荒年缺粮，与战士百姓同甘共苦。招抚流散民众，治疗战争创伤。几年间，官府民居相继修复。

据称在真定南关有一“史丞相遗爱碑”，碑中记述：“初公之治真定也，披荆棘，驱狐狸，开城郭，立官府，以招人民，成天下之剧郡，四方之都会。”可见，在史天泽的治理下，真定社会安定，经济繁荣，发展成为十万户的大路，在北方仅次于元大都北京的重要城市。而除了史天泽之外，史家入于元史者，多达十人之多，可见史氏一族在元朝的地位。

综观史天泽一生，幼年时随父归附蒙古后，历经太祖铁木真、太宗窝阔台、乃马真后、定宗贵由、海迷失后、宪宗蒙哥、世祖忽必烈前后七代，在民族斗争和阶级斗争错综复杂的环境中，官至高位。由于他为人公正，不谋私利，对蒙古统治阶层尽忠效力，“是以出入将相五十年，上不疑而下无怨，人以比于郭子仪、曹彬云。”（上述引自《元史·史天泽传》）。

博按：元史之中，以史天泽、张弘范为首的汉人“带路党”，向来是难以回避的历史课题，一方面，他们在蒙古灭亡宋朝过程中发挥了至关重要的作用，若单以民族感情论之，他们无疑是“民族罪人”；而另一方面，他们在出将入相过程中，在减少蒙古野蛮杀戮、保存汉人文化、促进蒙汉融合方面所做的不懈努力，又历来为史家所广泛称道。尤其是史天泽是忽必烈推行汉法的主要大臣之一。平心而论，史天泽、张弘范诸人，虽生而为汉人，但其实却自祖上即生于异族金朝的统治之下，他们与当时的多数世侯不同，从未奉仕于金或宋，而在归附蒙古以后则忠诚不二。而当乱世之中，他们虽知道自己身为中原遗民（当时还没有汉族之概念），但长期生活于异族统治之下，民族感情自然淡薄，而他们当三国（蒙、金、宋）交兵之时，首先从保全生存和建功立业原则出发，选择了更加强大的蒙古民族一方，以今观之，实不能单纯以民族感情而是非之。诚如文天祥所云：“乐人之乐者忧人之忧，食人之食者事人之事”，史、张诸公，虽为汉人，但却从无“乐宋之乐”、“食宋之食”，则徒要求其忠于宋政，可谓苛责于前人。另外，自古两国交兵，各为其主，史、张诸人自受蒙古诸帝之恩，即为蒙古谋政划策，始终如一，而且其行事忠正有道，上有功于朝，下有利于民，亦不失为一忠正之臣。

277. 名门之后郭宝玉：城若在天攻不下，若非天上至则取

元朝名将郭宝玉系唐朝名臣郭子仪之后，历仕金朝，曾封汾阳郡公，蒙古大军至，金军败，郭宝玉遂举军降蒙古。史载宝玉为木华黎所引荐，成吉思汗问取中原之策，宝玉对曰："中原势大，不可忽也。西南诸蕃勇悍可用，宜先取之，藉以图金，必得志焉。"又言："建国之初，宜颁新令。"成吉思汗是之。于是颁《条画五章》（元朝政权的第一次汉化立法，标志元朝立法的开端），如出军不得妄杀；刑狱惟重罪处死，其余杂犯量情笞决；军户，蒙古、色目人每丁起一军，汉人有田四顷、人三丁者签一军；年十五以上成丁，六十破老，站户与军户同；民匠限地一顷；僧道无益于国、有损于民者悉行禁止之类，皆宝玉所陈策。

史载郭宝玉降蒙不久，成吉思汗西征，因患西北城多依山险，问宝玉攻取之策，对曰："使其城在天上，则不可取，如不在天上，至则取矣。"帝壮之，授抄马都镇抚。癸酉，从木华黎取永清，破高州，降北京、龙山，复帅抄马从锦州出燕南，破太原、平阳诸州县。甲戌，从帝讨契丹遗族，历古徐鬼国讹夷朵等城，破其兵三十余万，收别失八里、别失兰等城。次忽章河，西人列两阵迎拒，战方酣，宝玉望其众，疾呼曰："西阵走矣！"其兵果走，追杀几尽。进兵下挦思干城。次暗木河，敌筑十余垒，陈船河中，俄风涛暴起，宝玉令发火箭射其船，一时延烧，乘胜直前，破护岸兵五万，斩大将佐里，遂屠诸垒，收马里四城。

史传一次战斗中，郭宝玉胸中流矢，生命垂危，成吉思汗命人剖开一头牛的胸腹，将郭宝玉放置其中而伤愈。将垂危之重伤员置于牛腹中治疗，是早期蒙古族一种治疗严重创伤之法，虽无科学依据，然于成吉思汗来说，其

不惜一试之决心，于当时可谓皇恩浩荡的“天价手术”。

博按：以武侠小说闻名的金庸先生，其最著名的武侠小说《射雕英雄传》中的主人公郭靖之原型即为郭宝玉。此郭宝玉者，非但为名将之后，为成吉思汗东征西讨立下了赫赫战功，而且为元朝奉送了一个比其更加英勇善战的孙子郭侃（下文有述），为元世祖忽必烈一统天下并最终灭亡大宋立下了不二功勋。窃读于二郭之史，深感名将之后，谋勇血脉必有相连。而郭宝玉以汉人而为金臣，以金臣而又降元，一者若以忠义论之，其为屡叛之臣，然若以名将论之，其可谓有勇有谋。而观其降元后为成吉思汗牛腹救命之一节，即可知古人所谓“士为知己者死”，此之谓也。宝玉以名将之后，生逢乱世异国（时金朝已灭北宋一百余年，宝玉之祖生于金朝统治下的北国），既无以效忠于宋室正朔，便可择明主而建功业，是以才降元而建大功于成吉思汗帐下。而今日戎伍之人，当感其“非天则取”之勇于胜利的豪迈情怀，若今天下有事，能勇而效之乎？！

278. 郭侃：蒙古西征军中的“东天神将”

郭侃，字仲和，唐朝名将郭子仪后裔，元初名将郭宝玉之孙。年幼时为蒙古名将木华黎麾下将领史天泽所器重，留于自家教养。成年后被封百户。

1253年，郭侃跟从宗王旭烈兀西征，其足迹越过喀什米尔。1256年渡过阿姆河。侵入波斯领土的第一个关口为鸾城阿拉莫德，此地乃是在一百六十年间席卷全西亚的回教伊斯玛伊教派暗杀教团的根据地。至木剌夷（即暗杀教团所在地，金庸《倚天屠龙记》曾提及此组织），郭侃破其兵五万，下128城。兵至乞都卜，其城在担寒山上，用悬梯上下，以精兵把守。旭烈兀筑夹城围之，不能下。郭侃架炮攻之，守将火者纳失儿开门投降。

旭烈兀又派郭侃前往游说兀鲁兀乃算滩来降，其父阿力据西城，被郭侃攻破，逃走占据东城，郭侃又攻破此城并杀之。兵至兀里儿城，郭侃埋下伏兵，下令听到钲声就出动，敌兵果然前来，伏兵起，全歼敌军，海牙算滩降。又西至阿剌汀，破其游兵三万，祃拶答而算滩降。兵至乞石迷部，忽里算滩降。此后，当其转往东南准备征服喀什米尔时，竟然不战而连下数十城，被称为不费一兵一卒即可陷城的常胜将军。

1257年十二月，郭侃随旭烈兀进攻黑衣大食国首都巴格达（黑衣大食国，即阿拔斯王朝，父子相传37代，当时有士兵数十万），破其兵七万，屠西城，又破其东城，东城的宫殿都以沉香檀木建造，他放火焚烧，香气传出百里，得到七十二弦琵琶、五尺珊瑚灯檠等珍宝。

攻陷巴格达后，蒙古大军继续西行3000里，到天房（即今沙特），其将住石请降，手下都相信而不做准备，郭侃说："轻视敌人者灭亡，行军用兵多欺诈，如果中他的计，是莫大的耻辱。"于是严加防范。住石果然来偷袭，郭侃大败之，巴儿苏丹降，下185城。又西行四十里，在军队已歇息时，郭侃突然召集他们出发，只留几个病卒，西行十余里再扎寨。敌军不知道，来袭时只杀了病卒，可乃算滩大惊说："东方的天将军，真是神人啊。"于是归降。

1260年，旭烈兀命郭侃渡海，收富浪（即Frank，法兰克人，阿拉伯人对欧洲人的总称。此处指的是当时由基督教骑士团控制的塞浦路斯），此时的西方世界正是处于十字军东征时代。面对强大的"十字军"，郭侃一共攻陷一百二十余座城池。而后，郭侃又北上侵入小亚细亚半岛。郭侃劝降富浪的首长兀都算滩、加叶算滩、阿必定算滩等人，兀都算滩说："我昨天所梦到的神人，就是将军啊。"随即归降。

元史详载此后郭侃之功业：

世祖即位，侃上疏陈建国号、筑都城、立省台、兴学校等二十五事，及平宋之策，其略曰："宋据东南，以吴越为家，其要地则荆襄而已。今日之计，当先取襄阳。既克襄阳，彼扬、庐诸城，弹丸地耳，置之勿顾，而直趋临安，疾雷不及掩耳，江淮、巴蜀不攻自平。"后皆如其策。

二月中统二年，擢江汉大都督府理问官。三年二月，益都李璮及徐州总管李杲哥俱反，宋夏贵复来犯边。史天泽荐侃，召入见，世祖问计所出，曰："群盗窃发，犹柙中虎。内无资粮，外无救援，筑城环之，坐待其困，计日可擒也。"帝然之，赐尚衣弓矢。驰至徐，斩杲哥。夏贵焚庐舍，徙军民南去，侃追贵，过宿迁县，夺军民万余人而还。赐金符，为徐、邳二州总管。杲哥之弟驴马，复与夏贵以兵三万来扰边境，侃出战，斩首千余级，夺战舰二百。至元二年，有言当解史天泽兵权者，天泽遂迁他官，侃亦调同知滕州。三年，侃上言："宋人羁留我使，宜兴师问罪。淮北可立屯田三百六十所，每屯置牛三百六十具，计一屯所也，足供军旅一日之需。"四年，徙高唐令，兼治夏津、武城等五县。五年，邑人吴乞兒、济南道士胡王反，讨平之。七年，改白马令，僧臧罗汉与彰德赵当驴反，又平之。帝以侃习于军务，擢为万户，从军下襄阳，由阳罗上流渡江。江南平，迁知宁海州，居一年，卒。侃行军有纪律，野爨露宿，虽风雨不入民舍，所至兴学课农，吏民畏服。

博按：传统史学认为，蒙古大军之所以能够所向披靡，纵横欧亚，皆因为蒙古将士勇猛善战。而细读元史，始知蒙古军功，更在于其开国之历代君主如成吉思汗、窝阔台、忽必烈诸人，能够以宽阔的胸怀，有效的手段，将如郭宝玉、郭侃、史天泽、张柔这样的汉族中的优秀分子纳入其军事指挥和政治治理体系，一方面弥补其兵力的不足，一方面弥补其在军事谋略上的固有缺陷，实现其"以汉制汉"的目的。如果不是蒙古开国之君能够有效发挥中原士族的作用，并能够接受他们的建策，则单凭其鲁莽武功，实不能完成其建立大元帝国之梦想。而且，蒙古将领用兵，多以勇猛善战、残忍好杀著名，而汉人将领则以有勇有谋、不战而降敌为上。郭侃、郭宝玉以及史天泽、张柔、张弘范等汉人将领，之所以能够在蒙古大军中脱颖而出，正是因为他们不但能征善战，而且弥补了蒙古人在军事谋略和国家治理上的缺陷。后世之史家，既将元史列入我中华正史，便不应忘却上述汉人将领的文治武功。以是记之。

279. 大元名相脱脱：逐叔劾父，身死国破

脱脱，字大用，蒙古蔑儿乞部人。1314年出生于蒙古贵族家庭。脱脱

自幼养于伯颜家中。稍长，就学于江浙名儒吴直方，并在吴直方谆谆善诱之下，接受了儒家思想，立下了“日记古人嘉言善行，服之终身”之志（引自《元史·脱脱传》）。元顺帝妥欢贴睦尔即位后，伯父伯颜有翊戴之功而独揽大权，他亦随之飞黄腾达，升同知枢密院事（相当于今之国防部副部长）。1335年，在挫败前右丞相燕铁木儿子唐其势余党塔里、塔剌海等的战斗中立有战功，拜御史中丞、虎符亲军都指挥使，提调左阿速卫，进为御史大夫。

脱脱之伯父伯颜，本为武宗海山旧臣。曾于泰定帝病卒后拥戴文宗图帖睦尔夺位，立有大功。后文宗之孙元顺帝即位，伯颜独揽大权。另一大臣唐其势不满，发动兵变，反被伯颜执杀。此后，伯颜“独秉国钧，专权自恣，变乱祖宗成宪，虐害天下，渐有奸谋”（引自《元史·伯颜传》）。伯颜视亲侄脱脱为亲信，曾企图以脱脱为宿卫，以监视元顺帝起居。脱脱虽自幼养于伯颜家中，但目睹伯颜倒行逆施，势焰熏灼，深感事态严重，虑一旦事败，伯颜有杀身之祸，自己和家族也会受其牵连。脱脱乃问计于吴直方。直方曰：“《传》有之：‘大义灭亲。’大夫知有朝廷耳，家固不宜恤。”脱脱曰：“事不成奈何？”直方曰：“事不成天也，一死复何惜。即死亦不失为忠义耳。”脱脱顿足曰：“吾意决矣。”

此时顺帝妥欢贴睦尔虽然年轻，但并不甘心做傀儡，脱脱测知伯颜擅权，“帝患之”；伯颜矫旨擅杀郯王彻彻秃，“帝益忿之”；伯颜胡作非为，“帝积不能平”。1338年，脱脱获知伯颜与太皇太后卜答失里（文宗后）谋立燕贴古思（文宗子）而废妥欢贴睦尔，把此事告诉了吴直方，直方教他“以密告于帝，令帝知而预为之防”（引自权衡《庚申外史》）。在伯颜淫威之下，顺帝未敢轻易表态，私下派心腹对脱脱反复试探后才释去疑心。

1340年二月，伯颜约顺帝妥欢贴睦尔去柳林打猎，妥欢贴睦尔托疾不去。伯颜遂邀燕贴古思同往。脱脱密告顺帝曰：“伯父久有异志，兹行率诸卫军马以行，往必不利于社稷。”脱脱遂与世杰班、阿鲁合谋以所掌士兵及宿卫控制京师，先收京城门钥，由亲信列布城门下。当夜，妥欢贴睦尔在玉德殿诏近臣汪家奴、沙剌班及省院大臣先后入见；中夜二鼓命太子怯薛月可察儿率30骑抵柳林，连夜将燕贴古思接回京师；即起草诏书，命中书平章政事只儿瓦歹奉诏前往柳林。诏书称：“伯颜不能安分，专权自恣，欺朕年幼。变乱祖宗成宪，虐害天下。今命伯颜出为河南行省右相。”次日天明，大都城门紧闭，脱脱据坐城门上等候。伯颜遣人来城下问故，脱脱传圣旨曰："诸道随从伯颜者并无罪，可即时解散，各还本卫，所罪者惟伯颜一人而已。"伯颜要求入京向皇帝辞行，不许。所领诸军见伯颜失势，纷纷散去。伯颜无可奈何，南下而去。三月，伯颜于南下广东途中病死驿舍。（史传当伯颜卒后，有人在其驿舍壁上题诗云："百千万锭犹嫌少，垛积金银北斗边，可惜太师无运智，不将些子到黄泉。"）可见其非但行恶政，还是一个巨贪。

伯颜被逐后，顺帝为嘉脱脱之功，特封其父马札儿台为太师、中书右丞相，脱脱为知枢密院事，脱脱弟也先帖木儿为御史大夫。马札儿台上台后，于通州置榻坊，开酒馆、糟坊，日至万石，又贩运长芦、淮南盐，热衷于经商敛财，贪腐堕落。脱脱又借参政佛嘉闾向皇帝上奏章弹劾父亲，迫使马札儿台辞职，"养疾私第"。

脱脱上台后，即大刀阔斧地废除伯颜"旧政"，推行一系列新政，史称"更化"。当时，朝政为之一新，汉儒们"知无不言，言无顾忌"，皇帝妥欢贴睦尔图治之意甚切，不但用功读书，注意节俭，还对脱脱十分信任，颇有"励精图治之意"（《元史·脱脱传》），在脱脱治国时期，"中外翕然称为贤相"。

然而，"至正更化"开启数年后，脱脱便因病辞相。脱脱辞相后，阿鲁图、别儿怯不花、朵儿只先后任相。期间妥欢贴睦尔虽仍有励精图治之志，也曾推出一些新政，但从整体来说，元朝政治腐败已不可挽救。加之天灾频仍，农民起义和少数民族起义此起彼伏，社会矛盾进一步激化。面对日益加深的社会危机，妥欢贴睦尔于1349年闰七月复命脱脱为中书右丞相。

脱脱复相后，因对左司郎中汝中柏十分倚重，引起另一大臣哈麻不快。哈麻善于媚上，偷偷引进西天僧教妥欢贴睦尔运气术，哈麻的妹婿、集贤大学士秃鲁帖木儿亦荐西天僧伽磷真来教"演揲儿"法（汉语"大喜乐"），使之修成房中之术，诱导妥欢贴睦尔淫乐。秃鲁帖木儿与老的沙等十人结为"倚纳"，引进公卿贵族家的命妇和街坊良家妇女到宫中，供妥欢贴睦尔和倚纳们玩乐，君臣全然不顾羞耻，男女赤身裸体作乐。丑声秽行，著闻于外，脱脱对哈麻一伙益加痛恨。

时值红巾军暂时失败之时，泰州白驹场（今属江苏东台）盐贩张士诚起兵反元，攻破泰州、高邮，自称诚王，国号大周，改元天佑。妥欢贴睦尔再命脱脱出师，南征高邮。其诏书语句颇为恳切："朕于丞相共理天下者也，天下多故，朕轸其忧，相任其劳，理所必致汝往。”脱脱总制诸王各爱马、诸省各翼军马，董督总兵、领兵大小官将，号称百万，连“西域西蕃皆发兵来助，旌旗累千里，金鼓震野，出师之盛，未有过之者”（《元史·脱脱传》）。十一月，元军抵高邮，双方战于高邮城外，士诚大败，退入城中不出。元军分兵破六合、盐城、兴化等地。

脱脱出师之前，命汝中柏为治书侍御史，以辅助其弟也先帖木儿代理朝政。汝中柏认定哈麻必为后患，劝脱脱除之。脱脱犹豫不决，命与也先帖木儿商议。也先帖木儿向来无能，又认为哈麻曾有功于己，不从。哈麻获悉后，将脱脱拖延皇太子册宝礼等事，挑拨奇皇后、皇太子与脱脱兄弟关系。脱脱出师后，妥欢贴睦尔命哈麻为中书平章政事。哈麻大权在握，即唆使监察御史袁赛因不花奏劾脱脱兄弟，奏章称：“脱脱出师三月，略无寸功，倾国家之财以为己用，半朝廷之官以为自随。又其弟也先帖木儿庸材鄙器，玷污清台，纲纪之政不修，贪淫之习益著。”妥欢贴睦尔轻信谗言，又害怕脱脱成为伯颜第二，先罢也先帖木儿职，又下诏削脱脱兵权。

诏书到达军中之时，参议龚伯遂对脱脱说：“将在外，君命有所不受。且丞相出师时，尝被密旨，今奉密旨一意进讨可也。诏书且勿开，开则大势去矣。”脱脱曰：“天子诏我而我不从，是与天下抗也，君臣之义何在？”遂交出兵权，由河南行省左丞相泰不花等代为总兵。客省副使哈剌答曰：“丞相此行，我辈必死于他人之手，今日宁死丞相前。”言毕，拔刀刎颈而死。妥欢贴睦尔临阵易将，高邮城下百万元军乱作一团，“大军百万，一时四散，其散而无所附者，多从红军”。高邮之战元军不战自溃，是元末农民战争的转折点，从此，各路农民起义军转被动为主动，重新掀起规模更大的武装起义高潮。

被罢官的脱脱先被安置于淮安路，不久即命移置亦集乃路（治今内蒙古额济纳旗东南）。十五年三月，诏流于云南大理宣慰司镇西路（治今云南腾冲西），流也先帖木儿于四川碉门。脱脱长子哈剌章肃州安置，次子三宝奴兰州安置，家产籍没。1356年1月10日，哈麻矫旨遣使鸩死脱脱于云南贬所，时脱脱年仅四十二。其后十年，监察御史上书顺帝：“奸邪构害大臣，以致临敌易将，我国家兵机不振从此始，钱粮之耗从此始，盗贼纵横从此始，生民之涂炭从此始。设使脱脱不死，安得天下有今日之乱哉！”（引自《元史·顺帝纪》）其后再二年，大元终亡。

博按：中华之史，大凡亡国之相，多为奸佞昏聩之辈，唯脱脱则不然。纵观脱脱一生，堪称“鞠躬尽瘁，死而后已”，其人格影响和历史功绩有口皆碑。正如《元史·脱脱列传》所说：“脱脱仪状雄伟，欣然出于千百人中，而器宏识远，莫测其蕴。功施社稷而不伐，位极人臣而不骄，轻货财，远声色，好贤礼士，皆出于天性……”脱脱终于死于政敌之手，除私人恩怨外，其握有重兵和重权，使元帝不能放心，是最重要原因。而蒙古自入主中原以来，除了太宗忽必烈和武宗海山尚有一些作为之外，其他皇帝不是早亡，就是耽于嬉戏，一直到元顺帝即位后，在脱脱的辅佐之下，才使元朝的统治步入“至正更化”的良性轨道。然而，这一短暂的“更化”时期也随着脱脱的被冤杀而迅速消亡，元朝很快便因为脱脱之死而被明朝所取代。

在元史中占有重要地位的脱脱“逐叔劾父”的斗争其实暗含深刻之社会背景：自忽必烈推行“汉法”以来，蒙古贵族内部围绕继续推行“汉法”还是抵制“汉法”的斗争一直很尖锐。伯颜擅权以来，排斥汉人，废除科举，采取一系列民族压迫政策，是元代后期一场罕见的抵制“汉法”运动。脱脱虽为伯颜之侄，从维护元朝统治根本利益出发，不满伯颜“变乱祖宗成宪”，因而驱逐伯颜。史载脱脱的汉人幕僚吴直方在帮助脱脱决策上亦发挥着至关重要的作用，“国有大事、上命，必定于公，公亦慨然以泽被斯民为己任，有知无不言，言之丞相无不行，天下翕然”。而脱脱的这一信任汉人、推行汉法的举措，一方面奠定了其作为元朝第一蒙古族名相的不二地位，一方面也延缓了元朝速亡的命运。脱脱以一蒙古士族，于中华传统文化教化下，深明大义，逐叔劾父而安邦定国，实属难能可贵，可值后世传颂铭记。而其以一代名相而身死国破，终使强大的元帝国进入中国历史兴衰循环的不归之途，亦再次宣告了中央集权体制的不可持续性。

280. 名相脱脱修三史，中华血脉终相续

元末名相脱脱除开创“至正更化”政绩外，还有一大历史功绩，即主持修治宋、辽、金三史。中华自汉以来，历来有后朝修前朝历史之传统，然自元朝建立以后，由于蒙古贵族排汉之蔽未除，是以宋、辽、金三朝之史于元朝建立八十余年间无人主持之。直到脱脱驱除其伯父伯颜之贵族势力，执掌朝政之后，1343年，由元顺帝诏修辽、金、宋三史，脱脱担任总裁官。脱脱组织汉族史学家欧阳玄、揭悉斯等人，畏兀儿（今维吾尔）族人廉惠山海牙，沙剌班，党项人余阙，蒙古人泰不花等人参加修史，开创了中华各族史家合作修史之先例。后此三部史书被列入中国正史《二十四史》，而二十四史中，只有《宋史》、《辽史》、《金史》三部是少数民族宰相主持编修，也只有这三史是汉族和其他少数民族历史学家共同完成的。

博按：脱脱主持修三史，可谓中华民族历史上一至关重要之大事。因“易代修史”、“盛世修书”是中国数千年来绵延不断的文化传统。从私修的《史记》、《汉书》，到官修的“二十四史”，中国的历史典籍可谓浩瀚而辉煌。正是这种“修史”的传统，使中国成为了世界上唯一具有连续不断的历史记载的国家，也使中华文明成为世界上从古至今传承未绝的唯一文明。与此同时，“修书撰史”也成为中国士人一种难以割舍的文化情怀和家国担当。在这个意义上说，脱脱所主持的三史继修，对于中华历史血脉相连、中华各族交流融合有莫大功绩。脱脱两度主政，使元朝末年之昏暗政治一度转为清明，可谓元末政坛中的砥柱中流。其能主持修史，亦是其主政时期国家政治清明之一体现。

281. 元帝国的崩溃：顺帝不顺，惠宗不惠

元朝末年，元顺帝（庙号惠宗）执政。顺帝执政前期，励精图治，任用名相脱脱，遂有至正之治。然顺帝执政后期，内部权斗不止，以致名相脱脱（前有专文论之）被杀。顺帝开始受佞臣哈麻蛊惑，声色犬马，沉溺密宗，修炼所谓“男女双修之术”，并在宫中建清宁殿，绕殿一周建百花宫，每五日一移宫，朝政则交给皇太子打理。史载“是时天下多故日已甚，外则军旅烦兴，疆宇日蹙；内则帑藏空虚，用度不给；而帝方溺于娱乐，不恤政务”。当时元朝已义军蜂起，红巾遍地，半壁江山沦落。至正十八年（1358年）十二月，元朝陪都上都（今内蒙古锡林郭勒盟正蓝旗草原）被红巾军攻破，宫阙被焚。至正十八、十九年，由于农民起义导致漕运断绝，大都发生饥荒，饿死数十万人。至正二十年（1360年）十二月，漠北阳翟王阿鲁辉帖木儿起兵作乱，直逼上都，并遣使告诉顺帝：“祖宗以天下付汝，汝何故失其太半？盍以国玺授我，我当自为之！”。此时奇皇后与皇太子渐萌异心，企图让顺帝禅位。他们害死了反对内禅阴谋的左丞相贺惟一，又以宦官朴不花、丞相搠思监为倚靠，赶走直言进谏的陈祖仁、李国凤等大臣，逐渐控制了朝廷。外部则是元廷倚赖镇压红巾军的察罕帖木儿（即王保保）与孛罗帖木儿两支军阀相互争抢地盘。而后，顺帝又封扩廓帖木儿为河南王，南下肃清江淮，不料却引发了扩廓帖木儿与李思齐、张良弼等诸多军阀在河南、山西、陕西等地混战乱局。顺帝怀疑扩廓帖木儿有异志，命皇太子总领天下兵马，开大抚军院，讨伐扩廓帖木儿。这场军阀混战一直持续到大都失守前夕，极大损耗了元朝有生力量。

在元朝内乱期间，朱元璋遂坐大于南方，将陈友谅、张士诚、方国珍等群雄次第削平，并在至正二十七年十月发动“驱逐胡虏、恢复中华”的北伐战争。至正二十八年正月，朱元璋自称皇帝，国号大明，建元洪武。明军高歌猛进，势不可挡，到至正二十八年闰七月时，元顺帝才与扩廓帖木儿和解，但为时已晚，至正二十八年闰七月二十三日，明军抵达直沽，顺帝不思

抵抗，叹息曰："今日岂可复作徽、钦！"是夜，顺帝与皇太子、后妃及一百多名大臣出奔上都。顺帝一路上如惊弓之鸟，连山体塌方都以为是明军到来。顺帝在北逃时感慨道："朕不出京师，安知外事如此！"到上都后又"昼夜焦劳，召见省臣或至夜分"，"召见群臣，询恢复之计"，颇有重新振作的姿态。当时，哈剌章请求顺帝命扩廓帖木儿入援，得到顺帝同意。扩廓帖木儿不负顺帝希望，于至正二十八年十月初，在韩店与明军打了一个胜仗。顺帝被这一胜利冲昏头脑，封扩廓帖木儿为齐王，并命令他挥师收复大都。后明军趁夜偷袭，扩廓帖木儿大败，仅以十八骑逃走。此后顺帝再度消沉。当时元军连战连败，至正三十年，顺帝病重，由皇太子爱猷识理达腊总军国诸事。同年四月二十八日，顺帝因痢疾驾崩于应昌，享年五十一岁，死后庙号惠宗，明太祖朱元璋以其"知顺天命，退避而去"，给予"顺帝"谥号。

博按：元朝起于广漠草原，曾以铁骑纵横四海，昔时何其壮哉！然其一旦取得天下，便为奢华所腐蚀同化，为江南之风月所迷惑，为权力内斗所虚耗，顺帝一朝，前英而后昏，实整个元朝统治（所有朝代亦如此）之缩影。由此观之，于中国特殊文化背景之下，再强大的军队，再强悍的民族，一旦国无外患，内无隐忧，便会消磨心性，自绝于历史，于秦唐汉之华人政权如此，于元朝等少数民族之政权亦如此。元朝之灭，实以游牧民族之统治再次验证历史运行的一大铁律：在中央皇权集权统治之下，单靠一人之英，一族之勇，始终难挽治乱循环、兴衰更替的历史大势。

第八章　明朝

概略：光荣的梦想与历史的远影

明朝（1368—1644年）共传十二世，历经十六帝（太祖洪武帝朱元璋、惠宗建文帝朱允炆、成祖永乐帝朱棣、仁宗洪熙帝朱高炽、宣宗宣德帝朱瞻基、英宗正统帝朱祁镇、代宗景泰帝朱祁钰、宪宗成化帝朱见深、孝宗弘治帝朱由樘、武宗正德帝朱厚照、世宗嘉靖帝朱厚熜、穆宗隆庆帝朱载垕、神宗万历帝朱翊钧、光宗泰昌帝朱常洛、熹宗天启帝朱由校、思宗崇祯帝朱由检），享国二百七十六年。

大明王朝之于中华历史，犹如一个血气方刚、勇武有力之青年，其于中华民族之伟大功劳，在于其以“初生牛犊不怕虎”之大无畏精神，将中华民族从元朝后期的暴虐统治中解救出来，并进而恢复汉民族在中华大地上的主体统治地位。而且，朱明王朝开创了中国历史自南而北“逆袭”的第一次伟大胜利，实归功于朱明开国皇帝朱元璋的雄才伟略和其开国元帅徐达等将领的善于用兵。在朱元璋和朱棣两代英主带领下，明代疆域囊括汉地，东北抵日本海、外兴安岭，北达戈壁沙漠，西北至新疆哈密，西南临孟加拉湾，并在青藏地区设有羁縻卫所，极盛时期国土面积约达一千万平方公里。后世评价，终明之世，无汉之外戚、唐之藩镇、宋之岁币，天子守国门，君王死社稷；连继明而起的清王朝，亦客观评价明朝“治隆唐宋”、“远迈汉唐”；更重要的是，作为继汉唐之后又一大一统中原王朝，明朝开国之君朱元璋在以法治国的道路上迈开了重要的一步，其倾二十余年之力打造的《大明律诰》成为世界法制史上的一颗璀璨明珠；而且，正是因为开国之君的特殊“气质”，有明一代，开始向着君主立宪的正确目标迈进。可以预想的是，如果不是“失业青年”李自成所造成的“内患”以及“心机帝”努尔哈赤所带来的“外患”的双重打击，明王朝将像大英帝国一样，逐渐向着限制君权的“君主立宪”式的光荣政治梦想发展。可惜的是，朱元璋和其继任者们为了一家之私和一时之快，没有将开国时期所确立的法制精神贯彻始终，开始按照历史上维护皇权的经典手法，大杀功臣，重用宦官，鞭挞羞辱士人，开设东、西厂以行高压之政，终使大明王朝失去了士心民心，并最终轰然坍塌于内部农民起义和建州女真入侵的内外夹击之下。

不能不提的是，大明王朝之于中国历史的一个重大贡献，是在其统治中后期，受法制精神影响，在君权、相权相互制约的大环境下，进入因循苟安的“太平时代”，产生了数十年不上朝的万历皇帝和“纸糊三阁老”、“泥塑六尚书”这样的“空壳”朝廷。而正是在这样“无为而治”的政权体制之下，作为中国文化的第四次高峰（本书认为，第一次文化高峰是以诸子百家为代表的春秋战国时期，第二次以魏晋风骨为代表的两晋南北朝，第三次以程朱理学为代表的唐宋时期，第四次则为以王阳明的阳明心学和李贽的自由思想为代表的明朝时期）于此时孕育形成。其中，王阳明的“知行合一”思想成为明清以降几乎所有有识之士寻找救国治民先进出路的主要思想指引；而李贽的自由主义精神，则将矛头直指封建礼教等所谓的“正统思想”，具有鲜明的叛逆色彩和战斗精神，成为近代进步思想的先声。

有明一朝，还创造了“郑和下西洋”的远洋奇迹，第一次向世界展示和传播了中华文明，成为中华文明对外交流史上的第一抹亮色，其光芒甚至不亚于成吉思汗的蒙古大军对亚欧大陆的铁血征服。在抵御海上入侵方面，明王朝亦赢得了望海埚大捷和露梁海战两次对日战争的光辉胜利，是中华民族继唐朝之后，再次确立了在亚洲地缘政治格局中的主导地位。而这两次抵御异族入侵的伟大胜利，都建构于张居正改革所积累的巨量社会财富以及戚继光和其后继者所建立的先进的军事体制和武器装备基础之上。

另外，由于明朝后期资本主义萌芽的出现，以徐光启为首的第一批具有开明思想的“睁眼看世界”者，开始引进当时世界上最先进的军事装备，开始引进世界各地各种农业作物，开始翻译介绍中华民族发展史上相对缺乏的科学精神和数学几何理念，不但为中华民族走向近代文明做了理论上的准备，而且通过番薯等高产作物的引进，使中国的国土上能够进行更多的人口生产，并为其后的“康乾盛世”提供了坚实基础。

然而，正如历史上伟大的秦汉隋唐诸王朝一样，明王朝在其建立二百余年后也进入其王朝的穷途末路。从表面上看，明朝亡于内乱和外患交加之下，而实际上却亡于明朝后期内政之腐败与体制之僵化。尤其是明太祖朱元璋安定天下后，诛杀功臣，取消内阁宰相之权，使明代中央集权过于集中于皇帝之手；而其继任者朱棣则违背了其不许宦官干政的政治遗言，重用宦官、强化专制，遂使明朝宦官之祸既深且烈，终致大明陷入宦官为祸朝野的乱亡局面。而这样的局面，其背后仍然包含着中央专制集权在权力运行体制上的无所制约和泛滥肆虐，其中表现最为明显的事例，则为明末边关名将李成梁对朝廷权力中枢的大肆腐蚀，和其无意识培植了明朝掘墓人努尔哈赤的徇私行为。而与历史上其他王朝一样，大明王朝，就在中央集权体制所产生的制度性、体制性腐败中沉没于历史的地平线之下，成为中国历史兴衰更替周期里的又一个牺牲品和见证者。

282. 驱除胡虏，恢复中华，何以功成朱元璋

元末天下大乱，群雄纷起，增城朱光卿，惠州聂秀卿，淮阳榛胡，四川合江韩法师，河北韩林儿父子，安徽颖人刘福通，罗田人徐寿辉，定远人郭子兴、张士诚，沔阳人陈友谅，随县人明玉珍，黄严人方国珍，皆相继而起，各守一方，称帝称王，与元廷分庭抗礼。然于其中终成正果者，却为几至饿死而剃度出家的行脚僧朱元璋。

其一，得国之正。民国学者曾说三代以后得国最正者，唯汉与明。匹夫本无篡逆之心，只是顺天下大势而为。朱元璋奋起最低层，而终于彻底恢复中华，且其是历史上第一次由南而北渐次统一中国，可见其中艰难。

其二，能谋大局。能让赤贫的暴富者抛弃虚荣，远离享受，大概是最难的事情。古今农民领袖，从地垄田间杀出来，得一两座城池，便立刻南面称孤，福荫子孙（如洪秀全们）。然而，朱元璋非但自制于始萌，其所拉起的兵将亦能同其一气，可见朱元璋的统御能力与得人心之状。此种气概，确实唯汉高祖刘邦可与之相提并论。

其三，战略独运。朱元璋初起于群雄，夹于张士诚、陈友谅两大势力之间，至为困难。其所处之集庆（后改应天，即今南京）并不像汉高祖、光武那样以关中、冀州为雄厚资本，争夺天下，进退自如。其以两线作战之困难局面，步步为营，稳扎稳打，最终恢复华夏江山，可说得益于其战略运用之成功。

其四，得人才众。朱元璋起事后，内有李善长、汤和、李文忠、徐达、常遇春等淮上人士，外得刘基、宋濂等谋士名相之辅，且能够内举不避亲，外举不避仇，唯才是举，因材施用，用人之长，终以一郡之人才平定九州，堪称不世之功。

博按： 读于明史，观朱元璋以坎坷少年，于家破人亡、被逼出家的“赤子之身”，当元朝末世，值天下大乱，始奋其卒伍，忍辱负重，左冲右突，

先南后北，次第统一华戎，重建中华，其于中华之历史走势，可谓居功至伟。自汉唐以来历史诸帝，文治武功，深谋远虑者，唯汉高光武可与之媲美，因朱元璋所面对之元朝铁骑和纷乱形势，实与两汉之形势大体略同甚至更为复杂。若非朱元璋少年磨难，阅尽沧桑，久历风雨，亦恐难成其再造华夏之功。由朱元璋之成功，再见“人间正道是沧桑”之深刻道理。

283. 明太祖军事战略：审时度势，谋定后动

元末，明太祖朱元璋能够剿灭群雄，驱除胡虏，除太祖善于得才驭将外，还在于太祖于关键时刻军事战略之正确选择。

今试述其两次重大军事战略选择为例：

一是统一江南军事行动。

太祖起于淮右，初以应天（今南京）为基础，必先统一江南，始能做北伐之图。是时江南群雄，按实力论，一为张士诚，据于湖杭之间（江西浙江一带）；一为陈友谅，据于两湖之间（今湖北武昌附近）；另有方国珍据于福建一带。按兵力与能力论，陈友谅为强。时诸将皆以先取相对较弱的张士诚，后取实力最强陈友谅。独太祖以为，友谅据上游之势，其于应天之威胁，远甚于士诚，且友谅用兵远较士诚为诡，一旦先用兵于士诚，友谅必趁隙东下，使吴军（太祖始为吴王）腹背受敌；而士诚则为“自守之虏”，贪图享乐，不思进取，若先平友谅，则士诚必不为所动。一旦友谅灭，则士诚必“一举可定”。后吴军以元璋之正确战略指导，果然次第剿灭江南群雄，消除北伐之后患，从而为全力北伐积蓄充足力量，为大明开国奠定坚实基础。

二是北伐军事行动。

明太祖朱元璋兼并江南陈友谅、张士诚、方国珍诸雄后，没有丝毫懈怠，立即着手北伐之准备。时元廷之长江以北，方保持着强大之军事实力。其中河北有孛罗帖木儿，河南有库库帖木儿，关中有李思齐、张良弼等名将。朱元璋始图北伐，领兵大将徐达等原欲由江淮长驱北上，直捣元都，太祖认为不可，其召诸将论北伐之战略曰：

“元建都百年，城守必固，若悬师深入，不能即破，屯于坚城之下，馈饷不继，援兵四集，进不得战，退无所据，非我利也。吾欲先取山东，撤其屏蔽，旋师河南，断其羽翼；拔潼关而下之，据其户枢。天下形势，入我掌握。然后进兵元都，则彼势孤援绝，不战可克。既克其都，走行云中、九原，以及关陇，可席卷而下矣！”（引自《明史太祖本纪》）

后太祖以徐达为征北大将军，常遇春副之，用兵二十五万，兵临行前太祖又招诸将诫曰：

“此行非必略地攻城，要在削平祸乱以安民生，所经之处，勿妄杀人，勿夺民财，勿毁民居，勿废农具，勿杀耕牛，勿掠人子女。”（引文同上）

并告徐达专主中军，策应群帅，備能以运筹决胜。后徐达按太祖之略，统军自淮安、沂州（今山东临沂）北上，一路下山东诸地，驱河南之敌，后又根据形势变化（时元廷内部斗争激烈），改变西取关中之策，转军河北，直下元都，再转军西南，扫荡关中诸雄，后又挥师北上，两征漠北，将残元势力剿灭殆尽，中华主体之汉人政权，自唐中安史之乱后，近五百年来再一次重新进入燕云（今河北、山西北部，内蒙古一部，辽东一部）地区，中华之拓土开疆，远超汉唐矣！

博按：读史于元末明初，是天下纷乱，群雄逐起，北有元廷诸雄兵乱，南有红巾群枭奋起，元璋独于群雄中目光宏远，胸怀全局，先难后易，先强后弱，始能渐次荡平江南，为北伐奠定坚实基础。设若元廷和张士诚稍有远见，趁元璋西向攻取友谅之机以奇兵袭取应天，破其老巢，则中国历史格局必转他向。至于北伐一役，自炎黄涿鹿之战开始，即有先例，然三千年来未有成功者，以北人彪悍，长于骑战，且环境恶劣，性格坚韧之故。唯太祖以元人残暴，荼毒天下，奋而聚天下英雄，运筹帷幄，指点江山，伟略独运，终于首次自南而北统一华夏，为中华之大一统局面再铸磐石，此可谓太祖于中华民族不世之功。

总结太祖北伐中原之远见洞明者有五：一曰方向正确，自山东北进犹如右勾拳之行动，置敌于死地而无后患之忧，实神来之笔；二曰择将之明，明军将领，徐达明于韬略而忠诚稳重，常遇春勇猛善战而耿直为怀，其他如邓愈、冯胜诸将则各当其任、各立其功；三曰兵力集中，因当时天下大乱，局势未稳，兵力分散，若分兵几路北伐，兵弱势单，或为元军各个击破，无如集中一路，集中用兵，此明于敌我之情；四曰因敌于情，针对元末四种势力（河南王库库，河北王孛罗，关中张良弼与李思齐，其他汉元将领），有击之，有降之，有围之，有说服之，有离间之，达到以最小之兵力，成最大之作战效果；五曰因势而变。当徐达抚有山东，全领河南之时，按原计划本当西取关中，但徐达认为可以先取元都时，太祖审时度势，同意前军元帅之建议，遂加速元廷之败亡。此五者，太祖之伟略雄才，可见其中矣！

284. 大明律诰：发端中国宪政，惜无制约而亡

大明开国，贫民出身、曾饱受压迫的朱元璋非常重视法律之功能，认为“建国之初，当先立纲纪”，并认为“礼法，国之纲纪；礼法立则人志定、上下安，建国之初，此为先务”。《大明律》即是朱元璋一生中“劳心焦思，虑患防微近二十载”的经验总结，是经过他“凡七誊稿”，字斟句酌的“不刊之典”。

史载《大明律》于吴元年（1367年）着手草创，洪武六年（1373年）修订损益，二十二年编成，至洪武三十年正式颁行。同时命刑官取《大诰》条目，撮其要略，附载于《大明律》，于洪武三十年五月编成，名《大明律诰》。朱元璋于是年告谕群臣曰：

“朕有天下，仿古为治，明礼以导民，定《律》以绳顽，刊著为令，行之既久；然而犯者犹重，故于听政之暇，作《大诰》示民间，使知趋吉避凶之道。古人谓刑为祥刑，岂非欲民并生于天地间哉！然法在有司，民不周知。故命刑官取《大诰》条目，撮其要略，附载于《律》。凡榜文禁令悉除

之。除谋逆并《律诰》该载外，其杂犯大小之罪，悉依赎罪之例论断。今编次成书，刊布中外，令天下知所遵守，刑期无刑，庶称朕恤刑之意。”

后皇太孙朱允炆曾请更定五条，元璋采纳；接着又请“明刑所以弼教，凡与五伦相涉者，宜皆屈法以伸情”。元璋曾谕太孙曰：“吾治乱世，刑不得不重；你治平世，刑自当轻，所谓‘刑罚世轻世重’，即为此理。”《大明律》在中国古代法典编纂史上具有革故鼎新的意义，是中国法制史上具有划时代意义的法典，不仅继承了明代以前中国古代法律制定的优良传统，是中国明代以前各个朝代法典文献编纂的历史总结，而且还开启了清代乃至近代中国立法活动的源流。《大明律》在明代实施的过程中，虽然不断受到“朕言即法”的干扰，但始终未能影响其正统法典地位。由于朱元璋严禁嗣君“变乱成法”，《大明律》重颁后，终明之世未再修订。有变通之处，则发布诏令或制定条例，辅律而行。

《大明律》是中国封建社会后期的典型法典，具有鲜明的时代特色。它虽然以《唐律》为蓝本，但在形式上，结构更为合理，文字更为简明；在内容上，经济、军事、行政、诉讼方面的立法更为充实；在定罪判刑上，体现了“轻其轻罪，重其重罪”的原则，事关典礼及风俗教化等事，定罪较轻；贼盗及有关帑项钱粮等事，定罪较重。其律文结构和量刑原则对《大清律》有较大影响。另外，为把《大明律》贯彻到社会的各个方面，朱元璋还汇集官民“犯罪”事例来解释律条。这与今日世界通用之“以案例定罪”相当。而且，《大明律》颁行后对日本和朝鲜也产生了重要影响，是当时东方世界先进法文化的代表，在世界法制史上不失为一部独具特色而又十分先进的重要法典。

博按：窃以为，大明朱氏王朝，所以能在昏君迭出、代代孱弱、皇帝常数年不朝之形势下，能够延绵不绝近三百年，多倚仗《大明律》之功。其中可见“宪政”之早期实践经验和其背后的巨大力量。中国数千年之王朝皇权实践，因有《大明律》的出现而几近于成为“君主立宪制”国家（明后期朱明王朝大事已为内阁所“票决”），中国之民主实践亦于此时有所抬头。然甚为惋惜之处，朱元璋制大明律之目的，唯以法制为御民之手段，非以法制保障民主公平；唯以法制统民治民，非以法制约束最高皇权，而游离于民主法制之外的中央皇权，最后成为法制精神的最大破坏者；是以有明一朝最终不免亡于宦官干政、民乱四起和外敌入侵，朱元璋泉下有知，能不悔惭乎？！

285. 诛杀功臣和大兴文字狱：太祖之过在于家天下之私

朱元璋神威英武，收揽英雄，平定四海，求贤若渴，重农桑，兴礼乐，褒节义，崇教化，所组织拟定的《大明律》几乎将使中国推向法制社会。然近代以来，历史学者对其评价却每况愈下，直至今日，许多历史书籍仍视朱元璋为面目狰狞之暴君。究其原因，不过两个方面：

其一，晚年大规模诛杀功臣。其广度和烈度实属前无古人，后无来者。尤其是其亲自钦定的“洪武功臣”，非获罪被杀，便是无罪赐死。其中，第一功臣徐达发背痈吃蒸鹅而死；常遇春病故早亡，躲过一劫；刘伯温据说被胡惟庸授令毒死；但胡惟庸自己也没有得意多久，不久就被以“擅权植党”、“枉法诬贤”罪名处死，遭受牵连者多达三万余人。胡惟庸死后不久，又爆发“蓝玉案”，作为开平王常遇春之妻弟，蓝玉居功自傲，日益骄横，适逢朱元璋年仅三十八岁的太子朱标病故身亡，为避免年幼皇孙朱允炆被能臣宿将欺负，上演北宋“陈桥兵变黄袍加身”翻版，朱元璋不得不对大将军蓝玉下手，为自己的孙子扫清障碍。蓝玉“谋反”案涉及一万五千人。胡蓝二案一出，整个开国元勋体系，竟然十去其九！

其二，大兴“文字狱”极端破坏中国文化生态。出于自卑心理作祟，朱元璋竟然对“僧”、“贼”、“光”、“秃”等与其出身有关联之字眼“神经质性”敏感：只要是上述字的同音字，都认为是通假字，居心叵测罪不容诛。因为触犯了这一“律条”而被杀的文人士子有：曾说“为世作则（贼）”的徐一夔；说“圣德作则（贼）”的孟清，说“睿性生（僧）知”的蒋镇；说“作则（贼）垂宪”的林元亮。更离奇的是，说“体乾法坤”是暗示“发髡”，秃子就是和尚，杀！说“拜望青门”就是站在和尚庙门口发呆，杀！“遥瞻帝扉（非）”不是恭敬地瞻仰皇宫大门，而是看热闹，亦要杀！“天下有道”就是“天下有盗”，杀！这场始于洪武十七年，终于洪武二十九年的长达13年的黑暗岁月，受害者不下数十万，明朝初期出现的一大批优秀知识分子，竟因“文字狱”而几乎为之一空。

博按：若单以文治武功相论，朱元璋之于中华民族之地位，当在宋太祖之上，特别是其亲手创立的制度经谟以至于影响到近现代国家制度设计。然而，历代史家所以贬朱明而扬赵宋者，因其大杀功臣与士人。朱元璋因一家之私而诛万家之功臣士子，本质上是为维护朱家王朝长治久安之极端自私与不择手段。朱元璋绝难想到，正因其诛杀功臣士人，才使后来燕王朱棣起兵造反之时，建文帝朱允炆纵观文武百官，竟无可用之将才谋臣去率兵抵挡；此后大明积贫积弱，屡遭外族欺凌（如土木堡之变英宗被俘）和内乱蜂起，皆元璋自种其果。吾属今日更为痛心者，中原华族士人性格，自遭崖山之变，元人屠灭，再经元璋自戕式大规模阉割，乃至清朝“留发不留头”之威胁，中华士子耿直敢言、血性死谏之优良品格，几近丧失殆尽。以此论之，元璋之罪莫大焉！

286. 大明开国第一元勋徐达：持重有谋，功不矜伐，中正无疵，昭明乎日月

徐达（1332—1385年），字天德，濠州钟离（今安徽凤阳东北）人。《明史·徐达常遇春传》载：徐达“世业农，少有大志，长身高颧，刚毅武勇”。太祖为郭子兴部帅时，徐达方年二十二，往从之，一见语合。及太祖南略定远，帅二十四人往时，徐达为其中之首。后从太祖破元兵于滁州涧，从取和州。子兴曾以故执孙德崖（元未淮北红巾军领袖，时与郭子兴争夺地盘），德崖军亦执太祖，徐达挺身诣德崖军请代（太祖），太祖乃得归，达亦获免（言其曾以身换太祖命也）。因从太祖渡江，拔采石，取太平，与常遇春皆为军锋之冠。太祖身居守，而命达为大将，帅诸军东攻镇江，拔之。号令明肃，

城中宴然。太祖授徐达为统军元帅，败（陈）友谅，灭（张）士城，徐达皆当首功。江南平后，太祖拜徐达为征虏大将军，统军二十五万，以常遇春副之，自淮北克沂州，平齐地，还军济宁，引舟师溯河趋汴梁，入洛阳，与元将脱因帖木儿大战洛水北，破走之。降元梁王阿鲁温，略定嵩、陕、陈、汝诸州，遂捣潼关。再遣裨将分道徇河北地，遂引兵北克通州，下元大都。元顺帝帅后妃太子北遁。逾日，陈兵齐化门，填濠登城，斩监国淮王帖木儿不花等不降之臣，其余不戮一人。封府库，籍图书宝物，令指挥张胜以兵千人守宫殿门，使宦者护视诸宫人、妃、主，禁士卒毋所侵暴。吏民安居，市不易。此后，徐达率军多次远出塞北，征讨胡虏，功盖于诸将。

史载徐达尤长于谋略，所至不扰，即获壮士，结以恩义而为己用，由此多乐附之者。太祖曾谕诸将御军持重有纪律，战胜攻取得为将之体者，莫如大将军徐达。洪武元年，太祖即帝位，以达为右丞相。册立皇太子，以达兼太子少傅。每岁春日出军征讨，冬暮召还朝廷，习以为常。还朝时即呈还上将之印，太祖赐休沐，宴见欢饮，有布衣兄弟称，而达愈恭慎。帝尝从容言："徐兄功大，未有宁居，可赐以旧邸。"旧邸者，太祖为吴王时所居也。达固辞。一日，帝与达之（到）邸，强饮之醉，而蒙之被，舁卧正寝。达醒，惊趋下阶，俯伏呼死罪。帝觇之，大悦。乃命有司即旧邸前治甲第，表其坊曰"大功"。胡惟庸为丞相，欲结好于达，达薄其人，不答，而胡则赂达近待阍者名福寿者算计陷害徐达，福寿向徐达告发胡之企图，达亦不问；惟时时为帝言惟庸不能胜任宰相之职。后胡果败，帝益重达。十七年，太阴犯上将，帝心恶之。达在北平病背疽，稍愈，帝遣达长子辉祖赍敕往劳，寻召还。明年二月，病笃，遂卒（野史云太祖赐徐达烧鹅以发其疽而亡），年五十四。帝为辍朝，临丧"悲恸"不已。

徐达为将，言简虑精。若在军中，令出不二。诸将奉持凛凛，而于帝前则恭谨如不能言（有夫子之风也）。善于拊循将士，与下同甘苦，将士无不感恩效死，是以所向克捷。尤严戢部伍，所平大都二、省会三、郡邑百数，闾井宴然，民不苦兵。归朝之日，单车就舍，延礼儒生，谈议终日，雍雍如也。帝尝称之曰："受命而出，成功而旋，不矜不伐，妇女无所爱，财宝无所取，中正无疵，昭明乎日月，大将军一人而已。"并称其"征虏平蛮，功贯古今人第一；出将入相，才兼文武世无双"。死后追封为中山王。

博按：郑观应曾谓："古之所谓将才者，曰儒将、曰大将、曰才将、曰战将。……李靖、郭子仪、徐达等，大将也"。后世王世贞亦言："高帝（太祖）之取天下，计初下建康，再谋陈友谅为在行。而其他皆大将军力也"。重读明史，观徐达平友谅，灭士城，北伐胡虏，功盖诸将，勋在国家，然能功高不伐，持重守节者，实其深明于皇权政治之本质与朱元璋之性格特征。而徐达为大将军而不妄杀一人，所平之处，常以安抚百姓为务，可与秦时名将王翦相媲美。是以太祖尝语诸将曰："为将不妄杀人，岂惟国家之利，尔子孙实受其福。"有明之开国元勋中，唯徐达后代长享福祚，可证此言非虚也!

287. 被神话的刘伯温：为臣尚能持心若水，为谋则难测帝王之心

刘基（1311—1375年），字伯温，青田县南田乡（今浙江省文成县）人，元末明初军事家、政治家、文学家。基通经史、晓天文、精兵法，与宋濂、叶琛、章溢合称浙东四大名士。辅佐朱元璋完成帝业、开创明朝并尽力保持国家的安定，因而驰名天下，被后人比作诸葛武侯。朱元璋多次称刘基为："吾之子房也"。在文学史上，刘基与宋濂、高启并称"明初诗文三大家"。中国民间广泛流传着"三分天下诸葛亮，一统江山刘伯温；前朝军师诸葛亮，后朝军师刘伯温"之说。其以神机妙算、运筹帷幄而著称于世。

《明史》曾记：

"基幼颖异。元至顺间举进士，除高安丞，有廉直声。行省辟之，谢去。及太祖下金华，定括苍，闻基名，以币聘，基未应。总制孙炎再致书固邀之，基始出。既至，陈时务十八策，太祖大喜，筑礼贤馆以处基等，宠礼甚至。会陈友谅陷太平，谋东下，势张甚（形势十分危急），诸将或议降，或议奔据钟山，基张目不言。"太祖曰："先生计安出？"基曰："贼骄矣，

待其深入，伏兵邀取之，易耳。天道后举者胜，取威制敌以成王业，在此举矣。”太祖用其策，诱友谅至，大破之。

刘基为后世所最褒扬者，为其能为国为朝秉持公心。史载，太祖曾以事责丞相李善长，基言：“善长勋旧，能调和诸将。”太祖曰：“是数欲害君，君乃为之言耶？吾行相君矣。”基顿首曰：“（换相）是如易柱，须得大木。若束小木为之，且立覆。”及善长罢，帝欲以杨宪为相。宪素善基，基反力言不可，曰：“宪有相才无相器。夫宰相者，持心如水，以义理为权衡，而己无与者也，宪则不然。”帝再问汪广洋，曰：“此褊浅殆甚于宪。”又问胡惟庸，曰：“譬之驾，惧其偾辕也。（把胡比喻成拉车的马，恐怕他会连车辕都拉坏了）”后宪、广洋、惟庸皆如刘基言而败。

洪武三年朱元璋大封功臣，授刘基为资善大夫、上护军，封为诚意伯。次年赐归老于乡。基佐定天下，料事如神，性刚嫉恶。至是还隐山中，惟饮酒弈棋，口不言功。然洪武八年，基疾笃，胡惟庸奉太祖之命为其“视疾问药”（野史载其为秉太祖之命而毒杀之），后居一月而卒，年六十五。

博按：民间常以刘伯温为明之诸葛，或为阴阳家之属。以《要略》之观点，刘基有幸而遇乱世以展其才；基以不幸，而于乱世遇太祖为其谋主。读史于刘基之传，一叹其始终不相于元璋，实知太祖者，如越王勾践之属，能同患难而不可同富贵；二感其“夫宰相者，持心如水，以义理为权衡，而己无与者也”之论可为千古之明鉴。无论中外古今，无论官吏大小，一旦身为国家公仆，则行政处事，必得首先“持心若水”而以“公平正义”为规范，必得以“道义和法理”为衡量一切事物的标准，而不能挟公权以行私事，循国政以谋私情。然则反而言之，如此之“公仆”则需国家政府层面以高薪养其“廉”、以厚禄成其“正”、以荣誉维其“尊”，如此，则为公仆者则可尽心以成其职。另外，法律之威慑、群众舆论之监督、行政之问责，为有效之辅助手段监督之、行使之，如此，则国政自清、国家自兴，此伯温明于政治之本质也！然以野史以记，伯温最后未能善终于朝者，究因其才可覆国、功高震主而引起朱明王朝的猜疑，此中央皇权制下常见之范例，伯温岂能不明其中道理哉？

288. 善长之诛，殊非太祖之过

《明史》载：李善长，字百室，定远人。少读书有智计，习法家言，策事多中。太祖略地滁阳，善长迎谒。知其为里中长者，礼之，留掌书记（秘书也）。尝从容问曰："四方战斗，何时定乎？"对曰："秦乱，汉高起布衣，豁达大度，知人善任，不嗜杀人，五载成帝业。今元纲既紊，天下土崩瓦解。公濠产（濠州人士），距沛不远。山川王气，公当受之（风水之说，"忽悠"之计，而太祖信之，善长深明帝王之理矣）。法其所为，天下不足定也。"太祖称善。后随从太祖下滁州，为参谋，预机画，主馈饷，甚见亲信……后太祖为江南行中书省平章，以善长为参议。军机进退，赏罚章程，多决于善长。太祖为吴王，拜善长右相国。善长明习故事，裁决如流，又娴于辞命。太祖即帝位，追帝祖考及册立后妃太子诸王，皆以善长充大礼使。置东宫官属，以善长兼太子少师，授银青荣禄大夫、上柱国，录军国重事，余如故。奉命监修《元史》，编《祖训录》、《大明集礼》诸书。定天下岳渎神祇封号，封建诸王，爵赏功臣，事无巨细，悉委善长与诸儒臣谋议行之。

洪武三年大封功臣。帝谓："善长虽无汗马劳，然事朕久，给军食，功甚大，宜进封大国。"乃授中书左丞相，封韩国公，岁禄四千石，子孙世袭。予铁券，免二死，子免一死。时封公者，徐达、常遇春子茂、李文忠、冯胜、邓愈及善长六人。而善长位第一，制词比之萧何，褒称甚至。

然善长外宽和，内多忮刻。参议李饮冰、杨希圣，稍侵善长权，即按其罪奏黜之。与中丞刘基争法而诟（即因为争论而辱骂刘基）。基不自安，请告归。太祖所任张昶、杨宪、汪广洋、胡惟庸皆获罪，独善长事寄如故。贵富极，意稍骄，洪武九年太祖以临安公主归其子祺，拜驸马都尉。公主修妇道甚肃。光宠赫奕，时人艳之。祺尚主后一月，御史大夫汪广洋、陈宁疏言："善长狎宠自恣，陛下病不视朝几及旬，不问候。驸马都尉祺六日不朝，宣至殿前，又不引罪，大不敬。"丞相胡惟庸初为宁国知县，以善长荐，擢太常少卿，后为丞相，因相往来。而善长弟存义子佑，惟庸从女婿也。十三年，惟庸谋反伏诛，坐党死者甚众，善长如故。十八年，有人告存义父子实惟庸党者，诏免死，安置崇明。善长不谢，帝衔之。又五年，善长年已七十有七，耄不检下（老年戒之在得也）。尝欲营第，从信国公汤和假（借）卫卒三百人，和密以闻（汤和之告密也）。四月，京民坐罪应徙边者，善长数请免其私亲丁斌等。帝怒按斌，斌故给事惟庸家（在胡惟庸家做“给事”这个官），因言存义等往时交通惟庸状。命逮存义父子鞫之，词连善长，云：“惟庸有反谋，使存义阴说善长。善长惊叱曰：‘尔言何为者！审尔，九族皆灭！’已，又使善长故人杨文裕说之云：‘事成当以淮西地封为王。’善长惊不许，然颇心动。惟庸乃自往说善长，犹不许。居久之，惟庸复遣存义进说，善长叹曰：‘吾老矣。吾死，汝等自为之！’”或又告善长云：“将军蓝玉出塞，至捕鱼儿海，获惟庸通沙漠使者封绩，善长匿不以闻。”于是御史交章劾善长。而善长奴卢仲谦等，亦告善长与惟庸通赂遗，交私语。狱具（定案），谓善长元勋国戚，知逆谋不发举，狐疑观望怀两端，大逆不道。会有言星变，其占当移大臣。遂并其妻女弟侄家口七十余人诛之。帝手诏条列其罪，为《昭示奸党三录》，布告天下。

博按：太祖曾称赞李善长曰：“朕起自草莽间，提三尺剑，率众数千……善长来谒军门，倾心协谋……练兵数十万，东征西伐，善长留守国中，转运粮储，供给器械，从未缺乏。又治理后方，和睦军民，使上下安……当年萧何有馈晌之功，千载之下，人人传颂，与善长相比，萧何未必过也。”太祖视之萧何可也，然萧何可于高祖求田产厚禄而得保善终，善长独不能于太祖前营私产而保“长善”乎？此太祖不同于彼高祖也！善长近侍太祖数十年，其不知太祖之个性乎？且为臣子者，既忠于王事，必当战战兢兢，如履薄冰。昔元之脱脱，逐叔劾父以忠元室，斯为忠臣。善长之失，一为举荐反臣胡惟庸；二为知其反而不报；三为老而营私第借卫卒；四为坐罪流边者求情于帝。倘有此四端者，则太祖杀之竟不为过。太祖诛杀功臣何其多矣，唯善长之诛，虽非得其实，然实善长自取之祸也！

289. 永乐大帝朱棣：既有成功骏烈，亦肇一代厉階

明成祖朱棣之史，当从靖难之役开始。这场朱明王朝内部争夺统治权的斗争，其最关键之战略决策在于朱棣决定孤军南下，直捣南京。此一决策背后的勇敢精神和战略冒险，终使朱棣取大明天下而有之，并使其终能施展其治国之才，使其和其父亲太祖一起，延续并奠定了大明三百年基业。

朱棣即位后的政治优势，在于其父元璋业已为其扫平了王朝所有“安全隐患”，并为其建立了良好的政治体制和法制环境。在此基础上，朱棣大刀阔斧，开始了中华历史上最辉煌的一段时光。其治内功绩，概略有五：一是进一步改革机构，设置内阁制度，使有明一朝率先初具“君主立宪”制度之雏形，此后无论继承者如何昏庸，但由太祖和成祖设计的较为完善的封建体制和官僚机构，却能够始终保持着帝国的正常运转；二是对外五次亲征蒙古，收复安南（交趾），在东北设立奴儿干都司、西北设立哈密卫，在西南贵州等地区建立行省行政区划，使明朝版图达一千多万平方公里，就疆域面积而言已然“远迈汉唐”；三是派郑和七下西洋，宣扬国威，促使万国来朝之兴盛局面首次出现于中华历史。郑和下西洋之宝船，其吨位比当时整个欧洲的海军力量之和还要强大。1423年郑和第六次下西洋回航的时候，船上载有16国1200多名使臣及其家属。到永乐晚期，来朝贡的国家超过60个。终永乐一朝，先后有四位海外国家的国王泛海而来，其中三位留葬于中华大地，这的确称得上是中外关系史上的大事；四是编修《永乐大典》，这是中国古代编纂的第一部大型类书，收录入《永乐大典》的图书均未删未改（比被清朝有意删减之《四库全书》更有价值），是中华民族珍贵的文化遗产，是中国古代同时也是当时世界上最大的百科全书，比十八世纪中叶出版的《大英百科全书》和《法国百科全书》要早300多年；五是迁都北京并疏浚大运河。永乐四年，明朝征调工匠、民夫上百万人，正式营建北京宫殿。今天我们所看到的故宫、天坛、太庙（劳动人民文化宫）等规模宏大的建筑，就是自此开始陆续建造的。朱棣这个抉择，表达其“天子守国门、君王死社稷”的战略决策和布局，客

观上为明朝近三百年统治奠定了地理和心理基础。另外，为保证帝都粮食与各项物资供应需要，朱棣于永乐九年下令疏浚会通河，永乐十三年凿清江浦，使运河重新畅通，对南北经济文化交流与发展起了重要的作用。《明史·成祖本纪》评朱棣曰："文皇（即朱棣）少长习兵，据幽燕形胜之地，乘建文孱弱，长驱内向，奄有四海。即位以后，躬行节俭，水旱朝告夕振（早上得到报告，晚上就有赈灾，喻其反应之速，政治之高效），无有壅蔽。知人善任，表里洞达，雄武之略，同符高祖；六师屡出，漠北尘清。至其季年，威德遐被，四方宾服，明命而入贡者殆三十国。幅员之广，远迈汉唐；成功骏烈，卓乎盛矣！"

然而，成祖和其父亲朱元璋一样，在设计强大明朝的同时，亦给灭亡明朝埋下了伏笔。成祖过于自信，所以将其父亲制定的"禁止内臣干政"之禁令抛于脑后。为了报答从建文帝宫中逃出的宦官"投奔"举义之功，朱棣重新"赐宦官公侯服，出监军国"，又设京营提督，委寄宦官，设置有司，令内官（即太监）提督之。并命锦衣卫缉民间情伪，以北镇抚司治诏狱，其后亦与宦官相表里，自此一代厉階（祸端）肇于此矣！是以《明史》评其曰："革除之际，倒行逆施，惭德亦曷可掩哉！"

博按：毛泽东喜看明史，而明史中，犹喜明成祖朱棣，认为这个靠造侄子反起家的皇帝会打仗、善治国，"搞得不错"。成祖迁都北京而扼天下之喉，实具有战略远见之安排，于中华民族居功至伟；其浚吴淞江，疏大运河，沟通南北，亦其为社稷之伟业。其能派内臣远涉重洋，宣扬国威，发展贸易，亦有其不二之历史地位。然成祖所以不如太祖者，其不知国家制度和法制于国家长治久安重要作用，不知吸取历朝宦官乱于内的经验教训。有明一朝，因为开国皇帝朱元璋之战略远见和制度安排，终明之世，始终无汉之外戚、唐之藩镇、宋之岁币，然独因朱棣破坏朱元璋设立"宫门铁牌"（上书：内臣不得干预政事，违令者死），用内臣，擢小人，以致遗祸后人，终于使有明一朝，宦官横行，奸臣当道，以致天下大乱，盗贼蜂起，终致国家残破，后世之君，诚可引鉴。

290. 望海埚大捷：一战靖海三百年，后世安见广宁伯

明朝初年，正值日本南北朝封建诸侯混战时期。日本沿海一些封建势力，开始纠集武夫、浪人、海盗，携带武器，到我国沿海抢劫财物，无恶不作。据《明史》载："洪武二十年十月，（倭寇）竟侵犯辽东，进犯金州"；"洪武二十六年，倭寇（进犯）金州"；"二十七年，倭寇（进犯）金州"；"二十八年四月，倭寇（进犯）金州"。洪武三十年，辽东沿海海运竟因此被隔绝。为捍卫边疆，保护海上运输和人民生命财产，明朝于洪武八年（公元1375年）建立辽东第一卫——金州卫，时任都督耿忠于此建筑土堡以加强辽东防务。

明永乐九年（公元1411年）三月，朝廷任命刘江为辽东总兵官，负责辽东防务。刘江是邳州宿迁人（今江苏省宿县），本名刘荣，因替父参军故冒父名刘江，后来立功授广宁侯，才改用初名刘荣。刘江上任伊始便巡视海防，加紧海防设施建设。永乐十四年（公元1416年）十二月，于旅顺口、望海埚、左眼、右眼、西沙洲、三手山、山头等地修建烽台七座，派兵防守，以防倭寇。永乐十六年（公元1418年）八月，刘江到金州卫地方巡视，到了望海埚，见其地高且广，旁可驻兵千余人，并听当地的百姓说："凡有寇至，必先经此。实为滨海、襟喉之地。"于是，"刘江上疏，用石垒堡筑城，置烟墩瞭望"。随后，刘江修建了以金州城为中心的5条烽火联络线，并在望海埚筑中心台，下隶互相支撑之18处墩、架，建成了当时中国沿海最重要之海防要塞。

永乐十七年（公元1419年）六月十四日傍晚，瞭望哨报告：发现东南王家岛上有火光。刘江预料倭寇将要来进犯，立即调兵遣将，严阵以待。当时，整个金州卫驻有步军1756名，屯田军2020名，煎盐军、炒铁军近百人，有战斗力的人数并不多。次日清晨，倭寇1500余众，分乘寇船31艘，从马坨子出发到登沙河海口，弃舟登岸。倭寇头目率领部众，呈一字形，鱼贯而行，直扑望海埚城堡而来。早有准备之刘江令指挥使徐刚等率领步兵埋伏于山

下，令指挥使钱真等率领骑兵绕到倭寇背后，准备截其归路，令百户姜隆率领壮士，绕道海口，准备潜烧倭寇所乘寇船。刘江同马、步、民三路首领约定："旗举伏起，炮鸣奋击，不用命者，以军法从事。"马、步、民三路指挥遵令而去。当倭寇窜入堡中，发现堡中空空如也，疑心中计，正欲出堡。恰在这时，堡后旗举炮鸣，明军伏兵尽起，两翼并进，杀得倭寇尸体遍地。残寇不敌明军追杀，便向樱桃园（后称柳树园）空堡中逃去。明军将士斗志昂扬，正要追入樱桃园空堡中歼敌，刘江却不许。他亲率官兵从三面将空堡围住，特意留出西北口不守。残寇见有隙可乘，争相逃命。正在残寇自堡外逃奔之时，明军马步二军一拥而上，把残寇几乎一网打尽。少数先逃出空堡之倭寇，退到江边，亦被姜隆所率之烧船壮士所俘，无一逃脱。

此战总计杀死倭寇742名，生擒857名。望海埚大捷后，朝廷得刘江报捷，即封其为广宁伯，并分别奖赏294名作战有功之将士。当地居民们为纪念刘江，于金顶山为其立祠刻碑传世。

博按：望海埚一战，实乃中华自唐代刘仁轨白江口一战后又一抗击倭寇入侵之重大事件。刘江以一役痛歼，使大明东北海疆靖安数百年。此后300年间，倭寇不敢再犯辽东。此役之胜，一胜于初建之明，于雄才大略的成祖朱棣治下，定者北京，天子守国门，重视海防建设，善于发现和培养将领，如此役中刘江、耿忠等人，皆有勇有谋之将领；二胜于刘江之周密谋划和战争准备。战前即"以石垒堡筑城，置烟墩瞭望"，并修建了以金州城为中心的5条烽火联络线，并在望海埚筑中心台，下隶互相支撑之18处墩、架，建成当时中国沿海最重要之海防要塞，于战争中发挥了重要作用；三胜于刘江灵活机动的战术运用。尤其是对敌人施行包围时留出一面，使其有逃跑之意而无决战之念，而在其逃走路上进行围追堵截，不但可以发挥本土作战优势，而且可以最大程度降低伤亡。由此可见，刘江可谓知兵善战之将领矣！

而重温望海埚之战，再思及120年前的中日甲午之战，倭寇之地面作战力量，依然是自辽东半岛之金州向旅大方向进攻。时侵华倭人于花园口附近登陆，十数万大清守军，竟然无一主动御敌者，致使倭人犹如演习一般，不损一兵一卒，即完成近十万大军对异国领土之登陆和占领。后续之发展，除时任总兵徐邦道于金州组织有效抗击外，大清投入数亿两白银建造的旅大基地及其庞大的军需物资，竟然顷刻间拱手让人。大清将士宁不有愧于大明之广宁伯刘江乎？！

291. 郑和下西洋：昔日辉煌已无意义，后世没落良可追惜

郑和，原姓马，小名三宝，云南昆阳（今晋宁昆阳街道）宝山乡知代村人。洪武四年（1371年）出生。洪武十三年冬，明军征服云南，十岁的马三宝为明军副统帅蓝玉所掠，阉割为太监后，进入朱棣燕王府。永乐元年（1403年），姚广孝（道衍和尚，朱棣身边的主要谋士）收马和为菩萨戒弟子，法名福吉祥。靖难之变时，马和于河北郑州（今河北任丘北，非今日之河南郑州）为燕王朱棣立下战功。为纪念战功，明成祖朱棣特御书"郑"字赐马和郑姓，遂有"郑和"之名。并升任为内官监太监，官至四品，地位仅次司礼监。郑和有智略，知兵习战，成祖对其十分信赖，于"内侍中无出其右"。

永乐三年六月十五（1405年7月11日），朱棣命郑和以正使身份，和副使王景弘一起，率士兵二万八千余人出使西洋，造长44丈广18丈大船62艘，从苏州刘家河泛海到福建，再由福建五虎门扬帆，经占城（今越南中南部地区），于爪哇三宝垄登陆，展开贸易。郑和首航船队先后到过苏门答腊、满剌加、锡兰、古里等国家。在古里赐其王国王诰命银印，并起建碑亭，立石碑记曰"去中国十万余里，民物咸若，熙皞同风，刻石于兹，永示万世"。

此后郑和先后领命六下西洋。据《明史·郑和传》记载郑和出使过的城市和国家共有36个：占城、爪哇、真腊、旧港、暹罗（今泰国）、古里、满剌加、勃泥、苏门答腊、阿鲁、柯枝、大葛兰、小葛兰、西洋琐里、苏禄、加异勒、阿丹、南巫里、甘巴里、兰山、彭亨、急兰丹、忽鲁谟斯、溜山、孙剌、木骨都束、麻林地、剌撒、祖法儿、竹步、慢八撒、天方、黎代、那孤儿、沙里湾尼（今印度半岛南端）、不剌哇（今索马里境内），部分专家、学者认为还到过澳大利亚、美洲、新西兰和南极洲等地。1433年（宣德八年），62岁的郑和于第七次下西洋归国途中，积劳成疾，在古里（今印度卡利卡特）病

逝。明宣宗赐葬南京牛首山南麓。

博按：郑和以受阉之身而成远洋伟业，诚中华宦官建功立业第一人。重读明史，既为郑和之功业所叹，亦为中华文明自郑和之后江河日下所慨叹。郑和其时所率领之船队，堪称其时世界上最强大之特混舰队。英国李约瑟博士认为，“明代海军在历史上可能比任何亚洲国家都出色，甚至同时代的任何欧洲国家，以致所有欧洲国家联合起来，可以说都无法与明代海军匹敌。”然而，郑和之后，大明开始君昏臣佞，江河日下，竟然再无人扬帆远洋；续之而起的大清更是采取“闭关锁国”之策，从而关上了中国由大陆文明向海洋文明进发的大门。中华民族，自郑和之后，便逐渐失去了高度发达和先进的政治优势和制度优势，不过数百年，即为“蓝色文明”代表的英、美、日等海洋国家所凌辱。因此，在南京，以纪念郑和下西洋的“静海寺”，于400多年后，竟然成为英国逼迫清朝政府签订第一个不平等条约《南京条约》之所在。由此可见，一个国家，一个民族的长远发展，单靠一个两个雄才伟略的皇帝，单靠一代两代臣直将勇的名朝之风，终难以为继。是以必得将国家长远发展战略以宪法形式固化之，必得以良好之制度环境确保英武杰出人才不断涌现以执国政，必得以长远熏染之文化力形成之，如此，则中华民族之历史航船，始能再续郑和之志，再现郑和远航之辉煌壮举。

292. 土木堡之变：一个太监的游戏和一个王朝的悲剧

明初，在太祖和成祖长期北征西讨之下，蒙古族已逐渐分裂为鞑靼、瓦剌及兀良哈三部。鞑靼在东，瓦剌居西（今阿尔泰山至色楞格河下游）而兀良哈游牧于辽东边外。时东西蒙古互争雄长，征战不休，并不时出兵南下，骚扰明边。明英宗正统四年，瓦剌也先主政，征服漠南，东胁朝鲜，西略哈密，环明之北，尽为其所制。也先每年冬遣人贡马于明，以索贵重难得之物。稍有不遂，即制造事端。明正统十四年（1449年）七月，也先在向明廷索求无度不能满足情势下，竟然统率各部，分四路大举向内地骚扰。其中也先率主力进攻大同一路，“兵锋甚锐，大同兵失利，塞外城堡，所至陷没”，大同参将吴浩战死于猫儿庄。

时英宗宠信太监王振。王振狡黠，得帝欢。英宗常称之为“先生”而不名。时值明朝忠臣元老或死或贬，王振擅作威福，无所忌惮，竟盗走太祖所立禁内臣干预朝政之铁碑，从此大权独揽，广植私党，“广置塌房、庄所、田园、马房，侵夺民利，不输国课”；进而卖官鬻爵，收受贿赂，州官入朝，无厚礼相赠，便横加迫害。巡抚山西、河南兵部侍郎于谦，每次入京“未尝持一物交当路”（即从来不向王振行贿），振即“嗾（教唆之意）言官劾之，罢为大理寺少卿”。

时大同前线败报不断传到北京，王振唯恐家乡蔚州（距大同不远，史传王振在家乡集聚大量财富和土地）遭受兵乱，因而煽惑英宗亲征。兵部尚书邝埜和侍郎于谦等“力言六师不宜轻出”，但英宗偏信王振，一意孤行，执意亲征。1449年7月16日，英宗和朝臣100余人率50万大军自北京出发北征。时一切军政事务皆由王振专断。成国公朱勇为大将，但在王振面前竟膝行而前；户部尚书王佐请帝回军，王振命其跪于草丛，天黑始起。随征文武大臣无敢参与军政事务，军内自相惊乱。19日出居庸关，过怀来，至宣府。8月1日，明军进到大同。未交锋，镇守太监郭敬报告也先为诱明军深入，主动北撤，王振看到瓦剌军北撤，仍坚持北进，后闻前方惨败，则惊慌撤退。当此危急时刻，王振还欲使英宗于退兵时经过其家乡蔚州“驾幸其第”（项羽所谓“富贵不还乡，如锦衣夜行”，王振以小人而有此心，必之矣！），显示威风；后又怕大军损坏其私田稼禾，故行军路线屡变，导致士兵疲惫不堪。至宣府，瓦剌大队追兵追袭而来，明军3万骑兵被“杀掠殆尽”。13日，狼狈逃到土木堡，瓦剌军已紧逼明军。

当事大臣李贤曾于其《顺天目录》内详记土木堡之变实况：

“明日于土木驻营。宣府报至，遣成国公（朱勇）率五万兵迎之。（朱勇）勇而无谋，冒入鹞儿岭，胡寇于山两翼邀阻夹攻，杀之殆尽，遂乘胜进至土木。明日巳时，合围大营，不敢行。八月十五日也，将午，人马一二日不饮水，渴极，掘井至二丈，深无泉（因为土木堡地势高）。寇见不行，退围。速传令抬（移）营南行就水，行未三四里，寇复围，四面击之，竟无一人与斗，俱解甲去衣以待死，或奔营中，积叠如山。幸而胡人贪得利，不专于杀，二十余万人中伤居半，死者三之一，骡马亦二十余万，衣甲兵器尽为胡人所得，满载而还。自古胡人得中国之利未有盛于此举者，胡人亦自谓出于望外，况乘舆（皇帝）为其所获，其偶然哉？”

时英宗被俘，英宗护卫将军樊忠愤怒万分，以铁锤击王振首，王振遂亡。樊忠不久亦战亡。

博按：读史土木之变，慨叹以乃祖（朱元璋、朱棣）之英武大略，何以次第传位于英宗此等庸碌无能之辈。土木堡之变，乃明之“靖康”。靖康之耻，宋以术士郭京玩“六甲神兵”而辱国失君；土木之变，明以阉臣王振欲邀帝“驾幸其第”而臣死帝辱，此将贻骂于千古。纵论此一事件，《要略》以为责在英宗之祖宗朱棣。太祖本审于汉唐之失，而立铁牌于宫门，禁止宦官干预政事。然朱棣以违父命而入主大统后，即倒行逆施，大信宦官，破坏太祖之成法远见，遂使英宗有所效。终明之世，其政坏于“四大太监”者（王振、汪直、刘瑾、魏忠贤），朱棣始作俑而英宗开其端。而在此，不免要批评时下流行于世的以《明朝那些事儿》为代表的“玩史”派代表，在这些为了博取眼球而对历史进行歪曲、媚俗解读的文艺创作里，居然将英宗这样的皇帝美化为“好男人”的代表，一方面丧失了辨别是非的基本标准，一方面将历史简单化、娱乐化处理，这样的创作手法不但不利于历史文化的正确传承，还将对我们的子孙后代造成深刻的人生观混乱，可谓害莫大焉。

293. 大明国防部长于谦：此一腔热血，意洒何处

土木堡之变，英宗于土木堡被俘，京师震惊，群臣失措。此时，一代名臣、民族英雄于谦施展才略，于军乱国破之际，力挽狂澜，扭转乾坤，力保大明王朝度过建国以来之最大劫难。

于谦（1398—1457），字廷益，号节庵，祖籍考城（今河南省商丘市民权县）。永乐十九年辛丑科进士，曾随宣宗镇压汉王朱高煦之叛。因平叛有功，被宣宗升任巡按江西，颂声满道。宣德五年（1430年），以兵部右侍郎巡抚

河南、山西。正统十一年（1446年），因进京觐见时不向王振献媚送礼，遭其党羽诬陷，下狱论死，后因两省百姓官吏乃至藩王力请复任。

土木堡之变后，兵部侍郎（国防部副部长）于谦力排南迁之议，坚请固守，进兵部尚书（国防部长）。代宗立，整饬兵备，部署要害，亲自督战，率师二十二万，列阵北京九门外，破瓦剌之军。加少保，总督军务。也先挟英宗逼和，其以社稷为重，君为轻，不许。也先以无隙可乘，被迫释放英宗。英宗既归，仍以和议难恃，择京军精锐分十团营操练，又遣兵出关屯守，边境以安。其时朝野多事，乃独运征调，悉合机宜，号令明审，片纸行万里外无不惕息（言其号令严明，治国治军有力矣）。其忧国忘身，口不言功，自奉俭约，所居仅蔽风雨。史载于谦值也先之变，誓不与贼俱生，尝留宿直庐（今之以办公室为家也），不还私第。帝常遣内臣更番往视。或言帝宠谦太过。内臣兴安则曰："彼日夜分国忧，不问家产，即彼去，令朝廷何处更得此人？"

天顺元年（1457年）英宗复辟，奸臣石亨、徐有贞、曹吉祥等诬其谋立襄王之子，被杀。成化初，复官赐祭，弘治二年（1489年），谥肃愍。万历中，改谥忠肃。有《于忠肃集》。《明史》称赞其"忠心义烈，与日月争光"。于谦与岳飞、张煌言并称"西湖三杰"。史载于谦性刚直，遇事有不如意，辄拊膺叹曰："此一腔热血，意洒何地！"及其籍没（即抄他家的时候），家无余资，唯正屋奉帝（代宗朱祁钰）所赐蟒袍、剑器。谦死之日，阴霾四合，天下冤之。有指挥朵儿者，本曹吉祥部下，以酒酹谦死所（把酒祭之矣），恸哭。吉祥怒，鞭之。明日复酹奠如故。皇太后初不知谦死，比闻，嗟悼累日，英宗亦悔之。

谦既死，而谮谦之石亨（大将也，与徐有贞合谋害谦）党羽陈汝言任兵部尚书。未一年而败，赃累巨万。帝（英宗）尝召大臣入视，愀然（铁青着脸）曰："于谦被遇景泰朝（在景泰朝受重用时），死无余财，（陈）汝言抑何多也！"石亨俯首不能对。俄有边警，帝忧形于色，恭顺侯吴瑾曰："使于谦在，当不令寇至此！"帝为默然。是年，有贞为石亨中伤（二奸内斗），充军金齿口。又数年，亨亦下狱死，曹吉祥谋反族诛，谦事遂昭雪。

明宪宗成化初年，于谦之子于冕上疏诉冤，得复官赐祭。诰曰："当国家之多难，保社稷以无忧，唯公道之独持，为权奸所并嫉。在先帝已知其枉，而朕心实怜其忠。"一时为天下传颂。1489年（明孝宗弘治二年），以给事中孙需之言，追赐于谦特进光禄大夫、柱国、太傅，谥号肃愍，墓铭曰“旌功”，有司岁时致祭。万历中，改谥“忠肃”。杭州、河南、山西奉祀不绝。

博按： 观明史论及于谦事，未尝不长叹息焉。盖叹伤王朝集权体制之下，为忠臣者之大不易。时当国家危难，皇帝被俘之际，于谦驾驭长才，贞劲大节，生定倾危，死安义命，功存社稷，忠直可鉴，宁危身以安君，完万事于一死，虽热血甘洒而无憾，其忠直者可昭日月。是以有明另一忠直之臣程敏政曾论及于谦曰：自昔权奸将有所不利于忠勋之臣，则必内置腹心，外张羽翼，蛇盘鬼附，相与无间，而后得以逞焉。若汉太尉李固之死梁冀，宋丞相赵汝愚之死韩侂胄，与肃愍公（于谦）之死于石亨，一也。然于谦之死，更因二帝之争，谦本忠于国事而无使明廷再致靖康之难，其死殊冤于岳武穆矣！

294. 有明之谬：纸糊三阁老，泥塑六尚书

明宪宗朱见深执政中期，太监汪直提督西厂，权倾朝野。时任御史徐镛曾谏宪宗道：“今天下之人，只知有西厂而不知有朝廷，只知畏汪直而不知畏陛下。”因汪直大权在握，时任内阁、六部大臣们皆要看其脸色行事，以至时有“纸糊三阁老、泥塑六尚书”之说。今且论之以析时弊：

纸糊三阁老之最著名者曰万安：字循吉，明代眉州人，1448年（正统十三年）进士。以兄事同年生詹事李泰（太监李永昌养子）而入阁。后泰忽暴病死。安无学术，既柄用，惟日事请托，结诸阉为内援。时万贵妃（万贞儿）宠冠后宫，安因内侍致殷勤，自称子侄行（以与万贵妃同姓而主动套近乎）。七年冬，彗见天田，犯太微。廷臣多言君臣否隔（即君臣之间有隔阂），宜时召大臣议政。大学士彭时、商辂力请。司礼中官乃约以御殿日召对，且曰：“初见，情未洽，勿多言，姑俟他日。”将入，复约如初。比见，彭时言天变可畏，帝曰：“已知，卿等宜尽心。”彭时又言：“昨御史有疏，请减京官俸薪，武臣不免觖望，乞如旧便。”帝可之。万安遂顿首呼万岁而欲出。彭时、商辂

不得已，皆叩头退。中官戏朝士曰："若辈尝言不召见。及见，止知呼万岁耳。"（你们经常抱怨不能得到皇帝召见，等到召见时，只知道呼万岁呀）一时传笑，谓之"万岁阁老"。帝自是不复召见大臣矣。

和万安一起主持朝政的另外一个阁老刘吉，朝野雅号"刘棉花"。棉花者，喻其不怕弹也！即不怕言官弹劾。其虽官居内阁首辅（宰相）之位，亦尸位素餐，精于营私，单靠逢迎皇帝、勾结宦官，虽有言官不断弹劾之，其官却越做越大，竟得以在内阁任职18年之久。另一个阁老刘翊，亦如万安、刘吉一样，但长期拱坐高位，饱食终日而无所事事。以至时人将这三个内阁重臣和时任六部尚书尹旻（吏）、殷谦（户）、周洪谟（礼）、张鹏（兵）、张蓥（刑）以及刘昭（工）共同戏为"纸糊三阁老"和"泥塑六尚书"。

博按：明朝自宪宗之时，已经江河日下。因为权臣当道、内官横行，加之历代以来明朝皇帝屠杀功臣，凌虐士人，已经人人自危。尤其宪宗垂拱中期，开设"西厂"以督查大臣，设立"皇庄"以兼并土地，授予"传奉官"以扩大皇帝直接任命官吏之权，严重破坏了有明开国以来的正常法制轨道和高效的官僚运行机制，使明皇室上失朝臣之心，下失民众拥护，是以始有"纸糊三阁老"和"泥塑六尚书"之局面出现。这样的政治局面，是三代以来未曾有过的奇特现象。尤其是宪宗皇帝发明的"传奉官"制度使皇帝可以不经吏部选拔、廷推和部议等选官过程，直接任命官员，开创了皇帝视官爵为私物的恶劣先例，改变了"官僚"本为"天下公器"的中国历代政治传统，破坏了皇帝与官僚士大夫之间的微妙平衡，从而埋下了明朝后期朋党群起、竞相讽议朝政的伏笔，但同时也为明末政局走向"君主立宪"提供了"反向作用力"。大明王朝和历史进程，开始进入由兴到衰的不归之路了。

295. 王守仁：冠绝华夏一国士

王守仁（1472—1529年），汉族，幼名云，字伯安，别号阳明。浙江绍兴府余姚县（今属宁波余姚）人，因曾筑室于会稽山阳明洞，自号阳明子，学者称之为阳明先生，亦称王阳明。明代著名的思想家、文学家、哲学家和军事家，陆王心学之集大成者。其与孔子（儒学创始人）、孟子（儒学集大成者）、朱熹（理学集大成者）并称为孔、孟、朱、王。其学说思想王学（阳明学），是明代影响最大的哲学思想。学术思想深刻影响中国、日本、朝鲜半岛以及东南亚，集立德、立言、立功于一身，成就冠绝有明一代。

《明史王守仁传》载略曰：

守仁娠十四月而生。祖母梦神人自云中送儿下，因名云。五岁不能言，异人拊之，更名守仁，乃言。年十五，访客居庸、山海关，纵观山川形胜。顾益好言兵，且善射。时兵部尚书王琼素奇守仁才。十一年八月巡抚南、赣。当是时，南中盗贼蜂起。地方官或避去，或战死。守仁至，亲率锐卒屯上杭。佯退师，出不意捣之，连破四十余寨，俘斩七千有奇。其年七月进兵大庾岭。守仁自驻南康，去横水三十里，先遣四百人伏贼巢左右，进军逼之。贼方迎战，两山举帜。贼大惊，谓官军已尽犁其巢，遂溃。乘胜克横水。凡破巢八十有四，俘斩六千有奇。乃设崇义县于横水，控诸瑶（族）。（军功一）

初，朝议贼势强，诏发广东、湖广兵合剿。守仁上疏止之，不及而诸地皆灭（谓守仁剿兵之速也），且守仁所将皆文吏及偏裨小校，平数十年巨寇，远近惊为神。十四年六月，朝命守仁剿福建叛军。行至丰城而宁王宸濠反。守仁急趋吉安，与伍文定征调兵食，治器械舟楫，传檄暴宸濠罪，知会各地守令率吏士勤王。四周郡县咸自赴守仁军。因集众议曰："贼若出长江顺流东下，则南都不可保。吾欲以计挠之（迟滞其顺流而至南京矣），少迟旬日则无患矣。"乃多遣间谍，用诈而使宸濠果疑而顿兵不出十余日。时诸郡各以兵来会，合八万人，号三十万。或请救安庆，守仁曰："不然。今九江、南康已为贼守，我越南昌与相持江上，二郡兵绝我后，是腹背受敌也。不如直捣南昌。贼精锐悉出，守备虚。我军新集气锐，攻必破。贼闻南昌破，必解围自救。逆击之湖中，蔑不胜矣。"众曰"善"。后守仁率诸军于三十五日而平宸濠叛。时明武宗玩国亲征，自称"威武大将军"，率京边骁卒数万南下。时谗邪构煽，祸变叵测，守仁乃言"奉威武大将军方略讨平叛乱"，属功于帝，始免于祸。虽大臣多忌其功因拜守仁为南京兵部尚书。守仁不赴，请归

省。论功封特进光禄大夫、柱国、新建伯，世袭，岁禄一千石。（军功二）

嘉靖六年，思恩、田州土酋卢苏、王受反。总督姚镆不能定，乃诏守仁以原官兼左都御史，总督两广兼巡抚。守仁疏陈用兵之非，且言当抚，奏闻于朝，陈用兵十害，招抚十善。后守仁亲入叛军营，抚其众七万。后以其策而平两广，安瑶寨，守仁之功大矣。（军功三）

后守仁病甚，疏乞骸骨，举郧阳巡抚林富自代，不俟命竟归。行至南安卒，年五十七。丧过江西，军民无不缟素哭送者。（足见其名望所归）

史传守仁天资异敏。年十七谒上饶娄谅（当时名儒），与论朱子格物大旨（朱熹，理学之创立，以格物致知而立论）。还家后竟日端坐，讲读《五经》，不苟言笑。游九华归，于阳明洞中筑室，穷荒无书，日绎旧闻。忽悟格物致知，当自求诸心，不当求诸事物，喟然曰："道在是矣。"遂笃信不疑，以心学为教，专以致良知为主。谓宋周（敦颐）、程（颢、颐）二子后，惟象山陆氏简易直捷，有以接孟氏之传。而朱子《集注》、《或问》之类，乃中年未定之说。学者翕然从之，世遂有"阳明学"，与陆氏合曰"陆王心学"。

博按：史传守仁临终之际，弟子问其遗言，曰："此心光明，亦复何言！"学者张岱曾言，"阳明先生创良知之说，为暗室一炬"。另一学者魏禧则认为："阳明先生以道德之事功，为三百年一人"。近人蔡元培曾谓："明之中叶王阳明出，中兴陆学，而思想界之气象又一新焉"。可堪一提的是，日人东乡平八郎（反华之名学者）曾自谓："一生低首拜阳明。"另一日本学者高濑武次郎更谓：我邦阳明学之特色，在其有活动的事业家，乃至维新诸豪杰震天动地之伟业，殆无一不由于王学所赐予。另一日本军国主义学者冈田武彦更是直言："阳明学最有东方文化之特点，简易朴实，不仅便于学习掌握，而且易于实践执行。在人类这个大家庭里，不分种族，不分老幼，都能理解和实践阳明的良知之学"。然可叹者，日人正是以阳明心学为根基。次第发展起较为务实之政治学说，并于明治之后全盘西化，最终于三百年后于甲午一役战胜中国。由此可见，中华文明之优秀基因，被倭人发扬光大，而吾华反倒奉宝自敝，不见用于后世，不亦悲乎？

296. 大奸似忠话严嵩

有明一代，除朱元璋和朱棣父子外，后续之君多昏庸无道，无所作为。是以此后历朝，宦官横行，奸臣当道。宦官者，有王振、汪直、刘瑾和魏忠贤之属，而奸臣则以严嵩居首，多如牛毛。今以严嵩为例，且究其因。

大明时值世宗朱厚熜（即著名的嘉靖皇帝）当国。此君可谓沉迷道教、好长生不老之术的奇葩。严嵩先以拼命讨好同礼部尚书夏言（今之中央组织部长）而步步高升。当夏言（尚算忠臣）因反对世宗沉迷道教而失宠时，严嵩已经进入世宗皇帝视野并能够趁机攻击之，并怂恿世宗罢黜并借机杀害夏言等忠臣。后严嵩出任内阁首辅，从此擅专朝政达二十年之久。

史载明世宗崇道斋醮（为道教设坛祭祷之一种仪式，即供斋醮神，藉以祈福免祸。其作法须清心洁身，筑坛设供，书表章向神灵祈福）追求长生。严嵩为媚上而倾尽国库。据说单是营建斋宫秘殿就曾使役工匠数万人。时明王朝太仓（国库）岁入仅二百万两，而斋宫秘殿岁费竟至二三百万。进行斋醮祷祀，需要撰写青词（祈祷之词）。严嵩因善写青词而得宠。时满朝文武，非嵩之青词而无当帝意者，因此当时朝野对其有“青词宰相”之讽。严嵩担任首辅后，为撰写青词，常常废寝忘食；更有甚者，庚戌之变（明嘉靖二十九年，鞑靼土默特部领袖俺答率军犯大同。大同总兵仇鸾重赂俺答，请求勿攻大同，移攻他处。是以俺答犯北京。时兵部尚书丁汝夔在严嵩授意下，戒诸将坚壁不战，不发一矢。使俺答兵在城外自由焚掠，凡骚扰八日，饱掠之后从容退去。事后，严嵩又杀丁汝夔以塞责），当俺答兵包围北京，并在城郊大肆杀掠之时，其以首宰之身，竟还在专心致志地大写青词。特别当左谕德赵贞吉提出抗敌之策，在奉敕谕军之前去谒见严嵩时，嵩竟以撰青词辞而不予接见。后严嵩年老，更提拔其子严世蕃协助掌权，严世蕃成为工部侍郎。严世蕃收买世宗左右宦官，把他的日常生活、起居饮食、一举一动都汇报严世蕃。一时间大臣们称其父子为“大丞相”与“小丞相”。有大臣甚至讥称“皇上不能没有严嵩，严嵩不能没有儿子”。

严嵩父子权倾天下二十年，天下怨恨。严世蕃狂妄至极，甚至在家中宝库内大笑说："朝廷无我富！"众多大臣加以弹劾，皆赖世宗包庇。在严嵩把持下，世宗一朝"政以贿成，官以赂授"。每一开选，视官之高下而估价其值，及遇升迁，则视缺之美恶而上下其价。如七品州判，售银三百两，六品通判售银五百两；刑部主事项治元，用银一万三千就可转任吏部稽勋主事，贡士潘鸿业用银二千二百两，就当上了临清知州。武官中则指挥售银三百两，都指挥七百两，夺职总兵官李凤鸣出银两千两，起补蓟州总兵，老废总兵官郭琮出银三千两，使督漕运。

1561年（嘉靖四十年），吏部尚书吴鹏致仕（退休），严嵩指使廷推其亲戚欧阳必进。世宗厌恶此人，见名单大怒，掷之于地。严嵩遂上密启，"谓必进实臣至亲，欲见其柄国，以慰老境"（此何张狂哉）。世宗碍于情面，居然还答应了他。时人称其"与人主争强，王介甫（王安石字）不足道也"。

严嵩因道教而得逞其奸，其败亦因道士之乱。1562年（嘉靖四十一年），有山东道士蓝道行以善于扶乩闻名于燕京，大学士徐阶将蓝道行介绍给世宗，一日蓝道行在扶乩时称"今日有奸臣奏事"，刚好严嵩路过。世宗对严嵩父子日久生厌。最终在徐阶等人的参劾下，先是严世蕃被判斩首，而严嵩亦被没收家产，削官还乡，无家可归。两年后病卒，终年八十七岁。其死之时，寄食于墓舍，既无棺木下葬，更无吊唁之人。

博按：纵观历代，独有明一代，权奸辈出，虽然入《明史》者十五位，但见之于后世杂说野史者则多如牛毛。其如明洪武朝之胡惟庸、蓝玉，永乐朝之纪纲，正统朝之王振，天顺朝之石亨、石彪、曹吉祥、门达，成化朝之汪直、王越、陈钺、戴缙、李孜省，弘治朝之李广、杨鹏，正德朝之刘瑾、陆完、江彬、许泰、刘晖、钱宁、张忠、朱泰，嘉靖朝之陶仲文、严世蕃、丁汝夔、赵文华、鄢懋卿、罗龙文、仇鸾、陆炳，万历朝之庞保、刘成，天启朝之魏忠贤、客氏、崔呈秀、田尔耕，崇祯朝之周延儒、杜勋等皆奸佞误国之徒。究其根源，因太祖开国之后，大杀功臣，大兴文字狱，后代之君亦常效其所为，常常廷辱大臣（经常在朝堂上脱光打屁股），视士人如草芥，是以天下正直士人往往退避三舍，隐于乡野；而无耻无道无德如严嵩之流，反投其所好，极尽钻营，以伪忠而行奸事，是以后世史家多把明朝之亡，归因于朝政混乱、群奸当道所造成的士民离心，诚不虚斯言。

297. 倭寇之患：不在外而在内，非在远而在近

有明一代，倭寇之患殊深。一则因其贯穿元末至有明一朝近三百年，为患久远；二则倭寇所侵扰之地，皆中国江南沿海富庶之地，对大明政治经济影响极深。然倭寇之患，却远非历史之表象，而见之于明朝政局本身，今为叙而记之：

倭寇之患，史有前期倭患（真倭）和后期倭患（假倭）之说。前期倭寇是指元朝及明初一段时期之倭患，以日本海盗为中心，主要攻击范围为当时臣服于元朝的高丽（今朝鲜半岛）。由于先前臣服于元军的高丽军，在元世祖忽必烈两次进攻日本的军事行动中，对日本的对马、壹岐、松浦、五岛列岛等地居民进行过屠杀，因此前期倭寇以这些地区的残存者为主要构成，对朝鲜沿海进行报复式的海盗行为，目的一方面在于夺回被俘岛民，一方面则在掠夺粮食以弥补因遭虐杀而下降的农业生产力。清人徐继畭所著《瀛环志略》，以及朝鲜的安鼎福所著《东史纲目》，均指出倭寇的起因在于朝鲜人（高丽人）配合蒙古侵日行为所引发的报复行动。及至后期倭寇，实由于日本国内政治形势转变，加上官府的管制，日本人出海抢掠船只事件已经减少。取而代之的是来自中国和朝鲜的海商与海盗，他们依从过去倭寇抢掠的方式继续为祸于东海，也被归于倭寇之列。明史《日本传》记载“大抵真倭十之三”，即真正的日本海盗大概只占三成；而朝鲜正史《世宗实录》亦记载“然其间倭人不过一二，而本国民假著倭服成党作乱”。明成祖发动叛乱，夺取政权，迁都北京后，拥护建文皇的残余势力与日本海贼合作，在中国东南沿海进行报复性侵扰，由于这些南方人体形上也比北方人矮小，所以沿用“倭寇”一词来称呼由日本人与南方中国人所组成的海盗集团。另外，明成祖之后明廷采取了严格的海禁政策，也给“假倭”产生提供了机会。正如当时负责海禁的赵文华所说的：“海上居民，近来海禁太严，渔樵不通，生理日蹙，转而为盗”，“寇与商同是人，市通则寇转为商，市禁则商转为寇，始之禁禁商，后之禁禁寇。禁之愈严而寇愈盛。片板不许下海，艨艟巨舰反蔽江而

来；寸货不许入番，子女玉帛恒满载而去……于是海滨人人为贼，有诛之不可胜诛者。”不仅时人明智者有此认识，就是当局也有此认识。福建巡抚谭纶说：“闽人滨海而居，非往来海中则不得食。自通番禁严，而附近海洋渔贩，一切不通，故民贫而盗愈起。”万历年间的著名作家张燮也说：“顾海滨一带，田尽斥卤，耕者无所望岁，只有视渊若陵，久成习惯，富家征货，固得稇载归来；贫者为佣，亦博升米自给。一旦戒严，不得下水，断其生活，若辈悉健有力，不肯抟手困穷，于是所在连接为盗溃裂以出。其久潜综于外者，既触纲不敢归，又连接外夷，乡导以入”，“近日东南倭寇类多中国之人，间有膂力胆气谋略可用者，往往为贼。倭奴藉华人为耳目，华人藉倭奴为爪牙，彼此依附，出没海岛，倏忽千里，莫可踪迹”。

博按：重温历代亡国辱国之史，常感慨于以中国之大，人口之众，因何竟常为胡（五胡）、蒙、满等少数民族所蹂躏甚至灭国，究其根本，终在其内而非在外，终见于近而非其远。以倭寇之患言之，时中国自明代开国，南方群雄虽大部为明太祖朱元璋所歼灭，但其余孽为内部私仇而招引外国，流毒国内，实中国内部权力争斗之产物，加之明成祖之后，国势日败，不思进取，以致外患日深，国无宁日，内部先有李自成之乱，外部始有清朝之入关，皆是先有内乱而后有外侮，是以物必先腐而后虫生，国必先内败而后外敌入，此历史之往鉴，苟不能镜照于未来，则外患必继之而来，君其见乎？

298. 万历“三大征”：亡国非战之罪

明末进士茅瑞征在其《万历三大征考》一书中，以儒家思考方式探讨明朝败亡之根源。书中详载万历年间之三大战役：一是宁夏之役，即镇压哱拜之乱；二是播州之役，即平定杨应龙叛乱；三是朝鲜之役，即援朝逐倭（日本）之战。三次战役虽都最终取得胜利，但也使明朝的人力物力财力遭受巨大损失。其载：“二十年，宁夏用兵，费帑金二百余万。其冬，朝鲜用兵，首尾八年，费帑金七百余万。二十七年，播州用兵，又费帑金二三百万。三大征踵接，国用大匮。”明末以及此后之学者，大多据此认为经此“三大征”后，明朝元气大伤，成为导致明朝灭亡的重要原因之一。

博按：穷究明史，深以晚明史家称明因“三大征”而亡国为非。何也？以明朝之统治，于万历年间，万历皇帝自废张居正改革之法后，国势日颓，民怨沸腾，四方有事，是以才有杨应龙之叛乱和哱拜之乱；倭人之侵朝图华，亦是其观察到中国国内之统治日益腐败，军无斗志，是以才启丰臣秀吉图华治华之野心。万历皇帝若非幡然醒悟，认识到唯有以强大的军事力量征伐之，恐内乱外困之间，国家早亡于异族之手。历史与今人中有反战人士者，皆不考其根本，徒以战后之表象而妄议为“战争”所致，何其谬哉！《要略》以为，中国之所有战争，大部为“不得已”之战，或“消极被动之战”，此恰恰是其耗费国力甚大之主要原因。以明廷和朝鲜与倭人之长达七年之战争而言，若是万历于战前即着手准备，当倭人战争动向十分明显之时（其实当时已有倭人假朝灭明之确凿情报，唯万历朝廷不信之也），即出兵朝鲜，以较少之兵力即可联合朝鲜之兵力将倭人之战争企图扼杀于登陆之日，则日后必不至于组织旷日持久之战争。此其国家战略失措（以及战争过程中之优柔寡断）之因，而非战争本身之过，读史诸君，当明此理。

299. 万历“七年战争”：一人之野心遂成三国之永患

万历援朝之战，朝鲜半岛称之为壬辰倭乱，日本称之为文禄之役，中国称之为七年战争（或万历援朝之战），因在农历壬辰年（1592年）爆发而得名。这场战争由日本关白（官称，类似于明朝的首辅）丰臣秀吉在1592年派兵侵略李氏朝鲜为开始。而日本出兵朝鲜之原因，其主要用意在以朝鲜为跳板，最后占领并统治中国大陆，是日本历史上第一次针对中国的领土扩张战争，也是日本“大陆野心”的第一次军事实践。日本虎视大陆，内因在于日本国家力量聚合扩张和打破生存困境的现实驱动；外因在于中国明代以来之沿海奸商出于各种目的的不断误导引诱。而具体执行者，则为日本“大陆野心”的始作俑者——丰臣秀吉。

丰臣秀吉（1536—1598年），原在战国大名织田信长（日本“战国”时代势力强大的封建领主）部下为将，因屡建战功，渐受重用，1573年被擢升为大名。初名木下藤吉郎，1558年改姓羽柴氏，1582年织田信长被家臣袭击，被逼自杀身亡，丰臣秀吉代之而起。1586年拥立“后阳成天皇”，自己则冠以“丰臣”。1585年任关白，1586年任太政大臣（相当于清朝的摄政王），1590年完成日本统一。1591年将职位让给其养子丰臣秀次，自称“太阁”（相当于“国老”），改而专事“海事征讨”谋略及计划实施。

丰臣秀吉以武力统一战国时代大名纷争的日本后，自感实力强大，遂迫不及待发动对中国的战争。早在战国纷争阶段，他奉命征伐时，就说过“图朝鲜，窥视中华，此乃臣之素志”，1585年时说：“如今为已征服全日本，地位晋升，邻国在握，财富充裕，已无他求。唯望自己的名声和权势遗留后世。待日本诸事稳定后，将让日本于兄弟，自己为征服朝鲜和中华，决意渡海”。1587年他在给爱妾浅野氏的信中说：“在我生存之年，誓将唐（明）之领土纳入我之版图”。

1590年，丰臣秀吉致信朝鲜国王，要求借道进攻中国，遭拒绝后，即于松浦郡建造名护屋城（名古屋），作为作战大本营。1592年4月，日本悍然出兵朝鲜。并在接到日本军占领朝鲜国都后的5月18日发布了“迁都北京准备令”，内容包括：（1）天皇迁都北京，自己定居宁波。（2）北京周围的十国为天皇领地，养子秀次为大唐（指中国）关白。（3）朝鲜国王移居日本。（4）着手征服印度。

出兵朝鲜后，丰臣秀吉坐镇名护屋为统帅，宇喜多秀家担任前线总指挥，黑田长政、小西行长和加藤清正兵分三路进击，并迅速攻占朝鲜京城和大片国土，但由于其海战能力弱，被朝鲜将领李舜臣通过两次海战，歼灭了精锐部队，致使日本陆军的北进受到牵制。明朝政府派遣的援军李如松部近5万人与朝鲜军队配合，相继收复失地，日军退缩，丰臣秀吉提出议和，第一次战争暂告结束。

4年后（1597年），不甘心失败的丰臣秀吉再次增兵犯朝，侵朝兵力达60余万，战舰近3000艘，在中朝联军全力反击下，日方损兵折将，被压缩于朝鲜南部一隅。1598年8月，丰臣秀吉病死，遗命撤军。完全掌握制海权的中朝联军水师，遂在朝鲜半岛以西海域露梁海峡设伏，予日军以沉重打击。七年战争遂以日本全败而结束。战后不久，丰臣家族失去对日本的控制。日本真正地结束了“战国时代”，直到19世纪，经过明治维新，日本的实力才得以恢复。这场战争前后打打停停7年（大多时间在和谈）。明朝方面虽胜，但却带来了严重的后果：战争消耗了明朝大量的人力、物力、财力，加重了人民的负担；战争削弱了明朝的军事实力，为一些少数民族首领发展势力提供了可乘之机，如播州的杨应龙趁机发动叛乱、建州的女真迅速崛起，等等。已陷入全面政治经济危机之中的明王朝，在战后不到50年终告灭亡。

博按：丰臣秀吉时代的日本，无论经济、军事、科技，皆落后于明朝，然其竟以一人之志而图灭一数千年文明之大国，并于战争之始即宣布“迁都北京”，既可见日人之妄，又可见日人图华野心由来已久。而中朝联军虽在“七年战争”终胜于倭寇，然因为此战中的战略措置失当，加速了明王朝的速亡，可值为鉴：

一是情报之失。这场战争，所以延宕七年，首先在于明廷于军事情报的频频失算。战争初始，明朝既不知敌，也不知友。事实上，日本欲征服朝鲜并迁都北京的情报早就被一个在日福建商人透露出来。这名福建商人在密信中称日本关白平秀吉（明朝对丰臣秀吉的称呼）欲在来年春跨海侵略大明。史载这名商人名叫许仪，被倭寇掳入九州萨摩，因为略通医术而深受藩主岛津氏信任。他得知丰臣秀吉侵略计划后，秘遣亲家搭乘商船投书于明朝官员。书信中，他详细告知了日本国内最新的动向，称日本关白平秀吉已经并吞诸国，准备来年先渡海进入朝鲜，顺势进攻大明，现在正在督促造船等等。密信中，许医生甚至还详细描绘了秀吉敢于侵犯中国的自信之源——王直的倭寇。信中说，秀吉召王直余党询问明朝情况，余党夸起海口：“我等曾以三百余人，自南京等地劫掠横行，下福建迢一年，全甲而还。唐畏日本如虎，灭大唐（明）如反掌也。”此外，又有一个客商陈甲，在琉球做生意，也事先告知明朝地方官称日本将侵中国，并以朝鲜为向导。听到这样的情报，明朝仅派遣使者到朝鲜询问此事，朝鲜国王李昖居然极力辩解“绝无此事”，于是明朝便置之不理。可见双方于战前对情报工作的轻视。当日本登陆朝鲜后，明朝对于日军的军事力量更是一无所知。认为日本不过东国小夷，盲目轻敌，认为天兵一至，日本便会一触即溃。所以两次派辽东骑兵入朝支援，第一次人数仅两三千人，第二次也不过五千。结果在将近20万训练有素、准备充分的日军面前，一败涂地。

二是战和之失。当明朝拖拖拉拉八月之久才派主力驰援时，日军已经占据了平壤，朝鲜几至灭国。1593年1月7日，经过周密部署，明、朝联军成功夺回平壤。此战共歼敌1万余人，俘虏、逃散无数，从根本上扭转了朝鲜的战局。随后，在明、朝军民的一致努力下，朝鲜国土大部分获得光复。但是2月27日，李如松轻敌冒进，在碧蹄馆（王京附近一个驿站）遭伏击，损伤惨重。尽管明朝军队锐气受挫，但精锐尚存，且很快得到新的补充。相反，日军虽取得小胜，但水土不服，被朝鲜义军袭击，粮仓又被李如松派兵烧掉而陷入困境。可惜的是，当此关键时刻，明军不但不敢继续进攻，白白丧失战机，而且在以主和派奸臣石星为首的主导下，开始与日本和谈。和谈前后拖延了近4年。从而使丰臣秀吉不断地利用和谈时间补充兵力，运送武器给养，再次聚集大量兵力，开始第二次侵朝。明军由于准备不及时，在日军第二次进攻前期再次蒙受巨大损失。其中，蔚山之战和泗川之战，明军都付出了数以千计士兵伤亡的代价。由此可以看出，日军虽然国力远不如大明，但始终占据主动。反观万历，在是战是和上举棋不定，没能快速地将日军赶出朝鲜。最后拖成了旷日持久的拉锯战。

三是用人之失。第一次援朝战争，明朝虽然派遣战绩卓著且熟悉朝鲜情况的名将李如松带领辽东军赴朝参战，但却以经略宋应昌来牵制李如松，从而使前线将领丧失了很多歼敌良机。在对日和谈时，明朝更是派出市井无赖沈惟敬为谈判使臣，使其与日方小西行长上下其手，欺上瞒下，使得明军失去了很多战机；第二次战争，万历皇帝没有派遣统一的主帅，而是分派三个陆军主帅、一个水师主帅，还用文官做提督指挥打仗，致使前线互相掣肘，作战效果大打折扣，虽然最后打败了日本，但是自身也蒙受了重大损失。特别严重的是，万历还任用了无才无德的杨镐，正是他的怯战无能，造成了明军的诸多损失。

四是盟友之失。战争中，明朝作为东亚霸主，没有充分利用自己的优势，仅凭自己的力量与日军交战，造成了国库的巨大损耗以及本土军队的巨大损失。在判断是否出兵朝鲜的时候，明朝对于自己最亲近的属国竟然一无所知，甚至怀疑朝鲜要与日本共谋入侵大明，弄得朝鲜国王几乎下不了台；在出兵朝鲜后，明军在友方的土地上并没有维持好的军纪，嚣张跋扈，时常做出杀良冒功的勾当。因为看不起朝鲜人，明朝统帅对朝鲜将领颐指气使，当时的明军大营里，经常会有朝鲜将领因作战不力，被铁链锁着游营的情景；此外，明朝作为东亚霸主，本有能力调动属国参与本次战争。如暹罗国（今泰国）曾主动向明朝表示，愿意出兵助天朝出兵朝鲜。当时暹罗刚刚赶走了强邻缅甸入侵，军势正强，如果在朝鲜战场，自然是一把好手。然而，明朝最终还是拒绝了暹罗人的好意。更可惜的是明朝没有征召努尔哈赤进入朝鲜。当时努尔哈赤实力尚未丰满，但手下也有步骑数万。相传加藤清正部的日军曾在鸭绿江附近与当地的女真人产生冲突，造成了大量女真人死亡。随后，日军受到了女真人的轮番骚扰。在这种形势下，努尔哈赤也深深感受到日军的威胁，他曾借贸易之机，向朝鲜国王表达想要入朝相助的建议。此时大明完全可以利用女真势力，让女真和日军互相厮杀，最终达到驱虎吞狼之效。

五是战后措置之失。战争后期，虽然日军撤退时中朝组织了露梁海战给予妄图逃跑的日军以重创，但是，明朝军队却没有勇气和决心乘胜追击，特别是对战败的日本拒绝称臣没有发兵问责。侵略者必须为自己的侵略罪行所造成的伤害而遭到应有的惩处，否则，其会把对方和解的善意看作软弱可欺，在实力恢复后卷土重来。事实上，丰臣秀吉虽死，但在露梁海战侥幸逃脱的岛津义弘、小西行长等战犯不但没有受到任何制裁，反而成了日本的“民族英雄”。明朝政府如果能够组成中朝联军直下日本，追究问责，不但可能缓解国库空虚，而且从此杜绝其觊觎之心，彻底铲除其军国主义滋生土壤。从世界近现代史来看，拿破仑若非在滑铁卢战役最后击倒，则反法同盟不算最终胜利；二战中美苏的反击若不是攻克柏林，迫使希特勒、戈培尔等自杀，战后的德国亦难以真正反省自己的侵略罪行，彻底抛弃军国主义。相反，我们虽然取得了抗日战争的最后胜利，但蒋介石却婉拒了罗斯福总统让中国派遣占领军及归还琉球的好意，新中国成立后，我们又免除了日本的战争赔偿，但日本军国主义从未为此反省感动，反而在钓鱼岛问题上频作文章！历史之镜鉴教训再再，吾华当深以为思矣！

300. 露梁海战：宜将剩勇追穷寇，莫使倭患复燃来

“七年战争”结束于丰臣秀吉病故之后。丰臣逝前，被中朝联军压缩于东南沿海一带的部分日军已经开始撤退。当丰臣秀吉死讯传来，在朝日军四万六千人当即准备分三路自海上遁逃。当时中朝联军水师共两万六千人，约八百艘战舰，以一部截断驻顺天日军后路，以一部在露梁海峡以西海域设伏。驻泗川、南海的两路日军妄图通过露梁海峡驰援顺天日军，1598年11月19日丑时，两军遭遇，影响此后两百年东亚政治格局的露梁海战由此爆发。

先期遭到阻击的日本援军掉头南逃，次日清晨发现伏兵后又向北回师，再次遭到中朝联军拦截，联军分北、西、东三面对日军合围，此时，“月挂西山，山影倒海，半边微明，我船无数，从阴影中来，将近敌船，前锋放火炮，呐喊直驶向贼，诸船皆应之。贼之我来，一时鸟铳齐发，声震海中，飞丸落于水中者如雨”（引自柳成龙《惩毖录》）。明水师七十多岁的老将邓子龙身先士卒，在座舰被日舰包围后，亲率精兵三百名抵近日舰后登船与日军肉搏。中朝将士同仇敌忾，激战一夜，日军损失战船四十余艘。日军无心恋战，下令突围。日本舰队乘着大雾弥漫，勉强冲出包围圈。联合舰队紧追不舍。邓子龙旗舰一马当先，冲入敌舰，被火箭击中，老将邓子龙顽强战斗到最后一口气，不幸壮烈牺牲。朝军将领李舜臣发现邓子龙的旗舰起火燃烧，立即赶来救援，不幸途中被流弹击中。临死之际其将衣甲交与侄儿李莞，嘱其代替自己指挥作战。中朝两国老将以身殉国，气贯长虹，激励联合舰队全体将士更加英勇杀敌。此时，明将陈蚕、季金率领的增援舰队赶到，又将日舰层层包围，分割聚歼。经过半天激战，直到中午，大部分日军舰船或焚毁沉没，或被联军俘获，弃船上岸的日军也在陆上被歼。露梁海战，共击沉焚毁日军舰船四百五十余艘，歼灭数万日军。因此战丰臣家族失去了大量精兵和设备，也失去了许多大名的支持，此后日本进入了相对温和的德川家族统治时期。至此，露梁海战以及持续七年的日本侵朝战争结束。

博按： 中朝联军在这场战争的密切配合和最终胜利确保了东亚200多年海平浪静，“七年战争”所参加的兵力规模、持续时间、新式武器装备（火器和龟船）的应用、中朝联军的密切配合以及其对东亚局势的深远影响，都将成为东亚战争以及世界战争史上一个里程碑式的战争。可惜的是，由于中朝主将的壮烈牺牲而使中朝军队没能乘胜追击，组织更强大的军队直下日本列岛，追究侵略责任，惩治战争罪犯，索取战争赔款，致使日本“军国主义火种”一息尚存，以致200年后再次为患于中朝（前文有论），可为扼腕一叹！

301. 平民“宰相之杰”张居正：恩怨尽时方论定，家国危日觅才难

有明嘉靖、隆庆、万历三朝，已如历史上所有朝代一般，进入君昏臣佞、朝纲废弛时期，尤其是土地兼并严重，致使大量农民失去土地。时任大学士徐阶一家就占田二十四万亩。如此背景下明朝社会矛盾日益严重，内有各地起义不断，北有蒙古俺答汗和女真族不断进逼，南有倭寇长期袭扰，明朝业已陷入内外交困之大不利局面。当此时刻，若无雄才大略之君主或名臣良相出现以扭转乾坤，挽救天下，则大明王朝行将土崩瓦解。

一代“宰相之杰”张居正于此时应时而出。

张居正（1525—1582年），字叔大，号太岳，江陵人（今属湖北）。史载张居正出身没落秀才之家，五岁识字，七岁通六经大义，十二岁进秀才，十三岁行乡试，十六岁中举人，二十三岁的张居正考中进士。1567年任吏部左侍郎兼东阁大学士。万历皇帝登基后，张居正代高拱为首辅。时明神宗朱翊钧年幼，一切军政大事均由张居正主持裁决。张居正任内阁首辅十年间，以“愿以深心奉尘刹，不予自身求利益”为自警，实行一系列改革措施。财政上清仗田地，推行“一条鞭法”，总括赋、役，皆以银缴，使明朝廷“太仓粟（国家粮库）可支十年，周寺（国家银库）积金，至四百余万”；军事上任用戚继光、李成梁等名将镇北边，用凌云翼、殷正茂等平定西南叛乱；吏治上实行综核名实，采取“考成法”考核各级官吏，“虽万里外，朝下而夕奉

行”，政体为之肃然。开创了有明中兴之局“万历新政”。

张居正改革诸策中，除“一条鞭法”广为人知外，更先行“考成之法”以为推动改革之强力手段。其以六科控制六部，再以内阁控制六科，任职以事，层层以标准衡量之，考试之。从而改变了以往“上之督之者虽谆谆，而下之听之者恒藐藐”（类似于今之官场上的“不作为”）的现象。“考成法”的实行，提高了各级部门办事效率，且责任明确，赏罚分明，从而使朝廷所发布的政令得到贯彻执行，改变了过去“政不出宫门”的现象。这种考成之法也为推行其他改革措施奠定了坚实基础。

然张居正秉国时期，亦有其重大缺陷。其初任首辅时，曾以廉洁奉公严格要求自己。其曾在对地方官员之信中曰：“当事以来，私宅不见一客，非公事不通私书，门巷阒然，殆如僧舍，虽亲戚故旧，交际常礼，一切屏绝，此四方之人所共见，非骄伪也。”辽东总兵李成梁晋封宁远伯，得张居正提议为之。为感激提拔之恩，李派人给张送礼，张居正对送礼使者说：“使君功勋百战而得，吾受其礼金，乃辱高皇帝也。”然而，随着张居正权力稳固，朝野倾目，其私欲遂日渐膨胀。据说严嵩倒台时，其收藏之宝物，十分之二为张居正私占。连张居正自己的门生刘台亦上疏弹劾，说他“起大第于江陵，费至十万，遣锦衣官校监治，乡郡之膏尽矣”。据王世贞所写《张公居正传》中，亦曾记述戚继光“时时购千金姬”贿张居正。甚至说张居正“日饵房中药，发强阳而燥”。上述虽属于野史无法证实，但一代名将戚继光给张居正行贿送礼，却在张居正自己的书牍日记得以传世（习以为常，竟于日记中坦然记之，可见其时之常态化、制度化腐败）。且张居正回乡葬父，乘坐三十二抬特制大轿（轿内可以吃喝拉撒），沿途地方官员郊迎郊送，还要呈上奠金，担负护卫任务的是比国家正规军装备还要精良的特殊卫队（据称是戚继光为了拍其马屁而特意派出的卫队）。更为严重的是，张居正还不惜破坏自己所制定的科考选官制度，使其六子中有三子在其当政时中进士，而且长子为榜眼，三子为状元。因上述之原因，居正死后仅四天，就被神宗皇帝下旨查封其家，落得“名秽家灭”的悲剧下场。

博按： 纵观中国三千年历史大局，张居正改革无疑是继商鞅、秦始皇以及隋唐革新之后影响最为深远、最为成功的改革。张居正改革，起衰振隳、力挽狂澜，缓解矛盾，延长国祚，其于大明社稷之功，有明一代宰相中，无出其右。《明史》亦盛赞张居正为政期间“海内殷阜，纪纲法度莫不修明。功在社稷，日久论定，人益追思”。然以张居正之天纵英才，何以于当政后逐渐沦为贪腐之宰，贪图于名利美色，以致“没身之后，名秽家灭”，其客观在于今人所谓“没有制约的权力”，其主观在于其人格的塑造和思想的清醒。然后者唯圣人者可为之（鲜矣！唯孙武、范蠡等少数人可当之），前者当为执政者所关注，即今日之“将权力装入制度的笼子里”，设如此，则即居正之流，其“不敢、不能亦不想”矣。

302. 戚继光：封侯非我意，但愿海波平

戚继光（1528—1588年），字元敬，号南塘，卒谥武毅。山东蓬莱人。史载戚继光幼年时风流倜傥，既通晓儒经、史籍，亦善于为文做诗。戚继光负责管理登州卫所的屯田事务，当时山东沿海一带遭受到倭寇的烧杀抢掠，戚继光就曾写下“封侯非我意，但愿海波平”之诗以自勉。

论其综合之素质。戚继光不但文武全才，能诗善文，而且还是一位杰出的兵器专家和军事工程家，其设计的戚氏军刀借鉴倭刀之长，加大刀刃弧度，缩小宽度，使刀刃整体重量减少而强度增大；其发明的狼筅粗有二尺，长一丈五尺，系长而多节的毛竹顶端装上铁枪头，两旁枝刺用火熨烫的有直有勾，再灌入桐油，敷上毒药，可谓攻守兼备，被称为“刺倭利器”。其在鸟铳与佛朗机基础上，创设“虎蹲炮”，比鸟铳杀伤力大，比佛郎机轻，可谓冷兵器时代最先进之火器；其建造之战船、战车（今之装甲之雏形），使明军水陆两路装备皆优于敌人；其在长城上修建空心敌台，进可攻退可守，亦是极具特色的军事工程。

论其多面之成就。戚继光撰写的《纪效新书》和《练兵实纪》在中国军事学上享有很高地位，被收录入《四库全书》，占其中军事著作十分之一强；其所建立的“戚家军”军制，为后世军事实践所广泛借鉴，清代中后期曾国藩所创立的湘军即沿袭了“戚家军”的军事编制；其创造的“鸳鸯阵”

法，亦成为有明一代抗倭的最有效战法之一。

论其显赫之军功。戚继光既曾南征倭寇，在岑港之战、福建之战和兴化之战等重要战役中大败倭寇，终使东南沿海疆基本平静；亦曾北破胡蛮，震慑关外，使北蛮势力大为削减，有明之南北国防，皆倚其为干城。

然而，戚继光能创造盖世伟业，固然与其卓著的才干有极大关系，同时也与当时统治者的知人善任密切相关。戚继光南征北战、屡立战功的20年，正是一代名相张居正当国之时。张居正的提拔与赏识给戚继光提供了广阔的天地，但他们过密的私人关系也注定戚继光只能以悲剧收场。

史载戚继光初到北京“发展”时，人生地不熟，多受掣肘。而此时当国的张居正正在寻找文韬武略过人一等的戍边武将，他先是写信给戚继光的上司，让其从中斡旋协调关系，后又破例任命戚继光为蓟镇总兵，使戚继光既拥有镇守的行政权，又拥有统领三镇的练兵权。此后二人一直保持着非常亲密的朋友关系。在张居正父亲去世回家奔丧时，戚继光还派出自己最精锐的护卫官，配备最精良的武器，为张居正保驾护航（此举可谓当时的一种“高级腐败”，史传戚继光还经常给张居正报以“性贿赂”）。

这些举动在张居正当国时并无不妥。然而，随着张居正的倒台，即有人诬蔑戚继光是张居正的同党，到处散布流言，对他恶语中伤。加之此时，北方边防已经平定，戚继光似乎变得可有可无。万历皇帝于是同意把戚继光调任广东，实际上是降了职，将他闲置一边。

失去了知音，戚继光对官场也无心顾恋。在广东的两年，毫无用武之地的戚继光开始集中精力整理自己的军事著作和诗文集。长年的劳累和精神忧郁让戚继光的身体每况愈下，犯下了严重的肺病，只好回家休养。朝廷则乘机罢免了他的军政职务。万历十三年，戚继光凄然回到故乡山东。两年后在清贫与寂寞中与世长辞，终年五十九岁。

博按：戚继光既通书史，又晓兵法；既知地利，亦精器械；既可南平倭寇，又可北破胡蛮；既曾立功当世，又曾遗法后人，实亘古不二之儒将、大将者。明廷以有幸，得戚继光而有20年海平波静；然明廷也不幸，其得戚继光是建立在名相张居正慧眼识才和特殊提携帮助之上，这样的功业，具有集权人治之下所有功业的固有特点：愈是光辉而愈不牢固，愈是伟大而愈不长久。一旦对其“负责”的背后“靠山”倒台，无论其本人如何有功于江山社稷，如何有需要于家国安全，都难以确保其能继续建功于朝廷，造福于人民。以此论之，戚公不亦悲乎？后世宁不警乎？

303. 万历宠将李成梁：培植明帝国掘墓人的台前幕后

李成梁，其先祖本为汉人，唐末曾避乱逃至朝鲜，明初又从朝鲜返回中国，定居于辽东铁岭卫（今日名人赵本山的老乡），其曾祖父曾以军功迁为将领。按照明朝军制，军职可以由子弟世袭；然而，由于家道中落，到李成梁时，竟然因贫困而无法前往北京办理袭职手续。四十岁的李成梁，尚在窘迫中荒度人生。

公元1566年（嘉靖四十五年），李成梁偶遇前来巡视的朝廷御史李辅。这位御史见李成梁器宇不凡，便慷慨资助他前往帝都北京，从而成为辽东军事要塞险山堡参将（相当于今天的边防部队团级军官），为其提供了一个施展军事才华的重要平台，从此，被明史称为“英毅骁健，有大将才”的李成梁开始一飞冲天，成为有明一朝极为耀眼的将星。

而这一年，那个日后将要成为李成梁帐下家奴的大清太祖努尔哈赤尚是一个刚满8岁的女真族苦难少年。

成为参将的第二年，李成梁便在抗击蒙古骑兵入侵作战中崭露头角，一战成名，官升副总兵（相当于今天的军分区司令）。而正是这一年，未来对李成梁有知遇之恩的一代名相张居正，成为明王朝吏部左侍郎兼东阁大学士（相当于今天的副总理兼中央组织部第一副部长），并“预机务”（即参与国家大政方针的决策与制定），开启了明朝历史上著名的万历新政，给李成梁建立更大的功业铺平了道路。据史载，万历新政中最为重要的“考成法”，激发了李成梁的军事才华。他逐渐建立起一支骁勇能战的“李家军”，使素来为蒙古军所轻视的明朝边兵“军声始振”（引自《明史》第238卷《李成梁传》，中华书局1974年4月版）史载“李家军”“师出必捷，威振绝域”（引文同上），一次又一次地取得辉煌战绩。“镇辽二十二年，先后奏大捷者十”（引文同上），所立军功为大明帝国“二百年来未有也”。

在巨大的军功照耀之下，李成梁成为万历皇帝的不二“宠将”。他和他的儿子、手下众多将领不断被加官晋爵。他本人先是加封为太保，世荫本卫指挥使，继而晋封为宁远伯爵，岁禄八百石，成为有明一代堪与戚继光齐名的边疆名将，一时“南戚北李”之说传遍华夏；他的九个儿子有五人当上总兵、四人官居参将，四个兄弟和两个侄子也都官居副总兵或参将；万历八年，万历皇帝敕命在辽东总兵府所在的广宁敕建“镇守辽东总兵官太保兼太子太保宁远伯”褒功牌坊，给予李成梁至高无上的荣誉。

然而，就在这时，贵极而骄的人性弱点在李成梁身上开始显现。《明史》记载，就在他功高名重之时，他的军队开始屡打败仗，手下将领开始谎报军情，而且竟致杀良冒功（即打了败仗，只好杀死边境地区的良民以冒充敌人首级虚报战功）；而他本人，也开始贪赃枉法，行贿受贿，乃至于发展到最后整个辽东的商民利税都被他一个人所侵吞。然后，再用这些钱财贿赂对他有用的朝廷要员。宫中朝上的权贵机要人物被他喂饱后，无不为他奔走卖力。史载“全辽商民之利尽拢入己。以是灌输权门，结纳朝士，中外要人无不饱其重贼，为之左右。”（《明史》列传第一百二十六，李成梁）而李成梁父子居住的铁岭卫，本来只是一个小县城，却因为李成梁的长期经营而繁盛一时。城内弦管夹道、灯红酒绿、莺歌燕舞，光是娼妓就有两千多人。原本强大的李成梁军队和他本人一起，就在这样的环境下消磨了心性，“人生观、价值观”发生了深刻而巨大的蜕变。

关于李成梁受万历皇帝的“宠爱”程度，由以下事端可见一斑：每当李成梁从边关传来捷报时，内到中央政府的内阁、五府、六部，外到当地各级官员都可以一起领受皇帝的封赏；而后来李成梁军队战斗力下降，经常吃败仗时，通常不用李成梁做什么，下到地方长官，上至五府、六部乃至内阁，大家会不约而同地帮助李成梁遮掩。若有哪个不识趣的“御史”想要弹劾李成梁，一些要员就会齐心协力、高度默契地将其挤兑出局。万历三十六年，几位监察官员包括后来大名鼎鼎的名将熊廷弼，查知李成梁军队再次打了败仗，又屠杀平民，以向朝廷冒功领赏。在掌握了大量人证物证的情况下，“交章”弹劾李成梁。奏章交到皇帝手上，许多人都以为李成梁罪责难逃。殊料万历皇帝不责反赞，对那些证据确凿的报告根本不予理睬，而几位监察官员却受到内廷的斥责和处分，可见万历皇帝对李成梁的宠遇之深。

本文的另一主角努尔哈赤，正是在这样的大背景下出现在大明王朝的历史视野。

史载努尔哈赤原是大明辽东建州左卫指挥世家的子孙。（“卫”是明朝军制，一卫相当于今天的一个旅，约三千人），永乐初年，其六世祖带领斡木河（即今日图们江下游）的女真部落归服朝廷，被永乐帝朱棣封为建州卫指挥使，曾经跟随朱棣远征漠北。到了努尔哈赤祖父时代，整个家族迁居赫图阿拉（今天辽宁省新宾县）。其祖父兄弟六人，号称“宁古塔贝勒”（宁古塔是六的意思，指“六贝勒”）。

使努尔哈赤一族真正“发达”的事件，是其父塔失（后被清人改为塔克世）、祖叫场（后被清人改名为“觉昌安”）在迁居到赫图阿拉后，与大明辽东总兵李成梁，结下十分亲密的关系。明清史权威人士孟森先生在其所著的《明清史讲义》中断言：“努尔哈赤与李成梁结托极深”。孟森曾根据明朝留下的史料考证得出：嘉靖年间，努尔哈赤的祖父叫场和父亲塔失曾是王杲（另一女真首领，努尔哈赤外祖父）部属，参与了王杲犯辽东之乱，后来李成梁镇守辽东，两人审时度势而“悔过入贡”（引自孟森：《明清史论著集刊》（上）第161页，中华书局1959年11月版）成为李成梁旗下的间谍，效忠朝廷。姚希孟所著《建夷授官始末》记载说：在万历二年（1574年）征服王杲的战争中，“当王杲之败走也，成梁等以市夷头目叫场等为质，遣其属物色杲（即以叫场为人质，派他的家属前去刺探王杲的情报），乃从王台寨中得之（杲的下落）”（见《明经世文编》第六册，第501卷，《姚宫詹文集》）。黄道周《博物典汇·建夷考》则记载说：“先是，奴酋父塔失有胆略，为建州都督王杲部将，杲屡为边患，是时李宁远为总镇（是时李成梁已被封为宁远伯，是以称为“李宁远”），诱降酋父，为宁远向导，讨杲，出奇兵，往返八日而擒杲”。苕上愚公著《东夷考略》载：“初，奴尔哈赤祖叫场、父塔失并从征阿台，为向导，死兵火。”海滨野史著《建州私志》载：努尔哈赤的“祖叫场、父塔失，并从李成梁征阿台，死于阵”。这些史料引证了三个历史事实：一是努尔哈赤父、祖曾帮助李成梁消灭了女真实力最强的军阀王杲（同时也是努尔哈赤的外祖父，可见当时女真之间争夺地盘的残酷）；二是他们帮助李成梁消灭了另一个军阀阿台（同时也是努尔哈赤的堂姐夫）；三是努尔哈赤的祖父叫场和父塔失被明军误杀于征王杲和阿台的战役中。而恰恰是因为其父、祖在征王杲时曾为李成梁立功而误死，努尔哈赤成为明朝和李成梁本人优待的对象。这一点在明末史家程开祜所著《筹辽硕画》一书中首篇《东夷奴儿哈赤考》有较详叙述：

“先年叫场、塔失皆忠顺，为中国出力，先引王台拿送王杲。后杲男阿台将叫场拘至伊寨，令其归顺，合党谋犯，以报父仇，叫场不从，阿台拘留不放。大兵征剿阿台，围寨攻急，塔失因父在内，慌忙救护，混入军中，叫场寨内烧死，塔失被兵误杀，因父子俱死。时镇守李总兵将塔失尸首寻获，查给部夷伯插领回。又将寨内所得敕书二十道、马二十匹，给领。”

而努尔哈赤正是在此时登上了历史舞台。姚希孟所著《建夷授官始末》载：1574年（万历二年）李成梁军攻破王杲寨，之后又杀了叫场和塔失，“时努尔哈赤年十五六，抱成梁马足请死，成梁怜之，不杀，留帐下卵翼如养子，出入京师，每挟奴儿哈赤与俱。”

关于努尔哈赤曾在李成梁帐下“工作”一事，清人所治《明史》刻意回避。但在康熙朝徐乾学所修《叶赫国贝勒家乘》无意中留下这样的记载：“壬午，十年，秋九月，辛亥朔，太祖如叶赫国，时上（指努尔哈赤）脱李成梁难而奔我。”此段简短的文字说明1582年以前，努尔哈赤曾为李成梁所“羁留”。

然而，努尔哈赤最后如何离李成梁而去？这里不得不抛开“正史”，叙述一段东北地区流传甚广的关于“紫薇夫人”的故事。据这个故事说，由于上天的启示，李成梁曾经一度对努尔哈赤动了杀机，而其身边的一位“紫薇夫人”却用自己的生命，帮助努尔哈赤脱险。另一种传说是，努尔哈赤成了大金国的天命汗之后，曾经莫名其妙地册封一位不知姓名的汉族女子为“歪梨娘娘”，原因是这位女子为了保护并拯救努尔哈赤，把自己吊死在一棵歪脖子梨树上。今天，在辽宁省北镇市，有一位广受崇拜的神灵“歪脖老母”，香火极盛，前去朝拜者络绎不绝。而我们知道，李成梁时代与努尔哈赤早期的大明辽东总兵府恰恰是坐落在广宁——就是今天的辽宁省北镇市。

而这一民间传说，在《清史稿》中居然有所印证。《清史稿》的第一篇先指出：“努尔哈赤仪表雄伟，志意阔大，沈几内蕴，发声若钟，睹记不忘，延揽大度”。接下来，说到努尔哈赤在他的父、祖被误杀时，和他的弟弟舒尔哈齐于乱兵中被抓进总兵府，然后，“成梁妻奇其貌，阴纵之归”。

（《清史稿》本纪一，太祖本纪）就是说，大明辽东总兵李成梁的妻子惊异于努尔哈赤的仪表，于是背着人悄悄把他放跑了（另有野史记载，认为是努尔哈赤和李成梁的六姨太私通，被发现后在其拼命保护下脱身，后被李成梁所原谅）。

而更令人惊奇的是，从李成梁家出走后，努尔哈赤不但不记恨于李成梁误杀其父祖这样的"大恨"，还将自己弟弟舒尔哈齐的女儿嫁给李成梁二儿子李如柏为妾，而后者，则成为后来的大明辽东总兵。种种迹象显示，自小困苦、很会"来事"的努尔哈赤此后长期给李成梁"上贡"美女、牛羊、马匹、人参、貂皮、东珠、银两和奴隶等。《明清史讲义》中记载："太祖（努尔哈赤）求媚于成梁，自亦无所不至。"从而有效地令李成梁至少在对待努尔哈赤的问题上，放弃了本该忠于的边将职守。

就这样，在李成梁的纵容、默许甚至是呵护下，努尔哈赤凭借十三副盔甲起家，逐渐发展成为辽东最大的反叛力量。有确凿史料证明，在努尔哈赤起兵前后，李成梁曾经多次出兵征剿当地蒙古部落和其他女真部族，那些势力强大、有能力和努尔哈赤相抗衡的女真部落，都无一幸免地遭受过李成梁的"犁庭扫穴"式的摧毁性打击。就结果而言，无论李成梁主观上是否有意帮助努尔哈赤，事实上他运用大明帝国国家机器的力量，帮助努尔哈赤发展起来了个人势力，或者至少是为他的发展扫平了道路。

而李成梁给予努尔哈赤更大的帮助，是其在努尔哈赤坐大之后，主动放弃了著名的"辽东六堡"及其周边八百里国土。史载，公元1606年，年逾八十即将退休的李成梁，突然上书皇帝，准备主动放弃辽东孤山、宽甸、长奠、双堆儿、长岭、于散六堡及其周边的八百里国土，理由是"这些要塞孤悬难守，得不偿失"。而从军事角度讲，这六座堡垒向南为辽东卫所的前沿要塞，向西则可屏蔽辽沈腹心地带，向东与朝鲜遥遥相望，向北成为抗御蒙古骑兵的第一线。这六座城堡，地势险要，具有极高的战略价值。三十多年前，刚刚在辽东崭露头角的李成梁极力主张修复整治这些堡垒，在具有战略眼光的名相张居正的大力支持下，李成梁和他的将士们付出了重大代价，重新整治好了这些国防线上的要塞，环卫辽东土地八百多里。随后，在李成梁主导下，设粮仓、建学校、开关市，致使各地无地农民纷纷前来定居，最后竟然繁衍生息多达六万多户，在捍卫明帝国边疆中发挥了巨大作用。这也是李成梁当年的诸多功绩之一。而如今，正值努尔哈赤渐成气候，对大明帝国构成巨大威胁之际，李成梁却以和当年主张修复时同样坚决的态度，主张放弃这些军事要塞。此议一出，立即受到一些有识之士的反对。然而偏偏万历皇帝几乎是无条件地“宠信”李成梁，竟然批准了这个计划。此举使努尔哈赤不费一兵一卒得到了八百里土地，并消除了前进道路上的巨大障碍与威胁，对大明帝国和努尔哈赤双方都产生了极其重大而深远的影响，以至于不论当时还是后世，都将此举看成是李成梁和万历皇帝二人的“亡明之举”。

更重要的是，当时六堡之内的六万多户人家——差不多有二十多万人口被强制迁徙于关内。时值冬季，被捣毁了房屋的许多青壮年不堪忍受，愤而投奔努尔哈赤，为他增加了最为宝贵的人力资源（时辽东地区天寒地冻、地广人稀）。

遥想当年，努尔哈赤得到李成梁这些动用军队都不一定能够得到的、无比珍贵的礼物时，必是欣喜若狂，必定在内心深处对李成梁充满了感激之情（甚至今人有史家以此臆测李成梁曾与努尔哈赤合谋，扩大努尔哈赤的实力以征服朝鲜，而使自己成为朝鲜王）。

就这样，在他前后两次镇守辽东的三十年岁月里，努尔哈赤从一个无足轻重的小人物，成长为一代枭雄和大明帝国最有“潜力”的掘墓人。巨祸已经酿成，大明帝国一步步走到了风雨飘摇的危亡前夜。

李成梁八十三岁时离开他的辽东职任。此后，他在北京城中安逸地活到九十岁，成为华夏有史以来最长寿的将军。而在其死后不到一年，公元1616年（万历四十四年），努尔哈赤正式建立后金国，自称天命汗。三年后，他从容攻下抚顺，正式拉开挑战大明帝国的历史序幕。

博注：当一个权力高度集中的国家政权腐烂程度过深时，一定是因为其最高决策者出了问题。在李成梁一步步从名将蜕变为巨贪，从国家边疆保卫者蜕变为国家利益出卖者时，我们首先要纠责于那个曾经三十余年不上朝的万历皇帝和他背后那个使他无所不能的中央集权体制。在其无原则纵容下，那些和李成梁沆瀣一气的帝国高级官员们，在缺少有效监督和制度性约束的情况下，为了一己私利，丧心病狂地把国家利益转化为私人交易。以今天的眼光回望那段貌似平静、实际正在酝酿巨涛的历史海平面时，我们不难发现，假如一个王朝的制度体制使得其有能力、有办法制止其官员们集体丧失责任感，并使他们不敢突破道德底线的话，那些如李成梁一样胡作非为的地方豪强们是没有可能发展起来的。而令人扼腕叹息的是，数千年中央集权体制下所缺少的恰恰正是这种有效的监督和制约机制。而这种缺失的背后，根本原因还在于中央集权体制下那些既得利益者无法放弃对其背后巨量利益的掌控。在这样的体制下，作为既得利益集团中的一员，一旦个人的道德自控能力无法抵御巨量利益的诱惑，那么，国家的利益、民族的利益都将变得无足轻重——而更可悲的是，除了历史上少数几位“圣人”之外，绝大多数人都无法抵制以权力、金钱和美色等面目出现的巨量利益的诱惑——中国古人“欲壑难填”的成语描述，正是对人性的最好总结。而历史上所有追求培养“圣人”式官员的道德教化的一切努力，最终都被证明是无效和虚伪的。正如本文的主角李成梁一样，无论国家给予其多高的地位、多大的荣誉、多么丰厚高额的奖赏，他还是无法扼制自己内心深处更大的贪欲和妄想——最终，他还是在难以满足的贪欲中高效而坚定地为大明王朝培养了一个强大的掘墓人，对此，相信即使泉下有知，李成梁也不会为此感到懊悔——毕竟，他得到了他想要的一切——至于家国天下，在他眼里是一件何等虚无缥缈、无关紧要的事。当然，他更不会想到，在数百年后的今天，他将成为中华民族的历史罪人，在后人严厉的批判中接受历史的拷问和追责——也许，这正是历史的本义所在。

304. 自由思想家李贽：手辟洪蒙破混茫，浪翻古今是非场

明自成祖之后，历任皇帝多昏庸无道，不问政事。尤其武宗、世宗之间，宦官当政，权臣秉国，以致大明国运日渐衰落。然而，这种政治格局虽然给国家社稷带来灾难性后果，但却产生了一个令后人意想不到的“副产品”：思想的解放和文化的繁荣。其中，武宗之世产生了“心学大师”王阳明，世宗之世则产生了“自由思想家”李贽。二者相互辉映，以至大明的文

化天空，因为这两位文化巨蘖的出现而变得霞光万道。今且单论李贽其人其事。

李贽其人：福建泉州人。初姓林，名载贽，后改姓名李贽，字宏甫，号卓吾，别号温陵居士、百泉居士。十二岁开始作文，二十六岁中举人。三十岁至四十五岁为官，在云南姚安知府任上主动辞官归乡，以讲学授徒撰文为生，曾给自己画像："余自幼倔强难化，不信道，不信仙释。故见道人则恶，见僧则恶，见道学先生则尤恶。"李贽一生著述颇丰，著述先后数次被禁毁，民间盗印、假托者不绝，门人汪本钶曰："（卓吾）一死而书益传，名益重……渐至今日，坊间一切戏剧淫谑刻本批点，动曰卓吾先生。"李贽是晚明思想启蒙运动的旗帜，一位以"奇谈怪论"闻名天下的狂人奇士。他崇尚真奇，揭露封建社会"无所不假"的虚伪现实，反对儒家的泛道德主义，建立以"童心说"为核心的新思想体系。其学说理论之深刻尖锐使他处于时代矛盾的焦点，在朝野引起激烈争论，以至于理解他乃是理解晚明政治走向、社会风尚和思潮变迁之大关键所在。

李贽其事：十二岁即能著文反对孔子把种田人看成"小人"。自知府退休后即在湖北麻城设坛讲学，抨击时政，针砭时弊，听任各界男女前往听讲，人数多至成千上万人。万历十三年，入住麻城芝佛院，致力读书、讲学和著述，历十余年而完成《初潭集》、《焚书》等著作，揭露道学家伪善面目，反对以孔子之是非观为是非标准，批判锋芒直指宋代大理学家周敦颐、程颢、张载、朱熹。万历十六年，李贽剃头以示和鄙俗断绝，并直称自己著作是"离经叛道之作"。万历二十五年，李贽应巡抚梅国桢之请往山西大同，著《孙子参同》，修订《藏书》。后到北京，住西山极乐寺，编订其六十八卷纪传体史论巨著《藏书》，论述战国至元亡时历史人物约八百人，对历史人物做出独立评价。如其赞扬秦始皇是"千古一帝"，武则天是"政由己出，明察善断"的"圣后"。

李贽思想：李贽深受"阳明学"支流"泰州学派"影响，以孔孟传统儒学思想之"异端"自居，对封建社会男尊女卑、重农抑商、假道学、社会腐败、贪官污吏，大加痛斥批判，主张"革故鼎新"，贬斥程朱理学为伪道学，提出不能"以孔子之是非为是非"，极力否认儒学的正统地位，否定孔孟学说是"道冠古今"的"万世至论"，对孔孟之道的批判达到了"非圣无法”的地步。李贽痛恨维护封建礼教的假道学和那些满口仁义道德的卫道士、伪君子。指斥他们“名为山人，而心同商贾，口谈道德，而志在穿窬（翻墙越壁偷东西之意）”；“本为富贵，而外矫词以为不愿，实欲托此以为荣身之梯，又兼采道德仁义之事以自盖”；“阳为道学，阴为富贵，被服儒雅，行若狗彘”；“口谈道德而心存高官，志在巨富”。针对时政腐败，李贽提出“至道无为、至治无声、至教无言”的政治理想。认为“至人之治”乃“因乎人者”，顺乎自然，顺乎世俗民情，即“因其政不易其俗，顺其性不拂其能”，提出“天之立君，本以为民”之号召，并宣称人类平等、反对歧视妇女、提倡婚姻自由，成为明末清初启蒙思想家民本思想的先声。李贽主张富国强兵，批评理学家“高谈性命，清论玄微，把天下百姓痛痒置之不闻，反以说及理财为浊”。认为：“不言理财者，决不能平治天下”。针对儒家把文武分途，儒者不懂武事的现象，他强调武事重要，认为“知兵之将，民之司命，国家安危之主”；提倡耕战，认为“务农讲武，不可偏废”。李贽终身蔑视传统权威，敢于批判权威。认为“士贵为己，务自适。如不自适而适人之道，虽伯夷叔齐同为淫僻。不知为己，惟务为人，虽尧舜同为尘垢秕糠”。

李贽之死。万历三十年（1602年）闰二月乙卯日，著名的东林党人、礼科给事中张问达给万历皇帝上了一道专门弹劾李贽的奏疏。在这份奏疏中，张问达使用了大量耸人听闻的谣言和污蔑不实之词，必欲将李贽置于死地而后快。奏疏原文如下：

李贽壮岁为官，晚年削发，近又刻《藏书》、《焚书》、《卓吾大德》等书，流行海内，惑乱人心。以吕不韦、李园为智谋，以李斯为才力，以冯道为吏隐，以卓文君为善择佳偶，以秦始皇为千古一帝，以孔子之是非为不足据。狂诞悖戾，不可不毁。尤可恨者，寄居麻城，肆行不简，与无良辈游庵院挟妓女，白昼同浴，勾引士人妻女，入庵讲法，至有携衾枕而宿者，一境如狂。又作《观音问》一书，所谓观音者，皆士人妻女也。后生小子，喜其猖狂放肆，相率煽惑。至于明劫人财，强搂人妇，同于禽兽而不之恤。迩来缙绅大夫，亦有诵咒念佛，奉僧膜拜，手持数珠，以为律戒，室悬妙像，以为归依，不知遵孔子家法，而溺意于禅教沙门者，往往出矣。近闻贽且移至通州，通州距都下四十里，倘一入都门，招致蛊惑，又为麻城之续。望敕礼部，檄行通州地方官，将李贽解发原籍治罪。仍檄行两畿及各布政司将贽刊行诸书，并搜简其家未刻者，尽行烧毁，毋令贻祸后生，世道幸甚。

这份上疏，居然称李贽大白天与妓女在一起洗澡，曾勾引士人妻女抱着枕头被单到和尚庙里去睡觉，不啻是一个道德极其败坏且危害社会安全的危险分子。然而，面对这样一份奏折，一向贪财好色的万历皇帝却没有完全相信张问达的奏折内容。他认为，像李贽这样一个连正四品的官都不愿做的人，不可能生活得那么放荡，因为一个生活放荡的人尽可以享受“名教”中的“乐地”，不仅家里可以妻妾成群，而且无论走到哪里都可以“合法”地找官妓相陪，何况李贽已是风烛残年，不可能那么放荡。万历皇帝似乎也明白，在男女关系上造别人的谣乃是官场上攻击别人的惯用手法，所以他对那些关于李贽的“桃色新闻”并不介意，而李贽离经叛道的思想言论则是他绝对不能容忍的。因此，他决定下诏以“敢倡乱道”的罪名将李贽逮捕治罪：

“李贽敢倡乱道，惑世诬民，便令厂卫五城严拿治罪。其书籍已刻未刻，令所在官司，尽搜烧毁，不许存留。如有党徒，曲庇私藏，该科道及各有司，访奏治罪。”

皇帝一声令下，当时人在通州的李贽就被关进了皇家监狱。面对奉旨审问李贽的京官要员，李贽作了简短的申辩：“罪人著书多有，具在，于圣教有益无损。”并坦然诗曰：

名山大壑登临遍，独此垣中未入门；
病间始知身在系，几回白日几黄昏。

后审判无果，大明的“道德法官”们建议皇帝将李贽递解回原籍监视居住。而李贽，在此之前好几年就为自己设计了“荣死诏狱”的最后归宿。1602年（万历三十年）3月15日，李贽在吩咐侍者为他剃头后取刀自割咽喉，血流遍地，尚未断气。侍者问他“痛否？”李贽以指蘸血写道：“不痛。”

侍者又问："你为什么要自杀呢？"李贽又写道："七十老翁何所求！"三月十六日夜子时，李贽在狱中辞世。

博按： 李贽是晚明思想启蒙运动的旗帜，他的学说使他处于时代矛盾的焦点，因而在朝野引起激烈争论。在中国数千年中央集权体制之下，思想之禁锢，礼教之束缚，为祸甚深而愈演愈烈。因历史传统与文化背景，历代知识分子，要么顶礼于传统，服膺于古人，要么发展其传统，阐述于古人。无非于儒、法、道、释之内做发散性诠释与深入性探索。即如王阳明学派，虽开创心学门派，然亦无出于儒学传统之内。这种思想的内守与精神的传承，使中国五千年来最缺少创新精神和"质疑"精神。独李贽敢于一反传统，振臂为呼，自为"异端"，以一人之力而向三千年儒道传统开战，以一人之力而向整个士林挑战，后人谓其可谓中国的路德金，虽得其表而未得其实。要知道在中国的文化传统下，李贽的所作所为、所思所想，比之路德金则需要有更大的勇气，做出更大的牺牲，遭受更大的痛苦。因为李贽试图要挑战的，是中华数千年文明所形成的强大传统，是中央专制集权体制赖以生存的巨大利益共同体。而中国自汉唐以降在社会文化和思想领域存在的诸多问题，正在于李贽这样的有独立思想、有开拓精神、有创新意识的知识分子太少之故。而《要略》于李贽之史中，实冀今日之读者诸君，以李贽所点燃的思想火炬，炳焚笼罩在中国历史天空中浓重的文化阴霾，点燃中国仕林思想解放的熊熊火焰——唯其如此，中华民族才能真正实现"复兴梦"和"强国梦"。

305. "晚明霞霁"徐光启：虽有诸才荟萃，难挽历史颓势

徐光启（1562—1633年），字子先，号玄扈，明朝南直隶松江府上海县人，明末数学和科学家、农学家、政治家、军事家，官至礼部尚书、文渊阁大学士，赠太子太保、少保，谥文定。在晚明颓废形势下，徐光启是一个

值得大书特书的大人物，因为他的出现和努力，即将日薄西山的明朝历史天空，显露了一抹亮丽的霞光。其光芒不但映红了天际的暗色，而且还将以其科学的思想和实践的维度，穿透此后数百年历史，温暖和照亮中华民族蹒跚前行的坎坷道路。概略光启一生，可值为述而论之者大体有以下四个方面：

作为农学家的徐光启：徐光启一生关于农学方面的著作甚多，计有《农政全书》、《甘薯疏》、《农遗杂疏》、《农书草稿》、《泰西水法》等。其中《农政全书》囊括了中国古代汉族农业生产和人民生活各个方面，而其中又贯穿着徐光启比较务实的治国治民的“农政”思想。全书分为十二目，共六十卷五十余万字。几乎涵盖了中国农业的所有方面。值得一提的是，天启年间，徐光启遭魏忠贤排挤，告假回上海闲住，开始专门致力于农业研究。不仅研究了大量的农业资料，而且能够理论联系实际进行科学试验。其中最重要的是番薯的种植和推广。徐光启先把番薯引进家乡种植，进行多次试种，在获得成功后又将其推广到全国。中国大地此后人口大量繁衍，实肇于此一高热量植物的广泛种植。今人有史家认为，数十年之后清朝的“康乾之治”，其实为徐光启所推动的“番薯”大量种植发挥了重要作用，才使中国人口得到了大幅度增长。

作为军事家的徐光启：“求精”和“责实”是徐光启军事思想的核心。他认为农业为富国之本，正兵为强国之本，其在《拟上安边御虏疏》中提出要“设置险阻、整顿车马、储备军事器械、打造将帅之才、训练戎卒、严格制度、赏罚分明”。徐光启大力宣扬管仲“八无敌”（材料、工艺、武器、选兵、军队的政教素质、练兵、情报、指挥）和晁错的“四预敌”（器械不利、选兵不当、将不知兵、君不择将）。认为做到“八无敌”即可无敌于天下。据此他提出了“极求真材以备”、“极造实用器械以备中外守战”、“极行选练精兵以保全胜”、“极造都城万年台（炮台）以为永永无虞之计”、“极遣使臣监护朝鲜以联外势”。徐光启和当时的登莱巡抚袁可立都是积极主张从战略上强化对朝鲜控制的少数军事战略家。在上述这些办法和措施中，徐光启尤其注重对士兵的选练，提出“选需实选，练需实练”的可贵主张。徐光启特别注重武器制造，尤其是火炮的制造。管状火器本是中国的发明创造，但时至明代末年，制造火器的技术已逐渐落后，由于边防需要，急需引进火炮制造技术。为此，徐光启曾多方建议，不断上疏。徐光启还对火器在实践中的运用，对火器与城市防御，火器与攻城，火器与步、骑兵种的配合等各个方面都有所探求。万历四十八年（1620年）二月开始，徐光启受命在通州、昌平等地督练新军。在此期间他撰写了《选练百字诀》、《选练条格》、《练艺条格》、《束伍条格》、《形名条格》、《火攻要略》、《制火药法》等军事“条格”。这些“条格”，实际上是徐光启撰写的各种条令和法典，也是我国近代较早的一批条令和法典。其中《选练百字诀》和《选练条格》体现了徐光启“实选”、“实练”的责实精神。

作为数学家的徐光启：徐光启在数学方面的最大贡献当推与利玛窦合作翻译《几何原本》（前6卷）。徐光启提出了实用的“度数之学”的思想，同时还撰写了《勾股义》和《测量异同》两书。徐光启首先把“几何”一词作为数学的专业名词来使用。《几何原本》的翻译，极大地影响了中国原有的数学学习和研究的习惯，改变了中国数学发展的方向。

作为天文学家的徐光启：编制历法，本为历代王朝所重视。但是到了明末，却明显地呈现出落后的状态。一方面是由于此时西欧的天文学快速发展，另一方面则是明王朝禁研历法政策的结果。明沈德符《万历野获编》所说“国初学天文有历禁，习历者遣戍，造历者殊死”，指的就是此事。明代施行的《大统历》已严重不准。据《明史·历志》记载，自成化年间开始（1481年）陆续有人建议修改历法，但建议者不是被治罪便是以“古法未可轻变”，“祖制不可改”为由遭拒。万历三十八年（1610年）十一月日食，司天监再次预报错误，朝廷才决定由徐光启与传教士等共译西法。直至崇祯二年五月朔日食，徐光启以西法推算最为精密，礼部奏请开设历局。以徐光启督修历法，改历工作终于走上正轨。徐光启在天文历法方面的成就，主要集中于《崇祯历书》的编译和为改革历法所写的各种疏奏之中。在历书中，他引进了圆形地球的概念，明晰地介绍了地球经度和纬度的概念。他为中国天文界引进了星等的概念，根据第谷星表和中国传统星表，提供了第一个全天性星图，成为清代星表的基础，在计算方法上，徐光启引进了球面和平面三角学的准确公式，并首先作了视差、蒙气差和时差的订正。

博按：400多年前的中国，徐光启以传统士大夫身份，正视西方文化，接受外来思想挑战，堪为中国“睁眼看世界的第一人”。对于当时较为先进的西方文化，徐光启曾谓：“欲求超胜，必先会通。会通之前，必先翻译。”“翻译、会通、超胜”，乃徐光启学习西方文化的三个步骤。在那个时代，徐光启可谓打开了一个东西互相交融学习之窗口。史载，那时“西方愿意赞美东方，东方开始学习西方，东西方之间开展的是一场平等的知识大交易”。“那时，欧洲国王们不远万里派人到中国来拿线装书，葡萄牙国王最先拥有线装书，法王路易十四羡慕得不得了，也派人到中国来索取，拿到后很骄傲，展示给公爵、侯爵们看。”可见西方文化对于中国文化的向往。然而，自徐光启之后，明朝便陷入内乱外患的不利局面，连徐光启引进并改良的先进火炮，也最终因为明王朝的无能昏庸反而成为清朝入主中原的利器。中华向世界文明比肩进军的历史，也因此逆向而行，最终使中华历史渐渐落后于西方，不亦悲乎？！

306. 吴桥兵变：由一只鸡引发的致命军乱

明末，在内有李自成起义，外有后金不断内侵的不利形势下，明朝开明大臣徐光启和其弟子孙元化，力图通过引进西方先进武器，重新编练“新军”等措施，强化明朝国防，改变不利局面。在徐光启等人努力下，明朝花费重金，从葡萄牙、荷兰等国引进了当时世界上最先进的“红夷大炮”，并引进了炮规、铳尺等先进仪器，雇用了外国教练，使明军的“红夷大炮”又准又狠，可谓当时世界上最先进的武器装备。然而，使徐光启们始料未及的是，他们苦心孤诣引进的先进武器装备，因为所用非人，军纪混乱，不但没有保证大明王朝的长治久安，反而成为大明王朝迅速坍塌的利器。这一惨痛教训，竟然源自于“一只鸡”所引发的军乱。

1631年（崇祯四年）八月，后金领袖皇太极率清兵进攻大凌河城（今辽宁锦县）。徐光启的得意门生孙元化急令部下孔有德率领800名士兵赶赴前线。这支部队就是徐光启和孙元化精心打造的具有现代意义的新式“炮兵部队”（孔有德可谓中国历史上第一个“炮兵团长”），试图以少胜多，以精胜粗。然而，由于徐光启和孙元化在组建这支部队时采取了不合事宜的“募兵制”，忽略了军纪建设和“使命教育”，加之当时明朝治理涣散，军队奉命北上，沿途却得不到官府给养，只能靠自筹粮草保证部队供应。部队行军至今河北吴桥时，风雪交加。当地百姓深受军乱之苦，纷纷闭门罢市，将这些将士拒之门外。饥饿难耐中，一名士兵强行抢走了一户市民家里的一只鸡，殊料鸡的主人竟是当地望族王象春的家仆，而王象春家族在当地势力强大，根本没把孔有德这个“团级干部”放在眼里，于是不依不饶地要求将此士兵“穿箭游街”。这种仅次于斩首示众的惩罚，让本就对明朝政府严重不满的士兵们群情激奋，于是拥戴孔有德为主，发动了兵变。很快，叛军就接连攻克鲁西南地区，夺取陵县、临邑、商河的诸多州县，并沿途大肆掠夺，变成了祸害国家的土匪。最后，在明军竭力攻击之下，孔有德和尚可信等叛军从登州败逃于辽东，投靠了后金，变成了异族走狗。孔有德的归顺，不仅让皇太极获得了大量精良的西洋火器，而且得到全套铸弹制药技术和瞄准仪器。不只如此，孔有德还给不善海战的后金军队带来大批战船，使后金首次建立起真正的海军，使他们可以凭船运炮，绕过山海关，在明朝沿海登陆。以孔有德叛变为标志，后金与明朝的军事力量对比出现了根本性变化，八旗军迅速成为一支无坚不摧的劲旅。徐光启和孙元化师生二人费尽心机打造的军事利器，因为一只鸡的缘故，就这样成为让明王朝灰飞烟灭的不二工具。

博按：吴桥兵变，虽由一只鸡引发，但其背后却深刻表现大明王朝的国家治理体系已经处于崩溃边缘。作为一个高度中央集权体制的庞大帝国，军队是其国家稳定和安全的最重要支柱。军弱则国弱，军乱则国亡。而一军之乱，必先乱于军制。明代自戚继光起，兵弱将悍，军为私家之军，兵不为国家所有，若有忠诚且知兵之将如戚继光者，倘可倚为国家柱石（再如清代之湘军、淮军）；一旦将领品德败坏（如孔有德、吴三桂、尚可喜、耿精忠之流），则其所掌握的军队必将成为国家之祸，且这样的军队，战斗力越强，则为国之害越深。是以凡为国家计者，兵必为国家所养，将必为国家所御，此历史反复验证之至理。

307. 千古之冤毛文龙，将才奸心袁崇焕

明末之时，袁崇焕之死可谓争论千古之事。崇祯皇帝亦因此而留下骂名。连《剑桥中国明代史》亦称：“他（崇祯）相信了谣言，于1630年9月22日在北京杀了他最有才能的将领袁崇焕。”

当明之将亡，前线有事，崇焕之死，天下士人多悲之，以为崇祯自毁其国之干城，以为明以崇焕之死而亡，而详细审读比较于相关史料，却以为明之亡于清，实肇始于袁崇焕斩杀另一大将毛文龙之时。今以论之：

明末，明廷在和清朝（前期称后金）的战略形势中，本处于互有胜负之局面。清军虽然步步进逼关内，但其整体势力范围，仍然难以逾越山海关、宁远而南下辽西。其根本原因，在于明军另一雄才大略将领毛文龙以超绝之战略远见，自渤海湾浮海北上，以江东镇（今丹东）为基地，建立起稳固的“反满根据地”以成满人南下的“肘腋”之患。毛文龙之所以能够做出这一战略选择，一方面在于其对辽东地理形势的熟悉掌握（其在辽东李成梁军中效命时，特加意考察当地山川地理形势和敌情），一方面在于其长期和清朝作战过程中培养的军事素养。是以当辽东失陷后，独有毛文龙能够乘敌不备而以192人突袭后金镇江（今属辽宁丹东）守军，深入敌后，先后收复长山岛等二千余里沿海岛屿，此战后，宽奠（今辽宁宽甸）等城堡相继归降，一时间“数百里之内，望风归附”，“归顺之民，绳绳而来”，使得全辽震动，引起后金方面的极大恐慌。

时明廷御史、著名文人董其昌评价毛文龙此功曰：“毛文龙以二百人夺镇江，擒逆贼，献之阙下，不费国家一把铁、一束草、一斗粮。立此奇功，真奇侠绝伦，可以寄边事者！如此胆略，夫岂易得？使今有三文龙，奴可擒，辽可复矣！”时之辽东经略王在晋在其《三朝辽事实录》中亦称：文龙下镇江之时，“四卫震动，人心响应，报闻之日，缙绅庆于朝，庶民庆于野”。

而对于后金来说，毛文龙此举无疑对其的南下灭明战略具有致命性之打

击。因此后金即派十数万大军攻打东江镇（今辽宁丹东）。在这场号称“丁卯之役”的战争中，毛文龙在内无粮草、外无援兵、（后）金朝（鲜）夹击绝境下，全凭一念忠赤，一腔热血，拼死抵抗，并最终使后金数万镶蓝旗精锐丧尽，“丁卯之役”以毛文龙和朝鲜联军（朝鲜军队始降后金而后联明军）的胜利而告终。

在此后的军事行动中，毛文龙主动出击，相继取得牛毛寨大捷、乌鸡关大捷、萨尔浒大捷等战役，成功规复复州、永宁、金州、旅顺等地，使得辽南数百里之地，重归于明朝之境，明朝二千里海疆因而得到巩固，后金自此失去出海之便。毛文龙在镇江的数万大军，不但直接予后金军队以有效打击，且强有力地支援了袁崇焕所负责的辽西战场。故而当时有人写诗赞其曰：“手挽东隅半壁安，漂流百战虏烽阑”！

关于毛文龙在后金左后翼所开创的“反满根据地”的重要性，东林名臣陈良训在其《三朝辽事实录》中认为：“今日所恃海外长城者，非毛文龙者乎”，“今有毛文龙在焉，所谓置之死地而后生者也。《兵法》：‘计险厄远近，上将之道’。凭鸭绿之险，居隔江之近，文龙得其所矣。奴（指清朝）欲长驱而肘腋之间有虿毒焉，奴一动而毒发，发攻之而不能去其毒，其天意留之以制奴之死命者乎？奴之畏文龙甚也！”

天启七年（1627年）六月，皇太极攻宁、锦时毛文龙袭击昌城、辽阳，迫使后金再次回师。就连袁崇焕也在“宁锦大战”之后还特为毛帅请功：“孰知毛文龙径袭辽阳，旋兵相应，使非毛帅捣虚，锦宁又受敌矣，毛帅虽被创兵折，然数年牵制之功，此为最烈。”（引自《三朝辽事实录》卷十八，天启七年八月，辽东巡抚袁崇焕奏言）

然而，对于毛文龙的战功，袁崇焕一方面表示“赞赏”，一方面却在背后上下其手。其在斩杀毛文龙之前的最毒的一招是断绝东江镇的给养以“配合”后金蚕食明在辽南、辽东的控制区。史载袁崇焕仗着崇祯皇帝对他的信任，申请将东江镇的军饷、粮饷由他来发送，崇祯予以同意，于是袁大人拿到了东江镇的给养，但他非但没有及时拨发给东江镇，反而下令渤海各港口，不得发一舟一船往东江，不得售一米一鱼与东江。而与此同时，皇太极发兵猛攻东江镇，到崇祯二年，东江镇在辽南、辽东之领土几乎全部丧失，至四月，东江原本在辽东、辽南的数十堡只保有海州、横山、镇江、盖州。

在断绝东江镇的给养以“配合”后金蚕食明在辽南、辽东的控制区后，同年六月，袁崇焕因“皇太极之请”不奏而斩毛文龙于双岛（现史可考，为了实现袁崇焕向崇祯皇帝的许诺，立功心切的袁崇焕私与皇太极进行和谈，而皇太极提出的退兵条件之一就是斩杀毛文龙，与当年宋金和谈时将“必杀岳飞始得和谈”如出一辙）。史载其当时袁崇焕一共罗列了毛文龙十二条罪名，其中最后一条名是：“开镇八年，不能复寸土，观望养敌，十二当斩”，这一说法简直颠倒黑白。东江镇本身就是毛文龙带领两百余个家丁白手起家的，这个“镇”都是从无到有的，怎么能叫“不能复寸土”？正是这样一个知兵善战、孤忠雄胆的将领，没有死于两军阵前，反倒被明朝倚为“长城”的袁崇焕无故斩于帐前。失去了毛文龙的统御，镇江数万明军，一时间轰然倒塌，在其后不到三年时间，无人能够有效统御的毛文龙麾下主将耿忠信、尚可喜等纷纷成为后金灭明的马前卒。

博按：重读明末之史，不断寻找新的史料，甚感崇焕之冤实非冤，文龙之冤可做千古叹。袁崇焕之杀毛文龙，实其奸心作祟之故。《要略》总结其有“三杀”之疑：一曰忌杀，时文龙于明廷朝野之地位功劳，实远超于崇焕，而一向被史家评为心胸狭隘的袁崇焕于内心深处不但心有不服，还以实际行动阻挠其立功（如克扣东江镇粮饷）。其罗列之毛文龙之所谓“十二大过”者，经后人之证大多为虚构。二曰利杀，袁崇焕为争功而向崇祯帝许诺五年而平满人之祸，后历数年而不能成其功，遂私与皇太极议和，“杀毛文龙”者，为皇太极议和之条件之一。袁崇焕为达成其功而擅杀毛文龙。三曰妄杀，崇焕与文龙同为领兵大帅，皆有尚方宝剑，崇焕虽有经略之命，但以私心而妄杀统兵大帅，其独断军务，不顾皇命之心昭然可见。而崇焕杀文龙之日，其于崇祯帝心中，实已启该杀之念。后清朝入主中原，乾隆皇帝常以崇祯“冤杀崇焕”之理由为崇焕翻案，其实为表彰袁崇焕与其私下议和以及斩杀毛文龙之“功”。因为袁崇焕斩杀毛文龙，其实为清朝入主中原扫平了后顾之忧，可谓清朝的“大功臣”，清朝政府后来处心积虑为袁崇焕平反，都是基于这一心理，而后世学者不明就里，不加深思，按照清朝“官方”定论写入史册，而谬称袁崇焕之冤，其实落入了清朝治史者的圈套；另外，清朝写明史，褒袁其实也为抹黑崇祯，并以此为崇祯昏庸失国做注脚张本，从而为满人入主中原提供法理上的正当性。后世之人读史，当见其微而求其实。而以《要略》之观点，袁崇焕于历史的关键时刻，既持心于私而斩杀大将，又无能于军事平乱，最后遭“千刀万剐”而死，虽过于惨烈，但亦是其自取其祸。

308. 闯王李自成（之一）：因改革被失业，被戴绿帽子而造反

读史至明，“闯王”李自成成功颠覆大明王朝，与最后之惨败于清朝，皆成历史的巨大遗憾。然追根溯源，都有必要回到李自成本身：从其何以反，来重温那段历史深处的伤痛。

李自成，1606年（万历三十四年）八月出生于陕西米脂河西200里的李继迁寨（李继迁乃西夏开国皇帝李元昊之祖父，此寨其实为当年李继迁之兵站），其祖父李海因生活所逼，迁至原米脂地长峁村（今属陕西省横山县）。开始“承担里役，为朝廷养马户”。李自成的祖上身为农民，客居异乡，除勤劳耕作以外，对朝廷养马之差尽心尽力，因此而逐渐发迹，至其父李守忠，始有钱求学于私塾，开始粗通文墨，终于在中年娶了个年轻小妻，并于晚年得子李自成。因为晚年得独子，是以李自成甫一出生，便受到父母悉心照料和加倍呵护，是以在溺爱、娇宠的家教之下，自成骄横、跋扈、霸道、奢侈之性格得以形成。然而，不幸的是，很快自成母丧，其父李守忠处境十分困难。遂逼迫调皮捣蛋的李自成放羊养家。自小唯我独尊之李自成放羊时即令羊群分班两行，从其调遣；稍长，又叫他去打铁、饭馆当伙计等等，均一事无成。唯独对耍拳弄棍乐此不疲。少年李自成生来相貌魁梧，臂力过人，秉性刚直，“凡遇乡间不平之事，总好替人出头，所有的光棍好汉都被他打得甘拜下风，自然一齐推他为首。”（李健侯《永昌演义》）放荡不羁之间，叔侄（侄儿李过）几乎把家当闹腾干净。不得已，李守忠竭尽所有为儿子娶了一房媳妇，好叫他安心过日子。

不幸接踵而来。一次父子俩贩卖瓷器时，父亲不小心跌落山岗而亡。自成连遭父母之丧，试图就业养家，遂入当时之西北驿站做了一名驿卒。按

说，当此之时，如果没有大明朝廷为节省开支而进行的“驿站”改革，李自成的人生轨迹，当沿着乐业乡里，拥妻抱子，终老一生的方向发展。不幸的时，改革要精减人数，必然要精减那些不务正业、惹是生非之徒，于是，曾经在承驿时丢失过公文的李自成便首当其冲被“下岗”了。

按说，以李自成的能力，下岗再谋职业，也是一件容易的事，但使自小唯我独尊的李自成不能容忍的是，当他有一天外出返家，发现其年轻漂亮的妻子竟然与同村的泼皮无赖盖虎私通，被他捉奸在床。是不忍孰不可忍，自成一怒之下，当场挥刀将妻子刺死。而在刺死妻子之前，李自成还将向其讨债的地主艾诏杀死。两条人命在身，官府不能不问，吃官司不能不死，李自成于是就同侄儿李过于1629年（崇祯二年）二月到甘肃甘州（今张掖市甘州区）投军。后面的故事，就是其被提拔为把总后，因欠饷问题而杀死参将王国和当地县令，发动兵变，一场颠覆大明王朝的起义，由此而渐次展开。

博按：中国历代社会之祸，必起于农村，肇于农民。因自古以来中国始终为农业之国。是以农村乡民之治理，历来为中国治世之明君所关注。而中国历代中央专制集权王朝，对乡村之治理，往往籍宗族之治、乡绅之治，属于自发性、无序性治理，一旦当政治腐败、官吏无能之时，乡村之间，往往成为社会动乱的祸阶之端。而中国农民，历数千年压迫，亦养成逆来顺受之性格特征，往往只要有一口饭吃、一寓安身、一衣蔽寒，便不会铤而走险，为乱家国。而一旦使其失去了赖以安身立命之基本条件，或使其成为为害乡里的“亡命之徒”，则必将成为社会起乱之根源。观于李自成之反，则可知明末政治之失有三：一为明廷之乡村治理（今为基层政权）已涣散至极，一乡民杀妻杀债（主），竟能从容投军，无人过问，由此可见一斑。设如有官府穷究其事，死其之罪，则自成之反必无下文。二为政府之改革，无论何种改革，当不能贸然行之，当首先充分考虑从业者之利益后而为之，倘使如李自成之流无立锥之地，无以安身立命，则后果将不堪设想。三为自成之性格形成，其任性之为，率性之行，既有中国传统教育之失，亦有其家庭溺爱之过，是以其后果既肇其巨大之成功，亦导致其最后之失败，此中可见明末乡村治理与文化生态之大略，今之为政治家者不可不深察以为明鉴。

309. 闯王李自成（之二）：成也农民兄弟，败也农民思想

闯王李自成之所以能够在其起兵初期势如破竹，风扫大明，主要原因是其执行了打击官僚地主阶级、保护农民阶级利益的政策。“跟了闯王不纳粮”的政策大得农民阶级之人心。但是为了解决“不纳粮”所造成的军饷空缺问题，李自成以“追赃助饷”来代替田地赋税，靠让当地豪强地主出钱来维持基本军费支出。其本质其实就是抄地主、富商、王公、贵族的家，没收其所有财产，按现在的话说就是没收其“非法所得”。1643年10月明军主力孙传庭所部被李自成消灭后，明朝绝大部分官员为自身利益考虑，纷纷归顺李自成。他们把李自成看成了另一个朱元璋，希望追随他建立新朝，并确保自己的“核心利益”不受损害。

而此时李自成性格中自小养成的“任性执拗”劲出现了，他坚持维护农民利益的治理原则。在“追赃”过程中官僚地主们“非法”得来的家财难以保全，有的官僚地主甚至还要遭受牢狱之灾，这对于归顺大顺政权的官僚地主阶级来说是始料未及的。史载李自成入住紫禁城后，自二十七日起，农民军开始拷掠明官，四处抄家，规定助饷额为“中堂十万，部院京堂锦衣七万或五万三万，道科吏部五万三万，翰林三万二万一万，部属而下则各以千计”，刘宗敏制作了五千具夹棍，“木皆生棱，用钉相连，以夹人无不骨碎。”城中恐怖气氛逐渐凝重，人心惶惶，“凡拷夹百官，大抵家资万金者，过逼二三万，数稍不满，再行严比，夹打炮烙，备极惨毒，不死不休”，且李自成手下士卒抢掠，臣将骄奢，“杀人无虚日，大抵兵丁掠抢民财者也”。大顺军于占领区皆设官治事，首为追饷，例如在城固县，“贼索饷，加以炮烙”；在汾阳，“搜括富室，桁夹助饷”；在绛州，“士大夫惨加三木，多遭酷拷死”；在宣化，“权将军檄征绅弁大姓，贯以五木，备极惨毒，酷索金钱”。明朝遗老们在受到李自成的“迫害”之后，不由恍然大悟：“岂兴朝之新政哉，依然流贼而已！”在这种情况下，以吴三桂之父吴襄为代表的明朝“精英

集团”集体投向了关外的皇太极清朝政权——虽然是异族，但比起家破身亡来说，这种选择无疑是最“明智”的——因为整个大明，本没有把这些“精英”当回事，而且经过数百年前的蒙古屠杀，中国有骨气的士人们早已丧失殆尽，在朝为官者皆为“势利小人”，因此对他们来说，投降不过是家常便饭。而且，他们深受政治斗争的熏陶，如果真让他们在皇太极的新体制下发挥作用，他们的潜能无疑是巨大的。很快，李自成这群泥腿子就被一群大明“精英带路党”领着“满蒙八骑”和“汉八旗”大军打得落花流水。李自成横扫天下所建立的“大顺政权”遂成为中国历史的昙花一现。

博按：关于李自成的失败反思，近代以来多有所学者关注。尤其是郭沫若一篇《甲申三百年祭》，可谓影响深远。本着独辟蹊径的原因，《要略》试图从以下三个方面来反思这场于我们更加切近的历史话题：其一，得农民之助者得天下。自古以来，中国都是靠农业立国，是以其最大的阶级永远都是农民阶段，在这个意义上讲，谁得到农民的最大限度的支持，谁就能最终得到天下；其二，谋农民之利者得农民之助。因为农民的生活环境和认识局限性，他们对“利”的看重较之于其他阶段更为迫切，比如一个知识分子可以为理想而战，但一个饥饿的农民只能为一个馒头而战，这是本质；其三，与农民以理想者治天下。当满足了农民的“利”，为政者就是给农民以更大的理想，让他向往新的生活和空间。那么，谁来给农民以理想？当然是具有“理性”的知识分子或者“精英”。因为系统地治理国家，不是“泥腿子”的蛮干所能替代。正如我党领导人民大众打了天下，便努力争取最广大的知识分子和中小地主和中产阶级的拥护一样。李自成所以不如共产党者，即其成为中国最大地主之时，其思维仍然是农民思维，此其败亡之本。

310. 南明残阳：本有再造之机，奈何自寻亡路

明崇祯十七年（1644年）三月，李自成率大顺军攻克北京，崇祯皇帝自尽。明宗室及遗留大臣辗转向南走，他们和明朝留都南京一些文臣武将试图

拥立朱家王室藩王，重建明朝，然后挥师北上，恢复家国。当时的形势下，如果南明朝廷中有一位略有才德之藩王，倘能够吸取教训，重用忠良，团结民众，其以江淮以南半壁江山的支撑，即使不能一举规复北方，也可能像宋朝一样，划江而治，使中华文明之正统血脉保留上百数十年，但能如此，则清朝八旗铁骑，当不能蹂躏南方；再假以时日，其强弩之势，必将为之减退，则中国历史，当走上另一轨道；中华文明，当留一抹残阳夕照，以照亮吾华今日之文明传承道路。然而，南明之宗室诸王，长期饱食终日，脑满肠肥，不思进取，竟无一人能够运筹天下，凝聚天下仁人志士之心而成偏安之功。今且以南明建国后之几次重要“反转”机遇，以阐明朝之亡，实属自寻亡路。

第一次机会：南明之初建，首先在拥立何人问题上发生争议。时忠正之臣史可法主张拥立桂王朱常瀛，而钱谦益等东林党人则以立贤为名拥潞王朱常淓，但最终福王朱由崧在江北四镇高杰、黄得功、刘良佐和刘泽清和凤阳总督马士英的支持下，成为最终的胜利者，建立弘光朝廷，史称南明。福王政权以“联虏平寇”为基本国策，谋求与清军联合以消灭李自成、张献忠等农民军。对于这一战略选择，我们且不予置评。关键是，当大顺被清朝击溃，多铎移师南征，当此危急时刻，弘光政权内部竟然展开了激烈的党争，爆发太子一案，驻守武昌的左良玉不愿与李自成正面交战，反而以“清君侧”为名，顺长江东下争夺南明政权。马士英被迫急调江北四镇迎击左军，致使面对清军的江淮防线陷入空虚。史可法时在扬州虽有督师之名，却实无法调动四镇之兵。一月之中，清军破徐州，渡淮河，兵临扬州城下。四月廿五，扬州城陷，史可法不屈遇害。随后，清军渡过长江，克镇江。弘光帝出奔芜湖。五月廿二朱由崧被虏获，弘光政权仅存世一年，即遭覆灭。

第二次机会：南京失陷后，又有杭州的潞王朱常淓（1645年）、抚州的益王朱慈炲（1645年）、福州的唐王朱聿键（1645—1646年）、绍兴的鲁王朱以海（1645—1653年）、桂林的靖江王朱亨嘉（1645年）等政权先后建立，其中以鲁、唐二王政权较有实力。这时清朝再次宣布薙发令（留发不留头），大江南北掀起了反薙发的抗清斗争，清军后方发生动乱，一时无力继续南进。在这样的有利形势下，南明政权没有借机取势，趁机光复扬州和徐州等战略要点，而内部却再次发生党派斗争和地方势力跋扈自雄，鲁、唐二王政权甚至为争夺正统地位而形同水火，各自为战，所以当清军再度南下时，先后为清军所各个击破。鲁王在张煌言（南明名臣，和岳飞、于谦一起被后世誉为“西湖三杰”）等保护下逃亡海上，在沿海一带继续抗清；唐王则被清军俘杀。

第三次机会：11月，在广州和肇庆又成立了两个南明政权：唐王弟朱聿（1646年）称帝于广州，改明年为绍武元年；桂王朱由榔（1646—1662年）称帝于肇庆，改元永历。这两个政权也不能团结，甚至大动干戈，互相攻伐。绍武政权仅存在40天就被清军消灭。揭阳的益王朱由榛（1647年）、夔州的楚王朱容藩（1649年）称监国与桂王争立。郑成功也在南澳一度立淮王朱常清（1648年）为监国，后废。桂王在清军进逼下逃入广西。

第四次机会：正当南明政权接连覆亡，形势万分危急之际，大顺农民军余部出现在抗清斗争最前线，挽救了危局。李自成亡后，余部分为二支，分别由郝摇旗、刘体纯和李过、高一功率领，先后进入湖南，与明湖广总督何腾蛟、湖北巡抚堵胤锡联合抗清。1647年，郝摇旗部护卫逃来广西的桂王居柳州，并出击桂林。年底，大败清军于全州，进入湖南。次年，大顺军余部又同何腾蛟、瞿式耜的部队一起，在湖南连连取得胜利，几乎收复了湖南全境。这时，广东、四川等地的抗清斗争再起，清江西提督金声桓、清广东提督李成栋、清广西巡抚耿精忠、清大同总兵姜镶、清延安营参将王永强、清甘州副将米喇印先后反正回归明朝，清军后方的抗清力量也发动了广泛的攻势。一时间，永历政权名义控制的区域扩大到了云南、贵州、广东、广西、湖南、江西、四川七省，还包括北方山西、陕西、甘肃三省一部以及东南福建和浙江两省的沿海岛屿，出现了南明时期第一次抗清斗争的高潮。在这样的大好形势下，永历政权内部再次出现各派政治势力互相攻讦，不能团结对敌，农民军也备受排挤打击的内讧局面，给了清军以喘息之机。1649—1650年，何腾蛟、瞿式耜先后在湘潭、桂林的战役中被俘杀，清军重新占领湖南、广西；其他刚刚收复的失地也相继丢掉。虽有李过之子李来亨等农民军将领率部脱离南明政府，转移到巴东荆襄地区组成夔东十三家军，独立抗清，但大明完灭之势，已无日矣！

第五次机会：以孙可望为统帅的大西军（张献忠余部）加入抗清一线，再次改变了局势。1652年，南明永历政权接受孙可望和李定国的联合抗清建议，定都安龙。以大西军余部为主体的南明军对清军展开了全面反击。李定国率军8万东出湖南，取得靖州大捷，收复湖南大部；随后南下广西，取得桂林大捷，击毙清定南王孔有德，收复广西全省；然后又北上湖南取得衡阳大捷，击毙清敬谨亲王尼堪，天下震动。同时，刘文秀亦出击四川，取得叙州大捷、停溪大捷，克复川南、川东。孙可望也亲自率军在湖南取得辰州大捷。东南沿海的张煌言、郑成功等率领的抗清军队也乘机发动攻势，接连取得江东桥大捷、崇武大捷、海澄大捷等一系列胜利，并接受了永历封号。一时间，永历政权名义控制的区域恢复到了云南、贵州、广西三省全部，湖南、四川两省大部，广东、江西、福建、湖北四省一部，出现了南明时期的第二次抗清高潮。然而，就在大明复国有望之时，永历政权内部再次发生内部矛盾：孙可望嫉妒李定国桂林、衡州大捷之大功，逼走李定国，导致宝庆战役重大失利；永历十年（1656年），孙可望密谋篡位，再次引发南明内部一场内讧，李定国拥桂王至云南，次年大败孙可望，孙可望势穷降清。孙可望降清后，云贵虚实尽为清军所知。永历十二年（1658年）四月，清军主力从湖南、四川、广西三路进攻贵州。年底吴三桂攻入云南，经磨盘山血战而使南明军精锐损失殆尽。

博按：历史本也有情，因中华文明之久远坚韧，是以能够给本土政权以数次恢复之机；然亦因中华文明之权斗内讧之劣质传统，是以虽有良机而难以把握；因中华文明土壤下所产生的郑成功、张煌言、史可法、李定国等优秀分子，南明政权得以苟延残喘十八年；再因中央专制集权体制下培植的明王朝诸藩王之无能而失势去国，殊不令人深思良叹。纵观历代王朝之兴衰，借鉴古今中外历史发展大势，必得以雄才伟略之领袖凝聚华夏之心，必得摒弃中华民族“勇于内斗、拙于御外”之劣质文化传统，必得以健全的民主法制制衡集权之肆虐（即今“将权力装进制度的笼子”之提法），吾华才能于不久的将来再造辉煌，重建盛世。

311. 晚明“秦淮八艳”：真风流与假名士

“秦淮八艳”是指明末清初在南京秦淮河畔留下凄婉爱情故事的八位才艺名妓。“秦淮八艳”事迹，最先见于余怀的《板桥杂记》，其中分别写了顾眉生（横波夫人）、董小宛、卞玉京、李香君、寇白门、马湘兰等六人。后人又加入柳如是和陈圆圆而称为“八艳”。其中除马湘兰以外，其他人都经历了明清朝代更迭的动乱时代。当时晚明沉沦间，诸多明朝的大臣和所谓的“名士”们因为贪生怕死而纷纷卖国求荣，唯有处于被压迫在社会最底层的“秦淮八艳”们，在国家存亡的危难时刻，反而表现出了崇高的民族气节。其中，“秦淮八艳”之一的柳如是，从良后嫁于江左文豪钱谦益。她曾在清兵入关前前往抗金名将梁红玉墓前祭吊，以显女辈保我河山之豪气。稍后，她又以丈夫名义前往镇江劳军，鼓励将士收复失土。次年，清兵南下，山河沦陷，柳如是伤心欲绝，便劝丈夫与自己一起投河殉国，因钱贪生怕死而未果（据传二人商量投河殉国，柳跳入河中，而钱未敢跳）。后来，柳如是不惜拿出自己全部积蓄资助民间抗清活动。相传，柳如是死时，正值清人建国，柳如是便遗嘱人们把自己悬棺山崖，以示不葬异人国土，做鬼亦不受异人统治的民族气节。另一位青楼女子，出自秦淮河畔的名剧《桃花扇》的主人公李香君，在听说她的夫君、当时号称“四大名士”的侯方域投降清廷后，毅然斩断情丝，遁入空门，抑郁而终。另一位“迷楼主人”顾横波，在嫁与合肥文人龚鼎孳后，亦积极从事反清复明活动，私人积蓄几近荡尽。一日，明朝遗民顾尔梅被清兵追捕，无人敢出面相救，独独横波夫人，毅然将其藏于侧室，使顾尔梅幸免于难；此外，还有成为仗义女侠、从事反清复明活动的寇白门；多才多艺不改民族气节的马湘兰；循入道门、不着清装的卞玉京……就连陈圆圆，也在吴三桂封王云南之后，不愿与吴相处，毅然出家为尼。后清兵至，陈圆圆竟投水而死。

博按：读史南明，既为明室藩王之无能昏庸而嗟叹，亦为钱谦益、侯方域之流的所谓“名士”们买主求荣而愤慨，更为以“秦淮八艳”为代表的处于下层社会的弱女子而赞叹。晚明的历史天空，“秦淮八艳”的出现，可谓中华文明的残留余光，其光亮虽弱，却足以点燃历史的火炬；其力量虽微，却足以推动思想的进步。“八艳”之事，不管传说也罢，史实也罢，有此一说，便让天下须眉，尤其是那些自诩为“名士”的侯方域们为之蒙羞。《要略》之所以要对“秦淮八艳”述而论之，实藉此论证中华民族自宋以降，“国土”的没落和“忠义”的沦丧。中华文明自春秋、战国乃至汉唐之间所建立的忠烈之风、孝义之教，于两宋时期达到巅峰，而又于元朝和有明一代被阉割殆尽。尤其是有明一朝，为了朱明王朝一家之治，明王朝一边大兴“文字狱”以钳制士民之口，一边对具有民族节义的士人鞭挞廷辱，在这样的环境下，稍有气节的士人都退隐江湖，不涉世事，唯有那些如侯方域、阮大城这样没有气节的“假名士”们才活跃朝野上下——而正是这些唯知趋利避害的所谓“名士”，他们在国家危难之际，会不假思索地向着能够给他更大利益的新朝扑去。而就在这时候，那些平日里被他们欺凌、视为玩物的“秦淮八艳”们反而表现出了超出常人的民族气节，在她们面前，民族节义就如同她们曾经被迫失却的贞节一样珍贵，她们用自己的方式表达着对那个时代的蔑视和痛恨，嘲笑着那些自视清高的“名士”们——于是，晚明历史天空里关于中华民族的残存的一点节义的晚霞，就在这几个弱女子的斑斑泪光中，血红如斯。是为记。

312. 民族英雄郑成功：父为降臣，母为异族，弱冠孤忠垂青史

明清之交，郑成功之名，可谓熠熠闪耀于华夏，是任何读史之人回避不开的巍峨高山。郑成功本福建泉州南安人，祖籍为河南固始。其父郑芝龙，本为海商兼海上走私集团头目（其实为“假倭寇”），一生共有五妻，其中第二位妻子田川氏乃其在日本经商时所娶，生郑成功。是以郑成功六岁之前跟随母亲住在日本国平户，直到父亲郑芝龙受明廷招安任官之后，才被接回泉州

府安平（原福建省晋江县安平镇，现安海镇）居住读书。1644年（崇祯十七年），被送往金陵求学。郑成功进入南京国子监深造，师从江浙名儒钱谦益（“秦淮八艳”之一的柳如是之夫）。南明弘光政权覆灭后，由于清廷在江南采取残酷野蛮的高压政策，强行下达剃发令，激起各地抗清斗争蜂起。郑芝龙、郑鸿逵兄弟于福州拥戴唐王朱聿键称帝，1645年七月改元“隆武”。隆武政权成立后，郑芝龙将郑成功引荐给隆武帝，隆武帝非常赞赏郑成功的才华，曾叹曰：“惜无一女配卿，卿当忠吾家，勿相忘也！”隆武帝将当朝最尊崇的朱姓赐给郑成功，并将原名森改为成功。自是，朝廷内外都称朱为国姓，普通百姓尊称他为国姓爷（是为“国姓爷”来历）。

父降母死子独忠。1646年，二十二岁之郑成功开始奉命进出闽、赣与清军作战，颇受隆武帝器重。然而真正握有军政大权的郑芝龙，却无意全力抗清，甚至在清军南下福建的时候，命令仙霞关守将施福（又名施天福，施琅族叔）将军队撤回福州（隆武政权所在地）。此举导致清军攻入闽北时几乎没有遭受抵抗。清朝大学士洪承畴为泉州南安人，郑芝龙同乡，在其承诺给予三省王爵的利诱下，郑芝龙不顾郑成功、郑鸿逵等人反对，决意带着其他几位儿子北上向清朝投降。郑成功劝阻不成，只好带着部分士兵出走金门。郑芝龙本以为降清之后不但得保家业，还能加官晋爵，不料清军征闽主帅博洛背约，不但将郑芝龙与诸子一同挟往燕京，更出兵攻打郑家的故乡闽南南安。郑成功之母田川氏当时已从日本搬至南安定居，不幸碰上此次劫难，于战乱中自缢身亡；郑成功得知母亲死后，乃率军在中国东南沿海展开抗清行动，从而成为南明后期主要军事力量之一。

以一身而安南明半壁江山。1646年八月，清军攻克浦城、霞浦；隆武帝出奔江西，在汀州遭清军俘虏之后绝食不屈而亡。南明帝系旋由桂王朱由榔继承，改元“永历”。1649年，郑成功改奉永历年号为正朔；永历帝即册封其为“延平王”，郑成功决定挥兵南下，除打击闽南清军外，并沿路收服各地城寨以为粮源。先后攻取漳浦、云霄等地，亦平定了达濠、霞美等寨；又次第收服了潮阳以及周边许多山寨。1650年，郑成功采取施琅献策，取得厦门、金门作为根据地。1650年农历十一月，清平南王尚可喜、靖南王耿继茂率数万铁骑攻入广州；郑成功奉敕南下勤王，令叔父郑芝莞留守厦门。十二月，郑成功抵广东揭阳，与郑鸿逵会师；两人商讨后，决定由郑成功继续率军南下勤王，而郑鸿逵则移师往厦门协防。同年，鲁王朱以海在阁部曾樱等人陪同下，来到厦门投靠郑成功，被安置在金门。1651年下半年，郑军在闽南小盈岭、海澄（今龙海市）等地战斗，获得了磁灶战役、钱山战役和小盈岭战役的胜利，克复平和、漳浦、诏安、南靖等地。年底，包括定西侯张名振等人皆来投靠，使郑军的声势愈形高涨。1652年农历正月，清海澄守将赫文兴向郑成功投降。二月，郑军攻长泰，清朝派遣陈锦率大军前往救援；两军于江东桥展开大战。郑成功仗着对闽南地形较为熟识，在江东桥附近安排了许多伏兵，大败陈锦，歼灭多数清军，取得江东桥战役的胜利。不久即攻下长泰。后进围清军重镇漳州不果，郑军于交战失利后，只能撤退以确保海澄、厦门的安全。

长期相持坚不投降。1653年农历四月，清将金砺进犯海澄，与郑成功展开激烈战斗。在清军的猛烈炮火之下，郑成功部队损失惨重，郑成功侦知清军火药钱粮不继，于是诱敌决战，趁清军大举渡河之际，以火攻大破金砺，取得海澄战役的胜利，海澄得保安全。海澄战役以后，金砺被清廷召回京师，双方再度处于相持局面。1653年农历五月，清军两度大败后，顺治帝敕封郑成功为“海澄公”，郑成功不接受。八月，双方与泉州府安平报恩寺内议和，郑军得以休兵筹措粮饷，稍事整顿。十一月，顺治帝再度敕封，并承诺给予一府（泉州府）之地安置兵将，郑成功仍不接受。1654年二月，清廷再遣使与郑成功议和，承诺给予兴化、泉州、漳州、潮州四府地方；郑成功以“兵马繁多，非数省不足安插”为由，再拒绝之。1654年，南明西宁王李定国与郑成功联军未果，同年清朝漳州协守刘国轩向郑成功投降，引郑军进入漳州府城；漳州总镇张世耀向郑军投降。十二月，郑军分兵进击，拿下同安、南安、惠安、安溪、永春、德化诸县，军队进入兴化地区。

固守金厦。1655年，因为永历帝和郑成功势力相隔遥远，特准郑成功设置六官及察言、承宣、审理等官方便施政，同时允许他委任官职，武官可达一品，文职可达六部主事。郑成功将厦门（当时称中左所）改名为“思明州”（可见其忠矣），并建造演武亭，以便亲自督察官兵操练。九月，清朝定远大将军、郑亲王世子济度率三万大军入闽，会同驻闽清军，准备进攻厦门。郑成功巩固金门、厦门防御。与此同时，还派遣部将率领舟师两路进击，一路北上浙江，一路南下广东，令清军腹背受敌、首尾难顾。北上郑军连战皆捷，攻入舟山。1656年四月，清将济度调集各路水师进攻厦门，于围头海域遭郑军痛击，清军大败而归。十二月，郑成功部队又在闽东北取得护国岭战役的胜利。1658年郑成功统率水陆军十七万与浙东张煌言会师，大举北伐。大军进入长江之前，于羊山海域遭遇飓风，损失惨重，只得暂且退回厦门。

北伐南京受挫。1659年，郑成功再次率领大军北伐，会同张煌言部队顺利进入长江，势如破竹，接连攻克镇江、瓜洲，接连取得定海关战役、瓜州战役、镇江战役的胜利，包围南京，开始了江宁白土山之役。张煌言部亦收复芜湖一带十数府县，一时江南震动。后因郑成功中清军缓兵之计，意外遭到清军突袭，致使郑军大败，损兵折将。郑成功兵败后，试图攻取崇明县，作为再次进攻长江的阵地，却久攻不克，只好全军退回厦门。1660年，郑成功再次在福建海门港（今龙海东），灭清将达素所率水师四万余人，取得厦门战役的胜利，声威复振。后为解决大军的后勤给养问题，郑成功出兵收复由荷兰殖民主义者侵占的台湾岛。

破面而亡。1661年，顺治帝崩，皇三子康熙帝继位；郑氏降将黄梧向当权者鳌拜建议“平贼五策”，内容包括长达20年的“迁界令”，自山东至广东沿海二十里成为“无人烟之地”，以此断绝郑成功的经贸财源；毁沿海船只，寸板不许下水；同时斩成功之父郑芝龙，挖郑氏祖坟。郑成功接连听闻噩耗，加上在台将士水土不服人心惶惶，其子郑经又在澎湖与乳母私通，使得郑成功内外交逼，于1662年五月初八急病而亡，死前大喊：“吾无颜见先帝于地下！”遂抓破颜面而死，年仅39岁。

博按：郑成功虽幼长于异国，生母为异族，且父兄皆降，独以弱冠之年起兵抗清，十有五年间，秉死忠于晚明，力挽狂澜于既倒，南明能苟延残喘十八年，成功之功居首。是以郑成功病逝后，康熙亦撰挽联以赞之：“四镇多二心，两岛屯师，敢向东南争半壁；诸王无寸土，一隅抗志，方知海外有孤忠”。郑成功纵横驰骋于江南岭北，大小数百战，胜多败少，倘非英年早逝，则台湾之地，当不至于早败于施琅之谋。且以郑成功之胸怀谋略，当清廷平定三藩之乱时，必将自海上西北向出大军以策应三藩（郑经曾出台策应，但力量实弱），以当时之形势，则当造成另一种历史走向。可惜成功早亡，台湾之政，在郑经治理下，“文武解体，主幼国疑”，遂被清廷次第解决。

313. 郑成功收复台湾：若非国姓爷，台湾今姓荷

郑成功北伐南京失败后，为解决大军粮饷问题，遂于1661年4月，亲率将士二万五千、战船数百艘，自金门料罗湾出发，经澎湖横渡台湾海峡，决心收复时为荷兰统治之宝岛台湾。长于军事的郑成功在极端恶劣气候下，挥师成功登陆台湾防御体系较为薄弱的普罗民遮城（荷兰特色之命名）。随后郑军在台江海域与荷兰军舰展开海战，击沉荷军舰赫克特（Hector）号，取得台江内海控制权，并同时在北线尾地区击败荷兰陆军，以优势兵力包围普罗民遮城。四月初五日，迫使普罗民遮城守军出降。在取得普罗民遮城作为据点之后，郑军随即由海、陆两面围困荷军要地热兰遮城，遭遇荷军顽强抵抗。由于强攻不下，加之大军粮食短缺，使得郑成功被迫改变策略，派出大部分军队至南北各地屯田、征收钱粮，以解大军乏粮的燃眉之急，对热兰遮城改采长期包围的战略。

1661年，郑成功致信荷兰殖民台湾总督揆一，要他投降。信中称："然台湾者，早为中国人所经营，中国之土地也。……今予既来索，则地当归我。"揆一企图据险顽抗，郑成功命令大军把台湾总督驻地赤嵌城（今属台南市）严密包围，炮击内城。赤嵌城附近高山族民众皆往欢迎并效力，城中汉人也给郑成功传递信息，赤嵌城被围困七月有余，敌军死伤千六百余人，最后在水源被郑军切断、黔驴技穷的情况下，揆一只好扯起白旗，宣告投降。此后，荷兰殖民者企图再次顽抗，于是年七月，从巴达维亚调遣十一艘军舰、六百多名士兵和大量军火补给，妄图解围热兰遮城，并以此为基地组织反抗。时郑成功军力仍分散台湾各地，参与围困热兰遮城的军力不到三千。七月中旬，停泊于外海的荷兰援军遭遇强风侵袭，被迫离开大员海岸，前往澎湖躲避风雨；其中荷兰军舰Urck号不幸搁浅，船上人员皆遭郑军俘虏。八月中旬，荷、郑两军于台江内海展开激烈海战，郑军大获全胜，击沉一艘荷兰军舰，并夺取船只数艘，自此荷军丧失主动出击的能力。十二月，日耳曼裔荷兰士官Hans Jeuriaen Rade叛逃，郑成功在其提供之情报的帮助下，炮轰击

毁热兰遮城的乌特勒支碉堡，使热兰遮城之破终成定局。初八，荷兰长官揆一在投降条约上签字。二十日，揆一率领残敌五百人狼狈退出台湾。沦陷蛮夷三十几年之台湾，从此重又回归中华怀抱。

郑成功驱逐荷兰、收复台湾后，首先是建立政权，废除荷兰侵略者的一切殖民体制和机构，以赤嵌为东都明京，设一府二县。府为承天府，县为天兴县、万年县。天兴县管北路，万年县管南路。从此台湾建立起与祖国大陆相同的府县制度。其次是严以治军，下令不许骚扰高山族，不许侵占高山族的耕地。还大力提倡教育，在高山族居住区设乡塾，送子女入学者可减免赋税和徭役。再次是积极推行屯垦制度，寓兵于农，以解决缺粮问题。数年后军队不但可以自给自足，而且还有余粮上缴给政府，并鼓励大陆沿海居民到台湾从事开垦，帮助高山族提高生产技术。在郑成功父子的经营下，台湾逐渐摆脱了落后状态。另外，郑成功还利用台湾四面环海，对外贸易方便的有利条件，大力发展海外贸易。时清朝实行“海禁”，不许大陆商船下海，郑成功借机独占海上贸易，继续和日本、暹罗、越南、菲律宾、柬埔寨等国家通商，把台湾的土特产，如鹿皮、鹿脯、樟脑、硫黄、蔗糖等外销国外，换回所需要的刀剑、盔甲和生活用品。

博按：宝岛台湾虽自三国时即为吾华所有，然历代之治，皆属以少数兵力之“巡检”羁縻而已。真正系统治理并有效开发台湾者，乃明末侵入之荷兰殖民政权。是时也，荷兰之强大，亦如今日之美国，其将西班牙殖民势力驱走抢夺为己有之后，已经盘踞于台湾近四十年。倘若再假以荷兰当局以数十年之统治，则台湾之“荷化”必更深入，荷兰于台湾之防守亦更严密。且另而论之，设若郑成功没有复台后以台湾为“反清复明”之基地，则以清廷之北方大陆观念，建政后必不会经意于东方海岛，亦不会尽早做收复台湾之进攻。由此观之，则台湾今属吾华，其根本之功，在于郑成功。惜郑成功英年早逝，若天假以其数十年之治理，则其必将于台湾更有新的作为。史载当时西班牙在统治之菲律宾之地屠杀华人华侨，郑成功已经做好师出菲律宾之准备，可惜师未出而身先死，可谓吾华之至憾。

314. 史可法：虽有丹心报国死，惜无才略靖天下

史可法（1601—1645年），字宪之，汉族。明末抗清名将、民族英雄。其主政之日，当南明展开之初，因是时明祚初倾，世乱纷纷，人心惶惶，史可法处于各方矛盾之焦点，又壮烈死于抗金之前线。因其以死报国之情怀，遂激励南明君臣士子再延明祚一十八年。然由于史可法个人能力之原因，其于南明颓局中的作用可谓未尽其责，实可令人叹惋。今试述其实：

其一：综观史可法的一生，在整个崇祯年间并没有多少值得称赞的业绩（曾因临敌逗留不战而受处分）；他的地位和名望迅速上升是在弘光时期。作为晚明建国第一重臣，在“定策”立君的关键时刻，不但优柔寡断顾虑重重，毫无政治家的决断和魄力，以至后来不得不出京避祸，空自丧失重整朝廷之大好时机；而且从气节和品格上看，他也没能做到一心为国或对崇祯帝死而后已，一遇阻力和反对，连仗义执言的勇气都没有，只求不得罪各方势力，最后竟然以“东林之私”（其师左光斗为东林党人）而搞出了一个试图两不得罪，不伦不类的“拥桂”（远在千里之外的桂王）方案，按序福王朱由崧当立，按“贤”潞王朱常淓当立（潞王朱常淓，其实非贤，后于杭州兵败投降），而后在边将佞臣（马士英、阮大铖）主导下立福王为帝之后，导致武将佞臣窃取“定策”之功，亦使其军政之权旁落于外，终使弘光之政不到一年而亡。

其二：顾诚在《南明史》中评价道：史可法作为军事家，以堂堂督师阁部身份经营江北将近一年，耗费大量人力、物力、财力，却一筹莫展，毫无作为。直到清军主力南下，他所节制的将领绝大多数倒戈投降，变成清朝征服南明的劲旅，史可法驭将无能由此可见。即以扬州战役而言，史可法也没有组织有效的抵抗。某些史籍说他坚守扬州达十天之久，给清军重大杀伤，也不符合事实。史可法自己在四月二十一日写的遗书中说：清军于十八日进抵城下，“至今尚未攻打，然人心已去，收拾不来”（可见其无能）。多铎下令攻城以前，史可法即已“自觉愦愦”，把军务交幕僚处理。二十四日清军开始攻城，不到一天扬州即告失守。史可法作为南明江淮重兵的统帅，其见识

和才具可见不堪之任。是以今人论之，史可法在军国重务上的决策几乎全部错误，对于弘光朝廷的土崩瓦解负有不可推卸的责任。

博按：史可法虽然一生居官廉洁勤慎，且在最后关头宁死不屈，以身殉国，可谓晚明鲜见的有气节的民族士人。然其为政于国无益，为将于军不利，南明朝廷于危亡关头用其为将帅，遂至迅亡，实属晚明政权用人之失。明清易代之际激于义而死焉者多如牛毛，把史可法捧为楷模，无非是因为他官高权重。然而以博之观点，官愈高而责愈重，以一身而系社稷安危，若是才不配位，便当引才让位，区区徒以虚名误国，岂不谬哉！史可法者，其虽秉心于公于国，然因其治事无能而丧国辱师，实可堪后之为政者于家国危难之时、选材任将之际，作一良鉴深思之显例。

315. 明“亡于朋党之争”：一个伪命题的诞生

明朝中期以后，政治日益败坏，尤其是神宗即位，名相张居正病故后，君黯臣佞，宦官当道，以致政治黑暗，军事衰败，财政拮据，而苛征暴敛益形繁重，由于明朝国力渐衰，崛起于关外的满洲贵族也逐渐不服明朝中央政府的管辖，以致成为对明朝的威胁。面临这种国事日非的形势，以顾宪成为首的东林党人，发起东林大会，制定《东林会约》，规定每年举大会一、二次，每月小会一次。东林初兴，本以标榜气节，崇尚实学为目的，他们打击阉党，抨击时政，对于扭转士风起到积极的作用。然而，当顾宪成等人在东林书院讲学议政，影响力日大之时，另一批官僚，也逐渐按籍贯或身份形成若干“党”，比如山东人的齐党，湖北人的楚党，安徽宣城人的宣党，江苏昆山人的昆党，而以浙江人的浙党声势较大。浙党首领沈一贯、方从哲先后出任过内阁首辅。他们在当权期间，依附皇室、勋戚，交结宦官，不断排斥官员；齐、楚、浙、宣、昆等党的重要人物都官居要职。他们为保持自己的权位，以攻击东林党为首务，东林党人则一再抓住对方的弊端加以参劾，于是出现了历史上有名的明末党争。

东林党与对立各派之争，围绕是否拥立朱常洛（神宗长子）为皇太子这条主线，在“梃击案”、“红丸案”、“移宫案”三案中激烈争斗。由于东林党人威胁到其他非东林党人的利益，斗争由原来的阁部之争和门户之争逐渐演变为党派斗争，规模进一步升级，性质更加严重，影响也更加恶劣，明代政争急剧恶化。东林党人代表了当时江浙商人和地主豪强的利益，反对朝廷向工商业者收税，并借着崇祯帝清除魏忠贤势力的时机，取消或降低各种税种的税负时（商税税率为千分之三），使得明末的财政收入来源更加单一，朝廷的税收来源更加依赖于普通的农民，再加上当时各种天灾不断，造成了大量农民破产，形成大量流民，直接导致了明末的农民大起义。

博按：明亡后，清朝政府和一些明朝遗老，常给以东林党为首的明末党争扣上“明亡于朋党之争”的帽子。这种论调几乎成为近代以来一种主流观点。连出自民主西方的《剑桥中国明代史》也认可了这种观点：“东林支持者抵制任何基本制度上的或财政上的改革观点：他们认为技术性的解决办法过去不成功，也不可能成功。因为他们偏爱行政改革的空想，他们的运动在体制意义上可以被认为是倒退了一大步，是从高拱和张居正所采取的立场的重大退却。”有近代学者在《东林党新论》一文中称：东林党人“从不曾提出过救治国家的政纲”，“长于内争，短于治国、治军”，“他们与齐、楚、浙三党及阉党残余的区别之处，仅在于东林误国，而东林的对立面则害国”。而学者邱以宁在其《风雨如晦，鸡鸣不已：从文化角度看晚明东林党人》一文中认为：“在现实的经验操作过程中，东林党壁垒森严的门户之见，以及意气用事，挑起了晚明剧烈的党争，既给自身带来了毁灭性的打击，也给国家、民族造成巨大的负面影响”。然而，客观而言，明末党争既是一起政治事件，又是一种文化现象。它虽然发生在晚明时期，但无论对当时还是后世都曾产生过深远影响。许多年来，学界一直把它视为明史研究中的重要课题而倍加关注，有关撰述也不绝。推崇它的赞誉为文化盛举，诋毁它的斥责为讽议朝政。而《要略》以为，明末党争之本质，在于刚刚觉醒的士林对近两千年封建专制君权的“自发性”限制和抵制。无论东林党还是其余各党派，均以推翻帝制、推翻皇帝专权、反对内阁专权为己任。君可则臣不可，君不可则臣可，皇帝无论做什么，都一致反对。强力命令、不干杀头的则消极怠工，皇帝无可奈何。明朝的“非君”行动，其实质是为了限制皇帝的权威。然而，明末党争中出现的最重要问题，是各学术思想派别林立，还没有整合出一整套反专权的思想理论体系，以及在实际运用中的经验累积。毕竟中国的专权政治，已经维持2000年之久，根深蒂固，极难动摇。明末的一切特征都显示出一场轰轰烈烈的反帝反专权斗争正在孕育。而所谓“党争亡明”之论何以产生呢？其根本原因，在于清朝取代明朝统治之后，为维护其一族之治，为争取明朝遗民的支持，尤其是为了证明明朝统治的“昏庸”和“无能”，为了给其“有效统治”和“钳制舆论”寻找合理注脚和理由，而有意为之的“伪命题”。

第九章　清朝

概略：王朝的沉沦与革命的淬火

清朝（1636—1912年）是中国历史上第二个由少数民族建立的大一统王朝，共历十二帝（太祖高皇帝努尔哈赤、太宗文皇帝皇太极、世祖章皇帝福临、圣祖仁皇帝玄烨、世宗宪皇帝胤禛、高宗纯皇帝弘历、仁宗睿皇帝颙琰、宣宗成皇帝旻宁、文宗显皇帝奕詝、穆宗毅皇帝载淳、德宗景皇帝载湉、逊帝溥仪），享国268年。

清朝以赫赫军功入主中原，而后采取“以汉制汉”策略，渐次荡平三藩、平定新疆、稳固西藏、收复台湾，于中华民族有今日之疆域规模，可谓成其大功、建其伟业。然而，客观而言，清朝以一落后弱小之少数民族，必须进一步强化中央集权，巩固专制之政，才能有效管理一个地域辽阔、民族众多的国家，是以清朝一朝的中央专制帝权，在努尔哈赤、皇太极、多尔衮、康熙、雍正、乾隆等几位君主（或摄政王）的努力打造之下，于康乾之世登峰造极于中国历史。中国清朝以前的历代中央集权王朝，无论是相权、后权，还是廷臣言官和御史监察之权，虽然对皇权的制约并不绝对有效，但却也发挥着一定的作用；唯有到了清朝一朝，所有的权力都被集中到了帝王手中，所有的臣民，不过是皇帝眼中呼之即来、挥之即去的奴才；即如被视为朝廷重臣的“军机大臣”，也不过是传递皇帝声音和文告的“传声筒”和“速记员”；朝堂上下，已经几乎听不到任何反对的声音，尤其是乾隆年间大兴文字狱之后，更使朝野上下噤若寒蝉，中枢廷臣但唯诺听命而已。

然而，正是在这样权力高度集中于帝王的专制集权体制之下，清朝一朝始终保持着“卓有成效”的政治运行，没有出现过地方督抚叛乱或是有令不行的情况。关于清朝一朝的政治得失，近代以来较为流行的历史评价，以民国大儒钱穆于其《中国历代政治得失》一书中的说法为“经典”。钱穆认为，清代政治和中国传统政治不同，因它背后有一批特别拥护皇帝的同部族——满族。这样的政权，本质上是私政权，基础便不稳固；钱穆旗帜鲜明地指出，中国自唐宋以来，政治哲学不断发展，到明末，已经产生反思儒学、批判儒教的思潮。宋明社会的发展，已经有了重构政治哲学的逻辑要求，宋明社会对汉唐以来的政治哲学进行了消解，孕育出新的文明高度。明末以东林党为代表的江南士人着力发展一种更为顺应资本主义经济发展的政治体制。而清朝一朝于康雍乾时期完善和确定的政治制度，其本质上属于大开历史的“倒车”。这种说法实际上继承了晚清乃至民国以来，以孙中山为代表的一大批民族主义者的思想认识。而《要略》认为，对于清朝的评价，既要回到历史的现场进行客观评价，又要站在现实和未来的角度来辩证审视。平心而论，清朝以其高效的中央专制主义集权统治，有效维护了中华民族领土的完整，实现了中华民族又一次民族大融合，对于今天中华民族的疆域和文化生态，具有一定的进步意义和历史作用，这是任何人也否定不了的历史事实；而且，相较于中国历代王朝，清朝一朝，几乎没有一个传统意义上的“昏君”，历代清帝可谓个个称“明君”，人人为“仁贤”，也成为中国历代王朝中具有鲜明特点的可贵“异数”；而按照“存在即合理”的哲学观点，中华民族的最后一个中央集权王朝以清朝一族之治的形态出现，必然有其历史运行的合理性，其中必然包含着中华民族自身文化没落的因子和中国历史的独特规律和发展惯性，也可视为中华民族的一种历史“宿命”，而不能单单把晚清时期中华民族的整体性没落归咎于清朝一族或清朝朝廷。

然而，如果对清朝朝廷与当时世界主要先进国家所采取的政治取向做一横向比较，可能比较清晰地看出由清朝一族掌舵的这艘中华民族的巨大航船不但船体破败不堪，而且正行驶在一片风浪滔天的凶险海域。比如，当清朝进一步加强中央集权和大开专制主义倒车之时，西方主要先进国家却悄悄进行了资产阶级革命，其政体然无一例外地走向了君主立宪制或共和制；正当大清王朝夜郎自大、开始闭关锁国之时，西方列强已经开始随着哥伦布的远洋航行，开启了他们征服世界、探索未知、实现原始积累的国家野心和现代化雄心；正当大清王朝的绝大多数优秀分子们纷纷投身于“乾嘉学派”的训诂考据之中时，西方的先进分子则全然置身于深刻而广阔的文艺复兴运动之中；正当清朝的乾隆皇帝和巨贪大臣和珅还在挖空心思，从各路腐败官员明里暗里索要“议罪银”的时候，欧洲列强已经开始运用包括三权分立在内的各种形式，限制王权的滥用和贵族的跋扈；正当八旗、绿营军队依然拿着大刀长矛在和“发”、“捻”战斗厮杀时，西方列强已然乘着铁甲战舰，手持长枪短炮，从天津卫，在旅顺口，向着大清的京畿腹地从容进发——于是乎，在短短的二百年时间里，明朝政府用以褒扬纪念郑和下西洋的宏大军功而兴建的静海寺，成为清朝签订卖国的《南京条约》的场地；纵横欧亚的元朝王朝悉心兴建的具有世界意义的“大都”北京，成为八国联军肆意纵火的抢掠场所；而更为可耻的是，清朝一族的发源地的东北，竟然成为日俄两国争取东北亚主导权的焦土战场……上述种种,都无可争议地说明了清朝王朝的日落西山和不合时宜。

当然，在此不可不提的是，在内患外困的晚清时局中，几位深具爱国情怀的晚清优秀汉族士子对晚清皇权体制的努力救赎和可贵探索。其中，尤其值得大书特书的是，陶澍、林则徐、胡林翼、曾国藩、左宗棠、李鸿章、张之洞等中兴名臣在反对外敌入侵、镇压太平天国运动和捻回之乱过程中对清朝政治体制的深刻反思。他们试图在以“中体西用”为方针，以“洋务运动”为手段，开展“糊裱匠”式的民族救亡行动。然而，他们纵然使出浑身解数，却依然回天乏术。他们即使能够勉强镇压了内乱，却难以抵挡列强对中国的领土窥伺和财富垂涎；他们即使能够以坚强的意志和决心，成功维护了大清王朝西北疆域不受俄国的蚕食，却难以确保清朝王朝的破败大厦，在内忧外患纷至沓来的巨大震荡下，轰然倒塌的历史结果；尤其是两场发生在同一地域、形式极为相似的甲午战争和日俄战争，深刻地警醒了中华民族的优秀分子如戊戌六君子、孙中山、杨度、蔡锷以及后来的毛泽东们：中华民族一场寻求君主立宪或者共和道路的伟大社会革命，就在袁世凯刻意打造的北洋新军的练兵歌中，就在武昌起义的隆隆炮声里，就在辛亥革命的曙光照耀下，再一次受到了革命的淬火锤炼。一个在“三民主义”旗帜下救亡图存的民族新生之路，就在清朝王朝远逝的落日余晖中，露出了他的身影——也许，这正是清朝一朝之于中华民族最重要的历史意义吧！

316. 清朝开国：从一个民族改变生存环境的原动力说起

清朝（女真族）能够以一个几十万人之弱小民族，征服并统治人口将近一亿（一说近两亿）的汉族地区和蒙藏回疆广袤国土，其中既有历史之巧合（明的腐败和内乱），更有满人领袖努尔哈赤和其历代传承者的雄才大略所底定。多数历史学者认为，努尔哈赤家族之所以能奋四世（努尔哈赤、皇太极、顺治、康熙）之烈，以百年之征战，最后统一华夏者，以努尔哈赤所建立的兵民合一的“八旗”军制有着至关重要的作用。而实际上，清朝“八旗”军制，与历史上鲜卑民族的府兵组织、女真民族的猛安谋克，成吉思汗军户制度，在本质上无甚差别。腐败无能的大明王朝和缺乏政治远见的李自成集团，之所以无法阻挡清朝“八旗”铁骑的冲击，究其根源，实乃清朝民族的“历史原动力”所驱动之故。

构成清朝主体的女真民族本是渔猎民族，世代生活在东北寒冷山林之中，以畜牧渔猎为生。可以想见，在没有农业、没有纺织业、着兽皮、用弓箭，世代在寒冷的山林中与狼虫虎豹打交道的恶劣环境下，其改变生存环境、繁衍生息、发展壮大之愿望之强烈。地理环境、自然条件在诸多影响历史发展的因素中，虽然并不是根本原因，然而在人类生产力并不发达的情况下，其整体民族改变这种恶劣的自然条件，向南方温暖地区推进，可以算是一种根本的推动之力。据当今地理学、气候学综合研究表明，在中国五千年的历史上，曾出现四次较强烈的低温期，明清时期是历史上最寒冷的一个时期，当时的气温约低于现今1℃—3℃，气温降低，使温度带南移，一般而言，温度每降低1℃，温度带南移两百千米左右，由于气候的异常寒冷干燥，导致自然条件的恶化。明初东北地区，特别是其北部地区，经济出现衰退，迫使黑龙江、松花江流域的女真人向南迁徙，寻找适宜生活的地区。也就是说，是气候将其适宜生存的空间向南推移了两百至六百千米。可见，自然条件的日趋恶劣成了促使女真族南迁的天然动力。

另而言之，具体执行满族南迁之八旗兵之所以所向披靡，亦与其生存环境恶劣有很大关系。女真民族如果不是长期在严酷的自然环境里与天斗，与兽斗，与人斗（生存竞争较南方汉人族群为烈），“女真过万不可敌”之神话必不存在。反而言之，我国江浙、湖广一带，因为生存环境相对优越，自古就很少产生名将勇师。而中国南方相对勇于战斗之族群，如川军、湘军、广西兵、雷州兵，都是处于生存环境较为恶劣的大山深处或海边。“戚家军”所征召的“义乌山兵”和曾国藩湘军选兵“只选山人，不选水地之兵”也是这个原因。

博按：中华民族之生存繁衍，其实为自北而南寻求改变生存环境之历史。自炎黄之时，环境较为恶劣之北方民族即战胜环境较为优越之中原和南方民族，此后之民族整体发展方向，往往西北强而东南弱，无论汉唐以长安、太原为基地东南向以统一中原，还是魏晋和元朝清朝自北而南统一中国，其历史之大致走向可谓泾渭分明。当一个民族，无论其大小，一旦以改变其生存环境为终极目的，并有雄才大略之领袖出现，即可迅速发展而成炽燃之势，并最终成为中国大地之主宰性力量。以此观之，清朝之统治中原，斯为其根本。再以此观之，清朝和民国面对的日本，亦因为其生存环境之恶劣，而启其西向征服大陆之野心，亦可视之为民族的原始动力。当慎而慎之。至于北方之俄罗斯，因其西向有温暖适宜之欧洲，所以其南下之民族意志较为薄弱。虽然其曾于近代侵占我150余万平方公里之领土，但是对于新疆和东北更大面积领土的觊觎，则始终因为其对欧洲方面的“更加向往”和投入更多力量羁绊而没有全力南下，所以没有造成其统治中国之野心出现，实为吾华之大幸。

317. 努尔哈赤：悲剧人生所造就的光辉道路

清朝最终统治中原，虽有原始动力驱动，但若是没有雄才大略之努尔哈赤领导与实施，亦难以最终实现这一与其民族力量不相称的过于宏大之目标（比如朝鲜和日本，环境虽然同样恶劣，总体力量也比后金强大，在近代以来却始终没有南下或西进的意志和能力，实因其没有产生努尔哈赤这样的领导人，即如日本的丰臣秀吉，也与努尔哈赤不能相提并论）。是以探究清朝之发展历史，必先考察努尔哈赤之个人成长史。

努尔哈赤之祖父觉昌安和父亲塔克世本为大明之建州左卫指挥（相当于今日的军分区司令，谓努尔哈赤出身将门，具有显赫的家世背景），由于其幼年丧母，受尽继母虐待，自小孤苦伶仃、历经磨难，因而造就了其倔强不屈和残忍好杀的个性。

当时主政东北的大明辽东总兵李成梁（类似于今日东北战区司令）为诛杀反叛明朝的建州右卫指挥使王杲（努尔哈赤的外祖父）之子阿台章京（努尔哈赤之舅）而率军攻打古勒寨。本来忠于明廷的努尔哈赤祖、父觉昌安和塔克世进城劝降，因战事紧急被围于寨内。后于城破时被乱军所杀。明廷为笼络其心，归还觉昌安、塔克世遗体，并给努尔哈赤“敕书三十道，马三十匹，封龙虎将军，复给都督敕书”（敕书实际上为明廷用以在边境进行贸易的许可证）。十岁丧母，如今再失祖、父和外公及舅父的努尔哈赤悲愤之下，毅然以祖、父所遗十三副甲胄起兵，次第统一建州女真各部（虽然其中有李成梁“襄助”之功，但归根结底还在于努尔哈赤本人的“精明会事”和“隐忍周旋”）。

此后，为发展壮大自己，努尔哈赤“用血缘粘合地缘，用族权支持政权”的方式建立“八旗军制”，这一兵民合一军制使努尔哈赤的军事实力迅速发展壮大并很快征服女真各部，使得全体满洲人都成为努尔哈赤的“家奴”（在满洲人看来，“奴才”有“亲近”之义，因此满洲贵族在皇帝面前自称“奴才”，以区别于汉人官员称“臣”）。

于残酷环境中成长的努尔哈赤为统一女真部落，先后幽杀（即把人置于幽室中，只留一孔，供粪便及吃食进出）唯一的弟弟舒尔哈奇，怒杀其长子褚英和养子达尔汗，休杀其妻富察氏，终于组建野蛮强悍、战无不胜的八旗铁骑大军，对当时正在经历资本主义变革前夕的大明朝廷展开攻势作战，如同当年元朝铁骑覆灭南宋王朝一样，再一次战胜了一个相对文明的庞大而又虚弱的政体，中华文明以优败于劣的历史悲剧，再一次在努尔哈赤的复仇人生中拉开了大幕。

博按：读史至清，深为努尔哈赤之苦难人生而扼腕，亦为中华民族之命运多舛而叹息。一代枭雄努尔哈赤，正是在其悲剧人生所诱发的个人雄心鼓舞下，最终成就了一个民族发展壮大的光辉道路。当然，也成为中华民族的一段历史悲剧。努尔哈赤虽生于将帅世家，然因其自小生存环境之恶劣，予其超绝常人之苦难磨砺，终使其矢志不渝，建立强大之八旗铁骑，其坚韧不拔的性格基因，传承四世而不绝，终于使清朝以一弱小之民族，联合蒙古势力，利用降服汉人，击败一个绵延近三百年、人口一亿有余的明朝大帝国，其中可见民族与人性之强大原力所在，可见努尔哈赤本人的雄才大略，亦再见“人间正道是沧桑”的不二真理。是为记。

318. 萨尔浒之战：得失方寸之间，实系国家危亡

清朝开国，萨尔浒之战可谓决定性一战。清史之中，常以此战的胜利而神话努尔哈赤不世军功。乾隆曾评价萨尔浒之战曰：“呜呼，由是一战，而明之国势益削，我之武烈益扬，游行克辽东，王基开，帝业定，岂易乎？允因我太祖求是于天复仇乎？祖同兄弟子侄之众，率股肱心膂之臣，亲冒石矢，授方略，一时圣嗣贤臣抒劳效悃，用成鸿猷。我大清亿万年丕丕基实肇乎此。”然而，纵观此战之整个过程，明军之败，虽貌似肇败于方寸之间（决定之败在于一场大雾），其实败于战略指导的重大失误和战术运用的错误；而后金之胜，实胜于战略之高明、战争准备之周密以及努尔哈赤父子内部之团结一致对外，此古今中外决定战争胜负的不二铁律。

战争简要经过：1618年（万历四十六年）正月，努尔哈赤趁明朝内争激烈、防务松弛之机，决意对明用兵。经过精心筹划，努尔哈赤以“七大恨”（宣扬“正义之战”也）为由，率步骑2万袭占抚顺、清河等地，公开反明。明神宗即派兵部左侍郎杨镐为辽东经略，主持辽东防务。经过半年多军事筹备，讨伐大军虽大部到达沈阳地区，但粮饷未备，士卒逃亡，“兵齐马不齐”，将帅互相掣肘，貌似从全国抽调的精兵强将，总体上却是一盘散沙。

1619年二月，明军约10万人（号称20万，一说47万）抵达辽东。在明神宗的一再催促之下，尚未做好战争准备的杨镐只好决策以赫图阿拉为目标，分进

合击，四路会攻，一举围歼后金军。其具体部署为：总兵马林率1万5千人，出开原，经三岔儿堡（在今辽宁铁岭东南），入浑河上游地区，为北路；总兵杜松率兵约3万人担任主攻，由沈阳出抚顺关入苏子河谷，为西路；总兵李如柏率兵2万5千，为西南路；总兵刘綎率兵1万余人，会合朝鲜军共2万余人，经宽甸沿董家江（今吉林浑江）北上，为南路。另外，总兵官秉忠率兵一部驻辽阳为机动部队（战略预备队），总兵李光荣率兵一部驻广宁，保障后方交通。以今观之，大军自不同方向远征同一目标，如此部署进军，倘能互相策应，同时到达，则不至于为后金方面各个击破。

努尔哈赤探知明军行动后，认为明军南北二路道路险阻，路途遥远，不能即至，宜先败其中路之兵，于是决定采取“凭你几路来，我只一路去”的集中兵力、逐路击破的作战方针，将10万兵力集结于都城附近，准备迎战。

作战过程：1619年农历二月二十九日，后金军探知明朝勇将杜松率领明军主力出抚顺关东进，进展过速，孤立突出。努尔哈赤决定乘其他几路明军进展迟缓之机，集中八旗兵力，迎击杜松军。三月初一，杜松军进至萨尔浒，以主力驻萨尔浒附近，自率万人进攻吉林崖。努尔哈赤遂率六旗兵4万5千人突然向萨尔浒杜松军发起进攻。两军交战时，因天色阴晦，咫尺难辨，拥有先进兵器（时明军皆持先进的鸟铳、火枪和火炮）的杜松军点燃火炬照明以便进行炮击，后金军利用杜松军点燃的火炬，由暗击明，集矢而射，杀伤甚众。努尔哈赤遂挥军乘雾，越过堑壕，拔掉栅寨，攻占杜军营垒，杜军主力被后金军一举击溃。后金驻吉林崖的守军在援军的配合下，也打败了进攻之敌，明军总兵杜松、王宣、赵梦麟等力战阵亡。明西路军全军覆没。

明军主力被歼后，南北两路明军在形孤势单、处境不利的情况下，遂一一为努尔哈赤各个击破。李如柏军亦惊恐溃逃。朝鲜援军见势不妙，率军投降。战后，后金军乘势攻占开原、铁岭，征服了叶赫部。明军主帅杨镐兵败之后引咎辞职。杜松、刘綎、马林皆战死，明军主将四人（时皆为明廷著名之勇将）已失其三，李如柏后亦自杀以明志。明军自经萨尔浒之败，辽东局势遂由战略进攻转为战略防御，后金方面则从此占据主动。明朝最后渐次失去大部辽东领土，山海关以外仅余少量战略要点，如锦州、宁远、杏山、塔山等地尚为明所有。

博按：萨尔浒一战，明廷之败，虽因一场大雾，然究其根本，实因明朝当局战略指导之失。大军远征，准备不足，仓促出击，其失一；将帅不和，事权不一（四路大军指挥不听杨镐之指挥调度），致使其各路合击之势尚未形成便遭各个击破，其失二；统帅部各前方指挥部情报不确，始终处于被动挨打之势（当杜松军于萨尔浒苦战之时，马林军距萨尔浒不过三十里，惜其既不知情，亦不救援），其失三；主攻方向之杜松轻敌冒进，分散兵力，其失四；杜松军武器装备本优于后金军队，然其于特殊之气象（大雾）条件下，引火照明，使明军处于明处而失其武器装备之优势，此以战术之失而终致战略格局之败，其失五。此五失者，明军但能得其一二，当不致颓败如此，其不令人喟叹哉？而反以后金一方论之，其得亦有五："凭你几路来，我只一路去"，此集中兵力之法，即我军解放战争之时亦常用之，毛主席之战略指导，亦与其如出一辙，此其一；发挥其骑兵优势，迅速集中兵力，击敌所不备，此其二；充分利用本土作战之地理地形和有利气象条件优势，消弭其本身之装备劣势，此其三；情报准确，料敌于先，此其四；乘胜追击，士气高昂，战斗勇敢，此其五。后金得此五者，焉能不胜。

319. 千古贰臣洪承畴：耻哉"中华第一带路党"

清朝开国二帝努尔哈赤和皇太极，虽然皆有雄才大略，然其所奉行之侵明战略，仍以屠城杀民、抢财掠奴为主。是以后金建国几十年，仅在辽地横行而难以南下山海关，因为汉人拼死激烈抵抗之故。此种情势，一直到明朝叛臣洪承畴降清，皇太极和其后的多尔衮将他视为入关夺取中原的"引路者"，而对其"恩养有加"之后始告转机。

1643年（崇祯十六年）八月九日，皇太极突然病逝，年仅6岁的福临继位。崇祯十七年三月十九日，李自成的大顺军占领北京，崇祯帝上吊自杀。消息尚未传至沈阳，四月四日，清朝大学士范文程（此人因官场不顺，且没有受到明朝功勋，年轻时以秀才投奔努尔哈赤，所以与洪承畴不可同日而语）根据明军、大顺军、清军三股势力博弈的情形，认为明朝衰朽不堪，"四面受敌"，得出

“我国虽与明争天下，实与流寇角也”的结论，建议清军把握时机，入取中原。四月九日，清军在摄政王多尔衮的率领下大举南伐。

此次出兵，规模空前，满洲、蒙古八旗出动三分之二，汉人八旗倾巢出动，其中就有降清两年但一直没有委任官职的洪承畴。十余万之众的大军向山海关进发，北京被李自成所率大顺军攻克的消息很快被探马报知。对手由不堪一击的明军，变成从未交战的大顺军，本来信心满满的多尔衮顿时疑虑重重。此时，曾经以明将身份多次击败李自成的洪承畴报效“恩养”的机会终于来临，他抓住时机，向多尔衮建言：勿轻易攻打山海关，应绕道长城，突入关内；且严明纪律，“不屠人民，不焚庐舍，不掠财物”；招降纳叛，“有开门归降者，官则加升，军民秋毫无犯”；并在具体战术方面对清军予以“指导”。

此时，驻守山海关明将吴三桂因为“冲冠一怒为红颜”而致信多尔衮，向清军求援。面对吴三桂的“送货上门”，洪承畴立即建议清军改变方向，即刻向山海关进发。多尔衮予以采纳，下令清军日夜兼程，迅速赶至山海关。吴三桂曾为洪承畴旧部，在洪的引荐下，吴三桂与多尔衮祭天盟誓，两军联手对付李自成。

山海关之战以清军完胜、李自成大败告终。洪承畴建议清军应抓住时机，加速前进，直下北京。吴三桂受多尔衮胁迫，剃发投降，成为清军的急先锋。洪承畴指引清军起草告示，沿途广为散发，将清军伪装成解民倒悬的“仁义之师”，号召明清联手，共剿“流寇”。受此蛊惑，清军不仅没有遇到抵抗，反而受到欢迎，长驱直入，很快占领北京。为进一步笼络人心，洪承畴建议多尔衮下令“官民人等为崇祯帝服丧三日”。清军的这些行为，特别是洪承畴的特殊身份，给旧臣遗民造成一种假象，以为清军是来替明朝报仇的，以致南明政权有过联合清军，“合师进讨，问罪秦中”的幻想。受此误导，汉人不禁放松了戒备警惕，加速了清军问鼎中原、灭亡明朝的历史进程。为了证明清朝不是一个区域性政权，而是“君临天下”的统治者，在洪承畴等汉族大臣精心安排下，本来已经在关外即位的顺治皇帝，在北京又举行了第二次登基大典，其中一应礼仪全按中原典章办理。

尔后，洪承畴劝告清廷宣导儒家学术，为满汉合流提出建议。为了巩固清朝的统治，洪承畴建议满人统治集团也须“习汉文，晓汉语”，了解汉人礼俗，淡化满汉差异。洪承畴再次发挥其在南明故臣中的巨大影响力，不断招抚旧部或旧同僚归顺清朝，如明蓟镇总兵唐通、明宁夏花马池副总兵董学礼、南明四镇将之一刘泽清、南明提督李本深等。若无洪承畴的强力劝降，清朝的统治范围，很可能滞留于长江以北。则中国划江而治的形势可能再度上演。由于洪承畴对清朝的巨大贡献，多尔衮破例赐他衣帽并铸印一方："招抚南方总督军务大学士"。

博按：读史至清，若谓清朝得一人而得天下者，则非洪承畴莫属。作为明廷职位最高的降官，洪承畴既对明朝政治弱点心知肚明，又对汉人士心民心感同身受，加之曾长期与李自成的大顺军作战，是以其一"出手"，便步步攻心，招招致命，直指汉人及残明之"死穴"。就当时国力对比而言，满人约一百万，汉人约一亿。满人能一以当百征服汉人，除有利于作战的八旗军制外，实则利用洪承畴之谋以达"以汉制汉"之目的。若非洪承畴"战略带路"，则清朝入主中原之历史，当为改写。以中华文明一朝沦丧视角论之，无论洪承畴如何有功于清廷，如何劝导清廷重视"汉化"，其必将被牢牢钉于历史的耻辱柱上，为中华子孙万代所唾弃。后世之为政为臣者，当以其为殷鉴。

320. "人肉"洪承畴：其奸至极，其心可诛

清朝得国，洪承畴居功至伟。以中华文化自清入主以后全盘糜烂视点论之，盖人神共愤之徒。因效今人网络"人肉"禽兽不良之徒，详考洪承畴之失节降清之史以为后世鉴：

出身书香门第，长于贫贱之家。洪承畴父洪启熙性格庄重，以至孝名闻乡里。娶妻傅氏，名门闺秀，教子极严。生子三，承畴居长。洪承畴童年入溪益馆读书。因家境贫寒，11岁辍学，在家帮母做豆干。时才子洪启胤办村学，洪承畴叫卖豆干之余，常在学馆外听课。洪启胤后免费收洪承畴为徒。洪启胤曾给其写下"家驹千里，国石万钧"的评语。万历四十三年（1615

年），洪承畴赴省参加乡试，为乙卯科中式第十九名举人。次年，赴京会试，连捷登科，为丙辰科殿试二甲第十四名，赐进士出身。洪承畴初授刑部江西清吏司主事，历员外郎、郎中等职，在刑部任事6年。后擢升浙江提学佥事，以才高识士，所选人才皆俊奇，为朝廷所器重。

剿寇有功，名声大噪。天启七年（1627年），升陕西督道参议。崇祯二年（1629年），农民军王左挂、苗美率兵进攻韩城。陕西总督杨鹤手中无将，情急之下，令参政的洪承畴领兵出战。洪承畴斩杀敌兵三百人，解韩城之围，一声名声大噪。崇祯三年，洪承畴被任为延绥巡抚。作为杨鹤手下干将，其一改上司的"招抚政策"，采取"剿匪杀降"之策（与清曾国藩剿太平军类似）。因其时李自成、张献忠曾多次诈降故也。崇祯四年，洪承畴、杨鹤继任陕西三边总督，集中兵力进攻陕西农民军。获得"西澳大捷"。崇祯九年七月，洪承畴率军在临潼大败农民军，起义军被围困在丛山之中长达3个月。崇祯十二年（1639年）十月，陕西最后一股"贼军"李自成部在流窜途中，被洪承畴令总兵马科、左光先领兵截击。李自成回师转东，洪承畴又令曹变蛟潼关设伏邀击，李自成大败，仅余18骑走入陕南商洛山中。洪承畴治军有方，镇压农民起义连连胜利，俘杀高迎祥，又多次打败李自成，明廷内部称洪承畴的军队为"洪军"。

御外不力，浪战被俘。1638年9月，清军两路南下，大学士孙承宗殉职，卢象升在巨鹿阵亡，京师戒严。两面受敌的明朝不得不从西线把主帅洪承畴调来，与孙传庭率军入卫。时明清交界之锦州、宁远、松山、杏山、山海关等据点是清军进一步发展的障碍。1638年秋，皇太极领兵攻占义州，展开对锦州攻围战。1639年初，洪承畴调任蓟辽总督，领陕西兵东来，与山海关马科、宁远吴三桂两镇合兵。锦州有松山、杏山、塔山三城，相为犄角。1640年冬，清军攻锦州及宁远，洪承畴派兵出援，败于塔山、杏山。1641年春，为挽救辽东危局，明廷遣洪承畴率八总兵，领精锐十三万、马四万来援，集结宁远，与清兵会战。洪承畴虽有一定实战经验，本该持重用兵，但却于关键时刻为迎合兵部尚书陈新甲的促战意见，不但采取了错误的速战速决方针，而且疏忽了后方粮道的保护，最终被清军断了粮道，并被围于松山。明军一时"欲战，则力不支；欲守，则粮已竭，遂合谋退遁"。由于没有决战决心，明军两镇六总兵败溃，十数万军马土崩瓦解，先后被斩杀者五万余人。1642年1月，洪承畴在松山被围半年之后，城破就俘。久被围困的锦州守将祖大寿亦率众出降。明军锦宁防线不复存在。

“敝袍犹惜，况其身哉”。洪承畴被俘后，先是绝食数日，拒不肯降。皇太极知洪承畴好色，每日派10多个美女陪伴，也无效果。皇太极无计可施，特命吏部尚书范文程前去劝降。范文程至，洪承畴大肆咆哮，而范文程与他谈古论今，同时悄悄地察言观色。谈话之间，梁上落下一块燕泥，掉在洪承畴衣服上。洪承畴一面说话，一面“屡拂拭之”。范文程回奏太宗：“承畴不死矣。承畴对敝袍犹爱惜若此，况其身耶？”当夜，皇太极的妃子——小博尔济吉特氏，携人参汤到洪承畴的居所劝降。洪承畴最终把持不住，竟与博尔济吉特氏苟合而变节。隔日，皇太极亲临视问。《清史稿》载：“上自临视，解所御貂裘衣之曰：‘先生得无寒乎？’承畴瞠视久，叹曰：‘真命世之主也’，乃叩头请降”。随即剃发易服，归顺清。皇太极大喜曰：“我今获一导者（即向导），安得不乐！”遂委以洪承畴重任。史载洪承畴松山兵败，明廷举朝大震，上下皆以为洪承畴必死于王事，崇祯皇帝极为此辍朝3日，以王侯规格“予祭十六坛”，还御制“悼洪经略文”明昭天下。宁不令后世感慨唏嘘悲哉？

博按：洪承畴本出身书香门第，父祖皆为士人，母为贞节烈女，虽出身贫贱，亦能成为国之柱石、朝廷能臣，可见其受恩深重，本该效死沙场，报国厚恩，然却被俘受降，而且成为颠覆大明之主要“谋主”，其奸至极，其伪可憎，其心可诛。观洪承畴之降清，其始有绝食之念，实伪装其忠心。外敌当前，主将被俘，若是真忠烈，当战死两军阵前，何受俘辱！其所以被俘而“拒降”者，实其首鼠两端，以伪忠而抬高其身价之举。明末之臣中，以洪承畴与史可法二人为历史的两个极端。前者有能而无忠，后者有忠而无能；前者降清而毁明，后者自杀以殉国；今人之史学界常为洪承畴为辩者，《要略》大以其为非，因为中华文明自宋以后，忠义勇烈之基因几至断绝，卖主救荣之劣风泛滥（正如倭人近代以来屡次内侵，多有汪精卫之流为“带路党”）。是以中华文明之重建，实应以忠烈节义为至要，后世之为人臣子者，当立此为戒，宁死忠于一时，勿挨骂于万世。若后世再有为洪承畴、汪精卫之流背书者，则中华民族再亡于异族之日恐不远矣！

321. 从幕后到台前：关系清朝兴亡的两个太后

清朝入主中原，所以能够统治中原二百余年，努尔哈赤和皇太极为主要奠基者，而孝庄皇太后实为成其功者。当努尔哈赤和皇太极先后死去，蒙古女强人孝庄太后以其独有的隐忍和果敢，笼络大臣，纵横捭阖，统筹天下，从而稳固了摇摇欲坠的帝国大厦。于清朝朝廷来说，隐于幕后的孝庄太后可谓居功至伟。而二百年后，另一个女强人慈禧太后，从幕后走到前台，则同样以一个女人的智慧和权欲，将大清送入历史的墓地，今相较以考。

考察大清开国与失国之两个太后之间，既有许多相似之处，又有诸多本质之不同。

其相同之处：一是都历三朝。孝庄太后先后历三君（皇太极、顺治、康熙），慈禧太后亦历三朝（咸丰、同治、光绪）；二是都先后辅佐两个幼主。二者都是在丈夫死后，先后陪伴两位年龄尚在幼冲的皇帝而成为中国的实际最高统治者。顺治即位时十一岁，康熙即位时八岁；同治即位时六岁，光绪即位时四岁；三是都主政中国长达四十余年。孝庄前后主政四十二年，慈禧主政四十七年。

其不同之处：一是从获得政权方式看。孝庄子福临是皇太极第九子，为使儿子继承皇位，孝庄联合多尔衮等人拥戴福临为继承人，但整个过程中并未发生大的冲突和动乱。于乱局中能够把握大局，其孝庄之力焉。相反，同治皇帝是咸丰皇帝唯一继承人，即使慈禧不发动政变，其儿子仍然是皇帝，并将由“八大臣”顾命；而慈禧为使自己独掌朝权，先是联合恭亲王奕䜣，利用咸丰帝梓宫回京时机发动辛酉政变，设计逮捕了八大臣，判处怡亲王载垣、郑亲王端华自裁，肃顺斩立决。后又进一步罢免和削弱了恭亲王奕䜣，使清廷的朝政大权全落于其手。

二是从执政理念看。孝庄太后本为蒙古科尔沁部贝勒寨桑之女，十三岁时嫁于皇太极（三十四岁）为妃。她在福临早亡之时，更是底定乾坤，力助八岁孙子玄烨君临天下。而且，在她的悉心教导下，玄烨健康成长，先后铲除鳌拜集团、平定三藩并统一台湾，并最终使西藏和新疆成为中国的固有领土。反观慈禧，执政初期虽然曾在议政王奕䜣的辅佐下，整饬吏治；重用汉臣；依靠曾国藩、左宗棠、李鸿章等汉族地主武装，开创了“同治中兴”的短暂局面，但很快便在同治病逝、其侄子兼外甥载湉为帝的情况下，发动“甲申易枢”（1883年—1885年爆发了中法战争，双方在军事上互有胜负，但以慈禧为首的清政府却主张“乘胜即收”，与法国签订了《中法新约》，又使法国获得了不少侵略利益。战争之初慈禧借战事不利，把责任推给以奕䜣为首的军机处大臣，将他们全部革职，史称实现一宫独裁）。在其主政期间，先后与日本签订《马关条约》，割地赔款，与诸国签订《辛丑条约》，规定三十九年内赔款四亿五千万两白银；留下了“量中华之物力，结与国之欢心”的无耻名言。

三是关于个人修养。孝庄除了在政治上能够运筹帷幄之外，生活上还不肆奢华，平定三藩时，她把宫廷节省下的银两捐出犒赏出征士兵。每逢荒年歉岁，她总是把宫中积蓄拿出来赈济灾民，全力配合、支持康熙的事业。反观慈禧，为过其六十寿辰，挪海军经费，修缮颐和园，当清军在朝鲜战场上接连失利，北洋水师在黄海之战中又遭受严重挫折，金州、大连相继陷落，旅顺万分危急的情况下，慈禧在紫禁城内的宁寿宫度过了她的六十岁生日。据说这次大寿，寿日前月余，筵宴即已开始。仅事前江西烧造的绘有“万寿无疆”字样和吉祥喜庆图案的各种釉彩碗、碟、盘等瓷器，就达两万九千一百七十余件。整个庆典耗费白银近一千万两，在中国历史上是空前的。

博按：清朝之兴，其妇也贤；清朝之亡，其妇也佞。何也？当清朝之将兴，斯时之清朝朝堂，正气充盈，上下一心，诸贤在位，且斯时国家尚未稳定，统治阶层之权利收益成本尚很有限，是以当此情况下，孝庄能够和诸大臣悉心辅佐其子孙，是以即使本人有巨大之权力欲亦难以失其德；反而言之，当清朝历二百年之治，既得利益集团越来越大，皇权背后的巨量利益无以复加，建立在利益争夺基础之上的中央集权体制导致政治愈加腐败，上下解体，君臣离心，其大气候大形势亦逼迫慈禧拉帮结派，弄权营私，即使其有意培养之曾、李、左之流，亦以权谋驱使其为其所用，而非真为国为家之培养能臣。在此等形势之下，使得即使慈禧本有仁德而亦将失其德，本有谋国之心而成亡国之祸，此天下之大势，不能不详察之。

322. 与天花的抗争：大清王朝的历史宿命

天花，中医称之为痘疮，实为一种恶性传染病。今日80年代后出生之人，“天花”二字鲜有耳闻。因为国际卫生组织已于1980年正式宣布，在世界范围内消灭了天花。但在三百年前的清朝，天花的猖獗可怕，一如现在的艾滋病，可谓人人谈“花”而色变。紫禁城的高墙与重门，可以抵挡住疾风暴雨和箭矢火炮，却难以抵挡天花的肆虐横行。清朝十位皇帝，顺治、同治直接死于天花，康熙和咸丰虽然侥幸从天花的魔掌中抢回性命，脸上却留下永久的麻子。在清朝入关后的历史中，天花就像鬼魂附体，成为清朝王朝挥之不去的王朝魔咒。

顺治为避天花不上朝。顺治是清朝入关后第一位住进紫禁城的皇帝。其在位期间，为躲避天花的传染，不惜打乱正常朝议制度，躲在深宫不敢上朝。蒙古各部落一向是清朝最可依赖的力量，从顺治的父亲皇太极开始，蒙古各部落首领每年都要朝见皇帝。但顺治执政时期，竟然连续6年没有接见蒙古王公，原因就是害怕传染上正在蒙古流行的天花。清朝入关后，出宫避痘的风气更加流行。顺治的儿子玄烨（康熙）生下不久就被抱出宫外，在紫禁城西华门外的福佑寺“躲避天花”。直到两岁后染上天花，并挺过生死劫难后，才搬回宫内。顺治八年冬，京城天花大爆发，顺治带着太后和皇后以打猎名义来到遵化一带的山野之中。身为一代天子，竟为天花所迫，不得不在天寒地冻的时候数月躲避在荒郊野外，其苦恼与难堪可以想见。最终，他还是没能逃脱天花的魔掌。顺治死后，朝廷依照他的遗嘱，将他葬在生前躲过天花的遵化山中（今清东陵所在地）。

天花危及国本。驰骋疆场的八旗兵，素来骁勇无畏，但面对天花，却显得英雄气短。《清世祖实录》记载：顺治元年，清军准备入关。大军出发在即，肃亲王豪格却心惊胆战地说：“我还没出过痘呢，此番入关作战，叫我同去，这不是要我的命吗？”天花的流行，已影响到八旗人丁的数量与质量。皇室族谱《玉牒》对此的记载令人触目惊心：顺治生有8个阿哥，其中四个早亡，六个格格竟只剩一个；康熙共有三十五个皇子，其中十五个早亡，二十五个公主则死了十三个。其他皇室成员的子女死得则更多。所以，防天花，实际上已经成为清朝立国的国策之一。清朝入关前，统治者就颁布了很多法令，规定一旦疫情发生，必须立即将疫区封锁，已经出痘的人严禁出走，那些在疫区内没出过痘的人，一律迁往偏远地区隔离；对那些不及时报告疫情或者擅自掩埋天花死亡者的人，官府要追究责任，甚至以死论罪。顺治二年的谕旨宣布：凡是民间出痘者，立即迁出城外四十里进行隔离。

康熙因天花得帝位。清宫对天花由被动躲避转为主动防治，始于康熙。顺治染上天花病毒后开始考虑继承人问题，当时他看好次子福全，而顺治母亲孝庄皇太后则坚持立皇三子玄烨。顺治遂征求钦天监监正汤若望的意见。汤若望是在清宫服务的西洋传教士之一，因知识渊博受到顺治尊重。汤若望很快帮顺治下定决心：理由很简单，玄烨已出过天花，对这种可怕的疾病终身免疫。康熙即位后，在其大力推动下，清朝防天花的措施逐步走向系统化、制度化。他在太医院专门设立了痘诊科，广征各地名医；又设立“查痘章京”职位，全面负责八旗防治天花事宜。康熙时代中后期，南方传统的种痘法传入北方。由于康熙举措得力，天花的蔓延得到有效遏制。此后的一百多年，宫中很少再传出关于天花的消息。而且，日本、俄罗斯和一些欧洲国家先后派专人前来学习种痘法，并对这种奇妙医术进行研究并加以改进。然而，令人唏嘘的是，就在紫禁城高歌欢庆降伏天花病魔的时候，欧洲人却在进一步潜心研究从大清国学来的民间种痘法，最后取得了突破性进展。1796年，英国医生真纳在中国种痘法基础上，发明了真纳法，也就是著名的牛痘法。正是靠这种先进疗法，人类将天花彻底埋葬。据史料记载，这种西方的牛痘法嘉庆年间已传到中国，可是紫禁城的御医们却并没有对此进行深入研究和广泛推广应用。

同治再死于天花。距康熙防治天花取得成效后百余年，同治十三年十二月初五，慈禧独生子，不满20岁的同治皇帝再次死于天花。清宫档案中记录着同治的“脉案”，详细记录了天花的症状：“湿毒乘虚流聚，腰间红肿溃破，漫流脓水，腿痛筋挛；头颈、胳膊、膝上发出痘痈肿痛……”同治得了天花后，慈禧等人不是积极寻求新的疗法，而是在宫内外大搞“供送痘神”的迷信活动。王公大臣们身穿花衣办公，慈禧、慈安两宫太后还亲自跑到寿皇殿行礼，祈求祖先神灵保佑。一身疮痍的同治，在这种求神祭祖的喧嚣中悄悄离开了人世，而他远逝的背影，定格成为清朝王朝江河日下的历史缩影。

博按：清朝入关后与天花的斗争史，可以作为清朝入关后统治中原之兴衰缩影。首先，清朝自高寒之外的东北关外，进入温暖适宜的关内，其高度抗寒之肌体，虽然勇武而有力，然因为进入之速，其肌体难以迅速适应南方温暖之气候。加之当时之卫生防护条件恶劣，是以天花病毒即为之变异而猖獗。而关内之人，因长期生于斯长于斯，于病毒之抗体早已产生，是以为害较少。独于清朝一族为害为烈，斯为天花成为清朝大敌之重要原因。然人类之历史，正在这样族群交融中不断发展壮大。清朝乃至蒙古与汉人的通婚与融合，向被视为中华民族再一次人种优化，然在这种优化的背后，必然包含着与大自然的激烈抗争，而天花，正是大自然的激烈反抗之一。其二，当清朝最强大之康乾时期，其于天花之防治亦最有力，天花得到了有效遏制；而当清朝之治进入颓败没落之咸丰时期，则天花又再行泛滥猖獗，此亦体现其统治者之无能。其三，清朝与天花之斗争，其成于科技之进步（康熙对科技进步的认识，对天花“种痘”的实践，可谓有效的科学实践），其败于科技之落后。当西人在中国种痘法基础上，进一步发展成为更加高效的“牛痘”法时，清朝政府的朝野上下，却在慈禧“老佛爷”的带领下，耽于内斗，不思进取，即使开展所谓的“洋务运动”，亦是流于形式，无其实质，最终在西方的强大科技力量打击下而渐渐垮塌。诚不令人喟叹乎！

323. “众志成城”话康熙，“外八庙”里论成败

清朝入关以后，鉴于明亡国的教训，决定不再修筑长城。此事曾在清朝朝野引起争议。其事因时任古北口总兵官蔡元向朝廷上奏，意为其管辖的长城“倾塌甚多，请行修筑”。康熙帝即在其奏章上批示曰：“秦筑长城以来，汉、唐、宋亦常修理，具时岂无边患？明末我太祖统大兵长驱直入，诸路瓦解，皆莫能当，可见守国之道，惟在修德安民。民心悦则邦本得，而边

境自固，所谓‘众志成城’者是也。如古北、喜峰口一带，朕皆巡阅，概多损坏，今欲修之，兴工劳役，岂能无害百姓？且长城延袤数千里，养兵几何方能分守？”作为清朝一朝最具雄才大略的康熙帝清楚看到，明代耗费巨大人力物力修筑长城，却未能挽救被农民起义推翻的命运，于是决意改变统治策略，要建起一座“修德安民”的无形长城。

纵观中国历史，敢于罢修长城的明君，唯有康熙与唐太宗李世民二人。康熙皇帝在《古北口》一诗中说：“断山逾古北，石壁开竣远。形胜固难凭，在德不在险。”历史上有“明修长城，清修庙”之说，清政府在北京城修建了雍和宫，乾隆皇帝亲自前去受戒；又在热河建立了行宫，即承德避暑山庄；在山庄之外，仿新疆伊犁河畔的伊犁庙，修了安远庙；仿西藏的三摩耶庙，修了普宁寺；仿拉萨的布达拉宫，修建普陀宗乘之庙；仿日喀则的扎什伦布寺，修了须弥福寿之庙，避暑山庄的“外八庙”，昔时作为蒙古、藏族等少数民族的上层人物前来朝拜皇帝的宗教活动和休息场所，以此达到巩固统治、安定边疆的目的。避暑山庄，名义上是休息避暑之地，意义却又远远不止于此，它把复杂的政治目的和军事意义转化为一片幽静闲适的园林，和一座座香火缭绕的寺庙，可算是清朝政府在中央专制集权政治体制内的一次卓有成效的有益探索和成功实践，使清朝一朝较好地处理了满蒙华夷之间的民族关系，为其延绵两百余年的统治发挥了重大作用。

博按：读史至康熙之世，常为康熙这个因天花而得政的一代帝王之胸怀而赞叹不已。其中尤以其曾罢修长城一事感慨良多。其总结历代修长城之历史教训，悟出长城再坚固，也无法保障国家安全之大道，唯有“养好”百姓，让他们高兴，才会保证政权的稳定，从而使边境自固而无忧。这正是“众志成城”一词的深刻内涵。另而言之，康熙决策废弃长城，实际是拆除了分割广大汉人与“三北”少数民族的一道隔离墙，不再有内外之分，为清朝迅速形成空前“大一统”的多民族国家奠定了基础，即此一端，康熙不失为中国历史上一个深谋远略的有为之君。

324. 外国人眼中的康熙：自信的帝王，渊博的学者

清朝统治中国之初，正值西方世界文艺复兴运动方兴未艾之时。科学的进步与文化的繁荣，推动西方文明迅速超越东方文明。而东西方政治、经济和文化的交流也因而逐渐增多。尤其是康熙时代，开明自信的康熙开始了广泛的外国交往，康熙帝亦成为第一个为众多外国人所关注评价的皇帝。所以今且以外国人之眼光，来审视这位千古一帝的过人之处：

具有世界影响的《全球通史》（作者：加拿大历史学家L.S.斯塔夫里阿诺斯）称："康熙有理由这样自信。他统治的大清帝国是世界上最强大、最富庶的国家，就连那些自命不凡的欧洲来访者都不得不承认这一点。""他在'康熙'这一年号下，统治中国60多年，并成为17世纪的伟大人物。同时康熙又是一位卓越的军事家，一位精细的管理者，一位渊博的学者"、"康熙曾有过几回巡视，他不但视察公共工程、宽赦囚犯、聆听民间疾苦，而且还亲自审阅那些有志向的举子的科考卷子。一位为此而吃惊的教士写道：'康熙甚至会召见那些地位低下的劳工和农夫，并以一种友善可亲的态度同他们交谈，这使他深得人心。'也许是因为经常外出巡行，并能亲临下层，康熙学会了识别18个省中13个省的方言。"

而更具影响的《剑桥中国清代前中期史》亦称："玄烨是中华帝国历史上最伟大的统治者之一，他的统治时间不仅仅是最长的，而且也是最具有活力的，在中华帝国的历史上更是最复杂的。也许同时他是冷酷而且粗心大意的，在判断的时候会犯错误，但是他却拥有敏锐的自我分析能力以及对帝国的使命感，这都标志着他是少有的可以随心所欲地改变人类历史进程的人。而且被众多历史学家（包括中国、日本和西方的史家）所注意的是，康熙的统治可与俄国的彼得大帝以及法国的路易十四相媲美，而他们三人的共同特点标志着前工业时代，传统君主王权的最高阶段"、"而且，康熙在很多事上，行事果断，对于统治和文化做出了许多有益的事，而他的人品与品格则成为理解导致清朝秩序巩固的众多因素的入口点。"

1792年曾作为英国访华全权特使，为乾隆祝贺八十大寿的英人马嘎尔尼在其著述中写道：“时至今日，正如耶稣会的传教士们所讲，康熙皇帝对科技有很浓厚的兴趣，但无论如何他的后世子孙并没有继承他的这一优点，甚至也没有继承他的其他优秀品质与聪明才智；因为现在他们的国家政策与王室的虚荣感正在共同抵触着我们所表现出的优秀杰出方面的一切事物，尽管他们毫不怀疑我们的卓越，但是他们还是没有学习会如何利用这些（优秀的科技）。”正是这位特使，他在访问乾隆时的中国后向英国议会写出报告说：“中国是一艘破旧的大船，一百五十年来，它之所以没有倾覆，是因为幸运地遇见了谨慎的船长，一旦赶上昏庸的船长，这艘大船随时就可能沉没。中国根本就没有现代化的军事工业，中国的军事实力比英国差三到四个世纪”。

法国著名思想家伏尔泰评价其同期的康熙皇帝说：“北京的耶稣会教士，由于精通历算而博得康熙皇帝的欢心，以致这位以善良仁慈、行高德美而驰名遐迩的君主，准许他们在中国传教，并公开讲授基督教义。”德国著名哲学家和数学家莱布尼茨也曾评价说：“现世皇帝康熙就是这么一个空前伟大的君主。他对欧洲人颇怀好感，但起初还是不敢违法辅政臣僚的意愿，以国家法规形式公开允准基督教在中国自由传播。直到他亲政之后，方才办到这点。事实证明，正是康熙这一雄才大略才使得欧洲的技艺和科学更快地输入中国。仅此而言，我认为康熙帝一个人比他所有的臣僚都更具远见卓识。我之所以视他为英明的伟人，因为他把欧洲的东西与中国的东西结合起来了。”就连自宋以后开始轻视中国的日本人对康熙帝也极为尊重和推崇，他们组织翻译了康熙的《圣谕》，并且尊称康熙帝为“上国圣人”。

博按：大清王朝开国之际的历代君主都可谓雄才大略。其中，努尔哈赤、皇太极和多尔衮以马上得天下，武力之功较之政治建设更为突出。唯有入关后之第二帝康熙，虽以冲龄即位，却能于少年时即挫败政治对手鳌拜，而后曾坐镇北京取得了对三藩和沙俄的战争胜利，征服在台湾的汉族政权，创立“多伦会盟”之形式而联络和巩固对蒙古各部的统治；并于其任内第一次以现代文明国家的方式，用条约形式确保清朝政府对黑龙江流域的领土控制。作为清朝历史上在位时间最长的皇帝，康熙不但显示了卓越的军事指挥才能，而且在治理天下时显示了宽阔的胸怀和过人的能力。尤其是其能够接受西方先进的科技和文化成果（虽然有论者以为其所以重视科技者不过用其为玩，下有专论），是以在康熙之朝，中华文明尚能煌煌于世界之林，可惜的是，因为清朝一族的文化局限性，康熙晚年，最终选择了进一步的闭关锁国与排除与世界的进一步接触，终于导致其子孙最后被西方的洋枪洋炮所彻底慑服。

325. 康乾之治：“盛世”表象下的帝国危机

近代以来，多有史家认为所谓的“康乾盛世”不过是一个被有意浮夸和虚构的“盛世假象”。《要略》反复考证于各种史料，亦认为被后世广泛赞颂的“康乾之治”，实际上已经深埋下清朝走向衰落的种子。试从以下三个方面论之：

一是康乾之时政治腐败愈演愈烈。政风好坏，从来都关系到朝代兴亡、盛衰隆替。清朝入关初期任用大量明末腐败制度下的污官垢吏，政风一直不好。康熙时代通过皇帝亲作表率，吏治尚好。但是康熙帝本人以仁爱著称，对一些腐败的官员处罚较轻，导致康熙末年腐败成风，宰相明珠、索额图所贪污钱财远超号称明朝最大贪官的宰相严嵩数十倍。雍正即位后加大反腐力度并采取高薪养廉之法，吏治有所好转，但由贪污导致的考场舞弊事件依然层出不穷。到了乾隆时期，吏治渐致大坏，特别到了乾隆晚年，一个和珅的家产竟能达到8亿两（实际上按现在学术界估算应为2000～3000万两）白银，可见腐败之烈。史载乾隆中叶以后，官僚腐败日益猖獗，“大抵为官长者廉耻都丧，货利是趋”，尽管乾隆有时也厉行惩处，诛杀不少贪官（其中包括不少总督、巡抚等高级官僚），但收效甚微，“诛殛愈众而贪风愈甚，或且惴惴惧罹法网，惟益图攘夺刻剥”，“多行贿赂，隐为自全之计”。腐败必然导致灭亡。在中国历史上，引发盛衰之变，导致社会动荡的根本原因只有一个，那就是政治腐败，而不可能是一些人所鼓吹的政治异己的煽动和策划，或严重的自然灾害。原因很简单，如果普通百姓能安居乐业，那么少数人的煽动不可能使他们轻率地抛弃家产，铤而走险；如果统治者仍具有清醒的头脑，官僚队伍仍保持着严密的组织性和行政效力，那么，它更不会在严重的自然灾害面前消极救灾，以致自然灾害“趋饥民为盗贼”。

二是国家虽大而不强。清至乾隆中期，国家人口达到三亿以上，国土面积1300万平方公里。可谓当时世界上国土最辽阔的国家之一。但是，以如此体量之大国，清廷在历史上几次对尼泊尔、缅甸、越南几个小国的战争，却是屡吃败仗。即便是剿灭如“大小金川”和“林爽文起义”这样的小规模民乱和反叛，清朝军队的战斗力表现也是相当无能。今人所谓“康乾之治”，是因他们“幸运”地没有遇到较强的外敌入侵（与沙俄的“雅克萨之战”之所以取得胜利，是因为当时的沙俄国为夺取黑海出海口正与奥斯曼帝国作战，也不能兼顾东方；加之俄国在西伯利亚兵力不足和喀尔喀部大量南迁。此外在谈判的关键时刻，喀尔喀蒙古人也对尼布楚发动了进攻，欲投奔清政府使团，尼布楚周围的布里亚特人亦纷纷起义，并与清朝使团联合进攻尼布楚。种种因素才使沙俄同清政府签订了《尼布楚条约》，此战之胜，可谓侥幸之胜）。再从经济规模来讲，康乾时期的经济规模确实比西方英国要大得多，但在经济质量和在国际经济中的地位则远不及英国。当时清朝统治者采取了落后的“重农抑商”政策，对工商业控制、压抑、打击，把工商视为“末业”，棉桑等经济作物只准种在“不可以种植五谷之处”。朝廷不但对民间手工业实行高额征税，低价收购，无偿摊派；而且在政治上或则限制其开设，或则控制其流通，或则严格约束工人，或则指定特许的商人，对工商业的发展千方百计地压抑阻挠。虽然当时中国六个大城市的人口都超过世界最先进的伦敦，但是西方城市以工商业为本位，商人和手工业主在政治上起着重大作用，参与城市管理、审查预算的情况，在中国从来没有出现。中国大多数城市的繁荣依靠官吏、地主、军队及其附属者的消费，而主要不是依靠工业制造与商业贸易。

三是国家财政富足而人民积贫积弱。康乾时期国库财政储备充足，最高年份达到八千万两，常年保持在六千万到七千余万两。中国的国内生产总值恢复到世界的三分之一，康乾时期，虽然曾大规模蠲免钱粮，但清朝治下的多数人民群众依然衣不遮体，食不裹腹。尤其是清朝入关后所采取的“圈地为奴”政策和“沿海迁界”之政，更使中国京畿重地和沿海富庶地区无端出现了大量流民和灾民。圈地给汉族人民带来极大痛苦，所圈之地，原田主被逐出家门，背井离乡。沿海迁界，仅仅为了让盘踞台湾的郑氏集团得不到大陆的物资，清政府即强制沿海三十里到二三百里不等的整个中国沿海地区所有居民迁移，而且，清政府的沿海迁界实质上是一次空前绝后的屠杀和掠夺。按照当时人的记载“勒期仅三日，远者未及知，近者知而未信。逾二日，逐骑即至，一时跄踉，富人尽弃其赀，贫人夫荷釜，妻襁儿，携斗米，挟束稿，望门依栖。起江浙，抵闽粤，数千里沃壤捐作蓬蒿，土著尽流移”。从江浙到广东福建，沿海数千里肥沃的土壤全部变成了荒野蓬蒿。1683年清军攻占台湾后，康熙接受东南沿海的官员请求，停止了清前期的海禁政策。但是康熙的开海禁是有限制的，其中最大的限制就是不许与西方贸易。康熙曾口谕大臣们：“除东洋外不许与他国贸易”，并说：“海外如西洋等国，千百年后中国恐受其累，此朕逆料之言”。到了乾隆主政时期，清廷开始实行全面的闭关锁国政策，使清国丧失了与世界同步发展的最佳时期，亦为清国百年积弱落后埋下伏笔。

博按：民国以来，学者多对所谓“康乾盛世”持怀疑态度。近人较早使用“康乾盛世”一词的是邓拓的《论红楼梦的社会背景和历史意义》。但当时及之后20年间，大多学者都对“康乾盛世”这一说法持否定态度，《要略》结合近代以来的大量史料，亦认为这一说法乃清廷御用文人遗老“空造”而出，他们仅仅依据此一时期人口数量的激增而赞美和两位相对形象较好的皇帝。殊不知，在康乾时期，中国相继经历了“三藩之乱”和“准噶尔部叛乱”以及大大小小数十次民乱。尤其是乾隆统治后期，民乱四起，贪腐成风，民不聊生，以致来访的英国使者马戛尔尼记载道：遍地都是惊人的贫困……很多人没有衣服穿……军队像叫花子一样（穿得）破破烂烂。而康乾时期中国人口激增的主要原因实际上，是明代徐光启大力推广美洲作物番薯，使中国的国土可以养活更多的人民，而且大大延长了中国人的寿命。有学者甚至认为，这一时期，大可称之为“番薯盛世”，其本质仍为明朝时期中国和世界经济深入交流之历史遗产，与对内实行民族压迫，对外闭关锁国的康乾二帝没有任何实质性关系。

326. 雍正帝与年羹尧：可以“恩杀”的帝王，不可宽恕的“奴才”

年羹尧，字亮工，号双峰，原籍凤阳府怀远县（今安徽怀远县），汉族，后改隶汉军镶黄旗。其父年遐龄官至工部侍郎、湖北巡抚，其兄年希尧亦曾任工部侍郎。其妹是雍正的贵妃，其妻是旗人纳兰性德之女。年羹尧于1700年中进士，不久授职翰林院检讨。后迁内阁学士，不久升任四川巡抚，不到30岁即已成为封疆大吏。对于康熙的格外赏识和破格提拔，年羹尧感激涕零，在奏折中表示自己“以一介庸愚，三世受恩”，一定要“竭力图报”。到任之后，年羹尧很快就熟悉了四川通省的大概情形，提出了很多兴利除弊的措施。而他自己也带头做出表率，拒收节礼，“甘心淡泊，以绝徇庇”。康熙对他寄予厚望，希望他“始终固守，做一好官”。后来，年羹尧在击败准噶尔部首领策妄阿拉布坦入侵西藏、新疆的战争中，为保障清军的后勤供给，再次显示出卓越才干。接着被授为四川总督，兼管巡抚事，统领军政和民事。1721年，年羹尧进京入觐，康熙御赐弓矢，并升为川陕总督，成为西陲的重臣要员。九月，青海郭罗克地方叛乱，在正面进攻的同时，年羹尧又利用当地部落土司之间的矛盾，辅之以“以番攻番”之策，迅速平定了这场叛乱。1722年十一月，抚远大将军、贝子胤禵被召回京，年羹尧受命与管理抚远大将军印务的延信共同执掌军务。

雍正帝即位后，为了笼络人心，年羹尧成为雍正重点“恩养”的对象。在诸如“耗羡归公”这样关系国家财税政策的大事上，雍正竟然特地征询年羹尧的意见：“此事朕不洞彻，难定是非，和你商量。你意如何？”律例馆修订律例，雍正阅后发给年羹尧看，要他提出修改意见。在有关重要官员的任免和人事安排上，雍正更是频频征求年羹尧的意见。在年羹尧管辖的区域内，大小文武官员一律听从年的意见任用。即便四川陕西以外官员的使用，雍正也经常征求其意见。一次河南开归道一职缺出，雍正一时“再想不起个人来”可以任用，就与年羹尧商量其人选。青海平定之后，雍正在给年羹尧奏折的朱批中写道："尔之真情朕实鉴之，朕亦甚想你，亦有些朝事和你商量。"年羹尧进京期间，即与总理事务大臣马齐、隆科多一同处理军国大政。雍正还因为他"能宣朕言"，令其"传达旨意，书写上谕"。年羹尧俨然成了总理事务大臣。雍正跟年羹尧的私交也非常好，并且给予特殊的荣宠。雍正认为有年羹尧这样的封疆大吏是自己的幸运，如果有十来个像他这样的人的话，国家就不愁治理不好了。平定青海的叛乱后，雍正极为兴奋，甚至把年视为自己的"恩人"，为了把年羹尧的评价传之久远，雍正还要求世世代代都要牢记年羹尧的丰功伟绩："不但朕心倚眷嘉奖，朕世世子孙及天下臣民当共倾心感悦。若稍有负心，便非朕之子孙也；稍有异心，便非我朝臣民也。"

在清朝两代君王的"恩养"之下，年羹尧开始自恃功高，骄横跋扈之态渐显。在官场往来中趾高气扬、气势凌人：赠送给属下官员物件，"令北向叩头谢恩"；发给总督、将军的文书，本属平行公文，却擅称"令谕"，把同官视为下属；甚至蒙古扎萨克郡王额附阿宝见他，也要行跪拜礼。对于朝廷派来的御前侍卫，理应优待，但年把他们留在身边当做"前后导引，执鞭坠镫"的奴仆使用。按照清代的制度，凡上谕到达地方，地方大员必须迎诏，行三跪九叩大礼，跪请圣安，但雍正的"恩诏"两次到西宁，年羹尧竟"不行宣读晓谕"。更有甚者，他曾向雍正进呈其出资刻印的《陆宣公奏议》，雍正打算亲自撰写序言，尚未写出，年羹尧自己竟拟出一篇，并要雍正帝认可。年羹尧在雍正面前也行止失仪，"御前箕坐，无人臣礼"，雍正心中颇为不快。当时在文武官员的选任上，凡是年羹尧所保举之人，吏、兵二部一律优先录用，号称"年选"。另外，年羹尧还贪赃受贿、侵蚀钱粮，累计达数百万两之多。

在这样的形势下，年羹尧很快进入其人生"盛极必衰"的可悲阶段。他先是被降职，再是被解职，最后被开列九十二款大罪，并"恩令"其自裁。令人叹息的是，在年羹尧被一步步降职革职的过程中，年羹尧这个曾经的大清"第一奴才"还幻想雍正会改变决定，因而逗留在江苏仪征，观望不前。结果反使雍正更加恼怒，他在年羹尧调任杭州将军所上的谢恩折上这样批道："看此光景，你并不知感悔。上苍在上，朕若负你，天诛地灭；你若负朕，不知上苍如何发落你也！……你这光景，是顾你臣节、不管朕之君道行事，总是讥讽文章、口是心非口气，加朕以听谗言、怪功臣之名。朕亦只得顾朕君道，而管不得你臣节也。只得天下后世，朕先占一个是字了。”直至年羹尧接到自裁的谕令，他也一直迟迟不肯动手，还在幻想雍正会下旨赦免他。但雍正已经下定决心，认为使其免遭凌迟酷刑，自裁以全名节已属格外开恩，所以他应该“虽死亦当感涕”。雍正在给年羹尧的最后谕令上说：“尔自尽后，稍有含冤之意，则佛书所谓永堕地狱者，虽万劫不能消汝罪孽也。”在永诀之时，雍正还用佛家说教，让年心悦诚服，死而不敢怨皇帝。

博按：纵观中国历史，自古帝王君臣之间关系密切者，莫过于雍正与年羹尧；自古帝王“恩宠”臣子之者，亦莫过于雍正与年羹尧。然自古主疑臣骄者，亦莫过于雍正与年羹尧。何也？细审雍正与年羹尧从“受宠”到“失和”之全过程，始知年羹尧者，不过是清朝王朝体制下豢养的一个可悲奴才，其大起大落的悲剧人生，从一个侧面反映了中央皇权体制发展到清朝中期，已然臻于极端顶峰。清廷以偏远一隅之小族而行治权于上亿人之中原汉族，为稳固其统治，其一反历史之进步潮流，自努尔哈赤和皇太极开始，即一手高举屠刀，一手高举官帽，对元明以降本已不断“奴化”的中原士族进行“威逼利诱”。在这样的过程中，中央皇权被提升到无以复加的地步，有清一朝，其内阁和军机处等机构，不过是秉承皇帝意旨的“传声筒”，国家行政、立法、司法诸权皆集中于皇帝一手，在这样的高度集权下，皇权不可有一丝一毫之冒犯，皇帝成为“绝对正确”的至高无上的象征；在这样的体制下，个人的成存和发展，无论汉人、满人皆得以皇帝豢养之“奴才”而自居，而无论何种身份地位，无论与皇帝关系远近，无论与国家功劳大小，皇帝立时可以生杀予夺；在这样的中央专制集权之下，功高震主的年羹尧，无论其如何“忠心”于清朝王朝，一旦其人生辉煌到了极点，就必然要面临与之相对应的极端人生悲剧。这其中，既有特定王朝的历史必然性，也有个人性格的历史宿命。

327. 有清名将岳钟琪：武穆嫡后，异族难忠

岳钟琪（1686—1754年），字东美，号容斋，汉族，清四川成都人。宋朝民族英雄岳飞嫡传后裔。据《清史稿》载，钟琪之父岳升龙，康熙三十五年随驾西征噶尔丹，功擢四川提督。岳钟琪由捐同知改武职从军，康熙五十八年，“以先锋随康熙子永禵入藏”平乱，打箭炉大捷，擒叛军头子兰占巴，长途奔袭，神兵天降，占领拉萨。康熙六十年师还，功擢四川提督，赐孔雀翎，三十六岁的岳钟琪成为大清西部的封疆大吏。

1723年，雍正帝即位。同时青海蒙古族和硕部罗卜藏丹津发动叛乱，企图将青海和河西走廊的部分土地从中国版图分裂出去，岳钟琪以奋威将军奉调为抚远大将军年羹尧的副将参赞军务，出师青海平叛，其间协助年羹尧制定了“乘春草未生”、“捣其不备”的战略方针，亲率一万五千步兵大破罗卜藏丹津十万叛军，直捣其老巢庄浪卫以西的桌子山、棋子山，全歼叛军余孽，只罗卜藏丹津一人女扮男装“远遁”。这次平叛大胜往返只用了两个月，被雍正帝赞为“奇功”。此后，因年羹尧居功自持，开罪了雍正，“副将”岳钟琪得以领大将军印，擢升为川陕总督，赐爵三等公，以汉人而进入大清皇权核心层，军政独挡。1726年，领“宁远大将军”印，平定了新疆准噶尔部勾结沙俄发动的叛乱；1728年再领“宁远大将军”印，平定了蒙古噶尔丹策零在沙俄支持下发动的叛乱。这两次平叛大捷，安定了边疆，巩固了大清版图的完整，均得到雍正表彰，也让岳钟琪每战必胜的威名远扬。另外，岳钟琪还深谋远虑，提出了一系列治理边疆的策略。其中，1727年冬，请以陕、甘两省丁银摊入地亩征收（废除了人头税），从次年开始实施；再次年，乌蒙、镇雄等皆改土归流，强化了中央对边疆多民族地区的行政管理。另外，岳钟琪还组织生产，开发水利，史载“自河西寨（今永宁县境内），至石嘴子筑堤二百里，开渠一道（即惠民渠），建水闸一座”等等，使边疆生产得以恢复发展，大受边疆少数民族的欢迎。

1728年2月，川人卢宗汉在成都大街上高呼：“从岳公爷造反！岳公爷

带领川陕兵马造反！”这一疯狂举动使岳钟琪震惊之余当即命提督黄庭柱将其捉拿“严鞫”，并迅即以“因私事造蜚语无主使者”砍头上报雍正。多疑善变的雍正不动声色，谕旨安慰“数年以来，谗钟琪者不止谤书一箧，可朕无从理它”。向岳钟琪“示以恩秀”。而时隔三月，“靖州诸生曾静遣其徒张熙投书钟琪劝其反”。《清史稿》记载，岳钟琪接待张熙，虚与委蛇，“与设誓俱得静始末疏闻”，人犯也押送京师，曾静、张熙等被杀儒生达一百二十三人之众，连入土半个多世纪的大思想家吕留良都被剖棺戮尸。岳钟琪在这场文字狱中的表现终于被雍正表彰为“忠”。

岳钟琪对自己的“异族之主”如此忠心耿耿，矢志不贰，但仍然免不了被以雍正为首的清朝统治集团猜忌。大学士鄂尔泰“揣摩圣意”后，奏劾钟琪“专制边疆”、“误国负恩”等等。雍正即下旨“尽夺”钟琪官爵，“交兵部拘禁”。1737年，岳钟琪和其祖上岳飞一样，以“莫须有”的罪名被判“斩立决”，再由雍正“法外施恩”，改了“斩监候”。

幸运的是，在岳钟琪入狱第二年，雍正帝意外猝死，乾隆继位；更庆幸的是，不久，四川大小金川等地叛乱再起，雍正在位时安插的大将军广泗等劳师无功，有了“用武之地”的岳钟琪才被新主子乾隆从狱中提出复用，先任其为四川提督，领兵出师平叛。后平定大小金川捷报到京，乾隆大喜，加封岳钟琪太子少保、赏还三等公爵位。1754年，在得胜还师途中，岳钟琪卒于四川资州，大清“三朝武臣巨擘”，一代将星陨落！

博按：岳钟琪之所幸，以其既为名将，因国有战事使而得展其才，且能善终于战阵；岳钟琪之所悲，以其既生为武穆之后，先祖以女真为敌，而钟琪以女真（满族为女真后裔）为忠，宁不辱于其祖之英名乎？尤其当钟琪诱捕曾静诸汉儒并押送清廷，其已成为清朝王朝忠贞不二的“奴才”。然而，即便岳钟琪以如此行动向主子表白忠心，但依然难以平息清朝朝廷对他的猜疑和加罪。此非岳钟琪之悲，而是所有向清朝王朝俯首乞怜的整个汉民族的悲哀。因为是时的中原华族士子，经元、明、清朝（初期）不断廷辱杖毙、砍头断发的政治高压，投降与臣服，已经成为多数士子的无奈选择，中华民族骨子里的忠义血性，自曾静之人为钟琪诱捕告发之时，已然再为战栗湮灭，使吾等三百年后之后人，不胜其悲矣！

328. 起底乾隆“十全”功，好大喜功误国本

乾隆当政六十年，晚年在总结自己一生功绩时，常以“十全之功”、“十全老人”称誉自己。客观而言，乾隆以坚强之决心，两次平定准噶尔部，一次平定新疆回部，在西北方面的果断用兵，密切了中原与少数民族的关系，加强了中央集权，巩固了边疆，于军事上可谓有大功于国家。然而，其于任内平定大小金川，镇压台湾林爽文起义，出征缅甸、越南和廓尔喀（今尼泊尔）等方面用兵，不但不能引以为功，而且颇值后世用兵者引以为鉴，今且述以论之：

平定大小金川之役：清军耗费数十年，先后共出兵11万之多。而金川土司之总人口尚不足十万，作战部队只有四千，仅凭几百座碉楼，硬是打得清朝八旗兵不敢出战。第二次进攻金川时，清朝军队居然靠着人海战术架云梯去攻击碉楼，每座碉楼平均守军只有三至四人，清军却要用三四百人去进攻。最后以死亡一万多人的代价才逼迫金川土司接受和谈，这是何等的耻辱！

平准噶尔部之役。清朝时的准噶尔部面积虽大，但地广人稀，经济能力极弱，清朝前两次出兵居然被对手反击至陕甘地区，后倾尽西北兵力才勉强击退对方。第三次是因为准噶尔陷入内乱，接着又爆发大规模霍乱，人口死亡60%以上，其大汗阿睦尔撒纳病死，清军才得以侥幸占领准噶尔。

平缅甸之役。从乾隆二十年起，缅甸军队不断侵扰清朝耿马、孟连等土司。乾隆三十年，缅军甚至进犯云南九龙江橄榄坝，入据车里城。云贵总督刘藻遣兵征讨，因指挥失宜，反为其败。1766正月，清政府派大学士杨应琚自陕甘移督云南。杨应琚到任后，虽然指挥军队击退了缅军的进犯并收复了失地，但却因此傲慢轻敌，贪功启衅，私自致书缅甸国王，声言将率大军数十万征讨，因此激起缅甸起举国之兵迎战。清军数战不利，缅甸军队乘机进扰云南。1767年，明瑞接替云贵总督，率清军分两路出境攻缅，但由于后勤补给不足，缅军诱敌深入后再行大举反攻，终于将清军包围在象孔，包括明瑞在内的清军大部阵亡。1769年，乾隆再命傅恒为经略，大举征缅，沿途

虽未遇缅军主力，却因热带雨林中的瘴气而损失惨重。此时，缅甸东部新征服的暹罗（今泰国）爆发起义，为避免两线作战，缅军首先提出议和，此时出关的三万多清军因中瘴气仅剩一万三千人，故未等议和开议，清军即班师回国。乾隆作八十岁生日时，缅甸国王因担心清朝与暹罗夹击，主动派使者祝寿进贡，要求恢复通商和册封，乾隆即顺水推舟册封其为缅甸国王，恢复正常贸易。但此事竟然仍被记入乾隆“十全武功”，其好大喜功由此可见一斑。

平越南之役（越南称之为“己酉战胜”）。战争初期，清朝军队虽然势如破竹，占领了升龙（今越南河内市）；但后来阮惠自富春（今越南顺化）率军反击，战局迅速得到逆转，清军大败，退回边境以内。最终还是阮惠主动向清朝示好，并以乾隆赐钱近一百万两为条件讲和。此役清军共耗资达两千万两白银，可算是买来的“胜利”。

平廓尔喀之役。先是尼泊尔由于贸易纠纷攻入西藏，一万驻藏清军先后被灭了七千余人，而尼泊尔军队竟然只损失二百人即攻占拉萨。接着乾隆续派大军“抗击侵略”，又一败涂地，后在钦差大臣巴忠花大价钱还了西藏人的欠款后，尼泊尔军队才离开。感觉脸上无光的乾隆再发大兵进攻尼泊尔，结果由于道路不通，指挥失误，近两万清兵在加德满都附近的山林里丧命于廓尔喀弯刀和大石头之下（尼泊尔军队火器很少）。不久后，廓尔喀与清朝议和，乾隆不得已又花了一大笔钱，外加对藏贸易权，总算买来一个“属国”的虚名。

博按：乾隆穷开国五帝之基业，行六十余年之统治，其以军事手段服新疆、安藏地，单此两端即可立为一英明之主。然其于晚年，政治腐败，所用非人，行闭关锁国之策，六下江南而大肆挥霍国库民脂，所以在数次对南方之役中都几以完败收场。尤其是乾隆在平大小金川和台湾之役中，清军以数十万大军不敌林爽文之数万义军，以数百人攻一数人守卫之碉堡，反为百年前之火器所败，虽侥幸取胜而不为所鉴、不加检讨、不图改进，而使清军在后来面对西洋火器时，仍然以大刀长矛等冷兵器迎敌，是以清廷衰亡之端，宁不源于乾隆建立在好大喜功基础上的不思进取乎?

329. 乾隆大兴“文字狱”背后的文化心理探微

有清一朝，可谓中国历朝“文字狱”最烈之时。因为清朝以一弱小之民族统治一具有数千年高度文明之庞大民族，以“文字狱”而震慑反清势力，统一思想，维护统治，可视为历史之必然。然清王朝的历史中，顺治、康熙时期的“文字狱”还只是个别现象，到五任帝雍正在位时则成为一种暴虐的“制度”，而在“文字狱”中表现得最为癫狂的人物则是乾隆皇帝。

1753年，乾隆屡次到江南游历，民不聊生。江西抚州千总卢鲁生假借工部尚书孙嘉淦名义撰写劝止乾隆再下江南的奏章，内容有“五不解、十大过”，直指乾隆的为政之失，并对当时的朝中大臣进行了无情揭露，辞意悲切，全国广为传抄。案发后卢鲁生千刀万剐，两个儿子处斩，受牵连定罪下狱的有一千多人。

1755年，内阁大学士胡中藻所著《坚磨室诗抄》中有诗句“一把心肠论浊清”，乾隆认为他故意把“浊”字加在“清”字上，居心叵测，处斩。广西巡抚满族人鄂昌跟胡中藻作诗唱和，在《塞上吟》一诗中称蒙古人为“胡儿”，乾隆认为鄂昌自己就是胡儿，诋毁同类，丧心病狂，下令自杀。

1764年，秦州知州赖宏典向北京官员请托谋求升迁，信里说“点将交兵，不失军机”，乾隆认为他明目张胆谋反，砍头。

1778年，江苏东台诗人、原翰林院庶吉士徐骏早已去世，遗著《一柱楼诗》中有“清风不识字，何故乱翻书”；“举杯忽见明天子，且把壶儿抛半边”。乾隆认为“壶儿”就是“胡儿”，显然诽谤政府，嘲讽清朝没文化。徐某剖棺戮尸，儿孙和地方官员全部斩首。

乾隆非常赏识内阁大学士沈德潜，作诗常请他删改，乾隆作不出诗时还请他秘密代笔。沈德潜死后，乾隆命他的家人进呈沈的诗集，发现他把代乾隆捉刀的诗也收录其中，这对乾隆的虚荣心是一个极大打击。恰好诗集中有咏黑牡丹一首，有诗句“夺朱非正色，异种也称王”。乾隆认为是影射入主中国的满族为“异种”，下令剖棺戮尸。

1781年，致仕在家的前大理寺卿尹嘉铨所著书中自称“古稀老人”，又有句说“为王者师”。乾隆说“我自称古稀老人，早已布告天下，他怎么也敢自称古稀老人？”下令绞死！

同时，乾隆担心士人著作中的反动言论，因此下令对中国古代文化书籍进行了一次大规模的清查和销毁，像顾炎武、黄宗羲、黄道周和张煌言等人的著作都在违禁之列，这对我国传统文化的传承不啻于一场浩劫。

乾隆曾亲言其行“文字狱”之因：“……乃近来多效汉人习气，往往稍解章句，即妄为诗歌，动以浮夸相尚……即如鄂昌，身系满洲，世受国恩，乃任广西巡抚时，见胡中藻悖逆诗词，不但不知愤恨，且与之往复唱和，实为丧心之尤！……着将此通行传谕八旗……倘有托名读书，无知妄华，哆口吟咏，自蹈嚣凌、恶习者，朕必重治其家！”

博按：诚如我们所知，清代官方与民间史籍的“失真”程度，可以排在我国历朝历代之首。原因正是来自于清朝一朝开创了中国历史上最为严酷、持续时间最久的文字狱时代。这种注定要被后人永远诅咒的文字狱，在顺治皇帝进入山海关以后，便初露端倪，在康熙皇帝时期锋芒小试，在雍正皇帝手中头角狰狞，而在自称“十全老人”的乾隆皇帝时代更是登峰造极。但是，“文字狱”何以于乾隆朝而为最烈呢？细读乾隆之诗，细思乾隆之文，细究乾隆之事，乃深悟清朝入关以后所以大兴文字狱者，实其于文化心理上之极度自卑所致。清朝开国之诸帝，努尔哈赤、皇太极尚未入关，于中国之文化不甚了了；入关后之顺治、康熙二帝，忙于治国平天下，于中华文化亦未有深入研究（康熙一方面喜欢学习西洋之术以为炫耀，一方面其个性亦比较仁厚，是以未以大兴文字狱为主要统御手段）；雍正帝虽常以中国文化为意，然其勤于政事，且柄国时短，亦未从文化上有所深入探究。独至乾隆，自小便受教于汉人大臣，自小便深受中华文明之熏陶，稍长后更以即帝位之便（更因为长期执政），得以博览群书，穷窥中国文化之博大精深，是以观乾隆一生，写诗四万余首、提字上万处（书法）、组织《四库》之编纂以及南巡（游览中国园林艺术）诸爱好，实皆心慕华夏文化之具体体现。然而，一旦中华文明之博大精深与清朝皇族落后之历史文化形成强烈反差，一旦朝野上下汉人们与生俱来的文化素养和他那狗屁不通的诗文形成巨大落差，乾隆帝之内心深处对中华文化的“羡慕、忌妒、恨”便会油然而生；而且，相对于乃祖康熙，乾隆的治理能力和统御手段相对无能，因此，大兴“文字狱”以示威权，大杀文人士子以威慑汉人，便成了乾隆的不二手段。以此观之，乾隆实为清朝一朝鲜见的“文化暴君”和“腹测小人”，而绝非“正史”所宣扬的“十全老人”和“盛世之君”。

330. 乾嘉学派与文艺复兴：同一个世界，不一样的境界

乾嘉学派，又称“乾嘉之学”，清代最著名的学术流派，以对于中国古代社会历史各个方面的文献考据而著称。由于学派在乾隆、嘉庆两朝达到鼎盛，故得名。学派的主要创始人是明末清初的大儒顾炎武，其后的主要代表人物有阎若璩、钱大昕、段玉裁、王念孙、王引之等。乾嘉学者搜集钩沉，辑佚文献典籍，例如马国翰的《玉函山房辑佚书》，辑出经部432种，史部8种，子部152种。学派研究的对象上至天文地理，下至各朝规章制度的细节，总体特点是避免涉及与明、清有直接关系的事物。一般认为，主要是因为清代文字狱盛行，研究前朝或当朝一不小心就可能引来杀身之祸。梁启超指出：“考证古典之学，半由‘文网太密’所逼成。”到了学派发展的全盛期时，其研究话题基本已经与当时的社会现实完全脱节，为考证而考证，饾饤烦琐。当时的杰出之士，亦以之为忧。例如，魏源曾指出乾隆以后的士大夫只知“争治诂训音声，瓜剖釽析”，“锢天下聪明智慧使尽出于无用之一途”。嘉庆元年，焦循亦指出：“近时数十年来，江南千余里中，虽幼学鄙儒，无不知有许、郑者。所患习为虚声，不能深造而有得”。焦循还致书刘台拱，说：“盖古学未兴，道在存其学，古学大兴，道在求其通。前之弊患乎不学，后之弊患乎不思。证之以实而运之于虚，庶几学经之道也。”嘉庆十九年九月，段玉裁致书陈寿祺，认为：“今日大病，在弃洛、闽、关中之学不讲，谓之庸腐，而立身苟简，气节败，政事芜。天下皆君子而无真君子，未必非表率之过也。”喟叹：“专言汉学，不治宋学，乃真人心世道之忧。”

就在“乾嘉”学派达到鼎盛之时，在地球的另一边，欧洲文艺复兴运动也进入高潮时期。就在乾隆登基的1735年，英国出现了《评论》、《闲谈者》、《旁观者》等一些有影响的期刊；随后，一些新理论新发明被提出并得到推广应用：无粘性流体的能量方程——贝努利方程建立；摄氏温标发明并成为西方科学描绘温度公认的方法；燃烧是物质氧化的理论被提出；粘性流体的运动方程——欧拉方程建立；纺纱机（珍妮纺纱机）出现；1769年英国的瓦特取得带有独立的实用凝汽器专利，从而完成了蒸汽机的发明；法国的居诺制成三轮蒸汽汽车，这是第一辆能真正行驶的汽车；1774年英国的威尔金森发明第一台真正的机床——加工机器的机器——炮筒镗床，它成功地用于加工汽缸体，瓦特蒸汽机得以投入运行；摩擦理论被首次提出；织布机被发明出来，完成了手工业和工场手工业向机器大工业的过渡；割穗机被发明；1787年英国的威尔金森建成第一艘铁船；世界上第一台缝纫机出现；平刨床、单轴木工铣床、镂铣机和木工钻床先后被发明出来，带有丝杠、光杠、进给刀架和导轨的车床被发明，可用来车削不同螺距的螺纹；《画法几何》一书发表，画法几何成为机械制图的投影理论基础……

正当“自由、平等、博爱”精神传遍欧洲时，乾隆帝正在大兴“文字狱”以扼杀不同声音——一方面毁书杀人，一方面以八股取士之法来禁锢人们的思想，维护自己的封建皇权；当发达的英吉利派来使臣，提出要和大清通商的相关要求时，其“无理要求”被乾隆严辞拒绝，并将其礼送出境，其理由是：“我天朝物产丰盈，无所不有”，从而放弃了这次国际贸易谈判的机会，也放弃了融入西方近代工商业发展大潮的机会，放弃了富民强国的历史性机遇；当西方各国正在竞相发展各类先进军事装备和远洋轮船的时候，乾隆帝正在穷尽国家财富大修圆明园，将海外各国皇家宫殿依葫芦画瓢地再建一幢；当欧洲的拉瓦锡用定量化学实验阐述了燃烧的氧化学说、火枪普遍装备西方军队的时候，我们的大清皇帝还在鼓励继承和发扬“马上骑射”的“优良传统”，直到乾隆退位，中国军队中的火枪也不过上千支……乾隆宠臣福康安就用过乾隆赏赐的“手铳”——转轮手枪——可是，这样先进的武器在乾隆眼里和其他“西洋奇技淫巧”一样只是被当做挂在腰间的玩物。当带火炮的铁壳船模型被作为外国贡品进到乾隆面前的时候，乾隆仅仅是把这“漂亮的物件”用作装饰品或者赏给宠妃下臣，直到乾隆中叶，中国军队的军官们还在太湖训练他们的“水师”——由于太长时间没有实战，发射炮弹居然会震坏船只。直到乾隆五十八年，中国沿海水师也只有对付海盗的“虽大小百数十号，仅能分防本营洋面，不敷追捕，致商船报劫频闻”，更不要说建立远洋海军了。

博按：历史虽不能假设，但历史实在可以深以为鉴：如果当年的乾隆能够虚心接受，认真研究一下英国人的火枪构造；如果当年的乾隆有海纳百川之肚量，真诚平等地和其他国家友好交往；如果乾隆能够放眼世界，出访一下西洋各国，则中国历史必将为之重写。可惜的是，这位出身于落后文化的东北满人，只顾着写诗作赋，题词自赏，以装裱清朝皇族的“颜面”；只顾着大开杀戒，以“文字狱”的形式维护其反动落后的统治；只顾着六下江南，挥霍天下财富，赏玩江南的风月佳人；他难以想象，在他死后不几数十年，那些他看不起的“蛮夷”之人，乘着铁甲战舰，挥着洋枪洋炮，将他的子孙打得落花流水，打得四下逃窜，打得屈膝投降。历史正是以这样无情轮回的方式，嘲笑了乾隆的无知和短见，讥疯了乾隆的自大和颟顸。

331. 嘉庆一诗垂千古，可资当朝后世警

客观而言，在学习领悟汉文化方面，清朝皇帝比元朝皇帝有成就。乾隆一生写诗四万余首，多次下江南，到处题诗留墨。即便不以诗闻名的嘉庆皇帝，也以一首“御制骂廷臣诗”流传后世。有评者以为，其诗可与杜甫之“朱门酒肉臭，路有冻死骨”相提并论。现录以析之：

满朝文武着锦袍，闾阎与朕无分毫。
一杯美酒千人血，数碗肥羹万姓膏。
人泪落时天泪落，笑声高处哭声高。
牛羊付与豺狼牧，负尽皇恩为尔曹。

若以文采论，此诗绝算不上乘。然以帝王之口而言之有物，直抒胸臆论，直指当朝政治黑暗，确可流传千古。

嘉庆写此诗有其深刻的社会背景和心理愤懑。作为清朝十帝中难得的“仁君”（嘉庆庙号仁宗），嘉庆在位期间，清朝统治开始出现严重不稳定局面。在乾隆把帝位“禅让”给儿子嘉庆的1796年，震动川、楚、陕三省的白莲教起义已经开始。清朝倾全部之军事、财政力量，并千方百计组织“团练”剿匪，先后用时九年才把起义镇压下去。在此期间，还发生过1803年贫民陈德在紫禁城门口行刺嘉庆之案。1813年，华北又发生“天理教”起义，一支几十人的起义者竟然冲进了皇宫，把大内搅得天翻地覆，故宫的隆宗门至今还保留着起义者的一枚箭镞。平民百姓行刺皇帝、几十人的农民军就打进宫廷，这是“汉唐宋明未有之事”，可见当时阶级矛盾尖锐到何等地步。嘉庆在天理教起义平定后，颁布“罪己诏”，在自怨自艾后，嘉庆以此诗严饬告诫“诸臣”。嘉庆写此诗七年之后去世。再过三十年，中国历史上最大一次农民运动——太平天国起义即行爆发。

嘉庆的悲哀在于，他的父亲乾隆留给他的不仅有一个超级贪官和珅，还有一个已经腐败透顶的官僚机构和败坏不堪的世道人心。乾隆中后期，腐败已经呈现集团化趋势。乾隆四十六年到四十九年，朝廷一连查出了五起贪污大案，都是“办一案，牵一串；查一个，带一窝”。常常是一人犯案，一省官僚体系随之瘫痪。甘肃冒赈大案就几乎把甘肃全省县以上官员都牵连在内。他们上下联手，相互配合做假账，把八百多万两国库银吞入私囊。如果全部查处，甘肃全省政府运作立刻瘫痪，乾隆皇帝不得不定下一条“两万两”的“死亡线”。即使如此，前后被处死者仍达五十六名之多。到了嘉庆时期，腐败向底层全面扩散，所有的基层干部都成为权力寻租者，一些普通公务员甚至成为腐败案的主角；潜规则变成了明规则，社会上所有大事小情，都需要用钱开路，否则寸步难行。嘉庆十年前后发生的一些案件，实在令人触目惊心：

直隶省布政使司承办司书王丽南，是直隶省财政厅的一个小小办事员（相当于今天的股级干部），按理说并没有什么权力。可是从嘉庆元年起，数年之间，居然贪污了三十一万两白银。他贪污的手段非常简单，那就是私刻了从财政厅长（布政使）、处长直到科长的一整套公章，然后任意虚收冒支，把国库银两大把大把装入私囊，而且在近十年间，居然没有受到任何怀疑和调查。大清王朝的监督体系如同一张破网，已经烂得形同虚设。

嘉庆亲政开始，黄河几乎年年决口。每年朝廷下拨相当于全国财政收入四分之一的巨额财政经费用于治河，可是成效甚微。那些治河的官员，每天公然在河督衙门里喝酒唱戏，一桌酒席，居然所费千两。治河经费，大多数都落入了这些官员的腰包。至于治河工程，则处处偷工减料，件件“豆腐渣”工程。应该用麻料的地方，掺杂了大量沙土；应该建造秸垛填石，秸垛建好了，却根本不往里放石头。结果，洪水一来，处处决口。

嘉庆年间，各地还出现了一种奇怪的现象，那就是大量“编外衙役”或者说“编外警察”充斥基层。各县级部门借口人力不足，大量招聘“临时衙役”，不占编制，不开工资，利用他们处处设卡，到处收费，以弥补财政经费的不足。他们的数量，往往超过正式编制数倍，甚至数十倍。比如直隶省正定县，“编外衙役”多达九百多名，而浙江省的仁和、钱塘等县，居然更多达一千五六百人。他们横行乡里，巧立名目，一遍遍向农民收取各项税费，如有不交，即刻关入私牢，严刑拷打。他们随意勒索小商小贩，并经常闹出人命案子。

虽然杀了和珅，全国十一个总督，被嘉庆撤换了六个，然而，“反腐高潮”过后，一切如旧。各地官员，从上到下，从大到小，仍然无人不在收礼送礼，买官卖官；各地衙门仍然无处不懈怠昏庸，除了部门利益之外，对一切民间疾苦都漠不关心。官僚集团对腐败已经不以为耻，反以为常。嘉庆即位初期，官员们的腐败热情已经高涨到了“前仆后继”的程度，前任头一天因腐败落马，继任者第二天继续腐败。

很显然，嘉庆皇帝在其亲政初期的运动式惩贪，已经不能起到实质性的作用。原因之一，是与腐败官员的总数比起来，被发现和惩处者不到百分之一甚至千分之一，腐败收益太高，而腐败风险又太低。腐败已经成了官僚体系的常态（即今日所谓的“制度化腐败”），贪污成了官员生活的主要来源。一个人如果不贪污，则无法打点上司，结好同级，甚至无法在官僚体系中生存下去。这种情况使得朝廷“打老虎”已经演变成“水过地皮湿”的“走过场”，震慑力越来越低。事实上，举朝官员从乾隆晚年开始，对惩贪风暴的反应就已经十分麻木了。乾隆皇帝生前就曾经多次哀叹：“外省总督和巡抚们，一见我惩治腐败，当时也未尝不稍稍警惕一下，但是事过则忘。这种锢习相沿成风，身陷法网而不知后悔，真是没有办法。”

痛定思痛，嘉庆皇帝最终选择了另外一种保守治疗方式：他采用东巡的方式告诫满朝大臣，对于大清这样一个奄奄一息的病人，千万不能乱搬乱动，乱下药方。这样的重病病人，唯一可取的治疗方案就是“徐徐进补”、“固本培元”，用温和的药物一点点滋润这具干枯的病体。这种疗法一需要极大的耐心，二需要对症的补品。于是乎，嘉庆皇帝开始以身作则，厉行节约，同时颁发《宗室训》等“学习文件”，要求皇亲宗室认真学习，厉行节约，反对享乐主义，反对贪污腐败，但是过了一段时间后，皇帝召见宗亲，问他们的学习心得，结果是他们压根儿没读过《宗室训》！

博按：清朝诸帝中，嘉庆不可谓不聪明，不可谓不清醒，不可谓不尽心，不可谓不仁厚，然最终还是扭转不了乾坤，使清朝之治，同样跌入兴衰更替的顽固周期。举凡中央专制集权王朝，其兴也勃，其亡也忽，这几乎已经成为历史的铁律。当腐败成为全民行为时，反腐亦成为一种不痛不痒的皮肤科疗法。在中国这样一个官本位集权社会里，杀不完的贪官，反不完的腐败。当一个王朝走入一个死胡同的时候，运动式反腐和思想路线教育充其量只是延缓了王朝的苟延残喘。青山留不住，毕竟东流去，嘉庆以一首骂诗，宣告了大清王朝的行将消亡，也宣告了没有制约的中央集权体制的无可救药。

332. 和珅：“贪腐之王”的“标本”意义

公元1799年，在自称“十全老人”的乾隆皇帝去世后的第八天，有清一朝的一代贪腐权臣和珅，被乾隆皇帝最信任的儿子嘉庆皇帝以“二十大罪”赐白绫一条自尽。据说和珅死前口占绝命诗一首曰：

五十来年梦幻真，今朝撒手谢红尘；
他时唯口安澜日，记取香魂是后身。

近代史家有将其列入中国历史上十大奸臣（庆父、赵高、梁冀、董卓、来俊臣、李林甫、秦桧、严嵩、魏忠贤、和珅）之一。然而，站在21世纪的今天客观回望那段历史以及和珅的一生，却不免让人唏嘘不已。

出身富贵而年少穷困，以督抚孙婿而发迹。1750年7月1日，和珅出生在福建副都统（相当于今天的省军区副司令）常保家中。三岁时母亲因难产而去世，父亲常保在和珅九岁时亦因病去世，幸得一位老家丁和父亲一位偏房保护，和珅、和琳两兄弟才能免于被赶出家门。此后他发奋努力成功考上咸安官学。现实中的和珅不但仪表俊雅，精通满、汉、蒙古、西藏四种语文，更精通四书五经。十八岁时，和珅娶直隶总督冯英廉之孙女冯氏，借此以文生员承袭三等轻车都尉。由于和珅的精明能干，1772年十月，被授三等侍卫，做了乾隆皇帝仪仗队侍从（具体的工作是抬轿和举旗杆）。

初为干吏能自守，善伺上意得宠幸。和珅最初为官时也是一心报效国家。1776年，和珅被60余岁的乾隆皇帝提拔为乾清门御前侍卫，兼副都统。十一月再升为御前侍卫，并授正蓝旗副都统。次年正月，授户部侍郎，三月授军机大臣，四月，授总管内务府大臣。史载和珅"善揣上意"，"高宗（指乾隆）若有咳唾，和珅以溺器进之。"为了迎合乾隆对做诗和书法的爱好，和珅亦刻意于诗词书法修炼，并达到了较高水平。由于和珅诗作合乎乾隆的审美趣味，以致乾隆很多时候就命和珅即景赋诗以"代劳"。据考今日故宫崇敬殿的御制诗匾，就是由和珅代笔。乾隆帝崇奉佛教中的喇嘛教，于是和珅也崇奉喇嘛教，共同的宗教信仰使得和珅更受乾隆垂爱。

成为帝王亲家公，位极人臣贪欲纵。由于深得乾隆帝信任，和珅先后擅政二十余年，升迁四十七次，权倾朝野，百官争相谄附。尤其是其长子丰绅殷德被乾隆指为十公主额驸后，和珅开始公然广结党羽，勒索纳贿，又排斥异己，致使吏治败坏，官场充斥小人。和珅生前曾经兼任六十余项重要职务，形成当朝最大一股势力。他的府邸装潢胜似皇家园囿，远为其他王公大臣府邸所不及。

千古权臣一朝跌，身败名裂警后人。嘉庆四年正月，太上皇乾隆驾崩；正月十三，嘉庆帝宣布和珅的二十条大罪，下旨抄家，抄得白银八亿两（晚近史家新观点：不一定都是和珅财产，极可能部分是天地会会款秘密存放在和珅处孳息、放高利贷）。当时清廷每年的税收，不过七千万两。和珅所匿藏的财产相等于当时清政府十五年的收入。是以时人始有“和珅跌倒，嘉庆吃饱”之论。正月十八，廷议凌迟，不过，固伦和孝公主和刘墉等人建议，和珅虽然罪大恶极，但是毕竟担任过先朝的大臣，应改赐和珅狱中自尽。最后赐和珅在自己家里用三尺白绫自杀。其长子丰绅殷德因娶乾隆帝第十女固伦和孝公主，得免连坐。

博按：观和珅成长之途，虽属以裙带关系而渐居高位，但以其个人能力客观而论，却不可谓不干练，不可谓不有才；即以其个人私德亦不可谓不君子，不可谓不典范（其与其结发之妻的真感情常被视为楷模）。然而，当其累受皇恩，长期受宠于昏庸之乾隆，权倾朝野而无所监督，聪明能干而用心非正，终于物极必反而身死名败。然以今天的视角论之，和珅之过，实封建专制之过；和珅之罪，实乾隆纵容之罪；尤其是和珅之巨贪，当举朝官员之升迁皆系于其一人，且其背后有最高权力当局皇帝本人的坚强靠山之时，其腐败之收益巨大，而风险几乎为零。当此时候，如果仅仅苛求其本人之道德自律，实属勉为其难。是以当今之世界文明发达国家，皆从“人心为私”这一道德底线出发，针对“绝对的权力产生绝对的腐败”这一权力运行特征，在国家制度层面分割弱化权力，制约监督权力，在社会层面大力推行民主理念，提高法制意识，以防止权力的无限泛滥和为祸人民。而我国近年来也引鉴于历史的深刻教训，提出“将权力装进制度的笼子”，以人民、舆论和法律的多重监督，使秉权掌政者“不敢贪、不能贪、不想贪”，可谓殊途同归、异曲同工之可贵实践。

333. 和珅家的人参：贪腐经济学的一个经典样本分析

纵览清史，和珅跌倒、嘉庆吃饱的故事几乎成为清朝一朝政治腐败的标本性事件。从史梦兰的《止园笔谈》到薛福成的《庸盦笔记》；从欧阳星的《见闻琐录》到无名氏的《殛珅志略》，从徐珂的《清稗类钞》到天台野叟的《大清见闻录》，一份“和珅家产清单”通过这些稗史笔记在民间传抄流行。在这份清单中，和珅成了毫无疑问的贪腐之王。

关于和珅贪腐的数目，在这里已经毫无意义。这里特别以从和珅府中搜出来的奢侈品——上品人参，来观察这位“贪腐之王”对当时社会经济的巨大影响。据史载，在查抄和珅时，其府中上好人参有六百余斤。由于当时清廷内务府储存赃物的库房已满，所以内务府决定将这六百斤人参变卖（如今天的拍卖赃物），一时间大量上好人参抛售（相当于今天的奢侈品），市民竞相购买，导致市面上短期内竟出现货币短缺之象（按照现在的经济规律，货币短缺就意味着政府要大量印钱，大量印钱就意味着货币的贬值），从而使整个北京市场上人参价格大跌。

这种情况足以使我们联想到当前中国一种名为“贪腐经济学”的奇谈怪论：一些“专家”认为，适当的贪腐是经济发展的必然现象，允许一部分人贪腐是“刺激”经济发展的“有效手段”。他们甚至以反腐导致高档酒店和娱乐场所大量倒闭为论据，认为“腐败”的吃喝玩乐也能在一定程度上推动当地经济的发展（东莞为最现实的例子）。这种“经济学理论”，在房地产行业更是大行其道，有的人甚至认为，如果没有贪官的支持，中国的房地产行将崩溃，而“适度”的腐败，正是解救房地产的一剂“良药”。

博按：清朝之政，之所以于乾隆之后即进入“嘉道中衰”的历史轮回，其根本之因，正在于乾隆纵容了和珅之流的腐败。而且乾隆之后历朝的腐败，已经到了制度化、全面化的程度。清朝历代皇帝，如果从个人私德和为政勤勉上说，几无一人为昏庸之辈，然清廷之治，自乾隆之后“江河日下，一泻千里”，一切之因，一言以蔽之：皆为政治腐败导致官员对民众的压榨盘剥，从而使民变四起，内忧外患纷至沓来。以此论之，贪腐之政，于国于民有百害而无一利，即便于一行一业之有暂时之利，其利亦属恶利，其繁荣亦属虚假之繁荣。譬如一人，貌似体胖，实为虚胖或为浮肿，其毒害于肌体并浸入骨髓之日，即为病入膏肓、行将衰亡之日。

334. 清朝皇帝的荷包：议罪银制度与和珅贪腐的背后

一代权臣和珅倒台，在清朝历史上属于不可多见的一场大戏。其中一个被诸多人提及的话题（也是皇室所大力宣扬的）是：国家出现的一切积弊都归咎于这个倒台的贪官身上，正如《清朝野史大观》中所切齿痛斥的那样："盖至乾隆末年而康雍乾三朝之元气，殆尽斫丧于彼一人之手矣"。

然而，却很少有人深究，和珅所以能够为乱朝纲二十余年，其背后的制度性原因和皇帝本人（或皇室整体）对"贪腐"的纵容和参与。和珅曾经主管过大清内务府，为了满足"主子"喜好巡游的爱好，这位精于敛财的臣僚很擅长无中生有地巧借各种名目为内务府招财进宝，来填补乾隆皇帝日益豪奢之心，其最著名的发明就是"议罪银制度"，典型的罚议罪银类似于今日被广为诟病的"钓鱼执法"：皇帝在得知某官员"贪腐"和过错的情报时，便会寄一道密谕给该官员，当官员战战兢兢地读完皇帝严厉申斥后，看到御批最末的"自行议罪"和"自问该当何罪"时，就明白到了该掏钱的时刻了。如果皇帝对官员为自己罪愆付出的罚款满意，就会在奏折的后面批上一个"览"字，待官员将罚金如数交上后，这笔君臣间的交易就算圆满完成了。

关于大清"议罪银"制度，其中大部分交易记录都详实记录在《密记档》中。有学者统计，从1749年初具雏形到1805年嘉庆皇帝废除该制度之间的一百一十宗罚议罪银案例，其中共罚银合计近五百万两，其中流入国家公共财政体系的，仅占29%；用于海塘河工和军费的只占16.2%和10.6%；而剩下的近三百万两，占总数57.1%的部分，全部作为皇室经费流入内务府和乾隆皇帝最喜好的南巡盛典之中。同样，皇帝也不会放过那些罪大恶极的贪官财产，每一次抄家少则数十万两，多则上千万两的收入，都进入了内务府的腰包，归皇室日常支配。

因此，当和珅倒台之后，他庞大的财产，都顺理成章地落入皇帝的荷包，这笔钱可是相当于二十余年的皇室固定经费。当和珅被下狱赐死的那一刻，对其贪腐财产的分配就成了内务府一项重要的政治任务。皇帝为了表示自己不贪财，所以“慷慨大方”地将珠宝玉器、金银器皿、首饰、字画、古玩、鼎彝、皮张、绸缎等都先行归入内务府库中，再拿出一小部分让近支王公利益均沾，以免过多的赏赐开启这些人的贪鄙之心。至于房产，除了一部分（按照皇帝上谕是一半，但实际上只有不到四分之一）给和珅之子丰绅殷德和他的妻子，同时也是皇帝的姐姐和孝公主，其他都分配给了成亲王永瑆、仪亲王永璇、庆郡王永璘和贝勒绵懿。几家当铺，除了其中的三家赏给三位近支王公之外，其余也都收归内务府进行继续经营，一些皇帝近身的太监也分得圣恩雨露，得到了绸纱袍服和棉衣的赏赐——当然，其中最多的一部分：近八亿两的黄金白银，都让嘉庆皇帝在其执政的数年间，过得阔绰而又随心所欲。也许，扳倒和珅的唯一意义，就是将他在二十余里积累的财富，在以皇帝为代表的上层社会里，进行了冠冕堂皇的内部再分配——至于被他直接或间接盘剥的贫苦百姓，这样的反腐大案，除了多了一些乡间里闾的谈资之外，竟然没有一丝一毫的意义。

博按：清朝至乾嘉之时，其腐败已经日益制度化。尤其是和珅所发明的“议罪银”制度，以及后来的“捐官”制度，已将清朝腐朽统治推向极端。纵观数千年中国历史，即历代政治腐败，卖官鬻爵，也多于“私下”为之，唯有清一朝，其“议罪”、“捐官”已经大行其道。即使后来之中兴名臣如胡林翼等，亦属捐成之官。而其后一些别有用心之文人史官，将清朝之衰亡责之于和珅等少数人之贪腐或私德，而不去深刻反思那个高度集权、毫无制约的权力运行体制，去努力寻找从根本上解决权力肆虐的有效方法（比如晚清末年的君主立宪以及民国以来追求共和的道路），从而确保国家的长治久安和民族的繁荣强大。

335. 道光第一名臣陶澍：
天下英才谁可识，晚清名臣尽瞩公

两湖（古为楚地）自古虽有“惟楚有才、于斯为盛”之说，但自汉唐以降，湖南人才可谓极尽凋敝。唯清朝时期道光朝时，湖南人陶澍为两江总督之后，由于他的慧眼识才和大力举荐（直接或间接），一大批士人精英如左宗棠、胡林翼、林则徐、魏源、贺长龄、汤鹏、包世臣、龚自珍、李星沅、邓廷桢、黄冕等，遂成为中国近代史上彪炳史册的重要人物，而曾国藩等晚清重臣，亦受陶澍经世之学和理政思想的影响，成为晚清的国家柱石。

陶澍与胡林翼。相传陶澍任官川东道（地区长官）之时，从益阳进四川，途中到胡林翼祖父乡贤公府做客，发现了当时只有六岁的胡林翼，交谈之下非常喜欢，当即决定把自己五岁的女儿嫁给胡林翼。后来胡林翼与女儿成婚后，陶澍干脆就把他接到两江总督府生活。据说胡林翼行为不端，在结婚当晚还跑到妓院鬼混，被陶澍师爷发现并报告陶澍，谁知陶澍居然对此大不以为然，说道："此子他日必担天下大事，岂有闲暇逸乐，让他玩玩无妨也！"后来胡林翼果真操心国事，累死于任上。

陶澍与左宗棠。1837年陶澍回家扫墓路过醴陵，无意中看到一副专为他写的对联："春殿语从容，廿载家山印心石在；大江流日夜，八州子弟翘首公归"。对联中所写的"印心石"是陶澍家乡河中的一块石头，陶澍曾以"印心石屋"为自己的斋号，并受到过道光皇帝的赐匾。一问，是一个名叫左宗棠的秀才写的，陶澍立即请左宗棠相见。结果两人一见如故，陶澍认定左宗棠是一位不世出的奇才，便立即提出让自己独生儿子陶桄娶左宗棠的女儿。陶澍一生娶七个夫人，唯独晚年才有一子，而左宗棠当时只是一个举人（相当于今天的高中生），而且还是一个"待业"在家的"倒插门"女婿。以陶澍两江总督、士林领袖身份，与左宗棠攀亲，在今天看来几乎是不可能之事。更匪夷所思的是，左宗棠竟然不同意这门亲事，其理由为，一是辈分不同，因为左宗棠的老师贺长龄贺熙龄兄弟与陶是同事；二是身份不同。而陶澍则苦口婆心地劝说：我断定你今后的名望威望远在我之上，到时候就不是你高攀我，而是我高攀你了！无奈之下，左宗棠只好同意了这门亲事。二人结亲之后第二年陶澍辞世，左宗棠后来果然尽心尽力帮助陶桄，而自己也成为了名满天下的民族英雄。

陶澍与林则徐。鸦片战争前的林则徐曾在江苏为官，历任江南布政使和江苏巡抚。而其时陶澍正任两江总督。清代官制传统（其实也是历代中央专制集权体制下权力制衡机制的"光荣传统"），督抚不睦甚至相互攻讦、拆台的情况普遍存在。而林则徐和陶澍之间却一直保持着和衷共济、同心同德的关系。史传，当时江苏连续两年遭受水灾，民不聊生，林则徐目睹苏南各地灾情和百姓困苦，便想奏请朝廷减免或缓征灾区漕赋。按当时的规定，请求因灾缓征或免征漕赋，必须于农历九月底之前上奏，但林则徐巡视各地后，已是十一月底，早已超过了期限。林则徐知道，仅这一点“违规”就必将引起朝中大臣的反对，更何况苏南地区历来是清廷的钱仓，申请减免其漕赋的奏请可能得罪皇帝。但他一心要为民请命，于是频频与陶澍往来函商，沟通情况。当时，因为办理漕政的全权在总督，为不连累陶澍，林则徐最终一个人署名，破格越级上奏，道光皇帝果然大怒，下旨密令陶澍追究。陶澍却一面私下放风，让林则徐应变；一面又在复奏中为林开脱，并明确表示支持林则徐。在陶澍力保之下，朝廷未再深究此事。而经过这件事之后，陶、林两人更加肝胆相照，情深谊厚。陶澍去世后，林则徐挽有一联：“大度领江淮，宠辱胥忘，美谥终凭公论定；前型重山斗，步趋靡及，遗章惭负替人期。”下联中的遗章指陶澍的《恭谢恩准开缺折子》。陶澍在这个奏折中向道光皇帝推荐林则徐说：“林则徐才长心细，识力十倍于臣。”道光帝即令林署理两江，因而有“替人”之语。而林则徐在联中则把陶澍比喻为泰山、北斗，自己望尘莫及，表示要加倍尽心尽力，不负陶澍期望。从陶澍的奏折和林则徐的联语中，可以看出他们各自对对方都是极为信赖和推崇备至的。后来任两江总督的左宗棠在写给光绪皇帝的《已故督抚遗泽在民恳合建专祠春秋致祭折》中对陶、林之间的关系是这么说的：“伏思林则徐由江宁布政使升任江苏巡抚，时值陶澍总督两江，于一切国计民生，和衷共济，实有古大臣风。”又说：“该前督臣（指陶澍）与之（指林则徐）筹创海运，兴修水利，整饬盐务，办理荒政，推求至当，彼此和衷共济，措正施行。论者谓其规模宏远，条理缜密，志同道合。”这两段话，前者是称赞林则徐在陶澍推行的改革大事上能齐心协力，积极襄助；后者是赞扬陶澍在治理江苏的问题上，能和林则徐坦诚商讨，虚心听取林的意见，才能做到“推求至当”、“措正施行”。

陶澍与魏源。二人虽然都是晚清经世思想的代表性人物。然而，他们却是以幕主与幕僚的特殊关系共事数十载，为东南民政做出了突出贡献。两人结成的旷世情谊成为一时　　美谈。他们爱国恤民、重践履、不拘一格擢育人才，在经济思想上崭露近代意识，体现了非凡的识见和胆略。

值得称赞的是，陶澍提携后辈和团结官员，并非为营造“小圈子”以谋取私利。陶澍任江苏巡抚时，贺长龄为藩司（法院院长），陶澍认为贺长龄办事“综理全局，布置精详”，向朝廷推荐，后来贺长龄被擢升为云贵总督；另外一位陶澍的下属伊利布，也是陶澍力荐之下任两江总督，此人最终促成中英两国和谈，达成《中英南京条约》，可算是中国第一位外交人员。

另外，作为“湘军三杰”、中兴名臣之首的曾国藩，在其成长过程中，也深受“乡梓前辈”陶澍的深刻影响。作为重视“经世之学”、关注社会现实的曾国藩，对陶澍极力关注和模仿。曾国藩是另一位名臣唐鉴的弟子，而唐鉴是陶澍的好友，唐对陶称颂有加，并请陶为其父作墓志铭。曾国藩从唐鉴处深刻了解到陶澍，并曾经专程前往两江督所造访（可惜为门房所拒，使两个同时代的伟人失之交臂，可见“小鬼”之难缠也！），然而，曾国藩在担任两江总督后，对陶澍改革盐务的办法大加赞赏并效法之。他在奏章中曾说：“查淮北盐务，自从前督臣陶澍改行票盐，意美法良，商民称便，果能率由旧章，行三百年不弊。”

博按：读史至道光年间，深以陶公为赞。嘉道之时，留心时事之士大夫，以湖南为最盛，政治学说亦倡导于湖南。而陶澍以学问为实行，开启了近代湖南人才兴盛，形成了“惟楚有材”的新局面，堪为湖南近代政治家之巨擘。正是在陶澍的倡导下，湖南一省被张之洞、张佩纶称为“晚清人才第一”，而且犹如“黄河之昆仑、大江之岷”，是晚清人才之“源”。如果没有陶澍的经世致用思想的倡导，没有其慧眼识才和大力提拔，则湖南之人才不能蔚起。而晚清重臣之中，以识才、用才论，唯陶澍可与曾国藩相媲美。然陶所以不为人知者，因其所处之世，中国外患未炽，内患未燃，是以英雄无用武之地，唯以发现、教导和提携后昆为要务。是以陶公之英名，唯在识才用才以权衡天下，唯在识才用才以匡扶天下，唯在识才用才以储备天下。而当陶公逝后，天下纷扰，其悉心培养之人才，皆应时而起，底定天下，此天下重臣之道，陶公堪为典范。

336. 再论陶澍：天下大事公可嘱，江南遗爱民不忘

晚清名臣陶澍出身耕读之家，绝无靠山背景，全凭苦学勤读，始从社会底层脱颖而出。乾隆中后期以降，世风日下，人心颓靡，陶澍谓之“官不肯虚心察吏，吏不肯实心恤民，遇事则念及身家，行法不计及久远”。陶澍了解世情民生，洞悉社会弊端，立身清正严明，实事求是，凛然而有正气，强调为官之本“莫重于廉，廉则一介无私”，以“要半文不值半文，莫道无人知者；办一事须了一事，如此心乃安然”自励，这是其一生能成就大事业、被百姓长久怀念、为士林恒常称道的首要原因。同时，他深受岳麓书院经世致用学风影响，立志以天下为己任，又不拘于一格，不囿于一家，思想开放，视野开阔，见识深刻，一旦受到实质性任用，就在自己获得的每一个政治平台上力求锐意改革，除弊创新，终于以一位有品德、有思想、有学问、有胆识、有谋略的经世致用实干家的面貌，成为嘉（庆）道（光）年间经世改革思潮的倡导者和推行者。

史载，道光朝时，朝廷内外官员大多人浮于事，不敢作为也不愿作为。以致早朝之时，经常奏章稀少。唯有两江总督陶澍不断上奏章，奏报民间疾苦，奏报官员风气，奏报改革成效，奏报地方旱涝。道光皇帝遂发现陶澍既搞粮食运输改革，又搞盐税改革，并且任劳任怨，敢想敢说敢干，甚至连皇帝都敢得罪。久而久之，道光皇帝心里就认为，只有陶澍才是讲真话的人，其他人都不敢向皇帝说真话，所以道光皇帝也特别信任陶澍，对陶澍的奏章总是认认真真地回复，陶澍的事情也就全心全意地支持。

在这样的情况下，陶澍就拥有了扭转整个中国近代史的能力，他的手下有统筹能力最强的胡林翼；有文才武略忠烈善战的左宗棠；有提供理论方案、让中国走上自强之路的魏源；有敢于任事惩治贪官污吏、刚正不阿的林则徐；还有一个能够进行外交谈判的伊利布；他本人则是道光皇帝非常信任的人，又是中国士林领袖，是以陶澍主政两江期间，在除恶安民、抗灾救灾、兴修水利、整顿财政、治理漕运、倡办海运、革新盐政、整治治安、兴

办教育各个方面都作出了较大贡献。尤其是他教农民改种早稻，增产粮食，兴水利，灌注农田，促成“嘉禾满大田”的丰收景象。他在两江（治辖今江苏、安徽、江西三省）为官19年，对两江地区经济文化的进一步开发，起到了重大作用。魏源说：“后有来者，欲大苏东南之困，为国家筹百世之利，非赓其绪而恢之不可也。”正是由于陶澍卓有成效的经营，道光帝才倚其为“干国良臣”。而在今天的江南民间乡里，仍有许多纪念陶澍的遗迹可寻。

博按：清代道光年间，清王朝已从所谓的“康乾盛世”顶峰跌落，社会危机加深，因是经世致用思潮再度兴起。和清初的经世思潮相比，这时既有知识精英魏源、龚自珍、包世臣、姚莹、汤鹏等著书立说，大力提倡；又有政治精英陶澍、林则徐、贺长龄、黄爵滋等组织实施，积极推行。陶澍不仅是道光年间经世思想的信奉者、倡导者、宣传者，而且是其重要的身体力行者和实际推行者。他“少负经世志”，鄙视厚古薄今、空谈义理、逃避现实、迂腐陈旧、扼杀人们聪明才智的宋学、汉学，反对把读经通典作为猎取功名利禄的手段，提倡“研经究史为致用之具”，主张“有实学，斯有实行；有实行，斯有实用”。由于陶澍位高权重，当时倡导经世思潮的主要人物都团结在他的周围，并大多在他所管辖的两江地区活动，视其为首领，他对经世派的后起者如曾国藩、左宗棠、郭嵩焘等人也有深刻的影响。至今，陶澍都被称为“经世派中的实干家”、“湘系经世派的柱石”。不幸的是，陶澍逝后不到一年，即1840年6月，鸦片战争开始。因为陶公之逝，左宗棠重新回到湖南老家，暂时成为一介农民；而胡林翼虽然中了进士，当了江南考场副考官，结果因为正考官作弊而受到牵连，被罢了官；他的师爷魏源也失业了，只好投亲访友，苟且偷生。因为陶公早逝，整个鸦片战争中，清廷上下无一人敢向道光皇帝报告战争的真实情况，所以中国自此进入万劫不复的最黑暗时期。史载，陶澍临死之前，给道光皇帝上了一个遗折，推荐林则徐做两江总督。据说这个遗折是胡林翼根据陶澍的意思给皇帝写的。然而，以林则徐一人之力，已难挽天下日渐糜烂之势。唯有等陶公所储备之湖南群英，在艰难困苦下渐次复出，中兴的曙光，才重又出现在清朝的历史天空。但因为错过了最好的时机和最好的统筹者，那也不过是清朝统治的“回光返照”而已。

337. 林则徐的是非功过：虽有局限，难掩大功

鸦片战争，于中国近代史的意义，可谓刻骨铭心。林则徐以其“虎门销烟”而导致“鸦片战争”亦成为近代史上第一位民族英雄。然而，现代以来，一些学者以今人之立场，重新审视林则徐当年的行为，且多有批评之辞。今且论以正之。

时下一种观点认为，林则徐误导了清政府的对外政策。因为是林则徐给皇上的奏折中说：“夷兵除枪炮之外，击刺步伐俱非所娴，而腿足裹缠，结束严密，屈伸皆所不便，若至岸上更无能为，是其强非不可制也。”这实际上是当时通行的一种荒谬见解，洋人腿不能弯曲，故只长于海战，一登岸就无可作为。更奇特的是，林则徐认为洋人嗜吃牛羊肉，若无从我国进口的大黄、茶叶以辅食，将会消化不良而死。

另一种观点认为，当时的英政府并没有否定中国的禁烟政策：“英国认为，鸦片贸易合法化会对中国有利。然而，女王陛下政府对于这一点并没有要求，因为他们没有要求的权利。中国政府如果愿意，完全有权利禁止鸦片的输入，英国臣民从事违禁贸易，其后果必须由他们自己承担。”而林则徐则将“禁烟”运动化、扩大化。其于1840年初奉命正式封港，全面断绝中外之间贸易往来。正是这个闭关锁国的错误决策，导致了清政府与秉承“自由贸易”思想的英国之间的战争。

第三种观点认为，林则徐虽然看到了中外的悬殊，但他的认识仅仅停留在中国武器装备不如外国人、要“以夷制夷”上面。因此尽管他在广州也有仿制西洋战船、大炮的举动，可是他不能振臂一呼，使“向西方学习”成为一种社会的舆论和行动，相反，林则徐与他的“崇拜者”曾、左、彭、胡等人不同，终究没能走出旧时代，在短暂的“开眼看世界”之后，他回归了自己的士大夫阵营，继续和光同尘，继续在前辈“名臣”早已划定的道路上亦步亦趋……并且还要遮掩自己的思想和行为，使中国人一直存在于一种迷幻的错觉之中。在这种错觉之中，林的自身形象得到了维护，可是一个民族从

落后中奋起的时机却被耽搁了。

更有论者认为，中华民族迄今一直把昏聩蒙昧的钦差大臣林则徐作为自己的民族英雄对待，除了证明这个民族的思想境界依然停留在中世纪，其国民的思考能力与当今世界现代文明严重脱节之外，没有半点正面的价值。如果有人非要说他是民族英雄，也是个逆历史潮流乖谬背时，仅仅是他刚正清廉的人格值得后人敬仰而带有浓厚悲剧色彩的愚蠢的民族英雄。

博按：按照《要略》所确立的标准，评价历史人物，必须站在历史的当下，先看历史人物是否秉心于公，再看其是否治事以能。林则徐在鸦片战争中以民族危亡和国家安危为念，可谓秉心于公；他在鸦片战争前后所做的一切，都是他那个时代的官员中所能做到的最有力、最公正、最恰当的安排，可谓治事有能。而鸦片战争最终惨败的结果，虽然没有达成林则徐最初设定的目标，但那是整个清政府的无能和整个清帝国军力不足的问题，林则徐不过承担其中一分子或是一个重要分子的责任而已。而站在今人的立场将整个战争的失败归结为林则徐的错误选择，拿信息社会的文明规则和海量信息去要求、评价一个处于信息闭塞时代的古人，动不动就给其扣上一顶“历史罪人”的帽子，那无异于既是一种文化暴力，又是一种不负责任的历史观。由此可见，对于异中国这样具有悠久历史文明的国度，秉承一种客观、求实、辩证的历史观，是多么的重要。

338. 太平天国之殇（一）：从洪仁坤到洪秀全的“光辉道路”

洪秀全（1814—1864年）原名仁坤，小名火秀，广东花县人。其父洪镜扬，是当地的“保正”（类似于今天的“村官”），家里“薄有田产”。洪仁坤七岁入本地私塾读书，十四岁考为童生，此后连续4次，一共经历十七年，未能考上生员（秀才，相当于今天的高中生，再一步才是“范进中举”里所说的“举人”）。史载洪仁坤一再落榜期间，不止一次“做馆”当私塾师。1837年洪仁坤第三次落榜。这个一向自视极高并被族人寄予厚望的读书人，精神、心理受到很大打击。据称回到家里即大病一场，“死去七日”（一说两日）“还魂”后，“俱讲天话”。对于这次“魂游高天”，从今天社会心理学角度来看，有以下几种可能：一是再次失败使其痛苦煎熬；二是无颜面对家族父老；（洪仁坤是洪家三兄弟唯一读书求功名的人，家族对其期望值很高）三是在思考下一步如何改变人生。

1842年，洪仁坤打起精神第四次应考（体制内的最后一次努力）。不幸的是，他再次落榜。一起落榜的书友（一说是表弟）冯云山出于对科举考试的极端不满，又从星相术角度看出洪仁坤“多异相”、“有王者风”，极力鼓动他扯旗造反。冯的劝说，符合他此前大病中的幻觉（其实是与他在病中的造反思想不谋而合），于是便断了科举仕进的念头，决心造反，开始向周围的人宣传上帝封他为“太平天王大道君全”，命他“时或称洪秀，时或称洪全，时或称洪秀全”。从此，洪仁坤改名为洪秀全。

而从洪仁坤改名为洪秀全，则充分反映了洪秀全本人的“个人理想”：秀全拆开，是“禾（吾）乃人王”，既然我通过科举考不上秀才，我就干脆造反做人王。而做了人王，不但可以实现“等我自己来开科取天下士”，还能够“手握乾坤杀伐权”——确实，这正是洪秀全“走上革命道路”的初衷。

以洪秀全为教主的拜上帝会的创立，其主要思想理论来源是乡村传教士梁阿发编写的通俗布道书《劝世良言》。它并没有全面、系统地介绍基督教教义，而又不时援引中国儒家观点来印证《圣经》（从本质上讲，洪秀全“童鞋”的内心深处仍然怀有儒家士人的赤子之心）。不过，它所涉及的一些神学知识，诸如天父全能、耶稣救赎、独尊上帝、不拜偶像、天堂永乐、地狱永苦等等，却被洪秀全及冯云山借用而且不断发酵。并以此为基础，创立以他为教主的拜上帝会。从制造迷信开始，进而逐步加紧控制信从者，接着就发动造反，夺取政权，建立地上的“天国”。从这一过程看来，洪秀全所创造的拜上帝会类似于一个政治性邪教。而在具体操作过程中，洪秀全则通过以下几个步骤和方法来实现其宏大的“政治抱负”和“人生理想”：

首先，宣扬救世主下凡，统治全国乃至全世界。洪秀全宣称，“天上至尊老人已命令全世界之人归我了，世间万宝皆归我有的了”；他奉天父天兄之命，下凡做人神合一的“万国独一真主”。

第二，世界末日论与造反做官论相结合。1850年5月，他说得到上帝启示：“在道光三十年（公元1850年）我将遣大灾降世，凡信仰坚定不移者得救，凡不信者将有瘟疫，有田无人耕，有屋无人住。”信的人则“日日有衣有食，无灾无难”。到1851年永安突围时，则进一步大开支票、封官许愿，凡踊跃作战的，“大则封丞相、检点、指挥、将军、侍卫，至少亦军帅职，累代世袭，龙袍角带在天朝”。

第三，通过造神运动，强化精神控制。洪秀全从宣传上帝赐他宝剑、印绶开始，继而在玉玺上自称“洪日”，是普照天下的红日，要求跟从者盲心盲目迷信。杨秀清、萧朝贵从他的迷信宣传中得到启发，先后创造了十足巫师式的天父、天兄下凡。还经常将他传达“天意”的歪诗，写在鹅黄缎上，张旗放炮挂出来。此类行径，是不断自我造神，以加强对太平军官兵的精神控制。

第四，打着平等幌子，实现全面裹挟。为更进一步控制会众，做大做强“事业”，洪秀全还制定了整套条规、措施，进行人身、家庭、财物的全面控制。造反之初，他要求入会者“贱售家产”，将“田产房屋变卖，易为现款，交给公库”，卖不掉的旧房屋则放火烧掉。于是，一人参加就要全家参加，互为人质，没有退路，都成为过河卒子。不久之后，每占领一地，就以鸣锣集中“讲道理”的办法，将活着而又没有逃跑的百姓，不论愿不愿意，悉数收编为太平军，实行彻底的裹挟。收编之后，凡是财产没有全部交出者，“即是邪心，即为妖魔，其罪极大”；超过二十一日背不出天条，两次无故不听“讲道理”的，都是严重违反禁律的大罪；凡是不愿做驯服工具的，发牢骚说怪话的，都视为“妖心未化”；凡是违反天条、命令的，视为“变妖”，上述种种罪名的处治，都是斩首。其他许多天条、禁律，包括夫妻同宿，遇检点、指挥以上官轿不跪道旁，聚会喧嚣，私议军事，聚集饮酒，剪发剃胡刮面……都是“斩首不留”。对于“反叛通妖”的，更是处以“点天灯”、“五马分尸”极刑。

一条通往洪秀全个人理想的光辉道路就这样铺就了。

只是可惜的是，为了实现其个人的政治野心和改朝换代的宏大理想，中国大地再次付出了数千万人生命的残酷代价。

博按：洪秀全以一介落第书生，奋而提三尺长剑，本可效宋祖之功，驱鞑虏于中原，复中华之天下，但因其起事之初，便怀着“吾乃人王”的政治野心，可谓秉心不正；又借助“邪教裹挟”的不正当方式，虽然在初起事时少遇抵抗，发展较为顺利，但是，无论其本人还是其手下将领，由于目光短浅，享乐在前，不经磨难，无遇挫折，是以一旦入主“天京”，便开始忘乎所以，争权夺利，内斗不断，终成昙花一现而为天下人耻笑。以此观之，“人间正道是沧桑”，成大事者必遭大难，建大功者必经久磨。以朱元璋为例，其自幼遭家难，少长遁空门，再以行脚僧而遍历南北，并经数易其主，历十数年征战，方建大功；再以近代我党为例，建党后经二十余年发展，易党首数位，始有毛公出山，再经井冈山“五剿”，二万五千里“长征”，又历“八年抗战”，“三年内战”，始能定鼎天下，成百年之功。实际上，我党在建政过程中，毛泽东和其麾下多数将领亦与洪秀全诸将一样，出身“泥腿子”，依靠“农民兄弟”打江山，然而我党所以能缓图徐进而建立新中国者，实于革命过程中经历艰难挫折，经过长期学习借鉴、思考积累并不断改正错误、修正道路之故。

339. 太平天国之殇（二）：太平军北伐与徐达北伐之战略比较

1853年春，太平天国定都天京（今南京）后，于派兵西征同时，即派天官副丞相林凤祥和地官正丞相李开芳等率军两万余人，挺进华北。于是，中国历史上继明太祖北伐元朝之后，又一次具有战略意义的北伐战争拉开了帷幕。此次战役，就出兵时机、进攻方向和战略目的而言，都与明太祖朱元璋派徐达北伐有相似之处，但前者胜而后者败的截然不同结局，值得军事历史研究者深入探讨之：

出兵时机：二者皆为定都南京之后。朱元璋北伐时，长江以南之张士诚势力和陈友谅势力业已消灭，南方大局已定；而太平军北伐时，时西方（湖南、湖北）和东方地区尚有大量清军和地方武装（团练）存在，南方局势未稳而贸然出师。

用兵规模：徐达北伐时，朱元璋与兵二十五万，且以第一名将徐达为帅，大将常遇春副之；可谓将勇兵众。反观北伐之太平军，林凤祥和李开芳在太平军中虽为勇将，但绝非帅才。其两万兵马虽属太平军中之主力（多为广西兵和湖湘兵），但兵力规模太小，对人数众多的北方清军来说，无疑以卵击石。

用兵方略：为减少北伐阻力，争取人民拥护，出兵之前，朱元璋特别告诫将士，师到之处，切勿杀掠。并向北方人民发布檄文，提出“驱逐胡虏，恢复中华”的口号，对汉族各阶层人民产生了一定的号召力，所以北伐比较顺利。反观太平军，其在北伐的过程中，虽然使一些反清力量望风归附，但在进军途中采取毁庙宇、砸佛像、强迫百姓信上帝等错误方针，大失民心，加上几次不理智的屠城也使得民众对太平军产生了强烈的反感。

主攻方向：明军北伐，主力由江淮北上，先下山东，断元左臂，再挥军西向，两路进攻河南。一路自济宁溯黄河而上，进攻汴梁（今河南开封）；一路由河南永城、归德（今河南商丘）攻许州（今河南许昌）。同时命征南将军邓愈率襄阳、安陆、景陵等处兵马北攻南阳，策应北征主力作战，是以明军所向披靡；反观太平军北伐，先由浦口出发，经安徽蒙城、亳州（今亳县）入河南，克归德（今河南商丘），因无船不得渡黄河，乃循南岸西趋，以主力渡过黄河（一部未得渡，南返安徽），占温县，围怀庆（今河南沁阳），与城内外清军相持两月。七月二十八，北伐军撤围西进，经垣曲入山西，过平阳（今山西临汾）、洪洞、黎城，东入直隶（约今河北），克临洺关（今河北永年）、邢台，北上藁城，东占深州（今河北深县），东进沧州，于九月二十七占领静海和独流镇，在此屯驻待援（前锋一度抵达天津西杨柳青）。其进攻方向不但毫无章法，而且长途奔袭，腹背受敌，左右临阵，将士虽勇而处处受制于敌兵地形，可谓师未出而已先败，兵未动而大局已定。

博按：太平军北伐，其战略目的虽为牵制清军对天京的重围，然因为战略措置之失误，将两万名战斗力极强之“老太平军”葬送于敌手，可谓太平天国之第一次重大战略失败。经此一役，太平军元气大伤，立于攻势作战，陷入守势作战之不利态势。加之北伐之时，太平天国领导人已经开始内斗不止，北伐之败，又进一步强化了天王与东王的矛盾（北伐太平军属于东王杨秀清的嫡系部队），是以此役貌似丧失了两万人，但其实却使太平军既失去了掌握主动的重要机会，又失去了北方大部分民众的人心。经此一役，太平军在以南京为基地的江浙一带苟延残喘的命运已经基本注定。

340. 太平天国之殇（三）：没有建设的破坏，只能带来更多腐朽

1851年洪秀全在金田村起兵后，立足未稳，就迫不及待自封“天王”。打进永安小城后，在强敌围困之时开始大封诸王，并向全军下诏，封官许愿。从广西一路杀出来，凡攻占一地，来不及逃走的青壮年一律被胁迫参军，否则斩首。刑罚也极为严酷，斩首之外有五马分尸、抽肠，最恐怖的是“点天灯”。所谓“点天灯”，是把犯人扒光衣服，用麻布包裹，再放进油缸里浸泡，入夜后点燃。进入南京后，洪秀全和他的战友们喜出望外，一方面大兴土木，营建极少数人荒淫无度的安乐窝，一方面把南京变成一个大军营，男女一概分成男行女行，夫妻不能同居（实行了两年后停止），废止正常的商业，实行供给制等。

太平军自永安突围时，洪秀全的妻妾已有三十六人。建都南京以后，更是大肆选美，豪华壮丽的天王府里美女如云，据其儿子在供词中说他有妻妾八十八人（也有说一百零八人），还有宫女一千多人，专供一人享乐。《金陵癸甲新乐府》中一首名为《选女孩》的诗作，描写了当时“非自愿”选美的惨烈场景：“今不幸为女子，尤不幸为女女子（指处女）。“列王传令选王娘，母女相持面如死，巡查勒马立门前，军帅握鞭搜馆里。大者逃出馆外颓垣阴，小者逃入阿母破床底。”除了洪秀全，杨秀清也大肆占有“贞人”（王娘）。定都天京不到一年，杨秀清的贞人就有三十六人，两年后他临死之前，已经扩充到五十六人

太平军进入南京，还进行过一次骇人听闻的大屠杀。是时凡清朝官员、

满族百姓、知识分子、僧尼道士、商人，不分男女老幼统统杀头，整个南京城一片血腥。古都文物古迹被严重毁坏，诸子百家、历代书籍都遭禁止、焚毁。清代南京附近民间士人的笔记中，“被掳”、“（女子）被污”、“遇害”三词频率最高，往往寥寥数语，无非遇贼、或不从贼，甚至安坐家中，便祸从天降，笔记简单，无痛心疾首状，无悲哭哀号声，却分明看到尸横遍野的情境，笔记中的“贼”，皆指向太平天国。其中一段如是记载：“弃妻子负母匿山中，绝食三日，母饥甚，出求食。遇贼，逼从不屈，骂不绝口。贼怒，割其腿肉烹食之。骂贼益厉，贼剖其腹、断其肘而死”。笔记中还有实令人发指的记载：“适孕数月，不能远行……大骂，遂被杀”，“适孕……见姑周氏遇害，抱尸痛哭大骂。贼怒，剖孕而死”，“贼以鞭爆绕颈燃之，复剐其胸腹而死”。

在太平天国眼里，清朝官员、满族百姓、僧尼道士、缙绅商人、知识分子等皆被视为“妖”，大肆掳掠屠杀。“凡掳之人，每视其人之手，如掌心红润，十指无重茧者，恒指为妖”，统统杀之。滥杀的后果就是，杨秀清患眼病，悬赏银子一万两求医，结果无人应召，因为医生都被杀光了。

“凡邪歌、邪戏一概停止，如有聚人演戏者，全行斩首。”太平天国的刑法可谓积野蛮无知于大成，其中一条“凡兄弟俱要熟读赞美天条，如过三个礼拜不能熟记者，斩首不留”。更有甚者，据《盾鼻随闻录》记载，“重阳日，群贼在钟山设宴，取妇女数百人，尽去衣裤，驱逐下山，赤身裸体，无处躲藏。群贼在山顶观看，以为笑乐”。同书还有记载，咸丰二年，太平军攻占大书法家何绍基的家乡道州，将其刚去世一年的母亲尸体从墓葬中挖出来，对尸体的口中撒尿，“复褫去下衣，取牡狗鞭纳其牝户之内，下体裸露，丑秽难堪”。据载“天京”城破之时，原本二三十万人口的大都市，只剩下不到万人，几乎成了一座空城。

经历太平军残酷统治和军乱之后，当时苏南地区，往往二三十里，不见居民，有的地方人口仅存五分之一。在浙江省，一片劫灰，道不相望，昔日温饱之家，大半成为饿殍；在安徽皖南“野无耕种，村无炊烟，市人肉以相食”；皖北“但有黄蒿白骨，并无居民市镇，竟日不见一人”；江西省，数百里“不闻鸡犬声，惟见饿民僵毙于道”。1883年，一位美国传教士称：太平天国战争造成中国人口的损失为五千万；而当时的美国驻华公使柔克义则估计太平天国战争导致的人口死亡数为两千万。中国当代人口史学者在确凿的史料基础上，对此进行了重新估算，形成了两种意见：第一种意见根据太平天国前后《户部清册》所载的户口数，认为从1851年到1864年中国人口锐减40%，绝对损失数量达一亿六千万；第二种意见则将战前的人口数据与1911年宣统人口普查资料进行对比研究，认为太平天国战争仅给江苏、安徽、浙江、江西、湖北五省直接造成的死亡人口就至少达到五千四百万，如果再考虑到其他战场湖南、广西、福建、四川等省的人口损失，那么太平天国战争给中国带来的人口损失在一亿以上，直接造成的死亡人口达七千万。

博按：中国近代革命导师马克思曾于1853年对太平天国有过一段经典论述："除了改朝换代……他们给予民众的灾难，比统治者有过之而无不及。他们用破坏来与腐朽对立。没有建设的破坏，就只能带来更多的腐朽"。历史学家简又文认为："客观上，在吾国全部历史中，若连内乱外患合计，以破坏性及毁灭力论，太平天国革命运动仅亚于现今日本侵略之一役耳，其前盖无匹也"。中国历史上多数农民起义，往往始起之时，具有一定的反抗压迫的历史正义性，但一旦他们受到起义领袖出于私欲的蛊惑和利用时，由于他们的思想局限性和认识狭隘性，便很可能走向人民的反面，成为更加残酷的社会破坏机器。而在中国历代皇权高压统治之下，农民长期被压迫在社会最低层。他们只要有口饭吃、有屋能住，便可忍辱负重，极尽委屈。一旦失去了基本生存条件，便很可能成为最残酷的暴力机器；他们灵魂中被封存的魔鬼一旦释放，便会无以复加地报复社会，残害他人；斯之谓中国式暴民运动。诚愿吾华此后之历史，勿再启这样的魔鬼出笼。

341. 中兴名臣胡林翼：老谋深识，烛照不遗

晚清中兴名臣胡林翼出身官宦之家，其父胡达源官至詹事府少詹事，为四品京堂。胡林翼从小得到了较好的教育，并有不少奇遇。史传嘉道时名臣两江总督陶澍巧遇6岁时的胡林翼，一见即惊为伟器，曰："我已得一快

婿”，遂将自己五岁的女儿许配给他。十九岁，胡林翼与陶澍之女琇姿（字静娟）完婚。二十一岁，胡林翼偕夫人送岳母贺夫人去南京陶澍两江总督任所。陶澍是嘉道年间经世之学的代表人物，办事干达，政声极佳。胡林翼亲见陶澍兴利除弊，深受熏染，“精神殊为一变”。其于家信中写道：“岳丈公退之余，辄与男长谈。岳丈胸中本极渊博，加以数十年来宦途阅历，上下古今，融会贯通，每及一事，旁证曲引，判断洞中窃要，于男进益，非浅鲜焉。”［引自《胡林翼集》（二），岳麓书社1999年版，第1025页］

为国赤忠。后世论及胡林翼，认为其是现代“公仆”思想的首倡者和践行者：胡林翼曾说：“吾辈做官，如仆之看家，若视主人之家如秦越之处则不忠莫大焉。”在他看来，所谓“做官”，其实就是“做仆”；所谓“主人之家”，其实就是“公家”，其终极指向是“国家和人民”。胡林翼服官贵州之前，曾在父亲墓地发誓：“绝不以一钱自肥以贻前人羞。”为官多年，私储无已，甚至他死后都还欠债，他在遗嘱中写道“我欠陶（陶澍）但（但明伦）两家之银，你们要替我陆续归还，我死后，诸君送我的奠银，都要全部用来建设好书院，而不要拿去挥霍！”

为将忠勇。胡林翼强调，将领们要有血性，要有理想，要有亮剑的精神和勇气，要敢于打硬仗，打大仗，打没有把握但又一定要打赢的仗。他根据自己长期的学习心得写成《读史兵略》四十六卷和《论语衍义》十卷。《读史兵略》开篇就说：“带兵之人，第一要才堪治民；第二要不怕死；第三要不汲汲名利；第四要耐受辛苦。不怕死，则临阵当先，士卒乃可效命。”在胡林翼出师与太平军作战初期，依靠自募的团练武装，在无兵无饷、无官无幕的情况下，克复了武昌；接着指挥湘军将领李续宾攻破九江，使东南战局出现重大转折。曾国藩指挥湘军合围安庆一役是按胡林翼的排兵布阵实施的，攻下安庆之后，胡林翼又马不停蹄，准备挥师攻打南京，其时胡林翼并没有节制数省军务，清廷也没有授权他攻打九江与安庆。胡林翼完全根据他对形势的判断和全盘考虑而主动出击。可以说，没有他的主动作为，湘军合围南京之军事部署，可能要推迟数月。而按照当时的形势发展，数月之内，形势必将更加溃烂，曾国藩即使回天有术，恐怕也无能为力。

为人谨诚。胡林翼虽早殁，但生平推功让能、调和诸将之力甚强。咸丰六年，胡林翼升为湖北巡抚，为了得到清朝权贵的支持，他极力笼络时任湖广总督的官文，主动让其母收官文爱妾为义女，又处处让利给官文，故胡林翼所言，官文无不言听计从，为平定太平天国奠定良好基础，史载“林翼威望日起，官文自知不及，思假以为重，林翼益推诚相结纳，于是吏治、财政、军事悉听林翼主持，官文画诺而已。不数年，足食足兵，东南大局，隐然以湖北为之枢。”另外，胡林翼对于属下将士十分爱护，经常予以资助。如对于“鄂中营官之有家在鄂省者”，每家支付年费不下三百六十两银子；重要将领都兴阿、多隆阿、舒保、李续宜、鲍超、余际昌等所给月费超过千两；每与将领见面，胡林翼都要以钱相赠，如见都兴阿送一千两、见多隆阿送五百两皆成惯例。胡林翼这种具饷必丰、养人以宽的笼络手段，不仅使部下死心塌地供他驱遣，而且也使很多客将愿意归附他。因此，曾国藩说：“近世将才，湖北最多”，其中的塔齐布、罗泽南、李续宾、都兴阿、多隆阿、李续宜、杨载福、彭玉麟、鲍超等都是一时名将，战功赫赫。

胡公之逝。史载胡林翼于安庆围剿太平军时，曾策马登当地龙山，观察安庆地形，看完地形，他颇为自信地对仆从说：“虽然叛军声势浩大，但也不难平定。”言罢勒马回营，忽然看见长江上有二艘洋船鼓轮西上，“迅如奔马，疾如飘风”，胡林翼脸色大变，途中呕血，几至坠马，回营以后病情加重，没过多久就黯然病逝。此前，据说每当有人与胡林翼谈论洋务，他都摇手闭目，神色不怡，说：“此非吾辈所能知也。”

而更多的史学者认为胡林翼之早亡是基于其过于忧国忧民、忧思过劳所致。当洪杨之乱时，很多文化人唯抨击太平天国造反本身之过而不思其深刻之原因。唯有胡林翼一面率兵平定内乱，一面对洪杨之乱表示出深深的同情。他以客观的态度，向皇帝写奏疏，批评政治腐败：“救地方的急症，莫如选将。医国家的真病，莫如察吏。兵事之所由起也。士气之不振，民心之所变也。凡上下交接之事，诿之幕友。官民交接之事，诿之门丁。州县这所谓小事，即百姓之大事也。今日之小贼，即明日之大贼也。”他还说：“国家之败，皆由官邪。民乱必由官贪。”他在遗嘱中说：“子孙不必学八股文，不要想做官，求做官者必有济于民，与其以官害民，不如为士为农，尚不失祖宗之气。”他为子孙作了个清廉的样板，以至死后灵柩因无钱而不能返乡安葬，是曾国藩等人捐助才得以还家安葬。胡林翼去世于1861年，其时第二次鸦片战争刚刚结束，太平天国运动还在持续，再其后是八国联军侵华，甲午战争……大清帝国四万万百姓身不由己的灾难才不过是刚刚开始，由清朝王朝腐朽落后统治所造就的历史悲剧还远未结束，以胡公之远见，能不深忧以丧身乎？！

博按：晚清文史学家李慈铭说胡林翼“老谋深识，烛照不遗，固中兴第一流人”；一向自负的曾国藩则心悦诚服地赞美胡林翼“赤心以忧国家，小心以事友朋，苦心以护诸将，天下宁复有似斯人者哉”。后曾国藩受胡林翼影响，大力保荐将领，推功于满人大臣，才一步步形成气候，将湘军做大做强，终于立下剿灭太平天国之功勋。清末名士沈卓然亦曾指出“世徒知曾、左之贤，而不知胡文忠固在曾、左之前。盖胡公之学与才，实无逊于曾、左；而于政治、文章、经济、军事，固无所不学，无所不致其用也。更考其生平，不独坐镇武昌，坚守不摇，以扼形势之要；且于课厘馈饷，擘画尽善，遂使当时诸军无饥馁之扰，克奏中兴之业。由此而论，允推功首。即其察吏安民，兴利除弊诸政，亦皆大端，足为后世之法式”。即以曾胡二人论，客观而言，两人相比，论学术造诣，胡不及曾，但胡更有天分悟性；论埋头苦干，胡不及曾，但胡比曾会变通，更圆融。论坚韧不拔，胡不及曾，但胡善于事半功倍，举重若轻。胡林翼功成名就的时候，曾国藩处境艰难，胡林翼就多次上奏保荐曾国藩。而左宗棠，因其性格过刚之因，于清廷最糜烂之乱局，虽于小处着眼，却无大局无补。其中兴之功，大抵于复疆之战显现。是以曾国藩的高级幕僚王闿运也认为“中兴之业，实基自胡”。另外，在湖湘三杰中，胡林翼在清正自守和家国情怀上似乎更胜一筹。史载其在给其夫人陶静娟的信中说：“人生在世，只有一安心德。安心作一忠义人，则亦无他念矣。”他戎马一生，从不贪污，不结党，不营私，不计毁誉，生时任劳任怨，死后官囊如洗。胡林翼以其悲烈之死，为后来的中兴名臣如曾、左、李、张等人，树立了楷模和标杆。他们于胡林翼死于“西洋火轮”之叹中，开始了以“洋务运动”为手段的救亡图存的道路探索。

342. 再论中兴名臣胡林翼：一部近代史，两个“润芝（之）”事

按照传统中国传统历史阶段划分，中国自太平天国以降的历史谓之“近代史”。而近代之史，若以影响和结局论，两支军队的影响为最大。前者，即是曾国藩和胡林翼所创立的湘军；后者，即为毛泽东所缔造的“红军”。160余年中国近代史的大体走向，究其根本，是由这两支军队所最终决定的。试为论之：

清朝政府所创立的正规军八旗军和绿营军，在经历入关、平定三藩、回乱、复台之后，逐渐成为维护清朝一族专制统治的强力工具，腐化堕落，经百余年间已毫无战斗力（除僧格林沁部之战力一息尚存外），是以太平天国一起便彻底崩溃瓦解。无奈之下，以胡林翼、曾国藩、左宗棠为首的湖湘三英，以民间团练形式，仿明代“戚家军”之模式，建立起“军为将有”、“族群相编”、“以营为制”的强大湘军，渐次成为清朝腐朽统治的中流砥柱。而此后，在湘军主体解散的情况下，相继而起维护清朝王朝的楚军（左宗棠）、淮军（李鸿章）、新军（袁世凯），皆继承了湘军的基本建制形式和作战思想，可谓湘军血脉之秉承。

继湘军而成为清朝主力之淮军，因为李鸿章治军“专图姑息、纪律松弛”，是以很快便在中日甲午一役中全军覆没。继承淮军“衣钵”的袁世凯又结合西洋军制，以淮军残留将领为班底建立了“新军”，也深受湘军影响而成为袁世凯一人的“私家军”。当清朝灭亡，民国肇建，北洋混战之中，最终取胜的“国民革命军”所秉承的作战思想和用兵理念，深受《曾胡治兵语录》的影响。国民军名将蔡锷在其主编的《曾胡治兵语录》一书的序言中说：“曾胡两公，中兴名臣中铮佼者也，其人其事距今半个世纪，遗型不远，口碑犹存。”民国初年，黄埔军校把这本书作为必读教材。蒋介石曾说：“洎乎民国二年失败，吾再将曾国藩与胡林翼诸书集，悉心讨究，不禁而叹胡林翼之才识略见，确高出一世，实不愧为当时之名将。”1922年3月

25日，蒋介石在日记中写道："看胡（林翼）集，其言多兵家经验之谈，千古不易之论，非知兵者不能言，亦非知兵者不能知其言之深微精确也。"其后，蒋介石又在日记中写道："崇拜胡公之心，过于曾公矣！"

再后，蒋介石权力基础稳固之后，开始拉拢和纵容军队将领，终使国民革命军不断腐化并在抗日战争中一败涂地，再又被毛泽东所领导的"红军"和后来发展壮大的"解放军"所打败。而毛泽东本人，除了同样受曾、胡治军建军思想深刻影响之外，连他本人，也以胡林翼的"号"为自己的"字"。史载，1945年10月，毛泽东在重庆谈判期间，曾与时任《新民报》副刊编辑的张恨水说起自己"字润之"的来历。他称："我这个字，是我的老师杨昌济先生取的。1915年我在湖南一师读书时，杨先生推荐我读《胡文忠公全集》，我特别喜欢。后来，我又读了《曾胡治兵语录》。杨先生就对我说，司马长卿崇拜蔺相如改名相如。你既然尊敬胡润芝，就干脆改成润芝吧！"后来，毛泽东在考虑再三之后，不愿做一个"草头将军"，就去掉了"芝"字的草字头，正式定字为"润之"。1943年，《军政杂志》出版《增补曾胡治兵语录白话句解》。两年后，该书由八路军的山东军区重印出版。胡林翼提出的湘军战略是"扎硬寨，打死仗"。毛泽东活学活用，提出了游击战的十六字方针"敌进我退，敌驻我扰，敌退我追，敌疲我打"。这些，被后来的美国西点军校列为军事经典。

博按：读史晚清，重温胡文忠公之遗文遗事，深感其于家国华族，影响至大。当湘军初建，创立湘军的曾国藩受朝廷猜忌，长期孤悬客位，久不能得督抚之权。而胡林翼表现出过人的胸怀气度和谋略智慧。他一方面周旋于朝廷权贵，一方面教导湘军，为湘军注入了勇敢善战、顽强坚毅的气质和灵魂。经过胡林翼改造的湘军，和这支军队的精神性格，在其后一百余年间，激励着无数湖南和中国的志士仁人，为中华民族的伟大复兴而前赴后继，英勇不屈，终于成就今天的"共和"之局。虽然中华至今仍在不懈努力以图振兴富强新路，"周虽旧邦，其命维新"，经过近代革命洗礼和现代文化传承的炎黄儿女，必将在胡公的伟岸人格和伟大思想影响的激励之下重铸辉煌，再继伟业！

343. 千古完人曾国藩：虽能应时而变，却也当过愤青

近代以来，曾国藩可谓声名显赫。尤其是改革开放以来，中国所出版书籍中，若以读者和印数计，恐怕第一之名，非曾国藩莫属。无论国内外、古今各类学者和专家们，都从各个层面对他作了全面解读。本着“独辟蹊径”的精神，今且单论其应时变之精神实质和一次特殊的“愤青”事件。

年轻时为儒家。曾国藩出身于地主家庭，六岁入塾读书。八岁能读八股文、诵五经，十四岁能读《周礼》、《史记》文选，同年参加长沙童子试，成绩列为优等。道光十三年（1833年）入县学为秀才。翌年就读于长沙岳麓书院，同年中举人。此后赴京会试，一再落榜。十八年，始中第三十八名贡士，旋赴殿试，中三甲第四十二名，赐同进士出身。朝考选翰林院庶吉士。自此供职京师，结交穆彰阿、倭仁及唐鉴等。十二年以不到三十七岁官至工部右侍郎（副部），创下湖南省“最年轻副部纪录”。此时其无论做事做文做官，皆以其先祖宗圣曾子为尊。

壮年时为法家、兵家。咸丰元年，太平军起，很快席卷广西。对于这场大乱，二十岁的咸丰皇帝毫无准备，指挥混乱，布置失措。本以谨慎闻名、时年四十岁的曾国藩做出了一个晚清官场极为罕见、今日看来相当“愤青”的举动：直言批评皇帝。他上了《敬呈圣德三端预防流弊疏》，直指咸丰皇帝的三个缺点：一是见小不见大，小事精明，大事糊涂。他批评皇帝有“琐碎之风”，“谨于小而反忽于大”，成天把精力用于挑大臣们礼仪疏漏之类的小毛病，苛于小节，疏于大计，对派往广西镇压起义的人员安排不当。二是“徒尚文饰，不求实际”。鼓励大家进言，大家提了不少意见，其中怎么也会有几条有见解的吧？结果却都是批了“无庸议”三字而已，没有一项落实。三是刚愎自用，饰非拒谏，出尔反尔，自食其言。曾国藩希望自己的这道奏折，能起到当头棒喝的作用，使皇帝幡然猛醒，改弦易辙。他也希望此举能在朝廷中引发直言之风。曾国藩此举可谓极大的政治冒险，因为清代皇权体制威严，君臣之分，凛若天渊，大臣们给皇帝的文字，字斟句酌，务为恭顺，极少谏诤之语。年轻气盛而又自尊心特别脆弱敏感的咸丰皇帝对曾国

藩这一“愤青”举动的反应可想而知。史载“疏上，帝览奏大怒，摔诸地，立召军机大臣，欲罪之”。幸亏祁隽藻、季昌芝等大学士为之苦苦求情，才使曾国藩免于获罪。

后来，当曾国藩以二品大员，湖南士林领袖身份回乡为母“丁忧”（守孝三年）时，正值太平天国事起，心忧天下（更多的是个人建功的需要）的曾国藩应时而起，大办团练。在此期间，曾国藩鉴于天下民乱四起的形势，祭起“治乱世用重典”的大旗，轻斩“乱民”，杀人如麻，且攻破“天京”后更是纵容湘军烧杀抢掠，遂有“曾剃头”之名声。他在家书中即自称“自以杀贼为志，何必以多杀为悔”。曾国藩的幕僚赵烈文在《能静居日记》有详细记载南京城破：“……沿街死尸十之九皆老者。其幼孩未满二三岁者亦斫戮以为戏，匍匐道上。妇女四十岁以下者一人俱无，老者无不负伤，或十余刀，数十刀……”。湘军大将彭玉麟见状不满，先后两次致函曾国藩，要求大义灭亲。当时金陵士大夫有隐语：“昨夜诸侯今庶人，江宁民家尽死人！”（昨夜诸侯今庶人，指“曾”为“国藩”）。南京百姓至今仍以“曾剃头”、“曾屠户”等词称呼曾国藩、曾国荃兄弟，太平天国天京城破三十余年后，谭嗣同在南京仍听当地人说：“（湘军）一破城，见人即杀，见屋即烧，子女玉帛扫数入于湘军，而金陵遂永穷矣。至今，父老言之，犹深愤恨。”

当功成名就之时又为道家。当湘军攻下天京，曾氏兄弟“功高震主”之时，为明哲保身，在清朝上下疑其有“野心”之时，遽撤湘军，“挥刀自宫”，一举而取得了清朝统治者的高度信任。自此无论是其家书，还是与朋友的书信，均表现出“老庄”的消极之气。

当其晚年之后又成为改革家。当曾国藩地位稳固，曾氏家族立足已稳，朝野上下，多为其党羽时，又开始大办洋务，建造中国第一艘轮船，开启近代制造业的先河；建立第一所兵工学堂，肇始中国近代高等教育；第一次翻译印刷西方书籍，不仅奠定了近代中国科技基础，而且极大地开阔了中国人的眼界；安排第一批赴美留学生，其中民国第一任总理唐绍仪、中国“铁路之父”詹天佑、清末外交部尚书（部长）梁敦彦、清华大学第一任校长唐国安等就是此中佼佼者。

博按：自古成就大功业者皆善于审时度势，应时而出，择机而动，视情而变。然其所谓“变通”者，必以“忠心”、“正心”、“良心”为主线始可行之，否则必落后世骂。曾国藩之所以成为后代官场楷模，因其“守身以正”、“谋国至忠”、“为友至德”，是以能行之久远而不坏其名，既立大功而不伤其身。今为官谋功者，当知其中之要义。观曾国藩其一生奉行“为政以耐烦”为第一要义，主张凡事要勤俭廉劳，不可为官自傲。而当其于朝中为官时，敢于以直言形势上书皇帝，直陈皇帝之失，这样的勇气，在清朝一朝极为少见。尤其在咸丰这样年轻气盛的青年皇帝面前，曾国藩的选择不啻于一次巨大的政治冒险。但是，也正是这样的“愤青”之举，从一个侧面反映了曾国藩的政治抱负和勇气担当，而这种政治抱负和勇气担当，则是其后建立不世之功的性格基础。

344. 再论曾国藩：中华第一政治委员

近人有论者认为曾氏实中国思想政治工作的开山祖师。因曾国藩曾自称：“鄙人乃训练之才，非战阵之才”，他教导士兵“说法点顽石之头，苦口滴杜鹃之血”。他看到洪秀全崇拜天主教不合中国国情，写一篇《讨粤匪檄》，使许多知识分子脱去长衫，率瓴黑脚杆的相实农夫，投到湘军的旗帜之下；他以儒家精神练兵，使湘军成为一支有“儒家主义”的队伍。据唐浩明的《曾国藩传》所记载，当湘军初建时，曾国藩常对湘军将领和士兵进行思想灌输，“经常一讲就是两个时辰”。而更重要的是，曾国藩治军严格，要求军队“爱民”的思想亦深深影响了湘军的战斗力和最后的成功。

1858年曾国藩（咸丰八年）在江西建昌营中亲自编写了一首《爱民歌》。其歌云：

三军个个仔细听，行军先要爱百姓，
贼匪害了百姓们，全靠官兵来救生。
第一扎营不贪懒，莫走人家取门板，
莫拆民家搬砖石，莫踹禾苗坏田产，

莫打民间鸭和鸡，莫借民间锅和碗。
第二行路要端详，夜夜总要支帐房，
莫进城市进铺店，莫向乡间借村庄，
无钱莫扯道边菜，无钱莫吃便宜茶，
更有一句紧要书，切莫掳人当长夫。
第三号令要声明，兵勇不许乱出营，
走出营来就学坏，总是百姓来受害，
或走大家讹钱文，或走小家调妇人。
爱民之军处处喜，扰民之军处处嫌，
军士与民如一家，千记不可欺负他。

当时湘军与太平军相战甚酣，曾氏写《爱民歌》的目的，就是以此教育、约束湘军官兵，加强纪律性，以赢得民心。曾国藩治军治学思想对后世影响至深。蒋介石曾自认是曾氏的私淑弟子；延安时期，毛泽东还向一些干部提议阅读《曾文正公家书》；后来有专家考证，毛泽东制定的供红军使用、后来唱遍全国的《三大纪律八项注意》，曾受到曾国藩《爱民歌》影响（内容借鉴曾国藩，曲调借鉴袁世凯《大帅练兵歌》，后者的曲调借鉴德皇威廉练兵曲）。毛泽东也曾从蔡锷编辑的《曾胡治兵语录》中汲取爱民、爱兵、重视精神教育等精华。

博按：因为善于“思想建军”、“政治建军”，所以毛泽东曾评价曾国藩为“办事（干出事业）兼传教（留下思想学说）之人”。后世对曾国藩的如潮评价大抵不外乎其寓治世于治军，寓治军于治家，寓治家于修身，对自己道德人格之要求可谓今古未有之严格，是以梁启超曾评价其为清晚“立德、立功、立言三不朽，所成就震古烁今而莫与京者”。尤其是曾国藩长于对湘军思想的打造与控制，终使湘军完成了击败太平天国的重大使命。其与胡林翼的治军思想，深刻影响了此后的所有军队。而今日的共和国军人，每于听闻或亲唱《三大纪律、八项注意》之军歌时，可否会想起这位伟大的思想家，这位中华文化的布道者，这位“中华第一政治委员”，给这首歌里注入的思想的血液？

345. 国之重器说左公（之一）：一个旷世奇才的求仕之路

晚清之末，左宗棠可谓一个千古奇才。然而，因为身处清朝的专制体制之下，左宗棠这个生性耿直的湖南士子的求仕报国之路却无比艰难：

史载，左宗棠生性颖悟，少负大志。五岁时，随父到省城长沙读书。十五岁应长沙府试，取中第二名。因注重经世致用之学，对涉及中国历史、地理、军事、经济、水利等内容的名著视为至宝。在家居丧期间，左宗棠得到了顾祖禹的《读史方舆纪要》，爱不释手。后又读及顾炎武的《天下郡国利病书》、齐召南的《水道提纲》等诸多经世致用书籍，从此大开眼界。据传当时江苏布政使贺长龄回长沙丁忧，曾“以国士见待”，并将自己主编的《皇朝经世文编》送给了左宗棠，这部书收集了当时的许多经世致用的文章，包含了地理、水利、军事、农业、西方各国等方面的内容，左宗棠如获至宝，潜心阅读，留下许多批注，以致随处“丹黄殆遍”。

正是由于将大部分精力用在阅读“课外书籍”方面，荒废了举业，因此导致左宗棠后来科场失利。十八岁时，左宗棠进入长沙城南书院读书，次年又入湖南巡抚吴荣光在长沙设立的湘水校经堂。二十岁时参加乡试，因“搜遗”中举（高中毕业），此后的六年中，三次赴京会试，均不及第（因左更关注经世之学，于清朝“八股”取士之学著力不够矣）。科场失意，使左宗棠不能沿着所谓的“正途”进入社会上层，但左宗棠的志向和才干，得到了当时许多名流显宦的赏识和推崇。赫赫有名的封疆大吏陶澍竟然主动提议将他唯一的儿子与左宗棠的长女订婚。名满天下的林则徐对左宗棠也十分器重，两人曾在长沙彻夜长谈，对治理国家的根本大计，特别是关于西北军政的见解不谋而合。林则徐极力称赞左宗棠是“非凡之才”、“绝世奇才”，认定“西定新疆”，舍左君莫属，特地将自己在新疆整理的宝贵资料尽数付于左宗棠。临终前还命其子代写遗书，向清廷推荐左宗棠人才难得。

1852年，当太平天国大军围攻长沙，省城危急之际，左宗棠在郭嵩焘等人劝勉下，应湖南巡抚张亮基之聘出山，缒城而入长沙，张亮基遂将全部军事托付给左宗棠。左宗棠“昼夜调军食，治文书”、“区画守具”，终使太平军围攻长沙三个月不下，撤围北去。左宗棠一生的功名从此开始。但此时，左宗棠已然四十余岁。而当其真正成为朝廷命官，作为掌兵将领之时，已经近五十岁了。

博按：晚清“湘军三杰”和“中兴名臣”中，若以有大功于湖南，则胡林翼居首；若以有大功于清朝朝廷，则曾国藩居首；若以有大功于中华民族，则绝无出左宗棠之右者。甚而言之，放之四千年中华文明史，以一人之力而确保中华一百余万平方公里辽阔国土无虞者，独左宗棠一人。然以左公旷世奇才，精于经世而弱于“八股”之科，是以难于“科举”而入于庙堂，设若无太平天国运动，以左公之性格与所学，必将埋没于乡里，终老于山林，岂非国家与民族之失乎？以此论之，亦可见清朝之政日渐没落之根源。然左公之幸者，以其生逢天平天国运动，适遭国家内忧外患，民族与民众之大不幸，竟成左公一人之大幸。而读史之人，于左公出山之艰辛，始知湖南何于近代以来人才辈出之根源：因左公之性格，实湖南人之性格，而湖南人之刚烈耿直，于和平之世，必不见容于恶政庸君。唯当大乱之际，危难之间，真正的英雄才能应时而出，俗语云“国乱思良将，家贫思贤妻”，此之谓也！

346. 国之重器说左公（之二）：“天下不可一日无湖南，湖南不可一日无左宗棠”

1854年（咸丰四年）3月，左宗棠应湖南巡抚骆秉章之邀，再次入佐湖南巡抚幕府。其时清王朝在湖南的统治已岌岌可危，太平军驰骋湘北，长沙周围城池多被占领，而湘东、湘南、湘西广大贫苦农民，连连举事，此起彼伏。左宗棠焦思竭虑，日夜策划，辅佐骆秉章“内清四境”、“外援五省”，苦力支撑大局。同时，革除弊政，开源节流，稳定货币，大力筹措军费，多方购置军械、船只。骆秉章对他言听计从，“所行文书画诺，概不检校。”由于左宗棠的辅佐和筹划，不但湖南军政形势转危为安，出省作战也连连奏捷。

左宗棠出佐湘幕，初露峥嵘，引起朝野关注，一时有“天下不可一日无湖南，湖南不可一日无左宗棠”之语，在胡林翼、林则徐等人的竞相举荐下，咸丰皇帝亦给予极大的关注。但也因此引起了一些人的忌恨和诽谤，特别是湖南永州镇总兵樊燮公报私仇，多方构陷，险些使左宗棠性命不保。幸得胡林翼、郭嵩焘等人仗义执言，潘祖荫、肃顺等大臣披沥上陈，才使一场轩然大波得以平息。但经此一事，左宗棠几乎心灰意冷。他在给胡林翼的信中说：

“一去六年，忍耻受辱，勉与尘世俯仰。湖湘之事，一身任之；即东南之局，亦一心注之，未尝以他念稍挠其讨贼之志。平生未受国家寸禄，而辄不揣其愚暗，慨然以身冒天下之嫌怨谤忌而独执其咎，宁不自知以无权无位不绅不幕之人，处于有罪无功之地，必为世所不容哉？”（引自《左宗棠全集、书信卷》）

1856年，左宗棠因接济曾国藩部军饷以夺取被太平军所占武昌之功，命以兵部郎中用。1860年，太平军攻破江南大营后，左宗棠随同钦差大臣、两江总督曾国藩襄办军务。并在湖南招募五千人，组成“楚军”，赴江西、安徽与太平军作战。1861年，太平军攻克杭州后，左宗棠由曾国藩疏荐任浙江巡抚，督办军务。1862年，左宗棠组成中法混合军，称“常捷军”，并扩充中英混合军，先后攻陷金华、绍兴等地，升闽浙总督。1864年3月，左宗棠攻陷杭州，控制浙江全境。论功封一等恪靖伯。旋奉命率军入江西、福建击太平军李世贤、汪海洋部，至1866年2月，左宗棠攻灭李世贤等于广东嘉应州。太平天国完灭于左公之手。

博按：细读左公之史，深以其筹谋天下之能力为赞。当左公出山之后，因胡林翼早亡，当时天下大势，一定意义上决于曾、左二人。因曾公之性格特征，其虽善于发现人才和“思想建军”，但于统筹大局、军事谋略方面，却有赖于左公之有力辅佐。尤其当太平军纵横于江南富庶之地，于清朝之财政与经济有“溃心”之痛时，左公能统筹湖南大局，革除弊政，开源节流，稳定货币，大力筹措军费，多方购置军械、船只，“内清四境”、“外援五省”，从而使曾国藩能够专心于江淮，全力围困“天京”。是以曾氏兄弟最终得以剿灭洪杨，其中左公统筹谋划，支援巩固之功甚大。

347. 国之重器说左公（之三）：壮士长歌老益壮，新疆遍插“左公柳”

1864年，正值洪杨之乱和陕甘回变之际，新疆各地豪强趁机而起，出现了割据纷争、各自为王的混乱局面。黑山派和卓后裔阿古柏于1867年建立“洪福汗国”盘踞新疆。对此局势，左宗棠认为“既事关君国，兼涉中外，不能将就了局，且索性干去而已”，遂在并无清廷诏命情况下，率师进驻兰州，采用“缓进速决”战略，准备收复新疆。所谓“缓进”，就是积极治军。用一年半时间筹措军饷，积草屯粮，整顿军队，减少冗员。同时在兰州建立“兰州制造局”，从广州、浙江调来专家和熟练工人，大量制造武器，除仿造德国螺丝炮和后膛枪外，还改造中国劈山炮和广东无壳抬枪。1875年（光绪元年），清廷引起“海防”与“塞防”之争。李鸿章等人力主海防，主张放弃塞防，将“停撤之饷，即匀作海防之饷”。左宗棠则力表异议，指出西北“自撤藩篱，则我退寸而寇进尺”，尤其招致英、俄渗透。光绪皇帝和慈禧太后下诏授左宗棠为钦差大臣，全权节制三军，以将军金顺为副帅，择机出塞平叛新疆。

左宗棠收复新疆的战略是先安定新疆回部，“欲收伊犁，必先克乌鲁木齐”。如果乌鲁木齐城克服，“我威维扬”之后，再大兴屯田以保证长期后勤供应，安抚新疆各部族耕牧如常。如此，“即不遽索伊犁，而已稳然不可犯矣。乌城形势既固，然后明示以“伊犁我之疆索，尺寸不可让人”。在战术上，左宗棠分析：“俄虽国大兵强，难与角力，然苟相安无事，固以度外置之。至理喻势禁皆穷，自有不得已而用兵之日，如果整齐队伍，严明纪律，精求枪炮，统以能将，岂必不能转弱为强，至此劳师袭远之寇乎？”因此，“不在先索伊犁，而在急取乌鲁木齐。”左宗棠事先命西征军前锋部队统帅张曜，驻军哈密兴修水利、屯田积谷。

同年4月，左宗棠指挥西征军刘锦棠所部湘军25个营，张曜所部嵩武军14个营和徐占彪所部蜀军5个营，共有马、步、炮军一百五十余营，兵力总数近八万人（但真正开往前线作战的只有五十余营，二万多人）。时左宗棠坐镇肃州（今武威），命刘锦棠、金顺兵分两路，先后率师出关。9月，大军首下乌鲁木齐。阿古柏部队二号首领白彦虎逃到托克逊。又攻克玛纳斯城，从而北路荡平。接着集结兵力转攻南路。第二年三月，又先后收复达坂城和托克逊城。阿古柏逃往焉耆，留下他的小儿子驻守库尔勒为其垫后。不久，左宗棠军又收复吐鲁番，阿古柏一看通往南路的门户打开，自知大势已去，乃服毒自杀（一说被毒杀）。阿古柏长子胡里率领残部逃往喀什。同年八月，大军从正道向西挺进，先收复南疆东焉耆、库车、阿克苏、乌什四城；接着收复喀什、英吉沙、叶尔羌与和田西四城，至此，这场由英、俄两国支持的阿古柏之乱乃告平息。其后，布鲁特（今柯尔克孜族）十四个部落，也争相内附。新疆各地也于大小村镇建立左公祠，烧香礼拜。

收复新疆后，左宗棠于1880年（光绪六年）正月上书朝廷，力陈在新疆设省的主张。时沙俄提出在获得中国在通商、割地、赔款和再次调整天山以北边界等方面做出让步后，才能交还伊犁。清廷卖国大臣崇厚在沙俄提出的“通商、划界、赔款”三项要求的条约上签字。左宗棠认为这个条约实属卖国，慈禧太后再被说服，于是治崇厚罪，派曾纪泽出使俄国，重议条约。当此时候，左宗棠再奏称：“壮士长歌，不复以出塞为苦也，老怀益壮。”自愿请行率军屯哈密，为曾纪泽做后盾。左宗棠将其棺材从肃州运到哈密，兵分三路，号称王师四万，向伊犁方向挺进，同时，借以表示为收复伊犁血战到底的决心。在左宗棠强大作战决心威胁之下，沙俄终于在谈判桌上做出让步。1881年（光绪七年）2月24日，曾纪泽与俄方代表订立了《中俄伊犁条约》和《陆路通商章程》。沙俄归还伊犁。虽然这一条约被认为是不平等条约，但中国收回了伊犁九城及特克斯一带地方。左宗棠对这一条约表示满意，说“中俄和议，伊犁全还，界务无损。领事只设嘉峪关、吐鲁番两处，此外均作罢论，则商务亦尚相安。吉林俄船撤还，松花江不许俄船来往”，而对曾纪泽也赞扬道："劼刚此行，于时局大有裨益，中外倾心，差强人意也"。

1882年（光绪八年），左宗棠再次向清朝政府奏请新疆建省，提出乘新疆收复伊始和西征大军未撤之威，不失时机地建省设县。这样顺应民心，有利于百废待举，恢复元气，实行切实有效的管理。左宗棠最终说服了清朝政府，同意着手在新疆建省。时任新疆巡抚的刘锦棠，制定了建省的具体方案。省会设于迪化（今乌鲁木齐市），下设镇迪道、伊塔道、阿克苏道、喀什噶尔道及以下设府、厅、州、县。伊犁仍设将军府，但不再统帅全疆的军政事务，政治中心移至迪化。1884年（光绪十年）11月16日，户部奏请添设新疆巡抚、布政使各一人，除刘锦棠任巡抚外，又调甘肃布政使任新疆布政使。从此，新疆省正式建立。

博按：左公以文士起兵，助平洪杨之乱，剿平劲驰之捻，力抚狡猾之回，其于用兵之谋略，百战而百胜，可谓近世所独见。尤其于金积堡一役，在湘军大将刘松山死后，左宗棠毅然起用年轻的刘锦棠为帅，采取"步步为营"之法，渐次剿灭回乱，可为其经典用兵之范例。今日之游客，皆可见当年左公之柳仍萌阴于新疆辽阔之大地。而自军事、政治和经济角度看，中国于今日有广袤的西北领土，为战略纵深之地，且以丰富之能源，富饶之土地，昆仑天山之阻隔，不仅深以左公之远见为感慨至深。正因为如此，近代学者缪凤林先生说："唐太宗以后，对于国家领土贡献最大的人物，当首推左宗棠，实非过誉。"本世纪初，美国《新闻周刊》杂志向读者推介了过去一千年来全世界范围内的四十位智慧名人，左宗棠是其中之一。以上两种评价，前一个虽在中国，却不在当代；后一个虽在当代，却不在中国。国内外史学家一致认为，收复新疆，是整个晚清史中唯一的亮点。是以清末著名学者左钦敏曾评论左公曰："综古今论之，邓（艾）、马（援）、李（光弼）、郭（子仪）中兴帝室，无此战绩；卫（青）、霍（去病）、韩（琦）、范（仲淹）功高边塞，无此雄威。班定远（班超）生入玉门，尚须陈乞；岳忠武痛饮黄龙，徒成虚名。勋名之盛，秦汉以后，谁与比伦？"读史至此，不仅想起左宗棠曾给自己所作的挽联，上联：慨此日骑鲸西去，七尺躯委残芳草，满腔血洒向空林。问谁来歌蒿歌薤，鼓琵琶冢畔，挂宝剑枝头，凭吊松楸魂魄，奋激千秋。纵教黄土埋予，应呼雄鬼；下联：倘他年化鹤东归，一瓣香祝成本性，十分月现出金身。愿从此为樵为渔，访鹿友山中，订鸥盟水上，消磨锦绣心肠，逍遥半世。惟恐苍天负我，再作劳人！

348. 左徐之交：两个民族英雄的“惺惺相惜”

1849年冬季，一代民族英雄林则徐乘坐一叶扁舟经湖南辰州，泛沅江，溯湘水，向长沙而来。次年1月3日晨，舟停湘江。鸦片战争后，林则徐被道光帝遣戍新疆，1845年底又奉旨起用，但长期心情的压抑和奔波，加上夫人郑淑琴的去世，使林则徐旧疾复发，不得不奏准请假回乡调治。此次他特意在长沙暂停，目的只有一个：会晤相闻已久却始终未曾谋面的左宗棠。

林则徐最早是从自己的知己好友、两江总督陶澍的女婿胡林翼那里知道左宗棠的。胡林翼与左宗棠既是同乡，又是同年所生，交往甚密。在左宗棠与陶澍结为儿女亲家后一年，陶澍逝世，左宗棠受托前往陶澍家中教授陶家子弟。1842年，胡林翼也回乡到陶家帮助理家，常与左宗棠“风雨连床，彻夜谈古今大政”。胡林翼对左宗棠极为赞赏，称他是：“楚才第一。”因此，当他得知林则徐急需辅助人才时，便大力加以推荐。林则徐函复胡林翼道：“承示贵友左孝廉，既有过人才分，又喜经世文章，如其噬肯来游，实所深愿。即望加函敦订，期于早得回音。”但当时左宗棠因教授陶澍儿子读书等事无法脱身，错过了这次机会。不过，林则徐就此记住了左宗棠这个名字。

左宗棠对林则徐则更是心仪已久。鸦片战争爆发，左宗棠被林则徐的爱国心所感染，“心神依倚，惘惘欲随”。林则徐遭贬，奉调治黄河决口，出关赴新疆等事，左宗棠自称：“仆之心如日在公左右也，忽而悲，忽而喜，尝自笑耳。”足见他对林则徐的仰慕。

此次林则徐省亲返乡，途经长沙，经过洞庭湖时，遣人到湘阴东乡柳庄召左宗棠来见。船停泊后，左宗棠于当天赶到。因急于相见，慌忙之间竟然落入水中。左宗棠爬上林则徐的船后，要行拜谒之礼，林则徐忙阻拦道：

"落汤鸡了，还做什么礼节？快去更衣！"两位晚清历史上的民族英雄和风云人物，就这样相会于岳麓山下、湘水之畔。据传相见之时，左宗棠仰颂林则徐这位六十五岁的前辈名臣为"天人"，林则徐则对左宗棠这位三十七岁的布衣"诧为绝世奇才"。共同的经世抱负和旷世情趣使他们像阔别多年的故友相逢，倾心交谈。关于西域边政。林则徐说西域屯政不修，地利未尽，以致沃饶之区都不富强，他曾在边部各城大兴水利，可惜功未告成，深以为憾。林则徐认为只要水利兴修，稻田广种，那么西域就能不减东南富庶之区。林则徐还预见俄国将成为中国的边疆大患，谈及他对新疆地理的观察，俄国在边境的政治军事动态和自己的战守计划，并将有关材料全部交给左宗棠，并说："吾老矣，空有御俄之志，终无成就之日。数年来留心人才，欲将此重任托付，将来东南洋夷，能御之者或有人；西定新疆，舍君莫属。以吾数年心血，献给足下，或许将来治疆用得着。"

不知不觉之中，夜已将尽，两人才相互告别，林则徐亲书对联一副给左宗棠，上联曰：

此地有崇山、峻岭、茂林、修竹；
是能读三坟、五典、八索、九邱。

上联写了湘江夜话处的美丽景色，下联抒发了胸怀古今文化的豪情，同时也包含着对左宗棠的高度评价。临别时，林则徐举手拍着左宗棠的肩膀叹道："他日竟吾志者，其唯君乎！"期望之深，溢于言表。湘舟夜话仅一年以后，1850年秋，林则徐回到福建后身染重病，知道来日不多，命次子林聪彝代写遗书，向咸丰皇帝一再推荐左宗棠为"绝世奇才"、"非凡之才"，咸丰开始关注到左宗棠。而林则徐则在前往广东剿匪途中不幸去世。相传，左宗棠听到林则徐的噩耗时，不由痛哭失声，流泪撰题挽联寄托哀思：

附公者不皆君子，间公者必是小人。忧国如家，二百余年遗泽在；
庙堂倚之为长城，草野望之若时雨。出师未捷，八千里路大星颓。

对联更表达了左宗棠对林则徐的崇敬之情，他们虽仅见过一面，畅谈过一宿，思想却是相通的。湘江夜话，给左宗棠留下了极为深刻的印象。20余年后，左宗棠舆榇出关，收复新疆。正是抱着林则徐“苟利国家生死以，岂因祸福避趋之”的家国情怀，左宗棠在疆期间，力主建省，力行屯田垦荒，凿修水利，努力将林则徐生前意愿一一付之实行。

博按：自古既有“英雄相惺”之论，亦有“文人相轻”之憾。左徐二人皆近代以来少有之国之重臣，既为英雄，又为儒士。然二人所以能“相惺”而不“相轻”，因皆持心为国，秉心为公，胸怀天下是也。林徐湖上之会，与陶澍与左宗棠儿女之亲，可为中国历史英雄之交的佳话。尤其是当陶林二人行将退出历史舞台之际（二人皆在相识左宗棠一年后去世），其为国深忧之念，为国荐才之义，实可楷模万代，栉风千秋。

349. 晚清重臣李鸿章：秋风宝剑孤臣泪，落日旌旗大将坛

1870年，凭着淮系集团的支持，李鸿章当上了清廷最有实权的直隶总督兼北洋大臣。他在这个位子上一坐就是二十五年。在此期间，他显露出与大清国绝大多数官员的不同之处：他把“学西方”作为救国急务，自觉地继承和发展林则徐、魏源“师夷长技”的思想，提出了“外须和戎，内须变法”的洋务自强运动。应该说，“和戎”为的是创造一个有利于改革和建设的国际环境，而根本的出发点是变法图存。李鸿章曾在与朋友的书信中言道：

“自秦政变法而败亡，后世人君遂以守法为心传。自商鞅、王安石变法而诛绝，后世人臣遂以守法取容悦。今各国一变再变而蒸蒸日上，独中土以守法为兢，即败亡灭绝而不悔！天耶？人耶？恶得知其故耶？”

而“变法”亦确实为当时中国的急需。作为洋务运动无可争议的领袖，李鸿章意识到自己的活动是商鞅、王安石变法的继续。他把传统的“穷则

变，变则通”思想作为变革的理论依据，而整军经武，购买和仿造船、炮、洋枪则成了变法的重要内容。为了实现自己的“政治理想”，李鸿章提出了三件根本性的大事：一是培养全新的人才；二是全面发展工商业；三是要求宫廷节省冗费。

以清朝政府社会民智视角来看他的“自强”之道，确实是高出了当时绝大多数朝臣的认识水平。李鸿章说：

“西洋军火，日新月异，不惜工费，而精利独绝，故能横行于数万里之外，中国若不认真取法，终无以自强。窃为士大夫留心经世者，皆当以此为身心性命之学，庶几学者众，而有一二杰出，足以强国而瞻军”（引自《李文忠公全集》奏稿，卷17）。

在这里，李鸿章把“船坚炮利”视为“身心性命之学”。正因为如此，他不但着手从外国购置新式枪炮，而且还陆续创办了江南制造总局、金陵机器局等一批著名的军事工业。随着近代军事工业的兴起，李鸿章等人又逐步意识到“自强”与“求富”的连带关系。他逐渐感到只靠“船坚炮利”，还达不到“强”的目的，“必先富而后能强”（同上引文，卷43），于是，他又派员兴办了上海轮船招商局等民用性工矿企业。李鸿章曾自称他办轮船招商局是振兴中国商务，以“商战”达到“俾外洋损一分之利，则中国益一分之利”（同上引文，卷39）。时列强诸国也说他“目的是要从外国公司的手中夺取势力日益增长的沿海贸易”，“把外国人从中国的沿海及内河贸易排斥出去”（引自《洋务运动》（八），第400—401页）因此，李鸿章极其兴奋地指出：“从此中国轮船畅行……庶使我内江外海之利，不致为洋人占尽。”在兴办近代民用企业的同时，洋务派还将军事工业的重心从陆上移到筹建新式海防方面。如果说在初创军事工业期间，洋务派“御外侮”还强调“不露痕迹”，宜趁“剿发逆”之机，“洋人乐于见长之时，将外洋各种机利火器实力讲求，以期后窥其中之秘”（《洋务运动》（三），第467页）。正是由于李鸿章等人的苦心经营，才把北洋舰队建成当时亚洲最大的一支海军。然而，以李鸿章为首的“洋务派”们“运动”的成果却不足以使大清王朝在很快到来的甲午战争中击败“蕞尔小国”日本，反而一败涂地。不但清朝政府所赖以自豪的“北洋水师”全军覆没，而且连台湾也割给了日本。大清王朝的颜面丧尽不说，李鸿章也从此被打入了历史的冷宫，接受亿万世人的唾骂和指责。1901年，李鸿章在“老来失计亲虎豹”的悲愤中病逝。临死时“双目犹炯炯不瞑”。留下遗诗曰：

劳劳车马未离鞍，临事方知一死难。
三百年来伤国步，八千里外吊民残。
秋风宝剑孤臣泪，落日旌旗大将坛。
海内尘氛犹未息，诸君莫做等闲看。

全诗哀怨沉痛，令人扼腕。在李鸿章死后近十年，他为之操持一生的大清王朝也随之灭亡。

博按：以今天的观点来评判洋务运动之所以“失败”，是因为其“自强”、“求富”目标并未实现。洋务运动虽然作出了不少成绩，但并没有使中国走上富强道路。洋务运动失败的根本原因是其“中学为体，西学为用”宗旨，即只改经济制度，不改政治制度。其实，对洋务运动的这个错误，当年不少国人即已看出，一些大臣也反复提醒朝廷不能舍本逐末。如长期担任军机大臣兼总理各国事务衙门大臣的文祥，在死前不久上《密陈大计疏》，指出：“说者谓各国性近犬羊，未知政治，然其国中偶有动作，必由其国主付上议院议之，所谓谋及卿士也；付下议院议之，所谓谋及庶人也。议之可行则行，否则止，事事必合乎民情而后决然行之。自治其国以此，其观他国之废兴成败亦以此。”认为议院制度清国“势有难行，而义可采取”。再如两广总督张树声1884年在自己的《遗折》中更是把民主制度视为救国的根本：“夫西人立国，自有本末，虽礼乐教化远逊中华，然驯致富强，具有体用。育于学堂，论政于议院，君民一体，上下一心，务实而戒虚，谋定而后动，此其体也；轮船、大炮、洋枪、水雷、铁路、电线、此其用也。中国遗其体而求其用，无论竭蹶步趋，常不相及。就令铁舰成行，铁路四达，果足恃欤？”他恳请清廷下决心“采西人之体，以行其用”。这些建议揭示了西方富强的真谛，指出了中国应“采西人之体”的正确方向，如被采纳，中国近代史可能因此而改写。但这些意见因为违背了清朝统治集团的既得利益而被断然拒绝。政治上的专制必然导致经济上的垄断。在洋务运动中，大清国通过行政保护，垄断市场，压制民办企业。官营企业内部实行专制管理办法，人浮于事，效率低下。政府创办，财政补贴，腐败丛生，浪费严重。官办官营，是大清国洋务运动失败的关键。洋务运动的失败证明，只搞经济改革不搞政治改革，试图在不触动专制制度的前提下建立“大清特色的洋务化”，“一手欲取新器，一手仍握旧物”，只变“用”而不变“体”，是不可能真正实现国强民富的。而相对于同时期的日本“明治维新”，其成功经验正在于其“脱亚入欧”，全盘西化，既变“体”又变“用”。马克思在《论波兰问题》中说：“历史上常常有惊人的相似之处。”如果你对现实感到迷惑，你就去读读历史，其实一切都发生过。如果你对历史感到迷惘，你就来看看现实，其实历史正在发生。

350. 关于“曾国藩做人、左宗棠做事、李鸿章做官”的另类视角

影响晚清政治格局的“中兴名臣”中，曾、左、李三人既有合作，亦有矛盾，既有相似之处，又有本质之不同，是以后人中有总评其三人为“曾国藩做人、左宗棠做事、李鸿章做官”，此说总其要略，抓其本质，因此流传甚广。特在此基础上补充论之，以丰富时人对此三人之认识。

曾国藩不唯做人，更有为做官而做秀之嫌。梁启超在《曾文正公嘉言钞》序内对曾国藩做出过“盖棺之论”：“岂惟近代，盖有史以来不一二睹之大人也已；岂惟我国，抑全世界不一二睹之大人也已……然乃立德、立功、立言三不朽，所成就震古铄今而莫与竞者，其一生得力在立志自拔于流俗，而困而知，而勉而行，历百千艰阻而不挫屈，不求近效，铢积寸累，受之以虚，将之以勤，植之以刚，贞之以恒，帅之以诚，勇猛精进，坚苦卓绝……”然而，曾公虽不啻为“千古完人”，但其中却有沽名钓誉的“伪善”成分。当其于两军对垒之关键时期，弃军而走，返乡“丁忧”，实弃国

家安危于不顾，而图成其“孝”名；当其印其《家书》而行之当世时，实以《家书》而向当政者和世人“秀”其“忠”、“义”、“孝”、“礼”；当其于“发捻”横行、天下未靖之时，不顾天下大局，裁撤湘军，实向清廷“秀”其忠心；即其年轻之时，亦常以自己的日记“秀”于他人，以昭“其学日进”、“其志弥坚”，终以得于数年十迁，成为最年轻之“副部级”领导，此其善于“做秀”之升官方式，已于此时可见。

左宗棠不唯做事，更有为天下立标杆之念。当清末之世，天下纷乱，贪腐成风，独左公“清正不染”而为天下所“不容”，斯可为天下立标尺。清末维新派领袖唐才常曾曰：“左、彭（彭玉麟）二公之直烛巨奸，不顾身家，绝无附会。”是以裴景福称：“左文襄佐骆文忠，仅一幕职而得行其志，似愈于曾文正之为相；奉命出征，发谋出虑，朝廷亦从不牵制，此老一生际遇，文正不如也。”《清史稿》亦称“宗棠为人多智略，内行甚笃，刚峻自天性”，“宗棠事功著矣，其志行忠介，亦有过人。廉不言贫，勤不言劳；待将士以诚信相感，善於治民，每克一地，招徕抚绥，众至如归；论者谓宗棠有霸才，而治民则以王道行之，信哉。”美国人华莱士曾言：“左宗棠是近百年史上世界伟大人物之一，他将中国人的勇武精神展现给俄罗斯，给整个世界。”W.L.贝尔斯更评论道：“左宗棠去世后的大约二十五年间，社会的迅猛发展导致大清帝国的衰亡，这个趋势进一步掩盖了左宗棠为挽救帝国所付出的巨大努力……于是他很少受到关注，几乎被人遗忘。”

李鸿章不唯做官，更有为做官而行贪之奸。今人论及李鸿章者，常以“天下惟庸人无咎可誉”之说辞为其翻案。是以有“故誉满天下，未必不为乡愿；谤满天下，未必不为伟人”之说。尤其梁启超一句“吾敬李鸿章之材，吾惜李鸿章之识，吾悲李鸿章之遇”，使李鸿章陡然高大。然而，更多的史料却直指李鸿章实借洋务运动在朝廷和洋人之间左右逢源，弄权舞弊，中饱私囊，培植私人势力。例如为了取得中国第一条“电报线路”的建设权，李鸿章不惜打击左宗棠所支持的买办胡雪岩，而使“自己人”盛宣怀“承包”了这一美差。再如李鸿章花“纳税人”重金打造的“北洋水师”和“旅大防线”，其背后的“承包商”的“购置者”都是李鸿章的亲戚和亲信。而正是由于李鸿章包揽洋务为自家的买卖，把北洋水师当做私家军队，所以才在辽东危急时禁止北洋水师增援辽东，又禁止北洋水师出海作战，致使朝廷花重金建立的北洋水师被倭寇全歼。甲午败后，日本实也已无力再战。而中国以一大国，民众抗倭热情高涨，只要选贤任能，组织抵抗，完全能把倭寇打出去。而李鸿章之流却毫无抵抗意志，一意苟且，不仅赔了巨款，还割让了台湾和辽东半岛（后在俄、德、法干预下，辽东才得以用三千万两白银赎回）。史料确凿记载，李鸿章于1896年访俄时，曾接受俄国人贿赂而与俄私订密约，同意俄国人修建经我国黑龙江、吉林直达海参崴的“东清铁路”，密约规定“平常无事，俄国亦可在此铁路运过境之军粮”、“当开战时，如遇紧要之事，中国所有口岸均准俄国兵船驶入”。而1898年李鸿章又与俄国人签订《旅大租地条约》，除了使俄国成了“旅顺口大连湾及附近水面”的主人外，又使俄国人有权修筑从哈尔滨到大连的南满铁路，李鸿章为此接受了俄国人五十万两白银的贿赂（《红档杂志有关中俄交涉史料选译》，210页）。整个东北因这两个条约便实际上落到了俄国的控制下。就连《清史稿·李鸿章传》亦评价其说：“唯才气自喜，好以利禄驱众，志节之士多不乐为用，缓急莫恃，卒致败误。疑谤之起，抑岂无因哉？”

博按：左、曾、李三公，实决定晚清历史走向最重要之三位雄杰伟人。在以他们为主角的这场从“中兴”到败亡的清朝历史大戏中，他们究竟扮演着怎样的角色？他们之间的矛盾冲突是如何展开，如何评判？都是近代史学家争议的焦点所在。而在本次读史笔记中，因为可以占有海量的历史资料和信息，使得我们可以站在遥远的今天客观审视和深刻还原左、曾、李三公之间的是是非非，深感就三人而论，一言一行皆为天下计而不顾个人安危、家族荣辱者，唯左宗棠；一言一行既为国家安危又为个人家族荣辱为计者，曾国藩可以当之；而一言一行主要从自身利益、家族利益考量，兼顾国家利益者，则为李鸿章。

先以做事论之。当左宗棠出山之时，以一介穷困布衣，无食国家一寸俸禄，而近十年食不甘味，靖安湖南以周济四省，使“天下不可一日无湖南，湖南不可一日无左宗棠”之说名闻中枢；而曾公者，当洪杨之乱、家国有难之时，其为国家二品大员，曾经七年而十迁，受朝廷厚恩，虽然丁忧在乡，然其始终权衡利弊，以个人名节为重反复考量，其心之私，实不堪深思之；而李鸿章更是世代受恩于朝廷，出身名门，又进士及第，可谓顺遂于仕途。

当其于曾国藩幕府之时，更是为个人荣辱升迁，行反复改换门庭之举。后得势组建淮军，更以军队为个人升迁之后盾，聚敛财富，贿赂朝廷，渐次得掌大权。单以此端论之，其不如曾，更遑论左。

另以用兵论之。左公用兵，虽有小挫，然于大略从无失误，无论剿太平军、灭失捻剿回，复疆驱俄，均审势甚远，无谋不成；反观曾氏，虽坚韧不拔而组建湘军，终于剿灭洪杨，然观其用兵，却败多胜少，若无胡林翼初期之襄助，无左公以布衣而运筹粮秣军饷，以偏师以做主力之牵制（浙江战场左宗棠以不到万人之兵力牵制十余万之太平军），其能否最后合围并攻破天京，将成疑问；而李鸿章者，非但无功于剿洪杨，反倒浪费国家大量军费以拥淮（军）自重，即其最后剿灭捻军之功，亦依靠左于西线之主剿和湘军名将鲍超之“霆军”于“伊逊河一役”中的拼死救护，否则其主力刘铭传一军将全军覆没。而再后由李鸿章完全主导之甲午之战，更是一败涂地，误国殃民，成为历史、民族的罪人。

再以人格论之。左、曾二人，即使贵为督抚大臣，但都能守身清廉，治家严谨，独李鸿章死后，传其家积富至“四千万两”之巨，且其为官期间，公然行贿于朝堂，且出手“阔绰”为历史事实所明证。据宋路霞所著的《李鸿章家族》记载，其四弟李蕴章是安庆城里的大财主，曾买下太平天国时期的英王府，还买了遍布全城的几十处房子，其家业之大，李鸿章也望尘莫及。五弟李凤章更是“闷声发大财”，他经营过地产、商贸和典当行等，拥有了大半个芜湖，在李氏兄弟中算是首富。他们虽然没有怎么涉足晚清官场，但毕竟都是北洋大臣兼直隶总督的亲兄弟，捞到了由这位大官哥哥带来的许多好处。

关于左李矛盾。史载当左宗棠出于国家民族利益而抬棺西出收复边疆时，李却于朝中上下其手，掀起“塞防”与“海防”之争，力图争饷以消左之功，坏西北之局以壮大淮军。而当其将左宗棠排挤于朝廷，远赴东南驱法护国之时，李鸿章更是打击排挤左宗棠之部下，并在镇南关大捷的形势下，主导与法国签订卖国条约，将战场上的胜利变为条约上的失败，造成世界外交史上的奇耻大辱，以致左公义愤之下，骂其“对中国而言，十个法国将军，也比不上一个李鸿章坏事”；“李鸿章误尽苍生，将落个千古骂名”。李鸿章恼怒之余，决定拿左宗棠的下属开刀，指使亲信潘鼎新、刘铭传等陷害攻击“恪靖定边军”首领王德榜并诬告台湾道刘璈，弹劾诬告刘璈十八款，使他们失去兵权并丧命。左宗棠悲愤上书朝廷为属下鸣冤叫屈，并于一个月后在福州病故。

关于曾左矛盾。在曾国藩和左宗棠之间，有论者谓左为负心人，有论者谓曾为忌妒左之功业者，更有论者谓左曾之斗实为息清朝高层之疑心而假意为之者。众说纷纭。然而，平心而论，曾国藩的湘军，从无到有，由弱到强，这一过程中，处处都可以看到左宗棠的影子：湘军成立伊始，左宗棠就是重要参与者。在曾营的军事会议上，他出谋划策，力主增援湘潭，获得大捷，如果曾国藩不改变计划，那场著名的靖港之败则完全可以避免的；湘军东征，他在湖南筹粮筹饷，不遗余力，实在周转不开时，甚至通过胡林翼的私人关系向湖北借钱，以解决曾国藩的燃眉之急；当湘军水师大败，急需战船时，他不顾自己“文员”的身份，跑到工地上当起了监工；当曾国藩在江西困居危城时，他立刻筹拨多路人马增援，使曾国藩实力大增，摆脱困境；当曾国藩擅自离营之后，为了不使战场形势出现逆转，他派出了自己的看家部队老湘营，并最终将这支部队归曾国藩节制，纳入湘军编制；在曾国藩兵败欲自杀，或者借口守制，躲在家中长期不出时，他更敢于对曾国藩当面指责，言辞尖刻，丝毫不顾自己卑微的身份，以下犯上，将会带来什么样的后果……是以曾国藩不得不承认：“论兵战，吾不如左宗棠；为国尽忠，亦以季高为冠。国幸有左宗棠也！”

评判褒贬历史人物，当直抵其心，观其持心如何。若其持心为国为民族，即如其因能力问题做错事亦可谅解；若其持心为私，为谋私而行国家公器，则即使做出一些利国利民之事，也非历史公论所可褒奖；李鸿章于历史事件中之所作所为，所秉持之心大抵皆以个人升迁、家族和小集团（淮军）之利益为终极考量，是以其虽“治事有能”而最终遭万世之骂，此为根本矣！是以此三人者，可为中华历代政治人物的三种不同标杆和尺度，以供后世揣度与褒贬。

351. 书生统帅彭玉麟：晚清“天下第一奇男子”

晚清之际，风云变幻，人才辈出，英杰并起，是以许多于中华历史具有楷模意义的英雄人物常为时势所淹没。其中，曾为湘军水师统帅、官居两江总督兼南洋通商大臣、兵部尚书的彭玉麟即是一个显例。

传奇一生：彭玉麟早年本为书生儒生，后投笔从戎，加入湘军。由于骁勇善战且善于谋略和富于创新，曾国藩便让他创立了湘军水师，购买洋炮，制造大船，训练将士。第二年他率领湘军水师于湘潭击败太平军，后挥师在岳州，武汉、田家镇等战役中连败太平军水师。后再攻占湖口、九江、安庆，升任水师提督兼兵部右侍郎。在攻占天京一役中，亲率水师策应曾国荃陆师沿长江东下，堵截天京护城河口，并攻下江浦、九洑洲、浦口等战略要点，断绝了天京粮道，成为攻陷天京的大功臣。剿灭太平天国后，他又投入清军长江水师建设，后被李鸿章全盘接收，成为北洋水师最主要力量。可以认为，彭玉麟是近现代中国海军的创始人之一。至其晚年，还曾率军参与中法战争，指挥冯子材等将领击败法军，取得了中国近代以来与西方大国交战的第一次胜利。

至情至性：彭玉麟为儒生时便多才多艺，诗书画俱佳，其一生画上万幅梅花图，并在每幅梅花图上都题上以梅花寄情的咏梅诗。这些号称“梅花百韵”的咏梅诗，寄托了彭玉麟一生对儿时恋人梅姑的爱恋、思念、牵挂以及自己的愧疚和悔恨之情。他笔下的梅花“老干繁枝，鳞鳞万玉，其劲挺处似童钰”，被称为“兵家梅花”，与文人墨客的梅花相去甚远。他画的梅树，身姿虬曲，铁骨铮铮，古拙苍劲。枝间的梅花，吐蕊绽放，生机盎然。特别是他的“墨梅图”更是冠绝，与郑板桥的墨竹齐名，被称为“清代书画二绝”。其梅能让人深刻体悟到“儿女心肠，英雄肝胆”的意境。

至正至公：彭玉麟任长江巡阅使治理水师及兵部尚书的时候，秉公办事，嫉恶如仇，严惩邪恶势力，甚至不惜得罪其恩师曾国藩和朝廷重臣李鸿章。当彭玉麟发现曾国荃部队纲纪废弛，并有吸食鸦片现象时，即不顾师生情谊，毅然提笔三次弹劾曾国荃，致使曾国藩写信责骂，但彭玉麟丝毫不为所动。另外，彭玉麟还不顾李鸿章求情而怒斩其侄李秋升。在彭玉麟任职期间，曾先后弹劾处置了腐败无能官吏两百余人，连其曾任知府的外甥，也因贻误军机而被其斩杀。是以民间流传下一句佳话："彭公一出，江湖肃然！"

至廉无私：彭玉麟虽位居高位，却始终坚持"不要钱"的生活准则。1854年冬，彭玉麟率湘军水师配合陆师攻陷田家镇后，清廷奖励4000两白银，他却转用于救济家乡。他在给叔父的信中说："想家乡多苦百姓、苦亲戚，正好将此银子行些方便，亦一乐也。"除此之外，他还要求叔父从中拿出一些银两在家乡办学堂，期望为家乡"造就几个人才"。当得知儿子花费2000串铜钱修葺了家中老屋之后，即去信严词斥责："何以浩费若斯，深为骇叹。"说他一贯将"起屋买田视作仕宦之恶习，己身誓不为之。不料汝并不来信告示于我，遽兴土木；既兴土木之后，又不料汝奢靡若此也。外人不知，谓吾反常，不能实践，则将何颜见人"。其实，他儿子修葺后的老屋也不过三间土墙瓦屋而已。彭玉麟曾说："顾十余年来，任知府，擢巡抚，由提督，补侍郎，未尝一日居其任。应领收之俸给银两，从未领纳丝毫。……未尝营一瓦之覆，一亩之殖以庇妻子。"按清朝制度，凡文武官员于正式薪俸之外，由国家另行发给养廉金一份，于离职之日一次发给，以奖官守，并杜绝贪污。据此计算，彭玉麟自1855年至1861年七年之间应得养廉银二万一千五百余两，但他分文不取，全数上交国库充作军饷。

淡泊守身：彭玉麟一生曾六次辞官。第一次是1861年辞去安徽巡抚（相当于省委书记）之职。彭玉麟时任安徽布政使（相当于省长）衔水师统领。曾国藩推荐彭玉麟为安徽巡抚，他却一连三次辞谢，理由是习于军营而疏于民政，请朝廷勿弃长用短。第二次是1865年二月，朝廷任命署漕运总督，掌管鲁、豫、苏、皖、浙、赣、湘、鄂八省漕政，是众人垂涎的天下一流肥缺，但他又两次谢绝。第三次是1868年六月，上疏请辞兵部侍郎，原因是当年从军时，三年母丧只守了一年，现在国家安定，他理应解甲归田，将剩下的两年补满。第四次是彭玉麟离职休养三四年后，朝廷又任命为兵部侍郎兼光绪帝大婚庆典宫门弹压大臣。待到庆典一结束，他立即上疏请辞署理兵部侍郎。第五次是1881年七月，朝廷任命其为两江总督兼南洋通商大臣。两江辖地广阔，又兼物产丰茂，南洋通商大臣一缺更是权大责重，一向非名宦宿臣不能任命。朝中重臣曾国藩、李鸿章等人都曾任过此职。让彭玉麟出任两江总督，说明朝廷对他的倚重，但他接旨后即上疏请辞，隔日后又再次上辞疏。朝廷无奈，只得把此要缺交给左宗棠。第六次是1882年，朝廷任命彭玉麟为兵部尚书。他接旨后即请辞，朝廷未准。不久，中法战争爆发，朝廷命他率领旧部将士并增募新军，迅速前往两广部署海防。他认为此时是临危受命，不宜再辞，便以衰病之躯奉旨赴粤，带领所部驻扎南海前线，整修虎门要塞，加强沿海完备，遣部将防守钦州、灵山。多次上疏主战，战后疏请严备战守，以防后患。中法战争胜利结束后，又接连四次上疏请求辞职。

博按：在曾国藩、左宗棠、李鸿章、胡林翼诸“名臣”的“巨荫”之下，彭玉麟可谓寂寂无名。然而，真正读懂于中国历史者，必以这位曾被民国鸿儒辜鸿铭称为“天下第一奇男子”的彭玉麟为近代难得之“真国士”。实因彭公之性格特征，堪为中华民族近代以来所严重缺失之人格。彭玉麟一生不慕名利、不避权贵、不治私产、不御姬妾，虽然一生六辞高官，却在国家危难之时，抱着年迈多病之躯，临危受命，抵御外敌。在权贵当道、腐败盛行的咸丰、同治、光绪、宣统年间，成就了一个历史罕见的清廉、正直、淡泊、重情重义的名臣。所谓无欲则刚，在这样至情至性至刚至淡泊的湘人面前，即如曾国藩、李鸿章这样的人物，也不得不在他面前愧疚难当。以此论之，彭玉麟可谓世所罕见。是以今世有知史者称中兴名臣中当有彭公之一地位，诚至当之论。

352. 作为民族英雄的袁世凯：中国首任驻外军司令，倭人试图暗杀的对象

1882年，朝鲜发生壬午军乱，朝鲜国王李熙（朝鲜高宗）之父兴宣大院君李昰应利用军队哗变，成功夺权；朝鲜王妃闵妃一党与大院君有隙，请求清廷出兵平乱，时任淮军将领吴长庆手下“营务官”的袁世凯随军东渡朝鲜。

在一次平乱中，袁世凯率领一支清军配合朝军行动，杀死了几十名兵变参与者。战斗中，袁世凯带头奋勇冲杀，以其坚毅勇敢感染了部下，兵变很快得以平定。吴长庆在给清廷的呈报中，说他“治军严肃，调度有方，争先攻剿，尤为奋勇”，报以首功。随后清军将大院君掳至保定问罪，当年23岁的袁世凯则以帮办朝鲜军务身份长驻朝鲜，协助朝鲜训练新军，开启了练兵先河。

史传袁世凯留镇朝鲜期间，得到了朝鲜上下的一致好评，朝鲜人士称赞他：“明达夙成，留京师期年，大得都民之心”。他也和金允植、金炳始等多名朝鲜士大夫结为忘年之至交。1884年，金玉均等朝鲜“开化党”人士发动甲申政变，试图推翻“事大党”（即保皇党，类似于今天所说的保守派或既得利益集团）把持的政权，驻朝日军亦趁机行动欲挟制王室；国王李熙派人奔赴清营求助，袁世凯再次指挥清军击退日军，维系了清廷在朝鲜的宗主国地位。袁世凯平定朝鲜甲申政变，一方面粉碎了日本趁中法战争之际谋取朝鲜的企图，另一方面推迟了中日战争爆发的时间。袁世凯因这一事件受到清直隶总督兼北洋大臣李鸿章的重视，同时也使日本人对袁世凯“憾之刺骨，百计排陷之”，他的同僚吴兆有等从此颇为嫉妒，攻击袁世凯“妄开边衅”、“擅挪军款”。但在李鸿章的强力支持下，袁世凯于1885年10月奉命护送大院君回朝鲜，同年11月又封26岁的袁世凯为“驻扎朝鲜总理交涉通商事宜大臣”，位同三品道员，左右朝鲜政局，俨然中国第一任驻外军总司令。袁世凯在朝鲜期间的任务是在“各国通商”、“友邦环伺”的情况下，使朝鲜“明尊亲之义、定摇惑之志、内修政治、外联上邦”，换言之即强化清朝和朝鲜的宗藩关系，防止朝鲜独立自主的倾向和日俄等国的窥伺。由此袁世凯不可避免地要干涉朝鲜内政，甚至不止一次策划废黜朝鲜国王李熙。袁世凯干涉朝鲜内政的做法引起了朝鲜国王和一些大臣的不满，清廷中也不断有人弹劾他。比如1888年1月朝鲜国王李熙致函请求清廷撤袁世凯，随后朝鲜驻华官员金明圭奉李熙之命，请求李鸿章换人。清廷内的张謇、张佩纶等也曾攻击袁世凯“侈然自大，虚骄尚气，久留朝鲜，于大局无益”。而一向长于“护犊”的李鸿章则力排众议，不仅让袁世凯继续留朝任职，并于1890年2月给袁世凯写下了“血性忠诚，才识英敏，力持大局，独为其难”的“评语”（今之谓人事鉴定）。袁世凯在朝鲜的十二年里，以其“才识英敏”之手段，有效遏制了日本和沙俄对朝鲜的渗透。史载甲午年间，日本在挑起战争前，曾经多次派人暗杀袁世凯未遂。

1894年，朝鲜爆发东学党起义，袁世凯暗示朝鲜政府向清政府乞援。随后日军迅速出兵朝鲜，企图挑起战争。甲午战争爆发前夕，袁世凯化装成平民逃回国内，并于8月6日奉旨前往辽东前线，协助转运粮械、收集溃卒等后勤事宜。在前线期间，目睹甲午战争清军兵败如山倒的惨状，袁世凯萌生了用西法练兵的设想，他在一封奏折里说："窃查此次军兴，往往易为敌乘，迭见挫败者，虽由调度之无方，实亦军制之未善，若不权时度势，扫除更张，参用西法，认真训练，则前车之鉴，殊足寒心。"因袁世凯在朝鲜时期表现突出，有"知兵"之名，再加上他大力主张练兵，由此开始了其人生中最重要的小站练兵新阶段。

博按：晚清末世，观袁世凯于朝鲜诸事件之处理手段，确见其魅力与手段。而袁世凯之出山，亦与左宗棠之出山相类似：科举未就，而毅然从军，从军而受"淮军"集团领袖之偏袒关照，是以能够得以逐步登上晚清纷乱不堪的政治舞台，开始了他那波澜壮阔而又为人非议的一生。然袁世凯此后之成功与悲剧，皆深因于其于朝鲜外交折冲之时的磨砺和锻炼，自古人事与天命，成功与失败，早已见之于其人其事之中矣！

353. 还原1898：站在历史当口的袁世凯

关于袁世凯，其历史的负面形象开始于一个所谓的"告密"行为：1898年的戊戌变法时，袁世凯是个两面派，一面假意和维新派周旋，骗得光绪帝封他为侍郎，另一面看到慈禧的势力根深蒂固，决定投靠旧党。他用假话哄走了谭嗣同，向荣禄告密，出卖光绪帝和维新派，百日维新遂告失败。

然而，这段历史其实可以深刻还原。近几十年来，不少历史学家对此提出疑问，否定了因袁世凯告密导致慈禧政变之说，其理由如下：九月二十一日慈禧实行政变时，如果是袁世凯告密导致政变，则政变上谕中必定指名捕拿谭嗣同，因谭是往说袁世凯围园劫持太后的“逆首”。慈禧太后绝不会放过他。何以上谕中只命捉拿康有为、康广仁兄弟，没有谭嗣同在内？且上谕中康的罪名是“结党营私，莠言乱政”，罪名较轻。如果有围园劫太后之谋，则是大逆不道，罪在不赦，上谕中，何以轻轻放过？还有，袁世凯在九月二十日上午觐见光绪后，即乘火车回天津，“抵津，日已落”（引自袁世凯《戊戌日记》），袁赶到荣禄处告密，已在夜间，荣禄得知围园消息后，万难在当夜赶去北京，把消息反馈给太后（当时虽有电报，但荣禄断不敢把这样重大的事件通过电报发送）。因为，当时京津之间的火车，因缺乏夜间行车的设备、经验与技术而只有白班而无夜。即使荣禄以直隶总督之尊也不可能下令加开一次夜车。荣禄于当日夜间万万赶不到北京，而慈禧太后实行训政却在次日上午，可见太后的政变并非由袁世凯告密所引起，且政变时还不知道康有为等有围园劫太后之谋。

由以上两点，今人唯可推测袁世凯之所以一直等到20日晚上才告了密。一方面他是在静观事态发展。从自身安全的角度讲，他不愿贸然参与到维新派诛杀荣禄、围颐和园、捕杀慈禧太后的计划中去。他知道维新派手中除了一个徒有虚名的皇帝外，根本没有什么实力。自己如果按照康有为等人的计划，带兵围困颐和园，成功的可能很小。小站“新军”虽然精锐，但人数却远少于荣禄掌握的军队。况小站距离北京二三百里，要奔袭入京，势必会受京郊一带聂士成、董祥福等部阻拦。另一方面，维新派谭嗣同等人已经寻觅了会党人物毕永年以及大刀王五等江湖侠客，还存在出其不意，突袭颐和园、控制慈禧的可能。所以，在事件没有爆发之前，按照袁世凯“精明”的性格，还不想在此刻过早表明自己的态度。据袁世凯本人事后讲，当得知维新派密谋后，确实非常犹豫，正好此时，荣禄让他回津待命。于是袁世凯就返回了天津。而当他到达天津，前往荣禄府途中时看到，荣禄的卫兵夹道迎接。此时，袁世凯已经听到一些风声，慈禧要训政，准备捉拿康有为、康广仁。在这个历史的关键节点上，袁世凯当时确实是带着沉重的思想负担前往荣禄府中。因为在前些天，他刚刚被光绪皇帝破格提升为二品官员，并且可以不受荣禄的“节制”。他怕康有为等人被捕后供出自己在法华寺所说的话，无奈之下只好向荣禄告密，和盘托出维新派兵变围园的密谋，导致慈禧太后进一步加大了对维新派的打击。

再以袁世凯的《戊戌日记》记载，他于九月二十日陛辞出京，日落时乘车抵天津，拜谒直隶总督荣禄，“略述内情，并称皇上圣孝，实无他意，但有群小结党煽惑，谋危宗社，罪实在下”，所以“必须保全皇上”。后因叶祖珪等人入座，而约次日详谈。第二天一早，袁世凯备述详情，荣禄大呼冤枉：“荣某若有丝毫犯上心，天必诛我！”袁世凯说：“此事与皇上毫无干涉，如果危及皇上，我唯有仰药而死耳！”筹商久之，迄无善策。当晚，荣禄折简来招袁世凯，出示训政之电，政变“业已自内先发矣”。这与流行的“袁世凯告密，荣禄闯官告变”的说法不同。日记为政变后第8天追记，直到1926年才发表于《申报》，此时袁世凯已死了十年，以世人唾骂的“窃国大盗”的形象钉在历史的耻辱柱上，此时大家宁愿相信他是一个“告密求荣的小人”。

不过，不少人治史严谨的近代史家还是认为袁世凯告密不是戊戌政变的直接原因，如苏继祖的《清廷戊戌朝变记》，丁文江、赵丰田的《梁任公先生年谱长编》，台湾学者黄彰健的《论戊戌政变的爆发非由袁世凯告密》等论著皆持这种看法。也有史料认为，慈禧太后是害怕维新势力与外国势力勾结才发动政变的。当时，日本前首相伊藤博文访问中国，许多维新派官员奏请光绪帝留伊藤博文为顾问官。九月二十日，光绪帝接见伊藤博文。伊藤博文由康有为同乡好友、户部侍郎张荫桓带领，他们在到班、上殿、下殿时都拉手致意，在帘内监视的慈禧太后顿起疑心。“伊藤果用，则祖宗所传之天下，不啻拱手让人。”加以她早就听到康有为勾结日本谋劫太后之说，于是发动政变。曾押解牵连获罪的张荫桓、流戍新疆的王庆保、曹景郕的《驿舍探幽录》即执此说。还有些记载认为，李鸿章的儿女亲家、顽固守旧的御史杨崇伊上“即日训政”密折，说康有为兄弟为梁启超来京讲学，煽动天下之士心，且引入内廷，即为清制所不许，又为太后所忌；而变更成法，斥逐老臣，布置党羽，更无异向太后夺权。慈禧太后接受他的奏请，回宫发动了政变。李剑农的《戊戌以后三十年中国政治史》认为此说是实，房德邻著《戊戌政变史实考辨》不仅赞同此说，而且以大量新资料考证：慈禧太后已于九月十九日从颐和园回宫，入住中南海，九月二十日荣禄夜奔颐和园告变之事不可能发生；荣禄得袁世凯密告，电奏太后之说不合清廷奏事制度，自太后归政，她那里也不再设奏事官，也无专用电台，往来电报都经京局，荣禄岂敢冒险电奏？而袁世凯和荣禄确有保全光绪帝之意，所以，荣禄在九月二十一日政变发生的当天晚上才将袁世凯的密告奏报慈禧太后。多年来传说袁世凯告密致慈禧太后发动政变，可以确认是以讹传讹之说。

博按：袁世凯以新军领袖，当处于历史关键节点之时，维新派以其具有“洋务背景”且思想开明，是以想拉拢其支持新政。而站在当时袁的立场，一方面其必须权衡个人的安危和身家性命，要知道，对一个皇朝大臣来说，贸然发动政变，将是“谋逆”大罪，是要“诛九族”的。而长期浸淫于皇朝官场中的二品大员袁世凯，早已不是朝鲜壬申政变时的“热血青年”，见惯了专制体制下的尔虞我诈和残酷斗争，当此时刻，自然不能把其娇妻美眷和万贯家财视若无物，而空以一腔热血，投入到一场本无胜算的“诛荣围园”的军事冒险中去。当然，以笔记一贯的观点，当此时候，袁的抉择无疑是“持心为私”而非“持心为家国民族为念”，是以其身后遭万人之骂，亦是历史的必然。在此不由回想元朝脱脱在联合顺帝夺取权臣伯颜之权时，其与谋士吴直方的一番对话，脱脱曰：“事不成奈何？”直方曰：“事不成天也，一死复何惜！即死亦不失为忠义耳。”脱脱顿足曰：“吾意决矣！”如果当时的袁世凯有脱脱之决心，则中国1898年以后的历史走向或许是另一种面目。

354. 张之洞和刘坤一的“江楚三折”：历史的远影近照，王朝的穷途末路

清廷在经过庚子事变（八国联军侵略北京）的惨痛教训以后，不得不“变通政治”，终于光绪二十七年（1901年）3月成立督办政务处，诏命湖广总督张之洞和两江总督刘坤一“遥为参预”。五月、六月，张之洞会同刘坤一连续上了三道奏折：《变通政治人才为先遵旨筹议折》、《遵旨筹议变法谨拟整顿中法十二条折》、《遵旨筹议变法谨拟采用西法十一条折》。这就是晚清著名的《江楚三折》。

作为清末新政的重要政治文献，《江楚会奏变法三折》由刘坤一领衔，张之洞主稿，立宪派士人领袖张謇、沈曾植、汤寿潜等参与策划。《三折》共洋洋三万余言，系统地提出了兴学校、练新军、奖励工商实业和裁减冗员等改革措施。清廷以其所奏“事多可行，即当按照所陈，随时设法，择要举办”。此后清廷所行新政，大多未逾此会奏“三折”范围。

关于《三折》的大体内容，第一折提出参考古今，会通文武、育才兴学（即设立文武学堂、酌改文科、停罢武试、奖励游学）；强调培养人才，建立新式学校，改革科举制度。第二折提出法必应变通整顿者十二（即崇节俭、破常格、停捐纳、课官重禄、去书吏、考差役、恤刑狱、改选法、筹八旗生计、裁屯卫、裁绿营、简文法），提议停止捐纳实官，裁撤屯卫、绿营等。第三折提出西法必应兼采并用者十一（即广派游历、练外国操、广军实、修农政、劝工艺、定矿律路律商律及交涉刑律、用银元、行印花税、推行邮政、官收洋药、多译东西各国书籍），主张官员出国考察，编练新军，制定有关矿业、商业、铁路的法律和货币制度，翻译外国书籍等。

关于农业的改良。《三折》指出，“富国足民之道，以出土货为要义，无农以为之本，则工无所施，商无所运”，并认为，“中国以农立国，盖以中国土地广大，气候温和，远胜欧洲，于农最宜”，指出“今日欲图本富，首在修农政”。当然，对农业的重视，已不再是传统意义上的农业生产，而是主张立足于历史发展的趋势，用近代技术对传统农业进行改良，并主张从以下几方面人手：一、设司农专官，专门负责农业生产的有关问题。二、培养农业专门人才。三、推广农业生产技术，鼓励官绅率先试办，以开化社会风气。在鼓励推广嘉种新物的同时，也鼓励引进新的生产技术。四、进行垦荒，发展近代大农场。

关于工商业，《三折》指出了近代中国社会对工商业发展认识上的偏差：认为商业的发达是由于工业的兴盛，工业的繁荣则在于人口的众多和技术水平的提高，“外国财多，中国人多”，所以“今日中国讲富国之术，若欲以商务敌欧美各国，此我所不能者也，若欲以工艺敌各国，此我所必能者也”。中国富强之策，不在于追求商业的发展，而在于工业的繁荣发达，否则只能是本末倒置。如何发展近代工业，《三折》主张从培养实业人才和学习外国新技术人手，设工艺学堂，培养技术人才。为调动技术人员的积极性，主张给优秀的技术人员以官职上的奖励。此外，设立博览会，“备列本省出产货物工作器具，纵人人观，外国人尤要，一以察各国之好恶，一以考工艺之优拙，使工人自相勉励”。通过这种方式，改良工艺，推动产品的升级改造。为防止新产品被人仿造，《三折》还主张给新产品以专利权，并在三年内予以免税。

另外，《三折》还十分强调法律的作用。认为发展工商实业，就必须制定相应的法律，以使经济生活有法可依，有章可循，尤其在外国侵略势力已侵入中国的情况下，制定人们普遍遵守的经济法规，建立稳定的经济秩序尤为重要。《三折》指出：如果说各种法规的制定旨在以文明的方式抵制列强对中国的经济侵略，那么它更含有理性的方式与列强竞争的意味。工业革命以来，工业化已成为世界潮流，闭关自守已不可能，在国门已被轰开、外国产品大量涌入中国的情况下，只有发展本国工商实业，才能达到抵制侵略的目的。

从《三折》对经济改革的设计看，它旨在适应对外开放后形势演变的需要，用近代科学技术对传统农工商业进行改造，以实现经济的近代化。并在经济改革中根据本国国情，以农业为基础、工业为根本，制定正确的经济发展战略。同时，为保护利权，改变重农轻商的传统，开化社会风气，主张按照国际惯例制定各种法律法规，以理性的态度与列强竞争。它反映了自鸦片战争以来人们对国际竞争观念上的转变。《三折》对经济改革的构思基本上成为新政时期经济改革的指导思想。

以《三折》为基础，清政府颁布了一系列上谕，陆续推行新政。包括如下内容：（1）调整官制，整顿吏治：1901年7月，改总理各国事务衙门为外务部，除办理一般外交事务之外，还负责通商、海防、路矿、关税、邮电、化工、传教、游历等一切涉外事务。1902年至1906年间裁汰各衙门胥吏差役，裁撤了河东河道总督、詹事府、通政司、太常寺、太仆寺、光禄寺、鸿胪寺和湖北、云南、广东的巡抚衙门，各省也裁撤了一些机关。清政府还下令整饬吏治，停止捐纳实官。（2）编练新军，创办巡警：从1901年起，清政府屡发上谕，令各省裁汰绿营防勇，挑选精壮，编练常备军、续备军、巡警。各省设立武备学堂，停止武科试。1903年12月设立练兵处，负责练兵事务。各省设立督练公所，计划在全国编练新军36镇，1902年5月在保定创办警务学堂，训练巡警部。督办各省巡警。1906年11月，练兵处并入由兵部改名的陆军部，巡警部改名为民政部，在各省设立巡警道或警务总局。（3）振兴商务，奖励实业：1903年9月，清政府设立商部，管理所有工矿业和铁路。陆续颁行了一些工商业规章和奖励实业办法，商部还制定了商会章程。1906年11月，商部改名农工商部。1905年户部银行成立。1908年邮传部又奏准设立交通银行。（4）废除科举，兴办学校：1901年，清政府决定科举考试改八股为策论，并命各省将省城书院改设大学堂，各府及直隶州改设中学堂，各县改设小学堂。1904年1月，清政府批准了张之洞等拟定的《奏定学堂章程》，史称“癸卯学制”。与此同时，清政府开始大批派遣留学生赴欧美和日本。1905年9月，清政府宣布废除科举制度，自1906年开始，所有乡试及各省岁考一律停止。12月设立学部，管理全国学堂事务。

博按：《江楚三折》仍是张之洞“中学为体，西学为用”思想的具体化，在不变更清朝一族君主专制政体的前提下，学习西方的一些先进的管理方法和手段。虽然仍是治标不治本的套路和办法，难以根治专制集权的顽疾弊端，难以挽救清朝将倾之王朝大厦。但是，纵观其中一些制度安排和解决时弊的办公，即使放至今日，仍然不无合理之处。尤其是《三折》对农业改良的意见反映了当时的有识之士已立足于从农业近代化的角度解决传统农业中存在的问题，这不仅是观念上的突破，而且也找到了农业问题乃至社会问题的症结所在，反映了中国农业的发展趋势，对我们今天解决农业乃至社会问题都不无启发；而《三折》客观上更催生了新军的诞生，促使更多有文化的年轻人加入军队，使中国军队成员的文化素质有了很大提高，随着他们思想觉悟的提高，这些有新思想的新军官兵逐步从清末政府培养的军事骨干转化为推翻清政府的主要力量。张之洞和刘坤一基于维护清朝统治的《三折》在一定意义上为清朝的覆亡埋下了伏笔。历史发展的滚滚潮流，既非张之洞、刘坤一所能预料，亦为今天的我们提供了深刻的思考和借鉴。

355. 张之洞《劝学篇》：中国之祸，不在四海之外，而在九州之内

关于清末名臣张之洞，有关其办教育、修铁路、御法寇、兴洋务、倡变法诸事，皆已广知于世，因避而不论。今且以其一生中最得意同时也最能反映其政治和教育思想的《劝学篇》为标本，以反思那段历史，并理解那个历史时期具有先进思想的开明官僚关于国家富强的不懈探索。

1898年5月5日，张之洞正式发表其精心撰写的《劝学篇》，全文共24篇，4万余言，前后贯穿“旧学为体，新学为用”的论点，主张在维护封建统治的基本原则下接受西方资本主义的技术，深得慈禧太后和光绪帝的赏识，得以“挟朝廷之力以行之，不胫而遍于海内”。先后译成英、法文出版。1900年纽约版易名为《中国唯一的希望》发行于海外。

现录《劝学篇》序言全文以飨诸君：

昔楚庄王之霸也，以民生在勤箴其民，以日讨军实儆其军，以祸至无日训其国人（借楚庄王之霸以启迪今人）。夫楚当春秋鲁文宣之际，土方辟，兵方强，国势方张，齐晋秦宋无敢抗颜行，谁能祸楚者！何为而急迫震惧，如是之皇皇耶？君子曰：不知其祸则辱至矣，知其祸则福至矣（以楚庄王强烈的忧患意识说明劝学之必要性）。今日之世变，岂特春秋所未有，抑秦汉以至元明所未有也。语其祸，则共工之狂（洪水之祸），辛有之痛（语自《左传·僖公二十二年》：初，平王之东迁也，辛有适伊川，见被发而祭于野者，曰：“不及百年，此其戎乎!其礼先亡矣”。秋，秦、晋迁陆浑之戎于伊川，以周礼之亡，周朝被外敌所侵以喻清末之形势），不足喻也。

庙堂旰食，乾惕震厉（以《周易》乾卦第三爻“君子终日乾乾，夕惕若，厉无咎”形容自己对国家未来的担忧），方将改弦以调琴瑟，异等以储将相，学堂建，特科设，海内志士，发愤搤捥，於是图救时者言新学，虑害道者守旧学，莫衷於一。旧者因噎而食废，新者歧多而羊亡；旧者不知通，新者不知本。不知通

则无应敌制变之术，不知本则有非薄名教之心。夫如是，则旧者愈病新，新者愈厌旧，交相为瘉，而恢诡倾危乱名改作之流，遂杂出其说以荡众心。学者摇摇，中无所主，邪说暴行，横流天下。敌既至无与战，敌未至无与安，吾恐中国之祸，不在四海之外，而在九州之内矣！（此段主要论及当时守旧与维新两派思想混乱之状）

窃惟古来世运之明晦，人才之盛衰，其表在政，其里在学。不佞（指张之洞本人）承乏两湖（主政湖广总督），与有教士化民之责，夙夜兢兢，思有所以裨助之者。乃规时势，综本末，著论二十四篇，以告两湖之士，海内君子，與我同志，亦所不隐。内篇务本，以正人心；外篇务通，以开风气。内篇九：曰同心，明保国、保教、保种为一义，手足利则头目原，血气盛则心志刚，贤才众多，国势自昌也；曰教忠，陈述本朝德泽深厚，使薄海臣民咸怀忠良，以保国也；曰明纲，三纲为中国神圣相传之至教，礼政之原本，人禽之大防，以保教也；曰知类，闵神明之胄裔，无沦胥以亡（语自《诗经大雅·抑》“如彼泉流，无沦胥以亡”，喻民族人种的衰亡），以保种也；曰宗经，周秦诸子，瑜不掩瑕，取节则可，破道勿听，必折衷於圣也；曰正权，辨上下，定民志，斥民权之乱政也；曰循序，先入者为主，讲西学必先通中学，乃不忘其祖也；曰守约，喜新者甘，好古者苦，欲存中学，宜治要而约取也；曰去毒，洋药涤染，我民斯活，绝之使无萌拚也。

外篇十五，曰益智，昧者来攻，迷者有凶也；曰游学，明时势，长志气，扩见闻，增才智，非游历外国不为功也；曰设学，广立学堂，储为时用，为习帖括者击蒙也；曰学制，西国之强，强以学校，师有定程，弟有适从，授方任能，皆出其中，我宜择善而从也；曰广译，从西师之益有限，译西书之益无方也；曰阅报，眉睫难见，苦药难尝，知内弊而速去，知外患而豫防也；曰变法，专已袭常，不能自存也；曰变科举，所习所用，事必相因也；曰农工商学，保民在养，养民在教，教农工商，利乃可兴也；曰兵学，教士卒不如教将领，教兵易练，教将难成也；曰矿学，兴地利也；曰铁路，通血气也；曰会通，知西学之精意，通於中学，以晓固蔽也；曰非弭兵，恶教逸欲而自毙也；曰非攻教，恶逞小忿而败大计也。

二十四篇之义，括之以五知：一知耻，耻不如日本，耻不如土耳其，耻不如暹罗，耻不如古巴；二知惧，惧为印度，惧为越南缅甸朝鲜，惧为为埃及，惧为波兰；（上述诸国在当时处于贫困乱局之中）三知变，不变其习不能变法，不变其法不能变器；四知要，中学考古非要，致用为要，西学亦有别，西艺非要，西政为要；五知本，在海外不忘国，见异俗不忘亲，多智巧不忘圣。凡此所说，窃尝考诸中庸而有合焉。鲁弱国也，哀公问政，而孔子告之曰："好学近乎知，力行近乎仁，知耻近乎勇。"终之曰："果能此道矣，虽愚必明，虽柔必强。"兹内篇所言，皆求仁之事也，外篇所言，皆求智求勇之事也（内仁外王之道，儒教之本义也）。

夫中庸之书，岂特原心杪忽校理分寸而已哉？孔子以鲁秉礼而积弱，齐郲吴越皆得以兵侮之，故为此言以破鲁国臣民之聋聩，起鲁国诸儒之废疾，望鲁国幡然有为，以复文武之盛。然则，无学、无力、无耻则愚且柔，有学、有力，有耻则明且强。在鲁且然，况以七十万方里之广，四百兆人民之众者哉？吾恐海内士大夫狃於晏安，而不知祸之将及也，故举楚事。吾又恐甘於暴弃而不复求强也，故举鲁事。易曰："其亡其亡，系於苞桑。"惟勿亡，则知强矣。光绪二十四年三月南皮张之洞书。

《劝学篇》的核心问题是要求人们"保国、保教、保种"。张之洞认为，导致西方之强，中国之弱的根本原因，不是外在的军事技术和军事实力的悬殊，而是由于中西文化与教育的重大区别。他认为中国传统文化从本质说来，注重治道人心，延续了几千年的纲常名教，对于维护封建统治和社会伦理秩序有重大作用，这是西方基督教不可替代的。维新派领袖康有为主张以西方宗教取代儒教，以西方"民权"取代封建专制统治，只能使"乱民必作，纪纲不行，大乱四起"，因此必须从文化与教育方面做固"本"建设，使中国传统文化与教育的"本体"固存，并且永远作为中国政治之基础。

博按：《劝学篇》作为中国近代最有影响的一部教育名著，其中部分篇章所提出的改革和发展教育的思想与措施，是值得肯定的。《劝学篇》以"中体西用"为"一贯之道"，主张在维护封建纲常名教的原则下，谨慎地接受"西艺"与"西政"，以此来补封建制度之"阙失"，医清廷统治之"顽疾"，试图维护中华民族的生存权利。作为开明的洋务派，张之洞并不像早期洋务派和当时的"国粹"守旧派那样，完全抵制和否认西方文化与教育。相反他认为中国要富强，就必须承认中国文化与教育中一些不合时宜的落后因素，大胆地学习西方的文化与教育。在一定意义上说，《劝学篇》的“中体西用”主张，是中国近代封建统治集团推行改良主义政策的必然结论，尽管它只强调了中西文化与教育的肤浅的、表层的、硬性的结合，但是它确实把中西文化与教育的可融性、共同性及特殊性作为中国政治与教育建设的基础，首次系统地提出以中国旧文化作为主体建筑的骨架，把西方新文化作为可资利用的成分，力图通过教育手段来建构一个“中体西用”的新文化体系，并通过这一新文化体系的建设来改良国家政治，“富国强兵”，“保教保种”，在实践上超越了顽固派死守“中学”、“旧学”的偏见，并避免了维新派“全盘西化”的失败和超越历史现实的幻想，成为清末统治者可接受的改良思想，影响了当政者文化政策方面的修订，促进了晚清教育制度的改造和近代第一个新学制的诞生，从而推动了旧教育内容的全面改革和留学教育的发展。

对于《劝学篇》的评价，历来不同学派各自站在自己的立场，持有不同看法。如梁启超说：《劝学篇》不特无益于时，然而大累于世。“不三十年将化为灰烬，为尘埃野马。其灰其尘，偶因风扬起，闻者犹得掩鼻而过之”。严复指出，《劝学篇》的“中体西用”论是“盗西法之虚声，而沿中土之实弊”。至新文化运动时期，鲁迅、胡适等人对“中体西用”进行了无情的批判。所有这些，反过来都证明《劝学篇》所产生的重大政治影响。我们必须承认张之洞作为我国半殖民地半封建教育制度重要的奠基人，他所著《劝学篇》之所以能够产生持久的影响，除了中国传统教育与旧文化作为它的生存土壤存在外，还应该承认《劝学篇》作为向西方学习和力图保持本土文化生命力方面有一定的启迪意义，它给僵化的封建文化体系打开了一个缺口，并以保守主义的方式推进了中国旧教育理论与实践的改革，初步提出了一个立足于中国传统文化革新的基础上建设融通中西的文化模式与教育体系的设想。所有这些，表明它在理论上有超越守旧派和早期洋务派的地方。而本书自《劝学篇》中，更见到张之洞所怀有的强烈的忧患意识，他说“惟知亡，则知强矣”，忧患意识是其思想最原初的出发点。

356. 晚清话题人物康有为：此公欺世盗名，妄辜天下人心

康有为（1858—1927年），原名祖诒，字广厦，号长素，广东南海县人，人称康南海。出生于晚清官僚家庭。1888年，康有为到北京参加顺天乡试，借机上书光绪帝请求变法，受阻未上达。1895年，得知《马关条约》签订，联合1300多名举人上万言书，即“公车上书”。1898年开始参与戊戌变法，变法失败后逃往日本，自称持有皇帝的衣带诏，组织保皇会，鼓吹开明专制，反对革命。辛亥革命后，作为保皇党领袖极力反对共和制，一直谋划溥仪复位。1917年，康有为和张勋发动复辟，拥立溥仪登基，不久即在北洋政府总理段祺瑞讨伐下宣告失败。康有为晚年始终宣称忠于清朝，溥仪被冯玉祥逐出紫禁城后，他曾亲往天津，到溥仪居住的静园觐见探望。1927年病死于青岛。

上述为“正史”上的康有为画像。然而，近代以来，随着历史研究的深入和多方史料的不断出现，康公的真实面目渐渐大白于天下，今且引以述之：

关于“公车上书”时的康有为。从多方史料看，除一个未曾递交成功的“公车上书”让康有为闻名于世外，他在百日维新中实际上一直处于无足轻重的地位。比如光绪在戊戌变法开始的《定国是诏》颁下后的第五天，召见过康，与他聊了一阵，之后便再没再唤康入宫（变法时康最大的官不过是总理衙门章京行走，一个六品官）。而正是在这种不得志的情况下，康有为才急着推动兵谏。如果兵谏成功，他便一举扭转局势，有军队做后盾，那么不日满朝将皆康党，光绪也将对他言听计从，从而成全他“圣人”、“帝师”的梦想。然而，在支持或同情维新变法的人士中，许多人更指摘是康氏的“私心太重”而把事情办坏。其中主要集中在以下几个方面：一是康氏不顾客观条件，不分主次，冀图短期内“全变”，以致百日维新期间发出的政令绝大部分成为各级官员奉而不行的空文；二是康氏在时机不成熟的情况下，轻率地侵犯传

统的神圣符号，授人以柄。服式、发式、纪元在中国文化传统中一贯视为神圣不可侵犯的象征，而康有为偏偏在维新事业已岌岌可危的情况下，郑重其事上书，请求“皇上先断发易服，诏天下，同时断发，与民更始，令百官易服而朝”……在康氏“以皇上之圣武行之，中国之强，可计日而待也”等取快一时的言词鼓动下，年轻的光绪皇帝在条件不成熟之时，匆忙裁减和严厉处理官员，四面树敌；三是康氏热衷于军事政治投机，没有切实做好基础工作。在改革迟滞不前之际，康有为等人不是冷静地分析全局，而是把阻力完全归结为慈禧一人。于是，一个铤而走险的密谋付诸实施：勾结武将，兵围颐和园，捉拿慈禧。慈禧接到密报，发动政变，悲剧结束。正是鉴于上述之理由，严复曾论曰：“今夫亡有清二百六十年社稷者，非他，康梁也。何以言之？德宗（光绪）故有意向之人君，向使无康梁，其母子未必生衅……而康乃踵商君之故智，卒然得君，不察其所处之地位为何如，所当之阻力为何等，卤莽灭裂，轻易猖狂，至于幽其君而杀其友，已则逍遥海外，立名目以敛人财，恬然不以为耻。夫曰保皇，试问其所保今安在耶？”可见清室之覆，康有为实与有力焉。

关于变法失败后的康有为。康有为逃亡日本后，很快上演了数出闹剧：

其一是“衣带诏”谎言。据称光绪皇帝在变法失败前，曾赐变法的实际领袖杨锐“衣带诏”。而知道其中内情的康有为甫一到日本，即公布了一份声称是光绪皇帝赐予他个人的“衣带诏”，诏曰：

“朕维时局艰危，非变法不能救中国，非去守旧衰谬之大臣，而用通达英勇之士不能变法，而太后不以为然。朕屡次几谏，太后更怒。今朕位几不保，汝可与杨锐、林旭、谭嗣同、刘光第及诸同志妥速密筹，设法相救，十分焦灼，不胜企盼之至。特谕。”

康有为以为诏书上所提之人死无对证（六君子）。意想不到的是，杨锐被杀后，其子杨庆昶扶柩回川，将真正的“衣带诏”缝到四川举人黄尚毅衣领中，带回老家。后示于天下，经鉴定确实是光绪手书，铁证如山，“衣带诏”之事遂大白于天下。真正的“衣带诏”全文如下：

“近来朕仰窥太后圣意，不愿将法尽变，并不欲将此辈老谬昏庸大臣罢黜，而登用英勇通达之人，令其议政，以为恐失人心。虽经朕屡降旨整饬，而并且有随时几谏之事，但圣意坚定，终恐无济于事。即如十九日之朱谕（指变法中罢免守旧派官员怀塔布、许应骙等礼部六堂官的上谕），皇太后已以为过重，故不得不徐图之，此近来实在为难之情形也。朕亦岂不知中国积弱不振，至于阽危，皆由此辈所误，但必欲朕一旦痛切降旨，将旧法尽变，而尽黜此辈昏庸之人，则朕之权力，实有未足。果使如此，则朕位且不能保，何况其他？今朕问汝：可有何良策，俾旧法可以渐变，将老谬昏庸之大臣尽行罢黜，而登用英勇通达之人，令其议政。使中国转危为安，化弱为强，而又不致有拂圣意。尔其与林旭、谭嗣同、刘光第及诸同志等妥速筹商，密缮封奏，由军机大臣代递，候朕熟思审处，再行办理。朕实不胜紧急翘盼之至。特谕。”

其二是荒唐的中日合邦闹剧。戊戌变法失败后，康有为提出了荒唐的“中日合邦”。康有为早在《自编年谱》中并不讳言：“（我当时）与日本使矢野文雄约两国合邦大会议，定稿极详，请矢野君行知总署答允，然后可以大会于各省。”同时，康有为还曾让其心腹杨深秀向光绪上奏，建议“我皇上早定大计，固结英、美、日本三国，勿嫌合邦之名之不美，诚天下苍生之福矣”。较明确透露“合邦”之具体内容者，乃康党骨干宋伯鲁之奏折。奏折称：“英国教士李提摩太来京，往见工部主事康有为，道其来意，拟联合中国、日本、美国及英国为合邦，共选通达时务、晓畅各国掌故者百人，专理四国兵政税则及一切外交等事，别练兵若干营，以资御侮。今拟请皇上速简通达外务、名震地球之重臣，如大学士李鸿章者，往见该教士李提摩太及日相伊藤博文，与之商酌办法，以工部主事康有为为参赞，必能转祸为福，以保乂我宗社。”所谓“选通达时务、晓畅各国掌故者百人，专理四国兵政税则及一切外交等事”，意即参与“合邦”之国，其现存政府架构完全作废，须另由康有为、李提摩太、伊藤博文等人挑选百名外国顾问，全面接管中国的政治、军事、财政、外交等一切事务。

其三是借清廷追杀之机招摇撞骗。康有为流亡国外期间，因不断对清廷发表抨击，对慈禧、荣禄等人极尽挖苦、嘲弄，着实让刚刚反攻倒算成功的守旧派恼羞成怒。但因康人在海外，大清政府奈何他不得，遂有派大内高手到海外刺杀康有为之议。结果消息外泄，倒大大助长了康有为的声势，使得对中国政况不甚了解的外国政府都以为康在清政府里是个大大了不起的人物。像1899年康有为加拿大之行时，英国殖民地大臣赶忙事先知会加国政府，务必保障康的人身安全，加拿大政府“西北骑警公署”便派出专人，陪同康一行人等在境内旅行、活动，随时保护。后来康在中国香港、新加坡等地，也享受到类似的待遇。暗杀的传闻越盛，外国政府便对康的安全越加重视，也就越坐实了康“流亡的中国政要”的身份。康在国内时只是“六品行走”，但出国后便立马身价百倍，摇身一变成了中国皇帝的亲信大臣，被顽固的守旧派排挤、陷害的改革英雄。这种带着点传奇色彩的风云人物在西方国家一向是备受推崇的。是以政变后他先后游历四大洲三十多国，所到之国，无不受到厚待。更离谱的是美国与加拿大的一些报刊居然以谬传谬、以讹传讹，称康为“Vice Minister of War”（国防部长）、“Prime Minister”（总理大臣、宰相）、“ex-Counsellor of State”（前政府顾问）、“Secretary to His Imperial Majesty”（皇帝的秘书）、“Prince”（亲王）等等。而康对此不但照单全收，而且利用这一“特殊身份”，向海外华人及一些政府大肆募捐敛财。

关于康有为的官德人品。一是妻妾成群之说。史传早年康有为曾落魄上海，天天狎妓，却无钱偿嫖资。久而久之，让妓家知道了，结队到康有为客栈索取，康有为就往广东逃。上船之日，各妓家都到船上来找他，搜了半天找不到。开船后，有水手看见船板内有人，大惊，呼众人来看，正是康有为先生。后来，有人写诗讽之：“避债无台却有舟，一钱不值莫风流”。1907年，康有为为募捐筹款而到美国西部为当地华侨演讲时，已经年过五旬，家有一妻一妾，却再娶当地一个华侨之女、年仅十七岁的何旃理为三太太。1911年6月7日，康有为应弟子梁启超的邀请，从新加坡移居日本，雇了日本贫家女市冈鹤子为女佣，后康回国定居上海，又把鹤子接至中国纳为四姨太。1919年，康有为拿着世界各地华侨捐给他，用以发展保皇事业的巨款准备在西子湖畔购置豪宅，闲暇之余泛舟西湖，又看中西子湖畔浣纱的十九岁江南秀女张光，遂又将之纳为姨太。据说当时整个上海滩为之轰动，多家报纸都拿此事做了头条。二是关于其言行不一之论。康有为研究者林克光曾直言康有为的一大缺点：言行不一，说的是一套，做的是另一套。他赞美西方的一夫一妻制，主张男女平等自立，妇女解放，尤其反对“一夫可取数妇，一妇不能配数夫”，说这与“公理不合，无益人道”，可是他自己却先后娶妻妾达6人之多。他鼓吹老师与弟子应各有自主之权，反对弟子不能自立，说这样“大背公理，无益人道，其弊甚大”。而他却处处维护师道尊严，对弟子实行封建家长专制，独断专行，不许弟子自立，不许有言论自由，更不许革命。他宣扬“天地生人，本来平等”。认为屈抑他人为仆婢，“大背几何公理”。可他晚年使用的仆婢竟达数十人之多，没有一天不役使仆婢。以至为他作传的弟子们也批评他：“先生日美戒杀，而日食肉；日称一夫一妻之公，而以无子立妾；日言男女平等，而家人未行独立；日言人类平等，而好役婢仆；极好西学西路，而礼俗器物语言仪文皆坚守中国；极美民主政体，而专行君主；注意世界大同，而专事中国。凡此皆若甚相反者。”三是关于其私德之不良。民国文化大家梁漱溟曾在其书中披露了康有为两件关于古玩的丑闻：一是康有为在陕西西安卧龙寺参观时，曾试图将寺中多卷珍贵古版佛经装到他的骡车上盗走，后被人发现并追回；再是康有为曾向银行家余凡澄“借”了一幅十分名贵的字画，试图据为己有。余凡澄多次讨要不得，不得不派许多人到康家强行索回；另外，康有为曾以“我注六经”的姿态写出了《新学伪经考》和《孔子改制考》两部书，作为他的“新教神学”的理论基础。但不堪的是，他这两部用以“立教”的“神学著作”居然被发现是剽窃自同时代另一学者廖平的学术著作《辟刘篇》、《知圣篇》。对此，廖平在当时就提出了指控，闹出了一个晚清学术史上最大的版权官司，以致康有为十分狼狈。这点连他的弟子梁启超也不敢替他置辩，只说了一句“（康）见廖平所著书，乃尽弃其旧说”。

博按：事实求是论之，康有为大力推动戊戌变法，对近代中国的思想启蒙、对甲午战争后经济体制改革，乃至对革命党人推翻清朝统治目标的最终实现，都作出了不可磨灭的重大贡献。历史当牢记这位在中华民族探索新路时期的开路先锋和思想斗士。然而，以《读史要略》一贯秉承的“持心孰正”、“治事孰能”两个标准衡量康公，其可谓“持心不正”、“治事无能”之典型。当他有机会参与到一个开天辟地的国家历史大事件中时，一因其“持心于私”而不顾当时的政治大局，鼓动年轻的光绪皇帝挑战慈禧太后的权威，而最终导致一个重大历史悲剧的发生，而且，当其流亡海外之时，假维新之旗号，行聚敛财帛之实；以天下之义捐营其私宅，纳其小妾，实有失于道德人心，为士人所不齿；更因其“治事无能”而错误选择了方法和手段，以致在事件败露后“六君子”血溅菜市口，使中国在重要的历史时机失去了维新改革的骨干力量。而且，当维新失败之后，其明知西政之先进，反强力于“保皇”，其口言民主宪政，实倡独裁专制之风，成为阻挡中国历史进步的重大障碍与历史罪人。据康的女儿康同壁回忆，康有为逝世的前一年（1926年）夏历八月曾到北京，由她和梁启超、张篁溪等弟子陪同，凭吊了菜市口刑场，想起“戊戌变法”失败，乃弟广仁及谭嗣同等“六君子”在此取义成仁，以及自己半生颠沛流亡的经历，不禁放声痛哭。他还有一联挽谭嗣同曰：“复生（谭字复生）不复生矣，有为岂有为哉。”既悼亡友，亦是自责。

357. 庚子事变回眸：还原一段纷乱的历史现场

义和团运动又称“庚子事变”，是19世纪末至20世纪初一场民间抵抗外国侵略的大规模运动。因为这场运动引发了稍后的“八国联军”远征中国，迫使中国签订了丧权辱国的《辛丑条约》，并进而影响了此后的一系列历史进程，因此长期以来为史学界所瞩目并为之争论不休。赞之者认为其具有强烈的爱国主义思想，是中国近代史上的重大民族觉醒事件；反对者认为，义和团是“盲目排外”的暴民事件，是“敌视西方先进文明”的非理性行为等等，不一而足。

本着还原历史真相、重构历史本义的精神，《要略》反复研究当时的历史背景和事件情况，综合当时和此后中外多方面历史研究成果资料，力图全面真实地再现那段历史现场，力图客观公正地评价那段历史的意义：

第一，不可忽略的时代背景。庚子事变的发生，背后实有三大力量推动：其一，是中国本土宗教（尤其是道教）受到以基督教为主的外来宗教侵入后所遭受的强烈反弹。中国现代著名思想家、哲学家和教育家唐君毅认为，义和团运动从本质上讲是中国民间道教与西方基督教之间的宗教战争。他说：“与近代中国文化问题，及西方经济、政治、宗教之力量之传入，密切相关之大事件，一为太平天国之乱，一为义和团之变。如果要在中国史上找宗教战争，则此二者在一义上，亦可说是宗教战争。太平天国，可说是变相的基督教与儒教之战争，而义和团则是民间的道教与基督教之战争。”其二，是西方列强企图殖民中国所遇到的强大内力反弹。甲午战争中中国战败，再次引起欧洲列强瓜分中国的野心。1896年，有意瓜分中国的欧洲强国，对清政府提出无理要求，要求准许在中国修建铁路和采矿。1897年11月，德国借山东“曹州教案”，乘机出兵占据了胶州湾和胶澳（即今青岛）。德皇更对其舰队训言：“如中国阻挠我事，以老拳挥之”。接前，俄军进驻旅顺，英、法国分别占领威海和广州湾（今广东湛江）。在这样的情况下，一些地方官员始提出“民可用，团应抚，匪必剿”的主张，对义和拳采用抚的办法，将其招安纳入民团。于是义和拳成了“义和团”，而口号亦由“反清复明”改成“扶清灭洋”。其三，是清政府内部维新派与保守派势力争斗的外在反映。戊戌政变后，慈禧太后在列强纷纷要求她“还政”于光绪的政治压力之下，试图借义和团之力打击维新派和列强干政。是以当时报纸评论说“推本言之，有守旧，而后有训政，有训政，而后有废立，有废立，而后有排外”、“义和拳者，非国事之战争，乃党祸之战争也”。

第二，需要真实还原义和团发生的历史现场。目前，部分舆论热衷于“妖魔化”义和团，认为义和团是盲目排外的“暴民运动”，是敌视西方文明的无知行为，有的人甚至把义和团拆毁铁路等行为和今天少数人抵制日货的行为联系起来。对此，《要略》认为亦要两面观之：一方面，在义和团运动前期，确有仇外、仇异教、违背常理的乱杀过激行为。时义和团团民四处烧教会、杀教士；外国人被称为“大毛子”，一律杀无赦；中国人如信奉天主教、基督教，通被称为“二毛子”；其他通洋学、懂洋语以至用洋货者，被称“三毛子”以至“十毛子”等。时人记载：“若纸烟，若小眼镜，甚至洋伞、洋袜，用者辄置极刑。曾有学生六人仓皇避乱，因身边随带铅笔一支，洋纸一张，途遇团匪搜出，乱刀并下，皆死非命。”及至后期，由于加入成员日益复杂，更是出现了许多违法乱纪现象，这都是毋庸置疑的。而另一方面，在当时的历史现场下，我们亦要看到义和团运动的合情理之处。一则义和团反洋教，并非“盲目排外”，而是为了对抗基督教民对自身利益的侵害。时基督教、天主教的传教士们为扩大宗教版图，在中国发展教徒时往往是来者不拒。因此使入教者中，不乏曾经作奸犯科之徒。山东巡抚张汝梅在给朝廷的奏折中说，“抢劫之犯入教者有之，命案之犯入教者有之，负欠避债因而入教者有之，自揣理屈恐人控告因而入教者有之，甚至有父送忤逆，子投入教，遂不服传讯者有之。”二则拳民拆毁铁路、电线杆，非是“敌视西方文明”，而是出于自保和斗争的现实需要。义和团针对铁路和电线杆的破坏，并不是单纯的发泄，或者对西方文明的“敌视”，而有现实的原因。如铁路的修筑夺占了农民的土地、房屋和祖坟，早先从事传统水、陆交通的船民、纤夫等失去了工作。新建起来的铁路车站等地方又优先雇佣教民。这些无疑都加大了普通老百姓对洋人、洋教的仇恨。此类矛盾，正如中国今天在非洲的许多项目，因热衷于从中国雇佣工人，而常常招致当地国家民众的敌视。这类矛盾，显然不能“盲目排外”一个理由来解读。此外，另一个更主要的目的，是切断清军、联军的交通与通信。在攻陷涿州前，义和团从没有对铁路、电线杆进行过专门破坏。到涿州后，为阻止清军的进剿，义和团才动手破坏铁路。在义和团所编民谣“兵法易、助学拳，要摈鬼子不费难。挑铁道，把线砍，旋再毁坏大轮船”中，也能看出，毁坏铁路，是现实的军事斗争需要，并不是单纯的“敌视西方文明”。另外，广为外国人诟病的围攻使馆区事件，其主力其实不是义和团，而是清军。英国政府在当时提交给国会的《蓝皮书》中说，清廷为了打垮驻华公使们，“不是利用暴徒或叛兵，而是利用中国政府的有组织的部队干的。”1900年，翰林院侍讲学士朱祖谋上奏：“今官军围攻使馆，数日不解……臣愚以为战事不可不备而使臣不可不保。”双方记录都证实，进攻使馆的为清朝政府军，而非义和团。上述几例，不过是义和团被中外势力妖魔化的众多史实中的一小部分而已。而经过长期的妖魔化后，以致很多不明就里的现代人在看待义和团时都充满了自虐倾向。

第三，客观评价义和团对中国的重大意义。关于义和团运动的重大历史意义，有将其拔高到“反帝爱国”高度者，有将其贬到“祸乱中华”者（学者王致中曾发表论文《封建蒙昧主义与义和团运动》，批评义和团运动是一场愚昧、仇外的运动。引起较大反响，其论点和论据被广泛征引），其中都夹杂着强烈的情感因素而非客观公正的态度。《要略》以为，义和团运动起码具有以下四个方面的正面意义：

其一，导致了清政府内顽固派的基本瓦解，并推动了其后的“君主立宪”和清朝专制体制的彻底解体。戊戌变法时期，支持光绪皇帝的势单力薄，而顽固派却占了大多数。义和团运动导致八国联军入侵，慈禧出逃，在西安下罪己诏，史传其见了光绪皇帝羞愧得说不出话来。残局之下，慈禧无奈按照列强的要求，斩杀了朝廷内外两百多位保守派大臣，使得清廷内部支持维新和君主立宪的势力终占上风，而且，正是在这一形势下，“东南自保”的格局才被清廷接受，中国的地方权力大部分回到了汉人大臣手中，亦为后期的辛亥革命奠定了基础。

其二，更重要的一点，庚子事变使西方第一次意识到，不可以把中国变成殖民地。因为在十九世纪全球化浪潮以来，西方列强普遍把中国看得跟印度和东南亚各国一样，可以变成其永远的殖民地。但庚子事变发生后，对西方列强产生了强烈的刺激，他们看到，参加义和团的农民虽然愚昧到用血肉之躯挡炮弹，但却显示了中国人的巨大力量和团结精神。列强虽然在北方得到了局部的胜利，但却从中认识到中国是不可能像别的地方一样变成他们的顺民。正是建立在这个广泛认识的基础之上，美国才提出了“利益均沾，门户开放”的政策，并得到了其他列强的认可。

其三，义和团运动客观上造成了日俄战争，并间接保卫了中国东北广大领土的完整。义和团运动之后，作为八国联军之一的俄国没有像其他国家一样拿到赔款就退兵了，而是出兵占领东北（当然这件事本身是俄国的国家策略和李鸿章的外交政策所致，义和团运动只是俄国出兵的借口）。李鸿章本来是用俄国人来遏制日本人的，结果却引狼入室。而当俄国人进入东北和朝鲜后与刚刚崛起的日本人的核心利益产生了冲突，于是，一场具有世界意义的日俄战争在中国的东北开打了，而日胜俄败的结果，使东北三省99%的领土重新回到中国手中（日本只保留在南满铁路沿线驻扎兵力之权）。

其四，义和团运动还间接促进了中国的西方教育和文化输入。1909年起，美国将庚子赔款所摊浮溢部分本利退回，充作留美学习基金，到1924年6月退回余款本利一千两百五十余万美元，作为中国教育文化基金。在美国的带动下，法、日、英、比、意、荷等国都先后声明退回赔款余额，并订立协议，充作办理对华教育文化事业，或充作外国银行营业费用和发行内债基金之用。1908年10月28日，美清两国政府草拟了派遣留美学生规程，并规定中国留学生，应有80%学农业、机械工程、矿业、物理、化学、铁路工程、银行等，其余20%学法律、政治、财经、师范等。美国用心良苦的教育计划，成效卓然。依靠庚子赔款留学并成为未来中国知识分子精英的有胡适、赵元任、竺可桢、詹天佑、杨振宁等。到了三十年代，美国已超过日本，成为中国留学生最多的国家。而同时，美国人在中国建立了十二所教会大学，这其中包括赫赫有名的燕京大学（今清华大学和台湾新竹清华大学的前身）。教会医院则出现了协和医院等。而洛克菲勒基金会则资助了中国学者们在农村的调查与考古行动。

博按：关于义和团运动的历史认知，是当前社会舆论场上一个不可回避的重大话题。尤其是许多人站在不同的政治立场，从不同的考察角度，寻找不同的史料佐证，以表达不同的观点，并以此作为自己的理论基础和历史实证。这样的历史观无论对于历史事件本身，还是对于未来的借鉴和参考，都是有失偏颇和大不利的。按照当下这样的历史观察和评论方法，历史的功能将真的如“婊子”一样，可以任人打扮，任人歪曲，任人欺凌。因此，《要略》以为，既不能无原则地将义和团运动的意义无限拔高，也不能将其妖魔化为“反文明”，恨不得打入十八层地狱。在当前这个正在发生重大变革的大时代，更应该心平气和地，抛弃现实之立场块垒去认识和评价义和团。在此，特录以下几种关于义和团运动的评价，供读者从中甄别：

1、由中国留日学生创办的刊物《开智录》于1901年发表文章《义和团有功于中国说》，称：“中国人柔筋脆骨，已为万国所不齿矣；绝东老大之号，第二犹太之名，已凄声盈耳矣。甲午一败，割地求和，俯首帖耳，任外人之予取予携，不敢稍违豪命，人心板板，民气毫无。义和团此举，实为中国民气之代表，排外之先声矣！彼眈眈逐逐以一鼾睡而目尽我中国人，而狂思妄想豆剖瓜分我中国者，观于此能无废然变计耶！”

2、早年留学美国的著名改良主义者容闳也于1901年告诉他的学生刘禺生说：“予默观现时大势及中国将来情形，当竭诚以授汝，汝其阐行吾志乎？汝以义和团为乱民乎？此中国之民气也。民无气则死，民有气则动，动为生气，从此中国可免瓜分之局，纳民气于正轨，此中国少年之责也。（美国）十三州独立，杀英税吏，焚英货船，其举动何殊义和团？”

3、中国革命先驱孙中山先生早期也对义和团的缺点进行了严厉的批评，后来，他在继续批评义和团弱点的同时也对义和团抵御外侮的行为进行了肯定，他在《国民会议为解决中国内乱之法》中说“及遇义和团之变，中国人竟用肉体和外国相斗，外国虽用长枪大炮打败了中国，但是见得中国的民气还不可侮，以为外国就是一时用武力瓜分了中国，以后还不容易管理中国，所以现在便改变方针，想用中国人来瓜分中国”。后来他在《九七国耻纪念宣言》中更指出，虽然义和团存在严重缺点，“然而义和团的人格，与庚子辛丑以后，一班媚外的巧宦，和卖国的奸贼比较起来，真是天渊之隔。可怪他们还笑义和团野蛮。哼！义和团若是野蛮，他们连猴子也赶不上”。

4、美国作家马克·吐温在一次演说中表示：“外国人不需要中国人，中国人也不需要外国人。在这一点上，我任何时候都是和义和团站在一起的。义和团是爱国者。他们爱他们自己的国家胜过爱别的民族的国家。我祝愿他们成功。义和团主张要把我们赶出他们的国家。我也是义和团。因为我也主张把他们赶出我们的国家”。

5、亲历义和团运动，时任中国海关总税务司的英国人罗伯特·赫德认为：“义和团运动无疑是官方鼓励的产物，但是这个运动已经掌握了群众的想象力，将会像野火一样烧遍中国。简单说来，这是一个纯粹的爱国主义的自发的运动，其目标是使中国强盛起来——以实现中国人的计划。就通过实力来达到它所提出的目的，即达到根除外国宗教和驱逐外国人的目的，它的第一次实验并不是十分成功的；但是，就它所作出的试探——试探自发运动是否能起作用——来说，或者就其作为检验方式方法以供将来选择的一次实验来说，它并不是一次失败。”他认为，总有一天中国民族将实现民族的自决和自治，并把外国人赶出去。只有两种办法可以延缓中国民族觉醒的过程，一个是瓜分；另一个是“基督教得到奇迹般的传播”。赫德并且预测：“五十年以后，就将有千百万团民排成密集队形，穿戴全副盔甲，听候中国政府的号召，这一点是丝毫不容置疑的！如果中国政府继续存在下去，它将鼓励——而这样鼓励是很对的——支持并发展这个中华民族运动；这个运动对世界其余各国是不祥之兆，但是中国有权这样做，中国将贯彻她的民族计划！”

358. 日俄战争：天朝一夕梦醒迟，山河破碎恨无期

关于日俄战争，今日的中国历史教科书中要么一笔带过，要么语焉不详。而博于研究晚清历史过程中，却深感这场发生在中国领土上的异国之间的战争，并非单单是清政府的奇耻大辱那么简单。这场战争，可谓古往今来，发生于中华国土上最为特殊的一场具有世界意义的战争，是以《要略》不免要详述这场战争背景、过程和影响，以钩沉中国人关于那段历史的深刻记忆，做一次“为了忘却”的深长回顾：

19世纪末到20世纪，正是世界列强疯狂地争夺殖民地、半殖民地和势力范围，对已经瓜分完毕的世界进行重新分割的混乱时期。向来自诩“地大物博、天朝上邦”的中国自鸦片战争后，一直是列强掠夺的主要对象之一。在此期间，与中国有“地利”之便的沙皇俄国对中国的侵略发展到了一个新的阶段：其妄图并吞整个东北地区，以图在沿海寻觅常年不冻港。沙皇尼古拉二世公然声称：“俄罗斯无疑必须领有终年通行无阻的港口，此一港口应在大陆上，并且必须与我们以前领有的地带相连。”

其时，俄罗斯侵占中国领土的主要手段之一，是修筑西伯利亚大铁路。这条具有战略意义的铁路是1890年经亚历山大三世批准修筑，并派皇太子（即后来的尼古拉二世）到海参崴主持开工典礼。俄国财政大臣谢尔盖·维特说：这条铁路修成后，将使“俄国能在任何时间内在最短的路上把军事力量运至海参崴并集中于满洲、黄海海岸及离中国首都的近距离处”。

在沙俄对中国东北虎视眈眈的时候，1894年7月，另一个对中国领土觊觎已久的近邻日本在美英等国怂恿下，发动了著名的“甲午战争”。惨败之下的清政府被迫签订中日《马关条约》。把辽东半岛割让与日本，这同图谋独占整个中国东北的俄国的“核心利益”水火不容。于是，1895年4月17日（即《马关条约》签字当天），沙皇政府伙同德法两国，共同对日上演了一出“三国干涉还辽”的外交闹剧。而刚经甲午战争消耗的日本被迫“抛弃辽东半岛之永久领有”（实际上是清政府以白银三千万两向日本“赎回”辽东半岛）。此后，俄国

以“还辽有功”为借口，对清政府进行敲诈勒索。并于1896年诱逼清政府接受《中俄密约》（李鸿章死前最后签订的条约），索取了修筑中东铁路及其支线等特权。1897年底，俄国舰队擅自闯进中国旅顺口；翌年3月，沙皇政府强行向中国政府“租借”旅顺、大连及其附近海域，霸占辽东半岛，从而取得了其梦寐以求的“远东不冻港”。

1900年，震惊中外的义和团运动爆发。俄、德、英、美、法、意、奥、日八个国家出兵镇压。当八国联军一万八千余人进犯北京之时，俄国更以镇压东北义和团运动为名，以国防部长兼陆军大臣A.H.库罗帕特金为总参谋长，征调十三万五千大军，编成四个军，大举入侵我东北地区，其目的是独吞我东北三省。俄国陆军大臣库罗帕特金公然叫嚷：“我们将把满洲变成第二个布哈拉（今乌兹别克斯坦首都，曾于1868年被沙俄军队侵占并统治大半个世纪）。”当时清廷京畿危急，对沙俄入侵东北持妥协求和方针；东北全境兵力不足以抗敌且还不能实施统一指挥，以致东北三省各战略要地均为俄军所控制。

当参加八国联军的其他帝国主义侵略军撤出北京后，唯有占领中国东北的俄军拒绝撤军，并于1903年8月悍然成立以旅顺为中心的远东总督区，任命总督官，实际上统治我东北地区。

再说日本。自甲午战争后被俄组织“三国干涉还辽”、迫使日本修改《马关条约》之事后，日俄在远东的利害冲突进一步激化。此后，日本认识到唯有与俄一战，才能实现其“东进大陆”的国家野心，因而加紧了对俄战争准备。而日本于甲午战争中从中国掠夺的白银两亿三千万两，则大部用于对俄作战准备。日本政府确信，在俄国的西伯利亚铁路尚未建成之前尽快发动夺取朝鲜和中国东北的战争，对日本最为有利。于是，日俄战争已不可避免。

是时国际形势，英、美两国出于自身利益站在日本一边；而法德两国则或明或暗支持俄国。一场以日俄为代理人的实际上的“第一次世界大战”，就这样在1904年2月8日夜晚，以日本再次不宣而战，在中国的土地上拉开战幕。

战前双方实力对比：俄军方面，时俄国总人口达一亿四千万人，陆军常备军总兵力约一百零五万人，后备役军人达三百七十五万人。其中在远东有正规陆军部队九万八千余人（一百四十八门炮、八挺机枪），同时，俄国海军拥有两百余艘战舰，其中太平洋分舰队拥有六十余艘作战舰艇（十九万两千多吨）。整个战争期间进行过九次动员，先后征召近一百二十万人入伍。日本方面，国内总人口不过四千四百万。战争初期，陆军总兵力约三十七万五千人（一千一百四十门炮），其中二十五万人可用于日本列岛以外作战。火炮中37%为山炮，适于东北战场的地形特点。机枪一百四十七挺。海军是日本建军的重点。战争前夕日本海军有战舰约八十艘（二十六万多吨），多数是在英国建造的新型舰只，性能良好，规格统一。

日俄战争和甲午战争一样，分别在两个战场次第展开。

陆战场方面。日俄双方经过辽东登陆之战（在九连城一带展开，与甲午之战类似，最终日本成功登陆）、旅顺争夺之战（陆战场上决定性一役。因为旅顺牵制大量日军，只要旅顺口的俄国舰队还存在，日军就无法决定战争的结局。如果俄国欧洲地区的舰队东调，还可能改变海上形势，并切断日军海上补给线。因此日军不惜重大代价攻取旅顺，归根到底是解决日俄战争的根本问题——制海权，结果日本以重大伤亡赢得了此战的胜利）、辽阳会战（此战日军以全军出击，不留预备队的鱼死网破的冒险战法，以较少兵力包围较多之敌，但由于俄军采取了错误的消极防御战术而最终失败）、沙河之战（以俄方损失四万余人，日方损失两万余人告终）、奉天会战（此战日军以二十五万兵力击败俄军三十三万，是日俄战争中最后也是最大的一次会战，总计俄军损失近十二万人，日军损失约三万人。俄军的惨败，导致库罗帕特金被撤职，降为“满洲”第一集团军司令，远东陆军总司令职务由李涅维奇继任）四次大规模战役，结果俄军完败于日军。

海战场方面：主要经历两次海战。一是旅顺口争夺战（日军先是不宣而战，突袭旅顺，击沉俄军三艘主力战舰，再是长期围困旅顺港口内的俄罗斯太平洋舰队，最后再因俄军的消极防御战略而导致太平洋舰队的全军覆没）；二是对马海战（此战可谓世界经典海战，俄海军长途跋涉，劳师远征，日军以逸待劳，设伏袭击，使俄国太平洋第2、第3分舰队除3艘逃往海参崴之外，其余全军覆没）。战争结果，俄海军舰艇损失总计达二十七万吨，人员阵亡四千八百三十人，被俘五千九百余人；日本海军只损失鱼雷艇三艘，人员阵亡仅一百余人，伤五百余人。

另外，日俄战争期间，日本天才特工明石元二郎在俄国资助和策动沙皇政府的反对派发动革命，把俄国腹地闹得天翻地覆，对马海战之后，以尼古拉二世为首的统治集团，完全失去了利用战争的胜利扼杀革命的希望，日本方面鉴于人力物力的巨大消耗，也认为继续打下去对它不利。美国总统西奥多·罗斯福欣然出面斡旋。经过激烈的讨价还价，俄国被迫于1905年9月5日在朴茨茅斯同日本签订和约。《朴茨茅斯和约》规定：俄国承认日本在朝鲜享有政治军事及经济上之“卓越利益”，并且不得阻碍或干涉日本对朝鲜的任何措置。俄国将旅顺口、大连湾并其附近领土领水之租借权以及有关的其他特权，均移让与日本政府。俄国将由长春至旅顺口之铁路及一切支线，以及附属之一切权利、财产和煤矿，均转让与日本政府。此外，条约还规定将库页岛南部和俄国对辽东半岛的租借权以及其附近一切岛屿永远让与日本。日本的代价是战死（当场阵亡和负伤死）五万多人。

而对于仿佛置身事外的清朝政府，当俄军败退之后，日本和清政府在北京经过一个多月谈判之后，清、日两国签订了一份《会议东三省事宜正约》以及附约，在这个附约里面，清政府割让给了日本以下几项主要的主权，以作为日本从东北撤军的条件，在日本方面，则视为此次出兵抗俄的政治报酬：

1. 割让旅顺、大连两处租借地；

2. 割让南满铁路的经营权以及沿线的林产、矿产；

3. 允许日本在南满铁路两侧驻军。

依据这个条约，日本开始派人接管南满铁路、移民旅顺、大连，并且派了一支部队进驻南满铁路两侧，这支部队，被称为“关东军”，驻扎的依据是《会议东三省事宜正约》以及附约，理由是“保护日侨”。

关于这场战争中的“中国角色”：1904年2月12日，日俄战争爆发后，清政府立即宣布“局外中立”，划辽河以东地区为日俄两军“交战区”，并严令地方军政长官对人民群众“加意严防”，“切实弹压”。然而，战争却给中朝两国人民造成了极为深重的灾难。人民生命财产的损失无法计算。仅就中国东三省部分地区而言，“自旅顺迤北，直至边墙内外，凡属俄日大军经过处，大都因粮于民。菽黍高粱，均被芟割，以作马料。纵横千里，几同赤地”，“盖州海城各属被扰者有三百村，计遭难者八千四百家，约共男女五万多名。”辽阳战场“难民之避入奉天省城者不下三万余人”，“烽燧所至，村舍为墟，小民转徙流离哭号于路者，以数十万计。”甚至连日本人办的《盛京时报》（1906年10月18日刊载内容）也不得不承认，东北人民“陷于枪烟弹雨之中，死于炮林雷阵之上者数万生灵，血飞肉溅，产破家倾，父子兄弟哭于途，夫妇亲朋呼于路，痛心疾首，惨不忍闻。”

日俄战争对此后东亚地缘政治战略格局的深刻影响：自日俄战争后，

日本关东军即按照日清约定，长期驻军东北，至“九一八”事变前，已经驻扎了二十六年，此为旅顺、大连、南满铁路、林矿产主权流失之主要原因和日本驻华“关东军”的来历。战后，绝大多数中国人责备清政府“卖国”。然而，在当时，以这样的方式结束两个虎狼之国对中国的领土之争已经是清政府所能选择的最佳方案，也是在木已成舟、米已成炊的历史条件下、符合当时大清国国家利益最大化的最佳选择。而中、日两国在20世纪三十年代大打出手，归根结底，就是根源于这个条约、根源于日本依据这个条约，向旅顺、大连、南满铁路两侧移民并开始“经营满洲”开始。日本“经营满洲”的殖民行为，与中国后来突然兴起的民族主义，爆发了激烈的冲突。史料显示：国民政府从发动北伐开始，就喊出了“收回东北一切主权”、“废除一切不平等条约”的民族主义口号，尤其是强行收回汉口英租界的成功，使国民政府斗志昂扬，在民族复兴的路上一路狂飙，试图一举收复东北主权。而日本则以二十六年前的日俄战争说事，指责中国忘恩负义、不守信用，最终导致了令人谓之警钟长鸣的“九一八”事变。

而日俄战争于此后的世界历史带来更大更深远的影响：一是这场战争和稍前的甲午战争，以两个大帝国溃败于一个新兴相对小国，使中俄国内稍有理智的人都明白了一个道理：专制不敌立宪。他们清醒地认识到，甲午战争和日俄战争，本质上是清朝和俄国的中央集权专制政体和日本君主立宪体制在作战。俄国的再次惨败，无论是沙皇本人，还是慈禧太后和她的大臣，都明白了专制不敌立宪这个道理。因此日俄战争一结束，慈禧太后就派五大臣出国考察西方宪政。宣布12个月之内改革君主立宪政体。中国宪政改革马上登场；同样，俄国在战后即推动了著名的“斯托雷平”现代化改革。改变村社制度，土地私有化，发展市场经济。这个改革短期内瓦解了俄国的社会结构，导致了危机不断加剧，从1905年到1917年，俄国既得利益集体不断掠夺农民土地（假改革的名义），腐败盛行，基层的解体……最后导致了俄国十月革命。二是经过此役，骄傲的日本从此走向军国主义，对世界历史的走向产生了深远影响。日本明治维新的目标本来是要建立民族民主国家，然而日本甲午败清、再而败俄，客观上使日本产生了建立大东亚共荣圈的想法，因此日俄战争以后，日本的“大陆政策”已经成为既定的国策；另外，从严格意义上说，日俄战争是世界近代史上（18世纪中期欧洲中心论产生以后）第一次由东方人、黄种人打败欧洲人，对以欧洲为中心的近代世界政治格局产生了极大冲击。而关于日俄战争中日本的胜利，美国著名的历史学家斯塔夫里阿诺斯在他的《全球通史》里这样论述："历史上第一次由一个亚洲国家战胜了一个欧洲国家，而且是一个大帝国。这对整个亚洲产生了令人振奋的影响。它向诸殖民地民族的千百万人表明，欧洲的统治者并不是神圣的、命中注定的。自征服者时代以来，白人第一次被打败，全球所有的非白人民族都充满了令人激动的希望。"他认为从这个意义上来讲，"日俄战争是近代历史上的一座里程碑，是非欧洲民族充分觉醒的序幕；这种觉醒今日正震撼着整个世界"。

博按：重温晚清末年之史，相信但有一点血性、但有一点民族感情之人，都将是一个极端痛苦的过程。而阅读诸如甲午战争和日俄战争这样的重大历史事件，则更如一个难以吞咽的带刺苦果，让人无比悲愤，难以下咽。然而，历史的重大功能或许正在于此：让读史的后来人在咀嚼前人的苦痛教训中得以幡然醒悟、得以痛定思痛、得以审视未来、得以重新标定方向。尤其是日俄战争不但导致了俄罗斯帝国的坍塌，而且得以重建了一个人类历史上新的社会主义国家，影响了全世界二十世纪的大部分时间，并以其再次坍塌的姿态，给后人留下了更为深刻的教训。而在旅顺陷落后，德皇威廉即说出了这番让我们至今都无法理解的预言："俄国在连连失利后缔结和约，将会使其军事威望丧失殆尽，它可能会致沙皇于死地，也许还会导致君主制的覆灭，并产生民主制度，而这种民主制度在野蛮落后的俄国……将会表现出在文明社会完全不同的恐怖面目！"这句话将铭刻于人类历史发展的宏大史册上，以昭示于后人。是为注。

359. 甲午战争与日俄战争的再比较：两个大国的惨败，一个结论的证明

晚清之史，最为重大、影响中国和世界最为深远的，莫过于1894年的甲午

战争和1904年的日俄战争。当今天的我们在比较研究这两场相隔不到10年的战争时，发现其中有许多惊人的相似之处和深刻的历史意义，值得深刻回味：

一是以小国胜大国相同。日本国土面积、人口总数、国家战争潜力、国民生产总值与清、俄两国相比，都可谓以小博大，以弱胜强。

二是军事实力对比相同。日清军事实力和日俄军事实力对比基本相同。清朝军事实力虽然较俄军事实力为弱，但清朝具有本土作战优势，不像俄罗斯需要远程奔袭。因此二者的军事实力与日本的军事实力相比，可谓伯仲之间。

三是陆海两线作战形式相同。两场战争都是既有陆军的大规模对抗，又有海上的大规模较量，而且都是制海权决定整个战争的胜负。失败一方中俄都是以海军消极作战被日军将主力聚歼于港口（不同之处唯在于，俄太平洋舰队主力被聚歼于旅顺港，清北洋水师被聚歼于威海卫港），战争的最终结束亦是以海军的全军覆没而收场。

四是日本在首战中采取突袭作战方式相同。在两场战争中，作为胜利者一方的日本皆采取了不宣而战的“突袭”方式赢得了首战胜利，而且都是以海军的突然袭击为主要方式。

五是战争对战败国的影响相同。甲午战争清朝的失败，改变了亚洲一千年以来的地缘政治战略格局，并引起了清朝的“君主立宪制”探索，失败后导致了清朝王朝的坍塌（战后十七年发生辛亥革命，帝制结束）；而日俄战争的失败，亦改变了欧亚大陆的战略格局，亦引起了俄国的现代化改革，失败后导致了沙皇帝国的消亡。（战后十二年后发生十月革命，苏联建立）

六是胜利一方日本所采取的外交战略相同。这两场战争的胜利一方日本都采取了依靠英美的外交策略，都是在英美或明或暗的支援下赢得了战争的最终胜利。

七是清、俄两国战前的轻敌惊人相同。清朝在与日本作战前，主战派普遍认为，日本是“蕞尔小邦，何敢与大国争锋”；同样，俄国内以御前大臣亚历山大·别佐勃拉佐夫等人为代表的主战派同样认为日本不过是“蕞尔小邦，不堪一击”，“扔帽子就可以把它压倒”，俄国陆军大臣阿列克塞·库罗帕特金大将还作出结论：“一个俄国兵可以对付三个日本兵，而我们只需要14天的时间就能够在满洲集结四十万大军，这已经是击败日本陆军所需数量的三倍了。所以说将来要发生的与其说是战争不如说是一场‘军事散步’更为合适”。

八是作战地域相同。这一点可以做为中国最大的耻辱铭记于历史：这两场影响了亚洲地缘政治格局和世界政治版图的战争，都主要在中国的东北大地和中国的近海海域展开。日本之所以能够赢得后一场战争的胜利，与其在前一场战争中对作战地域的更加熟悉有一定关系。

博按：19世纪末到20世纪初，自鸦片战争和太平天国起义之后，中国接连发生了一系列相互关联、环环相扣的重大事件。先是中法战争，再是英法联军入侵，再是甲午战争，再是百日维新，再是庚子事变，再是日俄战争，清朝在中国的统治真正进入了风雨飘摇的多事之秋。认真研究中日甲午之战和日俄战争，是一个既有趣又令人悲叹的事情。至今没有人将发生在中国大地上的这两场前后相隔不到十年的战争做一对比。而《要略》于两场战争的许多相似之处中不仅深刻反思：是什么样的力量，让日本在短短的十数年间，彻底击败了两个世界上面积最大、人口最多的大帝国？是什么样的力量，让日本在领土局促、资源缺乏、人口较少的基础上一跃成为世界强国和亚洲领袖？是什么样的力量，让大和民族在短期内如此迅速地成长发展？再回溯到上个世纪五十年代，在经历二战失败、国家一片焦土的情况下，是什么样的力量，使日本在经过不到四十年时间（至80年代中期）的发展，再次成为世界第二经济强国？至今我们不断反思甲午战争对我们带来的教训和启示，众说纷纭，但各种理由背后，都有一个体制性原因：日本明治维新后采取了“全盘西化”的君主立宪制，从而发展起强大的国力和军力；而在二战之后，日本又在美国的改造之下，实行了更加先进的国家制度。今天，在国家上下大谈改革、共行“万众创新”的时候，更应该深刻吸取历史的教训，大力呼唤“制度创新”、“体制改革”，而唯有不断地改革创新，才能使中华民族真正摆脱制度性腐败、体制性弊端，从而走上民族振兴、繁荣发展的健康轨道。

360. 清朝历史收官：换一个视角看慈禧

本次为期一年有余的中国通史读史笔记，特地选择慈禧作为收官之作。一则因为她是女人，而中国人又常将国家、民族、历史比喻成如母亲一般的女人；二则因为这个女人，主宰了中国历史上最不幸、最纷乱、最没落又变化最为深刻的最后四十七年；三则因为这个女人，具备了中国所有历史人物（也包括男人）的优缺点，她一个人的历史，仿佛就是整个中华民族王朝历史的浓缩，她一个人的历史，可以观照任何一个朝代的帝王和臣民。

首先，慈禧不过是一个普通的深受满汉文化熏陶的女人。她有女人对美的追求，对青春的渴望。在中华这片土地上，不知曾生长过多少杰出的女子，可惜她们只能在“相夫教子”的“俗事”中悄悄凋零。然而，慈禧这个女人，却和历史上的武则天和孝庄太后一样，凭着自己超人的胆量和聪明，出现在历史的聚光灯下。虽然，历史证明她的演出是一场失败之作，但是，她毕竟登上了舞台并作了充分的表演。对一个中国女人来说，她可谓取得了莫大的成功。

其次，平心而论，在强大的观念和制度笼罩之下，慈禧在她的政治演出中表现的才干和能力还是相当突出。她比当时满族的大部分男人刚强果断。她可以称得上有胆有识、机智精敏。在她四十七年的统治生涯中，始终牢牢控制着整个局面，把晚清历史中那些诸如李鸿章、曾国藩、左宗棠这样的汉人集团中的精英人物，操纵于股掌之间（尽管有王朝体制的因素在里面）。就在英法联军逼近北京，咸丰皇帝准备仓皇逃走的时候，她从储秀宫的帷幕后面第一次站出来，冒着违反祖制的巨大危险，极力反对这个懦弱的决定：“当皇上之将行也，贵妃力阻。言皇上在京，可以震慑一切。圣驾若行，则宗庙无主，恐为夷人践毁。昔周室东迁，天子蒙尘，永为后世之羞。今若遽弃京城而去，辱莫甚焉！”在满朝王公大臣的惊慌失措之中，懿贵妃的这番话掷地有声，足以让满朝男子蒙羞。

再次，她很有度量且颇具眼光。在丈夫死后，她以闪电般果敢的手段发动宫廷政变，颠覆了由顾命八大臣组成的权力中心。她只杀了为首的三个大臣，对其他人都轻轻放过，并且当众焚毁了从三大臣家搜出来的政治信件，不追不问，从而使大批和政变集团有牵连的官员都松了一口气，稳定了局面，安定了人心。当中国深受西方文化冲击之时，她以远超一个女流之辈的眼光做出了明智的反应——“洋务运动”就是在她的支持下开始的。她支持派出留学生，支持兴办工厂，支持建设新式军队。在她统治的最后十年，她相当努力地推行了政治改革，准备采用西方的君主立宪政体。她的改革范围甚至比康有为当初的设想还要广泛，改革手段也显然比“戊戌变法”时的举措更切实有效。如果遇到的是比较平稳的政治局面，也许她会成功地完成中国的君主立宪制改革。如果是那样，她在历史上留下的也许不会是像现在的这么多骂名。

最后，她意志坚定。她在每个场合都能做到坚持自己的立场，从不被周围的反对力量所压倒。在那场关系到清朝生死存亡的“海防”与“塞防”之争中，她能够站在国家和民族的立场做出了正确的判断——虽然，失败的一方李鸿章可谓她的“腹心大臣”，给她“孝敬”了不少银子和各式珍宝，而另一方，是一个不愿给她祝寿的“铁心”汉子左宗棠。正是在她的毫无保留的支持下，左宗棠才能从容地剿捻灭回，抬棺西进，收复了中国最大的一块领土。如果不是她的坚定决心，左宗棠很可能被李鸿章在背后上下其手而走马换将——果真如此，则今日中国的领土范围，很可能被大范围压缩。

然而，造物弄人，她偏偏撞上了中国最尴尬、最困难的时候。而恰恰这种困难，其实是她的祖先，若干个自称很强大的男人所造成的。在她扮演的双重角色之中，她本质上更是一个女人而不是政治家，虽然她天生刚强能干。（据说满族女人往往比丈夫能干。在满人的传统里，儿子不叫“妈妈”却叫她“爸爸”）其实，在走进中国权力中心之初，她只是想替懦弱的丈夫当当家；后来，就是想保住爱新觉罗家的产业，以免孤儿寡母受人欺负。她只是一个爱享乐的精明的贵族女子，用她所熟悉的管理家庭的方式管理着国家。从现存的文献资料中，你可以看到许多她召见大臣的谈话记录。曾国藩在第一次进京面见太后时，没想到慈禧和他拉起了家常：“你兄弟几人，出京多少年了，曾国荃是你胞弟吗之类”。曾国藩在当天的日记中惊讶且失望地写道：“两宫才地平常，见面无一要语。”

不可否认的是，慈禧深深迷恋权力。在中国这个拥有数千年“官本位”传统的极权社会里，大多数男人和女人，对权力的渴望都根植于人性深处，是任何强者都难以抵御的深度诱惑。从这点上来说，慈禧的失败是由于人性的普遍弱点而不是自己的性别因素。但是对慈禧来说，她的权力欲仅仅满足于用她用权力控制他人而维护自己的地位和生活而已。她更喜欢用权力达成更美好的生活，是以她对私人生活倾注了大量的热情，她给自己建造无数的园林，她对巴黎的时装、华尔兹舞无比喜欢。每天处理完政务之后，她把大量的时间用于化妆、游赏、宴饮、看戏。她完全把自己置于一个传统女贵族的生活趣味当中。

据说她也很富于人情味儿。对身边的宫女，她极其和蔼可亲，很少疾颜厉色。宫中的女仆们回忆起她来，话语中不无温馨：“老太后是最圣明不过的人，对自己最亲信的贴身丫头都是另眼看待的。不管外面有多不顺心的事，对我们总是和颜悦色。比如，她对我讲：‘荣儿，你过来，你那辫梢梳得多么憨蠢，若把辫绳留长一点，一走路，动摆开了，那有多好看！’”在这些回忆录中，你看到的绝不是那个冷面冷心的铁女人，而是一个既威严又慈祥的老太太。作为一个母亲，她又始终摆脱不了“相夫教子，看家守业”的身份定位。她像中国任何一个母亲一样，对独生子同治过分娇纵，使这个孩子成了清朝十二代帝王中最没出息的一个；而对继子光绪，她又矫枉过正，管束过严，教育出一个性格上过于懦弱的孩子。

慈禧这个女人，就是这样，由着自己的性情，风风光光、曲曲折折走完了自己的一生。在生命的最后，她在病榻上留给人们的最后一句话是：“以后勿使妇人干政。此与本朝家法有违，须严加限制。”她承认自己不成功地涉足了政治。她希望别人不要效仿她。而她或许会料到自己身后的骂名，但她绝对想不到，当她死后不到20年，她会遭受盗陵抛尸的奇耻大辱……

博按：慈禧以一个女人，主宰中国晚清四十余年政局。其虽为女人，却能扶持培养如胡林翼、曾国藩、左宗棠、李鸿章等汉族大臣，从而剿灭太平天国这样规模巨大的反清起义，并进而开展“洋务运动”，实现了短暂的“同治中兴”局面；其虽为女人，当列强窥伺、四面皆敌之时，能够权衡折冲，尽最大可能地保有了中国的领土格局（尤其是新疆领土之保卫）。然而，历史不能因为其为女人即给予格外的宽容，当其耗尽国防经费而用于建设供其享乐的颐和园时，当其说出“量中华之物力，结与国之欢心”的卖国之语时，当其主持割地赔款、签订了一系列丧权辱国条约时，历史已经将她牢牢钉在了民族和国家的耻辱柱上，供以后的当权者和统治者引以为鉴：无论你是男人还是女人，无论使用了什么样的方式获得了统治人民的权力——在这个位置上，你首先必须持心为公：为国家的繁荣，为民族的发展，为人民的福祉，做出自己正确的选择——哪怕这个选择，损失了你个人的利益，损失了你享乐的机会，损失了你的一切，你也只能做出这样的选择；其次必须治事有能：如果你的能力和素质，使你做不出正确的选择，那么，你必须选择离开。否则，你就要像慈禧这个女流之辈一样，被人破棺抛尸，被千夫所指，万夫所骂。

也许，这正是本书作者掬血和墨撰写这本读史要略的目的！

历史就是这样以无情的方式，注视着有情的人间！

和中华历史的一场艰涩对话

（后记）

岁在乙未，时于仲夏。正值中国人民抗日战争胜利六十周年和军队领导指挥改革前夕。是年春，窃于戎伍二十四载之后，履新于原总参谋部某职。有感于责任之重大，惶恐于能力之不足，是以于工作之余，寻求军事战略方面之学习。遂重拾《中国历代战争史》等军事理论著作以读，为充分消化汲取此书之营养，并决心撰写读史笔记以奏其效。

时间上溯至公元2001年。是时以而立之年，第二次负笈南京，攻读解放军南京政治学院新闻系研究生学位。因自幼酷爱历史，遂于专业学习之外，常旁听著名史学家季云飞先生所授之课。并常于课堂上与先生交流求教，得先生指引，开始涉猎有清一代历史。其中，以通读岳麓书社之《曾文正公文集》为开端。后涉猎及左宗棠、李鸿章、胡林翼、袁世凯等晚清要人的传记和史料。自南京毕业后，即被选调入北京军区司令部工作，全面进入军事实践工作领域，为适应作战指挥工作的全新挑战，亦开始利用工作之余，通读原军事科学院副院长李际均将军主编的《中国军事通史》。在用时三年、两次通读这套巨著后，又一发而不可收，继尔再读中华书局版《史记》和《资治通鉴》。其后6年时间，无论平日公文包内，还是出差途中行李箱内，抑或床上枕边台灯之下，必备上述史书矣！尤其是《史记》和《通鉴》，反复咀嚼品味之余，常发思古之幽情，亦做现实之喟叹。尤于古代军事建设与战争实践方面，既详查于古人用兵之法，亦揣摩先人之精神气质。于胜者探其大略，于败者究其细微，如此数年之后，于国史军史之情结更为浓烈，在此心境下，又有幸觅得宝岛台湾出版之《中国历代战争史》。该书系蒋介石败逃台湾后，有感于军事之失利，国家之颓败，于公元1957年始，嘱其子蒋经国（时任“行政院院长”）为总编，组织台湾“三军大学”数十名精于战争实践之将校军官，以大儒钱穆担纲主编，历时十有五年而编成。成书后，因其治史之严谨，体例之独到，文字之凝练，检讨之深刻，遂成为近代军史经典之作，得港台资深军事学者广泛好评。然大陆于上世纪80年代翻印后，却鲜有深入研究者。我以有幸，初读便惕然入其心，咣然入其魂，深读更难以释卷，不能自拔。

是时恰逢现代信息交流手段微信“朋友圈”广为流行，本着“独乐乐不如众乐乐”之良愿，于每日夜深，将一日所读所感，择其要事要人要著要点，先述其史，后以“博按”注其大略，推其细微，鉴及今人今事，以固定文字格式，上传于微信朋友圈。殊料甫一出现，便受到诸多师长、同事和友朋的热情关注，其中，我的受艺恩师，著名书法家、篆刻家秦彪先生；原解放军报高级编辑、著名杂文家李庚辰先生；原解放军报总编陶克将军；原内蒙古军区参谋长郧建华将军；中国文联理论研究室主任庞井军先生，我的同事好友、原北京军区作战部参谋游晓阳上校，某部主任马环宇大校；我的南政同窗祝俊业、徐凌峰、刘延鹏诸君；我的至交好友南京某国企主管李传波君、中科院陈曰德博士、广州星海音乐学院著名音乐史家罗小平教授、南京艺术学院王晓俊博士、公安部宁海峰处长、中纪委方正出版社作家王子君女士；河北省政府综合处处长贾凯先生，我相交20余年的老战友杨军、李俊光诸君……当然，还有许多因为种种原因不便提及的长期以来关怀厚爱于我的许多领导和同事，常于朋友圈后热情点赞并频频鼓励留言于后，并多有将笔记转发并广为传播者，使我的朋友圈因此而日渐扩大。其中有未曾谋面之清华大学学者徐扬先生、有远在福建的陈锦珊先生等诸君，常于笔记后不吝赐教，做有益之探讨，提更正之意见，使我思路大开，写笔记之意志弥坚。在“朋友圈”内外诸君热情鼓励之下，我自乙未年四月（阳历2015年5月）下旬至丙申年六月计370余日内，未曾一日中断读史笔记之撰写，自9000年前的贾湖骨龠开始，一路写至清末“慈禧太后”（整理成书时，又进行了增删）。因写笔记期间，诸多亲友特别是贾凯兄强烈建议将所写之笔记付梓行世，以飨爱史读史之人。我虽踌躇于其中尚有许多个人之不成熟见解，一些文字还显粗糙，然以生于开放之时代，鉴于“大数据”和“云服务”之大趋势，笔记但能以一孔之见而成沧海之一滴微晶，以一斑之窥而成云端之一抹彩霞，斯亦可矣！因于业余时间，将所有笔记重新整理并吸纳和借鉴大家的意见建议，名为《读史要略》以出版，以答爱护于我、激励于我之诸君盛情。

《读史要略》一名，拾慧于有清中兴名臣胡林翼的《读史兵略》。要略之意，一可理解为对“历史的简要略写”，即将历史的概貌和简要过程，以笔记的形式简要加以呈现；二可阐意为对“历史之要人、要事、要著及要点”的略写，试图通过提纲挈领式的略写来深化对历史的理解，使没有时间和精力做通史阅读的朋友，“窥要点而知全貌”；三可涵盖为对“读史过程中的要略性思考”，笔记及其注释中涵盖国家战略、政治策略，包括外交战略和人才战略等之借鉴和反思。

特别要指出的是，在读史笔记的写作过程中，正是网络时代“大数据”方兴之时，由于网络空间大量有关历史事件和人物“知识图谱”的不断构建，加之考古学的新发现能以最快的速度反映于网络空间，为历史研究提供了史料搜集和相互甄别、验证、澄清的大方便，是以我的笔记，在圈定了某人某事之后，除了于书本上做选材和思考外，还反复求证于网络上相关知识的互相校验，实希望笔记能够更加真实客观地反映历史原貌，更加深入深刻地揭示历史运行规律。基于此，《读史要略》渐次形成了属于自己也属于这个时代的鲜明特色和印记：

一曰浓缩历史的精华。因为中国历史太过久远漫长，由于中华民族繁衍生息的地域太过广阔辽远，加之中华文明的博大精深和源远流长，所以生活于其中的历史人物、发生的历史事件和产生的重要著作太过庞杂众多，以至尽二十五部“正史”亦难述其详，量万千部“野史杂记”而难概其貌，是以古今往来，尽通国史而能刻画国史全貌者寥寥。近代以来，即使学识渊博的史学大师，在面对浩如烟海、汗牛充栋的中华历代史学著作与史料时，也难免望而兴叹。乃至如陈寅恪、费正清这样的史学大师，竟然反对对中国通史作普遍性研究，力主断代史之精研细考。导致的结果是某一段历史可能越来越清晰，但中华历史的全貌却是越来越模糊：正如现代摄影技术所反映的那样，愈是清晰的“特写”镜头，就愈是要模糊周围的光线，而当大多数历史学者过多地关注于局部的解剖式“特写”时，他们的视野里自然而然地模糊了历史价值的纵向比较、历史趋势的客观把握以及历史意义的全面挖掘，而后者，又恰恰是普罗大众最需要的历史学功能之一。他们更需要了解的是历史大视野下的大趋势和大道理，他们需要的是对历史画龙点睛式的解读和提纲挈领式的客观认知。正是在这样的背景下，本书以360篇要人、要事和要著“浓缩”了中华历史发展的“大趋势”和“大道理”，在相对较短的篇幅里展现了中国历史的独特魅力和史学功能价值，给普通读者特别是忙于工作的领导干部们提供了一个更容易接受掌握的普及性历史读本。

二曰独辟历史的蹊径。我以二十五戎伍之间，经7年新闻、中文、军事院校学习，跨海、陆、空各军种工作，在司、政、后均有磨砺，自战士而经连、营、团、师、军、战区乃至总部各级基层和机关，无不有深刻之经历体会。因有具体工作实践之经验，加之新闻学的新鲜观点，是以在撰写读史笔记时不愿循前人旧轨，于内容材料选择上，尽量选取具有十分典型意义之人和事；于述事方式上，采取文白结合之方式，既可使一些学者易于接受，亦可让一般读者于读史中体会中华古文字之优美与独特语境；于注释和评点上，亦尽量以独特之视角，作独到之见解，不作前人已有之论，实希望读者诸君在读史时不会有“味同嚼蜡”或“拾人牙慧”之感。

三曰还原历史的真相。借助于“知识图谱”的强大功能，加上近代以来考古界的不断发现对新历史观点的支持，使笔记可以更大量地占有信息，更方便地还原和澄清历史的真相。如“涿鹿之战”，即将过去之神话传说还原为现实的情节；如关于袁崇焕与毛文龙的评价，即采取贬袁而扬毛之态度，区别于过去为封建王朝所利用之评价视角；比如秦赵长平之战，也依据现代考古证明，论述了白起不可能“坑杀”四十万赵军的历史事实。这些对历史事件的还原，都有赖于网络科技的迅猛进步和考古学的快速发展。这也是《读史要略》所以能够有别于前人史家、更具历史穿透力的根源所在。

四曰探寻历史的原力。读史的终极目的，在于鉴今，而鉴今的最有效手段，便是寻求推动社会历史前进的原始动力和发展规律。我于不懈读史之间，既常发思古之幽情，亦常做现实之思考。尤其潜心发掘历史运行之动力和规律。中国历史此向发展而非他向发展之间，其后必有民族主体生存发展取向、英雄人物出于人性原因的选择等根本性力量为推手。而我于笔记之中，常有挖掘、提取其中“大趋势”和“原动力”的冲动与向往。虽然此一目的实过于宏大，且我既非专业之历史学家，在建构这一读史理想过程中，尚有“战战兢兢，如履薄冰”之感。但我相信，通过反复揣摩总结，拙著出版之后，经读者诸君以及历史专家的指正和帮助，这一宏愿必将在此后的读史笔记中加以实现。

然而，我亦承认，此次潜心读史做注的过程，实际上是一次与九千岁中国历史老人的对话过程。英国历史学家爱德华·卡尔曾说：“历史是历史学家跟他的事实之间相互作用的连续不断的过程，是现在与过去之间的永无止境的问答交谈。”我虽不是专业的历史学家，但每每与先哲前贤作深入的历史对话时，既为他们的超前思想和雄才伟略所叹服，又为他们历史功绩的强烈光辉所反复照射而感到目眩头晕，历史人物与现实人性的优劣对比，历史理想与现实走向的强烈反差，以及本可避免的历史悲剧的反复上演，都使得我的“述而论之”愈深入而愈感痛苦，愈得真相而愈为之食不甘味。尤其是作为一个具有民族情怀，又有一定使命担当的现代军人，我又不能逃避勇敢批判和现实指摘之责任。上述种种原因，使得这场发之于史、见之于心、行之于文的“述而论之”事件变得沉重而且艰难：在前后两年有余的写作和修改时间里，我经常于清晨起床之后，于中午午觉之时，于深夜之中，于差行途中，均用以读史或写作；与九千年历史老人的沉重对话和思想交手，使我以不惑之年而须发尽白！

诚然，历陈上述心路历程，并非为博读者之同情。实以自己写作的切身体会见证“人间正道是沧桑”的道理。而且，在这种莫大的写作苦痛之后，亦获得了前所未有的人生快乐和人生体悟：往往是在每一次历史深处的艰苦艰难跋涉之后，都能感觉类似“一览众山小”的极致快乐；而当每一次成功探寻到历史的真相，或是发现了推动历史前进的原力之时，那种痛彻洞明、了然顿悟的快乐，使我常常产生“朝闻道、夕死可矣”的人生体验。尤其是每每见到朋友圈中的老师、领导和朋友们的频频点赞和认真商榷之时，更真切感到：人生的意义莫过于此！

在全书写作过程中，为更加客观地评点历史人物和事件，笔记还借鉴引证了《二十五史》中各代之史料，以及其他各类历史杂记和现代报刊文章，在引用、引证和思考过程中，可能多有谬误、偏差和断章取义之处，还望读者诸君甄别之，批评之，更正之！

最后，我还要特别致谢我的老领导郧建华将军。他为了给我写好序言，不但亲自翻阅查证相关史料，还牺牲宝贵的休养时间到浙江大学历史系求教楼毅生等著名学者。在此期间，郧将军还与浙江省军区张刚将军一起探讨拙作中的一些问题，使我受到了许多教益和鞭策，在此再次向他们致以崇高敬礼和诚挚谢意！

二〇一六年十月一日

读史要略

（上册）

徐兵博◎著

新华出版社

图书在版编目（CIP）数据

读史要略 / 徐兵博著
北京：新华出版社，2017.1
ISBN 978-7-5166-3020-4
Ⅰ.①读…　Ⅱ.①徐…　Ⅲ.①中国历史—通俗读物　Ⅳ.①K209
中国版本图书馆CIP数据核字（2016）第301134号

读史要略

作　　者：徐兵博

责任编辑：蒋小云　　**责任印制**：廖成华

出版发行：新华出版社
地　　址：北京石景山区京原路8号　　**邮　　编**：100040
网　　址：http：//www.xinhuapub.com　http：//press.xinhuanet.com
经　　销：新华书店　新华出版社天猫、京东旗舰店及各大网店
购书热线：010-63077122　　**中国新闻书店购书热线**：010-63072012

照　　排：钟铉工作室
印　　刷：三河市君旺印务有限公司

成品尺寸：170mm×240mm
印　　张：56　　**字　　数**：880千字
版　　次：2017年1月第1版　　**印　　次**：2024年1月第4次印刷
书　　号：ISBN 978-7-5166-3020-4
定　　价：98.00元

通古鉴今　成其大略

——为讲好“中国故事”鼓与呼

郧建华

兵博同志是我的老部下，这部“读史要略”其实是他历时两年多的读史笔记，从逐篇上传到微信“朋友圈”开始，引发了诸多微友的关注与推崇，又经过一年多的打磨，终于编撰成为大部头的史学著作，我感到由衷高兴。

勤学善思是兵博同志成长进步的原动力。十几年前，兵博同志凭着具有基层和机关的丰富任职经历，并经过作训、战勤、政工等岗位实践锻炼，被选调到大军区作战部门工作。短短几年，便成为高级领率机关的合格参谋，并在一系列重大演习和急难险重情况处置中，展现出了较高的综合素质，屡屡受到表彰奖励和提拔重用。在一起工作的岁月中，我深切感受到了兵博同志的政治忠诚、为人处世的真诚厚道与激情似火的昂扬状态，但我更看重的是他在承担繁重工作的背后，始终保持刻苦学习的精神与善于理性思考的好习惯，尤其酷爱历史和战争战例的研究，这是他不断进取的根本动力，难能可贵，也令我刮目相看，坚信他的事业与学问的提升不可限量。

我是兵博同志读书笔记的全程参与者。兵博以历史上经典战例开始的读史笔记，往往在深夜传上微信，很快引起我这个“夜猫子”的关注。他每日一篇的述而论之的写法与速率，使我惊讶不已。也随之进入角色，或点赞、或质疑、或辩之，进而提出不同见解。正是为了应对与兵博笔记的交流，乃至于思想交锋，也逼迫我不得不翻阅大量的史学资料。同时也深为兵博的恒心毅力所感动，为他多年来学习成果的厚积薄发而赞佩。这样的交流持续半年多后，我建议可将已写的百余篇笔记编辑个小册子，恰与不少微友所想略同，大家的期盼给兵博同志以很大鼓舞，从而坚定了他“通古择要、重在鉴今”的写作目标。对要人、要事的选择更具经典性，述而论之更具当下国运兴盛的时代性。笔记集成后，兵博同志又回过头来从浩瀚如烟的史书中寻绎释疑解难，并更加贴近党对实现民族伟大复兴的阐述。此后，他又进行了长达一年的删改、充实、调整、完善，有的篇幅甚至做了颠覆性的重写。成书之前，又专门请教了诸多专家学者，吸纳了他们不少很有见地、更加专业的意见建议，从而确定了该书的定位、主题、排序、格式等框架结构。因此可以说，这部著作倾尽了兵博同志的洪荒之力，确实得来不易。

我特别看重兵博同志读书笔记以下几个方面的特殊价值。

一是能以最少的时间，择其要而知全貌。“读史要略”从远古时期开始，精选评述了中国历史上具有重要意义的三百六十个要人要事，先述后论，每篇两千余字，宛如中国大历史的一串串珍珠。同时作者对中国历史的每个朝代的纪年、沿革、总体情况，都做了宏观的概述，这就有助于宏观把握各个朝代的历史地位及成就，以及要人要事的历史背景。起到了读概述而知全貌，读要篇而知要义之效，堪称一部宏大的中国通史的“精略版”、“浓缩版”。是一部值得放置于案头、枕边的精品力作。这对于忙于事业、学业的领导干部、青年学生，以及所有无暇通读历史长卷的人来说，可以用最少的时间与精力，积逐篇阅读而成为系统学习，总览历史，择其要义，该书恰恰提供了这样一条捷径。

二是捍卫历史真实，创新历史评价体系。中国历史源远流长，曲折多舛。作者所遴选的三百六十个重要历史人物或重大历史事件，或是流芳百世的名圣，或是一场惊心动魄的战争，或是影响深远的文化巨变，或是一次翻天覆地的社会变革，有的甚至改变或影响了数百年中国人的历史命运，在历史上留下了深深的印迹。而这些要人要事，绝不是随意戏说的故事，作者在尊重与捍卫历史真实性方面付出了巨大心血，借重了大量权威的历史文献、史学专著，力图对每一个要人要事都能客观真实地描述。更为可贵的是，作者还在重构历史评价体系，即“持心孰正与治事孰能”这两个方面，做了颇有创意的探索。同时，作者还引述了不同的历史评价，这就给了读者以自我感悟、自我辩知的空间。

三是坚定文化自信，重在资治民族复兴伟业。当下中国，最具有号召力、感染力的奋斗目标，就是实现中华民族伟大复兴的中国梦。一个只有创造过辉煌历史的民族，才真正懂得复兴的伟大意义，也只有一个经历过苦难的民族，才对复兴有更加深切的渴望。作者以执著的文化自信，着力探寻中华文化发展的原动力，以资治复兴伟业，这是本书的最大贡献。当今时代，人们迷恋网络世界，甚至被手机微信所捆绑，造成知识碎片化。特别是青年学生从高中二年级开始就分文理科，而学理科的从此没有专门的历史必修课，这就造成一代代青年也仅仅对中国近代史有所了解，而对博大精深、内涵厚重的中国历史及优秀文化缺乏系统的学习与把握。一些海外学子由于缺乏对中国历史文化的深度了解和由此而产生的民族自信心，仅靠对西方文化的皮毛了解，即盲目地崇尚西方文化，这是十分危险的。尤其是近年来在台湾、香港出现的“青年独”现象，更应从中国历史教育的缺失中引起足够警惕。

须知，世界四大文明古国，古希腊分量太小，古罗马帝国崇武征服，都昙花一现。而所谓的西方文明在中世纪尚寂寂无闻。唯有中华民族文化犹浩浩长江，滔滔黄河，奔腾不息，绵延至今。历史上，中国曾经长时期是世界最强大的国家之一，英国著名中国科技史专家李约瑟曾有一段振聋发聩的话，“欧洲十七世纪文艺复兴以来，其造船、采油、火炮、多级火箭、降落伞、造酒、造纸、印刷、象棋、蒸汽机、天文学、十进制数学、算盘等等，都是从中国进口的。”他进而指出“如果没有中国的造船技术、指南针和其他发明，欧洲十七世纪以来的各种发明创造和产业革命都根本不可能产生，也不会有英国骑士时代和殖民帝国时代”。读了这一段出自西方文化精英对中国历史与文明高度评价的话，作为一个中国人在自豪之余，难道不应该对自己历史知识的贫乏，而羞愧得无地自容吗？一个民族的历史是一个民族安身立命的基础，“灭人之国，必先去其史”。历史保存或铭记的那些重大事件和人物，却是需要传承借鉴的重要政治资源。作者凭借对中国历史文化深厚底蕴与定力，吸吮中华民族漫长奋斗积累的文化养分，坚定地践行习近平总书记提出的道路自信、理论自信、制度自信与文化自信，着力探寻中华传统文化的原动力，因而在他的每一篇读史笔记里，都能感受到一种强烈的历史担当、爱国情怀与责任意识。在他的笔下，毫不掩饰对民族英雄的格外褒奖与推崇，毫不留情地对民族败类大力鞭挞。更借重历史对当前国家政略，国防军队战略，以及经济文化建设进行深入的“要略”性思考，毫无保留地对解决当今时代主题的建言献策，读之如沐春风，解渴过瘾，值得用心品读。眼下国运当兴，历史已经进入了一个新的转折点，多么需要像兵博同志这样忧党忧国，对民族复兴如此深切渴望的人们，万众一心，为实现中华民族伟大复兴的中国梦而毕生奉献的精神啊！

四是散文笔法引人入胜，使阅读本身成为一种享受。兵博读史笔记不仅史料翔实、视野宽广、气势宏大、点评精要，而且文笔优美、简约犀利、洒脱豪放，每一篇都可称之为美文。特别是其从小受到古代文学的熏陶，加之新闻学的专业功底，以及长期在作战部门拟写军事文书的磨炼，故能善于以夹叙夹议的方式，述而论之，言简意赅，入木三分。用散文笔法描述历史，把历史人物的思维与行为，历史事件的起因、转折及结局，活灵活现、栩栩如生地展现给读者，给人以身临其境之感，再加以辩证的评说启迪。比起阅读历史教科书来，更有看头，更充满乐趣，更能给我们的人生带来哲理启示，使心灵得到更多智慧的滋养。同时，阅读此书所涉猎的政治、军事、经济、文化、科技等诸多方面，读者更能体会到中国文化的博大精深，更深切地为生活在新时代而感恩，为身为中国人而骄傲自豪。

毫无疑问，兵博同志的读史笔记，纵贯中华历史数千年，体系庞大，内容繁多，难免存在一些对重要历史人物事件的遗漏、考证不够严谨、启迪不够深刻等问题。但我相信，只要兵博同志始终保持坚韧不拔的进取精神，深化理性思考和实践历练，一定能够成为谋略型、复合型指挥参谋人才。更希望作者和读者，始终坚守中国的文化自信，用好历史这一永不褪色的明镜与戒尺，万众一心，我们就一定能够实现中华民族伟大复兴的强国梦、强军梦。

是为序。

（郧建华，少将，河北石家庄人，长期从事作战训练工作，曾任北京军区作战部部长、内蒙古军区参谋长等职，出版有《行与思·参与谋》等多部专著）

目 录

第二章　春秋战国

第三章　秦汉

第四章　三国两晋南北朝

第五章　隋唐和五代十国

第一章　上古时期

概略：文明的孕育与民族的原力

本书所指的上古时期是指春秋战国之前的中华所有历史时期，包括传说中的三皇五帝，经历远古和夏、商、西周等历史阶段。著名学者黄摩崖先生曾将包括这一阶段在内的先秦时期比作中华文明的头颅，寓指这段时期是中华文明信仰构建和精神奠基的重要阶段。

中国历史的上古阶段，宛若中华民族的孕育、诞生和襁褓时期。中华先人们从重庆巫山的龙骨坡，从云南元谋的原始森林，从北京周口店的山顶洞里，从河南舞阳的贾湖村畔，从黄河岸边的仰韶文化遗址，从山东泰安的大汶口墓地，从辽西的红山女神庙旁，从山西陶寺的邦国都邑，从二里头的宏伟夏都，一路上披荆斩棘，刀耕火种，木锸石犁，筚路蓝缕，终于在女娲母亲的体内孕育了一个个具有健全体魄和高度智慧的炎黄胚胎和华夏雏形。在女娲母亲的呵护和哺育下，一个专注于农业生产的南方神农炎帝，一个倾向于牧猎生产的北方轩辕黄帝，一个名叫蚩尤的东方九黎首领，开始率领着中华民族踏上了长达五千年的漫长而艰辛、惨烈而又辉煌的征服、融合、发展和壮大之路。

世界上所有文明的历史源头，都流淌着无数神话传说。中华文明的起源亦概莫能外。而中华文明与世界其他古老文明的不同之处，在于中华文明的神话传说中充满着各种浪漫情怀、坚忍卓绝以及和平主义精神。尤其是以九千年前的骨龠为代表的远古乐器的考古发现，既让我们赞叹中华先祖们的高度智慧和先进文明，又让我们在今天可以自豪地说，中华民族自古就是一个热爱和平、热爱生活的民族。中华民族的上古先祖们在与大自然抗争过程中，自然地、无意识地选择了以礼治邦和以乐为教的族群治理模式，为独具中国特色的礼乐文明和礼义之邦建设奠定了基础。

神游于中华上古时期的历史故事和神话传说，魂交于斯时的先贤古哲，可以深刻感知中华民族所以能够延绵数千年而不中断的原始律动和不竭伟力。从夸父追日的浪漫情怀，到精卫填海的坚韧精神；从女娲补天的悲天悯人，到后羿射日的原始崇拜；从三皇五帝的远古传说，到伏羲“八卦”所展现的神奇“天象”；从涿鹿之战的千里转斗，到大禹治水的夏夷联合；从女英雄妇好的南征北战，到周武王深谋远虑的孟津观兵；从太公《六韬》的军事谋略思想，到周公制礼作乐的政治构想，无不在久远的上古给吾国吾民打下深刻的性格印记。流淌在炎黄子孙血脉里的坚忍、浪漫、善良、知礼、乐观等民族精神，于斯发轫；中华特色的国家制度、治理方式、民族融合等宏大格局和发展方向，自此奠定；中国作为世界礼义之邦、文明之源、谋略之国的文化特质，亦胚胎于斯……加之中华文明所处的相对优越的地理位置和富饶美丽的环境，在敦厚、勤劳、坚忍的中华先民们数千年辛勤耕耘下，中华民族在数千年前就已经创造出了充满东方气质的辉煌而又灿烂的文明。

1. 贾湖骨龠：来自九千年前的礼乐梦想

上世纪八十年代，河南舞阳。

在距著名的裴李岗史前遗址不远的贾湖村，三十多支骨龠（音yuè，当前学界一般称之为骨笛，亦有人考证为骨筹，后经著名音乐史学家刘正国先生考证，更准确的说法为骨龠，本书从其说）和其他史前文物相继破土而出，一个改变世界和中国音乐史的重大考古发现自此进入世人视野。

经考古鉴定，这批骨龠均用丹顶鹤的尺骨制作，形制固定，制作规范，是迄今为止世界上年代最早、保存最完整、出土数量最多且能实物演奏的远古乐器，是迄今为止中国考古发现的最古老乐器，也是世界上最早的可吹奏乐器，不仅远早于美索不达米亚乌尔古墓出土的笛子，也比古埃及出现的笛子要早两千年，被称为世界笛子的鼻祖。

贾湖骨龠的出土，将中国音乐史的起源提前到了九千年前。据专家评定，贾湖骨龠有两个八度的音域，并且音域内半音阶齐全。这意味着贾湖骨龠不仅能够演奏中国传统的五声或七声调式的乐曲，而且能够演奏富含变化音的少数民族或外国的乐曲。目前，关于贾湖骨龠的考古成果已被铭刻在北京“中华世纪坛”青铜甬道的显要位置。

以贾湖骨龠为代表，我国古文献中有许多中国古代吹奏乐器的记载。如《世本》说“女娲作笙簧”，《通历》说“帝喾造埙”。在距今六千年前的仰韶文化中还发现了大量的陶埙，印证了文献中的有关记载。我国著名音乐家吕骥曾对半坡仰韶文化遗址中出土的陶埙进行了测音研究，证明当时的音阶与如今的五声音阶中的小三度音程接近。如果说距今六千年前后的仰韶文化时期，人们制造的陶埙已达到与如今五声音阶完全相同的水平已令人惊叹的话，那么，距今八千年左右的贾湖遗址发现了已具备七声、八声音阶的骨龠，则更让人匪夷所思。

被今人视为传说中的三皇五帝时代，就已经有关于音乐的记载。如《吕氏春秋·古乐篇》中载：“帝尧立，乃命质为乐。质乃效山林溪谷之音以作歌，乃以麋革置缶而鼓之，乃拊石击石，以象上帝玉磬之音，以致舞百兽。”其中所说的生活器皿——缶，蒙上麋鹿之皮而成鼓；而“拊石击石”则是先民们将狩猎的石器，敲击成声，以伴奏化装成百兽的原始舞蹈。据说黄帝的乐官伶伦、尧的乐官夔，都是专职的音乐人。本书以为，骨龠的出土，在某种意义上可以旁证中国上古文明的极其发达和三皇五帝的真实存在。

以骨龠为代表，先秦时期的乐器，见于文献记载竟达近七十种。仅在《诗经》一书中提及的即有二十九种，其中打击乐器有鼓、钟、钲、磬、缶、铃等二十一种，吹奏乐器有箫、管、埙、笙等六种，弹弦乐器有琴、瑟等两种。由于乐器品种的大大增加，于是在周代时人们便根据制作乐器的不同材料而分为金、石、土、革、丝、木、匏、竹八类，称作“八音”分类法；在湖北随县曾侯乙大墓的地下音乐殿堂中，保存了一百二十四件古乐器。无论是重达五千多斤的乐器巨人——六十四件编钟，或是在造型、制作和彩绘都很精致的鼓、排箫、笙、瑟等，既是中国古代乐器光辉创造的见证，也是中国古代礼乐文明的孕育和发端，同时也可见其时音乐文明的盛大状况。

博按：贾湖骨龠的横空出世，不但改写了中国乃至世界音乐史，而且为后人研究中国音乐与乐器发展史，提供了弥足珍贵的实物资料。但贾湖骨龠背后所展示的文化和文明意义，却远不限于中国音乐史研究本身。因为贾湖骨龠作为罕见的史前乐器，对具有中国特色的礼乐文明发展和政治、经济、文化建构，都具有至为重大的开创和昭示意义。可以想见，中华民族的远古先祖们，远在九千年前的蛮荒时代，就已经在刀耕火种、木锸石犁的劳动生活间隙，寻找精神的愉悦和生活品质的改善。贾湖骨龠的出土，起码说明了以下几个问题：其一，中华先祖们所处的黄河两岸的生存环境一定十分优越（相对于其他文明）。九千年前我们先祖中的一些人已经可以不再为生计而奔波忙碌，他们已经进行了一定意义上的社会分工，要知道，在那个尚没有铁器的时代，要在鹤骨上钻出如此对称圆润的音孔，需要很专业的“人士”和占用大量的时间。其二，中华先祖们是一个勇于探索实践和具有高度智慧和禀赋的原始族群。据刘正国先生的研究成果，骨龠以倾斜角45度吹奏的方式，来源于原始先民们生火做饭时所用的“吹火筒”，是他们在吹火过程中发现了声音的震动，并进而发明了骨龠，而且，他们还学会用无孔骨龠进行测音和定律，都反映了先祖们的智慧和天赋。其三，骨龠还折射着我们的先祖是如此的热爱和平和具有浪漫主义精神。他们在生活劳动的间隙，没有去寻求领土的扩张和食物的争夺：就像他们的后人在发明了火药时最先用于制造鞭炮和礼花一样，当他们发现动物骨头、尖锐石头乃至后期发现金属时，他们最先想到的是用以制作乐器和生活用品（如骨龠、编钟、石磬、鼎等）。而正是有了贾湖骨龠这样的音乐追求和此后各种器乐的大量出现，数千年后的周公们才能够想到用音乐来教化人心，用音乐来“自律”和“律他”，而独具中华文明特色的礼乐之治和礼义之邦，就以这样的方式出现在人类历史的地平线上。窃以有幸，曾经参加过刘正国先生关于骨龠的专题讲座，并亲自聆听过他用骨龠进行的现场演奏。那支来自九千年前的骨龠所产生的旋律和回响，虽然远不如现代乐器那么悠扬动听，但其中独有的历史沧桑感和时空穿透力，却仍然能够直抵心灵、穿透灵魂。于是，在那原始的律动和文明交响中，我们渐次看到一个独属于中华文明的“礼乐文明”时代，正沿着中国历史的浅近纵深款款而来。

2.《山海经》：虽是远古的传说，却为民族的魂魄

读史笔记，特以《山海经》为开端。今人研究认为，《山海经》大概为战国中后期的楚人或巴蜀人所著。全书现存十八篇，共含山经五篇、海外经四篇、海内经五篇、大荒经四篇。主要内容包括历史人物、山川、道里、民族、物产、祭祀、巫医等，并记载了夸父追日、女娲补天、精卫填海、大禹治水等远古神话传说。其中还蕴含着具有中国特征的哲学、美学、宗教、历史、地理、天文、气象、医学、动植物等知识，可谓远古时代的百科全书。全书以约三万二千字，描绘了远古时期活跃于中华大地上的约四十个邦国，五百五十座山，三百条水道，一百多位历史人物，四百多个神怪畏兽。今日之黄河、渭河、华山等位置与其记载基本一致。最早记载《山海经》的历史书籍是太史公司马迁的《史记·大宛传》，其中，太史公曰：“至禹本纪、

山海经所有怪物，余不敢言也。”

然而，太史公虽不敢言，却在其《五帝》本纪里，采用了《山海经》对华夏始祖黄帝谱系的安排，认为黄帝为颛顼之祖；班固《汉书·艺文志》中，亦著录有《山海经》十三篇，并将其列为“数术略”中“形法”类之首。有学者还推测，秦始皇之所以对海外求仙笃信不疑，便是建立在其对《山海经》的高度信任上；而在和秦始皇同时期所出现的《吕氏春秋》里，也大量使用了《山海经》里的内容；中国古代最伟大的诗人屈原，在其《天问》篇里，也不断引述《山海经》里的故事；道家思想家庄周更是在其《庄子》里，把《山海经》里的“荒诞”内容作为其深刻思想的历史和地理注脚。

《山海经》是中华民族上古三大奇书（其他两部分别为《易》和《黄帝内经》）之一。既是文化之根，亦是史书之源。

第一，《山海经》为述图之书。《山海经》中的文字多静态的刻画，而少动态的叙述，多记空间方位，而少时间进程，其述图特点可谓一目了然。最早指出这一点的是宋代学者朱熹，但前人在这一点上都有同一个误解，即认为整部《山海经》包括《山经》都是有述图的。不过，《山海经》所凭借的图画早就佚失了，我们今天看到的《山海经》中都有插图，怪怪奇奇，琳琅满目，都是后人根据书中的内容想象所增补。

第二，《山海经》保留了大量远古时期的史料。《山海经》历来被大多数人认为荒诞不经。形成这种看法的原因似乎与《山海经》由图到文字的成书过程有关。例如《海外东经》中记载“工虫在其北，各有两首。一曰在君子国北陬”。根据《山海经》先有图后有书的成书过程推测，《山海经图》上在君子国的北方画有一个彩虹的虹字，表示该地经常见到彩虹。当时的图像文字应该类似甲骨文的虹字，是彩虹的图像，两端有首（见熊国英著《图示古汉字》）。而后来古人根据《山海经图》著《山海经》时，时间已经过了几百年，而著者并不见得一定是文字学家，这时彩虹的虹字已经成为工虫的样子，因此将彩虹描述为工虫，并望文生义将其描述为各有两首，使后人无法知道到底叙述的是天边的彩虹呢，还是描写一只有两个头的怪物。但是，也正因为《山海经》的所谓荒诞不经，几千年来该书既不为正史所载，也不为诸子所传，因而也很少被后人改动，在很大程度上保留了原书的风貌和许多珍贵的远古资料和信息。

第三，《山海经》与东方夷族有关。史家金荣权在《帝俊及其神系考略》一文中指出：帝俊在中国古代神话中是一个谜一般的神性人物，他的事迹既不为正史所载，也不为诸子所传，只见于《山海经》之中，尤其集中反映在《大荒》、《海内》两经之中。究其神系渊源与脉略，既不属于炎帝世系，也不隶属于黄帝世系，是与炎、黄两大神系并存的第三神系。关于帝俊在中国古代诸神中的地位，今天众说纷纭，然一般认为帝俊当是上古时代东方民族的祖先神，这种看法是一致的，因为《山海经》记载的帝俊活动地及其子孙之国大多在东方。

及至东晋，著名田园诗人陶渊明以一首《读山海经》，将山海经的精神表露无遗：

精卫衔微木，将以填沧海；刑天舞干戚，猛志固常在！同物既无虑，化去不复悔。徒设在昔心，良辰讵可待！（大意：精卫口含小小的木块，将要填平深深的大海。刑天失败仍挥舞盾斧，刚毅的精神始终存在。同样是生灵不存余哀，化成了异物并无悔改。徒然胸怀昔日的雄心，美好的时刻怎可期待！）

博按：国人读国史，常以太史公司马迁之《史记》为原点。窃以为理应以《山海经》为最早之史书。何也？因为在中国人的远古意识里，《山海经》是我们永远难以超越的精神昆仑，亦是我们永远难以摆脱的历史远影。其可谓华夏先民的“精神历史”之见证。直至今日，我们也许记不住那些鬼怪故事和荒诞动物，但我们却不能不知道夸父追日、精卫填海、女娲补天、后羿射日、大禹治水等上古神话。而在每一个中国人的思想意识深处，这些远古的传说非但意味着浪漫和优美的远古情怀，而是凝聚着华夏民族所以生生不息、绵延五千年历久弥新之精神图腾。正如冯友兰先生阐扬“周虽旧邦，其命维新”一说时所指出，当我们的民族渡过重重劫难，历经数千年沧桑而依然屹立于世界之东方；当我们在追问历史原因时，可能没有人把理由归结为《山海经》里所记载的神话，但是，我们却必须承认，流淌在中华民族血液里的坚韧不拔、锲而不舍、藐视权威、敢于反抗、抗衡自然等民族精神特质，以及天马行空、敢于幻想的革命浪漫主义情怀，却在我们祖祖辈辈口口相传的《山海经》所记载的神话故事里，已经深深根植于我们的精神深处，成为华夏民族世袭罔替的传承基因，并能够时刻转化为每一个中华儿女的行动动力，可谓推动中华民族前进发展的至为伟大的历史“原动力”！

3. 伏羲与“三皇五帝”：中华民族的“创世纪”，并非仅是远古神话

“三皇五帝”向被尊为中华民族人文初祖，其世系位序排列，早在春秋战国到秦汉时期即已确立。在“三皇五帝”世系之中，伏羲位居“三皇之首”、“百王之先”。《左传》、《管子》、《易》、《庄子》、《国语》等先秦典籍都有关于伏羲的记述，司马迁在《史记·太史公自序》中说：“余闻之先人曰：‘伏羲至纯厚，作《易》八卦。’”肯定了伏羲的历史地位。近一个世纪以来，随着考古和对远古各部族研究的进展，学界对中华文明的起源有了新的认识。一般认为，中华民族早期血脉来自于华夏、东夷、苗蛮三大族群，到秦汉之际形成中华民族的主体血脉。炎帝和黄帝是华夏族的代表，伏羲是各族共同尊奉的先祖。在当代社会，汉族和许多少数民族仍然保留着伏羲创世神话和祭祀伏羲的习俗。伏羲作为“有大智”的思考者，作为各民族团结协作、寻求生存与发展的历史象征，对中华民族的文明进步和发展起到了不可估量的作用。

有关三皇五帝的历史记载，最翔实的记录来自于唐开元年间的史学家司马贞。这位自称“小司马”的史学先驱除了对《史记》作了经典的《索隐》外，还对《史记》中有关三皇五帝的传说进行了补阙，全文摘录如下：

太史公作史记，古今君臣宜应上自开辟，下迄当代，以为一家之首尾。今阙（缺）三皇，而以五帝为首者，正以《大戴礼》有五帝德篇，又帝系皆叙自黄帝已下，故因以五帝本纪为首。其实三皇已还，载籍罕备。然君臣之始，教化之先，既论古史，不合全阙。近代皇甫谧作帝王代纪，徐整作三五历，皆论三皇以来事。斯亦近古之一证，今并采而集之作三皇本纪。虽复浅

近，聊补阙云。

太皞庖牺氏（伏羲名的另一写法），风姓。代燧人氏，继天而王（天外来客乎？）。母曰华胥。履大人迹于雷泽（见于《易》），而生庖牺于成纪（今日陕西亦有成纪县，其名字可能意味着中华“创世纪”之意）。蛇身人首。【1】有圣德。仰则观象于天，俯则观法于地，旁观鸟兽之文，与地之宜，近取诸身，远取诸物。始画八卦，以通神明之德，以类万物之情。造书契以代结绳之政。于是始制嫁娶，以俪皮（鹿皮）为礼。【2】养牺牲以庖厨（驯养猎物之意）。故曰庖牺（伏牺，后演化为伏羲，即降伏猎物之意）。有龙瑞。以龙纪官。号曰龙师（龙的图腾自此始矣！）。作三十五弦之瑟（古人于音乐比今人精深也！后世七弦即为多。仰韶文化中有九孔竹笛，亦可证之。）。木德王。注春令。故《易》称帝出乎震，月令孟春其帝太皞。是也。【3】都于陈。东封太山。立一百一十一年崩。【4】其后裔，当春秋时，有任、宿、须、句、颛臾，皆风姓之胤也。

女娲氏亦风姓。蛇身人首。有神圣之德。代宓牺立。号曰女希氏。无革造（没有大的制度建树）。惟作笙簧。【5】故《易》不载。不承五运。一曰。亦木德王。盖宓牺之后，已经数世。金木轮环，周而复始。特举女娲，以其功高而充三皇。故频木王也。当其末年也，诸侯有共工氏。任智刑，以强霸而不王。以水承木，乃与祝融战，不胜而怒。乃头触不周山。崩。天柱折，地维缺。女娲乃炼五色石以补天，断鳌足以立四极，聚芦灰以止淫水，以济冀州。【6】自是地平天成，不改旧物。

女娲氏没，神农氏作。【7】炎帝神农氏，姜姓。母曰女登。有娲氏之女。为少典妃。感神龙而生炎帝。人身牛首。长于姜水。因以为姓。【8】火德王。故曰炎帝。以火名官。斲木为耜，揉木为耒，耒耨之用，以教万人。始教耕。故号神农氏。于是作蜡祭，以赭鞭鞭草木。始尝百草，始有医药。又作五弦之瑟。教人日中为市，交易而退，各得其所。遂重八卦为六十四爻。初都陈，后居曲阜。【9】立一百二十年崩。葬长沙。神农本起烈山。故左氏称，烈山氏之子曰柱。亦曰厉山氏。礼曰。厉山氏之有天下。是也。【10】神农纳奔水氏之水曰听妃詙。为妃。生帝魁，魁生帝承，承生帝明，明生帝直，直生帝氂，氂生帝哀，哀生帝克，克生帝榆罔。凡八代，五百三十年。而轩辕氏兴焉。【11】其后有州、甫、甘、许、戏、露、齐、纪、怡、向、申、吕。皆姜姓之后。并为诸侯。或分掌四岳。当周室，甫侯、申伯，为王贤相。齐、许列为诸侯。霸于中国。盖圣人德泽广大，故其祚胤繁昌久长云。

一说，三皇谓天皇、地皇、人皇为三皇【12】。既是开辟之初。

君臣之始。图纬所载，不可全弃。故兼序之。

天地初立，有天皇氏，十二头。澹泊无所施为，而俗自化。木德王。岁起摄提。兄弟十二人。立各一万八千岁。【13】地皇十一头。火德王。姓十一人。兴于熊耳、龙门等山。亦各万八千岁。人皇九头。乘云车、驾六羽，出谷口。兄弟九人，分掌九州。各立城邑，凡一百五十世。合四万五千六百年。【14】自人皇已后有五龙氏，【15】燧人氏，【16】大庭氏，栢皇氏，中央氏，卷须氏，栗陆氏，骊连氏，赫胥氏，尊卢氏，浑沌氏，昊英氏，有巢氏，朱襄氏，葛天氏，阴康氏，无怀氏，斯盖三皇已来有天下者之号，【17】但载籍不纪，莫知姓、王年代、所都之处。而韩诗以为自古封太山禅梁甫者，万有余家。仲尼观之，不能尽识。管子亦曰。古封太山七十二家。夷吾所识十有二焉。首有无怀氏。然则无怀之前，天皇已后，年纪悠邈，皇王何升而告。但古书亡矣。不可备论。岂得谓无帝王耶。故春秋纬称自开辟至于获麟（相传只在太平盛世，或世有圣人时才会出现麒麟，而麒麟亦被视为儒家的象征，获麟，即出现圣人之意），凡三百二十七万六千岁，分为十纪。凡世七万六百年。一曰九头纪。二曰五龙纪。三曰摄提纪。四曰合雒纪。五曰连通纪。六曰序命纪。七曰修飞纪。八曰回提纪。九曰禅通纪。十曰流讫纪。盖流讫当黄帝时，制九纪之间。是以录于此补纪之也。

附原注释：【1】索隐曰：按伏羲风姓，出《国语》。其华胥已下，出《帝王世纪》。然雷泽，泽名，即舜所渔之地，在济阴。成纪，亦地名，按天水有成纪县。【2】索隐曰：按谯周《古史考》，伏牺制嫁娶，以俪皮为礼也。结网罟以教佃渔。故曰宓牺氏。按事出《汉书·历志》。宓，音伏。【3】索隐曰：按位在东方，象日之明，故称太皞。皞，明也。【4】索隐曰：按皇甫谧，伏牺葬南郡，或曰，冢在山阳高平之西也。【5】索隐曰：按礼明堂位及系本，皆云女娲作笙簧。【6】索隐曰：按其事出《淮南子》也。【7】索隐曰：按三皇说者不同，谯周以燧人为皇，宋均以祝融为皇，而郑玄依春秋纬，以女娲为皇，承伏牺，皇甫谧亦同，今依之为说也。【8】索隐曰：按《国语》，炎帝，黄帝皆少典之子，其母又皆有娲氏之女。据诸子及《古史考》，炎帝之后，凡八代，五百作年，轩辕氏代之。岂炎帝、黄帝，是昆弟而同母氏乎？皇甫谧以为少典有娲氏诸侯国号，然则姜姬二帝，同出少典氏，黄帝之母，又是神农母氏之后代女，所以同是有娲氏之女也。【9】索隐曰：按今淮阳有神农井。又《左传》，鲁有大庭氏之库，是也。【10】索隐曰：按郑玄云，厉山，神农所起，亦曰有烈山。皇甫谧曰，厉山今随之厉乡也。【11】索隐曰：按神农之后凡八代，事见《帝王代纪》及《古史考》。然古典亡矣，况谯皇二氏，皆前闻君子，考按古书而为此说。岂至今凿空乎？此纪示据以为说。其《易》称，神农氏没，即榆罔，榆罔犹袭神农之号也。【12】此句最后三个字疑为后人所加，“三皇谓”与“为三皇”是重复的。【13】索隐曰：盖天地初立，神人首出行化，故其年世长久也。然言十二头者，非谓一人之身有十二头，盖古质，比之鸟兽头数故也。【14】索隐曰：天皇已下，皆出《河图》及《三五历》也。【15】索隐曰：五龙氏，兄弟五人，并乘龙上下，故曰五龙氏也。【16】索隐曰：按其君钻燧出火，教人熟食，在伏牺氏前，谯周以为三皇之首也。【17】索隐曰：按皇甫谧以为大庭以下一十五君，皆袭庖牺之号。事不经见，难可依从。然按古封太山者，首有无怀氏，乃在太昊之前，岂得如谧所说？

另外，有近代学者认为，伏羲征服八大部落，融合各大部落图腾标志，创造出“龙”的形象，其征服、融合、创造三大精神正是中华民族的精神，也就是龙的精神。炎帝神农、黄帝轩辕又继承其三大精神，此三人成为中华民族远古的三位创世帝王，即“三皇”，“炎黄子孙”即来源于此。

博按：三皇五帝之传说，于中华民族之影响可谓大矣！今人读《史记》，常以其中无三皇五帝之纪为憾。而观“小司马”所写之《三皇本纪》，其目的在于借助于其他远古典籍为证，而补《史记》之缺憾，实史家之莫大责任。今之世界诸国史学界多不承认中华远古之神话传说，而窃以为，远古之时，因无文字之记载（也许有而今人不识矣，比如后面将论及的伏羲演之八卦，其符号功能似较今人之文字更为先进），历史常口口相传，而传说之中必有意神化之而增添其神秘性，此种神话之功能，与后世刘邦等有意神话其出身相似。而司马公能记载刘邦之“白帝”神话而不记载三皇五帝之神话，盖厚今而薄古之因。而窃以为，中华民族与其他民族之远古历史，其中必有多种今人所未知之事迹，其能口口相传至今，必有其存在之合理性。今之科学发展和新的发现，亦证明黑洞、反物质等客观存在，而历史的神话故事，亦有可能源自于其中。如中华民族之远古先祖，倘或来自于其他星球，亦有其可能。而承认这种多元的历史存在，于未来之历史研究，可谓大开其门，不绝其道。

4.“八卦”易经：民族的图腾，科学的化身

伏羲作“易”，一向被称为中华文明的源头。“易为群经之首、大道之源”，又被新道家列为“三玄”之冠，集中体现了中华民族的思维模式、价值取向等哲学品格。在伏羲“八卦”基础上演绎而成的《易》不仅对中国哲学发展产生了重大影响，而且对各个学科发展都产生了重要作用。《四库全书总目·经部易类小序》中说：“又《易》道广大，无所不包，旁及天文、地理、乐律、兵法、音乐学、算术，以逮方外之炉火，皆可援《易》以为说，而好异者又援以入《易》，故《易》说愈繁。”正如国学大师、新儒家开山祖师熊十力所言：“中国一切学术思想，其根源都在《易》，此是智慧的大宝藏。”

《易》为中国本源传统文化的精髓，是中华民族智慧与文化的结晶，是中华文明的源头活水，历经七千多年而至今经久不衰。其思想智慧已经渗透到中国人生活的方方面面，对中华几千年来的政治、经济、文化等各个领域都产生了极其深刻的影响。无论孔孟之道、老庄学说，还是《孙子兵法》、《黄帝内经》，无不和《易》有着密切的联系。

《易》研究被称为“易学”。相传孔子在得到《易》之后爱不释手，《汉书·儒林传》记载：“孔子读易，韦编三绝，而为之传。”《易》代代相传，释家林立，许多学者皓首穷经，考证训诂，留下了三千多部著作，蔚为大观。

中国古代士人和今天全世界的哲人对《易》的推崇到了无以复加的地

步。如唐人虞世南认为：“不读易不可为将相。”近代新儒家代表冯友兰先生认为：“《易》不仅是中国的，也是东方的，更是世界的，不仅是古代的，也是现代的，更是未来的。”而且，就世界范围来说，近代学者由于易理之启示获得诺贝尔奖金者已有四人。其中，德国人海森堡，丹麦人玻尔，中国杨振宁、李政道，皆称得易经之启示。近代最伟大的科学家爱因斯坦甚至说过：“西方科学家做出的成绩，有不少被中国古代科学家早就做出来了。这是什么原因呢？原因之一是古代科学家自幼学习《易》，掌握了一套古代西方科学家们不曾掌握的一把打开宇宙迷宫之门的金钥匙。”李约瑟认为易经的太极图显示了宇宙间力场的正极和负极的作用：“（以易为代表的）中国文明在科学技术史中曾起过从来没有被认识到的巨大作用。”西方唯心主义哲学家黑格尔亦曾说过：“《易》代表了中国人的智慧。就人类心灵所创造的图形和形象来找出人之所以为人的道理，这是一种崇高的事业。”另一位哲学家荣格则称：“谈到世界人类唯一的智慧宝典，首推中国的《易》，在科学方面，我们所得出的定律常常是短命的，或被后来的事实所推翻，唯独中国的《易》亘古常新，相距六千年之久，依然具有价值，而与最新的原子物理学颇多相同的地方。”

博按：窃以好奇，曾以大量时间反复揣摩于易经。无论宋代程氏兄弟的《伊川易传》，还是日本学者的《高岛易断》；无论是易理之学，还是占卜之书，都曾试图洞悉之，然终不得其门而入，常叹其博大精深。今之任何一门科学之发展，尤其现代网络空间之建构，其中都含有易的元素和内容。以至于大儒南怀瑾先生曾说：“我始终怀疑《易》的文化是上一个冰河时期留下来的，不是这一个冰河时期的产物，因为它的科学、哲学的道理太高明了。”南先生的感叹亦使博做如下想：是否，在我们生存的这个地球上，在上一个冰川世纪，确实有一个更高级的文明存在，而“易”就是那个文明留给我们的“启示”和“指引”？抑或，我们的先人如伏羲者，可能为天外文明造访地球，而给中华文明的“特殊”馈赠？“易”本身无所不包的科学道德精神，以及今天科学技术关于“黑洞”、“暗物质”的探索发现，无不证明在我们生存的这个宇宙，尚有许多远远高于人类想象空间的文明存在。过去我们视为神话的“千里眼”、“顺风耳”、“腾云驾雾”，今天的人类则借助于电视、网络、手机以及各种飞行器，都予以真实地实现；而谁又能说，易经所描述的神话及其预测人类发展的方式，在未来的某一天，将为某一种科学实践所证明？以此观之，作为《易》最切近的传承者，中华民族必将在“易”的启示和指引下，开启中华民族新的复兴之路。

5. 易的本质：永远平衡的变的把握

科学时代，学习和理解古老而深邃的《易》，重在理解其深刻本质。朱熹在《周易本义》序中说：“易其道至大而无不包，其用至神而无不存。”按照“大道至简”的中国传统文化精神，《要略》将易的本质归纳为：“永远平衡的变的把握”。试为论之：

按照中国古人的经典解释，“易”字本身为“蜥蜴”的象形字，而在中国古代，蜥蜴即为“变色龙”，“易”以其作为“变”的引申。古代中国道家将易的精神用“双鱼太极图”来表征，其实是建构了一个负阴而抱阳的“无穷变化”的宇宙模型：双鱼相抱的圆球形，太极为阴阳物质的统一体，相互对立与依存。双鱼中鱼眼的黑点与白点，表明阴中有阳、阳中有阴。阴尽而一阳生，阳尽而一阴生。其中即包含着以下几种精神：1. 阴阳互反。阴与阳有对立，事物有相生、相克。如明物质与暗物质，正电与负电，交感神经与负交感神经，顺向思维与反向思维等。2. 阴阳互根：阴生阳，阳生阴，阴阳互为生成的动力。如木生火，火生土，土生金，金生水，水生木。因为阴中有阳，阳中有阴，所以补阴可生阳，补阳可生阴。3. 阴阳消长：阴盛阳衰，阳盛阴衰。如季节的交替、昼夜的变化。4. 阴阳转化：阴极生阳，阳极生阴，物极必反，剥尽复至，否极泰来。

但是，这种“阴阳”变化却是一种追求永远平衡的变化：阴阳在不断运动、变化，必然产生不平衡。有变、有不平衡，就必须调节使之平衡，使之和谐，为进一步发展作准备。朱熹在《周易本义》序中说：“故得之于精神之运，心术之动。与天地合其德，与日月合其明，与四时合其序，与鬼神合其凶吉，然后可以谓之知易也。”“精神之运，心术之动”发挥人的主观能动性，运用创新思维，在了解阴阳运动、变化规律的基础上采用适当的调控方法加以实施。四柱中所说的“用神”，就是指调控阴阳平衡、避凶趋吉的手段。以五行生克、六亲关系为理论，寻找扶抑的手段。

而作为把握这种“永远平衡的变”的主体的人，“易”为其规定了必备的素质和精神，那就是“自强不息与厚德载物”。是以《易》乾卦象辞说：“天行健，君子以自强不息。”天行健，是说天体运行刚健有为，日夜不停地运动。人要效法天体运行的态势，应自强不息。这是从天体健行“比德”而悟出的道理。人要通过辛勤的劳动从自然索取养料，与自然进行物质交换，才能生存。君子为了生存与发展必须自强不息地奋斗。是以乾卦爻辞九三曰：“君子终日乾乾，夕惕若，厉无咎。”君子终日勤奋工作，即使到了晚上也还保持警惕，有忧患意识如履薄冰，提防出错。这样即使有灾害、人祸，也不会影响自己。再如易经坤卦象辞曰：“地势坤，君子以厚德载物。”坤卦代表地。地势厚重，承载万物生长，是人类居住的自然环境，从“比德”看，大地如母亲，以博大的胸怀关怀人类，滋生万物，人法地就要具有仁爱之心，奉献精神、崇高的道德，唯其如此，人类才有资格和能力去维护天地万物的“大平衡中的大变化”。

博按：博以数次通读中国历史，深以秦始皇“焚书坑儒”之时，因为重视方术、医巫而将《易》保留下来，实为历史之大幸，亦是“易”本身强大的社会历史功能所决定的。易学于西汉以来，逐渐发展为象数派与义理派。其中，象数派，主要研究预测自然灾变和人事凶吉；义理派，则偏于哲学义理的研究，以北宋的程颐、南宋的杨万里为代表，朱熹则是集大成者。今天，易学作为国学的一部分，又分为学院派与民俗派。学院派偏于义理研究，民俗派偏于象数，涉及四柱预测，风水、择吉、奇门遁甲、六壬等术数，研究多见于民间。象数派“存象忘义”，义理派“得意忘象”，各有千秋。窃以为，今之国学，实应将两者加以广泛结合并深入研究。尤其关注其中关于“永远平衡的变”的科学精神，无论是改革还是施政，既要“与时俱进”地对现实政策加以适应性变化，又要保持其运行过程的“永远平衡”，而把握于其中的各级行政者，还将始终保持着“厚德载物”和“自强不息”的精神。

6. 涿鹿之战：华夏开族第一战

华夏战争史，开篇于夏黎两族涿鹿之战。此战黄帝带领夏族之战斗集团，以劣势装备（武器装备为石器）战胜了由蚩尤（一说蚩尤即炎帝，一说蚩尤乃炎帝之继承者。）领导的九黎族战斗集团（九黎之族，于当时属主体之民族，“九”以形容其多，今有“黎民百姓”之俗语，即来源于此）优势装备之“铜兵”（即使用金属铜兵器的战斗人员）。此战肇始于夏族反抗蚩尤暴虐统治，初接战于今河南中南部，然后黄帝且战且退，转战千里，最后战至河北北部今涿鹿附近，遂因一场沙尘暴（亦可能是雾霾）而进行了决战。是时，战场范围内很可能大雾漫天，风助霾弥，双方兵马皆陷入其中，不辨方向。因黄帝一方士卒多属北方，对地形环境相对较为熟悉（所谓天时地利），且更能适应当地寒冷干燥之气候，而蚩尤所带南方将士虽然勇敢善战且装备精良，但一旦置身他乡，地形不熟且水土不服，因此于沙尘暴中乱了阵脚，被黄帝一方几近全歼。此一战后，南方之黎族及其他蛮族（包括苗族）势力，从此臣服于夏族，中华大地上，华夏之文化基因由此底定，炎黄二帝从此成为中华始祖。

博按：始祖黄帝虽以劣势之装备，依靠天时地利以制强敌，此于远古时期，诚一大创举。博所感叹者，更在于其蛮荒之时，吾等炎黄始祖们，能够为着生存与壮大而转战千余里，长途追袭，纠缠转斗，寻找战机，此需何等不屈不挠之战斗精神，何等顽强坚韧之毅力，斯诚我华夏民族挺立于世界民族之林，历五千年而不倒之不竭动力。今日国家诸地多有祭祖大典，于提升民族凝聚力之功能外，更应该宣扬这样伟大而原始的民族精神，从而激发我全体国民的战斗意志和勇敢豪情，为实现中华民族伟大复兴大业而不懈奋斗。

7. 被《竹书纪年》颠覆的“中华正史”：还原尧舜禹时代“禅让制”真相

为中华民族传颂最久远、声名最响亮的远古帝王，莫过于尧舜禹三帝。儒家经典著作《尚书·尧典》里记载：

“昔在帝尧，聪明文思，光宅天下。将逊于位，让于虞舜”。太史公《史记·五帝本纪》，不但继承了《尚书》的说法，还且详细记载了尧“禅让”于舜的具体原因和经过：……尧曰：“嗟！四岳（尧的相臣）：朕在位七十载，汝能庸命，践朕位？”岳应曰：“鄙德忝帝位（我的德行不足以接替您的帝位）。”尧曰：“悉举贵戚及疏远隐匿者。”众皆言于尧曰：“有矜（即平民百姓）在民间，曰虞舜。”尧曰：“然，朕闻之。其何如？”岳曰：“盲者子。父顽，母嚚，弟傲，能和以孝，烝烝治，不至奸（他是个盲人的儿子。他的父亲愚昧，母亲顽固，弟弟傲慢，而舜却能与他们和睦相处，尽孝悌之道，使他们不至于走向邪恶）。”尧曰：“吾其试哉。”于是尧妻之二女，观其德于二女。舜饬下二女于妫汭，如妇礼［即舜让她们降下尊贵之心住到妫（guī，音规，今在北京市延庆县境内）水边的家中去，遵守为妇之道］。尧善之，乃使舜慎和五典，五典能从。乃遍入百官，百官时序。宾于四门，四门穆穆，诸侯远方宾客皆敬。尧使舜入山林川泽，暴风雷雨，舜行不迷。尧以为圣，召舜曰：“汝谋事至而言可绩，三年矣。女登帝位。”……尧立七十年得舜，二十年而老，令舜摄行天子之政，荐之於天。尧辟位凡二十八年而崩。百姓悲哀，如丧父母。三年，四方莫举乐，以思尧。尧知子丹朱之不肖，不足授天下，于是乃权授舜。授舜，则天下得其利而丹朱病；授丹朱，则天下病而丹朱得其利。尧曰：“终不以天下之病而利一人”，而卒授舜以天下。尧崩，三年之丧毕，舜让辟丹朱于南河之南。诸侯朝觐者不之丹朱而之舜，狱讼者不之丹朱而之舜，讴歌者不讴歌丹朱而讴歌舜。舜曰：“天也”，夫而后之中国践天子位焉，是为帝舜。

《尚书·禹贡》同样记载了禹治平洪水而后受禅于舜的故事。《史记·夏本纪》记载禹为黄帝玄孙，其父鲧受尧之命治水，九年而洪水不息，为舜所殛（杀）。舜命禹续鲧之业，禹乃兴工傅土，行山表木，定高山大川，终于治平洪水，得到天下诸侯的朝服。舜死后被拥戴即天子位，得号夏后。史载禹有谦逊退让的美德："帝舜崩，三年丧毕，禹辞避舜之子商均于阳城"，以及虚心听取意见，自奉节俭的品格。禹是中国史籍记载中功高德劭的完人。

然而，就在普天之下都相信了"尧舜禹"三代禅让的故事时，晋武帝时期发掘的一本天下奇书《竹书纪年》却如平地一声雷，击破了远古历史的"谎言"：这本从战国时期魏安釐王墓中被盗而出的"竹书"中如此记载尧舜禹三帝的真实情况：

昔尧德衰，为舜所囚也。舜囚尧于平阳，取之帝位。舜放尧于平阳。（放，流放）舜囚尧，复偃塞（阻拦）丹朱，使不与父相见也。

《竹书纪年》对汉以来的历史学界的震撼，在于它所记录的史料与《史记》所描述的不但内容不同，而且价值取向亦大相径庭。《竹书纪年》描述了从夏朝到战国时期历代所发生的血腥政变和军事冲突，其中包括伊尹放太甲之说（见后文）。关于《竹书纪年》的来历，史载公元279年，西晋晋武帝时期，一个位于今日河南省的魏王墓被盗挖，盗墓者被捕之余，亦同时让墓里的大批竹简出土。当时西晋当局对这件事情非常重视，晋武帝命令中书监荀勖、中书令和峤负责翻译竹简（因为魏国文字和秦国的小篆差异颇大），竹简长度为古尺二尺四寸，每简四十字，凡十三篇，起于黄帝，周平王东迁后用晋国纪年，战国时期三家分晋后用魏国纪年。最后负责官员把史书记录的部分整理好，并将之命名为《竹书纪年》。《竹书纪年》多记春秋时期晋国与魏国之事，一般将此书看成是魏国的史书。

由于《史记》采用纪传体来记述事件，《竹书纪年》的出现，可以从另一角度审视《史记》所记载的内容，如"夏启杀伯益"、"太甲杀伊尹"、"文丁杀季历"、"共伯和干王位"（正史上所谓"周召共和"实际上是指"共伯和执政"，即共这个地方的伯名和者执政），与史书有极大差异。再如"（殷）祖乙胜即位，是为中宗”，与《史记·殷本纪》等以中宗为太戊不同，但与甲骨文“中宗祖乙”的称谓却完全相合，可见《竹书纪年》的史料价值甚高。

博按：关于《竹书纪年》，史学界争议不断。尊崇“正史”的人多以其为伪，亦有认为其为邪说者。根据此书的著书时间和当时儒家学说的“非正统性”，当时的史家还没有像太史公那样，尊崇儒家教条，按照儒家“正统”观点著史立说。以尧舜禹三代禅让制为例，“禅让”在儒家伦理道德治国体系中的作用十分重要，它是以礼以仁治国的典范，而实际上《竹书纪年》记载却是：“昔尧德衰，为舜所囚”，还说“后稷放帝朱于丹水 ”。后稷就是弃，周人始祖，舜的亲信，显然是舜监禁了尧，流放了尧的儿子才登上王位的，根本就没有所谓的“禅让”。是以《韩非子·说疑》中曾一言以蔽之：“舜逼尧，禹逼舜，汤放桀，武王伐纣，此四王者，人臣弑其君者也。”

《竹书纪年》成书后于宋代时突然亡佚一事，恰恰反证了这本著作的真实性。史载《竹书纪年》如此重要的一部史学著作，在传承了六百年之后，突然在宋代完全亡佚。今天的我们完全可以想象出来，当《竹书纪年》出土之后，给当时的思想学术界会带来何等巨大的震动。《竹书纪年》相对于汉儒经典太过异类，宋朝二程、朱熹一派的理学居于正统，儒学成为国学，《竹书纪年》所记载之真实历史则冲破了儒家古代历史认知体系，在这样的时代背景下，《竹书纪年》理所当然地被宋儒视为异端邪说，必欲除之而后快。是以清代朱右曾所著的《汲冢纪年存真序》曾一针见血地指出：“学者锢于所习，以与《太史公书》及汉世经师传说乖牾，遂不复研寻，徒资异论。越六百余岁而是书复亡。”与这一趋势相吻合，《竹书纪年》经过安史之乱，到唐末五代传抄本逐步开始散佚，宋代的《崇文总目》、《郡斋读书志》、《直斋书录解题》已不加著录。可以说，《竹书纪年》在宋代的亡佚绝非偶然。相信考古不断有新发现，竹书、帛书不断问世，像银雀山、睡虎地等考古学的重大进展，都将为进一步还原历史的真相提供真实可信的依据。

从这个意义上说，历史的真相是遮掩不住的。而还原历史的本来面目，则可以让今人真实了解中华民族的发展脉络和真正的文明之觞，从而对症下药，寻找解决的办法和途径，也许，这才是历史的本义之所在。

8. 鲧和大禹治水：一场大洪水开启的民族融合之路，不能忘却的中华普罗米修斯

黄帝之后的尧舜禹蛮荒时代，中华大地曾有一次历史罕见之大洪水，《尚书·尧典篇》记载称："汤汤洪水方割，荡荡怀山襄陵，浩浩滔天，下民其咨"；《孟子·滕文公上篇》亦曾曰："当尧之时，天下犹未平，洪水横流，泛滥于天下，草木畅茂，禽兽繁殖，五谷不登，禽兽逼人"。均可从中看出当时洪水之严重及时间之长久。黄河上游之夏族（今之陕西河南一部）与下游之夷族（今之山东河北一部）开始联手与大自然抗争，其中夷族首领舜、皋陶、伯益等，主动投奔夏族首领尧。开明之尧摒弃异族之念，妻舜以二女，使舜摄相位，并最终以共主之位禅让于舜（虽然真实的情况，可能是舜抢夺了尧的帝位）。然而尧之主要目的，期望夏夷二族联手以降服洪水。史载终尧之世凡六十一年，始以鲧和大禹父子相继而"疏九河、沦济漯而注诸海，决汝汉、排淮泗而注之江"，终成治水之大功。中华腹心之地，始因九河通衢而自成一体，夏夷两族终成一家，此后，华夏之扩张繁衍，因有两族之一体而壮大，其他戎蛮羌狄之族，终因上述两族之坚固一体而四方宾服，华夏大一统之政治格局，共工、大禹治水之时已见其雏形。

而在这场中华民族和大自然抗争过程中，因为大禹终成其治水之功并"受命"为王而为历史所赞扬铭记，而作为治水先驱，其父鲧不但付出了生命的代价，而且为大禹治水提供了"失败的教训"并奠定了良好的治水基础。

史载，当洪水袭来，帝尧"束手"，无奈求计于其手下大臣"四岳"，他说："嗟，四岳，汤汤洪水滔天，浩浩怀山襄陵，下民其忧，有能使治者？""皆曰鲧可。"一个"皆"字道出了鲧在当时人们心目中的地位。

但是，帝尧不同意，理由是"方命圮族"（就是他这个人不听话，在族里的名声不好）。《左传》也说他"不可教训，不知话言，告之则顽，舍之则嚣，傲很明德，以乱天常"。难道鲧果真个性乖僻、品德不佳吗？此时忠直的大臣

四岳（见前文，尧本想禅位于他，被他以自己能力、德行不够而拒绝，从侧面可见其忠直，有史家还认为，“四岳”可能不是一个人，而是四个山头即部族之主）表了态：“异哉，试不可用而已。”（《五帝本纪》）。同样事件的描述，《夏本纪》虽有些微出入，但也记载当时鲧之贤：“等之未有贤于鲧者，愿帝试之。”考虑到“众人”的意见，帝尧才勉强同意让他去治水。

关于鲧的治水失败，史家往往认为是其采取了“堵”的办法，结果没有阻止洪水的泛滥（可笑的是，今天的我们依然采取这一说法）。但在神话传说中，鲧则像后羿一样，是上天的一位神主。与后羿不同，他的下界没有得到天帝准许（私自下界，在现实中反映可能是他的治水不是尧的本意，人们不敢“针砭”尧，只好嫁祸于“上天”）。不仅如此，在他下界的时候，他还偷了天帝的一件宝贝“息壤”，据说是一种可以自己生长的神土，鲧大概就是想利用“息壤”来治理洪水的（现实情况很可能是鲧为了治水而假号于尧，比如治水中要召集各地官民，征收钱粮，“息壤”或是一种治水用具，也可能是因为其性格耿直，可能于治水时说了一些“反动”的话而获罪于尧）。《山海经·海内经》载：“鲧窃帝之息壤以堙洪水，不待帝命，帝令祝融杀于羽郊”，“息壤者，言土自长，故可堙水也”。与此说相近的还有《尚书·洪范》，这应该是最早记载鲧、禹治水的文献。箕子说：“我闻，在昔，鲧堙洪水，汩（在此为扰乱之意）陈其五行。帝乃震怒，不畀其洪范玖畴，彝伦攸斁（dù）。鲧则殛死，禹乃嗣兴。天乃赐禹洪范九畴，彝伦攸叙”（箕子所说大意：我听说从前鲧堵塞治理洪水，将水火木金土五行的排列扰乱了。天帝大怒，没有把九种治国大法给鲧。鲧在流放中死去，禹起来继承父业，上天于是就把九种大法赐给了禹，其中比较难以理解的“彝伦攸叙”的意思是“治国安邦的常理因此确立起来”。而关于这个被箕子所说的治理国家的“洪范九畴”，一是五行，二是慎重做好五件事，三是努力办好八种政务，四是合用五种记时方法，五是建立最高法则，六是用三种德行治理臣民，七是明智地用卜筮来排除疑惑，八是细致研究各种征兆，九是用五福劝勉臣民，用六极惩戒罪恶）。而反映在现实治水过程中，终是鲧的策略方法不对而终于失败被杀，其实从屈原的《天问》中可以约略了解到，鲧治理洪水几乎就要成功了，只是在这个关键的时候，天帝发现了鲧的行为，大为震怒，派了著名的刽子手火神祝融下界将鲧杀死在羽山，又收回了息壤，终于使鲧的治水失败了。（现实中很可能是尧不愿让鲧成功而采取了极端的破坏办法）

史传鲧是为祝融所杀的，《山海经·海内经》就说：“帝令祝融杀鲧于羽郊。”

在《史记》中，身为“黄熊”（驩兜、共工、三苗、鲧合称“四凶”，应该是当时的“舆论宣传”对政敌的丑化）、被尧称为“四凶”之一的鲧是被处死的。《五帝本纪》载，“四岳举鲧治鸿水，尧以为不可，岳强（jiàng）请试之，试之而无功，故百姓不便”。因此，当时作为钦定接班人的舜经过请示后“殛鲧于羽山”——“殛”为“诛”，一说为“诛杀”；还有一说，按《尚书·今古文注疏》：“诛，责遣之，非杀也。”也就是流放。不过，鲧因此葬身于羽山，是不争的事实。

相传鲧死后尸体三年不腐烂，后来据说是祝融用吴刀剖开了他的尸体，这时禹就出来了，而鲧的尸体则化为黄龙。而另一种传说是鲧变成黄熊飞升了（虽是神话，现实中可能是民间中对鲧受到的不公平待遇所做的纪念和肯定）。据说鲧是在梦中被儿子用符文剑砍下龙头，害得只能变为黄熊（是一种已经绝迹的动物，类似于熊，但是有三只脚，在《山海经》中有记载，这个传说则说明禹为了立功而不择手段，反而印证了《竹书纪年》中他最终“禹逼舜”而得位，并传位于夏启的真实性）。大禹“继承”父亲遗志，开始治水，史载这次治水非常成功，天帝（可能是尧的民间“化身”）不仅没有从中捣乱，还派了大神应龙（现实应该是尧所信任的大臣）相助。这位应龙在山海经中也有记载，代表“雨神”。应龙帮助大禹挖河开山，连上古的伏羲、河伯也纷纷襄助大禹（说明立大功者，得到上层支持的重要性），后来在东汉几乎成为谶纬学鼻祖的河图洛书，传说也是在这个时候由神龟所献。于是，依靠疏导和围堵两个方法，洪水终于被制服，人们于是“拥戴”治水有功的大禹做他们的王。

关于鲧的性格和失败的原因，屈原曾在《离骚》中咏道：“曰鲧婞直（倔强刚直，进一步印证了鲧不受尧支持的原因）以亡身兮，终夭乎羽之野。”然而，事实上，鲧的治水失败，并非他本人无能，一方面客观上是那个时代生产力水平低下，一方面是他没有得到上层的支持。然而，从唯物主义史观来说，失败是成功之母，没有鲧治水用“堵”的失败教训和打下的良好基础，也就没有后来大禹“疏”的成功。

鲧虽然是个失败的悲情英雄，但他为民造福不惜牺牲生命的壮烈之举，堪与古希腊神话中盗天火给人类的大神普罗米修斯媲美。

另外，现代历史学者孙长同对鲧之死，还给出了一个新的说法：鲧部落应是西夷人。西夷在今鲁西平原一带，以山东丘岭为界划分东西夷。在今日的禹城市南面仍有鲧堤遗址，在此筑堤是可以挡住大河水漫淹禹城。从此地再往西到河北清河县的鲧堤遗址，再从清河县往南临西县的鲧堤（金堤）遗址。再往南山东冠县的鲧堤遗址，一直到河南省内黄县的鲧堤遗址。这些鲧堤的存在应该是鲧治水中某一阶段性工程。而且更重要的是现存最大的金堤河（鲧堤）是从山东丘岭的西南边名叫鱼山（应是羽山的错读，此地有曹植墓，是陈王曹植的封地）的地方开始修筑，向西稍偏南即为内黄的鲧堤相连，从而使大河之水从鱼山之东的谷地入于东海。因为这个大堤的构筑，堵住了河水直泄北流的去路，拐弯向东，就使得东夷部落被水淹没，尤其是濮阳以东的菏泽、梁山、东平、平阴一带成了泽国，这就开罪了东夷的舜部落。于是东夷的舜部落联合了西夷的祝融部落向鲧部落兴师问罪开战。而光顾着治水、没有战争准备（此系本书的推想）的鲧便败给了联军而被殛于羽山（即今山东鱼山）。而相传禹属于有莘氏部落，其治水时三过家门而不入（以今观之，可谓不孝，为了立功而不回家探母，可谓违反人伦，和神话传说中他于梦中斩其父头相应合），应是大禹在领导着治理挖掘疏浚徒骇河之时。大禹为了不再开罪舜部落和祝融部落，所以就采取了顺流而疏的治水措施。徒骇河在今山东境内，很可能是因为当时出动的“徒夫”众多，徒夫震骇，所以才起名曰徒骇河。

博按：尧舜之世，大禹治水，以三千年前石器时代之刀耕火种，木镭石犁，面对方圆数千百里之辽阔洪水，先祖以坚韧不拔之毅力，不辞劳苦之精神，团结一致战天斗地之气概，终于制服千年不遇之滔天洪水，其为夏族臣民换来海晏河清之同时，亦为后人底定一统之大势与华夏之格局，是以如我之今人方可通读三千年之中华史书。而于这一场民族融合的背后，《要略》所见者，乃推动历史前进的原始动力：生存与发展！中华远祖们为了改变生存环境而自动联合，团结一致，与滔天洪水做勇烈抗争，亦为后来各民族的大融合开辟了新路，其为后世可谓启示良多。然而，作为治水先驱的鲧有史以来一直被贬低、被丑化、被忽略、被误读，实属一件至大的憾事。而本书反复校验于各种史料，结合近代考古成果，实认为鲧的治水失败，一方面在于当时生产力低下，一方面在于其固执倔强的性格原因而使治水工作没有得到上层的强力支持，上层甚至出于忌妒其功而在背后加以破坏，而这种功臣用命于前，奸臣

（背后一定有最高当局的支持）破坏于后的历史事件，于此后的五千年华夏历史中可谓屡见不鲜、层出不穷，是以今天有必要还原这段历史，为鲧这个性格耿直刚烈、大得民心而被年老昏庸的尧所迫害（按尧对鲧的印象不好，很可能是受小人蛊惑）的“悲情英雄”重新正名。是以记之。

9. 名相伊尹浅考

伊尹，商汤开国名相。名挚（尹非名也，实为古宰相官名），曾助商汤灭夏立下了不朽功勋，商朝建立后，商汤以伊尹为卿士，料理商朝政务。商汤死后，继任之三代商王均早亡。四代为相之伊尹只好立太丁长子太甲为王。古史于此始有分歧：正史如《史记》等记载，太甲为王后，不修德政，昏暗暴虐，破坏商汤法制。伊尹十分忧虑，虽多次规劝，太甲不听。于是伊尹在商汤墓地建桐宫，送太甲入于桐宫反省。桐宫地处商汤墓地，气氛庄严肃穆，除守墓人，一般人不得进入。在桐宫里，太甲读伊尹专为他所写之《伊训》、《肆命》、《殂后》等书。太甲一边读书，一边打扫陵墓，日久天长，始行动谨慎、言语谦逊、思想沉稳、勤劳不息。在他闭门思过期间，伊尹代他行政，日理万机。三年之后，太甲悔过自新，重新做人。伊尹遂亲自到桐宫迎接，恢复太甲王位，自己退而为臣。太甲二次即位，勤修德政，以身作则，诸侯归服，百姓安宁。史载，伊尹为太甲之反正特作《太甲训》三篇褒奖太甲。太甲终成有为之君，为殷商中兴奠定基础。伊尹连辅商初数王，既为帝师，又代帝王行政，功高盖世，前无古人。伊尹死后，商王沃丁以天子之礼葬之。

然而，另一种说法与“正史”之说大相径庭，据《竹书纪年》云：

仲壬崩，伊尹放太甲于桐，乃自立也。伊尹即位，放太甲七年。太甲潜出自桐杀伊尹，乃立其子伊陟、伊奋，命复其父之田宅而中分之。

按此说，伊尹在汤死后，他本受命辅佐汤之子太甲，但不久以后，伊尹就罗列太甲之罪，把太甲囚禁在桐宫，自立为王。三年后，太甲在忠于自己的臣子帮助下逃脱，回来诛杀了伊尹，重新恢复殷商之政。

博按：商代距今已有三千年之久。后人多以伊尹为一代名相、帝师甚至名厨和道家堪舆学宗师。其完美形象流传至今。但少数后世史家则以为，伊尹受到美化，一则为历代中央王朝试图为后世树立名臣之标杆；二则少数执朝政之权臣想以伊尹为例，证明其可“废帝”的历史正当性。其本质仍为权力争斗。是以后世几乎所有自命为伊尹者，皆不得善终。如西汉之霍光（死后全家被杀）、东汉之董卓（被杀）、三国时之孙竣（后来全家被杀）以及魏晋之司马昭（死后儿子篡权）。由此可见，古往今来，所谓信史可疑、野史可较，为史学者当反复考其真实。而本书认为，伊尹所以为后世所美化者，实中央集权体制之下，帝权与相权相互制约、相互平衡的需要，亦是中央帝国推崇“德治”的不二选择。

10. 甲骨文里的妇好：华夏第一女英雄

妇好，商王武丁之妻。约莫生活于公元前12世纪前半叶武丁重整商王朝时期，是我国有历史记录的最早女政治家和军事家，可谓中国四千年文明史上第一位有据可查的女英雄。1976年在河南安阳小屯西北发现其完整墓葬，在现存甲骨文献中，妇好之名频频出现，仅安阳殷墟出土的一万余片甲骨中，提及妇好之名的就有二百多片。甲骨文记载，商朝武功以商高宗武丁时代最盛，武丁通过一连串战争将商朝版图扩大数倍，而为武丁带兵东征西讨的大将即是其王后妇好。其中详细记载如下战事：某年夏，北方边境发生战争，双方相持不下，妇好自告奋勇，要求率兵前往，武丁犹豫不决，在反复占卜后才决定派妇好起兵，结果大胜。此后，武丁便让她担任统帅，率军东征西讨，打败周围二十多个方国。其时军队出征作战，人数多为上千人，但是妇好攻打羌方（少数民族之一支）时，所带之兵达一万三千之多。可见妇好指挥能力之出众。

“辛巳卜，登妇好三千，登旅万，呼伐羌。”这是甲骨文中记载的出兵最多的一次战争，这次战争的最高统帅就是妇好。当时，久经沙场、战功累累的禽、羽等武丁爱将，都归妇好率领。那一仗打下来，羌人势力被大大削弱，商之西境得以安定。

那时，距都城安阳（今河南安阳小屯村）正北一千多里外，还有一个强悍的游牧部族土方。他们经常肆意侵入商的边境，掳掠人口财物，是商王朝多年的心腹大患。于是，武丁命妇好率兵出战，一仗而击退入侵之敌。妇好乘胜追击，彻底挫败土方，并将土方划入商的版图。

甲骨文记载妇好最精彩的战役是和武丁一起征伐巴方的一战。战前妇好和夫君议定计谋，妇好在敌人西面埋伏军队，武丁则带领精锐部队在东面对巴方军队发起突然袭击。巴方军队在武丁军与妇好军的包围圈中顾此失彼，阵形大乱，终于被围歼，南境遂平定。这大概也是中国有文字记载的第一次“伏击战”。

贵为王后的妇好，不爱“红妆”爱“武装”。在1976年发掘的妇好墓中，发现了精美的骨刻刀、铜镜、骨笄、玛瑙珠等许多女性专用的饰品，以及大石蝉、小石壶、石垒、石罐等供玩赏的“弄器”，这都说明她有女性娇美的一面。令人称奇的是，除却这些小玩意，陪葬品里还有大量的兵器，特别是一件重达九公斤、饰有双虎噬人纹、铭刻“妇好”文的大铜钺，格外引人注目。后经专家考证，认为这是她生前使用过的兵器。妇好能使用如此重的兵器，可见武艺超群、力大过人。更重要的是，钺在古代是军权和王权的象征。依此可以断定，她在那个时代一定是个指挥千军万马的女将军。其实，早在四五千年前的良渚文化时期的玉钺上，便有精雕细刻着彰露“有牙阴户”的女战神或大母神形象。不过，在男性已占主导地位的商代中后期，妇好还可以拥有钺这样的中国最高军事统帅的象征物，成为全国武装部队的统帅，就足以说明其本领实在不一般。

另据历史记载，在大约距今三千年前，地球曾经历了一次小冰河时期，全球气温下降，高纬度地区的生活条件急剧恶化。只靠狩猎和采集为生的古印欧人（雅利安人）不得不向南迁徙。其中，讲印欧语的希腊人从多瑙河流域迁徙到马其顿地区， 而代表希腊最早文明的克里特文明最终为迈锡尼文明所取代，使希腊进入了一个西方学者所谓的黑暗时期；向两河流域迁徙的亚述人将美索不达尼亚的数千年的文化一扫而空；另外一支向东迁徙的印欧人在中亚附近分开，并继续向东最终到达中国；另一支向南进入印度后将创造出灿烂文明的印度原住民征服后，制定了种姓制度：入侵者在剽窃了原住民的文化后被列为最高的种姓，而印度的原住民却被列为最低种姓，他们被禁止识字和学习自己创造出的文化，最终，比中国起源更早的印度文明就在这种野蛮的种族隔离制度下逐步衰亡——因为被禁止学习就意味着政治人才的匮乏，所以印度历史上基本没有统一的局面，也没有国家和民族认同感。但进入中国的这支印欧人却被妇好率领的商朝军队彻底打败。初具规模的华夏文明在这场急风暴雨中屹立不倒。这也自然地解释了西方人为什么怕龙的原因。

现代学者李济把武丁时期有关“西北战争”的甲骨文梳理后说：

“这些最为可靠的原始资料，透露了中华民族在形成时代艰苦奋斗的真相，尤其是在内蒙古、河套一带发生的争夺战，实为奠定中国文明的一连串决战的序幕，其重要性不亚于传说中史学家歌颂的黄帝的阪泉、涿鹿之战。”他还用一些间接资料说明这场战争的伟大意义：武丁时代征伐的外族，“与蹂躏印度文化的雅利安民族以及征服两河流域的迦塞族有极其相近的文化关联，并且有些血缘关系；他们虽没有文字，却拥有很进步的战争武器”，但“在这一时代，中华民族在西北边疆打了一次勇敢的、胜利的自卫战，这一战奠定了殷商时代二百年的文化生活，为东亚及太平洋区域建立了一个伟大文明的新基础”。

博按：有关妇好之史于中华民族的意义在于：其一，妇好所击败的异族之一，即今日所谓的印欧语族人。他们在东扩的道路上曾经制定出种族隔离或种族灭绝制度：从远的说，有入侵印度的印欧人（即雅利安人）的种姓制度；近的说，有欧美人在非洲贩卖黑奴和对美洲印第安人的屠杀。从这个意义上来说，妇好可谓中华民族和中华文明的伟大拯救者之一。其二，妇好以一女流之辈，生于远古蛮荒时代，尚以战功彪炳于国史，其于中华数千年文明史中，可谓一件至大事件。何以如此？夏商时期，本为中华文明演变由母系民族转向男权社会之过渡时期，女性的地位在频繁的争夺战争中逐渐降低，但如妇好一样的伟大女性，在中华民族的历史发展中，亦有其卓越战功、建树之业。若无妇好立楷模于前，则无花木兰、梁红玉等继之于后，是以今天的戎武之人，在此当向三千年前之巾帼英雄妇好，致以崇高遥远之敬礼！

11. 太公《六韬》：先秦大战略，远古大智慧

商王朝经过六百余年统治，凡五次中兴，传至纣辛为帝时，即如其祖上推翻的夏桀政权一般，政治腐败，上层荒淫无度，君臣离心，是以招致西部夏族姬周之反抗及颠覆。其以周文王为首，相臣吕尚、周公旦为谋主，长期谋划颠覆商政，日渐形成一套成功的谋略方法，以作为针对商军事、政治、经济、文化之大战略指导，成书为《六韬》（亦可能为后人所托，暂不论也），其论述治国、治军和指导战争之理论、原则，对后代军事思想影响也深远，被誉为兵家权谋始祖。司马迁《史记·齐太公世家》称："后世之言兵及周之阴权。皆宗太公为本谋。"

《六韬·文伐》属于分化敌人内部的谋略诡计。共十二篇，其大略曰：一是投其所好，让敌人产生骄傲之心；二是"亲其所爱，以分其威。一人两心，其中心衰，廷无忠臣，社稷必危"；三是"阴赂左右，得情甚深；身内情外，国将生害"；四是用珠玉、美人来腐蚀麻痹敌人；五是挑拨敌方忠臣与君主的关系；六是收买敌人的内臣，离间其外臣；七是送给敌人大量财物，使其轻视生产，因而导致蓄积空虚；八是与敌国伪结亲谊以麻痹敌人，使其为我所用；九、十是表面上尊崇敌国，示之卑微顺从，使其骄怠自毙；十一、十二是要收买敌国大臣，堵塞敌之耳目，使其豪杰智士为我所用，用乱臣美女迷惑其主。一般兵书仅重视战场上的战略战术，往往忽视战前之战略指导，独《六韬》论之详细周全，可为天下第一。

在战略战术上，《六韬》亦有其独到之处。其中"兵道"篇说："凡兵之道，莫过乎一。一者能独往独来。黄帝曰：'一者，阶于道，几于神。'用之在于机，显之在于势，成之在于君。"强调用兵原则常在于"一"。即事权要专一，兵力要集中，行动要统一，这样才能机动灵活，不受牵制，取得战争的主动权。《六韬》特别指出："国不可从外治，军不可从中御。二

心不可以事君，疑志不可以应敌……军中之事，不闻君命，皆由将出。临敌决战，无有二心。若此，则无天于上，无地于下，无敌于前，无君于后。是故智者为之谋，勇者为之斗，气厉青云，疾苦驰骛，兵不接刃，而敌降服。战胜于外，功立于内。”这里的核心是“军不可从中御”和“军中之事，不闻君，皆由将出”。大意是“将在外，君命有所不受”。军队不能由国君在中枢机构中具体指挥。

《六韬·军势》又载：“武王问太公曰：‘攻伐之道奈何？’太公曰：‘势因敌之动，变生于两阵之间，奇正发于无穷之源。故至事不语，用兵不言。且事之至者，其言不是听也。兵之用者，其状不定见也。倏而往，忽而来，能独专不制者，兵也。’”强调“因敌之动”，突出机动灵活，不为敌人所牵制，以臻出神入化之境。“故善战者，不待张军。善除患者，理于未生。善胜敌者，胜于无形。上战与无战。故争胜于白刃之前者，非良将也。设备于已失之后者，非上圣也。智与众同，非国师也；技与众同，非国工也。”

关于治军原则，《六韬》提出了刑赏并重和“杀贵大，赏贵小”的著名原则。《将威》中有武王问太公怎样才能做到令行禁止，树立将帅威信，太公曰：“将以诛大为威，以赏小为明；以罚审为禁止而令行。故杀一人而三军震者，杀之；赏一人而万人说者，赏之。杀贵大，赏贵小，杀及当路贵重之臣，是刑上极也；赏及牛竖马洗厩养之徒，是赏下通也。刑上极，赏下通，是将威之所行也。”

博按：有论者以为，中国古代军事专著，孙子为战术用兵之最，《六韬》则为战略谋划之最。其强调以道以智治国，在中国文明发轫之时，即以如此高明之谋略手段实践于现实，实中华文明伟大久远之明证。《六韬》于本质上虽是一部以黄老道家军事思想为原则之著作，但其主张柔弱胜刚强、韬晦不露和安静玄默等军事原则，对我国后代军事思想有深刻影响。尤其《六韬》在16世纪传入日本，以致倭人于历次侵华战争中，常“反其道而用之”，施之于吾华。而作为发明这一伟大谋略手段之中华民族，反于近代以来“握瑾怀瑜”而不见用于敌国。尤其是当今网络时代，为敌国之间运用“六韬”之谋提供了更加便利的条件，吾等为政为军者，当深研其微，结合现实，践之于应敌除患，诚不辜负太公来自远古的深刻教诲和昭示！

12. 孟津观兵

商代，西伯侯国周在其英明领袖周文王带领下，推行良政，国力渐强，在其执政五十年后去世时，商纣天下三分已得其二，为周灭商奠定了基础。武王即位后，以太公望为师，周公旦为辅。召公、毕公贤臣在位。时商纣虽政治腐败、荒淫无道，但军事上仍有较强之实力。武王决定乘机搞一次会师演习，以了解自己的号召力和军事状况。因以伐纣为名号召诸侯赴孟津助战，史称“孟津观兵”。此次观兵其实是一次周灭商前的军事演习和检阅。武王大军抵达黄河南岸孟津时，八百诸侯闻讯起兵与会。人心向周，商纣王孤立无援的形势已然形成，诸侯均力劝武王立即向朝歌进军。然武王和姜尚则认为时机还不成熟，在军队渡过黄河后又下令全军返回，并以“诸位不知天命”为借口告诫大家不要操之过急。二年后，武王探知商纣王更加昏庸暴虐，良臣比干、箕子忠言进谏，一被杀，一被囚，百姓皆侧目而视，缄口不言。武王认为灭商条件已完全成熟，遵照文王“时至而勿疑”的遗嘱，果断决定发兵伐商，通告各诸侯国向朝歌进军，遂以牧野之战而灭商建周。

博按：周武王孟津观兵，堪为华夏有文字记载以来的第一次大阅兵。其目的在于观人心之向背，知军力之强弱，察出兵之时机。回顾分析此次具有经典意义的大阅兵，常深思以武王、太公之谋略，按当时之形势，为何没有断然发兵以击商王。而与其后牧野之战详加比较考证，始知是时周武王军事实力尚无亡商之绝对把握，或者当时商军之主力尚在朝歌，不然，当两年后再次发兵，虽占卜曰“不利于师”而武王却坚持出师而终胜，武王知军事实力对比与“时机”已到而已。由此观之，孟津观兵后不战而退时其借口“待天命”，系掩人耳目之说，充分反映了周武王和姜太公掌握敌我准确情报和军力对比之下的高超军事谋略。

13. 牧野之战：需要深刻还原的远古兵乱

商汤建立的商朝，经历六百多年后，传位至第三十一位国王帝辛（商纣王）时，已是危机四伏。史载纣王“好酒淫乐，嬖于妇人”。耗巨资建鹿台、矩桥，造酒池肉林，使国库空虚；宠信爱妃妲己以及飞廉、恶来等一帮佞臣，妄杀王族重臣比干，囚禁箕子，造成诸侯臣属纷纷离叛。

而此时的姬周部落首领姬昌（即周文王）对内重用吕尚、散宜生、南宫适等贤臣，国力日强；对外宣扬德教，诸侯纷纷依附。加之各国此时要供应商朝攻打东夷的大量军队和物资，又受到商王猜忌和钳制，早已苦不堪言，当然也乐于向“西伯”靠拢。据《史记》记载：其时“天下三分，其二归周”。

公元前1056年，姬昌对内称王，即周文王。在对商王殷勤贡奉的基础上，姬昌先后出兵伐犬戎、密须、黎、邘、崇等国，切断商朝同西部属国的联系，消除了后顾之忧。周文王姬昌病逝后，继位的世子姬发（周武王）继续利用商朝无暇西顾的良机向东扩张。公元前1046年，周武王在观兵于孟津之后二年，判断时机成熟，决定出兵伐商。

武王伐商之战略计划是：趁商朝主力军滞留东南之际，精锐部队以迅雷不及掩耳之势，深入王畿，击溃朝歌守军，一举攻陷商都，占领商朝的政治中心，瓦解商政权，让残余的商人及其附属方国的势力群龙无首，然后各个击破。《诗经・大明》中记述此事，称之为“燮伐（偷袭进攻）大商”，或“肆伐（快速进攻）大商”。

公元前1046年。指挥联军进攻商纣王的周武王亲率战车三百乘，虎贲（精锐武士）三千人，以及步兵数万人，出兵东征。同年2月21日，周军与庸、卢、彭、濮、蜀、羌、微、髳等部族在孟津复会，联军总数达四万五千人。《诗经》记载：“牧野洋洋，时维鹰扬。凉彼武王，肆伐大商，会期清明”。

此时，将战车军团派往南方征服蛮夷的商都朝歌城内兵力空虚。帝辛惊闻周军来袭，只好仓促武装大批奴隶、战俘，连同御林军，开赴牧野迎战。

《诗经·大明》称："殷商之旅，其会如林"（即人数众多）。

《逸周书·克殷》记载：周军先由吕尚率数百名精兵上前挑战，震慑商军并冲乱其阵脚，然后周武王亲率主力跟进冲杀，将对方的阵形彻底打乱。商军中的奴隶和战俘全无斗志，纷纷倒戈，帝辛见大势已去，返回朝歌，登上鹿台，"蒙衣其珠玉，自燔于火而死"，商朝遂告灭亡。周武王赶到鹿台，用"轻吕"击刺帝辛尸体，亲斩其头颅悬旗示众。另外一百多个商朝大臣贵族被俘，后被作为祭祖的人殉被杀死。

博按：史家常谓牧野之战为中国历史上以少胜多、以弱胜强、先发制人之著名战例。窃独不以为然：此战虽然终止了六百年的商王朝，确立了西周王朝的统治，为西周时期礼乐文明的全面兴盛开辟了道路，而且牧野之战中所体现的谋略和作战艺术，也对中国古代军事思想的发展具有不可低估的意义，但需要后人关注和还原之历史真相有以下若干方面：

其一，在周以后的历史记录里，"纣王"是一个荒淫无耻、残暴不仁的昏暴之君。而事实上，帝辛尚不失为一个英雄人物，《史记·殷本纪》记载：帝辛"资辩捷疾，闻见甚敏；材力过人，手格猛兽；知足以拒谏，言足以饰非，矜人臣以能，高天下以声，以为皆出己之下"，其曾为拓展商朝疆域而"百战百克"，军事上帝辛用兵于东南夷族，战争取得了胜利，俘虏了"亿兆（上百万）夷人"，帝辛也被誉为"百克（百战百胜）"。

其二，牧野之战是一场典型的偷袭之战、阴谋之战、乘虚而入之战。史考，武王之所以敢以四万余兵力长途奔袭，直捣王畿，是因为有"商奸"通报敌情，商朝之主力军队（其统帅可能是《封神榜》里的黄飞虎）此刻正在遥远的南方征战蛮夷，一时无法回军救主。从一定意义上说，此战属于"利用国家有事于外而乘虚而入的反革命非正义兵乱"。

其三，在后世传说中，牧野之战周军"前歌后舞"，没有杀一个人，没有流一滴血，商朝就"自行崩溃"，在人民拥戴下，武王登上天子宝座，从此刀枪入库，马放南山，天下太平。然而，从陕西出土的甲骨文却记载牧野之战是一场"血流漂杵"之战。牧野战后，周军和戎狄联军进行了长时间屠杀和劫掠。《逸周书·世俘》记载：牧野之战周武王大获全胜，被杀商人有十八万之多，被掳为奴有三十三万众，周人还在牧野大肆捕杀熊、犀牛、鹿等动物，并掠夺大量珠宝财物，仅佩玉就达十八万块。

其四，史家记载武王出兵，“不期而会”者八百诸侯，而根据甲骨文所揭，此次出兵早有联络，关中和江汉间的许多方国都有参与，但诸侯恐怕并无八百之多，从牧野之战情况看，基本上都是西南方的羌、戎共十余国而已。如此夸大其辞，无非强调周王朝取代殷商的历史正义性而已。

其五，为美化周武王功绩，儒家历史学家更是夸大了商纣在牧野之战时的兵力规模。如《史记》记载，帝辛出动的总兵力有七十万人之众。而根据三千年前商都朝歌规模考察，其核心内城之总人数也不过十余万，其余“百万”之众不过散布在方圆数百公里内的中原大地上，即使把所有的奴隶和战俘算上，无论如何也不会在短时间内聚集七十万兵力，即使是后史家考证为十七万，本书亦觉有夸大之嫌。

14. 周公制礼作乐：为有源头活水来，黄钟大吕响中华

中国历史发展到了周代，礼乐制度的建立可谓一件至要之事。相传礼乐制度是周代建国初期由周公制定的，其目的之一是为巩固等级制社会，其次也是吸取商代灭亡的教训，反对“淫乐”，采取“节乐”措施。周公于周朝建国第六年开始“制礼作乐”。其所谓的“礼”强调的是“别”，即所谓“尊尊”；“乐”的作用是“和”，即所谓“亲亲”。有别有和，是巩固周人内部团结的两个方面。周公为当时的贵族们制定了一整套十分烦琐的礼仪和与之相配合的音乐。乐则升华成了一种待遇，对于不同阶级有着不同的待遇，也是为了更好地宣传和巩固周王朝的有效统治。

周礼规定，不同场合，不同身份的人，不但礼仪有别，所用的音乐也不一样。如祀天神，“乃奏黄钟，歌大吕，舞《云门》”；祭地祇，“乃奏太簇，歌应钟，舞《咸池》”。（见《周礼·春官》）两君相见，例用大雅《文王》；诸侯设宴招待他国使臣则用小雅《鹿鸣》、《四杜》、《皇皇者华》（见《左传·襄公四年》）。又如天子祭祖用《雍颂》，士大夫则不能用。而对于乐队和歌舞队的编制，也有严格规定。周礼规定当时的乐队：“王宫县”，

即排列成东西南北四面；“诸侯轩县”，即排列三面；“大夫判县”，排列两面；“士特县”，只排列一面。歌舞队的规定是：天子用六十四人，列成八行，称为“八佾”；诸侯用三十六人，列成六行，称为“六佾”；卿大夫用十六人，列成四行，称为“四佾”；士用四人，列成二行，称为“二佾”（见《周礼·春官》及注）；等等。这些关于礼乐的规定，都是为了加强人们的等级观念，最后达到巩固其统治的政治目的。要顺利地推行礼乐制度，必须加强有关礼乐方面的教育，这是不言而喻的。因此，周王朝设置了我国历史上第一个礼乐机构——春官。春官中有大司乐、乐师、大师等乐官，乐工一千四百多人，分别负责音乐教育、传授乐艺、表演和其他音乐事务。他们大多是受过严格专业训练的音乐家，有明细分工，各司其职。《周礼·春官》中明确记载了最高乐官大司乐的职务要求：“大司乐掌成均之法，以治建国之学政，而合国之子弟晋”。教学科目主要有乐德、乐语、乐舞（即大舞）和小舞四种。由于结合礼教，内容都含有伦理道德观念。周代如此重视音乐教育，无疑会对音乐文化的发展有促进作用，而各种相关的措施也推动和保证了音乐的发展，从而使周代宫廷音乐达到了较高的水平。

西周贵族讲究的礼更加繁多：有籍礼、冠礼、大搜礼、乡饮酒礼、乡射礼、朝礼、聘礼、祭礼、婚礼、丧礼等。籍礼是用来监督平民在“籍田”上从事无偿的集体劳动，以维护其被称为“籍”的治理模式（今日的中国式“籍贯”即来源于此）。冠礼是授予成年贵族种种特权，以维护贵族的利益和巩固贵族成员之间的关系。大搜礼具有军事检阅和军事演习性质，起着整编军队、检阅兵力和加强统治的作用。乡饮酒礼在于维护一乡之内贵族的宗法制度和统治秩序。乡射礼具有以乡为单位的军事训练和军事学习的性质。朝礼在于尊重国君的权力和地位。聘礼在于维护贵族内部的等级和秩序。祭祀天地和祖先在于维护神权和尊重族权。婚礼和丧礼在于维护宗法制度和族权。

到春秋后期，出现了“礼崩乐坏”的局面。一些卿大夫在夺取国君权力的同时，不但僭用诸侯之礼，甚至僭用天子之礼。按礼，天子的舞用“八佾”（“佾”是“列”的意思，每列八人，八佾六十四人），作为诸侯的季孙氏也用“八佾舞于庭”，孔子斥责说：“是可忍，孰不可忍也！”按礼，天子祭祖唱《雍》诗来撤除祭品，这时鲁三家都“以《雍》撤”，孔子认为这种事不该出于“三家之堂”。按礼，只有天子可以“旅”（祭祀）于泰山，这时季孙氏“旅于泰山”，孔子又指责他不懂礼（《论语·八佾篇》）。卿大夫这样“僭礼”，实质上就是夺取政治权力的一种表现。

礼乐制度主要用来维护宗法制度和君权、族权、夫权、神权。是以《荀子·礼论篇》说：“礼有三本：天地者，生之本也；先祖者，类（族类）之本也；君师者，治之本也。”“上事天，下事地，尊先祖而隆君师，是礼之三本也。”其所说的“礼之三本”，天地代表神权，先祖代表族权，君师代表君权。后来统治者以天、地、君、亲、师作为礼拜的主要对象，就是根据这一理论。

博按：中华民族今日所以被全世界称为“礼义之邦”，其“源头活水”即来源于这段历史。史家常认为周公制礼作乐为中华文明建构中的一件大事，是因为礼乐实为中华文明体系中两个至关重要的因素。用“礼乐”规范人们之间的关系和行为，可谓中华民族一个至为伟大的发明。其中既包含着中华民族悠久的文明历史，还包含着中华先人们伟大的独一无二的政治理想和制度设计。本书开篇有述中国最古老的乐器——九孔骨龠，产生于约九千年前的仰韶文化时期。而今回望历史，在九千年前，还在拿着石头木棒与野兽搏斗的中华先人们，尚不忘用音乐来娱悦自己、用音乐来传递情感、用音乐来治理国家——那是何等的乐观、何等的浪漫、何等的睿智——也许，正是这种来自远古的遗传基因，才使得中华文明绵延数千年而不绝至今。

也许，正是从那个时候开始，中华的先贤们赋予了音乐更多的功能：音乐不但可以娱悦身心，表达感情，更能够教化大众，净化心灵。中国儒家先圣孔子对周文明中的“礼乐之治”倍加推崇。他老人家多次说“吾从周”就是从维护周王朝“礼乐之治”的角度出发。而他本人也在继承、推广和宣扬礼乐文明过程中发挥了重大作用。他除了整理记载古代礼乐文明的儒家经典“六经”外，还以礼乐为解说对象，着力彰显礼乐文明的精义，强调礼乐文明的人伦教化和治世功能。所以孔子说：“兴于诗，立于礼，成于乐。”到了东周时代，也即春秋战国时代，由于“郑卫之音”（今日所谓的靡靡之音）的大行其道，中国进入了诸侯争霸、列国争强、战火频仍、纷争相继的乱世。在这样的政治和社会环境下，礼乐制度逐步失去了生存的土壤，而被列国纷纷弃之如敝屣，史称“礼崩乐坏”。但也正是这一时期，礼乐在社会治理结构中的重要价值得到了包括孔子在内的历代有识之士的深入思考和重新认识。基于此，礼乐制度在汉初重新登上政治舞台，并绵延两千多年而始终不衰。汉以后的每个朝代兴起后都要有一番“制礼作乐”的活动，或者把前代流传下来的礼乐加以改造，或者根据时代的需要制定新的礼乐，历代史书里面都有一部《乐志》来彰显其朝代的“正朔性”，以此可知礼乐之于中华民族的重大意义。

15. 周公吐哺，天下何以归心

制礼作乐的周公旦，被后世奉为西周政治家、军事家、思想家、教育家，并被尊为“元圣”和儒学先驱。周公本周文王第四子、周武王同母弟。武王灭商建周二年后崩，其子成王年幼，周公怀抱成王摄政当国。时管叔、蔡叔煽动殷族后人等发动“三监叛乱”，周公率军平定，后封建一千余诸侯国，营建东都，建井田制，制礼作乐，建章立制，主张“明德慎罚”。一时天下归心，华夷大治。相传周公为招揽天下贤能之士，“一沐三握发，一饭三吐哺，犹恐失天下士”（即一次淋浴要多次手握着头发，一餐饭要多次吐出食物，因为要接待天下之士，唯恐失去了人才。）。周公辅成王政七年后毅然还政成王。史家认为，周朝所以能延绵八百年王业，周公之奠基至关重要。周公之“圣行”为儒家先圣孔子所心仪尊崇。《论语》中孔子曰：“甚矣吾衰也！久矣吾不复梦见周公！”又言：“吾从周。”周公的礼乐之治开启了华夏第一个文明社会，为我国民族融合、政治统一作出了巨大贡献，对我国民族文化传统形成具有开山之意义，至今中华民族文化心理之中重伦理、轻逸乐、好俭朴、勇献身的君子风度和集体精神，皆根源于周公。太史公司马迁亦把周公作为“立德立功立言”的楷模，其在《太史公自序》中称，“夫天下称诵周公，言其能论歌文武之德，宣周邵之风，达太王王季之思虑，爰及公刘，以尊后稷也。”后周公在致政二年后病逝，成王将其葬于文王墓旁，表示其不敢以周公为臣之敬重。

博按：汉初贾谊曾论及周公曰：“文王有大德而功未就，武王有大功而治未成，周公集大德大功大治于一身。孔子之前，黄帝之后，于中国有大关系者，周公一人而已”。我们日常言及“梦周公”，行“周公之礼”，“普天之下，莫非王土，率土之滨，莫非王臣”（《诗经·小雅·北山》），“礼乐征伐自天子出”，皆出自周公。思及现实，周公“吐哺待士”之风尤应为后世所效法：以天下者，唯得人才者可以为治。自古得人才而尽用者得天下、成大功，然后世历朝历代的既得利益者，用人唯亲（圈子文化），任人唯利，与周公取才待士态度相去何远。

16. 周公诫伯禽

重温西周时期一则小故事：周成王亲政，将鲁地封给周公旦之子伯禽。临行周公以《诫伯禽书》遗之曰：君子不施其亲……无求备于一人。君子力如牛，不与牛争力；走如马，不与马争走；智如士，不与士争智。德行广大而守以恭者，荣；土地博裕而守以险者，安；禄位尊盛而守以卑者，贵；人众兵强而守以畏者，胜；聪明睿智而守以愚者，益；博文多记而守以浅者，广。去矣，其毋以鲁国骄士矣！

博按：孔子所以推崇周礼，其中重要原因就在于对周公所建立的政治体制之向往，对周公的礼乐德治思想的敬仰。以此论之，周之初可谓中华礼乐文明的发端，亦中华文明的礼治德治源头。观周公诫伯禽之语，其背后实饱含其用人得才、守身修德、治国用兵的朴素辩证法，亦是中华民族“内守自省”文化心理的远古回声，亦在此后三千年历史文化传承中给中华民族打下深刻的思想烙印，至今仍难以磨灭。

17. “贵三代”伯禽治鲁与“创业者”姜太公治齐

周朝初建，封建诸国。其中，鲁为周公旦之封国，都于曲阜。周公因留周室辅政，乃命长子伯禽（自周文王始，伯禽可谓“贵三代”）出就国。伯禽治鲁，一遵周公之礼治，三年而报政（即今日之述职）于周公，周公问曰：“何迟也？”伯禽曰：“吾变其俗，革其礼，丧三年然后除之，故迟之（意为改变当地的风俗，变革当地的礼仪。寻常百姓父母死后也要服丧三年，所以到这时候才来）”。先是太公（太公本平民，以军功开国于齐，可谓“创业一代”）封于齐，五月而报政，周公问曰：“何速也？”太公曰：“吾简其君臣之礼，从其俗，故速也。”及周公问及伯禽报政之迟，乃叹曰：“鲁后世其北面事齐矣！夫政不简不易，民不近，平易近民，民必归之。”

后鲁伯禽助周平管、蔡，讨淮夷、徐夷，亦有战功；然其后世，守周公礼乐之教，拘泥而不知变通，虽有后世儒学之兴，然在春秋之世，终是弱小之国，后为楚国所吞并。

博按：读史贵于探其细微。尤其读先秦先哲如周公之史，必得反复观照以校其实。周公前有诫伯禽之语，以周礼教之，本明明乎德治之范，然退观其评齐鲁之政，一反其所倡导之礼教之风，而评秉承礼治之鲁国将“北面而事”力图“变通务实”、“简易其教”之齐国，可见其用私于鲁。周公以所倡之明道加之于己国，不以为喜，反以为忧；以齐太公“变通”其礼治，简易其政，反赞其功，前后所自矛其盾。以此观之，周公“制礼作乐”之时，亦知其不合人心事宜。因礼教之繁缛、思想之教条、等级之严明，其局限性本为其所固知。以此礼教加之诸国可矣，加之己国则为不可，读史者于此当明其本质。而其中另见者，伯禽乃新兴周朝之贵族“三代”，靠其父祖之余荫，但守其旧制而不知变通，实有懒政、怠政之嫌疑；而姜太公以创业者之心态，又出自乡野，知下民之所需，行变通之法，效简易之政，而使齐国日益强大，以此可见周公之叹，亦叹其三代之衰矣！

第二章　春秋战国

概略：性格的塑定与格局的形成

春秋战国时期，大约从公元前770年至前221年，共计550年。是中国历史上自夏、商和西周之后一段大分裂时期。其中，春秋与战国的分水岭以公元前453年韩、赵、魏三国分晋为标志。春秋时期，东周王朝势力减弱，群雄纷争，齐桓公、晋文公、宋襄公、秦穆公、楚庄王相继称霸；战国时期，七雄相争，最后由西域强秦统一中国，实现了中国历史上第一次真正意义上的大一统。

春秋战国时期，中华先祖们如同一个个蹒跚学步的懵懂童子，因为有着良好的遗传基因而天赋禀异且顽皮好动，是以当其迈开人生第一步时，便试图挣扎着去探索未知的纷乱世界。可以想见，这既会给民族发展带来动力，也会给人口众多的中华“大家庭”造成灾难式的混乱：他一不小心打翻了上古时期周公们安置好的“礼乐重器”（史称“礼崩乐坏”），引起了家族里的“诸侯”对“九鼎”的觊觎和争夺，一时间兄弟阋于墙，异族窥于外（楚国在当时还是“异族”），一场持续了五百五十年之久的诸侯争霸和七雄相争，由此渐次展开；意想不到的是，在由他引发的这场第一次大规模争夺民族主导权的历史大戏中，中华先人们展现了无与伦比的政治智慧和谋略艺术，在诸如齐桓公、晋文公、齐威王、赵武灵王、魏文侯等一代代雄主的领导下，涌现了一大批诸如管仲、百里奚和范蠡这样的伟大政治家，产生了司马穰苴、孙武、王翦、李牧等万世良将，创造了一幕幕影响深远的政治、军事、经济和外交斗争“活剧”；更为重要的是，中华民族很快便调整好心态和姿势，开始遍求“名师”的教化和指点，试图弥合战争的创伤并开辟一条按照某种特定原则建立起来的融合、发展和成长之路。于是，在公元前500年前后的伟大时代里，在一个伟大民族性格塑造的关键时期，中华这个懵懂童子追随着老子骑牛西去的背影，紧跟着孔子周游列国蓬累而行的车轮，咀嚼着孟子、荀子等儒学大师们创造的无与伦比的精神食粮，跻身于世界上最早的“大学”——稷下学官，并在西河学派开创的文化渗透之路上得到数十上百位先知和名师的集中教化和指引（是谓“百家争鸣”），其中不乏至今仍让世人为之敬仰瞩目的显赫名字：韩非子、鬼谷子、管子、孙子、墨子、慎子、邹子、李悝……中华民族自此有了一个接受过良好教育的童年。

现代心理学家认为，一个人的童年经历在很大程度上将决定着其性格形成和人生走向。对于一个人来说是如此，对于一个民族来说亦然如此。正是因为中华民族在所谓的“礼崩乐坏”之后，走上了“百家争鸣”的文化多元之路，正是有这样战乱频仍而文化勃兴的历史形态，使得中华民族拥有了一个如此云诡波谲而气势恢宏的童年生活，也给中华民族这个懵懂小子打下了深刻的性格烙印，形成了独特的胸怀格局：一个重仁政、轻法治的民族（儒学的繁盛和法家的式微），一个重整体、轻局部的民族，一个重守成、轻变革的民族……这样的性格特质和胸怀格局的形成，决定了此后三千年间中华民族的发展走势。通读春秋战国之史，再比照于此后的历史进程，我们可以得出如下结论：自春秋战国以后中国历史发展进程中所出现的所有问题或是“症结”，或者都深深根源于春秋战国这个时期；而中华民族目前所遇到的所有问题的解决办法和途径，也必将回到春秋战国去寻找答案和对症下药——尤其是要回到“礼崩乐坏”之后所产生的“百家争鸣”的历史现场，去发掘一个民族绵延不绝、生生不息的内在动力，去把准一个民族多灾多难、治乱兴替的历史脉搏，去寻求祛病去根的政治、经济和文化良方，进而探寻中华民族的复兴之路和繁荣强大之基。

18. 齐桓公问政管仲

《管子·大匡篇》记载下述之故事：

管仲至，桓公问曰："社稷可定乎？"管仲对曰："君霸王，社稷定。君不霸王，社稷不定"。桓公曰："吾不敢至于此其大也。"管仲又请，公曰："不能。"管仲辞桓公曰："君免于臣死，臣之幸也。然臣之不死纠（即不为公子纠而死，原管子为公子纠之谋士，公子纠死，管仲始为公子白即齐桓公所用），为欲定社稷也。社稷不定，臣禄齐国之政而不死纠也，臣不敢。"乃走出。至门，公召管仲，管仲返。公出汗曰："勿已其免霸乎！"（即我勉强可以称霸）管仲再拜稽首而起，曰："今日君成霸，臣贪成命。"趋立于相位。

博按：读史于管仲相齐，始知大人物之所出也，非其天命，而在其坚持，在其洞明，在其非常之胆略。管仲曾被后世誉为"法家先驱"、"圣人之师"、"华夏文明的保护者"、"华夏第一相"，虽有虚谬之处，但其于后世之地位和影响，由此可见一斑。史传管仲任齐相之时，竟然建立了中国第一个官营的妓院，而政府以收税方式加以管理，可谓惊世骇俗之举；另外，在管仲主政期间，齐国南拒楚蛮，北敌狄戎，称霸春秋诸侯，此皆管仲之功。而以此文观之，管仲知桓公之志高，亦知齐国之良好基础，可以伸张其志，以成霸王之业，所以以言激之，以志邀之，以不拘之态而趋立相位，可见管仲抱负之宏伟与处世之光明磊落。春秋第一流大政治家之作为，自属不同凡响，非世俗阿谀苟容以取悦者所可比拟。

19. 管仲治齐：以法"富治"，终成春秋首霸

管仲相齐之后，即得以施展其雄才伟略于纷乱之春秋诸国。其强齐与致

霸之法，首在采用因势利导之策略，使其成功能如水之就下，事半而功倍。盖管仲之思想，本为纯粹之法家思想，然其实施时，仍以齐国贵族为其施政之基础，而渐渐渗以法治之精神。管仲强齐，首在富民，富民首在使失业者就业。其将全国人民重新编配，使全民纳入于轨里连乡，使国内无一游惰散漫之民。其使工商渔盐，既各有专业，又能生产丰裕，自使民富则国用足。依据管仲思想，各国国力强弱，实际上是各国国民生产丰绌之竞赛，此管仲治齐首要之策。

而管仲治理齐国之具体手段则为贯彻法治之精神和建立一种严整之法治制度，而集其权力于国君。管仲认为："民者被治然后正，得所安然后静者也。夫盗贼不胜，邪乱不止，强劫弱，众暴寡，此天下之辱，万民之所患也。忧患不除，则民不安其居；民不安其居，则民望绝于上矣！"因之，管仲提出："法者，民之父母也！""夫不法，法则治（即对不法之混乱，当于法治之），法者，天下之义也，所以决疑而明是非也，百姓之所悬命也。""故有国之君，苟不能同人心，一国威，齐士义，通上下，治之以法，则虽广地民众，犹不能以为治也。""故有法度之制者，不可以巧以诈伪；有权衡之称者，不可欺以轻重；有寻丈之数者，不可差以长短。"（见《管子·明法篇》）

在管仲法制思想之基础上，最可称道者为其"富治思想"。其言曰："凡治国之道，必先富民，民富则易治也；民贫则难治也。奚以知其然也？民富则安乡重家，安乡重家，则敬上畏罪；敬上畏罪，则易治也。民贫则危乡轻家，危乡轻家，则敢陵上犯罪；陵上犯罪，则难治也。是以善为国者，必先富民然后治之。"其又言："国多财，则远者来。地辟举，则民留处。仓廪实，则知礼节；衣食足，则知荣辱。"（见《管子·牧民篇》）"民不怀其产，国之危也。"（见《管子·立政篇》）

管仲治齐图霸之另一重要战略选择为其尊王攘夷之政治号召。以僻处一隅之诸侯而欲做领导全国之霸主，非提出正义之政治号召，遂使全国人心尊之为盟主，此非尽如后世所谓"以力假仁"，实亦斯时人心之所向。

于军事战略之指导上，管仲亦措置有方，臻乎上乘。其先伐为害急切之戎狄，然后再作制楚之准备。于戎狄则取军事上之直接攻击，对楚则取外交、经济与军事各方面之联合作战，以不战而屈人之兵。因管仲之能，在其相齐四十三年间，能够北御戎狄，南弱强楚，使中原人民有三十七年之安定局面，且使后起之晋国继起而仿效，领导诸侯与楚国对抗，其使中国不亡于异族（楚人虽有曾参与周朝灭商之功，且为中原祝融之后，但在当时中原诸侯的认识中，偏远之楚人被认为是“华夏夷族”）之手，应首推管仲之功。

博按：管仲于三千年之先秦，其治国理政思想，亦可为今世之良鉴。民富则安于其业而国以治，民富则听上所命，战则可以胜，守则可以固。管仲之谓“观民产之有所余与不足，则可知国家之存亡”，可谓古今之至理。尤其管仲于战国之初，即能顺应时代之潮流，摒弃“礼治”、“人治”之迂腐思想和过时政治，而变之以法治精神，治国富民；于三千年前即能提出“故有法度之制者，不可以巧以诈伪；有权衡之称者，不可欺以轻重；有寻丈之数者，不可差以长短”的完善的法治理念，亦可值当今各级政府官员深以为鉴。即使在三千年后的今天，若论以法治国，其本质上仍要以民心为“权衡”，不可以公权而干私情，不可以强权而损民利，不可以巧伪而饰民意，不可以弱民以强国家，斯必反噬其身，此亘古不变之至理。

20. 齐魏马陵之战：魏惠王一怒而失国

夜读《中国历代战争史》，重温战国时期齐魏马陵之战。时魏惠王以胜韩之威，愤于齐国屡屡干预三晋之事，怒而兴师，不断增益庞涓之兵，试图与齐国决一死战。殊不知齐国在优秀军事家孙膑率领下，再次采取“围魏救韩”之法（上次桂陵之战中运用的是“围魏救赵”之法），大军直出魏地，一路上孙膑针对魏兵蔑视齐军的“骄兵之气”，以减灶诱敌之法，造成齐军士卒大批逃亡之假象，以引诱魏军尾随攻击；孙膑又利用有利地形，在马陵形成口袋阵，对魏军进行前后夹击，左右伏击。其战果，齐军大破魏军，前后歼敌十万余人，生俘魏军主帅太子申。此一战役极大削弱了中原霸主魏国之实力，使西部虎狼之秦失去了其东出中原之最强对手，终至秦国虎兕出柙。秦灭六国，实始于马陵一役，而马陵一役，又始于魏惠王之一怒也！

博按：孙子曰：“主不可以怒而兴师，将不可以愠致敌。”马陵之战，以魏惠王一怒而败军，可谓古今经典战例，是以专门述并论之。而魏惠王两次败于同一种战略指导（围魏救赵）而不加反思，亦可值今古用兵者引以为深鉴。而窃于此战例检讨之中，尝反思于当今，大至国家间之战略运用，小至个人家庭生活工作，倘有不顺其意，不合其情之时，必先冷静思考，而不能“一怒而冲动”并断然采取行动，那样很有可能蹈马陵取败之悲剧。而此战中作为胜利一方之主帅孙膑，所用之策略，实孙子兵法“始计篇”所说的“能而示之不能，用而示之不用”，以及“兵势篇”所说的“以利动之，以卒待之”等虚实原则的灵活运用，于今日之国家战略和军事谋略中亦有可资借鉴之处。

21. 田氏代齐：中国第一军事家族的诞生

战国数百年间，礼崩乐坏，群雄纷起，争权斗利，可谓于远古中华大地上一台场面恢宏的历史大剧。而长期活跃于其中的真正主角，除了强秦的嬴氏、赵国的赵氏、楚国的熊氏，便是齐国的田氏。但如果以最后的胜利者嬴氏为“男一号”的话，无疑齐国的田氏将是绝对的“男二号”。不但如此，田氏在长期担任“男二号”之后，其后代仍然活跃于中国历代政治、军事舞台之上，成为一个英雄辈出的军事家族。今且述而论之：

西周初年，周王朝封吕尚（即姜太公）于齐地始建齐国。春秋末，吕氏政权被田氏所取代，从此，齐国的主人由姜姓（吕氏）演化成妫姓田氏，史称“田氏代齐”。田氏代吕氏，齐国由“吕（姜）齐”变为“田齐”，经过了长期而复杂的演变过程，其中有诸多可供后世借鉴之处。

第一阶段：此间约计一百二十二年。田完，本陈国陈厉公妫跃之子。田完出生之后，其父陈厉公为他预卜未来，卜辞的意思是说这个孩子将来可能要代替陈而有国家，但又不是在陈国而是在其他国家，不应验在他本人身上，而应验在他的子孙身上。如果是在他国，必定是姜姓之国。陈厉公去世后，弟弟妫林即位，为陈庄公；陈庄公去世后，弟弟妫杵臼即位，就是陈宣公。史载陈宣公于公元前672年（陈宣公二十一年）杀死了太子御寇。陈（田）完和御寇相友好，恐怕灾祸牵连到自己，就出奔齐国。时在齐桓公十四年即公元前672年。齐桓公吕小白欲任他为卿，田完推辞说：“羁族之臣幸得免负担，君之惠也，不敢当高位。”（“我这个寄居在外的小臣有幸能够获得宽恕，免除罪过，放下负担，已经是您给我的恩惠了，不敢再接受这么高的职位！”）齐桓公遂让他担任了管理百工的工正。

田完去世之后，田氏世袭其工正之职，至四世而传至田文子须无。时须无侍奉齐庄公，深受庄公赏识和宠爱。田须无去世，其子无宇继爵。史载齐庄公四年，无宇力排众议，断然出兵伐卫、晋，并取得了胜利。《史记》载：“田桓子无宇有力，事庄公，甚得宠。”齐庄公还将自己女儿孟姜嫁给了田桓子。

第二阶段：田无宇之后，其孙田乞为齐景公大夫。齐景公是著名的奢侈之君，晚年好治宫室，聚狗马，喜奢侈而厚赋重刑。公室仓廪中布、帛、稷、粟都放得腐烂，生了虫子，人民却生活无着，饿殍载道，劳役不止，抗争的人民被镇压，遭到砍脚的人很多，以致出现了“国之诸市，屦贱踊贵”（致使鞋子价贱而踊价贵，踊为古代受过刖刑的人的鞋）的异常现象。遇到灾情，亦不赈济。此时，大夫田僖子乞开始施恩德于百姓，他将齐国的量制由四进制（即四升为豆，四豆为区，四区为釜，十釜为钟）改为五进制，向人民借贷粮时用新制，而还贷时用旧制。一时间田氏得到了齐国民的拥护和爱戴。田氏家族开始日益强大。据《史记·齐太公世家》记载，齐景公九年，晏婴出使晋国，曾私下对叔向说：“齐国之政其卒归于田氏矣！”

田氏采取的第二项措施是武装夺权逐灭强宗。齐景公病，让国惠子国夏、高昭子高张二相辅佐他和宠姬芮子生的儿子荼为太子。景公去世，荼即位，史称晏孺子。可是田乞不高兴，想立景公的另一个儿子阳生。阳生与田氏关系很好。晏孺子即位后，阳生逃到了鲁国。田乞假装拥护高、国二相，热心侍奉，暗地里却在大夫中间挑拨高、国的关系，掀起了一场武装争权的斗争。在他的反复离间下，田乞和其他大夫们发动了宫廷政变，最终迎回了阳生并扶立为王。是为齐悼公。悼公即位后，田乞任相国，独揽齐国大权。

田氏采取的第三项措施是通好邻邦，外结诸侯。齐景公五十五年，即公元前500年，晏婴去世后，晋国的范氏、中行氏起来反晋定公，到齐国请求援助借粮。按常规而言，齐景公是不应当去支持范氏、中行氏反对定公的，田常却劝景公说：“范氏、中行氏对齐有恩德，不可以不救。”于是景公派田氏去营救并答应借粮。于是田常开始在诸侯树立威信。田常为齐平公相后，为安定邻邦，取信于诸侯，还尽归鲁国、卫国的故地，并与晋国韩、魏、赵氏订立盟约，南方和吴、越互通使节。

田氏采取的第四项措施是扩大封地，安排田氏宗族。田恒为相时，修治武功，论功行赏，亲近百姓，使齐国内部进一步得到了安定。同时，田恒割自齐安平以东到琅琊之地作为自己的封邑。这个封邑比齐平公的食邑还要大。史载田常为相时，为了让他子女众多，他一方面尽择齐国七尺以上女子入后宫，使后宫嫔妃数以百计，一方面授意其宾客及舍人入后宫不禁。以致其田常去世之时，竟然有子七十多人。他的儿子田襄子盘做齐宣公相时，让他的兄弟和本族人都做了齐国大小城邑的大夫。此时，田氏几乎已经拥有齐国。

第三阶段：从襄子盘为齐宣公相至田和列为诸侯，计从公元前455年至公元前386年，约六十九年。此间，田氏主要是外争盟国，求立为侯。同时也展开了一系列的军事行动。田襄子去世，子庄子继父位，辅佐齐宣公展开了一系列战争。齐宣公去世后由子吕贷即康公即位。贷即位二十四年，沉溺于酒色，不理朝政。田和就把他迁到海滨，只给一座城做食邑，权作对其祖先的祭祀费用。齐康公十八年（公元前387年），田和与魏文侯在浊泽相会，求他代告周天子，请列为诸侯。魏文侯派使臣报告周天子，请求立田和为诸侯，周天子准许。齐康公十九年（公元前386年），田和正式成为齐侯，列名于周朝王室，齐国吕氏政权完全由田氏所取代。

博按：田氏代齐，从本质上是一个家族“忘恩负义”、“窃国兴家”的长期阴谋行动，可谓战国时期“礼崩乐坏”时代一个经典事件。世人皆知田氏窃国之“阴谋”，却不知正是这样一个长于谋略的家族，为以后之培养了诸多军事家和谋略家。据史记记载，被唐肃宗列奉为“武庙十哲”、被宋徽宗列为武庙七十二将之一的齐国名将司马穰苴是田完的苗裔；被列为一代武圣的孙武祖上也是田氏，穰苴与孙子还有同一宗族的血缘关系，到孙武的祖父才改姓孙（孙武的军事思想很可能受到穰苴的影响。有史家认为，司马穰苴在齐景公时为高、国、鲍等贵族所谮害，以致“发疾而死”，可能是孙武由齐奔吴的直接原因），再后来于齐国采用“围魏救赵”之策的孙膑亦是田氏后裔；除了这三位显赫于后世的大军事家之外，战国后期活跃于历史舞台的孟尝君田文，以及后来与汉高祖刘邦和项羽角力的齐王田横（后有专论），都是田氏子孙中的谋略与忠义之士。另外，据历史考证，三国时期的孙氏三英，皆为孙膑后代，追其根源，亦为田氏之后代。而和田氏同支的陈氏、孙氏等后代，更是军事人才辈出，在此不一一赘述。以此观之，田氏可谓中国今古第一军事家族。

22. 春秋五霸：独晋文公霸得其实

读春秋史，有感于五霸之争。史家对春秋五霸之争，有太史公司马迁于《史记》中所底定之齐桓公、晋文公、秦穆公、楚庄王、宋襄公；而《荀子》一书中则把齐桓公、晋文公、楚庄王、吴王阖闾、越王勾践奉为五霸；还有史家认为是齐桓公、晋文公、楚庄王、郑庄公、宋襄公的。而本书以为，若论雄才大略和领导群伦之能力，真正之春秋霸主独晋文公一人可当之。试为论之：

齐桓公，其为春秋首霸，几乎全凭名相管仲之力。齐国所以能够以法治国，富民强兵，尊王攘夷，领导天下，几乎都是在管仲之主导下得成其功。桓公但垂拱而治而已。且桓公之霸，在其和管仲相继去世之后，即告破产，齐国内大乱，若无文公继起，则中原几为楚国所吞并。

秦穆公，在其主政时期，任用百里奚为相，扶持晋惠公登基，后又生擒晋惠公，并辅助晋文公回国主政，和晋国多次联姻，结成秦晋之好，西灭戎狄二十余国。一时称霸西戎。然而在其领导下，秦军却在“崤之战”中被晋襄公所率联军全歼，三将被俘。其在位期间，并无进行具有霸主意义的“会盟”之举。

楚庄王，其在位二十年间，是楚国开国以来国力最为强盛之时。曾与晋国争霸，在邲之战中一举击溃晋军，曾于东周国都洛阳耀兵（举行阅兵仪式）以

“问鼎中原”，欲完成其祖先“窥中国之政”之夙愿。他曾提出“夫文止戈为武”的概念，又曰：“夫武，禁暴戢兵保大定功，安民和财者也”（《左氏春秋·宣公十二年》），可为中华尚武第一人。然而其始终没有称霸中原，按霸王之礼而“会盟诸侯”，仅有一些小国唯其马首是瞻。

宋襄公，齐桓公死后，齐国内乱，宋襄公率领卫国、曹国和邾国军队，和齐人一起，拥立齐孝公，因此声名鹊起。宋襄公本雄心勃勃，试图继承齐桓公之霸业。但因为其固守迂腐的“春秋大义”，一度于会盟时被楚国拘禁，后在与楚“泓水之战”中，再因讲究“仁义”，待楚兵渡河列阵后再战，结果大败受伤，次年伤重而死。

除了上述几位“霸主”，还有有较大争议之郑庄公：曾击败周朝联军以及宋、卫、陈、蔡、虢五国联军，但由于其国家处于四战之地，国力弱小，其勃也忽焉，其衰也忽；吴王阖闾：以齐人孙武为将军，五战五胜，攻克楚国都城郢都，迫使楚昭王出逃，后楚臣申包胥入秦乞师，在秦廷哭了七天七夜，才使秦出兵助楚复国。然吴王阖闾之“霸业”尚未成功即受伤而亡，其子夫差后为越王勾践所灭；越王勾践：曾经卧薪尝胆，在其谋臣范蠡和文种辅佐之下，击灭吴国，并乘势北进，与齐晋等诸侯会盟于徐。然其所谓王霸之业，亦在范蠡出游五湖、文种被赐死的形势下很快衰落，后被楚国所灭。

再来看晋文公重耳：母为戎狄之女（以今观之，因此具有良好基因），其本人谦虚好学，为公子时即善于结交有才能之士。晋国出现骊姬之乱时被迫流亡在外十九年。公元前636年在秦穆公支持下回晋杀晋怀公而自立。在位期间，重用狐偃、先轸、贾佗等人，实行通商宽农之政，开发农田，广兴水利，崇制“三军六卿”，明贤良、赏功劳，先使晋国国力大增，而后联合秦齐伐曹攻卫，救宋服郑，平定周室子带之乱。公元前633年，联合齐秦之力，改善曹卫关系，孤立楚国势力。楚国令尹子玉发兵进攻晋军。晋文公在“退避三舍”（退让九十里）情况下，一举击溃楚军，一战而定晋国中原霸主地位。战后，晋文公邀请周襄王，并召集齐宋等国在践土会盟。周天子赏赐文公黑红两色令箭，允许晋国有权自由征伐。自晋文公后，其子襄公继霸，晋景公失霸，最后晋悼公复霸，在长达百年间，晋国一直处于领导诸侯之地位。

博按：自公元前769年周平王东迁洛邑（今河南洛阳）以后，周王室更加衰微。从前是天子统帅和号令诸侯——“礼乐征伐自天子出”；而如今，这些权力已逐渐转移到诸侯手中——“礼乐征伐自诸侯出”；而各诸侯国内也出现了君臣逆位的现象——“礼乐征伐自大夫出”；更甚至于一个诸侯国的大夫可以左右周王室的动向——“陪臣执国命”。铁农具的出现提升了生产力，大量井田之外的土地被开垦，成为诸侯国强大的主要原因。周王朝建立在宗法制和井田制基础上的封建制度开始瓦解，出现了“礼崩乐坏”的动荡局面。王室、诸侯、卿大夫之间相互混战，天下大乱。春秋五霸是春秋时期特定历史阶段的产物，此时的诸侯争霸战争为之后的战国时期的兼并统一战争做了先期准备。笔记所以突出“晋文公之霸”，是因为其仍以维护周王室之正统为念。于国于家，可谓正义。而且晋文公不但在晋国之政治、经济和军事制度上做长远设计，在外交战略上亦成功进行了“尊王攘夷”和“联合大多数以伐不道”实践，在军事上亦首次以“仁义之师”，后发制人而击败强敌，一洗宋襄公“仁义败师”之耻。以此论之，晋文公可谓霸得其实。

23. 城濮之战：退避三舍而再战

春秋之世，周王室衰微。诸侯互相征伐，战事频繁。公元前634年，楚国势力方盛，试图北向争霸以“问鼎中原”；而晋国自文公主政以来，用贤臣，择良政，强军事，日日图强。据称晋文公崇尚俭朴以蓄国力，自己衣不重帛，食不兼肉（即一顿饭不吃两种肉，即今日之寻常之人亦难做到矣），以为模范。中国大地上两大势力在中原相遇，一场大战势在难免。

此时之晋文公，以宏伟远见，先行展开外交战。首先结好周王室，兴兵讨伐反叛兵变之王子带，助周襄王归位洛邑，建大信义于诸侯，并取得南阳之地以为南下之基础；其次助秦攻若（国名，今河南省内乡县西），袭取楚之商密之地（今河南省淅川县西紫荆关之地），使秦南下攻楚之门户大开，从此使楚真正面对强秦，从而牵制楚对中原之压力。在此等战略目标实现后，晋始联合秦齐等北方大国，以楚国附属国曹、卫、郑为目标，攻曹伐卫，救宋服郑，致怒楚国，使其兴兵来犯，而晋于中原整军经武，以逸待劳，为城濮之胜奠定了基础。

楚军以伐罪之师自宋都向曹境北进，以求与晋军决战。晋文公乃令晋军向后撤退三舍（一舍为三十里），盖以报昔日晋文公流亡楚时，楚成王曾厚遇与己时的承诺。晋军退至城濮而止，楚军则紧追不舍，于城濮之南面对晋军依托丘陵为营，居高临下压迫于晋军。是年四月五日，晋楚两军对峙。楚令尹子玉使其大将至晋军请战曰：“请与君之士戏，君凭轼而观之，得臣（即子玉）与寓目焉”。子玉请战之词，骄狂至极，然晋文公使臣的回应却很谦恭：“寡君闻命矣，楚君之惠，未之敢忘，是以在此为大夫退，其敢当君乎？既不获命矣，敢烦大夫谓二三子，戒尔车乘，敬尔君事，诘朝相见（即明晨再来相见之意）。”

是时晋军之部署，以其上中下三军作成横阵排列，先轸之中军居中，狐毛之上军在右，栾枝之下军在左，秦齐宋三国联军，配列于晋三军之中，整列阵势于东莘墟之北。晋文公亲登有莘之墟以观晋军，并令伐来树木，曳于兵车之后，使尘土飞扬，以迷误楚军。

四月六日，两军始战。晋军之左翼下军胥臣部，以虎皮蒙于马上，首先冲击较弱之楚军右翼之陈蔡军，陈蔡军惊骇而溃。同时栾枝部以多数车辆曳树枝而驰，因之尘土飞扬，并乘冬末春初东北风劲，猛烈冲向楚军，楚军因之目不能视，故楚右军亦溃（此战可谓善于利用气候作战的典范之作）。晋军右翼之上军狐毛部，设两大将旗，当与楚军接触时，佯向后退以诱敌，楚子玉以为晋大将所在之晋右军败退，即纵其左翼军追击之，但当其左翼军追击时，其右侧翼则暴露于晋之中军之前。于是先轸部即以中军横击之，同时狐毛部之上军亦回军反击，楚左军在晋中上军夹击之下，力不能支而溃败。子玉见其左右军均已败退，遂急令中军停止前进，得以不败。子玉乃收集败残之兵，向西南撤退。晋军随即起而追击，直追至楚军后方屯粮之地，便利用楚之粮食及营舍而休兵三日，然后毁其营舍而还师。后子玉因楚成王之怒而自杀。城濮战后，晋文公挟一战之威，率军入于经常依违于齐楚之间的郑国境内，迫使郑文公亲自来晋军犒师并谢罪。时周襄王得知晋军大败楚军，不胜欢喜。盖周室曾被楚王“问鼎”欺凌，今有姬姓（晋乃姬姓之侯）诸侯击败强楚，得以重振周威。且晋文公昔年曾有勤王讨逆之功，是以周襄王准备亲往军前慰劳。晋文公得悉襄王亲至劳军，乃令军中筑王宫于践土（今河南省境内），率宋、齐、鲁、郑、鲁、卫、陈诸侯朝觐襄王，并告捷献俘，有甲胄之马及兵车百乘，步卒千人，此为“践土之盟”。周襄王因是役之功，以晋文公为诸侯之伯（即为诸侯之长）并赐黑红二箭，以专征伐之权。

博按： 城濮一战，奠定晋国百年霸业。春秋诸霸，独晋文公以自身之雄才大略而称霸诸侯。今日重温其称霸过程，观其政略之设计，战略之筹划，战术之运用，乃至战后之措置，实臻完美。而晋文公所以能够得成此番大业，又与其即位前狼狈流于诸侯之间，受尽屈辱而又遍观世情，洞察人情有着很大关系。所谓“艰难困苦，玉汝于成”，今人既观晋文之功，又当思晋文之难也！在此且录践土之盟时晋文公之盟词以为后世之警：“吾闻国之昏，不由声色，必由奸利。好乐声色者淫也，贪污者惑也。夫淫惑之国，不亡必残，今日以后，无以美妾疑妻，无以乐声妨政，无以奸邪害公，无以货利示下，其有之者，是谓自伐其根本，流于枝叶。若此者，是有患无忧，有寇勿弥也！不如言者，以盟词示之！（见《国语·晋语》）由此盟词，可见晋文公为政之清洁高尚。其底定晋国百年之霸业，由此亦可见其端倪。

24. 先轸谋略：以“三怨”对“三施”

城濮之战，可谓春秋数百年间最为重要的战争。其于当时之“国际战略格局”影响深远。而在此战前，晋文公之谋臣先轸于谋略上之应对，可谓又一经典，值得后世揣摩玩味。

先是，晋文公挟秦、齐诸国之力，攻曹伐卫，救宋服郑（因曹、卫、郑诸国长期与楚国交好之故也），其于曹卫得手之际，即按先轸之谋，执曹伯（曹国小，是以其君称伯，次于侯之爵位）而分曹卫之田以与宋人。时正在围攻宋国之楚令尹（即宰相）子玉决心与晋一战，因派宛春为使告于晋文公曰：“请复卫侯而封曹伯，则楚亦释宋之围”。子玉之意，若晋许其请，则楚可树恩于三国；若不许其请，则三国将怨晋而助楚，诚为一举三得之谋（何其精明也，其楚人！）。

殊料晋先轸深悉其用意，乃提出一更高明之对策。先轸对晋文公曰："楚一言而定三国，我一言而亡之，不许楚言，是弃宋也，救而弃之，谓诸侯何？楚有三施，我有三怨；怨仇已多，将何以战？不如私许复曹卫以携二之（即离间之计），执宛春（子玉之使）以怒楚，既战而后图之"。晋文公大悦，即采纳其议，拘宛春于卫，而私许曹卫复国；曹卫因之告绝于楚。子玉既愤宛春之拘，复怒曹卫之告绝，于是决然背弃楚王"无从晋师"（即不许与晋国开战）之命，而向曹卫境内之晋军进兵，以寻求与晋军决战。其果入先轸预想之战争"彀中"矣。

博按：楚令尹子玉本楚国名相，其于当时之战略形势下，以一言而定三国，确属战略博弈之良谋，然先轸之谋，因敌于势，因机应变，以私许三国而亡其"三施"，以拘其使臣而怒其将帅，致使子玉以怒而致师，以愠而求战，致其犯兵家之大忌。后于城濮之战中，子玉又以骄兵之态临敌，其能不败乎？先轸以此战之谋，可以奠定其为春秋时期第一战略家之地位。而春秋之时，因中原小国诸伯众多，于政略谋划和战略选择上较战国时期更为艰难，而与今日之世界大势有异曲同工之妙，是以先轸之谋，实为中华远古贤哲馈于今世的宝贵谋略遗产，可堪今之外交家研究揣摩并加以灵活运用。

25. 百里奚相秦：心于牛一的深刻内涵

夜读《资治通鉴》，深为秦穆公时一代贤相百里奚的治国理念所打动，不免反复卒读，手不释卷。

百里奚生于宛地（今河南南阳），因拒在晋为官，被充做媵人，后逃回楚地，楚成王得知百里奚善牧牛，召而问之："饲牛有道乎？"百里奚答："时其食，恤其力，心与牛而为一"。楚王曰："善哉子之言，非独牛，可通马"。遂使百里奚为马夫（可笑的楚成王，可谓不知才也）。秦穆公闻其贤，派人以五张公羊皮将其换回，拜为上大夫（宰相）。史载，在百里奚主秦政期间，"谋无不当，举必有功，倡文明教化，重施恩于民，内修国政，外图霸业，开地千里，称霸西戎”，遂奠定秦国强盛之基。《史记》中曾载，百里奚为相，“劳不坐乘，暑不张盖，行于国中，不从车乘，不操干戈。及其卒，秦人男女流涕，童子不歌谣，舂者不相杵”，为后世所广泛称道。

博按：自百里奚始，“心与牛而为一”即成为历代帝王将相治国驭民的最高统治原则。所有秉善政、行王业的帝王将相，必先以己度民，推己及民，设身而处民之地，从而得到老百姓的真心拥戴。以今观之，百里奚“心与牛一”的核心思想是“时其食，恤其力”。简单六个字，却包含着治国富民的一切道理。“时其食”里的“食”不难理解，即应给予人民群众应有的生活保障。而“时”却起码包含以下三层深意：合天时，即惠民政策的制定者要充分考虑大的时代背景；合实情，即注重掌握人民群众生产生活的“小气候”，诸如各行各业的运行规律和生产特征，诸如春耕夏养、秋收冬藏的季节规律，要根据不同时期、不同民族、不同人群的实际情况，来制定不同的政策措施；合地利，政策的制定，不但要因时制宜，因人制宜，还要因地制宜。只有针对不同的地理气候环境、不同的人文特点，充分考虑和尊重一方风土人情，才能使各项政策入乎其微，奏乎其效，成乎其益。“恤其力”三个字则包含着具体的善政原则：一曰体谅群众之难，二曰减轻群众之负，三曰掌握群众之情，四曰顺应群众之望。当然，“恤其力”，还要求每一个领导干部务实清廉。晏子所谓“廉者，政之本也，民之惠也”，说的正是这个道理。居位尽其职，方任思利民。领导干部下去考察，即使做不到百里奚那样“劳不坐乘，暑不张盖”，但也要做到轻车简从，以不扰民、不劳民、不烦民为最大原则；以自己的廉洁奉公而减轻人民群众的负担，正所谓“乐民之乐者，民亦乐其乐；忧民之忧者，民亦忧其忧”，能不念五羊大夫哉？

26.《道德经》：大时代下产生的“万经之王”

公元前500年前后，可谓一个大时代。《要略》将在有关孔子的论述里深入阐述之。今日主要关注于在这个大时代下所产生的第一部巨著《道德经》，这部书和稍后产生的《论语》一样，至今仍然对中华的哲学、科学、政治、宗教等产生着深刻影响。据联合国教科文组织统计，《道德经》是除了《圣经》以外被译成外国文字发行量最多的文化名著。

关于《道德经》的作者老子，《史记》里有这么一段记载：

老子者，楚苦县厉乡曲仁里人也，姓李氏，名耳，字聃，周守藏室之史也。孔子适周，将问礼于老子。老子曰："子所言者，其人与骨皆已朽矣，独其言在耳。且君子得其时则驾，不得其时则蓬累而行（孔子曾'累累如丧家之犬'也）。吾闻之，良贾深藏若虚，君子盛德容貌若愚。去子之骄气与多欲，态色与淫志，是皆无益于子之身。吾所以告子，若是而已。"孔子去，谓弟子曰："鸟，吾知其能飞；鱼，吾知其能游；兽，吾知其能走。走者可以为罔，游者可以为纶，飞者可以为矰。至于龙，吾不能知其乘风云而上天。吾今日见老子，其犹龙邪！"

老子修道德，其学以自隐无名为务。居周久之，见周之衰，乃遂去。至关（即函谷关），关令尹喜曰："子将隐矣，彊（同强）为我著书。"于是老子乃著书上下篇，言道德之意五千余言而去，莫知其所终。

或曰：老莱子亦楚人也，著书十五篇，言道家之用，与孔子同时云。世之学老子者则绌儒学，儒学亦绌老子。"道不同不相为谋"，岂谓是邪？李耳无为自化，清静自正。

而另据文献记载，老子静思好学，知识渊博。他的老师商容在教授他的过程中，老子总是寻根问底，求知若渴。为了解开自己的疑惑，他经常仰头观日月星辰，思考天上之天为何物，以至于经常睡不着觉。后来，商容因"实乃老夫之学有尽"，遂推荐老子入周都深造。文献记载："老子入周，拜见博士（周朝最高学府里的有学问的人），入太学，天文、地理、人伦，无所不学，《诗》、《书》、《易》、《礼》、《乐》无所不览，文物、典章、史书无所不习，学业大有长进。博士又荐其入守藏室为吏。守藏室是周朝典籍收藏之所，集天下之文，收天下之书，汗牛充栋，无所不有"。正是在任职"周朝国家图书馆"时期，老子积累了丰富的学识，从而为《道德经》的产生奠定了深厚的文化基础。

在《道德经》论述体系里，“道”与“德”是两个互为支持和补充的不可分割部分：“道”不仅是宇宙之道、自然之道，也是个体修行之道；“德”不是通常以为的道德或德行，而是修道者所应必备的特殊世界观、方法论以及为人处世方法。《道德经》中道的本意，是要教给人修道的方法，德是基础，道是德的升华。没有德的基础，为人处世、治家、治国，很可能都失败，就没有能力去“修道”。所以修“德”是为修道创造良好的外部环境；修道者更需要拥有宁静的心境、超脱的人生，缺“德”而不可。

具体来说，《道德经》的核心思想则体现为人类需要“道法”的四层规律：“人法地，地法天，天法道，道法自然”。

其一，道法天地——时空律。天地宇宙，成于自然。浩瀚宇宙，无限时空，其中有何规律是人类千百年来孜孜以求的探索目标。然而，即便当今世界最伟大的科学家也不能完全揭示其中如此玄妙的和谐与平衡。而唯有《道德经》完整地回答了这个问题：维持宇宙万物达到和谐与平衡的能量源，那就是周而复始、永不停息、无处不在的“道”。这个道就是自然生成的宇宙规律。《道德经》指出：“道生一，一生二，二生三，三生万物。万物负阴而抱阳，冲气以为和”，宇宙的原始状态，也就是宇宙生成以前，是混沌之气。天为阳气，地为阴气，阴阳之气互相冲和，星系得以形成，万物得以诞生，人类得以进化。在宇宙中所有的生存关系都是由于道法自然的规律，如阴阳、水火、日月、热冷、有无、正负、虚实、盈亏、涨落、刚柔、祸福、宏观与微观、精神与物质。人在地球上生活就要遵循地球运行的规律，地球在天空中运行就要遵循天体运行的规律，天体的运行就要遵循“道”的规律，而“道”的规律就是“自然”。

其二，道法万物——自然律。老子告诉我们：世界万物，是由“道生之，德畜之，物形之，势成之。是以万物莫不尊道而贵德。道之尊，德之贵，夫莫之爵而常自然。故道生之，蓄之，长之，育之，亭之，毒之，养之，覆之”，“道”是自然运行的规律，“德”是外在的一种环境因素和条件，也包括人的外界影响。道生成万事万物，德养育万事万物。万事万物呈现出各种各样的形态，就是由于道生长万物而不加以干涉，德畜养万物而不加以主宰。老子深悟万物之“道”，并告诫我们，若是脱离了“道”的规律而任其妄为，那么所表现出来的事物属性就不能称其为“有德”，而只能称之为“失德”、“缺德”或“无德”。“失德”者必然“失道”，而“失道”者必将走向孤立和灭亡。

其三，道法生命——本体律。道家认为，天体是一个大宇宙，而人的生命是一个小宇宙。老子认为对于生命本体，要遵从“一曰慈，二曰俭，三曰不敢为天下先……”，老子又补充：“不敢为天下先，故能成器长。”“慈”心就是天地之心，包括感恩之心、责任之心、回馈之心、仁爱之心和敬畏之心等。老子指出，狂躁的东西不能长久，只有淡泊欲望，才能有益于身心。老子提倡“虽有荣观，燕处超然”的心态，提醒人们，虽然身处豪华的楼观台榭之中，仍然可以保有一份宁静从容、超然物外的心态。对于生命本体，老子提倡要“早服道”，“重积德”，就像大树一样把根深深地、牢固地扎进“道德”的土壤里，这样就可以“颐养天年”。老子说：“名与身孰亲？身与货孰多？得与亡孰病？甚爱必大费，多藏必厚亡。故知足不辱，知止不殆，可以长久。”指出过分爱惜名誉或身体都会付很大的代价；过多的敛积财富必然遭受更大损失。

其四，道法无为——为治律。《道德经》指出“我无为而民自化，我好静而民自正，我无事而民自富，我无欲而民自朴”。这个道理可以延伸到社会上和企业上：政府不大兴土木，没有繁重税收，人民会富足，国家会安定。对于社会上不公正、不公平的现象，老子的主张是“挫其锐，解其纷，和其光，同其尘”，对人要一视同仁，“故不可得而亲，不可得而疏；不可得而利，不可得而害；不可得而贵，不可得而贱”，要像“天之道”那样“损有余而补不足”，要“有余以奉天下”；要保持国家法规的稳定性，“治大国，若烹小鲜”，不要折腾百姓。老子谆谆告诫我们，治国之道要合民心、顺民意，不要为了一己私利去大展宏愿、另有作为；顺其自然、合乎民意，才能真正有作为。这是中国古代最早的民主意识，也是我们今天讲的“为人民服务”，“从群众中来到群众中去”。只有全心全意、彻底地为人民服务，才能做到“功成事遂，百姓皆为我自然”。

博按：《道德经》的诞生，首先是那个大时代的产物。春秋中期，周朝统治日渐式微，诸侯为了争夺霸主地位，战争不断。面对严酷的动乱与巨大的社会变迁现实，周朝的天才知识分子老子，对当时的政治社会、自然现象和道德人生进行了深刻而广泛的思想观照。他发现了宇宙时空、自然生命和国家治理之间的联系和规律：天地运行，时空有序；万物生长，有其联系；生命发展，有始有终；国家治理，当守无为之道。他呼吁人类改造和利用自然，政府治理人民和发展生产，必须适应自然规律和社会发展规律，强调政府必须以民众为中心，在组织生产时政府只起辅助作用和无为性治理，政府的作用主要是积极创造条件让民众实现自化、自正、自富、自朴。是以司马谈（司马迁之父）曾对黄老道家思想进行过一次深刻总结。他说："道家无为，又曰无不为。其实易行，其辞难知。其术以虚无为本，以因循为用。无成势，无常形，故能究万物之情。不为物先，不为物后，故能为万物主"，道家"因阴阳之大顺，采儒、墨之善，撮名、法之要，与时迁移，应物变化，立俗施事，无所不宜；旨约而易操，事少而功多"。

27. 国外的"老子热"和国内的"老子凉"

英国科学家李约瑟一生研究中国，对中国文化情有独钟，著有多卷本《中国科技史》专著。其认为，中国文化就像一棵参天大树，而这棵参天大树的根在道家。李约瑟在深入研究老子、道家的过程中，晚年干脆自称是"名誉道家"、"十宿道人"。李约瑟对中国古代文化的最大贡献是他发现了道家思想的现代意义，从而为上个世纪后半叶世界范围内的"老子热"做出了历史性贡献。在德、法、英、美、日等国家，《老子》一书被一版再版。20世纪80年代，据联合国教科文组织统计，在世界文化名著中，译成外国文字出版发行量最大的是《圣经》，其次就是《道德经》。

关于《道德经》在世界范围内的"大热"，除了李约瑟博士的大力推广之外，还有一些历史学家、科学家、政治家和哲学家对其做出了极高的评价，今且录之以闻：

威尔·杜兰（世界著名史学家）曾说："每个德国家庭买一本中国的《道德经》，以帮助解决人们思想上的困惑。"施罗德（德国前总理）认为："道家的思想，在探究宇宙和谐的奥秘、寻找社会的公正与和平、追求心灵的自由和道德完满三个层面上，对我们这个时代都有新启蒙思想的意义。道家在两千多年前发现的问题，随着历史的发展，愈来愈清楚地展现在人类的面前”。普利高津（比利时布鲁塞尔自由大学教授、诺贝尔化学奖获得者）则认为：“《道德经》内容涵盖哲学、伦理学、政治学、军事学等诸多学科，被后人尊奉为治国、齐家、修身、为学的宝典。它对中国的哲学、科学、政治、宗教等产生了深远的影响，体现了古代中国人的一种世界观和人生观。先秦诸子、中国人的文化思想等没有不受老子影响的。它的影响也是多方面的，包括政治、文化、科学、宗教等等方面”。西方哲学思想的集大成者海德格尔，在其晚年转向了对东方思维特别是对《道德经》的研究，以期打破传统西方思维的模式和局限，力图从东方生存智慧中追问“存在”的真理问题，在“无”的澄明状态中，寻求人生和思维的根基。据传，晚年海德格尔特意找人用汉字抄录《道德经》中的两句话：“孰能浊以静之徐清，孰能安以动之徐生”，并制成对联，挂在墙上，时时默诵、细细咀嚼，回味其深厚真谛。

然而，在世界争相研究老子的过程中，作为老子的祖国中国，《道德经》和老子的精神却日益受到冷落（当然与孔子和《论语》相比），当今，以孔子命名的“孔子学院”遍布全球，却鲜有政府层面向世界做老子的专门宣传和大力推介。在中国国内的教育机构，对《论语》和孔子的研究推广，亦要远远超过对老子和《道德经》的推广。然而，老子无言，道德有声，其于世界的影响却反而远远超过孔子，其中真谛，可值深思。

博按：窃负笈南京时，曾沉湎于西方哲学。尤于海德格尔之学深为关注。而海氏诸著作中，尤喜其晚年所作之《人，诗意的栖居》，有论者认为，海氏晚年，其主要哲学观点，即转向接受老庄之说。中国在近代以来推进现代化的过程中，选择了“主动进取”的儒家主流价值观，原本没有错。但是，作为中国文化现象的两个车轮，儒道之间的互为补充、互为弥合却是当今中国经济发展、物质繁荣而道德沦丧、环境破坏的一剂良药。而西方近代以来之所以如此重视《道德经》精神的吸纳运用，正是见于经济物质大繁荣背后的物欲横流和环境破坏所做的自我调适（西方致力于改善环境与《道德经》的大热时期比较吻合）。今天国人出国所见国外环境之变化、文明之提升，实近代以来比较借鉴于远古中华文明的重要成果。而今日之中国，经济的巨大繁荣与环境的过度破坏，导致大面积国土上经常为雾霾所笼罩，都是国人过于重视“积极、进取”的儒家精神而忽视了“自然和谐”的道家精神的恶果之一。重温世界各国贤哲对于老子和《道德经》的倍加推崇，反思于怀宝不珍、暴殄天物的我们，宁不愧疚哉？！

28. 孔子！孔子！一个伟大时代的中国开启者

公元前551年，鲁襄公二十二年，在中国的北方，齐鲁大地，孔子出生。在孔子出生的这个时代，可谓中国历史，同时也是世界历史上一个至为伟大的时代。

在这个时代里，和孔子共同生活在中国这片土地上的，还有老子。司马迁说孔子去洛阳时拜访过他；如果司马迁所说可信，那老子就至少是孔子的同时代人。而老子之于中国和世界的意义，即使孔子也莫可与匹；还有赵简子、阖闾、夫差、勾践、伍子胥、孙武和范蠡，他们都是孔子的同龄人。他们和孔子的年龄差距最多在十岁上下——勾践和范蠡也许要稍小些，但也不会超过二三十岁。还有司马穰苴，司马迁笔下的传奇将帅。而在孔子生活的时代前推后移一两百年，则中国的历史天空更是群星灿烂：管子、孟子、墨子、庄子、荀子、鬼谷子、晏子、扁鹊、列子、惠子、鬼谷子、张仪、苏秦、孙膑、庞涓、告子、商鞅、申不害、慎子、许行、邹衍、韩非子、吕不韦……

在几乎同一个时代里，和孔子生活在另一片土地、同一个环球的伟人也纷至沓来：公元前500年前后，释迦牟尼创建了博大精深的佛学体系，使佛教成为世界三大宗教之一，它的十二因果律、轮回报应、八识等思想影响了亚洲人民近三千年；而基督教《圣经》的前身《旧约》则在孔子死后的数十年后产生；影响了西方文明的希腊文明最有名的文化遗产荷马史诗，大约产生于公元前750年至公元前550年之间，即孔子出生前后；公元前523年，毕达哥拉斯在许多思想领域和学科领域进行了开拓，他的主要贡献是数学，并将数学与神学进行了结合，开启了科学理性的思维大门；赫拉克利特（生于公元前500

年左右），是个神秘主义者，思想趋于辩证和唯心，他认为“一切产生于一，而一产生一切”，（类似中国老庄哲学的“道”，“道生一，一生二，二生三，三生万物”的思想，但赫拉克利特认为这“一”是“神”，是“神”创造了万物，而老庄认为是“道”，“道”法自然，是唯物的）；巴门尼德，大约鼎盛于公元前五世纪上半叶，有人说他创造了逻辑（类似于中国的“名家”学派），但他真正创造的是基于逻辑的形而上学；恩培多克勒（鼎盛于公元前440年左右），他是巴门尼德同时代的人，集哲学家、预言者、科学家和江湖术士于一身，对西方的物理学、生物学、医学、天文学作出了巨大贡献；阿那克萨哥拉则传承了科学与理性主义传统，第一个把哲学介绍给了雅典人，他认为万物可以无限分割，他的历史性贡献还在于他影响了希腊文明史上最伟大的人物——苏格拉底，而后者，在公元前469年前后则开创了一个思想和知识的新时代，苏格拉底时代的希腊文明让位于雅典文化；在雅典文化的旗帜下，柏拉图继承了发扬了苏格拉底的学问，亚里士多德则发扬了柏拉图的思想，而柏拉图和亚里士多德，可谓是西方古代、中古和近代一切哲学家中最有影响的人；苏格拉底和他的徒子、徒孙的思想成就以及在科学知识方面的成就，在希腊文明中达到了不可超越的巅峰。在亚里士多德死后的两千多年后，世界才又产生出可以认为是大致能和他相匹敌的哲学家，他的权威性差不多与基督教会的权威性一样大；但耐人寻味更令今人反思的是：他在科学和哲学方面的权威性以及人们对他的迷信竟然对人类思想进步形成了巨大的障碍（一如孔子和老子之于中国发展的负面影响）。自十七世纪初叶以来，几乎每种认识与知识的进步，竟然都是从攻击某种亚里士多德的学说开始的，打破了亚里士多德权威的迷信，科学开始进步了（中国亦如此，往往打破对孔子的迷信的时候，便是文化繁荣的时代开始）；在伟大的苏格拉底、柏拉图和亚里士多德之后，西方哲学思想史上又出现了斯多葛派和伊壁鸠鲁派，伊壁鸠鲁生于公元前342年，死于公元前270年，几乎与中国的孟子、庄子是同时代的人，他们没有超过他们的前辈，就像孟子和庄子没有超过孔子和老子一样，只是对他们前辈的学说进行了进一步的完善。

在今天，可以肯定地说，正是由于孔子、老子和亚里士多德们的出现，基本框定了人类几千年的社会生活和精神文化格局。直到今天，无论是西方还是东方的人类，我们在骨子里都没有突破由他们划定的社会文化和行为心理圈子。比如：作为中国人，无论科学技术、社会环境发生多么巨大的变化，但骨子里我们基本上还是两种人或三种人：要么是孔子式的，要么是老子式的，要么是老子和孔子的复合体。

更令人奇怪的是，自从公元前400年以后，世界再没有出现类似的思想繁荣，以中国为例，在其后漫长的两千多年里，居然没有出现一位成气候的伟大思想家可以与孔子时代所创立的思想相媲美，即如魏晋时期的玄学、宋明时期的理学，都没有突破老子、孔子、墨子思想的窠臼。同样，即便是导致了西方全面超越东方的文艺复兴运动，也根本不能与公元前500年左右的思想爆炸相提并论。

博按：读史的意义，除了充实我们的人生之外，更在于通过历史事件的外在关联和内在挖掘，从而揭示历史的真相，探究历史的规律，寻找历史的原力。在研究孔子本身以及其思想影响的同时，横向比较世界同时代历史的人文现象，可以深刻发现：孔子、释迦牟尼和荷马所处的时代，正是人类社会由原始蒙昧时期，走向理性开明时期的重大转折关头；正是人类社会在无序纷乱中寻找有序治理时期；正是人类社会于立足于大时局下而布局于未来的“开辟”时代。而今天的我们在回顾这个伟大的时代时，都免不了发出这样的喟叹：当孔子周游列国，累累如丧家之犬之时；当苏格拉底慷慨走向刑场，视死如归的时候；当释迦牟尼舍身飨虎的时候，其实他们正在开启一个伟大时代的序幕！他们的苦思冥想和卓越探索，其实正是历史得以前进发展的思想动力和知识源泉；而他们所开辟的文化道路和思想光芒，正是我们今天得以洞悉人生、诗意生活的根源所在。而我们，在今天，更加真切地期盼着另一个“获麟”的时刻！（相传只在太平盛世，或世有圣人时麒麟这个祥兽才会出现。孔子与麒麟密切相关，据传孔子出生前，有麒麟在他家的院子里“口吐玉书”，书上写道“水精之子，系衰周而素王”，孔子在《春秋》哀公十四年春天，提到“西狩获麟”，对此孔子为此落泪，并表示“吾道穷矣”。孔子曾写歌：“唐虞世兮麟凤游，今非其时来何求？麟兮麟兮我心忧”，不久孔子去世，所以麒麟亦被视为儒家的象征）

29.《论语》之外的圣人之失

半部《论语》治天下，对于所有中国传统仕人来说，莫不信服。鉴于世人对《论语》的熟知，笔记单论《论语》之外关于孔子的一段逸事。

据《左传定公九年》记载，孔子曾有过一次重大失误，那便是对赵简子的判断。赵简子，春秋战国时期最杰出的政治领袖和军事统帅之一。他和他的儿子赵襄子历经八十年苦心经营，最后携手韩、魏，终结了晋国的历史进程，打开了春秋通往战国的历史大门。《史记》上说，孔子周游列国时，也想去投奔赵简子，但行至黄河，半途而废。主要原因，是他听说“大盗”阳虎已经投奔赵简子，并且为赵简子所收留。在走投无路之际，孔子发出了这样的感慨和判断：“赵氏其世有乱乎！”然而，事实上，历史的走向并没有实现孔子的这一“远见”，后来的赵氏王国并没有因为收留阳虎而“乱乎”，反而因阳虎的到来而愈益强大，最终成为战国七雄之一。

博按：数千年来，中国仕人读《论语》几乎成为必修课。一部论语，几乎全部是孔子的“时评”。时至今日，无论我们曾经看过多少遍论语，但每次重读，都觉得其中所包含思想的深邃，以及其穿透无限历史的“现实指导性”。也许，这正是孔子作为中华民族影响最大的思想家的伟大所在。在孔子的评价体系中，无论是君王还是平民，无论是君子还是小人，无论是文学还是生活，他都能以中华文化最精练的文字方式直抵人心，深刻而广大，朴实而新鲜。其所建立的历史评价体系，几乎可以成为几乎每一个时代的价值标杆——无论做事、做官、做人、做文，都可以即时加以引用。然而，历史天空里的孔子并非完人，其于这次“往赵”的历程中，因为不愿意和“小人阳虎”为伍，而做出了错误的“评论”，反倒使今天的我们看到孔子的真实性格和其背后的人性光辉。伟大如孔子，也有其普通人的一面，“神坛”之下的孔子，也许更易使后世如我们，能够更加心平气和地接受和吸纳他的观点。

30. 至圣先师孔子的一段“情色”记录

关于孔子，《史记》里有这么一段记载：（卫）灵公夫人有南子者，使人谓孔子曰：“四方之君子不辱欲与寡君为兄弟者，必见寡小君。寡小君愿见（大意为：你想要见我的丈夫卫灵公，必须先见我，而我愿意见你一面）。”孔子不得已而见之。夫人在絺帷中。孔子入门，北面稽首。夫人自帷中再拜，环佩玉声璆然。孔子曰：“吾乡为弗见，见之礼答焉。”子路不说（同悦）。孔子矢之曰：“予所不者，天厌之！天厌之！”与《史记》里这段故事相呼应的是，孔子在《论语·卫灵公》中做了如下注解：子曰：“已矣乎！吾未见好德如好色者也！”

《史记》里的这段话大意是说，孔子在卫国，把持卫国政权的卫灵公宠妃南子，曾经找人约见孔子。在讲求礼乐之治的中国古代，到一个国家，见元首宠妃这件事本身，是不符合礼仪的。况且，南子这个人，名声并不好（史载南子“美而淫”）。然而，想在卫国有所作为的孔子必须要走南子这条“上层路线”。无奈之下，只好在一种特殊的形式下见了南子：当时，孔子见南子，南子对他恭敬万分，中间挂一副珠帘，南子穿了国家的大礼服，在帘子里面向孔子跪拜，非常尊敬孔子。然而，这一见，孔子的学生子路不干了，他直言不讳地对老师提出了批评。他的批评使一向被标榜为圣人的孔子很难堪，逼得他反复赌咒发誓：“你不要怀疑我啊！我假如做了对不起人的事，给天雷打死！给天雷打死！”

博按：关于孔子，在所有的历史记载里，这一段可谓唯一证据确凿的“负面”记录。中国古语有云说：“万事谁能知究竟？人生最怕是流言。”又说：“众口铄金，积毁销骨。”在这样的文化背景下，一向在学生面前标榜道德文章的孔子不由得“连连矢（同誓）之”。由司马迁记述的这段孔子故事表面上是一段“隐晦”的情色记录，实际上却提示了中国文化背景下的许多大课题。其中一方面反映了孔子在他那个代，“布道”的无比艰难；一方面反映了孔子本人亦深谙中国式政权体制的特点和弊端；而更重要的是，在以“德治”和“二政”为最高目标的中央集权体制下，政治人物必须要成为“内圣外王”式的道德标杆和形象楷模；这样的要求使得孔子在面对弟子的质疑时露出了前所未有的窘态。他知道，如果不能以极端的解释来打消弟子对他的“人格怀疑”，那么他长久以来竭力维护的完全的“圣人”形象很可能会被蒙羞沾污，而且他长期以来倾尽心血所建立的道德体系和政治理想也可能因此而“崩盘坍塌”。然而，两千余年后，当继承了孔子衣钵的我们在重温这段历史之时，却认为《史记》万语，唯有这段记载内涵最为丰富；而《论语》千言，唯有“吾未见好德如好色者也”最有人情味。因其反映人性本质、触及灵魂深处，所以更易为人所接受；也正因为在《论语》里有了这样的“人文关怀”，使得孔子和他的《论语》增加了三分的可爱，三分的贴近群众，三分的境界升华，亦为后世为文著作者提供了深刻借鉴，君以为然否？

31. 一代兵祖司马穰苴：文能附众，武能威敌

《史记》中关于司马穰苴的记载详尽而又精妙，今录其中部分以论之：

司马穰苴者，田完之苗裔也。齐景公时，晋伐阿、甄，而燕侵河上，齐师败绩。景公患之。晏婴乃荐田穰苴曰：“穰苴虽田氏庶孽（支流，平民），然其人文能附众，武能威敌，愿君试之。”景公乃召穰苴，与语兵事，大说（悦）之，即任其为将军，率兵抗燕晋之师。穰苴语于景公曰：“臣素卑贱，君擢之闾伍之中，加之大夫之上，士卒未附，百姓不信，人微权轻，愿得君之宠臣，国之所尊，以监军，乃可。”于是景公许之，使庄贾往（派庄贾作监军）。

穰苴既辞，与庄贾约曰：“旦日日中会于军门。”明日，穰苴先驰至军，立表下漏待贾（立木为表，以漏为时，木表与水漏皆为当时的计时器，相当于今天的时钟）。而庄贾素骄贵，不甚急；亲戚左右送之，留饮。日中而贾不至（可见

宠臣之恶习矣！）。穰苴则仆表决漏（推倒木表，放掉漏中的水），入，行军勒兵，申明约束，约束既定，夕时，庄贾乃至。穰苴曰："何后期为？"贾谢曰："不佞大夫亲戚送之，故留。"穰苴曰："将受命之日则忘其家，临军约束则忘其亲，援枹鼓之急则忘其身。今敌国深侵，邦内骚动，士卒暴露於境，君寝不安席，食不甘味，百姓之命皆悬於君，何谓相送乎！"即军正（召掌管军纪的人）问曰："军法期而后至者云何？"对曰："当斩"。庄贾惧，使人驰报景公，请救。既往，未及反，於是遂斩庄贾以徇三军。三军之士皆振栗。久之，景公遣使者持节赦贾，驰入军中。穰苴曰："将在军，君令有所不受。"问军正曰："驰三军法何？"正曰："当斩。"使者大惧。穰苴曰："君之使不可杀之。"乃斩其仆，车之左驸，马之左骖，以徇三军。遣使者还报，然后行。

史载穰苴斩了庄贾之后，对参战将士非常关心。不但亲自问疾医药，"身自拊循之"，还"悉取将军之资粮享士卒，身与士卒平分粮食"。并把体弱有病的统计出来，三日而后率军出征。"时即病者皆求行，争奋出为之赴战"。晋师闻之，罢兵而去；燕师闻之，度水而解。於是追击之，遂取齐失地而引兵归。未至国，释兵旅，解约束，誓盟而后入邑。景公与诸大夫迎于效外。尊穰苴为大司马。自此田氏在齐国更为显贵。

后齐国大夫鲍氏、高、国之属忌妒于穰苴，谮之於景公。景公退穰苴，穰苴愤而发疾死。穰苴族人田乞、田豹之徒由此怨高、国等。其后及田常杀简公，尽灭高子、国子之族。至田常曾孙和，因自立为齐威王，用兵行威，大放穰苴之法，使诸侯朝齐。齐威王使大夫追论古者司马兵法而附穰苴於其中，因号曰司马穰苴兵法。

博按：司马穰苴者，乃继姜太公之后，先秦又一大军事家。司马穰苴为严明军纪斩杀齐景公宠臣庄贾，其实继承了太公"将以诛大为威"之原则，又能"士卒次舍井灶饮食问疾医药，身自拊循之。悉取将军之资粮享士卒，身与士卒平分粮食"，可为明于治军之法。其后人孙武在初为吴王阖闾练军时，斩其爱妃，即效其先祖司马穰苴之作法。且司马穰苴非但为孙武之祖，亦属孙膑之同族，可谓遗其风范。今观《司马穰苴兵法》（仅遗五篇）、

《孙子兵法》、《孙膑兵法》，实一脉相承之作。且武圣之兵法，因为继承其先祖之遗烈，并于其基础之上作发展，所以显得更加丰满和实用，是以在后人尊孙武为一代“军圣”的背后，今人当知历史所有成大功名者，皆根植于中华深厚广袤的历史文化基础之上，皆传承于世代先祖的智慧积淀之中，此司马穰苴之于中国军事历史传承之中的独特意义，是以记之。

32. 楚庄王与齐威王：两个“一鸣惊人”，一般“先庸后明”

战国时期著名的《韩非子·喻老》记载：

楚庄王（春秋时期）莅政三年，无令发，无政为也。右司马御座，而与王隐（猜谜语），曰：“有鸟止南方之阜，三年不翅，不飞不鸣，默然无声，此为何名？”王曰：“三年不翅，将以长羽翼；不飞不鸣，将以观民则。虽无飞，飞必冲天；虽无鸣，鸣必惊人。子释之，不谷知之矣。”处半年，乃自听政，所废者十，所起者九，诛大臣五，举处士六，而邦大治。举兵诛齐，败之徐州，胜晋于河雍，合诸侯于宋，遂霸天下。庄王不为小害善，故有大名；不蚤见示，故有大功。故曰：“大器晚成，大音希声。”

而在《史记·滑稽列传》中亦记载了一段战国时期齐威王故事：

淳于髡者，齐之赘婿也。长不满七尺，滑稽多辩，数使诸侯，未尝屈辱。齐威王之时，喜隐（喜欢猜谜语），好为淫乐长夜之饮，沉湎不治，委政卿大夫。百官荒乱，诸侯并侵，国且危亡，在于旦暮，左右莫敢谏，淳于髡说之以隐，曰：“国中有大鸟，止王之庭，三年不飞又不鸣，王知此鸟何也？”王曰：“此鸟不飞则已，一飞冲天；不鸣则已，一鸣惊人。”于是乃朝诸县令长七十二人，赏一人，诛一人，奋兵而出。诸侯震惊，皆还齐侵地。威行三十六年。

博按：春秋之霸楚庄王和战国之雄齐威王于当国之初，皆昏庸荒淫之辈，然因为能够听信臣下“智慧之谏”后而痛改前非，楚庄王开始广揽人才，重用苏从、伍参、孙叔敖、沈尹蒸等贤臣，整顿朝纲，兴修水利，重农务商，先后灭庸、伐宋、攻陈、围郑，陈兵于周郊，于邲之战中大败晋军，实现了“饮马黄河”、“问鼎中原”的大国雄心，成为春秋五霸之一；齐威王则在醒悟后烹阿大夫，任用邹忌为相、田忌为将、孙膑为军师，进行政治改革，修明法制、选贤任能、赏罚分明、国力日强，经桂陵、马陵两役，大败魏军，开始称雄于诸侯，使齐国“威行三十六年”。而春秋战国两位名王“一鸣惊人”的相同故事背后，可为后世之鉴者有两：其一，有为之君，必有纳谏知过的宽阔胸怀，人非圣贤，孰能无过？有过能改，从谏如流，善之善者。其二，智慧之臣，亦须善于上谏，观御座、淳于髡二人因二王之好猜谜而谏，不愠而不犯，既使二王能够自省，又不伤其为王之尊，此名臣之所为也。而无论古今中外，凡思以智慧而改变现状者，当深思于御座、淳于髡之“隐谏”之中的大智慧。

33. 驺忌子鼓琴谏齐威王

《史记·田敬仲完世家第十六》记载：

驺忌子（邹忌的别称）以鼓琴见威王，威王说（同悦）而舍之右室（王宫右边的房间）。须臾，王鼓琴，驺忌子推户入曰：“善哉鼓琴！”王勃然不说，去琴按剑曰：“夫子见容未察，何以知其善也？”驺忌子曰：“夫大弦浊以春温者，君也；小弦廉折以清者，相也；攫之深，醳之愉者，政令也；钧谐以鸣，大小相益，回邪而不相害者，四时也：吾是以知其善也。”（那大弦浑厚而且像春天般和暖，象征着君王；那小弦明晰而且清亮，象征着国相；手指控弦很紧，而又很舒缓地放开，象征着政令；和谐的声音，高低相辅相成，回旋曲折而不互相干扰，象征着四时：我因此知道您的琴弹得好）王曰：“善语音（你很懂音乐啊）。”驺忌子曰：“何独语音，夫治国家而弭人民皆在其中。”王又勃然不说曰：“若夫语五音之纪，信未有如夫子者也。若夫治国家而弭人民，又何为乎丝桐之间？”驺忌子曰：“夫大弦浊以春温者，君也；小弦廉折以清者，相也；攫之深而舍之愉者，政令也；钧谐以鸣，大小相益，回邪而不相害者，四时也。夫复而不乱者，所以治昌也；连而径者，所以存亡也：故曰琴音调而天下治。夫治国家而弭人民者，无若乎五音者。”（后句意为：声音往复而不紊乱，是政治清明；上下前后连接沟通，是延续国祚不致灭亡：所以说琴声调和则国家治理。治理国家，安定人民，没有比五音的道理更加明白的）王曰：“善。”

《战国策·齐策一》中亦有一段关于邹忌的有趣记载：

邹忌修八尺有余，而形貌昳丽。朝服衣冠，窥镜，谓其妻曰：“我孰与城北徐公美？”其妻曰：“君美甚，徐公何能及君也？”城北徐公，齐国之美丽者也。忌不自信，而复问其妾曰：“吾孰与徐公美？”妾曰：“徐公何能及君也？”旦日，客从外来，与坐谈，问之客曰：“吾与徐公孰美？”客曰：“徐公不若君之美也。”明日徐公来，孰视之，自以为不如；窥镜而自视，又弗如远甚。暮寝而思之，曰：“吾妻之美我，私我也；妾之美我者，畏我也；客之美我者，欲有求于我也。”于是入朝见威王，曰：“臣诚知不如徐公美。臣之妻私臣，臣之妾畏臣，臣之客欲有求于臣，皆以美于徐公。今齐地千里，百二十城，宫妇左右莫不私王，朝廷之臣莫不畏王，四境之内莫不有求于王：由此观之，王之蔽甚矣。”

王曰：“善。”乃下令：“群臣吏民，能面刺寡人之过者，受上赏；上书谏寡人者，受中赏；能谤讥于市朝，闻寡人之耳者，受下赏。”令初下，群臣进谏，门庭若市；数月之后，时时而间进；期年之后，虽欲言，无可进者。燕、赵、韩、魏闻之，皆朝于齐。此所谓战胜于朝廷。

博按：今人政治家常有把施政喻之为“鼓琴”者，即来源于邹忌鼓琴谏齐王之故事。今人于邹忌鼓琴谏齐王与“比美”谏齐王两则故事之中，可见者三：一曰触类而旁通，天下之理一也。邹忌“以琴喻政”与百里奚“心与牛一”，皆为春秋战国期间，大政治家之大智慧，所谓天下之理，“窥一斑而知全貌”、“见一落叶而知秋至”，乃中华独有之“寓物于政”之细微观察；二曰见微而知著，人心之有私也。邹忌于妻、妾、客谬赞其美而洞悉人心之有私，从而掌握“己不美于徐公”的真实情况，可见天下无论为政持家，都需洞察人心之私，从而掌握真实情况，否则将“自美其美而不知天下之大美”，尤其是在政策制定和施政之时，为政清明者当深察制定政策者是否“有私”而采取有效之监督制约措施；三曰推己及人，始能惠及天下。邹忌不但能够见微知著，而且能推己及政，推己及王，并将自己的细微观察变成国家的政治决策，更见其政治家之忠诚与胸怀。

34. 齐威王“烹阿大夫”与“夸国宝”

夜读《史记·田敬仲完世家第十六》，载有齐威王故事两则，可堪为记：

其一曰：威王初即位以来，不治，委政卿大夫，九年之间，诸侯并伐，国人不治。于是威王召即墨大夫而语之曰：“自子之居即墨也，毁言日至。然吾使人视即墨，田野辟，民人给，官无留事，东方以宁。是子不事吾左右以求誉也。”封之万家。召阿大夫语曰：“自子之守阿，誉言日闻。然使使视阿，田野不辟，民贫苦。昔日赵攻甄，子弗能救。卫取薛陵，子弗知。是子以币厚吾左右以求誉也。”是日，烹阿大夫，及左右尝誉者皆并烹之。遂起兵西击赵、卫，败魏於浊泽而围惠王。惠王请献观以和解，赵人归我长城。于是齐国震惧，人人不敢饰非，务尽其诚。齐国大治。诸侯闻之，莫敢致兵於齐二十馀年。

其二曰：二十四年，（齐威王）与魏王会田於郊。魏王问曰：“王亦有宝乎？”威王曰：“无有。”魏王曰：“若寡人国小也，尚有径寸之珠照车前后各十二乘者十枚，奈何以万乘之国而无宝乎？”威王曰：“寡人之所以为宝与王异。吾臣有檀子者，使守南城，则楚人不敢为寇东取，泗上十二诸侯皆来朝。吾臣有朌子者，使守高唐，则赵人不敢东渔於河。吾吏有黔夫者，使守徐州，则燕人祭北门，赵人祭西门，徙而从者七千馀家。吾臣有种首者，使备盗贼，则道不拾遗。将以照千里，岂特十二乘哉！”魏惠王惭，不怿而去。

博按：察吏治之清廉干练，必得观其实效，视其本心，问政于民，偏信则暗，兼听则明，斯其大义。齐威王烹阿大夫虽为酷刑，然于战国之初，可谓明君之举。而观齐威王以战国之时，尚能把大臣檀子、田肦、黔夫、种首比作照亮齐国千里之地的“国宝”，而使拥有“径寸之珠”的魏惠王“惭，不怿而去”，更见齐威王之胸怀格局。自周以降，以重用人才而成为一代雄主者，莫过于齐威王。史载威王于门第森严的战国之世，敢于大胆选拔大批门第寒微的人士委以重任，比如出身赘婿且受过髡刑且相貌丑陋的淳于髡、平民出身的邹忌、残疾人孙膑等，并借用上述人才而推进政治改革，修明法制、选贤任能、赏罚分明，终使齐国国力日强。后经桂陵、马陵两役，大败魏军，开始称雄于诸侯。而齐威王在春秋之末战国之初，首称于王，并“威行于诸侯三十六年”，可谓实至名归。

35. 稷下学宫：世界上第一所高等学府所开辟的文化多元道路

稷下学宫始建于齐桓公田午时（一说始建于齐威王）。“齐桓公立稷下之宫，设大夫之号，招致贤人尊宠之”（引自徐干《中论·亡国》）。当时，由于田氏代齐时间还不久，新生政权有待巩固，而人才又十分匮乏。于是桓公田午继承齐国尊贤纳士优良传统，在齐都临淄的稷门附近建起了巍峨的学宫，设大夫之号，招揽天下贤士。此时的稷下学宫尚属初创阶段。而至齐威王、宣王之际，随着国势渐强，学宫发展至鼎盛阶段。《风俗通义·穷通》说：“齐威、宣王之时，聚天下贤士于稷下，尊宠之，若邹衍、田骈、淳于髡之属甚众，号曰列大夫，皆世所称，咸作书刺世。”尤其齐宣王在位期间，为稷下学者提供优厚的物质与政治待遇，“开第康庄之衢”，修起“高门大屋”，政治上，授之“上大夫”之号，享受大夫的政治地位和政治待遇。勉其著书立说，展开学术争鸣，鼓励他们参政、议政的热情和积极性，吸纳他们有关治国的建议和看法。因此，吸引了众多的天下贤士汇集于稷下。《史记·田敬仲完世家》说："宣王喜文学游说之士，自如邹衍、淳于髡、田骈、接子、慎到、环渊之徒七十六人，皆次列第为上大夫，不治而议论，是以稷下学士复盛，且数百千人。"

稷下学宫在其兴盛时期，曾容纳了当时"诸子百家"中的几乎各个学派，如道、儒、法、名、兵、农、阴阳、轻重诸家，汇集了天下贤士多达千人左右，其中著名的学者如孟子（孟轲）、淳于髡、邹子（邹衍）、田骈、慎子（慎到）、申子（申不害）、接子、季真、涓子（环渊）、彭蒙、尹文子（尹文）、田巴、儿说、鲁连子（鲁仲连）、驺子（驺奭）、荀子（荀况）等。尤其是荀子，曾经三次担任过学宫的"祭酒"（学官之长，相当天今天的校长）。当时，凡到稷下学宫的文人学者，无论其学术派别、思想观点、政治倾向，以及国别、年龄、资历等如何，都可以自由发表自己的学术见解，从而使稷下学宫成为当时各学派荟萃的中心。这些学者们互相争辩、诘难、吸收，形成了真正的"百家争鸣"。更为可贵的是，当时齐国统治者采取了十分优礼的态度，封了不少著名学者为"上大夫"，并"受上大夫之禄"，即拥有相应的爵位和俸养，允许他们"不治而议论"（引自《史记·田敬仲完列传》），"不任职而论国事"（引自《盐铁论·论儒》）。稷下学宫事实上成为齐国君主咨询问政及稷下学者议论国事的场所，稷下学者发挥了智囊团的作用，稷下学宫也因此成为一个政治咨询中心。是以刘向在其所编的《说苑·尊贤》中说，"人君之欲平治天下而垂荣名者，必尊贤而下士……致远道者托于乘，欲霸王者托于贤"。稷下学者都有着积极参与现实的功业思想，他们高议阔论、竞相献策，期望自己的政治主张被齐国执政者所接受、采纳。《新序·杂事》说："稷下学者喜议政事。"《史记·孟子荀卿列传》说："自邹衍与齐之稷下学者……各著书言治乱之事，以干世主。"史传齐宣王与孟子曾多次讨论政事，探求统一天下的途径。王斗曾直面批评宣王"好马"、"好狗"、"好酒"，独不"好士"，直到宣王认错、改错为止，"举士五人任官，齐国大治"（引自《战国策·齐策四》）。这些都显示了稷下学宫的政治功能。稷下学者进言，齐王纳言，是稷下学宫作为政治咨询中心的一大特色。

稷下学宫所开辟的思想文化学术争鸣之路多元广博而影响深远。仅就现存的稷下学者著作来看，其思想内容广泛涉及政治、经济、军事、哲学、历史、教育、道德伦理、文学艺术以及天文、地理、历、数、医、农等多学科的知识。这些著作的问世，不仅极大地丰富了先秦思想理论宝库，促进了战国时代思想文化的繁荣，也深刻地影响了中国古代学术思想的发展。秦朝设有七十员博士官的制度，据说是沿用了齐国稷下学宫的传统；而且，秦的著名博士叔孙通（为汉朝制定朝礼，朝礼制定后，刘邦曾经说："吾乃今日知为皇帝之贵也"），就号称"稷下生"。战国时期，三晋纷乱，楚则保守落后，秦虽是新兴，文化未盛，齐几乎始终领导文化潮流。而中国自秦以后的各种文化思潮，差不多都能从稷下找到源头。如统治中国几千年的儒学，基本上是孟、荀两派理论的交替使用；再如邹衍的阴阳五行学说，一直在中国盛行，并成为中医学的理论基础；此外还有在汉朝早年流行的黄老思想。

而就中华文化思想最重要的儒学而言，曾在稷下学宫中有影响的儒家学者，最著名的代表即是被后世尊为"亚圣"的孟子。《盐铁论·论儒》中记："齐宣王褒儒尊学，孟轲、淳于髡之徒受上大夫之禄，不论职而论国事。盖齐稷下先生千有余人。"孟子长期居齐，他的思想颇受稷下学者的影响，如孟子关于"养浩然之气"的思想，就有学者认为是受稷下先生宋钘、尹文"气论"影响（参见郭沫若《十批判书·稷下黄老学派批判》、侯外庐《中国思想通史》第一卷等）。

荀子，则是稷下学宫最后一个大师，其思想出自于儒而承袭于道。荀子曾三出三进于稷下，历时数十载，并曾三为祭酒主持学宫的工作。稷下荀子远离孔孟传统而带有浓厚的黄老色彩，是因为当时齐国的统治者齐威王企图打着黄帝的旗号来建立霸业，甚至统一六国。古器物铭文《陈侯因敦》记载："其唯因，扬皇考昭统，高祖黄帝，迩嗣桓文。"大意是齐威王要发扬他父亲桓公午的光荣传统，远要以黄帝为祖宗，近要继承齐桓公、晋文公的霸业。齐威王在铭文中宣扬田氏的祖先是黄帝，又把黄帝与老子的学说结合起来形成黄老之学，以此作为稷下学宫的主体，为田氏建立的政权进行辩护，造成"田氏代齐"的合理观念。在这样的政治背景下，黄老之学在齐国的稷下学宫最终形成。因此，郭沫若说："黄老之术……事实上是培植于齐、发育于齐，而昌盛于齐的。"稷下黄老道家代表人物则有文子、列子、范蠡、彭蒙、慎到、田骈、捷子、环渊、宋钘、尹文等等，其代表作除了已经佚失的《田子》、《蜎子》、《宋子》等等之外，还有留存至今的《慎子》、《尹文子》以及与黄老道家关系密切的鸿篇巨制——《管子》。齐国统治者也基本上按照黄老道家思想治国，成为了战国七雄中最先富强起来的国家之一，史称东帝。

到了战国晚期，由于齐滑王穷兵黩武，好大喜功，稷下学宫衰落。不久，时任秦相的吕不韦召集门客，他们便纷纷投奔吕不韦，成为吕不韦的谋士和助手，并在编撰《吕氏春秋》过程中发挥重要作用。吕不韦也在法家思想占统治地位的秦国推行黄老政治，使得秦国的经济和文化出现了短暂的繁荣景象。一直到秦始皇执政后，废除了吕不韦的大多数措施，重新启用法家思想，并在统一中国的过程中将其意志推行到了全国，不久又实行“焚书坑儒”的文化专制主义政策，使得包括黄老道家在内的百家思想遭到了沉重打击。汉朝取代秦朝以后，因为汉初丞相曹参在稷下黄老学派的策源地——齐国学到了黄老思想的治国精髓，并将其变为整个国家的指导思想。于是，中国历史上出现了一个名为“文景之治”的盛世。另外，当时的淮南王刘安还组织门客编撰了《淮南子》，成为了黄老道家巅峰性的著作。

稷下学宫还具有培养人才、传播文化知识的功能，被后人称为“田氏封建政权兴办的大学堂”，“齐国的最高学府”，其在教育史上的影响也是巨大的。学宫既有一般学校的特点，又有历史的独特性。首先学宫具有规模宏大的校舍条件，“开第康庄之衢，高门大屋尊崇之”（引自《史记·孟子荀卿列传》），正说明校舍建在交通要道，并且相当宏伟壮观。其次，有众多的师生在开展较正规的教学活动。《战国策》载田骈有“徒百人”，《孟子》记载孟子出行“后车数十乘，从者数百人”，淳于髡也有“诸弟子三千人”之称。宣王时，稷下的师生数量多达“数百千人”。由此可见师生人数之众。如此师生济济一堂，定期举行教学活动。再次，稷下学宫有较严格的规章制度。根据郭沫若的考定：《管子·弟子职》篇当是稷下学宫的学生守则，里面从饮食起居到衣着服饰，从课堂纪律到课后复习，从尊敬老师到品德修养，都规定得详细严格。由此可见稷下学宫的规章制度也是健全、严格的。另外，学宫还具有独特的教育方法，游学是其主要教学方式之一。学生可以自由来稷下寻师求学；老师可以在稷下招生讲学，即容许有学与教两个方面的充分自由。这些游学方式的施行，就使学士们开阔了眼界，打破了私学界限，思想兼容并包，促进了各种学说的发展和新学说的创立，大大促进了人才的培养和成长。

博按：稷下学宫的创建与发展，在中国文化发展史上树起了一座丰碑，开创了百家争鸣的一代新风，促成了中国历史上第一次思想大解放、学术文化大繁荣的黄金时代的到来，并对秦汉以后中华文化的发展与繁荣产生了极其深远的影响。中国自“五四”以来，孜孜以求文化自由和新生，顶礼膜拜“德先生”（民主）和“赛先生”（科学），探索“中体西用”之道路，并产生了多次面向“西方”的学习运动，殊不知，在中国两千多年前，即有稷下学宫开创的“民主”与“科学”的文化之路，其学术氛围之浓厚、思想之自由、成果之丰硕，都是独一无二的。而近代以来，历次文化运动的失败，一个重要原因就是我们所谓的“中体”，仅限于两宋以来的“儒家”思想（后来也夹杂一些释、道），而没有深入到中华文明最精彩的部分——以稷下学宫所代表的“百家争鸣”时期。

在考察稷下学宫所开辟的文化多元道路过程中，《要略》还系统考察了战国以后影响中国文化生态的几个具有代表性的重要“教育机构”，其中最重要的莫过于汉武帝时官办的“长安太学”（以儒、术为主）、宋时朱熹私立的“岳麓书院”（以儒学为主），然而，后两者在办学规模、学术自由和对后世的影响上都难以与稷下学宫相比肩。而且，从稷下学宫，到长安太学，再到岳麓书院，可以看出中国学术思想由“百家争鸣”向“儒道共存”、再到“儒学治国”的由多元向“单一”的发展轨迹，亦是适应中国此后两千余年中央集权政治发展而进行的思想“禁锢”的结果。而中国人思想的自由、文化上的多元创新、科学探索精神的逐步丧失，都从中可以看出端倪。由此，《要略》亦大胆提出一个观点：今人在寻求治国新路之时，除了要面向世界，更要面向先秦——不但要吸纳西方先进的文明成果，而且还要重构中华文明里本身具有的最优秀成分——唯其如此，才能既做到“中体西用”，又能够“古为今用”。而且，当前乃至今后，中国正在发生和将要发生的许多社会问题，从秦汉一直到清朝的2000年间都可以找到相应的映射；而解决问题的答案，除了专属于西方文明或海洋文明的一小部分外，绝大多数问题都能在先秦时期，特别是春秋战国之交的一个特定阶段，找到相应的解决办法。

另外，在研究稷下学宫“办学”的历史过程中，《要略》亦进一步梳理了目前世界各国关于世界上最早大学的争论：

按照目前流行的西方观点，世界上最古老的大学是埃及“爱资哈尔大学”（972年）；有人认为世界上最早的大学是意大利境内的博洛尼亚大学（1088年）；有人认为是德意志的柏林洪堡大学（1810年）。而在中国人的认识里，创办于中国汉武帝元朔五年（公元前124年）的长安太学，是目前世界上最古老的正规大学。（这所大学以五经博士为教官，入学的弟子称“博士子弟”，年龄一般是18岁以上。太学的学习科目设五经，学生可任选一经学习，以自学为主，教师定期讲经，每年考试一次。长安太学是在公孙弘和董仲舒的积极建议下，由汉武帝下诏创办）；更有许多国人认为创建于976年的北宋岳麓书院，才是中国乃至世界上年代最古老、办学历史最悠久、坚持办学时间最长的学府，但也有很多国人认为岳麓书院并非近代意义上的大学。而《要略》以为，就建立时间之早、学校规模之大、学科设计之多、培养人才之广、影响世界之深远，则皆莫过于稷下学宫。而我们的历史学家，当于其中深入考察论证，不但让世界洞悉稷下学宫之意义，更要让全体中国人知道，中国曾经有过那么一段文化繁荣、思想自由、影响深远的伟大时代——并非单单为了自豪，更多的是为了重拾中国人本已有之的多元、自由和创造精神。

但是，如果从现代意义上的“大学”来判定，则真正的大学无疑是1810年9月29日成立的柏林大学（原名柏林弗里特里希-威廉大学）。因为正是在这所大学，德国教育之父洪堡提出了广为后人所接受的现代大学的理念，他指出：现代的大学应该是“知识的总合”，教学与研究应同时在大学内进行，而且提倡学术自由，大学完全以知识学术为最终目的，并非培养务实型人才。他提出了著名的“洪堡大学三原则”，即“大学自治”、“学术自由”、“教育与科研相统一”，并提出了“为科学而生活”的口号。他还给出了有关现代世界中的科学定义，这就是著名的“洪堡科学的五原则”：

一、科学是一种无形的东西，它取决于人类对真理和知识的永无止境的探索和追求过程、取决于研究、创造性以及自我行动原则的反思。

二、科学是一个整体，每个专业都是对生活现实的反思，唯有通过研究、综合与反思，科学才能与苍白的手工世界区别开来。

三、科学首先要有自我目的，而真实性的重要意义也仅仅位居第二。当然，有真理进行的这种目标自由式的探求，恰恰能发掘出最具实用性的知识，并能服务于社会。

四、科学是与高等学校紧密联系在一起的，唯有通过学术研究、科学交流以及对整个世界的反思，才能培养出最优秀的人。大学生要学的不仅仅是材料本身，更重要的是对材料的理解。唯有这样，才能形成独立的判断力以及个性，达到自由、技艺、力量的境界。

五、高校的生存条件是孤寂与自由，这就是“坐冷板凳”的学术自由，国家必须保护科学的自由，在科学界永无权威可言。

36. 亚圣孟子：欲效先哲赋新命，仁者无敌民为本

儒家至圣先师孔子逝后几一百年，一个几乎和孔子同样响亮的伟大名字又出现在中华民族的历史天空。而且，他的经历和成就和孔子惊人地相似：都是贵族后裔，都是平民出身，都出生于鲁地，都幼年丧父，而他一生所走的道路亦和孔子一样，求学、教书、周游列国。他就是孟子，被后世尊为“亚圣”。

今天，世人谈儒家必谈“孔孟”。但真实的历史是，孟子在南宋以前的一千余年间可谓“寂寂无名”。只是到南宋，经以朱熹为代表的宋儒大力推崇之下，《孟子》才被奉为经书。据今人所考，其实，孟子不但是一位儒家大师，而且也像孔子一样，是深谙易道的易学家。关于这一点，清末大儒杭辛斋认为：“懂得易学并不在于口道乾坤坎离，关键在于心法天道德义”；“孟子继孔子之后，七篇之首，即揭明仁义大旨，而归体于性善及经正。孔子立人之道，曰仁曰义，及继善成性之嫡系也。安见孟子之不知《易》哉！”孟子的“性善论”、孟子的“民贵君轻”思想、孟子高举义旗对墨家的反制、抨击，其理论根源全在于《易》。

不仅如此，孟子对孔子的易学有继承，还有创新。我们知道，大易有医国、医人、医病之功能。医国功能由《易》本身解决；医病功能由《黄帝内经》解决。医人问题则由思孟学派所创立的德性论《五行》学说解决。德性论《五行》比照元素论“五行”，提出仁、义、礼、智、圣范畴。认

为：仁、义、礼、智四行全为“善道”，仁、义、礼、智、圣五行全为“德道”。义、礼分别是对仁和智的节制。而“圣”端即是指会通天道、地道、人道的本事。近代出版的《童子问易》认为：

“思孟学派这种将数术引入儒门的努力，高扬‘人道’主义旗帜的表现，是企图把儒家的道德条目加以自然哲学和生命哲学化的明证。其理论勇气是巨大的，对国人思维方式影响也是深远的，甚至可以说其对我国古代社会发展进程影响都是深刻的。自此，易学真正走上了医国、医人、医病的光辉历程。孟子曾言‘五百年必有王者兴’，其间隐含着终始交替的意蕴。由此看来，应是思孟学派开‘五德始终说’之先河。”

《童子问易》还坚称：内圣外王思想“绝不是儒家真传”。由庄子提出，宋儒导入，清儒发阐，现代新儒家精心进行体系建构的“王道”思想，是宣扬帝王将相君主专制的思想，是主张个人崇拜思想。儒家的真传应该是来自于《易》的德道。所谓“德道”：就是博爱、厚生，公平、正义，革故、鼎新，文明、和谐，诚实、守信，民主、法治之道。这才是先秦时期中华文明的“核心价值观”。

《童子问易》还指出：洛克关于“自然权利”理论是孟子“革命权利”的变种。从流传至今的《孟子》里可以看到，在人性方面，孟子主张性善论。以为人生来就具备仁、义、礼、智四种品德。人可以通过内省去保持和扩充它，否则将会丧失这些善的品质。因而他要求人们重视内省的作用；在社会政治观点方面，孟子突出仁政、王道的理论，仁政就是对人民“省刑罚，薄税敛”。他从历史经验总结出“暴其民甚，则以身弑国亡”，又说三代得天下都因为仁，由于不仁而失天下。强调发展农业，体恤民众，关注民生，他在《寡人之于国也》中说：“七十者衣帛食肉，黎民不饥不寒，然而不王者，未之有也”，“诸侯之宝三，土地、人民、政事”。君主如有大过，臣下则谏之，如谏而不听可以易其位。至于像桀、纣一样的暴君，臣民可以起来诛灭之。他反对实行霸道，即用兼并战争去征服别的国家；而应该行仁政，争取民心的归附，以不战而服，也即他所说的“仁者无敌”，实行王道就可以无敌于天下。在价值观方面，他强调舍身取义，“生，亦我所欲也；义，亦我所欲也。二者不可得兼，舍生而取义者也。”强调要以“礼义”来约束自己的言行，不能为优越的物质条件而放弃礼义，“万钟则不辨礼义而受之，万钟于我何加焉！”

在孟子的所有思想中，最值得后世所借鉴的是，他根据战国时期的经验，总结各国治乱兴亡的规律，提出了一个富有民主精神的著名命题：“民为贵，社稷次之，君为轻”。这一提法在此后的两千多年里，成为历代中央专制集权王朝讨论的热点话题，同时对于国家的治乱兴亡，具有极端的重要性。传说明太祖朱元璋因不满孟子的这一民本思想，曾命人删节《孟子》中的有关内容。

博按：重温孟子思想，观照孟子之后的社会历史发展，乃至对比现今社会，更感觉中国先秦贤哲思想之高深，理论之广阔，实践之丰富，意义之重大。近代社会心理学家普遍认为，一个人的童年经历将会很大程度上决定他的成年后的性格。而先秦时期作为中华民族的童年时期，对于中华民族的民族性格形成具有至关重要的作用。而今日重读先秦贤哲如孔子、孟子、老子、庄子、荀子、李悝等人，其实早已为中华民族勾画设计了一个完整健康的民族性格，以及未来的发展道路和发展方向。奈何此后的历史，由于先秦时期强调礼法德治的中原诸国如鲁、魏等被强调军国主义“法制”的“较为野蛮”的秦国所灭亡，中华民族历史进程中出现了第一次以劣质文明淘汰优质文明的根本性事件，再加上继起的世俗政权汉王朝所采取的“霸王杂道之”的统治策略，将中华历史的走向一步步推向了反民本、反法制的中央专制主义集权轨道，再加上历次外族入侵，以劣质文明不断同化侵袭优质文明，将中华民族长期形成的“仁、义、礼、智、信（圣）”的精神内核摧毁殆尽，使中华历史发展进程出现了难以扭转的恶性循环，以致遗患至今而不能振作。由此甚至可以推论，中国历史自先秦之后的所有社会问题，都可以回到先秦去寻找原因和解决办法。而自21世纪以来，中国以史为鉴，提出了以“二十四字”核心价值观，其中无不借鉴于先贤们的实践和探索，但能真正深入人心而践行之，则中华文明的复兴之日，当为不远矣！

37. “最为老师”论荀子：人性本恶，所以《劝学》

荀子（约公元前313—公元前238年），名况，字卿，战国末期赵国人。著名思想家、文学家、政治家，时人尊称“荀卿”。《风俗通义·穷通》记载：“齐威王之时，聚天下贤士于稷下……荀卿有秀才，年五十始来游学。”因学问博大，所以“最为老师”，曾三次担任齐国“稷下学宫”的“祭酒”（学官之长）。

荀况学问渊博，在继承前期儒家学说基础上，又博采众家之长，并加以综合、改造，从而建立起自己的思想体系，现存《荀子》三十二篇，大部为荀子所作，涉及哲学、逻辑、政治、道德许多方面，其中首次提出了“水则载舟，水则覆舟”的理念。战国名人蒙恬、李斯、韩非等皆为荀子弟子。

荀子为后世影响至大，其思想概要轮廓如下：

“饥而欲饱，寒而欲暖，劳而欲休”的性恶论。荀子从天人相分的立场出发，否定人性中先验的道德根据。在他看来，所谓人性就是人的自然本性，是所谓“生之所以然者”。其自然表现为“饥而欲饱，寒而欲暖，劳而欲休”。荀子认为人性“生而有好利焉”、“生而有疾恶”、“生而有耳目之欲，有好色焉”，如果“从人之性，顺人之情，必出于争夺，合于犯纷乱理而归于暴”。所以说人性是“恶”，而不是“善”。针对“人性本恶”的前提，荀子提出了“化性起伪”的道德教化论。荀子以为，就人的先天本性而言，“尧舜之与桀跖，其性一也，君子之与小人，其性一也”，都是天生性恶，后天的“贤愚不肖”是由于“注错习俗之所积耳”。但是通过人的主观努力，“其礼义，制法度”，转化人的“恶”性，则“涂（即普通人）之人可以为禹”。孟子说人皆可以为尧舜是因为人本来就是善的，而荀子论证涂之人可以为禹是因为人本来是智的。性恶论的价值在于提出了人的自然本性的先天合法性，为其进行礼乐教化开辟了空间。因此，荀子进一步提出“所积而致”的“成圣之道”：“圣人者，人之所积而致也”。

天行有常，不为尧存，不为桀亡。天、天命、天道的问题一直是先秦时期各家关切的问题。殷商西周时期，“天”、“天命”是被作为人格神看待的。到了孔子，它的人格神色彩被淡化，孔子主要借亲亲之情论仁德，而视天命为一种盲目的主宰力。荀子有取于道家在天、天道、天命上的自然观的成分，认为天为自然，没有理性、意志、善恶之心。天是自然天，而不是人格神。他把阴阳风雨等潜移默化的机能视为神，把由此机能所组成的自然界视为天。荀子以为，天不是神秘莫测、变幻不定，而是有自己不变的规律。这一规律不是神秘的天道，而是自然的必然性，它不依赖于人间的好恶而发生变化。人不可违背这一规律，而只能严格地遵守它。应之以治则吉，应之以乱则凶。荀子对传统的宗教迷信持批判的态度，认为自然的变化与社会的治乱吉凶没有必然的联系。认为祭祀哀悼死者的各种宗教仪式，仅仅是表示“志意思慕之情”，是尽“人道”而非“鬼事”。（《礼论》）。在荀子看来，与其迷信天的权威，去思慕它，歌颂他，等待“天”的恩赐，不如利用自然规律以为人服务。荀况强调“敬其在己者”，而不要“慕其在天者”，主张“治天命”、“裁万物”、“骋能而化之”。

“明分使群”与古今、礼法之争。荀子观察到，人与动物的不同而且得以优于动物之处，是人能“群”，即人能组织社会。而人所以能“群”者，在于“分”。“分”即是建立社会等级，从事不同的社会分工，以面对自然、战胜自然。而“分莫大于礼”。通过圣人的治礼作乐，将社会分为上下有序的等级，以解决基于物欲的争斗。“分”的标准就在于“礼义”。对此，荀子有两个说法：一是“分何以能行？曰：义”。一是“分莫大于礼”。显然前一种说法侧重于道德教化；后一种说法则侧重于礼法制度。在荀子看来，人的天然本性是追求利欲的，而礼的作用则在对人的利欲的无限追求作出限制，二者之间不免有冲突。为了确保公共秩序的正常运转，礼的遵循不免要诉诸一种强制性。由此，礼转为法。因此，荀子常有“礼法之枢要”、“礼法之大分”的提法，而以礼法并称。荀子可以说是顾及到现实的利欲追求和必要性而又坚持道德理想，力求在二者之间保持平衡的思想家。

“隆礼尊贤而王，重法爱民而霸”。关于战国初期礼法与王霸之争，荀子提出了自己的命题。其含义两点：（1）礼法并举、王霸统一。他认为“治之经，礼与刑，君子以修百姓宁”（《成相》），“礼以定伦”，法能“定分”，二者可以相互为用。只是法的特点表现为通过赏罚来维护等级秩序。

（2）礼高于法，礼为法之大本。只讲法治，不讲礼治，百姓只是畏惧刑罚，一有机会仍会作乱。他把“法治”称为“暴察之威”，“礼治”称作“道德之威”。法治至其极也不过为“霸”，而不能成“王”。如果以礼义为本，则法治就可以更好地发挥作用了：“故礼及身而行修，义及国而政明，能以礼挟而贵名白，天下愿，会行禁止，王者之事毕矣”（《致士》）。荀子的礼法兼施、王霸统一，是对礼法、王霸之争的总结，开创了汉代儒法合流、未爆杂用的先河。

“虚壹而静”的认识论。在荀子看来，所谓“知”就是主观与客观有所合。“凡以知，人之性也；可以知，物之理也。”（《解蔽》）认识就在于以“人之治”和“物之理”。他将人的认识过程分为两个阶段：第一阶段：“缘天官”或“天官意物”：“天官”就是人的感觉器官。在这一阶段人首先依靠感觉器官来把握事物。第二阶段，“心有征知”：荀子把思维器官称为“天君”或“心”，其功能为“征知”。“征知”就是对感觉印象进行分析、辨析和验证，形成概念和判断。荀子认为人在认识上的最大隐患在于“蔽于一曲而闇于大理”，要形成正确的认识就需要“解蔽”。而“解蔽”的方法就是靠“心”的“虚壹而静”。所谓“虚”就是不让已有的知识妨碍即将接受的新知。心能同时兼知两物，如果能做到使两物不互相妨碍以影响认识，谓之“壹”。不以混乱的胡思乱想淆乱正常的认识就是“静”，即要在认识中排除干扰、精力专一、发挥思维的能动性。这样的心理状态就叫“大清明”，这是认识的最高状态。

博按：荀子继孔孟之后，可谓战国诸子中又一思想高峰。因其于儒家思想基础上引入道家之自然法则和深刻内涵，是以史家常称其为“道儒家”。重温荀子思想，除为其深刻广博之知识而感慨外，更为其于“人性本恶”之认识基础之上，建构起“礼、法、自然”之间的科学思想体系，实可深鉴于今日。今日之西方社会所广泛使用之“三权分立”、“舆论监督”、“民主法制”，皆以“人性本恶”为政治体制建构之基础；而我国目前提出“将权力装进制度的笼子”的政治设计，亦得到民众广泛认可，亦因党和国家认识到“用权者”必有私心、私欲，若无良好之法律制度加以约束，无良好之道德观念加以教化，则很可能导致贪腐之风盛行，民众之心尽失。而荀子于遥远之两千多年前，已然对此洞若观火，能不叹于古贤之智慧乎？

另因今日之报刊网络，常有引用于古人之语，多数人并不知出自何处，是以特将《荀子》一书给后世留下的众多经典成语摘录于下，一则可见荀子思想之博大深远，一则以供诸君参鉴引用：

1. 出自《劝学篇》的有：青，取之于蓝，而青于蓝；木受绳则直，金就砺则利，君子博学而日参省乎己，则知明而行无过矣；不登高山，不知天之高也；不临深溪，不知地之厚也；神莫大于化道，福莫大于无祸；物类之起，必有所始；荣辱之来，必象其德；肉腐生虫，鱼枯生蠹。怠慢忘身，祸灾乃作；言有召祸也，行有招辱也；君子慎其所立乎；积土成山，风雨兴焉；积水成渊，蛟龙生焉；积善成德，而神明自得，圣心备焉；不积跬步，无以至千里；不积小流，无以成江海；锲而舍之，朽木不折；锲而不舍，金石可镂；跬步而不休，跛鳖千里；累土而不辍，丘山崇成；无冥冥之志者，无昭昭之明；无惛惛之事者，无赫赫之功；君子之学也，以美其身；小人之学也，以为禽犊等。

2. 出自《荣辱》的有：非我而当者，吾师也；是我而当者，吾友也；谄谀我者，吾贼也；谄谀者亲，谏争者疏，修正为笑，至忠为贼，虽欲无灭亡，得乎哉；人无礼则不生，事无礼则不成，国家无礼则不宁；志意修则骄富贵，道义重则轻王公；君子役物，小人役于物；道虽迩，不行不至；事虽小，不为不成；礼者，所以正身也……无礼，何以正身。

3. 出自《不苟》的有：小人能，则倨傲僻违以骄溢人；不能，则妒嫉怨诽以倾覆人；诚者，君子之所守业，而政事之本也；言无常信，行无常贞，唯利所在，无所不倾，若是则可谓小人矣；公生明，偏生暗，端悫生通，诈伪生塞，诚信生神，夸诞生盛，此六生者，君子慎之，而禹、桀所以分也；骄泄者，人之殃也；恭俭者，摒五兵也；虽有戈矛之刺，不如恭俭之利也；故与人善言，暖于布帛；伤人以言，深于矛戟；自知者不怨人，知命者不怨天；怨人者穷，怨天者无志；乐易者常寿长，忧险者常夭折，是安危利害之常体也。

4. 出自《非相》的有：形不胜心，心不胜术，术正而心顺之（心术不正的来源），则形相虽恶而心术善，无害为君子也；形相虽善而心术恶，无害为小人也；人有三不祥：幼而不肯事长，贱而不肯事贵，不肖而不肯事贤，是人之三不详也。人有三必穷：为上则不能爱下，为下则好非其上，是人之一必穷也；乡则不若，偝则谩之，是人之二必穷也；知行浅薄，曲直有相县（悬）矣，然而仁人不能推，知士不能明，是人之三必穷也。人有此三数行者，以为上则必危，为下则必灭；欲观千岁，则数今日；欲知亿万，则审一二……以近知远，以一知万，以微知明；赠人以言，重于金石珠玉，观人以言，美于黼黻文章，听人以言，乐于钟鼓琴瑟。

5. 出自《仲尼》的有：君子耻不修，不耻见污；耻不信，不耻不见信；耻不能，不耻不见用；巧而好度，必节，勇而好闻，必胜，知而好谦，必贤；少事长，贱事贵，不肖事贤，是天下之通义也；君子时诎则诎，时伸则伸也。

6. 出自《儒效》的有：君子无爵而贵，无禄而富，不言而信，不怒而威，穷处而荣，独居而乐；君子隐而显，微而明，辞让而胜；不学问，无正义，以富利为隆，是俗人者也，人主用俗人，则万乘之国亡；习俗移志，安久移质。

7. 出自《王制》的有：公平者，职之衡也，中和者，听之绳也；两贵之不能相事，两贱之不能相使，是天数也；君者，舟也，庶人者，水也，水则载舟，水则覆舟；君人者，欲安，则莫若平政爱民矣，欲荣，则莫若隆礼敬士矣，欲立功名，则莫若尚贤使能矣，是君人者之大节也；聚敛者，召寇、肥敌、亡国、危身之道也，故明君不蹈也；无德不贵，无能不官，无功不赏，无罪不罚；人有气、有生、有知，亦且有义，故最为天下贵也。

8. 出自《王霸》的有：用国者，得百姓之力者富，得百姓之死者强，得百姓之誉者荣；以小人尚民而威，以非所取于民而巧，是伤国之大灾也；君人者，爱民而安，好士而荣，两者无一焉而亡。

9. 出自《君道》的有：道存则国存，道亡则国亡；为人主者莫不欲强而恶弱，欲安而恶危，欲荣而恶辱，是禹、桀之所同也。明主有私人以金玉珠石，无私人以官职事业；主暗于上，臣诈于下，灭亡无日。

10. 出自《臣道》的有：明君之所赏，暗君之所罚也，暗君之所赏，明君之所杀也；罚其忠，赏其贼，夫是之谓至暗，桀、纣所以灭也；不恤君之荣辱，不恤国之臧否，偷合苟容，以之持禄养交而已耳，国贼也；敬人有道：贤者则贵而敬之，不肖者则畏而敬之；贤者则亲而敬之，不肖者则疏而敬之。

11. 出自《议兵》的有：弓矢不调，则羿不能以中微，六马不和，则造父不能致远，士民不亲附，则汤、武不能以必胜也，故善附民者，是乃善用兵者也，故兵要在乎善附民而已；隆礼、贵义者其国治，简礼、贱义者其国乱；好士者强，不好士者弱，爱民者强，不爱民者弱，政令信者强，政令不信者弱，民齐者强，民不齐者弱，刑威者强，刑侮者弱，重用兵者强，轻用兵者弱，权出一者强，权出二者弱；知莫大乎弃疑，行莫大乎无过，事莫大乎无悔；凡百事之成也必在敬之，其败也必在慢之，故敬胜怠则吉，怠胜敬则灭，计胜欲则从，欲胜计则凶；坚甲利兵不足以为胜，高城深池不足以为固，严令繁刑不足以为威，由其道则行，不由其道则废；凝士以礼，凝民以政，礼修而士服，政平而民安，士服民安，夫是之谓大凝。

12. 出自《天论》的有：强本而节用，则天不能贫，养备而动时，则天不能病；循道而不忒，则天不能祸；倍道而妄行，则天不能使之吉；天不为人之恶寒也辍冬，地不为人之恶辽也辍广，君子不为小人之匈匈也辍行；在天者莫明于日月，在地者莫明于水火，在物者莫明于珠玉，在人者莫明于礼义。

13. 出自《正论》的有：主道明，则下安，主道幽，则下危，故下安，则贵上，下危，则贱上；下亲上，则上安，下畏上，则上危，故主道莫恶乎难知，莫危乎使下畏己；罪至重而刑至轻，庸人不知恶矣，乱莫大焉；一物失称，乱之端也；夫德不称位，能不称官，赏不称功，罚不称罪，不详莫大焉；浅不足与测深，愚不足与谋知，坎井之蛙不可与语东海之乐。

14. 出自《礼论》的有：礼，上事天，下事地，尊先祖而隆君师，是礼之三本也；君子耳不听淫声，目不视女色，口不出恶言。

15. 出自《乐论》的有：君子以钟鼓道志，以琴瑟乐心。

38. 道法家先驱慎到：被历史淹没的伟大思想家

慎到（约公元前390年—公元前315年），史称慎子，诸子之一。战国时期赵国邯郸人。《史记》说他专攻“黄老之术”。齐宣王时曾长期在稷下讲学，是稷下学宫中最具有影响的学者之一，是从道家中分出来的法家代表人物，为道法家创始人之一。

慎到于中华民族思想宝库之贡献，主要在于以下三个方面：

其一，主张“民一于君，事断于法”。

即百姓、百官听从于君主的政令，而君主在做事时必须完全依法行事。而且，立法权也要集中于君主之手，各级官吏只要“以死守法”，百姓则要“以力役法”。慎到认为这样才能实行法治，并取得功效。慎到提倡法治，反对人治。主张立法要为公，反对立法为私，即“官不私亲，法不遗爱，上下无事，唯法所在”。他认为法治比人治优越。

人治还是法治，是先秦政治思想的焦点。慎到明确指出人治是一种最大的“私”，对此，慎到提出的立法原则，一是要遵循人性的好利，一是要“立公去私”。为保证人们能“立公去私”，奉公守法，慎到提出“分”的概念，即分清职守，不得逾越，将臣民分解成特定的个体，把“法”作为唯一的联结纽带，便于君主控制，有利社会稳定。

其二，慎到的法治思想重“势”和君主的“无为而治”。

在强调法治的基础上，慎到提出了“势”的观点，势就是权势、权威。他认为“法”与“势”是相辅相成。势是前提，法是手段。慎到认为：“大君任法而弗躬，则事断于法矣”（引自《慎子·君人》）。他说：“飞龙乘云，腾蛇游雾。云罢雾霁，而龙蛇与螾螘同矣，则失其所乘也。……尧为匹夫不能治三人，而桀为天子能乱天下，吾从此知势位之足恃，而贤智之不足慕也。”（《韩非子·难势》中转引慎到语）。龙蛇之所以腾空飞天，主要凭借云雾的威势，一旦云雾消失，龙蛇就与地上的蚯蚓一样，无所作为，原因在于失去了它们赖以飞腾的势（权威）。同样，没有了权势，聪明贤能如尧这样的君主连三个普通人也治理不了；而有了权势，昏聩平庸如桀这样的人却能使天下大乱。“势”的功能，即是“令则行，禁则止”。在慎到的政治思想体系中，“势”被置于法、礼之上，被认为是从事政治活动的前提。慎子关于“势”的理解，历代为正统思想所斥，但以历史的眼光来看，“贵势”的思想基础是人的平等，即君主与匹夫一样。从根本上否定传统的“天生圣人，作君作师”理论，是道家“齐物论”哲学的应用。

其权势论最精彩之处在于君主“为天下”说，意即君主立天下不是为一己之私利，而是有利于社会的治理。为了进一步要求国君为国家服务，慎到提出了“谁养活谁”的问题，即国君由百姓供养，其权力是百姓授予的，而非天子自己取得。因此，国君、天子为国家、为民众是当然的义务。这从根本上打破了传统的“君权神授”说。基于“贵势”理论，慎到鲜明地主张法治。他认为“国家之政要，在一人心矣（即统一人心是法治的本质）”。关于如何“得势”，慎到主张“抢法处势”；“法制礼籍，所以立公义也”；“法者，所以齐天下之动，至公大定之制也。故智者所以不得越法而肆谋，辩者不得越法而肆议，士不得背法而有名，臣不得背法而有功”；“我喜可抑，我忿可窒，我法不可离也；骨肉可刑，亲戚可灭，至法不可阙也”。把法看成了国家的根本，是维系社会秩序、伦理道德的可靠保证。慎到认为，有了法，就要真正以法治国，不能只是摆设。他说：“为人君者不多听，据法倚数以观得失。无法之言，不听于耳；无法之劳，不图于功；无劳之亲，不任于官。官不私亲，法不遗爱。上下无事，唯法所在。”（《慎子·君臣》）然而，“治国无其法则乱，宗法而不变则衰，有法而行私谓之不法。以力役法者，百姓也；以死守法者，有司也；以道变法者，君长也。”（《艺文类聚》卷54引《慎子》）另外，慎到还认为，法必须不断变化以顺应时代，否则，法就会衰败，就会走向死亡，所以，作为国君的责任之一就是变法。

关于处于“势”的顶端的“君主”，慎到认为其应该“无为而治”。对此，慎到提出了“君臣之道：臣事事而君无事”的道理，即国君不要去做具体工作，具体工作应在“事断于法”的前提下，尽量让臣下去作，以调动臣下的积极性，发挥他们的才能，使得“下之所能不同”，而都能为“上之用”，从而达到“事无不治”的目的。他还认为，“亡国之君非一人之罪也，治国之君非一人之力也”，如果国君只靠自己一个人的力量，决不能把各方面的事办好。因为“君之智未必最贤于众”，即使“君之智最贤”，也必然精疲力竭，不胜其劳。而且国君如果事必躬亲，一个人去“为善”，臣下就不敢争先“为善”，甚至会“私其所知”，不肯出力，国事如有差错，“臣反责君”。慎到认为这是“乱逆之道”，是“君臣易位”，国家也就不可能不乱。他认为，如果国君什么事都自己亲自去做，不但会筋疲力尽，还会使大臣旁观，不积极做事，等一旦有了过失，大臣会把责任推到君主身上，君臣矛盾的激化甚至会导致谋反篡位的事出现。

其三，一君之忠臣不若一国之能臣。慎到把法治条件下的君主驭人之术总结为两条：一曰“尚法不尚贤”，二曰“君无事臣有事”。慎到反对“尚贤”而提倡“任能”。慎到坚持“不用忠臣”，不相信那种“空言忠心”的臣子。慎到于两千多年前的政治体系中第一次洞察了中央集权体制下，所谓的“忠臣”不过是“人治”的产物，是为君主的“一人之忠”，而不是为天下的“大忠”；而在“法治”的前提下，治理天下，更需要善于为国建策、为民谋利的“能臣”，在此，慎到于中国历史上第一次揭露出君臣关系的深刻本质，在政治思想史上意义重大，其本质是把国家职能规范化，用规范的形式体现和保证国家的健康运行，无疑是开天辟地以来最为深刻杰出的思想，使治理国家的方法由神秘转向公开，是先秦时期中国行政管理学上一个伟大创举。

博按：反复研读慎到思想，深深认为，慎到为中华此后之历史所忽略，实中华民族之一大损失，亦是中华文明此后落入“集权人治”政治窠臼的主要原因。慎到的“法治”与“人治”之论，“国君应无为而治”之说，“忠臣”与“能臣”之辩，实基于其对春秋战国政治现实的深刻洞察，并建立在对儒的批评和对法、道的融合基础之上，是中华历史中至为伟大之思想建树。然而，因为其强调了君主的无为和打破了“君权神授”的神话，以至受到了历代统治者的摒弃和打压，也受到了后世儒家的激烈攻击，以至淹没于专制集权的洪流而渐不为后世所明知鉴用。慎到思想虽然也存在着重法轻贤的缺陷以及重法与顺自然这两者难以统一的矛盾，但是却避免了老庄道学纯粹任自然而不要法治和法家主张绝对的法治而不必因循自然的两种极端。而且，在那个特定的时代，如此强调法治而反对人治，如此强调“君臣”之别，尤其实属难能可贵。而且，慎到在继承道家“无为”而治的基础上，把“君主”的“垂拱”而治与“能臣”的各分各治，实于后世有莫大的借鉴。作为当今十数亿人之大国，无论是中央政府，还是各方主政者，而要想使国家兴旺，民族复兴，地方发展，必须要在统一的法制基础上，充分发挥每个层级、每个部门、每个人的功能，使其各尽其才，各显其能，各成其用，如此，国家和政府的机器才能正常运转，高效运行。

39. 范氏三英：春秋大义，栉风古今

春秋时期，晋国六卿中的范氏家族，出现了范武子、范文子、范宣子三代相传的古贤先哲，为中华民族留下了一个家风传承、节义相继的历史佳话，今专辟一章以论之：

范武子即范会，或曰士会，字季。范氏之祖士蔿为晋大司空。晋文公即位时，士会虽无从亡之勋（即与重耳一起流亡国外），但心仪重耳，尝辅以谋议，故叙列二等之赏。关于范会，可值为记者有以下四则故事：

一曰君子不党。公元前621年，晋襄公死。国内发生立长立嫡之争。执政赵盾欲立文公之子、襄公之庶弟公子雍为君。而公子雍时在秦国为人质。赵盾遂遣先蔑、士会赴秦迎雍。既行，赵盾卒然变计，改立夷皋为君，是为晋灵公。但此时秦国已派车驾四百乘送公子雍入境，止于令狐（在今山西临猗西）。赵盾闻知，乃自将中军，夜劫秦营，秦军大溃。因公子雍死于乱军之中，先蔑、士会不得已从秦师而返。滞留秦国期间，士会从不与先蔑相见。有人疑而问之："子与先蔑俱亡于秦，何为不见？"士会曰："吾与先蔑同罪，非慕其义而从之，又何见焉！"盖恶有党也。

二曰范会返晋。翌年，晋患秦用士会，乃集六卿而议之。赵盾叹曰："士会在秦，贾季在狄（贾季为晋文公表弟，狐偃之子，亦因晋嗣君之争而逃国），难日至矣，若之何？"郤缺曰："士会能贱而有耻，柔而不犯，其智足使。且奔秦非其罪也。欲除秦害，先去其助，宜召回士会为是。"盾曰："秦方宠任士会，请之，必不从。何计可复之？"臾骈举魏寿余，曰："此人颇能权变，使之诈降于秦，乘间诱归士会，当可成功。"盾从之。臾骈夜叩寿余之门，告以六卿所议及招士会之策。寿余应允。次日，赵盾以灵公命，使寿余督有司出戍黄河边境。寿余佯装抗命。盾亦作态佯怒，命韩厥搜捕寿余府第，系其妻孥而故意纵寿余逃走。寿余连夜遁往秦国，见秦康公哭诉请降。士会在旁不置一词。康公以问士会，对曰："晋人多诈，未可轻信也。果是真降，当以何物为凭？"寿余于袖中出一文书，乃魏封邑土地、人民之册，

语康公曰：“明公能收容寿余，愿以食邑奉纳。”康公在犹豫间，寿余急以目眄士会，且蹑其足。士会身虽在秦，然亦心恋故土。见寿余之态，已阴会其意。遂对康公曰：“河东诸城，再无大於魏邑者，若得魏据而扼之，以渐收河东之地，亦是长策。只恐魏有司惧晋之讨，不肯来归耳！”寿余曰：“魏有司名为晋臣，实乃寿余之私属也。请遣一熟知晋情之人，随我前往晓谕。明公率一军屯于河西，遥为声援，必可成功也。”康公许之，顾士会曰：“卿熟谙晋事，须同寡人一行。”既至河口，安营已毕，前哨报：“河东有一枝军屯扎，不知何意？”寿余曰：“此必魏人闻有秦军，故为备耳！彼未知臣之在秦也，诚一东方之人，熟知晋事者，与臣先往谕以祸福，不愁魏有司不从。”康公命士会同往。士会顿首辞曰：“晋人虎狼之性，暴不可测，倘臣往谕而从之则可，万一不从，拘执臣身，君复以臣不堪任使，加罪于臣之妻孥，非徒无益于君，而臣之身家枉被其殃，九泉之下，可追悔乎？”康公曰：“卿宜尽心前往，若得魏地，重加封赏；倘被拘留，寡人当送还卿之家口，以表相与之情。”遂与士会指黄河为誓。士会乃随寿余归晋。后康公果然送还士会妻孥归晋。士会感康公之义，致书称谢，且劝以息兵养民，各保四境。康公善之。从此，秦、晋间互不加兵者几二十年之久。（以此段可见，春秋之时，诸侯为得一人心，得一人才，可谓费尽心机！）

三曰范会治盗。时晋国岁饥，盗贼蜂起，景公召羊舌职（晋国贵族）问弭盗之策。对曰：“弭盗之方，在乎化其心术，使之知廉耻，非以多获为能也。君如择朝中之善人，使显荣之于民上，彼不善者将自感化，何盗之足患哉！”景公又问：“今吾国中善人何为最？卿试举之。”对曰：“无如士会。其为人，言依于信，行依于义，和而不谄，廉而不矫，直而不亢，威而不猛，君必用之。”士会因代林父为中军元帅，且加大傅之号，改封于范，是为范氏之始。士会将缉盗科条尽行删削，专以教民劝化为务。于是晋国之盗多逃于秦国。

四曰范会让政。公元前592年，晋君使郤克征会于齐。郤克固有跛足残疾，适为齐侯母夫人窥见，被耻笑，受辱而归，怒不可遏。日夜向景公言伐齐之利。士会患之。语士燮（即其子范文子）曰：“吾闻之，千人之怒，必获毒焉。夫郤子之怒甚矣，不快心以逞于齐，必发怒于晋国内。不得政，何以逞怒；余将致仕（即退休）焉，以成其怒，冀其无以内易外也。尔勉从二三子以承君命，唯敬。”乃告老，让之以政。

范文子，为范会之子，名士燮。《国语》载其三个故事：

一曰文子被杖。一次范文子暮退于朝（回家太晚）。武子曰："何暮也？"对曰："有秦客廋辞于朝（秦国的使者在晋廷辩论），大夫莫之能对也，吾知三焉。"武子怒曰："大夫非不能也，让父兄也。尔童子，而三掩人于朝。吾不在晋国，亡无日矣。"击之以杖。

二曰文子让功。一次晋师归，（副将）范文子后入。武子曰："无为吾望尔也乎（你不以为我盼望你吗？）"对曰："师有功，国人喜以逆（迎接）之，先入，必属耳目焉，是代帅受名也，故不敢。"武子曰："吾知免矣（你这样谦让，我认为可以避祸免害了）。"晋公见范叔，对曰："庚所命也，克之制也，燮何力之有焉！（这是庚的命令，克的节制，我有什么功劳呢？）"。

三曰存敌安内。《国语·晋语6》中记载：前575年春，楚国以收买手段，将原本归附晋国的郑国拉拢过去。当时的晋国新君厉公年轻而雄心勃勃，执政正卿栾书，主张讨伐郑国。范文子不同意，他看到晋国内部矛盾重重，如果晋国对外作战获胜，就更助长了厉公的骄气，激化了国内矛盾。在范文子看来，诸侯的归附对当时的晋国有害无利。当时能跟晋国抗衡的只有楚国，保留楚国这个"外患"不仅没有安全危机，反而有助于缓解晋国的内部矛盾。但没有人这么长远地看问题。鄢陵一役如栾书等所料而胜，但在胜利面前，晋国君臣都飘飘然。只有范文子不但没有感到高兴，反而更加忧心忡忡，甚至希望自己快点死去，一死百了。后来，晋厉公果然杀了三郤（晋国的大臣）并陈尸于朝，收取了他们的妻妾，将财宝分给爱妻。随后厉公又想对付栾氏与中行氏，反被两大家族联手。在翼城被杀，埋葬在翼城的东门外，只用一车四马陪葬。后不到一年，范文子自咒而死。

范宣子：范文子之子范宣子在晋悼公时就较早地登上了晋卿之位，担任中军佐，为悼公建立霸业起了重要的作用。关于他的故事主要有二：

其一曰荐才让贤。晋悼公十三年（前560年），中军将荀罃卒，按惯例应是中军佐范宣子升任其职。但范宣子认为上军将荀偃比他年长，经验丰富，更适合任中军将。范宣子让贤，对于晋国荐贤重才风尚的发展起了重要的促进作用，使晋国出现了"其卿让于善，其大夫不失守，其士竞于教，其庶人力于稼穑，商、工、皂、隶不知迁业"的可喜局面，并与诸侯和睦，少有战事。可见荐才让贤，可以对内增强凝聚力，对外增强威慑力，胜过一时的兵强马壮。

其二曰宣子定刑。春秋以前，诸侯国之间实际上是以家族组织为基础的宗法社会，依靠“礼”来维持社会关系。进入春秋时代，旧的社会秩序遭到破坏，各诸侯国开始出现成文法典。作为春秋首霸的晋国的社会改革最有成效，土地制度发生巨大变化，“作爰田”、“作州兵”，人民与土地从领主手中转到国家政权手中，促使郡县制在晋国首先得到发展。于是晋国先后出现了“士蔿之法”、“被庐之法”、“赵宣子之法”、“范武子之法”。为维持统治，前550年（晋平公八年），范宣子在晋国以往法典基础上，制定了一部刑书，即“范宣子刑书”，这是我国第一部从国家总法中分离出来的刑事法规。前513年，晋卿赵鞅、荀寅把范宣子刑书铸在鼎上，公布于众。晋国的刑鼎和此前23年郑国子产所铸的刑书，被公认为我国最早的成文法。范宣子刑书是当时政治法律制度的一项重大改革，它的公布是晋国由礼治走向法治的标志，顺应了历史变革的潮流，对后世也产生了深远的影响。《韩非子·定法》篇说“晋之故法未息，而韩之新法又生”，魏、赵两国的法典和李悝的《法经》都受到范宣子刑书的影响。在三晋这个法家学派的摇篮里产生出来的一批如李悝、吴起、商鞅、韩非等著名法学家，在历史上做出了不朽的贡献，充分显示了范宣子刑书在我国法制史上的划时代意义。

博按：《诗》云：“‘恺悌君子，民之父母。’非至德，其孰能顺民如此其大者乎！”今之历史考证，范武子为中华大家庭中范氏、刘氏、士氏、随氏之先显祖。而观范武子言必依于信，行必依于义，和而不谄，廉而不矫，直而不亢，威而不猛之评价，实春秋之际，中华礼教时代之完美人格。而在其教化之下，文子以至德大道化人，宣子以至德融合刑法治世，三代之间，既有家风之传承，又有思想之递进，实中华文明良性发展之缩影。而以此可见，范氏于六卿中虽及早退出政治舞台，无如韩、赵、魏三家于战国时代之“激情表演”，实范氏“以德让功”、“礼义为怀”之良好家风传承，以及“求死避祸”的远见先知。而正是他们的退让和隐忍于世，才使他们的后人如范蠡、汉高祖刘邦等人于此后的中国大地上演了更为宏大的历史大剧。尤其是范蠡这样的范氏后人，其在越国建立不世功勋之后，能够毅然决然挂冠而去，泛舟五湖，三致三散千金，皆范氏三贤之行事风格和血脉相传，以此可见家风及宗族教化之重要。中华民族中的百家姓氏，发展至今者，皆有其优秀之传统与基因，治史者当深刻挖掘之、总结之、宣扬之，以宗族之实际教化，当优异于泛泛的道德说教。

行文至此，不由再录一段《国语》故事。据传，晋国六卿之赵文子曾与叔向同游于晋墓地九原。赵文子曰："死者若可起也，吾谁与归？"叔向曰："其阳子乎？"文子曰："夫阳子行廉直于晋国，不免其身（即最后没有善终），其智不足称也。"叔向又曰："其狐偃舅犯乎？"文子曰："夫舅犯见利而不顾其君，其仁不足称也。"叔向曰："子意属谁？"文子曰："唯范武子，纳谏不忘其师，言身不失其友，事君不援而追，不阿而退。"以此可知范氏先祖武子于当时的巨大影响力。

40. 三家分晋：智伯不智，德不胜才

公元前544年（晋平公十四年），吴国延陵季子出使晋，同晋国赵文子、韩宣子、魏献子相见晤谈后，即作预言焉："晋国之政，卒归此三家矣。"其实此时之晋国执政者有六卿，韩、赵、魏之外，尚有范、中行、智氏三家。公室卑弱，六卿强大，政在私门。但韩、赵、魏三家优势还不明显。其中，智氏的势力最大。但因为其领袖智宣子的一次错误嗣君选择，终于使延陵季子的预言成真，实可深鉴于后人。

当时，智宣子（时晋国势力最大之公卿）将以其子智瑶为后。智果（智宣子之弟）曰："不如宵也。瑶之贤于人者五，其不逮者一也。美鬓长大则贤，射御足力则贤，伎艺毕给则贤，巧文辩慧则贤，强毅果敢则贤，如是而甚不仁（即其以五有个方面过人的能力，却不能行仁义——无德）。夫以其五贤陵人，而以不仁行之，其谁能待之？若果立瑶也，智宗必灭。"但智宣子没有接受智果的劝告。

智瑶（后世称为智伯）继位后，确实大有作为，内政方面灭范、中行二氏，驱逐晋出公，拥立晋哀公，独擅国政；外事方面一次兴兵伐齐，两次率军讨郑，战功赫奕，威震诸侯。然而此时其"贪而愎"之"无德"弱点逐渐暴露。史载一次智伯在蓝台与韩康子、魏桓子宴饮，竟于酒宴上戏弄韩康子，

并且侮辱韩康子的家臣段规。智国（智族另一大臣）进谏，说这样做恐怕会招来祸患。智伯大言不惭地说："难将由我，我不为难，谁敢兴之！"智伯四下结怨，却不自省，公然伸手向韩氏索要土地。韩康子意欲拒绝，其臣段规劝谏道："不可。夫智伯之为人也，好利而鸷愎（贪财且刚愎自用），来请地不与，必加兵于韩矣。君其与之。与之彼狃（犬性骄而贪之意），又将请地于他国，他国不听，必乡（同向）之以兵；然则韩可以免于患难，而待事之变。"韩康子纳段规之言，决定送给智伯一个万家之邑，派出使者奉上。智伯一计得逞，随即又向魏氏索要土地。魏桓子当然也不愿意，但其谋臣任章曰："无故索地，天下必惧；君予之地，智伯必骄。骄而轻敌，邻国惧而相亲。以相亲之兵，待轻敌之国，智氏之命不长矣！"并以"将欲败之，必姑辅之；将欲取之，必姑与之"之论说之，魏桓子遂亦送智伯万家之邑。智伯又如法炮制，向赵襄子索要蔡、皋狼之地。襄子断然拒绝。智伯当即率领韩、魏二氏，以三家甲兵攻伐赵氏，意欲一举而翦灭之。赵襄子帅国人走避晋阳而抗之。遂有历史著名之晋阳之战。是役，赵襄子于危城之中，阴联韩魏，里应外合，大败智伯，杀智伯，尽灭智氏之族。前453年，赵、魏、韩三家瓜分智氏领地。前375年，韩赵魏三家瓜分晋侯剩余土地，晋国彻底灭亡，史称"三家分晋"。

博按：太史公司马迁曾评价说，智伯不智者，在于德不配位，才不胜德，仁不统才，其以强才而贪欲，终至三家分晋而致战国乱局。晋文公开创之百年之基业，尽毁于其手。然反而言之，晋文之春秋霸业，实建立于狐偃、先轸、赵衰、贾佗、魏犨诸臣之谋与力，然其于霸业之后，以其"德治"而分封诸公，此春秋"封建"制度使然，而渐使诸公卿坐大而难制，遂有三家分晋之果，以此观之，晋之三分，因晋文因"有德"而启之，而由智伯以无德而成之。两千余年后观察这段历史，三家分晋之根本原因，实礼崩乐坏之后，居功自大的士大夫（庶族）与诸侯（贵族）之间的权力再分配，是中国自春秋时期的贵族之治，向秦汉时期的庶族之治发展的先声。三家能够分晋，则陈胜、吴广和项羽、刘邦亦可以覆秦，此之谓也。而司马公德才之论，是建立在汉武帝时期儒家思想成为正统，"德治思想"大行其道的社会背景之下，太史公试图以智伯之败而强调"德"在中央集权体制下社会治理体系中的重要性，从而劝导汉廷当政者以“德治天下”，太史公苦心，其中可鉴也！

41. 赵襄子恒山寻宝：燕赵之强实肇于此

赵襄子为晋公卿赵鞅之子，因母是从妾，又是翟人（少数民族）之女，因在赵鞅诸子中属地位不高之庶子。并因其丑，甚至连赵鞅也看不上他。但其敏而好学，胆识过人，不似诸兄纨绔。赵鞅注重对诸子之教育培养，曾将训诫之辞书于竹板之上，分授诸子，要求他们认真习读，领悟其要旨，并嘱于三年之后查考之。然三年之后，诸子无人能颂，甚至连世子伯鲁也背诵不出，有的甚至连竹板也不知遗失何处。只有赵襄子对竹板上训诫背诵如流，而且始终将竹板携藏于身，经常检点自己。于是，赵鞅始信襄子为贤。及至诸子长大成人，赵鞅又对他们进行更深入之考察。一日命诸子曰：“吾将一宝符藏于常山（今大茂山即河北古恒山，在河北阜平西北境）之上，你们前往寻找，先得者有赏。”于是，诸子乘骑前往，寻宝符于常山。然而，众子皆空手而归。唯有襄子归后报告曰说：“凭常山之险攻代，代国即可归赵所有，此为宝也”！赵鞅听罢高兴异常，立即废掉世子赵伯鲁，破例立赵襄子为世子。后襄子果宴杀代王，兴兵伐代，一举占领代国，将其领土并入赵氏版图。后于晋阳之战，联合韩魏二卿之力，击败智伯之军，遂有三家分晋之功。后来，赵襄子不传其子而传前世子伯鲁之孙赵浣，后者亦不负襄子之托而开赵立国，成战国七雄之一。

博按：赵襄子以庶子之出而好学问道，其见识之广、思虑之深、胸怀之广，诚战国诸君中之佼佼者。中国博大精深的历史传承的妙处在于，如赵襄子这样的重要人物，其在历史事件中的所作所为，和他的名字一起，成了后世建立功业、实现个人理想的一个象征。何以这么说？因为在“襄子”这个名字的背后，原本包含着“出身卑微”、“庶不主承”的门第之别和荣辱之分。然而襄子却能够以自己的刻苦努力和深谋远虑，最终成功撕破贴于他名字上的庶出标签，成为历史的主宰。而且襄子更加英明之处，在于其胸怀大局，在“接班人”选择上，择其贤者而传之，此实为春秋诸侯家史中所罕见。燕赵之雄立于七国，实赵襄子创造之良好开端。而襄子之后代赵武灵王，无鉴其先祖之明略，于传位时感情用事，终至身死沙丘，不亦悲乎？！

42. 一代雄主魏文侯和西河学派的文化渗透

西汉刘向所编的《说苑政理》中记载了战国初期一代雄主魏文侯与李克的一段对话。今录以闻：

魏文侯问李克曰：“为国如何？”对曰：“臣闻为国之道：食有劳而禄有功，使有能而赏必行，罚必当。”文侯曰：“吾赏罚皆当，而民不与，何也？”对曰：“国其有淫民乎？臣闻之曰：夺淫民之禄，以来四方之士。其父有功而禄，其子无功而食之，出则乘车马，衣美裘，以为荣华，入则修竽琴钟石之声，而安其子女之乐，以乱乡曲之教。如此者，夺其禄以来四方之士，此之谓夺淫民也。”

魏文侯问于李克曰：“吴之所以亡者何也？”对曰：“数战数胜。”文侯曰：“数战数胜，国之福也，兵以此亡何也？”李克曰：“数战则民疲；数胜则主骄。以骄主治疲民，此其所以亡也。是故好战穷兵，未有不亡者也。”

一个故事引出战国二百余年历史中，最先称雄的一代雄主魏文侯。

战国初期，三家分晋，七雄格局初定之时，魏国因西有秦韩，南有楚，北有赵，东有齐，地处中央，为四战之地，易攻难守。然而在极为不利的环境下，深具忧患意识且雄心勃勃的魏文侯重用李悝、翟璜为相，改革弊政，推行了中国历史上第一次成功的改革；用乐羊、吴起等为将，攻掠中山国、秦国、楚国；以李悝教授法经，依法治国，魏国呈现出蒸蒸日上的旺盛生机。史传文侯在位50年，选贤任能，内修德政，外治武功，向西攻占了秦国河西地区，向北越过赵国，伐灭中山国，向东打败齐国大军。公元前403年，魏与赵韩一起被名义尚存的周天子正式封为诸侯。后世史家著书无不称赞魏文侯之贤。

史载魏文侯在对秦攻略中除了军事打击、政策攻心外，还进行了一系列的文化渗透措施，而在这一过程中所诞生的“西河学派”，对整个战国历史和以后的中国历史走向都产生了极为深远的影响，是以本文专门详述之。

魏文侯在占据原属秦国的河西一带领土后，深知秦人之性，不易武力屈服，却心向中原文化。于是魏文侯重用当时著名的大儒子夏，拜子夏为老师，在西河讲学（史传魏文侯亲拜子夏为师，对子夏异常尊重，给国君做老师是当时儒家的最高荣誉，即所谓的帝王师，子夏是第一个享有这个荣誉的大儒，甚至孔子在生前也没有享受过如此尊高的荣誉。子夏被魏文侯的诚意感动，答应亲赴西河）。子夏是孔子的学生，名卜商，为“孔门十哲”、“七十二贤”之一，《论语》中许多名言如“巧笑倩兮，美目盼兮”、“过犹不及”等语皆出自于这位中国历史上的第一位“帝王之师”。魏文侯在延请子夏来西河的时候，子夏已是百岁老人，很少亲自教授了。是以在西河真正教授的是子夏的弟子齐人公羊高、鲁人谷梁赤、魏人段干木和子贡的弟子田子方等人。

由于子夏做了魏文侯的老师，而且亲自坐镇西河，华夏文化的重心就从鲁国转到了魏国，转到了西河，形成了著名的西河学派。

子夏在西河的象征意义极其重大，不仅对秦国、楚国、赵国这些边地诸侯国的“怀化”（文怀远人，化及蛮夷）作用十分显著，而且使魏国俨然成为中原各国中的文化宗主国。孔门之儒本来是以教授礼、乐、射、御、书、数六艺的教师。及至孔子逝后，儒家由于各有侧重而产生不同的流派，相当于不同的学科。如鲁国的曾参之儒是以重礼，尤其是重孝为代表的流派，培养的是掌礼之儒；而子夏之儒培养的是经世济用之儒，是当时最有影响力的儒学流派。是以子夏到西河后，谋求进身的士人纷纷转入西河学习。这些士人在西河学派学习后，很自然地选择魏国作为其效力的首选国家。这样，西河学派为魏国吸引、培养了大批官员。

西河学派教授的内容很丰富。公羊高与谷梁赤本来不是最能代表子夏思想的学生，但由于他们教授的历史学科春秋是以服务国君为对象的，所以魏文侯抬高了他们的地位。公羊高口授的春秋成为后来《春秋公羊传》的蓝本，谷梁赤口授的春秋成为后来《春秋谷梁传》的蓝本。子贡的学生田子方传授的不仅包括儒本身的六艺，还包括子贡对儒学的发展，纵横术与经商的本领。纵横术是士人成为官员后，从事外交所必须具备的才能，而经商致富则是一个官员富国富民所必须要掌握的知识。子贡、田子方对传统六艺的发展是与当时的时代发展，各国对官员的要求相适应的。其中段干木是子夏看重的一个学生，他教授的主要是培养高级官员之“理论内容”。魏文侯担心段干木培养的高级官员不为魏国所用，反而与魏国为敌，便让段干木主要教习魏国的公室贵族。

魏国原本继承晋国文化，更多受到鬼谷文化（由鬼谷子开创的文化学派）影响，因为鬼谷文化更多是平民文化，是以魏文侯在使用大臣时能够不看出身门第，重视能力，提拔了很多平民和有戎狄背景的人才，比如吴起和李悝都是来自卫国的平民；乐羊、西门豹则是魏国的平民；翟璜是戎狄出身。而西河学派兴起后，在段干木及得到其真传弟子的教授下，魏国的公室贵族出现了大批的人才，如公叔痤、公子昂，成为魏国高级官员的一个主要群体。这样，西河学派与鬼谷学派的争斗便产生了。鬼谷学派虽然不像西河学派这样大张旗鼓地收徒讲学，但也在不断地表达不同的学术见解。而正是在两派的纷争之中，中国文化中的儒、道、法诸文化产生了激烈的碰撞、交流、融合，并得以发展。而之后齐国稷下学宫的建立和百家争鸣的文化高峰，正是基于西河学派与鬼谷学派在学术上的争论。魏国之所以能够在战国称霸百年，一方面是由于强大的军事实力，另一方面就是因为魏文侯把魏国变成了中原各国的文化中心。

关于魏文侯，还有两个小故事可堪一记。

《资治通鉴·周纪》，魏文侯使乐羊伐中山，克之；以封其子击。文侯问于群臣曰：“我何如主？”皆曰“仁君。”任座曰：“君得中山，不以封君之弟而以封君之子，何谓仁君？”文侯怒，任座趋出。次问翟璜，对曰：“仁君。”文侯曰：“何以知之？”对曰：“臣知之闻君仁则臣直。向者任座之言直，臣是以。”文侯悦，使翟璜召任座而反之，亲下堂迎之，以为上客。

虽是一件事，可见文侯的豁达与洞明。

另一件事则出自《战国策》：

魏文侯与虞人（即侍卫）期猎（约会出去打猎）。是日，饮酒乐，天雨。文侯将出，左右曰："今日饮酒乐，天又雨，公将焉之？"文侯曰："吾与虞人期猎，虽乐，岂可不一会期哉！"乃往，身自罢之。魏于是乎始强。

此事则赞文侯以诚信得将士拥护而致国家强大。

又一事则出自《晏子春秋·杂上》，是成语"皮之不存，毛将焉附"的出处：

魏文侯出游，见路人反裘而负刍。文侯曰："胡为反裘而负刍？"对曰："臣爱其毛。"文侯曰："若不知其里尽而毛无所恃耶？"明年，东阳上计钱布十倍（即一个名叫东阳的地方贡奉十倍于往年的钱给魏文侯），大夫毕贺。文侯曰："此非所以贺我也。譬无异夫路人反裘而负刍也，将爱其毛，不知其里尽，毛无所恃也。今吾田不加广，士民不加众，而钱十倍，必取之士大夫也。吾闻之下不安者，上不可居也，此非所以贺我也。"

一代雄主，正是在这样的见微知著、推物及政、知政之失中诞生。

博按：读于魏文侯之史，始知春秋战国之交，当周室衰落，诸侯纷争，乱世方起之始，各国于忧患之中，开始推行变法和施行善政，不拘一格笼络人才，而中华文明的巅峰，正于此时以百家争鸣之面目出现。而魏文侯所倡导的西河学派和齐威王所建立的稷下学宫，则为中华文明的交流、碰撞、融合和发展提供了舞台和条件。而读于魏文之史，更感怀于古哲先贤之远见卓识和宽阔胸怀；尤其是魏文侯以其"信于虞人"得天下士心，观路人反裘负刍而推及施政之要，更使今人为之叹服。而反观两千多年来，在中央集权体制下，大多数手握权柄者，因无有效监督和问责机制，在上而不能取信于天下，为政而不能察表而及里，唯知饱食终日、浑浑噩噩，能不愧于魏文乎？

43. 李悝：中华第一次成功变法

公元前422年（秦国商鞅开始变法前的66年），在号称“四战之地”的魏国，一代雄主魏文侯任命曾经在抗秦一线为官多年、名师子夏的弟子李悝为相，开始了中国历史上第一次，也是唯一一次完全成功的变法。

李悝变法的主要内容，一是提出“尽地力”的“重农政策”。要求尽可能开垦荒地和提高单位面积的产量，调动人民种田的积极性。李悝把国家掌握的一部分荒地分给农民耕种，使一些没有土地的农民获得了土地，转为自耕农，而国家也得到什一之税（农民收入的十分之一）。《史记》指出李悝提到过“必杂五种，以备灾害，力耕数耘，收获如寇之至”。就是说，谷物的耕植须采取多种经营方式，有的作物如受自然灾害，还有其他作物可以收获；耕地要深，除草要勤，收获时要如防备寇盗那样快，以免作物遭受损失。

二是实行“平籴法”。提出一项设置“常平仓”的政策，在年成好的时候，政府以平价收购余粮食作为储备，使粮食价不至于暴跌；荒年时再以平价出售，保证粮价不至于暴涨。用这种方法限制商人的投机活动，保护农民利益。这样的方法，为此后的王安石变法、张居正改革、至正更化所借鉴。

三是破除旧制，论功行赏。李悝提出必须整顿吏治，他向魏文侯建议：“要剥夺那些无功受禄的所谓淫民的特权。实行有劳才能得食，有功才能得到爵禄，任用真正有才能的人，并对他们的功劳要给以奖赏，这样做才能招来天下贤士为魏国服务。”魏文侯采纳了这一建议，把禄位和奖赏赐给对魏国发展有功的人。在这一思想指导下，魏国大力提拔和重用新兴地主阶级的代表人物，用新的封建官僚制度代替旧的世卿世禄制度，这是当时社会政治制度的一大变革。

四是实行法治，建立完备的魏国法律，对于国家法令、政府职能、官员的升迁奖惩、军功的奖励，都做了最完备的规定，这个法律的名字叫《法经》，是中国历史上第一部封建制度下的国家大法。

五是改革军事制度，建立“武卒”制，即对军队的士兵进行考核，奖励其中的优秀者，并且按照不同士兵的作战特点，重新进行队形调整，合理安排军队编制，充分发挥军队的作战潜能。以致在当时的战国军事界，有“齐之技击不可遇魏之武卒”的说法。

李悝的变法成为时代的潮流，从而形成了“蝴蝶效应”。他的变法思想，几乎被当时各国封建统治者所接受，从而引发了中国历史上第一次轰轰烈烈的全国性变法。

李悝变法有所成就之后，建议魏文侯走上扩张之路，他的首选目标就是西出击秦。公元前419年，魏国西渡黄河在少梁（今陕西韩城西南）筑城，建造进攻秦国的军事据点。西进过程中，遭遇了秦军的有力抵御。这时，李悝和大夫翟璜向魏文侯推荐了名将吴起（和商鞅同为李悝的弟子），并被任命为魏军攻击秦国的主将。公元前413年，吴起率魏军在西河战场战胜秦军，冲破秦军西河防线。随后，吴起直扑秦国进入渭河平原的咽喉要地郑（今陕西华县一带），秦国举国震惊。随后，吴起指挥渡河的魏军陆续占领了王城（今陕西大荔）、合阳（今陕西合阳东南）、阴晋（今陕西华县东）等城。吴起向北还夺取了戎狄少数民族的大片土地，魏文侯在此设置了上郡（今陕西境内洛河以东，黄河以北，子长以南）。魏国又占领了陕（今河南三门峡西），控制了西方与中原交通的黄金通道。自此，魏国将秦国压制在洛水以西长达八十年。（此后，在李悝和魏文侯相继去世后，魏国贵族势力反扑，吴起因害怕魏武侯降罪而出走楚国，导演了历史上的吴起变法）

关于魏文侯与李悝，历史上还有一段著名的公案值得重温。据《史记》记载，这个公案是文侯与李克之间关于征求“良相”的对话，然经后世史家考证，这段话实是太史公笔误，其实为与李悝的对话。全文录之如下：

魏文侯与李克（悝）曰：“先生尝有言曰：家贫思良妻，国乱思良相。今所置非成（魏成）则璜（翟璜），二子何如？”对曰：“卑不谋尊，疏不谋戚。臣在阙门之外，不敢当命。”文侯曰：“先生临事勿让。”克（悝）曰：“君弗察故也。居视其所亲，富视其所与，达视其所举，穷视其所不为，贫视其所不取，五者足以定之矣，何待克哉！”文侯曰：“先生就舍，吾之相定矣。”

博按：关于李悝，司马迁曾评论说：“魏用李悝尽地力，为强君。”班固称李悝“富国强兵”。李悝变法使魏国走上富强之路，是中国变法之始。随后楚国吴起变法、秦国商鞅变法，都在继承和发展着李悝的变法实践，在中国历史上产生了深远的影响。中华三千年政治史，鲜有完全成功的改革。即便商鞅的改革曾经缔造了强大的秦国，但因为其采取了与李悝背道而驰的“富国弱民”、“穷兵黩武”的原始军国主义政策，从而使秦国成为昙花一现的短暂暴政，而且商鞅自己也成为改革的悲壮牺牲品；而另一位改革家吴起，在楚国的改革也是半途而废且身死于国，也不能算是一次成功的改革。独他们的老师李悝成功地推行了改革，不但奠基了魏国百年霸业，而且李悝本人也善终于朝。而分析李悝改革的成功，原因有三：其一，有明君魏文侯的强力支持。魏文侯不但深具忧患意识，而且善于从战略上观察形势，采取了一系列笼络人才、文化渗透的正确决策，为李悝的改革提供了强大的人才支撑和舆论支持，于中央集权体制下，这一条尤其关键；其二，李悝本人，因长期在地方为官，且处于强敌前线，非但了解民生民情，而且知军知势，因此其改革的内容切中时弊，具有很强的针对性和适应性。李悝之成功推行改革，正是韩非子所谓“宰相必起于州部，猛将必发于卒伍”的现实注脚；其三，李悝的改革，正是春秋战国之交，形势逼人，在处于“四战之地”的魏国，时无论魏国王室贵族，还是普通百姓，都有着强烈的忧患意识和危机意识，加上魏国本身的文化多元性（交通便利，各种文化交融机会较其他国家为多），从而使得改革的阻力较少。而中华历史上第一次也是唯一一次成功变法，亦将为后世包括今天的改革，提供有益的参考和借鉴。另外，李悝让魏文侯通过观察大臣“身边亲近的人”和其“对待财富”、“对待官位”、“对待贫穷时的不为不取”等五条原则，成为历代君王大臣考察干部人选的最佳标准，可谓深得用人之道。

44. 赵武灵王：一世英主，为情所伤

战国之世，因其乱局，是以雄才伟略之君主亦屡出。如秦之惠文王、楚之昭王、魏之文侯、燕之昭王，而其中于中国历史最具强大意义者，莫过

于赵武灵王赵雍。灵王之雄才伟略，在其父赵肃侯去世时已然崭露头角。时魏、楚、秦、燕、齐各派锐师万人来参加“会葬”（其实为讨伐）。因赵肃侯生前英雄一世，与魏、楚、秦、燕、齐等国连年恶战而不处下风，赵国俨然成为北方新霸。尤其是魏惠王，曾遭赵肃侯连续发动合纵攻势，使魏国霸业受到严重削弱。赵肃侯死后，魏惠王即首先发难，联合楚、秦、燕、齐四国以会葬为名，各派精兵，意图趁赵国新君年幼之际，伺机图赵。

十五岁之新君赵雍在托孤重臣肥义帮助下决定采取针锋相对、鱼死网破之强硬应对措施，摆开决战架势来迎接这些居心叵测的“吊唁大军”。赵武灵王下令赵国全境戒严。代郡、太原郡、上党郡和邯郸的赵军进入一级戒备，准备随时战斗。联合韩国和宋国这两个位于秦、魏、楚、齐之间的国家，使赵、韩、宋三国形成品字形结构，将秦、魏、楚、齐四个国家置于两面受敌或者三面受敌的被动局面。又重赂越王无疆，使之攻楚，先把与赵国无大仇之楚国注意力转移到越国身上。另外又重赂楼烦王击燕和中山。中山在楼烦的攻击下，也无暇顾及对赵国的趁火打劫。

在战略部署完成之后，赵武灵王命令前来吊葬的五国军队不得进入赵国边境，只许五国使者携带各国国君吊唁之物入境，由赵国负责接待的大臣将他们直接送往邯郸。魏、秦、齐见赵国重兵待客，戒备森严，而且赵、韩、宋联盟已成，不得不打消了占赵国便宜之念。少年赵武灵王初涉君位便经受住一次严峻考验。

国内大局稳定后，赵武灵王即励精图治，在其周旋之下，助燕昭王即位，稳定了燕赵大局，并在秦武王在周举鼎绝膑而死的情况下，逼迫秦武王庶母宣太后立公子稷为王，是为秦昭襄王，并强迫秦国以楼缓为相，从而奠定秦赵友好关系。

赵武灵王于中国历史之最重大意义，在于其对国内成功进行“胡服骑射”军事改革。因为这一改革被史书广为讨论，在此不做详论。单说赵武灵王在成功改革军事背景下，向北拓展国土，击灭中山国，夺取林胡和楼烦大片土地，设立雁门郡（今山西北部神池、五寨、宁武以北至内蒙古间地区）和云中郡（今内蒙古大青山以南、黄河以南，长城以北之间），迫使林胡和楼烦等游牧民族大幅向北迁移。赵武灵王并派人修建两道长城，以阻止林胡和楼烦南下。第一道在今内蒙古乌加河、狼山一带；第二道在今内蒙古乌拉特前旗、包头、呼和浩特至河北张北一线。

在赵武灵王经营之下，赵国很快成为战国七雄中的强国之一。赵武灵王曾于信都的信宫（在今河北邢台）大会天下诸侯。《太平寰宇记》云："赵成侯造檀台，有信宫，为赵别都，以朝诸侯，故曰信都"。《史记》曰："梁襄王与太子嗣、韩宣王与太子仓来朝信宫"。又说"大朝信宫，召肥义与议天下，五日而毕。"

然而，就在赵武灵王事业如日中天时，赵武灵王却错误地将王位传给其爱妾之子赵惠文王赵何，而自己则称为"主父"。其初衷是，自己经常亲自带兵打仗，不知道什么时候就会遭到不测，以此确保在自己有生之年把政权平稳过渡给接班人，而且还要"扶上马，送一程"。然而，由于赵武灵王在选择继承人时却犯了感情用事之大忌，其在政权交接时，于前爱妾之子公子章和后爱妾之子公子何中间踌躇不定，左右为难，最终酿成"沙丘之乱"，以致公子章被公子何杀于主父宫，而自己亦被饿死于沙丘，一代伟王，终死于自己儿子之手！

博按：赵武灵王本为一位有为之君主。若非在继承人选择上感情其事（因其二子皆很优秀，且二子之母均为武灵王最爱的妾妃之一，武灵王是以在选择继承人上大乱其心，犹豫不决，以致沙丘之乱），其所建立的高度中央集权体制和先进的军事制度，很可能会加速赵国统一中原之进程，则中华历史之走向，很可能向着另一个方向发展。可惜的是，在中央集权体制之下，父死子继的传统和立贤立长的矛盾，始终是历代王朝兴衰更替的主要原因之一，而以赵武灵王的智慧和勇气，在战国相对开放的文化环境之下，没有以法制的形式和民主的方法，把王国嗣君选择进一步制度化、法制化和民主化，不但成为中国历史的千年之憾，亦成为赵武灵王本人悲惨命运的最终肇因，读来令人不胜唏嘘。然而，即便如此，武灵王之政权设计和其军事改革，一定程度上巩固了王权。所以尽管赵武灵王自己最后死于非命，但在这场政变中由于赵王何牢牢掌握着经赵武灵王改造加强的王权，才没有演变成全国性的大叛乱，赵国反而一跃成为当时之超级强国，与秦国共同成为战国后期争霸战的主角，在这层意义上说，赵武灵王仍不啻是战国时期的一代雄主。

45. 遥望黄金台，昭王今安在

公元前311年，正值战国时代。北中国大地发生了一件千年未有之大事：一向默默无闻的燕王哙，听信蛊惑，竟将君位“禅让”给其相国子之。史载“哙与子之国，百姓不戴，诸侯弗与”（可见禅位非人也）。后燕国将军市被和太子平进攻子之，结果被子之所杀。齐国借机进入，“五十日而举燕国”，燕王哙身死，子之被擒后处以醢刑（醢音害，相传此刑为商纣王所创，指将犯人剁成肉酱）而死。后因“齐人残暴，燕人畔”，遂有赵武灵王扶持为质于韩国之公子职回国即位，是为战国时期大名鼎鼎的燕昭王。

《战国策》记载：昭王即位后发愤图强，卑身厚币以招贤者。

其曾谓郭隗（燕国大臣）曰：“齐因孤国之乱，而袭破燕，孤极知燕小力少，不足以报，然得贤士与共国，以雪先王之耻，孤之愿也！先生视可者，得身事之！”

郭隗曰：“帝者与师处，王者与友处，霸者与臣处，亡国与役处（称帝者把人才当做老师相处，称王者把人才当做朋友相处，称霸者把人才当做臣子相处，亡国者把人才当成奴役相处）。诎指而事之（指通旨，即想法，意指怀着谦虚的心态而尊敬人才），北面而受学，则百己者至（比自己强百倍的人会前来投奔），先趋而后息，先问而后嘿（指和朋友一样相处，不如和老师那样尊重，有失于礼敬），则什己者至（比自己强十倍的人会前来投奔）。人趋己趋，则若己者至。凭几据杖，眄视指使，则厮役之人至矣（即下等的奴才就会前来投奔）。此古服道致之法也！王诚博选国中之贤者，而朝其门下，天下闻王朝其贤臣，天下之士必趋于燕矣。”

昭王曰：“寡人将谁朝而可？”郭隗先生曰：“臣闻古之君人，有以千金求千里马者，三年不能得，涓人（即近侍之人）言于君曰：‘请求之。’君遣之。三月得千里马，马已死。买其首五百金，反以报君。君大怒曰：‘所求者生马，安事死马而捐五百金？’涓人对曰：‘死马且买之五百金，况生马乎？天下必以王为能市马，马今至矣。’于是不能期年，千里之马至者三。今王诚欲致士，先从隗始；隗且见事，况贤于隗者乎？岂远千里哉？”

于是昭王为郭隗筑宫而师之。此后，乐毅自魏往，邹衍自齐往，剧辛自赵往，士争凑燕。据载，名士阴阳家邹衍到燕国时，燕昭王亲自抱着扫帚为他扫地，怕尘埃落到他身上。燕王弔死问生，与百姓同其甘苦。二十八年，燕国殷富，士卒乐佚轻战。于是遂以乐毅为上将军，与秦、楚、三晋合谋以伐齐。齐兵败，湣王出走于外。燕兵独追北，入至临淄，尽取齐宝，烧其宫室宗庙。齐城之不下者，唯独莒、即墨。

在伐齐战争取得决定性胜利的同时，昭王又派燕将秦开袭破东胡，迫使东胡从燕国东北部后退千余里，燕国领土向东北扩展到辽东一带。燕还向南进军，攻占了中山国许多地方。昭王终使弱燕跻身于战国七强之列。

博按：春秋战国诸明君中，燕昭王与晋文公重耳在人生经历上有相似之处：即皆曾经国内之大乱局（文公经曾经骊姬之乱，昭王则经燕王哙让国之乱），都曾为质于诸国，都经大国援手而即位（昭王在赵武灵王帮助下复国即位，文公则在秦国的帮助下即位），正因为即位之前所经受之磨难，燕昭王始能奋发图强以成强燕之势。昭王之“昭”，一在于卑身厚币以纳贤才，观其筑黄金台，师邹衍诸人，虽战国“四君子”亦难与之相提并论；二在于用其所长以成其功。观其用乐毅以几灭强齐（如或昭王不亡，则齐必为燕所灭），用秦开以击东胡，拓地千里，皆属用人所长；三在于其审时度势奏成大功。昭王即位二十八年始有击齐之举，可谓隐忍不发。其能联合秦、魏、赵、韩诸国以击齐，亦纳乐毅之谏，亦为对敌我实力之准确判断。读史至此，良不记唐人陈子昂所做之《燕昭王》一诗乎：

南登碣石馆，遥望黄金台。
丘陵尽乔木，昭王安在哉？
霸图今已矣，驱马复归来。

46. 孙武与范蠡：成就春秋两霸业，功成身退为“二圣”

春秋末年，有两个北方人，先后活跃于吴越之地，他们几乎以一人之智而改变历史，他们先后以一己之功而成就两个春秋霸主，而且，他们都在成功实现其政治理想和抱负后功成身退，可谓春秋时期真正的大政治家和大军事家，一个被后世誉为“军圣”，一个被后世誉为“商圣”。二人者，孙武、范蠡是也。

孙武，本齐国田氏后人，即“兵圣”司马穰苴后人，因逃难而至吴，经伍子胥推介，向吴王阖闾献《兵法十三篇》，后成功辅佐吴军入楚作战，五战而五胜，攻入楚都郢，从此使吴国名震华夏，成为春秋一霸。孙武之明，在于其于大功后即退隐江湖，终成一代军圣，其所写《孙子兵法十三篇》不但流传千古，而且至今仍然在指导着中国乃至全世界的军事实践。

范蠡，本楚国宛人。因不满当时楚国非贵族不得入仕之门阀政治限制而投奔越国，后经文种推荐，助越谋吴前后二十年，以吴兵之强，则用齐鲁晋楚之兵以疲之；以子胥之智，则藉伯嚭以杀之；以夫差之傲，则卑事厚赂以肆之。乃至用兵之奇正，金鼓之虚实，处处以诡道行之，而终于颠灭吴国，使越王勾践成就五霸之业。而范蠡之明，在于观察越王勾践之“可共患难不可共富贵”之性格特点，功成后毅然挂冠而去，从此浮游五湖，以商立身，三致千金，再散与民，后人誉之：“忠以为国，智以保身，商以致富，成名天下”，终成一代商圣陶朱公。

博按：读史先贤远哲，尤服孙武范蠡二公。功成而身退，名高而守拙，为古人居高守盈者之所尚。其“二圣”之后，殊可叹者，推荐孙武之伍员，与推荐范蠡之文种，皆因不知进退而身死名辱，岂不悲乎？而后世求谋功名而不得善终者，多知进而不知退、既不自知亦不他知之徒，其如伍员、文种之流，囿于主观之断，耽于表象之见，不知中央集权体制之下，权力与名利，既可荣身扬名，又可杀身取害，可谓“双刃之剑”，是以大智慧如孙武、范蠡者，多于国名利禄之间，能够适可而止，急流勇退，不名而名，不为而为，反而最终赢得完美的人生。宁不深戒之、慎思之乎。

47. 平原君荐马服君故事

夜读《中国历代战争史》，有感于战国四君子之平原君与名将赵奢故事：赵奢初为赵国田部吏，收租税，平原君不肯出，赵奢以法治之，杀平原君用事者九人。平原君怒，欲杀奢。奢曰：君于赵为贵公子，今从君家而不奉公，则法削，法削则国弱，国弱则诸侯加兵，是亡赵也，赵亡，君安得有此富乎？以君之贵，奉公如法，则上下平，上下平则国强，国强则赵固。而君为贵戚，岂轻于人下耶？平原君（听赵奢一席话后）以奢为贤，荐之于王，王使之治国赋，国赋大平，民富而府库实。以后秦赵“阏与之战”，赵奢大破秦兵，以战功而被封为“马服君”，此皆平原君推荐之功。

博按：自古有主明而臣直，主黯而臣佞之说，以赵奢之智，必知平原之贤，因此犯上直言，反脱颖而出为国之重器。此中国先秦时代古士人之良风。然中华自宋元以降，人心不古，道德沦丧，直言之风渐弱，忠勇之士渐少，实中华文明经历长期摧残折磨之后，人人诿言以求安，事事虚构以求功，所谓“人事洞明”者，不过“阿谀取容之道”。是以勿责后世之不直，唯因中华文明发展至近代，因为中央集权背后之巨量利益，当政者被长期奉承阿谀，既不知何谓忠直之言，亦不愿知其细微之过，而为政之失，则常在其中矣。

48. 中华第一改革家商鞅：成就了强秦，毁灭了弱己

读史战国，深以商鞅变法措施及成果奠定大秦百年王业基础为赞叹，亦为商鞅最后惨遭“五马分尸”之下场为大憾。然细读《史记商君列传》，不禁为

之释然。今录司马公文中一段商鞅与赵良的一段著名对话以相佐并论之：

商君相秦十年，宗室贵戚多怨望者。赵良见商君。……商君曰："始秦戎翟之教（当初秦国的习俗和戎狄一样），父子无别，同室而居。今我更制其教，而为其男女之别，大筑冀阙，营如鲁卫矣。子观我治秦也，孰与五羖大夫（春秋时期秦国名相百里奚，前有专论）贤？"赵良曰："千羊之皮，不如一狐之腋；千人之诺诺，不如一士之谔谔。武王谔谔以昌，殷纣墨墨以亡。君若不非武王乎，则仆请终日正言而无诛，可乎？"（武王允许大臣们直言谏诤，国家就昌盛，纣王的大臣不敢讲话，因而灭亡。您如果不反对武王的做法，那么，请允许鄙人整天直言而不受责备，可以吗？）商君曰："语有之矣，貌言华也，至言实也，苦言药也，甘言疾也。夫子果肯终日正言，鞅之药也。鞅将事子，子又何辞焉！"赵良曰："夫五羖大夫，荆之鄙人（乡野之人）也。闻秦缪公之贤而愿望见，行而无资，自粥於秦客，被褐食牛。期年，缪公知之，举之牛口之下，而加之百姓之上，秦国莫敢望焉。相秦六七年，而东伐郑，三置晋国之君，一救荆国之祸。发教封内，而巴人致贡；施德诸侯，而八戎来服。由余闻之，款关请见。五羖大夫之相秦也，劳不坐乘，暑不张盖，行於国中，不从车乘，不操干戈，功名藏於府库，德行施於后世。五羖大夫死，秦国男女流涕，童子不歌谣，舂者不相杵。此五羖大夫之德也。今君之见秦王也，因嬖人景监以为主，非所以为名也。相秦不以百姓为事，而大筑冀阙，非所以为功也。刑黥太子之师傅，残伤民以骏刑，是积怨蓄祸也。教之化民也深於命，民之效上也捷於令。今君又左建外易，非所以为教也。君又南面而称寡人，日绳秦之贵公子。诗曰：'相鼠有体，人而无礼，人而无礼，何不遄死。'（《诗经》上说：相鼠还懂得礼貌，人反而没有礼仪，人既然失去了礼仪，为什么不快快地死呢。）以诗观之，非所以为寿也。公子虔杜门不出已八年矣，君又杀祝懽而黥公孙贾。诗曰：'得人者兴，失人者崩。'此数事者，非所以得人也。君之出也，后车十数，从车载甲，多力而骈胁者为骖乘，持矛而操闟戟者旁车而趋。此一物不具，君固不出。（没有警卫就不敢出门了！）书曰：'恃德者昌，恃力者亡。'君之危若朝露，尚将欲延年益寿乎？则何不归十五都，灌园於鄙，劝秦王显岩穴之士，养老存孤，敬父兄，序有功，尊有德，可以少安。君尚将贪商於之富，宠秦国之教，畜百姓之怨，秦王一旦捐宾客而不立朝，秦国之所以收君者，岂其微哉？亡可翘足而待。”

商君弗从。

后秦孝公死后，商鞅果被秦惠文王车裂。

博按：商君本有大功于秦，以今观之，若无商君之法，则秦之日益强大并渐次统一华夏，很可能将成为泡影，是以商鞅亦有大功于华夏之统一。然而，商君法制精神具有很大的局限性。商君只能成法制兴邦之一时表象，不知中央集权体制之下法制的虚伪本质，且其奢侈而不知自守，功成而不知身退，终于身裂家灭。此段赵良与商鞅的著名对话，其实质为儒家思想与法家思想的一次“正面交锋”。商鞅秉承法家思想，自然不能接受赵良的建议，而其后的身死族灭，非赵良之言而有效，实法家思想在中国以儒为本的文化土壤里缺失生存空间而已。

49. 再论商鞅：成也商君之法，败也商君之法

历代史家皆认为，商鞅于秦国的改革，虽身死而法行，是秦国所以强大而统一六国之基础，而秦帝国之翕乎而亡，亦根因于在商君之法所建立的暴政之下，今且详论其因。

商君之法，在《商君书》记载颇为翔实，其中可见其法主要建立在以下两种“理论基石”之上：

基石一：政作民之所恶，民弱；政作民之所乐，民强。民弱国强，民强国弱，“故有道之国务在弱民”，（国家政策制定的是人民憎恶的东西，人民就弱；国家政策制定的是人民喜好的东西，人民就强。人民弱了，国家就强；人民强了，国家就弱；所以治理国家的道理在于使人民处于弱势）。在这一点上，商君之法错误地把国富与民强对立起来，具有巨大的历史局限性。

基石二：国为善，奸必多；国富而贫治，日重富，重富者强；国贫而富治，日重贫，重贫者弱（国家施行善政，民众中就一定会出现许多奸诈之人。国家富有，

但执行让人民贫穷的政策，视为富上加富，富上加富的一定就强大。国家贫穷，但执行让人民富有的政策，视为贫上加贫，贫上加贫的一定就衰弱），在这一点上，商君之法提倡国家要“行恶政”而不是“行善政”。

概括来说，商鞅变法的主要手段，主要通过弱民而使国家强大。而“弱民”的具体手段，则可以分为“愚民”、“辱民”和“穷民”三种手段。其中，在“愚民”方面，商君之法规定：一是禁止民众阅读诗书。商鞅曾多次指出，诗书和礼乐、诚信、仁义，以及爱好和平之类的品行，都如同虱子般而有害。一个国家倘若容许这些东西存在，这个国家就很危险。他认定的理想状态是：“愚农不知，不好学问，则务疾农”（愚昧的农民无知无识，不会推崇学识，就会一心一意地种庄稼）为了禁绝民众阅读诗书接受教育，商鞅烧掉了大量民间私藏的诗书。而且，在他的示范下，秦始皇在统一六国后更是大规模焚书坑儒，制造了中国历史上第一次文化浩劫。二是禁止民众自由迁徙。春秋战国时期，各国民众本有自由迁徙之便。商鞅却认定，民众自由迁徙，必然会使秦国国君治下的民众减少。所以，商鞅提出：“使民无得擅徙，则诛愚。乱农之民无所于食而必农（禁止民众自由迁徙，那么他们就会愚昧无知。如此一来，那些不安分的到处迁徙的人就会失去混饭吃的地方）。”追根究底，商鞅是第一个以国家立法形式，禁止民众用脚投票的权利。三是禁止民众与外国人交往。商鞅提出了“无外交，则国安而不殆”的理论，禁止民众和“外国人”交往，杜绝民众和外面的生活加以对比，以防产生“邪念”。

在“辱民”方面，就是国家通过各种法令和措施，使民众永远生活在卑贱和猥琐的阴影里。商鞅提出：“民有私荣，则贱列卑官，富则轻赏，辱则贵爵，弱则尊官，贫则得赏（老百姓若有了荣誉，就会轻视爵位，鄙视政府；老百姓富裕，就会不把国家的赏赐当回事，民众处于卑贱之中，就会看重显赫的爵位；民众处于弱势地位，就会更加畏惧官员；民众一穷二白，就会很在乎政府的赏赐）。”为了达到辱民目的，商君之法规定：其一，加重对民众违法的处罚力度，建立连坐制度，“重刑而连其罪”。规定：“一人有罪，父母妻子连带受罚。老百姓每五家互保，十家相连。五家称为伍，十家称为什。伍与什实行连坐”；在伍什之内，民众必须互相监督，互相检举，互相揭发。如果发现奸人而不告发的，处以腰斩；积极检举揭发的，予以重奖。在这种他人即地狱的政策下，当邻里之间、朋友之间，甚至亲族之间也因缺少最起码的安全感而统统沦为潜在的告密者，每个人都不得不充当国家不花钱的特务时，其人格的卑下、自私和渺小自不待言。其二，任用奸人，发动群众斗群众。商鞅断定：“用善，则民亲其亲；任奸，则民亲其制（国家任用善良的人，那么民众就会相亲相爱；国家任用奸恶的人，那么民众就会敬畏国家制度）”。商鞅认为，具备健全人格而又良知未泯的良民，一般情况下，大抵不愿去充当不光彩的告密者。诚如是，则连坐制就很难推行并见成效。与此相反，长期处于卑贱地位，渴望有朝一日出人头地的奸人们，在面对以官爵厚禄奖赏时，他们会刻意关注别人——这别人，可能是邻居、朋友、亲戚或兄弟——的过失。于是乎，举报成风，私刑滥用，人人自危，而民风大坏。

在“穷民”方面，商君之法推出了新政：其一，打击商人，抑制商业。重农抑商的传统在中国流行了两千年，其滥觞者便是商鞅的《商君书》。商鞅认为，商人是游民，他们来往四方，以追逐利润最大化为目的，对国家统治民众有很强的腐蚀性，而且动摇了以农战为核心的基本国策。因此，商鞅规定：凡是擅自从事商业活动的，全家一并逮捕，没入官府为奴。此外，还制定了颇为细致的具体措施。比如：禁止粮食交易；取缔民间旅馆，提高酒肉价格，迫使经营者关门。而打击商人的主要目的，就是把民众束缚在土地上，成为出则为战、入则为农的“良民”。其二，征收重税。战国时期主要税种为人头税，为了避免民众偷逃赋税，商鞅进行了世界上最早的人口普查和身份登记。商鞅认为，只有这样，“民不逃粟，野无荒草，则国富，国富则强。”在防止普通民众逃税的同时，“重关市之赋，则农恶商，商有疑惰之心（加重关税和市场上的商品税，那么农民就不会轻易尝试经商，商人也会对自己还能否坚持下去产生怀疑）”。商鞅时期，秦国政府向民众收取的各种赋税，再加上徭役折算成实物，据专家估算，大约相当于民众年收入的五分之四。其三，将山林和湖泊收归国有。其目的，是打击依靠山林和湖泊谋生的猎人、药农和渔民等不务正业者。

商鞅相信，只有这样的变法，才能使秦国出现两种他需要的局面：一方面“王者得治民之至要，故不待赏赐而民亲上，不待爵禄而民从事，不待刑罚而民致死（君主掌握了治理民众的关键原则，那么民众就会不等君王赏赐就觉得君王可亲可敬；不等君王封爵加禄，民众便听从命令；不等君主使用刑罚，民众就争相为君主去送死）”。另一方面，则使“民之见战也，如饿狼之见肉，父遗其子，兄遗其弟，妻遗其夫，皆曰：不得，无反（老百姓听说要打仗，欢喜得像饿狼看到肉。为了打仗，父亲送儿子，哥哥送弟弟，老婆送丈夫，欢天喜地上战场。都说，你要是没砍下敌人的脑袋，就不要活着回来见我）”。

博按：正是在商君之法的强力推动下，大秦帝国很快以风卷残云之势灭亡了六国，又因为严酷的刑法逼迫陈胜、吴广和项羽、刘邦们以摧枯拉朽之势推翻了大秦的暴政。中国第一个大统一王朝，就这样在成也商君之法败也商君之法的历史悲叹中成为远逝的短暂背影，让今天的我们不胜唏嘘。然而，商君之法留给中华历史的，并不仅仅是秦帝国速亡的惨痛教训，更给以后的历代王朝开了一个很坏的先例，留下了几千年挥之不去的历史后遗症或曰“政治基因”。自秦以后，历代王朝除了少数几位有为明君之外，大部分的朝代，要么重农轻商，要么严刑酷法，要么愚民昧民，要么监守自盗，要么闭关锁国，其中无不是“借鉴”于“商君之法”的“成功实践”。而这些朝代的统治者往往只看到了“商君之法”给秦国带来的短暂的强大，却看不到其反人类、反发展的消极一面，看不到民众的不可蒙蔽性和历史发展的大势所趋，于是乎，在商君之法的各色旗帜下，一个个朝代轰轰烈烈地建立起来了，一个个朝代又凄凄切切地消亡了，而中华文明的健康发展之路，正是在这样兴衰循环、王朝更替、痛苦挣扎中一次次失去了正确的方向，一次次沉沦于外族的入侵和欺凌，一次次走进了无法自拔的历史怪圈，直到近代以来，虽经无数仁人志士前赴后继的血荐轩辕式的探索，然而终因历史的包袱过于沉重而渐渐没入了人类文明的地平线之下，至今未能重新振作起来。吾等于今天回望两千年前的商君之法，宁责于商君乎？

50. 战国名将王翦：求田索舍，为帅知君

战国之末，为秦国统一六国做出最大贡献者，莫过于名将王翦。时六国除韩国外，其余五国皆为王翦父子所灭。史载当王翦率二十万大军向北进发，一路斩将夺隘，先获韩王假于阳翟，后亡赵王迁于邯郸，再杀燕太子丹

于易水，又逐燕王喜于关外。消息传至咸阳，秦王慰问使者络绎于道，又是加官晋爵，又是赏赐巨万，多人皆以为喜，独王翦深以为忧。其子王贲亦不解，问曰：“父有功于国，王甚信任，他人皆以为喜，而尊父独忧，何也？”王翦道：“犬子何知？秦王其人，胸隼、蜂头、豺声、长目，此寡恩相，只能共患难，不可同富贵。观其囚母、杀弟、车裂假父、鸩杀宰相……（此皆秦王嬴政即位后所行之残忍手段），令人寒心。吾今率数十万精兵，其能安心否？”是以秦灭燕后，王翦即告老还乡，不问政事。

秦又谋灭楚。当秦王于朝堂上征询加兵几何于楚时，年轻将军李信道：“楚乃垂亡之国，二十万人足矣。”而王翦则认为：“楚不比中原小国，地域辽阔，兵将广，非六十万人不可伐楚。”秦王认为李信年轻有为，勇敢果断，才堪大用。于是派李信率二十万大军伐楚，结果中了楚将项燕诱敌深入之计，退路被切断，秦兵大败。秦王得知败军之消息，亲临王翦府上探问，试图请王翦领命出征。《史记·白起王翦列传》对此如此记载：（王翦仍以）“老臣罢病悖乱，唯大王更择贤将。”秦王谢曰 “已矣，将军勿复言！”王翦曰：“大王必不得已用臣，非六十万人不可。”秦王曰：“为听将军计耳。”于是王翦将兵六十万人，始皇自送至灞上。王翦临行，向秦王素要请美田宅园池甚众。秦王曰：“将军行矣，何忧贫乎？”王翦曰：“为大王将，有功终不得封侯，故及大王之向臣，臣亦及时以请园池为子孙业耳。”秦王大笑。王翦既出关，反复五次派使者向秦王素田请宅。或曰：“将军之乞贷，亦已甚矣。”王翦曰：“不然。夫秦王怚而不信人。今空秦国甲士而专委于我，我不多请田宅为子孙业以自坚，顾令秦王坐而疑我邪？”

后果如是：王翦以六十万军而以逸待劳，终于大破荆军。至蕲南，杀其将军项燕。秦因乘胜略定荆地城邑。岁余，虏荆王负刍，竟平荆地为郡县。因南征百越之君。而王翦子王贲，与李信破定燕、齐地。王翦则于大功告成后即引退归老，得以善终。

博按：真名将者必有韬略，有韬略者必知彼知己，知彼知己者必先知其君（尤其是性格特点），王翦之知其君，一如范蠡之知勾践也。相传，项燕临死时曾对王翦说：“我身死秦将，秦将必没于楚后。楚虽三户，亡秦必楚。”是以，王翦隐居后，坚决反对其后代投军，他对孙子王离说：“道家忌三代为将，杀戮过重之故。我家已有三人为大将，杀戮过多，现天下已平，投军已非上策。”但后来其孙王离不听其劝告，依然成为秦国将军。十多年后，始皇死，胡亥立。三年后，农民起义爆发，第一个攻入咸阳、灭了秦国之人，就是楚人沛公刘邦，而项羽入关时，在关外与他大战的正是王翦之孙王离，结果王离被项羽所杀。而项羽者，正是楚国名将项燕之后。以此结果观之，王翦不但明于战阵权谋，更明于天下大势矣！

51. 秦赵两位“武安君”的悲剧人生

终战国之数百年间，可称名将者，不过李牧、白起、王翦、廉颇四人。盖四人者，皆于战国之末世，当强秦图一中原之时，以秦军为进攻一方，始有白起、王翦两位名将；当秦之攻者，以赵为首且承受当面之最强攻击，是以守方亦出现两位名将即廉颇与李牧。因李牧与白起先后被赵、秦王封为“武安君”，且同样为其君王所冤杀，是以在此一并述之：

李牧。《史记》载：“李牧者，赵之北边良将也。”其量敌用兵，大略常示弱以骄敌，后再飨士强军以击敌，并多为奇阵，张左右翼击之，曾大破杀匈奴十余万骑。其为边将，灭襜褴，破东胡，降林胡，致单于奔走。李牧为边将十余岁间，匈奴不敢近赵边城。赵悼襄王元年，廉颇亡魏，赵使李牧攻燕，拔武遂、方城。后七年，秦破杀赵将扈辄于武遂，斩首十万。赵乃以李牧为大将军，击秦军于宜安，大破秦军，走秦将桓。封李牧为武安君。三年后，秦攻番吾，李牧击破秦军，南拒韩、魏。赵王迁七年，秦使王翦攻赵，赵使李牧、司马尚御之。秦不能胜，遂派人送赵王宠臣郭开万金，使其从中反间，言李牧、司马尚欲反。赵王迁昏聩不能辨，乃使宗室赵葱及齐将颜聚代李牧。李牧不受命，赵王乃使人阴杀之，废司马尚。李牧死后三月，王翦因急击赵，大破赵军，杀赵葱，虏赵王迁及其将颜聚，遂灭赵。

白起。《史记白起王翦列传》载：白起者，郿人也。善用兵，事秦昭王。自昭王十三年起，大小数百百战，无不胜，以军功封为武安君。四十七年，秦以离间计使赵王换帅廉颇为赵括后，阴使武安君白起为上将军，战赵国于长平。赵括出兵击秦军，秦军佯败而走，赵军逐胜，而秦奇兵二万五千人绝赵军后，又一军五千骑绝赵壁间，赵军分而为二，粮道绝。其将赵括出锐卒自搏战，秦军射杀赵括。括军败，卒四十万人降武安君。武安君乃挟诈而尽阬杀之，俟后秦复定上党郡，白起军围邯郸。秦相应侯范睢妒白起之功而毁之，而无故使白起撤军。白起乃称疾不出。再后秦王使王陵、王龁围邯郸，不能拔。楚使春申君及魏公子将兵数十万攻秦军，秦军多失亡。武安君言曰："秦不听臣计，今如何矣！"秦王闻之，怒，彊（通强）起武安君，武安君遂称病笃。应侯请之，不起。於是免武安君为士伍，迁之阴密。武安君病，未能行。居三月，诸侯攻秦军急，秦军数却，使者日至。秦王乃使使者赐之剑，自裁。武安君引剑将自刭，曰："我何罪于天而至此哉？"良久，曰："我固当死。长平之战，赵卒降者数十万人，我诈而尽坑之，是足以死。"遂自杀。

博按：读史战国，观用兵如神、战功卓著者，莫过于两位武安君。尤其观李牧痛歼匈奴一役，实善陈军事伪装之策略，其骄敌之法，隐忍数年始击于一发，实今古难得之战例。而白起之战功，亦终秦之世，无人能超越。即后王翦之功，亦白起所奠定之良好基础。然后世之所悲者，在二名将性格强梁耿直，只知坚持而进，不知委屈而退；只知对敌于外，不知防备于内，是以最终皆以身死家灭，其中既因其主昏庸，亦因其不知中央集权体制之下君主之残忍特性。是以《要略》特撰一联以合四名将并挽两"武安君"：

李牧难廉颇之逃而抗命不忠于赵王，以致身死；

王翦因白起之祸而索田求舍于秦王，终免于祸。

横批曰：岂不谬哉！

52. 长平之战中的平原君：并非"利令智昏"

战国之末世，六国得以苟延残喘数十年，实赖"战国四公子"之力。而其中出力最大、影响最久者，莫过于平原君赵胜。平原君本为赵武灵王之子，惠文王之弟，因贤能而闻名，礼贤下士，门下食客至数千人，先为赵惠文王之相，后为赵孝成王之相。其于主政于赵之数十年间，曾以推荐名将赵奢为其大功。并以得“毛遂自荐”而联楚抗秦而闻名于后世。然因秦赵长平之战，赵大败于秦，太史公在究其根源时，批评“始作俑者”平原君为“利令智昏”，窃以为此论实有失公允。因于此述之以辩：

先是，韩败于秦后，欲割上党地与秦，守将冯亭不愿降秦，献上党十七邑与赵国，欲引赵国抗秦。赵孝成王大喜，但平阳君赵豹认为不可接受。孝成王召平原君与另一大夫赵禹商议此事，两人皆认为可以接受。于是赵王派平原君前去受地，而令廉颇领军驻于长平，遂引发长平之战。赵孝成王六年（前260年），赵王以赵奢之子赵括替代廉颇为将，秦军包围赵军，赵括投降，秦军坑杀赵军四十万。赵孝成王九年（前257年），秦军包围赵国都城邯郸。后在平原君和毛遂的竭力说服下，楚国和魏国联军救赵；平原君散尽家财犒赏军队，募得敢死之士三千人，由其门下李同率领攻击秦军，秦军退却三十里。楚、魏援军随后赶来，解了邯郸之围，秦军始解围退去。在《史记·平原君虞卿列传》里，太史公司马迁如此评价平原君：“平原君，翩翩浊世之佳公子也，然未睹大体。鄙语曰‘利令智昏’，平原君贪冯亭邪说，使赵陷长平兵四十余万众，邯郸几亡。”

博按：当战国之末，以秦之强，中原大地独赵国之军事实力可与之抗衡，韩国共邻于赵秦，以其之具有战略意义之上党地区（秦国东出中原的要地），加之于秦，则秦愈强；加之于赵，则赵于秦之劣势为之减弱。且赵之得上党十七城，非得地也，且得冯亭等数万将士，此谓不世之功。平原君为强赵之远谋，为国家战略利益之所使，原本无可厚非。而后之战争发展，因赵王舍名将廉颇而用书生赵括，致使长平军败，邯郸被围，其赵王用将之罪也，就事论事，原不该以“利令智昏”加之于平原君。且观平原君之平日用事，因其妾笑跛而杀之，以散尽家财而募军击秦，皆非“利令智昏”之辈。且以始作俑者之冯亭论之，其以上党地区，宁与中原之赵，不与虎狼之秦，（在当时）亦可视为维护中原主体地位之正确选择和英雄血性，而绝非“邪说”。太史公以“利令智昏”加之于平原君赵胜，实只见其果而不究其因，只见其表而不探其微，以纯粹文史学家之眼光见之于政治家、谋略家之历史抉择，此中可见认识上的较大局限性，今特为正之。

53. 浮出历史烟云的长平之战

长平一战，于战国末期历史走向的重要性无与伦比：因为这一战改变了秦赵两国实力对比，为秦国最终统一中国扫清了最大的障碍。而且，由于这一战牵扯到的战国名人太多［廉颇、白起、赵括（赵奢）、平原君赵胜、秦昭王、赵孝成王、范雎等，博注］，形成了诸如“纸上谈兵”这样的成语典故，所以为历来政治家、军事家和乡村巷里津津乐道，并长期作为各类教科书的经典战例。而大陆所编之《中国军事通史》和台湾所编之《中国历代战争史》，论及“长平之战”故事时，皆援引《史记》之记载，称长平之战秦国“战神”白起将四十万赵军降卒一举坑杀：“括军败，卒四十万人降武安君”，“乃挟诈而尽坑杀之”，“前后斩首虏四十五万人”。本着怀疑历史的精神，本文遍阅有关史料，比照各类史书和观点，实以为此战之结果实有违真实之历史，有必要予以澄清和进一步探究其真相：

其一，当战国末期，因为七国之间长年交兵，国无宁日，人口凋敝，确凿的历史证据证明当时举七国总人口，亦不过两千万人左右，秦赵两国，一个处于西，一个处于北，都不算人口密集之中原地区，当时赵国总人口不超过三百万人，其中青壮兵员，多至六分之一（减去一半女性，减去年十五岁以下和四十岁以上之老者［按当时人口平均寿命不超过五十岁］），若是一次被坑杀四十五万之多，则赵国必将无兵在随后的都城邯郸保卫战中坚守两年并最终挫败秦军进攻；又在邯郸解围后的次年主动出击，击败信梁的秦军；更令人不可思议的是，它随后又击败了燕国出动两千辆战车两路大军的进攻，杀死燕将栗腹，俘虏了燕将卿秦和乐闲；更不可能在后来很短的时间内又夺回了归属于上党郡的长平。

其二，以《史记》所描述，当赵括率五十万大军迎敌之时，白起敢于仅用两万五千人去断绝赵军后路、堵截援兵，以五千骑分割穿插赵军中路。以冷兵器时代之战争而言，这样的兵力运用无异于以卵击石，不但难以达到分割偌大战场之目的，更会给赵军以反包围、反分割之机会。而且，按照“战神”白起自己的说法，长平之战秦军本身伤亡过半：“今秦虽破长平军，而秦卒死者过半，国内空”。从秦军后来攻邯郸的疲态，以及信梁军被赵军击败来看，白起这一说法是可信的。按照《史记》的记载，战争后期秦昭王亲自赴河内部署作战，并下令全国十五岁以上男丁均赴长平参战。“王自之河内，赐民爵各一级，发年十五以上悉诣长平。”如果秦军总兵力与赵军相当，四十五万，那么在赵军投降前秦军就已战死了近二十万。《孙子兵法》云，“十则围之”。如果秦军总兵力一百万，两倍于敌，到赵军投降时就已伤亡过半死伤五十万人。也就是说赵军只用五万人的伤亡，就使秦军损失了五十万人，战场上满眼都是秦军的尸体，如此一来赵军为什么要投降？

其三，以今天的考古证明，埋藏于长平古战场的尸体大多是战死后被埋藏于地下，而非“坑杀”，且数量亦绝无“四十万”之多，亦可为证此战实为历史之一大谎言。邵服民先生在《赵国历史文化论丛》（河北人民出版社1989年版）著文《秦赵长平之战赵国兵力质疑》，亦认为秦“斩首虏四十五万”是可疑的；他指出秦军是为攻韩薄弱地区上党而来，并非来打一场歼敌数十万人的会战，赵亦不会为此一役发空国之兵；赵军被分割为二，不能迂回腾挪，说明地形险要而狭小，实地考察省冤谷（谷口）虽比《寰宇记》所称“六十步”略大一些，但在此坑杀四十万众绝难实施，“白起或未有杀降……或杀降数目距四十万人相去甚远”。

博按：读史笔记的目的之一，在于力求还原历史的真相。近代以来，随着考古学的深入发掘和历史资料的广泛发现，一些历史事件的真相必将会重新浮出历史的烟云之外。而揭露其真相的重大意义在于，即使著名如司马公之《史记》，后世之读者亦必须以怀疑的眼光去读它。因为“尽信书不如无书矣”。博读《史记》之时，常关注其春秋笔法之运用以及遣词用句之凝练至当，而常怀疑其历史观之真实程度，何也？毕竟以司马公受当时生存状态和现实条件之束缚，许多历史事实往往取材于口口相传之说，而缺乏资料佐证和考古印证。如长平之战，与司马公相去已经百余年，且当年司马迁的六世祖司马靳曾参与长平之战。后因秦王猜忌白起，和白起一起被赐死。以司马公贬秦而扬赵之历史心态（而且司马公本一儒生，对行法家之治的秦视为异族），必添油加醋以抹黑秦军之残暴，而历史的真相，就这样被悄然淹没了。

54. 信陵君之死

关于战国四君子，贾谊于其名篇《过秦论》中曾言："当此之时，齐有孟尝，赵有平原，楚有春申，魏有信陵。此四君者，皆明智而忠信，宽厚而爱人，尊贤而重士。"其中所指之信陵君，即魏公子无忌。魏安釐王之异母弟，因其封于信陵（今河南省宁陵县）而称为信陵君。

史载信陵君为人仁而下士，士无贤不肖皆谦而礼交之，不敢以其富贵骄士。士以此方数千里争往归之，致食客三千人。当是时，诸侯以公子贤，多客，不敢加兵谋魏十余年。公子曾与魏王棋，而北境举烽（北部边境有敌军进攻的烽火传来），有言"赵寇至，且入界"。魏王欲罢棋召大臣谋。公子止王曰："赵王田猎耳，非为寇也。"复棋如故。王恐，心不在博（赌博）。居顷，复从北方来传言曰："赵王猎耳，非为寇也。"魏王大惊，曰："公子何以知之？"公子曰："臣之客有能深得赵王阴事者，赵王所为，客辄以报臣，臣以此知之。"是后魏王畏公子之贤能，不敢任公子以国政。

魏安釐王二十年，秦昭王已破赵长平军，又进兵围邯郸。信陵君之姊为赵国平原君夫人（时魏赵联姻以抗强秦），数遗魏王及公子书，请救于魏。魏王使将军晋鄙将十万众救赵。秦王使使者告魏王曰："吾攻赵旦暮且下，而诸侯敢救者，已拔赵，必移兵先击之。"魏王恐，使人止晋鄙，留军壁邺，名为救赵，实持两端以观望。平原君使者冠盖相属于魏（即不断派人求助魏），并责怪魏公子曰："胜（赵胜，即平原君。）所以自附为婚姻者，以公子之高义，为能急人之困。今邯郸旦暮降秦而魏救不至，安在公子能急人之困也！且公子纵轻胜，弃之降秦，独不怜公子姊邪？"公子患之，数请魏王，及宾客辩士说王万端（万般劝说之意）。魏王畏秦，终不听公子。公子自度终不能得之于王，计不独生而令赵亡（准备与赵同亡），乃请宾客，约车骑百余乘，欲以客往赴秦军，与赵俱死。后公子用谋士侯生计，窃符杀晋鄙，选兵八万人，进兵击秦军。秦军解去，遂救邯郸，存赵。赵王及平原君自迎公子于界，平原君负韊矢为公子先引（战国时一种大礼，表现平原君对信陵君的感激之情）。赵王再拜曰："自古贤人未有及公子者也"。当此之时，平原君不敢自比于人。

魏王怒公子之盗其兵符，矫杀晋鄙，公子亦自知。已却秦存赵后，使将将其军归魏（另派大将带魏军回国），而公子独与客留赵。赵孝成王感恩于公子，以鄗地为公子汤沐邑（实为其封地）。公子留赵十年不归。秦闻公子在赵，日夜出兵东伐魏。魏王患之，使使往请公子。公子复告车趣驾归救魏。魏王见公子，相与泣，而以上将军印授公子，公子遂使使遍告诸侯。诸侯闻公子将，各遣将将兵救魏。公子率五国之兵破秦军于河外，败蒙骜。遂乘胜逐秦军至函谷关，抑秦兵，秦兵不敢出。当是时，公子威振天下，诸侯之客进兵法，公子皆名之，故世俗称《魏公子兵法》。秦王患之，乃行金万斤于魏，求晋鄙客（门客故人），令毁公子于魏王曰："公子亡在外十年矣，今为魏将，诸侯将皆属，诸侯徒闻魏公子，不闻魏王。公子亦欲因此时定南面而王，诸侯畏公子之威，方欲共立之。"秦数使反间，伪贺公子得立为魏王未也。魏王日闻其毁，不能不信，后果使人代公子将。公子自知再以毁废，乃谢病不朝，而与宾客为长夜饮，多近妇女。日夜为乐饮者四年，竟病酒而卒。其岁，魏安釐王亦薨。秦闻公子死，使蒙骜攻魏，拔二十城，初置东郡。其后秦稍蚕食魏，十八岁而虏魏王，屠大梁，魏灭。

博按：古人云"失一人而失天下"，魏之失信陵君可为其显例。同为四战之地，魏文侯因用李悝、翟璜为相，以乐羊、吴起为将而开魏强国，安釐王因失信陵而亡国，良可惜之。《史记》载高祖刘邦年轻之时，数闻公子贤。及即天子位，每过大梁，常祠公子。太史公因之评其为战国四公子之首，曾曰："吾过大梁之墟，求问其所谓夷门。夷门者，城之东门也。天下诸公子亦有喜士者矣，然信陵君之接岩穴隐者，不耻下交，有以也；名冠诸侯，不虚耳。"《要略》以为，战国之时，天下一心以抗强秦者，大势尔，信陵君以信义为怀，天下名之，是以景从纷纷。且魏国，乃天下之腹心，信陵以天下信任而居腹心之地，是以能号令诸侯者，天时、地利、人和也。然另而言之，战国四君子者，因其出身之贵而时人赖之，时势成之，其实多为"欺世盗名"之徒，后人传颂之，赞美之，不过为求进之梦想所照，亦为夸大人才之重要性而过度简化历史之结果。

55. 孟尝君与门客冯驩的春秋大义

关于战国“四君子”中最有名之孟尝君，《史记·孟尝君传》有一段精彩记述：

有冯驩者，闻孟尝君好客，蹑蹻（急匆匆之意也）而见之。孟尝君曰：“先生远辱，何以教文也？”冯驩曰：“闻君好士，以贫身归于君。”孟尝君置传舍（今之宾馆也）十日，孟尝君问传舍长曰：“客何所为？”答曰：“冯先生甚贫，犹有一剑耳，又蒯缑（即用蒯绳缠之，形容其简陋），弹其剑而歌曰‘长铗归来乎，食无鱼’”。孟尝君迁之幸舍（更好的房间，即提高了接待标准），食有鱼矣。五日，又问传舍长。答曰：“客复弹剑而歌曰‘长铗归来乎，出无舆’（指没有专车乘坐）。”孟尝君迁之代舍，出入乘舆车矣。五日，孟尝君复问传舍长。舍长答曰：“先生又尝弹剑而歌曰‘长铗归来乎，无以为家’（又想让孟尝君为其置家购房，述其索求无度之状）。”孟尝君不悦。

孟尝君时相齐（是齐国的宰相），封万户于薛。其食客三千人。邑入（即正常赋税收入）不足以奉客，使人出钱于薛（放高利贷也），岁余不入，贷钱者多不能与其息，客奉将不给（门客们的“工资”将无以为继了）。孟尝君忧之，问左右：“何人可使收债于薛者？”传舍长曰：“代舍客冯公形容状貌甚辩，长者，无他伎（同技）能，宜可令收债。”孟尝君乃进冯驩而请之曰：“宾客不知文不肖，幸临文者三千余人，邑入不足以奉宾客，故出息钱于薛。薛岁不入，民颇不与其息。今客食恐不给，愿先生责之。”冯驩曰；“诺。”辞行，至薛，召取孟尝君钱者皆会，得息钱十万。乃多酿酒，买肥牛，召诸取钱者，能与息者皆来，不能与息者亦来，皆持取钱之券书合之。齐为会，日杀牛置酒。酒酣，乃持券如前合之，能与息者，与为期；贫不能与息者，取其券而烧之。曰：“孟尝君所以贷钱者，为民之无者以为本业也；所以求息者，为无以奉客也。今富给者以要期，贫穷者燔券书以捐之。诸君强饮食。有君如此，岂可负哉！”坐者皆起，再拜。

孟尝君闻冯驩烧券书，怒而使使召驩。驩至，孟尝君曰："文食客三千人，故贷钱于薛。文奉邑少，而民尚多不以时与其息，客食恐不足，故请先生收责之。闻先生得钱，即以多具牛酒而烧券书，何？"冯驩曰："然。不多具牛酒即不能毕会，无以知其有余不足。有余者，为要期。不足者，虽守而责之十年，息愈多，急，即以逃亡自捐之。若急，终无以偿，上则为君好利不爱士民，下则有离上抵负之名，非所以厉士民、彰君声也。焚无用虚债之券，捐不可得之虚计，令薛民亲君而彰君之善声也，君有何疑焉！"孟尝君乃拊手而谢之。（以此观之，孟尝君可谓明矣。）

此后，齐王惑于秦、楚之毁（秦、楚不断派人行反间之计，诋毁于孟尝君也），以为孟尝君名高其主而将擅齐国之权，遂废孟尝君。诸客见孟尝君废，皆去。独冯驩告于孟尝君曰："借臣车一乘，必令君重於国而奉邑益广，可乎？"孟尝君乃约车币而遣之。冯驩西说秦王曰："秦齐，雄雌之国也，势不两立为雄，雄者得天下。"秦王问道："怎么才能使秦国称雄天下呢？"冯驩说："王亦知齐之废孟尝君乎？"秦王曰："闻之。"冯驩曰："使齐重于天下者，孟尝君也。今齐王以毁废之，其心怨，必背齐；背齐入秦，则齐国之情，人事之诚，尽委之秦，齐地可得也，岂直为雄也。君急使使载币阴迎孟尝君，不可失时也。如有齐觉悟，复用孟尝君，则雌雄之所在未可知也。"秦王大悦，乃遣车十乘黄金百镒以迎孟尝君。冯驩辞以先行，复至齐，再说齐王以秦将用孟尝之理，齐王即召孟尝君而复其相位，而与其故邑之地，又益以千户。秦使闻孟尝君复相齐，还车而去。

齐王废孟尝君时，其客皆去。后召而复之，冯驩迎之。皆未到，孟尝君叹息道："文常好客，遇客无所敢失，食客三千有余人，先生所知也。客见文一日废，皆背文而去，莫顾文者。今赖先生得复其位，客亦有何面目复见文乎。如复见文者，必唾其面而大辱之。"冯驩听后再劝孟尝君道："君言失也。夫物有必至，事有固然，君知之乎？"孟尝君曰："愚不知所谓也。"曰："生者必有死，物之必至也；富贵多士，贫贱寡友，事之固然也。君独不见夫趣市朝者乎？明旦，侧肩争门而入；日暮之后，过市朝者掉臂而不顾。非好朝而恶暮，所期物忘其中。今君失位，宾客皆去，不足以怨士而徒绝宾客之路。愿君遇客如故。"孟尝君再拜曰："敬从命矣。闻先生之言，敢不奉教焉。”

博按：孟尝君之于中国文化之影响可谓大矣。后之历世，若谓某人有情有义而大得人心，常以“赛孟尝”、“小孟尝”称之，可谓至高之誉。然窃读孟尝君传，深以冯驩为赞。其可谓真忠义贤明之国士，虽出身贫寒，然其知晓春秋大义、建策深远宏大，为孟尝君分忧释疑，可谓鞭辟入里、见地分明。尤其当孟尝君愤其门客因其失相而做“猢猴散”时，唯冯驩能守义复主，且劝孟尝君不以门客相离为意，实为洞明天下之大势者。昔燕昭王之筑“黄金之台”，殊非以“利”致才乎？所谓富贵多士，贫贱寡友，即使放之后世今生，于现实生活之中，为政者要得人才之助者，亦必满足其正常之利益诉求，而得才与失才，正在于用才之人的雅量胸怀。

56. 中华第一侠士鲁仲连

鲁仲连，史称鲁连子。生卒年代不详。钱穆先生推算约为前305—前245年；鲁仲连是战国末期稷下学宫中的后起之秀，有关他的故事传说，在司马迁《史记》以及刘向的《战国策》里有多处描述，脍炙人口而广为流传。有论者认为，鲁仲连可为中国最早的侠客。

史载，鲁仲连自幼勤奋好学，博闻强记，思维敏捷，口若悬河，但不尚空谈，唯务时事。曾拜名士徐劫为师，攻“势数”之学，登堂入室，颇得真传，被时人称为“千里驹”。史载其曾三难孟尝君，不愿为其门下豢养之客。其中一次是规劝孟尝君勿逐舍人，载之于《战国策·齐策三》：

“孟尝君有舍人而弗悦，欲逐之。鲁连谓孟尝君曰：‘猿弥猴错木据水，则不若鱼鳖。历险乘危，则骐、骥不如狐狸。曹沫（即历史上著名的曹刿）之奋三尺之剑，一军不能挡；使曹沫释其三尺之剑，而操铫（农具）与农夫居垅亩之中，则不若农夫。故物舍其所长，之其所短，尧亦有所不及矣。今使人而不能，则谓之不肖；教人而不能，则谓之拙。拙则罢之，不肖则弃之。

使人有弃逐不相与处，而来害相报者，岂非世之立教首也哉！’孟尝君曰：‘善。’乃弗逐。”

其中关于人才“用其所长”之论，可谓洞明而深刻。

《太平御览》中还记载着鲁仲连责难田巴的故事。田巴是当时有名的稷下辩士。据说他曾“毁五帝，罪三王，訾五伯，离坚白，合同异，一日而服千人”。结果却败在鲁仲连手下，而且败得心悦诚服：

“鲁连曰：‘臣闻堂上之粪不除，郊草不芸；白刃交前，不救流矢。何则？急者不救，则缓者非务。楚军南阳，赵伐高唐，燕人十万之众在聊城而不去，国亡在旦暮耳，先生将奈何？’田巴曰：‘无奈何。’鲁连日：‘夫危不能为安，亡不能为存，则无为贵学士矣。今臣将罢南阳之师，还高唐之兵，却聊城之众，为所贵谈，谈者其若此也。先生之言，有似枭鸣，出声而人恶之，愿先生之勿复谈也。’田巴曰：‘谨闻教。”（今之谓“空谈误国、实干兴邦”）

史传这次辩论使田巴次日对着徐劫赞美鲁仲连说：“先生之骑（指其学生鲁仲连）乃飞兔骠裦也，岂特千里哉（此为‘千里驹’的来历）。”而此后田巴亦杜口易业，终身不复空谈。据说，鲁仲连时年仅十二岁。

而历史上的鲁仲连更是一个位卑未敢忘忧国的“天下高士”。“所贵天下之士者，为排患释难，解人缔结。”（引自《艺文聚类·服饰部上·杖》）史载鲁仲连终身不仕，以一介布衣周游列国，为人排忧解难，迷津示途。前284年，乐毅率五国联军攻齐，半年内下齐七十余城。五年后，田单以即墨为根据地反攻复国，“所过城邑皆畔燕而归田单”，唯独狄邑负隅顽抗。田单在攻打狄邑前夕拜访鲁仲连。鲁仲连断言此行必定无功。田单不以为然，他自恃兵强马壮，已远非昔比，前曾“破万乘之燕，复齐墟”，今天“克狄，如反掌耳”。结果是“三月不克”。田单又去请教鲁仲连不克原因，并求破敌之策。鲁仲连坦率地说：“当初你在即墨时，与士兵同甘苦，共患难，冲锋陷阵，身先士卒。那时，‘将军有死之心，而士卒无生之气’，故能胜利。如今你被封邑加爵，‘黄金横带’，只顾养尊处优，‘有生之乐，无死之心’，所以不能胜者也。”田单听后如梦方醒，第二天亲临前阵，巡视城防，挥旗擂鼓，一举攻克了狄城。其后不久，田单在收复聊城时，又遇到了燕国大将燕冲强有力的顽抗，围城年余都未攻下。田单又派人请来鲁仲连。鲁仲连听了战况介绍后，便提笔给燕冲写了一信，然后用箭射进城中。燕冲读罢鲁仲连的信，恸哭三天三夜，最后在矛盾纠结不可排解的心境下拔剑自刎。燕军不战而溃，田单收复聊城。

而鲁仲连于战国时最有名的一次“侠义之举”是其“痛斥新垣衍、义不帝秦”的故事。公元前260年，长平之战秦军坑杀四十万赵卒，进而包围赵都邯郸，逼迫赵国尊秦王为帝，天下丧胆，诸侯国无人敢救赵国。就连盟国魏国之援兵（见信陵君窃符救赵故事）也只在边境观望，反而派客将军新垣衍到邯郸劝说赵王尊秦王为帝。适在赵国的鲁仲连以天下为己任，主动找到平原君，以话语相激而请他出面求见新垣衍。见后，鲁仲连责斥魏王只顾个人安危而不顾大局，终将把魏国拱手让秦。并以商纣对待商末三贤王的前车之鉴，说明秦称帝后必如商纣对待诸侯一样对待投降他的诸侯，魏王和新垣衍将来也不会有好下场。鲁仲连一席话使新垣衍拜谢（鲁仲连）曰：“始以先生为庸人，吾乃今日而知先生为天下之士也！吾请去，不敢复言帝秦！”

而秦将听说了鲁仲连的事后知道魏齐很可能联手，下令退军五十里。此时恰好信陵君带魏兵赴援，秦军遂退去。事后平原君要送给鲁仲连一座城池，鲁仲连辞让不要。平原君还要给他千斤黄金，鲁仲连笑着说：“所贵于天下之士者，为人排患释难、解纷乱而无所取也。即有所取者，是商贾之人也。仲连不忍为也。”遂辞平原君而去，终身不复见。

史传鲁仲连最后归隐东海。

博按：战国之时，因为天下纷乱而英雄辈出，名士竞起，而鲁仲连以一介布衣，不但能够“荡然肆志，不诎于诸侯，谈说于当世，折卿相之权（《史记·鲁仲连本传》语）”，而且能够摒弃功名财富，归隐于东海，可谓一代之高士，著名之侠客。《资治通鉴》曾记载一段魏安釐王问天下之高士于子顺的故事，子顺曰：“世无其人也；抑可以为次，其仲连乎！”王曰：“鲁仲连强作之者也，非体自然也。”子顺曰：“人皆作之。作之不止，乃成君子；作之不变，习与体成，则自然也。”可见侠义之道，在于长期坚守于其秉承的为国为家的理想信念。而博读于仲连之史，更感其辩论之智慧、人格之高洁、性情之洒脱，以及其救危扶困之侠肝义胆，实可谓中华历史上一位智慧有余而心志弥坚的“堂吉诃德”式的侠义之士，其以个人微薄之力而行挽国救世之壮举，在两千多年前已在中华民族的性格基因里打下了他个人同时也是那个时代的深深烙印。而所谓侠之大者，为国为家；天下兴亡，匹夫有责，其仲连为典型代表也。据传一千余年后的唐代，诗仙李白一生曾在十余首诗中赞美鲁仲连。今录其一首《古风》以赞于仲连：

齐有倜傥生，鲁连特高妙；
明月出海底，一朝开光耀；
意轻千金赠，顾向平原笑；
吾亦淡荡人，拂衣可同调！

57. 八百年荆楚长歌，五千里筚路蓝缕

关于楚人祖先，史学界公认为祝融。据传祝融为炎帝火师，是在黄帝部落打败炎帝部落之后，黄帝部落派遣祝融等人进驻炎帝部落。祝融一族于帝喾时代在河南新郑一带建立祝融氏之国，故新郑又称“祝融之墟”，是楚国发源地。是以楚国伟大诗人屈原在《离骚》中这样记述楚人的先祖：“帝高阳之苗裔兮，朕皇考曰伯庸（伯：通假‘方伯，霸’四方守之领主；庸：融之通假，指祝融）。”

据历史学考证，楚先民本为夏王朝同盟，后被商王朝军队驱逐南迁，其中的季连家族建立了楚国（祝融后裔分为八姓，其中芈姓一族建立了楚国）。初建之楚只是一个仅二十多平方公里的小国，建立后多次发动征讨南方民族的战争，周惠王曾要求楚成王助其镇压南方夷越之乱，于是楚国向南方扩地千里。

河南大学先秦史专家、《楚史稿》作者李玉洁教授指出：楚王族、公族以芈姓季连部落后裔为主。早期楚国因为文化落后被中原各国视为蛮夷，

其后文明日进，中原诸侯与之会盟，则不复以蛮夷视之。在目前考古出土的材料中，芈的原字为嬭（nǎi），熊的原字为酓（yǎn）。著名考古学家唐兰在《西周青铜铭文分代史征》中说："华，地名，在今河南密县，华邑在新郑。"楚王族之所以是芈姓熊氏很可能就是因为被封在祝融之墟附近的华阳，在上古文字中，"华"与"芈"这两个字的写法十分相像。

公元前757至公元前741年，楚的势力逐渐强大起来，开始对濮地进行拓取。据《国语·郑语》云："楚蚡冒（楚厉王）始启濮"。到楚武王时（前740—前639年），已占领大片濮人的土地。《史记·楚世家》记载："楚武王于是始开濮地而有之"。到了楚武王以及楚文王时期，楚国开始奄有江汉，大举进攻蛮夷，史称"大启群蛮"。

楚成王时，楚国在令尹子文的治理下更显强盛，北拒齐桓公、俘获宋襄公，成为一代霸主，其北上之势直到城濮之战才为晋国所阻。

楚庄王武功彪炳，又励精图治，选拔孙叔敖施行文治，邲之战大败晋国称霸，使楚国经济繁荣、文化鼎盛，开创春秋时期楚国最鼎盛的时代。其标志是公元前606年楚庄王征伐陆浑之戎（在雒邑西南），派人向周天子问九鼎之轻重（问鼎中原的来历）。

战国早期，楚悼王任用吴起变法，一时间楚国兵强马壮，横扫中原，初露称雄之势。楚悼王用吴起曾一度"南平百越"，而到了战国晚期，楚威王打败越王无疆后，越族开始"服朝于楚"，成为楚国一部分。

楚宣王、楚威王时期，楚国疆土西起大巴山、巫山、武陵山，东至大海，南起南岭，北至今安徽北部，幅员空前广阔。"筚路蓝缕，以启山林"的楚国至此进入了最鼎盛的"宣威盛世"时期。

公元前223年，秦军攻陷寿郢，俘获楚王启（昌平君启，项燕所立），绵延800年的楚国就此灭亡。

史传楚文化的代表人物屈原是楚宗族后裔，其本人对自己出自颛顼之后更是充满了自豪之情。屈原祭祀湘君和湘夫人（舜为湘君，舜之二妃娥皇、女英为湘夫人），表明他对华夏的认同。而由他所创造的楚辞，运用楚地的文学样式、方言声韵，叙写楚地的山川人物、历史风情，具有浓厚的地方特色。汉代时，刘向把屈原的作品及宋玉等人"承袭屈赋"的作品编辑成集，名为《楚辞》，并成为继《诗经》以后，对我国文学具有深远影响的一部诗歌总集。屈原的《离骚》是楚辞的代表作，所以楚辞又被称为“骚”或“骚体”。

另外，从楚国所流传的音乐中亦表现出了民族性和融合性的特点。《昭明文选·宋玉对楚王问》载：“客有歌于郢中者，其始曰《下里》、《巴人》，国中属而和者数千人；其为《阳阿》、《薤露》，国中属而和者数百人；其为《阳春》、《白雪》，国中属而和者不过数十人。引商刻羽，杂以流征，国中属而和者不过数人而已，是其曲弥高，其和弥寡。”（是为下里巴人、阳春白雪和曲高和寡的历史出处）

故楚七都：丹阳（从初期至武王时期）、郢都（文王至昭王时期）、鄀都（昭王时期）、鄢都（惠王时期）、江陵（昭王至顷襄王时期）、陈（顷襄王时期）、寿春（考烈王至负刍时期）。

博按：春秋战国时期的楚国，既是另类（春秋时期被视为荆蛮），又是主角（战国被列为七雄之一）；既有极端的壮烈（楚虽三户、亡秦必楚，两次复国），又有极端的耻辱（两次被灭国，一次楚怀王被秦王劫持）；既有最长的历史（七雄中赵、魏、韩和田齐皆是在春秋到战国分界时才产生，秦国成为诸侯国是在西周末年，燕国是西周初期分封国，但还比不上楚国，楚国在商代就已经出现了），又有最大的面积（最大达到五千平方公里）。是以读史笔记专门梳理楚国历史文化以综论其意义。《要略》以为，楚国为中华民族完成了许多特殊的历史使命：其一，拓土开疆的使命。如果没有楚人“筚路蓝缕，以启山林”的开拓精神，则长江以南之广阔国土，可能不会如此早期、如此顺利地融入中华民族，接受中华文明的洗礼和熏陶；其二，孕育文明的使命。楚人在其被迫从中原一带逐渐南迁的过程中，一步步将中原的士族礼教文明和农耕文明，推向以渔猎文明和世俗文明为主的湖湘江淮，最终开启了独特的荆楚文明，并进而以荆楚文明为基础，孕育了更加多元的湖湘文明、江淮文明和吴越文明；其三，继承发展的使命。楚文化虽然继承了众多的周文化特征，而且由于继秦而立的刘汉主要成员均来自楚地（沛地古属楚地），所以汉朝的服饰、舞蹈、音乐、文学、哲学等直接继承自楚国，但是由于楚国没有参与周朝建政，是以没有受到周公制礼作乐的贵族化礼教影响，而是发展了与正统礼乐文明相对立的世俗文明和平民文明，诞生了诸如屈原、老子、李斯、项羽、刘邦这样天才恣肆、性格张扬的伟大历史人物，而正是他们的存在，才为原本保守、内敛、自省性的中原“主流”文化增添了开放、外向、张扬的性格特质，使中华文明出现了与《诗经》相对应的《楚辞》，与《论语》相对应的《老子》、《庄子》，以及与儒家相对应的道家，也正是在楚国这样相对平民化、世俗化的政治人文环境中，中华文明的另一极才得以健康生长和全面发展。

58. 利令智昏春申君：祸起妇人之口，命丧奸人之手

黄歇（前314—前238年），本楚国属国黄国人（今河南省潢川县）。战国时期楚国大臣，“战国四公子”之一。其最重要之历史表演，莫过于其入质于秦并策划太子熊完归国一事，此其所以得为楚国贵胄之政治豪赌。《史记》曾详载此一过程：

楚使黄歇与太子入质于秦，秦留之数年。楚顷襄王病，太子不得归。而楚太子与秦相应侯（范雎）善，于是黄歇乃说应侯曰：“相国诚善楚太子乎？”应侯曰：“然。”歇曰：“今楚王恐不起疾，秦不如归其太子。太子得立，其事秦必重而德相国无穷，是亲与国而得储万乘也。若不归，则咸阳一布衣耳；楚更立太子，必不事秦。夫失与国而绝万乘之和，非计也。原（同愿）相国孰（同熟）虑之。”应侯以闻秦王。秦王曰：“令楚太子之傅先往问楚王之疾，返而后图之。”黄歇为楚太子计曰：“秦之留太子也，欲以求利也。今太子力未能有以利秦也，歇忧之甚。而阳文君子二人在中（楚国阳文君的两个儿子都在楚王身边），王若卒大命，太子不在，阳文君子必立为后，太子不得奉宗庙矣。不如亡秦（从秦国逃走），与使者俱出；臣请止，以死当之（以自己的生命为赌注也）。”

在黄歇如此策划下，太子熊完果于归国后即位，是为楚顷襄王。襄王即位，即封黄歇为春申君。春申君为楚王信任之时，曾经联魏救赵，援赵灭

鲁，为楚屡立大功。

春申君再为历史所牢记的，便为两件“糗事”：一为其所统帅之六国军队在函谷关败于秦军，此为其衰败之始；二为其行“利令智昏”之举，欲以己子（李园之妹，先嫁春申，受孕后献于无后之楚王）而入承楚祚，后反为其门客李园所杀。

然春申君亦有其一大现实之功绩。即其最早参与开发今日中国最富庶之地：长三角地区。公元前241年，楚国都城由陈郢（今河南淮阳）迁到寿春（今安徽寿县）。春申君之封地亦由淮北十二县改封吴地，其家族也随之迁离黄国故城。春申君在改封之广大地域内分设都邑，即在今上海、苏州一带，治理申江，疏通河道，抑制水患，政绩显赫，深得民心。故此，当地人纷纷以其姓或号为山、水、地方命名，如江苏省江阴市君山也叫黄山，今日上海黄浦港，上海简称为申，都是因纪念黄歇而得名。2002年9月，上海申博成功的欢庆晚会上高唱的第一首歌就是《告慰春申君》，可算是对两千年前这位“著名公子”的遥祭。

博按：“战国四公子”中，春申君可谓其中个人能力最“出乎其类，拔乎其萃者”。其与其他三位公子本有三大不同。其一曰出身大不同，春申君黄歇是四公子中唯一非王室中人（孟尝君田文是齐国宰相田婴庶子，田婴是齐威王之子，齐宣王庶母所生之弟；平原君赵胜是赵武灵王之子，赵惠文王之弟；信陵君魏无忌是魏昭王之子，魏安釐王之同父异母弟）。其二曰立功方式大不同。其他三位公子所以立功，大多借其收养门客之力，其不过善于笼络人才并发挥人才之作用；独春申君靠一己之力，出使秦国，说服秦王结好联楚，后又与太子熊完入质于秦长达九年之久，并策划熊完逃秦即位，得建大功；又主政楚国联魏以救赵，援赵灭鲁，合六国之兵以伐秦，皆春申君一力之功。其三曰结局大不同：孟尝君和平原君是得以天年而终，信陵君病酒而卒，独春申君结局最为惨烈，“李园死士侠刺春申君，斩其头，投入棘门外。”是以司马公于史记中评之曰：当断不断，反受其乱，认为春申君之败是因为失朱英（时朱英劝春申君杀李园）之劝，窃以为，司马公加之于平原君“利令智昏”之评断，加之于春申君却很合适。因为其所以不得善终者，终因其“利令智昏”。

59. 战国第一奸人郭开：以一奸而亡二名将

郭开，战国末期赵国幽穆王赵迁宠臣，因其先后以一人之佞口而祸害赵国两大名将，并最终导致赵国之亡，良可述而责之：

公元前245年，赵孝成王去世，其子赵悼襄王继位。襄王即位之初即听信郭开（襄王为太子时曾为其伴读）谗言，解除老将廉颇军职，派乐乘代替廉颇。廉颇怒而攻打乐乘并因而离赵奔魏。《史记》载：廉颇居梁久之，魏不能信用。赵以数困于秦兵，赵王复思得廉颇，廉颇亦思复用于赵。赵王使使者视廉颇尚可用否。廉颇之政敌郭开则多与使者金，令毁之。赵使者既见廉颇，廉颇为之一饭斗米，肉十斤，被甲上马，以示尚可用。赵使还报王曰："廉将军虽老，尚善饭，然与臣坐，顷之三遗（即一会儿就拉了三次屎）矣。"赵王以为老，遂不召。后廉颇抑郁不乐，终死于楚国之寿春。十几年后，赵国被秦国灭亡。

前229年，秦将王翦再次率兵攻赵，赵王派李牧、司马尚率兵迎战。李牧亦为赵名将。廉颇在赵时，其率军镇守北部边关，与匈奴作战，屡败匈奴大军，廉颇走魏后，李牧为大将，率兵北破燕军、南拒韩魏，且几败秦军，王翦畏之如虎。《史记》载："赵王迁七年，秦使王翦攻赵，赵使李牧、司马尚御之。秦不能胜，遂与赵王宠臣郭开一万金，为反间，言李牧、司马尚欲反。赵王乃使赵葱及齐将颜聚代李牧。李牧不受命，赵使人微捕得李牧，斩之。废司马尚。后三月，王翦因急击赵，大破赵葱，虏赵王迁及其将颜聚，遂灭赵。"

博按：读此段历史，郭开可谓战国第一奸臣。廉颇、李牧，皆战国名将，赵国干城，且其为名将者，为国为军而不为私，是以易遭奸佞暗算。再加之昏君当政，臣佞于下，始有名将之悲。史载郭开作恶时，秦国间谍王敖曾就郭开谗间廉颇事问道："你不怕赵国灭亡吗？"郭开答："赵国存亡是整个国家之事，可廉颇是我个人私仇焉。"为泄一己私愤而置国家安危于不顾，斯为典型之小人逻辑。自此之后，郭开之属屡见于世矣。史传郭开在逼走廉颇、诡杀李牧之前，秦国早已暗封郭开为上卿。然而，令人意想不到的是，当赵亡之后，郭开急匆匆赶回邯郸搬运家中财物，殊料在返回途中却为盗贼所杀。有论者认为，郭开死于其所造就之国家大乱，可谓天谴之杀，自取之亡。

60.范雎：仇恨下诞生的“远交近攻”战略

《史记·范雎穰侯列传》记载：范雎在魏国为大夫须贾门客时，曾受须贾之冤和公子魏齐之大辱：“使舍人笞击雎，折胁摺齿雎详死，即卷以箦置厕中。宾客饮者醉，更溺雎，故僇辱以惩后”（左右近臣用板子、荆条抽打范雎，打得范雎胁折齿断。当时范雎假装死去，魏齐就派人用席子把他卷了扔在厕所里。又让宴饮喝醉的宾轮番往范雎身上撒尿，故意污辱他借以惩一儆百）。

范雎逃出魏国，报仇心切，乃寻机说秦王曰：“大王之国，四塞以为固，北有甘泉、谷口，南带泾、渭，右陇、蜀，左关、阪，奋击百万，战车千乘，利则出攻，不利则入守，此王者之地也；民怯於私斗而勇於公战，此王者之民也；王并此二者而有之。夫以秦卒之勇，车骑之众，以治诸侯，譬若施韩卢而搏蹇兔也，霸王之业可致也，而群臣莫当其位。至今闭关十五年，不敢窥兵於山东者，是穰侯（魏冉，时秦国宰相，芈太后之弟，秦王主要谋臣和决策制定者）为秦谋不忠，而大王之计有所失也。”秦王跽曰：“寡人愿闻失计。”（说客第一弹：先扬后抑）

然左右多窃听者，范雎恐（时秦国芈太后当政，穰侯魏冉为其弟），未敢言内，先言外事（吸取在魏之教训），以观秦王之俯仰。因进曰：“夫穰侯越韩、魏而攻齐纲、寿，非计也。少出师则不足以伤齐，多出师则害於秦。臣意王之计，欲少出师而悉韩、魏之兵也，则不义矣。今见与国之不亲也，越人之国而攻，可乎？其於计疏矣。且昔齐湣王南攻楚，破军杀将，再辟地千里，而齐尺寸之地无得焉者，岂不欲得地哉，形势不能有也。诸侯见齐之罢弊，君臣之不和也，兴兵而伐齐，大破之。士辱兵顿，皆咎其王，曰：‘谁为此计者乎？’王曰：‘文子为之。’大臣作乱，文子出走。故齐所以大破者，以其伐楚而肥韩、魏也。此所谓借贼兵而赍盗粮者也。王不如远交而近攻，得寸则王之寸也，得尺亦王之尺也。今释此而远攻，不亦缪乎！且昔者中山之国地方五百里，赵独吞之，功成名立而利附焉，天下莫之能害也。今夫韩、魏，中国之处而天下之枢也，王其欲霸，必亲中国以为天下枢，以威楚、赵。楚彊则附赵，赵彊则附楚，楚、赵皆附，齐必惧矣。齐惧，必卑辞重币以事秦。齐附而韩、魏因可虏也。”昭王曰：“吾欲亲魏久矣，而魏多变之国也，寡人不能亲。请问亲魏奈何？”对曰：“王卑词重币以事之；不可，则割地而赂之；不可，因举兵而伐之。”王曰：“寡人敬闻命矣。”乃拜范雎为客卿，谋兵事。卒听范雎谋，使五大夫绾伐魏，拔怀。后二岁，拔邢丘。

此后，在秦国地位稳固的范雎，通过军事外交手段（胡萝卜加大棒政策）先羞辱魏使须贾，再迫使魏齐自尽。又举荐曾帮他出逃的郑安平出任秦国大将，王稽出任河东守。

前262年，长平之战爆发，两军对垒三年后，范雎以反间计使赵国起用无实战能力的赵括代廉颇为将，使得白起大破赵军。长平战后，范雎妒忌白起的军功，借秦昭王之命迫使白起自杀。

此后秦军遭诸侯援军所破，郑安平降赵。前255年，王稽也因通敌之罪被诛。范雎因此失去秦昭王宠信，不久病死。

博按：古语有云：“小人不可得罪”，而况如范雎这样的“战略家”乎？窃于读史，深感推动历史进步之原力，除了改变生存环境、繁衍种族之原始驱动之外，更有爱与恨这一原始驱动力。范雎在强烈复仇愿望驱使之下，而产生出“外交近攻”这样伟大的政治、军事、外交战略，实人性本身的力量所激发。强秦所以最后一统七国，除了商鞅变法所带来的深刻社会变化之外，“远交近攻”战略能够得到有效执行，也是一条重要原因。而这样的国家间战略，即使放之今天的国际外交战略中仍然大有市场。比如我们的近邻日本，其自明治维新以来，一直采取与中、韩、朝等近邻交恶不断，而与美欧等“远国”亲近有加的外交方针，实其活学治用于中华远古的这一战略思想。然而以《要略》所确立的“治事孰能”与“持心孰正”两条原则来盖棺论定范雎其人，则其可谓典型的“治事有能”而“持心不正”的典型。纵观其曲折多难的一生，无论是其发明“远交近攻”战略，还是其逼杀白起，无论是知恩图报，重用郑安平等人，还是其最后失宠于秦王，都可见其一切围绕个人恩怨，以个人利益或圈子利益而不是以国家利益为出发点，这样的历史人物可能于国家一事一地有大功，然却决不能建长效之功于国家民族。而这样“精于具体事功”而“不能持正图远”的历史人物，带给国家和民族的，将是某种特定的巨大危害。正如与范雎以忌妒之心而谋害于白起之时，其实已将秦国置于巨大的危险之中。

61. 韩非子：从道家出发的法家集大成者

韩非（约前280—前233年），战国时期韩国贵族。史载其与秦相李斯都是荀子学生。韩非学说，追本溯源于道家黄老之术。《韩非子》中，著有《解老》、《喻老》等篇，集中表述了韩非的哲学观点。史载韩非目睹战国后期韩国的积贫积弱，多次上书韩王，希望改变当时治国不务法制、养非所用、用非所养的情况，但其主张始终得不到采纳。韩非认为这是“廉直不容于邪枉之臣。”便退而著书，写出了《孤愤》、《五蠹》、《内外储》、《说林》、《说难》等著作。

司马迁在《史记·老子韩非列传》中指出：韩非“喜刑名法术之学，而其归本于黄老”、“韩子引绳墨，切事情，明事非”，“皆原于道德之意”。说明韩非思想源于道家，但以老子朴素的唯物主义道论与辩证法为他的“法、术、势”相结合的“君人南面之术”寻求哲学基础，而且开拓了道家的形下之道。在《韩非子》一书中，大部分内容所阐述的都是“道可道，谓经术政教之道也”（引自《韩非子本道篇》）。韩非以“法、术、势”皆源自对道家的政治解释，使道家的“无为”内涵从形而上落实到形而下，更加关注具体的政治与人生。

韩非子虽然是荀子的弟子，思想主张却与荀子大相径庭，他没有承袭荀子的儒道思想，却爱好“刑名法术”之学，试图建立一套由“道”、“法”

相续的政治学说。韩非总结法家三位代表人物商鞅、申不害、慎到的思想，主张君王应该用“法”、“术”、“势”三者互相补充以治理国家，从而成为博采法家众长的集大成者。

史载秦王嬴政初见韩非之文后曾感叹说：“嗟乎，寡人得见此人与之游，死不恨矣！”然而，当韩非真正到了秦国之后，还没有施展其抱负，就被秦王鸩杀于狱中（韩非之死，见于后文）。但是，韩非死后，时人竞相研究其著作《韩非子》，秦王和他的宰相李斯亦是在韩非的思想指引下，完成统一六国的帝业，成为千古一帝秦始皇。

韩非子的政治理想，主要表现在几个方面：

一是名实相符之论。韩非子主张“名实相符”，认为君主应根据臣民的言论与实绩是否相符来决定功过赏罚。对于民众，他吸收荀子的“性本恶”理论，认为民众的本性是“恶劳而好逸”，要以法来约束民众，施刑于民，才可“禁奸于未萌”。对于臣下，他认为要去“五蠹”，防“八奸”。（所谓“五蠹”，是指：1. 学者，指儒家；2. 言谈者，指纵横家；3. 带剑者，指游侠；4. 患御者，指依附贵族并且逃避兵役的人；5. 商工之民，他认为这些人是无益于耕战的“邦之虫”，必须铲除。所谓“八奸”，是指：1. “同床”，指君主妻妾；2. “在旁”，指俳优、侏儒等君主亲信侍从；3. “父兄”，指君主的叔侄兄弟；4. “养殃”，指有意讨好君主的人；5. “民萌”，指私自散发公财取悦民众的臣下；6. “流行”，指搜寻说客辩士收买人心，制造舆论的臣下；7. “威强”，指豢养亡命之徒，带剑门客炫耀自己威风的臣下；8. “四方”，指用国库财力结交大国培养个人势力的臣下。）

二是依法治国之道。韩非子吸收儒、法、道诸家思想，形成了以法家为中心的法、术、势相结合的政治思想体系。韩非子把商鞅的法、申不害的术和慎到的势融为一体，他认为申商学说的缺点是既没有把法与术结合起来，还有“未尽”之嫌，即“申子未尽于术，商君未尽于法”（引自《韩非子·定法》）。他指出：国家图治，就要求君主要善用权术，同时臣下必须遵法。韩非特别强调了“以刑止刑”思想，强调“严刑”、“重罚”。尤可称道的是，韩非子第一次明确提出了“法不阿贵”的思想，主张“刑过不避大臣，赏善不遗匹夫”。如《韩非子·有度》指出：“法不阿贵，绳不绕曲。法之所加，智者弗能辞，勇者弗敢争，刑过不避大臣，赏善不遗匹夫。”这是对中国法治思想的重大贡献，对于清除贵族特权、维护法律尊严，产生了积极影响。

三是以法为教。韩非子认为，国家有治，除了制定法律以外，还必须宣传法律，普及法律知识，遵守法律，运用法律，使整个社会形成“知法、懂法、守法”的良好风气。（《韩非子·五蠹》：“故明主之国，无书简之文，以法为教”）

四是提倡改革图强。韩非继承商鞅“治世不一道，便国不法古”的思想传统，提出“不期修古，不法常可”观点，主张“世异则事异”，“事异则备变”。（引自《韩非子·五蠹》）韩非主张社会历史进化论，认为历史是向前发展的，当代必然胜过古代；人们应该按照现实需要进行改革，不必遵循古代的传统。韩非子把人类历史分为上古、中古、近古、当今几个阶段，进而说明不同时代有不同时代的问题和解决问题的方法，那种想用老一套办法去治理当世之民的人都是“守株”之徒。

五是提出唯物循理之论。韩非子反对天命思想，主张天道自然。他认为“道”是万物发生发展的根源，“道”先天地而存在。有了“道”才有万物，“天得之以高，地得之以藏，维斗得之以成其威，日月得之以恒其光”、“宇内之物，恃之以成”（引自《韩非子·解老》）。韩非同时在中国哲学史上第一次提出了“理”这个哲学概念，并论述了它与“道”的关系。他认为，“道者万物之所成也，理者成物之文也。”（引文同上）“理”在韩非看来，就是事物的特殊规律，人们办事应该尊重客观规律。韩非子的认识论继承了先秦哲学中的唯物主义的思想传统。他提出的反对“前识”和“因参验而审言辞”的观点，在中国哲学史上占有重要的一页。所谓“前识”，就是先验论。韩非主张“虚以静后”，通过观察事物得到认识而非妄加揣测。韩非子提出了“循名实而定是非，因参验而审言辞”（引自《韩非子·奸劫弑君》）的著名论题。“参”就是比较研究，“验”就是用行动来检验，就是实践。韩非认为，不经过实践（即参验）而硬说是如何如何，是无知的表现；不能确定的东西而照着去做，是自欺欺人。因此他主张“明主之吏，宰相必起于州部，猛将必发于卒伍”。（引自《韩非子·显学》）。他认为如果当今之世还赞美“尧、舜、汤、武之道”“必为新圣笑矣”。因此他主张“不期修古，不法常可”、“世异则事异”、“事异则备变”（引文同上）。

六是辩证之法。韩非子的思想中有不少辩证法的因素。看到事物不断地变化着，指出“定理有存亡，有生死，有盛衰”、“物之一存一亡，乍死乍生，初盛而后衰者，不可为常”（引自《解老》）。他在中国哲学史上第一次提出了“矛盾论”的概念。

七是提倡中央集权。韩非子提出了君主专制中央集权的法家实践理论，主张“事在四方，要在中央；圣人执要，四方来效”（引自《韩非子·物权》），国家的大权，要集中在君主（即圣人）一人手里，君主必须有权有势，才能治理天下，“万乘之主，千乘之君，所以制天下而征诸侯者，以其威势也”（引自《韩非子·人主》）。为此，君主应该使用各种手段清除世袭的奴隶主贵族，“散其党”、“夺其辅”（引自《韩非子·主道》）；同时，选拔一批经过实践锻炼的封建官吏来取代他们，“宰相必起于州部，猛将必发于卒伍”（引自《韩非子·显学》）。韩非子还主张改革和实行法治，要求“废先王之教”（引自《韩非子·问田》），“以法为教”（引自《韩非子·五蠹》）。他强调制定了“法”，就要严格执行，任何人也不能例外，做到“法不阿贵”、“刑过不避大臣，赏善不遗匹夫”（引自《韩非子·有度》）。他还认为只有实行严刑重罚，人民才会顺从，社会才能安定，封建统治才能巩固。

韩非子的思想，多见于《韩非子》一书。现存五十五篇，十余万言，大部分为韩非自己的作品。书中重点宣扬韩非法、术、势相结合的法治理论，达到了先秦法家理论的最高峰，为秦统一六国提供了理论武器，同时，也为以后的封建专制制度提供了理论根据。《韩非子》在体裁上，有论说体、辩难体、问答体、经传体、故事体、解注体、上书体七种。辩难体与经传体为韩非首创。其中以下列五篇最能代表其思想：

《孤愤》论述对现实的不满和愤慨；

《说难》第十二，论述对君主进谏的困难，反映韩非对君主的心理分析之清楚，为论说体；

《奸劫弑臣》第十四，前半部论述奸臣的奸行及治奸之法，后半部则反对儒家思想，倡导法家思想治国之道；

《显学》，批判儒家与墨家，阐扬法治，该篇是韩非对法治思想的代表作，亦是中国古代哲学思想的重要史料来源。

《五蠹》，“蠹”字意指由内部危损整体的木中之虫，五蠹指五种蛀虫，即扰乱君王法治的五种人。本篇亦为历史上公认的韩非子代表作。值得一提的是，《韩非子》书中记载了大量脍炙人口的寓言故事，最著名的有“自相矛盾”、“守株待兔”、“讳疾忌医”、“滥竽充数”、“老马识途”等等。这些生动的寓言故事，蕴含着深隽的哲理，是思想性和艺术性的完美结合，给人们以智慧的启迪，具有较高的文学价值。

博按：读战国诸子之史，常处于欢快和悲伤之两个极端。欢快者，在于重温诸子思想之伟岸、博大、深刻，以及对后世的深远影响。尤其是在今天我们的话语体系中，仍然经常使用他们所创造的充满哲理智慧的成语、典故来指导我们的生活和社会实践；悲伤者，在于诸子的一些原本最为可贵的精神在中国的文化背景下为逐渐为后世所忽略、淹没甚至是误解和谬用。尤其是以韩非为代表的法家诸子之中，思想最为深刻、目光最为宏远，与中国未来发展最为至要。然而，法家诸子之命运也最为悲惨，且其思想也最为后世所忽略。尤其自秦汉之后，儒家思想被统治阶层不断发扬光大，推为集权专制文化主体；道家为乡间闾里活学活用，成为消极无为和自我麻醉的工具；独法家渐次被官方和民间双双忽略者，因其既制约于官方之权力泛滥，亦不利普通百姓之逞其奸伪。而中华民族此后三千年政治实践和社会发展，一个最最重大的问题，正在于法治精神的逐渐缺失和人治理念的不断泛滥；正因为三千年来不断强化的人治社会实践，使中国历代统治者无不寻求各种“非法”的方法以巩固中央集权，以攫取无边际权力背后的巨量利益；而普通民众在人治道统文化的浸淫下，也习惯于通过“走后门”、“托人情”、“拉关系”、“人身依附”、“建立圈子”等手段，扩大自己的“利益范围”，伸张自己在人治体系中的地位和空间，而后者的种种努力，一方面更为前者变本加厉提高权力寻租空间而无限加强权力的集中；一方面当他们中间的某些英雄人物被权力背后的巨量利益所驱使而铤而走险——那么，改朝换代便成为最大的可能。于是乎，中国历史你方唱罢我登场、今姓刘来明姓李的王朝更替局面（黄炎培所谓的“兴替周期率”）便延续遗患至今。而再回到本文，韩非子所设计的法家道路，于那个时代虽然间接导致了大秦帝国的诞生，而因为他过于强调君权的集中和独断，恰恰也是他自己死于非命和秦王朝速亡的根本性原因。以此可见，先秦时期的法家实践，因为时代的局限性，还没有建构起完善的权力制衡机制特别是对君权的有效监督（类似于希腊文明中的“长老院”、“选举制”等政治探索），而中华文明此后所有的纷乱和问题，某种程度上亦根源于此。

62. 从战国法家诸子的惨烈命运看中国的历史走向

关于韩非之死，广为流传的是司马迁《史记·老子韩非列传》所载的说法：

“李斯、姚贾害之，毁之曰：‘韩非，韩之诸公子也。今王欲并诸侯，非终为韩不为秦，此人之情也。今王不用，久留而归之，此自遗患也。不如以过法杀之。’秦王以为然，下吏治非。李斯使人遗（韩）非药，使自杀。”

而据历史记载，在韩非子不顾一切大倡法术之时，一位信奉儒家思想的稷下先生堂奚公就规劝他道：

“臣闻服礼辞让，全之术也；修行退智，遂之道也。今先生立法术，设度数，臣窃以为危于身而殆于躯。”

而韩非则回答说：

“臣明先生之言矣。夫治天下之柄，齐民萌之度，甚为易处也。然所以废先王之教、而行贱臣之所取者，窃以为立法术，设度数，所以利民萌、便众庶之道也。故不惮乱主暗上之患祸，而必思以齐民萌之资利者，仁智之行也。惮乱主暗上之患祸，而避乎死亡之害，知明夫身而不见民萌之资利者，贪鄙之为也。臣不忍向贪鄙之为，不敢伤仁智之行。先生有幸臣之意，然有大伤臣之实。”

韩非的这段铿锵有力的言辞实饱含了“舍生取义”，为变法“而置生死于度外”的气概。

而于韩非前后，更有许多法家先驱死于非命，今一并述而论之：

一、邓析：与子产争法而被戮。邓析（？—前501年）郑国大夫，与孔子弟子子产同时代人物。邓析是先秦名辩思潮创始人之一，他将循名责实的思维方法应用于法律，从而使他的法治思想别具特色。他坚决主张刑法改革，自己制定了一部“竹刑”，用以对抗子产制定的仍然具有礼治色彩的“刑书”。邓析在春秋时期天与人、礼与法的思想对抗中，不谈天命，抵制旧礼，反对改良，制定竹刑，表现出很强的与时俱进的法治意识，因而荀子说他“不法先王，不是礼义”。邓析的被杀似乎昭示了后世法家人物的悲剧。邓析之被杀有两种说法：其一，《左传·定公九年》载：“郑驷颛杀邓析而用其《竹刑》。”据晋代大儒杜预的注解，驷颛杀邓析是因为他“不受君命而私造刑法”，显然是违背了法家一贯主张的“法自君出”的原则。其二，《吕氏春秋·离谓》载：“子产治郑，邓析务难之。以非为是，以是为非，是非无度，而可与不可日变；所欲胜因胜，所欲罪因罪。郑国大乱，民口欢哗，子产患之，于是杀邓析而戮之。民心乃服，是非乃定，法律乃行。”

二、吴起：刻暴少恩亡其躯。吴起（前440—前381年），卫国人，先后仕过鲁、魏、楚，后被楚国贵族所杀。据《史记·孙武吴起列传》载：初，鲁人或恶吴起，吴起杀谤己者三十余人，出卫而“遂事曾子”。因母死不归，“曾子薄之”。又杀妻以求将，虽有“战胜之名”，但身为卫人，见疑于鲁君。于是去鲁入魏，为将，屡克强敌，魏文侯“乃以为西河守，以拒秦、韩”。后因公叔继田文为相，吴起遭其谮又去魏之楚，为楚悼王重用，进行变法。但其措施过激，而遭楚之贵族怨恨。悼王死后，太子继位，主少臣疑，吴起之法，大多为国君而作，利不加于万民，是以“悼王行之期年而薨矣”，“大臣苦法而细民恶治也”，于是吴起遭肢解，法令被废除。

三、商鞅：开罪宗室而被车裂。与吴起“人亡政息”不同，商鞅虽被车裂以徇，但其法犹在，并且开秦国法治传统之端，产生了深远的影响。商鞅在秦变法取得了巨大的成就，“行之十年，秦民大悦。道不拾遗，山无盗贼，家给人足……乡邑大治。”荀子、韩非、李斯都曾盛赞商君的功绩。然变法的另一面也出现了“宗室贵戚多怨望者”的局面，而商鞅本人却“贪商、於之富，宠秦国之教”，最后以至“其亡可翘足而待”，被秦国贵族构陷而被“五马分尸”车裂而亡。

四、李斯：惨遭腰斩并夷三族。李斯在鸩杀韩非二十五年后，自己也遭到同样的下场，被赵高诬其谋反，“以公法而诛之”，甚至比韩非更惨，“具斯五刑，论腰斩咸阳市……而夷三族。”李斯是先秦法家理论在秦国之最大实践者，也是战国后期法家的显赫人物。他策划了统一六国的战争，帮助嬴政开创了秦王朝的帝业，参与创立了一系列政治制度，汉代法家赞曰“李斯入秦，遂取三公，据万乘之权，以制海内，公侔伊、望，名巨泰山”，可谓盖世功臣。然而当秦始皇暴死沙丘，其参与赵高阴谋，立胡亥为帝，赐死扶苏、蒙恬，后又被赵高（赵高实是一个不入流但善玩阴谋之术的法家人物）所陷，夷三族。李斯之死，其悲惨有加而其壮烈不够。因其行阴谋之事，为史家所争议。“斯知六艺之归，不务明政以补主上之缺，持爵禄之重，阿顺苟合，严威酷刑……人皆以斯极忠而被五刑死，察其本，乃与俗议之异。不然，斯之功且与周、召列矣。”

博按：战国法家五子的悲惨命运，从总体上说是大时代的产物。因为所有的变法和改革都要触及既得利益集团的核心利益，是以他们的悲惨命运自从他们选择了法家思想那一刻，就注定要接受这样的结果。相传韩非在论及吴起、商鞅之死时说：“当今之世，大臣贪重，细民安乱，甚于秦楚之俗，而人主无悼王、孝公之听，则法术之士，安能蒙二子之危也而明己之法术哉”、“是智法之士与当涂之人，不可两存之仇也” 。企图维护旧秩序的大臣即“当涂之人”，对法术之士的镇压，不外乎“其可以罪过诬者，以公法而诛之；其不可被以罪过者，以私剑而穷之。是明法术而逆主上者，不戮于吏诛，必死于私剑矣”。以此可见“法术之士”与“当涂之人”既是势不两立，又是势弱而不可胜，因此“法术之士焉得不危？”而且，以韩非子为代表的战国时期的法家无不强调“集权于君主”，对国民进行“严酷法治”，从而使中央集权过度集中于君主之手，接受了他们思想的君主反过来对他们进行“斩杀”则又是合情合理之事。而于法家五子之死，更思及中国三千年来之历史，所以鲜有改革成功者，实五子之惨烈命运，为后代为君为臣者遗下深刻“教训”，导致中国此后改革精神缺失，法制精神渐弱，而主张维护君权、实行“仁政”的儒家和“无为而治”、“顺其自然”的道家反成为中国此后历史进程中的主流思想，岂不悲乎？

63. 奇货可居吕不韦，一字千金写春秋

《史记·吕不韦列传》中有一句意义重大、影响深远之叙述：

“吕不韦贾（经商）邯郸，见（子楚，秦国质子）而怜之，曰：‘此奇货可居。’”

这段简单的文字，产生于一个纷乱的历史背景，形成了一个至大的历史结果。用时下的流行语来说，吕不韦是在“下一盘很大的棋”。

公元前267年（秦昭襄王四十年），秦昭襄王之子悼太子死于魏国。年迈的昭襄王无奈立悼太子之子安国君为太子。而安国君有二十多个儿子，而且有一个非常宠爱的妃子华阳夫人。美中不足的是，华阳夫人没有儿子。安国君有个排行居中的儿子名叫子楚，作为秦国的人质被派到赵国。因为秦国多次攻打赵国，所以赵国对子楚这个质子也不以礼相待。

被吕不韦视为“奇货”的子楚在赵国既没有华屋“宝马”，也没有身份地位，所以“门庭冷落”。但具有“经济头脑”和“政治眼光”的吕不韦却看到了“富贵人生的重大希望”。据说吕不韦前去拜访子楚，对他说道：“吾能大子之门（能光大你的门庭）。”子楚笑曰：“且自大君之门，而乃大吾门！”（你姑且先光大自己的门庭，然后再来光大我的门庭吧）吕不韦曰：“子不知也，吾门待子门而大（你不懂啊，我的门庭要等待你的门庭光大了才能光大）。”子楚心知吕不韦所言之意，就拉他坐在一起深谈。这一谈不打紧，谈出了秦国之后的两任国王，其中一个，成为中国第一位皇帝。

与其说这是一场谈话，莫若说是商人吕不韦的一场政治豪赌和“献金交易”。他先拿出五百金送给子楚，作为日常生活和交结宾客之用；又拿出五百金买珍奇玩物，去秦国游说，终于使华阳夫人劝说安国君立子楚为太子。

被历史机遇大大青睐的吕不韦此时交上了好运，此后大秦帝国的历史车轮仿佛按照吕不韦设定的方向前进：安国君继秦王位，守孝一年，加冕才三天就突发疾病去世了。子楚顺利继位为秦庄襄王。吕不韦被任命为丞相，封为文信侯，河南洛阳十万户成为他的食邑。而且，庄襄王即位三年之后再次死去，太子赵政继立为王，尊奉吕不韦为“仲父”。至此，中国历史上最大一笔政治献金交易到此取得了巨大的成功。史传吕不韦最兴盛之时，门下食客多达三千人，而奴仆竟有上万人。

大商人吕不韦得到了政治地位和巨额土地财富之后，又看上了更为“值钱”的“千秋之名”。他模仿战国“四公子”的做法，礼贤下士，结交宾客，一时门客云集。但这个商人的“投资眼光”显然高出其他“四公子”：他没有让他的门客们天天无所事事，而是集众人之智慧，写下了一部流传千古的名著《吕氏春秋》，在这个被分为八览、六论、十二纪共二十多万字的巨著里，吕不韦要求其“穷尽天地万物古往今来的事理”。为了使这本书更加精益求精，吕不韦甚至把书的内容写在布匹上，刊布于咸阳城门，悬赏诸侯各国游士宾客，若有人能增删一字，就给予一千金的奖励。但是最后也没有一个人能够做到。这件事再为后人留下了“一字千金”的成语。

后来的故事就不是吕不韦所能把握的了。先是吕不韦与赵太后淫乱，后吕不韦见秦王长大，恐事情败露，灾祸降临，就暗地寻求了一个“拥有巨大阳物”的嫪毐作为门客，并想法把嫪毐进献给太后，结果，在赵太后的宠爱下，嫪毐亦成为秦国的权贵，并自以秦王“假父”相称。后来，秦王与嫪毐发生权力之争，嫪毐被秦王灭三族，两个儿子也被摔死，事情牵连到吕不韦，在更具雄才大略且掌握着国家权力机器的秦王嬴政面前，吕不韦不得已饮鸩自杀。

博按：中国历史上之著名人物，做官做到极致，最后再退而经商，再做到极致的，以范蠡为尊；而把商人做到极致，能当官而且把官做到极致的，后世无人能出吕不韦之右。然而，以春秋战国时纷乱环境，做完大官再做大商人者，属于隐于世，能够保持善终；而做商人再做官者，却属于“逐名于世”，最终其结果可想而知。吕不韦虽有大才，然其经商谋国，专以私心为之；其以子楚“奇货可居”，并献子楚以赵姬，目的皆以私心作祟，是以其最后之不善终者，实德不配位之属。然而，窃所叹者，在先秦诸子著作中，《吕氏春秋》虽被列为杂家，实以黄老思想为中心，“兼儒墨，合名法”，提倡在君主集权下实行无为而治，顺其自然，无为而无不为。如此深邃的思想，吕氏组织撰写之，却独不能践行之。是以清人王世贞曾论曰：“自古至今以术取富贵秉权势者，毋如吕不韦之秽且卑，然亦无有如不韦之巧者也。凡不韦之所筹策，皆凿空至难期，而其应若响，彼故自天幸，亦其术有以摄之！”吕不韦以其“一字千金”的《吕氏春秋》，既向世人留下的宝贵的思想财富，又以作者本人曲折复杂的人生经历向后人阐释了德才之间的辩证关系和追名逐利对人的甚大毒害，此以警之。

第三章　秦汉

概略：帝国的荣耀与中华的宿命

秦汉时期，大约从公元前221年至公元220年，共计四百四十一年。其中，秦历二帝（秦始皇嬴政、秦二世胡亥），共三十六年而亡；汉历二十九帝（汉高祖刘邦、惠帝刘盈、废帝刘恭、文帝刘恒、景帝刘启、武帝刘彻、昭帝刘弗陵、宣帝刘病已、元帝刘奭、成帝刘骜、哀帝刘欣、平帝刘衎、新朝王莽、光武帝刘秀、明帝刘庄、章帝刘炟、和帝刘肇、殇帝刘隆、安帝刘祜、婴帝刘懿、顺帝刘保、冲帝刘炳、质帝刘缵、桓帝刘志、灵帝刘宏、少帝刘辩、献帝刘协），共四百零五年而亡。

读史秦及两汉，中华民族已从童蒙小子进入“舞勺之年”（约十三四岁）。而中华文明的发展方向，于秦汉之时有一巨大转折，即由百家争鸣向儒、道、法主宰的转换。其中，秦帝国所以能够一统六国，除了六国自身的体制性原因之外，更重要的是依靠商鞅变法所带来的强大法制力量和军国主义精神，最大限度地调动了国民的战斗意志；而且，秦一华夏，非但于制度上创立统一的政治与军事组织，而且将三代以来之分封体制转变为郡县体制，实为制度经谟，前无古人，后无可比，即如继秦而治的汉朝，其于制度设计上之创新，本质上亦不过是对秦制的改良而已，实难与秦之功绩相媲美；秦朝在制度建谟上的功绩，有赖于秦始皇的雄才大略和千古一相李斯的政治智慧和经济、文化设计，尤其是与郡县体制和大一统帝国相配合，秦朝亦在广阔的国土上开始了“车同轨、书同文、行同伦、废井田、开阡陌、兴水利”的大规模政治、经济和文化建设，极大促进了经济和文化的发展，为中原文明的繁荣发展和大交流、大融合奠定了坚实基础；另外，秦于建国初期即驱匈奴、征南越，大大扩展了中华民族的繁衍生息领地，基本上奠定了中国此后三千年疆域面积和领土格局。然而，秦之统一，亦有其三大决策性失误：其一为秦用商君之法，行专制主义暴政，以严刑酷法治于万千斯民，在制度设计上无限集权于中央，而造成权力背后的巨量利益无从制衡，终于导致内部权力利益的激烈斗争而速亡于天下大乱之间；其二为秦之统一六国本身，还带有军国主义性质，穷兵黩武的国家政策，使本来就很落后的生产力难以支撑大规模的军事行动，是以在三征高丽的巨大损耗下国本大伤，致使王朝的大厦奠基未稳而骤然倒塌；其三为秦帝国之传承机制没有经过良好设计，依然沿袭了先秦时期父死子继的家族世袭体制，而且其王朝体制内君权与相权的设计没有进行合理分工和互相制约，以致出现宰相赵高“指鹿为马”而无人敢言的可笑局面，而秦帝国之速亡，实亡于自身体制上的不完善。

秦以苛法求治于万世，不想倏忽而灭；继秦而定鼎天下的大汉王朝，汲取秦政之失，以为法家之不合时宜，遂先有汉高祖及文景二帝按照“无为而治”的政治原则推行汉法，遂开创了“文景之治”的第一次盛世时代；后再经武帝时进一步采取“名儒实法”的政治改革，儒家思想渐次成为中央专制集权政体的主导思想，道家、法家则降为从属和补充思想；自武帝之后的三百余年汉治，始终贯彻武帝所开辟的“霸王道杂之”的行政理念，前有以长安为首都的西汉王朝，后有以洛阳为首都的东汉王朝，中间杂以早期社会主义实践者王莽所开创的短暂的新莽王朝，都给中华民族的政治和社会治理实践带来了前所未有的宝贵经验和深刻教训。尤其是东汉开国皇帝刘秀，以其杰出的军事战略、完美的人格风范、高超的驾驭能力，成为中华历史帝王之治的杰出典范和千古绝唱，使大汉王朝的遗风继高祖、文景、武帝之后深入人心，再经明章之治和宣帝中兴的进一步巩固，终于使大汉之治，成为中华民族历史上一个划时代的伟大历史时期。

有汉一朝，国家外敌主要为北方的匈奴民族。为了维护北部边疆的安宁，前汉在武帝时期，出现了名将卫青和霍去病，使中华民族在抗御外族入侵方面实现了历史性的胜利，并进一步将帝国力量投射到万里之外的广大西域；而以傅介子、班超等为代表的中华英雄们，则挟大汉国力，藉卫霍余威，扬名域外、震慑西疆，为中华民族进一步强化对西北边陲的有效治理立下了不朽功勋。

放眼五千年中华历史，秦汉于中华历史的伟大贡献，在于此一时期，中国大一统国家观念的真正形成。在“秦、汉”这两个伟大国号的号召下，中华民族的家园版图，第一次南扩至日南之地（今越南），西达于西域诸国，北抵于今日之朝鲜半岛，东至于大海之滨。虽然汉对西域诸国仅以“都护”之名“羁縻”之，且由于帝国之盛衰而时服之，时失之，但此时已将中原王朝之政治经济和文化远播海外，其历史意义大巨大，前朝无以复加，后世亦难企及。今日世界上最流行之英语，以“china”（“秦”的音译）一词流传于世；而刘汉以一姓之朝，成为当今世界最大民族——汉族的统一族称，由此可见秦汉两个王朝遗风之烈与深远影响。

然而，伟大如斯的大汉王朝，虽然在一定程度上汲取了秦朝的暴政教训，较为温和而从容地统治了中华民族四百余年，但毕竟汉朝依然怀有夏、商、周和秦朝一以贯之的“家天下”之私和依靠“士族权贵”治理国家的行政理念，因此导致了两汉后期如出一辙地陷入外戚和宦官为祸于朝堂，地方豪强为祸于乡里的历史乱局。而这样的历史乱局，在本质上属于高度集权的中央王朝在长期执政之后，隐藏于其背后的既得利益集团便会如同滚雪球一样越滚越大，而既得利益集团对普通民众的压榨和搜刮便会愈演愈烈——直到多数民众被压迫得失去了最基本的生存条件——这往往成为此后压倒所有王朝的最后一根救命稻草——于是，改朝换代的历史呼声便会随着压迫的不断加深而一波波泛起，被压迫的下层民众中的英雄人物，便会像刘邦当年那样再度揭竿而起，在建立新秩序的华丽口号下，加入推翻旧王朝、建立新王朝的起义队伍——当然，即便他们中的某个英雄人物成功地建立了新的王朝，在既有的历史惯性之下，他们不过是再一次重复了上述的任何一次过程而已——唯一不同的是时间的长短或姓氏的转换罢了；而中国此后两千年的中央王朝历史，正是在这样治乱循环的代际交替中陷入万劫不复的惨烈境地。

64. 秦始皇耽于求仙的背后：中央专制皇权的巨量利益所驱动

台湾三军大学所编之《中国历代战争史》认为：综观中国自上古迄秦代之历史，就其政治制度与社会本质而言，由上古之原始部落氏族社会，进而为周代之封建社会，再进而为秦之统一之国家，其进化过程，段落显然。尤其自秦代并灭诸侯，统一中国，确为中国历史之一大进步。再就军事与国防言之，秦代确立了统一的国防观念，军事之指挥权集于一人，避免了秦以前诸侯兼并尾大不掉之势，始奠定中国之高度中央集权。然其利也显，其弊也速，由于中央集权所带来的巨量利益，终致项羽刘邦之流铤而走险，导致频繁之改朝换代，亦国民一盘散沙互相攻讦之传统根源也。

在审视秦政之得失之时，本文且以秦始皇于统一六国、稳定天下之际，何以长期“耽于求仙”一事，从一侧面对中国中央集权政治体制做一“独辟蹊径”的观察：

综观中国两千余年中央王朝历史，不管是雄才伟略如秦皇汉武，还是无能庸碌如宋徽宗明万历，都热衷于求仙图长生不老。而其中，开其端且投入最大、最狂热者，莫过于秦始皇。史载，秦始皇推崇五德始终，又迷信封禅之说。在祈祷天神护佑其帝王基业同时，还追求另一种强烈的欲望：长生不老。由此引发其晚年一系列“求仙”之举和几至狂热的寻找“不死药”行为。

史载战国时期的燕齐（今河北山东一带）境内濒临黄渤海，因为常有海市蜃楼出现，使当时燕齐之地的人们开始妄想传说中的海外神仙国度，因而当地“方术”、“求仙”文化传统较为悠久。至始皇时，之罘、琅琊、成山等地成为方士活动中心。据说当秦始皇第一次巡游至琅琊时，燕齐之地的方士们闻风而动，云起雾和，“齐人徐市（福）等上书，言海中有三神山，名曰蓬莱、方丈、瀛洲，仙人居之。请斋戒，与童男女求之。”齐人方士的上书正合秦始皇心愿，从此，始皇帝便与徐福等一帮方士们结下不解之缘，狂热的求仙活动由此展开。

史载始皇三十二年东巡，到碣石，找到燕人卢生，让他求羡门高誓寻找神仙，又让韩终、侯公、石生求仙人不死药。公元前210年秦始皇最后一次出巡时，史书有所谓“自以连弩候大鱼出射之。自琅琊北至荣成山，弗见。至之罘，见巨鱼，射杀一鱼”的记载（今日可证为鲸鱼之属），可以看作秦始皇亲自进行海上求仙的“不懈努力”。对于死亡的恐惧和对于长生不死的痴迷，在方士们“不死之药殆可得也”的蛊惑下，秦始皇每次巡游都要在海滨逗留较长时间，为探求虚无缥缈的海上神仙穷尽心力。

方士们所述的海中三山，只是一种虚无缥缈的幻影，秦始皇多次海滨巡游，结果连神山的影子都没见到。然而“意得欲从”的始皇帝，是不满意这种结局的，于是便下令在皇宫的兰池中造蓬莱、方丈、瀛洲三山，《三秦记》云：“始皇都长安，引渭水为池，筑蓬、方、瀛，刻石为鲸，长二百丈”。秦始皇对长生不死的渴望和执迷不悟，并没有给后代的帝王们以警示，以致同样具有雄才大略的汉武帝在晚年和秦始皇一样沉湎于求仙与求不死之药的活动之中。

博按：重读秦史，常感叹以秦王嬴政之雄才伟略，本图万年之世袭罔替，奈何翕然间国亡族灭，而其亡国之速，亦开启中华民族此后两千年之混乱更替之基本政治格局。以此见之，秦之速亡，既是嬴氏之悲哀，亦是中华民族之悲哀。而始皇耽于求仙的执迷不悟，其背后实因为中央专制集权体制下作为帝王的巨大的无边际收益所驱动。一旦成为始皇式帝王，天下为驱，荣耀无尽，衣尽珠玉，食不重味，夜不同宿，在这样的生活中，又有几人不留恋世间呢？然而，英武如始皇者可能无从想到，这样的至高无上的权力，非但他自己心向往之，其身边如赵高、李斯者亦向往之，而在世俗间通过想象始皇繁华生活的刘邦、项羽们更加无限向往之。正是在这样对权力的无限向往与膜拜中，始皇为自己、为大秦帝国同时也为中国此后的数千年历史进程设置了一个“潘多拉魔盒”，为中华民族“你方唱罢我登场，各领风骚数百年”的王朝代际更替打开了通道。数以亿万计的炎黄子孙，正是在秦始皇所开启的历史进程中不断重建、沉沦和毁灭，循环往复以致遗患至今。而新中国建政之前，毛泽东即鉴于历史之启示，提出“靠人民民主”打破“历代王朝兴衰更替周期率”的伟大政治设想；当今中国领导人亦鉴于历代政治之失，提出“将权力装于制度之笼子”，实对中央集权背后之巨量利益之危害做出的有益探索，其功莫大焉。在网络化、全球化飞速发展的当今世界，若图使中华民族复兴超越于汉唐盛世，再次雄立于世界民族之林，必得以极大的勇气和智慧，极强的耐心和手段，在“民主”与“法治”、“传统”与“创新”两端做突破性设计与实践，始能终奏其功。

65. 秦始皇与日本神武天皇：回到东亚历史的“原点”，两个东方帝国的比较

读史至秦，既为大秦帝国之伟大建树和为千秋功业为赞，亦为其遽然而亡于两代之后而长叹息。在反复思考这段历史之时，忽然天马行空想到了中国的东方，那个几乎和大秦同时代建立“天皇”的日本。当秦始皇处心积虑地设计皇朝制度，以确保其子孙万代世世为帝的时候，不意在东方，日本天皇却替他悄悄实践了这一梦想：按照日本人自己编写的历史，其所谓有天皇制已然传承了两千六百多年（虽然其最早的天皇神武天皇还是和中国的三皇五帝一样，只不过是神话中的人物）。

决定中国式皇帝的代际更替与日本天皇的“万世永继”，不外乎以下几个方面原因：

其一，生存环境决定。日本民族长期生活于较为恶劣的海岛环境，四面是海受限制，狂风暴雨是常态，再加上资源稀缺，使日本人更愿意团结一心，全力对外，这种由外部恶劣环境所导致的强大向心力，为日本亘古以来只承认一个天皇提供了可靠的环境基础。而秦政权治下的中国处于背靠大山、面临大海、风调雨顺的大陆环境，资源丰富，个人或小集体通过稍加努力即可获得较为安逸的生活。在这样的环境下，国民的团结意识和战斗精神，与日本相比就显得较为薄弱。改变生存环境的努力常为民族发展的第一原力，而为了生存，日本人选择了更能够凝聚人心、对抗环境的“万世一系”的天皇制度。

其二，政权基础决定。中国历史经历夏商周三代，再经春秋战国混战，已经由三皇五帝的神话时代，过渡到世俗政权时代。君权神授的思想没有深入人心。是以刘邦、项羽等世俗之人，能够对秦始皇产生了“取而代之”的觊觎之心。而日本天皇，因为远古至今，皆秉承其为“天照大神”的直系后裔，这种君权神授的思想深入日本人的骨髓。所以即使是日本八百年的“幕府”统治时代，其施政的权力基础依然是“天皇的幕府”而已，天皇在日本人心目中的地位，始终是不可取代的。是以其能在历次政权危机之中都能依靠日本民众的盲目信仰而化险为夷，平稳过渡。

其三，改革精神决定。海洋民族的特性，使得日本人常常生出不改革即死亡的危机意识和忧患意识。每次当其面临生存危机之时，日本人的改革精神往往最彻底、最坚决。是以日本历史上三次重大的改革大化革新、明治维新和战后接受美国和平改造，都取得了大体的成功；相反，以秦始皇为首的历代中国帝王们，因为自身既得利益的强大驱动，使他们害怕改革，不愿改革，即使被迫改革也是“进两步，退一步”的“中庸式”改革，最后往往为既得利益集团所扼杀。

其四，文化本质决定。中国自春秋战国以降，百家争鸣，诸子献策，造就了文化的广泛多元，此后虽然有独尊儒家的努力，但最终在各种文化需求下形成了“儒为本，法为表，释道为内”的多元中庸的文化生态格局。这种文化生态亦为各种政权形式的存在提供了文化基础。反观日本，其文化本质向来只有一种：最优秀的！当大唐文化优秀，他们便全盘拿来；当西方文明强大，他们便全盘西化；正是在这种一切只为实用，一切只求最好的“一致性”文化观念里，日本更加诉求政权上的一元化和向心化。

其五，权力收益决定。由于中国皇权在春秋战国之际长达八百年的不断建构，到大秦帝国时期，中央集权已经渐至顶峰。在强大的中央集权之下，皇族权力的收益已经到了无以复加的地步。以秦始皇为例，其权力大到一声令下，可以令十万军队成为其“巡国”的仪仗队，可以随便斩杀任何一个大臣，可以集天下财富、美女为已有。在这样“低成本、高收益”的权力结构下，无怪乎一代又一代的陈胜吴广们敢于冒着被杀头的危险，揭竿而起，推翻了一个又一个朝代。因为他们明白，在这场权力赌博中，他们付出的不过是一个微弱的生命，而收获的，将是无尽的财富、“三宫六院七十二妃”的天下美女以及万人之上、青史留名的帝王感觉。而日本呢，即使其天皇权力最大的时候，其权力收益与中国比较却是少得可怜。因为君权神授的限制，因为资源的贫乏，即使贵如天皇，亦不过被封闭于一个很小的地方接受膜拜，所以即使能够控制皇室的幕府大臣，亦不羡慕于天皇的地位而至于产生取而代之之心了。

博按：读史至秦，比较之于日本，实感是一件至有意义之事。中国史家往往长于纵向内比，而短于横向外比。深刻挖掘中国兴衰更替之历史原因，再相比于日本天皇制度之长期稳定，更能深刻洞察中国历史发展的内在规律和特点，更能客观把握当今中国社会问题之所在。唯今之世，中华民族面临复兴重任，外有强国环伺、内有积弊矛盾，必须深鉴于历史与现实，借助于国内与国外，一树不生则死之危机意识，二行民主法制之治理方略，三倡彻底改革之思路，四破权力过于集中之大害（即将权力装于制度的笼子里），五推文化创新之理念。唯有上述五个方面之最终成功，中华民族方能重振汉唐雄风，才能复兴民族伟业。

66. 秦楚巨鹿之战：两个名将的对决，一个帝国的坍塌

公元前208年（秦二世二年）九月（秦以十月为岁首，秦二世二年为前209年十月至前208年后九月，该年闰月），秦军上将军章邯打败并杀死楚地反秦义军首领项梁后，认为楚地已不足忧，于是渡过黄河，汇合前来增援的王离军二十万（长城军）一起攻打赵国，大败赵军。这时候，赵歇为王，陈余为大将，张耳为国相，皆逃入巨鹿城。章邯命令王离、涉间包围巨鹿，自己则率军驻扎于巨鹿之南，筑墙为甬，为秦军输送粮草。赵国大将陈余则率领数万士卒驻扎于巨鹿之北（河北军）。

形势危急之下，赵王派使者向楚怀王以及各国诸侯求援。时秦军军威甚盛，救赵诸军无人敢战。

改变历史走向的一个重要际遇，就这样落在于被司马公大加赞叹的悲情

英雄人物项羽身上。

是年闰九月，在项羽主导下，楚军兵分两路，一路以卿子冠军宋义为上将军，鲁公项羽为次将，亚父范增为末将，率军数万北上以解巨鹿之困；另一路以刘邦为主帅，进攻关中。楚怀王许诺，谁先下关中，就封谁为关中王。

楚国援赵大军进至安阳（今山东曹县东南），无能且有私心的宋义称最好等秦赵两败俱伤后楚军再收渔人之利，故逗留四十六天不前进。作为副将的项羽此时义愤填膺，在对宋义一番痛斥后毅然将其斩杀。楚怀王遂封项羽为上将军，并令英布和蒲将军两支楚军也归其指挥。

秦二世三年十二月，项羽率楚军到达巨鹿县南的黄河（一说为漳水），立刻派遣英布和蒲将军率两万义军渡过河，援救巨鹿。二将渡河后初战小胜，赵将陈余又催促进兵。接着，项羽领军渡河后，命令全军破釜沉舟，烧掉房屋帐篷，只带三日粮，以示不胜则死之强大决心，以迅雷不及掩耳之势直奔巨鹿，击败章邯部保护甬道的秦军，断绝王离部的粮道，包围了王离军队。项羽的决心和勇气，对将士起到很大的激励鼓舞作用，楚军包围王离军队后，个个士气振奋，人人争先杀敌，前后凡九战，终于打退章邯，活捉王离，击毙秦将苏角，秦将涉间举火自焚，一时间，秦军瓦解。此后之秦军主帅章邯，更在陈余的离间之下，无心再战，终于投降项羽。巨鹿战后，秦军主力丧亡殆尽，大秦帝国之灭亡已然在即。

博按：决定大秦帝国命运的关键一战，因为有两位名将的交手而成为中华战争史上一个光辉篇章。所谓“两军相遇勇者胜”，当两位名将对决，虽然章邯之败，有秦廷之混乱、后勤之不继、将士之离心等诸多原因，然而，若是项羽不能以“破釜沉舟”的激励士气之举，若是没有敢于对强敌“亮剑”之大无畏勇气，则楚军之胜也未必然。是以此战后，后世之人曾将项羽的破釜沉舟与勾践的卧薪尝胆并列而撰下千古一联曰：“有志者、事竟成，破釜沉舟，百二秦关终属楚；苦心人、天不负，卧薪尝胆，三千越甲可吞吴！”

67. 还原巨鹿之战：一场历史决战的真相

关于巨鹿之战，司马公在同一本《史记》里，做了两种截然不同的记载，在此考并论之：

按《史记·项羽本纪》记载“当是时，楚兵冠诸侯。诸侯军救巨鹿下者十余壁，莫敢纵兵。及楚击秦，诸将皆坐壁上观。楚战士无不以一当十。楚兵呼声动天，诸侯军无不人人惴恐。（按此段记载，诸侯军只作壁上观，根本没有参加后续作战）于是已破秦军，项羽召见诸侯将，入辕门，无不膝行而前，莫敢仰视。项羽由是始为诸侯上将军，诸侯皆属焉。”

但在《史记·张耳陈余列传》中，关于诸侯军又有另一种说法：“项羽兵数绝章邯甬道，王离军乏食，项羽悉引兵渡河，遂破章邯。章邯引兵解，诸侯军乃敢击围巨鹿秦军，遂虏王离，涉间自杀”。以此所叙，则诸侯军仅仅在项羽与章邯的甬道护军作战时作壁上观，待项羽进攻王离时，诸侯军则参与了围攻，俘王离、迫使涉间自杀，是楚军和诸侯军的共同战果。

司马光在其《资治通鉴》中，则综合了《史记》中《项羽本纪》和《张耳陈余列传》的说法，表述为：“项羽乃悉引兵渡河，皆沉船，破釜、甑，烧庐舍，持三日粮，以示士卒必死，无一还心。于是至则围王离，与秦军遇，九战，大破之，章邯引兵却。诸侯兵乃敢进击秦军，遂杀苏角，虏王离；涉间不降，自烧杀。”

而综合今日更加丰富翔实之史料，《要略》认为项羽巨鹿之胜，实非太史公所夸大之史实。其一，当是之时，章邯之兵力虽多于项羽之兵力，但项羽属于集中用兵，而章邯因为在作战中为包围巨鹿而兵力部署较为分散，从而被项羽各个击破；其二，史记中记载项羽只带三日粮出战，但秦军大将王离之降却在二个月之后，即使项羽之军能够“因粮于敌”，在当时的历史条件和战乱情况下，亦殊不现实；其三，项羽于此战中发挥主要作用可以肯定，但诸侯军在战场上的互相支撑和兵力掩护、牵制作用不能忽视，不然项羽难以达成其集中作战目的；其四，为彰显项羽之功，太史公在双方兵力记述上有夸大章邯兵力、压缩项羽兵力之嫌。太史公记载，章邯之兵力达三十万人之多，而项羽兵力不过三万人。而据今人考证，当时秦军兵力绝不超过十万人，而且多为强迫入伍之奴隶，没有经过严格的训练，即使名将如章邯亦难以有效指挥；而项羽和诸侯联军，总数应在五万至七万人之间，而且其兵力多为贫苦农民，且为“造反”之军，不但关乎个人生死，而且关乎九族之命（按秦法，造反是要株连九族的），是以能够人人拼命，不畏战阵，此为项羽取胜之根本；其五，此战项羽取胜之关键，在于陈余对章邯的劝降和秦廷内部奸臣赵高对前线战事的破坏，导致秦军粮草后勤供应的严重不足，才使章邯最终决心投降；其六，关于项羽坑杀二十万秦军之说，一如当年长平之战时坑杀四十万赵军之假说，只不过是项羽为了掩盖其虚报战功而做的遮掩（以当时项羽的兵威，无人敢去追究。），是以不可作为真实的历史记载；其七，从战后对章邯的分封亦可看出巨鹿之战的不实。章邯以降军之将，反获楚怀王“三王”之封，而作为胜军领袖的项羽反而只获得了“二王”之封，即使楚怀王有意贬低项羽，按照项羽战前斩杀宋义的威风，其于这样明显的“不公平”分配岂能善罢甘休？综上所述，《要略》试述巨鹿之战的真实情况是：

当秦军十万人围巨鹿，项羽率军援赵，合诸侯之力，背水一战，断其粮道，楚军先攻，屡败秦军，诸侯受楚军鼓舞，亦拼力助战。然终不分胜负。时陈余欲说降章邯，项羽然之，章邯见秦廷赵高当政，恐祸起萧墙，遂降项羽。项羽为彰其战功，称以三万军击败章邯三十万人，并坑杀其二十万人，以报楚怀王。怀王心知其实，遂封章邯三王，而封项羽二王，其他陈余等人，皆王之。

博按：纵观《史记》，处处可见太史公对项羽的私心爱护和谬赞之情。太史公以如椽史笔，将项羽之传记列入只有皇帝才可享用的《本纪》序列，大赞其功，大美其史，即可见太史公对项羽的特别“关爱”。而且，在司马迁评价项羽与刘邦时，公然认为，“秦失其政，陈胜首难，豪杰尽起，相与并争。然（项）羽非有尺寸，乘势起于陇亩之间，三年遂将五诸侯灭秦……其位遂不终，（仍）近古以来未尝有也”，虽然其中可见太史公“勇于贬低刘氏历史功绩”的“无畏勇气”，但其在抑刘扬项之中，却抑之不公，扬之不当。尤其是在对巨鹿之战的记载中，太史公更是倾心尽力以记述，甚至为了美化项羽，不惜违背历史事实，抑诸侯军而扬项羽功，实太史公于治史之中，夹杂其个人之鲜明成见。其中之根本原因，在于项羽与司马公一样，同样是历史的“悲情英雄”，同样受汉朝“大辱”。对项羽之褒奖，实对刘汉朝廷之贬低。是以明朝学者茅坤认为巨鹿之战是“项羽最得意之战，太史公最得意之文”，其心虽明，其史可疑矣！

68. 南北望长城，古今论中华

秦统一六国后，始皇困于北部匈奴之犯，一面命各郡守修葺原有之各国长城，一面命大将蒙恬率三十万大军出塞作战，并将原有之七国长城连成一片，使之不但可防守匈奴的铁骑，而且可以作为军事前出之基地，其军事和政治意义巨大。匈奴惮于蒙恬之威，又无法越过崇山峻岭之间的长城，竟一退数百里，使有秦一代二十年，北方之边患基本解除。

由秦长城，再上溯到西周时期。其时，周人已经在其首都镐京（今陕西西安）外围修建了抵御西方游牧民族侵袭的长城，著名的历史典故“烽火戏诸侯”即源于此时的长城功能应用；到了春秋战国时期，诸侯列国争霸，互相防守，长城修筑进入第一个高潮，但此时修筑的长度相对秦长城来说都比较短且功能简单。

而鲜为人所知的是，在春秋战国时期，长城根据防御对象，更有北长城和南长城之说。

北长城：是秦、赵、燕三国为了防御匈奴的掳掠侵袭而在北部修筑的长城。由于匈奴民族善于骑射、长于野战，而秦、赵、燕的作战部队主要是步兵和战车，行动迟缓，很难抵御袭击和掳掠，这不仅使三国北部人民的生命财产受到严重威胁，生产遭到严重破坏，而且大大影响了三国的统一事业，针对这种被动局面，三国便先后进行兵制改革和在北部修筑长城。其中，秦昭王曾在陇西、北地、上郡北部边境修筑长城，并派军驻守；赵武灵王曾下令自阴山（今内蒙古大青山、乌拉特山）而西，直抵大河（今内蒙古乌加河），置代郡、雁门郡、云中郡，以防匈奴南下掳掠；燕昭王自造阳（今河北康保县与内蒙古太仆寺旗）至襄平建长城，置上谷、渔阳、右北平、辽西、辽东郡以抵御东胡。

南长城：主要以楚、齐、魏、韩、中山国等国修筑的边地长城为代表，主要目的是为了抵御其他诸侯国进攻。其中，楚怀王曾从今河南泌阳北到叶县，经内乡东北而达湖北竹山县境内修筑“方城”，用于防御邻国进攻；齐国则在西起今山东平阴县东北，东至胶州市南的大朱山东入海修筑长城，结构主要有土筑和石砌两种，是中国也是世界上现存最古老、保存段落或遗迹较多的古长城，原长度两千多里。《史记·楚世家·正义》引《齐记》记载“齐宣王乘山岭之上，筑长城，东至海，西至济州，千余里，以备楚。”齐长城西起济南长清区，东至青岛市黄岛经济开发区，横穿山东半岛；中山国为了防御西南赵、晋的侵扰而修筑了今河北、山西交界部分长城；魏国长城，则分为河西长城和河南长城，前者是魏惠王在位时，利用西部边境上洛水的堤防扩大而修筑，南起今陕西华县华山北麓的相元洞，北达内蒙古固阳；后者是魏惠王晚年修筑的保护国都大梁的长城，经今河南原阳县境转向东南，向西直达新密市。

无论是南长城还是北长城，至秦汉之时，诸侯和历朝先后投入的兵民不下千万之众（春秋战国时期，中华大地上人口总数约两三千万，汉初锐减至六百多万）。史载秦始皇在修筑长城的同时，即着手加强边境地区的开发建设，揭开了屯田戍边、开发边区的序幕；汉代由于修筑长城的时间较长，开始采取移民实边的“战略决策”，移民和戍守长城的军人一起，开垦荒地进行农耕，不但加速了边区的经济开发，节省了政府的大量军费开支，而且大大减少了长途运输之苦，并第一次将华夏文化远播四方。

自秦始皇以后，中原历朝代中都不同规模地修筑过长城。清康熙时期，虽然停止了大规模的长城修筑，但后来也曾在个别地方修筑长城。因此可以说自春秋战国时期开始到清代的两千多年间，一直没有停止过修筑长城的军事行动；长城的修筑与中原王朝的兴衰更替始终如影随形。另据长城研究专家统计，若把各个时代修筑的长城长度相加，总计有十万里以上，其中秦、汉、明三个朝代所修长城的长度都超过了一万里。

博按：长城这一人类建筑史上的奇迹出现于中华帝国这片土地上，根源于特殊的中国地理环境所造就的特殊民族心理和人文性格。生于温润宜人、平坦富饶的中原腹心地带的汉族人民，在长期的历史变迁中既形成了以儒家“仁、义、礼、智、信”为主要内容、以道家“无为而治”、“顺应自然”为辅助条件的高度发达的文明，也因为生活环境的过于优越（同时也是地理上的自我封闭），使汉族人民产生了保守自私、安土重迁、自给自足的人文民族心理和性格，而这样的民族心理和文化特点，为长城的产生奠定了文化基础。

毋庸置疑，特殊历史时期的万里长城，自然具有特别的历史意义：比如秦长城代表着秦朝统一后的国家战略取向和积极防御思想，在北方游牧民族的强大骑兵面前，秦人企图以城为壑，以城休息，以城节力；作为世界古代史上最伟大的军事防御工程，长城是由点到线、由线到面的具体而又完整的防御体系，其中的军堡、关城、烽燧和军事重镇具有战斗、指挥、观察、通讯、隐蔽等多种功能；而且，秦皇汉武，包括明初朱元璋和朱棣再次大规模修筑长城，无不是在主动出击、军事上取得压倒优势时修建的，这说明修筑长城既是一种积极防御，又是积蓄力量、继续进取的军事战略中的一环。

站在中华民族族群融合、文明交流的视角来看，正因为长城的出现，在视野上无疑增加了少数民族对中原繁华的想象空间和无限向往，反而更进一步激发了周围少数民族对中原的“觊觎”和“狼子野心”，是以此后两多年来中华帝国这片领土上几乎所有的战乱和厮杀、更替和交融，都围绕着长城一线展开。而因由上述原因而产生的南北文化、东西文明的大交流和大融合始终没有停止过。例如战国时期，赵武灵王修建赵长城，号召国人学习“胡服骑射”，其实质就是一次经典意义上的南北文化交流；今天考古学者在长城沿线发现的秦权、诏版，内蒙古和林格尔汉墓壁画、单于和亲瓦当，还有闻名遐迩的昭君墓等，均是南北文化交流融合的历史见证；而在更加宽泛的以长城为中心的文化带里，遗留下来的诸如敦煌、云冈石窟、麦积山、万佛堂石窟壁画、雕塑、元代居庸关云台、金代的卢沟桥以及金中都、元大都遗址等文化遗迹，都是中原文明与北方和西域文化大交流、大融合的结果。

再而言之，长城对于世界了解中国、中国走向世界亦起着不可替代的作用。汉武帝时期，张骞出使西域诸国之后，即以长城要塞为根据地，开辟和维护着东起汉朝首都长安（今西安），西到大秦（今地中海东岸一带）全长两万余里的交通干道，这就是著名的“丝绸之路”；几千年来，中外友好使团频繁往来于这条古道上，中外文化在此融合、交流，直到今天仍在发挥着作用。许多外国人知道中国是从长城开始的，长城是世界上其他国家人民了解中国历史、中国文化、中华民族的一个最好切入点。1987年联合国教科文组织正式将万里长城定为世界文化遗产，证明长城所具备的历史文化和人文价值已被世界所承认，长城既是中国的，也是世界的。

然而，长城之于中华民族的消极和负面的影响，也是巨大而无法估量的。长城的修建，在一定意义上进一步强化了中华民族的保守内向性格。因为对长城功能的过分依赖，中原历代王朝的帝王和臣民们往往以为他们可以从此进入“国无外患”的温柔乡里，从而放弃了自强的主观能动性，渐渐不再重视建设强大的抵御外来侵略的武装力量；因为有了长城的巨大视野屏障，中原历代王朝往往把治理国家的重点，放在了对内患的控制和对臣民的奴役、监控、压榨上，从此陷入了“内斗内行、外斗外行”的民族“劣根性”之中；同样也是因为长城的巨大历史存在，也使得历代王朝把巨大的人力物力投入到长城的修复和建设上，一定意义上过度浪费了国家资源。而后人反思于长城建设之成败，最明智者莫过于清帝康熙关于“众志成城”之论。如果历代王朝都能明白，若能得将士之忠勇与民心之拥护，则要长城何用？再坚固高大之长城，若无忠义将士之死守，若无民心民力之支持，则可视为平地废墟。是以孟子云：天时不如地利，地利不如人和，此之谓也。

69. 李斯《谏逐客书》：一篇鸿文八百字，底定华夏三千年

当年轻气盛的秦王嬴政车裂嫪毐（嬴政母亲芈太后的情人）、夷其三族并逼死吕不韦（时任宰相，芈太后之前情人）之时，正巧秦国宗室贵族借韩国水工郑国献策修渠，阴谋藉此耗秦人力资财，削弱秦国军队，建议秦王驱逐在秦“外籍”门客。“雷霆之怒”之下的年轻秦王不假思索，准备将在秦国“工作”的所有“他国门客”驱逐出境，当此时刻，身处秦国，本欲有一番人生作为

的门客李斯坐不住了，他立即奋笔疾书，以一个下层官史身份，向秦王呈上了一篇流传千古的著名“奏章”：《谏逐客书》。全文如下：

臣闻吏议逐客，窃以为过矣（直奔主题）。昔穆公求士，西取由余于戎，东得百里奚于宛，迎蹇叔于宋，来邳豹、公孙支于晋。此五子者，不产于秦，而穆公用之，并国二十，遂霸西戎。孝公用商鞅之法，移风易俗，民以殷盛，国以富强，百姓乐用，诸侯亲服，获楚、魏之师，举地千里，至今治强。惠王用张仪之计，拔三川之地，西并巴、蜀，北收上郡，南取汉中，包九夷，制鄢、郢，东据成皋之险，割膏腴之壤，遂散六国之众，使之西面事秦，功施到今。昭王得范雎，废穰侯，逐华阳，强公室，杜私门，蚕食诸侯，使秦成帝业。此四君者，皆以客之功。由此观之，客何负于秦哉！向使四君却客而不内，疏士而不用，是使国无富利之实，而秦无强大之名也。今陛下致昆山之玉，有随和之宝，垂明月之珠，服太阿之剑，乘纤离之马，建翠凤之旗，树灵鼍之鼓。此数宝者，秦不生一焉，而陛下说之，何也？必秦国之所生然后可，则是夜光之璧，不饰朝廷；犀象之器，不为玩好；郑、卫之女不充后宫，而骏良駃騠不实外厩，江南金锡不为用，西蜀丹青不为采。所以饰后宫，充下陈，娱心意，说耳目者，必出于秦然后可，则是宛珠之簪，傅玑之珥，阿缟之衣，锦绣之饰不进于前，而随俗雅化，佳冶窈窕，赵女不立于侧也。夫击瓮叩缶弹筝搏髀，而歌呼呜呜快耳者，真秦之声也；《郑》、《卫》、《桑间》，《韶》、《虞》、《武》、《象》者，异国之乐也。今弃击瓮叩缶而就《郑》、《卫》，退弹筝而取《昭》、《虞》，若是者何也？快意当前，适观而已矣。今取人则不然。不问可否，不论曲直，非秦者去，为客者逐。然则是所重者在乎色乐珠玉，而所轻者在乎人民也。此非所以跨海内、制诸侯之术也。臣闻地广者粟多，国大者人众，兵强则士勇。是以太山不让土壤，故能成其大；河海不择细流，故能就其深；王者不却众庶，故能明其德。是以地无四方，民无异国，四时充美，鬼神降福，此五帝三王之所以无敌也。今乃弃黔首以资敌国，却宾客以业诸侯，使天下之士退而不敢西向，裹足不入秦，此所谓“借寇兵而赍盗粮”者也。夫物不产于秦，可宝者多；士不产于秦，而愿忠者众。今逐客以资敌国，损民以益仇，内自虚而外树怨于诸侯，求国无危，不可得也。

史传秦王嬴政一览此文，便果断采纳李斯的策议，立即取消了逐客令，李斯则受到重用，被封为廷尉。李斯这个荀子的学生，中华千古一相，即此进入让他扬名万世，同时也遗臭万年、殃及三族的大秦政治舞台和权力中心。

博按：李斯《谏逐客书》历来被评为天下第一政论文。全文从历史切入，以穆公、孝公、惠王、昭王四位秦国明君召士纳贤为例，强调“异国”客卿的重要性，接着再以秦王自己的“爱好”，诸如“昆山之玉”、“随和之宝”、“明月之珠”、“太阿之剑”、“纤离之马”等，来说明“异国”的人或物对于秦国民展及秦王本人，都是必不可少的。而后，笔锋一转，指出秦王不问可否，不论曲直，非秦者去，为客者逐，是“能重者在乎色乐珠玉”，“能轻者在乎人民”，“此非能以跨海内、制诸侯之术”，把秦王逐客之举置于“人民”和“历史”的高度拷问，并进而以“太山不让土壤，故能成其大；河海不择细流，故能就其深”，来提醒秦王只有“王者不却众庶，故能明其德”，要想成就“五帝三王”之功，就必须“地无四方、民无异国、四时充美、鬼神降福”。这样的层层递进、直抵人心、鞭析入里的论述，不但促使秦王采纳了他的意见而保留了能够助其一统华夏的大量人才，而且深深影响了以后三千年来的中国政治文化生态。是以鲁迅曾称赞李斯：“秦之文章，李斯一人而已”。此文不但开启了一个具有李斯深刻痕迹的历史时代，而且开启了中华民族大一统的时代大门。一个传承了三千年的“中国式统治”时代开始了。明朝哲学家李贽在评论这段历史时说：“秦始皇出世，李斯相之，天崩地坼，掀翻一个世界。”以此论之，李斯可谓有秦一朝影响力最大的政治人物，同时也是中国历史上最具个性和特色的政治人物之一。

70. 大秦宰相李斯的两次人生领悟

关于李斯，《史记李斯列传》中有过甚为精彩的描述。其中，关于李斯的两次“人生领悟”，深刻刻画了这位千古一相的人生两极。

第一次人生感悟，在于其发现“厕中鼠”和“仓中鼠”的区别时，发出了“人之贤不尚譬如鼠矣，在所自处耳！”的感叹。这个感悟，使李斯认识到一个人的成功，所处环境的重要性。经过这次重大的人生“顿悟”，李斯开始向当时的大学问家荀卿学习帝王之术。学成后，李斯判断当时他所处的楚国不足以成其大事，而六国皆弱，无可为建功者，于是选择了经过商君改革的秦国。西入秦后，李斯很快被当时秦国的政治强人吕不韦发现，并任以为郎。从此有了向秦王嬴政施展自己才华的空间和机会。在他的劝说和谋划下，嬴政展开了他灭诸侯、成帝业的一系列军事和政治运作：一是遣谋士持金玉游说关东六国，离间各国君臣；二是以军事征服渐次翦灭六国。秦统一天下后，李斯被任为丞相，并和王绾、冯劫等人一起议定尊秦王政为皇帝，并制定有关的礼仪制度。他建议新建之秦拆除郡县城墙，销毁民间兵器；反对分封制，坚持郡县制；又主张焚烧民间收藏的《诗》、《书》等百家语，禁止私学，以加强中央集权的统治。还参与制定法律，统一车轨、文字、度量衡制度。李斯政治主张的实施对中国和世界产生了深远的影响，奠定了中国两千多年政治制度的基本格局。

而李斯的第二次人生感悟，则可谓一种“多么痛的领悟！”在他受赵高的引诱，合谋伪造遗诏，迫令始皇长子扶苏自杀，立少子胡亥为二世皇帝之后，令他想不到的是，他竟然被赵高这个出身卑微、一朝得势的小人上下其手，最终被腰斩于咸阳闹市。史载，当是时，“斯出狱，与其中子俱执，顾谓其中子曰：‘吾欲与若复牵黄犬俱出上蔡东门逐狡兔，岂可得乎！’”（引自《史记李斯列传》）遂父子相哭，而夷三族。

据史记载，当李斯居囹圄中，仰天而叹曰：

“嗟乎！悲夫！不道之君，何可为计哉！昔者桀杀关逢龙，纣杀王子比干，吴王夫差杀伍子胥。此三臣者，岂不忠哉！然而不免于死，身死而所忠者非也。今吾智不及三子，而二世之无道过于桀、纣、夫差，吾以忠死，宜矣。且二世之治岂不乱哉！日者夷其兄弟而自立也，杀忠臣而贵贱人，作阿房之宫，赋敛天下。吾非不谏也，而不吾听也。凡古圣王，饮食有节，车器有数，宫室有度，出令造事，加费而无益于民利者禁，故能长久治安。今行逆于昆弟，不顾其咎；侵杀忠臣，不思其殃；大为宫室，厚赋天下，不爱其费。三者已行，天下不听。今反者已有天下之半矣，而心尚未寤也，而以赵高为佐，吾必见寇至咸阳，麋鹿游于朝也。”（引自《史记·李斯列传》）

此段记载，虽为《史记》之载，然后世多有史家推为太史公之言。何哉？是时斯为阶下囚，其所“感叹”何以能传之后世？亦何人能记之如此细微？要知道，当时尚无今日之方便笔墨纸张，没有今日之录音设备。而此段之论，不过太史公欲借李斯之口而议论于时政，讽之于武帝也，此以正之。

博按：通览华夏诸史，于中华民族郡县政体之设计、大一统观念之形成、文化思想之构建、艺术人文之传承（中华书法艺术之真草隶篆四体中，李斯为后二体之开创者），莫过于李斯者。若以建立制度经谟而论，则李斯当功在名相之首。尤其其建议秦始皇废除分封制度，建立郡县制度，实中华政治文化于两千年前超越于世界之伟大创举。然李斯之不幸，在其于历史的转折关头，没有秉公于国，持心于公，终使一代昏君胡亥于大秦政局未稳之时遽登大统，使中华民族的历史走向，突然发生根本性之转折。设若当时李斯以其宰相之力，不以私心处之，不听奸人之劝，而坚持以扶苏为帝，则以扶苏之英武哲明，则大秦必不至于历二世即亡。而且，以扶苏之明，必将践行开秦以来之法制精神，内修仁政文德，外御强胡诸戎，则中华必不至民乱纷纷，群雄竞起。一旦法治精神历数代明君而深入人心，则中华必不致进入兴乱更替之历史周期，斯诚两千年来历史之最大遗憾。其实李斯为之，非责之于赵高和胡亥之徒。是以司马公于李斯传中亦长叹曰：“不然（如果不是李斯之过），斯之功且与周、召列矣！”可为至论。

71. 指鹿为马说赵高：古来奸佞第一人，遗患中华两千年

赵高斯人，本秦廷内官之厮役（打杂的太监），幸得以刀笔之文（文章写得好，字也写得好）进入秦宫。秦王闻高彊（通强）力，通於狱法，举以为中车府令。史载赵高曾有大罪，秦王令蒙毅法治之。毅不敢阿法，当（判除）高罪死，除其宦籍。帝以高之敦於事也，赦之，复其官爵。（始皇帝当时可能万万想不到，其一次以权乱法之举，会导致其“万世家天下”梦想破灭得如此之快，此可谓莫大的讽刺矣！）

此后的故事，就是著名的“沙丘之谋”。当始皇崩于沙丘之时，赵高首先跳出来，先是说服胡亥准备接位，再说服李斯支持废扶苏立胡亥。尤其观其说服李斯之言辞，可谓威逼利诱，直抵要害。

再后，就是赵高当政，先杀蒙氏兄弟（蒙毅、蒙恬），再杀李斯等人，最后“指鹿为马”观察形势后，竟然杀掉胡亥本人，据《史记》记载，赵高杀胡亥时的情况是这样的：“高既因劫令自杀。引玺而佩之，左右百官莫从；上殿，殿欲坏者三。高自知天弗与，群臣弗许，乃召始皇弟（子婴），授之玺”。

后子婴即位，患之，乃称疾不听事，与宦者韩谈及其子谋杀高。高上谒，请病，因召入，令韩谈刺杀之，夷其三族。子婴立三月，沛公（刘邦）兵从武关入，至咸阳，群臣百官皆畔，不適（不上朝之意）。子婴与妻子自系其颈以组（把大家捆在一起之意），降轵道（地名，今为亡国投降的代名词）旁。沛公因以属吏。项王至而斩之。遂以亡天下。

博按：读史至秦，深为始皇突亡于沙丘为憾。此一亡，中国历史向着以法治国精神前进的车轮，突然转向充满皇权人治泥泞的坎坷轨道，而此中的关键人物，正是将为中华民族万世唾骂的中华第一奸臣赵高。强秦之速亡，可谓亡于赵高之大奸。赵高出身寒微而受秦恩，非但不明言以劝主上，反而

以阿顺苟合危害天下，是为大奸。沙丘之谋，赵高谋立胡亥，实其奸心所致；既得二世之信任，又纵容二世修阿房之宫，行奢侈荒淫之政，再奸杀蒙氏兄弟和李斯等国之干城，并妄图称帝，遂致身败名裂。而博于赵高之史，唯喟叹始皇当初以一用之私而乱法赦免赵高，强秦所以一统天下之法制精神，经此一坏而失天下，宁不镜鉴于后世乎？

72. "注水"的彭城之战

楚汉彭城之战，为秦楚巨鹿之战之后，中国战争史上又一场以少胜多之经典战役。司马迁在《史记》中对这场战争做如下记载：

春，汉王部（率领）五诸侯兵，凡五十六万人，东伐楚。项王闻之（时项王受张良之欺骗，正率军伐齐而身在山东，刘邦乘虚而入，径取项羽之老巢彭城），即令诸将击齐，而自以精兵三万人南从鲁出胡陵。四月，汉王皆已入彭城，收其货宝美人，日置酒高会。项王乃西从萧，晨击汉军而东，至彭城，日中，大破汉军。汉军皆走，相随入谷、泗水，杀汉卒十馀万人。汉卒皆南走山，楚又追击至灵壁东睢水上。汉军却，为楚所挤，多杀，汉卒十馀万人皆入睢水，睢水为之不流。围汉王三匝。于是大风从西北而起，折木发屋，扬沙石，窈冥昼晦，逢迎楚军。楚军大乱，坏散，而汉王乃得与数十骑遁去，欲过沛，收家室而西；楚亦使人追之沛，取汉王家。家皆亡，不与汉王相见。汉王道逢得孝惠、鲁元，乃载行。楚骑追汉王，汉王急，推堕孝惠、鲁元车下，滕公（夏侯婴）常下收载之。如是者三。曰："虽急不可以驱，奈何弃之？"于是遂得脱。

关于这段历史，司马公惯常使用的春秋笔法在这里可谓不惜"泼墨"之作，描述甚为详细。后世史家于此经典战例常有疑惑之意，因此本文特假时代之方便，再做详细之考证。更以为此战项羽虽或胜之有道，但其中仍有司马公有意张扬项羽之勇、神话项羽之功而有意"注水"之实，试为论之：

其一，关于刘邦率军五十六万与项羽率军三万之考。与巨鹿之战一般，《要略》以为刘邦之军，在十余万而非五十六万。一方面，楚汉之时，经过战国厮杀和秦代征战无度，至秦末之时，当时举中国之人，亦不过六七百万（确凿之史料证明，战国时期，中原人数最多之时为2200余万，到秦末时已经锐减至一千万以内），且刘邦所处之汉中和五侯之地，加起来亦不过二百万民众，从中征召五十六万兵力基本不可能；另一方面，古来兵家，常虚张声势，因项羽之勇，刘邦长途奔袭，偷袭项羽之老巢彭城，兵力太多，行动迟缓而难以达成偷袭目标；兵力太少又不敌项羽之勇，是以按照当时之战场形势和刘邦集团组织指挥战役之能力水平（是时韩信尚未参与此战之指挥），刘邦之兵力，至多十万。当然，号称“五十六万”之说，很可能是一种战略威慑。

其二，项羽之三万骑兵很可能为虚构之作。因为，在当时之历史条件下，楚军生于南方湿热之地，不能养马，更不能养大量之战马（马喜草原寒地，于黄河以南难以养良马）。即使项羽战前曾拥有少量楼烦骑兵，但用之于中原战场，根本不能发挥主力作用，而且，当时的骑兵，因为没有马镫，还无法在马上作战。彭城之战时的楚军主力，很可能是忠于项羽的当地军队，他们很可能提前聚集于项羽发动进攻的萧县一带（距彭城约二十里），与项羽的少量精骑会合后，向刘邦军发起了进攻。而且，由于刘邦在攻占彭城后没有屠城，而是驻军于城外，很可能彭城内还有项羽的“里应外合”力量，项羽之胜，胜在其于本土作战，得其民众之力。

其三，彭城一战项羽的战果并非如司马公所言之大。一方面，刘邦于大败之下，竟然还有心思去家里接其家眷，不合情理，如果其早占彭城，有日日高歌之时，何不早接其家眷？非要等全军覆没之后才想着去接其父母子女？另一方面，此战之后，刘邦之麾下大将数百人，无一人战死，连张良、郦食其这样的儒生都能全身而退，可见战场情况并非如司马公所描述之激烈；最后，司马公为描述战场形势之突变，一说汉军死亡“睢水为之断流”，一说刘邦巧遇一场大风而逃脱，而且楚军既然围汉军三匝，为何此大风专门“逢迎楚军”而使楚军“坏散”？以今人推测，如此奇怪之大风，很可能是司马公为自圆其说，而杜撰之战争场景，实为解释为何项羽在为何大胜之下，而刘邦为之逃脱的不合情理。

其四，一如长平之战，设若刘邦如此狼狈败逃，何以其能在接下来的很短时间内（一个月之内），即组织了有效的“京索之战”，而且，汉王之败彭城，诸侯非但没有像史记所载那样“皆复与楚而背汉”，当时实力最强大的英布等人反而在此战后和刘邦结成了战略联盟，难道这些当时称霸一方的诸侯不知道刘邦惨败之状？他们在如此“巨大”的战争成败面前，难道没有基本的判断能力？此皆可明证彭城之战况，实远非司马公春秋笔法所描述之情状。而且很有可能是刘邦以小败而诱敌深入之计，吾等后人，于读史之时，当见其微妙所在。

其五，司马公描述刘邦狼狈逃跑之间，为不惜活命而三次踢长子刘盈和长女鲁元公主下车，可见其无情自私至极。然而，以今人细考之，时二人不过四五岁光景之小儿，若以高速奔驰之战车上（不下每小时二十公里之时速）踢下，焉有活命之理？而且，以刘邦之身份，其战车之后，当有数十人之护驾卫队，奔马乱蹄，二小儿能安然再上战车？可见其中必有不实杜撰成分，实司马公有意抹黑刘邦的“春秋笔法”。

博按：巨鹿之战与彭城之战，可为项羽这位西楚霸王两次最经典之“以少胜多”战例，尽显其勇将之风、猛将之势。前者创造了“破釜沉舟”之用兵典范，后者则开了长途奔袭战之先河，可值深入研究。然而，此两场战争之历史记述，因为太史公司马迁对刘氏王朝的深刻成见和对项羽的“悲情相惜”，而采取了夸大事实、杜撰历史、抑刘扬项之态度，实大大影响了后人对历史事件的真实认识。古今研究军事者，受司马公之影响，皆将二战奉为“经典战例”而大书特书，实有大害而无益。尤其是吾等从军卫国者，若是尽信于此等历史，而于以后之军事实践中，空凭一腔勇烈和热血，于战争之时不做科学理性之评估判断，不加敌我力量之分析对比，恐将误国误军矣！！！

73. 名将韩信：“成也萧何、败也萧何”的经典人生

关于对大汉朝有“奠基”之功的名将韩信，历代“正史”普遍记载其为

平民时，即因性格放纵、不拘礼节而未被推选为官吏。其中两则证明他“无德”而又胸怀“野心”的著名故事，一是“高地葬母”：据说韩信母亲死后，竟然穷得无钱办丧事，然而他却寻找又高又宽敞的坟地，要让那坟地四周可安顿得下“一万家”（用以守墓或安顿族人）；二是“胯下之辱”：史载曾有淮阴屠户侮辱韩信说：“你要不怕死，就拿剑刺我；如果怕死，就从我胯下爬过去。”于是韩信仔细地打量了他一番，低下身去，趴在地上，从他的胯下爬了过去，满街的人因此笑话韩信无勇而失义。

后陈胜、吴广起义之际，项梁渡淮北上，韩信此时带着宝剑投奔项梁，但一直默默无闻。项梁败死后，又归属项羽，项羽让他做郎中。韩信多次给项羽献计，项羽不予采纳。刘邦入蜀后，韩信离楚归汉，做管理仓库的小官，依然不为人所知。后韩信坐法当斩，同案十三人都已处斩，就要轮到韩信了，韩信举目仰视，看到滕公夏侯婴（刘邦心腹），对他说：“汉王不打算得天下吗？为什么杀掉壮士？”夏侯婴觉得此人话语不同凡响，看他相貌威武，就放了他，同他交谈，很欣赏他，于是进言刘邦。刘邦仍然只封韩信一个管理粮饷的官职，也没有发现他与众不同的地方（是谓大才不可小用）。而韩信终于显赫于历史，则在其结缘萧何之后。

对韩信怀有相当同情心理的司马迁在《史记》中详细描述了韩信的曲折发迹之路：韩信多次同萧何交谈，萧何也十分赏识他。刘邦被项羽封为汉王，从长安向汉中进发，到南郑时，就有数十位将领逃亡。韩信揣测刘邦不会重用自己，就再次逃走。萧何听说韩信逃走，来不及向刘邦报告便去追赶韩信。军中有人向刘邦报告“丞相萧何逃跑了”。刘邦大怒，如失左右手。隔了一两天，萧何回来见刘邦，刘邦又是生气又是喜欢，骂道：“你逃跑，是为什么？”萧何答道：“我不敢逃跑，我是追逃跑的人。”刘邦问道：“你去追回来的是谁？”萧何说：“韩信啊。”刘邦又骂：“将军跑掉的有好几十，你都没有追；倒去追韩信，这是撒谎！”萧何说：“那些将军容易得到，至于像韩信这样的人才，是普天下也找不出第二个来的。大王假如只想做汉中王，当然用不上他；假如要想争夺天下，除了韩信就没有可以商量大计的人。只看大王如何打算罢了。”刘邦说：“我也打算回东方去呀，哪里能够老闷在这个鬼地方呢？”萧何说：“大王如果决计打回东方去，能够重用韩信，他就会留下来；假如不能重用他，那么，韩信终究还是要跑掉的。”刘邦说：“我看你的面子，派他做个将军吧。”萧何说：“即使让他做将军，韩信也一定不肯留下来的。”刘邦说：“那就让他做大将吧。”萧何说：“太好了。”当时刘邦就想叫韩信来拜将。萧何说：“大王一向傲慢无礼，如果任命一位大将，就像是呼唤一个小孩子一样，这就是韩信离去的原因。大王如果诚心拜他做大将，就该拣个好日子，自己事先斋戒，搭起一座高坛，按照任命大将的仪式办理，那才行啊！”刘邦答应了。当时刘邦手下的将军们听说，个个暗自高兴，都以为自己会被任命为大将，等到举行仪式时，才知道是韩信，全军上下都大吃一惊。

关于拜将之后的韩信如何运用他的杰出的军事才华而擒魏、取代、破赵、胁燕、东击齐，南灭楚垓下；如何名闻海内，威震天下，军史多有描述，在此不再赘述。单述其成就大汉伟业之后，韩信先是被分封为楚王，因为包庇项羽逃亡将领钟离昧而被贬为淮阴侯。史传在此过程中，韩信说出那句盛传于此后历史的名言：“果若人言，‘狡兔死、良狗烹，高鸟尽、良弓藏，敌国破、谋臣亡。’天下已定，我固当烹！”

公元前197年，据传曾与韩信有暗中勾结的大将陈豨起兵叛汉。刘邦亲自率领兵马前往，韩信托病没有随从，反而暗中派人到陈豨处说：“只管起兵，我在这里协助您。”韩信就和家臣商量，夜里假传诏书赦免各官府服役的罪犯和奴隶，打算发动他们去袭击吕后和太子。部署完毕，等待着陈豨的消息。就在这时，韩信一位家臣之弟上书告变韩信准备反叛。吕后就和萧何谋划，令人假说刘邦平叛归来，说陈豨已被俘获处死，列侯群臣都来祝贺。韩信入朝后，萧何命令武士把韩信困于长乐宫钟室并将其杀掉，后又诛灭韩信三族。

博按：读史至汉，除了深为一代名将韩信用兵如神而赞叹，更为其“成也萧何、败也萧何”的循环人生为感慨。史传萧何曾誉韩信为“国士无双”，刘邦亦亲自评价韩信：“战必胜，攻必取，吾不如韩信。”然而，正是这样一个国士无双的一代名将，在大汉建政之前，急需人才之时，他能够出将封王，建功立业；而当大汉天下已定，太平可期之时，又被诛杀于朝廷，成为有汉开国之后大杀功臣的主要“罪状”，留下了千古遗叹。而韩信“成也萧何、败也萧何”的可悲下场，也成为此后两千年间中国历代王朝不断循环上演的经典剧目。后世史家认为，无论韩信军功如何，其始终是以刘邦为首的大汉既得利益集团的“工具”，而萧何与韩信不同的是，他要想方设法跻身于既得利益集团，力争成为其中一分子；而萧何最终能够帮助吕后斩杀了自己推荐的韩信，正是其在利益权衡之下的不二选择。韩信在被萧何举于逃亡之间，最终建树大功，是其在利益驱动之下的智慧迸发；而其最终的悲剧人生，又深因其在权力欲望追逐中所导致的智商衰退。

另外，韩信“成也萧何，败也萧何”的循环人生背后，还深刻反映了中国政治、文化体制下的人才使用规律。当韩信以文才武略，屈才于项刘而无为，拜为大将后方建大功之案例，揭示了中国文化特色下的“大才不可小用”的用人机理；而韩信建功于刘项争夺天下的历史大乱局之下，又被萧何斩杀于国家治平之时的悲剧结果，则反映了“乱世才重于德、治世德重于才”的用人规律。而在汉人所治之汉史中，无论是司马迁所治的《史记》还是班氏所著的《汉书》，都在其中大谈韩信贫时为母筑高地等“失德与心怀野心”之事，其中隐然有为大汉王朝“背书”之嫌。因为唯有如此，才能证明吕后联合萧何诛杀韩信的历史正当性。善读史者，当明其理。

74. 蒯通谏韩信：功高震主的典型案例，流传千古的历史疑案

当韩信破魏、灭赵、服燕、袭齐，名震楚汉之时，有名策士曰蒯通者说于韩信曰：

“……非天下之贤圣，固不能息天下之祸……臣愿披腹心，输肝胆，效愚计，莫若两利而俱存之，（独立于楚汉）三分天下，鼎足而居……夫足下有甲兵之众，据强齐，从燕赵，则天下风走而响应矣！……盖闻天与弗取，反受其纠；时至不行，反受其殃，愿足下熟虑之！”

而韩信以刘邦厚遇己而婉辞之。后蒯通续以文种范蠡之于勾践说韩信曰：

“勇略震主者身危，功盖天下者不赏，今足下戴震主之威，挟不赏之功，名高天下，窃为足下危之”。

后再谏之：

“故知者，决之断也；疑者，事之害也！审毫厘之小计，遗天下之大数，智诚知之，而决弗敢行者，百事之祸也，故曰‘猛虎之犹豫，不若蜂虿之致蜇；麒麟之踯躅，不如驽马之安步；孟贲之狐疑，不如庸夫之必至也！’……此言贵在行之，夫功者，难成而易败，时者，难得而易失也！时乎！时乎！不再来！”

然而，韩信终以知己功高，刘邦不至黜夺其齐王，因谢绝蒯通。通遂佯狂为巫。而其后，关于刘邦去世之后、吕后诱杀韩信于悬钟之室的故事，已然广为人知，此不赘述。

博按：蒯通以局外之人，审时度势，引古鉴今，说理明彻，直抵人心，实有战国名谏士之风。而其后韩信终被吕后所杀，更证明蒯通的高明远见。史载韩信死前曾叹曰：“悔不听蒯通之谏！”更为历史留下两个千古悬案：韩信为何不反？韩信若反，其胜算如何？至今仍为众多学者议论纷争不已。而《要略》以为，当专制集权之下，在无边际权力背后的巨量利益驱使下，“功高盖主”又不能“功成身退”者，韩信的遭遇本是此前与此后历史过程中极为普通寻常之案例。而在韩信与蒯通所留下的“历史遗案”中，韩信所以不依蒯通计而行者，实其有以下三重原因：其一为韩信确有持恩报恩之心。史传韩信曾留下“一饭千金”的典故（韩信落魄时曾对施舍给他一顿饭的老妇说定当后报，衣锦还乡时果然赏赐她千金）。韩信亦曾说过：“乘人之车者载人之患，衣人之衣者怀人之忧，食人之食者死人之事”，都反映了韩信本人固存的“忠君”之心。其二是韩信不敢为或不愿冒险之结果。作为优秀的军事家，韩信所以不敢于反于刘邦者，实其反复权衡之后之决定。正如刘邦建汉之后所言，韩信者，指挥打仗可以独当一面，然驾驭政治、统筹全局却绝非其所长，是以刘邦为善“将将”者，而韩信为善“将兵”者，此时之韩信，手下既无张良之谋，又无萧何、曹参之能，更无灌婴、樊哙、周勃之忠勇，如果一旦反于刘邦，单凭其一人之帅，数十万兵卒，其胜算几何，确需考量。而其于刘邦帐下，封王拜侯，已是定局，是以其不敢也不愿去冒险造反。其三，韩信“悔不听蒯通之谏”之叹是为将死之叹，在“反亦死，不反亦是死”的“现实情况”之下，当然择其较有希望之“反”，不过是韩信临死前之“孤鸣”，不可作为历史的无谓假设。

75. 义士田横：节烈千秋，义昭中华

秦末天下大乱，群雄奋起。齐国田氏后裔田儋、田荣、田横三雄相继奋袂持剑，于数年间拥兵数十万，恢复齐国失地。后田儋和田荣相继为秦将和项羽所击杀，田横遂乘楚汉之争而发展实力，拥兵以安齐地，为诸侯所竞相争取。《史记·田儋列传》载：

（田）横定齐三年，汉王（刘邦）使郦生（著名之说客郦食其，曾以三寸不烂之舌闻名）往说下齐王广及其相国横。横以为然（同意投降刘邦也），解其历下军。汉将韩信引兵且东击齐。齐初使华无伤、田解军于历下以距汉，汉使至，乃罢守战备，纵酒，且遣使与汉平。汉将韩信已平赵、燕，用蒯通计，度平原，袭破齐历下军，因入临淄。齐王广、相横怒，以郦生卖己，而烹郦生。齐王广东走高密，相横走博，守相田光走城阳，将军田既军于胶东……田横亡走梁，归彭越。

后岁余，汉灭项籍，汉王立为皇帝，以彭越为梁王。田横惧诛，而与其徒属五百余人入海，居岛中。高帝闻之，以为田横兄弟本定齐，齐人贤者多附焉，今在海中不收，后恐为乱，乃使使赦田横罪而召之。田横因谢曰：“臣烹陛下之使郦生，今闻其弟郦商为汉将而贤，臣恐惧，不敢奉诏，请为庶人，守海岛中。”使还报，高皇帝诏卫尉郦商曰：“齐王田横即至，人马从者敢动摇者致族夷！”乃复使使持节具告以诏商状，曰：“田横来，大者

王，小者乃侯耳；不来，且举兵加诛焉。”田横乃与其客二人乘传诣洛阳。

未至三十里，至尸乡厩置（到了尸乡这个地方的驿站），横谢使者曰：“人臣见天子当洗沐。”止留。谓其客曰：“横始与汉王俱南面称孤，今汉王为天子，而横乃为亡虏而北面事之，其耻固已甚矣。且吾烹人之兄，与其弟并肩而事其主，纵彼畏天子之诏，不敢动我，我独不愧于心乎？且陛下所以欲见我者，不过欲一见吾面貌耳。今陛下在洛阳，今斩吾头，驰三十里间，形容尚未能败，犹可观也。”遂自刭，令客奉其头，从使者驰奏之高帝。高帝曰：“嗟乎，有以也夫！起自布衣，兄弟三人更王，岂不贤乎哉！”为之流涕，而拜其二客为都尉，发卒两千人，以王者礼葬田横。

史载田横既葬，其所随二客在其坟旁挖孔为穴，皆自刭而下从之。刘邦听说后大惊失色，“以田横之客为大贤”。又听说田横的门客还有五百人在海中，便派人召唤他们入朝。五百人到后，“闻田横死，亦皆自杀”。于是刘邦“乃知田横兄弟能得士也”。

博按：太史公曾于《史记》中专为田横作传，并感叹田横节操高尚，还遗憾当时却没有善于绘画的人，能够把他的容貌和业绩描画保存下来。而今人所叹者，田横于成败之间，能效古风高义，守节而死，不辱其身，且其身边之五百义士皆赴死殉主，为中华民族留下了一段节烈千秋的忠义佳话。两千年后读及这段故事，无不热血沸腾，感慨良多。吾华之历史，如此忠义血性之故事本多有所见。田横之前，有荆轲刺秦、豫让刺赵襄子故事；田横之后，有颜鲁公不降李希烈而死、张巡杀妻飨士死守睢阳之壮烈；降至南宋，更有陆秀夫负帝赴海，崖山十万忠义军民齐蹈海而死，皆可谓中华民族历史血脉里长存的忠义基因。然而，自宋以降，中华民族为历代外族文化和皇权政治所不断打杀阉割，如此忠义血性之中华男儿故事，则历世而渐少。因此特为记之。

76. 再论项刘：目光宏远与沐猴而冠

史载项刘楚汉战前，刘邦先入咸阳，见秦宫室帷帐，狗马，重宝，妇女以千数，意欲留居以自娱，樊哙、张良谏阻之。樊哙力主沛公安定天下，还军霸上。张良则曰：秦为无道，故公得至此。夫为天下除残贼，宜缟素为资。今始入秦，即安其乐，此所谓助纣为虐……愿听哙言。于是刘邦遂封秦重宝财物府库，还军霸上。

鸿门宴后，项羽亦入咸阳。史载其“引兵西屠咸阳，杀秦王子婴，烧秦宫室，收其宝货妇女，定建都彭城之策”。时有韩生者说项羽曰：“关中阻山带河，四塞之地，地肥饶，可都以霸”。项羽因思东归，曰：“富贵不还乡，如衣绣夜行，谁知之者？”韩生退曰：“人言楚人沐猴而冠，果然！”项羽闻之，烹韩生。

博按： 项羽以楚国贵胄，挟诸侯之力，一举而覆灭强秦，实秦自灭而非项羽之功也。然观项羽下咸阳后之所作为，实远非一政治家之所为；而刘邦虽为一介布衣，其目光宏远，善纳忠言，不循私旧，楚汉之战未开，其胜负则已定矣！而观后之历朝历代，除开国数代之君多雄才伟略者，其余所谓皇室贵胄，王公贵戚，无不贪于敛民之财，乐于口腹之娱，脑满肠肥之间，以致鼠目寸光，斧钺临颈而不知大祸将临，鱼架砧板而不知火烫水沸，其知项羽之垓下悲歌乎?

77. 绛侯知狱吏之贵，是以善终；条侯非帝宴之失，终被饿死

西汉文景之时，周勃、周亚夫父子二人先后为将相，封侯国，军功显

赫，然前者以谨小慎微而善终，后者以使气任性而不食而死，良可殷鉴于后人。因以详述之：

《史记》载，绛侯周勃本以织薄曲为生，常为人吹箫给丧事，后随高祖攻丰破砀（二者均地名，今安徽境内），袭宛取临（济），破秦军于蓝田，至咸阳灭秦。后被汉王封为威武侯，从入汉中，还定三秦，以战功居多，建汉后赐爵威武侯。后燕王卢绾反，勃以相国代樊哙将，击下蓟，破上兰，定上谷、右北平、辽西、辽东、渔阳等地八十余县。勃为人木强敦厚，高帝以为可属大事，然不好文学。勃既定燕而归，高祖已崩矣，以列侯事孝惠帝。孝惠帝六年，以勃为太尉。十岁，高后崩。时诸吕为乱，勃与丞相陈平谋，卒诛诸吕而立孝文皇帝。文帝既立，以勃为右丞相，赐金五千斤，食邑万户。居月余，或说勃曰："君既诛诸吕，立代王，威震天下，而君受厚赏，处尊位，以宠，久之即祸及身矣。"勃惧，亦自危，乃谢请归相印。上许之。乃免相就国。后有好事者上书告勃欲反，下廷尉。廷尉逮捕勃治之。勃恐，以千金与狱吏，狱吏乃书牍背示之，曰"以公主为证"（即提醒其寻求公主相救，盖公主本周勃之子媳也）。公主遂为言薄太后，太后乃以冒絮（皇帝帽子上的饰物）提文帝，曰："绛侯绾皇帝玺，将兵於北军，不以此时反，今居一小县，顾欲反邪！"文帝于是赦绛侯，复爵邑。绛侯既出，曰："吾尝将百万军，然安知狱吏之贵乎"！绛侯复就国。孝文帝十一年卒，谥为武侯。后其子亚夫续绛侯萌，封为条侯。

条侯亚夫自未侯为河内守时，曾有相士许负相之（今之算命先生也），曰："君后三岁而侯。侯八岁为将相，持国秉（同柄），贵重矣，于人臣无两。其后九岁而君饿死。"亚夫笑曰："臣之兄已代父侯矣，有如卒，子当代，亚夫何说侯乎？然既已贵如负言，又何说饿死？指示我。"许负指其口曰："有从理入口（即俗言之'法令'也），此饿死法也。"居三岁，其兄绛侯胜之有罪，文帝择绛侯子贤者，皆推亚夫，乃封亚夫为条侯，续绛侯后。

文帝之后六年，匈奴大入边。乃以亚夫为将军，军细柳，以备胡。皇上亲自劳军。至细柳军，军士吏披甲，锐兵刃，彀弓弩，持满。天子先驱（一如今日大人物出行，必有打前站、做提前安排之卒）至，不得入。先驱曰："天子且至！"军门都尉曰："将军令曰'军中但闻将军令，不闻天子之诏'。"居无何，上至，又不得入。于是上乃使使持节诏将军："吾欲入劳军。"亚夫乃传言开壁门。壁门士吏谓从属车骑曰："将军约，军中不得驱驰。"于是天子乃按辔徐行。至营，将军亚夫持兵揖曰："介胄之士不拜，请以军礼见。"天子为动，改容式车。使人称谢："皇帝敬劳将军。"成礼而去。既出军门，群臣皆惊。文帝曰："嗟乎，此真将军矣！曩者霸上、棘门军，若儿戏耳，其将固可袭而虏也。至於亚夫，可得而犯邪！"称善者久之。月余，三军皆罢。乃拜亚夫为中尉。

孝文且崩时，诫太子（即后之景帝）曰："即有缓急，周亚夫真可任将兵。"文帝崩，拜亚夫为车骑将军。孝景三年，吴楚反（即著名的"七国之乱"）。亚夫以中尉为太尉，东击吴楚。因自请上曰："楚兵剽轻，难与争锋。愿以梁（梁国，汉皇室封国，梁王乃景帝之兄弟）委之（牺牲梁国以为战略缓冲），绝其粮道，乃可制。"上许之。太尉既会兵荥阳，吴方攻梁，梁急，请救。太尉引兵东北走昌邑，深壁而守。梁日使使请太尉，太尉守便宜，不肯往。梁上书言景帝，景帝使使诏救梁。太尉不奉诏，坚壁不出，而使轻骑兵弓高侯等绝吴楚兵后食道。吴兵乏粮，饥，数欲挑战，终不出。夜，军中惊，内相攻击扰乱，至於太尉帐下。太尉终卧不起。顷之，复定。后吴奔壁东南陬，太尉使备西北。已而其精兵果奔西北，不得入（由此可见周亚夫为知兵也）。吴兵既饿，乃引而去。太尉出精兵追击，大破之。吴王濞弃其军，而与壮士数千人亡走，保於江南丹徒。汉兵因乘胜，遂尽虏之，降其兵，购吴王千金。月馀，越人斩吴王头以告。凡相攻守三月，而吴楚破平。於是诸将乃以太尉计谋为是。后五岁，迁为丞相，景帝甚重之。景帝废栗太子，丞相固争之，不得。景帝由此疏之。而梁孝王每朝，常与太后言条侯之短。其后匈奴王徐卢等五人降，景帝欲侯之以劝后。丞相亚夫曰："彼背其主降陛下，陛下侯之，则何以责人臣不守节者乎？"景帝曰："丞相议不可用。"乃悉封徐卢等为列侯。亚夫因谢病。景帝中三年，以病免相。顷之，景帝居禁中，召条侯，赐食。独置大胾，无切肉（一大块没有切开的肉），又不置櫡（筷子）。条侯心不平，顾谓尚席取櫡（回头向服侍人员要筷子）。景帝视而笑曰："此不足君所乎？"条侯免冠谢。上起，条侯因趋出。景帝以目送之，曰："此怏怏者非少主臣也"！时景帝已老矣！居无何（过了一段时间），因其子为其买葬器，被下人上告，事连条侯。景帝责成有司治之，有司行公文责条侯，条侯不对（可见其性格之刚烈）。景帝骂之曰："吾不用也。"召诣廷尉。廷尉责曰："君侯欲反邪？"亚夫曰："臣所买器，乃葬器也，何谓反邪？"吏曰："君侯纵不反地上，即欲反地下耳。"遂入廷尉。因不食五日，呕血而死。国除。

博按：观周勃功在建汉，又有平定诸吕之乱，拥立文帝之功，然其善纳人言，常做后顾之思，得狱卒之助而保全身家名节，得以全身而退，善终乡里，实有古名将相之风。然观其子周亚夫之作为，虽治军有方，善于用兵守势，亦有大功于朝廷，然其不知进退，胸怀局狭，于平定七国之乱时本可象征性分一兵以救梁王，既于大局有利，亦可得梁王之惠，此其器量之小，用兵使私之故。后景帝赐宴，本试其本性，在皇权时代，既不能忍其辱，表其忠，便定会受其窘，当其害，此战略家与战术家之区别，政治家与军事家之本质区别。然就景帝以"纵不反地上，即欲反地下耳"而罪之，可见条侯之死，其必也！中央皇权体制之下，此"欲加之罪，何患于无辞"之又一显例。至于后人附会观相之说，其汉初尊崇道家之风使然，司马公载之入史，可见其亦不能免于俗事也。

78. 汉武大帝：畴咨海内，举其俊茂

西元前141年，十六岁的汉景帝子刘彻即位，是为汉武帝。汉武帝在位五十四年，将中国历史带入新的阶段。按照班固在《汉书·武帝纪》赞语中的说法，汉武帝"畴咨海内、举其俊茂，与之立功"。他的功业，其实是他与当时"海内"、"俊茂"们共同创造的成果。

《汉书·公孙弘卜式倪宽传》中曾论道，武帝时代是两汉时期中在识人用人方面最值得肯定的历史时期："汉之得人，于兹为盛。"当时的"儒雅"之士如公孙弘、董仲舒、倪宽，"笃行"之士如石建、石庆，"质直"之士如汲黯、卜式，"推贤"之士如韩安国、郑当时，"定令"之士如赵禹、张汤，"文章"之士如司马迁、司马相如，"滑稽"之士如东方朔、枚皋，"应对"之士如严助、朱买臣，"历数"之士如唐都、洛下闳，"协

律”之士如李延年，“运筹”之士如桑弘羊，“奉使”之士如张骞、苏武，“将率”之士如卫青、霍去病，“受遗”之士如霍光、金日磾等，都在历史上留有盛名。而其他族繁不及备载的，如“飞将军”李广等其他人才，更加体现出汉武帝时代是个人才辈出的时代。班固因此总结说：“是以兴造功业，制度遗文，后世莫及。”他认为汉武帝时代的“功业”、“制度”之所以具有突出的历史地位，正是由于汉武帝身边聚集了各种不同类型的人才。

博按：今人论及武帝，皆谓其雄才大略，而细读武帝之史，其实善于驭将用才之结果。武帝之用才，不问出身（如卫青），不计儒道，唯求致用，尽管汉武帝亲近儒者，推崇儒术，而其实武帝对儒家尊而不用、敬而不效，其政治精神之外表虽文德并茂，实质却刻薄严厉。在汉初高度集中的中央王权之下，人才使用本有两大陋习：一是任人唯亲，只用自己熟悉亲信的人；二是论资排辈，必须按阶论升，逐级晋用，等级森严，规矩众多。而汉武帝则以其洞明，既不会因言废人，只要有才华，主父偃持不同政见，汉武帝照样求贤若渴；又敢于破格提拔，卫青家奴出身，汉武帝竟然以军功而命其为大将军。不仅如此，汉武帝甚至摈弃正统，容纳异类，慧眼发现东方朔，将庄严的朝堂变成一个充满温情的空间，君臣之间宛如玩伴；同时，他不以狎亵而丧失原则，对东方朔的诤言击节赞叹，适者听从；对司马迁有明显贬低汉政的《史记》能容为“一家之言”，可见武帝能识人、能容人、能用人的过人胸怀和驾驭能力。

79. 轮台之诏：千古一帝的深刻懊悔

读史至汉武之史，深以汉武晚年一份《罪己诏》为感慨，今全文录之以飨诸君：

前有司奏，欲益民赋三十助边用（增加人民的赋税30%用于边关），是重困老弱孤独也（使老弱孤独者更加困难也）。而今又请遣卒田轮台（派兵到轮台戍守垦田）。轮台西于车师千余里，前开陵侯击车师时，危须、尉犁、楼兰六国子弟在京师者皆先归，发畜食迎汉军，又自发兵，凡数万人，王各自将，共围车师，降其王。诸国兵便罢，力不能复至道上食汉军。汉军破城，食至多，然士自载不足以竟师，强者尽食畜产，羸者道死数千人（因为道太远，每个人所带的食物不足以路上吃，数千人饿死于道）。朕发酒泉驴、橐驼负食，出玉门迎军。吏卒起张掖，不甚远，然尚厮（同死，避讳之用）留其众。

曩者（过去），朕之不明（开始检讨自己），以军候弘上书言"匈奴缚马前后足，置城下，驰言：'秦人，我匄若马'（送你们马）"。又汉使者久留不还，故兴遣贰师将军，欲以为使者威重也。古者卿大夫与谋，参以蓍龟（用龟甲占卜），不吉不行。乃者以缚马书遍视丞相、御史、二千石、诸大夫、郎为文学者，乃至郡属国都尉成忠、赵破奴等，皆以"虏自缚其马，不祥甚哉"，或以为"欲以见强，夫不足者视人有余"。

《易》之卦得《大过》，爻在九五，匈奴困败。公军方士、太史治星望气，及太卜龟蓍，皆以为吉，匈奴必破，时不可再得也。又曰："北伐行将，于鬴山必克。"卦诸将，贰师最吉。故朕亲发贰师下鬴山，诏之必毋深入。（解释其派贰师将军出征之原因，实受谋士们的误导）今计谋卦兆皆反缪（结果却与卦象不合）。重合侯得虏候者（即俘虏到敌人的侦察兵），言："闻汉军当来，匈奴使巫埋羊牛所出诸道及水上以诅军。单于遗天子马裘，常使巫祝之。缚马者，诅军事也。（匈奴缚马足是为了诅咒汉军）"又卜"汉军一将不吉"。匈奴常言："汉极大，然不能饥渴，失一狼，走千羊"（即匈奴放出一只狼，汉军就要损失一千只羊，形容匈奴军战斗力比汉军强）。

乃者贰师（二师将军李广利，因败军而投降匈奴）败，军士死略离散，悲痛常在朕心。今（大臣们）请远田轮台（屯田于轮台），欲起亭隧，是扰劳天下，非所以优民也，今朕不忍闻。大鸿胪等又议，欲募囚徒送匈奴使者，明封侯之赏以报忿（趁机刺杀匈奴单于），五伯所弗能为也（即使春秋五霸也不会这样做）。且匈奴得汉降者，常提掖搜索，问以所闻。今边塞未正，阑出不禁，障候长吏使卒猎兽，以皮肉为利，卒苦而烽火乏，失亦上集不得，后降者来，若捕生口虏，乃知之（当今边塞防务还没有走上正轨，官门都可以随便出入，边疆障候官员派兵士狩猎获皮肉之利，兵士劳苦而烽火松弛，那些活着跑回来的俘虏，知道这种情况。）。当今务，在禁苛暴，止擅赋，力本农，修马复令，以补缺，毋乏武备而已。郡国二千石各上进畜马方略补边状，与计对（各郡、国二千石官员都要制定本地繁育马匹和补充边境物资的计划，在年终呈送全年公务报告时报送朝廷。）。朕即位以来，所为狂悖，使天下愁苦，不可追悔。自今事有伤害百姓，糜费天下者，悉罢之。

这就是著名的“轮台之诏”， 是汉武帝在大臣请求派兵到轮台戍守垦田时所做的回答，也是汉武帝趁机对自己前期“穷兵黩武”国策的一次总检讨和自我反省。因为反思深刻，且对汉武帝之后的政治生态产生了重大影响，从而使这篇罪己诏成为中央皇权体制下难得的来自最高统治者的一篇政治性范文，具有较高的研究价值。

博按：《罪己诏》是古代帝王反省罪己的御用文书。论其起源，当从禹、汤开始。此后， 周成王、秦穆公、汉武帝、唐德宗、宋徽宗、清世祖，都曾经颁发过罪己诏。罪己诏大多是在国家处在危难之时颁发的，目的是消除民怨，笼络民心，具有一定的虚伪性。但是，其也在一定程度上包含着古代帝王对自身过错和失败的反省忏悔。是以史家认为：“禹、汤罪己，其兴也勃焉；桀、纣罪人，其亡也忽焉”。武帝晚年杀戮太过，颇思悔悟。李广利伐匈奴不利，全军覆没，求神仙又不成，又因巫蛊之祸造成父子相残、太子刘据自杀，种种打击使武帝心灰意懒，对自己过去的所作所为颇有悔意。在登泰山、祀明堂之后，武帝在轮台宫殿里颁布《罪己诏》。在这道诏书之后，武帝重启汉初“黄老”思想，无为而治，与民休息。武帝罪己诏，是中国历史上第一份内容丰富、保存完整的“罪己诏”，为以后历代皇帝“罪己反省”提供了“范文”与“蓝本”。武帝此诏发自于内心，尤其诏后一句“朕自即位以来，所为狂悖，使天下愁苦，不可追悔。自今事有伤害百姓、糜费天下者，悉罢之”，以武帝一生雄强之性格，能如此“定位”自己一生之政，没有一定的胸怀和担当，是难以做出如此深刻的反省的。然而，历史却并没有因为这篇《罪己诏》而否定武帝之功绩，武帝在推动中华民族历史进步和领土开拓方面做的建树，以及他不拘一格使用人才的胸怀风格，使他成为少数几位能够被后人口口相传的千古一帝。

80. 名将卫青：大迂回作战之首创者

汉兴近六十年，至武帝初时，汉匈之战多以汉败匈胜收场，汉廷唯以和亲为务，极尽委曲求全。而改变此一不利局面者，一为武帝之雄才大略，二即为名将卫青之出现。卫青长于对战场整体形势的准确把握，善于运用骑兵，采取长距离大迂回作战指导，精于对作战时机的科学判断，可谓中原历史上自赵武灵王及李牧之后，运用骑兵打败游牧民族骑兵之又一军事奇才。今特循《汉书》而述赞其人：

卫青字仲卿，其父郑季，河东平阳人，本为侯家打工之小吏。季与主家女博卫媪私通而生青。而卫媪又有子卫长君及姊子夫（乃卫媪又于卫氏人私通之子女也），子夫自平阳公主家得幸武帝，故青冒姓为卫氏。（言其出身之微贱也。）贺元光六年，拜为车骑将军，与公孙贺、李广等诸将数路出击匈奴，青至茏城，斩首虏数百，而其他诸路皆亡军折将，唯青赐爵关内侯；元朔元年秋，青复将三万骑出雁门，青斩首虏数千。明年，青复出云中，西至高阙，遂至于陇西，捕首虏数千，畜百余万，走白羊、楼烦王，取河南地为朔方郡，武帝以三千八百户封青为长平侯；元朔五年春，青将三万骑出高阙，匈奴右贤王当青等兵，以为汉兵不能至此，饮醉，汉兵夜至，围右贤王，右贤王惊，夜逃，独与其爱妾一人骑数百驰，溃围北去，汉军追数百里，弗得，得右贤裨王十余人，众男女万五千余人，畜数十百万，于是引兵而还；至塞，天子使使者持大将军印，即军中拜青为大将军，诸将皆以兵属，立号而归。而封青三子皆为侯，青固辞而为诸将校请功。元狩四年春，上令大将军青、骠骑将军去病各五万骑，步兵转者踵军数十万，令青出定襄。郎中令李广为前将军，太博公孙贺为左将军，主爵赵食其为右将军，平阳侯襄为后将军，皆属大将军。而适直青军出塞千余里，见单于兵陈而待，于是青令武刚车自环为营，而纵五千骑往当匈奴，匈奴亦纵万骑。会日且人，而大风起，沙砾击面，两军不相见，汉益纵左右翼绕单于。单于视汉兵多，而士马尚强，战而匈奴不利，薄暮，单于遂乘六骡，壮骑可数百，直冒汉围西北驰去。汉军因发轻骑夜追之，青因随其后。匈奴兵亦散走。会明，行二百余里，不得单于，颇捕斩首虏万余级，遂至完颜山赵信城，得匈奴积粟食军。军留一日而还，悉烧其城余粟以归（此战名将李广以失道而自杀）。青军入塞，凡斩首虏万九千级。元封五年，自青围单于后十四岁而卒，谥曰烈侯，汉竟不复击匈奴者，以汉马少，又方南诛两越，东伐朝鲜，击羌、西南夷，以故久不伐胡。

然而，后世文人多以卫青出身为鄙，唐代大诗人王维即有“卫青不败由天幸，李广无功缘数奇”之说，借诗讽其成功乃为天幸。然自汉以后的军事名家皆称赞其兵法，认为卫霍二人无愧为兵家翘楚，大汉帝国双璧，华夏历史名将之属。

博按：卫青以卑微出身，以一帅之力，挽大汉六十年屡战屡败之颓势，其敢于深入敌后，做远距离之奔袭，关键时能够把握战机，主动出击，以凌厉之攻势作战，击败剽悍之敌军，展现了卓越的军事才能和统驭能力。史载卫青常以对方俘虏为把握敌情的源头，情报既准，则敌我势明，是以胜机在握。另外，卫青还颇具政治家之风，当其立大功、受大赏之时，不以自己家庭谋利而为将卒请功，体现了秉心于国、持心为正的忠正品质，有古大将之风。而后卫青以功高盖世而得以善终，亦反映了他对世事和时势的洞明。后世史家学者多有诋毁于卫青者，多以其出身为鄙，孰不知在那个历史阶段，这样的出身原不是什么令人大惊小怪的事情，中国的门第观念和出身荣辱，只是到了两晋以后才被重视起来，而后人以历史当下的标准去批判另一个时代的人物，自然是一件毫无意义之事。

81. 骠骑将军霍去病：匈奴未灭，何以家为

汉匈百年之战，战功最卓著者，非骠骑将军霍去病莫属。去病以年十八

从军，即以八百勇骑，远追匈奴于数百里之外，斩俘强虏两千余级，擒其相国，斩单于大父行。而后之历次会战，去病无不展现其强劲疾捷之战斗作风，“常与壮骑先其大军前进”，每能因粮于敌，因水草于敌，驱精骑作数百千里之机动、迂回、包围、奇袭与突破，且每每以寡击众，为武帝斩断匈奴之左臂立下赫赫战功。今简述其史于下：

霍去病，东郡平阳县人（今山西临汾西南）。以皇后卫子夫姊子之身份担任侍中，少时就以善骑射为人所知晓。

前123年（武帝元朔六年），为嫖姚校尉，随卫青击匈奴于漠南（今蒙古高原大沙漠以南），以八百人歼敌两千余人，受封冠军侯。前121年封为骠骑将军。于春、夏两次率兵出击占据河西（今河西走廊及湟水流域）地区之匈奴部，歼四万余人。同年秋，奉命迎接率众降汉的匈奴浑邪王，在部分降众变乱之紧急关头，霍去病决然冲进了匈奴营中，直面浑邪王，诛杀拒降者八千余，稳定了局势，浑邪王得以率四万余众归汉。从此，汉朝控制了河西地区，打通了西域道路。元狩四年春，与卫青各率五万骑过大漠（今蒙古高原大沙漠）进击匈奴。霍去病出塞后深入两千余里，歼敌七万余人，至此，匈奴左右贤王两只臂膀被彻底斩断，只剩匈奴单于孤悬漠北，势力江河日下。然后在狼居胥山祭天，在姑衍山祭地。封狼居胥后，继续率军深入追击匈奴，一直打到翰海（今俄罗斯贝加尔湖）而还。更迁乌桓于辽东，监视匈奴。此战后汉武帝增设大司马，霍去病、卫青皆任大司马，而且定下法令，让骠骑将军官阶和俸禄同大将军卫青相等。

史传骠骑将军为人少言不泄，有气敢任。天子尝欲教之孙吴兵法，对曰：“顾方略何如耳，不至学古兵法（打仗但看谋略是否有效，不必拘泥于古兵法）。”天子亲为其治第，令骠骑视之，对曰：“匈奴未灭，无以家为也。”由此上益重爱之。前117年，一代名将霍去病英年早逝，年仅二十三岁。

博按：汉廷于武帝以前，因国力有限，军力不振，在匈奴铁骑威慑之下，但以和亲为务，未做有效抵抗。后世之史家多有诟病和疑问，何以汉军于对内战争之时，即使强如项羽者亦能战胜之，覆灭之，何以于匈奴之军反不能有所作为？而今悟之：盖彼时之汉之政策，亦“重内轻外”、“攘内安外”之根本原因。因为中央专制集权之原因，为确保帝国之巨大既得利益，内患如心腹之患，外敌不过疥癣之疾，是以才有如此之战略选择。自汉之后的历代王朝，皆“勇于内斗”而“劣于御外”，或曰“内斗内行”、“外斗外行”，亦此时开其先河。而大汉唯武帝雄才，加之国力稳固，始有卫青、霍去病等名将出世，始能一扫阴霾、澄清寰宇、壮我汉威。尤其是霍去病用兵，敢于大胆穿插，常常出其不意；善于料敌取势，轻骑深入远征，在中国军事史上写下光辉篇章。然今人读汉史，更应瞩目赞叹去病于武帝赏赐其华屋美眷时所答之语：“匈奴未灭，何以家为”！吾辈既忝为军人，亦当有此大言：“台海未平，国土悬外，何以家为！”

82. 傅介子：愿将腰下剑，直为斩楼兰

公元前88年。一个寒冷冬季，西汉北地郡义渠县（今甘肃庆阳宁县）一个贵族官邸书房里，一个身躯伟岸的青年男子突然把手中的毛笔掷于砚中，仰天浩叹：“大丈夫生于天地之间，应当驰骋疆场，立功绝域，怎能久溺于笔砚之间！”这位青年就是西汉著名外交家、军事家傅介子。

《汉书·傅介子传》载：

傅介子，北地人也，因从军为官。先是，龟兹、楼兰皆尝杀汉使者。元凤中，介子以骏马监求使大宛，因诏令责楼兰、龟兹国。介子至楼兰，责其王教匈奴遮杀汉使：“大兵方至（兵不厌诈也），王苟不教匈奴（你既然不亲近匈奴），匈奴使过至诸国，何为不言？”王谢服，言：“匈奴使属过，当至乌孙，道过龟兹。”介子至龟兹，复责其王，王亦服罪。介子从大宛还到龟兹，龟兹言：“匈奴使从乌孙还，在此。”介子因率其吏士共诛斩匈奴使者（复仇也）。还奏事，诏拜介子为中郎，迁平乐监。

介子谓大将军霍光曰：“楼兰、龟兹数反复而不诛，无所惩艾。介子过龟兹时，其王近就人，易得也，愿往刺之，以威示诸国。”大将军曰：“龟兹道远，且验之于楼兰。”于是白（奏请）遣之。介子与士卒赍金币，扬言以赐外国为名（再以利诱之）。至楼兰，楼兰王意不亲介子，介子阳引去，至其

西界，使驿（楼兰的驿站使者）谓曰："汉使者持黄金、锦绣行赐诸国，王不来受，我去之西国矣。"即出金币以示驿。驿还报王，王贪汉物，来见使者。介子与坐饮，陈物示之。饮酒皆醉，介子谓王曰："天子使我私报王。"王起随介子入帐中，屏语，壮士二人从后刺之，刃交胸，立死。其贵人左右皆散走。介子告谕以："王负汉罪，天子遣我业（已）诛王，当更立前太子质在汉者。汉兵方至，毋敢动，动，灭国矣！（再以兵威诈之）"遂持王首还诣阙，公卿将军议者咸嘉其功。上乃下诏曰："楼兰王安归尝为匈奴间，候遮汉使者，发兵杀略卫司马安乐、光禄大夫忠、期门郎遂成等三辈，及安息、大宛使，盗取节印、献物，甚逆天理。平乐监傅介子持节使诛斩楼兰王安归首，县之北阙，以直报怨，不烦师从，其封介子为义阳侯，食邑七百户。"

傅介子之后，又一民族英雄班超曾以其为榜样而建立更大历史功绩。史传班超曾曰："大丈夫无它志略，犹当效傅介子、张骞立功异域，以取封侯，安能久事笔研间乎？"介子逝后，葬于庆城县（今甘肃庆阳县）西塬石马坳。至今仍有傅介子墓，墓前有石马、石羊、石虎、石人各一对，并有明武宗正德八年（1513年）游击将军张桓刻立之碑文。明代文坛领袖李梦阳曾记载，东山葬不窋（周先祖），西山葬介子。据该县志记载，20世纪50年代之前，在今日阳城县县城北大街东面，有条短巷，原名"傅介子巷"，俗称"傅家巷"，可惜此后当地修建庆城县宾馆时被拆毁。一代民族英雄乡里故居，就这样淹没于新政府的楼堂馆所之中，可谓历史的一大憾事。

博按：汉自武帝始，尚武之风盛行。傅介子投笔从戎，只身赴险，卒服远国，虽为一人之传奇，实为大汉国力强盛、尚武风气之具体展现。而观傅介子之所为，虽使诈于诸国者，因其国反复于汉与匈奴也！是以介子以其道施于其身，实当时历史条件下之产物。介子以一人之身而定西域之大局，于国家之功莫大焉。汉朝前有介子，后有班超，对西域之经略，实可彪炳于中华千秋史册，尤可为今日军人之榜样楷模。是以犹记李白之诗曰：

五月天山雪，无花只有寒。
笛中闻折柳，春色未曾看。

晓战随金鼓，宵眠抱玉鞍。
愿将腰下剑，直为斩楼兰！

83. 有汉第一外戚：权臣霍光的“裙带关系”

夜读《汉书》霍光故事，属意于有汉霍光之离奇身世，其中可见有汉政治格局之些许端倪：

霍光字子孟，本骠骑将军去病弟。父中孺，河东平阳人也，以县吏给事平阳侯家（在平阳公主家做县吏这个官），与侍者卫少儿私通而生去病。中孺吏毕归家，娶妇生光，因绝不相闻（对私生子霍去病不闻不问，可见其私也）。久之，少儿女弟子夫得幸于武帝，立为皇后，去病以皇后姊子贵幸。既壮大，乃自知其父为霍中孺，未及求问，会为骠骑将军击匈奴，道出河东，河东太守郊迎，负弩矢先驱至平阳传舍，遣吏迎霍中孺。中孺趋入拜谒，将军迎拜，因跪曰：“去病不早自知为大人遗体也（即去病我没有早知道是你的儿子）。”中孺扶服叩头，曰：“老臣得托命将军，此天力也。”去病大为中孺买田宅奴婢而去。还，复过焉，乃将光西至长安，时年十余岁，任光为郎（十余岁便做官了，可见其深受裙带关系之蒙荫），稍迁诸曹侍中。去病死后，光为奉车都尉光禄大夫，出则奉车，入侍左右，出入禁闼二十余年，小心谨慎，未尝有过，甚见亲信。 征和二年，太子为江充所败，而燕王旦、广陵王胥皆多过失。是时上年老，宠姬钩弋赵婕好有男，上心欲以为嗣，命大臣辅之。察群臣唯光任大重，可属社稷。上乃使黄门画者画周公负成王朝诸侯以赐光。后元二年春，上游五柞宫，病笃，光涕泣问曰：“如有不讳，谁当嗣者？”上曰：“君未谕前画意邪？立少子，君行周公之事。”上以光为大司马大将军，日磾为车骑将军，及太仆桀为左将军，粟都尉桑弘羊为御史大夫，皆拜卧内床下，受遗诏辅少主。明日，武帝崩，太子袭尊号，是为孝昭皇帝。帝年八岁，政事一决于光。遗诏封光为博陆侯。

一代权臣、中国著名外戚、有汉第一话题人物霍光，就此出现在中国历史的广阔视野，开始为史家所青目。

博按：读汉书《霍光传》，始知汉所以受外戚之祸深因。霍光斯人，历史褒多于贬，窃观其父置霍去病母于不顾，而待去病显达之时又趋之以亲，此中国古语所谓“势利”者也。霍光以异母兄霍去病而进入官场，“起点之高”，实平民百姓所难以企及。而以此可知汉朝官员选拔之实，亦可见中华两千年官场裙带文化之“优良传统”。且霍去病死后，霍光所以显达于中廷者，实因为其“出入禁闼二十余年，小心谨慎，未尝有过，甚见亲信”，斯可谓中国式官场文化之特点，亦霍光本人深谙中央专制集权下的“为官之道”，而观其后其于朝廷权力中心之所作为，活脱脱一个典型的“弄权高手”，极尽“掩过饰非”之能事，大汉于其后开始逐渐衰落，其有因矣。

84. 昌邑王刘贺之废：有汉外戚之祸由此滥觞

大汉元平元年，汉昭帝崩。因无嗣，而武帝所生六男中，独有广陵王刘胥在。群臣皆认为当立广陵王。然而，广陵王过去因为失德而为武帝所不用，霍光对此“心有不安”（实则广陵得立，不利于霍光掌权）。此时，恰有名郎有者上书言：“周太王废太伯立王季，文王舍伯邑考立武王，唯在所宜，虽废长立少可也。广陵王不可以承宗庙。”此言甚合霍光意。遂以其书传视于丞相敞等诸大臣，并即提拔郎有为九江太守（因善测光意而得进，此封建官场之道）。在霍光主持下，汉廷才选立昌邑王刘贺为帝。

刘贺本为武帝之孙，昌邑哀王之子。即位后，行淫乱（史无可查）。史载“光忧懑，独以问所亲故吏大司农田延年”。延年对霍光说：“将军为国家柱石，觉得此人不可，为何不建议报告太后（此太后上官小妹为霍光之外孙女，年不过14岁），再选择贤能之君而立之？”霍光说：“我倒是想这么做，但不知道古代有没有这样的先例？”延年曰：“殷朝时伊尹为相，曾废太甲以安宗庙，后世称其忠。将军若能行此，亦汉之伊尹也。”（此段对话既可见霍光不学无术，亦可知田延年善于迎合霍光之意，此善拍马溜须之文人）霍光因此便推荐提升田延年到内庭廷做给事中（内官，九卿之一，可以随便出入内官，方便霍光废刘贺之安排），并私下与车骑将军张安世商量。遂召丞相、御史、将军、列侯、中二千石、大夫、博士在未央宫会议。光曰："昌邑王行昏乱，恐危社稷，如何？"群臣听后皆惊愕失色，莫敢发言，但唯唯而已。田延年（提前安插的心腹，关键时刻发挥作用）此时走上前来，按剑说："先帝属将军以幼孤，寄将军以天下，以将军忠贤能安刘氏也。今群下鼎沸，社稷将倾，且汉之传谥常为孝者，以长有天下，令宗庙血食也。如令汉家绝祀，将军虽死，何面目见先帝于地下乎？今日之议，不得旋踵（犹豫磨蹭之意）。群臣后应者，臣请剑斩之。"霍光假装谢田延年说："九卿批评得对！天下匈匈不安，是我的责任！"于是皆大臣都叩头说："天下百姓的命运都掌握在大将军手中，我们只听大将军的安排！"

朝中既定，霍光即与群臣向太后报告，具陈昌邑王不可以承宗庙状。皇太后乃车驾幸未央宫承明殿，下诏各宫门不要让刘贺从昌邑带来的亲臣进入朝堂。刘贺朝见太后回来，乘辇欲归温室（冬天取暖的官殿），中黄门宦者各持门扇，王入，门闭，昌邑群臣（注意，这些人是刘贺即位后从封地带来的心腹大臣，将来可能不利于霍光掌权）不得入。王曰："何为？"大将军跪曰："有皇太后诏，毋内昌邑群臣。"王曰："徐之，何乃惊人如是！"光使尽驱出昌邑群臣，置金马门外。车骑将军张安世率羽林骑兵将昌邑群臣皆送到廷尉诏狱。并下令昭帝时的侍中中臣（霍光比较信任的内官）看守刘贺。霍光召集他们说："要谨慎看守，不要让刘贺出现什么不测，使我有负于天下，担杀主恶名。"此时，刘贺还不知道自己将要被废，对左右说："我那些旧臣从官得了什么罪，而大将军逮捕他们呢？"很快，太后召见刘贺，刘贺曰："何罪而召？"

是时，太后穿珠襦盛服，四周武士群立。群臣依次上殿，召刘贺在殿下听诏。霍光与群臣先联名奏王："……荒淫迷惑，失帝王礼谊，乱汉制度……当废。"皇太后听奏后即下诏说："可。"光令刘贺起拜受诏，刘贺辩说："闻天子有争臣七人，虽无道不失天下。"光曰："皇太后诏废，安得天子！"乃即持其手，解脱其玺，奉上太后，扶王下殿，出金马门，群臣随送。刘贺向西而拜，说："我愚戆不任汉事！"霍光亲送刘贺至昌邑邸，并辞谢说："你自绝于天下，臣等驽怯，不能杀身报德。臣宁负王，不敢负社稷。愿王自爱，臣长不复见左右。”光涕泣而去（今之谓“影帝”）。

群臣奏言：“古者废放之人屏于远方，不及以政，请徙王贺汉中房陵县。”太后诏归刘贺回昌邑，赐汤沐邑二千户。昌邑群臣二百余人因为“没有好好教导于刘贺”，使刘贺为恶于朝廷，悉被霍光诛杀于市（欲加之罪，何患无辞矣！）。史载刘贺昌邑群臣受死之前说了一句流传千古的话：“当断不断，反受其乱！”

博按：再读汉史，反复校以现代研究成果，始知昌邑王刘贺之废，乃霍光与昌邑群臣权力争斗之结果。刘贺新立之帝，必扶植心腹，排斥异己，必然触及旧朝既得利益集团的核心利益，而作为这个既得利益集团的总代表，霍光斯时，已经权倾朝野，自不愿受刘贺之排挤。且观刘贺之言：“闻天子有争臣七人，虽无道不失天下。”其言正矣！即使帝有失德之举、淫乱之实，为大臣者可以“面谏廷争”，可以“死谏以忠”，独不可随意废立，霍光既为臣子，既泣送废帝刘贺，却又诛杀其二百余随臣，其伪善与狠毒，可谓中国古代中央专制集权体制下权力斗争残酷性的极端体现。今读霍光之传，虽其后所立之汉宣帝为有为之君，然就事论事，霍光因权力之争而轻易废立，已然开启汉代此后数百年外戚为祸之端。

85. 汉宣帝：襁褓坐牢，少年艰辛，终成一代伟帝

霍光废昌邑王刘贺的一个客观后果，是大汉一位有为明君汉宣帝登上政治舞台。而这位汉宣帝，不但实现了汉室的中兴，亦为中华民族留下了许多感人至深的情感故事。今且论之：

《汉书宣帝传》载（以下为大略其史）：孝宣皇帝，武帝曾孙，戾太子（刘据）孙也。太子纳史良娣，生史皇孙。皇孙纳王夫人，生宣帝，号曰皇曾孙。生数月，因遭巫蛊事，太子、良娣、皇孙、王夫人皆遇害。曾孙虽在襁褓，犹坐收系郡邸狱。而邴吉为廷尉监，治巫蛊于郡邸，怜曾孙之亡（无）辜，使女囚赵征

卿、胡组更乳养（轮换哺乳），私给衣食，视遇甚有恩。

时巫蛊事连岁不决。至后元二年，武帝疾，望气者言长安狱中有天子气，上遣使者尽杀狱中人。曾孙赖邴吉维护得以保全。因遭大赦，吉乃载曾孙送祖母史良娣家。

后有诏掖庭养视，上属籍宗正（纳入皇室籍贯）。时掖庭令张贺尝事戾太子，思顾旧恩，哀曾孙，奉养甚谨，以私钱供给教书。既壮，为取暴室啬夫（接近农夫的下层官吏）许广汉女。曾孙因依倚广汉兄弟及祖母家史氏。受《诗》于东海澓中翁，高材好学，然亦喜游侠，斗鸡走马，具知闾里奸邪，吏治得失。数上下诸陵，周遍三辅，常困于莲勺卤中（莲勺：古县名，在今陕西蒲城南；卤中：即盐池，可能是为生活所迫而贩卖私盐）。身足下有毛，卧居数有光耀。每买饼，所从买家辄大雠（他从谁家买饼，谁家的饼就热卖），亦以是自怪（民间神话宣帝为财神爷化身，百姓之敬宣帝，由此可见一斑）。

元平元年四月，昭帝崩，毋嗣（没有子嗣）。大将军霍光请皇后征昌邑王。后霍光因刘贺淫乱，请废。秋七月，光奏议曰："礼，人道亲亲故尊祖，尊祖故敬宗。大宗毋嗣，择支子孙贤者为嗣。孝武皇帝曾孙病已，有诏掖庭养视，至今年十八，师受《诗》、《论语》、《孝经》，操行节俭，慈仁爱人，可以嗣孝昭皇帝后，奉承祖宗，子万姓"。奏可。遣宗正德至曾孙尚冠里舍，洗沐，赐御府衣。太仆以軨猎车奉迎曾孙，就齐宗正府。庚申，入未央宫，见皇太后，封为阳武侯。已而群臣奉上玺、绶，即皇帝位。

博按：汉至宣帝时，经武帝穷兵黩武，天下已然纷乱贫困。而以霍光为首之外戚干政，更使汉朝天下岌岌可危，按照中华历史治乱周期规律，此时应有中兴之主出现。而观宣帝之出世经历，以帝胄之身而遭牢狱之灾，以皇室之后而穷困乡里，亦然说明大汉统治已处于深重危机之中。然宣帝之出世，亦在于邴吉、张安世等忠于汉室之大臣之周全维护，是汉祚未尽之体现。而历史于汉家之幸，于危难之中培养出千古明君，亦"人间正道是沧桑"之远古注脚。当今人在庙宇道观，礼拜于"财神爷"时，其能思及汉宣帝的悲惨年少人生乎？

86. 汉宣微时剑，糟糠不可弃

史载，当汉宣帝刘病已没于乡里之时，暴室啬夫（管农业的小吏）许广汉有女名许平君，年十四五岁，本应嫁于内者令欧侯氏为媳，然而，该出嫁之时，欧侯氏之子却骤死。许平君母为其占卜，卦言其将大贵。张贺听闻，便以自家财为聘，为刘病已娶许平君为妻。一年后刘奭（未来的汉元帝）出生。此时汉宣帝尚依靠许广汉兄弟及祖母史氏赖以生活。

宣帝已立，遂封许平君为婕妤。此时，大将军霍光之幼女霍成君尚未出嫁。大臣们皆倾向于以霍成君为皇后。心知肚明的宣帝此时突然下诏，说要寻求自己贫贱时的一口旧宝剑，大臣们遂明宣帝之心，即奏请册立许婕妤为皇后。册立皇后之后，依照汉家旧例，皇后的父亲或兄弟应封侯。霍光认为许平君之父许广汉受过宫刑，不适合封侯，一直拖了年余始封他为昌成君。而霍光的妻子霍显一心想让女儿霍成君做皇后却又想不出办法。前71年，许皇后再度怀孕，临产时却生了病。霍显命女医淳于衍在滋补汤药中投进毒药，让许平君生产后服用。许皇后服用后不久毒发逝世。汉宣帝不知内情，非常悲痛，为许皇后起谥曰“恭哀皇后”。

随后霍成君被册立为皇后。“富二代”的霍皇后虽然挥金如土，但汉宣帝依然宠爱她（可见宣帝之沉稳与识大局）。史载霍皇后虽然独擅宣帝后宫房宠，却没有为汉宣帝生下子嗣。前68年霍光去世，汉宣帝为他举行了声势浩大的葬礼。

前67年，汉宣帝立许平君子刘奭为皇太子。霍显恼怒异常，指使霍成君毒害太子。霍皇后屡次召见太子赐给他食物，但保姆总是先去品尝，皇后暗藏毒药却无法使用。后来霍家谋害许皇后的事逐渐泄露。前66年七月，霍家设谋叫上官太后为宣帝外祖母博平君设置酒席，把丞相魏相、平恩侯许广汉以下的官员召来，预备让范明友、邓广汉等霍氏一党奉太后制令将这些人拉出去斩首，并乘机罢除天子而立霍禹为帝。此计尚未实施便被发觉，霍氏尽诛。

八月，汉宣帝废黜霍成君，令其迁往上林苑的昭台宫。废后诏书曰：

“皇后荧惑失道，怀不德，挟毒与母博陆宣城侯显谋，欲危太子，无人母之恩，不宜奉宗庙衣服，不可以承天命。呜呼伤哉，其退避宫，上玺绶有司！”十二年后的五凤四年（前54年）令其迁往云林馆，霍成君自杀，葬于蓝田县昆吾亭东。

博按：读史汉宣帝寻微时之剑故事，乃知中华主体至今仍为“汉族”之因。汉民族，向有“糟糠之妻不下堂”之说，其背后实隐藏着民族血脉里“不忘本始、恩义相连”之传统美德。今之汉人，当其清明祭祖之时，当其重家奉教之时，当其常念故交之时，其中所包含之精神气质，实缘自宣帝那一道“故剑情深”的浪漫诏书。窃以为，此诏书非但是中国历史上一道最有名的诏书，非但是一道皇帝对贫女的深情践诺，更是中华民族心灵深处长久守望的关于情义、关于不忘旧恩的“宣言”。汉宣帝之以“宣”为号，当包含此中深意矣！

87. 汉宣之治：官员“久任”，实可深鉴

汉宣帝早年生活于民间，深知吏治好坏将直接关系到百姓的生存发展与社会的和谐稳定。他说“吏不廉平则治道衰”。所以，宣帝即位后亲自过问政事，不但恢复了汉初丞相既有职又有权的体制，还特别重视地方长官的选拔和考核，并下大力气整饬吏治。为此，宣帝建立了一套对官吏的考核与奖惩制度。他多次下诏对二千石（郡守级官吏，相当于今天的省部级）以上官员实行五日一听事制度；并不定期派使者巡行郡国，对二千石官员的工作进行考察（今日之巡视制度即来源于此）。根据考核结果，信赏必罚。随着这些措施的推行，一大批“良吏”逐渐造就而成。

而汉宣帝于吏治的最可称道之处，在于其在位期间，将官吏“久任”制度进行了完善发展，取得了较好效果。史载，为了让官吏们能够安心任上，宣帝把官员“久任”的实施范围由中央大臣扩大到高级地方官员。不仅侍中、尚书等参掌朝政的亲信近臣得蒙荣宠，郡太守一级的高级地方官也多

有“久任”者。汉代的郡国介于中央与县之间，在中央与地方的关系中，郡国守相起承上启下的作用。郡国守相的好坏，不仅关系到一方的安宁与否，也关系到国家的治乱兴衰。所以，宣帝对郡国守相的选任十分慎重和严格，规定先由朝中大臣举荐，然后择日亲自召见考核，询问治国安邦之术。著名循吏龚遂被任命为渤海太守，就是其中一例。但“久任”制度必得有良好的激励政策相配合。为了让官吏不轻易提升调动，宣帝特意给良吏以物质、精神两方面的奖励和褒奖。对于亲信近臣，“至于子孙，终不改易。”结果是“枢机周密，品式备具，上下相安，莫有苟且之意也”。对于郡太守，宣帝坦言他们是辅助天子治国理民的关键所在，是“吏民之本”，如果时常调动变易就不会被其属下尊重，上下难以相安；如果实行“久任”制，百姓知其将长时期在职，就不敢欺罔上司，自然就会“服从其教化”。对治理地方确有优异政绩的郡太守，汉宣帝常用的奖励办法是：或颁布玺书嘉奖勉励，或在原有的薪俸基础上增加俸禄，或直接赏赐金钱若干，或拜爵至关内侯，使之得以享受政治名誉与经济利益。如胶东相王成在“考绩”中被认为安抚了大量流民，“治有异等”，就得到了明诏褒奖，并提升其俸禄为“中二千石”，赐爵关内侯；另外一位名臣黄霸，曾经因为有过失而被贬，以八百石的官秩再度出任颍川太守，任职八年，郡中大治，汉宣帝下诏称扬，并给予“赐爵关内侯，黄金百斤，秩中二千石”的额外奖赏。按照常规，郡太守的俸禄高者为“二千石”（低者可至“八百石”），而王成、黄霸实际享受的“中二千石”俸禄与朝廷诸卿持平，他们的职务尽管没有升迁，但是政绩得到肯定，待遇得以改善，利益得到保障。这不仅对当事人有安抚或激励作用，而且可以给后来人树立榜样，有效改善了当时的政风。这些循吏或良吏执法公平，恩威并施，其统治显得“合人心”，“所居民富，所去见（被）恩”，故而得到时人好评。史称“是故汉世良吏，于是为盛，称中兴焉”。

博按：中国古代中央专制集权体制下的官僚传统，吏治乃国兴民富之本。若无良好的制度体制选拔人才、使用人才，使其为政一方，造福一地，则国靡不乱，政无不亡。由宣帝所开创的官员久任制度是为了充分发挥地方官吏作用而作出的卓有成效的探索实践。后世之历朝历代，于地方官吏之任命使用，大多不察其施政之绩，不顾地方之治理之需，常常不到二三年便随便升迁改政，更有一些有所谓“朝中背景”之人，为了“个人发展”而“设计官路”，不到一两年便换一任所，不管有无功绩（或虚报政绩），便可提拔使用；此等官员，其于地方政治，往往蜻蜓点水，不见其效；所谓官不理民本，民亦不知其官，其所行之地，往往政由斯坏，民由斯穷，能不思宣帝之治乎？

88. 汉家制度：本以霸王道杂之！

《汉书·元帝纪》载：继宣帝之位的汉元帝“柔仁好儒，见宣帝所用多文法吏，以刑名绳下，大臣杨恽、盖宽饶等坐刺讥辞语为罪而诛”，其为太子时“尝侍燕（宴）从容（一边陪宣帝吃饭一边说）言：‘陛下持刑太深，宜用儒生’。宣帝作色曰：‘汉家自有制度，本以霸王道杂之，奈何纯任德教，用周政乎！且俗儒不达时宜，好是古非今，使人眩于名实，不知所守，何足委任！’乃叹曰：‘乱我家者，太子也！’”《汉书》这段记载，为了解汉代后期治国方针的演变提供了很好的材料。史家往往认为，从汉武帝时开始确立的“霸王道杂之”的“汉家制度”可以说是一种行之有效的治国方式，汉宣帝一语道出其中要诀。这一制度从汉宣帝以后，始终为后世所称颂和遵循。而且中国古代各皇朝的统治者都不同程度地借鉴“汉家制度”的经验，以强化其治权。

博按：先秦时期，儒法对立。儒家崇“王道”，“为政以德”，教民以德，推崇以恪守德义的“士”、“君子”来治国的“人治”思想。而法家崇“霸道”，其所理想的行政人员，是那些服从权威、奉法行令的文吏。正如《论衡·程材》所云：“取儒生者，必轨德立化者也；取文吏者，必优事理乱者也。”又《荀子·君道》：“法者，治之端也，君子者，法之原也。故有君子，则法虽省，足以徧也；无君子则法虽具，失先后之施，不能应事之变，足以乱矣。不知法之义而正法之数者。虽博，临事必乱。”在荀子看来，君子与法是不可偏废的。法，即君子所行之法，君子，乃奉法之君子。

所以，《东坡志林》卷五云："自汉以来，学者耻言商鞅、桑弘羊，而世主独甘心焉，皆阳讳其名而阴用其实，甚者则名实皆宗之，庶几其成功。"正是这种儒法相兼、儒生与文吏相表里的现象，使得汉武以后一直到昭宣时期的国家政治成为整个西汉时期最为顺畅、政治效率最高、社会最安定的一段时期。主要原因是这种政治结构使得社会管理具有了一种原则性和灵活性相协调的可能。而汉后各个朝代，举凡把"法"、"儒"二者关系处理得很好的皇帝，一定是一位有"道"明君。可惜的是，后世大多数帝王并不能深刻领悟和把握这个道理，他们往往要么以皇权践踏法制，要么尊崇伪善之道，欺世盗名，最后给国家治理带来不可挽回的混乱局面。

89. 武帝之愿，汉宣实现

宣帝即位第二年（前72年），即发铁骑十六万余，分五路攻打匈奴，这是两汉四百年最大规模的一次对外骑兵出征。同时，派遣校尉常惠前往乌孙，节制乌孙骑兵五万余，与汉军东西并进，形成钳形攻势，夹击匈奴。匈奴畏惧汉军，惊惶西逃，恰遇乌孙兵截击，大败而归，常惠因此封为长罗侯。第二年冬，匈奴再袭乌孙，遇大雪，生还者不及十分之一，再加上乌孙、乌桓与丁令的乘势攻击，其国人亡十分之三，畜亡十分之五，国力大为削弱。不久，汉军三千骑击匈，匈奴为捕数千人。在汉军神威之下，神爵二年（前60年），统治西域的日逐王先贤掸率数万人降汉。日逐王被封为归德侯。史载日逐王先贤掸降汉时，宣帝特派大将郑吉，发渠犁、龟兹诸国兵5万，前往迎降，一直护送至京师长安，路上有逃亡者，即斩杀。一时间汉军声威大震西域，宣帝乃拜郑吉为西域都护，封安远侯，兼护车师以西北道诸国。郑吉遂在西域中心设置幕府，修筑乌垒城，距阳关两千七百余里，统领天山南北，汉朝号令得以正式颁行于辽阔西域。其后九年（前51年），匈奴另一支呼韩邪单于亲往帝都长安，俯首称臣做北藩，"匈奴款塞、单于来朝"成为宣帝朝的一大盛事。

博按：西域都护之设，不仅是汉王朝，更是华夏史上一个划时代的大事件。从此之后，东自车师、鄯善，西抵乌孙、大宛，西域诸国尽归汉朝版图，张骞之始，郑吉之终；汉武之愿，汉宣实现。此后，汉宣帝又持续发兵，大破西羌，使西域诸国尽属华夏，天山南北广袤之土、雄阔之地，终属华夏之疆、中华之域，成为汉族政权疆域最广大的一个时期。即后之大唐，亦难望其项背，其汉宣于中华之不二功绩。是以刘向曾谓："中宗（宣帝庙号）之世，政教明，法令行，边境安，四夷亲，单于款塞，天下殷富，百姓康乐，其治过于太宗之时，亦以遭遇匈奴宾服，四夷和亲也"、"然文帝之节俭约身，以率先天下，忍容言者，含咽臣子之短，此亦通人难及，似出于孝宣皇帝者也。如其聪明远识，不忘数十年事，制持万机，天资治理之材，恐文帝亦且不及孝宣皇帝"。班固亦称："孝宣之治，信赏必罚，综核名实，政事、文学、法理之士咸精其能，至于技巧、工匠、器械，自元、成间鲜能及之，亦足以知吏称其职，民安其业也。遭值匈奴乖乱，推亡固存，信威北夷，单于慕义，稽首称藩。功光祖宗，业垂后嗣，可谓中兴，侔德殷宗、周宣矣！"

90. 麒麟阁名臣张安世：一门三侯，八代高官

甘露三年（公元前51年），汉宣帝因匈奴归降，回忆往昔辅佐有功之臣，乃令人画十一名功臣图像于麒麟阁以示纪念和表扬，后世东汉光武帝刘秀和唐太宗模仿宣帝的做法，分别以相似的形式分封褒奖"云台二十八将"和"凌烟阁二十四功臣"。是以至今有"功成画麟阁"、"谁家麟阁上"等诗句流传，以为人臣荣耀之最。今日笔记单论其中一个名臣张安世。

汉书记载，掖庭令张贺是车骑将军张安世的哥哥，在汉昭帝年间曾多次在张安世面前称赞皇曾孙（后来的汉宣帝）的才干，并谈到与皇曾孙有关的一些奇异征兆。张安世总是禁止他说这些，认为上有年轻的皇上（昭帝），不应称道皇曾孙。到汉宣帝即位时，张贺已去世，汉宣帝对张安世说："掖庭令当初无端称赞我，将军制止他是对的。"汉宣帝追念张贺对自己的恩惠，打

算封他为恩德侯，为他设置二百户人家守墓。张贺儿子去世很早，曾收张安世之子张彭祖为养子。张彭祖幼年时又与汉宣帝一起读书，所以汉宣帝打算封张彭祖为侯，先赐他为关内侯。张安世对张彭祖封侯之事坚决辞谢，又请求减少为张贺守墓之户，逐渐减至三十户。汉宣帝说："我本是为掖庭令，并不是为将军你！"张安世这才罢休。

张安世为臣谨慎周密，每与皇帝商议大事，商定后，总是称病提前退出。等到皇帝颁布诏令后，再假装大吃一惊，派人到丞相府去询问。所以即使是朝廷大臣，从无人知道他曾参与此事的决策。他为官廉洁，史载其曾举荐一人，其人来谢，他以为举贤达能，乃是公事，岂能私谢，于是与之绝交。有一位郎官功劳很大，却没有调升，自己去求张安世为他说话。张安世对他说道："君之功高，明主所知。人臣执事，何长短而自言乎！"杜绝不许。已而郎果迁（实安世私荐之矣）。其欲匿名迹远权势如此。张安世见自己父子地位尊显，内心深感不安，便为儿子张延寿请求出任地方官。汉宣帝任命张延寿为北地太守。一年多后，汉宣帝怜恤张安世年老，又将张延寿调回朝廷，担任左曹、太仆。史传张安世生活简朴，虽食邑万户，仍身穿布衣，夫人亲自纺织。前62年春，因病上书告老还乡，汉宣帝不舍。他勉强视事至秋而卒。死后谥曰敬侯。

张安世一门三侯，其后人也以八代高官大宦未失侯位，为史家所称奇，认为"自昭帝封安世，至吉，传国八世，经历篡乱，二百年间未尝谴黜，封者莫与为此"。

博按：中国文化传统中有"富不过三代"之说，而能一门三侯、历八代高官之家族者，唯见安世一家，非但中华历史之奇迹，即放之世界，亦鲜见之者。今之西方，可能有数十代之贵族，然能够于乱世之间，仍能代代有高官于朝堂，亦属稀见。由张安世公处世之法，为官之道，可知忠诚、知止之要义，可见门风、家风之可贵，是以当今国家领导人常讲"家风"、"门风"之重要，实有鉴于历史之深刻经验，而对于吏治上进行的深入思考和实践探索。

91. 民族英雄陈汤的起伏人生

《汉书》记载，汉元帝建昭三年，在今天哈萨克斯坦国的塔拉斯河附近，发生了一场突如其来的“郅支之战”。这场战争，以今天的视角来看，是一次对敌国首领长途奔袭之下的“斩首行动”和战略威慑作战。这场著名的战争的指挥官陈汤，当时不过是一个小小的西域都护骑都尉副校尉（相当于今天的军分区副司令员），然而，就是这个副将，却胸怀战略眼光，敏锐观察到郅支单于有复国坐大、渐成尾大不掉之势，因与其主将都尉甘延寿谋灭匈奴。延寿欲奏请朝廷批准之，陈汤曰：“国家与公卿谋大策，非凡所见，事必不从”，力主独断行之。后陈汤以延寿久病，乃矫制发诸城国四万余兵，以钳形攻势，两路进击，且以预备队之兵力打击匈奴之康居援军，后乘夜强攻单于城，破城，重伤单于（后亡于逃跑途中），斩其王子以下千五百级，生掳及降者千余。汉匈百年之战，终以汉胜匈灭告终。

然而，这场本应该彪炳于中华史册的伟大战争，却因为主帅陈汤的个人品格，而向为“正史”所忽略轻视。今且详述以论之：

在《汉书》的记载里，年轻时的陈汤因为靠乞讨借贷为生，被认为没有节操，因此不被州里人所称道。穷困潦倒的陈汤就西到长安去求取官职，后在大臣张勃的推荐下谋得太官献食丞一官。而在他等待上任之时，其父去世。由于陈汤谋官心切而没有奔丧回家，被人检举为“失孝违制”，不但推荐他的张勃受到惩罚，陈汤也被拘捕下狱。

出狱后，经人举荐，陈汤再被任为郎官，并于数年后被任为西域都护府副校尉（相当于今天的边防军区副司令），与校尉甘延寿奉命出使西域。就是在这次出使西域之中，陈汤在郅支之战胜利后，在向皇帝的奏折中喊出了他那句至今仍然让中华民族热血沸腾的名言：

“犯强汉者，虽远必诛！”

然而，对国家民族立下如此功勋的陈汤，他的命运亦进入大起大落阶段。先是由于陈汤没有把在战争中所缴获的敌人财物依法上交有司。忌妒陈汤和甘延寿功劳的大臣石显和宰相匡衡就派出“司隶校尉”（类似今天的法院院长）在陈汤归国途中逮捕官兵，追究责任。陈汤无奈，只得上奏道：“臣下同官兵一同诛杀郅支单于，幸亏能把他们消灭，军队万里之外得胜归来，应有使者在路上迎接犒劳。现司隶逆其道而行，逮捕官兵审查，这是为郅支单于报仇啊！”

在这件事上，本来昏庸的汉元帝却头脑清醒，他即刻命令各县在路上备好酒食犒劳路过的军队。回到京城后，评论功劳，石显、匡衡认为“甘延寿、陈汤擅自假托皇帝命令兴师动众，有幸没有被诛杀，如果再封爵位赐食邑，那么以后奉命的使者就会都争相想冒着危险以取得侥幸，在蛮夷中惹起事端，给国家带来灾难”。汉元帝虽然内心嘉许甘延寿、陈汤的功劳，但难以违背朝中当权大臣匡衡、石显的意见，此事即被搁置。

此时，深为陈汤等不平的原宗正刘向上奏书说（大意如此）：“郅支单于监禁杀害使者和官兵数以百计，影响汉廷威望。西域都护甘延寿、副校尉陈汤秉承圣意，统率百蛮之军，出生入死，踏平康居，攻破五道城墙，斩郅支单于首级，扬旌旗于万里，远播威名于昆山之西，建立卓越功勋，万夷畏惧屈服。他们建立了千年功业，保证了万代平安，群臣中功勋没有比他们再大的了。甘延寿、陈汤不仅没有受到赏赐的回报，反而因义无反顾而取得的功劳受到委屈，长期受挫于刀笔小吏，这不是奖励有功之人、鞭策士兵的方法。而且甘延寿、陈汤没有烦劳汉朝的士兵，不用耗费一斗粮食，他们大的功劳没有得到表彰，小的过失却到处传布，臣下深为痛惜！应及时免罪不究，给予尊宠封授爵位，用以奖励有功之人。”于是汉元帝下诏赦免了甘延寿、陈汤的罪过，并按照安远侯郑吉的旧例，封他们千户食邑。但在匡衡、石显频繁“抗议”之下，又封甘延寿为义成侯，赐给陈汤关内侯的爵位，每人赐给食邑三百户，再赐给黄金一百斤。后授任甘延寿为长水校尉，陈汤为射声校尉。

然而，事情还没有完。汉成帝刘骜即位后，丞相匡衡又上奏道：“陈汤以二千石官员的身份奉命出使，不待请命就行事于蛮夷中，不严格要求自己以为部下的榜样，反而自取从康居夺得的财物，警告官员们不要再重新验证边远地区的事。即使事在赦免以前，还是不适合当官。”陈汤因此被免官。之后陈汤向成帝上书，说康居王送到汉朝来的王子（名为侍子，实有人质之意）

不是真正的王子。汉成帝命人核实为真王子后，陈汤再因欺君之罪而被捕入狱，准备处以死刑。此后，经太中大夫谷永太上奏书为陈汤辩冤后，汉成帝又削去他的爵位而成为普通士兵。

数年后，西域都护段会宗受到乌孙兵马的围攻，段会宗派人请求朝廷尽快发兵援救。群臣束手无策之下，汉成帝想到了陈汤。即召其入廷谋事。陈汤说："臣下认为这件事一定没有值得忧虑的地方。"汉成帝问他为什么这样说？陈汤回答："一般情况下，五个胡兵相当于一个汉兵，因为他们的兵器原始笨重，弓箭也不锋利。如今他们也学汉兵的制作技巧，有了较好的刀、箭，但仍然可以三比一来计算战斗力。现在围攻会宗的乌孙兵马不足以战胜会宗，因此陛下尽管放心。"陈汤知道乌孙之军皆乌合之众，不能持久进攻，因此他推算了日期后说："现在那里的包围已经解除。不出五天，会有好消息的。"过了四天果然军书报回，说乌孙兵已解围而去。

大将军王凤通过这件事深感陈汤经验丰富，大有用处，于是奏请汉成帝起用陈汤，任他为从事中郎，军事上的大事都请他做出决断。陈汤严明法令，采纳众人的意见办事，颇有将帅风范。但他又经常接受别人的贿赂，终于因为此事而被罢黜。后再因为成都侯王商诬告而被贬为百姓，发配至敦煌边疆。而敦煌太守又奏说："陈汤以前亲自诛杀了郅支单于，在外国威望很大，不适宜接近边塞。"汉哀帝刘欣下令把他迁徙到安定，最后死于长安。

陈汤死后若干年，王莽为安汉公，执掌朝政。为讨好皇太后王政君，树立个人威望，又对陈汤、甘延寿进行追封，其中陈汤被追加谥号为破胡壮侯，陈汤之子陈冯为破胡侯，陈勋为讨狄侯。

博按：陈汤与甘延寿的征战，开创了中国历史上汉军"远征西域"、斩首敌国首领的战争奇迹，稳定了汉朝的西北边疆，保证了汉王朝的数十年太平，为汉王朝立下第一大奇功。尤其是陈汤一句"犯强汉者，虽远必诛"的英雄豪言，至今仍洪响于中华大地，激励万千热血男儿建功国防。是以明代学者张燧论之曰："陈汤之功，千古无两，而议者以矫制罪之。不知所恶夫赏矫制而开后患者，谓其功可以相踵而比肩者也。阴山之北，凡几单于，自汉击匈奴以来，得单于者几人？终汉之世，独一陈汤得单于耳，其不可常徼幸而立功者如此。诚使裂地而封汤，且著之令曰：'有能矫制斩单于如陈汤者，无罪而封侯。’吾意汉虽欲再赏一人焉，更数十年未有继也。如此则上足以尊明陈汤之有功，显褒而不疑，而下不畏未来生事要功之论，计之善者也。唯其为说不明，故阻功之徒，乘间而窃议，其后英雄志士所以息机于世变之会也。”张燧之论诚慷慨正直之言。而汉史所以轻薄于陈汤者，实有三因：一则因其“德不配才”，中华儒家正统，自周以来，即以“太上立德，其次立功，再次立言”之说，无德者即立大功，亦不为史家所青目；二则因中华文化传统，以非战为上，以好战为下，以“忠君”为荣，以“矫制”为耻，故陈汤之矫制建功，实不合于中央集权统治之利益；三则因其死后又为篡汉之王莽所利用，更为历代史家所不容，是以后汉之班氏于《汉书》中对陈汤仅以“陈汤傥易，不自收敛，卒用困穷，议者闵之，故备列云”之语论之，可见其贬汤之甚。而自陈汤后，中华民族虽有班超等英雄建功于边疆，然皆受朝臣之牵制与排挤，亦可见一斑。而自陈汤、班超之后，中华民族鲜有建功于异域之伟大民族英雄出现，反而屡见抵抗外族入侵之民族英雄如岳飞、孟珙等，表面上可谓是中华民族性中之和平主义使然，而其深层原因，实于陈汤之人生起伏和磨难遭遇之中，得见其大略矣！

92. “励志哥”匡衡：凿壁偷光与辱没斯文

在中国历史上，读书人刻苦学习以建功立业的“榜样”和“标杆”，能家喻户晓传诵至今的，莫过于以下三个典故：“囊萤映雪”、“悬梁刺股”和“凿壁偷光”。囊萤的主人公是车胤；映雪的主人公则是孙康；悬梁的主人公是孙敬；刺股的主人公是苏秦；凿壁偷光的主人公，则是本文的主角匡衡。匡衡少年之时因家穷而“凿壁偷光”、勤于读书的故事，按照今天的流行语，其可谓典型的“励志哥”：少年勤学苦读，中年得为宰相，晚年得封侯归土，可谓完美人生。然而，细读汉书乃至《资治通鉴》，却发现，此公穷小子得志之后，不但助纣为虐，而且害及民族英雄陈汤，成为一个有才无德，以致危害国家民族之典型，今且择其史实而论之：

史载，匡衡得仕于汉廷，是在汉元帝“好儒”的大形势，匡衡投机于无德无才的外戚权臣史高。当是时，史高正与儒学领袖萧望之争权夺利，为了赢得汉元帝的好感，不学无术的史高便推荐有“善讲诗经”的匡衡为官。匡衡在得到皇帝的重用而被任命为宰相后，又拍上了皇帝身边“红人”石显的马屁：处处事事以石显的马首是瞻，不管青红皂白，不论是非曲直。当石显要求他处心积虑整治不愿意和他做亲家的民族英雄甘延寿之时，他便以宰相之尊，不惜歪曲事实，大力否定甘延寿和他的副手陈汤在西域建立的不世功勋。可以说，民族英雄陈汤和甘延寿在“郅支之战”后的人生起伏和大起大落的悲惨命运，就拜这位“励志哥”匡宰相的上下其手和反复构陷。

更令人不齿的是，当成帝即位，石显失势，匡衡便上疏弹劾石显，列举其以前所犯罪恶，并纠举他的党羽。虽然从表面上看匡衡做的是一件铲除奸佞、为汉朝廷尽忠之事。但对比他前期对石显的“投靠”和“阿谀”，实可见其之“小人之无德”。而且，不久，匡衡与同僚间渐有离隙，被人弹劾，贬为庶民，返回故里，不几年，病死于家乡。史载元帝曾封匡衡为安乐侯，其侯国食封土地本为三十一万亩，匡衡利用郡图之误，非法扩大食封土地四万多亩。成帝时，司隶校尉骏等告其“专地盗土”（指扩大封界），被免为庶人。一代“励志哥”就这样告别了他为之奋斗了一生的大汉王朝。其死后不久，汉为王莽所篡。

博按：相信能有出身穷困的读书人，都曾用匡衡凿壁偷光等故事来激励自己勤奋学习。然而一旦是研及匡衡之史，始知勤学饱学之士，若其秉持之心不正，若其口言诗礼而身行不道，则其危害国家将更甚矣！匡衡饱读诗书之后，只为个人官位升迁和“封侯保位”，而与奸佞同流合污，作出违背历史公义、诋毁民族英雄之失德大事，由此可见儒术治国之虚伪，可见礼治教化之无能为力。尤其是当一个人目的不纯、动机非善、心术不正时，读书愈多，知识愈渊博，官位愈高，其危害亦愈大，此可深为后世行政教化者警之鉴之！

93. 王莽其伪乎？

西汉末年，帝制王权的政治痼疾开始发作，吏治残暴，草营人命，贪污盛行，施政黑暗。同时，贵族、官僚、地主、富商合流为一，结成一个社会上层贵富集团。贵富集团既有“权势”又有“财富”，是一个强势利益集团。这个集团恃权骄横，欲壑难填，“兼业颛（专）利，以货赂自行，取重于乡里者，不可胜数”，疯狂地进行土地兼并和财富积聚。广大下层劳动人民丧失土地，无以为生，乃至卖妻鬻子，或者沦为贵富集团的徒属、奴婢，“律比畜产”（即和牲畜一样可以随便买卖），社会矛盾和阶级矛盾日益激化。哀帝时，广大劳动人民已是“有七死而无一生”（汉哀帝时名臣鲍宣上疏言：当时“民有七亡而无一得，欲望国安，诚难；民有七死而无一生，欲望刑措，诚难”，是谓汉末有名的“七亡七死”之论），小规模的起义不断发生。西汉王朝统治危机日益加重，许多人已对刘氏王朝悲观失望。据说，那时候贵族子弟个个纵情声色，骄奢淫逸，无恶不作。

而就在这个时候，出现了这么一个著名的“官二代”：

他自幼潜心读书，生活简朴；

他在父兄去世后，独自一个人赡养母亲和寡居的大嫂，抚养兄长的遗孤，对内照顾族内的长辈和叔伯，对外结交名人贤士，堪称道德完人；

当他20多岁时就被推举入朝为官后，他并没有因此骄纵，反而是越发的谦恭简朴，常常将自己的俸禄和财产拿出来分给穷人，赠给贤者；

当他当上一人之下、万人之上的宰相后，他运用权力，封赏贵族百官，赡养鳏寡孤独，施恩于百姓士人，不但自己带头过简朴的生活，而且贡献百万钱、三十顷地来救济群众；

当全国出现大旱之灾时，他带领二百多名高级官员献出自己的土地和住宅给灾民，同时大建免费“保障房”，令万千受灾百姓得以安居；

在执政期间，他坚持不搞裙带关系，不封外戚子孙，而是尊崇皇族；他依《周礼》的精神，封先帝子孙三十六人为列侯，并平反了一批冤假错案，解放了一批皇族后裔；

他按照《周礼》的记载，在全国建立仓储制度，储备谷物，做赈灾之用，并按照上古传说改革官制，设置“四辅”，加封周公、孔子等圣贤的子孙；

他还大兴教育，扩大太学招生量，在首都的太学生数量突破一万人，他还在各地广建学校，征召“异能之士”，拓宽了普通知识分子入仕的渠道；

当然，他还深具民本和平等意识，因为儿子杀了奴婢而大义灭亲，命令自己的亲生儿子自尽于天下（虽然当时皇帝严禁私杀奴婢，但在社会上奴婢却律比畜产）；

当时任皇帝年已十二岁，按《周礼》到了结婚的年龄。他就发布诏书，向全天下选拔皇后。为了避嫌，特意提出自己女儿不参与竞争。消息传出，大家都觉得这样对他不公平，是以每天都有上千人上书朝廷，和朝廷论理。他还特意派遣长史到各处去做工作，劝阻人们。结果上书的人更多了，一天数千起，人们纷纷呼吁：“愿得公女为天下母。”形势迫人，主管选后的皇太后只好收回成命，把他的女儿列为候选对象，结果他的女儿成为皇后；

当朝臣查阅古书，上古的天子封后父的土地多达百里，所以应加封他二万五千六百顷土地。他反复力争，终于退回了土地。按过去的先例，聘皇后的礼金达数万万钱，他只接受四千万，还把其中三千三百万用来周济别人；

当皇帝大婚，有大臣提议应该加封他为宰衡，位在所有公爵之上，几天之内，就有八千百姓和官吏上书朝廷，支持这一建议；他痛哭流涕地拒绝这一封号，并且以称病辞职为要挟；

他根据德政精神，下令对老人、儿童不加刑罚，妇女非重罪不得逮捕，并且按《礼记》的记载，修建上古时用以教化人民的明堂。一时之间，文治达到极盛。大学者扬雄也被他的煌煌治绩所倾倒，孤傲的他满怀热情地作了《剧秦美新》一文，赞颂他的伟大，说他的治理完全符合先圣精神，说在他的领导下，大汉王朝“帝典缺者已补，王纲弛者已张，炳炳麟麟，岂不懿哉”！并热情地赞美他的治理“郁郁乎焕哉”！

当他行仁政五年之后，朝臣总结其治绩，说他的德行可为天下纪，说他的功业可为万世基，提议为他加封“九锡”（在古代，加九锡，就意味着取得了接近皇帝的地位）。消息传出，一时间，朝廷竟然收到四十八万七千五百七十二人的上书，支持给他加九锡之礼。数字之所以如此精确，是因为《汉书》作者班固核对了当时的政府档案。（四十八万多件上书在当时意味着什么呢？西汉末年，全国人口不过数千万，而其中识字者不过数百万；而在长安附近，能够上书的知识分子加起来也不会比四十八万多多少。也就是说，当时几乎所有有能力上书的人都参与了这场“请愿运动”）。而在当时朝廷，支持给他加九锡之礼的王公列侯及卿大夫达九百零二人，几乎无一人反对。

……

这个人，就是被后人称为天下第一伪君子的大新朝开国之君，也是亡国之君王莽。

博注：自汉至今的两千年来，关于篡汉建新者王莽的骂名可谓史不绝书。尤其大诗人白居易一首“周公恐惧流言日，王莽谦恭未篡时；向使当年身便死，一生真伪有谁知”的名诗，更是“奠定”了王莽作为“中华第一伪君子”的历史地位。然而，复读新朝之史，却发现历史的真相或未必如此。当王莽篡汉之时，大汉之政已然穷途末路，王莽以其完善的人格形象、超然脱俗之行政手法，以及符合“德政”的治理原则，出现在汉末的历史天空，实际上反映了当时朝野上下对新的政治形态和政治变革的渴求和向往。剑桥大学史学家崔瑞德及鲁惟一在《剑桥中国秦汉史》中表示，王莽如果没有真才实学，他不能升为摄皇帝；而且，当王莽代汉建立新朝，前废帝孺子刘婴受到了不寻常的宽待，没有被杀且能过着隐居的生活。其他刘氏王室成员也没有像后世篡位恶君那样被斩尽杀绝，都基本上保持着贵族的待遇和生活，仅这一点来讲，王莽不啻是一个“真君子”。史载更始政权军队攻入长安城时，王莽逃往渐台（武帝所建之台，因于水中而得名），公卿大夫、宦官、随从仍有千余人。守城的将军王邑日夜战斗，部下死伤略尽，退至渐台，将士全部战死，新朝始亡。由此段历史记载可见，比起明代崇祯皇帝亡后身边只剩下一个太监，王莽可谓颇得人心。而王莽此后被大为攻击的因奴杀子一事，吾属今日应该从中更见王莽既有法治之思想，亦有民主平等之意识，其实为近两千年前一个糅合了儒、法、道、墨诸家之长的一个具有完善人格的杰出政治家。而王莽之被后世称为“伪”者，实因他于之后所进行的过于

"超前"或"复古"的"改制"失败，加之汉室复兴后，他被忠于汉室的史学家深刻丑化的结果。倘若王莽之改制成功（历史虽不容假设，但历史进程却具有很多偶然性），倘若"新朝"成功地取代了汉朝，则以王莽当时之道德形象、人格魅力，今世之秦皇汉武，唐宗宋祖，抑或有王莽之一地位。此正是历史的吊诡之所在，在此仅做一家之言。

94. 为王莽改制正名：一次来自远古的空想社会主义实践

公元8年，王莽顺利地接受了孺子婴的"禅让"，称帝，改国号为新，朝野对此欢呼雀跃，几乎无人反对。王莽建立新朝后，立即宣扬"托古改制"（一如今天的舆论造势，所有的改革或者革命皆需理论先行），假托《周礼》设计推行了一系列"政治体制改革"，史称"王莽改制"的初衷，是企图以这次根本性改革摆脱严重的社会经济危机和人民的极端贫困。在王莽改制过程中，主要推行了以下几项新的政策法令，今且罗列于下以供诸君观察思考：

1. 推行井田制度，实行土地国有并按劳分配政策（实质是土地国有、平均分配、按劳分配，目的是限制土地数量和奴隶人数，出于彻底解决社会矛盾的角度来考虑）；

2. 废除奴婢制度，最大限度解放生产力（由此可见，王莽改革决非开历史的倒车，而是推行更加进步的人人平等和天下大同，可以反证王莽杀子中并非沽名钓誉之举）；

3. 推行机构革新，打击豪强利益集团（先是对中央和地方的官名、官制、郡县地名、行政区加以改革，且多与《周礼》中的名称相一致；再是压缩和精简朝廷机构设置，其主要目的是借机实施领导干部的调整，通过安置儒生集团形成自己的民生集团，把当时以刘姓为主的既得利益集团拉下马；再是爵位改革，把爵位分封从物质奖励改革为精神奖励制度；最后是吏禄改革，针对当时官富民薄的特点，对旧官僚集团实行免费吏禄制度。因为当时的官吏实行推举制，大姓豪门世代累官，一般中下层几乎没有做官的机会。累世为官者家庭积累也多，故当官不拿俸禄也可生存，并且进一步还可调节社会平衡。并要求官员吃苦在前，享受在后，并且最好不领工资，以减轻政府开支，可以说是共产主义的雏形）；

4. 推行五均六筦，实施政府调控民生工程［五均政策是王莽推行的城市工商业经济管理政策；五均，加上官府垄断经营制盐、冶铁、酿酒、铸钱和征收山泽之税，合称为“六筦”。筦者，管也，指由政府对经济进行管理操控。通过政府对工商业进行垄断经营和强力管制，把原先主要掌握于社会上层贵富集团手中的盐铁酒经营、山林川泽、商业贸易等利益，夺归国家掌握，并通过国家的管制来平抑物价，完全是站在人民百姓的立场考虑。王莽在谈到为什么实行六筦时，阐述了如下道理：“夫盐，食肴之将；酒，百药之长，嘉会之好；铁，田农之本；名山大泽，饶衍之臧；五均赊贷，百姓所取平，卬以给澹；铁布铜冶，通行有无，备民用也。此六者，非编户齐民所能家作，必卬于市，虽贵数倍，不得不买。豪民富贾，即要贫弱，先圣知其然也，故斡（管理）之。”所述虽无理论创新，但简洁明了，切中要害。这些条文都有着合理的成分，有着调节社会经济结构和社会贫富分化的一定积极意义，确有为普通民众利益着想和限制社会上层贵富集团剥削压迫的考虑］；

5. 推行货币改革，打造节约型社会（王莽货币改革的核心是更换旧的货币体制。在古代社会，原来流通的金银货币的交换价值就相当于自身的金属价值；王莽改革币制，就是以铜铁等自身价值较小的金属来表示较高的流通交换价值，这可以说是中国纸币的雏形和先声。）；

6. 政府建立贷款体系（令市官收贱卖贵，赊贷予民，收息百月三，与今日之银行贷款本质无差）；

7. 推行儒家经学，实行以德治国（通过儒学所发挥的道德力量来调和当时日益激烈的阶级矛盾，实施其依德治国主张。当时的儒学，不仅推崇孔子学说，也推崇有治世伟业的历代圣人，如尧、舜、禹、汤、文王、武王、周公等，他们也成为儒学治世所挖掘的主要内容。特别是周公的《周礼》和孔子的《春秋》，实际成为当时改革社会的“圣经”）。

博按：在中国的正统历史书中，王莽向来是篡位的“巨奸”，不二的“伪君子”。但近代帝制结束之后，王莽逐渐被许多史学家甚至是政治家所重新认识。据《广州农民运动讲习所文献资料》中记载，一代伟人毛泽东在其撰写著名的《湖南农民运动考察报告》之前，曾如此评价王莽：“王莽，汉时一般做史的文人——范晔、班固、班超等——因为他们吃的汉朝饭，要给汉朝说几句好话，把王莽说得怎么坏。其实，王莽并不是一个怎么不得了的坏人。我们现在研究王莽，要拿很公平很诚恳地的态度来研究。‘均田制’就是王莽时提出来的，可见他注意到农民问题了。因为农民问题最重要者就是土地。而他先节制田地，岂非不明乎？”他继续写道：“以后的地主阶级看到王莽所引的政策，诸多不利于己，欲寻一代表本身利益人，取而代之。而刘秀于是就起来了。倡人心思汉，以迷惑一般人之耳目。刘秀取得了胜利，此盖因王莽所代表着农民利益耳。刘秀则代表地主阶级利益，故能得到最后的胜利。”这还不算，毛又进一步指出：“中国封建社会的政治，可以说是地主阶级的政治。皇帝不过是地主的表征，所以，每朝皇帝的倒闭，就是地主阶级的分裂，及至兼并盛行、土地集中，逼得人不堪其苦。东汉末年虽有黄巾之乱。如秦末，二世大兴土木，人民的人力财力耗费殆尽。汉刘邦、楚项羽、陈胜、吴广，应之而起。汉高祖先如函谷关，与秦父老‘约法三章’，秦人大悦。此盖指少数地主阶级而言的。以后王莽出而提倡‘均田’，代表多数农民的利益的。这时高祖的外戚、宦官、王侯等人，辄取乡间收买土地，遂成地主。此时见王莽是代表农民利益的，他们恐慌了，遂起而勾结多方势力，以刘家宗族刘秀为号召，南阳一役，王莽遂大败，即农民阶级被地主阶级所败。”

除了毛泽东关于王莽的精准而独到的见解之外，另一著名学者胡适更认为王莽是1900年前的社会主义皇帝。并认为“王莽是中国第一位社会主义者”。他认同王莽改革中的土地国有、均产、废奴三大政策；近代著名史学家翦伯赞在其《中国史纲》中认为“王莽不失为中国史上最有胆识的最聪明的一位政治家”。史学家吕思勉也认为以汉朝为出发点的历史评价不公，即将王莽的优点全部用一个“伪”字掩盖。王莽本身博学，礼贤下士，孝敬母亲及寡居的嫂嫂，地位越高而对人越谦虚，而且自己与自己家人的生活始终接近清贫，甚至王莽的妻子因为穿着朴素出门迎客被认为是仆佣。吕思勉认为凡是作伪之人，必然是有所图的，而王莽代汉称帝所图达到之后却并无改变，一生谦虚清贫如一，又如何能称其为伪？更重要的是，王莽改制成为中国文化的一次重大转变，在西汉及以前，凡是谈论政治的人大多对社会现状进行攻击要求改革，至东汉及以后，玄学、佛学先后兴起，都强调适应社会，而不再追求改革。王莽的“改制”，诸如恢复井田等，其实很大程度上代表了从先秦以来众多仁人志士的公意，无论成败，都应由抱有此类见解的人士共同负责，而不是由王莽一人承担。

95. “牛背上的开国皇帝”刘秀：若非英略盖世，难成再造之功

西汉新莽末年，因为王莽推行的“空想社会主义改革”，触动了地主豪强（今谓之既得利益集团）利益，加之水、旱天灾不断，广袤中原赤地千里、哀鸿遍野。赤眉、绿林、铜马等农民军纷纷揭竿而起，以更始政权为首的大批豪强地主也乘势起兵倒莽。一时海内分崩，天下离析。

当此时刻，许是汉祚未尽，国运当复，在汉高祖刘邦传承九世的子孙中间再次出现了一位具有雄才伟略和完美人格的一世英主：刘秀。今且述而论之：

1. 牛背上的开国皇帝

史传刘秀出自汉景帝子长沙定王刘发一脉，由于其先世属于远支旁庶，在汉朝施行“推恩令”时从列侯递降，到其父亲刘钦一辈，只跻身济阳县令。而且，当刘钦去世时，年仅9岁的刘秀和兄妹都成了孤儿，只好依靠叔父刘良抚养，成为枣阳春陵白水村的一个平民百姓（也许正是这样的经历，才使刘秀成为皇帝后更接地气，更知民间疾苦）。据传刘秀出生时，有赤光照耀房间，当年稻禾（嘉禾）一茎九穗（后世附会杜撰之说，不足以为信史），因此得名秀（禾美为秀）。据传年轻时的刘秀为人“多权略”，处事极为谨慎，且勤于农事。而其兄刘縯却好侠养士，经常取笑刘秀，将他比做刘邦兄弟刘喜（自以为刘邦也）。新朝天凤年间，刘秀曾之长安学习《尚书》，开始略通大义。

时天下乱象，刘縯和南阳诸多子弟多欲趁乱起兵，独刘秀持谨慎态度以观时局。据《太平御览》卷九十引《东观汉记》载：“上深念良久，天变已成，遂市兵弩”，可见刘秀起兵是经过了深思熟虑和谨慎决断。公元22年十一月，“光武遂（从宛）将宾客还春陵”，会同大哥刘縯打起“复高祖之业，定万世之秋”旗号，于春陵正式起兵反莽。而其兵马亦被称为春陵军。史载春陵军初起，兵少将寡，装备落后，刘秀竟是骑于牛背上阵冲锋。因此被后世演义为“牛背上的开国皇帝”。为壮大声势，春陵军初与绿林军联合，先后于沘水、育阳等地与新莽军作战。

公元23年（更始元年），西汉宗室刘玄被绿林军拥立为帝，建元“更始”，是为更始帝。对此，刘縯及南阳刘姓宗室虽极为不满，但迫于绿林军势大，又有强敌在前，只得暂且作罢。刘縯被封为大司徒，刘秀则受封为太常偏将军。更始政权建立，复用汉朝旗号。王莽即遣大司空王邑、大司徒王寻发各州郡精兵共四十二万扑向昆阳和宛城一线，力图一举扑灭新生的更始政权，遂有历史著名的“昆阳之战”。

而刘秀作为开国之君的真正表演，正是在昆阳城下拉开了帷幕。

2. 昆阳之战，光武逞雄

昆阳战前，时新朝政权纳言将军严尤献策：“昆阳城小而坚，今假号者（即更始帝刘玄）在宛，应急进大军，彼必奔走，宛败，昆阳自服。”王邑不听，以为“将百万之众，遇贼而不能下，非所以示威也，必先屠此城，喋血而进，前歌后舞，顾不快哉！”遂将数十万大军，拥塞于昆阳小城之下，围之数十重。时昆阳更始军仅九千人，众恐不敌，城中守将王凤等请降，王寻等不许；更始军欲弃城退守荆州故地，独刘秀以“合兵尚能取胜、分散势难保全”为由，说服诸将固守昆阳。此时王莽军已逼近城北，刘秀率十三名骑兵乘夜出城，赴定陵县、郾县调集援兵，后率步骑一万七千赴援昆阳。当刘秀率增援赶到时，即以步骑千余，冲击新莽军，王寻王邑见刘秀兵少势弱，仅以数千骑应战，并令其他军队不得相援，结果刘秀一战而胜，并乘胜合援军三千人直冲更始中军，造成中军大乱，并于乱军中斩杀主帅王寻。此时城中军队亦冲出合击，又会大雷风聚至，新莽军士卒赴水而死者数万计，水为之断流，遂大败。此役刘秀所帅之更始军所获军实辎重，不可胜数，所以军力益壮。

3. 出抚河北，铜马一帝

正当在昆阳之战中立下首功的刘秀为更始政权攻城略地之时，刘秀长兄大司马刘縯却被更始帝所杀。哥哥无故被杀，对刘秀来说，无疑是莫大打击，但刘秀隐忍不发，悲愤不形于色，反而匆匆返回宛城向刘玄谢罪，对大哥刘縯部将不私下接触，以谦逊态度赢得更始帝信任，从而得封武信侯。此时，刘秀在宛城即迎娶了他思慕多年的新野豪门千金阴丽华（史传刘秀曾于年轻时得见阴丽华之面，曾有“仕宦当做执金吾，娶妻当娶阴丽华”之名言），实现了他人生的第一个理想，也得到了南阳大族作为坚强后盾。

当时新莽王朝虽然覆灭，但是河北（黄河以北历来兵强马壮）州郡还未曾归附更始政权。时有童谣曰：“得不得，在河北。”此时，刘秀在冯异（刘秀手下大将，云台二十八将之一）建策下，厚结纳于更始左丞相曹竟，始得以更始大司马名义北渡黄河，镇慰河北州郡。路上，刘秀挚交邓禹（东汉名将，云台二十八将之一）杖策北渡，对刘秀言刘玄必败，天下之乱方起，劝刘秀“延揽英雄，务悦民心，立高祖之业，救万民之命，以公而虑，天下不足定也！”

刘秀初到河北，当地尚有王郎于邯郸称帝，一时处境颇为艰难。此时幸得上谷太守耿况之子、少年英雄耿弇的大力支持，得渔阳、上谷两郡万骑精兵。以此军力为基础，刘秀在更始帝派来的尚书令谢躬和真定王刘杨协助下，攻破邯郸，击杀王郎。为促成和真定王刘杨联盟，刘秀亲赴真定王府，以隆重礼仪迎娶刘杨外甥女郭圣通（后于即位时封为皇后）。

更始帝惧刘秀在河北坐大。遂遣使至河北，封刘秀为萧王，令其交出兵马，回长安受赏，同时令尚书令谢躬就地监视刘秀动向，并以谢躬为幽州牧，接管幽州兵马。已经兵强马壮的刘秀“自是始贰于更始”，“拒受命”。不久，刘秀授意手下悍将吴汉将谢躬击杀，其兵马也为刘秀所收编。自此，刘秀与更始政权公开决裂。

此后，刘秀发幽州十郡突骑与占据河北州郡的铜马、尤来等农民军激战，迫降了数十万铜马农民军（“推心置腹”一语即见之于此战之后，后有专文论之），并将其中精壮编入军中，时人始称其“铜马帝”。公元25年六月，已经是“跨州据土，带甲百万”的刘秀在众将拥戴下，于河北鄗城（今河北省邢台市柏乡县固城店镇）千秋亭即皇帝位，建元建武。为表重兴汉室之意，刘秀建国仍然使用“汉”的国号，史称后汉（唐末五代之后又根据都城洛阳位于东方而称刘秀所建之汉朝为东汉）。

4. 击灭赤眉，底定关中

公元25年（建武元年）十月，刘秀定都洛阳。此时赤眉军拥立傀儡皇帝刘盆子建立了建世政权，拥兵三十万众，进逼关中，盘踞长安的更始帝刘玄军（以绿林军为主）屡败于赤眉军。不久便向赤眉请降，后为赤眉缢杀。刘秀在绿林、赤眉火并中，亦派邓禹西入关中，以观时变。此间，三辅大饥，人相食，赤眉数十万大军困于粮草无继，在撤出长安西走陇右以补充粮草时，被割据陇右的军阀隗嚣所败，恰是严冬，“逢大雪，坑谷皆满，士多冻死”，赤眉数十万大军只得东归再次折回长安，并击败了进驻那里的邓禹军，迫使其退出长安，但此时的赤眉军也遭受了极大的消耗。与赤眉军屡战屡败的刘秀大将冯异整军与赤眉军于崤底（今河南渑池西南）进行决战，在冯异设伏用兵之下，赤眉大军溃败，被冯异迫降者八万余人。再遭重创的赤眉军不得已再次转向东南方，力图补充粮草和人马，摆脱困境。而早在崤底之战前，刘秀已料定赤眉必向东或南方向运动（史载刘秀颇有军事战略眼光），遂遣破奸将军侯进等屯新安（今河南渑池东），建威大将军耿弇屯宜阳（今河南宜阳西），在东、南两个方向堵截赤眉东归或南下之路。不久，刘秀又亲引大军驰援宜阳，与耿弇军会合，共同阻击赤眉南下。赤眉大军在陷入绝境情况下，被迫请降。史载赤眉降后，上缴的兵器和甲胄堆放在宜阳城西，竟与旁边的熊耳山（山名，因似熊耳而得名，在宜阳以东）一样高。至此，纵横山东十余年的赤眉军被刘秀扑灭。

在与赤眉军在关中激战的同时，刘秀在关东（即函谷关以东）一线又展开东征作战。平定了割据睢阳的刘永和青州的张步。特别是耿弇与齐王张步的战斗极为惨烈，“城中沟堑皆满，八九十里僵尸相属”。此间，刘秀还亲征海西王董宪，大获全胜。到建武六年初，关东基本上为刘秀所定。

5. 得陇望蜀，一统天下

至建武六年（公元31年）初，经过近六年的东征西讨，刘秀已基本控制除陇右和巴蜀之外的广大中原地区，从而与西北陇右的隗嚣、西南巴蜀的公孙述形成了鼎足之势。

建武五年（公元30年）四月，光武帝至长安，告隗嚣将派建威大将军耿弇等七将军借道陇西攻蜀。隗嚣颇知唇亡齿寒之理，即派大将王元率兵据陇坻（今陕西陇县西北），伐木塞道以阻汉军攻蜀。由于隗嚣在陇右经营多年，得人心地利之便，因此多次击败汉军。后在河西窦融归附刘秀、隗嚣大将马援归附于汉的情况下，汉军始能渐占上风。隗嚣无奈之下，只好投降公孙述以求支援。

建武六年（公元31年）春，公孙述立隗嚣为朔宁王，出兵援陇。闰四月，刘秀利用隗嚣屯兵坚城、士卒疲惫之机，进兵高平第一城，窦融也率河西步骑数万前来会师。汉军分路挺进陇山，招降瓦亭守将牛邯等隗嚣大将十三人。属县十六、军队十余万皆降，略阳围解。隗嚣率残部逃奔西城。汉军占领天水郡。九年正月，隗嚣死。部众拥立其少子隗纯为王。

建武七年（公元32年）八月，耿弇、寇恂攻破高平第一城（后有专文论之）。十月，来歙、盖延攻破落门，王元只身逃奔公孙述，隗纯等投降。此战历时4年，陇西始平定。

平陇战后，刘秀即从南、北两个方向，对益州的公孙述展开攻势。

建武十一年（公元35年）三月，大司马吴汉率荆州兵六万，马五千匹，于荆门与岑彭会合，沿长江西上入蜀；来歙、盖延率诸军自陇西南下攻河池入蜀。南线岑彭军溯江西上，攻克荆门，俘程讯，斩任满，田戎退守江州（今四川重庆市北嘉陵江北岸），彭遂由三峡，长驱直入江关。沿途郡县降附，大军直迫江州。

建武十二年（公元36年）一月，吴汉败蜀军于鱼腹津（今四川眉山之岷江渡口），进围武阳，歼灭蜀援军五千余人。西上再破广都，逼近成都。吴汉求胜心切，率二万步骑进攻成都，兵败。吴汉随即改变战术，乘夜秘撤到锦江南岸与副将刘尚合兵，并力对敌，转败为胜。此后，吴汉根据刘秀敌疲再攻的战术，与蜀军战于成都、广都之间，歼灭公孙述大量有生力量，兵临成都城下。十一月，臧宫攻克繁（今四川彭县西北）、郫（今四川郫县）与吴汉会师，合围成都。公孙述招募五千敢死士交延岑指挥，准备决战。延岑在市桥（今四川成都市南郊）大败吴汉。吴汉隐蔽精锐，示弱诱敌。公孙述贸然出击，蜀军大败，公孙述重伤死。延岑见大势已去，率成都守军降。

公元36年，刘秀登基后用了十二年的时间终于克定天下，使得自新莽末年以来四分五裂、战火连年的古老中国再次归于一统。

博按：光武帝刘秀曾被近代伟人毛泽东评为“最有学问”、“最会打仗”、“最会用人”的皇帝。毛泽东在《沁园春·雪》里面所写的“惜秦皇汉武，略输文采；唐宗宋祖，稍逊风骚。一代天骄，成吉思汗，只识弯弓射大雕，”实际上是对上述帝王有褒有贬，而唯独对刘秀厚爱有加，称赞不已。另，史传后世明君唐太宗、宋太祖皆以刘秀为帝王楷模，可见这位皇帝之大不一般。而读于光武再造大汉之艰难历史，虽不同于其祖刘邦那样大奸大雄、大破大立、纵横捭阖、无所不用，但却能步步为营、稳扎稳打、措置有度、浑然天成，终于殊途而同归，得成再造大汉之不二历史功勋。再以论之，若非刘秀能够以盖世英略和完美人格，再延汉祚近二百年（两汉为三代以后最长的朝代），尤其是当刘秀再造汉室之后，以其高超的统御能力、富有人情味的施政方式，没有像其远祖刘邦那样大杀功臣、大封宗族，给东汉一朝留下了后世莫有的完美形象，在此后的中华民族形成过程中留下了难以磨灭的历史印记，为汉朝在中华民族的朝代更替中增添了光辉的篇章，若无这些，则今日中华民族之主体，是否以“汉族”为族称，当未可知——从这个意义上来讲，既可知刘秀之大功绩，又可见人心之向背，此为赞之。

96. “推心置腹”说刘秀：焚书以靖民，一语得将心

终汉之世，前有高祖刘邦善用张良、萧何、韩信及沛中精英，以渐次翦灭群雄，击败西楚霸王而有天下；后有光武帝刘秀延揽邓禹、耿弇、吴汉、寇恂和南阳群英而服绿林、败更始，灭公孙述、平隗嚣而恢复汉之天下。二帝皆出身于卑微之中，逢乱世而奋三尺长剑，一呼而百应，终于百战之间建立数百年之帝业，究其成功之根本，皆在其善识人才，广延贤才，大胆用才，尤其以其宽广之胸怀格局，善纳逆耳忠言，善采卓越之策，以至成功。

史论刘秀之得天下奠基于成“铜马一帝”时，并在此留下了一段“推心置腹”的千古佳话，颇值一叙：

更始二年秋，萧王刘秀（更始帝刘玄封刘秀为萧王）击铜马（新莽末年河北农民起义军，为绿林军的一支）于鄡，铜马食尽，夜遁，萧王追击于馆陶，大破之。受降未尽，而高湖、重连（亦河北起义军之两支）从东南来，与铜马余众合。萧王复与大战于蒲阳，悉破降之，封其渠帅为列侯。时萧王之诸将未能信贼，而铜马降者亦不自安。萧王知其意，敕令降者各归营勒兵，而自乘轻骑按行部陈（即挨个降营巡视）。降者遂相语曰：“萧王推赤心置人腹中，安得不投死乎！”由是皆服。萧王遂悉以降人分配诸将，其军众数十万。此后，刘秀遂以铜马帝名震南北，并终以铜马力量为其光复汉庭之雄厚基础。

而除了“推心置腹”一事外，还有两事可证光武得天下人心之原因。

其一，当光武已克王郎，进驻邯郸之时，收得当时之吏民将领与王郎（时

与更始政权共存之赵汉政权之伪帝也）往来诽谤刘秀之数千章文书；时秀不省视，会（召集）诸将烧之，曰：令反侧子（即反复无常之小人）安！后终得之河北将士之心，为其成就帝业再奠基石。

其二，建武二年，光武命岑彭为征南大将军，进讨宛地邓奉之叛乱。誓师之会上，光武指岑彭手下大将王常谓群臣曰："此家（即此人）率下江诸将，辅翼汉室，心如金石，真忠臣也！"并即日拜王常为汉忠将军，后王常果于讨邓之战中建立奇功。

博按：乱世之中，收兵降将，聚众力者成大功，得人心者得天下，此亘古不变之真理。铜马军虽多盗贼流民，多迫于饥寒，苦于苛暴，遂无聊赖，群起而乱天下。然光武于屡战屡胜之下，反推其心而置其腹，以极诚之举而感极惑之心，则未有不翕然而心服者。观此一节，便见光武格局之阔大，胸怀之宽广，此亦其所以成功再造大汉之人格魅力基础。而光武于平定王郎后以焚文书而得吏民安靖，河北诸县终成其帝业之坚实基础；于平定邓奉之乱时，则因王常原为更始朝之邓王，颇得邓人之心，今欲利用其人地关系，使其尽力辅佐岑彭进兵，故对王常施以心理统御之术，以坚王常之心。此种手段之使用，更见光武心思之缜密与过人之策略手段，可谓一语得将心。自古人才乃成就大功业之根本，善得人才者得天下，善用人才者成事功，此历史之不二铁律。然如何得人才，容人才，辨人才，用人才，却由领导者的格局胸怀、见识眼光和策略手段所决定。若于此端论之，刘秀可谓今古以来得人、容人、用人之第一帝王。

97. 光武军略：成败在于亢父之得失

光武立国后之关键一役，在于东平董宪庞萌之战。董宪本为赤眉之一部，据山东郯城以为海西王，是时，东方群雄苏茂、刘纡等皆与董合流，叛将庞萌亦据彭城反，汉之东方形势因此败乱。光武不得已而御驾亲征。时光武部署，诸路军自各方齐聚于任城（今山东省济宁市），以进击围攻桃城之庞萌。是年五月，董宪集强兵于兰陵，准备援庞萌攻桃城。光武此时，依据地理形势和诸军所在，于战略上判断，亢父要塞，一旦为董庞所占，则诸军均无法按时于任城集中，于是光武乃亲率轻骑日夜疾驰，过亢父而直抵任城休兵，以待诸将之兵齐聚（此战实为分进合击之外线作战，光武以主君过亢父而直抵任城，实以一身之险督众将按时抵达，始能合军而破敌；后世明军败于萨尔浒之战，即是因为分进之军不能按时会合而被努尔哈赤各个击破）。此后各路大军果因亢父到达，一举而合击大破庞萌。盖后之史书有云："此战之成败，早已决于亢父之得失也！"

而关于光武长于军略，另有一事值得为记：

建武十二年七月，刘秀大将吴汉久攻盘踞成都之公孙述不下。光武乃下诏示吴汉曰：成都十余万众，不可轻也，但坚据广都，待其来攻，勿与争锋，若不敢来，公但转营迫之，须其力疲，乃可击也（此乃远征客军以逸待劳之战术运用）。然吴汉并未遵光武之作战指导，而乘胜进围成都，于十里外阻江北为营，另使副将刘尚率万人营江南，相去二十余里。光武获悉吴汉此种部署，大惊之下遣使责之："……临事勃乱，既轻敌深入，又与（刘）尚别营，事有缓急，不复相及，若贼出兵缀公，另以大众攻尚，尚破公即败矣。幸无他者，急引兵还广都！"光武之诏书未到，公孙述果兵分两路，攻吴汉和刘尚，使两军不能相救。此战吴汉大败而入壁坚守，幸其后期按光武之指示，拼死冲杀，与尚军会合，再退守广都，始挽回战场溃败之颓势。

博按： 观光武战昆阳、收河北、覆更始、灭赤眉、复二都、扫东顽、服窦融、败隗嚣、定蜀地，大小数百战，胜败无不出于其深谋远虑之下。其于不同之战略目标，不同之战略形势，均能做出不同之战略判断、战争决策和战术指导。高平一战，光武于战略上之判断，做战术上之着眼，且以帝王之尊，轻骑冒险突进，一如近两千年后拿破仑翻越阿尔卑斯山之冒险行动，以一举而占领战略主动地位，而达成战术上分进合击之作战目的，此为将者之必具之战略素养和战术勇气。而吴汉略蜀一战，光武能够于千里之外而洞若观火者，实于战场地理和交战双方主将用兵之道均有所把握，所以能够进行有效的战略指导和战术把握。今人于光武用兵战略，尤其是亢父之得失，思及人生或事业，其实皆有类似"亢父"之关键环节，或曰重要时机，而能否正确及时把握，则恍恍然决定人生事业成败得失。

98. 汉陇高平之战：寇恂杀使降城

东汉灭隗嚣之战，高平一战堪属经典。时汉将耿弇攻高平，高平为隗将高峻率万人坚守。耿弇围攻一年尚不能下。时光武帝遣寇恂携书招降之。恂至高平城下，高峻遣其军师皇甫文出城相见。在寇恂帐下，皇甫文辞意不屈，恂怒欲斩之，诸将皆以为不可，曰："高峻精兵万人，率多强弩，西遮陇道，连年不下，今欲降之，反斩其使，无奈不可乎！"恂不听，遂斩之。乃遣其副使归告高峻曰："军师无礼，已戮之矣！欲降急降，不降且固守！"高峻因惶恐，即日开城降。诸将不解，因问寇恂曰："杀其使，而降其城，何也？"恂曰："皇甫文，峻之心腹，其所取计者也！今来辞意不屈，必无降心，全之则（皇甫）文得其计，杀之则（皇甫）文亡其胆，是以降耳！"

博按：两军阵前，因敌识将，知敌之弱，为取胜之根本。高峻，勇而无谋，所以能固守一年者，因有皇甫文之辅佐。寇恂因而斩之，则高峻亡其胆，是以速降。以此可知，兵无常形，须因时因地因人而变，不固守于成法，乃用兵之至要。虽然自古有"两军阵前，不斩来使"之成法，而寇恂因皇甫文之于敌军之极端重要，果断斩之，可谓不墨于成法，知兵之要。而高峻之败，在于其以皇甫文之重要，自当勿以核心利益授人以柄，此当深为后世用兵者戒之。

99. 伏波将军马援：君择臣，臣亦择君

建武四年，陇右军阀隗嚣，困于降汉帝刘秀与联合蜀帝公孙述之间，举棋不定，因使其心腹马援出使两观之。史载马援以识人见长，使蜀，援与公孙述本同里相善（老乡，且很要好），以为既至，当握手欢如平生。而（公孙）述却盛陈陛卫（类于今之仪仗）以延援入，交拜礼毕，使出就馆。更为援制都

布单衣、交让冠，会百官于宗庙中，立旧交之位，述鸾旗、旄骑，警跸就车，磬折而入，礼飨官属甚盛，欲授援以封侯大将军位。宾客皆乐留援。马援则晓之曰："天下雄雌未定，公孙不吐哺走迎国士，与图成败，反修饰边幅，如偶人形，此子何足久稽天下士乎！"因辞归，谓嚣曰："子阳（即公孙述），井底蛙耳，而妄自尊大！不如专意东方（即光武刘秀，时已平关东）"。嚣乃使援奉书雒阳（观探光武）。援初到，良久，中黄门引入。光武在宣德殿南庑下（非正殿，偏房，无卫士相随），袒帻（没扎头巾，随便之意），坐，迎笑，谓援曰："卿遨游二帝间，今见卿，使人大惭。"援顿首辞谢，因曰："当今之世，非但君择臣，臣亦择君矣。臣与公孙述同县，少相善。臣前至蜀，述陛戟（即前述盛陈仪卫之举）而后进臣。臣今远来，陛下何知非刺客奸人，而简易若是！"帝复笑曰："卿非刺客，顾说客耳。"援曰："天下反复，盗名字者不可胜数。今见陛下恢廓大度，同符高祖，乃知帝王自有真也。"后光武以大将来歙持节送援返。援因以屡劝隗嚣降汉，嚣终不从。后马援反见疑于隗嚣，是以马援决然降汉，终成伏波将军之英名。

博按：马伏波于乱世中游于二帝三英之间，其识人者，在于其能于公孙述之虚张声势之间，窥其力弱胆怯之本质；而于光武之随意简便之待人接物中，明其格局广大、本固力强之实力。且其能舍隗而就光武之最终选择，乃明于良禽择木而栖之理。以后之历史走向，果如伏波之判断，光武以一代英主，成就了马援的累世英名。而《要略》以为，马援以"君择臣，臣亦择君"之名言流传于世，实告诫于后之当权执政者，必当修为自身，阔其胸怀，方能吸引如"伏波将军"者为其所用。

100. 再论伏波将军：聚米为谷与马革裹尸

读史东汉，有感于伏波将军马援两事：

其一为聚米为谷。史载东汉统一之战，以平定陇西隗嚣之战最为艰苦，前后数十战，胜少败多。然其大胜之战，为光武亲征，其中战争形态之重大变化，在于光武帝令隗嚣降将马援聚米为山谷，为众将讲明陇西之山川形势、要隘及诸军进出之道，开军事进攻前制作兵棋沙盘、进行战役协同之先河。是役，诸军合势，大败隗军，其大将十三人，属县十六，兵十余万皆降。

其二曰马革裹尸。建武十一年，先零羌寇边，汉大将军来歙奏光武帝曰：陇西侵破，非马援莫能定。是以光武拜马援为陇西太守。马援受命即急发步骑三千，于临兆击破先零羌，斩首数百级，降其八千人。时仍有诸种羌数万凭险据守，马援与扬武将军马成击之，羌移其妻子辎重于允吾谷，马援挥军潜行掩道击之，羌大败而聚兵北山上，援陈兵向山而分遣精骑数百绕袭其后，乘夜放火鼓噪，羌遂大溃，凡斩首千余级。十三年，武都参狼羌与塞外诸种为寇，杀长吏。马援将四千人击之，时羌在山上，援军据便地夺其水草而不与战，以致羌大部亡出塞，另万余人降。后援又南下破河南李广，以伏波将军号击交趾叛军征侧，斩首数千级，传征侧首级于洛阳，帝封援新息侯，食邑三千户。

史载马援曾与人言：男儿要当死于边野，以马革裹尸还葬尔！何能卧床上在儿女子手中（亡）邪？后援果逝于征南途中，年六十有二。

博按：光武统一中国，与陇右隗嚣之战可谓最艰苦。而于此战前，汉军屡败，其根源在于隗嚣之得陇西多险峻阻塞之地理优势，且隗嚣于陇地长期经营，亦得人心，善战阵。当此两军势均力敌之时，光武和马援之军事思想必得高隗嚣一筹始有胜算。区区聚米为山谷之举，在今貌似简单，然放之历史之当时，却为重大之军事进步，可堪为记。

而后世凡入戎伍之人，必当于马援之史中，赞叹其马革裹尸之豪情。古之为良将者，首要以血性刚勇，忠于职守，不惧战阵，而马援者，堪为中华军人楷模。另据史载，马援带兵，“务开宽信，恩以待下，任吏以职但总大体而已”。但有诸曹白（请示）琐事，援常曰，此有司之任，何足相烦。光武亦曾论及马援曰：伏波论兵，与我意合，每有所谋，未尝不用。可谓评价函定。期望今日为将帅者，能够勇于死战阵，谋可破敌国，智堪御三军，吾属其再再良愿也。

101. 班超经略西域

后汉经光武一统，历二十年休养生息，于前汉之疆域，始终取战略收缩之态势。北狄、西羌、南蛮侵凌寇边之事屡见，然终光武之世，几乎没有做任何主动进取之事。至明帝中叶，始有中华历史之一大人物、大事件出现。其即大英雄班超以区区三十六人，经略西域达三十余年之壮举。今为述之：

后汉明帝永平十六年，汉大将窦固因击伊吾卢（北方一少数民族）之胜，以班超之战功，使其率三十六人，出使西域，意图分化西域，瓦解匈奴。孰料班超既至，先以三十六人夜袭匈奴使团，烧死斩首百三十余人，一举而慑服鄯善；续而当机立断，智斩于阗国巫师，而镇抚本怀两端之于阗王；再而袭疏勒，破姑墨，平沙车之畔，降月氏，讨焉耆，前后三十年间，班超施展以夷制夷之策略，因西域之兵，藉西域之养，在几无朝廷援助之下，降服西域五十余国，开拓中华万里国土，诚中华开疆拓土、安边靖国之第一人也。

博按：以中国有今日之广大疆域者，其功不过区区数人：秦以章邯北拓匈奴，功微而国破；前汉自武帝后以卫青霍去病之威，以张骞之劳，始发端开辟都护西域之业，然后于陈汤、傅介子而发扬光大；后汉廷衰落，西域复叛，再经班超、班勇之长期经略镇抚，始坚西域之国归化中华之心。后之历朝历代，但从事班超故事而已。乃至近代，而又有左文襄公带棺复疆之举，其可与班公之功业相媲美（后将有专文述左公）。而今吾辈窃居盛世，忝为戎伍，于周遭国土（海洋）侵破之间，于群宵吁吠之中，能不思班公乎？！

102. 再论班超：忠勇明略，终成其功

公元83年（汉章帝建初八年），汉章帝以班超西域之功卓著，拜其为将兵长史（相当于今天的边防军区司令），另遣卫侯李邑护送乌孙使者返回本国。李邑

行至于阗时，正值龟兹攻疏勒（当时西域之两个小国），连兵遮道，李邑遂恐惧不敢前行，因向朝廷上书，力陈西域之功不可成，并竭力贬毁班超，说班超“拥爱妻，抱爱子，安乐外国，无内顾之心”。班超听说此事，恐见疑于朝廷，遂去其妻。然章帝明君，心知班超之忠，乃复诏切责李邑曰：“纵超拥爱妻，抱爱子，而思归之士千余人，何能尽于超同心乎！其令李邑前往班超帐下，受超节度”。并特意诏示班超可留邑“与从事”。

然班超一反常人之作法，见到李邑后即派他将乌孙侍子（乌孙降汉之人质）而还京师。时超副将徐幹大为不解，言于班超曰：“李邑前亲毁君，欲败西域，今何不缘诏书留之？”班超正色言道：“君何言之陋也，以邑毁超，故今遣之；其内省不疚，何恤人言，快意留之，非忠臣也。”

另，班超经略西域三十余年，七十而还，临别时特意告诫其续任者任尚说：“塞外吏士，本非孝子顺孙，皆以罪过徙边补囤，而蛮夷怀鸟兽之心，难养易散，今君性严急，水清无大鱼，查政不得下和，宜荡佚简易，宽小过，总大纲而已（只要大的方面过得去就行）！”班超离任后，任尚果因治军过于严峻而使西域再次陷入混乱失和状态，而汉廷也因此再次失去对西域的有利局面。

博按：班超不计小人之毁，反以德报怨，一则内疚其心，反省其志；二则息朝廷狐疑之心，亦示忠于帝国。其能若此，皆班氏超乎寻常之胸怀格局和忠勇明略。再读汉书，观班超能以一人之力而定西域三十余年，实其善观大势、善因人因地因时而统御之超常能力。由是观之，班超实为国家忠勇良将，既能秉心于国，持心以正，亦可治事以能、洞明戎机。当然，于当时之特殊政治形势下，班超之功，还必得依赖章帝之明与中枢之强力支持。班超能建大功，上述三者，实不可或缺，而后世为君为臣者，当明其理。

103. 白马寺与白虎观：明章之治下东都洛阳的文化风景

东汉继开国皇帝刘秀之后的两位皇帝汉明帝和汉章帝，除了开创了东汉历史上最光辉的“明章之治”外，还给中华民族留下两项重要的文化遗产：一为佛教的传入，一为儒教的复兴。而且巧合的是，这两项文化遗产，一个由洛阳的白马寺所承载，一个在洛阳未央宫的白虎观里所造就。而且，前者至今依然在中国和全世界各地香火不断，而后者亦化成无数个孔子学院，散布于世界的每一个角落。今特论之：

关于佛教传入中国。据《后汉书王英传》、《后汉纪卷十》、《佛祖统纪》等载，汉明帝曾无故夜梦金人，后召问于太史傅毅，对以或为西方之佛。帝乃遣中郎将蔡愔、秦景、博士王遵等18人出使西竺之国。公元58年，于大月氏遇沙门迦叶摩腾、竺法兰二人，得佛像经卷，用白马载抵洛阳，明帝为其建白马寺，译四十二章经。是为中国有僧、寺、经之始。亦为我国学者所公认佛教正式传入中国之始。

关于白虎观会议。指东汉章帝时召集大夫、博士、议郎、郎官和诸生在白虎观召开的一次讨论儒家经典的学术会议。其背景为，自汉武帝时，董仲舒提出“罢黜百家，独尊儒术”以来，儒家思想逐渐成为汉朝君主的统治思想支柱。但是由于当时各儒学学派传承不同，对于儒家经典的版本、内容多有争议。虽然汉宣帝时曾召开“石渠阁会议”加以统一，但是经历王莽新朝的战乱之后，各家歧异再次抬头。汉光武帝刘秀于中元元年（公元56年），宣布图谶于天下，把谶纬之学（谶是方士化儒家造作的图录隐语，即一种神秘的预言假托神仙圣人预决吉凶，又分为符谶、图谶等；纬是相对于经学而言、以神学附会和解释儒家经书的学问。谶纬之学以阴阳五行学说和董仲舒“天人感应论”为依据，流行一时，在东汉被称为内学，尊为秘经。儒家谶纬神学有着纯粹的华夏远古神话与宗教色彩，体现了古人宏大的宇宙观）正式确立为官方的统治思想。为巩固儒家思想的统治地位，使儒学与谶纬之学进一步结合，公元79年，汉章帝召集各地著名儒生于洛阳白虎观，讨论五经异同，这就是历史上有名的白虎观会议。这次会议由章帝亲自主持，参加者有魏应、淳于恭、贾逵、班固、杨终等当世大儒。会议由五官中郎将魏应秉承皇帝旨意发问，侍中淳于恭代表诸儒作答，章帝亲自裁决。这样考详同异，连月始罢。此后，班固将讨论结果纂辑成《白虎通德论》，又称《白虎通义》，作为官方钦定的经典刊布于世。这次会议肯定了“三纲六纪”，并将“君为臣纲”列为三纲之首，使封建纲常伦理系统化、绝对化，同时还把当时流行的谶纬迷信与儒家经典糅合为一，使儒家思想进一步神学化。白虎观于当时乃是朝廷修缮儒学之所。这次会议的本质使以《易》为源头的谶纬之学与儒家经典相交织，使圣人的教条与神灵的启示合二为一。这样，儒家经典变成了天书，孔子就变成了神人。儒家在中国历史文化中的绝对主导地位至此确立。

博按：《红楼梦》作者曹雪芹的祖父曹寅曾有一首《哭东山修撰》诗云：“辉煌白虎观，灭没青藜枝。”此诗中所谓的白虎观，即为汉章帝时白虎观会议之所在。在这首诗里，曹寅之哭，是在感叹作为儒教圣地的白虎观已经被一片青藜枝所淹没。以今观之，儒、道、释之间，儒家本为世俗之教，其注重于解决人与人之间相处之关系，无论其所确立的三纲五常，君君臣臣，父父子子，仁、义、礼、智、信诸理论，皆为建立人伦秩序，维护世俗之关系；而中国传统之另一道教，更多地强调人与自然之间的关系，其主张清静无为，反对斗争；提倡道法自然，无所不容，自然无为，与自然和谐相处；而佛教之传入，之所以深入人心者，在于中国传统宗教，于人之内心探究与挖掘甚少，人之由于外部环境变化所导致的内心的痛苦、烦闷、挣扎无从排遣与发泄，于是佛教便乘虚而入，成为解决中国人内心矛盾挣扎的一个心灵留守之所。是以在中国以后之历史过程中，举凡政治紊乱之时，便是佛教兴盛之时；举凡兵荒马乱之时，便是佛寺大建之时。是以为政者，观于白马寺前，可知世情之本；而思于白虎观前，则知中华文化之失矣！

104. 少年英睿一和帝，早死于国阉乱始

两汉400余年之统治，留给中华民族的历史烙印很多。其中可为后世所诟病之两大弊政，就是外戚干政和宦官当权。而这两个巨大的历史毒瘤，在东汉千古名帝和帝刘肇身上，体现得淋漓尽致。今且论之：

东汉和帝刘肇是汉章帝刘炟次子。刘肇从小就聪明机智，能言善辩，深受章帝喜爱。刘肇四岁时，太子是长他一岁的同父异母兄刘庆，刘庆生母为宋贵人，而刘肇生母是梁贵人。按照中国古代立长立嫡的原则，章帝自然选择立刘庆为太子。但是因为窦皇后与刘庆生母宋贵人有隙，便从中作祟诬陷太子。于是汉章帝废太子刘庆，又逼死刘庆生母宋贵人，改立刘肇为太子。少年太子刘肇此时便懂得“仁爱兄弟”，为了保护前太子兄长刘庆不被窦皇后暗害，刘肇和刘庆“入则同室，出则同车”。公元88年，年仅三十一岁的汉章帝刘炟突然病逝，而太子刘肇此时年仅十岁。于是，不满三十岁的窦太后成为大汉实际的统治者。在窦太后的扶植下，窦家势力一时权倾朝野。此时的和帝刘肇和他的祖先汉武大帝当年所面临的局面几乎一致：同样是年幼登基、同样面临太后临朝，而且两个太后居然都姓窦。

公元92年（东汉永元四年），十四岁的和帝洞悉窦家企图篡汉而代之。时窦氏兄弟已经事实上软禁了皇帝，只有依靠宦官在身边伺候并内外传递信息。于是，和帝利用宦官郑众与朝廷众臣和诸王联络，开始实施诛杀诸窦的行动。为保证成功，和帝下诏令窦宪来京辅政，先行调回窦宪。一切准备停当。抓捕窦宪前，和帝亲自御临北宫，命令司徒兼卫尉官丁鸿，严兵守卫，紧闭城门，外戚一党的郭璜、郭举父子和邓叠、邓磊兄弟被诛杀；窦固、窦景等被剥夺了兵权并且强令各回封地。和帝感念窦太后养育之恩，没有公开处死窦氏兄弟，回到封地后皆迫令自杀。在一举铲除外戚窦氏集团之后，和帝开始亲理政事，每天五更临朝，夜里子时尚在批阅奏章。

和帝在铲除外戚集团后，深感官吏对于治理国家的重要性。亲政之后，和帝曾四次专门下诏纳贤。和帝还十分体恤民众疾苦，多次诏令理冤狱、恤

鳏寡、矜孤弱、薄赋敛，告诫上下官吏认真思考造成天灾人祸的自身原因。而他也常常以此自责。公元96年（永元八年），京城洛阳地区发生蝗灾，和帝下罪己诏曰：“蝗虫之异，殆不虚生，万方有罪，在予一人。”其忧民之心，殷殷可见。岭南出产龙眼、荔枝，为满足朝廷需要，往往“十里一置，五里一候，昼夜传送”，经风历险，劳民伤财。大臣唐羌上书朝廷，请求停止此项劳民伤财的成例，和帝览后即批示说：“远国珍羞，本以荐奉宗庙，苟有伤害，岂爱民之本？其敕太官勿复受献！”其爱民之意，发自肺腑。

和帝之世，其于世界文明的贡献还在于其推广了蔡伦的造纸术。史载蔡伦于公元105年奏报朝廷发明造纸之术，受到和帝称赞并得以大力推广，一项将要对人类文明进步发挥重要作用的伟大发明，因为和帝的开明支持而从此顺利进入世界文明的视野。

史载和帝当国时期，东汉至公元105年，全国垦田面积达七百多万顷，为东汉之最，户籍人口达五千多万，亦为汉兴以来之最。因此后世称刘肇亲政时期为“永元之隆”。可惜的是，105年十二月二日，和帝病死于京都洛阳的章德前殿，时年二十七岁。刘肇驾崩后，他出生仅一百余日的儿子刘隆继位，改元延平，是为汉殇帝。由于和帝早亡，主幼臣疑，大汉江山从此进入“阉竖为祸”的日暮阶段。

博按：东汉之治，及至和帝，便进入衰亡之始。其表象之因，在于章帝早亡，遗下幼帝当国，继母为乱，外戚干政。少年和帝如果不是英武早熟，以当时窦氏之势力，取汉之天下，易如反掌。被困于宫廷的和帝以十四岁之幼君，权衡利弊，终于利用宦官势力，保住了大汉的天下，实属少年雄主之举。今人读史，常以和帝开启宦官当政之始。如史家范光宙曾认为，因和帝诛宪之举谋及郑众，权奸虽除而阉竖用事，遂为东汉祸基之主，可谓帝拒一虎而进一狼，是故论汉和者，重予之而又重惜之。实际上，汉廷自和帝后陷入阉竖用事的不利局面，主要是因为和帝当青年有为之时而去世，使更幼小之皇帝即位，所以才导致以后“阉竖”用事。若历史假以和帝十余年之寿，则继起之帝，必不受制于宦官，而大汉之历史走向，则又将为另一种可能。是以英雄惜身爱命以继大任，此之谓也。

105. 从“蔡侯纸”到“四大发明”：一段辉煌的往事，几多沉痛的反思

蔡伦，东汉桂阳（今湖南省耒阳市）人，字敬仲。《后汉书·蔡伦传》曰：“自古书契，多编以竹简；其用缣帛者，谓之为纸。缣贵而简重，并不便于人。伦乃造意（发明创造之意），用树肤、麻头及敝布、鱼网以为纸。”

然而，关于蔡伦辉煌而又多难的一生，却远非后人所略知的仅仅是“发明”或“改良”了纸张那么简单。

公元75年，东汉第三位皇帝章帝上台的那一年，生于中国南方一个铁匠之家、年仅十五岁的蔡伦，遭遇了他人生的大不幸：他被选拔成为千里之外洛阳宫廷里的一名宦官。和许多因为家穷而入宫的宦官们不同，蔡伦是因为长相俊美而且聪明伶俐才被阉割入宫。今天的我们无从得知蔡伦是自愿入宫还是被强迫入宫，但我们却知道当时雅好文艺的汉章帝除了热爱美女之外，还喜欢才貌双全的娈童。

失去了“命根子”的蔡伦很快从痛苦中走了出来，入宫不到一年后便当上了小黄门（近侍在皇帝左右的宦官，秩六百石）。很快，又当上了黄门侍郎（比小黄门级别更高的内官），负责公文传达工作。这使得他可以和贵妃命妇以及王公大臣们近距离接触。此时，蔡伦以他的聪明伶俐得到了他人生中的第一个“贵人”窦皇后的赏识。但蔡伦绝想不到，这个以后权倾朝野的窦皇后不但让他平步青云，同时也为他以悲剧方式谢幕人生埋下了伏笔。

窦皇后祖父窦融是东汉开国元勋，“云台二十八将”之一。深得汉章帝宠幸的窦皇后不但姿容秀丽，而且颇有心计。但美中不足的是，她虽然贵为皇后，却未能生出能够继承大统的儿子。而当时已经被章帝立为太子的刘庆是宋贵人所生，一旦太子接班，那么窦皇后的位置恐怕不保。于是，窦皇后便指使蔡伦诬陷宋贵人行巫蛊之术（一种说法是蔡伦为窦皇后所利用，本书认为不符合事实）。很快，宋贵人被打入大牢，被迫服毒而死。一计得逞的窦皇后顺势将太子刘庆废为清河王，接着又把梁贵人所生的儿子刘肇过继给自己，并让他

当了太子。公元88年，汉章帝英年早逝，十岁的刘肇上台，是为汉和帝（前文有叙）。窦皇后成了窦太后，由于其弟窦宪军权在握，窦太后开始一手遮天，蔡伦也迎来了人生中的第一个春天：他被提拔为皇帝极为信任的中常侍（皇帝近臣，东汉后期权力极大，俸禄两千石，常左右朝廷，废立人主）。

十年之后，窦太后撒手人寰。在深宫之中摸爬滚打多年的蔡伦凭借机智和忠心再一次博得和帝皇后邓绥的赏识。邓皇后是东汉开国第一功臣邓禹孙女，也是才貌双全且工于心计。她刚入宫时只是一个贵人，但是凭着自己的"努力"，很快取皇后而代之。在这个过程中，作为资深宦官的蔡伦也出了不少力。所以，邓皇后上位后，蔡伦赢得了他人生中的第二个春天。

少年有为的汉和帝在端掉窦氏集团后，不到三十岁就英年早逝了。由于继位的儿子尚在襁褓，只好由升格为太后的邓绥"垂帘听政"。而蔡伦则竭力巴结新主子。当时，邓太后曾组织了一批博学鸿儒重新校订经书，然后抄写成副本，颁布各地，这就需要大量纸张。但当时造纸水平太低，原有的麻质纤维纸质地粗糙，且数量少，成本高，难以满足大量抄写经书的需要。此时，一向善于揣测人意、讨主子欢心的蔡伦主动请缨，以兼职尚方令（汉代宫廷内部主管御用刀剑器物制造的官员）的方式，开始主持造纸工作。后世史家认为，不管是蔡伦主动请缨，还是邓太后的欣赏信赖，这项任命无疑是中国历史上最正确的任命之一：因为当时的皇宫作坊，集中了天下的能工巧匠，为蔡伦提供了一个极好的"科研"平台。蔡伦的智慧、爱好以及他在工程技术方面的特殊天资，都在这个岗位上发挥得淋漓尽致。

史载蔡伦任尚方令期间，不但创造出了方便实用的纸张，而且造出了优秀的刀剑弓弩等器物，这些器物"莫不精工坚密，为后世法"。他大幅度改进了这些御用武器装备的制作工艺，使每一件装备都达到极高水准。晚蔡伦三四十年的崔寔在《政论》中说"有蔡太仆之弩，及龙亭九年之剑，至今擅名天下"。"蔡太仆"、"龙亭"，指的都是蔡伦，他已成为当时兵器制造的"品牌"。

而在造纸这一直接"讨喜"于邓太后的大事上，蔡伦更是费尽心机。他在借鉴前人造纸的工艺基础上，挑选树皮、破麻布、旧渔网等多纤维物品，切碎剪断后先放在水池中浸泡，当其中杂物烂掉而纤维保留下来时，再把浸泡过的原料捞起，放入石臼中搅拌成为浆状物，再用竹篾挑起来，等干燥后揭下来就变成了纸。蔡伦带着工匠们反复试验，终于试制出既轻薄柔韧，又取材容易、来源广泛、价格低廉的纸。

元兴元年（公元105年），蔡伦将造纸的方法写成奏折，连同新出品的纸张呈献给汉和帝，得到和帝的高度赞赏，诏令朝廷内外使用并向天下推广。九年后，蔡伦因造纸之功被封为“龙亭侯”，食邑三百户。当时按照蔡伦的工艺流程生产的纸都称为“蔡侯纸”。

然而，此时正逢东汉王朝由兴转衰的历史关头。汉和帝死后不到一年，其尚在襁褓之中的儿子也夭折了。垂帘听政的邓太后无奈从宗室中挑选了一个男孩继承帝位，是为汉安帝。殊料汉安帝之父正是当初被废的太子刘庆。而刘庆被废，其母被逼自尽，蔡伦都曾经深度参与其中（蔡伦后人曾多有为他辩解之辞，但本书认为，在那个时代，蔡伦如果没有参与到宫廷内部斗争之中，是不可能先后得到两位皇后的青睐，这也是中国历代皇权体制下的客观产物）。公元121年，时年四十岁的邓太后香消玉殒，坐稳了江山的汉安帝便开始秋后算账，为他的父母报仇雪恨。而蔡伦是首当其冲的仇人之一。在这样的形势下，年过花甲的蔡伦以他长期宫廷斗争的丰富经验，深知在劫难逃：与其受辱而死，不如自我了断！于是，蔡伦穿上华丽的衣服，饮鸩自尽。

中国历史上最伟大的发明家就这样结束了自己的生命。

由蔡伦的造纸术，再进而叙及被后世广泛称道的中国古代“四大发明”。

首先是印刷术。蔡伦成功改良造纸技术后，使得大规模出版书籍成为可能。因应这一需要，印刷术也随之产生。公元6世纪初的隋、唐之际，出现了最早的雕版印刷术。这种印刷术一般用木材为原料，先在木板上刻反字，再给字板涂上墨，印在纸上，由于节工省时，很快盛行起来。1041—1048年间，雕刻工毕昇又创造了活字印刷术，即用胶泥做成规格一致的毛坯，在一端刻上反体单字，用火烧硬，成为单个的胶泥活字。用这些活字排版，既节省费用，又大大缩短了时间，十分经济方便。活字印刷的出现是印刷史上一项重大革命。降之元代，王祯又将胶泥活字改为木活字，创造了转轮排字架，此后又出现了锡、铜、铅等金属材料制成的活字。活字印刷术从13世纪后传到朝鲜、日本，到十五世纪中叶，欧洲才掌握了活字印刷。

再次是火药。火药在中国的产生，得益中国古人对求仙得道和长生不老的长期不懈追求。约公元八、九世纪，中国的道家炼丹家们已经知道硫磺、硝石与木炭混合燃烧时，会发生剧烈的反应。于是，在唐代就发明了以这三种物质为原料的黑火药。到宋元时期，各种药物成分有了较合理的定量配比，并且先在军事上得到使用，出现了最早的火炮、火枪、火箭、地雷、炸弹等火药武器。现在中国历史博物馆珍藏的铜火铳，制造于1332年元朝时期，它是目前世界上发现的最早的铜炮，时人称之为“铜将军”。火药在十三世纪时传到阿拉伯等国，阿拉伯和波斯把制造火药的硝称为“中国雪”；四世纪以后，我国制造火药武器的技术经阿拉伯传到欧洲。

最后是指南针。先秦时代中华先人们在探寻铁矿时常会遇到磁铁矿，即磁石（主要成分是四氧化三铁）。《管子》的“数篇”中最早记载了这些发现：“山上有磁石者，其下有金铜。”磁石的吸铁特性很早就被人发现，《吕氏春秋》九卷“精通篇”就有：“慈招铁，或引之也。”时人称“磁”为“慈”，他们把磁石吸引铁看作慈母对子女的吸引。并认为：“石是铁的母亲，但石有慈和不慈两种，慈爱的石头能吸引他的子女，不慈的石头就不能吸引了。”

指南针的始祖“司南”大约出现在战国时期。它用天然磁石制成，样子像一把汤勺，圆底，可以放在平滑的“地盘”上并保持平衡，且可以自由旋转。当它静止的时候，勺柄就会指向南方。当时的著作《韩非子》中就有“先王立司南以端朝夕”的记载。“端朝夕”就是正四方、定方位的意思。《鬼谷子》中记载了司南的应用，郑国人采玉时就带了司南以确保不迷失方向。

到了西汉，一个名叫栾大的方士，曾利用磁石特性做了两个棋子般的东西，通过调整位置，两个棋子有时会相互吸引，有时会相互排斥，栾大称其为“斗棋”。他把这个新奇玩意献给汉武帝，并当场演示。汉武帝惊奇不已，龙心大悦，封栾大为“五利将军”。

更有意思的是，中国最早的指南针理论，是建立在阴阳五行学说基础上的“感应说”上。据说十一世纪中叶时中国科学家沈括还对指南针感到匪夷所思，他在《梦溪笔谈》中介绍了指南针的人工磁化方法、磁偏角的发现和指南针的架设方法，但对指南针为什么会指南却没有概念：“磁石之指南……莫可原其理”。随后，文人学者们从阴阳五行学说出发，结合当时人们对大地形状的认识，提出各种指南针“指南”原理。其中最晚成书于宋代的《管氏地理指蒙》首先提出如下逻辑：“磁针是铁打磨成的，铁属金，按五行生克说，金生水，而北方属水，因此北方之水是金之子。铁产生于磁石，磁石是受阳气的孕育而产生的，阳气属火，位于南方，因此南方相当于磁针之母。这样，磁针既要眷顾母亲，又要留恋子女，自然就要指向南北方向。”

另外，还值得一提的是“四大发明”这一说法的来历。

1550年，意大利数学家杰罗姆·卡丹第一次指出，中国对世界具有影响的“三大发明”是司南、印刷术和火药。并认为它们是“整个古代没有能与之相匹敌的发明”。1620年，英国哲学家培根也曾在其《新工具》一书中提到“印刷术、火药、指南针这三种发明已经在世界范围内把事物的全部面貌和情况都改变了”。英国汉学家麦都思指出：“中国人的发明天才，很早就表现在多方面。中国人的三大发明航海罗盘（司南）、印刷术、火药，对欧洲文明的发展，提供了异乎寻常的推动力。”

到了十八世纪中叶，来华传教士、汉学家艾约瑟则最先在上述三大发明中加入了造纸术，他在比较日本和中国时指出：“我们必须永远记住，他们（指日本）没有如同印刷术、造纸、指南针和火药那种卓越的发明。”这个发明清单被后来的著名英国生化学家、历史学家和汉学家李约瑟发扬光大，正式确立了古代中国对世界做出巨大历史性贡献的“四大发明”，并得到了全世界的一致认可。

博按：“四大发明”不仅对中国古代经济、军事、文化等方面的发展进步发挥过重大作用，而且对正在从封建社会向资本主义社会过渡的西方国家产生了巨大影响，成为欧洲资产阶级发展的必要前提。正如马克思所指出的：“火药、指南针、印刷术这是预兆资产阶级社会到来的三大发明：火药把骑士阶层炸得粉碎，指南针打开了世界市场并建立了殖民地，而印刷术则变成新教的工具，总的来说变成科学复兴的手段，变成对精神发展创造必要前提的最强大的杠杆。”而培根则在其《新工具》一书中进一步指出：“如果想看看各种发明的力量、作用，最显著的例子就是新近发明的印刷、火药和指南针。因为这三种东西曾改变了整个的面貌：第一种在文学上，第二种在战争中，第三种在航海上，从那里接着产生了无数的变化、变化是这么之大，以至没有一个帝国，没有一个学派，没有一个赫赫有名的人物能比这三种发明在人类事业中产生更大的力量和影响。”由此可见，这三大发明对推动世界的历史进程做出了巨大贡献。

如果从今天的视角来看，在中国的“四大发明”中，最具文明进步意义的，无疑应该首推造纸术的推广应用。可以说，没有蔡伦改进造纸术，人类文明的脚步将要放慢许多。如果把造纸术放在人类文明发展进步的历史长河中去观察，从古至今，能够和造纸术的意义相提并论的，可能只有电脑的发明了。正是由于这个原因，在世界范围内，蔡伦得到了极高的评价。如麦克·哈特的《影响人类历史进程的100名人排行榜》中，蔡伦排在第七位，仅次于中国的孔子，远在秦始皇之前。

然而，作为中华民族的一员，作为“四大发明”的文化继承者，我们在回望这段曾经辉煌的历史时，绝不仅仅是为了寻找自豪感和成就感，而是要用“四大发明”的光芒来反照于中国和世界，反思于历史和现实，尤其是要用理性的思考和客观的判断来照亮未来中国的科技文明发展之路：如果仔细回顾中国古代“四大发明”发明过程中的细枝末节，我们不难发现，其中并没有切实反映出中国古贤先哲在科学技术方面的探索精神和优良传统。比如，造纸术的发明和改良是建立在蔡伦对邓太后的献媚之上，从本质上是个人在机缘巧合下发现的东西，并不是蔡伦本人长期、系统的研究结果，而后人也只不过凭借蔡伦的“经验”把这一技术传承下去；再如火药，只是中国人为了追求长生，在炼丹过程中发现的“副产品”，而且道士们除了知道把几样东西混在一起后点火会爆炸之外，对于其原理根本不关心，也没有进行进一步的研究和配方改进，只有当火药被欧洲人发现后才对它进行了彻底的研究，从而把“火药”变成了威力巨大的“炸药”；再如指南针的发现，也是群众在采矿时的无意识发现，具有一定的偶然性和随机性，而且发现后也没有进行更加广泛地探索、研究和运用。由此可见，中国古代“四大发明”在本质上不是科技发明而是一种“经验”成果。

相反，对于西方来说（尤其是以希腊文明为代表的欧洲），公元前三世纪前期，当中国正处于战国的混战厮杀和权力争夺时，西方科学精神的灯塔人物亚里士多德已经从理论的角度系统地开创了逻辑学、伦理学、政治学和生物学等学科，他把科学分为理论的科学（数学、自然科学等）、实践的科学（伦理学、政治学、经济学、战略学和修饰学）和创造的科学（诗学）；随后，物理学之父阿基米德进一步发明了天文学测量用的“十字测角器”，发现了浮力和相对密度原理（即阿基米德原理，物体在液体中减轻的重量，等于排开液体的重量，类似于我国三国时期的曹冲称象），把杠杆原理运用于战争，以及算出球的表面积是其内接大圆面积的四倍和圆柱内切球体的体积是圆柱体积的三分之二，这个定理就刻在他的墓碑上；经过中世纪的黑暗后，17世纪初，开普勒根据行星运动观测数据总结出了开普勒三定律；1685年前后，就在中国的康熙王朝激烈上演“九子夺嫡”的经典宫廷闹剧时，牛顿正在撰写出他的巨著《自然科学的数学原理》，其中提出了万有引力的平方反比定律和牛顿三定律，揭示了主宰宇宙机械运动的动力学规律，而且他还研究了光学，发现了微积分。

另据现代中国学者的一个项目统计，如果按照八个类别（材料、居家、产业、医药、能源、信息、交通、测量）来统计对人类历史产生重大影响的科学和技术成就，那么在两千多年的时间跨度中，中国作为一个大国仅录入五项科学成就（四大发明加上丝绸），仅占世界总数的1%，不仅与英、美、德以及欧洲诸国相差甚远，即与其他文明古国也逊色不少。

而且，欧洲从古希腊时期以来，科学研究已经形成学派，每一学派都有自己的研究范式和研究重点，从而使他们的专业科学家能够在一个或几个领域进行较为深入系统的研究，并取得丰硕成果；当发现越来越多不能被现有理论解释的现象时，具有崭新思维的科学巨人便会脱颖而出，提出新的范式，造就新的“科学革命”。

那么，为何古代中国在科学精神上如此匮乏呢?

这不得不重新回到支配了中国两千年的主导思想儒家思想上来。

儒家作为一种强调个人修养（仁、义、礼、智、信）的伦理性宗教，从他产生的那一天起，就对技术不感兴趣。而且，儒家思想从来不避讳它对科技这种“下乘”东西的鄙视。在以儒家为主、道法家为辅的传统古代中国政治文化生态里，文化的主流是政治学、权谋之术，以及依附于其上的文学、艺术、历史和哲学等，绝不是被视为“奇技淫巧”的科学技术。在中国传统社会里，工匠和商人是低社会阶级，而诗词文学和政府官员才是世人所追捧的。一个有抱负的人想要有个光明前途，就必须走科举考试这根独木桥，而科举在乎的是八股文而不是科学理论。当然，客观而言，并不是所有的科技创新都被中国历代政府所忽略，中央集权政府往往在乎涉及军事及经济相关领域的科技。譬如军火、采矿、纸张、印刷等。但是，朝廷对科技发展是持垄断态度的，私自采矿或是制造武器，绝对是不允许的。因此，这些科技也很少很难在民间流传。另外，即使在民间，那些掌握了科学技术的具有一定天赋的古代工匠们，也都发扬了“代代相传”、“传男不传女”的“优良传统”，即便有个别心胸宽阔的工匠，也会因为他们大多数不是读书人，没有文化，也就没有办法将自己的宝贵技术以理论总结的方式传授给大众，并推动科学技术的进步。

再回到现实生活，在二十一世纪的今天，当我们目之所及的电灯、电脑、电视、电影，我们手之所用的手机、手表、钢笔、圆珠笔，我们身之所乘的汽车、火车、飞机、轮船，我们体之所感的衣服（源自于现代纺织技术、化纤技术）、食品、空调、冰箱，我们须臾不可离的阿司匹林、青霉素以及各种现代医疗设备，又哪一样是根源于中国的贡献和创造？即便是在来自于中国古代“四大发明”的造纸厂、印刷厂、兵工厂、精密仪器制造车间里，又有多少核心机器设备和重要元器件是中国人自己的创造和发明呢？

曾几何时，我们的前辈大声呼唤“赛先生”的到来，我们也曾高呼过“学会数理化，走遍天下都不怕”的豪迈口号，但是在现实中，一旦我们的科学家们刚刚做出了一些成就，他们便很快被请去当官——而在这样“科而优则仕”、“学而优则仕”的人才生长模式背后，被广大人民所一致理解的“潜台词”则是：“当官比搞科研高贵得多”，“科研的最终目标是当官或者发财”！为了实现科学强国的梦想，我们国家成立了为数众多、规模庞大的科学机构，并按照行政机构给予他们相对应的待遇——但是，在中国官本位的大环境下，身处其中的人们很快把这些本来是要做科研的机构，变成了官僚机构或者是赚钱机构；一些真正能够潜心钻研、真心热爱科学技术的学者们，要么被排除在项目之外，要么被各种行政事务所频繁干扰，要么为了生计而疲于奔命，在这样的环境之下，如何能够让我们的科学家能够创造出真正的划时代的成就呢？

当然，历史回望和现实检讨的终极目的，是让我们洞悉问题根源，寻找应对之策。在二十一世纪的今天，当我们新一代国家领导人郑重提出“不忘初心”的时候，当我们的政治、经济改革渐入佳境的时候，当我们的思想和行为逐渐融入到浩浩荡荡的世界发展潮流中的时候，按照中国人的聪明才智和“天生我材必有用”的豪迈理想，在不远的将来，或将真如世人所言：21世纪将是中国人的世纪！

我们拭目以待。

106. 桓灵“党锢之祸”：大汉由此失去士人之心

东汉桓帝、灵帝时，当权者分为宦官、外戚两派，交替专权。宦官党有侯览、曹节、王甫等，他们任用私人，败坏朝纲，为祸乡里，如侯览曾强夺人宅舍三百八十一所，土地一百一十八顷；其兄谋财构陷无辜，聚敛上亿财富。相对而言，外戚一党的窦武等人却比较清正，因此贵族李膺、太学生郭泰、贾彪等人与外戚一党联合，对宦官集团进行激烈抨击。这些人通常被称作士人或君子，时人还给他们起了“三君”、“八俊”、“八顾”、“八及”、“八厨”等外号：“三君”指窦武、刘淑、陈蕃三人，为“一世之所宗”，即值得世上人学习的榜样；“八俊”指李膺、荀昱、杜密、王畅、刘佑、魏朗、赵典、朱寓八人，为“人之英”，即人中英杰；“八顾”指郭林宗、宗慈、巴肃、夏馥、范滂、尹勋、蔡衍、羊步八人，为“能以德行引人者”，即道德可以为他人榜样的。“八及”指张俭、岑晊、刘表、陈翔、孔昱、苑康、檀敷、翟超八人，为“能导人追宗者”，即可以引导其他人学习三君等榜样的。“八厨”指度尚、张邈、王考、刘儒、胡母班、秦周、蕃向、王章八人，为“能以财救人者”，即不惜家财，救助有难者的。

第一次党锢之乱

公元166年（延熹九年），桓帝为笼络天下人心，宣布大赦。而在皇帝身边的宦官赵津、侯览等党羽与张泛、徐宣等人，提前知道皇帝大赦内容，因此借机为非作歹，并故意在大赦之前犯罪，期望以此逃脱惩罚。而官员成瑨、翟超、刘质、黄浮等不畏权贵，在大赦以后仍然按律处置罪犯。宦官等人向桓帝进言，桓帝昏庸而重处了正直官员。

朝中重臣、位列三公的太尉陈蕃独自上书，以汉初申屠嘉召责邓通，董宣追劾湖阳公主之例，为受罚官员辩解，并要求桓帝“割塞近习与政之源”，清除宦官乱政之风。桓帝不理，而宦官等人虽不敢加害名臣陈蕃，但对其他人则大加报复。

时河南尹李膺（相当于今天的北京市市长），在大赦后处死了蓄意在赦前杀人的宦官党羽张成之子。宦官一党遂诬陷李膺等人“养太学游士，交结诸郡生徒，更相驱驰，共为部党，诽讪朝廷，疑乱风俗”。桓帝不分青红皂白，诏告天下，逮捕并审理党人。太仆卿杜密、御史中丞陈翔等重臣及陈寔、范滂等士人皆被通缉。太尉陈蕃认为“罪名不章”，拒绝平署诏书。桓帝见诏书无法生效，干脆跳过司法程序，直接让宦官负责的北寺狱审理此案。李膺、陈寔、范滂等人慨然赴狱，受三木酷刑（一曰：“三木”指夹棍，由三根木头做成，又叫“拶”，夹住人的十指用力拉，其痛无比，俗称“三木之刑”）而不改其辞。

由于当时被捕的多是天下名士、民间所认同的“贤人”，是以度辽将军皇甫规竟以没有名列“党人”而被捕为耻，上书“臣宜坐之”，要求桓帝连自己一起治罪。

陈蕃再度上书，以夏商周三代之事劝谏，言辞激切，桓帝竟免去其太尉一职，改以光禄勋周景为太尉。同年十二月，桓帝窦皇后的父亲槐里侯窦武为城门校尉，于次年上书为士人求情。同时，负责审理此案的宦官王甫等人也为党人的言辞所感动，取消对他们的酷刑。李膺等人在狱中故意供出宦官子弟。宦官等害怕牵连到自己，向桓帝进言，始以大赦名义赦免党人。史称“第一次党锢之祸”。

第二次党锢之祸

公元168年（建宁元年）汉灵帝即位，窦皇后被尊为皇太后。窦武因身为皇太后父亲而被任命为大将军，陈蕃再度被任命为太尉，两人与司徒胡广一起掌握朝政。名士李膺、杜密、尹勋、刘瑜等人得以重新被起用，民间以为贤人在朝，太平盛世可期。

而宦官首领曹节、王甫等人又在窦太后面前大行谄媚侍奉。陈蕃、窦武等人认为宦官干涉朝政，于是上书太后，要求革除宦官参政，窦太后虽在窦武等人建议下处死了宦官管霸、苏康等，却保护了曹节等人。不久，窦武等人借口天象有变准备动手除去宦官曹节、王甫一党。不料宦官得知了窦武计划，连夜歃血共盟，发动政变，并蒙骗年幼的灵帝，格杀亲近士人的宦官山冰等，抢夺印、玺、符、节，胁迫尚书假传诏令，劫持窦太后，追捕窦武、陈蕃等。年过八旬的陈蕃闻讯，率太尉府僚及太学生数十人拔刀剑冲入承明门，到尚书门因寡不敌众被擒，当日遇害。窦武驰入步兵营起兵对抗。护匈奴中郎将张奂此前率军出征，此刻刚回到京师，尚未了解局势，宦官等人假传诏令，让张奂误以为窦氏叛乱，遂率五营军士与王甫所率领的虎贲军、羽林军一起进攻窦武。窦武被重重围困，无奈自杀；他的宗亲宾客姻属及侍中刘瑜、屯骑校尉冯述等人皆被族灭；虎贲中郎将刘淑、尚书魏朗等也被诬陷而被迫自杀；窦太后被软禁在南宫，李膺等再次被罢官，并禁锢终身。

议郎巴肃参与了窦武的计划，但宦官不知道，只是将他禁锢而已，巴肃认为“为人臣者，有谋不敢隐，有罪不逃刑，既不隐其谋矣，又敢逃其刑乎”，遂自投官衙就案，县官要解印与他一起逃亡，他竟不同意，遂就义；陈蕃的友人朱震弃官痛哭，收葬陈蕃尸体，并将他的儿子陈逸藏到甘陵，被人告发，朱震全家被捕，在施以酷刑之下也不肯说出陈逸行踪；窦武的府掾胡腾收葬了他的尸体，为他发丧，也被禁锢终身，窦武的孙子窦辅，才两岁，被胡腾收留并冒认为自己之子；张奂因“平叛”有功被宦官们提拔为大司农，封侯。张奂因深恨自己被曹节等欺骗，害死国家忠良，铸成大错，坚决拒绝不肯受印，并在不久后趁天象变化而上书灵帝，要求为窦武、陈蕃等人平反，迎回窦太后，并推荐李膺等出任三公，灵帝认为他说得有理，但宦官们纷纷进谗言，改变了灵帝的想法，反而追究张奂的责任，张奂自赴廷尉，被拘留数日，罚俸三月，最终也被罢官回家，禁锢终身；郎官谢弼上书也为窦武、陈蕃等人鸣冤，要求迎回窦太后，却被宦官贬职杀害。

宦官等见窦武、陈蕃、李膺、杜密等名望仍在，不肯罢休，于是向灵帝进谗言，诬陷党人“欲图社稷”，意图谋反。年仅十四岁的汉灵帝被他们欺骗，因而大兴大狱，追查士人一党。李膺、杜密、翟超、刘儒、荀翌、范滂、虞放等百余人，被下狱处死。在各地陆续被逮捕、杀死、流徙、囚禁的士人达到六七百名。汝南督邮吴导奉诏前往逮捕范滂，到了范滂的家乡，竟趴在驿舍的床上大哭，范滂听说后说“一定是因为我（才会这样）”，便要自前往监狱，汝南县令郭揖听说后解掉印绶，跟范滂一起逃跑，范滂与母亲诀别，范母对范滂说：“儿今日能与李膺、杜密齐名，死亦何恨？”遂与李膺、杜密等百余人被执而死。

党锢再起

八年之后的公元176年（熹平五年）闰五月，永昌太守曹鸾上书为“党人”鸣冤，要求解除禁锢，灵帝不但没有听从，反而收捕并处死曹鸾。接着，灵帝又下诏书，凡是党人门生、故吏、父子、兄弟中任官的，一律罢免，禁锢终身，并牵连五族。党锢的范围扩大，波及更多的无辜者。公元184年（中平元年）春二月，黄巾之乱兴起，汉灵帝怕党人与黄巾一同作乱，遂于夏四月丁酉日大赦天下，免除了亲属关系与党人在小功以外者的禁锢。公元189（中平六年），汉灵帝病死，少帝刘辨继位，外戚何进担任大将军，执掌朝政大权。何进图谋诛除擅权的宦官张让、赵忠等人，反被宦官诱入后宫杀害。为替何进报仇，豪族出身的官僚袁绍领兵冲入皇宫，把宦官杀戮殆尽，结束了外戚宦官长期专权的局面，史称十常侍之乱。而董卓掌权后，大肆淫乱后宫，施行暴政，弄得民怨沸腾，百姓怨声载道，各地诸侯纷纷讨伐，直到王允利用貂蝉和吕布以美人计和反间计才将其杀死。事隔整整22年，东汉朝廷才正式为陈、窦等人平反。

博按：东汉桓、灵二帝之前，宦官、外戚虽然专权，但有名臣陈蕃等人主持朝政大局，士大夫、豪强等心向朝廷，局势尚未到不可收拾的境地，即《后汉书》中所说的“汉世乱而不亡，百余年间，数公之力也”。但三次党锢之祸后，清正的官员不是被害就是被禁锢，宦官更加为所欲为，残害百姓，因而激起民变，酿成黄巾之乱。士大夫、豪强离心，于是黄巾之乱以后群雄并起，东汉最终走向了灭亡。虽然“党锢之祸”本质上是统治集团内部权力斗争激化的一种外在表现形式，但是，面对宦官专权造成的官场腐朽和政治黑暗，一些有见识的士大夫敢于挺身而出，扬清激浊，不仅是对国家社稷的维护，也反映了人民群众的呼声，因而带有一定的正义性。是以范晔在《后汉书》中论及党锢之祸曰：“逮桓、灵之间，主荒政缪，国命委于阉寺，士子羞与为伍，故匹夫抗愤，处士横议，遂乃激扬名声，互相题拂，品核公卿，裁量执政，婞直之风，于斯行矣。夫上好则下必甚，桥枉故直必过，其理然矣。若范滂、张俭之徒，清心忌恶，终陷党议，不其然乎？”司马光在《资治通鉴》中亦曰：“天下有道，君子扬于王庭，以正小人之罪，而莫敢不服；天下无道，君子囊括不言，以避小人之祸，而犹或不免。党人生昏乱之世，不在其位，四海横流，而欲以口舌救之，臧否人物，激浊扬清，撩虺蛇之头，践虎狼之属，以至身被淫刑，祸及朋友，士类歼灭而国随以亡，不亦悲乎！”重温此段历史，不禁赞叹于斯时汉之士人，英勇赴义，不以保命为要，而以行名节于世为荣，此实中华士人千百年之优良传统。当东汉经此一党锢之祸，中华之忠烈之士，第一次为皇权所反复阉割（多么形象！本由阉人所发动），失去了士人们忠勇义烈的东汉，很快就轰然倒塌，而继之而起的数百年大乱，直至唐代初兴，士人们的精神才再为之重建。而到了宋以后，这种精神再次为元朝铁骑所践踏；而后又被朱明强权和清朝王朝所不断阉割，是以直到今日，支撑中华文明主体精神的“士人精神”已接近荡然无存。抚史追昔，能不深责于恒灵乎！

107. 东汉末世镜像：崔烈铜臭

后汉自刘秀开国，经明章之治，历三代明君之后，即有不肖子孙继位大统。尤其后之安、桓诸帝，一代不如一代，传之灵帝，则宦官专政，污垢朝堂，买官鬻爵，混乱朝纲。其经典者，莫过于崔烈铜臭之说。今以述之以明汉亡之因：

崔烈，本有重名于北州，历位郡守、九卿。灵帝时，开鸿都门榜卖官爵（历史上第一次正式皇帝亲自卖官），公卿州郡下至黄绶各有差。其富者则先入钱，贫者到官而后倍输，或因常侍、阿保别自通达。是时段颎、樊陵、张温等虽有功勋名誉，然皆先输货财而后登公位。崔烈时因程夫人（灵帝乳母）入钱五百万，得为司徒。及拜日，天子临轩，百僚毕会。帝顾谓亲倖者曰：“悔不小靳，可至千万。”（即悔恨要少了，崔应该出一千万的）程夫人于傍应曰：“崔公冀州名士，岂肯买官？赖我得是，反不知姝邪！”烈于是声誉衰减。久之不自安，从容问其子钧曰：“吾居三公，于议者何如？”钧曰：“大人少有英称，历位卿守，论者不谓不当为三公；而今登其位，天下失望。”烈曰：“何为然也？”钧曰：“论者嫌其铜臭。”烈怒，举杖击之。

钧逃曰："舜之于其父，小杖则挨，大杖则跑，非不孝矣！"崔烈于是惭愧而止。

博按：崔烈本冀州名士，君有道则出，君无道则隐，何因入三公而坏盛名。然反言之，臣之过，在君也，上行而下效，所为楚王爱细腰，宫中多饿死。究其根源，上之所好也。此汉失其鹿之根源。史家论及汉之亡，前有外戚之祸，后有阉竖之乱，终于二者相互斗争而亡国，而不知其背后根本之因，乃在中央专制集权背后巨量利益之争夺。而利益者，则表象于朝廷和官员的贪腐，是以历代之覆亡，表象皆为贪腐之风盛行，而本质却为中央集权背后的巨量利益的主导权之争。崔烈之"铜臭"，竟然来自于最高权力中枢，可见汉末权力争斗之烈，是以秦汉之史，以此为收官之作，借此警示于后人。

第四章

三国两晋南北朝

概略：血脉的维继与历史的阴影

三国魏晋南北朝时期（220—589年）是上承大汉下启盛唐的一段历史时期。先时汉末天下大乱，经赤壁一战，终成曹魏、蜀汉、东吴三国鼎立之势。220年，曹丕篡汉称帝，国号“魏”，史称曹魏，三国历史正式开始。次年刘备在成都延续汉朝血脉，史称蜀汉。222年刘备在夷陵之战失败，孙权获得荆州大部。223年刘备去世，诸葛亮辅佐刘备之子刘禅与孙权重新联盟。229年孙权称帝，国号“吴”，史称东吴，至此三国正式成立。此后数十年内，曹魏王朝的实权渐渐被司马懿掌控。263年，司马昭发动魏灭蜀之战，蜀汉灭亡。两年后司马昭病死，其子司马炎废魏元帝自立，建国号为“晋”，史称西晋。公元280年，西晋灭东吴，孙权之子孙皓降晋，晋朝统一中国。由于晋朝开国者晋武帝没有进行长远的制度设计，导致西晋政权在成立后37年即遭覆灭。中国历史自此进入近三百年的朝代替换频繁、多国并存的纷乱时代。其中可分为西晋时期（与东晋合称晋朝）、东晋时期、十六国时期、南北朝时期（南朝与北朝对立时期，共一百五十年）。另外位于中国南部，全部建都在建康（孙吴时为建业，即今天的南京）的孙吴、东晋、南朝的宋、齐、梁、陈等六个国家又统称为六朝。由于长期的军阀割据和连绵不断的战争，使这一时期中国文化的发展受到特别严重的影响。其突出表现则是玄学的兴起、道教的勃兴及波斯、希腊文化的羼入。以汉民族为主体的中华民族第一次受到异族的入侵和实际统治，客观上也实现了第一次民族大融合和文化大繁荣。

中华历史自至三国两晋南北朝时期，犹如一个弱冠少年，再一次因为追求上进、探索真理而导致了长期的纷乱离合。中华民族第一次接受了其有生以来最危险、最沉痛的战乱洗礼和沧桑变化。

先是三国并起，群雄争斗，为中华民族留下了“分久必合、合久必分”的历史阴影，亦因为三国演义、三国志等文学历史作品的深入人心，而使后世之人若论友朋之交必论“桃园结义”；若论智慧争斗，必论诸葛亮与司马懿；若论奸雄之首，必论及曹操；若论得人才者，必论江东孙氏三英；若论战略折冲权衡，必论及三国大势。

三国之后，代魏而起的西晋王朝历三代雄主（司马懿、司马昭、司马炎）苦心经营，在一代名将羊祜、杜预的积极建策之下，渐次征服了蜀、吴政权，实现了中原的短暂一统局面。可惜的是，由于西晋开国之君司马炎有武略而少大志，建国后没有做长远的制度建设和政治、经济、文化以及民族政策上的总体设计，致使华夏四周之五胡民族趁乱而起，乘虚而入，导致中华大地战乱四起，生灵涂炭。在这场名为“五胡乱华”的历史时期，中华民族所以能够转危为安，化险为夷，实得益于自上古和春秋战国乃至秦汉时期所建立的强大的文明聚合能力和文化同化能力。在博大、宽厚、包容、坚韧的中华文化守护下，在冉闵等中华英雄的奋力反击下，五胡首领刘渊（匈奴）、石勒（羯族）、苻坚（氐族）、拓跋珪和慕容㒞（鲜卑族）们自觉不自觉地放下屠刀，转而臣服于华夏文明的巨大感召之下，开始按照中华文明的统治方式经营北方的广阔领土和臣民。而那些传统的华夏“士冠”家族，在面对异族虎狼之师时，虽然有过慌乱，有过迷惘，但很快便调整好姿态，退守于江南，摆好了书案，斟满了酒杯，于书法的线条中抒发内心的苦闷，于东山的美景之外流连忘返，于披发裸奔中放任性情，不意间竟然创造了自百家争鸣之后又一个文化高峰；更为重要的是，一旦诸胡试图饮马长江，越过士族的底线，中华英雄祖逖、谢安、桓温、宗悫们便会振甲而起，于博弈中指画陈策，在谈笑间击胡灭虏，华夏风骨，士族情怀，尽见于其中。然而，由于华夏文明在中央集权上的冥顽不化，加上江南的暖风细雨和醉人美景，使得南朝诸国常常短暂而兴，而倏忽而亡，自东晋以降，宋、齐、梁、陈诸朝，尽管开国之君大多雄才大略，但继任之君常常昏聩不堪，以至不过三五十年而亡。反倒是北方拓跋氏所建立的北魏政权，在汉族名臣如崔浩、李彪、毛修之等辅佐下，历近二百年始告消亡。中华民族在此一历史时期，既涌现了一大批如王猛、韦睿、傅竖眼、慕容垂、刘裕、檀道济这样的名将良臣，又实现了第一次民族大融合和经济、文化大交流，实于今日之中华民族的体质基因和文化改良，具有相当重要的现实意义，亦为此后蒙汉融合和满汉融合开辟了先例，中华民族在其融合壮大的道路上，迈上了一个痛苦而颇有升华意义的重要台阶。

108. 官渡之战：一战功成尽名流，曹魏开国非天命

东汉历经外戚宦官之祸乱，民不聊生，及至黄巾一起，天下响应，东汉之崩溃，已入于不可挽救之境地。尤自贼臣董卓之后，群雄割据，逐鹿中原。其中实力较强者袁绍、曹操二雄于官渡一战，不但因曹操以弱胜强、以少胜多而奠基曹魏开国之重大历史格局，而且因此战中参与的历史名流众多而显得意义尤为重大。

公元196年（建安元年），曹操迎献帝，迁都许县，自始挟天子以令诸侯（“奉天子而征四方”），威势大增。他先后击败吕布、袁术，占据了兖州、徐州以及部分豫州和司隶州（约今河南、山西、陕西一部分）。

公元199年（建安四年），袁绍最终战胜公孙瓒，据幽州、冀州、青州、并州，尽有河北之地，意欲南向以争天下。这样，华北最重要的两大政治军事集团，决战势所难免。

时两大势力对比，袁绍处于绝对之优势地位：其无后顾之忧，地广人众，可动员的兵力在十万以上。而曹操则是处于四战之地，除北方袁绍之外，关中诸将尚在观望，南边刘表、张绣不肯降服，东南孙策蠢蠢欲动，暂时依附的刘备也是貌合神离。公元198年十一月，吕布被曹操消灭；公元199年曹操取得河内郡，把势力范围扩张到黄河以北；六月，袁术病死；十一月张绣投降曹操；刘表坐观成败；孙策保守江东；战略局势渐次有利于曹操一方。

公元199年六月，袁绍率精兵十万，战马万匹，企图南下进攻许昌，官渡之战序幕由此拉开。

为争取战略主动，曹操作出如下部署：以臧霸率精兵自琅琊（今山东临沂北）入青州，占领齐（今山东临淄）、北海（今山东昌乐）、东安（今山东沂水县）等地，牵制袁绍，巩固右翼，防止袁军从东面袭击许都；曹操率兵进据冀州黎阳（今河南浚县东，黄河北岸），令于禁率步骑二千屯守黄河南岸的重要渡口延津（今河南延津北），协助扼守白马（今河南滑县东，黄河南岸）的东郡太守刘延，阻滞袁军渡河和长驱南下，同时以主力在官渡（今河南中牟东北）一带筑垒固守，

以阻挡袁绍正面进攻；另外，曹操还派人镇抚关中，拉拢凉州，以稳定翼侧。从以上部署看，曹操所采取的战略方针，可谓集中兵力，扼守要隘，重点设防，以逸待劳，后发制人。（曹操战略措置已胜一筹）

公元199年（建安四年）十二月，当曹操正部署对袁绍作战时，刘备起兵反曹，占领下邳，屯据沛县（今江苏沛县）。刘备军增至数万人，并与袁绍联系，打算合力攻曹。曹操为保持许昌与青、兖二州的联系，避免两线作战，于次年二月亲自率精兵东击刘备，迅速占领沛县，转而进攻下邳，迫降关羽。史载当曹、刘作战正酣时，袁绍谋士田丰建议袁绍"举军而袭其后"，但袁绍以幼子有病为辞拒绝采纳，致使曹操从容击败刘备回军官渡。（袁绍之败，由此肇始）

公元200年二月，袁绍进军黎阳，企图渡河寻求与曹军主力决战。他首先派颜良进攻白马的东郡太守刘延，企图夺取黄河南岸要点，以保障主力渡河。四月，曹操为争取主动，求得初战的胜利，亲自率兵北上解救白马之围。谋士荀彧认为袁绍兵多，建议声东击西，分散其兵力，先引兵至延津，伪装渡河攻袁绍后方，使袁绍分兵向西，然后遣轻骑迅速袭击进攻白马的袁军，攻其不备，定可击败颜良。曹操采纳了这一建议，袁绍果然分兵延津。曹操乃乘机率轻骑，派张辽、关羽为前锋，急趋白马。关羽迅速迫近颜良军，于万军之中斩杀颜良而还（虽可能有杜撰成分，但关羽确于此战立功），袁军溃败。曹操解白马之围后，迁徙白马百姓沿黄河向西撤退。袁绍率军渡河追击，军至延津南，派大将文丑与刘备继续率兵追击曹军，曹操当时只有骑兵六百，驻于南阪（在白马南）下，而袁军达五六千骑，尚有步兵在后跟进。曹操令士卒解鞍放马，并故意将辎重丢弃道旁。袁军纷纷争抢财物。曹操突然发起攻击，再次击败袁军，斩杀文丑（今史所考，文丑为乱军所杀，并不是关羽斩杀），顺利退回官渡。颜良、文丑皆为河北名将，却被一战而斩，袁军锐气大挫。

袁军初战失利，但兵力仍占优势。八月，袁军主力接近官渡，依沙堆立营，东西宽约数十里，曹操也立营与袁军对峙。曹军一度出击，与袁军数战不利，只好退回营垒坚守。

时双方相持三月有余，曹军处境困难，不但前方兵少粮缺，士卒疲乏，后方也不稳固，曹操几乎丧失必胜信心，曾想退守许都，荀彧献策说："袁绍将主力集结于官渡，想要与公决胜负。公以至弱当至强，若不能制，必为所乘，这是决定天下大势的关键所在。当年楚、汉在荥阳、成皋之间，刘邦、项羽没有人肯先退一步，以为先退则势屈。现在公以一当十，扼守要冲而使袁绍不能前进，已经半年。情势已然明朗，绝无回旋余地，不久就会发生重大转变。这正是出奇制胜之机，千万不可坐失。”于是曹操决心继续坚守待机。

同年十月，袁绍派车运粮，并令淳于琼率兵万人护送，囤积于袁军大营以北约20公里的故市（今河南延津县内）、乌巢（延津东南）。恰在这时，袁绍谋士许攸投奔曹操，建议曹操轻兵奇袭乌巢，烧其辎重。曹操立即付诸实行，留曹洪、荀彧守营垒，亲自率领步骑五千，冒用袁军旗号，人衔枚马缚口，各带柴草一束，利用夜暗走小路偷袭乌巢。到达后立即围攻放火。当曹军急攻乌巢淳于琼营时，袁绍增援部队已经迫近。曹操励士死战，大破袁军，杀淳于琼等，并将其粮草全数烧毁。袁绍幕下大将张郃、高览闻得乌巢被破，于关键时刻投降曹操，再次导致袁绍军心动摇，内部分裂，一时间袁军崩溃，又被曹军回马掩杀。袁绍仓皇带八百骑兵退回河北。

官渡之战，经过一年多相峙，曹操以两万左右的兵力，出奇制胜，击破袁军十万，创造了中国历史上以弱胜强、以少胜多的典型战例。公元202年，袁绍因兵败忧郁而死，曹操乘机彻底击灭了袁氏军事集团，公元207年（建安十二年）年，曹操又征服乌桓，至此，战乱多时的北方实现了统一，曹魏立国之基就此奠定。

博按：官渡之战，因此战前后和过程中几乎囊括三国时期所有知名之人，且于此后之政局影响深远，是以为历代史家所广泛青目而深入研究。其于后世亦留下诸多经验教训：

一曰骄兵必败，哀兵必胜。袁绍占据绝对优势，手下兵多将广，但其以兵多将广而大意骄纵，一意孤行，谋不听沮授、许攸之远计，用兵不慎又连失颜良、文丑、淳于琼、张郃诸猛将，后因许攸反而失乌巢之粮，遂致大败；而处于明显劣势地位的曹操则常以哀兵示敌，进而群策群力，一心抗敌，背水一战，同仇敌忾，终于以少胜多，以弱胜强。

二曰善得人才，善于纳谏。袁绍手下，本有沮授、田丰、许攸等一流谋士，且有颜良、文丑、张郃、高览等当世勇将，且于关键时刻都有良谋献计，无奈袁绍刚愎自用，不听人言，以致上下离心，军心散敌；反观曹操，听说许攸来奔，赤脚出迎，用人不疑，迅速把握时机，掌握有利态势，乌巢一战，以一当十，最终锁定胜局。是以连诸葛亮亦在其《隆中对》赞扬曹操："曹操比于袁绍，则名微而众寡。然操遂能克绍，以弱为强者，非惟天时，抑亦人谋也。"

三曰战略取势，战术取奇。曹操于此战之前，先后灭吕布、降张绣、稳刘表、死孙策、驱刘备，使其于原先所处的"四战之地"的被动局面为之扭转，使战场形势向着自己有利之一方发展，实体现其为战略家和政治家之高远眼光。毛泽东在《中国革命战争的战略问题》也曾以官渡一战为例，指出"双方强弱不同，弱者先让一步，后发制人，因而战胜"；而曹操于战术上强调奇兵奇袭，不与强敌做正面交锋，不但攻守相济，而且屡出奇兵，巧施火攻，对整个战局发挥了"四两拨千斤"的重大作用，集中体现曹操卓越的用兵谋略和指挥才能，实其于两军实力客观判断之下所做的正确选择。

四曰决心坚定，用兵大胆。此战曹操曾经在最艰难之时想过放弃，而荀彧却提醒曹操："在战争双方都疲惫不堪时，谁后退谁被动，谁放弃谁灭亡，战机就在这时出现。"最后帮助曹操寻回必胜的信心，继续与袁绍相持；而在作战过程中，曹操历次用兵不但用奇，而且展现了较大的胆略勇气，也为其最终取胜奠定了基础。是以民国史学家吕思勉评价："曹操攻淳于琼，固然有胆气，也只是孤注一掷之举，其能耐，倒还是在历久坚守、能挫袁军的锐气上见得。军事的成败，固然决于最后五分钟，也要能够支持到最后5分钟，才有决胜的资格哩。"

综上所述，古今凡为名将帅者，两军阵前，临机断敌，洞明而知彼知己，坚定而进退有度，善任而得谋于人，临机而杀罚决断，此胜战之要，曹公之军事高明以及此后曹魏于三国中之主导地位，实于此战奠基。

109. 毛玠：曹魏第一组织部长

毛玠（？—216年），字孝先，陈留平丘（今河南封丘）人，年少时为县吏，以清廉公正著称。因战乱而打算到荆州避乱，中途知道刘表政令不明，后转投曹操，提出“奉天子以令不臣，修耕植，畜军资”的战略规划，得到曹操欣赏。

而毛玠广为后人所称道者，在于其与崔琰主持曹魏集团的人才选拔之时（事实上的吏部尚书）。史载毛玠所举用的都是清廉正直之士。而且其本身也很廉洁，因而激起天下廉洁之风，即使尊贵得宠大臣，衣着车辆都不敢太奢华。毛玠和崔琰一改朝中风气，令曹操大为赞赏，曾感叹说：“用人能做到这样，使天下人自己治理自己，我还有什么可做的呢！”曹操长子曹丕作五官中郎将时，亲自去见毛玠，托他任用自己的亲属。毛玠答复说：“我因为能够恪守职责，才幸而得以免于获罪。现在您所提到的人不合升迁的次第，因此我不敢奉行您的命令。”

一次，曹操准备撤并一些机构和官职。担任东曹（组织部副部长）官职的毛玠对以私情向他求官的一概拒绝，当时一些人想要联手撤除东曹。于是他们一起禀告曹操说：“依旧制，西曹为上，东曹为次，应该撤销东曹。”曹操知道其中实情，下令说：“太阳出于东方，月亮明于西方，凡人说到方位，也是先说东方，为什么要撤东曹？”于是反而撤除了西曹。为此，曹操特意把几个素色屏风、素色凭几（桌案）赐给毛玠，说：“你有古人的风范，所以赐给你古人的用具。”

公元213年（建安十八年），魏国建立，毛玠作尚书仆射，又主持选举。当时太子还没有确定，而临菑侯曹植受到恩宠，毛玠秘密地劝告曹操说：“近来袁绍因为嫡子庶子不分，导致家破国亡。废立太子是件大事，废长子而另立，可不是我所愿意听到的消息。”后来群臣聚会，毛玠起身去厕所，曹操说：“他正是古人所说的国中正直之士，是我的周昌（汉初刘邦谋士，入关破秦后任御史大夫，封汾阴侯。因耿直敢言，刘邦欲废太子，他直言谏止）啊！”

后来有人诬告毛玠，触怒曹操，毛玠被逮捕下狱。大理寺卿钟繇奉命责问毛玠。毛玠于是写下一篇著名的自辨文，录自《三国志·魏书》：

玠曰："臣闻萧生缢死，困於石显；贾子放外，谗在绛、灌；白起赐剑於杜邮；晁错致诛於东市；伍员绝命於吴都：斯数子者，或妒其前，或害其后。臣垂龆执简，累勤取官，职在机近，人事所窜。属臣以私，无势不绝，语臣以冤，无细不理。人情淫利，为法所禁，法禁于利，势能害之。青蝇横生，为臣作谤，谤臣之人，势不在他。昔王叔、陈生争正王廷，宣子平理。命举其契，是非有宜，曲直有所，春秋嘉焉，是以书之。臣不言此，无有时、人。说臣此言，必有征要。乞蒙宣子之辨，而求王叔之对。若臣以曲闻，即刑之日，方之安驷之赠；赐剑之来，比之重赏之惠谨以状对。"

全文译之如下：

臣听说萧望之自杀，是因为受到石显的陷害逼迫；贾谊被放逐到外地，是因为周勃、灌婴进了谗言；白起在杜邮被赐剑自杀；晁错在東市被诛杀；伍员在吴都被迫自杀：这几个人，有的是当着面被人忌恨，有的是在背后被人暗害。臣年轻时就手执简策，靠长期勤奋努力获得官职，处在机密近要地位上，受到各种人事关系纷扰。别人把私事托付给臣，没有哪个有权势的不被拒绝，别人把冤屈告诉给我，没有哪件细微的冤情不去审理。人心贪图利益。而被法律所禁止，法律禁止贪图利益，有权势的人却能破坏它。谗言诬告的小人就像绿头苍蝇一样到处萌生，对臣进行诽谤，诽谤臣的人，势必没有别的原因。说臣讲过这样的话，一定要有证据。请求朝廷像范宣子那样明辨是非，要求像王叔那样对质。如果臣是用歪曲事实欺骗朝廷，受刑的那天，就好像是赠给我安车驷马；送来赐死的宝剑，就好像是得到重赏的恩惠。谨以实情回答。

当时桓阶、和洽进言营救毛玠。毛玠于是被罢免了官职，死在家中。太祖赐棺以葬。孙盛曰：魏武於是失政刑矣。易称"明折庶狱"，传有"举直措枉"，庶狱明则国无怨民，枉直当则民无不服，未有征青蝇之浮声，信浸润之谮诉，可以允釐四海，惟清缉熙者也。昔者汉高狱萧何，出复相之，玠之一责，永见摈放，二主度量，岂不殊哉！

博按：初读三国之史，唯知毛玠曾于赤壁之战时和于禁同为曹军水军都督，为败军之将尔。而细读于《三国志·魏书》时，始知毛玠更为三国时著名之“组织部长”，其清正廉洁及选人用人之道深可为后世良鉴。而由此反思于三国之史，时中国之所以为三国，实三国之君，皆能选择良臣良将而为之用之故也。是以南宋名臣章如愚曾谓：“至于三国，各自据其土而成鼎峙之势，亦诸人之力也。故在魏，则荀攸、贾诩之算无遗策，郭嘉、刘晔之才策谋畧，管宁之渊雅高尚，毛玠之典选清正；在吴，则周瑜、鲁肃之俦入为腹心，出为股肱，甘宁、凌统之徒奋其威，黄盖、蒋钦之属宣其力；在蜀，则诸葛孔明之长于治国，费祎、董允之志虑忠纯，向宠之性行均淑，皆一时之人杰也。”近世梁任公亦云：“古者任官，各举其所知，内不避亲，外不避仇。汉、魏之间，尚存此意，故左雄在尚书，而天下号得人；毛玠、崔琰为东曹掾，而士皆砥砺名节。后世虑选人之请托，铨部之徇私也……然而奇才不能进，庸才不能退，则考绩废也；不为人择地，不为地择人，则吏治隳也。”而另观于毛玠最后被诬而下狱之结果，始知曹公所以不能统一华夏之原因：因其器量不若汉高祖也。而再以此观于今世，当前强力反腐之下，诸多用人之弊时有显露，尤其是无论政府军中，一些居高位者竟或以财进，或以裙带关系进，或以“圈子”进，而得进者无不以竞相贪腐为务，此于国于军，害莫大焉，能不思毛玠公乎？能不反思于魏武之用乎？

110. 悲情赤壁

史读三国，赤壁之战可堪反复卒读。本着独辟蹊径的原则，本文权以三“悲情”述而论之：

其一曰战前之悲情刘备。战前刘备如丧家之犬，东奔西突，兵不过数千，城不过三两，寄人篱下而不可得，若非曹操兵临荆州，则孙权亦不会盟弱刘抗强曹，此为战前之悲情刘备。

其二曰战中之悲情曹孟德。战前孟德挟天子以令诸侯，挥师百万（实有近二十万），并尽有荆州千帆水军，水陆并进，本具一统华夏之实力，然于孙刘联手之下，误听人谋，骄伐自任，以致火烧连营，功败垂成，败走华容，岂不惜乎？

其三曰战后之悲情孙权。孙权本当世英杰，赤壁战前审时度势，战略运用得当，选将周瑜，听谋鲁肃，黄盖用命，一战而大败曹军，名震天下，然战后孙权却以妇人之仁，不听周瑜之策，嫁妹刘备，轻借荆州，致使赤壁之战之重大战果尽落于刘备之手。以致刘备借赤壁之战之余威，南下数郡，西取蜀（益州）汉（汉中），遂致天下三分而有其一，亦成孙吴之一“在咽之鲠”，此孙权战后处置失措之重大失误，三国大势，自此奠定。

博按：赤壁一战于后世可谓良鉴殷殷。于败军之曹，有论者曰：昔齐桓一矜功，而畔者九国。曹操暂自骄伐，而天下三分。皆奋之于数十年之内，而弃之于俯仰之间，岂不惜乎？窃以为三国之形成，首因曹操之骄矜失计，次因刘备之因时乘势，兼并弱小以攻骄昧之曹，后乘大功，再因孙权之联刘自保，虽达目的，亦为刘备做完美嫁衣。由是观之，赤壁一战，实诸葛与鲁肃两位政略家之战略措置之最终实现。至于刘备，裴潜曾论之曰：使居中国，能乱人而不能为治也；若乘间守险，足以为一方主。此言诚不虚。赤壁一战，刘备乘孙曹之间，受荆州之险，终成一国之主。是以图大事者，必须得时势之有利，人才之辅弼，并地缘之优势。三者并具，然后因势利导，始可功成。

111. 孙氏三英：以生命奠基东吴，以得才而鼎一国

三国之势，曹操因官渡一战得北州诸地，刘备因得诸葛之谋而轻取荆州，后图益州，因各得国家奠基之地。独孙氏父子之开国，壮烈而艰难，今且述而论之：

孙吴之立国，先以孙坚之勇略破局，再以孙策之决断勇猛开六郡之基业，而后孙权以得江东人心而建立东吴。先是孙坚联袁术而讨董卓，不意于三十七岁时因冒失轻进，死于乱箭之下；后孙策少年出世，求袁术之助而不

得，始以弱冠之年（古之二十为弱冠之年），率数千将士渡江击刘繇，历四年而开拓会稽等六郡之地，其开拓之迅速，得地之广大，远胜于曹刘。然策亦履父辙，未及而立之年，复以游猎而遭箭矢丧命。

史载孙策被箭重伤之时，曾告其弟孙权曰："中国方乱，以吴越之众，三江之固，足以观成败！"并言之："举江东之众，决机于两阵之间，与天下争衡，卿不如我；举贤任能，各尽其心，以保江东，我不如卿。"后孙权受命之后，果然发挥其人格魅力，尽得江东人才之鼎力辅佐支持，周瑜奔吴，张昭、鲁肃、吕蒙、陆逊诸江东英才儒士见用，并联合刘备抗击强大之北方曹魏势力，终于赤壁一战奠定三国之大局势，成就了其父子三人前赴后继之不世功业。

博按：孙氏三英，本以战国田氏之遗裔，军事谋略家族之血脉传承，终使其能于汉末之乱世中发展壮大，三分天下而有其一，可谓历史之奇迹。三英之中，孙坚以远谋奠基，孙策以勇略开拓，孙权以得人而终成大功。尤其孙策上承孙坚开国之志，下嘱孙权御人之术，实孙吴立国之最关键之人。是以陈寿于《三国志》中评其"英气杰济，猛锐冠世，揽奇取异，志陵中夏"。读史弥久，愈感历史之王者，一言以蔽之：在识人、在得人、在用人。然再而反思于孙氏三英之悲烈建国，更知非常之功必得非常之人行之。而所谓非常之人，必得既具非常之胆魄勇毅，更需非常之小心谨慎。以孙氏三英之能力格局，若非坚、策父子相续以轻进冒失而丧命，则三国之格局或当重论，魏晋之后世亦将再书。是以古人云"君子不涉险地"，此之谓也。历史虽不能假设，然吾辈于其中可得一悟乎?

112. 武侯诸葛：持心以平，秉国以忠

《资治通鉴》记曰：诸葛生前，曾表于汉主刘禅：成都有桑八百株，薄田十五顷，子弟衣食，自有余饶，臣不别治生以长尺寸。若臣死之日，不使内有余帛，外有赢财，以负陛下。后卒如其所言。蜀丞相长吏张裔常称亮

曰：公赏不遗远，罚不阿近，爵不可以无功取，刑不可以贵势免，此贤愚所以俭忘其身者也。陈寿评曰：诸葛亮之为相国也，抚百姓，示仪轨，约官职，从权制，开诚心，布公道，尽忠益时者，虽仇必赏；犯法怠慢者，虽亲必罚，服罪输情者，虽重必释，游辞巧饰者，虽轻必戮，善无微而不赏，恶无纖而不贬，庶事精练，物理其本，循名责实，虚伪不齿，终于邦域之内，咸畏而爱之，刑政虽峻而无怨者，以其用心平而劝诫明也！可谓治世之良才，管萧之亚匹也！

博按：读史三国，常抚诸葛武侯之《出师表》而长太息。后世之人多以智圣而称诸葛，而《要略》独感佩者其有三：其一曰难得之政略家，以其胸怀全局，未出茅庐而划天下为三分，并终成其果。其二曰不世之忠臣，当混乱之世，可与曹武、司马乃至孙权匹敌者，唯诸葛也。适刘备病亡，关张离世，唯诸葛可取刘氏天下而代之，然诸葛始终战战兢兢，如履薄冰，鞠躬尽瘁而为刘氏终，此诸葛为后世敬仰，曹武、司马为后世唾骂之根源，视其持心以正，秉国以忠也。其三曰淡泊之廉吏。诸葛淡泊名利，忠于职守，清正廉洁，无所私情，为一代名相廉吏。此三者，皆后世为官宰政者楷模。

113. 武侯之殇

三国所以为三国，诸葛武侯于隆中对中已远有所见。何以言之？初，曹操既挟天子以令诸侯，天下三分已有其二；孙权藉父兄之余威，凭长江天险而坐拥江东；独刘备亡命行旅，几无尺寸立足之地，其时中国大势，表为二雄而其实行将趋一，本无三分鼎峙之可能。然诸葛一出则形势突变，赤壁一战，曹操折翼，刘定孙固，隆中之对，一朝实现。然纵观此后诸葛武侯之作为，除其作为政略家及忠臣干吏之外，其于军事之运用、良将之统牧，乃至日常之吏事，尚有诸多殇败遗憾之处，今特述而鉴之：

一曰军事上之保守主义倾向。诸葛用兵，以正为主，出其不意之奇兵诡军极少。其用兵若孟获之山野鄙夫尚可御之，若遇司马懿之娴熟兵事者，则必师出而无功。此其虽六出祁山，一遇阻断便劳师无功而返之主要原因。尤其当魏延多次献奇策袭关中时，武侯皆以不合“正兵”为由而止之。

二曰吏事上之独揽朝纲。自刘备逝后，武侯虽鞠躬尽瘁于蜀汉朝廷，然其贵为丞相，朝中大小之事，必决于相府。《三国志》记载：亮曾自校簿书，主簿杨颙直谏曰：“为治有体，上下不可相侵，请为明公以作家譬之，今有人使奴执耕稼，婢典炊扫，鸡主司鸣……主家但高枕领食而已！忽一旦尽欲以身亲其役……岂其智不如奴婢鸡狗哉！是故古人称坐而论道谓之三公，作而行之谓之士大夫，故邴吉不问横道死人而忧牛喘，陈平不肯知钱穀之数，云自有主者！……今明公为治，乃躬自校书簿，流汗竟日，不亦劳乎！”正是在这样“诸事躬力亲为”之下，既使武侯积劳而成疾，亦使朝中缺乏历练宏远之文武能吏，以致蜀国后期政治人才匮乏，可堪寄任者无几的局面，而刘禅之庸碌，亦有武侯过于集权于相府之重大失误。是以后世徒责“阿斗”无能之时，当思武侯之过于“有能”矣！

三曰统御将领之失误频仍。先是街亭之守使用“心腹”马谡而不用知兵将领魏延，导致街亭之失；在六出祁山时多次否决魏延之奇兵策略，而致魏延心生不满；再而五丈原退兵时，诸葛又用杨仪而舍魏延，终致延反岱斩，此后形成“蜀中无大将，廖化当先锋”之局面，此亦武侯之失。

博按：诸葛武侯作为杰出的政治家，其能“将继旧邦之业，用复先君之命”；其治蜀之有方，能以小征大，威慑敌国；其死之后，尚能以其余烈续威而存蜀二十余年，诚万世少有之政略家。然瑕不掩瑜，武侯之失，亦常人之过。今人鉴武侯之得失，亦感于治世之吏治，亦有事必躬亲，无信他人之嫌；尤可良鉴于后世治平之时，用人御才，常取人以德以稳以平，以致真正有用之人才，大多湮没于下野，“逆淘汰”于上升之中，使真正有用之才不能施展于中枢军中。盖人才之为人才者，其个性必然强于庸人，其需求必然多于庸人，而统帅之为统帅，唯有得用其才、得御其道、得成其功、得足其用，此之谓王者用人之道。反而言之，以武侯之远略，亦难免于诸多失误，况今世之所谓人才？是以若徒责所用之人道德完美、性格完善，则其大多为庸才庸吏，既无用于国，亦有害于政。是以得人识人用人之道，可于武侯之殇中见其深意。

114. 吴下阿蒙：尽得兵法之妙

三国之时，战争频仍，精彩之战例颇多。然其中用兵至巧，兵法最妙，谋划最精者，莫过于吕蒙取荆州、败关羽一战。

当吕蒙继鲁肃守陆口，与关羽为邻始，即启动其骄敌示好之计策，屡与关羽修书，卑辞以安其心；当关羽出兵伐魏之襄阳，并留重兵守公安（今湖北公安县）、南郡时，吕蒙故以病召回吴都，实与孙权定收复荆州之计也；当关羽深入襄阳，不断于荆州抽兵催粮之时，吕蒙当机立断统帅大军，尽伏其精兵于蒙皮之舟，摇橹者皆着商贾白衣，盖伪装也。大军至江夏，即分军南阻关羽回援，一部突至公安，并尽擒关羽所屯之斥候（类于今之侦察兵也），及至公安城下，又因势使人劝降守将士仁，并带士仁至江陵再劝降守将麋芳，尽得关羽及其将士眷属。吕蒙皆抚慰之，问老安贫，探病理乱，有犯军令即为公者亦垂泪斩之，是以江陵安静，一无所犯。待关羽闻江陵已破，遣使与吕蒙谈判，吕蒙亦厚遇其使者，使其周游城中，家家致问，及还羽军，军人咸私相参问，皆知家门无恙而待遇优于往时，因此羽麾下将士皆无斗志，多弃军散走，当关羽孤穷走当阳，保麦城，遁漳乡之时，身边仅剩一子关平及十数骑也，遂为潘璋部下司马忠所擒获。一代“武圣”，终为吴下阿蒙所破。战后，孙权壮吕蒙之为，赏钱一亿，金五百斤，封侯授爵。

博按：吕蒙于荆州之战，始显其军事天才及名将之风。其攻心战运用之得心应手，可谓经典战例；其兵力伪装之娴熟，可谓精妙绝伦；其善于把握敌军统帅关羽苛责于人之弱点，所用得人，所谋周密，终成大功，盖因人制敌之举；尤以其得江陵之后，一系列安抚政策之妙用，虽强敌亦为之心动，终于兵不血刃而制强大如关羽般之强敌。可见吕蒙用兵之妙。陈寿《三国志》有言：吕蒙勇而有谋，断识军计，谲郝普，擒关羽，最其妙者！初虽轻果妄杀，终于克己，有国士之风，岂徒武将而已乎。吾辈于军旅之中，当熟思之、细审之、体效之。

115. 司马昭御将

三国后期，魏所以灭蜀者，实司马懿、司马师、司马昭父子三人之功。尤以后者继承父兄之余烈，得邓（艾）钟（会）二将之力，终于使后主束手，姜维无奈，三国鼎立之势因之而亡，历史进入西晋短暂统一时期。而开创这一历史功业者，实赖于雄才大略的司马昭牧将有术。今以论之：

先是，司马昭决心三路兵马伐蜀时，即有主将邓艾屡陈异议，昭虽患之，但因其将才难得，乃因主簿师纂喻之（即做思想工作），艾始奉命；当司马昭大赉将士，陈师誓众之时，又有将军邓敦者谓蜀未可讨，司马昭即斩之以徇军行，时军情震动，皆知司马昭伐蜀决心；后三路军将行之际，谋士邵悌进言曰：钟会难信，今遣之率十余万伐蜀，恐其单身无任（即无父母妻子在京为质），不可使之专军入蜀。时司马昭亦知钟会属“见利忘义、好争事端、宠过必乱、不可大任”之徒，然仍云：“今伐蜀之议，众皆言不可，独钟会与吾意同。夫人心怯则智勇并竭，智勇并竭而强使之，适足为敌擒耳……今遣会伐蜀，是其能灭蜀必矣！而灭蜀之后，钟或生异志，当何以办之？凡败军之将不可以语勇，亡国之大夫不可以图存，若蜀已破，遗民震恐，自不足以图大事，而中国将士（即钟会所率之军）人自思归，自又不肯与之同谋，会纵有异志，（亦）无能为也！况以三帅并进，各不相属……若真作恶，只自族灭耳！”邵悌犹有未释（即理解），又私问相国军事刘实（盖司马昭之核心幕僚）：钟会邓艾并用以伐蜀，其能平蜀乎？实曰：破蜀必矣！而皆（指钟会、邓艾）恐不能还矣！悌追问其故，实但笑而不答（有所言有所不言，可见主将身边核心谋臣的保密工作的重要性）。盖司马昭与刘实早有密谋，欲使二帅进则争功，退则诿过……在其立功之后，司马昭将准备自将大军，亲督其后，制二将于法也。

此后的战场发展果如司马昭所料，邓艾灭蜀后即不听王命，持功自矜，欲伐东吴；钟会合二十万大军入蜀后，果欲依蜀中名将姜维之力，图谋据蜀成事，后均遭族灭。司马昭御二名将以灭蜀，并灭二将以弭乱，遂奠定司马氏以晋代魏之最终结局。

博按：钟会、邓艾二人，本司马氏长期培养之名将能吏，其才可致国兴，勇可致国破。然人非圣贤，皆有所私。其人性之优劣，优可资利用，弱必预防备，视其牧御有方与否。乱世中司马昭之手段虽或残酷无情，然于其时乃至当之举。于今观之，其成功利用心怀叵测之二将以灭蜀，在于核心当局之谋划有致，安排得当，形势判断准确，且核心层保密工作亦很重要。设若二将一旦早知“司马昭之心”，二将合谋，则司马氏之谋恐危。其高贵乡公（魏帝“司马昭之心，路人皆知”之发明者也）可为之喟叹哉！

116. 朱然在军：终日钦钦，若在战场

三国名臣良将之中，吴左大司马朱然不以名闻。其为史书记载者，不外于吕蒙麾下擒得关羽而已。而今于笔记特述其事，赞其为真将军也。

朱然字义封，尝与孙权同学书，结恩爱。至权统事，以然为余姚长。后擢山阴令。权奇其能，分丹杨为临川郡，以朱然为太守。会山贼盛起，朱然平讨，旬月而定。建安二十四年，从虎威将军吕蒙讨关羽，于临沮禽羽，迁昭武将军。吕蒙病笃。权问谁可代者，蒙对曰：“朱然胆守有余，愚以为可任。”蒙卒，权授然节，镇江陵。魏遣张郃等攻围江陵，中外断绝。时城中兵多肿病，堪战者才五千人。郃等起土山，立楼橹临城，弓矢雨注，将士皆失色。朱然晏如无恐意，方厉吏士，伺间攻破两屯。江陵令姚泰领兵备城北门，见外兵盛，城中人少，谷食欲尽，因与敌交通，谋为内应。垂发（将要发也）事觉，朱然即戮泰。郃等不能克，乃撤攻退还。由是朱然名震于敌国，改封当阳侯。

赤乌五年及九年，朱然两征柤中皆大胜而返。先是，归义马茂怀奸（持兵欲叛也），权深忿之。朱然上疏曰：“马茂小子，敢负恩养。臣今奉天威，事蒙克捷，欲令所获，震耀远近，方舟塞江，使足可观，以解上下之忿。惟陛下识臣先言，责臣后效。”孙权时抑表不出，待朱然大破马茂，献捷之日，群臣上贺。权乃举酒作乐，而出朱然（前奏之）表曰：“此家（即朱然）前初有

表，孤以为难必，今果如其言，可谓明于见事也。”遣使拜然为左大司马。

史载朱然长不盈七尺（按当时16尺为一丈的度量标准，不过5尺之高，可谓身矮），气候分明，内行修洁。终日钦钦，若在战场，临急胆定，尤过绝人。然疾，后渐增笃。吴主孙权昼为减膳，夜为不寐。自创业功臣疾病，孙权意之所钟，吕蒙最重，朱然其次矣。卒时。孙权素服举哀，为之恸哭。

博按：读史三国，名臣良将可谓不少。然何以述及笈笈无名之朱然？以其有古名将之风。身在军旅，耳必常闻鼙鼓之声，目必常临军旅之事，神必常游战阵之中。以兵者，国之大事；将者，国之所依；军旅一振，国本动摇；量敌对阵，万命在握，其无常备之虞，必有临阵之危，是以既在戎伍，便当效朱然之遗风，其“明于见事者”，固其日有常备，能够“终日钦钦，若在战场”必也。而观于和平时期之军中上下，因为承平日久，常有“无敌”之状，又有“不战”之声，既少忧患之态，亦无“临渊”之备，倘若一旦有事，必陷入取败之地。而为军卫国者，不管是和平时期，抑或是战乱之时，非但时时处处料敌于先、料敌于无，而且临急胆定、临阵可胜，此方为真军人，君以为然否？！

117. 起底三国

读史三国，终极之问，仍要回到曹、刘、孙三帝。文臣如诸葛、荀彧、鲁肃，武将如关张、曹（洪）张（郃）、周（瑜）吕（蒙），皆得三帝之用而已。因于三国入两晋之际，小结三帝之得失，谓之起底三国：

其一，论魏之曹孟德，其“成也于己，败也于己”。何以言之？三帝中，谋划全局，用兵当阵，文武全才，曹以当首。然正因己之过强，而不善于培植帅才，网罗精英，虽曾多次行令求贤天下，然终其一世，手下无诸葛式谋臣，吕蒙式大将，且曹之狐疑善变，刻薄寡恩，器量局狭，乃其所以难成统一天下之千古一帝。

其二，论蜀之刘玄德，其“成也于情，败也于情”。何以言之？刘备自纵横天下，始终以至情感于天下。其桃园结义之生死共情，三顾茅庐之举士为师之情，爱民如子之仁情，是其终于夹缝中鼎力蜀汉之主因。然其失也，亦感情用事之失。其战略核心之荆州主将，本不应以关羽镇之。其得荆州始得蜀汉，系诸葛隆中对之关键。若刘备以诸葛或得诸葛深意之将领守之，则不致以关羽之刚而自矜，终破吴蜀联盟，蜀由此败。再者，关羽、张飞相继亡后，刘备怒而兴师，愠而求战，犯兵家之大忌，遂致猇亭一战，败走白帝城，蜀之大势遂去矣。

其三，论吴之孙仲谋，其“成也于才，败也于才”。何以言之？孙权既无父孙策之深谋远见，又无其兄孙坚之果敢决绝，然自父兄相继亡后，孙权即以得人才而定江东。其手下张昭、鲁肃、周瑜、吕蒙、陆逊，皆为文可比肩于诸葛，武可不遑让于关张之当世英才，孙权能得而用之，以成帝业。然孙权暮年，性多猜疑，果于杀戮，谗说殄行，胤嗣废毙（即其废太子，以幼小之孙亮为嗣），最后小人当朝，人才调弊，终为司马氏所殄灭。

博按：曹操、刘备、孙权三帝，以乱世之雄，继起于草莽之间，各展其才略，奋数十年之力，而三分天下有其一，既有其雄武才略之一面，亦各有其性格弱点或能力局限。其曹孟德求贤若渴而不得英才，因其性刚而刻薄；刘玄德既怀其玉（人才也）而又感情用其事，遂难大张其势，因其胸怀器度之弱点；孙仲谋虽尽得江东之杰而未做势力伸张之努力，由其失荆州之时亦可知其目光短浅。三帝者，所以致天下三分而未能一者，实各具人格弱点、胸怀能力之局限，终难与前汉之高祖、后汉之光武之胸怀格局与能力相比，是以中华民族数次大一统局面之形成，皆有赖于雄才大略之领袖出现，而此等雄才伟略之人，孟子曰：“五百年不世出也”。

118. 堕泪碑下思良将，襄阳城外说羊祜

晋武灭吴，再一华夏，若记首功，非名将羊祜莫属。兹以述之：先是，晋武有灭吴之志，以羊祜镇襄阳，都督荆州诸军事。羊祜始绥怀远近，甚得

江汉之心。其与吴人开布大信，降者欲去，皆听之。减戍逻之卒，以垦田八百余顷。其始至也，军无百日之粮，及其季年，乃有十年之积。祜在军，常轻裘缓带，身不被甲，铃阁之下，侍卫不过十数人。每交兵，刻日方战（即约好时间，双方准备好再战），不为掩袭之计。将帅有欲进诡计者，辄饮以醇酒，使不得言。祜出军行吴境，刈谷为粮，皆计所侵，送绢偿之（注意：收敌境之谷，反给予补偿，此前之战史所未之有也）。每狩猎于江、沔，常止晋地，若禽兽先为吴人所伤而为晋兵所得者，皆送还之。于是吴边人皆悦服。祜与陆抗（名将陆逊之子，亦吴之最后可依赖之名将）对境，使令常通。（陆）抗遗祜酒，祜饮之不疑；抗疾，求药于祜，祜以成药与之，抗即服之。人多谏抗（恐羊祜借药毒之），抗曰："岂有鸩人羊叔子哉！"抗告其边戍曰："彼专为德，我专为暴，是不战而自服也。各保分界而已，无求细利。"吴主闻二境交和，以诘责抗，抗曰："一邑一乡不可以无信义，况大国乎！臣不如此，正是彰其德，于祜无伤也。"

羊祜以病求入朝，既至，帝命乘辇入殿，不拜而坐。祜面陈伐吴之计，帝善之。帝欲使祜卧护诸将，祜曰："取吴不必臣行，但既平之后，当劳圣虑耳。功名之际，臣不敢居；若事了，当有所付授，愿审择其人也。"

史载，祜卒时，晋武帝哭之甚哀。南州民（即晋吴交界之州）闻祜卒，为之罢市，巷哭声相接。而吴守边将士亦为之泣。祜好游岘山，襄阳人建碑立庙于其地，岁时祭祀，望其碑者无不流涕，因谓之堕泪碑。

博按：兵法云："攻心为上，攻城为下"。中华乃至世界战史之中，真正如羊祜一般，如此大得敌境内之民心，可谓少之又少，弥足珍贵。而观羊祜之举，首因吴有名将陆抗在军，不可以奇兵制胜；次以羊祜志在一统吴地，先视吴人为一家；再因羊祜度势，以晋方北有强寇未除，吴人政局尚稳，未可一战而胜。是以羊祜将兵之计，在于长远之胜，而不求一战之利。羊祜之师，真王者之师、仁义之师，倘以此师临敌，则必将无往而不胜。而其后晋武帝能够顺利实现中华之大一统，实羊祜奠定之良好基础。

119. 晋武其英主乎

魏灭蜀后不久司马昭即亡，其子司马炎即位。魏武帝曹操创立之大魏基业，在司马氏三世四英（懿、师、昭、炎）的不懈瓦解之下，终于以和平方式实现魏祚晋移的政权转换。晋武帝司马炎登上其人生峰巅的第一个历史舞台，即为谋划统一中国，再创不二帝业。在击败北方叛乱之后，武帝遂按羊祜之谋，以王睿“引梁益之兵，水陆直下”，以镇军将军王伷出涂中，以安东将军王浑出江西，以建威将军王戎出武昌，以平南将军胡奋出夏口，以镇南大将军杜预出江陵。为达集中统一之指挥，司马炎特令王睿攻至建平后，归杜预节度；至秣陵（今南京，吴都也）即受王浑节度，一开大规模战役战场指挥权随机转移之先河。武帝精心谋划，将士人人用命。一战之间，东吴国灭主降。中国自秦、汉之后，再次实现短暂之大一统局面，实武帝此战居中指挥调度之功。

然自西晋统一之后，武帝即一改往日之雄才大略，先是封建群王，封宗亲于郡国，大开历史之倒车；再是束甲解士，国家军队一朝鸟散；另以灭吴后取吴地宫女五千余人充实后宫，合原有之宫女近万人，史传武帝“常乘羊车，恣其所至，至便宴寝，宫人乃争以竹叶插户，盐汁洒地，以引帝车”。极意声色，遂至成疾，以年五十五崩。

博按： 晋武本有雄才大略，初建晋廷，发愤图强，北灭顽凶，南平孙吴，观其惜才用才，过于其祖；谋划战阵，分部将帅，井井有条，是以一战而定天下。然其既为开国之君，却无长治久安之制度经谟。其胜后之种种措置，皆违于时势，背离现实，且其本人荒淫无道，疏于政事，误其身以早亡，误其国于早破。且由于晋之统治过短，没有形成较为稳定之政治局面，是以晋亡后，中华即迅速陷入五胡乱华之混乱局面，历近三百年而万劫不复，大汉民族几被殄灭殆尽，此晋武发其轫，启其端，可为后世长叹悲哭。

120. 西晋杜武库：以计代战一当万

晋初名将杜预，本以尚（即娶公主为妻）武帝妹高陆公主起家，拜尚书郎。武帝以钟会伐蜀，杜预为镇西长史。及钟会反，僚佐并遇害，唯杜预以智获免，后与车骑将军贾充等定律令，既成，杜预为之做注解，乃上奏曰："法者，盖绳墨之断例，非穷理尽性之书也。故文约而例直，听省而禁简。例直易见，禁简难犯。易见则人知所避，难犯则几于刑厝。使用之者执名例以审趣舍，伸绳墨之直，去析薪之理也。"（可谓知法律之要义也）诏班天下。

是时朝廷皆以杜预明于筹略，适逢匈奴帅刘猛举兵反，武帝诏命杜预以散侯定计省闼（类似于今日之军委参谋总长），后又拜为度支尚书（总后勤部长）。预乃奏立藉田，建安边，论处军国之要。又作人排新器，兴常平仓，定谷价，较盐运，制课调，内以利国，外以救边者五十余条，武帝皆采纳为用焉。杜预在职七年，增益万机，不可胜数，朝野称美，号曰杜武库。

时武帝密有灭吴之计，而朝议多违，唯杜预、羊祜、张华与帝意合。而祜病，举杜预以自代，领征南军司。杜预既至镇，缮甲兵，耀威武，乃简精锐袭吴西陵督张政，大破之。又间吴边将，使其将帅移易，以成倾荡之势。处分安排完毕，乃启请晋武伐吴之期，书陈伐吴十有八九利，帝乃许之。以太康元年正月，陈兵于江陵，智取后遣众循江西上，旬日之间，累克城邑。又遣奇兵八百，泛舟夜渡，以袭乐乡，多张旗帜，起火巴山，出于要害之地，虏吴都督孙歆而还，故军中为之谣曰："以计代战一当万。"既平上流，于是沅湘以南，至于交广，吴之州郡皆望风归命，奉送印绶。孙皓请降，东吴遂平。

平吴后，杜预以天下虽安，忘战必危，乃勤于讲武，修立泮宫，江汉怀德，化被万里，又开渠灌田，荆人称其为"杜父"。既立功之后，从容无事，乃耽思经籍，为春秋左氏经传集解，时人谓其有《左传》之癖。

博按： 西晋灭吴，羊祜首当其功，而杜预则实际践行之。杜预可堪为后世所铭记者，一在其主战灭吴，筹策长远，措置理当，一战而灭大国，不愧为名将；二在处军国之要而诸多建树，立藉田、定谷价、较盐运、制课调、定律令、建安边之策，实履职尽心之良将；三在其于平吴后仍勤于讲武，修立泮宫，既立功之后，又注《左传》成癖，成一代儒将。上述三者，既秉心以忠，又谋事以成，再退而读书，斯之为大智慧者，可为古之名将楷模。

121. 刘渊亡晋：五胡乱华之肇始

西晋以武帝目光短浅，统一天下后，未做着眼长远之筹划，反行因循偷安之安排，分封诸侯而致八王之乱，立昏庸之君而致杨贾二后乱政（所立之惠帝即“为何不食肉糜”之发明者），以致晋建国不久即呈亡国之相。而亡其国者，正是司马氏朝廷悉心培养之匈奴人质刘渊。

刘渊字元海，新兴（今山西忻州）人。自幼接受汉族文化，博览经史，尤喜读诵《春秋左氏传》、孙吴兵法。常耻随、陆无武，绛、灌无文（随、陆：随何、陆贾，汉高祖时文官；绛、灌：绛侯周勃，灌婴，汉高祖时武将。指人才的片面性，能文者不能武，能武者不文），遂兼学武事。曾在洛阳为任子（即匈奴人质也），后为晋武帝司马炎所赏识，迁任北部都尉、建威将军、匈奴五部大都督。公元304年，西晋王室内战不休，匈奴各部酋长欲乘机谋复祖业。刘渊趁势集众五万，自谓系汉朝之甥，以继承汉业为由，建立汉国，称汉王。后逞兵败司马腾，取太原，攻西河，占介休，据太行，遣石勒等十将东下赵、魏，开拓疆土，遂称帝并移都于平阳（今山西临汾）。后遣大将军刘景攻克黎阳、大败晋将王堪于延津，破屯留、长子，俘斩晋军近两万人。随后两次遣刘聪等部攻晋都洛阳，屡攻不下转而对洛阳周围要地予以进攻，以弱洛阳军势。后刘渊卒，其子刘聪率军攻破长安、洛阳，俘获怀、愍二帝。西晋遂亡。

博按：刘渊建国启五胡乱华之始。其后十六国并起，战乱叠加，生灵涂炭，中华帝国几至而亡。今人有将五胡乱华之历史教训，责之于刘渊一人，实不尽知其所以然。何以？当司马氏不择时势，错乱分封，束甲解士，大开历史倒车之时，其实已经注定天下乱局。而且，由于西晋继三国之乱而建，三国时期，由于没有统一之大帝国形成，对中原周边少数民族没有进行有效统御及遏制，导致诸胡坐大而产生图谋中华之野心。尤其当晋朝统一中原之后，晋武帝耽于游嬉，没有及时对周围的少数民族进行有效征服和空间压制，加之其采取的分封制又大大影响了中央集权的权威和治理能力，是以当晋武帝一去，幼主当国，则天下四崩而诸胡觊觎之势则成为历史的必然。反而言之，以刘渊之谋且勇，若逢高祖光武之明君，则可为治世之良臣，守土之良将。然国策失算，朝野混乱，天下汹汹，有志无家者借机而起，固其常理，焉能责其非我族类而大加鞭挞，此狭隘史观之所体现，今为一家之言以存之。

122. 胡皇石勒：恢弘大度，察纳雅言

西晋大安年间，西晋王室司马腾（史称“东嬴公”）使将军张隆掳群胡赴冀州卖充军实（即掳掠胡人卖钱为奴以养军队）。司马腾未曾想见，其所卖之奴中，一长相奇异名石勒者，将对司马王朝以致命打击。若干年后，石勒先以刘渊将而俘获并尽杀晋王室公室十数万人，其中司马氏四十八王尽数殄灭。后石勒力助刘渊建立刘汉政权，再于刘汉和前赵政权没落后，石勒又东征西讨，开启了主宰北方大部地域的后赵政权。而司马腾反于战乱中被杀。

石勒，山西上党武乡羯族人。少之时，一度为奴于山东。有远志，善骑射，胆识过人，因与汲桑起事，集十八骑兵，纳汉人张宾为谋主，一路奔杀，数易其主，终于统一北方。公元319年，石勒即大单于、赵王位，荣登皇帝宝座，改元建平，依张宾之言，定都襄国（今河北邢台）。

《晋书》曾记石勒逸事：勒曾酒酣，谓臣徐光曰：“朕方自古开基何等主也（我与古代开国之君相比是什么样的人呢）？”对曰：“陛下神武筹略迈于高皇（汉高祖刘邦），雄艺卓荦超绝魏祖（魏太祖曹操），自三王（指尧舜禹三帝）已来无可比也，其轩辕（黄帝）之亚乎？（徐光以此一评，可谓天下第一马屁精）”勒笑曰：“人岂不自知，卿言亦以太过。朕若逢高皇，当北面而事之，与韩彭竞

鞭而争先耳。脱遇光武，当并驱于中原，未知鹿死谁手。大丈夫行事当磊磊落落，如日月皎然，终不能如曹孟德、司马仲达父子，欺他孤儿寡妇，狐媚以取天下也。朕当在二刘之间耳，轩辕岂所拟乎！”其群臣皆顿首称万岁。

石勒虽出身贫贱，不通诗书，却明白事理，也能知错就改。如《晋阳秋》残本所称的“胡皇”石勒一次就屠杀百姓数十万，诸晋史中也有大量屠杀记录。但石勒很快便在汉人谋士张宾等的劝说下，开始恢复秩序，严禁滥杀。其本无文化却十分重视人才，建政之初便在城四门建立宣文、宣教、崇儒、崇训等十几所学校，还亲自到太学监考，对优秀者加以褒奖。后佛教传入，石勒亦发扬光大之。

关于石勒之胸怀与气度，还可于两事知之：

其一曰不斩直臣：咸和六年，石勒将在邺（古地名，今河南安阳以北）建新宫，有廷尉名续咸者苦谏以为不可。勒欲斩之。谋士徐光曰：咸言不可用，亦常容之，奈何一旦以直言斩列卿乎？勒叹曰：为人君不得自专如是乎？且敕停建新宫以成吾直臣之气！因赐咸绢百疋（匹）。其恢宏大度，察纳雅言若此。

其二曰襄国之战。永嘉六年，幽州军阀王浚以辽西公段疾陆眷帅精锐之鲜卑突骑数万，进攻石勒之要城襄国。时石勒遣诸将迎战，皆为段军所败。而段亦大造攻具为攻城备。勒众甚惧，恐为殄灭。石勒遂召诸将谋曰：“今寇來转逼，彼众我寡，恐攻围不懈，外无救援，内粮将罄绝，纵孙吴重生，亦不能固也！吾将简练将士，大阵于野以决之何如？”诸将皆以为彼众我寡，不如坚守以疲敌。待其退而击之。独张宾、孔苌以为：鲜卑之种，段氏最为强悍，而末抷尤甚，其锐卒皆在末抷所，今敌大众來攻，必谓我孤弱不敢出战，意必懈怠，宜示之以怯，堑北城为二十道，俟其来攻，出其不意，直冲末抷帐，彼必震骇不暇为计。末抷败，则其余不攻而自溃。石勒依计行之，果一举而擒末抷，段军大败，枕尸三十余里。获战利无算。石勒大胜后，为孤立王浚之势，以大胜之军，反求和于大败之段疾陆眷，并与末抷誓为父子，并重金送还末抷。段氏感于石勒之先胜而和，遂专心附勒，王浚之势始衰。后赵建国根基自此大体而定。

博按：西晋自惠帝诸王之乱以來，天下纷纷，群雄相继割据。石勒以目不识丁之贱奴，徒以蛮力起于乱世，终以羯族胡人而卒成赵皇，以残暴之将而成为治世之明君，以屠杀者而成佛陀弟子，可谓中华历史之一大异观奇象。史传石勒于战阵之间能常听圣人之书读（因自己不能读书，只好命人为自己读书），其天赋卓绝于领悟王者之道，实为五胡乱华时期之一典型领袖。石勒以卑微出身，能够信任汉人谋士张宾之建策，定都襄国，灭王浚，击刘琨，破段匹殚，西取洛阳长安，南征襄阳寿春，中国长江以北尽属后赵，其雄才大略可堪与光武抚巡平定河北相媲美。尤其襄国一战实为兵法中出其不意之用兵典范。以守击攻，以弱击强，能集中优势兵力，以迅雷不及掩耳之势，攻其一点，点破则面败，即此一战，石勒便可列为中华今古名将之列。而此战石勒用兵尤可道者， 当其大胜之后，能行王师仁义之风，送末抷，返重金，失一人而得一族，不可谓不高明。然石勒之成功，亦中华文明之成功。石勒以胡人贱奴，当国后即推行汉学，弘扬汉化，实其于中原生活过程中受其强烈之影响。以今日观之，中华文化之“软实力”，自石勒之时，便已成其气势，以贯穿其后之历代异族统治。由此可见文化实力之构建，实一个民族屹立于世界民族之根本所在，不可不察。然文化之软实力建设，其着眼于长远，建效于未来，常有赖于军事、经济之支持与拓宽，勿俟异族入侵之后再行其效，此实我中华民族历史遭遇之莫大悲哀。

123. 祖逖北伐，空遗国恨

祖逖，字士雅，范阳遒县（今河北涞水县）人。本为西晋洛阳士族。史载祖逖年少即怀报国之志，常“闻鸡而起舞”。曾任西晋司州主簿（七品官，相当于今天的县处级干部）。值五胡乱华，中原沦陷，祖逖率亲族乡党避乱南下，“以所乘车马载同行老疾，躬自徒步，药物衣粮与众共之，又多权略，是以少长咸宗之，推逖为行主。”时司马睿与南北门阀士族图建东晋朝廷，属意权力，贪图安逸，无意北伐。然祖逖不甘故国倾覆，恒存振复之心，主动请缨，要求领兵北伐。司马睿遂任命他为奋威将军、豫州刺史，但除千人粮饷和三千匹布外，未给一兵一卒和兵器铠甲。祖逖遂领旧部数百人渡江，中流击楫而誓曰："祖逖不能清中原而复济者，有如大江！"辞色壮烈，众皆慨叹。渡江后屯于淮阴，铸造兵器，招募士兵约两千人后挥师北上。此后数年，击张平、占谯城、攻陈川，智胜石虎、奇袭桃豹、围取雍丘，捷报不断，晋元帝遂擢升其为镇西将军。

时后赵石勒以祖逖强盛，亦不敢南侵，反命人为其母修墓，又致信请求互市。祖逖遂任凭双方互市，为此收利十倍，兵马日益强壮。曾有祖逖部将童建叛逃后赵，石勒将其斩杀以向祖逖示好。祖逖亦与石勒修好，禁止边将进侵后赵，边境暂得和平。后因东晋元帝用所非人，无意北伐，不信任于祖逖，终使祖逖忧愤而死于北伐之途，时年五十六岁。史载祖逖死后，豫州百姓如丧父母，谯梁百姓为其修建祠堂。晋帝追赠祖逖为车骑将军，并命其弟祖约接掌其部众。后赵趁机入侵河南，祖约难以抵御，退据寿春。祖逖所收复之河南大片土地最终又被后赵攻陷。

博按：读祖逖北伐之史，既壮祖逖爱国忠勇之心，亦悲祖逖生不逢明君。祖逖之为将，忠勇善战，出奇用谋；其为长者，礼贤下士，体恤民情，生活俭朴，不畜资产，劝督农桑，带头发展生产，收葬枯骨，深得民心。若得雄才大略如汉高光武之明主支持，以当时之乱世，必能成就不世之功业。惜其以孤军深入，前无应，后无援，且有石勒石虎为强敌，能不悲愤而死乎！

124. "皮里春秋"说褚裒：虽为外戚，却能正守

褚裒（chu póu，303—350年），字季野。河南阳翟（今河南禹县）人。东晋名士。女为康献皇后褚蒜子。褚裒少有简贵之风，与杜乂齐名。被另一名士桓彝称赞有"皮里春秋"（见下文）。

公元328年二月初八，东晋叛臣苏峻攻破建康，挟持晋成帝。徐州刺史郗鉴任命褚裒为参军参与平叛。329年，苏峻之乱平定，褚裒因功被封为都乡亭侯。时康帝司马岳为琅琊王，欲娶王妃，朝廷精选素有声名之人，遂下诏聘

娶褚裒之女褚蒜子为妃，而命褚裒出任豫章太守。

公元342年（咸康八年），即位为帝的司马岳立褚蒜子为皇后，欲征召褚裒入朝任侍中、尚书（内廷大臣）。褚裒因为自己为外戚，不愿意在内廷任职，遂苦苦奏请外出任职，于是朝廷命其出任建威将军、江州刺史，镇守半洲。外任期间，褚裒居官清廉俭约，虽然身为封疆之吏，还常派自己童仆外出打柴以谋生活。

343年，司马岳再次任命褚裒为卫将军，兼领中书令（相当于宰相）。褚裒以自己外戚身份再次坚决推辞枢机重任。无奈之下，朝廷派任褚裒为左将军、兖州刺史、都督兖州和徐州的琅琊诸军事、假节，镇守金城，又兼领琅琊内史。

同年九月，康帝驾崩，穆帝司马聃即位。因司马聃年幼，太后褚蒜子临朝听政。中书监何充认为褚裒为太后之父，按理应当总揽朝政，便上疏举荐褚裒参录尚书事务，朝廷任命褚裒为侍中、卫将军、录尚书事，持节和原先的都督、刺史职位不变。褚裒再次上疏请求出任藩镇之职。于是改授他都督徐州、兖州、青州三州及扬州的二郡诸军事、卫将军、徐兖二州刺史，镇守京口。尚书奏议说："褚裒与太后相见，在朝廷则褚裒执臣子礼节，私下见面则太后尊礼父亲。"

公元345年（永和元年），朝廷再次征召褚裒，想让他任扬州刺史、录尚书事。吏部尚书刘遐、卫将军长史王胡之劝说褚裒："会稽王（指司马昱）德行昭著、素负雅望，是国家的周公，足下应把国家大政交给他。"褚裒于是坚决辞谢不受封职，回归藩镇，朝野上下皆敬服其谦让之德。又进号为征北大将军、开府仪同三司，褚裒坚决辞让开府之职（东晋最高官职，开府，即在指定地方建立办公场所，三司，就是三公三师，一品官）。

349年，后赵帝石虎去世，后赵大乱。褚裒向朝廷上表，请求讨伐后赵，并命军队进入战备状态。朝廷考虑到褚裒肩负着镇守京口重大责任，不应过于深入，而应当先派遣其他部队出征。褚裒上书奏言："前已派前锋督护王颐之等人直接前往彭城，后又派督护麋嶷进据下邳，如今应该迅速发兵，以壮军势。"

同年七月，朝廷授予褚裒征讨大都督，监督徐、兖、青、扬、豫五州军务。褚裒率领三万军队，直接开赴彭城，北方投降归附的士人百姓日以千计。

鲁郡五百多家百姓相聚起兵，归附东晋，他们向褚裒求援，褚裒派部将王龛、李迈率领精锐三千去迎接他们。后赵南讨大都督李农率领二万骑兵大败王龛。八月，褚裒率军后撤至广陵，并主动上疏请求贬职处分以担败军之责。朝廷命令褚裒继续镇守京口，只解除其征讨都督之职。此时，黄河以北大乱，二十多万晋朝遗民渡过黄河，要求归附东晋。但回到京口的褚裒已无力接应南渡遗民，结果造成遗民几乎全部死亡。褚裒因为宏图没有实现，忧伤愤慨而病倒，后因闻遗民之哭声而悲愤去世，享年四十七岁，晋民听后皆伤心叹息，吏人士人均哀悼思慕。朝廷追赠其为侍中、太傅，谥号元穆。

博按：关于褚裒，其最有名之评价当属东晋国士桓彝所说："季野有皮里春秋"。另一位东晋名相谢安则认为："裒虽不言，而四时之气亦备矣。"，褚裒于国家有难而已女贵为皇后、太后之间，主动出任外官，不干政于内廷，不受疑于朝廷，实为官自守之典型。依据读史要略之评判标准，其可谓秉心以正，持国以忠，与桓彝皆可视为真国士之属。然因其败于北伐之间，心有余而力不足，谋事未成而心忧以死，更显其高风亮节，可堪后人礼敬而效之。

125. "东晋官场另类"陶侃：大器晚成的百战名将，出身卑微的国之重器

陶侃（259—334年），字士行，汉族，东晋名臣。陶侃之父陶丹，曾为吴国低阶边将。陶侃少时因父早亡，家境竟至"酷贫"，与母亲湛氏相依为命。史传湛氏对陶侃管教很严，并通过自己纺织卖布所得资助儿子去结交朋友，而陶侃亦"少长勤整，自强不息"。一次，鄱阳郡孝廉范逵途经陶侃家。时值冰雪积日，仓促间陶侃无以待客。湛氏"截发换酒"，陶侃"斫柱为薪"，终于备得一桌"精食"款待。次日，范逵上路，陶侃又追送百里。范逵遂向庐江太守张夔"称美之，夔召为督邮，领枞阳令。有能名，迁主簿"。陶侃也倾心报答张夔知遇之恩。"夔妻有疾，将迎医于数百里。时正

寒雪”，众僚属皆有难色。陶侃独请行，“众咸服其义”。陶侃即被张夔举为孝廉。史传在此时期，陶侃曾做鱼梁吏，《世说新语》里曾有一段这样的“陶公饷母”佳话：陶公少时，作鱼梁吏。尝以坩鲊（陶罐腌鱼）饷母。母封鲊付使，反书责侃曰：“汝为吏，以官物见饷，非唯不益，乃增吾忧也。”可见陶母之严教。

约296年，陶侃求仕洛阳。当时魏晋时代的九品中正制，已使朝廷选官“上品无寒门、下品无士族”。士族子弟凭借父祖余荫可以轻松身居要津，而寒门之子则求仕无门。晋惠帝即位后更“纲纪大坏，货赂公行。势位之家，以贵凌物。忠贤绝路，谗邪得志，更相荐举，天下谓之互市”。这种情况下，陶侃无奈去求见“性好人物”的司空张华。但张华却“初以远人，不甚接遇”。陶侃则频繁求见，“每往，神无忤色”。终于被张华推荐为郎中。陶侃虽然得到一介官职，但他的出身以及“南人之相”，使他依然为达官贵人所轻视。一次，他与同州豫章国郎中令杨晫同车。途遇吏部郎温雅。温雅竟当面问杨晫：“奈何与小人同载？”

当西晋“八王之乱”之时，经朋友推荐，已经四十多岁的陶侃得补任武冈县令。陶侃到任后，又与太守吕岳关系很紧张，遂弃官回家。至太安二年（303年）义阳蛮张昌聚众在江夏起义，旬月之间，众至三万，朝廷即派南荆州刺史刘弘率领军队前往镇压。刘弘上任，始辟陶侃为南蛮长史，命他为先锋开赴襄阳，讨伐张昌（国乱思良将矣）。陶侃连战皆捷，表现出了杰出的军事指挥才能。正是在这次平叛过程中，陶侃被刘弘发现。他对陶侃说：“吾昔为羊公参军，谓吾其后当居身处。今相观察，必继老夫矣。（指过去羊祜认为刘弘是他的接班人，而陶侃则为刘弘的接班人）”后陶侃果然当上荆州刺史。

张昌事定不久，西晋朝廷已然名存实亡。时广陵相陈敏见北方大乱，朝廷无力控制江东，遂起兵占据扬州，并遣其弟陈恢沿江西上进攻武昌，以图割据江南。刘弘遂命陶侃为江夏太守，率军抵御陈恢。陶侃与陈敏为同郡，又同岁举吏。陶侃恐刘弘猜疑，“遂遣子洪及兄子臻诣弘以自固。弘引为参军，资而遣之。又加侃督护，使与诸军并力距恢”。刘弘用人不疑，陶侃无后顾之忧，遂与陈恢力战，所向必破。

307年，西晋宗室琅琊王司马睿和大士族王导渡江进驻建邺。投靠司马睿的陶侃率军再次击败杜弢率领的流民义军。时荆州刺史周访被杜弢围困在寻水城。陶侃遣军击之，杜弢退却。陶侃对诸将说，杜弢必由陆路偷袭武昌。因此率军抄近路连续行军三昼夜，在武昌周围埋伏。杜弢果然来攻，陶侃率伏兵出，大破之，获其辎重，杀伤甚重。杜弢败军退入长沙。王敦即表陶侃为南蛮校尉、荆州刺史。陶侃率周访等入湘，所战连捷。建兴三年（315年）杜弢起义终被陶侃镇压。此时，长江上游的荆、湘、江等州已在王敦控制之下。司马睿割据江南的形势已成。陶侃起到中流砥柱的作用。然而，由于王敦怕陶侃功高难制，不欲其掌握上游荆州，是以借陶侃回朝述命之机另授其刺史广州，而且“披甲执矛，将杀侃，出而复回者数四”。侃严辞正色曰：“使君之雄断，当裁天下，何此不决乎！”因起如厕。王敦佐吏提醒陶侃亲家周访正统兵在豫章，若陶侃被杀，周访决不善罢甘休。王敦才改变主意，设宴欢送。陶侃始得以成行，连夜便发，途经豫章，见周访，不禁泪流满面：“非卿外援，我殆不免。”

陶侃将入广州，逢杜弢余部杜弘与温劭等占据广州。闻陶侃将至，杜弘企图利用诈降偷袭。陶侃识破其诈，布兵设阵，一举将杜弘击溃。诸将皆请乘胜击温劭；侃笑曰：“吾威名已著，何事遣兵，但一函纸自足耳。”遂修书一封，果使温劭败逃，陶侃顺利进据广州。

广州时受战乱影响较小，境内较为安定。陶侃自从军十余年间，已功名卓著。虽然受王敦排挤，但他并不甘心在边州当刺史。史传其“在州无事，辄朝运百甓（甓音辟，意同砖，后人以‘运甓’喻为建功立功而勤勉自励）于斋外，暮运于斋内。人问其故，答曰：“吾方致力中原，过尔优逸，恐不堪事。’如此这般，竟于广州居官十年”。

咸和三年，历阳太守苏峻起兵反叛晋廷。苏峻攻进建康，挟持小皇帝，执政大臣庾亮逃往江州。此时，凭江州兵难以平定苏峻之乱。东晋另一名将温峤遂邀陶侃率荆州兵同赴国难。陶侃本与庾亮有怨，陶侃本深以为恨，是以答峤曰：“吾疆场外将，不敢越局。”温峤屡说而不允。后温峤“固请之”，其子陶瞻时又为苏峻所杀，陶侃始“戎服登舟，瞻丧至不临，昼夜兼道而进”。荆州军至江州，议者咸谓陶侃欲诛庾亮以谢天下。陶侃若杀庾亮，势必影响与温峤的关系，从而可能导致平叛军队分裂。时庾亮“甚惧，用温峤计，诣侃拜谢”。庾亮有高名，为名士翘楚。他来谢罪，实出意外。陶侃殊惊，止之曰：“庾元规乃拜陶士行邪！”亮引咎自责，风止可观，侃

“不觉释然”。但仍愤愤地对庾亮说：“君侯修石头以拟（同逆，即阻挡之意）老子，今日反见求邪。”即与庾亮、温峤同赴建康，终合力以平苏峻。

苏峻之乱平定后，陶侃因功而升为太尉、都督七州军事，封长沙郡公，仍驻荆州。咸和四年十二月（330年），东晋后将军郭默擅杀江州刺史刘胤，执政丞相王导以郭默骁勇难制，便任命他为江州刺史。陶侃闻知此事，奋袂而起，联合庾亮剿平郭默。史传郭默在中原时，多次大败石勒之军，石勒部下听说陶侃兵不血刃就擒拿郭默，便更加敬畏陶侃。苏峻部将冯铁杀陶侃之子后投奔石勒，石勒本任其为边将。后陶侃奉书石勒，石勒即杀冯铁以谢陶侃。当时割据辽东的另一乱世枭雄慕容廆亦曾与陶侃通信，称其“海内之望中唯足为楚汉轻重者”，可见其地位威望。

陶侃行事，小到竹头木屑，大到设城驻兵，考虑颇为缜密细致。他曾主持造船，命将木屑和竹头全部收集起来。众人不知为何。后逢大雪，天晴雪融，官府门前余雪泥泞，木屑正好用来布地。数十年后，桓温为荆州刺史。桓温伐蜀大造船，又以陶侃所贮竹头作丁装船。陶侃驻武昌时，不少人主张在江北的邾城驻兵镇守。陶侃“每不答，而言者不已，侃乃渡水猎”，与诸将佐察看形势。陶侃为之分析说，邾城隔在江北，内无所倚，外接敌寇。即便派兵驻守，也无益江南。长江才是御寇天险。众将才恍然大悟。后荆州刺史庾亮对此不察，派精兵万人驻守邾城。339年，后赵遣兵来攻。邾城孤立无援，终于兵败城陷，损失惨重。

另外，陶侃“性纤密好问”，勤于调查访问，人比之赵广汉（西汉名臣，曾任京兆尹）。他精于吏职，善察访，发奸擿伏如神。陶侃曾令诸军营植柳，都尉夏施盗官柳植于己门。侃后见，驻车问曰：“此是武昌西门前柳，何因盗来此种？”施惶怖谢罪。陶侃的才干颇为当时人所称道。时人名士梅陶说：“陶公机神明鉴似魏武，忠顺勤劳似孔明，陆抗诸人不能及也。”

史传陶侃入主荆州时，时东晋政风仍承西晋之弊。“今当官者以理事为俗吏，奉法为苛刻”，“从容为高妙，放荡为达士”。陶侃对这种风气深恶痛绝，声言：“《老庄》浮华，非先王之法言，不可行也。君子当正其衣冠，摄其威仪，何有乱头养望自谓宏达邪！”因此他“终日敛膝危坐，阃外多事，千绪万端，罔有遗漏；远近书疏，莫不手答，笔翰如流，未尝壅滞；引接疏远，门无停客”。常语人曰：“大禹圣者，乃惜寸阴，至于众人，当惜分阴，岂可逸游荒醉，生无益于时，死无闻于后，是自弃也。”每宴会饮酒，他有定限。常欢有余而限已竭。众人劝更少进，但他决不再饮。参佐僚属有以谈戏荒废职事，不但严加训斥或鞭打，还“命取其酒器、蒲博之具，悉投于江”。这种作风在东晋以“清淡无为”、“放浪形骸”为“上品”的官场生态中可为“另类”。

关于陶侃的另一个故事，是其治荆州时，十分重视社会秩序的稳定和发展农业生产。《晋书》记载，陶侃尝出游，见人持一把未熟稻，侃问：“用此何为？”人云：“行道所见，聊取之耳。”侃大怒曰：“汝既不田，而戏人稻！”执而鞭之。是以百姓勤于农作，家给人足。在他治理下，“自南陵迄于白帝数千里中，路不拾遗”。

《晋书·陶侃传》称侃曾“梦生八翼，飞而上天，见天门九重，已登其八，唯一门不得入。阍者以杖击之，因坠地，折其左翼”，“及都督八州，据上流，握强兵，潜有窥窬（即反叛篡位之意）之志，每思折翼之祥，自抑而止。”然而，陶侃晚年位极人臣，却始终能“怀止足之分，不与朝权”，咸和九年（334年）六月，陶侃在病中上表逊位，遣人将官印节传等送还朝廷。他在离开荆州任所前，“军资器仗牛马舟船皆有定簿，封印仓库，自加管钥”，亲交专人保管，然后才登船赴长沙。“朝野以为美谈”。第二天，竟死在樊溪途中。时年七十六。

博按：读于陶侃之史，一感于陶侃不幸而生于西晋之时，在当时“上品无寒门、下品无士族”的官场生态之下，士族子弟无论是否有能，唯凭借父祖余荫便可以轻松身居要津，而寒门之子如陶侃者，俯身屈首以求仕进而报国无门，是以西晋之亡，此其原因之一；二感陶侃幸而壮年之时生逢乱世，是以能够得建其功，而于此亦反思中华文化，一旦承平日久，人才之用便呈逆生长、逆淘汰之态势，此亦中华民族王朝更替往复之一深刻原因，当立此以警；三感陶侃不得志于广州之时，“辄朝运百甓于斋外，暮运于斋内”以防“过尔优逸，恐不堪事”。此种自强不息之精神，实古今成大事者之不二法门，而陶侃则得其要旨，此亦警示于我等于和平之世，虽曰无事，然亦不能懈怠于自身尔。

126. 东晋桓彝：以裸奔进阶的“达人”，成为国捐躯的“国士”

桓彝（276—328年）：字茂伦，桓颢之子、桓温之父，东晋谯国龙亢人（今属安徽省怀远县）。桓彝身为传统儒学世家谯国桓氏子弟，经学大师桓荣的嫡系九世孙，自小饱读儒学经典，服膺礼教。然而，在玄风大盛的东晋士族社会，抱着古板保守的儒家礼教，绝难跻身上流社会。所以，桓彝不得不改弦更张，暂时放弃儒家教条，附庸风雅，成了一个风格另类的玄学青年。

史载，为了“与时俱进”，他开始和当时的所谓名士们一起裸奔、酗酒、奇装异服、披头散发等等。由于行为大胆、风格前卫，桓彝渐渐出名，成为诸如谢鲲（名相谢安之叔父）、羊曼、阮孚等大名士开酗酒狂乱“派对”必请的嘉宾，并最终成功地挤入名士团体“江左八达”，成为举世瞩目的所谓“名士”，也因此而以州主簿（文书）入仕，拜骑都尉。晋元帝时（317—323年），迁中书郎、尚书吏部郎。后因王敦擅政，愤而弃职。公元324年，晋明帝下诏讨伐病危中的王敦，命桓彝为散骑常侍。平定王敦之乱后，桓彝以功被封为万宁县男。时宣城境内常有变乱发生，名将温峤举荐桓彝出任宣城内史，史称其于宣城任上“在郡有惠声，为百姓所怀”。公元327年，镇将苏峻以朝臣庾亮擅权专制为由，举兵反晋，进攻南京，史称“苏峻之乱”。桓彝得悉，当即率领义军欲赴南京讨伐叛军。他一面派遣朱绰前往芜湖讨伐叛军，一面向朝廷报告军情。坐镇南京的庾亮先是派遣大将司马流赶往慈湖与叛军交战，遭到惨败。司马流战死后，又命桓彝进击讨伐。桓彝考虑到宣城城防脆弱，难以防守，于是，先退据广德，然后又退据泾县，在乌溪岭修筑工事抵抗。当时，不少州郡都惧怕叛军势力强大，纷纷派人向叛军求和投降。桓彝手下部将也劝他佯装与叛军议和，以避开叛军的势头，保存实力，遭到他痛斥：“吾受国厚恩，义当致死焉，能忍垢蒙辱，与丑逆通问，如其不济，此则命也。”于是，桓彝选择了奋力抵抗，派遣将军俞纵坚守泾城门户石兰。后苏峻攻破石兰防线，进逼泾城。桓彝死守城池，叛军派人劝降，他坚守不从，终因势单力孤，守城一月后被攻破。桓彝在撤退的途中被叛军杀害，时年五十三岁。

后来，苏峻攻入南京，庾亮出走，苏峻独自把持朝政。不久又被荆州刺史陶侃和江外刺史温峤组织的联军剿灭。后人为纪念桓彝英勇抗敌的英雄气概，在他遇害处建起桓公墓，明朝正德年间又在墓侧建造了桓公祠。

博按：桓彝虽功业名气不如陶侃，然其进阶之路却可与陶侃做一鲜明对比，且因其早死而培养的桓温更为两晋以来之一大人物，所以笔记专以论之。上篇可见，陶侃以“真异类”而艰难立于当世，而桓彝以“假名士”而轻易跻身“江左八达”，两人之反差可见东晋以来之世风日下。今世之人，常有徒羡于魏晋风流之人，殊不知于当时之士林，非司马、王、谢、庾等少数南迁大士族方可优游于天下，即使儒学世家谯国桓氏这样的大家族，也得降低身段，以“裸奔”这样的“非正常”手段，才可以跻身“达人”之列。而寻常之百姓，无门第显荣之背景，即使才如陶侃，也是待天下之乱而始能得以建功立业。是以博读此段历史，更感叹于君子谋国建功，原不分手段如何，亦不论家庭门第，不过适应一时之形势而“与时俱进”，不过修身励志以待天命。而观后期桓彝于国家倾覆之间挺身而出，义正词严，可谓尽显国士之风，与东晋其他隐于山林、放浪形骸、徒求虚名的“名士们”可谓有本质之不同，后人当明了其中本质分野。

127. 桓温灭蜀：成大功者不谋于常人

桓温（312—373年），字元子（一作符子），东汉名儒桓荣之后，“名士”桓彝长子，因被择为东晋明帝驸马而入仕。

公元346年（永和二年），割据今四川大部、云贵局部的李汉王朝（十六国之一）发生内乱。成汉大臣李奕自晋寿（今四川葭萌县）起兵反叛。时任荆州刺史的桓温预谋伐蜀，而麾下诸将皆以为不可，独江夏相袁乔进言认为可伐。桓温遂于永和二年十一月（公元346年12月10日），率领七千精卒（一说约一万人），沿长江西上，开始灭蜀之役。

桓温伐蜀，朝中议论多以为蜀中地形险阻，路途又远，桓温兵力不足，难以取胜。但当时朝中风流名士刘惔却以为必能成功，众人问他根据何在，他说："从赌博可知，桓温赌博的手段极精，非一定能赢绝不出手。"因为刘惔幼年便与桓温相识，可谓真正知桓温者。

李势仗着蜀道险阻，不作战备。桓温长驱深入，至永和三年（347年）二月，大军已在成都平原耀威。李势如梦方醒，急命叔父李福、堂兄李权、将军昝坚等领兵迎敌。三月，桓温距成都仅两百里。而成汉主将昝坚所率大军却与桓温错过（可知昝坚庸将，本土作战，竟不知入侵之敌之行军路线）。桓温与众将商议进兵方略。有人主张分兵为二，两路挺进。袁乔反对，他说："此刻悬军万里之外，得胜可立大功，取败就将全军覆没，必须合势齐力，不可分兵。应当只带三天粮草，全力进攻，必可成功。"桓温依计，只留参军孙盛、周楚带少数军队守辎重，他自己引兵直取成都。桓温进攻成都，三战而三胜，汉兵大部溃散，逃回成都。待桓温进至成都近郊，昝坚才赶忙回军，但晋军已逼近成都，所部军心慌乱，竟不战而溃。李势垂死挣扎，领兵出城，在笮桥（在成都西南）迎敌，与桓温军展开决战。因成汉军背城而战，战况激烈，晋军参军龚护亡于阵前，成汉军的箭射到桓温马前，军心几至动摇。这时，突然鼓声大振，袁乔拔剑指挥，将士誓死力战，于是大获全胜，晋军火烧成都城门。李势自感大势已去，遂修表称降，成汉就此灭亡。

博按：桓温誓师之前，众人皆以为不可，独袁乔进言曰："夫经略大事，固非常情所及，智者了于胸中，不必待众言皆合也！"此番道理，即所谓"成大功者不谋于常人"。桓温以万余轻骑，孤军远悬，以弱致强，卒灭大国，诚中国战史所仅有。今观桓温伐蜀之战，一胜于成汉政权内乱所致的军心散乱和蜀中无将；二胜于桓温善于把握时机、果断出击，且以不到一万人的精兵远征，体现出主帅超常之战略勇气和战争决心；三胜于桓温用兵贵精而不在多，倘若桓温以大军征远国，则必将引起成汉高度重视，必集中兵力以应敌，且后勤辎重必难以后续；四则桓温虽兵少而集中于一处，于成汉之军能够一一击破，三战战胜，可见其用兵之稳健，指挥之得当。桓温伐蜀之战，因为其用兵少而建功大，出兵险远而卒服大国，可列为中华经典战例，值得吾等后世戎伍之人深入研究之。

128. 桓温北伐：持心于私，虽为名将而难成统一大功

桓温成功伐蜀灭汉之后。为进一步扩大其统治基础，实现篡晋称帝梦想，又分别于354年（永和十年，即王羲之写书法名篇《兰亭序》之第二年，从其反面亦可见当时处于东晋权力中枢的王谢家族不思进取之名状）356年、369年发动三次北伐北方诸国的著名战争。这三次北伐，与伐蜀之背景类似，时正值北方诸国内部大乱：349年，后赵皇帝石虎去世，其后诸子争位，后赵国内混乱。352年，氐族贵族苻坚乘机占领关中，建立前秦。其时东晋朝中就已经准备北伐，并由征北大将军褚裒主持北伐，但以失败告终。后赵大将冉闵称帝，建立冉魏；不几年，前燕慕容皝又灭了冉魏。前秦建国后多次与东晋作战。及至353年（永和九年，时王羲之等所谓的东晋“名士”们，正在做兰亭之会）殷浩发动北伐，进取洛阳，但再次大败而还。晋穆帝无奈，只好同意桓温带兵北伐。

第一次北伐：354年，桓温自江陵率四万步骑取道武关北伐。又命水军自襄阳进至南乡郡；同时梁州刺史司马勋亦经子午道北伐前秦。桓温先派别军进攻上洛，俘获前秦荆州刺史郭敬，于是进击青泥城。前秦皇帝苻坚派遣太子苻苌、丞相苻雄等人率兵五万驻屯峣柳以作抵抗。桓温在蓝田县与苻苌等军遭遇，大败秦兵；同时桓冲又在白鹿原击败苻雄军。桓军一时进据灞上。苻坚于是尽发精兵三万人，在大司马雷弱儿等人率领下与苻苌会合。其时长安居民夹道观看“王师”，老人更流泪说：“不图今日复睹官军。”在大好形势下，桓温不听从属下建议，驻屯灞上后没有及时进渡灞水，直逼长安，而是一直与前秦军相持。使苻雄趁机先率七千骑击败司马勋，又与诸军在白鹿原与桓温大战，杀晋兵万余人。而且前秦更抢先一步收割麦子，坚壁清野，令桓温陷入缺粮困境。在战事不利和后勤不济之下，桓温被迫南归，败退中又伤亡万计，第一次北伐遂告结束。

第二次北伐：后赵灭亡时，将领姚弋仲降晋，其子姚襄亦随父归降，皆获东晋遥封官职及爵位。次年姚弋仲死，姚襄依父命南奔东晋，驻屯谯城。352年，因为殷浩忌惮姚襄，竟多次派刺客刺杀他，最终令姚襄倒戈攻击殷

浩，不但令殷浩北伐失败，更盘踞淮河一带，在盱眙建立根据地。后姚襄北归转据许昌，再与原本降晋的周成争据洛阳。在此形势下，晋廷再升桓温为征讨大都督，督司、冀二州诸军事，专委讨伐姚襄之任，因此促成桓温第二次北伐行动。桓温356年在江陵起兵，先遣督护高武据鲁阳，辅国将军戴施驻屯黄河上，以水军进逼许昌和洛阳，更请徐、豫二州派兵经淮泗入黄河协助北伐。桓温则领兵援进。八月，桓温军在洛阳城南的伊水与姚襄军作战，桓温亲披甲督战，结阵进攻，大败姚襄，随后，桓温入洛，除留守兵外，还置陵令，修复皇陵，并带着三千多家归降平民南归。第二次北伐至此结束。

第三次北伐：桓温在第二次北伐成功收复洛阳后声望提高，遂集东晋军政大权于一身。而此时的北方，由于原本名义上臣服于东晋的前燕在其君主慕容俊称帝自立后，攻占东晋所属河南诸郡，并在365年占领洛阳。面对前燕的对立军事行动，桓温希望以北伐提高声望，以博取朝廷各派政治势力支持，使其登上帝位；于是决意再次北伐，打算打败前燕后回朝受取九锡，篡晋建政。369年，桓温与徐、兖二州刺史郗愔、豫州刺史袁真及江州刺史桓冲三路大军挥师北上，一路虽多有小胜，但因为桓温不能听从郗超等将领意见，最终导致燕秦联军合击。在前燕名将慕容垂指挥下，前燕一部兵力驻屯石门，一部兵力断绝桓温粮道，并出奇兵击杀大量晋兵。桓温见战事不利，又因粮食将竭，更听闻前秦援兵将至，于是焚毁船只，抛弃辎重，循陆路退军。退却中，又在襄邑受到燕军两路夹击，死伤三万，大败而还。

桓温第三次北伐失利后将罪责归于未能开通石门水道的袁真。袁真不甘心被诬，于是向朝廷申诉，朝廷怯于桓温之威不敢处理，袁真于是以寿春降燕。然而，桓温北伐，一个直接的结果是促成了前燕与前秦的联合，并于战后开始互派使者往来。结果前燕使者郝晷见燕政不修而前秦大治，竟向前秦宰相王猛透露前燕虚实。另外，慕容暐后悔当日割虎牢以西土地的承诺，竟然反悔不给，于是触怒前秦天王苻坚，开始进攻前燕。前燕遂亡于秦。而前秦开始崛起于北方，后始有名相谢安在淝水之战中的完美表演。

博按：《要略》关于历史人物的评判，构建两个基本标准：其一曰持心孰公；其二曰治事孰能。按照桓温伐蜀之军事指挥能力和胆略勇气，其可谓南北朝时期南朝难得的将帅之才，可谓“治事有能”，若然其能够持心于公、忠于国家，则是时并非没有实现统一的历史机会。然而，因其私于谋晋之政，不能专心于军事之算计，不能致力于军事之安排，怀私欲求功以自固，专兵威以成天下移晋祚之望，以致用兵之时瞻前而顾后，顾左而环右，以求万全之策而致败，此既为用兵之大忌，亦属其“持心于私”之故。盖兵法之道，有可乘之机，当不能顾万全之计，而应乘之以成大功，虽冒险而可为之。此桓温所以三次取败之根源。其三伐之败，与诸葛六伐之败可谓异曲同工。其中，二者皆以一己之力以图力挽狂澜，皆以弱势一方向强势一方之进攻，皆败于用兵太过持重而无所作为，皆于北伐过程中有后顾之忧（诸葛亮后顾于后主之昏庸，桓温则后顾于东晋对其权力的掣肘）。但不同的是，诸葛亮一心为国，北伐不计较个人得失，可谓持心于正而治事无能；而桓温却企图保存个人实力，以期实现其政治目的，所以常常因坐观成败而贻误战机，可谓治事有能而持心不正。

129. 再论桓温：东晋话题人物，经典乱世枭雄

名将桓温非但于东晋显耀一时，而与他有关系的中国历史文化名人和由他所创造的经典故事更是数不胜数。今综述并论之：

先说围绕在桓温身边的历史文化名人。

桓温本谯国龙亢桓氏家族，在南渡北方华族中，虽然声望远远不及琅琊王氏、陈郡谢氏和颍川庾氏。但在其一生之努力经营之下，上述三大家族的文化名人们，多成为桓温的门客故吏。史传桓温有奇骨，面有七星，出生未满周岁时，东晋名将温峤见后即说：“此儿骨骼不凡，请再让他哭一下。”等到听了他的哭声，又说：“真是英才降世！”桓温之父桓彝因此儿为温峤所赏识，所以给他取名叫温。温峤笑言：“果然如此，将来也要改作和我一姓。”东晋名士之首刘惔曾称桓温“眼如紫石棱，须作猥毛磔”（即有异相）。桓温自少年时便喜结交名流，初与刘惔、殷浩齐名；后与名士庾翼相交，受庾翼推荐，娶晋明帝之女南康长公主为妻，并任琅琊内史，步入仕途。史载桓温出镇荆州后，开始组建其“参谋本部”，在他的号召下，不少

社会名流都做过他的“秘书”或幕僚。其中有曾因“囊萤夜读”而闻名于世的车胤，以及陶渊明的外祖父、名士孟嘉。此外，他的幕僚里还有谢奕、谢安、谢玄、大画家顾恺之、名臣习凿齿（据近代史考为中共总书记习近平之远祖）、王导的孙子王珣、史学专家孙盛等。

再说桓温所创造的经典故事。

一、“神州陆沉”。据传桓温北伐入洛，过淮、泗，践北境，与诸僚属登平乘楼，眺瞩中原，慨然曰：“遂使神州陆沉，百年丘墟，王夷甫（指西晋末年重臣王衍，西晋时期著名清谈家）诸人，不得不任其责！”袁虎（袁宏，字彦伯，小字虎，时称袁虎。东晋玄学家、文学家、史学家，是时为桓温幕僚，因不满桓温专政后被贬官。）率而对曰：“运自有废兴，岂必诸人之过？”桓公凛然作色，顾谓四座曰：“诸君颇闻刘景升不？有大牛重千斤，啖刍豆十倍于常牛，负重致远，曾不若一羸牸（羸弱的母牛）。魏武入荆州，烹以飨士卒，于时莫不称快。”意以况袁（意在批评袁虎如牛而无能，恐吓其杀之不过如杀牛），四座既骇，袁亦失色。

二、枕戈泣血。史传桓温之父桓彝为苏峻部将韩晃所害，泾令江播豫（泾县令江播参与其中）焉。温时年十五，枕戈泣血，日夜习武，志在复仇。至年十八，会播已终，子彪兄弟三人居丧。温诡称吊宾（诈称前来祭悼的宾客），得进，刃彪于庐中，并追二弟杀之。时人称焉。一时桓温名声大振，得到晋成帝亲自召见。

三、“木犹如此、人何以堪”。 桓温北伐时路过金城，见到自己早年任琅琊内史时栽种的柳树已经有十分粗壮，不由得感慨：“木犹如此，人何以堪！”攀枝折柳，泫然泪流。

四、肝肠寸断。南朝刘义庆《世说新语》中记载，桓温伐蜀时经过三峡，军中有人捉了一只小猿，母猿则在岸边哀号，一直跟随桓温船队行了百多里。及船靠岸后，母猿跳上船与小猿相见，但随即就死了。及有人剖开其腹，见其肠脏都断成很多小段。桓温知后大怒，贬黜了捉小猿之人。

五、“流芳百世”与“遗臭万年”。桓温第三次北伐中原时，已经五十多岁。及失败后觉得自己日薄西山，今后将不再有机会北伐中原，完成恢复神州、青史留名的梦想，不由抚枕而叹道：“既不能流芳百世，不足复遗臭万载耶？”此语可见桓温篡晋之心已然升起。

六、一饭不助，况于危难。一次，桓温与门下幕僚一同吃饭，一名参军用筷子夹蒸薤菜时，薤菜粘在一起夹不起，而与他同桌的人又不帮助，看见参军夹着不放的窘态嘲笑不已。桓温见此认为：“一同吃饭尚不相助，何况遇到危难时呢？”于是将嘲笑而不相助的人全部免官。

七、丝不如竹，竹不如肉。晋代陶渊明在《晋故征西大将军长史孟府君传》中记载了一段故事。桓温问名士孟嘉：“酒有何好，而卿嗜之？”孟嘉笑而答曰：“明公但不得酒中趣尔。”又问：“听妓，丝不如竹，竹不如肉？”（丝弦的声音不如竹笛的声音，竹笛的声音不如人的嗓音）答曰：“渐近自然。”（即人的声音更接近自然状态，所以比竹笛的声音好听）

八、国士不以游宴为荣。袁虎和伏滔一同在桓温的大司马府中任职。桓温每逢游乐宴饮，就叫袁虎和伏滔陪同。袁虎对此感到非常羞愧，常常对桓温叹息说：“您的深厚情谊，不足以使国士感到光荣；把我和伏滔同等看待，还有什么耻辱比得上这个呢！”

九、典弟医母。桓温父亲死后，家贫无援，母亲生病要以羊为药引，竟无力购买，桓温无奈，只好把幼弟桓冲典押给卖主，才换得一头羊，可见桓温之孝。

十、忠孝不两全。《世说新语》载，桓温伐蜀时，途经长江三峡，只见绝壁天悬，腾波迅急，遂叹道“既为忠臣，不得为孝子，如何？”此叹遂成为后世“忠孝不两全”的千古之叹。

十一，桓温自恋。桓温曾自认为雄姿英发，是司马懿、刘琨（西晋名臣，死于西晋八王之乱时）一类人物，却被人比作大将军王敦（东晋开国功臣，琅琊王氏代表人物，后因叛乱失败被杀），因此很不高兴。桓温北伐归来，带回一个曾为刘琨家伎的老婢女。老婢一见桓温，便潸然泪下道：“公甚似刘司空（即刘琨）。”桓温大喜，整冠问哪里像？老婢答道：“面甚似，恨薄；眼甚似，恨小；须甚似，恨赤；形甚似，恨短；声甚似，恨雌。”桓温大为扫兴，抑郁不已。

十二、文如碎金。桓温尝以谢安所作简文帝谥议（皇帝死后的谥文）以示坐宾，曰：“此谢安石碎金也。”（言谢安文辞优美，字字如金）

博按：读史东晋之末世，桓温可谓一大话题人物。因其经历之奇特，因其身世之多艰，因其所处之时代环境，亦因其能力特质和性格特点，使其身边汇聚太多历史名人，也因此而“制造”了众多逸闻典故。而于其所有经典故事中，让后世慨然而叹者，在于其本有人性之善良（肝肠寸断）、为子之孝（枕戈泣血、典弟医母）、辨人之明（一饭不助，况于危难）、谋国之忠（神州陆沉、忠孝两全）、将帅之能（孤军伐蜀），如此一个当世莫期的英雄人物，于东晋末世之纷乱之中，何以最终难以抵挡皇权之诱惑，而最终陷入皇权争斗的历史漩涡而不能自拔。细审其中，实当时之魏晋玄学之风日盛，人人清谈无为，晋廷整体性沉沦，而作为立志建立不世功勋的英雄桓温，非取而代之而无法有所作为，非改朝换代无以求新自强，是以当其三次北伐之时，已有取而代之之心。然因其早亡，加之王谢等“既得利益”家族的强大势力，终使其空有“神州陆沉”和“人何以堪”之叹。此桓温之悲，亦中华历史之悲，宁不令吾等“肝肠寸断”乎？！

130. 十六国第一名将慕容恪

在五胡乱华的“胡族”之中，唯鲜卑慕容氏再复燕国之举，始终以仁义之师为其复国之基，可堪为乱世中的一大亮点，亦是中华民族不幸中之万幸。史传慕容氏开国之君慕容廆于西晋永嘉元年（307年），自称鲜卑大单于时，就因为政事修明、爱护人才，士大夫和民众多归附之。即行笼络中原华族之心，其孙慕容儁亦是有为明君，精于谋划且强于御将。其死后所托孤之慕容评、慕容垂等人皆不辱成命。而燕之三分中国而有其一，有赖于慕容儁之弟慕容恪之赫赫军功。民国著名学者陈寅恪先生在其《魏晋南北朝史讲演录》中将慕容恪奉为十六国第一名将。今为简述并论之：

在慕容恪所参与指挥之战争中，前后不下数十战，其中经典之战，则有平高句丽、擒冉闵、征野王、下广固、取洛阳等战。其中无论战术运用，抑或新武器（连环马）之发明使用，皆胜之于奇正之间。然慕容恪于华夏历史之功尚不在于此。有史家认为：“五胡旋起旋灭，而中原之死于兵刃者不可胜计。殚中原之民于兵刃，而其旋起者亦必旋灭。其能有人之心而因以自全者，唯慕容恪乎？故中国之君，一姓不再兴，独慕容氏能既灭而复起也。”史传慕容恪曾围段龛于广固，诸将请亟攻之，恪曰：“龛兵尚众，未有离心，尽锐攻之，杀吾士卒必多矣，自有事中原，兵不暂息，吾每念之，夜而忘寐，要在取之，不必求功之速。”呜呼！恻悱之言，发自其中，功成而人免于死，恪可谓夷中稀有之仁义儒将也！

博按：读史五胡十六国间，其感有三：一为五胡之残暴而怒；二为天下苍生之悲而悯；三为三两胡人精英之仁义为叹，而慕容恪为其一也。五胡之中，慕容氏属于向化已久之民族，其于中华文化之尊重，文明之保护，不亚于偏安一隅之东晋。其所以能再姓复国，以其推真诚、布公心于华夷之民，所以得天下之心。尤其慕容恪受命托孤辅幼主之时，本中华历史最纷乱之中，鲜有握权柄而不移祚于己之将臣，独慕容恪始终以身体力行周公之志，辅佐幼主以安天下，并临终再付天下于能忠之臣慕容垂，可谓胡族之中鲜有之既知兵又知仁还知人的忠勇儒将。正因为慕容恪有上述之名将忠臣之风范，是以后世唐宋中原正统王朝，竟将慕容恪置于汉人的武庙里祭祀，此诚可谓千古唯一人。

131. 中华英雄冉闵：挽狂澜于既倒，实民族之救星

五胡乱华时期，可谓中原汉民族数千年文明史中最黑暗之历史阶段。尤其当后赵开国皇帝石勒逝后，篡位之石虎残暴好杀，不但尽灭石勒诸子，而且大肆屠杀汉人并丧心病狂建立汉人“尸观”（即把收集到的汉人人头摆成城墙）以慑服汉人。其设立狩猎场，诏命汉人凡掷野兽一石者即行斩立决。时中原北方，代表先进文明之衣冠华族（即今汉族），人口锐减至三数百万（汉宣帝时人口达到五千万之多），南迁至东晋的华族加上原有的东晋居民，人口亦不过三百多万。相反，时北中国迁入的九胡（主要是羯、匈、鲜卑、羌等五族人口）人口，却已达近六百万，且诸胡除鲜卑慕容氏外，皆忠于后赵胡廷，专以屠杀抢劫欺凌汉人为务，若再假十数年，则恐北方中国无华人、江南中国无衣冠。当此时刻，一位中华民族之大英雄冉闵横空出世。

冉闵，后赵石勒麾下汉将冉良之子，字永曾，小名棘奴，生于兰陵郡，

自幼果锐，及长，身长八尺，善谋略，勇力绝人，攻战无前。少时任兰陵郡游击将军。338年参与昌黎之战，功名大显。升任北中郎将、修成侯。当后赵暴君石虎卒时，本以彭城王石遵、燕王石斌、大臣张豺等受顾命，立太子世继位。而张豺等以太后令杀斌逐遵。时冉闵将兵讨贼归，路遇外逃之彭城王石遵，冉闵即合遵长驱入京师，斩豺，废太子世，杀刘后而立石遵为主。石遵许事成之后，舍其子而立闵为太子。而事成之后，反立其子石衍为太子。冉闵乃杀其二人，而立义阳王鉴，又杀胡羯二十万人，并杀鉴自立，国号魏，复姓冉氏。又杀赵王虎三十六孙，尽灭石氏。石祗据襄国称帝，冉闵围之。燕王俊与姚弋仲子襄救祗，大败，冉闵几获之，而祗竟为其将刘显所弑，石氏终亡于冉闵之手。

350年左右，冉魏政权建立后，冉闵即下令释放5万后宫汉家少女，布汉人恩德，驱胡人出中国，颁杀胡令，下令“内外六夷，敢称兵仗者斩！”在冉魏之杀胡令下，近百万胡人被戮，数百万胡人重又返回塞外关外。中华民族，于摇堕间重又挺立起来。

博按：读史于五胡乱华之时，深感若无冉公出世，我等今日，恐难以自豪于华夏文明之无断裂，亦难以骄傲于中国文化之傲世独立于其他三大文明。冉公英烈，既生逢乱世，必得逞其英豪。今世之史家多非议于冉者有二，一曰其本受石氏之恩，后又杀胡灭石，大不敬；二曰其壮大后没有臣晋，反而建立冉魏云云。《要略》以为，冉闵所处之时代，本中国历史最黑暗最纷乱之时代（类似于欧洲之中世纪的黑暗），英雄乘势而有所作为，原不能苛责于其权宜之计。王夫之《读通鉴论》载：冉闵尽灭羯胡，而曰：“吾属故晋人，请各称牧守，奉迎天子。”虽非果有效顺之诚，然虑赵人之不忘中国而不戴己，未敢遽僭也。此冉闵之本意，奈何东晋羸弱，无能为之后援，才致冉魏短暂立国而后灭亡。后世和今日之些许史学家，脱离于当时之大时代、大背景，妄称冉闵为屠夫、为草莽，可谓对冉闵这位中华英雄的涤涤曲能。当今史学之弊，正在于常以现代人之观念强加于历史现场，非于当时之时代大背景下研究之、认识之、评价之，此历史虚无主义或功用主义者，既无益于彰显先贤英烈之功业，亦无益于民族精神之长远建设。

132. 名士风流：安石不肯出，将如苍生何

东晋自司马睿定都建康之后，历代君主皆庸常之辈，加之南北兵乱，军权下移，朝廷常为权臣所左右。先有王敦之叛，续之有苏峻、孙皓、郭墨之乱，及至桓温柄权之时，东晋王朝已进入穷途末路之状，遂有一代贤相谢安应时而出。谢安，字安石，自少时即有重名。曾得名相王导赏识，少及壮时与王羲之等名士游处，出则渔弋山水，入则言咏诗文，无入仕意。然谢安每高卧东山，诸人则相与言："安石不肯出，将如苍生何！"

四十岁时，谢安始有仕进志。适征西大将军桓温请谢安为司马。简文帝疾笃，桓温上疏荐谢安宜受顾命。及帝崩，桓温入赴山陵，止新亭，大陈兵卫，将移晋祚，呼谢安及王坦之（时谢王均为朝廷股肱之臣），欲于座害之。坦之甚惧，问计于安。安神色不变，曰："晋祚存亡，在此一行。"既见温，坦之流汗沾衣，倒执手板。安从容就席，坐定，谓温曰："安闻诸侯有道，守在四邻，明公何须壁后置人邪？"温遂与安笑语移日而终无加害。

桓温死后，晋孝武帝亲政。是时北魏苻坚强盛，边疆战场多有险状，诸将败退相继。谢安遣春弟石及兄子玄等应机征讨，所在克捷。苻坚率二十万众，号百万，次于淮肥，京师震恐。帝加安征讨大都督。谢玄入谢安府问计，安夷然无惧色，答曰："已别有旨。"既而寂然。玄不敢复言。安遂命驾出山墅，亲朋毕集，方与玄围棋赌别墅。安常棋劣于玄，是日玄惧，便为敌手而又不胜。安回首对其外甥羊昙说："把我赢的别墅送你（可见当时谢家之豪富，因其为东晋核心利益集团）！"安遂游涉，至夜乃还，指授将帅，各当其任。玄等既破坚，有驿书至（前线战报），安方对客围棋，把战报看完，便轻轻放在床上，面无表情，了无喜色，下棋如故。客问之，缓声徐答云："小儿辈遂已破贼。"既罢，还内，过户限（即门槛也），心喜甚，不觉屐齿之折，其矫情镇物如此。

谢安方欲混一南北，上疏求自北征，乃进都扬、雍、梁等十五州军事。是时桓温弟桓冲既卒，荆、江二州并缺，物论以谢安子谢玄有勋望，宜以授

之。安以父子皆着大勋，恐为朝廷所疑，又惧桓氏失职，桓石虔复有沔阳之功，虑其骁猛，在形胜之地，终或难制，乃以桓石民知荆州，改桓伊于中流，石虔知豫州。既以三桓据三州，彼此无怨，各得所任。其经远无竞，类皆如此。时会稽王道子专权，而奸谄颇相扇构，安出镇广陵之步丘，筑垒曰新城以避之。雅志未就，遂遇疾笃。六十六寿终，及葬，加殊礼，依大司马桓温故事。又以平苻坚勋，更封庐陵郡公。

博按：自古论名士风流莫若谢安石公。魏晋风骨，王谢堂前，貌似清谈无为，其实查物度势，胸中洞然。一旦入为藩国重臣，自当尽职履力，摒弃私恩（其本应桓温之召而出仕），内则广施国恩于民众，外则抵御强敌于战阵，宽温以御民，坚韧以护国，此始为国之柱石。观谢安以总指挥之淝水一战，本无胜算，然其所以能够安于游涉而置之平常，其意既在稳定前线将士之军心，亦在稳定朝廷之政局，而不为强敌所影响。而其致敌之策，已然在胸，大将风度雅怀，岂常人所能臆测。而谢安战前一弈，竟以别墅输赢，可知当时王谢家族之豪富，亦于此中反观于东晋朝廷，虽能够侥幸大败苻坚，但其王朝气数已尽，历史的循环轮替，已然迫在眉睫。

133. 王景略治秦：前秦诸葛，幸遇明主

王猛字景略，北海剧人（今山东寿光）也。博学好兵书，谨重严毅，气度雄远。因不好细事（即不愿做琐碎小事），不为浮华，是以市井之人皆轻而笑之。猛悠然自得，不以宵小为怀。354年，东晋大将桓温进兵关中，王猛往谒，扪虱而谈（一面捉虱子一面高谈阔论）天下形势，指出："公不远数千里，深入寇境，长安咫尺而不渡灞水，百姓未见公心故也，所以不至。"（引自《晋书王猛传》）直陈桓温北伐只为个人威望，并无收复关陇失地之心。他拒绝桓温之聘，反与前秦帝苻坚一见如故。论废兴大事，异常契合。"一见而使若平生，语及废兴大事，异符同契，若玄德之遇孔明也。（引文同上）"

猛始入秦仕，初为始平令。明法峻刑，澄察善恶，禁勒强豪，告苻坚

以“宰宁国以礼，治乱邦以法”；苻坚后移猛镇冀州，听猛于六州之内便宜从事，简召英俊，以补关东守宰，后又入为宰相；猛宰政公平，外修兵革，内崇儒学，劝课农桑，教以廉耻，无罪而不刑，无才而不任。坚尝从容谓猛曰：“卿夙夜匪懈，忧勤万机，若文王得太公，吾将优游以卒岁（引文同上）。”其见重如此。一年五擢，官至丞相、中书监、尚书令，封清河郡侯，为政期间，选贤任能，法简政宽，使“秦民大安，陇右清净”。其为军事家，曾以旬月间下洛（阳）、荥（阳），不日间占壶关，破慕容评，用兵如神，以少而胜多，诚稀世之良将。史称前秦所以灭燕者，猛为第一功臣。

博按：观王景略治秦，诚秦之商公再世，蜀汉之诸葛又生。王猛之幸，在于苻坚之洞明与不吝使用，因得以施展其旷世之才，青史留名至今。而王猛之幸亦在于自己之勇于择君，即马伏波所谓：君择臣，臣亦择君。于乱世间更或如此。设若王猛初时拜于桓温门下，则为后世恐为乱世贼子。睿智如谢安（受桓温召而入仕），后世尚因此而垢之，可见王猛择君之明。

134. 千古一帝苻坚：以胜而骄，死国悲烈

《资治通鉴》载：苻坚“性至孝，幼有志度，博学多能，交结英豪；后依靠王猛之谋，杀暴君苻生而入主秦庭”。时值大旱，苻坚“坚减膳撤悬，金玉绮绣皆散之戎士，后宫悉去罗纨，衣不曳地。开山泽之利，公私共之，偃甲息兵，与境内休息”。坚执政五年，广置太学，弘扬儒教，尊崇法制，设置讲武堂，任王猛以宏材纬军国，放苻融以懿戚赞经纶，用权薛以谅直进规谟，依邓羌、张蚝（皆万人敌将）以忠勇恢威略，俊贤效足，杞梓呈才，文武兼施，德刑具举。是以平燕定蜀，擒代吞凉，跨天下三分之二，居华夏九州之七，因止马而献歌，五胡之盛，莫之比也。然苻坚以屡战屡胜，因王猛早逝，遂愎谏违谋，轻敌怒邻，穷兵黩武……倾百万之师，以图“浑一华戎”。自谓战必胜，攻必取……终致淝水之败。遂使凶渠候隙，狡寇伺间，鲜卑（即慕容氏也）启其祸先，烧当（五胡之一也）乘其乱极，宗社迁于他族，身

首罄于贼臣，贻戒将来，取笑天下，岂不哀哉，岂不谬哉。

博按：五胡十六国之君主，若论知人善任，莫若苻坚；若论仁慈友善，莫若苻坚；然若论悲情惨烈，亦莫若苻坚。苻坚以胡人入主中原，聚贤臣，诛暴君，弘儒教，兴太学，举异才，修废职，课农桑，恤困穷，礼百神，旌节义，继绝世，以成河陇清净，百姓安乐。然其于乱世中赏罚不明，施仁于寇，尤于任敌国之重臣于王廷，图恩施感化五胡之众，并于屡战屡胜之下，骄以兴兵，遂于淝水兵败而遽亡其国，此其妇人之仁和屡战而骄所致。对此司马迁以为："论者皆以为秦王坚之亡，由不杀慕容垂、姚苌故也，臣独以为不然。许劭谓魏武帝治世之能臣，乱世之奸雄。使坚治国无失其道，则垂、苌皆秦之能臣也，乌能为乱哉！坚之所以亡，由骤胜而骄故也。魏文侯问李克吴之所以亡，对曰：'数战数胜。'文侯曰：'数战数胜，国之福也，何故亡？'对曰：'数战则民疲，数胜则主骄，以骄主御疲民，未有不亡者也。'秦王坚似之矣"！

135. 战神慕容垂：百战之功，开国后燕

慕容垂，字道明，原名霸，鲜卑族，十六国时后燕开国之君。本前燕王慕容皝第五子。"少岐嶷（同"奇异"）有器度，身长七尺七寸，手垂过膝"。十三岁便勇冠三军，屡建奇功，历慕容皝、慕容俊、慕容暐三世，以百战之功而官居吴王，尤于慕容恪死后，成为前燕国之柱石。

太和四年，东晋桓温北伐前燕，连克要城，连败大将，前燕庸主慕容暐和太傅慕容评无心迎战，欲逃回鲜卑故都。慕容垂曰："臣请击之，若战不捷，走未晚也。"遂率征南将军慕容德等五万步骑抵御桓温。垂以强兵抗温，并以骑兵远袭桓温军粮草供应，连战而连胜，桓温接连失利，粮草中断，又受燕秦联军夹击，遂率军回撤。前燕诸将争欲追击，垂曰："不可。温初退惶恐，必严设警备，简精锐为后拒，击之未必得志，不如缓之。彼幸吾未至，必昼夜疾趋；俟其士众力尽气衰，然后击之，无不克矣！"于是，

慕容垂亲率骑兵八千尾随桓温军行进。桓温果加速退兵，数天之后，慕容垂告诸将曰："温可击矣！"遂令诸将急进，于襄邑追上桓温。伏兵与追兵齐发，大败晋军，俘斩三万人。是役，慕容垂威名大振，引致太傅慕容评忌恨。太后可足浑氏亦素恨慕容垂，遂毁其战功，与慕容评相谋诛杀慕容垂。因不欲慕容家族骨肉相残，垂即以打猎为由而投奔前秦，为前秦主苻坚所重用，后追随苻坚成功围邺灭燕。

灭燕后，因苻坚屡胜而骄，乃至穷兵黩武，慕容垂察觉前秦之重大亡国危机，窥见复国在望，遂鼓动苻坚乘胜灭晋，并于秦军淝水之败时独以所统三万军全身而退，得以保全苻坚之退路，邀其信任后请兵返回前燕故地。遂于前秦帝国坍塌之际展开建立后燕之一系列战争。先是袭杀苻飞龙与氐兵，受降翟斌，遣三子慕容农略秦牧马而壮大骑兵，攻取邺城，平定关东，攻灭西燕，收复清河、渤海等地，征服贺兰部，占据辽东，攻灭翟魏，前后数百战，几乎百战百胜，终于渐次恢复燕帝国之版图，史称后燕。

博按：慕容垂本藉父兄之资，修复旧业，国人归之，若夜虫之就火，少加倚仗，易以立功。而慕容垂之长在其善把握时势，当机立断。当前燕朝廷兄弟阋于墙之时，其宁避其锋，亦不骨肉相残；当秦淝水之败时，其能以其三万兵马掩护苻坚全身而退，得道义之先；当屡攻邺城不下时，能转战淮南，伺其自溃。史传每于大战前，垂必洞若观火，此垂为后世称为战神之根本。《两晋演义》以为："慕容垂才略过人，卒能恢复燕祚，不可谓非一世雄，其独择子不明，失之于太子宝，反以段后所言为营私，此其衰年之昏。"

136. 慕容评：两军阵前卖樵鬻水，自古贪腐堪称第一

五胡十六国之建国于中原，因胡人之文化传统皆长于马上得天下而短于下马治天下，是以其建国也忽，灭国也忽，皆短祚之国。综论十六国，其建国之君皆文韬武略，以武功一天下，以文治怀远人；其亡国之君，皆骄奢

淫逸，刚愎自用，权斗不断，以致失国而灭族。其以前燕之灭国殊为典型。前燕历三代而传之慕容暐，君闇臣佞，尤其主政慕容评，暗杀挡其财路之改革派尚书左仆射悦绾，参与诛杀前燕开国元勋慕容垂，后于前秦入侵时以三十万大军败于王猛之六万之师，卒以亡其国。

史载秦燕两军在潞川对峙之时，慕容评作为燕军统帅，竟于两军对垒之前线阵地，向其属下官兵“卖樵鬻水（即将驻地附近的山林、泉水统统划为私人禁区，打柴、汲水的军民都要向他交钱购买），以致积钱绢如丘陵”，令前燕大军精神懈怠，无以为战。后两军交锋，燕军兵败如山倒，慕容评只身逃回邺城。燕主慕容暐放弃邺城想逃回和龙，中途被俘，前燕遂告灭亡。慕容评逃到高句丽，反被高句丽送还前秦。秦燕之人对慕容评公愤汹汹，千夫所指，皆认为其为燕灭之首奸。

博按：按照本读史笔记的标准，慕容评实为“持心为私，治事无能”之显例。本为四朝耆老，国之元勋，国家褒奖之厚，恩宠之隆，无以复加，然其贪欲之心，炙燃无度，丧心病狂，竟于关乎国家存亡之生死战场“卖樵鬻水”，于中华民族战争史和贪腐史中，可谓前无古人后无来者。然而，平实论之，军中之贪，原无论平时战时、阵前阵后。因军者，国之柱石干城；而军心者，军之坚固强大所在；若以贪腐影响军心士气，则军心斗志必为之懈怠，强大战力必为之瓦解，即使兵力再多，武器再精良，而其坍塌失败之日，将为不远。是以纵览古今，贪腐为败军之象，骄妄为丧军之本，而当今所捕获的军中的老虎苍蝇们，可知慕容评之败乎？

137. 刘裕篡晋建宋：开南朝百年更替之血雨腥风

晋朝自南迁建康之后，历九代八十余年风雨如晦，已进入摇摇欲坠的混乱格局。是时，历史强人刘裕进入了新旧更替之历史视野。

先是东晋实际秉政者司马元显任刘牢之为先锋，以与桓玄（恒温之子，桓楚开国者）作战，岂料刘牢之认为司马元显无用，倒戈引桓军入建康。桓玄控制朝廷，诛杀异己，先后杀司马元显与道子，并夺取刘牢之兵权，诛戮部分北府将领，提拔北府将领刘裕，并篡位称帝，建国桓楚。隔年刘裕举兵，收复建康，肃清诸桓势力，迎晋安帝复位，渐次掌控朝廷。后刘裕假晋廷之手，成功讨伐叛军刘毅，攻灭谯蜀之国，平定卢循之乱，又发动两次北伐，首战擒杀南燕慕容超；再战而灭亡后秦。420年，刘裕废晋恭帝自立，是为宋武帝，建国宋，史称南朝宋，东晋至此灭亡。此时北方仍处于五胡十六国时期，直至440年北魏统一后方形成南北朝对峙格局。

博按：东晋开国之后，即以南迁门阀政治为其统治基础。然大族（实质是既得利益集团）之权力分割亦造成国家中央集权的旁落。刘裕之前，以王敦为先导，续之而起的是桓温诸人，多因内外时局而未能如愿“逐鹿于晋廷”。然经历代之权臣争斗，晋之王祚已处于摇坠欲倒之间。刘裕以北府名将，以讨伐桓玄为名，貌似为复晋祚，其实为主宰天下，其把握时机之能力，消除异己之果敢，确实高出其他门阀政客。是以晋失其鹿，刘宋继之，其刘裕应时之功也，然自此亦开南朝五代频繁更替之血雨腥风，南朝衣冠士族，再无东山裸奔之娱，更无兰亭风流之会；是以王谢堂前燕，将入百姓家，历史的新一波轮回更替，自此展开。

138. 再论刘裕：人道寄奴曾住

刘裕，字寄奴。刘宋开国之君。其能篡晋建宋，和其子刘义隆成就南北朝数百年间仅有之“元嘉之治”，委实难得，因此再论刘裕。

北魏名相崔浩认为：“刘裕奋起寒微，不阶尺土，讨灭桓玄，兴复晋室，北禽慕容超，南枭卢循，所向无前，非其才之过人，安能如是乎！”其不仅以武功显赫于当时，且于政治措施亦颇有建树。如，东晋“山湖川泽，皆为豪强作专，小民薪采渔钓，皆责税直”，刘裕认为于百姓不利，“禁断之”。即位后，免苛捐杂税，“蠲（音捐，免除之意）租布二年”，放还征奴，规定“荆州府置将不得过二千人，吏不得过一万人；州置将不得过五百人，吏不得过五千人”。其对东晋以来之苛刻刑法进行改革，“刑罚无轻重，悉皆原降”；其注重学校教育，下诏要选备儒官，弘振国学；其本人“清简寡欲，严整有法度，未尝视珠玉车马之饰，后庭无纨绮丝竹之音”。宁州地方官吏向刘裕献精美虎魄（即琥珀）枕，其闻琥珀可以治刀剑创伤，即令左右捣碎分赐将士。平定关中后，刘裕得姚兴从女，宠爱非常，几误政事。有人上书批评此事，裕即去之；刘裕衣着简朴，常常着连齿木屐，在神虎门散步，左右从者不过十余人。其子晨请，亦不拘于礼。所卧之榻用土布幔帐，壁灯亦土布掩之（无用丝绸也）。子孝武帝曰“田舍公得此，以为过矣”。裕一生戎战，称帝两年后驾崩。

博按：刘寄奴本以寒门，发迹戎伍，身经百战，审时度势，自汉高祖光武以降，史所未见开国之君如刘裕之性格完善者。其勇毅、坚韧、机智、果决，且有济世之怀，非但攻无不克，战无不胜，亦能整饬法纪，抚民于乱世。设若其于长安之战时，其朝廷内之心腹刘穆之不死，其必将一统中原，成就光武之业。历史成败之吊诡莫测，正在其中。而刘裕之名，传播最久远者，在于宋时爱国词人辛弃疾之【永遇乐・京品北固亭怀古】名篇：千古江山，英雄无觅孙仲谋处。舞榭歌台，风流总被雨打风吹去。斜阳草树，寻常巷陌，人道寄奴曾住！

139. 宗悫：愿乘长风破万里浪

宗悫（音确），字元干，南北朝时刘宋南阳人。叔父炳，高尚不仕（即有学问而不愿意当官）。悫年少时，炳问其志，悫曰：“愿乘长风破万里浪。”炳曰：“汝不富贵，即破我家矣。”宗悫兄泌娶妻，始入门，夜被劫。悫年十四，即挺身拒贼，贼十余人皆不得入室。时天下无事，士人并以文艺为业，而悫独任气好武，故不为乡曲所称。

江夏王义恭为征北将军、南兖州刺史，悫随镇广陵（史无明说悫如何从军，然以博揣测，其可能为自荐之于刘义恭）。元嘉二十二年，刘宋伐林邑（古国，故地在今越南中部），宗悫自告奋勇请求参加。义恭因悫有胆勇，乃荐之于朝廷，除振武将军。率军入于象浦，林邑王范阳迈倾国之兵来拒，并使用象兵上阵，士卒不能当。悫曰："吾闻狮子威服百兽。"乃制狮形画，与象相御，象果惊奔，众因溃散，遂克林邑。（史传后世元军征印度之战，曾败于印度之"象兵"，可惜元将不知宗悫之大败象兵之法，否则印度历史也将为之重写）收其异宝杂物，不可胜计。悫一无所取，衣栉萧然，文帝甚嘉之。后多为军功，封洮阳侯，累迁豫州刺史，监五州诸军事。

博按：宗悫既有"乘风破浪"之志，又有"建功立业"之才，可谓持心以正、治事以能之典型，颇有古名将、古国士之风。重温宗悫之史，独思宗悫出自于"高尚不仕"之家族，本不为其乡里长辈所"称好"，且是时南朝已有重文抑武之风，何以能最终能为国家所发现和重用，从而立功于国家，流芳于后世？晏子所谓"国有三不祥，夫有贤而不知，一不祥；知而不用，二不祥；用而不任，三不祥也"。若宗悫之才者，如不能为朝廷所发现、使用和信任，则国家将危。而南朝宋齐梁陈之朝，恐如宗悫叔父宗柄之才者，多不见用于当朝，始有败乱短命之象。而以此鉴于今世，当政者如能以良好之制度保证，使得如宗柄宗悫者，能一一见用于其位，则国家之福、吾华之幸矣！

140. 后燕慕容熙：荒耽失国，足戒千古

慕容垂恢复燕国后，政局动荡。先是其子慕容宝被鲜卑贵族兰汗杀掉，宝之庶长子慕容盛又于兵变中被部下射伤死亡。太后丁氏以"国多难，宜立长君"为由，力推与其有奸情的河间王慕容熙即位。称帝后，慕容熙即大兴后宫，冷落丁氏，峙宠苻娀娥、苻训英二女，史称"并美而艳，好微行游宴"。封苻娀娥为昭仪、苻训英为贵嫔。以致丁氏生怨，遂与其侄丁信密谋，欲废慕容熙，后因事机泄露反被慕容熙诛杀。

失去丁氏"监督"后，为讨好二美，慕容熙始"大筑龙腾苑，广袤十

余里，役徒二万人，起景云山于苑内，基广五百步，峰高十七丈。又起逍遥宫、甘露殿，连房数百，观阁相交，凿天河渠，引水入宫。又为其昭仪苻氏凿曲光海、清凉池”。苻皇后喜欢外出野游，慕容熙有求必应。史传慕容熙曾与苻后游畋于百鹿山，士卒为虎狼所杀者五千余人。熙又专门为苻后起“承华殿”。时典军杜静“载棺诣阙，上书极谏”。慕容熙怒而斩之。苻氏尝于夏思食冻鱼，仲冬须生地黄（今之反季节蔬菜），熙令有司求之，切责不得而斩之。

后苻氏猝死，熙痛哭濊绝，久而复苏。行丧如父母，服斩衰，食粥。又命百官于宫内设哭位，使人案验其无泪者斩之。群臣皆含辛以取泪（在嘴里含着辣椒以使自己流眼泪，“含辛如哭”后被苏轼演化为含辛茹苦）。并以高阳王妃（熙嫂）为之殉葬。后又命公卿以下至兵民，户率营陵，费殚府藏。殡时，丧车高大，毁北门而出，熙亲被发徒跣步从（即批发赤脚步行）二十余里。后丧事未完，熙即被部下冯跋谋反失国，后燕因之而亡。

博按：慕容熙以私情而废国政，因荒淫而失其国，贻笑大方，足戒千古。其至情于苻氏本无可厚非，然因至情而举国奉一人，因至情而失其至尊之态，因至情而破其国门，斩其诤臣，杀其臣民，则为历代昏君之典型，诚中华古史之中荒诞不经帝王第一人。而观之于今世，国家惩治贪腐之时，媒体常曝光许多高官厚禄者多因“情人”、“情妇”参与其中，而其荒诞不经者亦常有之，如有收集情人体毛者，有写性爱日记者，有众高官共用一情人者，有杀妻换妾者，诸如此类，不胜枚举，而其一朝案发，沦为阶下之囚时，已经悔之晚矣，当其困于囹圄之时，可知慕容熙亡国之鉴乎?

141. 千古胡帝拓跋珪：大人利见功，命丧寒食散

南北朝时期，传统史家常以南方汉人政权为正朔，而以鲜卑之北魏为次。然纵观其实，南方之宋齐梁陈，三五十年即改换门庭，战乱频仍，国力日蹙；反观北魏，自拓跋珪开国以后，经数代开拓，国盛民强，历百七十年

始亡。而北魏有此王业，其开国之君拓跋珪功不可没。

拓跋珪，本亡国之奴，原代国昭成帝拓跋什翼犍之嫡孙。公元376年，前秦灭代国，拓跋珪以弱冠少年留于部落发展力量，因其少年英勇而大得人心，虽屡遭暗杀而终逃不测。后乘前秦灭国，天下大乱之机而重建代国于盛乐。其建国之初，北有贺兰部，南有独孤部，东有库莫奚部，西有匈奴、柔然、高车等部；太行以东为后燕及西燕。于此乱局之中，拓跋珪内修政治以安人心，外合后燕以灭叛军，亲率大军以平高车、贺兰诸部，先后殄灭黄河以北大部分强邻，成为中国大地上唯一能与后燕抗衡之强大力量。在魏燕争霸之间，拓跋珪又审时度势，联西燕而灭后燕，并抓住后燕主慕容垂病逝上谷之机，亲率四十万大军伐燕，一举而占据山西、河北之地，并迁都至平城（今大同）。后又兴兵与后秦姚兴争夺天下，并屡败后秦之军，为其后嗣之君统一北中国奠定了坚实基础。

拓跋珪于中华历史之贡献，还在于其即帝位后，因倾慕汉文化而仿制长安、洛阳等皇城规制，营修营室，建立宗庙，平定权衡，又仿汉制而建立汉化职官制度，解散部落组织，建立国家编户，并设置五经博士，增设太学，使中华文明再次复兴于纷乱之北中国。

然而，就在拓跋珪渐次行将统一北中国之时，其开始听汉医之方而服食“寒食散”（古中医一味药，葛洪述为以“丹砂、雄黄、白矾、曾青、慈石”五石为药，药性燥热，近似今日之毒品也，由魏人何晏首创食用，致死者多矣）。史传拓跋珪晚年因食此药而性情大变，刚愎自用，猜忌多疑，以致一代英武大帝，终死于其子拓跋绍之手（欲幽杀绍之母，绍因而刺杀于拓跋珪）。

博按：拓跋珪自六岁串伏流离，年十六即匡复代业，雄姿伟略，百战百胜，几一北中国；虽胡人而兴汉治，用汉吏，建汉廷，其虽英年早逝，然因为其所底定之宏大基业和制度规模，再经其后人孝文拓跋焘之治，而使第一个少数年民族统治中国北方百七十年，其于混一华戎，延汉之血脉，可谓功在千秋。是以《魏书·拓跋珪传》曰：“晋氏崩离，戎羯乘衅，僭伪纷纠，豺狼竞驰。太祖（即硅）显晦安危之中，屈伸潜跃之际，驱率遗黎，奋其灵武，克剪方难，遂启中原，朝拱人神，显登皇极。虽冠履不暇，栖遑外土，而制作经谟，咸存长世。所谓大人利见，百姓与能，抑不世之神武也。而屯厄有期，祸生非虑，将人事不足，岂天实为之。呜呼！”。另一历史学家张大龄在其《晋五胡指掌》中也评价其曰：“太祖珪窜伏流离，濒死不死，是天之所兴也者。殄灭大燕，尽有中原，规模措置，何逊於两汉哉？”。而重温太武之史，实惜其于英年之际误服“延年益寿”之药而致其早亡，诚中华历史上又一悲剧。是以历史上不少雄才伟略之名君，因建功业之至伟而被臣下奸佞所神化（汉之武帝、唐之太宗），因沉湎于“再活五百年”的妄想而不择手段求医问方，最后为庸医所误而致身死国破者，良可殷鉴于后人。由此窃亦常为之深入思考：尽人类之史，再卑微的生命，亦有其生存之道；再高贵的躯体，不过细胞之堆砌；而无论卑微与富贵的生命实体，都终将成为时间和历史的弃儿；而唯有那些高尚的灵魂和为了人类自由发展而不断探索创造的精神财富，才能永存于世，才具有永恒的意义。是为记。

142. 毛修之：一个奇特人生，一段乱世缩影

毛修之（375—446年），字敬文，荥阳阳武人（今河南原阳，世史家考证，河南原阳为毛氏祖廷，毛修之可为近代伟人毛泽东先祖）。毛穆之孙，梁州刺史毛瑾之子，世仕晋。其于两晋南北朝时期的特殊经历和奇特人生，可以作为此一时期历史之缩影，是以述而论之：

1. 出身世家，两叛殷桓。史载毛修之有大志，多读史籍，曾为殷仲堪（东晋末年重要将领、大臣。官至荆州刺史，曾两度响应王恭讨伐朝臣起事，在王恭死后与桓玄及杨佺期结盟对抗东晋朝廷，逼令朝廷屈服，后被桓玄袭击，逼令自杀）参军。399年（隆安三年），桓玄出兵袭击荆州，逼殷仲堪自杀，自兼荆州。毛修之改任桓玄参军（首叛殷仲堪），又因其通晓音律，又能骑射，故又得桓玄赏识。桓玄篡位后又以毛修之任屯骑校尉。404年刘裕起兵讨伐桓玄，桓玄兵败逃出建康，毛修之亦随之西逃。桓玄及后在峥嵘洲（今湖北鄂城县东）再败于刘毅（刘毅，东晋末年北府兵将领。曾与刘裕、何无忌等举义兵消灭桓玄，后又参与讨伐卢循，在晋官至卫将军、荆州刺史，因不服于刘裕，故此被刘裕所攻，后兵败自杀），撤返江陵（今湖北荆州市荆州区）后不愿再战，意图逃奔梁州。当时毛修之却力诱桓玄入蜀，终令桓玄被斩杀

（再一次杀主以求荣）。同年，晋安帝复位，毛修之任骁骑将军。不久毛修之至建康，刘裕以其为自己的咨议参军，加宁朔将军；不久再迁右卫将军。

2. 崎岖人生，再叛刘毅。义熙元年（405年），毛修之的叔父毛璩派往荆州讨伐桓振（桓玄从子，桓玄死后，领导桓楚的余党对抗东晋，终因兵败战死）的军队叛变，并推谯纵（出身世家大族，初为东晋安西府参军。405年，益州刺史毛璩遣谯纵等领诸县氐兵东下征讨桓玄，士兵不愿离乡，因谯纵得众心，是以诸将逼其反叛，推举其为首领。同年，谯纵自称成都王，建立西蜀政权）。为主。接着叛军进攻涪城（今四川绵阳涪城区），杀害毛修之父毛瑾，后又攻陷成都（今四川成都），杀害毛璩等人，建立西蜀。刘裕于次年表毛修之为龙骧将军率军入蜀，并命益州刺史司马荣期与其联军。但司马荣期再因参军杨承祖叛变而被杀，毛修之只能退守白帝（今重庆奉节县东）。无功而返。

义熙六年（410年），卢循（东晋末年农民起义领袖，史称“卢循孙恩之乱”）率大军进攻建康，其时尚在服丧的毛修之受任命为辅国将军，加宣城内史，驻守姑孰（今安徽当涂），击败卢循所遣之将领阮赐之进攻。同年刘裕在灭南燕后回防建康，卢循退兵江州，毛修之迁任后将军刘毅司马（再傍刘毅）。刘毅于义熙八年（412年）迁卫将军、荆州刺史，毛修之亦以卫军司马、辅国将军、南郡太守身份随至荆州。同年刘裕讨伐刘毅，领军作前锋的王镇恶成功进入江陵，并在城中与刘毅决战，时毛修之尽力抵抗王镇恶，但终失败，刘毅出逃后不久自杀。因毛修之与刘裕本为故交，故此虽然协助刘毅抵抗亦没被问罪。毛修之随后返回建康，当过黄门侍郎，后再任右卫将军。义熙十一年（415年），刘裕讨伐司马休之（东晋末年司马宗室翘楚，曾任平西将军、荆州刺史，世称司马平西。桓玄将行篡逆，诛不附己者，遂奔南燕慕容德，刘裕诛除桓玄后，司马休之回还建业，复为荆州刺史。刘裕发兵攻击司马休之，攻克江陵。司马休之父子、鲁宗之等逃往后秦依附姚兴。刘裕灭亡后秦，司马休之等晋国宗室向北魏司徒长孙嵩请降，卒于军中），毛修之又任刘裕咨议参军，进冠军将军，领南郡相。

3. 夏军俘虏，再叛母国。后刘裕意图北伐后秦，并先派毛修之修治芍陂，开数千顷田。义熙十三年（417年），刘裕率北伐军进至彭城（今江苏徐州市），毛修之在当地为其营立府舍（建筑设计师），转相国右司马；刘裕更因此而赏赐了他时值二千万钱的物品。同年刘裕灭后秦，以本官受河南、河内二郡太守，行司州事，戍守洛阳（今河南洛阳市），并修治洛阳城垒。然而，当刘裕灭后秦后班师，留次子刘义真为安西将军，镇守关中时，关中遭夏国军队（十六国时期最后出现的一个政权，为南匈奴屠各种铁弗部族人赫连勃勃所建，仅存二十五年，为北魏所灭）攻击，晋军战败，毛修之被夏军所俘。428年，夏国皇帝赫连昌又被北魏所俘，毛修之亦随之转归北魏。昔日毛修之在洛阳时曾尊重当时的名道士寇道士，而北魏太武帝亦十分尊敬和信任道士，于是毛修之在道士的庇护下保全性命并降于北魏。

4. 献厨异国，出将入相。再降北魏的毛修之很快得到了太武帝的信任，从而得以统领吴兵，参加讨伐柔然可汗，以战功获任为吴兵将军，领步兵校尉。后又因随太武帝攻打平凉而获授散骑常侍、前将军、光禄大夫。毛修之曾为北魏一个尚书（相当于今天的部级领导）制作羊羹，尚书觉得这是世间美食，于是上呈太武帝。毛修之从此因为擅长烹调南方菜肴而得以亲近太武帝，受命为太官尚书，封南郡公，加冠军将军，并入于太官主掌御膳进呈。

后毛修之又随太武帝进攻北燕都城和龙（今辽宁省朝阳市），率别军攻破三堡，获赐奴婢、牛羊。云中镇将朱修之原为南朝将领，因被俘而到北魏，此时就打算乘卫士都忙于攻城而率吴兵发动叛乱，以求借道北燕循海道南归。但当朱修之将此事告知毛修之时，毛修之竟不愿，朱修之见不能成功，于是出奔北燕君主冯弘。而毛修之又以此战功勋迁特进、抚军大将军、金紫光禄大夫，地位仅次于崔浩。

5. 论史崔浩，品评武侯。史载北魏名臣崔浩（下有专文论之）与毛修之同朝为官，因毛为中国旧门，虽不博洽，犹涉猎书传，尝与其共论史事。二人曾论及《三国志》作者陈寿，崔浩云其："有古良史风，其所著述，文义典正，班史以来无及寿者"。修之曰："昔在蜀中，闻长老言，寿曾为诸葛亮门下书佐，得挞百下，故其论武侯云：'应变非其所长'。"浩乃与论曰："承祚（陈寿字）之评亮，乃有故义过美之誉，非挟恨之言。夫亮之相备，英雄奋发之时，君臣相得，鱼水为喻。而不能与曹氏争天下，委弃荆州，退入巴蜀，守穷崎岖之地，僭号边夷之间，此策之下者。可以赵佗为偶，而以管、萧之亚匹，不亦过乎！且亮既据蜀，弗量势力，严威切法，控勒蜀人，欲以边夷之众，抗衡上国。出兵陇右，再攻祁山，一攻陈仓，疏迟失会，摧衄而反。后入秦川，更求野战。魏人知其意，以不战屈之。智穷势尽，发病而死。由是言之，岂合古之善将，见可知难乎？"修之谓浩言为然。后卒于外都大官，谥恭公。

博按：毛修之本为南北朝时期寂寂无名之徒，然何以专文论之，一因其个人之人生经历，始终贯穿东晋末年之历史乱局和南北两朝之斗争历史，可谓一段历史时期的不二见证者。尤其是与其有恩义或其所背叛者，皆为南北朝时期赫赫有名之大人物，而若谓窥一人之史而知晋末和南北两朝之史之大略者，则舍毛修之而无他；二因其反复变节之人生，可见自东晋末年乱世之中，华夏自古传承的国士之风，以及两晋的所谓“名士风流”已日渐衰落，如毛修之者屡寄于人下又屡叛于人主，反而能够出将入相，可见当时世风日下，人心不古之情状；三因毛修之个人品德虽然不堪，但其始以“通晓音律、又能骑射”得桓玄赏识，后因“善治厨艺”而得太武帝亲近，可知多才多艺实为人生之大助。今人有“艺多不压身”之说，由此可见一斑。亦可知七十行，行行皆可有作为，所谓穷一行之理，便可触类而旁通，物理其本而得天下大义，实人生之要义精华，今人图谋建立功业者，不可不详察之、细审之、仿效之。

143. “富贵必履机危”与“嗜痂之癖”

尝闻毛泽东主席嗜读晋史，尤喜读宋帝刘裕与其谋臣故事。而刘裕之谋臣中尤可警于后人者，一为诸葛长民。本与刘裕一起定策谋反于桓玄者。然《晋书·诸葛长民传》称其：“骄纵贪侈，不恤政事，多聚珍宝美色，营建第宅，不知纪极，所在残虐，为百姓所苦。”及刘毅（另一建宋之功臣）被诛，长民曾谓其所亲者曰：“昔年醢彭越，前年杀韩信，祸其至矣！”本谋欲为乱，犹豫未发，既而叹曰：“贫贱常思富贵，富贵必履机危。今日欲为丹徒布衣，岂可得也！”后果为刘裕袭杀。

另一可堪为记者为刘穆之。《宋书·刘穆之传》称：“高祖（刘裕）始至，诸大处分，皆仓卒立定，并穆之所建也”，“时晋纲宽弛，威禁不行，盛族豪右，负势陵纵，小民穷蹙，自立无所。重以司马元显政令违舛，桓玄科条繁密。穆之斟酌时宜，随方矫正，不盈旬日，风俗顿改。”朱敬则称刘穆之：“如萧何之镇静关中，寇恂之安辑河内，诸葛之相蜀，张昭之辅吴，茂宏之经理琅琊，景略之弼谐永固，刘穆之众务必举……虽功有大小，运或长短，咸推股肱之林，悉为忠烈之士。”薛稷称之：“张良之翼汉王，郭嘉之协魏主，宋武之得穆之，齐高之得褚彦，定策决胜，谋夫孔多。”然刘穆之虽有诸葛之明，其于后代之教化却遗戒良多。《宋书·刘穆之传》载穆之孙刘邕：邕所至嗜食疮痂，以为味似鳆鱼。尝诣孟灵休，灵休先患灸疮，疮痂落床上，因取食之。灵休大惊。答曰：“性之所嗜（我生性喜欢这个）。”灵休疮痂未落者，悉褫取（强取之意）以饴邕。邕既去，灵休与何勖书曰：“刘邕向顾见啖，遂举体流血。”南康国吏二百许人，不问有罪无罪，递互与鞭，鞭疮痂常以给膳。“嗜痂之癖”的成语即由此而来。盖警示后之人嗜富贵如癖食痂也。

博按：诸葛长民既知“富贵必履机危”之道，反敛财聚富，为非作歹，其亡有日也。而刘穆之之孙刘邕以三代富贵之后，反成“嗜痂之癖”，此变态之癖，实为可为后世富贵子之警。俗言为富不过三代，中华文化之下，一旦生而富贵，便不知富贵之害，其不知嗜富贵如癖食痂之理，虽自飨其味而旁观者惊心恶之，而其亡亦有日。今日之新闻中，常见“富某代”、“官某代”者，斗富纵乐，恣意妄情，为富不仁，为官不敬，岂不知其已“嗜痂成癖”乎？

144. 崔浩之死与国史一案

崔浩，字伯渊，北魏司空崔玄伯长子。史称崔浩长相如美貌妇人，常自比于张良，曾仕北魏道武、明元、太武三帝，官至司徒，为太武帝拓跋焘最重要之谋臣。浩曾屡排众议，根据星象和人事判断时机，使太武帝得以依次成功击灭胡夏、灭北凉并出击柔然。尤以灭北凉而开西域之通道，为北魏立下盖世功业。然而，正当崔浩在北魏官运亨通之时，却因为国史一案而身死族灭。实可令人扼腕，今且述并论之：

《魏书·崔浩传》载："初，太祖（拓跋珪）诏尚书郎邓渊著《国记》十余卷，编年次事，体例未成。逮于太宗（拓跋焘），废而不述。神䴥二年，诏集诸文人撰录国书，浩及弟览、高谠、邓颖等共参著作，叙成《国书》三十卷。"太武帝的目的本为"国家积德，著在图史，当享万亿"。但以其功绩无入史录，又诏崔浩续写，诏曰："史阙其职，篇籍不著，每惧斯事之坠焉。公德冠朝列，言为世范（评价可谓至高矣），小大任之，望君存之（给了他评价本朝历史的权力）。命公留台，综理史务，述成此书，务从实录。"浩于是监秘书事，以中书侍郎高允、散骑侍郎张伟参著作，续成前记。至于损益褒贬，折中润色，浩所总焉。但史成后，参与其事之著作令史闵湛、郗标素以谄事崔浩。因建议把《国记》刊刻在石上，以彰直笔，同时刊刻崔浩所注之《五经》（二著作令拍其马屁也，可见马屁害人之甚。）。于是，在今天之天坛东三里处，营造《国书》和《五经注》碑林，方圆一百三十步，用工三百万始告完成。由于《国记》秉笔直书，尽述拓跋氏历史，详备而无所避讳，其中直书拓跋氏一些不愿为众人所知道的早期历史。而石碑树立于通衢大路，引起往来行人议论。鲜卑贵族无不愤怒，纷纷陷害崔浩于拓跋焘御前，指控崔浩有意暴扬国恶。拓跋焘遂收捕崔浩及秘书郎吏，审查罪状。公元450年，太武帝诛杀崔浩并夷其九族。史载行刑时，"卫士数十人溲（撒尿）其上，呼声嗷嗷，闻于行路。自宰司之被戮，未有如浩者"。

博按： 崔浩国史一案，于后人者可值深鉴者三：一曰皇权之虚伪。拓跋焘虽为一代明君，然于此事中却尽显其虚伪。为让崔浩称颂其功德，不惜赞誉其"德冠朝列，言为世范"，其背后之目的可以想见。然而，一旦崔浩果真秉笔直书北魏之史，触及其根本利益，则断然杀之，此即中国传统之所谓集权体制之下的"秋后算账"。二曰崔浩之不明于修当朝史之巨大风险。其本文人，并非史家，然当其受命建本朝之史时，并不洞明于当时之形势。以博思之，当北魏以鲜卑异族（其实为黄帝后裔，昌意后人）入主中原，其有远略之太祖与太宗，本怀于历史之中寻找统治中原之合法性注脚，亦有青史留名之本愿，此其两者，本向来治史者之要义，而崔浩者不明此理，秉笔直书鲜卑族之野蛮历史，"暴扬国恶国丑"，且以汉族士人受命而治异族之史，本有“成见之论”、“内外之别”，当此之时，崔浩不见其本，不察其实，殊不谬乎？三曰崔浩嗜名贪功害己。史传崔浩本精于周易，洞察人情，本应效范蠡之明、老庄之道，进退有据，急流勇退，而其却图建功业于胡廷，以成大名于乱世，反跻身于佛道之争，不量力而做华夷之辩，其以身灭族诛，以淋卫士尿而惨死，实其“好名贪功”之惨痛结果。是以古贤有云：治世出而仕，乱世退而隐，于斯言之，其不若子房甚远矣！

145. 以战强国拓跋魏

南北朝之北魏开国，颇可镜鉴于后世。北魏本北方小国代，地少人稀，但当其每并吞一部落时，即并其人民与畜产而有之。因是北魏之富强，乃随其征服疆土之扩大而增进。如其破莫悉部落与解如部，各获男女杂畜十余万；破高车袁讫部，获男女马皮二十余万；灭刘卫辰部，获珍宝畜产名马三十余万匹，牛羊四百余万头；灭后燕，遂尽有山东六州之土地人民财富无算；屡破高车杂种各部，凡获十万余口民、牛羊马匹百万余匹。北魏开国奋三世之雄武（拓跋珪、熙、焘）因征战或归附掳掠者，不知其数。及至太武帝焘，以征柔然一役所获之马牛羊之众，竟使其国中之畜产为之价贱。由此观之，北魏所以统一混乱无前之北中国，且立国百七十年，实其善于以战养战、以战强国之战略所发挥之重要作用。

博按：北魏以一隅小国，奋六世之烈，以战强国，以战奠百年之基，实中华历史一奇异伟业，亦可明昭于后世：善战者以战强国，不善战者以战耗国。反观近代世界，若无甲午战争乃至侵华战争，日本从中国掳掠之大量财富资源（据统计，单二战期间，日本便从中国掳掠黄金6000万两之巨）则日本今日之富强恐为空谈。再以美国今日之富强为例，其以数年一次之对外战争，向世界树其美元之强势之币值，执其世界金融之牛耳之地位，输其无形之文化侵略，占其隐形之国际市场，定其世界能源之价格，卖其高价之军火，再成其国内民众之高福利之生活。此其强兵富国之根基。今我国内民众空羡其国内油价低于吾华数倍者，何如北魏灭柔然而贱畜之道理乎？以今观之，大国之强，必以战强，但有其度，且勿穷兵黩武尔！如果仅仅看到战争对国家经济的破坏，而不知战争背后对国家力量整合和国势提升后的巨大政治、经济和文化效益，则会陷入“简单和平主义”的片面论调，实于中华民族之复兴大业有百害而无一利。

146. 刘宋自毁长城檀道济

檀道济，南朝刘宋大将。身出寒门，从军20余年，由士兵升至大将军。东晋末，从刘裕攻后秦，屡立战功，官至征南大将军。后刘宋伐魏，文帝不以檀道济为帅，反以庸才到彦之统兵。因彦之败退始以檀道济率军接应。道济虽孤军深入魏地，前后三十余战而捷多败少，后因粮草不继而从容退兵。退兵时以唱筹量沙而智退追兵。其总结之三十六计，至今为兵家宝典。

公元432年，檀道济因屡有大功，被封为司空，镇浔阳。公元436年，文帝重病，彭城王刘义康担心檀道济会在文帝死后谋反，矫诏召檀道济入朝。临行前，其妻劝檀道济说：“震世功名，必遭人忌，古来如此。朝廷今无事相召，恐有大祸！”檀道济曰：“吾率师抵御外寇，镇守边境，无负国家，国家何负我心哉？”结果，檀道济倏至建康，即被刘义康逮捕。史传道济被抓时，狠狠将头巾摔于地下曰：“乃复坏汝万里长城！”最后，檀道济与其子十一人，及薛彤、高进之等亲信将领皆死建康。消息传到敌国北魏，魏军将领弹冠相庆：“道济已死，吴子辈不足复惮。”

史载道济死后，南朝在军事上转入守势，北朝则占据主动地位，屡次南征。后北魏曾南征至长江北岸之瓜步，文帝刘义隆登石头城北望，面有忧色，长吁道：“檀道济若在，岂使胡马至此！”《南史》所载，檀道济被冤杀当天，京师建康地震，地生白毛，时人歌谣说：“可怜《白浮鸠》，枉杀檀江州（檀道济任江州刺史）。”后至唐代，颜真卿向唐德宗建议，追封古代名将六十四人，并为他们设庙享奠，其中即有“宋司空武陵公檀道济”。公元1123年，宋室依照唐代惯例，为古代名将设庙，七十二位名将中亦包括檀道济。在北宋年间成书的《十七史百将传》中，檀道济亦位列其中。

博按：檀道济之死，于南朝之史，可谓一大冤案。然而，平心而论之，当乱世之时，英略盖世者既易于建功，亦易为朝廷所疑忌，单就南朝历史而论，就有王敦、桓温、刘裕等以执掌兵权而动摇国本的先例。因为中央专制集权背后的巨量利益诱惑是任何人都难以抵挡的。也许檀道济今日没有这个想法，但难保他明日形势发生变化之后仍然没有这个想法，而作为既得利益者的王朝政权维护者，他们宁可错杀一千，决不遗漏一人。刘宋文帝，本开创元嘉之治的明君，亦受佞臣蛊惑而自毁长城，何况如南宋赵构这样的昏君？是以兵者，国之大事；将者，国之重器，若无良好之制度保证之，约束之，成就之，则前恐其生兵变而失国，后恐其佞臣陷害而失忠良，岂不令人深鉴。

147. 鲁爽酗酒败军

刘宋朝后期，孝武帝刘骏荒淫失国，竟失伦淫乱其叔父南郡王义宣诸女（论辈分为其堂姐妹），遂引起义宣之叛。按刘宋朝廷当时形势，若刘义宣凭荆襄之长期经营，得臧质、鲁爽等勇将支持，又有伐昏君之名，若无意外之失，当一举而得天下，则刘宋当不至短祚而亡。

而义宣最后的兵败，竟因为其大将鲁爽的两次酗酒。因其教训至为深刻，特在此述以记之：

先是，鲁爽与刘义宣相交已久，刘义宣本藉其勇力，孝建元年二月，义宣派使告知鲁爽，将于秋季共同举事。岂知接书时鲁爽正在酗酒，行事悖乱，当日便起兵行动，即派快马告知其弟鲁瑜同叛，并命部众举黄旗，改年号，造法服。刘义宣、臧质得知鲁爽已起兵行动，便于仓促间起兵反叛。后鲁爽部直出历阳，从采石渡江，与臧质军队水陆两路一起沿江而下。孝武帝刘骏派镇军将军沈庆之指挥薛安都领兵进军，与鲁爽在小岘相遇。鲁爽亲自上前，将要交战，却又因饮酒大醉，无力被刃，遂被薛安都斩于马下，传首京都。其弟鲁瑜也被部下斩杀。刘骏部队进军平定寿阳，鲁爽子弟皆被掳杀，义宣之叛亦因之而败。

博按：鲁爽于乱世之中，本以勇力专任一方，得义宣之信任以成大事，却于两军阵前屡因酗酒而败亡大事，以致身死家破，其失也大，其警也深。此千古军史中未有之事，是以笔记专以记之。另而言之，酒文化者，乃中华千古以来之独特文化，于商纣时期，即有“酒池肉林”之说，时至今日，因酒而坏事害命者亦屡见于报端，尤其于军中，常有“酒壮行色、酒壮人胆”之说，和平时期，一些军吏将校竟常以“酒场如战场”判断官兵忠义能战，实不知于酒可壮胆，亦能使人失去理性判断，且以此文化而论，既不利于培养理性睿智之人，亦可能使粗鄙贪杯之人为领导所“常识”，一旦军队有事，此等人很可能成为鲁爽之流，不成反乱，不得反失，诚后世良戒。是以战国齐国名相邹忌曾说：“故曰酒极则乱，乐极则悲。万事尽然，言不可极，极之而衰”。

148. 明帝不明自灭其宋，道成开齐岂止因功

南北朝之南朝，宋齐梁陈走马灯般改朝换代，其开国也艰，其失国也易。开国之君，皆雄才大略；失国之君，皆荒诞如一。至如刘宋，孝武以荒淫其亲辈女而乱政，明帝以忌功臣、杀宗亲而失天下心，遂有萧道成以其文治武功而开国为萧齐。

道成字绍伯，小名斗将，西汉丞相萧何二十四世孙。祖籍东海郡兰陵县（今属山东省兰陵县），年少曾就教于名儒雷次宗，钻研《礼》及《左氏春秋》。性情深沉，通习经史，为南朝刘宋将军。元嘉二十三年，萧道成随同雍州刺史萧思话镇守襄阳。在与北朝征战中，屡显其军事才能，袭晋兴县五等男爵，后调任建康令（相当于今日之北京市市长）。泰始二年，宋明帝刘彧即位，萧道成升为右军将军。时四方反叛，宋属274郡仅丹阳一郡拥护朝廷，危机之前，萧道成以辅国将军，奉命东讨，曾以一日破敌十二垒，最终平定叛

乱。稳定局势后，道成又平定败薛索儿之反，平三王（晋王刘子勋、桂阳王刘休范、建平王刘景素）之叛，遂逐渐执掌刘宋朝廷权柄。

然而，一旦坐稳了江山的刘明帝很快变得“昏庸不明”。他宠信奸臣阮佃夫，朝廷上下，货赂公行，府库为空，百官并断俸禄，而奢靡益甚。尤其晚年好鬼神，多忌讳，忍虐好杀，民不堪命。刘宋王朝自此而失去天下人心。后当明帝于三十四岁死后，萧道成逐渐掌控了朝中局面，并进而废帝受禅，改国号为齐，是为齐高帝。

博按：史传宋明帝为藩王时好读书，曾撰《江左以来文章志》等书籍。即位后又能任贤用能，以一郡之力而平百郡之叛，虽萧道成之徒用命，终明帝用将施谋之功。孰料其一旦功成后即行“兔死狗烹、鸟尽弓藏”之手法，忌功妒贤，大杀忠勇之臣如吴喜等；又忧诸兄弟篡权，无故诛杀兄弟诸王，自毁其干城国士，宋因之而呈分崩离析之势，由此可见权力毒药毒性之猛而烈。后道成以谋免于数次诛杀，终因废帝刘昱之昏庸而渐移宋祚于齐，天下大势，成败之间，孰不若此？

149. 名将对决：道成以稳健胜，攸之以骄嗔败

萧道成篡宋之路，刘宋名将沈攸之为其最大之障碍。一者沈攸之历刘宋三帝，皆有大功，其资历功勋皆大于道成；二则攸之久镇荆襄，十年经营，兵强马壮，境内艾安。司马光曾评攸之曰：“为政刻暴，或鞭挞士大夫；上佐以下，面加詈辱（上将军以下，随便辱骂）。然吏事精明，人不敢欺，境内盗贼屏息，夜户不闭”。由此可见攸之才能。

当时之刘宋朝廷，于道成废刘昱立顺帝后，宋之国运已去，天下皆属心于道成，因此二人之对决难以避免。攸之以清君侧起兵反后，道成参军江淹于道成前论之：成败在德，不在众寡，公雄武有奇略，一胜也；宽容而仁恕，二胜也；贤能毕力，三胜也；民望所归，四胜也；奉天子以伐叛逆，五胜也；而彼（攸之）志锐而器小，一败也；有威而无恩，二败也；士卒解体，

三败也；搢绅不怀，四败也；悬兵数千里，而无同恶相济，五败也。故豺狼十万，而终为我获焉。后攸之以十万大军南下建康，先是骄兵曜武，蔑于道成诸将；后因柳元景之挑战及焦度之辱骂，遂因怒而轻易改变原定之方略，以大军顿困于小小郢城之下，以久围不下而挫军锐气。终于使道成从容调兵遣将而完败攸之。攸之败亡后道成得以正式禅代刘宋。

博按：攸之与道成，两名将对决于刘宋大厦将倾之关键时刻，其背后用兵之道、胜利之道可见于江淹战前之记。其实当刘宋末帝荒淫失政，二人皆有取而代之之心。然于天下将倾之时，道成以稳健静正用兵，攸之则先骄而后怒，此大决战前主帅之心理素质决定于战争胜负之范例。孙子曰："为将者，静以幽，正以治"，"将不可以愠而致战"。攸之之败于道成，实决于此中。史传萧道成是西汉宰相萧何二十四世孙，曾于年轻时追随南朝名士雷次宗学习《礼经》和《左氏春秋》等儒家经典，自年少即有大志，喜怒不形于色，略有四海之心。其代宋建齐之后，革除暴政，招揽人才，禁止宗室与民争利，减免赋役，官民始得安业。而攸之自追随堂父沈庆之以军功入仕后，曾参与废帝诛杀大臣（包括其堂父），并在任内大肆征兵扩军，在形势尚不明朗的情况下，对朝廷制度从不遵奉，富贵程度不亚王公，后房妓妾达数百人，都是一时绝色，俨然已是帝王角色。这样的沈攸之与萧道成相比，人格高下，能力强弱，立见分明。是以与大乱之下，两军对阵，主帅的能力素质和人格高下，将成为历史选择的不二标准。而江淹的"五胜五败"之论，不过更加具体化而已。是为记。

150. 孝文帝之死

北魏孝文帝拓跋宏为南北朝时期最有作为之皇帝。其于执政期间，整顿吏治，倾心汉化，迁都洛阳，南征北战，对北魏和中国历史产生深远影响。"白日光天无不曜，江左一隅独未照"，孝文此诗表明了其统一南北的强烈愿望。且纵观南北朝诸帝，只有孝文之雄才伟略可堪混一华戎、统一南北之重任。然而，孝文帝却出师未捷身先死，于三十三岁即英年早逝于南征之路，令人喟叹。

今人论之，孝文之早逝，一则因其父拓跋弘十四岁便生孝文帝，属遗传性先天不足；二则因其三岁丧母，十岁丧父，受过寒冬“单衣闭室，绝食三朝”之责罚，遭过“食中得虫秽物”之恐吓，挨过杖打“数十”之体罚，“忧伤肺，恐伤肾”，因以积病；三则因其宠幸冯氏感染肺病；四则政务繁劳，军国事务，改革大业，南伐用兵，迁都之业，皆加于其一身，是以心力交瘁而早亡。

博按：观拓跋孝文执政以来，心向华夏，努力改革，尊儒敬汉，一改历代魏帝伐南朝时之烧杀掳掠，其志向亦以统一华夏为目标，且其时元魏之强盛，确已具备统一南北之基础，假孝文以十数年，则其必可为华夏历史之千古一帝。然而，因为其早亡，中华之统一大业即因此而中断，此非孝文之悲，实中华历史之悲。而因为孝文帝早亡而使元魏之政渐至败坏，可知中华历史发展大势，原不能单凭一人之英，一君之雄，而须以良性的国家制度保障之，以明确的发展目标固化之，尤其要以科学的人才选拔机制，不但使具有雄才大略的英雄人物能够不断成为历史的主导者，而且能够有效制约之，束缚之，不致让其滥用权力，为害国家，此方为中华民族复兴于世界民族之林的康庄大道。

151. “菩萨皇帝”萧衍的悲情人生

南北朝之南朝，宋齐梁陈四国，更替频繁，政局混乱，其多因续位之君昏庸不道，终将国祚他移，身死族灭，皆自取其祸。其中梁武帝萧衍受齐“禅”让、建梁代齐的历史最具代表性和戏剧性。尤其是其执政期间，先明后昏，先儒后佛，逼杀昭明太子萧统，再因侯景之乱而饿死台城，成为后世广泛关注的一位“话题”皇帝，今一并述而论之：

曾为“竟陵八友”。史载萧衍（464—549年）出生于兰陵世家，为汉朝相国萧何的二十五世孙。父亲萧顺之是齐高帝族弟，封临湘县侯，官至丹阳尹。但年轻时的萧衍并非纨绔子弟，而是文武双全，有勇有谋，在经史诗文、音乐绘画、棋艺书法等方面有很高造诣，堪称全才，史称其与当时的沈约、谢朓、范云等人被称为“竟陵八友”。

功冠明帝一朝。南北朝时期，家世背景至关重要。生于名门世族的萧衍刚做官就是卫将军王俭（相当于今日北京卫戍区司令）下属，后得到南齐权臣萧鸾重任，并且在永明十一年（公元493年）帮助萧鸾夺得政权，顺利登基，是为齐明帝。之后的萧衍又力退北魏、安定国家，在维持南齐政局稳定方面建立卓越功勋。

废昏建梁代齐。然而，短命的齐明帝在位仅五年就因病去世。而承袭父位的儿子萧宝卷则是历史有名的“东昏侯”，这位当太子时就不喜读书、以捕鼠为乐的昏庸皇帝登基后恣意妄为，冤杀忠臣，亲信宦官小人，使朝中忠心正直之臣个个心惊，人人自危。此时的萧衍审时度势，洞察时局，招募甲士马匹，联合南齐康王萧宝融一起诛除东昏侯，拥立萧宝融登基，是为齐和帝。萧衍也因此升任大司马，掌管内外军国大事。后在好友沈约等人的劝告下逼迫和帝“禅位”于自己，并给和帝送去生金，逼其吞金，从而代齐建梁。

曾是有为皇帝。萧衍称帝初期，吸取齐亡教训，勤于政务。为广泛听取众人意见，最大限度地用好人才，下令在门前设立二函，一为谤木函，一为肺石函。如果功臣和有才之人，没有因功受到赏赐和提拔，或者良才没有被使用，都可以往肺石函里投书信；而一般百姓，想要给国家提建议，可以往谤木函里投书。据载萧衍生活节俭，曾经“一冠三年，一被二年”，吃饭也是蔬菜和豆类，而且每天只吃一顿饭，太忙的时候，就喝点粥充饥。另外，萧衍很重视对官吏的选拔任用，要求地方长官一定要清廉，并经常亲自召见，训导他们遵守为国为民之道，清正廉明。萧衍还下诏书到全国，如果有小的县令政绩突出，可以升迁到大县里做县令；大县令有政绩就提拔到郡做太守。在他的有效治理下，国家一度政局稳定，国库充足，文化繁荣。

家事中“参破红尘”。史传萧衍的一大缺点是对功臣吝啬，但是对皇室亲属却经常徇私护短（以此可见其不明）。但恰恰是他的亲属们让他备受刺激，这是他以后参破红尘、笃信佛教的主要原因：一是其六弟萧宏，竟和萧衍长女私通（即叔侄乱伦），而且二人还谋划要篡夺萧衍皇位，结果派人刺杀萧衍时事情败露，刺客被抓，最后处死。萧衍女儿则悲而自尽；第二件事是其次子萧综，史传其母吴淑媛原为东昏侯之妃，后被萧衍纳为妃后，仅七个月就生下萧综（可能是东昏侯的儿子）。然而，萧衍不但不以为意，还封他为王。后吴淑媛失宠后，出于怨恨，就把实情告诉萧综。后来，梁和北魏发生战事，萧衍让萧综领兵，督率各军作战，萧综借机投奔北魏。而关于其冤杀昭明太子，后有专论，此不赘述。

悲惨饿死台城。晚年自称“菩萨皇帝”的梁武帝由于沉湎于烧香拜佛，以致后期不理朝政，从而造成政局不稳。549年（太清三年）五月，梁武帝收养的长子萧正德勾结降臣侯景为乱，竟把梁武帝囚禁在台城长达一百二十多日，在外无军援、内无粮草的情况下，梁武帝忧愤成疾，最后被活活饿死于台城之内，享年86岁。

博按：自古以来，梁武帝萧衍以其文才武略和悲情人生，广为史家所津津乐道。而历代史家对其评价，大体不外两端：一则曰其智勇神武，创立梁朝，并于初建梁时能够开创有梁新政，且终生无所大错，不啻为一世明君；二则叹其晚年笃信佛教，行妇人之仁而身死台城，可堪为后世信佛者之戒。持前论者如欧阳修曾论曰：梁萧氏兴于江左，实有功在民，厥终无大恶；持后论者则如宋之苏辙曾论曰：老、佛之道，与吾道同，而欲绝之；老、佛之教，与吾教异，而欲行之；皆失之矣。秦姚兴区区一隅，招延缁素，译经谈妙，至者凡数千人，而姚氏之亡，曾不旋踵。梁武继之，江南佛事，前世所未尝见，至舍身为奴隶，郊庙之祭，不荐毛血，父子皆陷于侯景，而国随以亡。议者观秦、梁之败，则以佛法为不足赖矣。而唐代名相李德裕更有超脱之论曰：“世人疑梁武建佛刹三百余所，而国破家亡，残祸甚酷，以为释氏之力，不能拯其颠危。余以为不然也。释氏有六波罗密，檀风密罗是其一也。又曰：‘难舍能舍，大者头目肢体，其次国城妻子，此所谓难舍也。’余尝深求此理，本不戒其不贪，能自微不有其宝，必不操人所宝，与老氏之无欲知足，司城之不贪为宝，其义一也。庸夫谓之作福，斯为妄矣。而梁武所建佛刹，未尝自损一毫，或出自有司，或厚敛氓俗。竭经国之费，破生人之产，劳役不止，杼柚其空，闰位偏方，不堪其弊，以此徼福，不其悖哉！此梁武所以不免也。”《要略》以为，武帝之悲情人生，实其于中央专制集权体制之下，试图借佛教使其“心安”于巨量利益争夺之外，或曰既能够享受身为帝王所带来的巨量利益，又能心安理得于“天命安排”，不过试图借助佛陀的力量以求一族之治而万世永继——佛教者，实为佛陀“向善、清静”之教化，并非武帝倚之以博“功利”者，即后世史家所责之于佛教于其饿死台城而无所为者，实于其本心亦将佛教功利化而已。

152. 昭明太子之死：关于风水的波澜

梁武帝萧衍长子萧统可谓有史以来具有最完美记录的太子。综合《南史》、《梁书》和《资治通鉴》等史书所载，萧统具有以下特点：

——萧统深通礼仪，性情纯孝仁厚。十六岁时，萧统母亲病重，他从东宫搬到母亲的住处，朝夕侍疾，衣不解带，被臣民们称为仁孝。

——萧统极富同情心。十二岁时，曾去观看审判犯人，在仔细研究案卷后说：“此人所犯过错情有可原，我来判决可以吗？”刑官答应后他作了从轻判决。事后，刑官向梁武帝萧衍汇报了情况，萧衍对他表示嘉许。另外，大梁普通年间，由于战争爆发，京城粮价大涨。萧统即命东宫人员减衣缩食，每逢雨雪天寒，就派人把省下来的衣食拿去救济难民。他在主管军服事务时，每年都要多做三千件衣服，冬天分发给贫民。当时世风好奢，萧统“欲以己率物，服御朴素，身衣浣衣，膳不兼肉”。

——萧统性爱山水（仁者乐山，智者乐水），不好音乐（道德高尚）。据称其曾经泛舟后池，番禺侯轨盛称宜奏女乐。萧统不答，反自咏左思招隐诗曰：“何必丝与竹，山水有清音。”

——史载萧统还酷爱读书。五岁就读遍儒家的“五经”，读书时，“数行并下，过目皆忆”。他更喜欢“引纳才学之士，赏爱无倦”。所以他身边团结了一大批有学识的知识分子，经常在一起“讨论坟籍，或与学士商榷古今，继以文章着述，率以为常。”《南史》本传称其“于时东宫有书几三万卷，名才并集，文学之盛，晋、宋以来未之有也”。今世所知，萧统编有或著有《文集》二十卷，典诰类的《正序》十卷，五言诗精华《英华集》二十卷，历代诗文而成的总集《文选》三十卷。后人辑有《昭明太子集》。

另外，萧统还随其父亲笃信佛教，著名的佛教大乘经典《金刚经》，其中“三十二分则”的编辑，即为他所作。原本长篇连贯的经文，经过他整理成为容易传诵理解的三十二个分则，各段并补充浓缩精要的副标题。

然而，如此一位几乎完美的大梁太子，却死于一场突如其来的“风水波澜”。

史载梁武帝萧衍三十八岁决心以梁代齐之时，最大的心病是一直没有子嗣，在“不孝有三、无后为大”的时代，萧衍不得不抱养宗族之子萧正德为子。然而，公元501年九月，萧衍自襄阳起兵，和齐军对峙于长江中下游时，萧统出生。由此一发而不可收，萧衍竟然接连得了八个儿子；更加神奇的是，萧统出生后不久，南齐皇帝萧宝卷突然而亡。萧衍夺权最大障碍一举消失，于是萧衍兵马很快进入都城建康，南齐军政大权皆入其掌握。此后不久，萧衍即逼迫齐和帝“禅位”给自己，因建大梁。因此，当时很多人都认为萧统不仅仅是萧衍的幸运星，更是“天命所集”。在这样的“神话”之下，萧衍于公元502年夺权后，仅半年之后即下诏立萧统为太子。

当了太子的萧统没有辜负萧衍和臣民们的厚望，果然有才有德、至孝至仁，几乎被时人认为是“尧、舜”再世，天下将要大同。然而，不幸的是，公元526年，在太子二十五岁时，其生母丁令光去世。母亲去世后，他悲切欲绝，饮食俱废。萧衍几次下旨劝逼，才勉强进食，但仍只肯吃水果、蔬食。他本来身材健壮，等守丧出服后已变得羸瘦不堪，官民无不为之感动落泪（论其至孝）。

按当时梁人风俗，贵葬、重风水，尤其重坟地选择。萧统自然不忘派人给母亲找了一处绝佳的风水宝地。然而此时却出了意外，一个名叫俞三副的宦官，出于替人卖地给皇家的目的，说服萧衍把萧统母亲葬进一块普通坟地。太子对此当然心有不甘，于是私下找到一位道士，到母亲的坟上观看“风水”，居然发现墓地风水“地不利长子”。如何是好呢？这位道士“砖家”给出了解决方案：“厌伏”，具体办法就是在坟墓旁埋入蜡鹅等物品。然而，此时太子身边太监鲍邈之（其实是萧衍派往萧统身边监督的人），去找老皇帝揭发太子滥用“厌伏”之物，风水将不利于皇上。萧衍心疑，派人去查，果然挖出蜡鹅等物，盛怒之下，追究此事，幸有忠直大臣力劝，最后只把倒霉的道士斩杀以“警告”萧统。不久此太监又报告萧衍：太子招集文人名士，聚会于紫云殿。梁武帝闻言，不辨真伪便直奔紫云殿，辱骂恐吓于萧统。萧统不知所措，跪地不起，因恐惧竟至晕厥在地。后萧衍下诏诛杀全体道士，将紫云殿聚会之文人全都收监。公元531年，三十岁的太子萧统到玄武湖划船解闷，不慎落水，大腿受伤，此后不久萧统便含冤而逝。

博按：传统史学界称萧统英年早逝为“受人诬害至死”。《资治通鉴》亦将责任推于服侍太子之宫监鲍邈。然窃以之为非。何哉？其根本之原因在以萧统之贤而有才，已威胁其父萧衍之威望和统治基础。萧衍虽以多次“出家”而向天下诏告自己“不恋权力”、“一心向善”，但一旦自己的亲生儿子有可能挑战自己的“权威”时，便丑态毕露，穷凶极恶地向儿子兴师问罪，可见权力毒药之深而烈。然而后世所悲者，一为梁失明君，是以梁祚于武帝饿死台城之后不久即告消亡，江南人民行将再一次陷入万劫不复之战乱与改朝换代的无所适从之中；二为萧统早亡，中华民族失却了一个文化再造的良好机会。因为自《昭明文选》可见，萧统一旦成为一代帝王，非但可能成为一代明君，而且必将对中国古代文化进行一次有益的整理收集，不排除其可能组织编写诸如后世《永乐大典》一样的《昭明大典》，果如此，则对于中国文化之保留和发扬光大，必将产生重大影响；三为从萧统死于“风水”一事，可见所谓“风水”之谬。中国传统意义上的真正“风水”，不过环境学而已，然而自古以来，历代多有将其“神话”，一方面是一些江湖术士的谋生手段，一方面则是当权者为了“神话”自己而故意为之的骗人把戏。而此种恶习，延至今日仍在官场民间大行其道者，不外乎上述两种原因。

153. 胡后恶毒杀亲子，元魏基业一旦休

北魏自宣武以后，政纲不张。孝明帝以冲龄（六岁）统业，其母胡太后（史无其名，唯称其为胡灵后）专制，委用非人，赏罚乖舛。于是衅起四方，祸延畿甸。始致尔朱荣乱政，再致高欢续起，元魏开国诸君之万世基业，遂致毁于一妇。

《魏史》载胡灵后生性聪慧，多才多艺，能箭射针孔，又富于心志，先入寺为尼，讲道论佛，以得见天颜，进位妃嫔。时元魏效汉武故事，立太子必杀其母。妃嫔皆愿生公主，不愿生皇子，独胡后以为：天子岂可独无儿子，哪怕一身之死而使皇家不生长子！胡后孕孝明帝后，其不畏恐吓，且幽夜独自祈祷："但愿所怀是男，顺序当长子，子生身死，在所不辞。"后宣武帝推翻先朝旧制，废除残酷家法，胡遂因子立而为后，一步步荣显。孝明帝即位，尊其为皇太妃，再尊为皇太后。因孝明幼冲，太后临朝听政，称之殿下，下令行事。俨然以皇帝自诩。摄政初，亲理万机，手笔断行。靠其父国珍辅佐，废高后，祭嵩岳，剪除异己。从此朝政疏缓，威恩不立，所在贪污，文武解体。又自行不修，内为朋党，掩人耳目，孝明所用之人，太后多借口杀害，母子之间彼此不满和猜疑不断发生。后因权斗而鸩杀其亲子孝明帝，改立临洮王子钊为主，年仅三岁，企图再次听政，使天下汹汹。因有大都督尔朱荣与元天穆等率军赴京师拨乱，兵送太后及幼主钊到河阴，沉于河中溺死，是为"河阴之变"。此次兵变直接导致北魏之政权被高欢及宇文泰所篡夺。

博按：胡灵后以一人之私欲而毁北魏百年之基业，其纵有射箭穿针之本领，有文辞华美之诗文遗世，然其杀亲子，铲异己，坏朝纲，其心之毒，其祸之烈，可当万世之骂。观元魏灭于胡后，先有内乱而后有外侮，其步历朝历代之覆辙，能不痛惜而鉴之乎？于国家如此，于个人亦如此，于器物亦然之。物必先腐而后虫生，人必先贪而后被收买，国必先生大奸致乱而后亡。而观于胡后之乱政，更可见中央专制集权于人性之强烈毒害，是以吾华如图走出循环往替的历史周期，必将对专制集权进行有效的分解和制约，此历史发展之必然趋势，顺之者昌，逆之者亡，此后的历代王朝，虽见之而不能行之，虽再再败亡而不能吸取其中深刻教训，可为深憾。

154. 北魏失其鹿，空遗有名篇

北魏自胡灵后乱政后，先是尔朱氏秉政，大杀忠魏之臣，后尔朱氏之大将高欢渐次肃清尔朱势力，扶植傀儡皇帝孝武帝即位。然而，孝武帝亦不甘为傀儡，蓄养军士，图谋诛杀高欢。孰料高欢雄才大略，精明强干，得知孝武图谋后便挥师进京，欲以清君侧之名废孝武。孝武帝知不敌高欢，无奈令中书舍人温子升以自己名义与高欢书曰：

“朕不劳尺刃，坐为天子，所谓生我者父母，贵我者高王。今若无事背王，规相攻讨，则使身及子孙，还如王誓。近虑宇文为乱，贺拔应之，故戒严，欲与王俱为声援。今观其所为，更无异迹。东南不宾，为日已久，今天下户口减半，未宜穷兵极武。朕既暗昧，不知佞人为谁？顷高乾之死，岂独朕意……今年孙滕逃去，不罪不送，谁不怪王。王若事君尽诚，何不斩送二首。王虽启云‘西去’，而四道俱进，或欲南渡洛阳，或欲东临江左，言之者就应自怪，闻之者宁能不疑！王若晏然居北，在此虽有百万之众，终无图彼之心；王若举旗南指，纵无匹马只轮，犹欲奋空拳而争死。朕本寡德，王已立之，百姓无知，或谓实可。若为他人所图，则彰朕之恶；假令还为王所杀，幽辱齑粉，了无遗恨！本望君臣一体，若合符契，不图今日分疏至此！”

此文刀笔犀利，把孝武一番忧惧无奈、不甘示弱、晓以大义、表面贬损自己实际威胁对方的心迹披露无疑，成为历史名篇。然而高欢却丝毫不为所动，但上表极言斛斯椿等人罪恶，兵进不止。后兵尚未交，孝武即自逃宇文泰处，随从仅独孤信一人，后为宇文泰所杀。北魏之政，始分为东西二傀儡焉。高欢与宇文泰进而建国北齐与北周。中华国土，再次出现三足鼎立之势。

博按：自胡灵后乱政，北魏之政已为军阀高欢、宇文泰所主宰，孝武虽图复君权，然所用非人，且不能用谋至当，以致身死国破。其臣温子升之文辞华美能传之千古，然其国却应时而亡。此文与后骆宾王之《讨武曌檄》可以相提并论。皆文虽美而与时无用，因其不合历史大势之故。是以为文者倘若徒有文采而无策略，不过一无用之文人尔。俗语云“百无一用是文人”即指这样“纯粹的文人”。今治世之下，为政者当引此为戒，不以文美而取仕，非徒循言辞华美而不问其胸中策略，方能真正致效于国家政治、经济和军队建设。

155. 独孤信一“忠”贵三女

北魏之末，孝武帝为高欢所逼，率五千兵马自洛阳西行以就宇文泰。孰料行不远处，五千人已做猕猴散，独有独孤信一人在孝武左右。孝武因此感慨万千。

后独孤信在西魏及北周朝为官。因其忠信之名，得为历朝重臣。其长女嫁于宇文泰长子宇文毓，宇文毓即北周之第二帝周明帝，长女即为明敬皇后。其四女嫁给同为西魏八大朝臣之一的李虎之子李昞，李昞之子便是李渊，李渊建立大唐王朝后，四女被李渊尊为皇太后，史称唐元贞皇后；其小女名独孤伽罗，嫁给了独孤信一手提拔起来之八大朝臣之一的杨坚。杨坚后创立隋朝，史称隋文帝，独孤伽罗遂成为隋朝的开国皇后，史称文献皇后。

博按：独孤信于魏末乱世，当孝武狼狈西逃之时，能够独守忠心，孤身相随，可谓稀见之忠。此时之忠，是为孤忠；此地之臣，是为儒家礼教之下难得之“忠臣”。独孤信于国之将倾之时，以信义为怀，忠信担当，遂成三朝重臣，因以使其三女成为后之三代皇后，可谓前无古人、后无来者。然而，就历史大势而言，独孤之“忠”实为中央专制体制下的必然产物，是为“私忠”，亦儒家于中华三千年历史中所大力倡导之为臣品德，其中包含着影响中国此后历史发展所特有的“忠君悖论”：为臣者到底是忠于君还是忠于事业？忠于君者，可以不必忠于事业；而忠于事业者则可能违背于君、不忠于君；而不忠于君者又不能得到忠于事业的平台和基础——究其根本，仍为中央专制集权体制下“私权、私心”在作祟。先秦时期的法家先驱慎到即提出不要“忠臣”而要“能臣”，即是出于对中央集权体制之下“忠君”思想的深刻认识。而中国历史的未来健康发展，必将以有效的体制机制，破除这种专制体制下的“忠君”之论，而使所有国家之臣皆为忠于国家、忠于事业、忠于人民、忠于历史的“能臣”，而不是某个人、某个利益团体（比如今日所谓的秘书帮、山西帮、石油系等）的“忠臣”，此等忠心，始为正忠，此等能吏，始为国家之宝。唯有所有公仆都能真正忠于国家、忠于事业、忠于人民、忠于历史，才能真正使中华民族走向健康发展的良性轨道。立此为记。

156. 为将当如傅竖眼

傅竖眼，北魏名将傅灵越之子。沉毅壮烈，少有父风。入国，镇南将军王肃见而异之，且奇其父节，倾心礼敬，表为参军。从肃征伐，累有战功，稍迁给事中、步兵校尉、左中郎将，常为统军，东西征伐。世宗时为建武将军，讨扬州贼，破之，镇于合肥，萧衍民归之者数千户。

史传竖眼性既清素，不营产业，衣食之外，俸禄粟帛皆以飨赐夷首，赈恤士卒。抚蜀人以恩信为本，保境安民，不以小利侵窃。有掠蜀民入境者，皆移送还本土。捡勒部下，守宰肃然。远近杂夷相率款谒，仰其德化，思为魏民矣。是以蜀民请军者旬月相继，世宗甚嘉之。

肃宗初，竖眼屡请解州（即请解除自己的州府方任之职），乃以元法僧代之。益州民追随恋泣者数百里。法僧既至，大失民和。朝廷以西南为忧，乃驿征竖眼于淮南。既至，三日之中，转战二百余里，甲不去身，频致九捷。蜀民闻竖眼复为刺史，人人喜悦，迎于路者日有百数。竖眼至州，白水以东，民皆宁业。竖眼表求解州，不许，复转安西将军、岐州刺史，常侍如故。仍转梁州刺史，常侍、将军如故。梁州之人既得竖眼为牧，人咸自贺。

博按： 竖眼其为将也，甲不去身，频至九捷；其为政也，则一方靖安，万民思之。按《要略》的评价标准，竖服可谓“持心以正”，“治事以能”的典型。所谓在军为良将，谋政为贤臣，竖眼可以当之。然而读史及此，不由深思之：何以数千年中华历史中，如竖眼者少之又少，而如元法曾之流却多如牛毛？实因人心生而自私之故也。古人如荀子者图以圣人之教而劝人致贤成圣，但历来收效甚微，何也？以缺乏广泛深入之监督约束和制约也！良愿党和政府，能够借鉴历史经验，在遵循“德治”的原则之下，还要强调“法制”，推进民主监督，切实把“权力”装进制度的“笼子”里，从而使更多的傅竖眼而非元法僧出现在人民群众的面前。设如是，则天下当共贺之！

157. 苏绰之对，可鉴千古

宇文泰为北周开国奠基者。当他模仿曹操，以北魏丞相“挟天子而令诸侯”时，得到可与诸葛亮和王猛齐名的当世名士苏绰。史载宇文泰曾向苏绰讨教治国之道，二人密谈三日三夜。其主要对话内容如下：

宇文泰问：“国何以立？”

苏绰答：“具官。”

问：何以用？

曰：用贪官，弃贪官。

问：贪官何以用？

曰：为君者，以臣工之忠为大。臣忠则君安，君安则国安。然无利则臣不忠，官多财寡，奈何？

问：奈何？

曰：予其权，以权谋利，官必喜。

问：善。虽然官得其利寡人何所得？

曰：官之利，乃君权所授，权之所在，利之所在也，是以官必忠。天下汹汹，觊觎皇位者不知凡几，臣工佐命而治，江山万世可期。

叹曰：善然则贪官既用又罢弃之。何故？

曰：贪官必用，又必弃之，此乃权术之密奥也。

宇文泰移席，谦恭就教曰：先生教我！

苏绰大笑曰：天下无不贪之官，贪墨何所惧，所惧者不忠也。凡不忠者，异己者，以肃贪之名弃之，则内可安枕，外得民心，何乐而不为？此其一。其二，官有贪渎，君必知之，君既知，则官必恐，恐则愈忠，是以弃罢贪墨，乃驭官之术也。不用贪官，何以弃贪官？是以必用又必弃之也。倘或国中之官皆清廉，民必喜，然则君危矣。

问：何故？

曰：清官或以清廉为恃，犯上非忠，直言强项，君以何名弃罢之？弃罢清官则民不喜，不喜则生怨，生怨则国危，是以清官不可用也。

宇文泰大喜，啧啧有声。

苏绰厉声曰：君尚有问乎？

宇文泰大惊曰：尚……尚有乎？

苏绰复厉色问曰：所用者皆贪渎之官，民怨沸腾，何如？

宇文泰汗下，再移席，匍匐问计。

苏绰笑曰：下旨斥之可也。一而再，再而三，斥其贪墨，恨其无状，使朝野皆知君之恨，使草民皆知君之明，坏法度者贪官也，国之不国，非君之过，乃官吏之过也，如此则民怨可消也。

又问：果有大贪，且民怨愤极者，何如？

曰：杀之可也。抄其家，没其财，如是则民怨息，颂声起，收贿财，又何乐而不为？要而言之：用贪官以结其忠，弃贪官以肃异己，杀大贪以平民愤，没其财以充宫用，此乃千古帝王之术也。

宇文泰击掌再三连呼曰妙。

而不知东方之既白。

博按： 苏绰之对，可为千古之对。从这段广为后世传颂的对话中，可见苏绰对中央专制集权政治之深刻观察和应对之策，深为后世为政者所广泛效法。然《要略》以为，当苏绰之时代，政治体制之建设，尚无更高明之设计，其对策不过于体制之内的无奈之举、权宜之计，虽可成一时之功却难成久远之治。何以？因为权术之高明，终需高明之人所用，以宇文泰之高明尚可御之，以其子孙之愚即难以为之，是以文泰之后，其后人御国御臣无术，欻乎即为杨坚所篡，终难逃亡国灭家之厄运，是以以今天之社会政治制度发展，反观于斯时之历史，可以豁然明朗：倘无完美之政策法制与良好之制度设计保证之，其兴也忽，其亡也忽，能不惕若慄乎？！

158 北魏末世之奢

北魏至末世，宗室权幸之臣，竞为豪侈。史载高阳王拓跋雍，富贵冠一国，宫室园圃，侔于禁苑（超过皇室的宫室花园），僮博六千，伎女五百，出则仪卫塞道路，归则歌吹连日夜，一食直钱数万。时人李崇富埒（相同之意）于拓跋雍而性俭啬，尝谓人曰："高阳一食，敌我千日。"

河间王拓跋琛，每欲与拓跋雍争富，骏马十余匹，皆以银为槽（一如今之官二代、富二代，豪车十余辆，车库装修亦很豪华），窗户之上，玉凤衔铃，金龙吐旆。尝会诸王宴饮，酒器有水精锋（今之玻璃而已）、马脑碗（玛瑙碗）、赤玉卮（红玉酒杯），制作精巧，皆中国所无。又陈女乐、名马及诸奇宝，复引诸王历观府库，金钱、缯布不可胜计，顾谓章武王拓跋融曰："不恨我不见石崇，恨石崇不见我。"拓跋融素以富自负，归而惋叹三日。京兆王拓跋继闻而省之，谓曰："卿之货财计不减于彼，何为愧羡乃尔？"拓跋融曰："始谓富于我者独高阳耳，不意复有河间！"（再以二王侯之比较，形容当时争富之风）拓跋继曰："卿似袁术在淮南，不知世间复有刘备耳。"拓跋融乃笑而起。

博按：高阳一食，抵我千日，此"我者"亦为一大富豪之家，可见其一食之奢。然以高阳、河间二王之积富如此，其后国家亡破，尔朱荣因河阴事变，杀高阳王雍，并其产。河间王元琛亦死于对西讨敌的军营之中；北魏帝国大厦，随之迎风而轰然倒塌。其千百万财富，皆化为过眼云烟。然思及今日，以彼时之富，尚不能与今日之富相比。何也？当时之富，一旦战乱来临，既无处躲藏，且难以隐匿；而今日之贪腐致富或不义致富者，皆借中国历史之深刻教训，既可转移于国外，又可隐藏于银行之中，还可转化之于万千公司之中，其富贵可谓莫测矣。是以今日之中国政府，将反腐之利剑高悬于域外，可谓体察于其中之隐情。如果不能斩断其中利益链条，则中华数千年创造之物质文明，将尽为外国所有，其能不痛心乎！

159. 高洋快刀斩乱麻

南北朝时期，因战乱频仍，胡汉混杂，是以乃英雄辈出，而奇人浑人暴虐之人亦屡见。其北齐高帝高洋可为集英雄、奇人、浑人与暴虐之人于一身的典型代表。

高洋尚十九岁时，其兄大丞相高澄被杀，高洋即坦然自行大丞相之职，后篡东魏建北齐，率军东平高丽，西袭蠕蠕（游牧民族之一），南征梁朝，在位十年，使北齐成为南北分治三朝中军事、经济最强盛之国。其能成此大功，有儿时之故事便可见其端倪：

史载其父高欢任东魏丞相时，欲试诸子之智，即每子发乱麻，让他们尽快理清，长子一根根慢慢抽，越抽越乱；幼子将乱麻分成两半然后再分开；唯高洋拿出快刀，几刀砍下去再理出一缕缕短麻，此举深受高欢之夸奖。此为成语“快刀斩乱麻”之由来。

高洋于军事上勇于果决，战无不盛，于政治上亦改革吏治，求高薪以养廉，修齐律以化天下，是以天下大治。然其于帝位已稳之时，遂暴露本性，残暴无度，酗酒杀人，终于天不假其以寿，于三十岁即暴病而亡，其后之君亦如其暴虐昏庸，而终为后周之杨坚所灭。史传高洋非常宠爱贵嫔薛贵嫔，因怀疑薛氏跟高岳（高洋之弟）之间不清白，便用毒酒毒死高岳，接着又砍下薛氏的头，把血淋淋的人头藏到怀里参加宴会，在宴会高潮时掏出来抛到桌子上，全席大惊失色。高洋又把其尸体肢解，用腿骨做成琵琶，一面弹一面唱：“佳人难再得。”出葬时，高洋竟蓬头垢面，大声哭号。

博按：所谓乱世出英雄，高洋为乱世英雄高欢之子，以少年而独柄国政十年之久，且柄政之初能够行求高薪以养廉，修齐律以化天下，可谓有为之君。然而，因其本性之残暴，人性之弱点，一旦大权独揽，无人无法度制衡之，即可恣意天下，荼毒天下，混乱天下，此乱世中有性格缺陷之君王的共性，亦权力无有效制衡之必然结果，唯高洋因悖乱而失其国，是以成其典型而已。读及此史，常思以德治国与以法治国之关系。按中华之史，无论建政者如何进行道德教化设计，无论如何选择嗣君，都始终难以有限制约继位者本性中之恶念泛滥。而思其根本原因，在于集权之下，其为君权之制度设计之中，漏洞太多、制约无力之故。中华数千年历史为今世所昭示之最深刻教训，是必得以健全、完善之法制制度，必得以最广泛的民众和舆论的有效监督，再辅以良好之文化道德教化，唯有如此，中华民族才能真正走出“治乱更替、兴衰往复”之历史周期，永远不再进入万劫不复、生灵涂炭的乱世之中，此历史之所鉴，天下之良愿。

160. 仁勇儒将，萧梁韦睿

韦睿，字怀文，京兆杜陵人。南朝著名儒将，《南史·韦睿传》载其事迹大略如下：

睿伯父祖征，刘宋时累为郡守，每携睿之职（就职，上任之意也），视如子。睿时虽幼，独以廉闻。宋永光初，袁抃为雍州刺史，见而异之，引为主簿。后抃与邓琬起兵谋反，睿求出为义成郡，遂免抃之祸（睿知人亦知时势）。后太尉陈显达、护军将军崔慧景频逼京师，民心遑骇，未有所定，众人谋之于睿。睿曰：“陈虽旧将，非命世才；崔颇更事，懦而不武。其取赤族也（意指他自取夷族之祸），宜哉！天下真人，殆兴于吾州（暗指萧衍）矣。”乃遣其二子，自结于萧衍（史谓韦睿如伏波将军，善于识人择君也）。后韦睿率郡人伐竹为筏，倍道赴萧衍军，有众二千，马二百匹。萧衍拊几曰：“他日见君之面，今日见君之心，吾事就矣。”义师克郢、鲁，平加湖，睿多建谋策，皆见纳用。大军发郢，谋留守将，以韦睿为冠军将军，行郢府事，百姓赖之。萧衍建梁后，魏遣众来寇，韦睿率州兵击走之。后王师北伐，诏睿都督众军。睿遣兵攻魏小岘城，未能拔，魏城中忽出数百人陈于门外，睿欲击之，诸将皆曰："向本轻来，未有战备，徐还授甲，乃可进耳。"睿曰："不然。魏城中二千余人，闭门坚守，足以自保，无故出人于外，必其骁勇者也，若能挫之，其城自拔。"众犹迟疑，睿指其节曰；"朝廷授此，非以为饰，韦睿之法，不可犯也。"乃进兵。士皆殊死战，魏军果败走，因急攻之，中宿而城拔（睿善择时机）。遂进讨合肥。先是，右军司马胡略等至合肥，久未能下，睿按行山川，曰："吾闻'汾水可以灌平阳，绛水可以灌安邑'（韦睿知军事地理），即此是也。"乃堰肥水，顷之，堰成水通，舟舰继至。魏初分筑东西小城夹合肥，睿先攻二城。既而魏援将扬灵胤帅军五万奄至，众惧不敌，请表益兵。睿笑曰："贼已至城下，方复求军，临难铸兵，岂及马腹？且吾求济师，彼亦征众，犹如吴益巴丘，蜀增白帝耳。'师克在和不在众'，古之义也。"因与战，破之，军人少安。

初，肥水堰立，魏攻陷怀静城，千余人皆没。魏人乘胜至睿军堤下，其势甚盛，诸将请退军自保。睿怒曰："宁有此邪！将军死绥，有前无却。（壮哉韦睿！）"因令取伞扇麾幢，树之堤下，示无动志。睿素羸（弱），每战未尝骑马，以板舆自载，督厉众军。魏兵来凿堤，睿亲与争之，魏军少却，因筑垒于堤以自固。睿起斗舰，高与合肥城等，四面临之。魏人计穷，相与悲哭。睿攻具既成，堰水又满，魏救兵无所用。魏守将杜元伦中弩死，城遂溃。俘获万余级，牛马万数，绢满十间屋，悉充军赏。睿每昼接客旅，夜算军书，三更起张灯达曙，抚循其众，常如不及，故投募之士争归之（史言睿得军心）。所至顿舍修立，馆宇藩篱墙壁，皆应准绳（即军营建设得很整齐，谓睿治军严整）。再后魏中山王元英寇北徐州，围刺史昌义之于钟离，众号百万，连城四十余。高祖遣征北将军曹景宗，都督众军二十万以拒之。次邵阳洲，筑垒相守，诏睿率豫州之众会焉。睿自合肥迳道间行，值涧谷，辄飞桥以济。师人畏魏军盛，多劝睿缓行。睿曰："钟离今凿穴而处，负户而汲，车驰卒奔，犹恐其后，而况缓乎！魏人已堕吾腹中，卿曹勿忧也。"（言韦睿知大体）旬日而至邵阳。

先是，高祖（萧衍）曾敕景宗曰："韦睿，卿之乡望，宜善敬之。"景宗见睿，礼甚谨。高祖闻之，曰："二将和，师必济矣。"睿于景宗营前二十里，夜掘长堑，树鹿角，截洲为城，比晓而营立。元英大惊，以杖击地曰：

“是何神也！”明旦，英自率众来战，睿乘素木舆，执白角如意麾军，一日数合，英甚惮其强。魏军又夜来攻城，飞矢雨集，睿子黯请下城以避箭，睿不许。军中惊，睿于城上厉声呵之，乃定。魏人先于邵阳洲两岸为两桥，树栅数百步，跨淮通道。睿装大舰，治水军，值淮水暴长，睿即遣之，斗舰竞发，皆临敌垒。以小船载草，灌之以膏，从而焚其桥。风怒火盛，烟尘晦冥，敢死之士，拔栅斫桥，倏忽之间，桥栅尽坏。诸将皆身自搏战，呼声动天地，无不以一当百，魏人大溃。元英见桥绝，脱身遁去。魏军趋水死者十余万，斩首亦如之。其余释甲稽颡，乞为囚奴，犹数十万。所获军实牛马，不可胜纪。韦睿以功增封七百户，进爵为侯。

后再有司州刺史马仙琕北伐还军，为魏人所蹑，三关扰动，诏韦睿督众军援焉。睿至安陆，增筑城二丈余，更开大堑，起高楼，众颇讥其示弱。睿曰：“不然，为将当有怯时，不可专勇。”（睿可谓知进退）。

516年，百战名将韦睿上表请求辞官，朝廷下诏不准以示优待。又征召他入京封为护军。赐给鼓吹一部，到宫廷内值班。韦睿在朝廷内待人恭谨，甚至从未和别人怒目对视过。韦睿生性慈爱，抚养哥哥的遗孤比自己的儿子还尽心，历次做官所得的赏赐，都分送给亲朋故友，家无余财。后来作护军在家闲居无事，仰慕汉代石建、陆贾为人，于是把他们的像画在墙上供自己观赏。

博按：观书韦睿所督之战，多以少胜多，能攻善守，驭将有术，大得士心，所以能胜战，能得君心臣意，是以功盖天下而能善终。后之史家因韦睿之军功仁政而将其列为与诸葛亮、羊祜、谢安齐名之儒将，评价不可谓不高。近代以来，毛泽东嗜读《南史·韦睿传》，其中批注竟达二十五处之多，有“仁者必有勇”、“曹景宗不如韦睿远矣”、“躬自调查研究”、“机不可失”、“敢以数万敌百万，有刘秀、周瑜之风”、“善守”、“不贪财”等等，并写道：“我党干部应学韦睿作风。”据说韦睿在军中，“士卒营幕未立，终不肯舍；井灶未成，亦不先食”。北魏人惧之如虎所以称之为“韦虎”。但愿今后也，吾华多一些如“韦虎”一般知军爱兵、勇于战阵的仁勇儒将。

161. 从村官到皇帝：仁勇兼备陈霸先

陈霸先（503—559年），字兴国，小字法生，吴兴（今浙江长兴）人，幼时家境贫寒，然好读兵书，同时打鱼练武，兴趣广泛。本为乡间里司（即村官），后至南京为油库吏。之后又为新喻侯萧映（梁武帝侄子）传教（秘书）。萧映很看重陈霸先，曾说："此人方将远大"（未来前程远大之意）。后萧映到广州任刺史，陈霸先随任为广州府中直兵参军，不久又出任西江督护、高要太守。以三年之力平交州李贲叛乱，收复交、爱、德、利、明等数州（约今北越全境）；再与王僧辩诸将协力平定侯景之乱。

再后，因王僧辩为北齐军势所慑，屈事北齐，迎立北齐扶植的萧渊明为梁帝，以萧方智为太子，陈霸先苦劝无效。同年九月，陈霸先袭杀王僧辩，废黜萧渊明，拥立萧方智为帝，改元绍泰，是为梁敬帝。陈霸先遂掌握梁庭实权。王僧辩被杀后，其余部起兵反陈霸先。霸先先平内乱，再败北齐，南定萧勃，挫败王琳。建陈后，霸先"志度弘远，怀抱豁如"，在位三年，任贤使能，政治清明，江南局势渐趋稳定。被史家誉为南朝第一明君。唐史家李延寿曾赞曰："帝雄武多英略，性甚仁爱。及居阿衡，恒崇宽简。雅尚俭素，常膳不过数品。私飨曲宴，皆瓦器蚌盘，肴核庶羞，裁令充足，不为虚费。初平侯景及立敬帝，子女玉帛皆班将士，其充闱房者，衣不重彩，饰无金翠，声乐不列于前。践阼之后，弥厉恭俭。故隆功茂德，光于江左云"（上述皆引自《南史·陈书》）。

博按：陈霸先所建立之陈朝，为中华历朝中唯一以开国之君姓氏为国名的朝代。通读南陈之史，诚觉霸先乃可与光武刘秀、宋武帝刘裕相媲美的具有完美人格的帝王。霸先一生无论身经百战，还是治理天下。皆以正行之，以明导之，虽不合兵法与治乱世之法，然于乱世间反得其效，以霸先之善于因势利导之故。是以诸史家皆称其"倜傥大度，志度弘远，不理家产"，"明达果断，为当时所推服"；又称其"及长，涉猎史籍，好读兵书，明纬候、孤虚、遁甲之术，多武艺”。司马光《资治通鉴》亦云：“上（陈霸先）临戎制胜，英谋独运，而为政务崇宽简，非军旅急务，不轻调发。性俭素，常膳不过数品，私宴用瓦器、蚌盘，肴核充事而已；后宫无金翠之饰，不设女乐。”然可惜的是，以具有如此完美性格之皇帝，其所建之陈，于南北朝之间，也不过开国三十余年而亡，历史再次以这样一种方式告诉后人，中央专制集权体制之下，若无制度设计上的突破性建设，单凭皇帝一人之雄才大略和良好道德楷模，仍然难以确保国家的长治久安和繁荣昌盛。

162. 郦道元：建奇功于治世，殪非命于乱局

郦道元（约470—527年），字善长，范阳涿州（今河北涿州）人。幼时博览奇书，曾随父亲到山东访求水道，后又游历秦岭、淮河以北和长城以南广大地区，考察河道沟渠，搜集有关的风土民情、历史故事、神话传说，撰《水经注》四十卷。可称为我国游记文学之开创者，亦是世界上第一部地理学专著。

郦道元前半生，正值北魏孝文帝励精图治，致力改革之时，道元始注《水经》三十万字，其本意为孝文统一中原之军事地理所用。道元其实期望以军事家追随孝文展其宏图。然孝文帝一死，北魏即陷入江河日下、大厦将倾之境地，道元之功业，亦入绝望之境地。

501年，郦道元担任北魏治下冀州镇（今河北省冀州市）东府长史，采取严厉手段打击邪恶势力，奸匪盗贼闻风丧胆，纷纷逃往他乡，冀州境内大治。后历任颍川太守和鲁阳太守，上表请求在当地建立学府，教化乡民。蛮人服其威名，不敢为寇。513年，升任辅国将军、东荆州刺史，威猛为政，如在冀州。其后，蛮人向朝廷诉讼郦道元为官严厉，朝廷召郦道元返回洛阳。孝明帝间，郦道元担任河南尹时，治理京城洛阳。其后，奉诏前往北方各镇，整编相关的官吏，筹备军粮，作好防守边关的必要准备。525年，徐州刺史元法僧背叛北魏，投降南梁。郦道元奉诏率军征讨，全军在涡阳（今安徽省涡阳县）奋勇拼杀，多有斩获。返回京城后，升任御史中尉。527年，六镇叛乱，

四方叛乱揭竿而起。郦道元在做官期间，因其“执法清刻”，“素有严猛之称”，所以开罪于皇亲元微及元悦诸王。527年11月，南齐皇族、北魏雍州刺史萧宝夤在长安发动叛乱，元微、元悦使出借刀杀人之计，竭力怂恿胡太后任命郦道元为关右大使，去监视萧宝夤。萧宝夤得知情况，立即发兵包围郦道元。贼兵攻入阴盘驿亭，郦道元怒目骂贼，被叛贼杀害，终年五十六岁；萧宝夤下令收殓郦道元，殡于长安城东。528年春，魏军收复长安，郦道元还葬洛阳。

史传郦道元勤奋好学，广泛阅读各种奇书，立志要为西汉后期桑钦编写的地理书籍《水经》作注。他引用文献多达四百八十种，其中属于地理类有一百〇九种，终于写成名垂青史的《水经注》。道元在《水经注》序言中致力点评前代著名地理著作，并提出自己的特殊研究及工作方法：重视野外考察。为获取真实地理信息，道元足迹遍及长城以南、秦岭以东的中原大地，积累了大量的实践经验和地理资料。《水经注》单记录河流即达一千二百五十二条。郦道元在实地调查中原地形的同时，又广泛搜求南方的地理著作，进行对比研究，得出自己的结论。其意义于此后历朝历代之政治军事都大有裨益。

博按：世人于道元之认识，多限于其所做《水经注》。然其为忠臣为良将，终死于乱世之结局，却鲜有所知。今读道元之史，一叹其考察地理之成果，本为孝文一统华夏之用，然于皇权时代，国家兴旺系于一帝明君，个人之功业亦因君王之明黯而定。道元兴于盛世明君，亡于乱世贼臣，其运命可堪为今人为鉴。再叹当道元躬身践履于注水经之时，西方世界尚处在基督教会统治的黑暗时代，全欧洲亦无地理学者出现。郦道元《水经注》四十卷，不仅开创我国古代“写实地理学”之先河，而且在世界地理学发展史上也占有重要的地位，不愧为中世纪最伟大之地理学家。倘非国家之周期性混乱，道元可能于地理、政治、军事等诸方面将有更多建树。惜一代英豪陨落于乱世贼臣之手，长空孤雁鸣，秦山鸟悲歌，我等戎武之人，于今日之战场地理之前，岂能不长慨叹乎！

163. 南朝一代文宗徐陵：天上石麒麟，朝廷骨鲠臣

徐陵，字少穆，东海郯人。父徐摛，梁戎昭将军。史载徐陵母臧氏有孕，尝梦五色云化而为凤，集左肩上，已而诞陵。时宝志上人（所谓得道之人）者，世称其有道，陵年数岁，家人携以候之，宝志手摩其顶，曰："天上石麒麟也。"另有惠云法师（当时著名和尚）谓陵为当世之颜回。史传徐陵八岁能属文，十二通《庄》、《老》义。既长，博涉史籍，纵横有口辩。

梁普通二年，晋安王举荐徐陵参宁蛮府军事。太清二年，曾使于魏，魏人授馆宴宾。是日甚热，其主客魏收嘲陵曰："今日之热，当由徐常侍来。"陵即答曰："昔王肃（曹魏名臣）至此，为魏始制礼仪；今我来聘，使卿复知寒暑。（此语喻北魏不知礼仪，由南朝来让他们知道礼义廉耻）"。收大惭。（不辱外交使命，以此一端，徐陵即可当中国古代第一外交家）

及侯景寇京师，陵父摛先在围城之内，陵不奉家信，便蔬食布衣，若居忧恤（可见其孝）。会北齐受魏禅，梁元帝承制于江陵，复通使于齐。陵累求复命，终拘留不遣。及江陵陷，齐送贞阳侯萧渊明为梁嗣，乃遣陵随还。太尉王僧辩初拒境不纳，渊明往复致书，皆陵词也。及渊明之入，僧辩得陵大喜，接待馈遗，其礼甚优。以陵为尚书吏部郎，掌诏诰。其年高祖（指陈霸先）率兵诛僧辩，仍进讨韦载（僧辩之大将）。时任约、徐嗣徽乘虚袭石头，陵感僧辩旧恩，乃往赴约（可见徐陵之重情义）。及约等平，高祖释陵不问（陈霸先可谓有胸怀并识才矣）。寻以为贞威将军、尚书左丞。

后高祖（陈霸先）受禅，加散骑常侍，左丞如故。天嘉初，除太府卿。四年，迁五兵尚书，领大著作。六年，除散骑常侍、御史中丞。时安成王顼（后为陈宣帝）为司空，以帝弟之尊，势倾朝野。直兵鲍僧叡假王威权（即受安成王的庇护，今谓之小"圈子"中人），抑塞辞讼（即所谓办理冤案），大臣莫敢言者。陵闻之，乃为奏弹，导从南台官属，引奏案而入。世祖（陈文帝，陈霸先之子）见徐陵服章严肃（即着装很正式，神态很庄严），若不可犯，为敛容正坐。陵进读奏版时（即读参本时），安成王殿上侍立，仰视世祖，流汗失色。陵遣殿中御史引

王下殿（回避之意），遂劾免侍中、中书监（安成王的另外两个官职，因用人不当而被免）。自此朝廷肃然。

天康元年，迁吏部尚书，领大著作。陵以梁末以来，选授多失其所，于是提举纲维，综核名实。时有冒进求官，喧竞不已者，陵乃为书宣示曰：

“自古吏部尚书者，品藻人伦，简其才能，寻其门胄，逐其大小，量其官爵。梁元帝承侯景之凶荒，王太尉接荆州之祸败，尔时丧乱，无复典章，故使官方，穷此纷杂。永定之时，圣朝草创，干戈未息，亦无条序。府库空虚，赏赐悬乏，白银难得，黄札易营，权以官阶，代于钱绢，义存抚接，无计多少，致令员外、常侍，路上比肩，咨议、参军，市中无数，岂是朝章，应其如此？今衣冠礼乐，日富年华，何可犹作旧意，非理望也。所见诸君，多逾本分，犹言大屈，未喻高怀。若问梁朝朱领军异亦为卿相，此不逾其本分邪？此是天子所拔，非关选序。梁武帝云‘世间人言有目色（垂青之意），我特不目色范悌’。宋文帝亦云‘人世岂无运命，每有好官缺，辄忆羊玄保（南朝名臣，以谨敬见知闻名）’。此则清阶显职，不由选也。秦有车府令赵高直至丞相，汉有高庙令田千秋亦为丞相，此复可为例邪？但既忝衡流，应须粉墨，庶其允当，无负朝寄耳。所望诸贤，深明鄙意。”

自是众咸服焉。时论比之毛玠。

及朝议北伐，高宗曰：“朕意已决，卿可举元帅。”众议咸以中权将军淳于量位重，共署推之。陵独曰：“不然。吴明彻家在淮左，悉彼风俗，将略人才，当今亦无过者。”于是争论累日不能决。都官尚书裴忌曰：“臣同徐仆射。”陵应声曰：“非但明彻良将，裴忌即良副也。”是日，诏明彻为大都督，令忌监军事，遂克淮南数十州之地。高宗因置酒，举杯属陵曰：“赏卿知人。”陵避席对曰：“定策出自圣衷，非臣之力也。”

陵器局深远，容止可观，性又清简，无所营树，禄俸与亲族共之。太建中，食建昌邑，邑户送米至于水次，陵亲戚有贫匮者，皆令取之，数日便尽，陵家寻致乏绝。府僚怪而问其故，陵云：“我有车牛衣裳可卖，馀家有可卖不？”其周给如此。

自有陈创业，文檄军书及禅授诏策，皆陵所制，而《九锡》尤美。为一代文宗，亦不以此矜物，未尝诋诃作者。其于后进之徒，接引无倦。世祖、高宗之世，国家有大手笔，皆陵草之。其文颇变旧体，缉裁巧密，多有新意。每一文出手，好事者已传写成诵，遂被之华夷，家藏其本。史传陈后主好与嫔妃为艳词，示陵，陵曰：“皆不达辞也。”后主衔之。

博按：徐陵之名，初于研读晚清史时，于林则徐公何以字“少穆”为疑问，始又上溯至南朝，择读于徐陵之史，始知南朝有此一性格高尚、行为伟岸之人。陵之为文，虽为宫廷文人，但皆言之而有物，发之于情而见之于理，是以常为后人所传颂；陵之为官，既能骨鲠于朝，直贬权臣，又能周济百姓，为官清廉，可谓好官；陵之为使，敢于强国权臣面前，不卑不亢，不辱使命，可谓有节；陵之为人，能够守义守忠，虽知王僧辩之败而赴之约，可谓有义；而尤可为后世赞者，陵之为国家推荐将领之时，能够坚持己见，不苟于众，且选人得当，为国建功。且在其身居吏部尚书要职，为国普选人才之时，能够提举纲维，综核名实，而被评为当世之毛玠公（三国时魏朝名臣，上有所述），实可为后世为官秉权者之楷模。

164. 死高欢驭活侯景

侯景之乱，为南北朝历史中的一件大事。当其乱时，北齐因之削弱，南梁武帝因之饿死台城，陈霸先因之得篡梁政，百万人因之而生灵涂炭，成为南北朝尤其是梁朝的一大历史伤疤。本文借侯景之乱以论北齐武帝高欢之御人有术。

侯景始为北齐武帝高欢属下，其本右足偏短（跛脚），弓马非其所长，而多谋算。其尝论高欢属下勇将高敖曹、彭乐等人，曰：“此属皆如猪突，势所何至！”高欢使侯景将兵十万，专制河南，杖任若己之半体（即把一半之江山托付于侯景）。侯景又素轻视高欢之子高澄，曾谓若高欢死，彼不能与高澄共事云云。是以当高欢死后，高澄掌东魏大政，侯景即反齐投梁。

然高欢于死之前，尝遗言于高澄曰：“侯景专制河南十四年矣，常有飞扬跋扈之志，顾我能蓄养之，非汝所能驾驭也！……堪敌侯景者，唯慕容绍宗，我故不贵之，留以遗汝。”后侯景之叛，高澄果使慕容绍宗败侯景而驱之南朝，遂遗祸于梁武帝。

博按：南北朝时，以乱臣贼子之名而遗臭万年者，莫过于侯景。观侯景乱梁以前之北齐史，可叹于高欢者有三：一曰统御有方。《北齐史》赞高欢“性深密，终日俨然，人不能测。机权之际，变化若神。制驭军旅，法令严肃。听断明察，不可欺犯，擢人授任，在于得才，苟其所堪，无问厮养，有虚声无实者，皆不任用。雅尚俭素，饮不过三爵。知人好士，全护勋旧，每获敌国尽节之臣，多不之罪，由是文武乐为之用”。其在世期间侯景而不反，诚其驾驭有方。二曰识人之明。慕容绍宗本尔朱兆之谋士，其历次正确建策均为尔朱兆所拒，尔朱兆败后始降高欢。高欢知慕容绍宗之明而雪藏之以遗高澄，此其明知高澄、慕容与侯景三人之能力者。其死后所以北齐不乱者，以高澄得众慕容绍宗之力故。三曰纵容养患与缺乏英断。其本知侯景之难驭，却养虎遗患于国家，纵容逆臣于后人。此于高欢历次伐西魏之败可知其失于果断杀伐之性格使然。此亦高欢所以至魏分为二、天下三分之结局。是以为国为家者，“当断不断，反受其乱”，尤其值乱世之时，若不能果于杀伐决断，便必将遗患于后人。

165. 三个南北后主，一般荒淫亡国

南北朝之史，混乱而漫长，然无论北朝之魏与周、齐，抑或南朝之宋齐梁陈，开国之君皆雄才大略，文治武功，励精图治；亡国之君则因生而富贵，不知稼穑之苦，为逞一己之欲而害天下苍生，其荒淫无度往往令天下瞠目。尤于南北朝之末世，后周天元帝、北齐后主高纬和陈后主叔宝，皆亡国之君之典型。今综述而论之：

周宣帝宇文赟。史称：“宣帝初立，即逞奢欲。”周武帝之棺未及入殓，宇文赟即临棺而骂：“死其太晚矣！”转而即阅示于其父之嫔妃，有姿色则逼而淫之。继而大杀宗族功勋，任用佞悻小人，于内庭设鱼龙百戏、侏儒搞笑、山车攻战、巨象游巡、杀马剥驴等奇技淫艺，无所不用其极。后为

专滋娱乐，禅位其八岁之子，自称天元，以纵欲无度而亡于两年之后。后周遂为其皇后之父杨坚所篡。

北齐后主高纬。565年，北齐武成帝为“应天象”，禅位其子高纬。纬即位后，封乳母陆令萱为女侍中。陆令萱、和士开等佞幸小人把持朝政，勾引亲党、贿赂公行、狱讼不公、官爵滥施。一时间，奴婢、太监、娼优等人都被封官晋爵。宫中五百宫女皆封为郡官。于晋阳广建十二宫，丹青雕刻，巧夺天工，比邺城皇宫更为华丽。宫内珍宝早得晚弃。为昼夜凿晋阳两座大佛（今日大同之云冈石窟），一夜以万盒油同燃，数十里光照如昼。封其宠物牛马狗鸡为仪同郡君之官。每常谱曲，自称“无愁天子”，自弹琵琶，宫内伴唱。当北周进攻晋州告急，高纬尚与宠妃冯淑妃围猎而盘桓不回。后北齐将安吐根还攻晋州，于城下掘地以攻。城内地塌，高纬竟下令暂停进攻，请冯淑妃进地道观玩，以致贻误战机。临阵之间，高纬又不战而逃，遂致军溃如山倒，后一败再败，终于国亡身死。史载其被周俘后，不以为耻，反觍脸以向周武帝邀还其“贵妃”。

南陈后主叔宝。南陈自武帝霸先开国以来，内廷陈设简朴。后主即位后，嫌其居处简陋，不能作为藏娇之金屋，于是在临光殿之前，起临春、结绮、望仙三阁。“阁高数丈，并数十间，其窗牖、壁带、悬楣、栏槛之类，并以沉檀香木为之，又饰以金玉，间以珠翠，外施珠帘，内有宝床、宝帐，其服玩之属，瑰奇珍丽，近古所未有。”而且，朝日初照，江南风暖，宝石、珍珠、金银之光芒，映彻宫庭。“微风暂至，香闻数里”。而且，“其下积石为山，引水为池，植以奇树，杂以花药”。后主自居临春阁，张贵妃居结绮阁，龚、孔二贵嫔，居望仙阁，其中有复道连接。又有王、季二美人，张、薛二淑媛，袁昭仪、何婕妤、江修容等七人，都以才色见幸，轮流召幸，得游其上。后陈为隋所灭，后主被俘于隋十五年而终。

博按：唐魏徵曾论及陈后主曰：“后主生深宫之中，长妇人之手，既属邦国殄瘁，不知稼穑艰难。初惧阽危，屡有哀矜之诏，后稍安集，复扇淫侈之风”。此论于历代亡国之君皆有通理。古人有言，亡国之主，多有才艺，考之梁、陈及隋，信非虚论。然则以靡丽之文风，奇巧淫技，徒长浇伪之风，本无救乱亡之祸矣。南北朝时期为中国历史中最为混乱时期，三个后主既生于乱世之中，又生于富贵之中，其父祖辈往往是马上得天下的开国之君，对子女往往缺乏系统深入的儒家正统教育，再加上“治乱世用重典”的历史教训，斯时的朝臣对帝王的监督和制约形同于无。在这样的大环境下，三个后主几乎以一般的荒淫乱政面目具有性为一段历史的经典终结者，也为此后的中央皇权统治者提供了深刻的教训借鉴。是以自南北朝以后，除了五代十国一段纷乱时期外，中国历代帝王，则鲜有如此荒淫乱政，如此频繁集中的“后主”出现。也许，这也算是一种历史的进步吧！

第五章
隋唐和五代十国

概略——盛世的长歌与民族的悲叹

隋唐和五代十国时期（581—960年），其计380年。其中，隋朝共建国37年，历二帝（隋文帝杨坚和隋炀帝杨广）；唐朝共享国二百八十九年，历二十一帝（高祖李渊、太宗李世民、高宗李治、中宗李显、睿宗李旦、玄宗李隆基、肃宗李亨、代宗李豫、德宗李适、顺宗李诵、宪宗李纯、穆宗李恒、敬宗李湛、文宗李昂、武宗李炎、宣宗李忱、懿宗李漼、僖宗李儇、昭宗李晔、哀帝李柷）；五代是指唐朝灭亡后依次更替的位于中原地区的五个政权，即后梁（太祖朱温、末帝朱友贞）、后唐（庄宗李存勖、后唐明宗李嗣源、后唐闵帝李从厚、唐末帝李从珂）、后晋（高祖石敬瑭、后晋出帝石重贵）、后汉（高祖刘知远、后汉隐帝刘承祐继）与后周（周太祖郭威、周世宗柴荣）。十国是指在唐末、五代及宋初，中原地区之外存在过的十个割据政权。其中有：前蜀（王建、王衍）、后蜀（孟知祥、孟昶）、吴（杨行密、杨渥、杨隆演、吴睿帝杨溥）、南唐（南唐烈祖徐知诰，后改名李昪、南唐元宗李璟、南唐后主李煜）、吴越（吴越太祖钱镠）、闽（闽太祖王审知、闽景宗王延曦）、楚（马殷、恭孝王马希萼）、南汉（南汉高祖刘龑、南汉殇帝刘玢、南汉中宗刘晟、南汉后主刘鋹）、南平（高季兴、高从诲）、北汉（世祖刘崇、刘承钧、刘继恩、刘继元）等十国。

读史至隋唐和五代，感觉中华少年在历经三国和两晋南北朝360余年沧海桑田和战乱打磨之后，已经日渐成熟而勇武有力，进入其人生中最为精彩的重要阶段。隋代虽然国祚短暂，但在炀帝的东征西讨之下，在其建立京杭大运河——沟通江河、贯穿南北之后，中国国土格局已经基本形成；隋朝在政治制度上创设三省六部制，建立政事堂议事制度、监察制度、考绩制度，有效提升了行政效率，对后世影响深远；隋朝对中国政治体制的最大贡献在于其采取科举制度以大量选拔人才，并进一步弱化了门阀士族对政治的垄断，这项伟大的制度设计确保了中国在此后的近两千年历史中始终走在世界文明的前列。然而，隋朝开国之君隋文帝因为晚年的昏庸，开始大杀功臣，并错误传位于具有重大性格缺陷的隋炀帝杨广，使得隋朝重新掀起穷兵黩武的军国主义浊流，最后导致大隋帝国以及隋炀帝本人一起淹没于历史的地平线之下。

唐承隋祚，在一代伟帝李世民和其儿子李治的深谋远略之下，华夏之势力范围，渐次又深入到东北方向。作为中华帝国在此后长达千年的亚洲地缘政治中始终处于主导地位的代表性事件，是名将刘仁轨于白江口海战中一举歼灭倭寇；而万邦来朝之盛世景象亦首现于大唐。由于唐朝在中国历代王朝中最具“开放”气质，最有“包容”精神，所以唯有唐朝，给中国历史贡献了一位伟大而又聪慧的女皇武则天——可以想象的是，如果没有这位女皇的出现，那么今天中国历史的叙事方式将会是多么的黯然失色和枯燥无趣——综而言之，大唐王朝所以能开创中华民族中央王权之下的政治巅峰和辉煌文明，实在于其所秉持的开放胸怀、兼容气度和思想上的进步，不但为后世勾画了光辉的梦想，也为我们再创汉唐盛世提供了楷模和引鉴——当然，其为后世留下最深刻的教训莫过于大唐在开疆拓土过程中对军队和疆臣的过度依赖和骄纵惯容，以致藩镇割据、尾大不掉之状况愈演愈烈。在皇权至上、专制集权背后巨量利益的强烈诱惑和驱动下，执掌军权的安禄山、史思明等各路军阀们以各种方式不断挑战着唐王朝的权威。尽管有唐一代涌现了一大批诸如李靖、李绩（徐茂公）、狄仁杰、娄士德、裴行俭、郭子仪、李光弼、张巡、颜真卿、陆贽、李德裕、李愬这样的忠臣良将，但一旦他们受到来自权力中枢的皇帝、权奸以及宦官们的极力打压、排挤和迫害，并最终成为非良性权力运行机制下的可悲牺牲品时，曾经无比强大的大唐王朝便在权奸（如李林甫等）宦官祸于内廷、藩镇为害于外疆的双重打击之下，轰然坍塌于五代十国的历史纷乱之中。而继之而起的大唐遗民朱温和李克用们，用他们的政治野心和军事铁骑，在中华大地上再次上演了一出出无比惨烈的人间悲剧。自中唐安史之乱至五代十国二百一十余年的天下大乱，实为中华民族在探索和寻求成长壮大之路上的又一次惨痛教训和沉重代价。在隋唐和五代十国风云变幻的历史大戏中，中华历史再次出现了如唐太宗李世民、周世宗柴荣这样人格完美的万世英主，他们以各自的方式再次告诉今天的世人：再英明的君主，也难以确保一家之治万世永继，唯有寻求一种建构于制度设计上的政治策略和体制性文明——才能确保中华民族未来的繁荣昌盛和长治久安。

166. 隋文帝杨坚：得天下易，失天下亦易

隋朝开国者隋文帝杨坚，今陕西省华阴市人，汉太尉杨震十四世孙。其篡周建隋后，以强大的武力为后盾，先后攻灭陈国，一统天下；再击破突厥，被尊为“圣人可汗”；在内政方面，开创先进的选官制度，发展文化经济，再造华夏盛世。史载开皇年间，隋朝疆域辽阔，人口达到七百余万户，是中国农耕文明最辉煌时期。在美国学者迈克尔·H·哈特1978年所著《影响人类历史进程的100名人排行榜》中，杨坚被排行第八十二位。（孔子排名第五位，蔡纶排名第七位，秦始皇排名第十八位，成吉思汗排名第二十一位，老子排名第七十五位，孟子排名第九十二位）

今古以来历史学家对于杨坚的评价不外两端：

一曰得天下易，失天下亦易。宋赵翼曰：“古来得天下之易，未有如隋文帝者，以妇翁之亲，值周宣帝早殂，结郑译等矫诏入辅政，遂安坐而攘帝位。”虽然得天下后文帝可谓尽心尽力，一统华夏，励精图治，成绩斐然，然毕竟其根基不深，又不取信于天下，最终隋开国近三十年而亡，其不悲乎。

二曰今日我族（灭）人之宗，篡人之国；明日人灭我之国，断我之后。杨坚一旦主掌北周政权，宇文氏子孙以次诛杀，殆无遗种。是以后世史家赵翼曾直称其：“窃人之国，而戕其子孙至无遗类，此其残忍惨毒，岂复稍有人心”。然不过三数十年，杨坚之子孙亦几乎全部被屠于宇文化及之手，其因果乎？其报应乎？其渺渺乎人心哉！

博按：杨坚睹北周之将亡，天下需一统，即于短期内篡周灭陈，可谓审时度势，应时而起之雄主。然古往今来之史家常将隋朝短祚而亡的主要原因，置之于杨坚于嗣君选择上所犯下的重大失误。而《要略》却不以为然。隋之短命，一在当杨坚灭北周时大杀宇文宗亲，残酷无情，导致其国基未稳而人心不附；二在于五代十国之间频繁改朝换代之历史惯性使然，专制皇权

利益的巨大诱惑，门阀势力的流毒仍在，杨氏一朝得势，天下几多青目，是以其至亲近朋（宇文氏、李氏皆是隋廷中最亲近之门阀势力集团）近水楼台先得月，一亡其家，一承其国；三在其未在嗣君选择制度上做根本之设计。当史家皆怪其错误选择于杨广之时，岂不知类似之嗣君选择制度，自先秦以来的两千余年间已经反复验证于中华大地上，尤其是五代十国不断加速的朝代更替，已经明确无误地反复证明父死子继、兄终弟及的嗣君选择制度，绝不可能确保一家之天下成为永世基业，而杨氏父子，既然能够发明科举制度这样普选官员的伟大制度，实说明其于建政之初，即已认识到皇族权力基础的不稳固性，但由于其历史的局限性和家天下的“一己之私”，他们始终不敢将皇权置于法制和民主的监督制约之下，对中央集权体制做根本性的调整和制度设计。有人以为在当时之历史条件下，杨氏根本不可能有这样的“前沿”思想，但是切莫忘记，中华民族的先人，早在商周时期，已经提出“天惟时求民主”，“民之所欲，天必从之”的观念；先秦时期，具有法制思维和民本思想的“天视自我民视，天听自我民听”、“政之所兴，在顺民心，政之所废，在逆民心”已经孕育，杨氏者岂能不知？唯其以一家之私而冀幻想于现实尔！

167. 禁武三朝，享国何短

读史隋朝，文帝之政虽多属良政，然其为谋取隋之长治久安，下令收天下之兵器，令民间敢有私造者坐之。至炀帝大业五年，复令禁民间制造兵器，凡铁叉搭钩尖刃之累皆禁之矣。隋图藉此而防人民之叛乱。然隋之政不过三十余年而亡。

读此史不免上溯至秦及下思及元，盖历史中此三朝为禁民用兵器最严之时代。史载秦始皇统一六国后，即宣令清缴天下之兵器，铸为十二金人，冀以此奠定其万世之统治基业。孰料秦立二世而亡。乃至元朝，因以外族入主中原，其心不安，遂禁止民间拥有兵器，元法律规定：“诸杂造局院，辄与诸人带造军器者，禁之”；“诸郡县达鲁花赤（即地方主管）及诸投下（即蒙古贵族领地），擅造军器者，禁之”；“诸神庙仪仗，止以土木彩纸代之，用真兵器者禁之”；“诸都城小民，造弹弓及执者，杖七十七，没其家财之半，在外郡县不在禁限”；“诸打捕及捕盗巡马弓手、巡盐弓手，许执弓箭，余悉禁之。”元竟令民间十余家共用一把菜刀。虽如此严苛之禁武，强大之元朝王朝亦仅存九十余年而亡。

博按：立国以民众为本，强国以良政为基，若要享国长久，必得完善良好的法制制度保证之，必得毛泽东于延安时倡导的“民主监督”巩固之。舍此之外，别无他途，今日之销兵，或为明日他国入侵之助，或为政府肆无忌惮滥犯民权张本。以中华历史之汉唐宋明为例，皆允许百姓拥有武器，却皆存在了数百年。再放眼世界，美国允许人民拥武而立国数百年，至今不见其亡兆；日本及英德法意诸强，亦从无禁武之政，却皆享国数百上千年而至今国本未改，其不可深思之乎？！

168. 炀帝三征高丽：任性的帝国决心

隋史之中，炀帝三征高丽为最值为鉴之重大事件。炀帝为混一华戎，效秦皇汉武之功，举百万之众，御驾亲征，水陆并进，欲纳高丽于隋境。然其一征因众将失协而败；再征因玄感之叛而败；三征因天下叛军蜂起而退。此三征可谓中华历史上最任性的一次帝国决心。其影响之大，祸害之烈，都可谓前所未有、后所罕见。

其一是耀兵百万史所罕见。第一次征高句丽，史载隋军总共一百多万主战兵马，分三路，左右两路军再分十二路，每路军马各有各自军事目的，加上大量的辅兵及运粮部队共计二十四条进兵路线，计划完成各自任务之后最终会在平壤会师。另外还有来护儿率领水军从海上进攻，突袭平壤。各路隋军加起来超过一百一十三万，而为大军运输物资的民夫则是隋军的两倍，直接、间接的参战人员达五百多万之众。往史虽有号称百万之师，然终归虚浮之数，而炀帝之兵却史证其实。

二曰危害国家史所罕见。强大之大隋帝国因三征而轰然倒塌，其唯拓跋氏发动的淝水之战可与之相提并论。大业七年，隋炀帝下诏征讨高句丽，命令幽州总管元弘嗣往东莱海口造船三百艘，官吏监督劳役甚急，结果造船工匠昼夜在水中，几乎不敢休息，从腰往下都长出蛆虫，十分之三四的人因此死去。隋炀帝下诏集结天下军队，无论南北远近，都要会合于涿郡。集结天下军队之后，隋炀帝又另外征发江淮以南水手一万人，弩手三万人，岭南排镩手三万人，又命令河南、淮南、江南造戎车五万乘送到高阳，用来装载衣甲幔幕，还征发数百万民夫以供军。是年秋，炀帝征发江淮以南民夫及船运黎阳及洛口诸仓米到涿郡，船只相次千余里，载兵甲及攻取之具，长期来往在路上的有数十万人，道路上死者相枕，臭秽盈路，天下骚动。一征时宇文述等九支军队渡过辽河时，有三十万军人，等到返回辽东城时，只有两千七百人，物资储备兵器军械巨以万计，也丢失殆尽。连续三年的征战使隋朝数十万军人丧生，大量民夫死亡，巨额物资损失，过度征敛破坏了隋朝的经济，引起国内人民对隋炀帝的强烈不满。隋炀帝第一次攻高句丽时，就开始爆发隋末农民起义。至隋炀帝第三次征高句丽时，各地农民起义已使隋朝统治名存实亡。史传三征失败之后，高丽俘获大批隋人不放还，后世中原人到高句丽，“隋人望之而哭者，遍于郊野”。可见败亡之惨烈。

博按：炀帝虽有混一华戎之决心，但缺稳妥推进之耐心。堪属“治事无能”之典型。以今观之，其用兵之失有三：一曰劳师远征，兵非愈多愈好。远征高丽，后勤补给为最要。然运输之兵自南方运输一车之粮，仅够运输兵士自用而已。往往未到前线，其粮已尽，其兵已逃；二曰重大战役，并非御驾亲征为妙。御驾亲征虽可鼓舞士气，然其粮草保障，护卫力量等非战斗人员大大增加，徒废军资，徒劳军士。另而言之，将帅困于炀帝之束缚，无敢逞其英武，亦等于自缚将帅之手脚，遂使诸将屡失战机，进而酿败；三曰国家征战，必得量力而行。炀帝首征，国家尚有余力。再征三征，已经激起民变，炀帝不以此为戒而休甲养民，待国力恢复后以图再战。然因炀帝任性使情，于天下大乱时依然坚持再做四征之准备，终致在督造水军时身死国亡，实可良叹！

169. 正说隋炀帝

读史耽隋，避不开炀帝杨广。炀帝于今人之印象，盖沉湎女色、荒淫无道，一无是处之徒。然深究炀帝历史功绩，却丝毫不亚于诸多开国明君。今试述其为帝之功：

一为精简机构，改革吏治。隋炀帝即位后即在官制上作了大胆改革。其一，废除三师、特进官；其二，废除都督以上至上柱国凡十一等及八郎、八尉、四十三号将军；其三，改三卫为三侍，废除直阁将军；其四，尚书省六曹，原各设侍郎六，计三十六侍郎，改为每曹各设侍郎一。杨广一方面裁减冗员，精简中央机构；另一方面抑制和削弱周、齐显贵之势力，可谓切中时弊。另外，炀帝还废州置郡。“郡设太守，直接辖县。废州改郡后，于郡别设正副都尉，主管军事，郡太守不得与闻”。

二为创设科举，选拔人才。隋炀帝创建了影响后世长达一千三百余年的科举制度，建立进士科，为选拔下层知识分子提供机会，改变以往门阀士族把持朝堂之现象，重才学而轻门第，从而扩大招揽人才门路，使一批中小地主士人得以参加统治政权，适应庶族地主在政治上之要求，削弱门阀士族于政治上之垄断权，有利于选拔人才，提高政治效率，适应大一统帝国之政治需要。

三为营东都洛阳，开大运河。隋炀帝《营建东都诏》论洛阳地形险要，“控以三河，固以四塞”，且位置适中，便于向山东及江左、淮海一带实施兵力机动。时首都长安在西北，往东之路不畅，洛阳则处于国家中心地带，可以有效治理江南，控制北方，巩固国家。在开凿京杭大运河同时，又开凿通济渠、永济渠等，首先是为了沟通漕运，达到“水路通，贡赋等”之目的，以保障东都和京师供应。其次，亦为从水路把江都和洛阳联系起来，加强对江左、淮海统治，并为用兵高丽做准备，客观上亦适应手工业和商业发展需要。中国所以没有形成以长江或黄河为界之若干国家，上述之运河开凿可谓功不可没。

四为拓展国土，奠定今日中国之广大疆域。炀帝对林邑用兵使隋朝之势力范围延伸至南部沿海疆域，并超出了传统以日南郡为南端的疆域界限；开拓琉球（今台湾和琉球列岛），是继孙吴之后又一次重要的巩固海防的领土拓展行动，进一步加强了琉球与大陆的政治、经济与文化联系；征服吐谷浑，并设置“新四郡”（区别于汉武帝设置的“河西四郡”），使青海和新疆部分实际上统一于中国；三征高丽，经略东北，动用上百万军队和民夫，虽无果而终，却对我国今日之东北疆域予以强化和扩展，亦给后期唐征高丽开拓了道路，提供了深刻教训和借鉴。

博按：炀帝仅以亡国之君，百般罪名加于其身，万千功绩皆为销沉。若单论其制度建谟之功，虽秦皇汉武难出其右；单论其罪，不过桓灵之属，然因历史吊诡，遽亡其国，树倒猢狲散，天下皆罪之私而忘其功，此非客观之历史。该褒之功，该贬之罪，各归其实，斯乃唯物史观。而后人所叹者，炀帝曾以文才自负，尝谓近臣曰“设令朕与士大夫高选，亦当为天子”，以此语看来，其本知“公平选举”天子之可能性。然而，由于家天下的历史惯性，当其行科举制度于庶族士民之时，其没有于国家政治制度上作进一步之根本设计，没有对皇权自身进行有效之限制和约束，即今日所谓“将权力装在制度的笼子里”，以避免其在毫无制约的皇权之下倒行逆使于国内、穷兵黩武于域外，当此之时，其为手握兵权者所殄灭，已然在于眼前矣。

170. 三朝名将韦孝宽，玉壁一战死高欢

韦孝宽，京兆杜陵人。为人深沉机敏，温和正直，好读经史。二十岁时即以先锋官参与西魏平定萧宝夤之乱，随冯翊公长孙稚挥师西进，每战皆有功，因迁为国子博士，任华阴郡太守职。时侍中杨侃任大都督，奇于孝宽才干，以女妻之。531年，韦孝宽为都督，随荆州刺史源子恭镇守襄城。时独孤信为新野郡守，二人关系甚好，而且政绩出众，被荆州吏人称为联璧，传为美谈。后宇文泰掌西魏政，以孝宽为弘农郡太守，随宇文泰俘东魏大将窦

泰，于颍川破东魏将任祥、尧雄，攻克东魏豫州城，俘刺史豫州冯邕。伪造敌将牛道恒之笔迹，离间并俘获东魏段琛和牛道恒诸将。

韦孝宽为人多智善谋，善于使用间谍。571年正月，北齐名将斛律光在汾北筑13城，拓地500余里。韦孝宽自玉壁发动攻击，但为斛律光所败。由于斛律光善于用兵，韦孝宽对其颇为忌惮，因此命令手下谋士曲严编造歌谣，说："百升飞上天，明月照长安"，"百升"就是一斛。还说"高山不推自崩，槲树不扶自竖"（引自《周书·韦孝宽列传》）。时任北齐宰相祖珽与斛律光不和，又趁机添油加醋："盲眼老公背上下大斧，饶舌老母不得语。"并叫儿童歌之于路。然后在齐帝面前诬陷斛律光："斛律累世大将，明月声震关西，丰乐威行突厥，女为皇后，男尚公主，谣言甚可畏也"（引自《北齐书·斛律光列传》）。又以斛律光违令率军入京之事为借口，说斛律光蓄意谋反。天和七年（572年）七月，斛律光被诛。

孝宽闻名之战曰玉壁之战。时高欢率东魏大军连营数十里，攻玉璧城，昼夜不停。韦孝宽则随机应变，竭力抗御。东魏军于城南筑土山，欲居高临下攻城。孝宽则于城楼之上缚木加高，令始终高于土山，并多备战具以御之。东魏军于城南挖掘十条地道，又用"孤虚法"，集中兵力攻击北城，昼夜不息。北城向来是天险，韦孝宽挖掘长沟，切断东魏军地道，并派兵驻守，待东魏军挖至深沟时，即将其擒杀。韦孝宽又在沟外堆积木柴，备好火种，发现东魏军在地道中潜伏，便将木柴塞进地道，投火燃烧，还借助牛皮囊鼓风，烈火浓烟，吹入地道，地道中的东魏士卒被烧得焦头烂额。东魏军又造"攻车"撞击城墙，所到之处，莫不摧毁。虽有排楯，也无法抵挡。韦孝宽便用布匹做成帐幔，随其所向张开，攻车撞之，布受冲击缓冲之，城墙因未受损。东魏军在城四周挖掘地道二十条，用木柱支撑，然后以油灌柱，放火烧断木柱，使城墙崩塌。韦孝宽在城墙崩塌处用栅栏堵住，使东魏军无法攻入城内。东魏军尽用攻城之术，但皆被韦孝宽所破。高欢攻城五十天，士卒死亡七万人，精疲力竭，用尽心计，仍未攻克，高欢急得旧病复发。时有陨石坠入东魏军营中，东魏军惊惧，高欢遂于十一月初一解除对玉壁的包围，撤军。高欢回到晋阳后，一病不起，于次年正月死去。孝宽因此战之功晋升为骠骑大将军。

公元557年，宇文泰子宇文邕即帝位，是为北周武帝。575年，周武帝欲灭北齐，统一北方。二月，韦孝宽上书陈三策。并克北齐四城。北周大象二年（580年）五月十一日，北周宣帝宇文赟病死。北周静帝宇文阐年幼，左丞相杨坚专政。尉迟迥举兵反杨。杨坚任命韦孝宽为元帅向东讨伐。韦孝宽大败尉迟迥儿子尉迟惇，进而击败尉迟迥主力，尉迟迥被迫自杀。是年十月，韦孝宽去世，时年七十二岁。

博按：读于韦孝宽之史，既叹于其用兵之随机应变，变化无穷，亦奇于其历三朝之替，经昏明之君，以不世之功而能善终，此诚古大将中所稀见。而细读韦孝宽之史，则知其为大将，君明则武，君黯则退，能和众人，能得众心，为人直而温和，三代之替，始终得形势之要，择得天下之助者而效命从功，此诚其“战略”判断之明也。以此可见，真名将者，非但料敌于明，善于战阵，更需择君于明，建功于有为之君，此秦王翦和汉马援之属。

171. 大隋“真宰相”高颎事略

高颎（541—607年），字昭玄，渤海蓚人。隋朝杰出政治家与战略家。史书所载，高颎不但被后评为有隋一朝的“真宰相”，而且被继隋而建的唐太宗给予了至高无上的评价。今且述其生平主要事略以论之：

审时度势，择君杨坚。《隋书·高颎传》载：“高祖得政（即杨坚实际掌握北周政权之时），素知颎强明，又习兵事，多计略，意欲引之入府，遣邗国公杨惠谕意。颎承旨欣然曰：‘愿受驱驰。纵令公事不成，颎亦不辞灭族。’（可谓勇于任事矣）于是为相府司录。时长史郑译、司马刘昉并以奢纵被疏，高祖属意于颎，委以心膂。尉迟迥（忠于北周皇室之骨干力量，能征善战，颇得众心，其所谓“叛乱”其实是维护北周统治之举）之起兵也，遣子惇率步骑八万，进屯武陟。高祖令韦孝宽击之，军至河阳，莫敢先进。高祖以诸将不一，令崔仲方监之，仲方辞父在山东。时颎又见刘昉、郑译并无去意（因为尉迟迥势大力强，众人皆持观望态度而不敢前往“平叛”），遂自请行（可谓主动为杨坚担当，不辞冒险受命），深合上旨，遂遣颎。颎受命便发，遣人辞母，云忠孝不可两兼，歔欷就路。至军，为桥于沁水，贼于上流纵大伐，颎预为土狗以御之。既渡，焚桥而战，大破之。遂至邺下，与迥交战，仍共宇文忻、李询等设策，因平尉迟迥。军还，侍宴于卧内，上撤御帷以赐之。进位柱国，改封义宁县公，迁相府司马，任寄益隆。”

定计灭陈，得罪晋王。《隋书》载：萧岩之叛也，诏颎绥集江汉，甚得人和。上尝问颎取陈之策，颎曰：“江北地寒，田收差晚，江南土热，水田早熟。量彼收积之际，微征士马，声言掩袭。彼必屯兵御守，足得废其农时。彼既聚兵，我便解甲，再三若此，贼以为常。后更集兵，彼必不信，犹豫之顷，我乃济师，登陆而战，兵气益倍。又江南土薄，舍多竹茅，所有储积，皆非地窖。密遣行人，因风纵火，待彼修立，复更烧之。不出数年，自可财力俱尽”。（以此段举措安排，可知高颎为战略家）上行其策，由是陈人益敝。九年，晋王广大举伐陈，以颎为元帅长史，三军谘禀，皆取断于颎。及陈平，晋王欲纳陈主宠姬张丽华。颎曰：“武王灭殷，戮妲己。今平陈国，不宜取丽华。”乃命斩之，王甚不悦（虽然得罪于杨广，然高颎实不失为忠直之臣矣）。

曰修刑订律，制度经谟。公元581年大隋建政后，高颎奉命与郑译、杨素等修订刑律，“多采后齐之制而颇有损益”，制定新律，奏请颁行。新律废除了枭首、轘（即车裂之刑）身及鞭刑，减轻了徒刑，还取消了一些“楚毒备至”的讯囚酷法，如用大棒、束杖、车辐、鞵底、压踝之类。对旧律作了一定程度的改进。次年，杨坚以长安旧城，自汉以来，屡经战乱，凋残日久，在苏威、高颎等人谋议下，决定在龙首原创建新都，以高颎领新都大监，“制度多出于颎”，为后来唐代长安繁荣奠定了基础。其他行政、官制等各种制度，也多在高颎主持下，斟酌损益，建立新的制度，巩固了隋朝的统一局面。

然而，就在高颎殚精竭虑为大隋谋划未来之时，他却从人生的光辉顶点跌落到人生的低谷。

高颎人生的败笔来源于二：一是由于其反对杨坚废除太子杨勇而得罪了独孤皇后（要知道隋文帝杨坚是历史上有名的惧内皇帝）。而关键之处，在于高颎之子娶杨勇之女为妻，其与杨勇为儿女亲家，在这样的废立大事上，即使高颎心为国家，也应该勇于回避，此其最后取祸于内廷的主要原因。后高颎屡遭独孤皇后构毁，最终被除名为民。二是其被杨广重新起用之后，妄议朝政，因而被诛。《隋书》载：炀帝即位，拜为太常。时诏收周、齐故乐人及天下散乐。颎奏曰："此乐久废。今或征之，恐无识之徒弃本逐末，递相教习。"帝不悦。帝时侈靡，声色滋甚，又起长城之役。颎甚病之，谓太常丞李懿曰："周天元以好乐而亡，殷鉴不遥，安可复尔！"（妄议朝政，今古为鉴）时帝遇启民可汗恩礼过厚，颎谓太府卿何稠曰："此虏颇知中国虚实、山川险易，恐为后患。"复谓观王雄曰："近来朝廷殊无纲纪（真忠臣者，当面谏于廷而非议于人后）。"有人奏之，帝以为谤讪朝政，于是下诏诛之，诸子徙边。

史载颎初为仆射（宰相），其母诫之曰："汝富贵已极，但有一斫头耳，尔宜慎之！"颎由是常恐祸变。当他除名为民时，颎曾欢然无恨色，以为得免于祸。殊料终不免于被诛。

博按：《隋书·列传》中曾如此评价高颎曰："颎有文武大略，明达世务。及蒙任寄之后，竭诚尽节，进引贞良，以天下为己任。苏威、杨素、贺若弼、韩擒虎等，皆颎所推荐，各尽其用，为一代名臣。自余立功立事者，不可胜数。当朝执政将二十年，朝野推服，物无异议。治致升平，颎之力也，论者以为真宰相。及其被诛，天下莫不伤惜，隋政由此而速败。所有奇策密谋及损益时政，颎皆削稿，世无知者。"而唐太宗李世民尝曰："朕比见隋代遗老，咸称高颎善为相者，遂观其本传，可谓公平正直，尤识治体。隋时安危，系其存殁，炀帝无道，枉见诛夷。何尝不想见其人，废书余叹。隋资储遍于天下，人俗康阜，颎之力焉。功规萧、葛，道亚伊、吕，近代以来未之有也！"。史论高颎有经国大才，为隋文帝建成霸业，知国政者一十余载，天下赖以康宁。然文帝唯妇言是听，特令摈斥，及为炀帝所杀，隋失干城，政遂衰坏。览及此处，既为高颎官居高位而"妄议朝政"而叹，更为"告发者"所不齿。盖"私相告密之风昌盛"者，为皇权人治之典型特征，国无明法为护，民众舆情无疏，天下愤懑无释，遂有告密者相生。此专制集权政治、皇权治下之根本原因。

172. 贺若弼：名将之憾，在于居功自持

贺若弼（544—607年），字辅伯，洛阳人。年轻时会文精武，颇有名气。得北周齐王宇文宪器重，用为记室。不久，升任小内史。善攻战，多谋略。579年，随大将军韦孝宽攻陈，屡献计谋，克数十城，遂任寿州刺史。581年（隋开皇元年），经尚书左仆射高颎推荐，任吴州总管，镇江北要地广陵（今江苏扬州），做灭陈准备。献取陈十策，获文帝杨坚称赞。攻陈前，多次将换防兵卒集中于沿江要地，大张旗帜，又组织部众沿江射猎，佯作即将渡江之势，以迷惑麻痹陈军，使其习以为常，不复设备。八年冬至九年春，隋大举攻陈时，率军秘密渡过长江，袭占京口（今江苏镇江），从左翼进攻陈都建康（今江苏南京）。军令严肃，宽释俘虏，所至多捷。挥师进据钟山（今南京紫金山）后，率八千甲士，奋力击溃陈军主力，擒获陈最后之名将萧摩诃，从北掖门进入建康城。因灭陈有功，加位上柱国大将军，晋爵宋国公。后官至右武侯大将军。

然而，贺若弼却因为居功自持而不能善终于朝，成为名将之憾。史载，贺若弼立大功后经常居功自傲，自以为功名在群臣之上，常以宰相自许。既而杨素为右仆射，贺若弼仍为将军，即将不满情绪显露出来，因而于公元592年遭致罢官。而贺若弼怨气愈甚。隋文帝责问他说：“我任命高颎、杨素为宰相，你却总是放言，说这两个人只是酒囊饭袋，这是什么意思？”贺若弼回答说：“高颎，我的老朋友了，杨素，我的舅子。我都知道他们的为人，所以才说这些话。”隋文帝以其功高，于是免他一死，除名为民。公元604年，杨广即位为帝，贺若弼更被疏远。公元607年七月，贺若弼随杨广北巡至榆林。杨广命人制造了一个可容纳数千人的大帐篷，用来接待突厥启民可汗及其部众。贺若弼认为这太过奢侈，与高颎、宇文弼等人私下议论，被人所奏。杨广认为他这是诽谤朝政，将贺若弼与高颎、宇文弼等人一起诛杀，时年六十四岁。

博按：观若弼用兵于陈，善于张势伪装其作战目的，迷惑于敌，出其不意，颇得孙武用兵之妙。然其于有大功于国后，因言获罪，孰非炀帝之过，乃其居功自持之果。自古善终之良将，若非功成身退，便遇治世明君，舍此二途，终遭磔灭。观于若弼之史，更思及关于其父贺若敦“锥舌诫子”的著名典故。公元565年十月，贺若敦因口出怨言，为北周晋王宇文护所不容，逼令自杀，临死前，曾嘱咐贺若弼说“吾必欲平江南，然此心不果，汝当成吾志。且吾以舌死，汝不可不思”。因引锥刺弼舌出血，诫以慎口。然而，大功盛名之下的贺若弼既忘记其父之死，亦忘记“锥舌之痛”，最终和其父亲一样，因言获罪，身死名诟，岂不令人扼腕而叹。而由若弼之死，杨广三败于征高丽，实其手下无若弼等良将尔，此亦炀帝自取之祸，由是观之，为臣者当三缄其口，或面谏于朝；而为君者亦当有容人之雅量胸怀，或为国储才，此君臣之道，后世可以为良鉴。

173. 李渊何以得天下

隋末，炀帝穷兵黩武以致天下大乱，瓦岗寨等“十八路反王、三十六路烟尘”之中，为何独以李渊能能最终胜出而建唐？窃以为李渊得天下实得益有四：

其一为李渊家族势力强大。李渊之父娶关陇大族独孤信之女为妻，贵为国公，李渊又娶两朝名臣窦氏之女，是以李家得两大家族势力之强力支持，在宗族社会，此为最坚实之基础。

其二为李渊及其四子皆能文能武，所谓打仗亲兄弟，上阵父子兵，在打天下阶段，此亦为李渊之巨大优势。

其三为李家父子得民心士心。尤其是李世民，善于交结豪杰，拉拢英雄，为人豁达，广得人心，所以能够最终击败强大之王世充而建立大唐王朝。

其四为得地理之优势。李渊起兵于晋阳，其地控南扼北，倚西制东，进可入主关中，退可守境保民，得天下形胜之要。李渊以此四端，终于降服诸叛，消灭割据，得以渐次建立中国历史最伟大之唐帝国。

博按：隋末之乱，李密虽善谋能战，宇文化及虽勇冠三军，王世充虽狡猾奸诈，然其和李渊相比，皆有所不逮。李渊于乱世之中，后发而先至，实得天时地利人和之助，此恒孟圣所谓得天下之道。而读于隋唐之史，见今人常有史家认为李唐为“异族”之说，特此以正之。史学大家陈寅恪曾结合李唐的父系和母系的血统综合分析，认为李氏父系家族毫无疑问是汉人血统。而李唐母系呢，无论李唐王朝的母系来自于“窦”氏，还是“长孙”氏，或是“独孤”氏，她们也不是纯粹的胡人血统，而是有来自于胡汉杂婚。比如李世民的妻子长孙氏，父系虽是鲜卑人，母系则是北齐高欢的堂弟高岳之后；而独孤氏，独孤信的正房太太姓“郭”，亦是汉人。可见，独孤家的闺女也不是纯粹的胡人血统。同样对于“窦氏”来说，李渊之母窦氏是北周上柱国窦毅之后，而这个窦毅据说是东汉窦武之后，亦是典型的汉族血统。再者，自从北魏孝文帝汉化，鲜卑贵族和北方汉人五大姓崔、卢、李、郑、王通婚，无论是“拓跋”，还是“独孤”和“长孙”抑或是“宇文”，血液里都免不了存在汉人的血统。以此可见，李唐非纯粹胡人之后。而当前一些别有用心的史学家所以杜撰李唐为胡人之后，一方面有为元朝、清朝入主中原张目之嫌，一方面亦有消解甚至诋毁中华民族汉唐盛世功绩之实，不可不警惕之。

174. 功败垂成叹李密

读隋末之史，常掩卷而叹息于李密之功败垂成。李密祖籍辽东，后迁居长安，早年闭门苦读。曾把《汉书》挂于牛角，徐行而读，为时人称道。公元613年，他以布衣身份，追随杨玄感起兵叛隋。彼时，隋炀帝远征高丽、后方空虚。李密遂献亡隋三策，然杨玄感庸黯任性以致兵败。

李密弃杨玄感投奔瓦岗翟让后，即为翟让谋划天下，率部击溃隋将张须陀，攻占兴洛仓，开仓济民。翟让深服李密之能，主动辞位，拥李密为魏公。时李密得天下之心，“道路降者不绝如流”。其麾下人才荟萃。一代名臣魏征、著名将领徐世勣（徐茂公，后改名李绩，与李靖被后世称为大唐“双龙”）、程知节、秦叔宝、罗士信等，乃至投降猛将柴孝和、房彦藻、祖君彦、裴仁基，以及原瓦岗军将领翟让、王伯当、单雄信等，皆乐为其用。倘李密能各尽所能，则大势可定。然李密在击败宇文化及屡败王世充之后，屯兵洛阳坚城之下，诛杀翟让，动摇军心，后屡以骄兵临敌，终为屡败屡战之王世充所击溃，后降唐而再叛，终于为唐军所杀。一代英才，终因一败而失天下。唐之建国大业，始于李密之败后而渐次展开。

博按： 李密之长，在于其头脑冷静、思想深刻、擅长研判局势，然其为谋主尚可，其为将帅却缺乏决断之品格。其本以为占据长安才能成就霸业，而获取洛阳只能让自己四面受敌。而事实上却一心想拿下洛阳。此其知行不一之失；当李密败宇文化及时，王世充集中精锐急于决战。李密决定坚守，拖垮对方。本是正确选择，但后又惑于部下将领之“众议而从之”，放弃坚守方案而致偃师大败，此其作战决心不够坚定之失；当失利后，李密本想东山再起，但终受部下将领之消极影响，志向摇曳，谓：“孤所持者众也，众既不愿，孤道穷矣！”因欲自杀，被劝阻后，便率众投入李渊门下。而实际上，其部虽遭重创，实力仍强。正如论者所谓：“苟去猜忌，疾趋黎阳，任世勣为将臣，信魏征为谋主，成败之势，或未可知”。纵观李密之败，其性格上之重大缺陷亦有三：一是疑心过重。没有“用人不疑”之境界。麾下猛将如云而皆不起用所长，历次作战必亲临阵前，以致多次负伤。二是缺乏气度。李密自恃才学，不用人谋。魏征所献十策，本是良谋，却不得而用。三是临机失断。处置特殊问题严重失当。于关键之人，攸关之战，皆失策于决断力与洞察力，终于功败于垂成之间。

175. “大唐双龙”击灭突厥之战

隋末唐初，突厥势力逐渐强大。李渊太原起兵时，一度曾向突厥始毕可汗称臣，以换取后顾无忧。唐建国后，突厥一方面支持地方割据势力，与唐朝分庭抗礼；另一方面又自恃兵强马壮，不断举兵南下侵扰。于平定江南时功勋卓著之李靖因此被调往北方，以反击突厥。625年八月，突厥颉利可汗率十余万人越过石岭，大举进犯太原，唐高祖命李靖为行军总管，驻守太谷，与并州总管任瑰等迎击敌人。由于突厥来势凶猛，诸军迎战多失利，唯李靖军得以保全。不久，又调李靖为灵州道行军总管，以抗击突厥。武德九年八月，唐太宗即位未几，突厥颉利可汗便乘唐朝皇帝更替之机，率十几万精锐骑兵再次进犯泾州（今甘肃泾川西北），并长驱直入，兵临渭水便桥之北，形势十分危急。太宗无奈冒险亲临渭水桥，与颉利可汗结盟以求退兵。事后，太宗擢任李靖为刑部尚书，不久转任兵部尚书。629年（贞观三年）八月，唐太宗接受了代州都督张公瑾建议，决定出击突厥，命兵部尚书李靖为定襄道行军总管，以张公瑾为副，发起强大军事攻势。又任命并州都督李绩等为各道总管，统率十几万军队，分道出击突厥。贞观四年正月，李靖率领三千精锐骑兵，冒着严寒，从马邑出发，径向恶阳岭挺进。颉利可汗判定：如果唐兵不倾国而来，李靖决不会孤军深入，于是“一日数惊”。李靖又密令间谍离间其心腹，致可汗亲信康苏密前来投降。李靖迅即进击定襄，并于夜色掩护之下，一举攻入城内，俘获隋齐王杨暕之子杨正道及原炀帝萧皇后，颉利可汗仓皇逃往碛口。太宗闻讯，欣然曰：“李陵以步卒五千绝漠，然卒降匈奴，其功尚得书竹帛。靖以骑三千，喋血虏庭，遂取定襄，古未有辈，足澡吾渭水之耻矣！”当是时，李绩亦率军从云中（今山西大同）出发，与突厥军在白道（今内蒙古呼和浩特北）遭遇。唐军奋力冲杀，将突厥战至溃不成军。颉利可汗一败再败，损失惨重，遂退守铁山以请求内附并表示愿意入朝。太宗派遣鸿胪卿唐俭等前去安抚，又诏命李靖率兵迎颉利可汗入朝。李靖率兵抵达白道，与李绩谋议说：“颉利虽败，其众犹盛，若走度碛北，保依九姓，道路且远，追之难及。今诏使在彼，虏必自宽，若选精骑一万，赍二十日粮往袭之，不战可擒矣。”商议已定，遂率军连夜出发，李绩继后而进。李靖率军进至阴山，遇到突厥斥候千余帐，一战而全部俘获，命与唐军同行。此时，颉利可汗见到唐使臣，放松了戒备。李靖前锋苏定方率两百余骑乘雾疾行，直到距牙帐七里远的地方才被发觉。颉利可汗慌忙骑马逃走，突厥军也四散而逃。李靖大军随之赶到，杀敌一万余人，俘虏十几万，缴获牛羊数十万只（头）。颉利可汗率万余人向北过大漠，在碛口受李绩所阻，不能北逃，其大酋长皆率众投降。不久，颉利可汗被任城王李道宗擒获送到京师。突厥从此宣告灭亡。大唐双龙联手击灭突厥，不仅解除唐朝西北边境祸患，而且洗刷唐高祖与太宗向突厥屈尊之耻。太宗因此感慨曰："朕闻主忧臣辱，主辱臣死。往来国家草创，突厥强梁，太上皇以百姓之故，称臣于颉利，朕未尝不痛心疾首，志灭匈奴，坐不安席，食不甘味。今者暂动偏师，无往不捷，单于稽颡，耻其雪乎！"

博按：读史于中华四千年民族战争，唐灭突厥一战可谓最为精彩，最为干脆，最为彻底。此战中，大唐"双龙"密切配合，用兵使谋，完美无缺，创造了中华战争史上最经典的战例。李靖因此一战奠定其为大唐战神之历史地位，李绩以此成历史名将。此一战例，于后世可效者，既有二将之谋略善战之功，亦有太宗驭将择人之效；既有二将团结协力对敌之精神风格，又有二将忠于国家的使命情怀。是以古来明君必有名将之助，名将必有明君之用，此二者也，必相符相称始能建大功于国家。

176. 李绩之病，太宗断须

李唐所以能开国近三百年，唯因开国之君李渊及太宗世民宽宏大度，善于识人得人用人所奠定之良好政治基础。

贞观十五年，太宗拜原为李密部下之李绩（原为徐世绩，字懋功，即《隋唐演义》里的瓦岗寨军师徐茂公，后因功赐李姓且避太宗讳而称李绩）为兵部尚书，还未赴京上任，薛延陀部又侵扰李思摩部。李绩获唐廷委任为朔州行军总管，率轻骑三千追薛延陀于青山，大败敌师，斩名王一人，俘五万多人。回朝后，李绩遇暴疾，药方须以胡须灰为引。太宗闻知，自剪胡须，为李绩和药。儒家礼仪，身体发肤受之父母，寻常人且不会轻易损伤，何况九五天子亲剪"龙须"为臣子做药引，诚为千古美谈。李绩叩首见血以谢。太宗曰："吾为社稷计耳，不烦深谢。"不久，君臣宴饮，太宗醺然对李绩讲："朕将以太子托付于您。您往年不负李密，今日必不会负朕。”李绩血涕，誓以必死。俄而沉醉，太宗亲解御衣为其遮盖以免着凉，如此宠遇，古今罕有。贞观十八年，李绩跟从太宗伐高句丽，攻破辽东、白崖等数城。贞观二十年，又率军大破薛延陀部，平定碛北。贞观二十三年，太宗临终，因太子李治无恩于李世绩，故意贬其为叠州都督，李治（即高宗）即位后，立拜李绩为尚书左仆射。终李绩一生，功高而不倨傲，权重而不妄政，成一代名将良臣。

博按：太宗断须得一良将忠心，此诚专制集权体制下驭将得人之范例。以此可知太宗所以为千古一帝之高明手段。而观其戎马建唐，玄武得政，贞观之治，其为人君之明，得文武之忠，谋天下之劳，一华戎之功，可谓前不见贤君，后不见名王。尤于其明于李靖李绩之文才武略，北定突厥，东灭高丽，南下蛮越，中华之疆域于大汉奠基，而实于大唐而巩固成其大功。读于初唐之史，常为太宗驭将得将心、使臣得臣忠为感叹。后世常有史家认为太宗此举有作伪作秀之嫌，而《要略》以为，集权时代，家天下时期，一国之君，一举一动即为天下仿效，只要其目的为彰显忠义礼孝，即其至伪至秀亦可为之，此皇权政治之特色，即今日之西方政治家，亦多于公众之下秀其爱民亲民，其实质亦为“作秀”之举，而诚愿今之政治家与执政者，多行此等“秀”，为中华民族复兴汉唐盛世的远大理想而张罗人才、培植精英、奠定基础。

177. 请君暂上凌烟阁

贞观十七年（643年），唐太宗李世民为纪念和其一起打天下、治天下，建立不世功业之大功臣，特旨修建凌烟阁，以陈列由阎立本所画之二十四位功臣画像。画像比例为真人大小，面北而立，以示尊皇。时太宗年迈体衰，开始怀念往事，追想当年金戈铁马气吞万里如虎之战斗岁月。将开唐有功之文臣武将绘入凌烟阁，以为人臣荣耀之最，此后凌烟阁功臣成为唐代豪杰从军报国功成名就的无尚荣耀。李贺《南园十三首》诗云：“男儿何不带吴钩，收取关山五十州。请君暂上凌烟阁，若个书生万户侯。”太宗一朝，君臣共同努力，形成贞观盛世，正如太宗所言，“于兹十有馀年，斯盖股肱罄帷幄之谋，爪牙竭熊罴之力，协德同心，以致于此”。太宗“为人君者，驱驾英材，推心待士”之用人策略可谓万世不再。此二十四位功臣分列如下：长孙无忌、李孝恭、杜如晦、魏徵、房玄龄、高士廉、尉迟敬德、李靖、萧瑀、段志玄、刘弘基、屈突通、殷开山、柴绍、长孙顺德、张亮、侯君集、张公瑾、程知节、虞世南、刘政会、唐俭、李绩和秦琼。

博按：毕太宗一生，始终践行其“为人君者，驱驾英材，推心待士”之理念，其识人得人用人之明，唯光武刘秀之云台二十八宿可与之相媲美。此非独明君之胸怀气度，实其御人有方之高度自信。反观历史上历代大肆诛杀开国忠臣良将之君主，究其因，一方面在于专制集权家天下巨量利益诱惑之下，历代帝王皆担心掌握军事大权的功臣将领取而代之，此为体制性原因，在没有更好的防范制度机制产生之下，难以有效破解；另一方面，毕竟如李世民这样驾驭能力超群而且胸怀开阔之君少之又少，大多数帝王既对自己又对他们的儿孙等继任者高度不自信，是以常思在其有生之年为儿孙铺平道路，殊不知愈是这样，其儿孙愈是不争气，最后亦免不了进入新的历史轮回。而中华民族正是在这样的历史轮回之下，每况愈下不复再有汉唐盛世，能不痛心疾首以为憾乎？！

178. 唐高宗：被“光环”和“阴影”双重遮掩的明君

唐高宗李治，一直不为史家所看好，一则，他始终处于其父李世民的强烈光环之下，即便其所开创“永徽之政”也被评价为“有贞观之遗风”；二则，他被“女流之辈”武则天夺了天下，成为一个有名的“懦弱丈夫”。而且中华“正史”之中，武则天实在是一片莫大的“历史的阴影”。前有李世民之强烈光环，后有武则天莫大的“历史阴影”，是以李治于历代帝王之中可谓一个“寂寂无名之辈”，然而，细读唐史，却发现李治绝非一个庸碌之辈。而是心思缜密、虚怀若谷的明君。试为论之：

其一，唐高宗继位之初，其舅舅长孙无忌（关陇集团势力代表）把持朝政大权，唐高宗联合武则天和其他大臣，经过不懈努力，终于把长孙无忌贬至外地，致其自杀而亡，从而使有唐之治不再受门阀势力的羁绊和祸害而进入健康的轨道。

其二，高宗即位伊始，立即暂停了对辽东（高丽）的战争及大量土木工程营造。650年，在即位第二年，即召集众地方官询问百姓疾苦，鼓励臣下就国计民生发表意见。一次，他出外打猎遇雨，就问臣下："用油布做的雨衣怎么样才能不漏一点水？"臣下说："要是用瓦做，就不会漏雨了。"言外之意，是不应出来打猎游玩。高宗愉快接受了批评。656年，高宗再次征询如何能够减轻百姓负担。大臣来济指出：过多的劳役是老百姓的一大负担，出工则误农时，出钱又花费很多，应该免除一切不急需的徭役征发。高宗虚心采纳。这种虚心求谏的政治作风与太宗如出一辙。

其三，高宗对于法律建设十分重视。我国现存最完整的成文法典——著名的《唐律疏议》（与《罗马法》并称），就是在高宗永徽四年由长孙无忌等大臣修订而成的。相对来说，这一时期的执法状况宽平公正，犯罪率较低。史载，一次大理寺卿唐临向高宗报告说：监狱中在押的犯人只有五十多个，其中只有两人需判死刑。

其四，高宗时期的军事成就更是值得一书。高宗主政时期，唐朝灭亡了东西两个大敌：西突厥与高句丽，也顺带压制了日本的气焰，换来了中日千年和平。单从征伐高句丽的战果来说，太宗李世民曾亲征却徒劳无功，而后来高宗先后派大将苏定方、李绩（即李世绩）、刘仁轨以及薛仁贵经略辽东，最后兵围平壤，灭了高句丽，并在辽东设立九都督府。后来新罗统一朝鲜半岛，与唐朝建立了良好的关系。显然，高宗完成了太宗没有实现的梦想。

其五，高宗于生命的态度也比其父李世民更为理性。太宗最终由服食丹药而死，而高宗身体状况虽一直不佳，却能够客观坦然地面对。他对于胡僧的长生药从不迷信，认为："果有不死之人，今皆安在？"他对于御医的治疗都能够积极配合，即使是在他的头上扎针也不介意。另外，他还命令宰相组织名医修订了《唐本草》行世。单就这种对生死的科学态度来看，说他"昏懦"就很不客观公平。

博按：唐高宗李治的历史评价不高，实中国史家多为男人之故。在中国的传统观念之中，武则天从李治手中夺取政权，建立了短暂的大周王朝，实在是让李姓男人和天下男人们着实丢了一把脸。然而，平心而论，无论李治与武则天的爱情，还是李治最终信任于武则天，都可以看得出李治是一个至情至圣之人。其将政权交于武则天，从结果论，武则天亦算没有辜负其重托：其治理天下之手段，实不亚于其几个儿子。而且，武则天最后还是平稳地将政权交回了李朝。以此观之，李治并非是欧阳修在《新唐书》所论定的"昏懦之主"。他之所以被如此评价，只是因为后世的历史学家为了防范武则天式的改朝换代再次出现，不遗余力地丑化武则天，连带着也把唐高宗弱智化了。在这个丑化的过程中，以宋代史学家如司马光等人发挥的作用为大，这又与宋代曾有多位太后深入参政的政治现实相关。然而今人之史，当摒弃男女之成见，既要客观认识武则天的历史地位，亦要正视李治的历史功绩。一旦忽略对李治的历史研究，即容易一并忽略李治时期中国平灭高句丽的伟大胜利以及白江口海战的巨大历史影响，将对于中华政治军事历史研究产生重大不良影响，这不能不引起史学界的高度重视。

179. 唐灭高丽：两朝三帝相续，始成不世之功

隋代炀帝三征高丽而亡国。唐建后，一代明君李世民三征高丽，均无功而返。然经此三伐，高句丽已国残民穷。是以及至唐高宗时代，才完成了两朝三帝的心愿（隋、唐两朝，炀帝、太宗、高宗三帝）。

唐高宗乾封元年，高丽内乱，其王泉南生与其弟泉男建不睦而战，泉南生求助于唐朝。十二月，唐命李绩为辽东道行军大总管，征调河北诸州县全部租赋以供辽东军用。二年九月十四日，李绩兵取高丽军事重镇新城，留兵镇守，并趁势将附近16座城池全部攻下。泉男建派兵袭击庞同善、高侃新城营地，左武卫将军薛仁贵一举将其击败。高侃率军进至金山，与高丽军交战

不利，高丽军乘胜追击，薛仁贵引兵从侧面袭击高丽军，大败之，斩首5万余级，攻下南苏、木底和苍岩三城，与泉男生军会师。郭待封率水军从别道趋平壤。郝处俊在高丽城下击败高丽军。总章元年二月二十八日，李绩等攻占扶余城（今辽宁四平），斩俘万余人，扶余川中四十余城亦望风归降。泉男建遣兵五万妄图夺回扶余城，在薛贺水与李绩军遭遇，唐军大胜，斩俘三万余人，乘胜攻占大行城。各路唐军会师，推进至鸭绿栅。高丽发兵抵抗，唐军奋勇出击，大败高丽军，追奔二百余里，攻振辱夷城，高丽其他各城守军或逃或降。唐军进至平壤城下，围平壤月余，九月十二日，高丽僧信诚打开城门，唐军冲进城中，俘男建，高丽全部平定。唐分其境为九都督府、四十二州、一百县，并于平壤设安东都护府以统之，任命右威卫大将军薛仁贵为检校安东都护，领兵两万镇守其地。

博按：唐之所以能灭突厥，定高丽，和吐蕃，且无蹈隋之覆辙，一者得益于李世民之宏谋远略。李唐于灭突厥后，以十余年之功而三征高丽，无伤国本，与太宗用兵节制有度有关。二者得益于太宗高宗用人有方。太宗遗高宗以忠良善战之李绩，起用英姿勃发之苏定方、薛仁贵等年轻将领，有汉武用人之风而强其用将之广。三者亦得益隋炀帝和唐初二帝之坚强决心。虽然先后七征高句丽而屡战屡败，然始终决心不改，始成灭高句丽之功。更重要的是，经此一战，高句丽以及此后的所有朝鲜，在一千余年里始终成为中华的附庸之国，而中国在东亚的主导地位，亦再次予以强化和确立。

180. 一代女皇武则天：走出历史阴影的小女子

贞观十一年（637年）十一月，十四岁的武则天被唐太宗召入宫，封为五品才人，赐号“武媚”，史载，武则天入宫之前向寡居的母亲杨氏告别时说：“侍奉圣明天子，岂知非福？为何还要哭哭啼啼、作儿女之态呢？”

对于唐太宗时期武则天在宫中的生活，史书并无详细描述，仅见武则天在晚年时回忆其为太宗驯马一事。太宗有马名叫狮子骢，肥壮任性，无人能驯服。武则天当时侍奉在侧，对唐太宗说："我能制服它，但需要有三件东西：一是铁鞭，二是铁棍，三是匕首。用铁鞭抽打它，不服，则用铁棍敲击它的脑袋，又不服，则用匕首割断它的喉管。"唐太宗则夸奖武则天有志气。

但武则天并未得到唐太宗宠爱，因为她做了十二年才人，地位始终没有得到提高，是以唐太宗病重期间，武则天和太子李治建立了感情（可见小女子武则天的胆略）。

贞观二十三年（649年），唐太宗驾崩，武则天依唐后宫之例，和部分没有子女的嫔妃们一起入长安感业寺为尼，但她与新皇李治一直藕断丝连。在感业寺，武则天写下了一首情诗《如意娘》：

"看朱成碧思纷纷，憔悴支离为忆君；不信比来常下泪，开箱验取石榴裙！"

并托人捎于高宗。650年5月，唐高宗借太宗周年忌日入感业寺进香之时，复与武则天相遇，两人相认并互诉离别后的思念之情。651年，因无子而失宠的王皇后看在眼里，便主动向高宗请求将武则天纳入宫中，企图以此打击她的情敌萧淑妃。李治早有此意，当即应允。651年5月，唐高宗孝服已满，武则天便再度入宫，入宫前武则天已怀孕，入宫后生下儿子李弘。武则天回宫后的确迅速打败萧淑妃，获得李治的宠爱，次年（652年）5月，便被拜为二品昭仪。是为一代女皇武则天走出历史阴影之第一步。

博按：因为特殊的身份和经历，武则天既为历代史家所关注，亦为历代"正人君子"所鄙视。作为中华民族五千年历史中唯一一位正统女皇，她的出现，无疑是中国男尊女卑文化传统里的异类。然而，平心而论，武则天出现在中国历史的天空，实为华夏儿女之一抹亮色。后世史家在论及则天入宫、出家、再入宫之说，常以此鄙视其行"勾引"之能事。然而，就武则天这个小女人来说，当此时刻，其人生的际遇，唯有依托于李治这个拥有至上权力的人，她的大胆选择，恰正是中国传统女子所缺乏的。正因为她的敢爱敢恨，才使她终于冲出了传统宫女孤老终生的人生悲剧。这种勇气，于一千多年前的唐代，显得更加难能可贵。

181. 天后的建策，百姓的乐业

武则天入宫后的政治斗争，已见于正史和乡野口口相传之中。今且不论，单论其已与李治同享天下之后所上的一道奏章：乾封二年（667年），李治因久病不愈，命太子李弘监国。上元元年（674年）八月，李治称天皇，武则天称天后，名为避先帝、先后之称，实欲自尊。十二月武则天上表建议十二事：

一、劝农桑，薄赋徭。

二、给复三辅地（免除长安及其附近地区之徭役）。

三、息兵，以道德化天下。

四、南、北中尚（政府手工工场）禁浮巧。

五、省功费力役。

六、广言路。

七、杜谗口。

八、王公以降（下）皆习《老子》。

九、父在为母服齐衰（丧服）三年（过去是一年）。

十、上元前勋官已给告身（委任状）者，无追核。

十一、京官八品以上，益禀入（增加薪水）。

十二、百官任事久，才高位下者，得进阶（提升）申滞。

李治览毕，下诏颁布施行。武则天又规定各州县境内，“田畴垦辟，家有余粮”者予以升奖；“为政苛滥，户口流移”者必加惩罚。所编《兆人本业》农书，颁行天下，影响很大。

博按：公允而论，为政者无论男女，但能行仁政于天下百姓，但能促时社会发展、国家进步，皆可视为好皇帝好领袖。观则天之上书十二策，以一女流之辈，思虑周密，布局全面，直抵当时行政之要害，实为历代明君之所常为，可视为“持心以正、治事以能”的好皇帝。当此时刻，即如晚年之李治，亦可知则天驾驭天下之能力。是以其以天下相嘱托，当为本意矣。有史家认为，其时李治已为则天所制，已经无力回天之说，以正面观之，亦可为则天高超权谋之体现。中华历史第一次为一个女流之辈武则天打开了一条通向女皇的大门。

182. 再论武则天：若非知人善任，何来君子满朝

武则天被立为皇后以后，即开始施展权术，借皇权之手把反对她做皇后的长孙无忌、褚遂良等人赶出朝廷，贬逐边远。事实上，对于唐高宗李治来说，这些作为当时既得利益的保守力量，已经严重影响了皇权的权威。所以李治也乐于借武则天之建策和手腕，把他们赶出政治舞台。这些自五代十国就已经顽固存在的关陇士族门阀权贵的最终退出也为社会进步和经济发展创造了良好的条件（此亦武则天之于历史之大功绩）。

武则天当政之后，任用了很多贤臣来治理天下，以致后人称其统治时期“君子满朝”。其中有名的君子如娄师德、狄仁杰等，都是流芳千古的贤臣名臣；而后来被称为“开元贤相”的姚崇和宋璟也是武则天时期被提拔起来的。

武则天善于用人还体现在她对用人制度上的改革和创新上。史载，她改革科举，提高进士科的地位；举行殿试；开创武举、自举、试官等多种制度，让大批出身寒门的子弟有了一展才华的机会。史载690年，武则天还曾在洛城殿对贡士亲发策问。另外，为了发现人才，武则天还遣“存抚使”十人巡抚诸道，推举人才，一年后共举荐一百余人，武则天不问出身，全部加以接见，量才任用，先试后补，或为试凤阁（中书省）舍人、给事中，或为试员外郎、侍御史、补阙、拾遗、校书郎，“试官”制度自此始，时人有“补阙连车载，拾遗平斗量；把推侍御史，腕脱校书郎”之语。后人评价，武则天虽以官位收买人心，但对不称职的人亦会加以罢黜；明察善断，故当时的人亦乐于为武则天效力。

由于武则天知人善任，君子在朝，是以终其统治之数十年间，社会安

定，农业、手工业和商业都有了长足的发展，户口也由唐高宗鼎盛时期的380万户增加到唐中宗神龙元年（则天还政之年）的615万户，平均每年增长0.721%。这在中国古代，可谓一个莫大的奇迹。

博按：武则天秉国，可谓是让天下男人们跌破了眼镜。而武则天当政后从谏如流、大量提拔寒门士子，则更让当世的士族和后人们瞠目结舌。唐代前期，由于所有的皇帝都是她的直系子孙，并且儒家正统观念还没有占据统治地位，所以当时对武则天的评价相对比较积极和正面。但随着时间推移，特别是司马光所主编之《资治通鉴》问世后，对武氏严厉批判。到了南宋期间，程朱理学在中国思想界占据了主导地位，重男轻女的儒家道学家们进一步强化了对武则天的负面评价。譬如明末清初的时候，著名的思想家王夫之，就曾评价武则天“鬼神之所不容，臣民之所共怨”。然而，武则天当政时期，其于国家经济、政治、文化都做出了杰出贡献。如果则天为男人，后代历史学家必将为他的执政时期冠以“某某盛世”、“某某之治”等名号。然而，唯独因为她是女人，且她在掌握权力的过程中使用了为男人们所难以容忍的手段，是以至今尚无人给予其应有的历史荣誉。《要略》以为，在今天强调男女平等的历史条件下，实应给这个中国历史上唯一的女皇的清明治理给予一个“女帝之治”的光荣称号，以彰显这位为中华历史作出过杰出贡献的千古女帝。

183. 大唐“国士”娄师德

唐之开国，以李渊世民父子“驭驾英才，推心及士”之果。太宗逝后，高宗继承父祖之志，亦以得人用人而为己任，其后正因高宗时培植之人才，终于在武则天篡唐之形势下，砥柱中流，恢复唐祚，其娄师德之荐狄仁杰可为经典。

娄师德，字宗仁，郑州原武人。上元（高宗年号之一）初，为监察御史。曾与武懿宗、狄仁杰分道抚定河北，因知仁杰之才。史传师德长八尺，方口博唇，深沉有度量，人有忤己，辄逊以自免，不见容色。时狄仁杰未辅政，师德荐之，及同列宰辅，仁杰不知师德之荐，曾数次排挤之而欲使之为外官。武后察觉后，曾有意问仁杰曰：“师德贤乎？”对曰：“为将谨守，贤则不知也。”又问：“知人乎？”对曰：“臣尝同僚，未闻其知人也。”武后曰：“朕用卿，师德荐也，诚知人矣。”出其奏，仁杰惭，已而叹曰：“娄公盛德，我为所容乃不知，吾不逮远矣！”后仁杰为相，不但敢于犯颜直谏，力劝武则天立庐陵王李显为太子，而且为朝廷力荐张柬之等大量人才，最终为恢复唐祚立下不朽功勋。

博按：读史至唐，实认为娄师德者，实中华贤臣第一、自古国士无双。其能不以荐相为功，反于受仁杰排挤时而大不为意，其胸怀之阔大实属后世所稀见。反观后世历朝荐才举英者，必有“门户”之见、易于“圈内”产生。而更多见于历史者，倘非我族类者，即其有才亦行打压排挤之能事，而况于荐之乎？独师德荐才，以国家为意，以人才为本，此国家真忠臣也。受娄公之高风亮节所感，仁杰一生，亦努力为国荐才，“天下桃李，俱自狄公门下。”且其所荐人才皆为朝廷栋梁，是以当武后死后，张柬之等挺身而出，挽狂澜于既倒，才使唐祚失而复立。读史至此，更感于现实社会，一些“秉心于私”的当权者，热衷于建立“圈子”，跻身于“某某团体”，依靠于“某某关系”，无背景者进阶无门，无关系者上升无望，诸多人才被逆淘汰于体制之外，其与娄公相比，可谓天壤之别。而无论古时今日，人才为兴国之本，必得以完善之人才生长制度，良好之法制环境，开阔之用才胸怀，使天下英才各在其位，各得其用，各尽其责，各得其所，始能确保国家的长治久安和繁荣复兴。

184. 千古奸相，口蜜腹剑

唐代于玄宗时始从高峰跌入低谷，开元之治开一代盛世，然玄宗于天下太平之后，开始骄奢淫逸，不理朝政。其最大之失政，即在其所用非人，信任重用一代奸相权臣李林甫。史传李林甫在相位十七年间，妒贤嫉能，排斥儒臣，“口蜜腹剑”，信任胡将（如安禄山者），终于导致安史乱起。

李林甫，小字哥奴，出身李唐宗室，是李渊叔伯兄弟李叔良曾孙。祖父李孝斌，官至原州长史；父亲李思诲，官为扬府参军。李林甫原为宫廷侍卫，开元初，官至太子中允。

史传林甫奸佞多狡诈，与众宦官、妃嫔交情深厚，经常通过他们探听宫内动静，掌握皇帝一举一动。因此每次都能顺应皇帝心意，从而获得玄宗之赏识。726年迁为御史中丞，隶管刑部、吏部侍郎，从而跻身李唐统治高层。其时武惠妃专宠，李林甫极尽逢迎谄媚之能事。惠妃之子寿王李瑁，极得玄宗钟爱，李林甫托宦官禀告惠妃，“愿护寿王为万岁计”，惠妃闻禀感激涕零，在玄宗面前经常称颂李林甫之“德政”。唐玄宗因此想把李林甫擢为宰相，便跟张九龄商量。张九龄直言：“宰相之位，关系国家安危。陛下如果拜李林甫为相，只怕将来国家要遭到灾难。”

然而，张九龄的忠直之言却为李林甫所知。李林甫始视张九龄为仇敌，必欲除之而后快。朔方（治所在今宁夏灵武）将领牛仙客，目不识丁，唯善理财。唐玄宗想提拔牛仙客，张九龄没有同意。李林甫便谗于玄宗曰：“牛仙客始为宰相人选；张九龄不识大体，不过一书生尔。”

736年，唐玄宗想从洛阳回长安，但宰相张九龄等人说秋收还没有结束，帝驾上路会骚扰百姓，影响生产。李林甫却对唐玄宗说，长安和洛阳是陛下的东宫和西宫，陛下来往随意，至于妨碍农民秋收，免税而已。玄宗依其计而行（由此可见，奸臣之生，必有昏君先出）。

在李林甫不断诋毁构陷下，唐玄宗最终罢了忠于朝廷、为国分忧的张九龄、裴耀卿的相职，李林甫开始独掌朝政。

李林甫为相，第一件事就是把唐玄宗和百官隔绝，不许百官在玄宗面前提意见。有一谏官不从，上奏本给玄宗建策，第二天就被降职到外地去做县令。此后朝中谁也不敢向玄宗提意见。李林甫知道自己在朝中名声不好。凡是大臣中能力比他强的，则千方百计排挤去之。而且，其排挤某人，表面上必不动声色，或笑脸相待，却在背地里暗箭伤人。

一次，唐玄宗在勤政楼上隔帘眺望，发现兵部侍郎卢绚骑马经过。唐玄宗看到卢绚风度很好，随口赞赏几句。第二天，李林甫就把卢绚降职为华州刺史。卢绚到任不久，又被诬说身体有疾，再一次被降职。

官员严挺之曾被李林甫排挤在外地当刺史。后玄宗跟李林甫说：“严挺之在否？此人很有才能，还可一用。”李林甫说：“陛下既然想念他，我去打听一下。”退朝后，李林甫连忙把严挺之的弟弟找来，说：“你兄长不是很想回京城见皇上吗，我倒有一个办法。”严挺之弟弟见李林甫如此关心其兄，连忙请教该怎么办。李林甫说：“只要叫你哥哥上一道奏章，就说他得了病，请求回京看病即可。”严挺之听闻，信以为真，果按林甫之说上奏回京“视疾”。李林甫就拿着奏章去见唐玄宗，说：“真太可惜，严挺之得了重病，不能干大事了。”如此这般，尽管李林甫装扮得很巧妙，他的阴谋诡计总会被人们识破。是以时人论其为“口蜜腹剑”。752年，李林甫抱病而终，享年70岁。因此前，他已和杨国忠有隙，死后，国忠唆使安禄山诬告林甫与蕃将阿布思谋反，玄宗追削林甫官爵，籍没其家产，子婿流配。

然而，在李林甫19年为相生涯中，玄宗对他始终深信不疑。正是在李林甫当政时期，唐代政治从兴旺转向衰败，“开元之治”的繁荣景象消失，接着出现的就是“天宝之乱”。

博按：国之安危兴衰，在乎将相选择。唐玄宗前用姚崇、宋璟则有开元盛世，后用李林甫、杨国忠，几致亡国。虽赖郭子仪诸将效忠竭力，克复旧物，然自是藩镇纵横，纪纲亦不复振矣。良由李林甫妒害忠良，布置邪党，奸惑蒙蔽，保禄养祸所致。是以专制集权体制之下，得忠直之臣则得大治，得奸佞之臣则毁朝纲。然而，今人常将唐之衰败归结于李林甫之奸，其实有所偏颇。何也？林甫之得志，其背景实为玄宗之昏庸。若无玄宗后期居功自恃，耽于享乐，偏听偏信，不辨忠奸，林甫其能一手而遮天乎？历代昏君，皆先因私欲泛滥而后有奸佞奉迎，皆先以不明而后有忠臣遭贬。由是观之，林甫之奸，根实在于玄宗。

185. 褒贬苏定方，千古一名将

苏定方（592—667年），唐初大将，名烈，字定方，冀州武邑人。史载苏定方骁悍多力，胆气绝伦，十五岁随父征战，先登陷阵。父卒，代领其众，杀张金称于郡南，败杨公卿于郡西，自此贼寇不敢袭扰境内，乡党赖之。后投窦建德，从窦建德、刘黑闼攻城伐邑，每有战功。黑闼败后，定方归隐乡里。

唐贞观初，苏定方被起用为匡道府折冲。630年，为李靖前锋，乘夜雾以二百骑袭破东突厥牙帐，颉利可汗及隋公主狼狈散走，余众俯伏，东突厥亡。655年，从程名振征高句丽，得胜而还，拜右屯卫将军，封临清县公。又从程知节征西突厥，任前军总管，率五百骑败鼠尼施等部四万之众于鹰莎川。657年，定方迁任伊丽道行军大总管，大破沙钵罗可汗阿史那贺鲁，追至石国苏咄城（今乌兹别克斯坦首都塔什干西北），俘贺鲁，西突厥亡。唐以其地置昆陵、蒙池二都护府，其所役属诸国皆置州府，唐之疆域西尽波斯国（今伊朗境内）。定方以功迁左骁卫大将军，封邢国公。四年冬，思结阙俟斤都曼胁所部及疏勒、朱俱波、喝般陀三国复叛，击破于阗。唐以定方为安抚大使，至叶叶水（今乌兹别克斯坦和塔吉克斯坦境内的锡尔河），选精骑长途奔袭，昼夜疾驰三百里，大战破之，都曼降，葱岭（今帕米尔高原）以西全部平定。唐朝自于阗以西，波斯以东，凡十六国，以其王都为都督府，以其属部为州县，凡州八十八，县百一十，军府百二十六。定方累功迁左武卫大将军，加食邢州钜鹿真邑五百户。660年，又为神丘道行军大总管，率师济沧海，灭百济，擒其王扶余义慈，以其地置五都督府。661年，定方为平壤道行军大总管，征高句丽，屡战皆捷，兵围平壤城（高句丽首都），会大雪，解围还。663年，任凉州安集大使，节度诸军，以安定吐蕃、吐谷浑。乾667年卒，年七十六。追赠幽州都督，谥曰庄。

苏定方一生驰骋疆场数十年，北击颉利，西灭突厥，东平百济，南镇吐蕃，纵横万里，“前后灭三国，皆生擒其主”，西域诸国震慑降服。唐立国二百八十九年，其广袤疆域至高宗朝达到了巅峰，大唐声威随之播及西北边隅和东方遐邦，既为中原稳定繁荣奠定了基础，同时也促进了各民族经济文化交流，对今天中国版图形成作出重要贡献。苏定方不仅英勇盖世，且为人正直。王文度杀降谋财时，“唯定方一无所取”；在灭亡西突厥后，定方让“诸部各归所居，通道路，置邮驿，掩骸骨，问疾苦，画疆场，复生业，凡为沙钵罗所掠者，悉括还之，十姓安堵如故”；都曼投降时曾答应饶他性命，于是定方又信守诺言，顿首乞求唐高宗免其死罪，以保全信义。更难得的是，苏定方在人生的最后时光却依然被委以重任，“为诸将节度”，以七十多岁高龄默默镇守在吐谷浑战场最前线。定方善于提携后俊。早年遇上才德兼备之裴行俭时，直感叹“吾用兵，世无可教者，今子也贤”，于是倾囊相授，“尽以用兵奇术授行俭”。定方去世后，裴行俭亦成为了唐高宗后期著名将领，史称“儒将之雄”。裴行俭后来多次平定东西突厥的叛乱，为大唐重置安西四镇。唐朝建中三年，师徒二人双双配享武庙，在代表古代武将至高荣耀的圣殿享受祭祀，于中华历史上前后辉映。

博按：近代流传甚广的《隋唐演义》中描绘，苏定方年轻时曾经跟随窦建德和刘黑闼两个大唐的反派人物，是以自清以后，民间演艺常将苏定方演绎成陷害忠良、谋杀罗艺罗成父子的奸雄。而历史上的苏定方却是为大唐建立盖世功勋的大英雄。这就是历史与民间演义的大区别。而历史的真相，罗艺反而是叛而复叛的奸臣小人，罗成亦是虚构之形象。另而言之，苏定方因非李唐之核心功臣，所以在被人们描绘成反面角色时无人追究。此亦历史之吊诡不公。特于此记以正之，以使吾华之盖世英雄勿为历史烟云所遮掩。

186. 裴行俭：儒将之雄，鉴人之能

裴行俭，绛州闻喜人，曾得名将苏定方教授用兵奇术。高宗废王（王皇后）立武（则天为皇后）时，裴行俭因私议朝政，被贬为西州都督府长史。665年拜安西大都护，在西域时，诸部多慕义归附。679年，西突厥十姓可汗阿史

那匐延都支与李遮匐反叛，侵逼安西。时裴行俭受命册送波斯王子泥涅师归国，途经西州时，募得万骑，便假为畋猎，以计俘都支，部下将吏感于其功而于碎叶城为其立碑纪功。同年，率军平定突厥阿史德温傅、阿史那伏念叛乱。681年，以反间计逼伏念执温傅来降，余众悉平。682年四月，裴行俭病逝，享年六十四岁。追赠幽州都督，谥号宪。

史传裴行俭特有鉴别人才之能。他初任吏部侍郎时，前进士王剧、咸阳尉苏味道皆未成名，裴行俭初见之即曰："二位以后一定先后担任掌管铨选官吏的职务，我有少子，愿托付于二位。"当时王剧之弟王勃与华阴人杨炯、范阳人卢照邻、义乌人骆宾王都以文才而享有盛名（后世谓之初唐四杰），司列少常伯李敬玄尤其器重他们，认为将来一定荣显闻达。独裴行俭说："读书人堪当重任，应当首先在于度量见识，而后才是才艺。王勃等虽有文才，而气质浮躁浅露，非享受爵位俸禄之材。杨炯稍微沉静，应该可以做到县令、县长。其余的人能得善终就算幸运了。"后王勃渡海时落水淹亡，杨炯死在盈川县令任上，卢照邻因患顽症不能治愈，投水自尽，骆宾王因谋反被处死。而王剧、苏味道其后果任掌管铨选官吏之职，正如裴行俭所预言。而且裴行俭担任将帅时所提拔的将佐如程务挺、张虔勖、王方翼、刘敬同、李多祚、黑齿常之，后来多成为名将。

博按：行俭提孤军，深入万里，兵不血刃而平叛擒夷，可谓文武兼备。《旧唐书》曾赞行俭曰："夫权谋方略，兵家之大经，邦国系之以存亡，政令因之而强弱……文雅方略，无谢昔贤，治戎安边，绰有心术，儒将之雄者也。其尤于识人断时，观象察物，为唐之诸葛也！"行俭至为可贵者，在其人才之论，实为至当：才艺诗文之属，如其本身胸怀大略，可以为行政之辅助而已；然或唯以浮华溢美之文才为务，耽于诗词歌赋，或曰气质浮华不实者必难以为良吏要职。中国古代中央专制集权之下，科举之道，唯以文才识人辨才，行俭有此论者，可谓深远之见。

187. 仁轨一战，服倭千年

刘仁轨，汴州尉氏人。少恭谨好学，博涉文史。武德初，河南道大使、管国公任镶将上表论事，仁轨见其起草，因为改定数字，镶甚异之，即除陈仓尉。时太宗将校猎，属收获未毕，仁轨以卑职上谏曰："今年甘雨应时，秋稼极盛，十分才收一二，百姓收敛，实为狼狈。臣愿陛下退近旬日，收刈总了，则人尽暇豫，舆轮徐动。"太宗赞曰："卿职任虽卑，竭诚奉国！"（若是异朝昏君，如此上书，则恐为所责，仁愿其逢明君矣）寻拜新安令，累迁给事中。

高宗即位后，苏定方奉诏伐高丽，不克而还。高宗敕书曰："若金法敏藉卿等留镇（即高句丽方面要求你们留下来驻守），宜且停彼；若其不须，即宜泛海还也。"将士咸欲西归，仁轨曰："《春秋》之义，大夫出疆，有可以安社稷、便国家，专之可也。且人臣进思尽忠，有死无贰，公家之利，知无不为。虽备预甚严，宜厉戈秣马，击其不意，彼既无备，何攻不克？战而有胜，士卒自安。然后分兵据险，飞表闻上，更请兵船。拔入新罗，脱不如意，悔不可追。唯宜坚守观变，乘便取之，不可动也。"众从之。时高丽扶余丰及福信等以真岘城临江高险，又当冲要，加兵守之。仁轨引新罗之兵，乘夜薄城，四面攀草而上，比明而入据其城，遂通新罗运粮之路。俄而余丰遣使往高丽及倭国请兵，以拒官军。

663年八月，倭军（四万二千人，有战船一千余艘），唐军（一万三千人，战船一百七十艘）在百济白江口展开激烈海战。刘仁轨指挥船队变换阵形，分为左右两队，将倭军水师尽数包围，其舰只相互碰撞无法回旋，士兵大乱。最终，日军战船全部被焚毁，数万日军被杀或溺死。此役，唐朝水军充分发挥自身优势，将兵力、船舰皆数倍于己之倭国水军击败，堪称以少胜多之经典海战。此次战役亦为中日两国作为国家实体进行的第一次交战，也是东北亚地区首次具有国际性意义的大战役。唐朝、新罗联军取得胜利，基本奠定此后千余年间东北亚地缘政治格局。

博按：纵观中日之史，三千年间唯唐倭白江口一战，方尽显我国威，大张我国势。此役亦中华历史之第一次大海战，仁轨以一战而奠定东亚之千年地缘政治格局，其功至伟，其鉴也深，由此战及甲午以降之历次战争观论之，若要服倭，必得如刘仁轨，一战而痛服之；必得如二战之美利坚，一战而彻服之。仁轨以军人之职责，敢于冒犯君令而主动滞留于高丽前线，实其以战略之判断，以军事上的周密准备，而最终赢得这场战争的胜利，建立此不世之历史性功勋。仁轨之军事天赋和忠于国家之使命所在，正所谓“持心于公”、“治事以能”之典型。而诚愿当世之军人，既有仁轨之忠，又具仁轨之军事素养，果如此，则中华可安，国家永宁。

188. 刘仁愿：白江口海战后的一桩历史遗案考

白江口海战，留下了名将刘仁轨的万世英名。然而，这个英名之所以能够传之后人，却是以另一位名将的被流放边地为前提。而从这个意义上说，这位名将人格的伟岸和其“国士”精神更值得后人大书特书和广泛赞扬。《读史要略》本着探寻历史真相的精神，特对有关这位并不出名的历史人物述而论之：

这位人格高尚的名将是刘仁愿，和刘仁轨虽只一字之差，却毫无关系。论其出身，反是胡人。当世仅存的《刘仁愿纪功碑》如此记载这位名将：

贞观中期，刘仁愿因“地因膏腴，门承勋业，令闻之誉，佥议攸归”，起家为弘文馆学生，随后被选为右亲卫。因其“膂力□健，胆气过人”，曾经随唐太宗出巡外地时“手格猛兽”，受到唐太宗赏识，特受恩诏“入杖内供奉”（即出任太宗的近身侍卫）。后参与贞观十九年的征伐高句丽战争，因战功受到唐太宗嘉奖，“超拜上柱国，别封黎阳县开国公，擢受右武卫凤鸣府左果毅都尉，压领飞骑于北门长上”。贞观二十一年，任行军总管，随英国公李绩经略薛延陀，并迎接车鼻可汗，安抚九姓铁勒，因功“改授右□卫郎将，依旧□□供奉”。二十二年，以行军总管，经略辽东；同年，授右武卫神通府左果毅都尉。653年（唐高宗永徽五年），任葱山道行军总管，随卢国公程知节出讨西突厥沙钵罗可汗阿史那贺鲁，唐军无功而还；此次出讨，苏定方为前军总管，可能因为此次共同出征，加深了苏、刘二人之私人关系；同时，由于刘氏的才干，为此后苏定方选拔刘仁愿随军出讨百济提供了可能。显庆元年，刘仁愿被授予左骁卫郎将。此期间，刘氏还作为唐廷全权代表，数次前往回纥铁勒抚慰，奔赴吐谷浑、吐蕃宣敕，均圆满完成使命。

时唐灭百济后，唐朝大军振旅而还，留下郎将刘仁愿率数千唐兵留守百济城。时苏定方对其评价曰："既负英雄之才，又兼文吏之道"。白江口刘仁轨大胜日本后，刘仁愿回长安"述职"，高宗向他询问情况，他如实向高宗报告，说明白江口战役的主要指挥者以及表章主拟人均是刘仁轨。高宗因对刘仁轨"深叹赏之，因超加仁轨六阶，正授带方州刺史，并赐京城宅一区"。

然而，话说刘仁轨之前为给事中时，与中书令（宰相）李义府不和，遂被贬到外任，做青州刺史。当时正好征讨辽海一带，李义府就逼刘仁轨运送粮草，导致被水冲没，皇帝下旨命御使袁异式查办刘仁轨。袁异式受李义府授意，竟然逼迫刘仁轨自裁了断。后刘仁轨被朝廷解职。此时，大将军刘仁愿攻克百济，奏请刘仁轨出任代方州刺史。刘仁愿凯旋回朝，高宗皇帝对他说："爱卿真是将门子嗣，处事安排、布置军旅事务，都很令我满意，为什么呀？"刘仁愿谦虚地推辞说："不是臣我有能力，乃是前任青州刺史刘仁轨指导我的缘故。"高宗始召回刘仁轨拜为御使台都御史。然而，刘仁轨耿直，为左仆射时又与新任中书令李敬玄不和。当时吐蕃侵犯，李敬玄总向皇帝奏报刘仁轨（的错误）。军中事务常常被李敬玄干扰。刘仁轨于是向皇帝上表说敬玄很懂兵法，推荐他平定吐蕃，敬玄万般推辞。高宗说："刘仁轨推荐你，我也认可，你还有什么推辞的？"李敬玄只好出兵，在青海一带打了大败仗，对此，李敬玄亦对刘仁轨怀恨在心。

正因为上述原因，仁轨在朝中得罪了不少权臣。因此当他在高丽前线带兵作战之时，以李义府、李敬玄为首的一干奸臣不顾国家大局，私命刘仁愿寻机斩杀仁轨。而仁愿不但不执行李义府等人的命令，还在回国后如实汇报了刘仁轨的战功。因此，当他再次入高丽作战之时，很可能受到朝中权臣的陷害，再命前线统兵大臣陷害于他。

据《册府元龟》卷447中记载：刘仁愿……与司空李绩期（即约定会军时间），会逗遛不赴，驿召至京。帝谓曰："自古军法，后期皆死。"仁愿奏曰："臣前后使四十馀人往李绩处，涂路荒梗，悉皆不达，最后一使始得至大军。臣又打得延津等七城，欲击平壤，李绩兵马遽以旋归。事有因缘，非臣之咎。"帝曰："汝领兵万馀，咸劲卒，亡城下邑未有千人，以此分疏，更为矫诈。"遂令拽出，欲于庙堂斩之，仁愿号诉不辍声，帝以其有镇守东海之勤，特免死，配流姚州。后仁愿死于流放途中。一代忠勇名将，就此葬于奸人之手。

仁愿列后，留下了一桩历史疑案，至今没有答案：

其一，谁命令前线统帅李绩陷害于刘仁愿？

其二，刘仁愿是否真的"逗留"不前？

其三，名将李绩是否参与了对刘仁愿的陷害？

其四，刘仁轨于刘仁愿遭受陷害时为何没有出手相救？

其五，刘仁愿流放姚州后是如何死的？

一段历史遗案，尚结今日史学家详细考证之，以还原两位于中华民族有大功勋的名将的一世英明。

博按：刘仁愿本匈奴胡人之后，于当时之形势之下，国家有事于前线，其以陆军统帅，既不争功诿过，亦不以私情而斩名将，且顶着权臣压力而如实向唐廷汇报战况，实为中华历史难得之忠直国士和良吏名将。窃壮其胆，亦美其正，更赞其能不罪良将，不诿他功，以己之身家承受奸人之害，客死他乡，不亦悲乎！然历史之沉沙澄水，清者自清，浊者自浊，仁愿风范，当为我辈牢记而效之。《要略》更希冀当今的专业历史学者潜心考证于此段历史，既为仁愿正名，亦将当时参与其中的奸臣贼子找出来，以接受历史的审判，从而使今后如仁愿般的忠勇良将，可为国家战死疆场于外，而勿为奸臣贼子陷害于内，此方为历史的要义、本义之所在。

189. 中兴名臣郭子仪：大雅君子，完名高节

郭子仪，今陕西华县人。郭子仪早年以武举高第入仕从军，积军功至九原太守。安史之乱后，郭子仪任朔方节度使，率军勤王，收复河北、河东。757年，郭子仪与广平王李俶收复西京长安、东都洛阳。763年，原郭子仪麾下大将仆固怀恩勾结吐蕃、回纥入侵，长安失陷。郭子仪任关内副元帅，再次收复长安。765年，吐蕃、回纥再度联兵内侵，郭子仪单骑说退回纥，并击溃吐蕃，稳住关中。779年，郭子仪被尊为“尚父”，进位太尉、中书令。781年，郭子仪寿终八十余。子仪不但被后人认为是“再造唐王室”的功勋大臣，而且还被评价为“大雅君子”和“社稷纯臣”。他与同时代之武将不同，忠君始终如一。国家有难时，他挺身而出，只考虑国家之利而不计较个人安危得失；且不贪恋官位，主动避让贤路，处处维护帝王权威，有不言帝王之短美誉。

关于郭子仪，《旧唐书》中有一段关于其单骑平回纥的精彩记载，今择要录之以再现名将风采：

时蕃虏屡寇京畿，倚蒲、陕为内地，常以重兵镇之。永泰元年五月，以子仪都统河南道节度行营，出镇河中。八月，仆固怀恩（本郭子仪手下大将，后因宦官鱼朝恩迫害反唐）诱吐蕃、回纥、党项、羌、浑、奴剌，山贼任敷、郑庭、郝德、刘开元等三十余万南下，先发数万人掠同州，期自华阴趋蓝田，以扼南路，怀恩率重兵继其后。回纥、吐蕃自泾、邠、凤翔数道寇京畿，掠奉天、醴泉。时京师震恐，天子下诏亲征……鱼朝恩括士庶私马，重兵捉城门，市民由窦穴而遁去，人情危迫。

是时，急召子仪自河中至，屯于泾阳，而虏骑已合。子仪一军万余人，而杂虏围之数重。子仪使李国臣、高升拒其东，魏楚玉当其南，陈回光当其西，硃元琮当其北。子仪率甲骑二千出没于左右前后，虏见而问：“此谁也？”报曰：“郭令公也。”回纥曰：“令公存乎？仆固怀恩言天可汗已弃

四海（指唐皇帝去世），令公亦谢世，中国无主，故从其来。今令公存，天可汗存乎？”报之曰：“皇帝万岁无疆。”回纥皆曰：“怀恩欺我。”子仪又使谕之曰：“公等顷年远涉万里，剪除凶逆，恢复二京。是时子仪与公等周旋艰难，何日忘之。今忽弃旧好，助一叛臣，何其愚也！且怀恩背主弃亲，于公等何有？”回纥曰：“谓令公亡矣，不然，何以至此。令公诚存，安得而见之？”子仪将出，诸将谏曰：“戎狄之心，不可信也，请无往。”子仪曰：“虏有数十倍之众，今力固不敌，且至诚感神，况虏辈乎！”诸将曰：“请选铁骑五百卫从。”子仪曰：“适足以为害也。”乃传呼曰：“令公来！”虏初疑，持满注矢以待之（引弓搭箭向令公）。子仪以数十骑徐出，免胄而劳之曰：“安乎？久同忠义，何至于是？”回纥皆舍兵下马齐拜曰：“果吾父也！”子仪召其首领，各饮之酒，与之罗锦，欢言如初。子仪说回纥曰：“吐蕃本吾舅甥之国，无负而至，是无亲也。若倒戈乘之，如拾地芥耳。其羊马满野，长数百里，是谓天赐，不可失也。今能逐戎以利举，与我继好而凯旋，不亦善乎！”会怀恩暴死于鸣沙，群虏无所统摄，遂许诺，乃遣首领石野那等入朝。子仪遣朔方兵马使白元光与回纥会军。吐蕃知其谋，是夜奔退。回纥与元光追之，子仪大军继其后，大破吐蕃十余万于灵武台西原，斩首五万，生擒万人，收其所掠士女四千人，获牛羊驼马，三百里内不绝。子仪自泾阳入朝，加实封二百户，还镇河中。

此段所载，可见令公孤胆赴会之壮烈行色。

兹再记两事可见子仪之英略盖世：时中唐方镇割据，武将跋扈。有田承嗣者方跋扈魏州，傲狠无礼，子仪尝遣使至，承嗣西望拜之，指其膝谓使者曰：“兹膝不屈于人若干岁矣，今为令公拜。”李灵曜据汴州，公私财赋一皆遏绝（即无论公私财物过境，一概没收），独子仪封币经其境，莫敢留之，必持兵卫送。其为豺虎（喻各路军阀）所服如此。麾下老将若李怀光辈数十人，皆王侯重贵，子仪颐指进退，如仆隶焉。幕府之盛，近代无比。其宅在亲仁里，居其里四分之一，中通永巷，家人三千，相出入者不知其居。前后赐良田美器，名园甲馆，声色珍玩，堆积羡溢，不可胜纪。代宗不名，呼为大臣。天下以其身为安危者殆二十年。子仪八子七婿皆为朝廷重官。诸孙数十人，每群孙问安，不尽辨，颔之而已。史家赞其“权倾天下而朝不忌，功盖一代而主不疑，侈穷人欲而君子不之罪。”

史传子仪死时，旧令一品坟高丈八，而诏特加十尺。群臣以次赴宅吊哭。凶丧所需，并令官给。及葬，皇上特御安福门临哭送之，百僚陪位陨泣，赐谥曰忠武，配飨代宗庙庭。

博按：读旧唐之史，感中华历史三千年，能够以权倾天下而朝不忌，功盖一代而主不疑，侈穷人欲而君子不之罪者，唯见郭令公一人。史论郭子仪因其功高遭忌，前后遭罹幸臣程元振、鱼朝恩谮毁百端，然而，手握重兵的郭子仪，无论在什么地方，哪怕是正在临敌，只要有诏命召见，他立即应声而至，故谗谤不能行。是以史家盛赞其能“不幸危而邀君父，不挟憾以报仇雠，晏然效忠，有死无二，诚大雅君子，社稷纯臣。自秦、汉已还，勋力之盛，无与伦比”。而子仪之所以能够成为今古完人同，史家裴垍可谓一语中的：汾阳（郭子仪）事上诚荩，临下宽厚，每降城下邑，所至之处，必得士心。此其成功之道矣！史传另一中唐名将李光弼与郭子仪本来“互不相能，虽同席而不交谈”。后来郭子仪成为李光弼的顶头上司后，光弼怕遭报复，乃跪请曰：“死所甘心，但乞贷妻子。”而郭子仪趋堂下，握其手曰：“今国乱主辱，非公不能定，仪岂怀私心忿哉！”两人遂冰释前嫌，遂同破贼。后来李光弼成为节度使亦是郭子仪的推荐。可见郭子仪的宽阔胸怀与“御下以恕”、“宽以待人”的处世之道。

190. 李光弼：太原之战，尽显名将之风

唐至德二载（757年）春，安史之乱。唐北都留守李光弼（契丹族）率领军民坚守太原，以庇护唐廷长安及洛阳北部安全。

时史思明自博陵，蔡希德自上党，高秀岩自大同，牛廷玠自范阳率兵共十万，会攻太原。是时，李光弼太原所部仅河北兵五千人，加团练之众，亦不满万人。诸将惶惧，主张修城自固，光弼即率军民于城外挖掘壕沟，并制土砖坯数十万。当敌军攻城时，光弼命将士用土坯修筑营垒，何处被损，就

用土坯补之。史思明围攻太原月余不下，便选精锐士卒为游兵，翕尔攻南，翕尔转西，翕尔击北，翕尔向东，试图寻找唐军防守漏洞。然李光弼治军严整，警戒巡逻无丝毫懈怠，使史思明无懈可击。

李光弼又派人挖掘地道，通至城外，叛军在城外叫骂挑战，常被唐军拖入地道，拉至城上斩首，吓得叛军胆战心惊，走路时都低头看地。叛军用云梯和筑土山攻城，唐军便在城下先挖好地道，使其靠近城墙便塌陷。李光弼为阻止叛军强行攻城，还在城上安装大炮（抛石器），发射巨石，一发可击毙叛军20余人，史军士卒死于飞石之下者甚众，被迫后退，但围困愈加严密。李光弼为打破叛军围困，以诈降手段，与叛军约期出城投降，暗地派人挖掘地道直至叛军军营之下，先以撑木支顶。到约定之日，李光弼派部将率数千人出城伪降。叛军不知有诈，正在调动出营时，突然营中地陷，死千余人，顿时一片慌乱。唐军乘机擂鼓呐喊，猛烈冲击，歼灭叛军万余人。后李光弼率军出击，大破蔡希德军，歼其七万余人，缴获大量军资器械，蔡希德率残兵仓皇逃走，太原之围遂解。

后李光弼与史思明再于河阳相持。史思明有良马千匹，常至黄河南岸洗马，以炫耀于唐军。李光弼便从军中挑选母马五百匹，遗马驹于城中，而驱母马于河北，当母马嘶鸣念驹之时，史军之公马尽数奔于光弼军中。此为历史有名之“美马计”。

而后，史思明亲率大军再进攻河阳，李光弼身先士卒，事先在靴内藏刀，对将士们说：“战，危事。吾位三公，不可辱于贼。万有不捷，当自刎以谢天子。”三军感动，部将李抱玉、荔非元礼等率兵奋勇杀敌，大败叛军，杀敌一万余，生擒八千余人。河阳之战李光弼再次表现了杰出的军事才能，因为河阳之战大胜，牵制了史思明之主力，唐朝核心地区潼关和长安的安全才得以确保。

然史载李光弼历来治军严肃，御将以苛，史传其发布命令时，诸将竟不敢仰视，是以其不如郭子仪之广得士心。另外，李光弼亦不如子仪善于周旋朝中奸佞小人，以“逢诏即至”之法以息上疑，是以当光弼渐居大功之时，亦处朝中奸佞程元振、鱼朝恩等竞相构陷，在这样的情况下，当朝廷征召他还朝述命时，他唯有拥兵托辞以不朝，因此而日益失去朝廷支持和诸将拥护，其中大将田神功更是举止轻慢，羞愧成疾的李光弼于764年卒于徐州军中，年仅五十七岁。

博按：李光弼乃中唐出色之统帅、军事家，与郭子仪齐名，世称“李郭”，观光弼母马用计，地道以战（可证为中国战史第一次地道战）及平安史之乱诸战，其战功实可推为中兴第一。因此史家评论，“自艰难以来，唯光弼行军治戎，沉毅有筹略，为将帅第一。”（《册府元龟》卷393《将帅部》）古今为将者，经文纬武，谋勇双全，光弼可以当之；省天时之机，察地理之要，顺人和之情，详安危之势，光弼可以当之；凡古今之得失治乱，阵法之变化周密，兵家之虚实奇正，器械之精粗巧拙，无不洞识，光弼亦可以当之。而于光弼之史可鉴于今者二：其一曰为将者其功成于外而其命制于内，是以为名将者必既谋于前敌，亦能顾于后朝；其二曰为君为国者，必行“疑人不用、用人不疑”之信念，无论朝中奸佞如何嚣嚣，而其必坚信不疑于阵前。是以名将光弼之郁终，可谓后世将帅之殷鉴。

191. 中唐奇士李泌：一代名相的保全之道

李泌，字长源，唐朝中叶人，幼时即以“奇童”得唐玄宗赏识，历事玄宗、肃宗、代宗和德宗四帝，其间五落五起（一说四起四落），位至宰相。李唐江山遭安史之大劫而能不易姓变色，实倚三人之力：外，武倚郭子仪、李光弼东征西讨；内，文仗李泌运筹帷幄。李泌不但在军事上出谋划策，以智力决胜千里之外，克复两京，平定安史，居功卓著；而且于当时天下大乱、权佞横行之时，兴屯田、定人事、开财源，多谋善断，屡见奇效，而且为朝廷选荐、保全了中唐名将郭子仪、韩晃、李晟、马燧等。

而李泌帮助玄宗之子肃宗为平定安史之乱所做的战略谋划，则集中展现了李泌作为政治家和战略家的杰出才能。

史载当时肃宗询问李泌剿贼战略，李泌依据当时形势，首先断定安禄山、史思明等是没有宗旨的乌合之众，目的只在抢劫，“天下大计，非所知也。不出二年，无寇矣。陛下无欲速，夫王者之师，当务万全，图久安，使无后害。”因此，他拟定战略，使李光弼守太原，出井陉。郭子仪取冯翊，入河东，隔断盗魁四将，不敢南移一步。又密令郭子仪开放华阴一角，让盗众能通关中，使他们北守范阳，西救长安，奔命数千里，其精卒劲骑，不逾年而蔽。我常以逸待劳，来避其锋，去翦其疲。以所征各路之兵，会扶风，与太原朔方军互击之，并命建宁王李倓为范阳节度大使，北并塞，与李光弼相掎角以取范阳。贼失巢窟，当死河南诸将手——这一段谋划，可与诸葛亮当年的“隆中对”相媲美。后肃宗按照其计划行事，皆不出所料。这便是李泌的“挫其锐，解其纷”的战略运用。可惜后期肃宗急功近利，急于收复两京，致使河北没有彻底肃清，仍然沦陷于盗贼之手，便自粉饰太平，因此而遗下晚唐与五代之际华夷战乱的后遗症。

史载李泌在玄宗、肃宗相继去世、代宗即位后，受到宰相元载排挤，曾外放出任澧郎峡团练使，后再迁任杭州刺史。他虽贬任地方行政长官，到处仍有很好政绩，苏辙在《亡兄子瞻端明墓志铭》中称：“杭本江海之地，水泉咸苦，居民稀少。唐刺史李泌始引西湖水作六井，民足于水，故井邑日富。”

至德宗继位第三年，李泌正式出任宰相，又封为邺县侯。此时李泌对国家内政的处理，外交的策略，军事的部署，财经的筹划，都做出了不错的绩效。他勤修内政，充裕军政费用。据说李泌与德宗有政见不同之处，竟反复申辩上奏达十五次之多。德宗曾对他说：“朕要和你约法在先，因你历年所受委屈太多，不要一旦当权，就记恨报仇。”李泌则对曰：“臣素奉道，不与人为仇。害臣的李辅国、元载，都自毙了。过去与臣要好的，但凡有才能的，也自然显达了。其余的，也都零落死亡了。臣实在没什么恩怨可报的。但是如陛下方才所说，臣可与陛下有所约言吗？”德宗就说：“有何不可？”李泌便进言，希望德宗不要杀害功臣，认为“李晟、马燧有大功于国，闻有谗言之者。陛下万一害之，则宿卫之士，方镇之臣，无不愤怒反仄，恐中外之变复生也。陛下诚不以二臣功大而忌之，二臣不以位高而自疑，则天下永无事矣”。德宗接受李泌的建议。李晟、马燧在旁听了，感泣而谢。

李泌除白衣为相之外，还以外臣身份竭力修补四代皇帝之间的父子关系，先是修补肃宗自立与玄宗间之权力隔膜，终于使安史之乱时平稳渡过危机；而玄宗死后，又苦苦维护肃宗与代宗父子之间的关系，使代宗平稳继承大统；而当德宗即位后，又为阻德宗废立太子，甚至甘冒杀身灭门之风险。这种以外臣身份多次深度介入皇室内部权力纷争，可谓世所罕见。尤其是李泌为调和德宗和太子（后为顺宗）之间的误会，一时触怒德宗，以至德宗恐吓他说："卿不爱家族乎？"意为要杀李泌全家。李泌立刻就说："臣惟爱家族，故不敢不尽言，若畏陛下盛怒而曲从，陛下明日悔之，必尤臣曰：吾独任汝为相，不谏使至此，必复杀臣子。臣老矣，余年不足惜，若冤杀臣子，使臣以侄为嗣，臣未知得欲其祀乎！"因呜咽流涕。上亦泣曰："事已如此，奈何？"对曰："此大事愿陛下审图之，自古父子相疑，未有不亡国者。"后李泌又以皇室诸多事例告诫德宗勿轻言废立。德宗又问："我的家事，为何你如此极力参与？"李泌说："臣今独任宰相之重，四海之内，一物失所，责归于臣，况坐视太子冤横而不言，臣罪大矣。"甚至以"臣敢以宗族保太子"说服德宗，李泌又反过来劝慰太子，生怕其畏罪自裁，他对太子说："必无此虑，愿太子起敬起孝，苟泌身不存，则事不可知耳！"最后总算解开德宗父子之间的死结。德宗特别开延英殿，独召李泌，对他哭着说："非卿切言，朕今日悔无及矣！太子仁孝，实无他也。自今军国及朕家事，皆当谋于卿矣。"李泌听了，拜贺之外，便说："臣报国毕矣，惊悸亡魂，不可复用，愿乞骸骨。"一年后，李泌与世长辞。

博按：读史李泌，始知中国文化传统之下的所谓高人，在于知时而守拙，明势而守身；在于"和其光，同其尘，湛兮似或存"；既能入为相臣，又能出为茅土；既可谋国定社稷，亦可守身以善终。能当此评者，先秦之范蠡、汉之张子房、唐之李泌三人而已。而所谓"大隐隐于朝"者，唯李泌一人而已。李泌所处时代，正是中唐多事之秋；而处于各种矛盾交织的李唐朝廷权力高层，更是危险万状，曾排挤过李泌的杨国忠、李辅国、元载都曾权倾一时，后都在政治斗争中被杀。唯有李泌以先后数十年出入宫闱，介入皇室内争，谋划军政要事，周旋权贵之间，而又能善终于世，实较之于范、张二公更为不易。而李泌的大智慧，实在于其洞悉专制集权时代无上权力之大毒害，是以能够远离利益纷争，行虚诞以掩人耳目，装神仙以消除主疑，终致物我两忘之境。纵观李泌于乱世中出入权力中枢而又能保全自己的不二法门，似可详括为三：

一是冷静对待权力诱惑。《新唐书·李泌传》记载：“肃宗即位灵武，物色求访，会泌亦自至。已谒见，陈天下所以成败事，帝悦，欲授以官，固辞，愿以客从。入议国事，出陪舆辇，众指曰：‘著黄者圣人，著白者山人。’”李泌坚决要以白衣身份为国效力，力图表白没有政治野心，以避免卷进争权夺利斗争之中。

二是荒诞以自保。进入权力中心之后，李泌则时刻以世外神仙自居，甚至不惜以荒诞的形式宣示于众。《唐国史补》卷上记载：“李相泌以虚诞自任。尝对客曰：‘令家人速洒扫，今夜洪崖先生（得道神仙）来宿。’有人遗美酒一榼，会有客至，乃曰：‘麻姑（道家神仙）送酒来，与君同倾。’倾之未毕，阍者云：‘某侍郎取榼子（盖唐代一种盛酒具）。’泌命倒还之，略无怍色（羞愧之意）”。正因如此，对李泌为相，“时论不以为惬”（《旧唐书·李泌传》），“泌有谋略而好谈神仙诡诞，故为世所轻。”（《资治通鉴》卷二百三十三）“有谋略”与“好谈神仙诡诞”正是李泌“保全自身”的一种“谋略”手段。欧阳修、宋祁等人以为：“德宗晚好神鬼事，乃获用，盖以怪自置而为之助也。”（《新唐书·李泌传》赞语）另外，李泌处处以神仙自居，目的正是让权臣们清楚，自己的兴趣在于仙界，这样与世俗人就会少几分摩擦，自己也就多几分安全。据《邺侯外传》记载：“（李泌曾）曰：‘若臣之所愿，则特与他人异。’肃宗曰：‘何也？’泌曰：‘臣绝粒无家，禄位与茅土皆非所欲。为陛下帷幄运筹，收京师后，但枕天子膝睡一觉，使有司奏客星犯帝座，一动天文足矣。”肃宗听了这番话以后，对他更加放心，并且不久就满足了李泌枕天子膝睡一觉的愿望。《资治通鉴》卷二百一十九还记载，李泌早就与肃宗有约：“俟平京师，则去还山。”收复京师之后，李泌即不顾肃宗挽留，坚决到南岳当道士去了。

三是谦让忍退处世。《新唐书·李泌传》记载：德宗要授予他集贤殿、崇文馆大学士头衔，李泌坚决要求去掉“大”字，只要“学士”头衔。在金钱方面，李泌更是如此。动乱时期，朝廷赏赐百官的物品“皆三损二”，后来稍稍安定，“帝使还旧封。于是李晟、马燧、浑瑊各食实封，悉让送泌，泌不纳”（《新唐书·李泌传》）。李泌能够在名利面前保持着一种谦让态度，这是他处世精明的又一表现。《资治通鉴》卷二百三十二记载：“上谓泌曰：‘卿昔在灵武，已应为此官，卿自退让’”……可见，李泌的“退让”态度给当时的君臣留下了极深的印象。

特录李泌之诗以记之：

天覆吾，地载吾，天地生吾有意无。
不然绝粒升天衢，不然鸣珂游帝都。
焉能不贵复不去，空作昂藏一丈夫。
一丈夫兮一丈夫，千生气志是良图。
请君看取百年事，业就扁舟泛五湖。

192. 忠烈儒臣颜真卿

颜真卿，字清臣，唐初秘书监颜师古之后。少孤，母为殷导。既长，博学工辞章，事亲孝。开元中，举进士，再迁监察御史，使河、陇。时五原有冤狱久不决，天且旱，真卿辨狱而雨（即平反了冤案，天就下雨了），郡人呼“御史雨”。以其耿直，宰相杨国忠恶之，出真卿为平原太守（今山东省德州市陵县，时为安禄山管辖范围）。

时安禄山反状初现，真卿揣度其必反，表面上向安禄山报告说为了防止下雨而加高增厚城墙，并选拔才壮，储存粮秣。且日与宾客泛舟饮酒，以缓解禄山对他的怀疑。禄山果以真卿为书生，不以为备。禄山反，河朔一带尽陷，独平原城守具备，真卿即派司兵参军李平驰往宫中报告战况。玄宗始闻乱，叹曰：“河北二十四郡，无一忠臣邪？”及李平至，帝大喜，谓左右曰：“朕不识真卿何如人，所为乃若此！”

时平原有静塞兵三千，乃增募将士，得万人，真卿各遣将分配队伍。在城西门犒劳三军，真卿慷慨泣下，感励三军。是时，真卿的堂兄杲卿为常山太守，斩贼将李钦凑等。十七郡同日自归，推真卿为盟主，兵二十万，使安禄山占领的燕、赵两地相为隔绝。诏即拜真卿为户部侍郎，佐李光弼讨贼。

时清河太守使郡人李崿来乞师，真卿为出兵六千，乃移檄清河等郡，遣大将李择交将兵五千屯堂邑。叛将袁知泰遣兵二万拒战，贼败，斩首万级，知泰走汲郡。禄山乘虚遣思明、尹子奇急攻河北，诸郡复陷，独平原、博平、清河固守。然人心危，不复振。真卿谋于众曰："贼锐甚，不可抗。若委命辱国，非计也。不如径赴行在，朝廷若诛败军罪，吾死不恨。"至德元载十月，弃郡渡河，间关至凤翔晋见玄宗，诏授宪部尚书，迁御史大夫。

方朝廷草昧不暇给，而真卿绳治如平日（此真卿文人之性，不知变通。时逢战乱，必与时随意，不必固执于形式）。以耿直得罪于宰相李辅国及元载、杨炎、卢杞等人，宦海沉浮。时值李希烈（另一叛乱之将）反陷汝州，卢杞乃建议朝廷遣真卿使于希烈，实欲借反将手而杀真卿。诏可，公卿皆失色。

然真卿不惧而行。既见希烈，宣诏旨，希烈养子千余拔刃争进，诸将皆谩骂恐吓，意将食之。真卿辞色不变。希烈以身捍之，麾其众退，于是返回驿馆。希烈屡劝真卿降而不得，乃拘真卿，守以甲士，在驿馆挖掘大坑，传将坑之。真卿见希烈曰："死生有命，勿多言尔。"真卿度必死，乃作遗表、墓志、祭文。希烈欲称帝，派人来问真卿称帝礼仪，真卿对曰："吾已老矣，虽曾掌管国家礼仪，但唯记诸侯朝觐皇帝之礼尔！"后为希烈缢杀，年七十六，德宗为之废朝五日，赠司徒，谥文忠。

史称真卿立朝正色，刚而有礼，非公言直道，不萌于心。天下不以姓名称，而独曰鲁公。善正、草书，笔力遒婉，后世宝之。

博按：当禄山之反，天下汹汹，颜鲁公独能以乌合拂其锋，功虽不成，其志有足称者之。详观真卿临大节，蹈之无贰色。所谓真国士者，宁以未见信望于人，要返诸己得其正，而后慊于中而行之。其英烈之言，千年之后，犹在耳畔。儒而为戎，忠烈当效颜鲁公。柳宗元曾曰：（真卿）如严霜烈日，可畏而仰哉！金国名臣赵秉文曾言：肃代（唐肃宗）有一颜真卿而不能用，德朝（德宗）有一陆贽而不能用，宣朝（宣宗）有一李德裕而不能用，自是以还，唐衰矣。而今之世人，唯知真卿为书法家，不知真卿为国之重臣。当国家有难之时，其虽以文士而奋身而起，独力以撑大局，临节能不屈而死，今之热爱书法之士子文人，能若是乎？

193. 安史之乱中的张巡与许远：国士无双双国士，忠臣不二二忠臣

张巡、许远，新旧《唐书》皆有传。

张巡：唐邓州南阳人，开元中进士，安史之乱时，以真源令起兵守雍丘（今河南杞县），抵抗安禄山叛军。至德二年（公元757年）移守睢阳（今河南省商丘）与太守许远共同作战，坚守数月，外无援兵，内无粮草，睢阳失守，不屈遭害。

许远：唐杭州盐官（今浙江海宁西南）人，字令威，安禄山叛乱时，被玄宗任为睢阳太守。至德二年，遭安禄山部将尹子奇围攻，与真源令张巡协力守睢阳，数月后兵粮俱尽，城陷，被执送洛阳，在安庆绪兵败时被杀。

时值安史之乱，大唐北方大部沦陷，两个彼时的小人物（相当于今天的厅处级干部）奋袂而起，成就了一段节烈千秋的“双忠”佳话。其忠烈之史大略曰：

奇袭叛军。756年二月，唐叛军将领令狐潮率燕军万五千意图夺回被张巡占领之雍丘城，张巡以文士县令而驰骑决战，身上被创无数，但仍力战退敌。兵士遂推张巡为主将，击退燕军多次冲锋，累计杀伤近万人。三月，令狐潮再率兵四万攻雍丘城。城内仅两千守军，张巡认为：“敌知城中虚实，有轻我心。今出不意，可惊而溃也，乘之，势必折。”遂派一千人负责守城，亲自率一千人，分数个小队，突然从城中杀出。张巡身先士卒，冲杀军阵。敌军虽众，但事出突然，惊惧无措，顿时大乱，遂后撤。次日，燕军再集结攻城，环城安置石炮（投石机）轰击，城楼及城上矮墙全被毁坏。张巡于城上立木栅，抵御燕军进攻。燕军缘城攀登，张巡用蒿草束灌上油脂，焚而投之，燕军不敢登城。张巡时而待燕军松懈之际出城突袭；时而趁夜深人静之际偷袭敌营。张巡身先士卒，带甲而食，裹伤战斗，坚守雍丘达六十多天，共经历大小三百余战。令狐潮只好撤兵而去，张巡乘胜追击，俘虏叛兵两千，几至活捉令狐潮。

草人借箭。雍丘被围日久，城中粮食日缺。张巡侦知叛军运粮于河，遂声东而击西，智盗敌粮。叛军全力进攻，雍丘守军矢尽，张巡令士兵系稻草人服以黑衣，缘城而下。叛军以为张巡派兵偷袭，命向城头放箭。矢射弥夜，则得敌箭数十万支。之后张巡又选五百勇士，于夜缘城而下，叛军以为草人，没有防备，五百勇士突然发难攻击，叛军顿时大乱，仓皇逃窜，自相冲撞践踏，伤亡无数。

诈退击敌。稍后，令狐潮纠合兵马，再围危城。张巡假意弃城，告于叛军，约定叛军后退六十里，官军始逃逸。令狐潮久攻不下，同意退军。张巡见令狐潮军一退，即率军把燕军营房拆除，取木材以为护城工具。其后张巡再大败燕军，杀敌千人，燕军败逃而去。

死守睢阳。俄而鲁、东平陷贼，贼将杨朝宗谋趋宁陵，断绝张巡饷路。巡外失巨依，乃率众保宁陵。至睢阳，与太守许远、城父令姚訚等会合。张巡部将雷万春、南霁云等领兵战宁陵北，斩贼将二十，杀万余人，投尸于汴，水为不流。后叛军集十数万人攻睢阳。面对强敌，张巡、许远激励将士固守，一日接战二十余次，士气不衰。许远以张巡之能，主动推为主帅，张巡率军出城主动袭击叛军，大败叛军。时城中粮尽，张巡杀其爱妾，煮熟犒赏将士。张巡死守睢阳近一年，前后大小战有四百余次，斩敌将数百名，杀贼卒二万余人，重创叛军，保障唐朝东南安全，为平定安史之乱立下奇功。后因食尽无力再战而城陷。

《新唐书》详述睢阳城陷之惨烈状：

> 十月癸丑，贼攻城，士病不能战。巡西向拜曰：“孤城备竭，弗能全。臣生不报陛下，死为鬼以疠贼！”城遂陷，与远俱执。巡众见之，起且哭，巡曰：“安之，勿怖，死乃命也。”众不能仰视。尹子奇（安史叛将）谓巡曰：“闻公督战，大呼辄眦裂血面，嚼齿皆碎，何至是？（听说您督战时，大声呼喊，往往眼眶破裂血流满面，牙也咬碎，何至于这样呢？）”答曰：“吾欲气吞逆贼，顾力屈耳。”子奇怒，以刀抉其口，齿存者三四。巡骂曰：“我为君父死，尔附贼，乃犬彘也，安得久！”子奇服其节，将释之。或曰：“彼守义者，乌肯为我用？且得众心，不可留。”乃以刃胁降，巡不屈。又降霁云，未应。巡呼曰：“南八！男儿死尔，不可为不义屈！”霁云笑曰：“欲将有

为也，公知我者，敢不死！”亦不肯降。乃与姚訚、雷万春等三十六人遇害。巡年四十九。

张巡死后，许远被送往洛阳，至偃师时，亦以不屈死。

史传张巡、许远死后，肃宗诏赠张巡扬州大都督、许远荆州大都督，图像于凌烟阁，并敕建双忠庙于睢阳，岁时致祭。宋代王安石、文天祥均有题诗，庙中并有“国士无双双国士，忠臣不二二忠臣”名联传诵于世。

博按：安史之乱，残虐中国八年之久，糜兵三分之二天下，危害几于五胡乱华时期。戡乱平叛之中，虽郭子仪李光弼主战，若无张巡、许远固守雍丘、宁陵、睢阳（今商丘附近）一线，则唐祚很可能为大燕所取代。中华之历史走向，则将是另一面目。后世之论者，空谈张巡固守睢阳，杀妾飨军，食人三万，不知向江南撤退。殊不知从战略格局论之，时两京沦陷（西安、洛阳），燕军已占据北方主要城市，郭（子仪）李（光弼）之军，但于陕、洛及河北诸地游击，且屡败于敌军。其能支援官军持久作战者，在于富庶之江淮粮饷，尚能经睢阳、河南输于官军。而安禄山及其后来者史思明，皆晓畅军事，深知江淮之重要意义，是以以数十万大军，以令狐潮、尹子奇等大将统领，力图长驱江淮，取其富饶，断其军粮，始能颠覆唐廷根本。然不意大唐之幸，竟有低阶文官张巡、许远等人，奋袂而起，率数千弱卒，激励士众，守雍丘十余月，战六十余日；守宁陵两月，大破贼猛将杨朝宗；守睢阳十月余，推诚待人，临危应变，既攻亦守，出奇无穷，以千百年之最惨烈之死守孤城而蔽遮江淮，终使唐廷得保江南无虞。另而言之，若无张巡于睢阳宁陵一线牵制大量叛军，则郭李之主要战场，其胜负则未可料定。以此言之，战略之胜负，决于战局之关键一隅，独张巡、许远两文士低阶之官以匹夫之责而担当之，其维唐之功，可堪大书而特书。

而张巡在抗击叛军中表现出了杰出的军事才能，其军事思想则更为可观可叹：

一曰高瞻远瞩的战略远见。张巡虽然官职卑微，但于战争发生后，即清醒认识到坚守雍丘的重要意义。而当雍丘已不可守时，又能退守宁陵，变被动为主动，再败叛军。宁陵取胜后，又主动与许远合兵，坚守战略要地睢阳，使叛军始终不能染指江淮。确保了唐王朝江汉漕运畅通，保护了唐朝的财赋和交通运输线，使江淮物资能源源不断地运往关中，同时还为唐军组织反攻赢得了宝贵的时间。平定安史之乱的最后胜利，与张巡的战略决策密不可分。

二是变化万端的战术运用。张巡用兵，主张“云合鸟散，变态百出”，深合《孙子兵法》“兵无常势、水无常形”之意。张巡在前后两年作战中，先后进行过城邑防御战、伏击战、夜袭战、反击战、追击战，组织了火烧叛军、草人取箭、出城取木、诈降借马、鸣鼓扰敌、城壕设伏、削蒿为箭、火烧蹬道等一系列奇兵策略，不仅为将士们所折服，连叛军也对其智谋敬佩不已，最后只好改用长围久困战术，不敢轻易攻城。是以史称其“用兵未尝依古法”，为中外战争史上所罕见。

三是身先士卒的战场鼓动。身为主将，张巡时刻能起到表率作用，或督军守城，或出城作战，他常亲自率军出现在最危险之地，奋勇冲杀，所部将士无不用命，以至连战连捷。两年多的艰苦守城，守军始终保持着高昂的斗志，即使在最后一刻，也宁死不屈，皆得益于张巡善于鼓舞本方士气，以忠义激励将士，使上下团结一心。而且，张巡不但对本方将士做思想工作，对敌人也是如此，战争中，他先后用劝降的方法就使叛军200余人来降，起到了瓦解敌军的作用。

四是各自为战的作战指导。针对叛军兵多将广、攻城时四面出击、主帅无法照顾四方的战场态势，张巡“勒大将教战，各出其意”，做到万无一失。正如张巡所讲：“古者人情敦朴，故军有左右前后，大将居中，三军望之以齐进退。今胡人务驰突，云合鸟散，变态百出，故吾止使兵识将意，将识士情，上下相习，人自为战尔。”

五是攻守异势的积极防御。张巡守城，守中有攻，以攻代守，常以麻痹和欺骗手段出其不意地进行反攻、偷袭，以此达到固守目的。如雍丘之战开始时，张巡认为：“贼兵精锐，有轻我心。今出其不意击之，彼必惊溃。贼势小折，然后城可守也。”结果首战首胜，大大增强了军民守城信心。这种主动出击的情况，张巡在战争中多次使用，而且在出击时，又采取多路出击，使叛军无法判断唐军主攻方向。

六是取给于敌的后勤保障。由于张巡独守孤城，兵器、粮秣补给困难，所以张巡每次出战，既要歼敌，又要因敌于后援。战争中张巡偷袭粮船、草人借箭、出城取木、诈降借马都围绕此目的，亦经常“收器械牛马”、“获车马牛羊甚多”。当南霁云率援兵回睢阳时，居然“驱贼牛数百入”。“自兴兵，器械、甲仗皆取之于敌，未尝自修”，这种取给于敌的策略，是张巡能够长时间坚守的重要原因。

附录：张巡在睢阳城中写的两首诗，从中可见张巡公情怀：

其一题为《守睢阳作》：

接战春来苦，孤城日渐危；合围侔月晕，分守若鱼丽。
屡厌黄尘起，时将白羽挥；裹疮犹出阵，饮血更登陴。
忠信应难敌，坚贞谅不移；无人报天子，心计欲何施?

其二题为《闻笛》：

岧峣试一临，虏骑附城阴。不辨风尘色，安知天地心。
营开边月近，战苦阵云深。旦夕更楼上，遥闻横笛音。

194. 三篇张巡传，千古忠奸辨

安史之乱平定之后，唐廷决定追封死于国事的有功之臣，论及张巡时，却引起争议。主要原因是在安史之乱中，像张巡这样以低阶官员而忠烈善战、主动担当国事的并不多，大多数达官显贵怯懦苟安、迁延畏战，甚至望风而溃，这些人在战后唯恐朝廷嘉恤张巡的忠义行为，从而不利于他们的“脸面”，再加上一些迂腐的道德卫士，不能从大局大节出发看待事物，因此横加干预，反对褒扬张巡。他们所持的理由大若如下：一、张巡力单势薄，在靖乱中作用并不大，其据守孤城，是自不量力的愚蠢行为；二、在守城粮绝时，张巡等竟然杀人充粮，大悖人伦，更不能褒扬于天下。朝廷中掀起的这股混淆视听的舆论潮流，一时蒙蔽了不少不明实情、不知节义之人。

针对这些试图抹杀张巡抗乱功勋的荒谬之论，当时的天下名士李瀚毅然向唐廷呈上了一篇流传千古的名篇《进张巡中丞传表》，全文如下：

臣闻圣主哀死难之士，育死事之孤，或亲推輀车，或追建封邑，厚死有以慰生，抚存有以答亡，然后君臣之义贯，以死生激劝之道著于存亡。君所以不遗于臣，臣所以不背其君，君恩臣节于是乎立伏见。故御史中丞赠扬州大都督张巡（张巡死后谥封）生于昌时，少习儒训，属逆胡构乱，凶虐滔天，挺身下位，忠勇奋发，率乌合之众，当渔阳（今天津蓟县一代，安史之乱的策源地）之锋。贼时窃居洛阳，控引幽朔，驱其猛锐，吞噬河南。巡前守雍邱，溃其心腹，及鲁炅以十万之师弃甲于宛叶，哥舒（翰）以天下之众败绩于潼关（皆号称名将），两宫出居，万国波荡，贼遂僭盗神器，鸱峙两京，南临汉江，西逼岐雍，群师迁延而不进，列郡望风而出奔，而巡独守孤城，不为之却。贼乃绕出巡后，议图江淮，巡退军睢阳，扼其咽颔，前后据守，自春徂冬，大战数十，小战数百，以少击众，以弱制强，出奇无穷，制胜如神，杀其凶丑凡九十余万（可能为笔误或夸大之辞），贼所以不敢越睢阳而取江淮，江淮所以得保全者，巡之力也。孤城粮尽，外救不至，犹奋羸起病，摧锋陷坚，俾三军之士啖肤而食，知死不叛，及城陷见执，终无挠词，顾叱凶徒，精贯白日，虽古之忠烈何以加焉。

伏以光天文武大圣孝皇帝陛下，聪明文思，睿哲神武，提一旅之众，复配天之业，赏功哀节，大赉群臣，遂赠扬州官及其子，此诚陛下发德音之美也。而议者或罪巡以食人，愚巡以守死，臣窃痛之，今特详其本末以辨巡过，以塞众口，唯圣聪鉴焉。

臣闻人禀教以立身，刑原情而定罪，故事有亏教，则人道不列；刑有非罪，则王法不加。忠者臣之教，恕者法之情。今巡握节而死，非亏教也；析骸而爨（指被围日久，粮尽柴绝的困境，剖下尸骸而炊食），非本情也。春秋之义，以功覆过；咎繇之典，容过宥刑。故大易之戒，遏恶扬善，为国之体录用弃瑕。今众议巡罪，是废君臣之教，绌忠义之节，不以功掩过，不以刑恕情，善遏恶扬，录瑕弃用，非所以奖人伦，明劝戒也。且逆胡背德，人鬼所仇，朝廷衣冠沐恩累代大臣将相从逆比肩，而巡朝廷不登，坐宴不与，不阶一伍之众，不假一节之权，感肃义旅，奋身死节，此巡忠义大矣。贼势凭陵，连兵百万，巡以数千之众横而制之，若无巡则无睢阳，无睢阳则无江淮，贼若因江淮之资，兵弥广，财弥积，根结盘踞，西向以拒王师，虽终于歼夷，而旷日持久。国家以六师震其西，巡以坚垒扼其东，故陕鄏一战，而犬羊北走，王师因之而制胜。声势才接而城陷，此天意使巡保江淮以待陛下之师，师至而巡死也，此巡之功大矣。

古者列国诸侯或相侵伐，犹有分灾救患之义，况诸侯同受国恩，奉辞伐罪乎？巡所以固守者，非惟怀独克之志，亦以恃诸军之救。救不至而食尽，食既尽而及人，乖其本图，非其素志，则巡之情可求矣。设使巡守城之初，已有食人之计，损数百之众以全天下，臣犹曰功过相掩，况非其素志乎？在周典之三宥，其一曰宥过失。故语巡之忠则可以敦世教，议巡之功则可以系中兴，原巡之情则可以宥过失。

昔夫子作《春秋》，明哀贬，齐桓公将封禅，略而不书；晋文公召王河阳，书而讳之，盖以匡戴之功大可以掩僭禅之过也。今巡苍黄之罪轻于僭禅，兴复之功过于匡戴，罪疑惟轻，功疑惟重，圣人之训昭然可徵，臣故谓巡者足可以为训矣。臣又闻罚不及嗣，赏延于世，此三代所以直道而行。今巡子亚夫虽受一官，不免饥寒之患，江淮既巡所保，户口充完，臣谓宜封以百户，俾食其子。臣又闻强死为厉，游魂为变，有所归往则不为灾，巡既身首支离，将士等骸骼不掩，臣谓宜于睢阳城北择一高原招魂，葬送巡并将士，大作一墓而葬，使九泉之魂犹思效命，三军之众有以轻生，既感幽明，且无冤厉，亦国家志过旌善，垂戒百世之义也。

臣少与巡游，巡之生平臣所悉知，今巡死大难，不睹休明，惟期令名，是其荣禄，若不时纪录，日月寝悠，或掩而不传，或传而不实，而巡生死不遇，诚可悲焉。臣敢采所闻，得其亲睹，撰传一卷，昧死献上，伏惟陛下大明在上，广运临下，仁遐之德洽于艰难，有善必纪，无微不录，倘以臣所撰编列史官，虽退死邱壑，骨而不朽。臣瀚诚惶诚恐，顿首顿首，死罪死罪！

全文汪洋恣肆，说理透彻，论证充分，文辞优美，被时人广为传颂。若干年后，一代文宗韩愈，以李瀚的文章为引子，再次撰文为张巡和许远申辩功烈，而且，这篇名为《张中丞传后叙》的散文亦成千古至文，成为唐宋八大家的典范之作：

元和二年四月十三日夜，愈与吴郡张籍阅家中旧书，得李瀚所为《张巡传》。瀚以文章自名，为此传颇详密，然尚恨有阙者：不为许远立传，又不载雷万春事首尾。远虽材若不及巡者，开门纳巡，位本在巡上，授之柄而处其下，无所疑忌，竟与巡俱守死，成功名。城陷而虏，与巡死先后异耳。两家子弟才智下，不能通知二父志，以为巡死而远就虏，疑畏死而辞服于贼。远诚畏死，何苦守尺寸之地，食其所爱之肉，以与贼抗而不降乎？当其围守时，外无蚍蜉蚁子之援，所欲忠者，国与主耳。而贼语以国亡主灭，远见救援不至，而贼来益众，必以其言为信。外无待而犹死守，人相食且尽，虽愚人亦能数日而知死处矣，远之不畏死亦明矣。乌有城坏，其徒俱死，独蒙愧耻求活？虽至愚者不忍为，呜呼，而谓远之贤而为之耶？

说者又谓：远与巡分城而守，城之陷自远所分始。以此诟远，此又与儿童之见无异。人之将死，其脏腑必有先受其病者；引绳而绝之，其绝必有处。观者见其然，从而尤之，其亦不达于理矣。小人之好议论，不乐成人之美如是哉！如巡、远之所成就，如此卓卓，犹不得免，其他则又何说？

当二公之初守也，宁能知人之卒不救，弃城而逆遁？苟此不能守，虽避之他处何益？及其无救而且穷也，将其创残饿羸之余，虽欲去，必不远。二公之贤，其讲之精矣。守一城，捍天下，以千百就尽之卒，战百万日滋之师，蔽遮江淮，沮遏其势，天下之不亡，其谁之功也？当是时，弃城而图存者，不可一二数，擅强兵坐而观者，相环也，不追议此，而责二公以死守，亦见其自比于逆乱，设淫辞而助之功也。愈尝从事于汴徐二府，屡道于两府间，亲祭于其所谓双庙者，其老人往往说巡、远时事云。

南霁云之乞救于贺兰也，贺兰嫉巡、远之声威功绩出己上，不肯出师救，爱霁云之勇且壮，不听其语，强留之，具食与乐，延霁云坐。霁云慷慨语曰："云来时，睢阳之人不食月余日矣，云虽欲独食，义不忍，虽食，且不下咽。"因拔所佩刀，断一指，血淋漓以示贺兰，一座大惊，皆感激为云泣下。云知贺兰终无为云出师意，即驰去，将出城，抽矢射佛寺浮图，矢著其上砖半箭，曰："吾归破贼，必灭贺兰，此矢所以志也。"愈贞元中过泗州，船上人犹指以相语。城陷，贼以刃胁降巡，巡不屈，即牵去，将斩之。又降霁云，云未应，巡呼云曰："南八，男儿死耳，不可为不义屈。"云笑曰："欲将以有为也，公有言，云敢不死？"即不屈。

张籍曰：有于嵩者，少依于巡，及巡起事，嵩常在围中。籍大历中于和州乌江县见嵩，嵩时年六十余矣。以巡初尝得临涣县尉，好学无所不读。籍时尚小，粗问巡、远事，不能细也。云巡长七尺余，须髯若神，尝见嵩读《汉书》，谓嵩曰："何为久读此？"嵩曰："未熟也"。巡曰"吾于书，读不过三遍，终身不忘也。"因诵嵩所读书，尽卷不错一字。嵩惊，以为巡偶熟此卷，因乱抽他帙以试，无不尽然。嵩又取架上诸书，试以问巡，巡应口诵无疑。嵩从巡久，也不见巡常读书也。为文章，操纸笔立书，未尝起草。初守睢阳时，士卒仅万人，城中居人户，亦且数万，巡因一见问姓名，其后无不识者。巡怒，须髯辄张。及城陷，贼缚巡等数十人坐，且将戮。巡起旋，其众见巡起，或起或泣，巡曰："汝勿怖，死。命也。"众泣不能仰视。巡就戮时颜色不乱，阳阳如平常。远宽厚长者，貌如其心，与巡同年生，月日后于巡，呼巡为兄，死时年四十九。嵩贞元初死于亳、宋间，或传嵩有田在亳、宋间，武人夺而有之，嵩将诣州讼理，为所杀。嵩无子。张籍云。

历史再进至宋代，一代名臣司马光又在其著名的《资治通鉴》里多次为张巡著功。其评价亦成为其史论中的上品之作：

天授之谓才，人从而成之之谓义，发而著之事业之谓功。精敏辩博，拳捷趫勇，非才也；驱市井数千之众，摧胡虏百万之师，战则不可胜，守则不可拔，斯可谓之才矣。死党友，存孤儿，非义也；明君臣之大分，识天下之大义，守死而不变，斯可谓之义矣。攻城拔邑之众，斩首捕虏之多，非功也；控扼天下之咽喉，蔽全天下之大半，使其国家定于已倾，存于既亡，斯可谓之功矣。呜呼！以巡之才如是，义如是，功如是，而犹不免于流俗之毁，况其暧暧者邪？

此论虽短，却直抵要害，鞭辟入里，可谓赫赫然天下至公之论。

博按：读史于中唐，常常徘徊于张巡、许远、颜鲁公之英烈事迹而久久不能释怀，亦时时感叹于中华民族血脉里万世永继的血性忠诚、忠义担当。当然，在那个时代，爱国和忠君本为一体，“家国情怀”是那个时代真正的儒家士子的最高人生理想。是以儒家文化在唐宋以前，尚保留着儒家文化里“杀身以成仁”、“舍身取义”的光辉思想，是以当国家有难、民族危亡之时，英烈辈出，国士屡见。然自宋以降，儒家文化的精髓经历代中央专制集权高举的屠刀杀伐和其豢养的“伪道学”们别有用心的自我阉割，儒家文化已经渐次成为“愚忠”或“伪忠”的代名词。而在这样的“非主流儒家思想”的禁锢熏陶之下，自宋以后，即鲜有如张巡、许远、南霁云、颜鲁公、文天祥那样的忠烈国士，倒是如洪承畴（投清）这样的“带路党”层出不穷。唯有到了清末民初时期，在新文化运动的旗帜下，在驱除鞑虏的同仇敌忾之下，在列强环伺民族危亡的关键时刻，中华民族的有志之士，重新审视作为“中体”之本的儒家文化精髓，从而刻意去其糟粕，粹其精华，在这样的文化背景下，当以日本为首的异族再次图谋觊觎统治中华的时候，以邓世昌、张自忠、赵登禹、左权为代表的中华民族忠烈英雄再次出现在民族对外抗争的壮烈战场，由此可见，在中华文明的基因序列中，无论是儒家文化，还是道家法家，之所以能够生生不息延绵至今，唯因其中着实根植着中华民族特有的杀身以成仁的高洁人格理想。行文至此，不由想起南宋名臣文天祥在抗击元兵退守潮阳时曾到供奉有张巡和许远的“双忠祠”中拜谒，“以剑锋划石壁”而留下的一阙《沁园春·题潮阳张许二公祠》：且录之以飨诸君：

为子死孝，为臣死忠，死又何妨。自光岳气分，士无全节；君臣义缺，谁负刚肠。骂贼睢阳，爱君许远，留取声名万古香。后来者，无二公之操，百炼之钢。

人生翕欻云亡。好烈烈轰轰做一场。使当时卖国，甘心降虏，受人唾骂，安得留芳。古庙幽沉，仪容俨雅，枯木寒鸦几夕阳。邮亭下，有奸雄过此，仔细思量。

而且，在其更加广为流传的《正气歌》里，还有一句让我们更为感泣的两句：

为张睢阳齿（指张巡），为颜常山舌！（颜真卿以舌辩叛臣李希烈而死）

195. 多难兴邦话陆贽：上不负天子，下不负所学

陆贽，字敬舆。吴郡嘉兴（今浙江嘉兴）人，唐代著名政治家、文学家、政论家。773年中进士。唐德宗即位后由监察御史召为翰林学士。783年（建中四年），朱泚叛乱，陆贽随德宗奔奉天，起草诏书，情词恳切，虽武夫悍卒，读之无不挥涕感动。其为相时，指陈弊政，废除苛税。执政期间，公忠体国，励精图治，富远见卓识。在唐王朝面临崩溃的形势下，直陈时弊，筹划大计，为朝廷谋划善策。对德宗忠言极谏，建议皇帝了解下情，广开言路，纳言改过，轻徭薄赋，任贤黜恶，储粮备边，消弭战争。由于他善于预见，措施得宜，力挽危局，唐王朝摇摇欲坠之局面始得以转危为安。关于陆贽的治国思想，可从以下苦干方面见之：

一曰治乱由人，不在天命。唐经安史之乱，藩镇割据，山河破碎，到德宗时已然“四海骚然，靡有宁处”。泾原兵变后，长安失守，国难益重。但唐德宗在分析原因时却说：“此亦天命，非由人事。”针对德宗的这种“国家兴衰皆由天命”的托辞，陆贽指出“天视自我人视，天听自我人听，则天所视听皆因于人，非人事外自有天命也”，得出了“天命在人”的结论。并说：“人事治而天降乱，未之有也；人事乱而天降康，亦未之有也。”说明了治乱由人，不在天命。陆贽同时还辩证地分析了“治”“乱”之间的关系。认为“理（治）或生乱，乱或资理，有以无难而失守，有以多难而兴邦”，他劝诫唐德宗“其资理兴邦之业，在陛下克励而谨修之”。不要忧虑“乱”，不要害怕“厄运”，只要“勤励不息，足致升平，岂止荡涤妖氛，旋复宫阙”。陆贽的这种反天命、重人事的进步历史观，构成了他治国思想的哲学基础和理论基础。

二曰理乱之本，系于人心。安史乱后，时“海内波摇，兆庶云扰”，“人心惊疑，如居风涛，汹汹靡定”，陆贽在“民为邦本，本固邦宁”的传统儒家思想基础上，提出“立国之本，在乎得众”、“得众则得国，失众则失国”、“夫欲治天下而不务得人心，则天下固不治”。陆贽认为：“臣谓

当今急务，在于审查群情，若群情之所甚欲者，陛下先行之。所甚恶者，陛下先去之。欲恶与天下同而天下不归者，自古及今未之有也。夫理乱之本，系于人心。况乎当变故动摇之时，在危难向背之际，人之所归则植，人之所去则倾，陛下安可不审查群情，同其欲恶，使亿兆同趣，以靖邦家乎？”又说：“舟即君道，水即人情，舟顺水之道乃浮，违则没，君得人情乃固，失则危。”作为贤明君主必须要使“其欲从天下之心，而不敢以天下之人从其欲”、“扫求利之法，务息人之术”。贞元八年（792年）河南、河北、江、淮、荆、襄、陈、许等四十余州发生水灾，陆贽劝德宗给予抚恤，并说：“所费者财用，所收者人心，苟不失人，何忧乏用。”他还要求政府“均节赋税”以轻民负。

三曰立国之权，居重驭轻。安史之乱后，藩镇割据的局面愈演愈烈，“假王者四，僭帝号者二，其他顾瞻怀贰，不可悉数”。泾原兵变后，京畿地区也为割据势力所控制。节度使可以“自置文武将吏，私贡赋”，可以大量召募军队，拥有很大权力，官爵、甲兵、租赋、刑杀，皆自决定，“天子不能制”。陆贽吸取了西汉贾谊在《治安策》中所阐述的加强皇权集权的思想，指出：“立国之安危在势。”认为“立国之权，在审轻重，本大而末小所以能固，故治天下者若身使臂，臂使指，小大适称而不悖”。这就必须要采用强干弱枝之术。加强皇权实力，削弱地方势力，这样才有利于国家的统一和安定，有利于封建政权的巩固。他告诫唐德宗要“追鉴往事”，并申明：“王者蓄威以昭德，偏废则危；居重以驭轻，倒持则悖。”因而提出了“修偏废之柄以靖人，复倒持之权以固国”的方针。要求采取一些具体措施，加强关中实力以巩固皇权，逐渐削弱藩镇势力，以便最后剪除“凶逆”。

四曰求才贵广，考课贵精。陆贽认为人才是关系国家存亡的大问题。而当时昏庸的唐德宗既不能求贤任能，又缺乏知人之明，“累叹乏才，惘然怃见于色”。针对唐德宗的用人弊病，指出：“朝之乏人，其患有七”：第一，人才之进用与否不由人才是否合适为准，而由推荐人才的宰相是否受到皇帝的宠信（所谓圈子文化的滥觞）；第二，听信谗言而不加以任用；第三，求全责备，标准太高；第四，对于有“过错”的人，因痛恨太甚而不复用；第五，考察不当，只看表面，不看本质；第六，根据一个人一言一事来决定用与否，不是全面地看一个人；第七，援引旧例使用朝官阙员，而有才干的人不得升迁。为此他提出了“求才贵广，考课贵精”的重要原则。所谓“求才贵广”就是要求广泛地选拔人才，使人“各举所知”，不仅宰相可以推选官吏，而且台省长官也可以荐举贤能。认为“唯广求才之路，使贤者各以汇征，启至公之门，令职司皆得自达”，才能通过更多渠道得到更多人才。要像武则天那样：“弘委任之意，开汲引大门，进用不疑，求访无倦，非但人得荐士，亦许自举其才。”他反对对人才吹毛求疵，求全责备：“凡今将吏，岂得尽无疵瑕”，认为“人之才行，自古罕全，苟有所长，必有所短。若录长补短，则天下无不用之人。责短舍长，则天下无不弃之士”。他反对“以一言忤犯，一事过差，遂从弃捐”，认为这是造成“乏才”的原因之一。所谓“考课贵精”就是“按名责实”，依据一定的标准进行考核。陆贽提出了具体的“八计听吏治”，一计视户口丰耗以稽抚字（对百姓的安抚体恤）；二计视垦田盈缩以稽本末；三计视赋役薄厚以稽廉冒；四计视按籍烦简以稽听断；五计视囚系盈虚以稽决滞；六计视奸盗有无以稽禁御；七计视选举众寡以稽风化；八计视学校兴废以稽教导。他认为“才如负焉，唯在所授，授逾其力则踣，授当其力则行”。必须使其才干和所授之官相一致，如果委非所任，处非所宜，就会使器大者不能人尽其才，才小者不能承担重任。为使奖惩分明、升降得当，在考课基础上陆贽还进一步提出了核才取吏“三术”：“一曰拔擢以旌其异能，二曰黜罢以纠其失职，三曰序进以谨其守常。”这样才能使有政治才能的人得到重用，使庸碌无能、尸位素餐的人受到贬斥，从而使吏治清明，提高官僚机构的工作效率。

五曰广开言路，改过求治。陆贽上书唐德宗，力陈要“广咨访之路，开谏诤之门，通壅郁之情，宏采拔之道”；要召见群臣“备询祸乱之由，各使极言得失，不能当耳目闭塞的孤家寡人”；并进一步指出“以一人之所览，而欲穷宇宙之变态”是不可能的，只有虚受广纳，勤与接下，“总天下之智以为聪明，顺天下之心以施教令”；陆贽认为要使谏路畅通，必须克服堵塞谏路的“九弊”，其中包括君主“六弊”：好胜人，耻闻过，骋辩给，眩聪明，厉威严，恣强愎。臣下“三弊”：谄谀，顾望，畏懦。指出，上好胜就嫉恨直谏，这样下边谄谀的人就顺情说好话，而真实情况就难以上达；骋辩给就必然不让人把话说完就给顶回去；炫聪明就必然自以为是地加以猜测而怀疑别人欺诈，这样顾望的人便不敢多说话，而一些有深刻道理的见解就不能尽言；厉威严就一定不能和颜悦色地待人接物，恣强愎就一定不能承认自己的过错而接受劝告，这样下边畏懦的人避免进言得罪。所以为君者必须“以求过为急，以能改过为善，以得闻其过为明”。

史传陆贽为相期间，户部侍郎、判度支裴延龄以谄佞德宗受信用，“天下嫉之如仇”。陆贽仗义执言，多次上书参奏裴延龄的罪行。然而德宗却信用奸臣，不听忠言，于贞元十年罢陆贽知政事，为太子宾客。贞元十一年春复贬忠州别驾，陆贽谪居僻地，仍心念黎民，因当地气候恶劣，疾疫流行，遂编录《陆氏集验方》50卷，供人们治病使用。唐顺宗即位后，下诏召还陆贽，诏未至而贽已逝矣。

博按：陆贽的治国理政思想在中国封建社会产生了深远的影响。《新唐书》的论赞中说他的思想“可为后世法”。司马光非常推崇陆贽，在《资治通鉴》中引用陆贽的议论达三十九篇之多，长者近千言，基本上把《陆宣公文集》的主要内容都概括了。像这样连篇累牍地记录一个人的政治主张，在《资治通鉴》中是罕见的，可见陆贽言论“资治”作用之大。苏轼则说陆贽“才本王佐，学为帝师”，“论深切于事情”，“智如子房而文则过，辩如贾谊而术不疏，上以格君心之非，下以通天下之志……使德宗尽用其言，则贞观可得而复”。并把陆贽的奏议文集进呈给宋哲宗说：“若陛下能自得师莫若近取诸贽”，“圣言幽远如山海之崇深，难以一二而推择，而贽之论，开卷了然，聚古今之精英，治乱之龟鉴。”南宋也有人把陆宣公的奏议进呈给皇帝，说：“斯皆治道之急务”，“无片言不合于理，靡一事或失于机，策之熟，见之明，若烛照”，希望皇帝把它“置坐之隅”，以引为鉴戒。直到明清，一些政治家对陆贽仍颂声不绝。明末清初的著名学者王夫之认为“唐室为之再安，皆敬舆悟主（陆贽别号）之功也”。尤其陆贽关于乏才七患、计听吏治、核才取吏“三术”以及堵塞谏路“九弊”之论述，既是当时之细微观察，亦可为后世之明鉴。陆贽以“上不负天子，下不负所学”，以天下为己任，敢于矫正人君之失，揭露奸佞误国，其治国理政、以民为本的宝贵思想，无论置之于古今中外，只要统治阶层能够认真践行之，都会产生十分优异的效果。可惜的是，在中央集权体制之下，历代统治者或循于一家之私，或片面理解之，或怠于践行之，最终无一例外地被淹没于历史的洪流中，成为中华历史的莫大遗憾。

196. 唐德宗“罪己诏”：因是名臣陆贽手笔，所以一诏出而天下安

唐德宗李适，唐朝第九位皇帝（除武则天外）。唐肃宗长孙、唐代宗长子。公元780年（建中元年）即位后，决心改变中唐藩镇割据、尾大不掉的混乱局面，重建中央权威。建中二年，恒州节度使李宝臣和青州节度使李正已去世。唐德宗拒绝了两节度使儿子继承职位的“非正常”要求，结果导致河朔四镇（幽州、恒州、魏州、青州）联合起兵，宣布脱离中央。接着汝南节度使李希烈也趁机宣布独立，甚至自行称帝（见颜真卿一篇）。唐德宗即诏调全国兵马，先行讨伐妄自称帝的李希烈。

从当时唐廷的国家形势上讲，唐德宗重塑中央权威的做法无疑是正确的。但是，德宗本人虽有雄心而无大略，诏军勤王，却又不肯出钱犒赏士兵（此皇帝传承长久后的必然结果，因为普天之下，莫非王土，率土之滨，莫非王臣，你们既是我的臣民，为我讨伐叛军是理所应当的）。结果引发了建中四年十月的“泾原兵变”（从泾原地区调集的平叛部队途经长安，见皇帝不肯出钱犒赏，遂绝望生怨，怨恨生怒，怒而发生兵变）。兵变后，德宗才下令急运二十车金银财宝犒劳军队。可惜，迟到的恩典无法制止已然发动的兵变，泾原乱兵占领长安。唐德宗仓皇出逃。国家再次陷入内乱之中。本想打击藩镇势力，重建中央权威，由于处置失当，结果求荣取辱，给天下带来了更大灾难。

在痛苦的现实面前，唐德宗接受了时任翰林学士陆贽的建议，颁布了《罪己大赦诏》。这篇由陆贽起草的《罪己诏》，在兴元元年（784年）正月初一发布，“赦书日行五百里，布告遐迩，咸使闻知”。诏书历数了李适自己的罪过，称：

“小子惧德不嗣，罔敢怠荒，然以长于深宫之中，暗于经国之务，积

习易溺，居安忘危，不知稼穑之艰难，不恤征戍之劳苦，泽靡下究，情未上通，事既拥隔，人怀疑阻”，“天谴于上而朕不寤，人怨于下而朕不知，驯致乱阶，变兴都邑，万品失序，九庙震惊，上累于祖宗，下负于蒸庶，痛心靦貌，罪实在予！”

而后，再说平叛的主要战略目标：

“朱泚（原幽州将领，泾原兵变，被哗变士兵拥立为帝，不久，李晟收复长安，朱泚在逃到彭原西城屯时，被部将杀死）反易天常，盗窃名器，暴犯陵寝，所不忍言，获罪祖宗，朕不敢赦。其胁从将吏百姓等，但官军未到京城以前，去逆效顺并散归本道、本军者，并从赦例”，“诸军、诸道应赴奉天及进收京城将士，并赐名‘奉天定难功臣’。其所加垫陌钱、税间架、竹、木、茶、漆、榷铁之类，悉宜停罢。”

这篇《罪己诏》除了历数李适自己的罪过之外，还重点关注了各方的利益诉求。其中间架税、垫陌钱，以及各种苛捐杂税的罢废，是百姓得以重新拥护李唐的关键所在（可见真正能够收拾人心的东西必须是对于实实在在利益的关注）；而除了朱泚之外，诏书又宣布对叛乱诸藩及其所有胁从者一概赦免，“待之如初”，显示了天子的通情达理，宽厚仁慈；也在一定程度上消解了叛逆利益共同体的“共同利益”，瓦解了反叛联盟，从而建立了“最广泛的统一战线”。这篇《罪己诏》，其辞痛切沉郁、其情挚诚感人。诏书颁布后，“四方人心大悦”，“士卒皆感泣”。不少叛乱军队归顺了朝廷，内乱局面得以控制，国家得到了暂时的安定。文字的力量在于言之有物，行之有实，唐德宗这篇由一代名相、政治家陆贽所代笔起草的《罪己诏》，一定程度上起到了救危定难的巨大作用。

博按：尽管唐德宗不是一个明君。史家常言“德宗之朝有一陆贽而不能用”说的即是这位德宗。特别是在他的执政后期，委任宦官为禁军统帅，重新在全国范围内增收间架税、茶叶税等苛捐杂税，导致民怨日深，致使李唐王朝不但没能在唐德宗时期实现“中兴”，反而更加走向衰败。但是，唐德宗《罪己诏》的作用，却不能因为唐德宗的无能而被抹杀。它恰恰说明：在国家出现危难之际，如果当权者能以公开的方式，认真检讨自己的罪过及其带来的危害，或许能换来广大士卒黎庶的谅解和同情，也就有可能挽狂澜于既倒，扶大厦于将倾，变覆舟之涛为载舟之水。历史证明：明君以《罪己诏》为转折点，可以争取更大的发展空间；昏君不屑于以《罪己诏》为遮羞布，等待他的当然是灭亡；而庸君则可以用《罪己诏》作为挡箭牌，换来国家短暂的安宁。尽管《罪己诏》最后带来的结果并不可预测，但是，有总比没有好。德宗若非以陆贽所写的《罪己诏》而颁行天下，则恐唐祚即时而亡亦未不可。而此篇由名相陆贽所写的罪己诏与骆宾王所写的《讨武曌檄》和温子升为北魏孝武帝所写的《与高欢书》相比较，《罪己诏》之所以发挥重大作用者，实因为文学家或普通文士与政治家、名相之作实有天壤之别：前者文字华美而空洞无物，后者因关注利益而直抵人心，而高下则立见于其中。

197. 李德裕：乱世良相，一代高士

李德裕，字文饶。少敏于学，既冠，卓荦有大节，以荫补校书郎，召拜监察御史。时亳州浮屠诡言水可愈疾，号曰“圣水”，转相流闻。德裕严勒津逻捕绝之。逾年，徙剑南西川。德裕下令禁止佞佛，蜀风因之大变。为相后，帝（唐武宗）尝疑杨嗣复、李珏顾望不忠，遣使杀之。德裕知帝性刚而果于断，即率三宰相见延英（殿），呜咽流涕曰：“昔太宗德宗诛大臣，未尝不悔。臣欲陛下全活之，无异时恨。使二人罪恶暴著，天下共疾之。”帝不许，德裕伏不起。帝曰：“为公等赦之。”德裕降拜升坐。帝曰：“如令谏官论争，虽千疏，我不赦。”德裕重拜。因追还使者，嗣复等乃免。寻册拜司空。又尝谓：“省事不如省官，省官不如省吏，能简冗官，诚治本也。”乃请罢郡县吏凡二千余员，衣冠去者皆怨。时天下已平，数上疏乞骸骨，皆不许。当国凡六年，方用兵时，决策制胜，它相无与，故威名独重于时。其于宰相任内，反击回鹘，以石雄奇袭乌介可汗，并将太和公主夺回；平定泽璐之乱；加强相权，提出政归中书，保证宰相确有辅弼之权；抑制宦官，裁汰冗官，设置备边库（后改名为延资库）。德裕性孤峭，明辩有风采，善为文章。虽至大位，犹不去书。其谋议援古为质，常以经纶天下自为，武宗知而

能任之，言从计行，是时王室几中兴。

李德裕执政期间，长期与以李宗闵及牛僧儒为首的朋党斗争，后人称为“牛李党争”，延续40年，纵观史实，德裕执政功勋卓著，威震天下；牛党执政，无所作为，国势日弱，武宗即位，信用文饶，一扫朋党，内平河北藩镇，强藩觫手；外破回纥，威震吐蕃、南诏；唐室几竟中兴。宣宗即位，嫉文饶威名，初贬荆南，次贬潮州；公元848年（大中二年）再贬崖州（治所在今海南省琼山区大林乡附近）司户，次年正月抵达。公元849年卒于贬所，终年63岁。史传李德裕在任时，爱才如渴，常提拔出身贫寒的读书人，深受爱戴。而当他贬官崖州时，有人作诗怀念：“八百孤寒齐下泪，一时南望李崖州。”与他同时代的李商隐则称他为“成万古之良相，为一代之高士”。近代梁启超把他与管仲、商鞅、诸葛亮、王安石、张居正并列，称他是中国古代六大政治家之一。

博按：晚唐乱世，帝昏臣佞，独德裕以一身正气，独撑晚唐帝国大厦。然德裕终因宣宗之好恶而客死贬地。晚唐之落日余晖，终于因其昏黯之君再次舍弃一位千古名相而渐没历史之地平线下。史传武宗当朝，道士赵归真（亦今天所谓“大师”）很受宠信。李德裕进谏道：“陛下不应该亲近这种人！”武宗不以为然道：“朕只不过是在无事之时和他谈论道教，以便消除烦恼而已。至于朝政大事，我肯定是要和你们这些宰臣商议的。”李德裕再谏道：“小人趋利，正如飞蛾扑火。听说近十多天来，赵归真的府门前，车马拥挤，不少人看他得陛下的宠爱，争相去和他交结。希望陛下深加戒备。”以此思及今世某落马“大老虎”身边的曹性“大师”，以及显赫一时的“王大师”，当他们受到当权者宠幸之时，身边岂不也是车马蜂拥乎?

198. 唐祚将亡，九破八苦五去

晚唐懿宗时期，翰林学士刘允章上《直谏书》，用“国有九破”描绘当时政局：“终年聚兵，一破也；蛮夷炽兴，二破也；权豪奢僭，三破也；大将不朝，四破也；广造佛寺，五破也；赂贿公行，六破也；长吏残暴，七破也；赋役不等，八破也；食禄人多，输税人少，九破也。”对天下苍生的生存状态，他总结了“八苦”、“五去”。八苦是：官吏苛刻，一苦也；私债征夺，二苦也；赋税繁多，三苦也；所由乞敛，四苦也；替逃人差科，五苦也；冤不得理，屈不得伸，六苦也；冻无衣，饥无食，七苦也；病不得医，死不得葬，八苦也。五去是：势力侵夺，一去也；奸吏隐欺，二去也；破丁作兵，三去也；降人为客，四去也；避役出家，五去也。刘允章还说：“人有五去而无一归，有八苦而无一乐，国有九破而无一成，加之官吏贪污枉法，使天下百姓哀号于道路，逃窜于山泽。夫妻不相活，父子不相救，终使吏乱于上，民乱于下，是以黄巢仙芝续起，大唐帝国终于亡于军阀混战和宫廷内斗之中。

博按：中国自夏商周以来，历朝之亡，各有其道。然一言以蔽之，为政无道，先失民心而后失其国。以大唐开国之明君如李渊李世民者，亦不能做良好之政治制度设计，以约束其不肖子孙和奸佞之臣为害于天下百姓。以此观之，单靠儒家礼教的道德教化，或单靠一二明君、三五忠臣之权衡折冲和竭力维护，始终难以保证国家之长治久安。中华民族兴亡更替之历史周期，自唐以后再经宋元明清数朝之反复验证，一再证明没有有效监督之集权制度的根本性弊端，失去制约的权力非但能够造成无以复加的腐败，更将导致民心的彻底丧失。伟大的唐朝在其暮年时期所出现的“九破八苦五去”，昭示着帝国的末日余辉，已然洒落在历史的地平线上了。

199. 李愬雪夜袭蔡州

唐自安史之乱后，节度使日渐坐大，割据一方，终成国家心腹之患。终代、德、顺诸朝，皆听任节度使各自为政而无能为。独宪宗继位，倚仗名将李愬之忠勇，终于使晚唐对天下之统治复归于实质之一统。其中可堪反复咀嚼之军事案例，莫过于李愬之平淮西割据军阀吴元济一战。

时有唐名将李愬谋袭蔡州（即淮西首府，为军伐吴元济之老巢）。每得降卒，必亲引问委曲，由是贼中险易远近虚实尽知之（注重情报之掌握）。将佐李佑言于李愬曰："蔡之精兵皆在洄曲及四境拒守，守州城者皆羸老之卒，可以乘虚直抵其城。"愬然之。命李佑、李忠义帅突将三千为前驱，自将三千人为中军，命李进诚将三千人殿其后。行六十里，夜至张柴村，尽杀其戍卒，据其栅。命士少休。食干糒（bèi，即干粮），整羁靮（dí，即整理武器装备），留五百人镇之，以断洄曲及诸道桥梁。复夜引兵出门，诸将请所之，愬曰："入蔡州取吴元济。"诸将皆失色（可见保密工作之出色）。

时大风雪，旌旗裂，人马冻死者相望。天阴黑，自张柴村以东道路皆官军所未尝行，人人自以为必死，然畏愬，莫敢违。夜半雪愈甚，行七十里，至州城。近城有鹅鸭池，愬令击之以掩护大军行进。四鼓，愬至城下，无一人知者。李佑、李忠义钁（jǘe）其城为坎以先登，壮士从之。守城卒方熟寐，尽杀之，而留击柝（tūo）者，使击柝如故（可见李愬心细如发也）。遂开门纳众。及里城，亦然，城中皆不之觉。鸡鸣雪止，愬入居元济外宅。或告元济曰："官军至矣！"元济尚寝，笑曰："俘囚为盗耳！晓当尽戮之。"又有告者曰："城陷矣！"元济曰："此必洄曲子弟就吾求寒衣也。"起，听于廷，闻愬军号令，应者近万人，始惧，帅左右登牙城拒战。愬遣李进诚攻牙城，毁其外门，得甲库，取器械。烧其南门，民争负薪刍助之，城上矢如猬毛。晡时，门坏，元济于城上请罪，进诚梯而下之，愬以槛车送元济诣京师。

李愬平定淮西后，横海节度使程权奏请入朝为官，朝廷收复沧、景（治今河北景县东北）二州。幽州（今北京）镇刘总上表请归顺。成德镇亦上表求自新，献德、棣（治今山东惠民东南）二州，并请朝廷任命其余诸州录事以下官吏。王承宗病死后，其弟王承元上表归降。朝廷又挟平定淮西之声威，讨平淄青李师道，收复淄（治今山东淄博南）、青（治今山东青州）等十二州。藩镇割据的局面因之暂告结束，唐廷因之复趋于统一之局面。

博按：名将李愬雪夜入蔡擒吴，就主观而言，属其见机能断，敢于抓住蔡州空虚之时机的一次奇袭行动。李愬在这次堪称经典的军事行动中展现了其作为优秀军事指挥员的过人智慧：其一，其长于情报收集（每得降卒，必亲引问委曲，由是贼中险易远近虚实尽知之）；其二，善于伪装军事行动，保密意识极强（距城七十里将士始知行动目标，途中驱鹅鸭池以混军声，进城后击柝如故等）；其三，李愬治军有方，奉己俭约，待将士丰厚，能得士心；又明于知人，能得敌情；其四，最重要的是唐宪宗和时任宰相裴度决心平吴，集中用兵，甚至撤去监阵中使，是李愬大胆用兵的坚强后盾。是以历来用兵使将贵在予将帅以主动权和集中指挥权，取胜之道，在于其中矣！

200. 佛骨才入于应门，龙已泣于苍野

唐代既是佛教繁荣昌盛之朝代，亦有武宗灭佛之大事件发生。有史记载，有唐一代共有七次大迎佛骨之“盛世”（即今天著名的法门寺佛指骨舍利），然其结果却于奉迎者事与愿违，实可为今人之鉴。

皇室首迎佛骨发生在唐太宗时期，据《集神州三宝感通录》记载：“贞观五年，岐州刺史张亮素有信向。来寺礼拜……古老传云，此塔一闭，经三十年一示人，令生善。亮闻之，以贞观年请开，剖出舍利示人。”唐太宗第一次迎奉舍利，只是开启法门寺塔基，在当地举行仪式，并未迎送到京城长安。唐代第二、第三次迎奉舍利都与女皇帝武则天有关。第二次发生在唐高宗显庆四年令僧人智琮、慧辩和王长信一道去法门寺迎奉佛骨至长安供养。第二年三月又敕请舍利往东都洛阳，公元662年（龙朔二年）送还法门寺，前后经历四年，规模宏大。第三次是公元704年（长安四），女皇帝武则

天命凤阁侍郎崔玄韦和华严宗实际创始人高僧法藏、纲律师等到法门寺迎奉佛骨，法藏等人入塔行进七昼夜，然后开启。人们奔走相告，“顶缸指炬者争先，舍财投宝者耻后”。佛骨在法门寺停放数日后，除夕日迎至西京崇福寺，西京留守会稽王率官属五部众“投身道左，竞放异供，香花鼓乐之妙朦聩亦可睹闻”。次年正月十一日迎入神都洛阳，当时盛况空前。是年，武则天退位、随后驾崩，佛骨便滞留洛阳。直到公元708年（景龙二年）二月十一日，中宗为法门寺塔题名“大圣真身宝塔”。二月二十五日，令法藏等造白石灵帐一铺，与舍利同归法门寺。中宗、韦后还以发代身供奉舍利。至此，第三次迎奉才告结束，此次迎奉历武周、中宗两朝，前后五年。唐皇迎奉佛骨之目的，于公为保国平安，祈民富裕；于私为求福延寿，延长唐祚。但有趣的是，除了第一、二次，其余五次都是发生在统治者自觉统治危机之时，而多数皇帝迎奉佛骨后也未能善终。武则天二次迎佛骨当年即让位于李显并病死；中宗以发代身送还佛骨，同年便被妻女毒死；肃宗迎奉佛骨次年驾崩；宪宗迎奉当年误吞金丹，死于非命；懿宗亦于迎奉三个月后去世。其后三十年，唐朝便告灭亡。

博按：佛教者，本佛陀之教化。其主旨在于教人向善弃恶，原无改变命运之本愿。然为历代统治者之利用，遂成为少数人愚民谋利之工具。而自佛教传入中国并中国化之后，历代皆有迷信于佛教之功能而大做文章者，其中尤以五代时期梁武帝因佞佛而亡国为惨痛教训。而唐代历代皇帝多有于国运危机时企图靠佛教挽回国运，是以有上述多次大迎佛骨之举，可堪后世警惕。由此思及今日，佛教似有重新兴盛及由此而产生的若干乱象，许多官员不信马列信佛陀，不谋建功谋佛佑，不做个人之努力，偏信佛陀之护法，不为民族振兴而做深入之思考努力，偏求佛道虚枉不为之境界，可值时下舆论宣传及政府施政之深思。因借唐代名臣韩昌黎一首诗，以成今日笔记之续貂：

一封朝奏九重天，夕贬潮阳路八千；
欲为圣明除弊事，肯将衰朽惜残年。
云横秦岭家何在？雪拥蓝关马不前。
知汝远来应有意，好收吾骨瘴江边。

201. 落第秀才黄巢：草莽一怒天下残，万骨铸就五代乱

公元873年，大唐懿宗皇帝驾崩，宦官们拥立年仅十二岁的僖宗继位。是时的大唐帝国，宦官弄权于内，藩镇割据于外，王纲不振，天下残破，帝国的末日夕阳已然出现在历史的天边，血红如斯。

而最终导致唐王朝的末日残阳沉沦的，是来自于一个被唐王朝引以为自豪的科举制度所抛弃的落第秀才：黄巢。

黄巢，山东曹州冤句（今菏泽西南）人，出身盐商家庭，善于骑射，粗通笔墨，少有诗才，宋代张端义《贵耳集·卷下》中有记，“黄巢五岁侍翁，父为菊花连句，翁思索未至，巢随口应曰：‘堪于百花为总首，自然天赐赫黄衣。’巢父怪，欲击巢。乃翁曰：‘孙能诗，但未知轻重，可令再赋一篇。’巢应之曰：‘飒飒西风满院栽，蕊寒香冷蝶难来。他年我若为青帝，报与桃花一处开。’”然而，正是这样一个“少年天才”且“颇具野心”的黄巢，成年后却屡试不第。

关于黄巢的科举不第，可以作为他命运转换的历史节点。时值大唐懿宗咸通年间。在那个时代，胸怀大志的年轻人黄巢实现人生价值的“正道”似乎唯有进士及第。史载黄巢不止一次参加科举考试，然而，其落第的原因，一是因为他不是拥有优选权的世家子弟，一是因为没有知名文士的强力推荐。所以，《资治通鉴》上说黄巢：“屡举进士不第，遂为盗。”

史载黄巢家累世贩私盐，而唐末诸雄，其实很多人都是私盐贩子出身，除了黄巢、王仙芝外，著名的还有前蜀王建、吴越钱镠、吴国权臣徐温（后改姓李，著名的南唐后主李煜就是其孙子）等人。

而此时即将要投奔黄巢、最终导致其失败的另一位著名人物朱温，此时还在萧县当长工。

公元874年底，王仙芝、尚君长等人纠集三千多人在濮阳、长垣一带起事，号为“草军”，并发布檄文，痛诉官吏贪沓、赋税繁重、赏罚不平。次

年初，黄巢也在冤句（今山东菏泽）聚集数千人响应。由于人心思乱，至875年夏天，不到数月时间，王仙芝军在攻占濮州、曹州过程中，已由几千人发展到数万人，黄巢率部到曹州与他会师后，很快便成为草军中的“二号”人物。同年底，在河南十五州府转掠的王仙芝，挥军东进，进攻沂州，被唐王朝平卢节度使宋威大败。经过几番周折后，胸无大志的王仙芝意欲向唐廷投诚，结果被黄巢一顿臭骂：“始者共立大誓，横行天下，今独取官赴左军，使此五千余众安所归乎！”于是黄巢自率二千人马独立，经过一番冲杀之后，军势渐强，遂自号“冲天大将军”，改元“王霸”，设置官属。在唐军四面围堵的情况下，挥军南下，渡过长江，进入江西，相继攻陷虔、吉、饶、信等州。接着转攻宣州，引兵进入浙东，兵锋直指临安，受到挫败后又折转南下，开辟山路七百里，攻占福州，接着又占据了广州。此时，中国历史上的农民起义第一次具有了“世界意义”：据《剑桥中国隋唐史》记载：在黄巢占据广州期间，“黄巢杀害了勇敢的李迢，并在暴怒之下洗劫广州，使这一大港口变成废墟。有的材料估计死者高达十二万人，其中大多数是来自东南亚、印度、波斯和阿拉伯世界的外国商人，而当时广州全部人口约二十万。一位来自西拉甫港的著名阿拉伯商人阿萨德详细叙述了广州遭到野蛮毁灭的情景。”

879年，水土不服的黄巢军在岭南发生大疫，士卒死者十之三四，将士纷纷提议北返图谋大事。于是黄巢发布檄文，历数唐王朝宦官专权、官吏贪污残暴、考选不公、埋没人才等弊病，声言将引军北上，入潼关，克长安。

敢说敢为的黄巢果然于是年十月，造大木筏数千艘，自桂州出发，乘暴水，穿越灵渠，由漓江进入湘江，经永州、衡州，逼江陵，攻打江汉重镇襄阳。然后再破重镇鄂州外郭。顺江东下，转掠今江西、安徽、浙江等地十五州府，沿途收编王仙芝溃散旧部，兵力增强到二十万人。次年七月，黄巢率军自采石渡江，克和州、滁州，围天长、六合，主力进抵高骈的大本营扬州城下，又统帅全军北上，于九月间渡过淮河，进入皖北豫东一带，此时义军已经发展到六十万。

很快，唐朝东都洛阳陷落于黄巢之手，接着又取潼关，占领长安。史载黄巢军始入城，和李自成在近一千年后进入北京城一样，本来还受到了城中士民的欢迎。然而，《旧唐书》载：“甫数日，因大掠，缚棰居人索财，号

‘淘物’。富家皆跣而驱，贼酋阅甲第以处，争取人妻女乱之，捕得官吏悉斩之，火庐舍不可赀，宗室侯王屠之无类矣。”

公元881年1月16日，黄巢即皇帝位于含元殿，国号“大齐”，改元“金统”。当了皇帝的黄巢，虽然严令不得再乱杀人，并要求各部队把武器都上缴——然而，泥腿子出身的“暴民”们内心深处的“魔鬼”一旦被释放出来，想再收回到“瓶子”里，就不那么容易了。于是，在农民军的残暴掳掠下，新生的“大齐”政权很快失去了士民之心。

而此时，和唐玄宗、唐德宗一样逃到西川（今四川成都）的唐僖宗下诏天下藩镇讨伐黄巢。一时间，本来长期袖手旁观的乱世英雄们终于看到了改朝换代的重大历史时机而纷纷粉墨登场：

原本被唐朝驱赶到代北沙漠里的“沙陀头领”李克用，被朝廷赦免，带着他强大的沙陀军团奔赴长安勤王；

义武节度使王处存听说长安失守，号哭累日，率军入援，并派遣了两千人赴兴元保护皇帝；

河中节度使王重荣，本来已经投降黄巢，但黄巢调财征兵不已，王重荣忍无可忍，杀掉黄巢的使者，起兵反抗；

就连宦官杨复光，也身残志坚，在许州召集队伍反对黄巢，进攻邓州，而后来成为十国之一的前蜀之皇帝王建，目前还是他手下的一员都将；

权夏绥节度使拓跋思恭此时也不远千里前来凑热闹。虽然没有击败后来反叛黄巢的朱温大军，但因其是最早赴援京师的五镇之一，为了表彰他的耿耿忠心，皇帝给他赐姓李——这就是未来西夏皇帝李元昊的姓氏来历，而他的嫡系后代，在近一千年后出了一个被称为“闯王”的李自成；

唐军各藩镇四面合围，黄巢军坐困长安孤城，粮饷已绝。长安城里粮食曾卖到一斗米三万钱的地步。长安城及周边地区，再次出现“人相食”的人间惨剧。黄巢在军事上还能够苦苦支撑，但在经济上却无能为力，大齐已经陷入财政破产的地步；

金统三年，黄巢的爱将朱温因屡战不利，粮饷断绝，旬月间向黄巢十上求援表章。而大齐主管军事的孟楷对其严辞训斥，指责他拥兵自重，不肯奋力征战。朱温闻讯，一怒之下向唐河中节度使王重荣投降。唐僖宗闻知大喜，赐朱温名“全忠”；

在长安城的宫殿里享了两年“齐人之福”的黄巢（“大齐”政权虽然存在了约四个年头，但实际时间不过两年多），终于在李克用等藩镇联合打击之下，于四月初八撤出长安，由蓝田关入商洛山，退往中原；

是年，沙陀人李克用才二十八岁，于诸将中年最少、功最高、兵最强。几十年后，他的儿子追封他为后唐太祖；

是年，淮南杨行密杀掉和他有仇的都将，吓跑庐州刺史，迈出他成为江淮霸主的第一步；

是年，黄巢大军进入中原后，在攻克蔡州后又兵指陈州——就是在陈州，他犯下了一个历史性错误：当他的第一爱将孟楷被生擒斩首后，黄巢一怒之下，大军合围陈州城。因为没有粮食，就四处掳掠，甚至吃人。《旧唐书卷150下》载：“贼围陈郡三百日，关东仍岁无耕，人饿倚墙壁间，贼俘人而食，日杀数千。贼有舂磨砦，为巨碓数百，生纳人于臼碎之，合骨而食，其流毒若是。”史载，巢围陈州，营于州北，立宫室百司，为持久之计。数百（一说三千）巨碓（即石磨），同时开工，成为供应军粮的人肉作坊，流水作业，日夜不辍。将大批乡民，无论男女，不分老幼，悉数纳入巨舂，顷刻磨成肉糜。陈州四周之百姓吃光，即“纵兵四掠，自河南、许、汝、唐、邓、孟、郑、汴、曹诸州，咸被其毒”，据统计当时共有远近三十余万百姓之血肉之躯成为黄巢军食；

次年二月，李克用率兵五万南下增援，中原僵持局面被打破；

三月，朱温攻拔黄巢瓦子寨，斩杀数万人；

黄巢见唐军力量强大，遂撤陈州之围退走。在朱温和李克用联手之下，黄巢主力彻底被击溃。黄巢帅残部进入其人生的最后一个据点：狼虎谷。历史就是这么巧合和无情，因为创造了史上吃人最多纪录的黄巢，最后自己也葬身于一个野兽虎狼出没之地。《新唐书》记载：黄巢逃入虎狼谷后，见大势已去，遂对外甥林言道：“我本想为国家讨奸臣，革新朝政，但功成而不退，以致失败。我的脑袋不能便宜了别人，你拿去献给天子吧，还能图个富贵！”林言不忍下手，黄巢毅然自刎。

据说，黄巢的姬妾们被当做俘虏送到成都，年轻的僖宗皇帝对打仗没兴趣，对这些可怜的女孩子却饶有兴趣，亲自审问她们：“你们都是朝廷勋贵家女子，世受国恩，为什么要从贼？”而居首的女子则回答道：“狂贼如此凶逆，国家有百万大军，尚且守不住宗庙社稷，连您自己都逃到巴蜀去了……可您今天却以不能拒贼来苛责我们一群弱女子，这将置丢掉国家、丢掉我们的公卿将帅于何地？”

僖宗恼羞成怒，命将她们一律公开处斩。

史载，行刑之日，长安老百姓争相给她们喂酒以抵恐惧。诸女且饮且泣，只有为首之女不哭、不饮，坚毅肃然迎接死亡。

公元907年，也就是黄巢之乱平息后的第二十三年，朱温篡唐，是为后梁太祖，而为建立后梁立下赫赫功勋的谋臣猛将们，也多是黄巢旧人，中华历史进入第二个至为纷乱的“五代十国”时期。

博按：黑格尔曾有一句名言：读历史有如暴风雨后纵观海上桅樯摧折的沉舟。而今人则于黄巢起义的大历史之中，则可以看到：在中央专制集权朝代，普通民众要想跻身上流社会，唯有在王朝初建时期或是在有为明君的统治下，才有更多的机会，而往往一个王朝扎根愈深，其所渐次形成的“既得利益集团”会像滚雪球一样越滚越大——他们的子子孙孙往往占据了所有关键的岗位，把持了所有进入权力之门的要害通道——于是，像黄巢这样胸怀大志、能力超群而又进阶无门的下层士商，唯有铤而走险，走向王朝的反面，以他们自己和万千个同样不屈的生命去博取另一个朝代的建立，去换取他和他们的子子孙孙成为另一个“既得利益”集团。正是在这样的循环和轮回下，一个个黄巢、李自成、洪秀全们出现在中华民族王朝轮回的历史天空，在他们无所不用其极的暴力的推动下，一个个王朝犹如一艘艘“桅樯摧折的沉舟”，不断沉没于历史的海平面下，成为今人的远影和历史的悲歌。

读史至此，不免再次重温黄巢那首名诗：

待到秋来九月八，我花开时百花杀；
冲天香阵透长安，满城尽带黄金甲。

始知，这首诗里原来是带着中华历史上最深重的血腥味和最深刻的血的教训。此以记之。

202. 乱世奸雄朱全忠，篡唐何只靠军功

公元907年，朱全忠在开封称帝，国号梁（史称后梁），改元开平。

朱全忠，称帝后又改名朱晃，今安徽砀山人。幼年丧父，家贫，母王氏佣食于萧县大户刘崇家。朱温成人后，与其兄朱存“勇有力，而温尤凶悍”，“不事生业，以雄勇自负之，里人多厌之”。后参加黄巢义军，于黄巢将败时降唐，唐廷为笼络温，封其为东平王。此后，唐宰相崔胤欲借朱温之手杀骄纵之宦官韩全晦等，矫诏令朱温带兵赴京勤王，殊料韩全晦等劫持唐昭宗到凤翔投靠另一军阀李茂贞，朱温追击至凤翔城下，韩全晦矫诏令朱温返镇。天复二年，朱温在一度返回河中之后再次围攻凤翔，多次击败李茂贞。天复三年，李茂贞与朱温议和。朱温挟昭宗回长安，昭宗从此成为傀儡。朱温仍担心昭宗有朝一日利用李茂贞、李克用等东山再起，就令朱友恭、氏叔琮、蒋玄晖等杀昭宗，借皇后之命立十三岁李柷为帝，是为昭宣帝。907年4月，朱温由唐宰相张文蔚率百官劝进之后，正式称帝，更名为朱晃，庙号太祖。改元开平，国号大梁，史称后梁。朱全忠即梁太祖。

史书记载，梁太祖于篡唐之际，表现出了性格上的两面性。

一方面，作为皇帝和军事统帅，他有许多令人称道的做法。比如他特别珍爱人才，刚受唐禅，即遣官臣去民间搜寻贤良之人，特别针对身居下位有能力但无所施展的人才，朱温往往都特加擢用。对于那些知晓朝廷政策弊病得人所上表的奏章，朱温也大都亲自翻阅，选择一些有利的建议施行。此外，建梁之后，对于当时权豪横行的现象，朱温也进行了有效的压制。比如朱温的爱将寇彦卿一次上朝时，途中有人未来得及避让，被他的随从打死，朱温因此严惩了寇彦卿，没有因为寇彦卿功臣的身份而袒护他。而在军事上，朱全忠之所以能够无往而不胜，还在于他发明了一个激励将士死战的残酷之法，规定战争中如果将校阵亡，其所属之士卒也要全部斩首，称之为“跋队斩”（类似于后世的蒙古军制）。在处理唐末藩镇跋扈、军队骄纵方面，他也有一套行之有效的方法。他命令所有将领，不论军阶多高，有多少人马，

在政务方面，一律听从地方官员的管理和安排。

宋时洪迈所著的《容斋随笔卷六》（据说毛泽东主席颇为喜读此书）里记有《朱温三事》，可知朱温“正能量”的一面：全文如下：

义理所在，虽盗贼凶悖之人，亦有不能违者。刘仁恭为卢龙节度使，其子守文守沧州，朱全忠引兵攻之，城中食尽，使人说以早降。守文应之曰：“仆于幽州（其父治于幽州），父子也，梁王方以大义服天下，若子叛父而来，将安用之？”全忠愧其辞直，为之缓攻。其后还师，悉焚诸营资粮，在舟中者凿而沉之。守文遗全忠书曰：“城中数万口，不食数月矣，与其焚之为烟，沉之为泥，愿乞其所余以救之。”全忠为之留数囷，沧人赖以济。

及篡唐之后，苏循及其子楷（苏循于唐昭宗时为礼部尚书，循性阿谀，善承顺苟容，以希进取，曾以劝朱温禅代唐为功），自谓有功于梁，当不次擢用。全忠薄其为人，以其为唐鸱枭（鸱枭，一种益鸟，但在古代是“丧门星”的代称），卖国求利，勒循致仕，斥楷归田里。

宋州节度使进瑞麦（进奉象征吉祥的多穗麦子，今之谓拍马屁拍到马蹄子上了），省之不怿（看后不高兴），曰：“宋州今年水灾，百姓不足，何用此为？”遣中使诘责之，县令除名。此三事，在他人为之不足道，于全忠则为可书矣，所谓憎而知其善也。

而另一方面，朱全忠于私节上却又显现出其极端无赖、荒淫之一面。史传他不但后宫妻妾成群，还特别“雅好”奸淫手下大臣妻女和儿子之妻。《新五代史》记载，后梁枢密使敬翔的妻子与朱全忠公开私通，敬翔只得忍气吞声。河南尹张全义（后梁都开封，河南尹则如今日的北京市市长）和朱全忠是结义兄弟，共同参加义军，共同投唐为官。朱全忠在关中作战时，张全义辛苦经营洛阳，支持军用，为建立后梁政权起了重要作用。但朱全忠丧失人伦，在洛阳长期入住张全义家，并借机奸淫张家几乎所有女子，包括张全义的妻子和女儿。张全义儿子不胜愤怒，要拿刀刺杀朱全忠，张全义阻止他说：“吾为李罕之兵围河阳，啖木屑以为食，唯有一马，欲杀以饷军，死在朝夕，而梁兵出之，得至今日，此恩不可忘也。”张全义的儿子只得忍气吞声，不再发作。此外，朱全忠竟然还将淫欲之手伸向儿子和义子，让他们的妻子轮流侍寝。最终，朱全忠被不堪忍受其辱的儿子朱友珪杀掉。一代奸雄，终丧于其子之手。

博按：朱全忠以乱臣贼子，以谋逆起家，以投降得势，后以唐之权斗而称帝。于乱世之中，朱温处四战之地而能渐次剪灭群雄，建立后梁，可谓一世之奸雄。是以近代伟人毛泽东曾评价其为："朱温处四战之地，与曹操略同，而狡猾过之"。南宋著名史学家洪迈认为："朱梁之恶，最为欧阳公《五代史记》所斥詈。然轻赋一事，旧史取之，而新书不为拈出。其语云：'梁祖之开国也，属黄巢大乱之余，以夷门一镇，外严烽候，内辟污莱，厉以耕桑，薄其租赋，士虽苦战，民则乐输，二纪之间，俄成霸业。"现代著名史家吕思勉亦曾论曰：梁太祖的私德，是有些缺点的，所以从前的史家，对他的批评，多不大好。然而私德只是私德，社会的情形复杂了，论人的标准，自亦随之而复杂，政治和道德、伦理，岂能混为一谈？就篡弑，也是历代英雄的公罪，岂能偏责一人？老实说：当大局阽危之际，只要能保护国家、抗御外族、拯救人民的，就是有功的政治家。当一个政治家要尽他为国为民的责任，而前代的皇室成为其障碍物时，岂能守小信而忘大义？在唐、五代之际，梁太祖确是能定乱和恤民的，而历来论者，多视为罪大恶极，甚有反偏袒后唐的，那就未免不知民族大义了。而以《要略》的观点，朱全忠者，实为乱世之雄，若非其以无赖之性格，悖乱之特点，军事上之多诈，政治上之残忍，则无以成其大功，此乱世之雄普遍的特点。然朱全忠建梁之后，虽外行善政而内乱于廷，实其私德难以担当治世之历史大任而已。而其卒死于其子之手，且其后又被李存勖尽灭一族，实"乱世枭雄"的当然下场。

203. 李存勖：奉三箭开国复唐，因戏伶身死国灭

五代后梁朱温建国称帝后，独沙陀人李克用力撑河东一隅，以唐之"晋王"名义，仍然"忠于"唐室、固守"唐祚"。史传其临死时，交给其子李

存勖三支箭，嘱咐他要完成三件大事：一是讨伐刘仁恭与刘守光父子，攻克幽州；二是征讨契丹，解除北方边境威胁；三是消灭世敌朱全忠。李存勖此后将三支令箭供奉在其家庙之中，每逢出征，即将其置于精制丝套，怀之上阵，得胜后又返奉家庙。

公元911年，李存勖于高邑之役中击败朱全忠亲帅之五十万大军。后又乘胜攻破燕地，活捉刘仁恭。九年再大破契丹兵，将耶律阿保机赶回北方。经过十余年征战，李存勖于公元923年攻灭后梁，统一北方，完成其父遗命。是年四月，李存勖在魏州（今河北大名县）称帝，国号仍为“唐”，不久迁都洛阳，年号“同光”，史称“后唐”。

然而，后唐建国后，开国之君李存勖很快将战场上的有勇有谋，转化为“戏台”上的粉墨登场，终成荒唐失国之典型。史载因李存勖犹喜看戏、演戏，开国即位后，常常面涂粉墨，着戏装表演，甚至为此而不理朝政；并自取艺名曰“李天下”。一次上台演戏，自己连喊两声“李天下”，一伶人直前扇其面（即今之耳光）。李存勖问为何打他，伶人阿谀言其：“李”（理）天下的只有皇帝一人，你叫了两声，还有一人是何人？李存勖听后不仅没有责罚，反而予以赏赐。

正是在李存勖的“特别爱护”下，伶人可以自由出入宫中和皇帝打闹，侮辱戏弄朝臣，群臣敢怒而不敢言。朝官和藩镇为求伶人于皇帝面前赞功称誉，居然争相向其送礼巴结。除此之外，李存勖还使用伶人为耳目，刺探群臣言行，置身经百战之将士于不顾，而封身无寸功之伶人当刺史。此外，李存勖还下令召集各地原唐宫太监，以其为心腹，担任宫中各执事和诸镇监军。将领们受到宦官之监视、侮辱，读书人亦断了进身之路。更有甚者，李存勖又派伶人、宦官强抢民女入宫，供其淫乐，其中一次竟将驻守魏州将士妻女一千余人强抢入宫，终致怨声四起而众叛亲离。公元926年，李存勖听信宦官谗言，冤杀大将郭崇韬。另一战功卓著之大将李嗣源也险遭杀害。是年三月，李嗣源在将士们拥戴下叛乱，李存勖于乱军中被自己提拔之伶人“将军”所杀，身死国灭。

博按：五代十国，战乱频仍，天下军乱。后唐开国君主李存勖继承父业，秉承遗志，奉三箭而定天下，不啻为一代雄主。史传其善于重用将领，如周德威、李嗣昭、李嗣源、李存审等人，勇猛善战，皆各当其任；重用忠诚而又有谋略之张承业，一如汉刘邦善用萧何之能。再者，李存勖善用骑兵，精于扬长避短之道，充分利用骑兵野战优势，避免攻城消耗战，总是诱敌出战而予以歼灭。用骑兵直捣汴州，更是最大限度发挥了骑兵优势，在长途奇袭中，既不分一兵一卒，亦不恋于一战，固守一城，而是直捣目的，一举成功。是以其对手朱温叹曰："子当如李亚子、克用为不亡矣！至如吾儿，豚犬耳"、"我死，诸儿非彼敌，吾无葬地也！"然而，因为存勖身为纯武之人，长期出入战阵之中，较少接受文化之熏陶，是以执掌天下后不能于马下治天下，而是将戏台视为战场，把伶人当成其与"臣下"斗争的工具，最终导致国破身死，沦为千古之笑柄。是以为国为将者，戏伶才艺之属，只可为适闲之乐，激励士气之用，既不可耽迷，亦不可倚重。盖戏伶优人，究其根本，奢靡之属。其风且盛，则军心为动，国本为摇。是以孟子曰：生于忧患，死于安乐，此之谓也。

204. 五代明君李嗣源：为将者受命忘家，临敌忘身

后唐明宗李嗣源，本唐河东节度使李克用养子（十三太保之一）。其人"质厚寡言，执事恭谨"，上源驿事件（唐末黄巢之乱时，宣武节度使朱全忠联合河东节度置李克用平定黄巢乱后，朱全忠借于上源驿为克用庆功之际，四面纵火，乱箭齐发，欲置李克用于死地，后李克用在十三太保护卫下死里逃生）时，嗣源年方十七，于乱兵流矢中舍命保护李克用逾垣脱难，因而得掌亲骑，为侍卫长。乾宁三年奉命率兵三千前去援救朱瑾，在任城一举击败梁军，解兖州之围，威名大振，所率五百骑兵被命名为"横冲都"。900年又在邢州青山（今河北邢台西北）大败乘胜追击的后梁名将葛从周，其冲锋陷阵，身中四矢，从此"李横冲"雅号名重四方。而他"每有战功，未尝自伐"。"凡所赐与，分给部下"，诸将争功时，常从容说："公辈以口击贼，吾以手击贼！"于是众惭而止。李存勖继位为晋王后，与朱温大战于柏乡（今属河北），面对装备齐整的梁军赤、白两马队，李嗣源跃马挺身，直取梁军白马都，生擒二骑校而回。于是士气大

振，取得柏乡大胜。此后，嗣源北伐幽州，逼降刘守光爱将元行钦；随李存勖东征，攻占后梁磁、相等州。

而李嗣源最著名一战，是为当契丹进攻幽州时，周德威告急，李嗣源力排众议，认为“德威尽忠于家国，孤城被攻，危亡在即，不宜更待敌衰”。后李嗣源采“潜行溪涧，袭其不备”战术，临阵与长子李从珂奋命血战，动员部属说：“为将者受命忘家，临敌忘身，以身殉国，正在今日。诸君观吾父子与敌周旋！”他挺身入阵，所向披靡，大败契丹，解幽州之围。

923年，李嗣源任横海节度使时，战场形势对新立后唐政权殊为不利：梁、唐两军主力对峙于黄河沿岸，一路梁军正急攻泽州（今山西晋城），而唐将李继韬却以潞州（今长治）降梁。危急之际，李嗣源奇袭郓州，并击退梁军反扑，俘虏梁将王彦章，一战而改变战场形势。接着，提出西攻汴州之策，率千骑为前锋一举攻占汴梁，迫使梁末帝自杀，梁亡。后唐主李存勖言称：“吾有天下，由公之血战也，当与公共之！”

然庄宗李存勖于天下初定不久即诛杀功臣郭崇韬，并开始不信任李嗣源。当魏博军皇甫晖聚众于邺作乱时，庄宗以李嗣源前往讨伐。嗣源到邺后，大军哗变，拥嗣源入城，与叛军会合。嗣源无奈遂听从其女婿石敬瑭劝告，决心谋反。他南下据开封，西攻洛阳，而伶人出身之禁军将领郭从谦乘机作乱，率兵攻入皇城，庄宗身死国灭。于是，群臣拥戴李嗣源为帝，年号“天成”。

李嗣源即位后，革除庄宗弊政，杀死宦官，励精图治，兴修水利，关心百姓疾苦，撤并官僚机构，在位八年，兵革粗定，连年丰收，多次率领军队打败契丹。五代十国数十位帝王中只有其与后周世宗（柴荣）称得上是有为君主。独其晚年开始多疑擅杀，且于选择嗣君问题上犹豫不决。遂致其子秦王李从荣恐不得为嗣，趁其病重而兵变逼宫，结果为禁军击杀。李嗣源遂悲愤而致病重不治，终年六十八岁。

博按：五代纷乱，兵糜将残，嗣源虽少文而多质，但能宽厚待民，行善政，舒民困，实属难能可贵。尤其当国家有难之时，能够以大局为重，救（周）德威如救火；其于局势危亡之时，能够勇于担当，力鼎大局，于两军战阵之前一句“为将者受命忘家，临敌忘身，以身殉国，正在今日。诸君观吾父子与敌周旋！”其忠义勇气可贯日月。而嗣源晚年失于嗣君之选择，亦历史诸代中央专制集权帝王之通病，因其关系重大而生逢乱世，继位之争显得尤其激烈，五代诸国短暂而亡之原因，皆在于此。

205. 冯道可道乎：出入四朝十帝，褒贬千秋万代

五代纷乱，更朝换帝如走马灯。因是乱世，所以名将辈出而良相几无。独有冯道一人，为四朝宰相，历十帝之治，中间还曾向异族称臣，被后世多有褒贬，今特为述而论之：

冯道字可道，号长乐老，瀛州景城（今河北沧州西北）人，早年曾效力于燕王刘守光，历仕后唐、后晋、后汉、后周四朝，先后效力于后唐庄宗、后唐明宗、后唐闵帝、后唐末帝、后晋高祖、后晋出帝、后汉高祖、后汉隐帝、后周太祖、后周世宗十位皇帝，期间还向辽太宗称臣，始终担任将相、三公、三师之位。其史略为：

911年，刘守光率军征讨定州，并询问僚属意见。冯道加以劝谕，惹怒刘守光，被关入狱中，幸遇营救，得以出狱。刘守光兵败后，冯道逃往太原，投奔晋王李存勖，被监军使张承业辟为本院巡官。张承业看重他的文章操行，对他非常礼遇，后又荐为霸府从事。后来李存勖占据河北，将霸府文书全部委托给冯道，任命他为太原掌书记。

923年，李存勖在邺都称帝。冯道被授为省郎，充任翰林学士，获赐紫衣。庄宗灭梁后，擢升冯道为中书舍人、户部侍郎。后冯道因父丧离职，返回景城守孝。当时年成不好，他便将剩余的俸禄全部赈济乡民，自己却居住在茅草棚中，而对官吏所赠财物分毫不受。这时契丹强盛，素闻冯道之名，想把他掠到契丹。但因边将有备，冯道才得以幸免。

《旧五代史冯道传》曾载有一段关于冯道为“好宰相”的故事：

庄宗与梁军夹河对垒，一日郭崇韬以诸校伴食数多主者不办请少罢减（庄宗大将郭崇韬因军中伴食人员过多，上书要求裁减闲散者）。庄宗怒曰：“孤为效命者设食都不自由，其河北三镇，令三军别择一人为帅，孤请归太原以避贤路。”遽命冯道对面草词，将示其众。冯道执笔久之，庄宗正色促焉，道徐

起对曰："道所掌笔砚，敢不供职。今大王屡集大功，方平南寇，崇韬所谏，未至过当，阻拒之则可，不可以向来之言，喧动群议，敌人若知，谓大王君臣之不和矣。幸熟而思之，则天下幸甚也。"俄而崇韬入谢，因道之解焉，人始重其胆量。

明宗入洛，遽谓近臣安重诲曰："先帝时冯道郎中何在？"重诲曰："近除翰林学士。"明宗曰："此人朕素谙悉，是好宰相。"未几，迁中书侍郎、刑部尚书平章事。凡孤寒士子，抱才业、素知识者，皆与引用，唐末衣冠，履行浮躁者，必抑而置之。

天成、长兴中，天下屡稔，朝廷无事。明宗每御延英，留道访以外事，道曰："陛下以至德承天，天以有年表瑞，更在日慎一日，以答天心。臣每记在先皇霸府日，曾奉使中山，径井陉之险，忧马有蹶失，不敢怠于衔辔，及至平地，则无复持控，果为马所颠仆，几至于损。臣所陈虽小，可以喻大。陛下勿以清晏丰熟，便纵逸乐，兢兢业业，臣之望也"。明宗深然之。

另史传梁晋争霸时，冯道随军出征，住于茅屋，床席皆无，睡于喂马的干草之上。用所俸备办饮食，与仆役同锅吃饭。有将领掠得美女贿之，推却不掉，便置之于别室，后寻访其主，将其送还。

934年，潞王李从珂在凤翔起兵反叛，攻打洛阳，后唐愍帝逃往卫州。冯道便率百官开城迎接李从珂，并拥其继位为帝，是为后唐末帝，三日后愍帝被杀害。同年五月，后唐末帝罢去冯道宰相之职，让他出镇同州，授任匡国军节度使。次年冯道被召拜为司空。

936年，河东节度使石敬瑭勾结契丹，灭唐称帝，建立后晋，是为后晋高祖。冯道再次被拜为宰相，授为门下侍郎、同中书门下平章事。937年，契丹皇帝耶律德光遣使到汴梁，为晋高祖加徽号。晋高祖也为耶律德光献徽号，并遣冯道为使，出使契丹。

939年，冯道自契丹归国。晋高祖废除枢密使，将枢密院职权划归中书省，将政务都委托给冯道，加授他为司徒、兼侍中，进封鲁国公。冯道曾上表高祖，请求退隐。晋高祖既不看表，又让其侄石重贵前去探视，对他道："您明日若不上朝，朕就亲自来请。"冯道无奈，只得继续任职。当时晋高祖对冯道的恩遇，满朝无人能及。

942年，晋高祖病重。他在冯道独自侍疾时，命幼子石重睿叩拜冯道，并让宦官将石重睿抱到冯道怀中，希望冯道能辅佐石重睿即位。高祖病逝后，冯道却与景延广商议，以“国家多难，宜立长君”为由，拥立石重贵为帝，是为后晋出帝。出帝继位后，加授冯道为太尉，进封燕国公。

944年，受朝臣构陷，晋出帝授冯道为匡国军节度使，出镇同州。后又移镇南阳，改任威胜军节度使，加授中书令。

947年，耶律德光攻入晋都汴梁，后晋亡。冯道前去朝见耶律德光，德光问道：“天下百姓，如何可救？”冯道答道：“此时的百姓，佛祖再世也救不得，只有皇帝您救得了。”此后中原百姓不受侵害，皆冯道和赵延寿等人暗中庇护之力。二月，河东节度使刘知远在太原称帝，建立后汉，是为后汉高祖。

同年四月，耶律德光北归契丹，命冯道等后晋降臣随行，不料病逝于栾城杀胡林，永康王耶律阮接掌兵马，返回契丹争夺皇位，冯道等人被留于镇州。八月，汉军收复镇州，驱逐契丹守将嘉里。冯道与同僚四处安抚，采取适宜措施处理各类事务，使人各安其所。九月，冯道自镇州入朝，归附后汉。

948年，冯道被授为后汉太师，以“奉朝请”名义参加朝会。后汉高祖病逝，太子刘承佑继位，是为后汉隐帝。河中节度使李守贞、永兴节度使赵思绾、凤翔节度使王景崇联兵反叛。朝廷屡次征讨，都未能平叛。八月，隐帝命大将郭威节度讨叛诸军。郭威临行前向冯道问策，冯道道：“李守贞自恃朝廷老将，深得士卒之心。您不要爱惜财物，多赏赐士卒，便能化解他所倚仗的优势。”郭威听从他的建议，果然使军心归附，终于平定叛乱。

950年，郭威在邺都起兵，攻入汴梁，汉隐帝遇害。郭威认为后汉群臣一定会拥戴自己即位，在见到冯道时，如往常一样向他下拜。冯道安然受礼，毫无拥戴之意。郭威方知还不到称帝的时机，便扬言欲立武宁节度使刘赟为皇帝，并派冯道到徐州迎接刘赟。刘赟尚未到达汴京，郭威便在澶州军变中被士卒拥立为帝。

951年，监国郭威继位，建立后周，是为后周太祖。冯道被拜为太师、中书令。周太祖对冯道非常敬重，每逢冯道觐见，从不直呼其名。不久，河东节度使刘崇（刘赟之父）也在太原称帝，建立北汉。

954年，周太祖病逝，养子柴荣继位，是为后周世宗。刘崇趁机入寇，攻打上党。周世宗欲御驾亲征，冯道极力进谏。世宗道：“昔日唐太宗平定天下，都是亲自出征。”冯道道：“陛下不能和唐太宗相比。”世宗又道：

“汉军乃是乌合之众，若遇我军，如泰山压卵。”冯道仍道：“陛下不是泰山。”世宗大怒。

同年三月，周世宗亲征北汉，不让冯道随行，命他担任太祖皇帝山陵使，主持太祖丧事。不久，周世宗在高平之战中大败北汉。四月，周太祖入葬嵩陵，还没来得及袝祭太庙，冯道便在十七日病逝，终年七十三岁。周世宗听闻，废朝三日，册赠尚书令，追封瀛王，赐谥文懿。

关于冯道的历史故事，还有以下几则：

一为守孝助里。冯道在景城守父孝时，正逢灾荒。他将家财赈救乡里，亲自耕田砍柴。同乡中有土地荒芜或无力耕作者，冯道都会在夜里偷偷去为其耕种。

二为出使契丹。晋高祖欲命大臣出使契丹，群臣都不敢前往。冯道当时正在政事堂，获悉此事，便在纸上写下“道去”二字，并命书吏草拟出使敕令。书吏闻之变色，双手颤抖，泪流不止。冯道也不回家，只命人代他向妻子告别，当晚便住在驿馆中，准备出使。晋高祖担心他的安危，道：“你官高德重，不宜深入契丹。”冯道道：“陛下受契丹的恩惠，臣受陛下的恩惠，臣去有何不可。”冯道到达契丹后，耶律德光有意将冯道留在契丹。冯道道：“晋朝与契丹是父子之国。我在两国都是臣子，在哪都一样。”史传冯道在契丹两年，他将获得的赏赐都用来购买薪炭，还扬言道：“北地苦寒，我年老不堪忍受，所以早做准备。”好像是要永远留在契丹。他在获准归国时三次上表，表示愿意留下，被拒绝后又磨蹭了一个月方才启行南下。冯道走后，每到驿站都要停留，用了两个月才走出契丹国境。随从问道：“别人能从契丹生还，都恨不能肋生双翼，您为什么还要住宿停留呢？”冯道道：“纵使急速返回，若契丹人真要追赶，也终究逃不掉。慢慢走反倒安全。”

三为诸事无寸。史传举子李导谒冯道，冯道笑道：“老夫名字为道，已经多少年了，况且久为宰相，秀才你不可能不知道。但你也叫导，与我的名字同音，这合乎礼法吗？”李导辩解道：“相公是没有寸字底的道，而我是寸字底的导，同音不同字，有何不可？”冯道大笑道：“我不但名字没有寸，做什么都没有寸。”

四为朝梁暮晋。冯道历仕五朝，对丧君亡国毫不在意，晚年自号“长乐老”，著《长乐老自叙》，历叙平生所得官爵，引以为荣。元代诗人刘因作有《冯道》一诗，嘲讽道：“亡国降臣固位难，痴顽老子几朝官。朝梁暮晋浑闲事，更舍残骸与契丹。”后人便用“朝梁暮晋”比喻人反复无常，没有节操。

博按：冯道以一身而臣四朝十帝，频降于人，虽然其在位时能够事亲济民、提携贤良，有“当世之士无贤愚，皆仰道为元老，而喜为之称誉”之声望，然而却受到后世的广泛责难。宋代大儒欧阳修曾骂其“不知廉耻”，司马光更斥其为“奸臣之尤”。而平实论之，冯道实为乱世之中，中国儒道文化生态的真实写照，匆仅责之于冯道一人：其一，冯道以儒士而为官，在五代乱世，若以儒家积极入世、立言和立功为目的，必将“适应”当时纷乱之势，才能成其功，得其“道”；其二，冯道字可道之名，反映其还是一个道家弟子。而道家的理念，自古反对“忠君”，鄙视“圣人”，常秉承“大盗窃国”之思想观念，常强调“顺应自然”、“适应形势”，所以冯道所秉承的道家思想可能是历事五朝而不以为耻的根本；其三，在中国正统的儒家文化背景下，如果所有士人在纷乱之世都采取“退隐自保”或是“杀身成义”的两种极端措施，则国将不国，民将不民，其于国何益？于民何益？是以战国时期的法家先驱慎到就提出，为臣者当为忠于事业、忠于国家的能吏，而不是忠于一人、一家之“忠臣”，而中华文明之所以能够绵延至今，实因为文化的多元性塑造了多元的人文性格，有人治世“显于朝”，有人乱世“隐于野”；有人杀身以成义（如张巡、文天祥、戊戌六君子等），有人屈身辱德以立事功（如冯道、康梁）；有人入则为儒，出则为道（如范蠡、张良），有人外圆而内方，行柔而心直（如李泌）。而以本书的观点，辨别一个历史人物的真伪忠奸，首先要看其是否“持心于公”，即其是否真心以国家安定、人民幸福为念；其次要看其是否“治事以能”，即其个人能力是否能够“忠于职守”、“履行使命”，但能符合上述两条原则，即如冯道者，于四朝十帝间“和其光，同其尘”，亦可算于中国历史发展有功之臣。然而，即使如此，后世加之于冯道的“诛心之论”，亦不无道理。因为毕竟若是冯道之流泛滥于朝野，成为“主流文化”，则中华民族的未来将诚为可危。而后世公正评价于冯道者是唐宋八大家之一的苏辙，今录其评以闻：“冯道以宰相事四姓九君（宋人可能不认同某一位隐帝，是以论为九帝），议者讥其反君事仇，无士君子之操。大义既亏，虽有善，不录也。吾览其行事而窃悲之，求之古人，犹有可得言者。齐桓公杀公子纠，召忽死之，管仲不死，又従而相之。子贡以为不仁，问之孔子。孔子曰：'管仲相桓公，霸诸侯，一匡天下，民到于今受其赐。微管仲，吾其被发左衽矣！岂若匹夫匹妇之为谅也，自经于沟渎而莫之知也。'管仲之相桓公，孔子既许之矣。道之所以不得附于管子者，无其功耳。晏婴与崔杼俱事齐庄公。杼弑公而立景公。晏子立于崔氏之门外，其人曰：'死乎？'曰：'独吾君也乎，吾死也？'曰：'行乎？'曰：'吾罪也乎，吾亡也？'曰：'归乎？'曰：'君死安归？君民者，岂以陵民？社稷是主。臣君者，岂为其口实，社稷是养。故君为社稷死，则死之，为社稷亡，则亡之。若为己死，而为己亡，非其私昵，谁敢任之？且人有君而弑之，吾焉得死之，而焉得亡之？将庸何归？'门启而入，枕尸股而哭，兴，三踊而出，卒事景公。虽无管子之功，而从容风议，有补于齐，君子以名臣许之。使道自附于晏子，庶几无甚愧也。盖道事唐明宗，始为宰相，其后历事八君，方其废兴之际，或在内，或在外，虽为宰相，而权不在己，祸变之发，皆非其过也。明宗虽出于夷狄，而性本宽厚。道每以恭俭劝之，在位十年，民以少安。士生于五代，立于暴君骄将之间，日与虎兕为伍，弃之而去，食薇蕨，友麋鹿，易耳，而与自经于沟渎何异。不幸而仕于朝，如冯道犹无以自免，议者诚少恕哉！"（引自苏辙《苏辙集》［M］.北京：中华书局，1990。）

206. 大历史下的石敬瑭：为成新帝载千秋，遗患中华数百年

石敬瑭，欧阳修称"其姓石氏，不知得其姓之始也"。薛居正编写的《旧五代史》称石敬瑭为太原人，且是春秋时卫国大夫石碏、汉景帝时丞相石奋的后代，汉朝衰亡，关中京城动乱，其子孙后代遂流浪漂泊西部边远地区。

892年，石敬瑭生于太原汾阳里，兄弟排行老二，从小沉默寡言，喜读兵书，尤重李牧、周亚夫掌兵故事。时任代州刺史李嗣源对他很器重，不但

将其召为女婿，还让他统领自己的亲军精锐骑兵“左射军”，号称“三讨军”，视其为腹心。

此后，石敬瑭跟随李嗣源转战各地。916年，在和后梁大将刘鄩对阵交战时，刘鄩袭击还没有列好阵势的李存勖，军情危急，石敬瑭率亲军驰入敌阵，东挡西杀，左冲右突，掩护李存勖后撤。事后李存勖称赞他勇猛威武，摩其背脊说：“大将门下出强将，此言非虚！”并颁赐给他财物，又亲自送给他酥食，石敬瑭由此而声名鹊起。

918年，晋军和后梁大将贺瑰激烈争夺黄河沿岸时，李嗣源中刘鄩埋伏，危急时刻石敬瑭率军殿后，拼死掩护，才使李嗣得以突出重围。不久后，梁晋又大战于胡柳陂，由于李存勖冒险出战，使大将周德威不幸战死，石敬瑭又率领他的左射军和李嗣源一起重整旗鼓，击败后梁军队

921年，石敬瑭跟随李嗣源在德胜渡击败后梁大将戴思远，斩首两万多人。923年，石敬瑭跟随李嗣源观察梁军阵地，被后梁军队发现，石敬瑭以身掩蔽李嗣源，才使其免于一死。

926年，庄宗遇内乱而亡。李嗣源即位，石敬瑭因功被加封光禄大夫、检校司徒，授陕州（今河南三门峡市）保义军节度使。927年因快速地平定汴州节度使朱守殷的叛乱，再升宣武军节度使、侍卫亲军马步军总指挥使兼六军诸卫副使，加封爵位为开国公，赐“耀忠匡定保节功臣”名号。

933年十二月，李嗣源病死，其义子李从珂继位，是为后唐末帝。位高权重的石敬瑭引起了李从珂的怀疑。遂派兵讨伐，兵围太原，为了抵抗李从珂的“平叛”，石敬瑭在其谋臣桑维翰的建议下，向契丹皇帝耶律德光求救，并向其许诺：割让幽云十六州给契丹，每年进贡大批财物，并以儿国自称。其手下大将刘知远（即后汉高祖）认为条件太屈辱，没有必要许诺这么多，但石敬瑭在桑维翰支持下一意孤行。

契丹耶律德光得到石敬瑭的求援信后，立即从雁门关南下来救石敬瑭，大败后唐军队。936年十一月，辽太宗耶律德光册石敬瑭为皇帝，改元天福，国号晋，契丹主自解衣冠授之。石敬瑭遂即位于柳林（今山西太原市东南）。后依约将幽云十六州，即今天的河北和山西北部的大片领土割让给了契丹。十六州是：幽（今北京市）、蓟（今天津蓟县）、瀛（今河北河间）、莫（今河北任丘）、涿（今河北涿县）、檀（今北京密云）、顺（今北京顺义）、新（今河北涿鹿）、

妫（音归，原属北京怀来，今已被官厅水库所淹）、儒（今北京延庆）、武（今河北宣化）、蔚（今山西灵丘）、云（今山西大同）、应（今山西应县）、寰（今山西朔县东马邑镇）、朔（今山西朔县）。石敬瑭称比他小十岁的耶律德光为父皇帝，并每年进奉帛三十万匹。

938年，得到天下的石敬瑭升汴州为东京开封府。时晋朝新得天下，藩镇多未服从，兵火甚多，府库空虚，民间贫穷，但契丹仍贪求无厌。为解决财政危机、巩固政权，石敬瑭采纳了桑维翰的建议，推诚弃怨，以抚藩镇；训卒缮兵，以修武备；务农桑，以实仓库；通商贾，以事货财；卑辞厚礼，以事契丹。史传石敬瑭对于契丹百依百顺，非常谨慎，每次书信皆用表，以此表示君臣有别，称契丹太宗为“父皇帝”，自称“臣”，为“儿皇帝”。每当契丹使臣至，便拜受诏敕，除岁输三十万布帛外，每逢吉凶庆吊之事便不时赠送好奇之物，以致向契丹贡奉的车队相继以道。

石敬瑭虽推诚以抚藩镇，但藩镇仍不服，尤耻臣于契丹。大同节度使判官吴峦，闭城不受契丹命；应州指挥使郭崇威，挺身南归；天雄节度使范廷光反于魏州，石敬瑭令东都巡检张从宾讨伐，但张从宾与之同反；是年，契丹改国号“大辽”。

942年，成德节度使安重荣上表指斥石敬瑭父事契丹，困耗中原，并表示与契丹决一死战，石敬瑭发兵斩安重荣，并将其头送与契丹。史传石敬瑭晚年尤为猜忌，不喜士人，专任宦官。由是宦官大盛。由于吏治腐败，朝纲紊乱，以致民怨四起。游牧在雁门以北的吐谷浑部，因不愿降服契丹，酋长白承福带人逃到了河东，归刘知远。942年，契丹遣使来问吐谷浑之鼎，石敬瑭既不敢得罪手握重兵的刘知远，更不敢得罪“父皇帝”，由此而忧郁成疾，于六月在屈辱中死去，时年五十一岁。

博按：读石敬瑭之史，更知中央集权体制之下，权力毒害之深切。石敬瑭在野为将时，沉勇有谋，屡经战阵，功在国家，然一旦窥图帝位，便为一己之荣而置国家利益与民族尊严于不顾，割十六州，称儿皇帝，事契丹恭敬如父，成为中华历史上最无耻之一帝，虽然其前有盖世军功，后能安国治民，然终为万世所唾骂，为后代所不齿者，因其权欲熏心，图谋帝位而不择手段之故。更令人值得玩味的是，当其一旦登上帝位，更是“英雄之气尽丧，孤胆之风俱无”，对外极尽屈辱于异族，对内软弱于廷臣，可谓为了“皇权”背后的巨量利益而丧失了基本的人格，可谓中华五千年中央专制集权体制所孕育的一个历史“怪胎”。石敬瑭作为一世莽夫，将数千年来无数中华先贤忠烈们用生命和鲜血换来的幽云十六州尽数奉敌，不仅使中原失去大片领土，而且使契丹轻易占领了长城一带的天然屏障地区，此后，非但契丹可以长驱直入到黄河流域，继之而起的金兵、蒙古大军，也正是在这样“优越”的地理环境下，可以肆无忌惮地横行中原，辱我华族，甚至据为己有。而继承了五代政治和地理遗产的两宋，正是在石敬瑭所造就的极为不利于中原北部防御的地理格局环境下，采取了无奈的守势战略和军事上的消极防御，而将国家的中心从黄河流域移向长江流域，使中华民族历史上第一次把黄河作为天然屏障，而有宋一代，也成为中国历史上统一王朝中领土最局狭的一个朝代；而且，此后元朝能够顺利入主中原，也是拜这位“儿皇帝”所提供的方便。行文至此，能只痛责于这位一世之莽夫乎？

207. 桑维翰：铁砚磨穿成奸相，罄竹难书一罪臣

桑维翰（899—947年），父桑拱，曾任河南尹张全义客将。史载其长相丑陋，身短面长，但他自信“七尺之身，不如一尺之面”，立志要出将入相。然而屡次参加科考，主考官却因其姓“桑”与“丧”同音而不予录取。有人劝他放弃科举，桑维翰则“著《日出扶桑赋》以见志，又铸铁砚以示人曰：‘砚弊则改而他仕’”（引自欧阳修《新五代史》卷二九，晋臣传第一七）。这就是著名的“磨穿铁砚”的典故。后经其父向张全义请求并推荐，终于后唐925年中进士及第。

宋代史料《清异录》曾记载关于桑维翰的一件逸事，名曰“三债三悦”：“桑维翰草莱（指他还是没有功名的乡野平民时）时语友人曰：‘吾有富贵在造物（造化万物，此自夸其使命在身），未还三债，是以知之。上债钱货，中债妓女，下债书籍。’既而铁砚功成。一日，酒后谓密友曰：‘吾始望不及此，当以数

语劝子一杯。’其人满酌而引公云：‘吾有三悦而持之：一曰钱，二曰妓，三曰不敢遗天下书。’公徐云：‘吾炫露大甚，自罚一觥。’”

931年，石敬瑭任河阳节度使（治孟州，今河南孟县南）时，桑维翰被罗致帐下，任掌书记，此后一直追随左右，成为石敬瑭的心腹谋士。936年五月，石敬瑭打算借助契丹力量拒命反唐，将佐都恐惧不敢表示意见，唯有桑维翰和刘知远表示赞成。桑维翰表示：“今主上以反逆见待，此非首谢可免，但力为自全之计。契丹主素与明宗约为兄弟，今部落近在云、应，公诚能推心屈节事之，万一有急，朝呼夕至，何患无成？”于是石敬瑭命令桑维翰写信向契丹求援，信中的内容就是事成后割让幽云十六州，石敬瑭称“儿皇帝”，用侍奉父亲的礼节来对契丹主耶律德光（即后来的辽太宗）。桑维翰起草的这份屈辱的求援书虽然得到石敬瑭的首肯，却连另一支持者刘知远也觉过分。但后来卢龙节度使赵德钧也贿赂契丹主耶律德光，石敬瑭听说后害怕事情有变，于是又派桑维翰直接前往契丹面见耶律德光，表示“将竭以中国之财以奉大国”，史传桑维翰曾“跪于帐前，自旦至暮，涕泣争之”，耶律德光被桑维翰“感动”，于是决意帮助石敬瑭。因此史书称：“灭唐而兴晋，维翰之力也。”

在契丹大军支持下，石敬瑭终于灭亡后唐，建立后晋。在耶律德光建议下，桑维翰被任命为中书侍郎同平章事兼权知枢密使事，后又任翰林学士，身兼宰相、枢密院、翰林学士三大要职，成为后晋王朝名副其实的股肱之臣。

后晋建国以后，臣民大都反对石敬瑭和桑维翰这种丧权辱国的外交政策。938年，大臣杨光远上书指责桑维翰“去公徇私，除改不当，复营邸肆于两都之下，与民争利”。石敬瑭遂于次年将桑维翰外调相州（今河南安阳）节度使，一年后又移镇兖州（今属山东）。941年六月，镇州成德节度使安重荣耻臣契丹，抗疏请讨契丹，引来巨大响应，桑维翰立刻上密奏，力陈对抗契丹的“七不可”，奏章最后说：“臣愿陛下训农习战，养兵息农。俟国无内忧，民有余力，然后观衅而动，则动必有成矣。”石敬瑭同意他的意见，没有反叛契丹。

桑维翰虽然有卖国之嫌，但史称其任相及地方官期间，也有一些值得称道的政绩。如他建议朝廷“务农桑以实仓廪，通商贾以丰货财”。治理相州时也曾除民弊二十余事，革除“罪一夫而破一家”之积弊，诏天下诸州普遍实行，“自是劫盗之家皆免籍没，维翰之力也。”此外，桑维翰经邦治国之才还表现在健全国家机构、选拔人才上，如复置学士院，注意选贤任能。

944年，晋出帝石重贵继位后，桑维翰被调回中央，任命为侍中，后又被任命为枢密使，第二次执掌朝政。然而，他凭借权势，广收贿赂，“仞岁之间，积货巨万”，引起朝野非议。后因干预内事而被罢去相职，出任开封府尹。而其被贬谪以后，后晋向契丹称臣的政策发生改变。947年1月，契丹出兵将灭后晋，桑维翰四处奔走，求见当政者冯玉及出帝石重贵，但都被拒不接见。随后契丹攻入开封灭晋，桑维翰被降将张彦泽缢杀。《新五代史》对此段历史如此描述：“初，彦泽入京师，左右劝维翰避祸，维翰曰：‘吾为大臣，国家至此，安所逃死邪！’安坐府中不动，彦泽以兵入，问：‘维翰何在？’维翰厉声曰：‘吾晋大臣，自当死国，安得无礼邪！’彦泽股栗不敢仰视。”

博按：五代十国时期，因为战乱征伐不断，改朝换代频繁，所以多出性格复杂、行事乖戾之君臣。冯道、桑维翰之徒可为其中典型。尤其后者，因其作为石敬瑭卖国的帮凶而一直遭到后人谴责。宋代欧阳修在《旧五代史》中曾评价桑维翰说：“呜呼！自古祸福成败之理，未有如晋氏之明验也。其始也，以契丹而兴，终为契丹所灭。然方其以逆抚顺，大事未集，孤城被围，外无救援，而徒将一介之命，持片舌之强，能使契丹空国兴师，应若符契，出危解难，遂成晋氏。当是之时，维翰之力为多。及少主新立，衅结兵连，败约起争，发自延广。然则晋氏之事，维翰成之，延广坏之，二人之用心者异，而其受祸也同，其故何哉？盖夫本末不顺而与夷狄共事者，常见其祸，未见其福也。可不戒哉？可不戒哉？”明末清初思想家王夫之专门写过一篇视为《桑维翰论》的文章，斥之为“万世之罪人”；《残唐五代传》责之为 “奸臣阿附”。但是，一个有意思的现象是，不同的时代对桑维翰的评价有着不同的评价。比如在北宋始建时期，上至宋太祖，下至王禹偁，均对桑维翰的治国之才十分推崇；而到了民族意识高涨、理学兴盛的南宋时期，对桑维翰的批判虽然日渐加重，却仍然存在一定争议。南宋著名政治家陈亮甚至将桑维翰与唐高祖、郭子仪并列，批评他们行天下之末策，“借夷狄以平中国”，令后世大受其患。南宋灭亡以后，因为民族沦丧之痛，桑维翰开始被牢牢地钉到历史的耻辱柱上，成为了王夫之所评价的“万世之罪人”。一直到现代，桑维翰仍然是作为历史的反面人物而得到否定的评价。有指斥为“卖国贼”者，有认为其为“民族败类”者，所以，尽管桑维翰的确有王佐之才，但他与石敬瑭狼狈为奸，出卖幽云十六州的污点是永远无法洗清的。而细审桑维翰之历史，尤其查于其“三债三悦”之典故，始知桑维翰之罪，在于其治事有能而持心于私；何也？治事以能、谋晋以忠，不过为达成其“还三债、得三悦”之手段而已，此所谓心不正者而掌握天下大权，则能力愈强而为害国家愈大，观桑维翰助石敬瑭得建后晋，自己亦“广受贿赂”，最终酿成中华民族千古之祸，此中道理，不可不为后世之警。

208. 李氏和柴氏：抢来的媳妇和自嫁的皇后

五代时期之七十余年间，战乱频仍，朝代更迭频繁，是以鲜有著名之女性为历史所记载，但却有两个小女人，在五代纷乱的历史中扮演了重要的角色。她们一个是被后汉高祖刘知远抢来的皇后李三娘，一个是主动择夫而嫁的后周高祖郭威的皇后柴氏。可堪并为之记：

关于李氏。史传刘知远少时家贫，曾充军当马奴，于晋阳牧马，邂逅李氏，遂生爱慕之情。刘知远托人向李父求亲，李父嫌刘家贫而拒绝。刘知远遂带几位朋友，乘夜到李家抢亲，时李氏年约十八岁，刘知远年三十八岁。婚后，刘知远以军功升河东节度使，封北平王，李氏晋为魏国夫人。947年，刘知远起兵太原，由于军饷不足，要向百姓征收重税。李氏谏道：“方今起事，号为义兵，民未知惠而先夺其财，殆非新天子所以救民之意也。今后宫所有，请悉出之，虽其不足，士亦不以为怨也。”（引自《新五代史》卷十八《皇后李氏》）刘知远纳谏，果然因此赢得人心。同年二月，刘知远称帝，立李氏为皇后。翌年高祖死，刘承佑继位为隐帝，尊李氏为皇太后。950年，隐帝在宠臣郭允明、李业的怂恿下，准备杀死枢密使杨邠和都指挥使史弘肇，太后力劝无效，隐帝拂袖而去说："何必谋于闺门"。杨邠、史弘肇被杀后，隐帝又准备杀死枢密使、领邺都郭威。李太后又劝道："郭威本吾家人，非其危疑，何肯至此！今若按兵无动，以诏谕威，威必有说（悦），则君臣之际，庶几尚全。"（引文同上）隐帝不听，终于迫使郭威反汉，攻入开封，后汉亡。郭威入京后，不马上称帝，以李太后名义发布法令拟立湘阴公刘资为帝，在刘资未至前，请太后临朝。及郭威出征契丹，军士拥之以归，试图拥立为帝，郭威仍尊李太后为母。951年郭威称帝，建立北周。李太后自知大势已定，主动迁居太平宫，郭威上尊号曰昭圣皇太后，后终老于家。

关于柴氏。五代后周皇帝郭威所以能于乱世中得天下，其实得益于一位奇女子——柴氏。柴氏本唐庄宗李存勖之嫔妃，庄宗被弑后，即位的明宗皇帝遂将大批年轻妃嫔、宫人遣散回家，柴氏亦在其中。当其与父母在黄河边上会合时，适遇风云突变，大雨畸畔，遂于旅舍巧遇当时穿破衣烂衫之穷小子郭威。柴氏发觉此人不但形貌不凡，而且言谈举止十分得当，当即决定以身相许。时柴氏父母见郭威衣不蔽体，便对女儿说："汝帝左右人，归当嫁节度使，奈何嫁此乞人？"柴氏言道："我久在宫中，颇识贵人，此人贵不可言，不可失也。"于是"屌丝"郭雀儿与"白富美"柴氏遂在旅舍中结为夫妻。婚后柴氏见郭威喜欢饮酒、赌博，任侠妄为、不拘小节，便规劝其曰："君贵不可言，妾有缗钱五百万资君（时宰相之月工资约为三百缗），时不可失。"此后，郭威利用这些钱财结交豪杰、招兵买马，并投靠在刘知远麾下，逐步得到重用。刘知远建立后汉时，郭威已贵为枢密使。后更于乱世中建立后周政权，成为一代明君。

郭威与柴氏结合后，一直未有子女，于是便将其兄子柴荣（柴氏之兄柴守礼之子）收为己子。当郭威成为皇帝时，柴氏虽已故去，但郭威依然下诏追封柴氏为圣穆皇后，并从此不再册立皇后。953年柴荣被封为晋王、开封尹，成为皇位继承人。954年正月郭威临终前，召集文武众臣，宣布遗命："晋王荣可于柩前即位"，并让外甥李重进当着众臣之面，向柴荣行君臣之礼。当日郭威离世，柴荣继承皇位，遂成为五代史上最英明之皇帝。史载郭威死前，特意嘱咐柴荣（日后的周世宗）说："吾死之后，陵墓务必从简，勿惊扰百姓，勿费工匠，勿派宫人守陵，勿于陵前立石人石兽，只用纸衣装殓，瓦棺作椁即可。”又告诫柴荣曰：“吾前西征，所见唐帝十八陵寝皆为人所掘盗，实因陵藏珠宝之故，而汉文帝因为一贯节俭，今霸陵原上之陵墓至今完好。你于每年寒食节，可以派人扫墓，如不派人，在京城遥祭亦可，言罢去世”。

博按：李后和柴后，一个被抢为妇，一个自嫁为妻，其中可见五代乱世之情状。然而，五代纷乱之间，李太后能处高位而不骄，立富贵而不贪，睹乱象而能自清，实以己之贤明，于乱世中独立一隅，成就一世淑德，诚可为后世为臣为妇者良鉴。而柴后于乱世中慧眼独具，择夫而嫁，且以其远见而培养两位五代明君，其功亦堪为后世所牢记。而且在五代纷乱之后，当中华历史的关键时刻，若无柴氏之慧眼，则郭威难成大功，柴荣亦难展其才，且以后大宋之历史亦难以得二帝之善政良策为铺垫，以此观之，中国之历史走向，实系于柴氏之慧眼。而今人常有一良女而贵三代之说，实往鉴于历史之至论。是以无论为国为家，教女以良，择选良妇，皆家国之大事。而今之政府倡导之“家风、门风”者，唯有遵女权以图教化，正女德以正家风，精女红以行美政，则中华始能渐次走向正路。

209. 五代明君柴荣：
壮志未酬身先死，长使英雄泪满襟

公元954年，后周太祖郭威病逝，其养子晋王柴荣即位，是为后周世宗。此时之中国，武夫悍将纵横天下，“有枪便是草头王”。后周国力本不强大，又值大丧，太原之北汉刘崇政权趁机倾国南侵，欲灭后周。年轻之世宗力排冯道诸人之议，御驾亲征与北汉决战于高平，一战而几乎全歼北汉之军，北汉主刘崇仅带百骑狼狈逃回。高平一战，为后周灭掉北汉奠定基础，亦使世宗从此萌生削平天下统一全国之志。

世宗帝位稳固后，即大刀阔斧进行改革。其于军事改革首先入手。时天下混战，将领贪生怕死，不听指挥；士兵年老体弱，临阵退缩。世宗曾言：“凡兵务精不务多，今以农夫百，未能养甲士一，奈何穷民之膏泽，养此无

用之物乎？且健孺不分，众何所用！”乃命大简诸军，精锐者升之上军，羸者斥去之。是以周军“征伐四方，所向皆捷”。

世宗亦图进行彻底之社会改革。下令禁止民众私自落发为和尚尼姑，废除寺院三万余座。并鼓励外逃乡民回乡定居，减免税负，招民垦荒，编制《均田土》，派遣使者分赴各地清查隐匿耕地，均定田租，平均税负，废除曲阜孔氏免税特权，动员民众兴修水利，疏浚漕运，铸造铜钱等等。

世宗还善于察人，长于用人。世宗曾言：“朕于卿大夫，才不能尽知，面不能尽识；若不采其言而观其行，审其意而观其忠，则何以见器略之浅深，知任用之当否！”其令朝臣做“命题作文”两篇，一为《为君难为臣不易论》，一为《开边策》，然后亲自阅览之。并从中发现当世之诸葛——王朴，其所做之文堪为宋朝立国前另一“隆中对”。世宗和其继任者赵匡胤，南征北战，统一华夏，其方略即以此文为纲。另外，在官员选拔和管理上，世宗令翰林学士、门下和中书两省官员荐举县令等官。授官之日，令有司将每一个举荐者同记之，如被荐者“贪秽败官，并当连坐”；如贤能有功，则推荐者“并当连奖”。

史传世宗英勇、睿智、勤勉、好学、爱民。身为三军统帅，却能亲冒矢刃，于危急时能够镇定自若，迅速决断；生活中几无不良嗜好，不喜珍玩，不贪女色，勤于治事，喜好读书，体恤民情，施政定略皆以减轻百姓负担为务。经世宗励精图治之后周，统一中国之框架和态势已基本形成，南唐、吴越、南汉等国皆俯首后周中央政权，周世宗及麾下将领赵匡胤、曹彬所率大军更是所向披靡。兵锋所指，无不令其他割据政权胆寒。然而，正当统一大业指日可待时，世宗病死，年仅三十九岁。其死之后，后周遂为其麾下大将赵匡胤所篡。一个新的伟大时代，正是在柴荣所开辟的基本正确的道路上，展露出不一样的文化曙光。

博按：通览往史历贤，以人格之完美，统御之有方，文武之全才，仁义礼智信皆可道者，即汉之光武、唐之太宗亦难出世宗之右。是以司马光评其“以信令御群臣，以正义责诸国”；“大邦畏其力，小邦怀其德”；治政抚民“无偏无党，王道荡荡”。然所谓天妒英才，天不假其年寿，世宗因其英年早逝而失一统天下之机。然其后来者之宋太祖赵匡胤，所以能统一天下，结束乱世，开创数百年之帝业，实受益于世宗开创之良好基业与施政示范。而后世论者于世宗之早死，常感慨于中华历史的发展进程，常常因许多英雄人物的早逝而戛然中断或陡然转向，由此而更深感一个科学高效的权力运作机制和良性的制约机制之于中华民族的未来发展的极端重要性。今世之人，睹于世宗之死和中外历史的客观对比，实应于此进行更加深入的思考和实践探索。